本书
系浙江大学教育学院优势特色学科建设项目研究成果

受中央高校基本科研业务费专项资金资助
Supported by the Fundamental Research Funds for the Central Universities

教育史学
百年求索

教育史学科的路径与走向

Educational history
Centennial Quest

肖　朗　　张学强◎主编

ZHEJIANG UNIVERSITY PRESS
浙江大学出版社
·杭州·

图书在版编目(CIP)数据

教育史学百年求索：教育史学科的路径与走向 / 肖
朗，张学强主编. —杭州：浙江大学出版社，2022.7
ISBN 978-7-308-21886-3

Ⅰ.①教… Ⅱ.①肖…②张… Ⅲ.①教育史－史学
－研究 Ⅳ.①G519

中国版本图书馆 CIP 数据核字(2021)第 215050 号

教育史学百年求索
——教育史学科的路径与走向

肖　朗　张学强　主编

策划编辑	吴伟伟
责任编辑	蔡圆圆
责任校对	许艺涛
封面设计	项梦怡
出版发行	浙江大学出版社
	(杭州市天目山路 148 号　邮政编码 310007)
	(网址：http://www.zjupress.com)
排　　版	浙江时代出版服务有限公司
印　　刷	杭州宏雅印刷有限公司
开　　本	787mm×1092mm　1/16
彩　　插	2
印　　张	48.25
字　　数	968 千
版 印 次	2022 年 7 月第 1 版　2022 年 7 月第 1 次印刷
书　　号	ISBN 978-7-308-21886-3
定　　价	168.00 元

浙江大学出版社市场运营中心联系方式(0571)88925591；http://zjdxcbs.tmall.com

中 国 教 育 学 会 体 育 分 会 第 二 十 届 年 会

2019.12.12

全体与会代表合影

大会主会场

中国教育学会教育史分会第二十届年会

主办单位：中国教育学会教育史分会
承办单位：浙江大学教育学院
协办单位：杭州师范大学教育学院

2019年12月11-13

大会开幕式

回顾与展望：数代学人共话学会四十年

引言人：周洪宇（华中师范大学 教授）

与谈人：田正平（浙江大学 教授）

贺国庆（宁波大学 教授）

保星（华东师范大学 教授）

铁华（东北师范大学 教授）

梅（师范大学 教授）

与会代表座谈参加分会的经历和体验

庆祝中国教育学会教育史分会成立四十周年新书首发式

庆祝分会成立四十周年丛书首发式

分会场报告

与会代表和会务组成员留影

目录
Contents

中国传统教育及文化探赜索隐

民国时期教育现代化的诸面相

杜威教育思想及其在近代中国

中外历史上的大学及其学科建设

新中国教育改革与发展

教育史分会 40 年：薪火相传 名家辈出

【编者按】为庆祝中国教育学会教育史分会成立 40 周年,人民教育出版社于 2019 年出版了"教育史研究与评论"特辑,包括 40 年来论文选编《教育史研究的当代进展》(2 册,张斌贤主编)、回忆教育史名家的文章汇编《薪传——教育史分会成立 40 周年纪念文集》(1 册,杜成宪、王保星主编)和《教育史研究 2018 年度巡礼》(1 册,贺国庆、刘立德主编)。2019 年 12 月 11—13 日,中国教育学会教育史分会第二十届年会在杭州成功召开,会上举行了四册本《教育史研究与评论》特辑首发仪式。现将《薪传——教育史分会成立 40 周年纪念文集》序言和前言(标题由编者另拟),以及第二十届年会的综述收录于此,以飨读者。

慎终追远　民德归厚

◎田正平 *

己亥年清明节,杭州地区近几个月难得的好天,真的是气清景明。早饭后打开电脑,收到杜成宪教授的来信和两个附件,信中讲,他负责编选的《薪传——教育史分会成立40周年纪念文集》初稿完成,希望我能为文集写个序,两个附件一个是文集的目录,另一个则是全部文稿,说是发来供我参考。编写纪念文集的事我是知道的,成宪教授作为分会副理事长负责组稿的事我也知道,我觉得这确实是一件非常好的事,所以,早早地就把自己跟随陈学恂先生学习的一点感受草成一篇短文寄给了成宪。但是,让我为这部文集写序的事却很突然,没有思想准备。现在任务来了,全部稿子都在,对我来说也是个学习的机会,不管能否完成任务,先读起来再说。没想到,一读就难以放下,50余篇文章整整读了一天,使今年的清明节对于我而言,具有了特殊的意义。

我是1978年,在大学毕业10年以后才得以进入专业领域的,由于特殊的机缘,文集中涉及的近50位教育史学界前辈,我大都有机会接触,自己认为对其中相当一部分先生还是比较熟悉的。但是,当我阅读这些饱含深情,从不同角度展现先辈们立身、治学、为人、处世风采和品格的纪念文章之后,还是被深深地震撼了,先辈们的勤奋敬业、不懈追求、精神境界、宽阔襟怀,通过一件件、一桩桩具体事情的描述,让我的思绪久久难以平静。也许是由于这两天正值清明时节,阅读着这些鲜活的文字,"慎终追远,民德归厚矣"这句流传数千年的古训始终挥之不去。自己也觉得有点奇怪,按照朱子《四书集注》的经典解释,"慎终者,丧尽其礼。追远者,祭尽其诚。民德归厚,谓下民化之,其德亦归于厚",这句话的本意与纪念文集的内容并不是一回事,但是,我却觉得文集的编辑出版正是践行了这句古训的精神——向先辈致敬!缅怀先辈的业绩,传承先辈的精神,"薪火相传",教育史学科建设和人才培养必定会百尺竿头更进一步!

* 作者简介:田正平,浙江大学文科资深教授,中国教育学会教育史分会第八届理事会顾问。

礼敬前辈 牢记责任

◎张斌贤 *

2017 年 11 月下旬中国教育学会教育史分会北京年会期间，分会理事会讨论了全国教育史研究会成立 40 周年庆祝活动的筹备事宜。其中一项活动是邀请教育史学者以亲历者的身份撰写回忆文字，记述前辈学者做人、为师、治学的故事，从一个特定的视角记录教育史学科过去 40 年间成长、发展的足迹，并结集成书出版。理事会将这项重要工作委托给杜成宪教授负责。经过杜老师并诸多同仁的辛勤努力，这部《薪传——教育史分会成立 40 周年纪念文集》即将面世。杜老师嘱我写几句话作为序言。虽然自以为并没有这个资格承担这个任务，但于公于私，似乎都难以推辞。于公而言，忝任教育史分会理事长，而文集的编辑又是理事会决定的工作，我责无旁贷；于私而论，杜老师多年来为教育史分会的工作做出了贡献，深得学界敬重，也是我非常尊敬的兄长，他的指令难以违背，只好硬着头皮写几句，权作序言之一。

客观而论，无论在哪个方面，近 40 年都是教育史学科全面发展的黄金时期。40 年来，经过几代学者的不懈努力，教育史学科在学术研究、人才培养、国内国际学术交流以及学科平台建设等方面都取得了重要的成果。今天，当我们为这些成果感到欢欣鼓舞的同时，我们不能忘记前辈们所做出的巨大贡献。正是他们，解放思想，突破禁锢，清理了"文革"所造成的废墟，为学科的发展奠定了坚实的基础；正是他们，锐意进取，忘我工作，开辟了教育史研究的新领域，为学科的发展指明了清晰的方向；也正是他们，循循善诱，诲人不倦，培养了莘莘学子，为学科的发展储备了充足的人才。没有前辈们所付出的辛劳、所取得的辉煌业绩，便不会有教育史学科今天的良好局面。他们所做的这一切，本身就构成了一部历史：一部生动的教育史，一部鲜活的学科史。

记述这段历史，既是为了向前辈们致敬，也是一种励志的仪式。与前辈们工作的时期相比，教育史学科目前面临的形势更为复杂，在一定程度上更为严峻。一方面，由于高等教育

* 作者简介：张斌贤，教育部长江学者特聘教授，北京师范大学教育历史与文化研究院博士生导师，中国教育学会教育史分会第八届理事会理事长。

的发展，教育史学科获得了更多的学术资源，为学术研究提供了更大的便利。另一方面，教育学术界日趋盛行的历史实用主义和功利主义的价值观以及受此影响而形成的"唯实""唯用""唯新"的学术氛围，对教育史这样的基础学科研究产生了极为不利的影响。这是前辈们所未曾遭遇的现实挑战。

一代人有一代人之学术。同样，一代人有一代人之使命。如果说前辈学者不辱使命，出色地履行了时代所赋予他们的恢复重建、为学科奠基的职责，那么，当代教育史学者的责任则在于，广泛汲取一切有利于教育史研究的知识、理论和方法，不断推进教育史研究的专业化，使教育史学科真正自立于学术之林。要很好地完成时代托付的重任，当代教育史学者需要有更强的定力、更大的勇气和更多的智慧。而这一切我们是完全能从本书所讲述的前辈学者的故事中体悟、领会到的。

感念先贤　激励后学

◎杜成宪　王保星*

人们在阅读教育史的时候,也许很少会去想为什么写了这些人、这些事,为什么这历史会以这样的方式呈现。不仅很少会去想,甚至还会以为,这写进教育史的一切都是那样的理所当然,好像从来就是这样似的。其实,我们今天读到的教育史并非从来就是这样的,它是一代代前辈学者思想和智慧的结晶,是他们选择的结果。正是他们的一次次研究、一项项探索和一个个发现,才渐次凝聚而成一幅完整的教育历史画面;而为了这一个个发现,这些前辈学者"焚膏油以继晷,恒兀兀以穷年",献出了他们的无数心血乃至毕生。

中国有着悠久的教育历史,但有关教育历史的专门书写却只有百多年时间,也就是说,我们今天所读到的教育史只是在这百多年时间里被书写出来的。那么,在这百多年里,又是谁在书写着教育史? 在书写者中,就包括本书所记叙的这些学者。我们约略地可以将我们之前的教育史书写者划分为几代人。第一代,是草创中国的教育史学科的一代,他们筚路蓝缕,成为中国最早的教育史书写者,是他们,提出了教育史书写的基本范畴及其体系构架,在他们中,有黄绍箕、柳诒徵、郭秉文……第二代,是把中国的教育史学科推向成熟的一代,他们顺时应变,成为中国式的教育史书写者,最早写出了完整的教育史,还以他们风格各异的著述,推动中国的教育史学科走向第一个发展高潮期,在他们中,有姜琦、王凤喈、余家菊、孟宪承、陈青之、陈东原……第三代,是重建中国的教育史学科的一代,他们在新政权、新社会的背景下,尝试重新构建了教育史的书写方式和学科体系,在他们中,有毛礼锐、陈景磐、沈灌群、赵祥麟、滕大春、杨荣春、陈学恂、陈元晖、张瑞璠……第四代,是促进教育史的话语方式回归常态的一代,他们襄助第三代学者将被颠倒的教育历史拨乱而反其正,又率领第五代学者走向学术发展和繁荣的 21 世纪,在他们中,有任钟印、李明德、熊明安、吴式颖、金锵、李国钧、孙培青、王炳照……中国的教育史学科传承到第四代学者手里,差不多已经历时百年,当进入 21 世纪的时候,中国的教育史书写已经呈现出灿烂多彩的景象。可以说,第四代学

* 作者简介:杜成宪,华东师范大学教育学部教授、博士生导师,中国教育学会教育史分会第八届理事会顾问;王保星,华东师范大学教育学部教授、博士生导师,中国教育学会教育史分会第八届理事会副理事长。

者也像前几代学者一样，已经出色地完成了自己的历史使命。

在此之际，我们深深感念提携、扶掖、带领我们"起跑"的第三代、第四代学者！40 年前，是他们在历经浩劫、百废待兴的教育史学科园地开始重建，将教育史的书写规范重新建立起来以为后人法式；是他们建立起学科的研究组织，将全国教育史同仁团结起来携手共进；是他们建立起教育史专业的研究生培养体制，不仅将我们这一代领进学术的殿堂，而且泽及之后的一代代更加年轻的学者。如果将教育史的书写比喻成一场接力赛的话，第四代学者已经将学术的接力棒递交了下来，第五代乃至第六代学者已经沿着"跑道"加速前行！所谓"薪尽火传"，描绘的就是这一幕。

学术研究是人的事业，学术的发展表现为学者的代际传承。一代人都要面对一代人的挑战，一代人都要完成一代人的使命，一代人都要在历史上留下一代人的笔墨。作为后辈，我们有责任在传承前辈事业的同时，将前辈"敢探未发明的新理""敢入未开化的边疆"的精神也继承下来，弘扬开去，以激励自己，启示后人，即所谓保存学科的记忆。时值中国教育学会教育史分会成立 40 周年，理事长张斌贤教授提出编写纪念文集，记录前辈学者的业绩。之后又在去秋南京师范大学年会期间，理事会议定以人物为载体，以回忆录为形式，以"三亲"（亲历、亲见、亲闻）为原则，记述前辈学者在改革开放以来的岁月里，在教育史学科的恢复、建设和发展中的作为行迹，记下他们做人、为师、求索和治学，动静容貌，只言片语，细大不捐，见微知著。这正是传承前辈事业，弘扬前辈精神的题中之意。

从 2018 年 11 月 8 日发出征稿通知，迄于今日，我们陆续收到 48 位作者的 51 篇文稿，好多位作者撰写了不止 1 篇，最多的撰写了 3 篇。其中，一篇记一人的有 45 篇，一篇记多人的有 6 篇。被回忆的前辈学者有 60 多人，包括了上述第三、第四两代学者。可以记录的前辈学者当不止这些。出于体现学科贡献的考虑，有为数不少的前辈学者，是我们希望得到记叙的，虽经多方设法物色写作者，却由于种种原因而未能如愿，成为我们最大的遗憾。

写入纪念文集的人物，我们并未设置任何入选门槛；未能写入的人物，也不表示我们有什么评价。对于来稿，只要符合征稿的要求，我们采取来者不拒的原则。除了极少数文章在与作者商量后做了改动之外，绝大多数来稿都未作任何笔削，完全保留原貌。

所有回忆文章按被回忆者的出生年份，由长而幼，顺序编排，体现中国历史上的序齿传统，也可从中约略感知前辈学者们的时代和人生。

回忆文章的写作者绝大多数是被回忆者的学生，还有一些也可以视为学生的晚辈。其中有两位回忆者身份比较特殊，一位是女儿，一位是儿子，都是回忆自己的父亲，他们与自己的父亲是同行，可谓子（女）承父业，也是一件美谈。

编者在阅读这一篇篇出自真情实感的文章时，每每被文中叙及的前辈学者的高尚人格、鲜明个性、真诚情义所深深打动，也为一些前辈学者的卓著贡献、坎坷人生、未酬志业而感叹不已。虽然文章写得千姿百态,面貌各异,但几乎所有的回忆文章都有一个共同点,即都充满情感地回忆和感念了前辈先生对后辈的关爱、培养和提携。由此也可以说明,作为后辈,由我们记录下前辈学者的业绩、品格和风范是大家的共同愿望,也是那样的理所当然!

要感谢的是本文集的所有作者!不少作者是在百忙中放下自己手中的工作,写出一篇篇事迹生动、感情饱满、语言优美的回忆文章,其中不少文章称之为美文佳构也丝毫不为过。大家出于公心,出于教育史学科传承的意愿,愿意将自己与前辈学者交往中的所闻、所见、所感记录下来,与他人分享,并传之后世,体现了强烈的使命感和责任心,其情可感,其心可鉴!

还要感谢的是,当纪念文集大致结集完成时,我们向前任理事长田正平教授、现任理事长张斌贤教授求序,得他们应承。作为当代中国的教育史学者中的杰出代表,他们的序言也代表着我们的心声。

纪念文集编讫,我们深感理事长提议、理事会议决编一本纪念文集是一件大有必要、十分及时之事。从中国教育学会教育史分会成立至今,40 年,老去了两代人,也成长了两代人。随着时间的流逝,我们回忆前辈学者的事迹将会越来越不能得心应手,甚至逐渐成为难事。然而,我们教育史学科的集体记忆也应该及时保存,有些甚至还需要抢救。我们感到欣慰的是,此次我们做到了有所保存。

孟宪承先生在 20 世纪 30 年代初出版的《新中华教育史·引论》中说道:"教育史里叙说着前人教育的经验,可以做我们现在实施教育时的参考。自古不知有多少'悲天悯人'的教育家,耗尽了他们的心力,甚至贡献了他们的生命,才把我们的教育史,装点成这样的灿烂庄严。他们生平的故事,更可以净化我们浮躁的精神,鼓舞我们奋斗的勇气。教育者精神的食粮,也将从这里得到了。"孟宪承先生的这段话本是用来赞叹历史上的教育家们的,但也恰可以用来称道书写教育史的教育史家们,也就是这本纪念文集所记录的前辈们!

中国教育学会教育史分会第二十届年会综述

◎肖　朗　王慧敏 *

2019年12月11—13日，由中国教育学会教育史分会主办、浙江大学教育学院承办、杭州师范大学教育学院协办的中国教育学会教育史分会第二十届年会在杭州召开，来自北京大学、清华大学、北京师范大学、华东师范大学、武汉大学、厦门大学、东北师范大学、华中师范大学、南京师范大学和韩国首尔大学等高校、科研和出版机构的600余位专家学者和研究生参加了本届年会。在12日上午的开幕式上，浙江大学副校长严建华教授对出席本届年会的专家学者和教育史同行表示热烈欢迎，并介绍了浙江大学教育史学科在教学和科研方面所取得的成绩；中国教育学会副秘书长张东燕女士对年会的召开表示热烈祝贺，并高度评价分会在教育史研究方面取得的成就；中国教育学会教育史分会理事长张斌贤教授介绍了教育史分会第七届理事会所开展的学术工作和活动，并宣读了第八届理事会顾问、理事长、副理事长、常务理事和理事名单。

40年前，即1979年12月12日，由杭州大学教育系承办的教育史分会成立大会暨第一届年会在杭州召开，因此本届年会也是教育史分会成立40周年的纪念大会。开幕式后，浙江大学教育学院肖朗教授主持中国教育学会教育史分会成立40周年的庆祝活动。大会播放了采访第一届年会正式代表的视频《薪火相传，砥砺前行》，并通过向有关代表颁发荣誉证书和第一届年会代表合影老照片的方式向奠定教育史学科基础的前贤们表达敬意。教育史分会第七届理事会副理事长、华东师范大学教育学部杜成宪教授做报告，回顾了教育史分会40年的奋斗历程。此后，大会举行了"庆祝中国教育学会教育史分会成立40周年新书首发式"，中国教育学会教育史分会名誉理事长田正平教授、理事长张斌贤教授、人民教育出版社教育编辑室主任刘立德编审、浙江大学教育学院院长顾建民教授、杭州师范大学教育学院执行院长温正胞教授共同为40周年纪念特辑新书揭幕。接着，大会进入"回顾与展望：数代学人共话学会40年"的环节。在华中师范大学教育学院周洪宇教授的主持下，田正平教授、宁

* 作者简介：肖朗，浙江大学教育学院教授、博士生导师，中国教育学会教育史分会第八届理事会副理事长；王慧敏，浙江大学教育学院副教授。

波大学教师教育学院贺国庆教授、华东师范大学教育学部王保星教授、东北师范大学教育学部曲铁华教授、北京师范大学教育学部周慧梅副教授、首都师范大学教育学院林伟副教授结合各自参与教育史分会活动的经历,讲述了自己与教育史学科结缘的故事,以及从事教育史研究的心得和学术情怀。

本届年会的主题是"教育史学科的回顾与展望",除两场研究生论坛外,大会还安排了两场主题报告,邀请北京师范大学教育学部郭法奇教授、浙江大学教育学院刘海峰教授、杭州师范大学教育学院张学强教授、首尔大学禹龙济教授等8位代表做了主题报告;同时安排了14个分会场报告,邀请200余位代表进行学术成果汇报。围绕本届年会的主题,参会代表在所提交论文的基础上开展了充分的研讨和交流。

(1)部分论文对教育史的某些领域或方向进行了长时段、全方位的回顾和考察,力求探索和揭示在这些领域或方向上我国教育史学科所取得的成就和存在的问题,如《中国教育管理史研究百年历程与未来愿景》《新中国外国教育史教学与研究70年回顾与展望》等。

(2)部分论文从某个特定的视角出发,或结合某种特定的历史观,通过反思教育史学科建设来探讨教育史研究的对象、方法、范式、功能等理论问题,如《改革开放40年中国教育史研究方法的回顾与展望》《文化视角与整体思维:中国教育史研究对象的反思与重构》等。

(3)有些论文以某些专题为切入点,通过综述或述评的方式对其研究成果或史料整理状况作了较为系统的回顾与总结,如《1949—2019:中国留学史料的整理进展与学术成就》《千万字的档案史料再现陕甘宁边区教育的辉煌历史——70年坚持做陕甘宁边区教育史料整理工作》《40年孔子教育思想研究的热点与趋势——基于CiteSpace可视化分析》等。

(4)有些论文立足于梳理分析过去一段时间内某些期刊论文、学位论文等教育史研究文本,力求更具体地展现我国教育史研究和教学的特点、问题、动态等,如《近二十年中国教育史研究的考察——以〈教育研究〉等三种教育学术期刊论文为例》《中国教育史专业硕士学位论文的选题及进路——基于2007—2018年六所部属师范大学硕士学位论文的统计综述》《历史学者的教育史研究——基于〈世界历史〉刊载教育史论文的个案分析》等。

如上所述,全国教育史学界同行对本届年会的主题作了积极回应,论文各具特色。虽然有些研究还有待进一步深化与完善,但无论在学术观点还是研究方法上都有了很大进展。正是由于参会代表的共同努力,才使本届年会办成了名副其实的教育史学科回顾展。

值得一提的是,不少论文在本届年会主题的基础上,将论题扩大为对新中国成立70年或改革开放40年来我国教育改革和发展的历史回顾,并从某个方面或角度作了较为系统的梳理,如《新中国70年学前教育制度变迁:轨迹、逻辑与趋势》《跌宕起伏:中国高校招生考试70年》《新中国70年中小学体育课程改革的历史经验》等,有的论文聚焦于某些省市的教育改革与发展历程,如《当代省域高等教育体系的构建——以安徽为例(1945—1958)》《改革开放 40 年重庆教师教育发展：历程、经验和反思》等。上述研究成果不仅丰富、充实了中国现当代教育史的研究，而且有突出的问题意识和较强的现实针对性，可为当前我国教育改革和发展提供历史的借鉴。

继承、弘扬优秀的中国传统文化是当前我国学术界的重大使命与任务，教育史学界研究的重点在于进一步阐扬作为中国传统文化重要组成部分与载体的传统教育的合理因素和当代意义，对此本届年会也有较为突出的表现。如有的论文对《论语》《老子》《庄子》《颜氏家训》等教育经典作了新的文本解读，有的论文对藏族格言与儒家经典中的德育思想作了比较考察，有的论文探讨了秦汉时期文教及民族政策对我国多民族国家格局形成所产生的影响，有的论文以《女孝经》和《女论语》为例论述了唐代女子教育的内容，有的论文分析了明清书院教材建设及其特色；还有一种引人瞩目的研究新形态，即若干代表关注古代的游学，他们提交的论文均以此为研究对象及主题，如《魏晋游学之特征及其教育意涵》《宋代旅行教育管窥——以苏轼、苏辙为个案》《宋代理学家朱熹的游学活动》《颜元南游中州的活动及其影响》等；此外，有的论文在教育史的视域下探讨了庙学史与庙学、庙学学的内在联系。上述论文在不同程度上丰富和深化了关于中国传统文化及教育的研究。

进入 21 世纪以来，中国现代大学及其学科百余年来的建设和发展已成为我国学界普遍关注与研讨的热点课题，本届年会提交的论文也展现了这方面的研究成果及其特色。除了较宏观的研究成果如《新中国大学学科建设 70 年：历史嬗递、演进逻辑与深化策略》《通专结合培养模式的变革：历史省思与现实选择》外，更多的论文则从个别大学及其学科的中观或微观视角出发来考察中国现代大学及其学科的建设和发展，如《从工科到新工科——中国第一所现代大学的百年变迁》《大学服务抗战事业的探索与成效——以中央大学航空工程系的创设和发展为案例》《从术到学：近代教会大学家政学学科的建立与发展》《中华大学教育系科建设的历史、内容与经验》等。外国教育史方面大多结合大学治理、制度建设等问题来论述世界各国大学和学科建设的成功经验，如《教育学讲座与美国大学教育学科的创建——以爱荷华大学和密歇根大学为例》《一流大学的社会责任——以劳伦斯·巴科的大学治理实践为例》《世界一流大学建设进程中的"弯道超车"现象：经验与借鉴》等。上述研究成果对当前我国大学的"双一流"建设，特别是一流学科的建设无疑具有较大的借鉴价值和意义，充分显示了我国教育史学者具有强烈的现实关怀。

在 13 日下午的闭幕式上，《教育史研究》杂志副主编刘立德编审介绍了该刊的学术定位和未来的编辑出版计划，《河北师范大学学报》编辑部主任谷更有教授介绍了该刊"教育史专栏"近年来发表教育史论文的有关数据，《新课程》杂志社社长、"教育薪火书系"总策划王建新先生介绍了该书系出版的有关情况，本届年会承办方代表肖朗教授作了总结发言，浙江大学教育学院吴巨慧书记、杭州师范大学教育学院温正胞教授、第二十一届年会承办方华东师范大学教育学部黄书光教授分别致辞。

本届年会的参会人数以及收到论文总数创历届年会之最,反映出广大师生参会的主动性和积极性,也说明教育史分会作为全国教育史同行开展学术研讨和交流的重要平台的影响力越来越大。庆祝教育史分会成立40年是一个新起点,对于教育史学科的发展而言是一次再出发。我们希望并相信教育史分会一定能再接再厉,为推动教育史学更上一层楼做出更大的贡献。

原载《教育史研究》2020年第1期

教育史学科回顾与展望

新中国外国教育史教学与研究 70 年回顾与展望

◎吴式颖　郭法奇 *

摘　要：在新中国成立 70 周年的历史性时刻，回顾外国教育史教学与研究的历程，展望学科发展未来，具有重要的意义和价值。在 70 年的历程中，外国教育史教学与研究从奠定基础到不断发展壮大，在学习与借鉴中反思，在反思与研讨中创新，取得了丰硕的成果，形成了宝贵的经验。外国教育史教学与研究还需要承担一定的学术责任；拓展和加强国别史方面的研究；增加和培养多语言的外国教育史研究人才；建立和完善中国的外国教育史教学与研究的解释框架。

关键词：外国教育史；教学；研究

在庆祝新中国成立 70 周年的历史性时刻，回顾外国教育史教学与研究的 70 年历程，展望学科发展的未来，具有重要的历史意义和现实价值。新中国成立以前，外国教育史教学及研究基本处于起步的阶段。除了杨贤江的《教育史 ABC》[①]以世界教育的发展为研究对象外，其他的多以西方欧美教育的发展为研究重点。在新中国成立后至"文革"的 17 年间，外国教育史教学与研究工作开始有了一定的基础和发展，但也经历了风雨的考验。"文革"动乱 10 年，外国教育史学科像其他学科一样，发展停滞，备受摧残。党的十一届三中全会确立了"解放思想、开动脑筋、实事求是、团结一致向前看"的指导方针后，外国教育史界与其他各个领域一样，拨乱反正，冲破思想禁区，教学与科研工作都有了新的进展。在改革开放的 40 年中，外国教育史教学与科研工作取得了重大进展，出现了一些具有原创性的成果。本文试图结合翔实的史实和已有研究成果，以时间为序梳理外国教育史教学与研究 70 年发展历程，反思外国教育史教学与研究存在的问题，展望学科发展的未来。

---

* 作者简介：吴式颖，北京师范大学教育学部教授；郭法奇，北京师范大学教育学部教授。
① 杨贤江：《教育史 ABC》，上海世界书局 1929 年版。

一、"文革"前 17 年的外国教育史教学与研究

新中国成立之初,为了适应外国教育史教学与研究的需要,师范院校教育系开始设置外国教育史课程,但是普遍存在师资短缺和资料匮乏的问题。[①] 为了解决这些问题,当时的首要工作就是尽可能引进、翻译苏联教育史教材和著作,邀请苏联专家讲课或者举办讲座培养人才。

从 1952 年到 1959 年,我国的外国教育史工作者翻译了大量苏联教育家和思想家的教育著作。其中包括苏联教育史学家叶·尼·麦丁斯基编著的《世界教育史》;哥兰特、加业林的《教育史》的"外国教育史"部分;康斯坦丁诺夫主编的《世界教育史纲》(三卷本);康斯坦丁诺夫、麦丁斯基、沙巴耶娃合编的《教育史》;《马克思、恩格斯、列宁、斯大林论教育》《马克思、恩格斯论教育》《列宁论国民教育》《柏林斯基论教育》《加里宁论共产主义教育》《论共产主义教育》《托尔斯泰论教育》《马卡连柯全集》《克鲁普斯卡娅教育文选》(上下册)及乌申斯基的《人是教育的对象》等等,[②]需要指出的是,这一时期,苏联教育家安·谢·马卡连柯的教育思想也深受我国广大教育工作者的重视和喜爱,评价其生平和教育思想的多种著作也被翻译出版。被译成中文的外教史专著,还有克拉斯诺夫斯基的《夸美纽斯的生平和教育学说》。[③]此外,在当时发行的《教育译报》上也刊登了相当多的苏联学者撰写的教育史论文,在《人民教育》杂志和《教师报》上,也有这方面的文章。

20 世纪 50 年代的前期,在翻译和介绍苏联教育史著作的同时,培养能够以马克思主义的立场、观点和方法为指导(受苏联教育学的影响和按照当时的理解,主要指掌握苏联学者的观点)进行外国教育史教学和科研工作的教师,也成为主要的工作内容。一些重点师范院校或教育机构先后邀请了一些苏联专家开设进修班,讲授外国教育史。当时,北京师范大学聘请了苏联专家崔可夫,华东师范大学聘请了苏联专家杰普莉斯卡娅来讲授教育史。其中,

---

① 金锵、吴式颖:《四十年来的外国教育史》,《华东师范大学学报(教育科学版)》1989 年第 4 期。

② 叶·尼·麦丁斯基:《世界教育史》,叶文雄等译,五十年代出版社 1952 年版;哥兰特、加业林:《世界教育学史》,柏嘉译,上海作家出版社 1952 年版;康斯坦丁诺夫:《世界教育史纲》(三卷本),邵鹤亭等译,莫斯科出版社 1952 年版;康斯坦丁诺夫、麦丁斯基、沙巴耶娃:《教育史》,李子卓等译,莫斯科出版社 1956 年版;格鲁兹杰夫:《马克思、恩格斯、列宁、斯大林论教育》,叶文雄译,五十年代出版社 1953 年版;马克思、恩格斯:《马克思、恩格斯论教育》,人民教育出版社 1958 年版;列宁:《列宁论国民教育》,人民教育出版社 1958 年版;波兹纳斯基:《柏林斯基论教育》,宗华译,作家书屋 1952 年版;加里宁:《加里宁论共产主义教育》,陈昌浩译,北京时代出版社 1953 年版;马卡连柯:《论共产主义教育》,刘长松等译,人民教育出版社 1955 年版;魏克山:《托尔斯泰论教育》,陆庚译,上海正风出版社 1955 年版;马卡连柯:《马卡连柯全集》,人民教育出版社 1956—1959 年版;克鲁普斯卡雅:《克鲁普斯卡娅教育文选》(上下册),卫嘉译,人民教育出版社 1959 年版;乌申斯基:《人是教育的对象》,李子卓等译,科学出版社 1959 年版。

③ 克拉斯诺夫斯基:《夸美纽斯的生平和教育学说》,杨岂深等译,人民教育出版社 1957 年版。

崔可夫的教学讲义曾被打印成册作为内部资料进行交流；杰普莉斯卡娅的《教育史讲义》于1958年由华东师范大学出版社公开出版。另外，中央教育行政学院聘请的苏联专家安娜·西格斯娃在讲授教育学的过程中，也经常讲到教育史的问题。

以上的情况表明，我国外国教育史教学和科研工作，与其他各行各业一样，在20世纪50年代是"一边倒"地学习苏联的，这也是当时国际形势和环境使然。新中国的建立，首先得到了苏联及许多社会主义国家的承认和支持，而欧美等资本主义国家对新中国采取了不承认和敌视的政策。

"一边倒"地学习苏联所带来的积极作用是，在停用新中国成立前主要反映西方教育发展历史的教材和教学参考读物后，苏联的教育史著作填补了外国教育史教学的空缺，同时也向从事外国教育史课程的教师和研究者提出了新的要求，即要以马克思主义的立场、观点和方法论考察人类历史的教育实践与教育理论问题。从这个意义上说，这是最早的马克思主义史学理论的学习和教育。当然，这一时期工作也存在一些问题。这些问题既包括苏联20世纪四五十年代意识形态工作和教育史教材与著作本身的缺陷问题，也有我们自身在指导文化科学与教育事业方面的政策上的失误。由于在对待1949年前文化教育遗产采取了全盘否定的历史虚无主义的态度，才出现全面弃用过去的外国教育史教材，全盘翻译和照搬苏联教育史教材和著作的情况。殊不知，苏联的教育史教材和著作也有其自身的问题，全盘接受和不加分析地照搬，对我国外教史学科的发展是不利的。

相对来说，在卫国战争之前20世纪40年代初期出版的麦丁斯基的《世界教育史》上、下卷的"外国教育史"部分，以及哥兰特、加业林《世界教育学史》等书的观点，较为客观和公允。不过，随着第二次世界大战以后，苏联对意识形态控制的加强，苏联教育中的政治化倾向越发明显了。从1946年起，联共（布）中央颁布了《关于〈星〉和〈列宁格勒〉两杂志的决定》等一系列有关意识形态问题的决议，苏联学术界和思想界广泛开展了"反对资产阶级思想的斗争"。1947年6月24日，主管意识形态工作的日丹诺夫作了"关于亚历山大洛夫《西方哲学史》一书讨论会上的发言"，对亚历山大洛夫的观点提出了一系列尖锐的批评。其中重要的有两点：第一，批判亚历山大洛夫把哲学史定义为"人类对于周围宇宙的看法之前进、上升、发展的历史"的观点。日丹诺夫指出，"科学的哲学史，是科学的唯物主义世界观及其规律的胚胎、发生与发展的历史。唯物主义既然是从与唯心主义派别斗争中生长和发展起来的，那么，哲学史也就是唯物主义与唯心主义斗争的历史"[①]。第二，批判亚历山大洛夫"把他的客观主义观点一贯到底贯穿全书内容""脱离唯物主义的阶级性和党性""成为资产阶级哲学和

[①] 日丹诺夫：《在关于亚历山大洛夫〈西方哲学史〉一书讨论会上的发言》，李立三译，人民出版社1954年版，第3-5页。

历史学家的俘虏""对于声名越大的资产阶级哲学家也就恭维得越厉害"。① 日丹诺夫认为,马克思主义成为无产阶级的科学世界观后,哲学史的旧时代就终结了,旧时代哲学家"都是脱离实际生活、脱离人们、与人民毫不相干的"②。由联共(布)中央发起,日丹诺夫主持的这一思想批判运动,随即在社会科学、自然科学的许多领域展开,并波及教育学和教育史界。在1949年和1950年,苏联教育理论界举行了批判麦丁斯基的《世界教育史》和冈察洛夫的《教育学原理》的研讨会,认为这些著作犯了"客观主义乃至世界主义方面的错误","没有以必要的清晰和坚定的原则性来指出教育学发展中两条路线的斗争,没有指出曾在某种情形下代表劳动大众在教育方面利益的进步的、民主的教育和反映有产阶级和剥削阶级利益的教育学之间的斗争"③,要求教育史学家从联共(布)中央有关思想意识问题的决议和哲学的讨论中做出结论,坚决克服评价教育学遗产中的非政治的倾向和客观主义。影响较大的康斯坦丁诺夫等著的《教育史》就是在这次批判运动之后撰写和出版的。作者虽然强调了必须批判地继承人类积累起来的教育经验和教育理论遗产的问题,但在其序言中首先表明,苏维埃教育史必须"根据辩证唯物主义原则,揭示阶级社会中教育理论与实践的阶级本质和局限性,揭示在这个领域中唯物主义跟唯心主义的斗争,进步的教育理论跟反动的教育理论的斗争,并揭示教育理论和实践发展的历史的规律性"④。康斯坦丁诺夫等著《教育史》主要存在的问题是,表现出了严重的简单化和公式化的倾向,即对历史上凡是持有唯心主义世界观和政治上反动或保守的教育家,就贬低他们在教育思想与教育实践上的贡献,缺乏根据史实,全面地、辩证地进行合乎实际的评价。从该书的结构与内容来看,外国教育史的内容只占全书的三分之一,而且主要是评价西方教育思想史,俄国和苏联教育的内容占了全书的三分之二的篇幅。

在新中国成立后的第一个十年,特别是在1956年苏联共产党举行第20次全国代表大会和批判对斯大林的个人迷信之前,我国出现了"一边倒"地学习苏联的情况。上述的联共(布)中央决议和批判材料曾在我国被广泛介绍,对我国文艺理论、哲学、自然科学和教育理论建设产生了一些消极影响。但是苏联的这些观点在我国传播并为我国部分主管意识形态工作的领导人所接受,主要还是由我国当时的政治斗争的条件所决定的。甚至可以说,即使苏联教育家的这些观点不被引入,在"四人帮"被粉碎以前,在我国也会出现类似的或者更"左"的观点,并在意识形态领域占据统治地位。国际国内的历史条件决定了新中国外国教

---

① 日丹诺夫:《在关于亚历山大洛夫〈西方哲学史〉一书讨论会上的发言》,李立三译,人民出版社1954年版,第15页。

② 日丹诺夫:《在关于亚历山大洛夫〈西方哲学史〉一书讨论会上的发言》,李立三译,人民出版社1954年版,第16页。

③ H.K.冈察洛夫:《教育学原理》(初译稿中附录的讨论总结),郭从周等译,人民出版社1951年版,第585页。

④ 康斯坦丁诺夫、麦丁斯基、沙巴耶娃:《教育史》,李子卓等译,人民教育出版社1956年版,前言。

育史的教学和研究在"文革"前 17 年中的时起时落,以及"文革"时期的大倒退。

在新中国成立初期,批判资产阶级思想成为我国知识分子思想改造运动的主要内容。在教育界,从 1950 年开始在报刊上就有批判美国教育家杜威教育思想的论文出现。与此相关,1950 年 7 月为曾受过杜威思想影响的人民教育家陶行知举行过纪念活动(陶行知先生逝世 4 周年纪念活动)后不久,在批判杜威教育思想与《武训传》的同时,陶行知"生活教育"思想开始被批判。著名教育家陈鹤琴的"活教育"学说,同样因为与实用主义教育思想的关联而遭到批判。1955 年 11 月 4 日,中央批转教育部党组《关于实用主义思想在中国教育中的影响和批判实用主义教育思想的初步计划》发布后,批判杜威实用主义哲学和教育思想的运动进一步升级。杜威的教育理论被全盘否定,许多同志因为曾是杜威的学生或者介绍过杜威也成了被批判对象,外国教育史的教学和研究出现了极大危机。

不过,随着苏共二十大对斯大林个人迷信的批判,以及在我国产生的一些积极影响,上面那种糟糕的情况开始出现转机。1956 年 4 月 25 日,毛泽东主席发表了《论十大关系》的讲话,随后又提出在文学和学术研究中应实行"百花齐放、百家争鸣"的方针;1957 年 2 月 27 日发表了《关于正确处理人民内部矛盾的问题》的讲话。1956 年 9 月,中共中央召开中国共产党第八次全国代表大会,开始探索摆脱苏联的僵化模式和适应我国国情的独立自主的发展道路的问题。许多领导同志也多次谈到要充分发挥知识分子的作用,巩固工人、农民和知识分子的联盟,发动大家向科学文化进军。所有这些都激发了专家学者研讨学术上复杂问题的积极性,促进了对一些学术问题的自由讨论。

在哲学、法学、伦理学等其他领域进行的有关继承性问题讨论的影响下,我国著名教育学者曹孚发表了以"教育学研究中若干问题"为题的长篇论文,批评了苏联教育学和教育史研究中形而上学和简单化的倾向。他指出,"新旧之间的继承性关系是作用于一切上层建筑的发展过程中的普遍规律"[1],而教育既是上层建筑,又是一种永恒的范畴,教育的性质虽然随着社会的改变而改变,具有阶级性和历史性,但在教育的内容、方法、制度方面还是有一些可以为不同社会、不同阶级提供服务的共同因素。因此,他认为,马克思列宁主义教育学是"可以而且应该从过去的教育学与教育思想中吸取与继承一些东西"[2]的。

在谈到教育史上的人物评价时,曹孚写道:"一个人的哲学观点、政治立场与教育思想之间并不永远是正面相关的"[3];"一般地说,具有唯物主义思想的哲学家,作为教育家,一定是进步的。但是一个具有唯心主义思想的教育家可以对教育思想做出积极的、重要的贡献,也

---

① 瞿葆奎、马骥雄等编:《曹孚教育论稿》,华东师范大学出版社 1989 年版,第 214 页。
② 瞿葆奎、马骥雄等编:《曹孚教育论稿》,华东师范大学出版社 1989 年版,第 213 页。
③ 瞿葆奎、马骥雄等编:《曹孚教育论稿》,华东师范大学出版社 1989 年版,第 223 页。

是数见不鲜的"①;"一个教育家的政治立场对他的教育主张的影响,比起他的哲学观点对他的教育主张的影响更为直接与巨大……但就在这个问题上我们也不是没有困难的"②。他以柏拉图、斯宾塞、赫尔巴特的情况说明,这些人在哲学思想上都是唯心主义的,在政治上倾向于反动或保守,但是他们在教育理论方面都做出了一些贡献。

在谈到教育与生产的关系时,曹孚指出:"教育之反映社会生产力发展水平是比一般上层建筑更为直接,其理由是,教育不仅是上层建筑,同时它还是永恒范畴。当代主要资本主义国家的生产发展水平是相当高的;教育反映着这种生产力,并为这种生产力服务,因而在这些国家中的教育发展水平一般也是不低的。这才能说明,为什么在帝国主义时代的资本主义国家中,教育普及的程度一般相当高,而普及教育的年限,一般有递升的趋势。"③

曹孚先生的这篇文章具有极大的理论价值和方法论意义,是当时我国教育学和教育史研究中具有突破性的认识。不过,在当时反右派斗争的环境下,他的这篇论文不但未能得到肯定和学习,而且由于他批评了苏联教育理论和教育史著作中的错误而遭到了批评。虽然批评会是在内部进行的,但是影响却波及全国的高等师范院校和教育研究机构。外国教育史的教学和研究受到严重干扰;一些很有才干的外教史教师还被错划成了右派。据说,曹孚先生由于得到当时领导中央教育科学研究所的戴伯韬同志的保护,才免于遭受政治冲击,使他能够在 20 世纪 60 年代为外国教育史的研究继续做出自己的贡献。

反右斗争结束后,在"左"倾思想的指导下,20 世纪 50 年代末至 60 年代初,在我国还曾进行了所谓"红专"辩论;对文科教材中所谓的"厚今薄古"问题的批判;对所谓资产阶级心理学的批判,以及发动大学生编写大学教材的运动等,这些批判和运动都对外教史的教学和研究产生过不利的影响。到 1960 年,在批判苏联的"修正主义"的同时,还要求深挖 18 世纪、19 世纪资产阶级学术思想的"老祖坟",批判锋芒指向"人道主义""人性论""和平主义"和"学术自由",教育史上许多教育家论述过的"量力性""系统性"等教学原则也因与当时的精神不相符合而遭到否定,外国教育史界的研究近乎停止。

在"文革"前,外国教育史教学与研究的真正发展是在 1961—1964 年。1961 年 1 月举行的党的八届九中全会制定了国民经济实行"调整、巩固、充实、提高"的"八字方针"。同年 1 月,教育部召开全国重点高等院校工作会议,决定对重点学校实行"四定"工作(定规模、定任务、定方针、定专业),强调通过调整建立完善的教学秩序,提高教学质量,加强对学校的管理。同年 2 月,中央书记处专门研究了如何解决高等学校的教材问题。4 月 11 日至 25 日,中央宣传部会同教育部、文化部在北京召开了全国高等学校文科和艺术院校教材编选计划

---

①　瞿葆奎、马骥雄等编:《曹孚教育论稿》,华东师范大学出版社 1989 年版,第 220 页。
②　瞿葆奎、马骥雄等编:《曹孚教育论稿》,华东师范大学出版社 1989 年版,第 220-221 页。
③　瞿葆奎、马骥雄等编:《曹孚教育论稿》,华东师范大学出版社 1989 年版,第 225 页。

会议。在会议中总结了文科教学的状况和经验教训,讨论了文科教学中带有方针性的根本问题,强调要坚决贯彻以教学为主的方针,正确处理"论与史"(观点与材料)、"古与今"、"中与外"等关系。当时的中宣部陆定一部长在会上还批评了一个时期以来的"乱贴标签"的做法,使学者们的思想得到一定程度的解放。在这一年制定的《关于自然科学研究机构当前工作的十四条意见(草案)》和《教育部直属高等学校暂行工作条例(草案)》,对学校教师和科研工作者致力于各门学科建设和科学事业的发展都起了激励作用。外国教育史教学与研究的一个小高潮就是在这样的形势下到来的。曹孚先生参加了高校文科和艺术院校教材编选计划会议,承担了外国教育史教材的编选任务。据称,当时有关领导认为,在外国教育史方面仍可以借鉴苏联教材。因此,曹孚先生开始从苏联教育家麦丁斯基的《世界教育史》和康斯坦丁诺夫等编著的《教育史》中选用了相应的篇章编出了一本"借用"教材,以应对高等师范院校教学的急需。这就是1962年由人民教育出版社出版的曹孚编的《教育史》,该书曾被许多院校使用多年。1962年秋,根据曹孚先生的创意,教育部文科教材编选办公室决定成立以曹孚为主的外教史教材编写组,成员除了曹孚先生外,还有河北大学的滕大春教授和华东师范大学的中年教师马骥雄同志、中央教育科学研究所的青年科研人员吴式颖同志。经过一年多的努力,编写组诸位同志在广泛阅读原著,搜集史料和深入讨论的基础上拟定和修改了编写提纲,并写出了部分章节的初稿。这一很有成效的工作终因编写组成员包括曹孚本人先后参加"四清"运动而被迫中断。在同一时期,以杭州大学和南京师范学院教育系的专家为主,编译出版了《西方资产阶级教育论著选》;华东师范大学的常道直教授译出了《亚里士多德论教育》;北京师范大学和华东师范大学教育系也翻译和编印了部分外教史资料。这都说明,在"文革"前的17年里,我国学者为发展外国教育史教学和研究工作做出了许多的努力。

"文革"的十年是倒退的十年。在"否定一切""打倒一切"的思潮下,外国教育史学科也成了重灾区,研究的对象和研究者本人都受到极大冲击。这既包括对苏联著名的马克思主义文艺理论家、教育家卢那察尔斯基(他被定名为苏联教育领域最大的"走资派",其教育思想遭到批判)、马卡连柯的教育思想的全盘否定,也包括对国内的外教史专家学者的冲击,他们中的许多人在"文革"中被当作"反动学术权威"批斗过,一些中青年教师也受到较大负面影响。对我国教育史学科做出重要贡献的曹孚教授在冲击中也因"心情极其沉闷,忧郁伤肝",不幸患肝癌于1968年含恨离世。[①] 可以说,曹孚先生是在外教史研究中最具理论建树的学者。他的去世是我国外教史界无可挽回的损失。曹孚先生生于1911年3月12日,逝于1968年1月15日,享年不到58岁,还处在可以做出更多贡献的学术盛年期,实在令人惋惜!

---

① 瞿葆奎、马骥雄等编:《曹孚教育论稿》,华东师范大学出版社1989年版,第9页。

回顾我国外国教育史教学和研究在"文革"前的17年里的曲折发展和"文革"十年遭受的严重挫折,不能不使我们痛定思痛:(1)学科及学术研究的发展需要一个稳定、宽松的社会环境和学术环境;(2)为了利于学术研究的开展,建立、健全保障学术环境健康发展的机制和相应制度非常重要;(3)尊重学术研究的规律和特点,鼓励学术研究的不同观点,保护研究者的积极性。只有在这样的环境中,各个学科和文化教育事业才能不断地健康发展。

二、改革开放初期至20世纪80年代
外国教育史教学与研究的发展

党的十一届三中全会(1978年12月18日至22日)以后,外国教育史界与其他各个学术领域一样开始拨乱反正。大家逐步冲破思想禁区,以只争朝夕的精神投入教学与研究工作,在开展外教史学科体系和重大学术理论问题研讨的同时,努力解决教材和教学参考书的缺乏问题,以及新生力量的培养问题,使本学科得到初步的繁荣。

这期间,全国教育史研究会的成立与活动对外国教育史的教学与研究起到了促进作用。1979年12月,在杭州成立了全国教育史研究会并同时召开了第一届年会。外教史界的老前辈、老专家罗炳之、赵祥麟、滕大春和王承绪等教授都参加了这次年会。王天一、金镖等中年教师也在全体会议上宣读了向年会提交的论文。学者们在小组会上开展了热烈的争论,对外国教育史遗产的批判性继承问题,对马卡连柯和杜威等教育家的重新评价问题,进行了比较深入、广泛的讨论,开始清算"左"的思想毒害。

1984年,在西安召开的教育史第二届年会上,与会学者集中讨论了对赫尔巴特和杜威教育思想的评价问题,展开了不同意见的争论,进一步解放了思想。会后教育史研究会编辑出版了《杜威、赫尔巴特教育思想研究》一书(山东教育出版社1985年版),反映了这届年会的成就。在这届年会前后,《教育研究》等杂志也发表了多篇论述杜威和赫尔巴特教育思想的论文。

1983年9月,全国教育史研究会专门组织了一次外国教育史学科体系讨论会,赵祥麟、滕大春、吴元训等老教授和许多中青年外教史教师在会上交流了自己的教学经验。大家本着"坚持四项基本原则,解放思想,实事求是,提出问题,交流看法,不做结论"的精神,就建立新中国的外国教育史学科体系问题进行热烈讨论,对学科的名称及其研究对象与范围、外国教育史学科体系的"中心"与"主线"、历史分期、外教史的下限及它与比较教育的联系、史与论的关系、外教史与中国教育史的关系、古与今的关系、教育思想与教育制度的关系等一系列重要问题都广泛交换意见,进行了讨论。关于学科名称及学科研究对象问题,较多的意见认为,还是以用"外国教育史"为好,它应该研究除了中国之外的世界历史上一切国家和地区的教育实践与教育理论发生、发展的情况,而不限于对西方主要国家教育制度和教育思想史的研究;要努力突破外教史学科历史上形成的以欧美为中心,以西洋为重点的传统。这次会议对外国教育史学科的定位,以及教学与研究起了积极的促进作用。人民教育出版社的有关同志也参加了讨论会,他们与安徽师范大学的戴本博教授联系,酝酿组织外国教育史教材的编写。教育科学出版社有关同志在会前委托吴式颖老师负责编写的《外国教育史简编》写作组在这次会议中也加强了人力,编写工作得到进一步落实。

全国教育史研究会第三届年会于 1985 年 10 月在重庆召开。为了促进我国普及 9 年义务教育的实施和中等教育结构改革,参加这次会议的外教史代表着重讨论了各国普及义务教育和开展职业教育的经验和教训,研究它们对我国教改的意义。

1987 年 6 月,全国教育史研究会在武汉召开了代表会议,经过研究和讨论,在这次会议上产生的第三届理事会决定和全国比较教育研究会一起组织 1988 年的马卡连柯 100 周年诞辰的纪念活动。会后,两个研究会在马卡连柯 100 周年诞辰国际研讨会(1988 年夏在北京师范大学召开)前组织出版了《马卡连柯教育思想论文集》(北京师范大学出版社 1988 年版)。文集的发行和研讨会的举办进一步推动了我国的马卡连柯教育思想的研究。

外教史研究指导思想和方法论以及学科体系建设问题成为 20 世纪 80 年代外教史工作者思考和探讨的中心问题。在全国教育史研究会召开的几届年会和专题讨论会上,大家对这些问题都进行了严肃、认真的讨论,对后来外国教育史教学与研究的发展具有重大意义。80 年代,外国教育史任课教师和研究者就这些问题在报刊上发表的文章也比较多,其中最早见诸报刊的金锵教授的论文《外国教育史研究中的几个问题》,发表在《教育研究》1980 年第 1 期上,是根据第一届年会的发言修改补充而成。文章试图依据"实事求是"的思想路线和"实践是检验真理的唯一标准"的精神,阐述外国教育史的历史遗产继承问题,清算"四人帮"及陈伯达等所谓"理论权威"粗暴地歪曲历史唯物主义,大搞历史虚无主义的罪行,对"文革"前 17 年历次学术批判中对待外国教育遗产的错误态度,以及苏联教育史著作中贯彻马克思主义方法论存在的公式化和简单化倾向,进行了深入的分析和批判。

1984 年,《教育研究》和《华东师范大学学报(教育科学版)》先后发表了滕大春、赵祥麟两位老教授的文章。两文均强调应根据马克思主义的立场、观点和方法对外国教育实践与教育思想发展的历史状况进行实事求是的研究,充实和完善外教史学科体系,使之达到真正的科学水平,更好地为我国的教育改革和"四化"建设服务。两文的共同之处还在于,都强调必须扩大外教史的研究范围,要"兼顾东西两方和南北两侧"。也就是说,要加强东方各国教育史、第三世界有关国家近现代教育史和过去未曾注意到的北欧国家、加拿大等国家教育经验的研究。例如,滕大春教授在论文中指出:"近年考古发掘的发现,已证明许多东方国家的教育早于希腊、罗马而发达的,它们的内容和方法是和欧洲古代同样丰富多彩的……埃及约在公元前 2500 年的古王国时代,已有宫廷学校之类,两河流域的亚述、巴比伦的学校可能出现在相同的时期或者更早。……希伯来和印度也是古代教育大国,其制度、课程、教学之完备似不亚于希腊和罗马。崛起于 7 世纪的伊斯兰国家,在 8 世纪的阿拔斯时期,文化教育也极可观。以上这些东方国家对世界教育发展的影响,也很广远。外国教育史不包括这些史实,是无从说明人类教育演变的全貌的。……北欧的瑞典、丹麦都有优良的教育史迹,南美文化悠久的印加帝国的教育也似乎值得探讨。……还有一些国家疆域不广却曾在教育上做出贡献,例如,荷兰、瑞士等,也不该成为外国教育史的弃儿。"① 赵祥麟教授在谈到这个问题时则写道:"人类的历史从一开始直到整个发展过程中,如果有什么中心的话,从来都是多中心的,而且是不平衡的,先进变落后,落后变先进,呈现一幅曲折前进的画面。那种认为在历史上只有西方是'先进'的,东方是'落后'的观点,只能说是帝国主义殖民地时期的产物……对于我们外国教育史学科体系来说,必须放眼全世界,打破欧洲中心论,在古代史部分关于埃及、巴比伦、希伯来、印度的教育,以及中世纪部分关于阿拉伯的文化教育,要大幅度地予以加强。在近代部分,除日本、瑞典、加拿大等国外,对第三世界国家,特别是埃及、印度以及东南亚国家的教育应给与一定的地位。"② 除此之外,两位教授都主张,要加紧研究教育在促进生产现代化和科技革命过程中所发挥的巨大作用,教育理论与教育实践发展之间的相互关系。不同的是,滕大春教授在论述自己的观点时更多地引述了考古资料,并以许多典型事例说明了古今之间的相互联系,东西方教育和各国之间的相互渗透,生动地阐明了借鉴教育的历史经验和外国经验的必要性与重要性。赵祥麟教授在论文中则广泛地概括了西方教育史学工作者在学科建设方面的历史经验,介绍了他们的学术成就,同时也明确地指出了西方教育史学中存在的问题。他还特别强调了研究 20 世纪教育史的重要性和加强现代派教育理论研究的必要性。赵先生在文中是用进步主义思潮来概括西欧的新教育思潮和美国的进步教育运动中的各种流派的。他写道:"进步教育思想发展史已经有一个世纪了,尽管它自身有种种弱点,可是在过去一个世纪里西方资产阶级教育改革运动的过程中,传统教育和进步教育两种思潮总是交替地在起着作用。为了对西方教育思想史有比较全面的了解,在我们的外国教育史学科体系中必须适当地把它包括进去。"③

在这一时期,一些青年学者对外教史学科的研究方法论和学科建设问题也表现出浓厚的兴趣与较多的关心。1986 年以来,北京师范大学的张斌贤等或以个人名义,或与其他学者合作,也发表了多篇论文,提出了许多值得重视和探讨的问题,引起同行们的注意。例如,

---

① 滕大春:《试论外国教育史的学科体系和教材建设》,《教育研究》1984 年第 1 期。
② 赵祥麟:《关于外国教育史学科体系的几个问题》,《华东师范大学学报(教育科学版)》1984 年第 2 期。
③ 赵祥麟:《关于外国教育史学科体系的几个问题》,《华东师范大学学报(教育科学版)》1984 年第 2 期。

张斌贤和刘传德在《教育研究》1986年第4期发表的题为《浅议外国教育史研究中的几个问题》的论文。其中指出,影响目前外国教育史研究与教学质量的主要问题之一是教育史料的匮乏,强调"史料是教育史研究的根据和基础",建议加强教育史料的收集、整理和翻译工作。张斌贤在《教育研究》1987年第8期发表的《再谈外国教育史研究中的一些问题》和《教育研究》1989年第5期发表的《再论外国教育史研究的现实感》等论文中提出,应"强化研究者主体的现实感或者当代意识",以使外国教育史研究为我国教育改革和教育建设提供更多、更有价值的科学依据与启示。张斌贤还在《教育研究》1988年第9期发表了题为《历史唯物主义与教育史学科建设》的论文,其中提出必须深入研究社会中各种因素的相互作用对教育发展的重要意义,而不是简单地说明或抽象地分析经济基础对教育发展的决定性作用。要研究教育历史内在的运动逻辑,研究教育史上各种事件、运动所包含的人类思想,探讨人类对各种来自于社会环境的挑战的反应过程、方式及历史演变过程,要建立专门的教育史理论等问题。

在这一时期,吴式颖在各种刊物上发表了多篇有关外国教育史,尤其是苏联教育史的研究论文,例如《试论20世纪20—30年代苏联普教建设和普教改革》(《教育研究通讯》1979年第1期)、《从20世纪60—70年代苏联教育发展谈列瓦·阿·苏霍姆林斯基》(《教育研究》1980年第6期)、《赞可夫的教育实验和他的教育思想》(《教育研究》1981年第3期)、《简介苏联德育过程理论的发展》(《外国教育》1981年第6期)、《20世纪70年代苏联教学理论的教学过程问题》(《外国教育》1983年第2期)、《18世纪法国唯物主义者的教育思想述评》(《教育研究通讯》1986年第4期)、《拉夏洛泰及其〈论国民教育〉》(《北京师范大学学报(社会科学版)》1989年第4期)等论文。此外,吴式颖还为人民教育出版社1987年出版的《克鲁普斯卡娅教育文选》撰写了以"克鲁普斯卡娅及其教育思想简论"为题的前言,为人民教育出版社1985年出版的《马卡连柯教育文集》撰写了以"马卡连柯及其教育思想评价"为题的前言(该文由吴式颖与方苹共同拟写提纲,吴式颖执笔完成),后者收录在1988年由北京师范大学出版社出版的《马卡连柯教育思想研究文集》中。在该文集中,吴式颖还撰写了《马卡连柯在中国》一文。这些论文都是努力以马克思主义的立场、观点和方法论为指导,在充分占有史料的基础上写成的,对于认识和研究苏联教育史具有重要的价值。

在20世纪70年代末至80年代,对苏联教育理论的翻译重新受到我国教育学者的重视。在这一时期,苏联的几部教育学著作都被翻译出版。其中巴拉诺夫等编的《教育学》1979年由人民教育出版社出版;巴班斯基主编的《教育学》1986年由人民教育出版社出版;德廖莫夫等编的《美育原理》1984年由人民教育出版社出版。这一时期翻译出版最多的是瓦·阿·苏霍姆林斯基的著作,主要有:《把整个心灵献给孩子》(天津人民出版社1981年版)、《给教师的100条建议》(天津人民出版社1981年版)、《要相信孩子》(天津人民出版社

1981年版;教育科学出版社1981年版)、《给儿子的信》(教育科学出版社1981年版)、《学生的精神世界》(教育科学出版社1981年版)、《家长教育学》(中国妇女出版社1982年版)、《关心孩子的成长》(北京师范大学出版社1982年版)、《关于人的思考》(湖南教育出版社1983年版)、《帕夫雷什中学》(教育科学出版社1983年版)、《和青年校长的谈话》(上海教育出版社1983年版)、《培养集体的方法》(安徽教育出版社1983年版)、《让少年一代健康成长》(原著名《公民的诞生》,教育科学出版社1984年版)、《关于全面发展教育问题》(湖南教育出版社1984年版)、《关怀祖国》(湖南教育出版社1985年版)、《爱情教育》(附有《给女儿的信》,教育科学出版社1985年版)、《年轻一代的道德理想教育》(湖南教育出版社1985年版)、《青少年心灵美的培养》(湖南教育出版社1985年版)、《培养学生爱国主义精神》(湖南教育出版社1985年版)、《学生集体主义情操的培养》(湖南教育出版社1985年版)、《教育的艺术》(湖南教育出版社1983年版)。这时还有苏联学者专门研究苏霍姆林斯基教育思想的译著,例如,穆欣编写的《苏霍姆林斯基论智育》(北京师范大学出版社1985年版)、鲍里斯·塔尔塔科夫斯基的《苏霍姆林斯基的一生》(教育科学出版社1986年版)等。这一时期翻译出版的还有列·符·赞可夫的著作:《教学与发展》(文化教育出版社1980年版)、《和教师的谈话》(教育科学出版社1980年版)、《论小学教学》(教育科学出版社1982年版)、《教学论与生活》(教育科学出版社1984年版)。这一时期还出版了苏联教育家尤里·巴班斯基的著作:《教学教育过程最优化——方法论原理》(人民教育出版社1985年版)、《教学过程最优化——一般教学论方面》(人民教育出版社1984年版)、《中学教学方法的选择》(教育科学出版社1985年版)、《教学教育过程最优化问答》(与波塔什尼克合著,教育科学出版社1986年版),等等。这些译著的出版为我国教育理论界和广大教师提供了借鉴与参考,也丰富了外教史学者研究的内容。

这一时期,外国教育史在教材建设方面也取得了比较丰硕的成果。1979年初,滕大春教授和吴式颖、姜文闵等着手恢复曹孚先生在60年代主持的外国教育史编写工作。从当时的情况看,由于成稿多属于古代史部分,便决定先整理曹孚先生的遗稿和其他同志撰写的初稿,并补充一些章节,编写《外国古代教育史》。经过两年多的努力,《外国古代教育史》一书于1981年3月由人民教育出版社出版。这本书的篇幅不大,却是新中国成立以来完全由我国教育史专家自己编写的第一本外国教育史教材。接着,人民教育出版社又邀请滕大春先生组织编写《外国近代教育史》,该书由滕大春主编、吴式颖副主编,参与编写的还有金锵、李明德、王桂和张法琨。他们在大量收集原始史料的基础上撰写此书,1989年由人民教育出版社出版。1984年和1985年,北京师范大学出版社出版了由北师大王天一、夏之莲、朱美玉合写的《外国教育史》(上下册)。华东师范大学出版社出版了由赵祥麟教授主编的《外国现代教育史》。这样就缓解了外国教育史教材奇缺的现象。同一时期出版的外国教育史教学参考书还有由罗炳之教授撰写的《外国教育史》（上下册），东北师范大学谢觉一、乔有华编写的《外国教育简史》，吴式颖、李明德、赵德昌、黄学博、单中惠、徐汝玲合编的《外国教育史简编》（教育科学出版社 1988 年版），北京教育行政学院等院校合编的《外国教育史简明教程》，王秉钦编写的《外国教育家论教育》等。

这一时期，人民教育出版社决定出版"外国教育名著丛书"，重译或重印了夸美纽斯的《大教学论》、洛克的《教育漫话》、卢梭的《爱弥儿》、裴斯泰洛齐的《林哈德与葛笃德》，而《昆体良教育论著选》《克鲁普斯卡娅教育文集》（上下卷）、《马卡连柯教育文选》（上下卷）、《中世纪教育文选》、《理想国》（柏拉图）都已经出版。出版的专著还有《新社会观》《欧文选集》第一卷。赵祥麟、王承绪编选了《外国古代教育论著选》《西方资产阶级教育流派论著选读》和《杜威教育论著选》，也是由人民教育出版社出版的。这一时期还出版了任宝祥、吴元训等合译的英国学者博伊德、金合著的《西方教育史》，吴元训等译的美国学者佛罗斯特的《西方教育的历史和哲学基础》，梁忠义等译的日本学者梅根悟的《世界幼儿教育史》（上下册），滕大春翻译的德国学者费·鲍尔生的《德国教育史》，单中惠编译的《杜威传》，范云门等译的《乌申斯基的教育学说》，等等。这些原文原著的出版，为教育史工作者研究外国教育家的思想提供了便利条件。

20 世纪 80 年代，在北师大、华东师大等高等师范院校，除了招收本科生，也开始招收外国教育史研究生，当时主要是硕士生。我国第一个外国教育史博士点建在河北大学，滕大春教授担任博士生导师，并于 1988 年开始招生，这时吴式颖教授为河北大学博士点成员。

三、20 世纪 90 年代以来外国教育史教学与研究的大发展

在 20 世纪 80 年代发展的基础上，90 年代以来，我国的外国教育史教学与研究取得了很大的发展和丰硕的成果。

在研究方面，由滕大春教授主编的 6 卷本的《外国教育通史》吸收了许多中青年教师参与编写，从 1989 年至 1994 年由山东教育出版社相继推出。赵祥麟教授组织编写了 3 卷本的《外国教育家评传》，由上海教育出版社于 1992 年出了第一版。其中第 1 卷评述了 26 位著名教育家的教育思想；第 2 卷和第 3 卷分别评述了 23 位教育家的教育思想。该书于 2003 年再版时增加了第 4 卷，评述了 27 位教育家的教育思想。90 年代，王承绪和张瑞璠教授组织编写了 3 卷本的《中外教育比较史纲》，由山东教育出版社于 1997 年出版。从 1995 年开始，由吴式颖和任钟印教授组织编写的，有 60 多位老、中、青外教史教师参加的《外国教育思想通史》（共 10 卷），于 2002 年由湖南教育出版社推出初版，2017 年由北京师范大学出版社

再版。这一时期,国别教育史的研究也取得了丰硕的成果,例如,由滕大春教授编写的《美国教育史》、王桂教授撰写的《日本教育史》、吴式颖教授撰写的《俄国教育史》和徐辉教授撰写的《英国教育史》。许多学者还完成了专题史的研究,取得了较好的成果。其中包括由吴式颖和褚宏启主编的《外国教育现代化进程研究》;史静寰、延建林主编的《西方教育史学百年通论》;贺国庆、王保星、朱文富的《外国高等教育史》;张斌贤及其团队完成的"美国教育改革研究丛书"已出版了 11 本;易红郡的《战后英国高等教育政策研究》和《英国教育思想史》;李明德、金锵主编的《教育名著评介》(外国卷);李明德的《外国教育思想史——人文主义教育之演进》;高迎爽的《法国高等教育质量保障体系研究——基于政府层面的分析》;刘黎明的《西方自然主义教育思想史》;单中惠主编的《西方教育问题史》等。综上所述,在这个时期,外国教育史学者和教师对外国教育思想与教育实践,从宏观和微观方面进行了较为深入的研究,取得了丰硕的成果。

在教材建设方面,马骥雄撰写的《外国教育史略》于 1991 年由人民教育出版社出版;吴式颖主编的《外国现代教育史》于 1997 年由人民教育出版社出版。从 1995 年开始,由吴式颖担任主编,组织北京师范大学、华中师范大学、福建师范大学、东北师范大学、西北师范大学、西南大学的 19 位本专业的教师通力合作,以历史唯物主义和辩证唯物主义为指导,在充分占有史料的基础上,通过三年多时间的努力,于 1998 年完成了《外国教育史教程》的编写。该书第一版于 1999 年 8 月由人民教育出版社出版,成为全国通用的外国教育史教材。该书后来在 2002 年由人民教育出版社出版了缩编本,为第二版。2015 年由人民教育出版社出版了第三版,并增加了李明德为主编和张斌贤为副主编。《外国教育史教程》是根据国内外最新研究资料进一步修改而成的集体智慧的结晶,是一部精品教材,获得学界的普遍认可和广泛应用。这本教材的出版也是外教史专业人员和人民教育出版社共同努力的结果,2016 年获得第五届全国教育科学研究优秀成果奖一等奖。这是对该书作者和编者 20 年奋发努力的最大奖赏。这个时期,在我国还出版了多种外国教育史教材,如张斌贤主编的《外国教育史》(教育科学出版社 2008 年版,2015 年再版);周采编写的《外国教育史》(华东师范大学出版社 2008 年版);王保星主编的《外国教育史》(北京师范大学出版社 2008 年版);郭法奇的《外国学前教育史》(北京大学出版社 2015 年版)。出现了教材编著多样化的局面。

这一时期,在原著和国外研究成果的翻译和出版方面也做了大量工作。人民教育出版社本着"服务教育、繁荣学术、积累文化"的宗旨,组织翻译和选编了"外国教育名著丛书",共 38 种、44 册外国教育名著;浙江教育出版社于 20 世纪末、21 世纪初组织翻译了《赫尔巴特文集》,共 6 卷,于 2002 年出版;教育科学出版社组织翻译和出版了《苏霍姆林斯基教育文集》,共 5 卷,于 2001 年出版;山东教育出版社组织翻译和出版了由单中惠和徐小洲主编的《西方教育经典名著译丛》,共 10 卷,于 2011 年出版;河北大学出版社还组织翻译出版了瓦尔特·

吕埃格主编的 4 卷本《欧洲大学史》。这些原著和国外研究成果的翻译和出版,为外国教育史专业师生的学习与研究提供了便利。

同一时期,我国外国教育史专业工作人员还完成了《中国大百科全书·教育卷》《教育大辞典》和《中国教育大百科全书》的外国教育史相关条目的编写任务。

这一时期,外国教育史在培养专业人才方面也做了大量工作,取得了很大的进展。除本科教育外,为了培养专业人才,北师大于 1979 年开始招收硕士研究生。90 年代以后,各师范院校硕士生培养获得很大的发展。1991 年,北师大开始招收博士生,成为第二个外国教育史博士点。1997 年,中国教育史专业和外国教育史专业合并为教育史专业,外国教育史成为教育史的一个研究方向。我国现在一共有 7 个可以招收外国教育史研究方向的博士点,有 12 位博士生指导教师。从 1991 年至 2010 年,共培养 121 名外国教育史专业的博士;2011 年到现在,又培养了 69 名博士,总共培养了 190 名博士。这些博士毕业后大多从事外国教育史的研究与教学,成为新生的力量。研究生的培养促进了外国教育史研究与教学的发展。上述这些成果的取得是老中青几代专业人员共同努力的结果。

四、外国教育史教学与研究的问题与展望

70 年的外国教育史研究与教学取得了巨大成就,值得庆贺。但是我们在研究与教学方面也需要注意一些我们可能没有意识到的问题,而这些问题可能会影响外国教育史教学与研究的进一步的发展。这里谈几点不成熟的认识。

(一)在外国教育史教学和研究上尽中国学者的责任

回顾新中国 70 年来外教史研究与教学的发展历程,可以看出一个基本发展的线索,新中国成立初期主要是以学习与研究苏联教育为中心。经过 20 世纪 80 年代的讨论,我国的外国教育史学者在认识上基本达成了一个共识,即应该研究人类教育发展的整个过程,兼顾东西方发达国家与发展中国家教育发展。因为人类教育的发展历程说明,在各个历史时期,各地区与国家教育的发展虽然是不平衡的,但是同时也是多元的,然而后来的研究中,越来越走向以西方,特别是欧美教育史为中心了。欧美教育的确有自己的发展特色和许多长处,但是作为中国学者,研究的是外国教育史,而不单是欧美教育史,这应该是我们的责任。通过研究,我们需要阐明的是,人类各国各个地域的教育是如何发展起来的;人类的教育,包括理论与实践,从古至今是如何发展的;要总结人类教育发展的规律,总结经验教训,以利于我国教育的发展与现代化,从而对人类教育发展的阶段、趋势、特点,有一个合理的判断和把握。

(二)拓展和加强国别史方面的研究

与前面的问题相关,在外国教育史研究领域,由于把许多精力放在欧美,特别是英美教育史的研究上,对德国、法国教育史的研究不多,对日本教育史研究得也不多,而对俄国、苏联教育历史的研究就更少了。这种状况的存在是不利于我国外国教育史研究与教学的进一步发展的。其实,从史学研究的角度看,研究某个国家的教育虽然可以得出一些有价值的认识,但是任何一个国家的教育史,都只是人类教育历史发展的一个个案。只有通过不断对众多个案进行长期的研究,才能对人类教育历史有更好的认识。目前我们正在全力完成《外国教育通史》的编写工作,其目的就是要全面揭示各个历史时期各个不同国家教育实践与教育思想发展的轨迹,总结教育发展规律。我们也正是试图通过《通史》的编写,尽可能地增加研究对象国的数量,尽可能地反映人类教育发展的整体面貌。

(三)增加和培养多语言的外国教育史研究人才

在编写《外国教育通史》的过程中,我们深深感到,由于掌握各种语言工具的专业人员的缺乏,《外国教育通史》的编写还存在许多不足,在英语以外的一些语言的史料翻译和资料运用上远远不够。在这次新编《外国教育通史》中,除了保留原有英语、俄语语言背景的学者外,又邀请了掌握其他语言工具的学者的加盟。当然,还有许多工作需要加强。《外国教育通史》的编写只能达到初步目标,以后还需要不断完善。需要指出的是,为了使我国外国教育史研究和教学能够有序发展,应该考虑在研究生的培养中有多种语言的选择,我们可以选择英语以外的以法语、德语、俄语、西班牙语、日语为研究工具的研究生和研究者,只有这样,才能使我国的外国教育史研究与教学得到更好的发展。

(四)建立和完善中国的外国教育史教学与研究的解释框架

纵观70年外国教育史教学与研究的发展历程,可以看到一个十分有趣的现象:20世纪50年代出现了大量翻译和研究苏联教育理论及历史的成果;80年代后期以来又出现大量翻译和研究西方教育理论和历史的成果。这种情况的出现,反映了社会大环境变化对外国教育史教学与研究的影响。80年代以来中国社会的改革开放,不仅使教育改革开始有学习西方教育改革的机会,也提供了外国教育史研究借鉴西方教育改革经验的可能。大量的欧美西方教育史研究成果的引进和介绍,丰富了中国教育改革多样性的选择,也拓宽了外国教育史学者研究的视野。当然,对于西方教育的改革经验,需要吸取其中适合于我们的部分;同时也要深入分析,对其进行全面和科学认识,毕竟西方教育发展有其自身的文化逻辑,有自己的解释框架。我们要在研究西方教育的同时,结合自身的文化,致力于建立自己的教学与研究的解释框架。在 70 年的外国教育史教学和研究的历程中,几代学者的艰苦探索已经为我们做出了榜样:不唯外,信自己,勇探索。在新的历史条件下,在保持清醒的头脑和定力,在以往学者研究的基础上,完善自己的解释框架,促进外国教育史教学与研究的健康发展,更好地为中国教育改革的发展和进步服务。

原载《教育史研究》2019 年第 4 期

新中国成立 70 年来美国高等教育史研究回顾与展望

◎孙　益　杨雪芬　曹雅洁　夏　青[*]

摘　要:1949 年新中国成立以来,随着我国高等教育事业的蓬勃发展和学术研究的繁荣,我国学术界对美国高等教育史的研究日益重视,取得了蔚为可观的研究成果。中国学术界对美国高等教育史的研究从数量到质量都远远超过了对其他任何一个国家高等教育史的研究,美国高等教育史的研究在中国学术界发展成为一个真正的学术研究领域。梳理国内学者对美国高等教育史的研究成果,对美国高等教育史的研究状况进行全面考察,从认识论与方法论的层面对已有研究成果进行回顾、反思与前瞻,可以推动我国学者对美国高等教育史的研究迈入新的阶段。

关键词:新中国成立 70 周年;美国高等教育史;研究进展;研究热点

高等教育史是外国教育史研究的一个分支领域,在外国教育史研究涉及的诸多国家中,美国又是中国学术界最为关注的国家之一。新中国成立 70 年来,国内学术界对美国高等教育史的研究日益增多,学术水平不断提高,取得了令人瞩目的成绩。可以说,国内学术界对美国高等教育史的研究从数量到质量都远远超过了对其他任何一个国家高等教育史的研究。国内学者虽认识到了美国高等教育史研究的重要性,但专门以美国高等教育史为主题展开的回顾与述评较少,常见于外国教育史学科整体的研究进展之中。[①] 本文尝试梳理新中国成立 70 年来美国高等教育史的研究成果,了解美国高等教育史研究的进展,以推动国内学界对美国高等教育史的研究迈入新的阶段。

---

　* 作者简介:孙益,北京师范大学教育学部副教授;杨雪芬、曹雅洁、夏青,北京师范大学教育学部硕士研究生。

　① 陈露茜、张斌贤、石佳丽:《近年来我国外国教育史研究进展》,《高等教育研究》2017 年第 8 期;张斌贤、林伟、杜光强:《外国教育史研究进展:2010—2014 年》,《教育研究》2016 年第 1 期;雷祎晴:《新世纪以来我国外国教育史研究知识图谱分析》,河南大学硕士学位论文,2017 年。

一、美国高等教育史研究的整体状况

新中国成立 70 年来,美国高等教育史的研究蔚为可观。通过知网检索,1949 年至今有关美国高等教育史的文献约有 3193 篇,其中期刊文章 2298 篇,硕博论文 807 篇,会议文章 50 篇,报纸文章 26 篇,学术辑刊 12 篇。此外研究专著和译著也各有 40 余本之多。

(一)发文概况

1950 年,鲁成发表了第一篇有关美国高等教育的文章《留学生谈美国高等教育》。[①] 50 年代到 70 年代之间,因为思想观念的束缚,研究陷入全面停顿;改革开放带来了思想观念的解放,美国高等教育史的研究得以恢复。从知网呈现的趋势来看(见图 1),1979 年至 2000 年,年均发文量较少,表明研究还比较少。2000 年之后,发文量开始增加,21 世纪的头十年数量增加最为显著。2011 年达到年度发文总量的最高值,共计 241 篇,2011 年至今总体呈现略微下降的趋势。

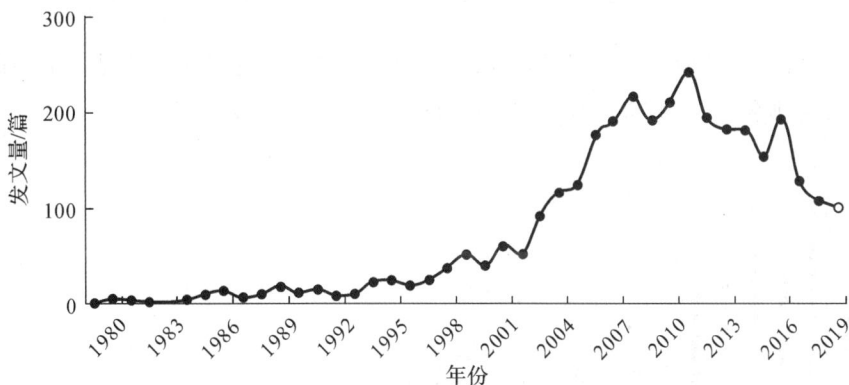

图 1　CNKI 数据库美国高等教育史研究文献数量(1979—2019)

从美国高等教育史研究者的科研能力和集群分布来看(见图 2),熊华军、何振海、熊耕、韩梦洁、张斌贤、崔瑞锋、杨凤英、杨晓波、陈学飞等人的发文量较多,这些作者基本上都是教育史、高等教育学、比较教育学等相关领域的著名专家和学科带头人。其中,熊耕、熊华军、崔瑞锋、马万华、刘旭东等人是高等教育学者;陈学飞、张斌贤、王保星、何振海等人是教育史

---

① 从 1949 年到 1979 年,除了鲁成撰写的《留学生谈美国高等教育》一文之外,没有检索到与美国高等教育史相关的研究,故本文的数据分析主要集中在 1979 年至今。

学者;刘宝存、谷贤林、姚云、杨凤英、傅松涛等人是比较教育学者。此外,还涉及一些教育学原理、教育经济与管理等研究方向的学者。这表明当前我国整个教育学领域对美国高等教育史研究比较重视。

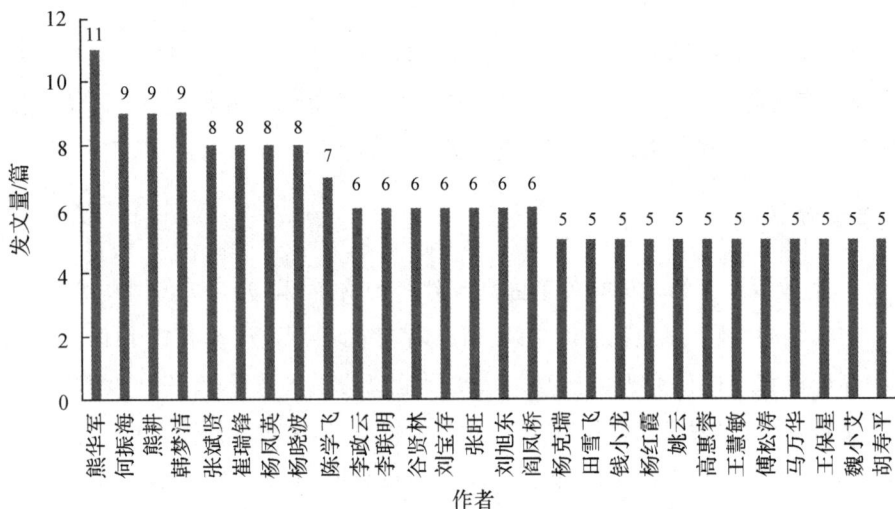

图 2 CNKI 数据库美国高等教育史研究发文作者统计(5 篇及以上)

发文机构的情况能够在一定程度上反映该机构的学科特色和关注领域。美国高等教育史研究发文量排名前 30 的机构统计如下(见图 3)。

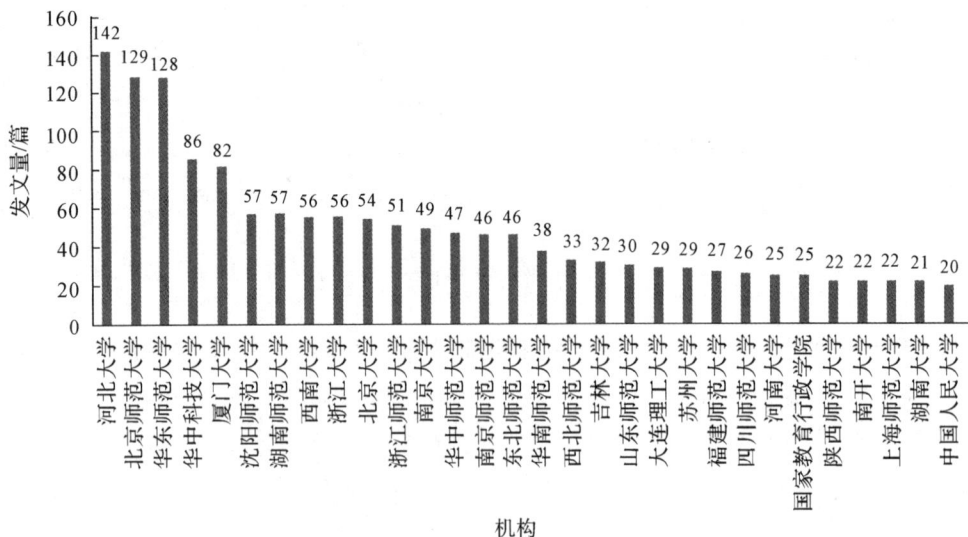

图 3 CNKI 数据库美国高等教育史研究发文机构统计(前 30 位)

由图 3 可知,河北大学、北京师范大学和华东师范大学这几所高校对美国高等教育史研究贡献较大,发文总量均超过 100 篇。这三所大学也是国内教育学科居优势地位的大学,其中北京师范大学和华东师范大学是国内两所教育学一流学科所在单位。而华中科技大学、厦门大学、西南大学、浙江大学等国内一流综合性研究型大学,以及沈阳师范大学、湖南师范大学、浙江师范大学、华中师范大学等重点师范类大学也是美国高等教育史研究的主力军。

(二)研究热点

为更准确地把握美国高等教育史的研究热点,我们运用 CiteSpace 和 CNKI 进行关键词的计量可视化分析。从 CNKI 的分析结果(见图 4)可以看出,在 689 篇核心文献中,出现频率较高的有效关键词为大学、通识教育、社区学院、美国大学、高等职业教育、研究型大学、哈佛大学、高等教育大众化、改革、政策、高等教育强国、社会服务、本科教育、比较研究、赠地学院、理念、职能、人才培养、高等教育思想、文化、赫钦斯、学术自由、变革、女性高等教育、大学教师、达特茅斯学院案、州立大学、课程、大学校长、自由、弗吉尼亚大学等。

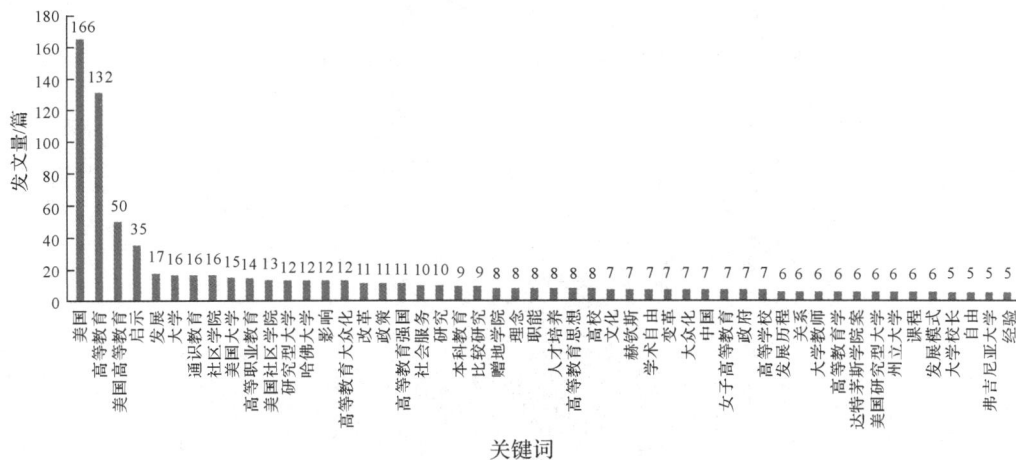

图 4　CNKI 数据库美国高等教育史研究文献关键词统计(1979—2019)

再运用 CiteSpace 进行关键词可视化分析,结果见图 5-1、图 5-2。

在图 5-2 所示的关键词共现网络中,每一个圆圈代表一个关键词的节点,节点的大小与关键词共现频次高低呈正相关,节点越大说明关键词出现频次越高。出现频次较高的有效关键词为通识教育、高等教育大众化、美国职业教育、美国大学、研究型大学、哈佛大学、社会服务、社区学院、赠地学院、赫钦斯、达特茅斯学院案、州立大学、大学教师、女性高等教育、政策、职能、课程、学术自由等。对比发现,CiteSpace 的分析结果与 CNKI 的分析结果基本吻合。

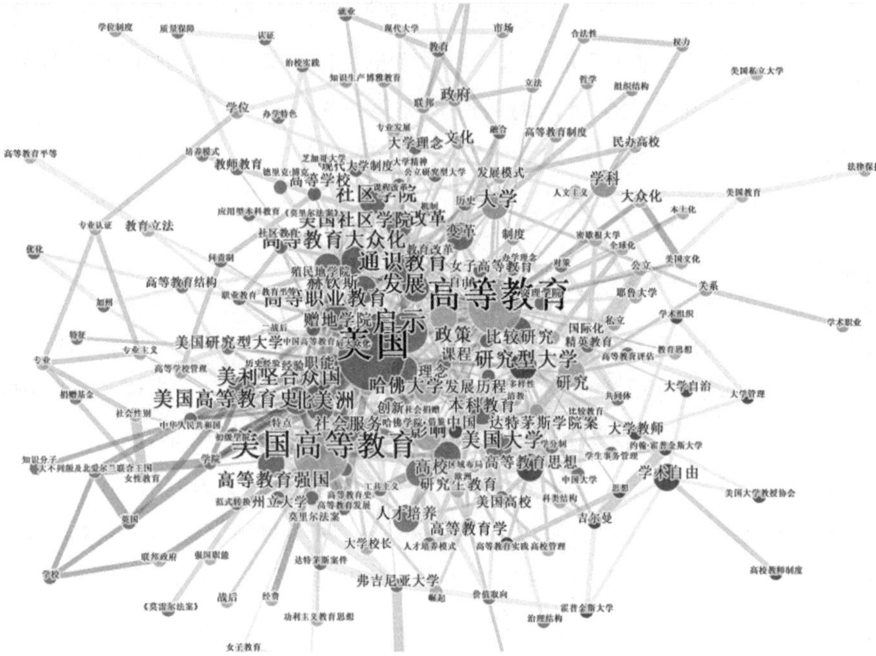

图 5-1　美国高等教育史研究关键词共现网络(1979—2019)

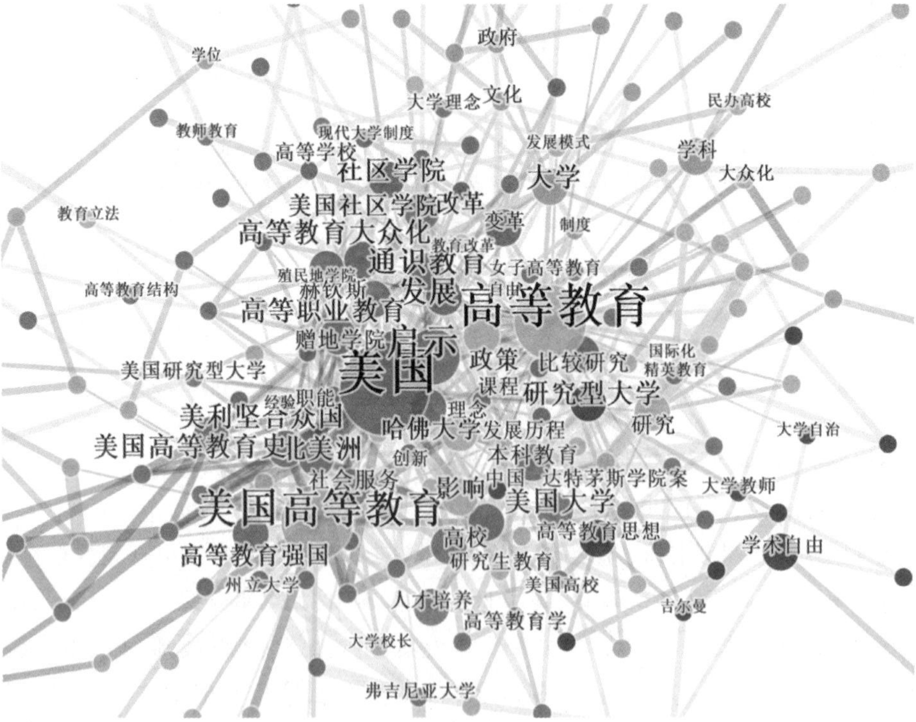

图 5-2　美国高等教育史研究关键词共现网络图缩略图(1979—2019)

为呈现研究的时段特征,我们对研究成果较为集中的 21 世纪的研究关键词进行时间演变脉络的分析,结果见图 6。图中横坐标是关键词出现的年份,圆圈的大小代表关键词频次的高低,关键词所在的时段为该关键词的集中研究时段。21 世纪初,对美国高等教育史的研究主要集中在理念研究和中美比较方面。2003 年之后研究的领域不断拓展,一些重要的主题如研究型大学、社区学院、高等教育大众化、大学职能、高等教育思想、政策、立法、制度、职业教育、通识教育等开始出现,这标志着 2003 年至 2010 年是我国美国教育史研究迅速发展的时期,研究的主题涉及美国高等教育的各方面,2010 年以后的研究更多是对以上主题的深化、细化和反思。

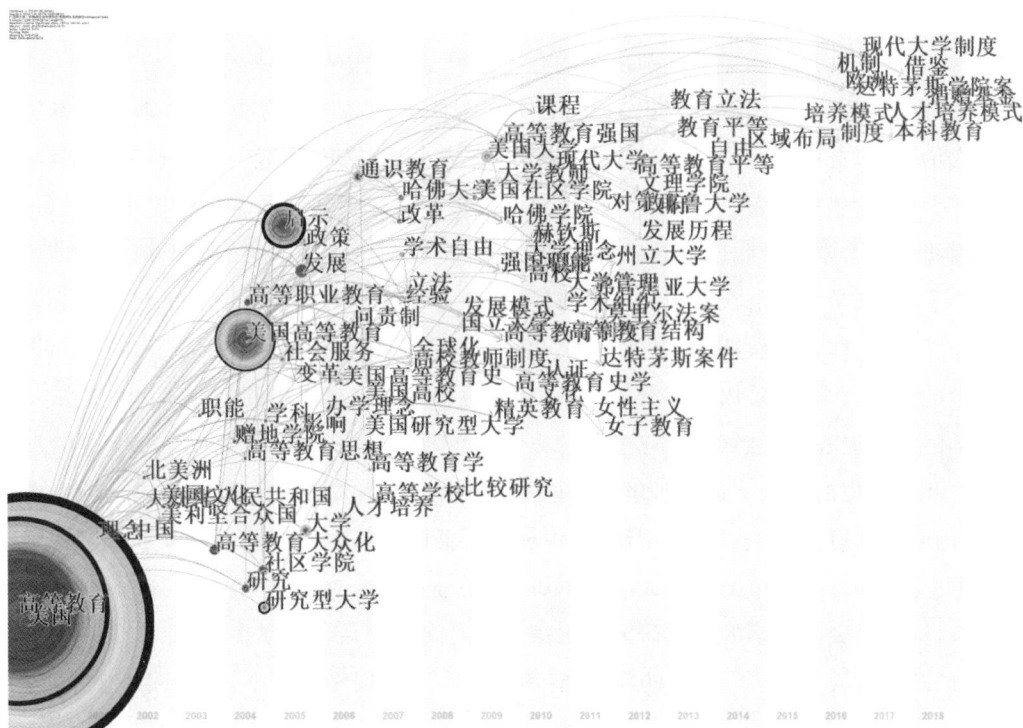

图 6　美国高等教育史研究关键词时间脉络演变(2000—2019)

二、专著与译著中的"美国高等教育史"

从 20 世纪八九十年代起,国内学术界开始出版美国高等教育史的研究专著和译著,迄今数量达百余本。在 21 世纪之前,国内学术界对美国高等教育史的重视程度还不够,著述和译著较为零星。最早的两部专著是 1989 年陈学飞的《美国高等教育发展史》和 1995 年王廷芳的《美国高等教育史》。这两部高等教育通史类著作呈现出不同历史时期美国高等教育史的发展图景,梳理了一些重要的教育事件以及与高等教育相关的内外部变革。最早的译著是 1993 年陈学飞翻译的美国高等教育学家克拉克·科尔的《大学的功用》。

(一)单本专著与研究丛书

进入 21 世纪,美国高等教育史专著的数量迅猛增长,且多以丛书的形式呈现。代表性的丛书包括"京师高等教育论丛""美国教育变革研究丛书"和"北大高等教育文库·大学之道丛书"。这些丛书几乎涵盖了美国高等教育史研究专著的主要成果。

张斌贤主编的"京师高等教育论丛"中有 7 本围绕美国高等教育史展开,涉及的专题包括大学自治、学术自由、大学与知识、大学理想、大学与社会流动、冷战与学术研究、大学与文化战争等。和震在《美国大学自治制度的形成与发展》中依据"法人—董事会制度结构"这一基本线索将美国大学自治制度的形成和发展分为形成时期、认可和拓展时期、成熟时期三个阶段。李子江在《学术自由在美国的变迁与发展》中指明了不同历史时期学术自由的必要条件、矛盾、任务、主体、内涵、特征,以及学术自由与学术责任之间的关系。黄宇红在《知识演化进程中的美国大学》中采用修正派的观点,从知识和大学相互作用的视角研究了美国从学院到大学的转变进程。王晨的《保守主义的大学理想》将大学观念的变化放在一个更为广阔的思想史和社会史的背景下进行理解,以建立大学观念及其发展的新解释模式。杨克瑞在《战后美国联邦政府大学生资助政策研究》中梳理了美国联邦大学生资助政策近半个世纪的重大变革。於荣的《冷战中的美国大学学术研究》通过考察冷战时期美国联邦政府对学术研究的影响,揭示了美国大学的学术研究与国家利益之间的关系。王璞在《文化战争中的美国大学》中试图深入美国政治、文化的深层冲突和矛盾来展现 20 世纪八九十年代的美国大学史。

在"北大高等教育文库·大学之道丛书"中,黄俊杰主编的《大学校长遴选:理念与实务》和郭为藩写的《转变中的大学——传统、议题与前景》都聚焦于美国高等教育史。《大学校长遴选:理念与实务》从探讨大学的理念及其变迁开始,对美国大学运作管理方面的经验,特别是对大学校长的遴选方式、制度和经验等方面进行了深入探讨。《转变中的大学——传统、议题与前景》主要探讨欧美大学制度的演变,介绍了大学由中世纪学人生活社区发展为 19 世纪初国家教育系统的学术教育机构的历程,展现出知识经济时代大学多姿多彩的风貌。

"美国教育变革研究丛书"涉及美国高等教育史的书目有:郝艳萍的《美国联邦政府干预

高等教育机制的确立》,康绍芳的《美国教育学界精英群体的兴起》,陈瑶的《美国教育学科构建的开端》,刘春华的《美国博雅学院的现代转型》,崔高鹏的《美国州立大学董事会权力的变迁》和刘冬青的《美国州高等教育财政政策的变革》。这一套丛书聚焦于那些在美国教育历史发展过程中具有重大意义的、具体的和微观的历史事件与历史现象,重点关注那些在美国历史转变时期发生的重大教育变革。

另外,"高等教育学博士文库论丛"中也有一些相关研究。陈利民的《办学理念与大学发展——哈佛大学办学理念的历史探析》从历史的角度对世界一流大学进行个案考察,剖析大学办学理念与世界一流大学成长的关系。何振海的《美国州级公立高等教育发展模式的构建与变迁——以加州为个案的历史研究》探讨了美国州级公立高等教育发展模式的构建与变迁。

除了丛书外,学者们零散的专著也为美国高等教育史的研究做出了贡献。万秀兰在《美国社区学院的改革与发展》一书中,围绕美国社区学院的职能嬗变来讨论美国社区学院改革和发展的过程、规律及启示。曾开富、王孙禺的《战略性研究型大学的崛起》对麻省理工学院在一战后大约 60 年间的崛起过程和背后原因进行了多方位的分析。秦冠英的《20 世纪 70 年代美国大学教师发展的理论与实践》从教学发展、组织发展、个人发展和学术研究发展四个方面展现了美国在 20 世纪 70 年代大学教师发展的状况。张斌贤、李子江主编的《自制、自治与控制》收录了若干篇以学术自由和终身教职为主题的文章,包括李子江的《学术自由在美国大学的演变》、王保星的《终身教职与学术自由:美国的历程》和王璞的《自由主义的危机》,这三篇文章对学术自由的兴起、终身教职对学术自由的重要意义以及学术自由精神进行了分析。张斌贤、郭法奇主编的《美国教育:观念与制度的变迁》对美国高等教育的现代转型进行了深入研究,有助于读者了解美国高等教育的历史发展、形成原因,以及对当代的影响等。

在学者们的专著中,大学与政府的关系问题是美国高等教育史领域里历久常新的话题。例如,周详的《美国大学法人制度的创建》通过梳理"达特茅斯学院案"的形成原因和殖民地学院发展演变的制度环境,解释了现代美国高等教育系统的缘起以及联邦、州与学校机构三者之间的复杂关系。陈文干的《美国大学与政府的权力关系变迁史研究》对美国大学自治与政府干预的历史演变加以研究,总结出美国大学与政府权力关系的特点。刘旭东的《美国联邦政府高等教育财政资助发展研究》运用教育生态学研究范式,梳理和总结了美国联邦政府对高等教育财政资助的历史发展过程,为开拓教育史学研究提出了有益的方法借鉴。

此外,国内还出版了不少美国院校史研究的专著,研究对象集中于哈佛、耶鲁等名校。①
这些著作系统研究了某一所知名大学发展的历程以及治理模式、筹资机制、课程变革、科学
研究等,对大学铸就辉煌的成因进行了论述,从而对我国创建世界一流大学提供有益的借鉴
和启示。

(二)"自由译介"与"有组织的译介"

国内学术界对美国高等教育史译介工作也主要是在 21 世纪展开的。从类型上看,无论
是通史、专题史还是院校史均有所涉及;从组织形式上看,主要包括"自由译介"②和"有组织
译介"③两种形式。

21 世纪初,美国高等教育史的译著大多包含在世界大学研究和世界高等教育名著的译
丛中,如"汉译世界高等教育名著丛书"④,译著的内容也以高等教育思想为主。随着对美国
高等教育史研究的重视程度不断提高,国内出现了针对美国高等教育史的"有组织译介",如
顾秉林等主编的"世界一流大学研究译丛"⑤和张斌贤主编的"美国研究型大学探索译丛"。
这些译著主要探讨了美国高水平研究型大学的发展史、发展特点以及斯坦福大学、哈佛大
学、麻省理工学院和威斯康星大学院校史上的关键发展时期。可见,这个时期的译著以美国
知名高校的院校史为主。与此同时,自由译介工作也在持续发展。北大高等教育文库的"大
学之道丛书"是最主要的、开放式的美国高等教育史译著平台。这类自由译介的作品占据了
后期译著成果的大多数,涉及多种译著类型,如美国高等教育的通史⑥、高等教育思想和大学

---

① 林玉体:《哈佛大学史》,高等教育文化事业有限公司 2002 年版;郭健:《哈佛大学发展史研究》,河北教育出版社
2000 年版;张金辉:《耶鲁大学办学史研究》,中央编译出版社 2009 年版;徐来群:《哈佛大学史》,上海交通大学出版社
2012 年版;周雁:《耶鲁大学史》,上海交通大学出版社 2012 年版。

② 自由译介,即译者个人自主决定或出版社推荐所译书目,其成果就是单种译著或者被列入已有的开放式译丛之中。

③ 有组织译介,即学者或出版社围绕一定的专题或主题,选择一定数量的著作,组织相关专业人员进行翻译,其成
果通常为译丛或多卷本译著。

④ 其中包含约翰·亨利·纽曼的《大学的理念》、罗伯特·M.赫钦斯的《美国高等教育》、约翰·S.布鲁贝克的《高
等教育哲学》、德里克·博克的《走出象牙塔:现代大学的社会责任》、克拉克·科尔的《高等教育不能回避历史:21 世纪的
问题》、伯顿·克拉克的《研究生教育的科学研究基础》《探究的场所:近代大学的科研和研究生教育》《高等教育新论:多
学科的研究》、亚伯拉罕·弗莱克斯纳的《现代大学论:美英德大学研究》等。

⑤ 该丛书包含弗兰克·H.T.罗德斯的《创造未来:美国大学的作用》、丽贝卡·S.洛温的《创建冷战大学:斯坦福
大学的转型》、莫顿·凯勒的《哈佛走向现代:美国大学的崛起》、亨利·埃兹科维茨的《麻省理工学院与创业科学的兴起》、
大卫·沃德的《令人骄傲的传统与充满挑战的未来:威斯康星大学 150 年》。

⑥ 亚瑟·科恩:《美国高等教育通史》,李子江译,北京大学出版社 2010 年版;亚瑟·M.科恩、卡丽·B.基斯克:《美
国高等教育的历程》,梁燕玲译,教育科学出版社 2012 年版;约翰·塞林:《美国高等教育史》,孙益等译,北京师范大学出
版社 2014 年版;安德鲁·德尔班科:《大学:过去、现在与未来》,范伟译,中信出版社 2014 年版。

理念①、不同类型高校的发展史②、高校的专题史③。

　　总体来说,从自由译介到有组织译介,国内对美国高等教育史译介的重视程度逐渐提高,更有针对性和组织性。同时,译著涉及的领域和主题也日趋多元化,既有通史性的作品,也有院校史、专题史的作品,专题史的作品覆盖了美国高等教育的思想、教学、制度、管理、筹款等各领域。

　　虽然取得了一定的成就,但美国高等教育史的译介工作还有很大的局限。例如,内容主要集中在研究型大学,尤其是世界一流大学;时段主要聚焦于近现代,对美国高等教育的早期史关注度不够。与美国本土研究成果比起来,治理体制、组织制度、政策法案、理论争鸣等方面的译著还较少。补足这些方面的短板将为美国高等教育史的研究者提供更多元的研究视角和思路,这有待教育史及相关学者进一步的努力。

三、期刊论文中的"美国高等教育史"

　　对期刊论文中的热门关键词进行筛选、整合后,我们可以大致看出国内的美国高等教育史研究主要集中于 8 个主题:大学理念与高等教育思想,政策与法案,组织与制度,研究型大学与研究生教育,社区学院与大众化,通识教育与课程,美国院校研究,女性高等教育及其他研究。本部分通过深入阅读 689 篇知网核心文献及其他未被知网收录的重要文献,对以上专题研究进展进行深入分析。

---

① 威廉·墨菲:《芝加哥大学的理念》,彭阳辉译,上海人民出版社 2007 年版;约翰·道格拉斯:《加利福尼亚思想与美国高等教育》,周作宇译,教育科学出版社 2008 年版;沃特·梅兹格:《美国大学时代的学术自由》,李子江等译,北京师范大学出版社 2010 年版;谢尔顿·罗斯布莱特:《现代大学及其图新:纽曼遗产在英国和美国的命运》,别郭荣译,北京大学出版社 2013 年版;雅罗斯拉夫·帕利坎:《大学理念重审:与纽曼对话》,杨德友译,北京大学出版社 2008 年版。

② 理查德·鲁克:《高等教育公司:营利性大学的崛起》,于培文译,北京大学出版社 2006 年版;詹姆斯·杜德斯达、弗瑞斯·沃马克:《美国公立大学的未来》,刘济良译,北京大学出版社 2006 年版;劳伦斯·维塞:《美国现代大学的崛起》,栾鸾译,北京大学出版社 2011 年版;P. F. 克鲁格:《美国文理学院的兴衰:凯尼恩学院纪实》,胡森森译,北京大学出版社 2013 年版。

③ 罗纳德·G. 艾伦伯格:《美国的大学治理》,张婷姝等译,北京大学出版社 2010 年版;罗杰·盖格:《大学与市场的悖论》,郭建如等译,北京大学出版社 2014 年版;乔治·M. 马斯登:《美国大学之魂》(第二版),徐弢等译,北京大学出版社 2015 年版;克里夫顿·康拉德:《美国如何培养硕士研究生》,袁本涛等译,北京大学出版社 2016 年版;弗兰克·H. 奥利弗:《美国高等教育筹款史》,刘昊等译,广东人民出版社 2016 年版;理查德·布瑞德利:《哈佛规则:捍卫大学之魂》,梁志坚译,北京大学出版社 2009 年版;哈佛委员会:《哈佛通识教育红皮书》,李曼丽译,北京师范大学出版社 2010 年版;查尔斯·维斯特:《麻省理工学院如何追求卓越》,蓝劲松译,北京大学出版社 2013 年版;理查德·布瑞德利:《哈佛,谁说了算》,梁志坚译,北京大学出版社 2014 年版。

（一）大学理念与高等教育思想

有关美国大学理念的研究自 20 世纪 80 年代开始出现，至今仍热度不减。从研究内容上看大致可分为三类：第一类是美国高等教育史上重要思潮的研究，例如"威斯康星思想"、新自由主义思潮和工具主义高等教育思想；第二类是高等教育中群体思想的研究，主要将大学校长这一群体作为研究对象，以窥探大学理念的内涵和历史性演变；第三类则是聚焦于著名人物思想的研究，这些人物大多是引领了高等院校诸方面改革的名校校长和著名教授。

在对高等教育思潮的研究中，"威斯康星思想"自 1989 年以来一直保持着较高的研究热度。随着研究的深入，学者开始采用新的研究视角进行研究，例如"文化视角"①。但总的来说，研究者们多关注大学功能问题，即大学服务于社会的功能问题。② 除此之外，强调高等教育职能与社会环境互动的工具主义高等教育思想和反思美国高等教育现状的新自由主义思潮也开始兴起。③

在第二类对美国大学校长群体的研究中，王福友、段君莉的《美国高等教育发展历程中的校长研究》从学院时期（1636 年哈佛学院的建立到内战前）、内战后到 20 世纪前半期和 20 世纪 90 年代以后这三个时间段来探究这一群体对美国高等教育的意义。之后，王福友、王向华的《美国大学发展史上巨人校长的领导过程与特征研究》将研究进一步聚焦于 19 世纪中期以后"巨人校长"群体。以上研究认为，高等教育组织的转型是社会大背景变化的结果，而不是校长个人意志的结果。

第三类关于著名人物思想的研究是数量最多且研究最为深入的。在研究方法上，高等教育思想的研究多依托院校改革实践来展开。在研究对象上，美国名校中的人物思想成为研究的主要方面。近年来，一些过去不曾受到关注的人物也开始逐渐进入研究视野。

与哈佛大学相关的人物研究是最多的，如查尔斯·威廉·埃利奥特（C. W. Eliot）、詹姆斯·B.科南特（James B. Conant）、德里克·博克（Derk C. Bok）等。④ 其次是与芝加哥大学相关的人物，如威廉·林尼·哈珀（William Rainey Harper）⑤、罗伯特·赫钦斯（Robert

---

① 刘侠：《基于文化视角的威斯康星理念研究》，河北大学硕士学位论文，2010 年。
② 康健：《"威斯康星思想"与高等教育的社会职能》，《高等教育研究》1989 年第 1 期；杨艳蕾：《大学服务社会——"威斯康星理念"研究》，南京师范大学博士学位论文，2011 年。
③ 周小明：《美国工具主义高等教育思想的产生、发展及其影响》，湖南师范大学硕士学位论文，2007 年；王文礼：《新自由主义思潮对美国高等教育的影响》，《高教发展与评估》2017 年第 2 期。
④ 王廷山：《埃利奥特高等教育思想与实践研究》，河北大学博士学位论文，2007 年；李佳萍：《哈佛大学博克校长的办学理念与治校实践研究》，沈阳师范大学硕士学位论文，2012 年；刘妍彤：《德里克·博克高等教育实践与思想研究》，宁波大学硕士学位论文，2017 年；徐巍：《博克高等教育思想研究》，河北大学硕士学位论文，2004 年。
⑤ 刘恋：《哈珀高等教育思想与实践初探》，河北大学硕士学位论文，2011 年；王菲：《芝加哥大学哈珀校长的大学理念与治校实践研究》，沈阳师范大学硕士学位论文，2011 年。

M. Hutchins)等,其中赫钦斯高等教育思想的研究数量最多。① 此外,对霍普金斯大学创建和改革做出贡献的丹尼尔·吉尔曼(Daniel C. Gilman)②和提出"多元巨型"大学理念的加州大学校长克拉克·科尔(Clark Kerr)的高等教育思想与实践的研究也比较丰富。③ 除了以上研究外,近几年,一些较少受到关注的美国高等教育史上的人物也开始进入国内学者的研究视野,如威兰德、马丁·特罗等人。④

(二)政策与法案

政策和法案研究一直是美国高等教育史研究的重要领域。从研究内容来看,主要涵盖了联邦政府的计划、政策、立法以及最高法院的司法案件等。从研究时段来看,已有研究集中在 19 世纪和 20 世纪的政策与法案。从研究视角来看,学者们的关注点各不相同,可分为三大类:第一类是从宏观的角度对联邦立法的发展史进行梳理;第二类是基于某一专题对相关的政策和法案进行历史研究;第三类是聚焦于某一个具体的政策和法案进行深入分析,即"案例研究"。其中第二、第三类研究最为丰富,第三类研究最为深入。

在政策和法案的发展史研究方面,学者大多按照阶段特征进行分期研究或集中研究某一时期,梳理每个阶段代表性的政策和法案,并归纳其特点及影响。这类研究在勾勒出发展的大体脉络的同时,也对具体的政策、法案进行了描述和分析。许多学位论文有助于帮助读者从宏观上了解联邦立法的历史进程及主要的高等教育政策、法案。

在政策和法案的专题研究方面,学者们多从一个主题出发进行长时段的历史研究。总

---

① 王晨:《赫钦斯高等教育思想研究》,浙江大学硕士学位论文,2001 年;黄英:《赫钦斯普通教育思想的现实思考——读罗伯特·M. 赫钦斯〈美国高等教育〉有感》,《教育评论》2008 年第 6 期;康健:《赫钦斯在芝加哥大学的改革》,东北师范大学硕士学位论文,2010 年;姚慧:《赫钦斯名著课程改革及其启示》,湖南师范大学硕士学位论文,2014 年;李建强:《大学的理想与理想的大学——赫钦斯高等教育思想研究》,河北大学博士学位论文,2000 年。

② 张黎:《吉尔曼高等教育思想研究》,河北大学硕士学位论文,2004 年;钟靓瑶:《吉尔曼的高等教育思想研究》,上海师范大学硕士学位论文,2012 年;齐利静:《吉尔曼治理约翰·霍普金斯大学研究》,东北师范大学硕士学位论文,2011 年。

③ 郑爽:《克拉克·科尔高等教育思想研究》,河北大学硕士学位论文,2004 年;张东霞:《克拉克·科尔多元化巨型大学理念述评》,陕西师范大学硕士学位论文,2009 年;徐丹:《克拉克·克尔的高等教育实践与思想研究》,厦门大学博士学位论文,2006 年;赵玉秀:《克拉克·克尔大学校长观研究》,河北大学硕士学位论文,2013 年。

④ 叶阁泽:《"一个被忽视的高等教育先驱"——威兰德高等教育课程观述评》,《福州大学学报(哲学社会科学版)》2018 年第 3 期;马超:《马丁·特罗高等教育大众化理论研究》,河北大学硕士学位论文,2003 年;刘亚敏:《布鲁贝克高等教育哲学思想研究》,山西大学硕士学位论文,2009 年;潘金林:《大学本科教育的守护神——欧内斯特·博耶的高等教育思想与实践的研究》,南京大学博士学位论文,2012 年;齐雅蕊:《杜德斯达论美国公立大学的改革》,河北大学硕士学位论文,2012 年;王光妍:《阿特巴赫高等教育思想研究》,西南大学博士学位论文,2016 年。

结来看,学者们主要关注了学术自由①、职业教育②、教育信息化③、高等教育入学④、师生权利⑤方面的政策和法案,其中最为关注的两大专题是财政资助和教育平等。

美国高等教育财政史也是国内学者感兴趣的领域。从总体上看,学者们研究了联邦政府和州政府在不同时期、对不同类型院校的财政资助政策及其对高等教育的影响⑥,从宏观上把握了财政资助政策的历史变迁及其实现形式。在财政资助的具体实现形式上,学者探讨最多的是学生资助政策,多从不同的学生群体出发对学生资助政策进行历史研究。

高等教育平等是学术界关注的另一个热点问题,尤其是针对少数民族和弱势群体的优惠教育政策和立法。例如,孔令帅研究了战后联邦政府的法律和制度保障对高等教育入学机会均等发挥的作用⑦,余晓玲、吕杰、张玉、张修慧、冯广林、蔡兴繁、吴雪雨等人研究了针对少数民族、残疾人、妇女等弱势群体的高等教育优惠法规和政策⑧,金萍还对教育立法中的平等问题进行了文献综述⑨。

此外,对美国高等教育史上重要法案进行深入分析的"案例研究"也越来越多。例如对

---

① 刘萍:《沃伦法院时期美国学术自由的判例研究》,北京师范大学硕士学位论文,2007 年;耿少禹:《教育判例对美国大学教师学术自由权利的影响》,河北大学硕士学位论文,2009 年;崔吉义:《美国大学教师学术自由的司法保护研究》,沈阳师范大学硕士学位论文,2012 年;陶静:《美国高等教育学术自由的法制保障研究》,江苏大学硕士学位论文,2013 年。

② 刘庆斌:《美国高等职业教育法制化研究》,西北师范大学硕士学位论文,2004 年;荣艳红:《美国联邦职业技术教育立法研究(1917—2007)》,河北大学博士学位论文,2008 年。

③ 陈莹:《20 世纪 90 年代以来美国教育信息化政策变迁研究》,东北师范大学硕士学位论文,2016 年。

④ 何倩:《美国积极行动计划高等教育入学政策变迁研究——基于支持联盟框架分析》,北京师范大学博士学位论文,2014 年。

⑤ 马立武:《二战后美国高等教育领域中的宪法权利保障探析》,河北大学博士学位论文,2004 年。

⑥ 张履正:《美国联邦政府资助营利性高等学校政策研究(自 1944 年至今)》,北京师范大学硕士学位论文,2010 年;刘冬青:《20 世纪 80 年代以来美国州政府高等教育资助政策变迁》,北京师范大学博士学位论文,2012 年;汪海莲:《美国高等教育财政拨款政策对私立高校发展的影响研究》,四川师范大学硕士学位论文,2013 年;刘旭东:《美国联邦政府高等教育财政资助发展研究》,河北大学博士学位论文,2013 年。

⑦ 孔令帅:《战后美国高等教育入学机会均等中联邦政府作用研究》,北京师范大学博士学位论文,2009 年。

⑧ 余晓玲:《美国高等教育弱势群体权益保护法规政策研究》,浙江师范大学硕士学位论文,2005 年;吕杰:《肯定性行动对美国少数民族参与高等教育机会影响的研究》,北京师范大学硕士学位论文,2005 年;张玉:《战后美国联邦高等教育弱势扶助政策发展研究》,西南大学博士学位论文,2007 年;张修慧:《美国学校教育中性别平等法律保护研究》,沈阳师范大学硕士学位论文,2011 年;冯广林:《美国少数人受教育权法律保护研究》,中央民族大学博士学位论文,2012 年;蔡兴繁:《美国高等教育中少数民族平等权利研究》,沈阳师范大学硕士学位论文,2013 年;吴雪雨:《20 世纪 70 年代以来美国残疾学生高等教育权利保障的进展》,沈阳师范大学硕士学位论文,2017 年。

⑨ 金萍、胡继梅:《美国教育立法中高等教育平等问题研究综述》,《太原师范学院学报(社会科学版)》2012 年第 3 期。

达特茅斯学院案①、莫雷尔法②、国防教育法③、高等教育法④以及学术自由案件⑤等的研究。近年来,随着研究方法和资料的不断更新,案例研究开始进入"再审视"的阶段。学者们搜集整理更丰富的一手文献,对原有的研究结论进行反思和再认识。张斌贤、王慧敏的《对"达特茅斯学院案"的重新考察与评价》就是这方面的代表性成果。文章在质疑已有研究结论的基础上,对达特茅斯学院案进行了重新考察,认为该案的历史意义并非是对"公立"和"私立"高等教育机构的区分,而是为私人财产提供法律保护。类似的研究成果还有陈露茜的《联邦管控、自由市场与新中产阶级:对 1958 年美国〈国防教育法〉的再审视》、王慧敏的《达特茅斯学院案与美国高等教育的公私之辨》《达特茅斯学院案:检讨与反思》、孙益和方娟娟的《达特茅斯学院案对美国高校管理的影响——基于对案件经过和后续援引案件的分析》等。这些变化表明了学者们批判意识在不断增强,更加讲求严谨的论证、客观的态度和丰富的一手资料,正在逐渐摆脱传统的"辉格史"和"进步史"观念的影响。

(三)组织与制度

与美国高等教育相关的组织研究是近些年来发展极为迅速的一个专题。从整体上看,与美国高等教育相关的组织机构十分多元,因此国内涉及各类教育组织的研究也越来越丰富,如私人基金会、美国大学联合会、美国民间慈善基金会、卡内基教学促进基金会、教育理

---

① 王建霞:《达特茅斯学院案及其对美国高等教育的影响》,河北大学硕士学位论文,2005 年。
② 郭庆霞:《〈莫雷尔法案〉的颁布对内战后美国高等教育的影响》,《黑龙江高教研究》2011 年第 3 期;郭银:《从〈莫雷尔法案〉看美国高等教育促进区域经济和社会发展的政策与实践》,《洛阳师范学院学报》2014 年第 1 期;崔高鹏:《从特纳到莫雷尔:1862 年美国赠地学院法案的起源与发展研究》,北京师范大学硕士学位论文,2008 年;张兵:《美国赠地学院法案研究》,华南师范大学硕士学位论文,2007 年;夏梦梦:《〈莫雷尔法案〉对于美国高等教育的影响研究》,上海师范大学硕士学位论文,2014 年。
③ 高英彤、陈昕:《〈国防教育法〉对美国高等教育发展的影响与启示》,《河北师范大学学报(教育科学版)》2006 年第 3 期;张献华:《冷战中的美国〈国防教育法〉研究》,山东师范大学硕士学位论文,2009 年;李鹏程:《美国 1958 年〈国防教育法〉制定过程的历史透析》,华东师范大学硕士学位论文,2012 年。
④ 王丽:《美国〈高等教育法〉历史演进(1965—2004)》,北京师范大学硕士学位论文,2006 年;续润华、张帅:《美国 1965 年高等教育法的颁布及其历史意义探析》,《黑龙江高教研究》2013 年第 2 期。
⑤ 张弛、王慧敏:《学术自由的界限:列文案始末》,《清华大学教育研究》2013 年第 1 期;孙碧:《罗素案件与美国公立院校学术自由的危机与困境》,《大学教育科学》2014 年第 1 期;林杰:《美国新保守主义对学术自由判例的影响——以尤诺夫斯基案为例》,《清华大学教育研究》2015 年第 1 期;秦发盈、李子江:《斯韦泽案:美国联邦最高法院学术自由判决第一案》,《教育学报》2017 年第 5 期。

事会、国际教育协会、美国师范学校协会等教育民间组织和中介组织。① 对这些组织的研究表明,教育组织在高等教育的经费收入、教育标准、教育认证、教育国际化、教师教育等各个方面发挥着重要的沟通和推动作用。相对而言,国内学者对学生组织的关注较少,仅有寥寥几篇。②

近几年来,现代大学制度研究成为新的研究热点,美国现代大学制度也成为学术界关注的对象,仅 2016 年就出现了三篇相关的学位论文。③ 与美国高等教育制度相关的研究热点还包括社会捐赠制度④、学位制度⑤、选修制与学分制⑥、学生事务管理⑦、招生制度⑧,等等。其中研究最多的三个专题分别为治理制度、高等教育认证制度(评估制度)和涉及教师的相关制度。

对高校治理制度的研究主要有三种模式。第一种从高校治理体制的历史出发,对高等教育自治制度、治理结构的嬗变进行研究。⑨ 第二种从外部力量和大学的关系出发,通过对政府管理与大学自治的表现形式、运行模式、治理结构、权力博弈的考察,来揭示政府、中介

① 刘冬青:《私人基金会资助美国高等教育的早期史考察,1905—1925——以普通教育委员会为例》,北京师范大学硕士学位论文,2005 年;蒋桂仙:《私人基金会参与美国研究型大学发展研究》,北京师范大学硕士学位论文,2008 年;蒙有华:《民间慈善基金会组织对美国高等教育的影响》,《教育学报》2007 年第 6 期;谢晓冬:《美国卡内基高等教育机构分类的历史演变》,北京师范大学硕士学位论文,2008 年;侯静:《美国高等教育认证体系中的民间组织研究》,西南大学硕士学位论文,2008 年;肖莉萍:《美国高等教育评估中介机构的研究》,广西师范大学硕士学位论文,2008 年;刘金丽:《美国教育理事会组织研究》,华东师范大学硕士学位论文,2011 年;孙靓:《美国国际教育协会历史研究》,华中师范大学硕士学位论文,2012 年;徐静:《美国大学联合会发展研究》,北京师范大学硕士学位论文,2005 年;瓮晚平:《美国大学联合会参与高等教育治理研究》,浙江师范大学硕士学位论文,2016 年;路洋洋:《美国师范学校协会的创立及其对早期教师教育的影响》,云南师范大学硕士学位论文,2016 年。

② 朱嫚:《美国高校学生会研究》,河南师范大学硕士学位论文,2017 年。

③ 刘宇:《美国现代大学治理机制研究》,河南大学硕士学位论文,2016 年;牛志娟:《战后美国现代大学制度研究:大学治理变革的视角》,河南大学硕士学位论文,2016 年;李国良:《治理理论视角下美国公立研究型大学制度研究》,吉林大学博士学位论文,2016 年。

④ 蒙有华、徐辉:《美国高校教育捐赠制度探析》,《高教探索》2006 年第 6 期;常思亮:《美国高校社会捐赠制度的路径依赖分析》,《教育与经济》2010 年第 1 期;荀振芳、张妍:《美国大学教育捐赠历史研究》,《中国电力教育》2012 年第 34 期;余蓝:《美国大学捐赠基金法律制度研究》,北京师范大学博士学位论文,2014 年。

⑤ 程萱:《美国学位制度研究》,武汉理工大学硕士学位论文,2008 年;胡钦晓:《文化视野中的美国学位制度变迁》,《高等教育研究》2010 年第 2 期;李云鹏:《美国教育博士专业学位的发展动力与变革模式研究》,南京师范大学博士学位论文,2012 年;梁博雅:《美国学位制度变迁及启示——以高等教育机构分层为视角》,《当代教育科学》2016 年第 9 期。

⑥ 高迎爽:《美国高校学分制发展历程考察》,河北大学硕士学位论文,2005 年;苏蜓兰:《美国高校学分制研究》,四川师范大学硕士学位论文,2008 年。

⑦ 曾少英:《美国学生事务管理专业化形成过程及其启示》,汕头大学硕士学位论文,2009 年;党光磊:《美国高校学生事务管理研究及启示》,西北农林科技大学硕士学位论文,2012 年;武美红:《二十世纪六七十年代美国学生反叛影响下的学生事务管理变革》,北京师范大学硕士学位论文,2016 年。

⑧ 黄书成:《美国大学招生考试制度公平性研究》,山东师范大学硕士学位论文,2009 年。

⑨ 和震:《美国大学自治制度的形成与发展》,北京师范大学博士学位论文,2004 年;余承海:《美国州立大学治理结构研究》,南京师范大学博士学位论文,2011 年;马楠楠:《美国大学治理结构的嬗变》,南京大学硕士学位论文,2013 年。

机构与高校各自的权力边界及其影响。其中学者们还特别关注了政府管理中的问责制度。[①]
第三种从高校内部的管理自治出发,对大学内部的董事会、校长权力、学术评议会等大学自
治制度进行系统研究。[②] 总体上看,学界越来越重视对大学内部自治制度的研究。

　　教育评估制度或者认证制度是保障高校教育质量的一种制度手段。之前关于认证和评
估制度的研究多以介绍为主,主要陈述了认证制度的发展历程、认证的标准、程序、重要的组
织等。[③] 近年来学者们的研究更加深入,如关注认证制度的院校特点[④]、探讨制度背后的文
化因素[⑤]等。

　　教师制度涉及教师的聘用、薪酬、发展、晋升、保障、评价、解聘等一系列内容。国内学者
主要研究了与教师聘任、教师权利保障和教师学术专业发展相关的制度。在教师聘任方面,
学者们从理论探讨、聘任原则、评审程序、争议、改革、启示等方面深入研究了终身教职制
度[⑥],特别关注了美国大学教授协会所发挥的作用,以及终身教职制度对保障学术自由和教

---

　　① 陆兴发、袁桂林、翟德智:《美国高等教育自治制度及运行模式研究》,《东北电力学院学报》2003 年第 5 期;谷贤
林:《美国研究型大学管理研究》,北京师范大学博士学位论文,2006 年;王蕊:《美国高等教育管理中政府、校董会、认证机
构"三权"研究》,吉林大学硕士学位论文,2006 年;刘虹:《控制与自治:美国政府与大学关系研究》,复旦大学博士学位论
文,2010 年。

　　② 李巧针:《美国研究型大学校长的权力研究》,北京师范大学博士学位论文,2006 年;曹春香:《美国私立大学董事
会制度的发展历程、特点及对我国民办高校管理的启示》,河北大学硕士学位论文,2009 年;甘永涛、单中惠:《美国大学评
议会制度探析》,《大学教育科学》2010 年第 1 期;王兰兰:《美国私立大学内部学术权力制度发展研究》,四川师范大学硕
士学位论文,2013 年。

　　③ 熊耕:《美国高等教育认证制度研究》,北京师范大学硕士学位论文,2003 年;万毅平:《美国的高校认证与教育评
估》,《江苏大学学报(高教研究版)》2003 年第 2 期;王伟:《美国高等教育评估制度研究》,河北大学硕士学位论文,2004
年;方乐:《美国政府与高等教育认证机构之间关系的研究》,上海师范大学硕士学位论文,2005 年;张民选:《关于高等教
育认证机制的研究》,《教育研究》2005 年第 2 期;王建成:《美国高等教育认证制度研究》,北京师范大学博士学位论文,
2006 年;张琳琳:《美国高等教育认证制度研究》,东北师范大学硕士学位论文,2007 年;赵宗志:《当代美国高等教育认证
体系研究》,河北大学硕士学位论文,2007 年。

　　④ 李向丽:《美国西部社区学院认证制度初探》,上海师范大学硕士学位论文,2010 年。

　　⑤ 熊春荣:《美国高等教育评估的文化特质及启示》,黑龙江大学硕士学位论文,2011 年。

　　⑥ 耿益群:《美国高校终身教授制度研究》,北京师范大学硕士学位论文,2004 年;王春多:《20 世纪美国大学终身教
职制度研究》,河北大学硕士学位论文,2005 年;刘杰:《终身教授制:概念与执行—中美终身教授制度比较》,北京师范大
学硕士学位论文,2006 年;陈琛:《美国大学终身教职制度研究》,华中师范大学硕士学位论文,2007 年;郭疆蓉:《美国大学
终身教授制度研究》,中南民族大学硕士学位论文,2007 年;谭娟:《美国高校终身教职制度研究》,西南大学硕士学位论文,
2007 年;陈艺波:《中美德高校教师制度理念探析》,华中科技大学硕士学位论文,2007 年;缪榕楠:《大学教师任用制度
研究》,南京师范大学博士学位论文,2007 年;陈莹:《20 世纪 90 年代以来美国高校终身教职制度的论争》,东北师范大学
硕士学位论文,2008 年。

师专业化的作用①。此外,学者们对终身聘任后评审制度②、谴责名单制度③和试用期制度("非升即走")④等都有所涉猎。在教师权利保障方面,学者们主要考察了集体谈判制度⑤、申诉制度等⑥,在教师学术专业发展方面,主要探讨了"近亲繁殖"防范制度⑦、学术休假制度⑧。除了以上的主要专题,对教师制度的研究还包括了教师流动、教师薪酬等方面。⑨

在我国高等教育制度改革频繁进行之时,对美国高等教育制度的相关研究也随之增加。以教师制度为例,随着 2003 年华东师范大学的"聘任制"改革的出现,国内学界对美国终身教职制度的研究也出现"井喷式"增长,仅 2004 年到 2009 年间就有 13 篇相关的学位论文。这种"热点问题"式的研究虽然在短期内推动了美国高等教育史某一领域研究的开展,但也容易导致对其他研究领域的忽视。

(四)研究型大学与研究生教育

2000 年至今,国内学界对美国研究型大学的研究一直稳步进行。已有研究可分为两类:第一类是对研究型大学的发展史进行整体研究,第二类是对研究型大学的某个方面进行专题研究。

在对研究型大学发展史的整体研究中,大多数是论述研究型大学产生和发展的历程,并

---

① 刘北成:《以职业安全保障学术自由——美国终身教职的由来及争论》,《美国研究》2003 年第 4 期;李子江:《美国学术自由的变迁》,北京师范大学博士学位论文,2004 年;王保星:《美国大学教师终身教职的学术自由意义》,《高等教育研究》2006 年第 3 期;刘丽琼:《19 世纪末 20 世纪初美国大学教师学术专业形成的历史研究》,华东师范大学硕士学位论文,2009 年;付玉美:《美国大学教师学术专业发展(1945—1970)》,华东师范大学硕士学位论文,2009 年;朱峰博:《美国大学教授协会研究》,吉林大学硕士学位论文,2008 年;董婷婷:《美国大学教授协会产生、发展的历史及其作用研究》,华中科技大学硕士学位论文,2011 年;张琛琛:《美国大学终身教职制与学术自由的关系嬗变研究》,山东师范大学硕士学位论文,2016 年。

② 杨晓燕:《美国高校教师终身聘任后评审制度研究》,北京师范大学硕士学位论文,2003 年。

③ 卢嘉濠:《美国大学教授协会谴责名单制度研究》,北京师范大学硕士学位论文,2017 年。

④ 朱欢欢:《美国哈佛大学"非升即走"制度研究》,山东师范大学硕士学位论文,2017 年。

⑤ 李子江:《美国大学集体谈判制度的形成与发展》,《比较教育研究》2006 年第 3 期;李子江、陆永:《美国学术职业安全的保障机制》,《现代大学教育》2006 年第 6 期;金帷:《美国教师组织集体谈判制度研究》,北京师范大学硕士学位论文,2008 年;李娜:《美国大学教师集体谈判制度研究》,河南大学硕士学位论文,2008 年;王学璐:《美国教师集体谈判发展研究》,河北大学硕士学位论文,2015 年。

⑥ 张少华:《美国高校教师校内申诉制度研究》,北京师范大学硕士学位论文,2008 年。

⑦ 叶菊燕:《美国大学学术"近亲繁殖"防范制度研究》,北京师范大学硕士学位论文,2008 年。

⑧ 耿益群:《美国研究型大学学术职业的制度环境研究》,北京师范大学硕士学位论文,2007 年;王玲令:《美国大学学术休假制度的早期历史研究》,北京师范大学硕士学位论文,2016 年。

⑨ 王宁:《美国研究型大学教师流动问题探析》,北京师范大学硕士学位论文,2008 年;杨茂庆:《美国研究型大学的教师流动研究》,西南大学博士学位论文,2011 年;顾全:《美国公立研究型大学教师薪酬机制研究》,华东师范大学博士学位论文,2017 年。

从内部和外部两方面来探讨背后的推动因素,总结其发展经验。① 近年来也有学者开始运用其他学科的理论对研究型大学的崛起和发展进行透视和分析,例如贾永堂和徐娟基于社会进化论的视角,探究了美国高水平研究型大学群体崛起的机制。②

在对研究型大学的专题研究中,学者们几乎涉猎了研究型大学发展的各方面,包括其大学职能、社会捐赠、教师制度、管理模式、组织结构等③,其中对大学职能方面的研究最为深入。具体来说,有的学者从宏观上对研究型大学的教学、科研、社会服务职能的历史演变进行梳理和分析,勾画出研究型大学逐渐向社会发展的动力站转变的趋向。④ 有的学者从微观上对某个大学职能在具体实践中采取的措施、总结的经验、遇到的问题等进行探究,其中研究最多的三个方面分别为科学研究、本科生教育和研究生教育。

在科学研究方面,学者们比较关注大学内外部因素与研究型大学科学研究职能的关系。例如,马鸿研究了从 1945 年到 1970 年,在冷战的影响下研究型大学从事军事技术研究的历程⑤,罗媛则研究了 20 世纪 80 年代以来,在政府科技引导战略影响下研究型大学的科研产出的趋同性⑥。朱冰莹和董维春考察了推动研究型大学科研崛起的内外部因素⑦,孙碧探究了研究型大学形成初期,社会科学学者们如何在参与社会改革和公共政治中应对"客观中立"的困扰⑧。以上研究成果的背后实际上都涉及应如何处理科学研究和社会服务之间的矛盾关系,掌握好科学研究的"真"和社会服务的"度"的问题,这也是研究型大学发展中一个极为重要的问题。

在本科生教育方面,研究型大学本科生教育的改革和重建是研究的热点。学者们主要探讨了研究型大学在不同时期改革本科生教育的成功经验。例如,李猛论述了研究型大学

① 易红郡:《美国现代研究型大学的产生及发展》,《学位与研究生教育》2000 年第 3 期;王海芳:《美国研究型大学成因分析》,北京师范大学硕士学位论文,2003 年;王英:《美国研究型大学早期发展研究》,河北大学博士学位论文,2006 年。
② 贾永堂、徐娟:《19 世纪末 20 世纪初美国高水平研究型大学群体性崛起的机制分析——基于社会进化论的视角》,《高等教育研究》2012 年第 5 期。
③ 杨桢:《美国研究型大学社会捐赠研究》,东北师范大学硕士学位论文,2011 年。
④ 康瑜:《美国研究型大学组织结构和功能的研究》,北京师范大学硕士学位论文,2003 年;郭彦瑞:《论南北战争到二次世界大战前夕的美国研究型大学职能的转变》,华南师范大学硕士学位论文,2005 年;迟晶:《美国研究型大学社会服务职能的历史演进及其因素分析》,吉林大学硕士学位论文,2006 年;刘成柏、迟晶:《高等学校的社会服务职能及其历史演进》,《现代教育科学》2007 年第 9 期;朱全德:《美国高等教育:从象牙塔到社会发展动力站的历史变革》,《内蒙古民族大学学报(社会科学版)》2007 年第 1 期;王志强:《研究型大学与美国国家创新系统的演进》,华东师范大学博士学位论文,2012 年。
⑤ 马鸿:《美国研究型大学从事军事技术研究的历史考察(1945—1970)》,复旦大学博士学位论文,2009 年。
⑥ 罗媛:《20 世纪 80 年代以来美国研究型大学的科研产出研究》,北京师范大学博士学位论文,2011 年。
⑦ 朱冰莹、董维春:《大学知识生产"动力源"解读——对美国研究型大学科研崛起的分析》,《高教探索》2013 年第 6 期。
⑧ 孙碧:《科学、道德和政治之间:美国大学社会科学者们的客观中立的困扰》,北京师范大学博士学位论文,2016 年。

兴起时期,重建学院对解决本科教育困境的积极作用[①];何振海论述了二战后本科教育的重建及其经验[②];李培利研究了 20 世纪六七十年代以来在提高本科教育质量方面的一系列改革措施[③];伍红林对 90 年代以来本科教育改革的措施进行了综述[④];李凤玮通过对美国大学"双层体制"发展历程的考察,回顾了美国发展本科生教育和研究生教育的成功经验[⑤];贺国庆对美国研究型大学本科教育的百年变迁进行了回顾与反思[⑥]。

在研究生教育方面,除了少量的从宏观上介绍研究生教育历史流变及其影响因素的文章[⑦],学者们大多探讨了硕士和博士研究生的人才培养模式。这类文章并不局限于研究型大学,也涉及其他类型的院校,但是以研究型大学的经验为主。例如,有关美国博士研究生的教育规模及其培养模式的研究[⑧];对美国高等教育专业的研究生教育进行了历史研究和比较分析的研究[⑨],以及研究生教学助理制度在研究生教育中发挥的资助和培养功能的研究[⑩]。

(五)社区学院与大众化

社区学院作为美国高等教育史上的独创,也吸引了国内学界的研究者。已有研究从多个维度对社区学院进行探析,如社区学院快速发展的原因、办学特色、发展历程、历史变革、

① 李猛:《在研究与教育之间:美国研究型大学兴起的本科学院问题》,《北京大学教育评论》2017 年第 4 期。
② 何振海:《重建本科教育:"二战"后美国研究型大学本科教育改革述评》,河北大学硕士学位论文,2004 年。
③ 李培利:《美国研究型大学提高本科教育质量研究》,北京师范大学硕士学位论文,2006 年。
④ 伍红林:《20 世纪 90 年代以来美国研究型大学本科教育改革综述》,《现代大学教育》2005 年第 1 期。
⑤ 李凤玮:《美国大学"双层体制"发展历程及特征分析》,苏州大学硕士学位论文,2016 年。
⑥ 贺国庆:《美国研究型大学本科教育的百年变迁与省思》,《教育研究》2016 年第 9 期。
⑦ 战弋:《美国研究生教育的多样性研究》,吉林大学硕士学位论文,2006 年;黄海刚:《"丛林"中的秩序:美国博士教育的变革》,北京师范大学博士学位论文,2010 年;梁丽:《美国学人留德浪潮及其对美国高等教育的影响(1815—1917)》,河北大学博士学位论文,2015 年。
⑧ 陈旻君:《美国博士研究生教育规模及其制约因素之研究》,湖南师范大学硕士学位论文,2008 年;张凌云:《德国与美国博士生培养模式研究》,华中科技大学博士学位论文,2010 年。
⑨ 张蕾娜:《中美高等教育学专业研究生教育比较研究》,华中科技大学硕士学位论文,2005 年;萧琳:《高等教育学专业研究生培养模式探究》,湖南农业大学硕士学位论文,2006 年;李琴涛:《中美高等教育学博士生培养模式比较研究》,大连理工大学硕士学位论文,2007 年;李尧:《美国教育硕士培养模式研究》,沈阳师范大学硕士学位论文,2013 年;鱼慧洋:《美国高等教育学硕士研究生培养过程研究》,黑龙江大学硕士学位论文,2017 年。
⑩ 孙琪:《博弈视角下的美国研究生助教制度》,北京师范大学博士学位论文,2014 年;李洁:《二战后美国研究生教学助理制度发展研究》,华东师范大学博士学位论文,2016 年。

政策因素、经费来源、课程变革、转学教育、职能、认证制度、升学与就业的双重功能等。^① 这些研究在量的层面进行了拓展,有助于我们更全面地了解美国的社区学院。另外,一些研究将社区学院与高等教育大众化联系在一起,指出社区学院的发展是美国高等教育大众化的重点^②,是美国高等教育的重要组成部分,对美国战后经济的快速发展、高等教育的民主化及大众化做出了重要的贡献^③,以社区学院为代表的高等专科教育发展改变了美国传统教育的格局^④。

(六)通识教育与课程

从 2006 年开始,国内学术界出现了对美国大学通识教育及课程的研究。对通识教育及课程的研究可分为两类:一类是围绕代表人物的通识教育思想及实践展开的研究,另一类是对各院校通识教育课程展开的研究。

在通识教育思想研究中,罗伯特·赫钦斯的研究是最为常见的。2006—2018 年,数篇期刊文献、学位论文从不同的视角,各有侧重地对赫钦斯的通识教育思想与实践进行了探讨。熊庆年的《赫钦斯论通识教育》对赫钦斯的通识教育的内涵进行说明,指出通识教育可以满足美国普通教育的一切需要。贾宇在《罗伯特·赫钦斯通识教育思想》一文中阐释了赫钦斯的生平,以及通识教育思想形成的理论基础、内涵及实践。康健在《赫钦斯在芝加哥大学的改革》一文中探讨了赫钦斯高等教育思想的哲学基础和办学理念、赫钦斯改革芝加哥大学的动力来源、改革内容和措施、影响与启示等。姚慧的《赫钦斯"名著课程"改革及其启示》对"名著课程"改革的理念和实践做出全面具体的探究。张志刚采用比较研究的方法,分别从社会背景、思想来源、高等教育思想、大学改革实践、教育思想的影响这五个方面将梅贻琦

---

① 王丽:《美国社区学院快速发展的原因》,山东师范大学硕士学位论文,2007 年;毕晶:《美国社区学院的办学特色及对我国高职院校发展的启示》,中国石油大学硕士学位论文,2013 年;郝有隽:《美国社区学院的发展历程与启示》,西北大学硕士学位论文,2003 年;薛芳霞:《美国社区学院发展历程研究》,西北师范大学硕士学位论文,2014 年;彭跃刚:《美国社区学院发展与变革研究》,华东师范大学博士学位论文,2017 年;牛蒙刚:《美国社区学院发展的政策因素研究》,山东师范大学硕士学位论文,2006 年;尹小宇:《美国社区学院经费来源研究》,西南师范大学硕士学位论文,2002 年;周志群:《美国社区学院课程变革与发展研究》,福建师范大学博士学位论文,2010 年;曾梅:《美国社区学院转学教育功能研究》,广西师范大学硕士学位论文,2011 年;黄魏:《美国社区学院转学教育的历史演变及其启示》,江西师范大学硕士学位论文,2011 年;凌淑莉:《美国社区学院职能问题研究》,东北师范大学硕士学位论文,2007 年;李向丽:《美国西部社区学院认证制度初探》,上海师范大学硕士学位论文,2010 年;任钢建:《美国社区学院升学与就业双重功能研究》,西南大学博士学位论文,2008 年。

② 牛蒙刚:《美国以发展社区学院促进高教多样化的启示》,《世界教育信息》2004 年第 12 期。

③ 李秀飞:《二战结束后至 1970 年初美国高等教育大众化体系的形成》,河南大学硕士学位论文,2010 年。

④ 杨学新、刘卫萍:《美国高等教育大众化经验述评》,《中国高教研究》2003 年第 3 期。

和赫钦斯进行比较。① 除了备受关注的赫钦斯之外,科南特②、亨利·罗索夫斯基③等对通识教育产生影响的重要人物逐渐进入研究者们的视域中。

围绕美国大学通识课程的探讨也日趋丰富。例如,张婷姝、佟丞从价值选择的角度阐释通识教育,认为通识教育与专业教育是美国高等教育教学层面上的主要价值抉择困境之一④;於荣就美国大学通识课程一致性问题进行思考与分析⑤。部分学者对不同类型高校的通识课程予以关注。李娟关注了美国文理学院中通识教育的发展与实施现状⑥,而朱迎玲侧重的是美国研究型大学中的通识教育⑦。

近年来针对具体院校通识课程发展历程的研究越来越多。赵强对哈佛大学通识教育课程的发展历程进行研究⑧,柴晋芳研究了哈佛大学第五次通识教育改革⑨,王海燕对芝加哥大学通识教育的发展历史、现状进行剖析⑩,王银珂对哈佛大学和芝加哥大学这两所学校的通识教育课程进行比较研究⑪。学者们在探讨高等院校的通识教育课程时,一开始呈现出从整体、宏观的角度进行叙述,逐渐变成从某个具体的小问题、小视角出发来探析。虽兼顾到不同类型的院校,但研究仍然以哈佛大学为主,其他大学的研究较为少见。

(七)美国院校研究

对美国高等教育史中院校研究的成果多见于硕、博士学位论文。已有研究主要分为两种:一是对院校发展做出的整体梳理;二是对院校发展的某一方面进行的专题研究。

在有关院校的整体梳理中,一般呈现"长时段"和"短时段"两种研究路径。在"长时段"的研究中,学者基本上在较长的时间范围内论述院校的产生和发展⑫,或是就院校中的某一科系的设置与发展进行研究⑬。在"短时段"研究中,研究者往往就某个时段的院校发展或是

---

① 张志刚:《梅贻琦与赫钦斯教育思想比较》,湖南大学硕士学位论文,2010年。
② 王梦阳:《科南特大学通识教育思想及实践探析》,河南大学硕士学位论文,2008年。
③ 静文:《亨利·罗索夫斯基与20世纪七八十年代哈佛大学核心课程改革研究》,郑州大学硕士学位论文,2016年。
④ 张婷姝、佟丞:《美国高等教育发展中的价值抉择困境概述》,《河北大学学报》2006年第4期。
⑤ 於荣:《美国大学通识教育课程一致性问题的历史发展及启示》,《清华大学教育研究》2015年第6期。
⑥ 李娟:《美国文理学院通识教育发展与实施现状研究》,沈阳师范大学硕士学位论文,2012年。
⑦ 朱迎玲:《后大众化时代的美国研究型大学通识教育发展研究》,东北师范大学硕士学位论文,2006年。
⑧ 赵强:《哈佛大学通识教育课程发展历程研究》,山东师范大学硕士学位论文,2008年。
⑨ 柴晋芳:《哈佛大学第五次通识教育课程改革研究》,山西大学硕士学位论文,2008年。
⑩ 王海燕:《芝加哥大学通识教育研究》,河北师范大学硕士学位论文,2007年。
⑪ 王银珂:《哈佛大学与芝加哥大学通识教育课程比较研究》,中国地质大学硕士学位论文,2016年。
⑫ 郭健:《美国首批学院的创办及其目标、课程的演变》,《河北大学学报》1990年S1期;朱浩:《殖民地时期美国高等教育的形成与发展》,《河北师范大学学报(教育科学版)》2008年第9期;郭健:《约翰·霍普金斯大学的建立及影响》,《河北大学学报》1996年第4期;易红郡:《美国州立大学的产生及发展》,《湘潭师范学院学报》1999年第5期;韩亚莉:《19世纪美国密歇根大学快速崛起的历史研究》,华中科技大学硕士学位论文,2016年。
⑬ 杜晓娟:《美国芝加哥大学教育系百年变迁研究(1894—2001)》,四川师范大学硕士学位论文,2014年。

院校发展的某一个阶段进行研究。例如,"大觉醒"运动时期的北美殖民地学院发展[①],独立战争至 1910 年间的美国早期州立大学的发展[②],霍普金斯大学的早期发展[③]等。

在专题研究中,影响院校建立发展的因素、院校管理、办学理念、院校改革成为研究的重点。在殖民地学院的相关研究中,张斌贤从内外环境诸多方面分析美国早期高等院校发展的艰难之处[④],陈茂凤分析了宗教对殖民地学院的影响[⑤]。在院校管理的研究中,余承梅从内部管理进行探究,而赵丽娜则对院校的外部的权力制约问题开展研究。[⑥] 在大学办学理念方面,陈利民、张纪红分别对哈佛大学、哥伦比亚大学的办学理念进行了研究。[⑦] 院校改革也是研究的主要方面,涉及的院校有哈佛大学、耶鲁大学和美国文理学院。院校改革的整体性研究[⑧]、院校课程改革[⑨]、院校科研改革[⑩]和院校发展方针改革[⑪]成为研究重点。总体来说,对院校改革的研究意在揭示高等院校改革与社会大环境变化之间的适应性调整间的关系。

(八)女性高等教育及其他研究

自 2001 年起,美国女性高等教育研究在国内学术界兴起,日渐成为美国高等教育史研究中的重要领域。从研究内容上看,国内学者多关注女性高等教育的发展历程及其原因。有对女性高等教育演进整体史的梳理[⑫],有研究关注女性高等教育的早期发展[⑬],还有的则在美国进步时代、二战后或在女权主义运动[⑭]的社会背景下展开探讨。随着研究的不断深

---

① 田菲:《"大觉醒"运动和北美殖民地学院发展研究》,沈阳师范大学硕士学位论文,2011 年。

② 吕瑞:《美国早期州立大学简论(独立战争前后至 1910 年)》,山东师范大学硕士学位论文,2011 年。

③ 孟江寅:《借鉴与超越:约翰·霍普金斯大学早期发展研究》,沈阳师范大学硕士学位论文,2017 年。

④ 张斌贤:《艰难的创业:美国高等教育早期历史的特征与成因》,《高等教育研究》2015 第 11 期。

⑤ 陈茂凤:《清教对北美殖民地时期哈佛学院和耶鲁学院的影响(1636—1775)》,山东师范大学硕士学位论文,2012 年。

⑥ 余承梅:《美国州立大学治理结构研究》,南京师范大学博士学位论文,2011 年;赵丽娜:《美国州立大学的权力制约机制研究——以弗吉尼亚大学为例》,华中科技大学博士学位论文,2016 年。

⑦ 陈利民:《哈佛大学办学理念研究》,华中科技大学博士学位论文,2005 年;张纪红:《哥伦比亚大学办学理念发展研究》,山东师范大学硕士学位论文,2014 年。

⑧ 王靖:《美国文理学院面临的挑战及其回应》,华中科技大学硕士学位论文,2014 年;国兆亮:《耶鲁大学现代转型期的改革研究》,山东师范大学硕士学位论文,2010 年。

⑨ 徐志强:《自由与使命——哈佛大学本科课程改革研究》,河北大学博士学位论文,2013 年。

⑩ 刘月桃:《二十世纪七十、八十年代哈佛大学科研改革历程研究》,华东师范大学硕士学位论文,2010 年。

⑪ 白强:《危机·转机·生机:哈佛大学改革轨迹探究(1869—2001)》,南京大学博士学位论文,2016 年。

⑫ 丁坤:《从边缘到主流——美国女子高等教育史学的演变及特征》,《黑龙江高教研究》2010 年第 11 期;张海燕:《美国女性高等教育的演进历程研究》,山西大学硕士学位论文,2007 年;高惠蓉:《美国女子高等教育史研究》,华东师范大学博士学位论文,2006 年;邓守国:《美国女子高等教育发展研究》,四川师范大学硕士学位论文,2011 年。

⑬ 李莹:《美国女子高等教育的早期发展研究》,山东师范大学硕士学位论文,2016 年。

⑭ 李捷:《美国进步时代的女子高等教育》,河北大学硕士学位论文,2001 年;吴甜:《战后美国女子高等教育研究》,南京师范大学硕士学位论文,2007 年;周梓:《二战后美国女子高等教育发展研究(1945—1965)》,浙江师范大学硕士学位论文,2016 年;李娟:《女性主义运动背景下的美国女子高等教育研究》,陕西师范大学硕士学位论文,2012 年。

入,学者们采用不同的研究视角以拓展研究的路径,例如,冀俊平通过比较研究,对成型期的中美女性高等教育专业进行了横向比较。① 林红采用问题研究的形式,对女性高等教育发展中的几个重要问题进行探讨。② 冯秀梅则在科学教育这一领域内探讨女性教育的发展情况。③

　　近年来美国高等教育国际化的问题开始受到关注。相关研究多以历史的纵向发展为线索,分析美国高等教育国际化的沿革,力图梳理出美国高等教育国际化的发展脉络与阶段性特征,以期为中国高等教育国际化的发展提供可资借鉴的历史经验。④

　　除了新的研究专题不断被挖掘出来之外,学者们也开始对美国高等教育发展史的具体时段进行了细致划分,不同的学者对不同的时段进行了深入探讨。例如,朱浩、杨汉麟关注的是殖民地时期的美国高等教育的形成和发展⑤;张斌贤对殖民地时期和建国初期的美国高等教育的特征和成因予以探究⑥;周一民梳理了镀金时代美国高等教育的发展⑦;王保星探索了南北战争至 20 世纪初期美国高等教育的发展与变革⑧;祝永霞主要研究了二战后美国高等教育发展历程⑨。

四、反思与前瞻

　　回顾新中国成立 70 年来,国内学术界对美国高等教育史的研究,在几代学者的共同努力下,研究成果的种类和数量都蔚为可观,涉及的领域和主题丰富广泛。21 世纪初期,对美国高等教育史的研究在中国学术界发展成为一个较为成熟的学术研究领域,学者们在研究的过程中不断寻求认识论和方法论的突破。

　　第一,在认识论的层面上,建构美国高等教育史学的意识开始出现。通过对国际史学新

---

① 冀俊平:《成型期的中美女性高等教育专业比较》,西南大学硕士学位论文,2006 年。
② 林红:《20 世纪美国女子高等教育若干问题初探》,河南大学硕士学位论文,2006 年。
③ 冯秀梅:《历史视角下美国科学教育性别问题探究——兼析对中国的借鉴价值》,华中师范大学学位论文,2011 年。
④ 汪霞、钱小龙:《美国高等教育国际化的现状、经验及我国的对策》,《全球教育展望》2010 年第 10 期;崔淑卿、钱小龙:《美国高等教育国际化的兴起、发展及演进》,《现代大学教育》2012 年第 6 期;陈越、王余生:《美国高等教育国际化政策:历程、动因和走向》,《现代教育管理》2016 年第 8 期;李娅玲、李盛兵:《美国高等教育国际化政策的历史变迁及启示》,《高教探索》2016 年第 1 期。
⑤ 朱浩、杨汉麟:《殖民地时期美国高等教育的形成与发展》,《河北师范大学学报》2008 年第 9 期。
⑥ 张斌贤:《艰难的创业:美国高等教育早期历史的特征与成因》,《高等教育研究》2015 年第 11 期。
⑦ 周一民:《镀金时代美国高等教育的发展》,《上海师范大学学报》1993 年第 3 期。
⑧ 王保星:《南北战争至 20 世纪初美国高等教育的发展与变革》,北京师范大学博士学位论文,1998 年。
⑨ 祝永霞:《二战后美国高等教育发展历程(1945—1999)》,西北师范大学硕士学位论文,2012 年。

趋势的研究,学者们逐渐摆脱传统的"辉格史观"的束缚,并逐渐形成批判意识和更严谨的研究态度。

第二,在方法论的层面上,学界的研究在选题、史料的处理及研究方法上有显著的变化。在选择研究问题时,更注重"与时俱进",随着对外学术交往的频繁,美国本土学者的研究热点也逐渐成为国内学者的关注对象。同时,学者们也会结合国内高等教育发展遇到的实际问题,去研究美国的高等教育发展过程中遇到的同样问题,以此为借鉴。此外,学界对于史料的选择与处理日趋严谨。为更强调"历史语境",不少学者注重对一手史料、信件、照片的搜索与考察,并开始从语义学、社会学等解释框架来处理、分析史料。突破传统研究方法的自觉性也越来越高,除了重视历史研究领域出现的新研究方法,还注重跨学科的研究,努力借鉴其他学科的研究方法。

第三,已有研究对美国高等教育史探讨的深度与广度得以大大拓展。广度表现在研究主题的丰富多样,这一趋势有助于学者更全面地了解美国高等教育史。深度体现在研究视角开始出现了从大到小、从上到下的变化,部分学者开始对已有研究提出质疑并进行反思与再审视。

第四,在已有成果的呈现形式上,不少专著、译著都以丛书或专题的形式呈现。这样的呈现方式能够使学者们对美国高等教育史某一领域的研究成果进行多方面且深刻的了解。

当然,在对美国高等教育史的研究取得长足进步的同时,我们也要看到,美国高等教育史在中国仍然是一个尚属年轻的学术领域,也有一些仍然需要未来的美国高等教育史研究者着力关注的地方。

第一,在认识论的层面上,树立什么样的高等教育史观和历史研究功用观是学者应思考和解决的根本性问题。美国高等教育史学的发展经验对我国学者树立合理的高等教育史观有重要的借鉴意义。美国高等教育史学先后经历了进步史学、和谐史论、修正史学几个阶段,进入后修正时代。现阶段我国也越来越重视对教育史学和美国高等教育史学的探讨,力图破除旧教育史观如"进步史观""辉格史观"的消极影响,同时建构科学合理的教育史观。

在已有美国高等教育史研究成果中,我们看到了一些"修正史学"的影子。学者们反对直线式地看待美国高等教育的发展历史,反对神话某些重要的教育家、教育事件、教育法案等,开始对原有的历史问题和研究结论进行重新解释和论证,在研究领域和方法上也开始突破原有的束缚,这自然是值得肯定的成果。但值得我们注意的是,纵观高等教育史学的发展历程,我们不难发现,每一次史学范式的转变与美国当时的社会和政治格局变迁都有着紧密的联系。因此,史学范式是史学自身发展到一定阶段的历史产物,而并非完美无缺、互相取代的理论。每一种史学范式和史观都有其可取之处,片面强调一种史观、批判另一种史观必然会走向极端化,产生新的问题,反而不利于美国高等教育史研究的长远发展。当前对史观的批判和重构要基于对传统史学和修正派史学的整合,充分考虑传统史学搭建的"立"的价值和修正史学带来的"破"的挑战。

教育史研究的功用分为理论功能和实践功能。理论功能追求历史的"真",强调对真实过去的考察以丰富人们对教育历史的认识和理解;实践功能追求现实的"用",注重对现实需求的满足以促进教育问题的解决和教育事业的发展。当前,对美国高等教育史的研究仍然过于强调实用性,这种实用主义的功用观最明显的表现是启示、借鉴类的文章在总研究成果中占有很大的比例,尤其是在 21 世纪初情况最为明显。虽然近年有改观,但是仍没有实现根本上的转变。过于强调实践功能的研究只着眼于当下的教育需求,容易忽视学者自身的研究兴趣和学术能力。由于缺乏学术积累,这类学术成果往往比较空洞、粗浅,缺乏深刻的见解和系统深入的研究,导致为了写启示而写启示。这是当前美国高等教育史研究少有力作问世的重要原因之一。可见树立科学的历史研究功用观,反对历史实用主义和功利主义的观念,对改善我国美国高等教育史的研究状况具有很大的意义。

第二,就方法论的层面来看,选择什么样的研究问题,如何选择研究问题,选择何种研究方法,如何恰当地运用、处理史料等等都需要学者们进行审慎的思考。已有研究在选题时往往跟随时事热点,这就会出现一种"什么话题有热度就研究什么"的情况。当然,这样的选题方式或研究方式使得美国高等教育史研究在一定程度上不与社会脱节。但是,研究美国高等教育史不能停留在"与时俱进"的层面上,这样的学术研究容易浅尝辄止,应该长期坚持不懈地聚焦在某些主题方面不断深入。另外,从已有的关于美国高等教育史研究的成果来看,大部分学者仍满足于依赖典型文献,对典型事件、典型人物进行叙述与阐释。这样带来的弊端之一就是重复研究太多,立意不新。同时,在行文中对典型事件、典型人物随意进行褒贬,缺乏客观性和可靠性。形成这种局面的原因,一方面,是受前人的影响太大,易造成思维定式;另一方面,若要避开已形成的热点、典型研究,必然需要学者在研究过程中下更大的功夫。

虽然研究主题上已经呈现丰富多元的特征,但仍有尚未挖掘的领域和主题。首先,从研究时段上来看,已有研究多集中在 19 世纪 80 年代研究型大学崛起后以及二战后的高等教育史,对 19 世纪之前美国高等教育发展关注甚少。其次,对大学内部的重要组成部分——学生这一群体关注较少,至少与教师相比,已有研究的数量远远不够。从学生自身角度出发,学生在美国高等教育史上扮演的角色、所处的地位、发挥的作用、学生社团组织、师生关系等等都需要进一步探索。另外,对美国大学内部具体学科的发展史的探析甚少,一并需要加强的还有对课程的发展、教材的演变、教学方法的变化等方面的研究。不仅如此,对大学外部的组织团体(如美国大学教授协会)的发展史也应该予以重视。再次,就高等教育这个体系而言,已有研究多重于横向的把握,如对大学与联邦政府、州政府、社会组织、教育中介组织等的关系研究较多,但是对大学与城市的关系研究、高等教育与宗教的关系研究几乎处于空白。这需要学者不仅要关注美国高等教育史,还要对城市史、宗教史有所了解。纵向方面的研究,如美国高等教育与学前教育、初等教育、中等教育等各级各类教育体系的关系的研究更是没有进入学者们的研究范畴之中。最后一点不仅存在于美国高等教育史研究中,也存在整个外国教育史的研究中。学者们通常注目于正式的高等教育机构和场所,而对于非正式的高等教育机构、场所及载体如图书馆、博物馆、大学出版社、期刊等等一并忽视。这一点需要我们反思对高等教育内涵的理解。如若我们对高等教育的内涵进行扩大,我们的选题范围也会得以扩大。

在具体的研究与叙述中,虽然学者们提及"回归历史的情境",但要切实地做到"回归历史的情境"需要对当时的政治、经济、文化、阶层等等进行多方位的考量。如有必要,还可借鉴其他学科的理论框架来进行历史分析。在史料方面,史料的搜集与运用都是研究的重要步骤。为增强研究的客观性与说服力,研究者应尽可能地掌握更为翔实的、一手的史料。在运用史料的过程中,有的文章仅有描述,没有分析;有的文章以偏概全,不够严谨,没有做到论从史出。因此,在形成牢固的史料意识的过程中,不仅要在搜集更原始的史料方面下功夫,在运用史料上也是如此。运用软件来分析搜集到的文献逐渐在学术圈中风靡,如前文所述,这的确能提供一种新兴的研究方法,随之而来的也有不少缺陷:客观层面上,数据软件分析的结果偶有差池;主观层面上,对数据的盲目崇拜导致研究者忽略了数据背后的信息。数据呈现的仅是一种现象,仅凭借数据并不能很好地进行美国高等教育史研究。

就学者们自身的研究活动而言,可以通过一些具体措施来推进认识论和方法论的改善与落实。首先,高校的学科带头人和核心机构可以发挥组织与引导的作用。对美国高等教育史学者及翻译人员进行组织,从而编著、出版更多高质量、有教育史学科特色的专著和译著,加强对薄弱研究领域的探索。其次,国内学者应加强合作与交流。通过举办专题学术论坛、沙龙,加强美国高等教育史研究领域中信息的流通与共享。学者们一方面要加强和同一研究领域的其他学者的沟通,另一方面也要与其他学科的学者尝试跨学科合作,以拓宽研究视野。最后,国际化合作研究也应该得到重视与发展。通过加强中美之间的学术合作与交流,可以把握美国高等教育史研究的前沿动态和发展趋势,同时对史观的转变、史料的搜集、学术人才培养等大有裨益。

原载《教育史研究》2019 年第 3 期

近 70 年外国教育思想史研究回顾

◎涂诗万 刘 敏 童想文 曹春平 *

摘 要:1949—2019 年,中国学界对外国古代教育思想的研究比较欠缺,最近 20 年稍有起色;对卢梭和赫尔巴特等外国近代教育家的思想关注较多,产生了一些初步的成果;相比较而言,国内学界对 20 世纪初以来的外国现代教育思想的研究,成果较为丰富,特别是对杜威教育思想的研究,取得了一些成绩。21 世纪初以来,国内对学术自由和保守主义等大学理念的研究,取得了一些成果。概而言之,近 70 年的外国教育思想专题研究,可分为前 30 年和后 40 年两个阶段。前 30 年,研究的面较窄,但有理论深度;后 40 年,研究的疆界大大拓展,成果数量较丰富,但质量上有待提升。近 70 年的外国教育思想史研究体现了"共有历史"观,促进了教育人性化和教育理性化思潮在中国的发展。

关键词:思想史;外国教育思想研究;外国教育;大学理念;共有历史

本文以时间为经、专题研究为纬,总结 1949—2019 年中国学界对外国教育思想的研究。专题研究(Monographic Study)指对某一专题的深入探索,有自己独到的材料、方法和论点,有别于通史的撰写。近 70 年,普及的任务,比提高的任务紧迫,我国学者对外国教育思想的研究,往往起步于编写通史性教材,因而在从事专题研究时习惯以时间为线索分出古代、近代和现代等专题。不过,1999 年开始的中国大学扩招,刺激了大学理念专题研究的较快增长,改变了这种研究惯性。基于这种研究现状,我们分外国古代教育思想研究、外国近代教育思想研究、外国现代教育思想研究和大学理念研究四个专题,回顾中国学者近 70 年的外国教育思想研究史。

* 作者简介:涂诗万,河南师范大学教育学部副教授;刘敏,北京师范大学教育学部博士研究生;童想文,《华东师范大学学报》编辑部编辑;曹春平,扬州大学教育科学学院讲师。基金项目:全国教育科学"十三五"规划 2019 年度国家一般项目"杜威教育思想批评史(1896—2019 年)"(BOA190042)。

一、外国古代教育思想研究

近 70 年间的前 50 年,国内学界对外国古代教育思想的研究比较欠缺,最近 20 年稍有起色。

近 20 年,在古希腊教育思想研究方面做出重要成绩的,是以金生鈜和刘铁芳为代表的教育基本理论学者。金生鈜以"英伦自由主义"的视角探究古希腊教育,刘铁芳则循列奥•施特劳斯(L. Strauss)保守主义的途径回到古典。

金生鈜在《德性与教化》中指出,苏格拉底(Socrates)、柏拉图(Plato)和亚里士多德(Aristotle)都主张,"好教育"应既是培养"好人"的教育,也是培养"好公民"的教育。自由是成为一个"好人"和"好公民"的前提,"好人"追求自然正当的永恒价值,把它作为美好生活的价值基础;"好公民"则在公共生活中时时体现审慎的理性。[1] 李长伟追随金生鈜未尽之意,研究培养"好人"和"好公民"的教育在古希腊的发展历程。他指出,古典政治哲人的公民教育,注重对超验性的终极目的的思考与认同,将至善和德性作为公民教育的核心,把培养追寻自然德性的好人作为公民教育的目的,这与西方近现代将自由和权利作为公民教育的核心迥然不同。[2] 李长伟的研究与金生鈜相比,有更多的列奥•施特劳斯色彩。

刘铁芳指出,古希腊自由教育的途径是通过对普遍知识的追求来引导个人超越感性经验,目的是追求理性灵魂的卓越,其根基,与其说是对高贵人性的渴望,不如说是对人类精神生活幽暗性的深刻洞悉。[3] 刘铁芳立下志愿,要带领学生将柏拉图 30 多个对话,逐一从教育学角度进行解析。刘艳侠的《爱欲与教化——柏拉图教育哲学的一种阐释》(湖南师范大学博士学位论文,2015 年)和刘莉的《苏格拉底如何做教师——〈普罗塔戈拉〉开篇释义》(《华东师范大学学报(教育科学版)》,2017 年第 6 期)等作品,正是这个愿望的初步实现。

最近在金、刘两种路径之外,还有学者以施莱尔马赫(F. D. E. Schleiermacher)的思想为主要解释路径探寻柏拉图的教育思想[4],其成果亦值得关注。另外,教育史学者李立国的《古代希腊教育》[5]和历史学博士苏振兴的专著《古典时代希腊教育思想研究》[6],虽是整体研究,也较有分量。

---

① 金生鈜:《德性与教化——从苏格拉底到尼采:西方道德教育哲学思想研究》,湖南大学出版社 2003 年版。
② 李长伟:《古典传统与公民教育》,教育科学出版社 2010 年版。
③ 刘铁芳:《重申知识即美德:古典传统的回归与教育性教育的重建》,北京师范大学出版社 2015 年版。
④ 童想文:《诗歌•哲学•国家的三重奏——柏拉图教育学形态研究》,华南师范大学博士学位论文,2016 年。
⑤ 李立国:《古代希腊教育》,教育科学出版社 2010 年版。
⑥ 苏振兴:《古典时代希腊教育思想研究》,天津人民出版社 2011 年版。

国内对古罗马教育思想的研究极少,张轩辞关于中西古代教育思想的比较①和黄汉林对昆体良的研究②,是其中少数比较有分量的作品。对两河流域和拜占庭等东方古代教育思想的研究更少。

维柯(G. B. Vico)认为,事物的起源决定本质。对外国古代教育思想史的研究应为外国教育思想研究的重中之重,但国内实际的研究现状恰好相反。究其原因,一是因为我们普遍的急功近利的学术心态,致使研究近现代史的人居多;二是由于前30年文科学术断层,导致古代史研究专业人才缺乏。

二、外国近代教育思想研究

近70年中的前50年,马克思主义教育思想研究是显学,成果较多。这方面的学术史将在《近七十年教育基本理论研究回顾》中呈现,本文不赘述。对于其他自文艺复兴时期至19世纪末的外国近代教育思想,学界关注较多,产生了一些初步的研究成果。

(一)文艺复兴教育思想研究

文艺复兴教育思想是一个巨大的宝库,已有的相关研究,大多是一些比较笼统的整体性研究。例如,褚宏启的《走出中世纪:文艺复兴时代的教育情怀》研究了文艺复兴时期的人文主义教育,努力阐明人的发现、人的解放和人的尊严及其对教育目的、内容和方法及教育与社会关系的启示。它指出:"人的解放的本质是把人还原为人。应依据人性的要求重新确定人的道德准则和行为规范,让被扭曲的人性恢复常态。"③但这份研究急切地要走出"中世纪",相对忽视了中世纪基督教精神在孕育"人的发现、人的解放和人的尊严"方面的作用。类似的研究著作还有褚宏启和吴国珍领衔编撰的《外国教育思想通史·第四卷·文艺复兴时期的教育思想》④和刘明翰、陈明莉的《欧洲文艺复兴史·教育卷》⑤。

比较深入的专题研究有苏立增关于文艺复兴时期道德教育思想的研究。⑥ 总体而言,学界还缺乏对文艺复兴时期各个教育家的专题研究。

---

① 张轩辞:《诗歌与教育——儒家诗教与普鲁塔克诗学》,《同济大学学报(社会科学版)》2015年第4期。
② 黄汉林:《昆体良与罗马文教传统——〈善说术原理〉简述》,《重庆大学学报(社会科学版)》2011年第3期。
③ 褚宏启:《走出中世纪:文艺复兴时代的教育情怀》,北京师范大学出版社2000年版,第5页。
④ 褚宏启、吴国珍:《外国教育思想通史·第四卷·文艺复兴时期的教育思想》,北京师范大学出版社2017年版,第524、529页。
⑤ 刘明翰、陈明莉:《欧洲文艺复兴史·教育卷》,人民出版社2008年版。
⑥ 苏立增:《欧洲文艺复兴时期道德教育变革与发展研究》,北京师范大学博士学位论文,1998年。

夸美纽斯被曹孚称为"现代教育之父",但对他的深入研究不多,大多是一些介绍性的作品,有少数研究者通过拉丁语词源的考察,在基督教的背景下深入探讨夸美纽斯的教育思想。例如,娄雨考察了"Didactics"和"Pedagogy"的拉丁语词源,厘清了"教师"与"教仆"之争,指出《大教学论》更合适的译法是《伟大的教育》。①

(二)卢梭教育思想研究

近70年,学术界研究卢梭(J. J. Rousseau)教育思想的作品较多,一些力作值得关注。前40年的代表作是滕大春的《卢梭教育思想述评》。② 滕大春指出,卢梭激烈攻击专制政权,痛斥教会迷妄,反对戕害天性、灭绝心智的封建教育,呼吁天赋人权,要求解放天性,是卓越的人道主义者;卢梭在《爱弥儿》中所要求的,是对封建教育的根本改造。这份研究逻辑严谨,论述较深入。

近30年,两个代表性的研究者是李平沤和渠敬东。李平沤通法文,是卢梭著作中译的主要译者之一,他以《社会契约论》为背景研究《爱弥儿》,发现《爱弥儿》不仅是教育思想名著,也是一本政治读物,而且是一本论证"人天生是善良的"的哲学著作。卢梭在论述教育时,看似在讨论教学法,其实是在讨论培养公民的政治教育,同时也是在对"什么性质的政府才能培养出最有道德、最贤明和心胸豁达的人民"的难题求解。卢梭的意思是,政治教育须从尊重人格开始,其实一个好政府何尝不也是应该如此。③

渠敬东在《教育的自然基础:解读〈爱弥儿〉前三卷》④中指出,卢梭认为,基于古典文明复兴的人文教育,不能为现代人奠定最恰当的人性秩序和政治秩序,现代性社会充满矛盾、纷争和腐败,那么,我们只能回到先验的神意,自然人的设定是一种神意,现代教育只能是对神意的一个许诺,是一种从"人的条件"出发来顺应神意的实践。更通俗地说,现代社会对儿童自然状态的保护,是现代文明中个体自我保持的根基,是道德教育的基础,也是培养一个现代"完整人"的基本要求。渠敬东的《卢梭对现代教育传统的奠基》⑤也值得关注。

李平沤和渠敬东对卢梭教育思想的研究有三个共同特点:其一,从内容上看,他们都发现了"个体性"这一现代教育的核心;其二,在方法上,他们都结合现代政治传统,阐述教育的微言大义;其三,他们的研究都是基于对经典原著的解经式研读。还有一些成果是对卢梭教

---

① 娄雨:《Didactics还是Pedagogy——〈大教学论〉与伟大的教育精神》,《湖南师范大学教育科学学报》2019年第2期。

② 滕大春:《卢梭教育思想述评》,人民教育出版社1984年版。

③ 李平沤:《如歌的教育历程:卢梭〈爱弥儿〉如是说》,山东人民出版社2008年版。

④ 渠敬东:《教育的自然基础:解读〈爱弥儿〉前三卷》,载《思想与社会》编委会编:《教育与现代社会》,生活·读书·新知三联书店2014版,第35、54、64页。

⑤ 渠敬东:《卢梭对现代教育传统的奠基》,《北京大学教育评论》2009年第3期。

育思想的核心概念或中心矛盾的研究,如曹永国的《自然与自由》[1]和董标的《卢梭悖论》[2]。后一个研究运用了类型学的方法,值得重视。

(三)赫尔巴特教育思想研究

近百年来,我国没有出现以研究赫尔巴特(J. F. Herbart)和赫尔巴特教育学派而著称的学者,对赫尔巴特的研究,没有形成丰厚的学术积累,[3]这与赫尔巴特教育思想在教育史中的重要地位不相符。

在对赫尔巴特的评价方面,1950—1980年,国内学界主要把赫尔巴特作为反动教育家来批判,从20世纪80年代开始,才逐渐承认赫尔巴特教育思想的价值。

已有的相关研究主要集中在赫尔巴特的教学论方面。1958年,常道直的《赫尔巴特的教学论的再评价》[4],在批判赫尔巴特的大气候中,试图创造一个肯定赫尔巴特教学论的小气候,勇气值得后辈学习。林凌从美学视角研究赫尔巴特的教学论。[5]另外,还有少量关于赫尔巴特学派的研究和关于赫尔巴特学说传播的研究。

(四)其他近代教育思想研究

裴斯泰洛齐(J. H. Pestalozzi)是近代西方教育思想史上的枢纽性人物,但国内的相关深入研究不多。21世纪初以来,涂尔干(E. Durkheim)的《教育思想的演进》和《道德教育》受到国内学界的重视,有少量研究力作。关于狄尔泰(W. Dilthey)的教育思想,也有通德语的学者做了比较深入的研究。[6]

国内学界对外国教育思想的研究多半是从哲学视角出发的,近20年来,也出现了一些从政治学视角研究外国教育思想的力作。例如,朱旭东以"民族国家"概念为中心,研究近代欧美教育思想的发展。[7]洛克(J. Locke)是近代思想史上的关键人物,王楠并没有把洛克的教育思想局限于《教育漫话》中,而是在《人类理解论》和《政府论》的整体思想中讨论洛克培养自由而理性的现代人的思想。[8]

思想在国与国之间的传播与变迁,是思想史研究的重要主题。在外国教育史学界,这方

① 曹永国:《自然与自由——卢梭与现代性教育的困境》,福建教育出版社2012年版。
② 董标:《卢梭悖论——"教育学形态"的案例研究》,《中国教育科学》2013年第1期。
③ 张小丽:《20世纪下半叶赫尔巴特教育学的中国命运》,《中国人民大学教育学刊》2018年第3期。
④ 常道直:《赫尔巴特的教学论的再评价》,《华东师范大学学报》1958年第3期。
⑤ 林凌:《审美视角下的赫尔巴特教学论研究》,华东师范大学博士学位论文,2018年。
⑥ 陈锋:《狄尔泰教育学研究》,甘肃教育出版社2007年版。
⑦ 朱旭东:《欧美国民教育理论探源》,北京师范大学出版社1997年版。
⑧ 渠敬东、王楠:《自由与教育:洛克与卢梭的教育哲学》,生活·读书·新知三联书店2012年版。

面的代表作是贺国庆的《近代欧洲对美国教育的影响》。[①] 关于这个主题的作品太少,还有很大的开拓空间。

西方近代教育思想具有承上启下的性质,现代教育的光荣和梦想及其内在矛盾,都可从中找到根源。如果对这段思想史研究不透,那么对现代教育思想的研究将成为无根之木。这也是我们当今的外国现代教育思想研究缺乏深度解释力的重要原因之一。

三、外国现代教育思想研究

相比较而言,国内学界对 20 世纪初以来的外国现代教育思想的研究,从数量上看,成果较为丰富。特别是对杜威(J. Dewey)教育思想的研究,在数量上超过了对其他教育家思想研究的总和,在质量上也取得了一些成绩。

(一)杜威教育思想研究

自 20 世纪初,杜威的教育思想传入中国以来,对它的研究几经起落。20 世纪上半叶,中国学习、传播和实践杜威的民主思想和教育思想的热情很高。20 世纪 50 年代初至 70 年代末,杜威的思想在大陆受到全面批判,传播和研究杜威教育思想进入低潮,只有作为批判资料的杜威重要著作《自由与文化》《经验与自然》《人的问题》和《确定性的寻求》被翻译出版。[②]但此时期,我国香港和台湾等地的学者对杜威的研究仍正常进行。80 年代,杜威教育思想的价值得到重新确认,对它的研究在大陆逐渐复苏。90 年代,对杜威的研究逐渐深入。从 21 世纪初至今,中国教育界和学术界研究杜威的热情持续高涨。

吴俊升是中国最主要的杜威教育思想研究专家之一。他的立场近于柏克(E. Burke)式保守主义,既珍视自由和民主,又主张保持传统的连续性,这个立场尽显于他对杜威教育思想的分析和评论中。

1949 年以前,吴俊升就在杜威研究方面取得了不俗的成绩,1949 年以后,他主要活跃在香港和台湾地区的学术圈。1953 年,吴俊升翻译了杜威反极权主义的力作《自由与文化》。1960 年,在中、美两国批判杜威教育思想的背景中,他发文为杜威教育思想辩护。吴俊升指出,杜威为"现代化、人道化和具有解放作用的教育运动"创造了一个体大思精、面面俱到的

---

① 贺国庆:《近代欧洲对美国教育的影响》,河北大学出版社 1994 年版。
② 《自由与文化》和《确定性的寻求》由傅统先译,商务印书馆分别于 1960 年和 1964 年出版。《人的问题》由傅统先与邱椿合译,上海人民出版社 1965 年出版,《确定性的寻求》由傅统先译,上海人民出版社 1966 年出版。参见:陆有铨口述,于述胜等访谈整理:《傅统先教授的学术人生》,《教育学报》2010 年第 5 期。

教育哲学体系。在美国学校中,"比五十年前显然有较多的生趣和愉快的气氛,有较多的自由和独创的精神,学生间与师生间有较多的合作,有较多的实际的和创造的活动,有较多的反省的思维,在团体生活中有较多民主方式,这差不多都是杜威的贡献"①。1961 年,吴俊升出版了《杜威年谱》。1964 年,他应邀与美国学者一起将杜威在中国的部分演讲译成英文。吴俊升在《教育与文化论文选集》中对杜威的兴趣学说和知识论,也有深入和独到的分析。

然而,吴俊升对"教育即生长"的理解不如曹孚深刻。1949 年夏曹孚从美国科罗拉多大学获得博士学位,博士论文题目是"杜威教育哲学中的个人与社会"。在 1950 年 10 月和 11 月发表的《杜威批判引论》中,曹孚指出,"教育即生长"深受达尔文发展观的影响,与亚里士多德的发展观完全不同,这意味着,在杜威的教育思想中,儿童是第一义的,社会是第二义的。② 但是,曹孚的最终结论是"儿童中心主义是个人主义的,我们反对个人主义"③,这就落入了意识形态化的窠臼。曹孚对杜威的"进步论""无定论""智慧论""知识论""经验论"的分析,同样简明而深刻,但可惜在批评时,总是充满意识形态的偏见。1957 年,当曹孚提出"教育是一个永恒的范畴"④时,其实已经是反对自己 7 年前的意识形态化观点了。

20 世纪 80 年代,中国开始改革开放,教育界也随之重新评价杜威教育思想。此阶段的代表性研究者是赵祥麟和滕大春。1980 年,赵祥麟发表文章《重新评价实用主义教育思想》。1982 年,中国教育史研究会承认了杜威教育思想在教育史上的重要地位,肯定了它有许多进步的方面。⑤ 1990 年,滕大春在王承绪翻译的《民主主义与教育》导论中比较全面地分析了杜威教育思想,指出了它的进步性。⑥

褚洪启的专著《杜威教育思想引论》,是 20 世纪 90 年代杜威教育思想研究的代表作。在这本书中,褚洪启运用马克思主义理论,分析了杜威的"教育即生活""教育即生长""教育即经验的改造"三个命题的内涵和相互关系,认为这三个命题揭示了杜威的教育观是一种崭新的教育观。这种教育观体现在政治方面,是倡导民主;体现在哲学上,是力求克服各种二元对立;体现在文化上,则是倡导科学方法,破除陈规陋习,其核心是,"教育是为了民主的,同时教育也应是民主的"⑦。"普世价值"与民族国家之间的张力,是杜威教育哲学着力解决的重要问题,但褚洪启对这一重要维度未置一词。另一维度,杜威思想与作为美国立国根基

---

① 吴俊升:《杜威教育思想的再评价》,载吴俊升编著《教育与文化论文选集》,台湾商务印书馆 1972 年版,第 291-292 页。

② 曹孚:《杜威批判引论》(上篇),《人民教育》1950 年第 6 期。

③ 曹孚:《杜威批判引论》(下篇),《人民教育》1950 年第 7 期。

④ 瞿葆奎、马骥雄、雷尧珠:《曹孚教育论稿》,华东师范大学出版社 1989 年版,第 214 页。

⑤ 中国教育史研究会:《杜威、赫尔巴特教育思想研究》,山东教育出版社 1985 年版。

⑥ 滕大春:《杜威和他的〈民主主义与教育〉》,载约翰·杜威:《民主主义与教育》,王承绪译,人民教育出版社 2001 年版,第 39 页。

⑦ 褚洪启:《杜威教育思想引论》,湖南教育出版社 1998 年版,第 58 页。

的基督教信仰之间的张力,在《杜威教育思想引论》中也付之阙如。

21 世纪以来,杜威研究比较繁荣。单中惠的《现代教育的探索——杜威与实用主义教育思想》是此时期的代表作。它全面细致地解读了杜威教育思想的形成背景、内涵和影响。在这本书中,杜威教育思想被认为是体现现代文明的现代教育思想。这标志着中国的杜威教育思想研究整体上进入了一个新的时期。单中惠指出,实用主义哲学、机能主义心理学和民主信念是杜威教育思想体系的三大支柱,而且认为,实用主义哲学是美国个人主义的最佳哲学表达,杜威的民主观维护的是中下层群众的民主自由。[①] 可以看出,单中惠的理论思维仍然深受马克思主义的阶级分析法影响。

丁永为采用昆廷·斯金纳(Q. Skinner)的语境—行动理论分析了杜威教育哲学中从"教育中的民主"到"民主中的教育"的发展过程。[②] 郭法奇分析了杜威与现代教育的关系[③],唐斌探究了杜威教育哲学的出场语境[④],涂诗万考证了杜威教育思想的形成过程[⑤]。此外,蒋雅俊对《儿童与课程》的专题研究[⑥],石中英对杜威教育哲学论述方法的分析[⑦],刘长海、李志强、陈春莲等对杜威道德教育思想的研究和肖晓玛等对杜威美育思想的研究,都是杜威教育思想研究走向深入的重要尝试。

(二)苏霍姆林斯基教育思想研究

苏霍姆林斯基(V. A. Suhomlinskii)是近 40 年对中国中小学教师影响最大的外国教育家之一。20 世纪 70 年代末以来,中国出现了三次学习、传播和研究苏霍姆林斯基教育思想的热潮,分别是在 80 年代初中期、90 年代初中期和 21 世纪初至今。作为异域教师的苏霍姆林斯基,竟然获得几代中国教师经久不息的追随,这是当代国际教育交流史上的奇迹,同时也是一个值得研究的教育文化现象。

华东师范大学杜殿坤是中国译介苏霍姆林斯基著作的第一人。1979 年,他发表了《瓦·阿·苏霍姆林斯基谈校长工作经验》,这是国内第一篇介绍苏霍姆林斯基教育思想的文章。

20 世纪 90 年代初出版了三本有分量的研究专著:毕淑芝等编著的《苏霍姆林斯基的全面发展理论》、王天一的《苏霍姆林斯基教育理论体系》和张庆远的《苏霍姆林斯基的德育理

---

① 单中惠:《现代教育的探索——杜威与实用主义教育思想》,人民教育出版社 2002 年版,第 4、80、81、119 页。

② 丁永为:《变化中的民主与教育:杜威教育政治哲学的历史演变》,教育科学出版社 2012 年版。

③ 郭法奇:《杜威与现代教育:几个基本问题的探讨》,《教育研究》2014 年第 1 期。

④ 唐斌:《杜威的探究性教学论:出场语境及其视域偏差》,《华东师范大学学报(教育科学版)》2014 年第 3 期。

⑤ 涂诗万:《杜威教育思想的形成》,浙江教育出版社 2015 年版。

⑥ 蒋雅俊:《杜威〈儿童与课程〉研究》,福建人民出版社 2017 年版。

⑦ 石中英:《杜威教育哲学论述的方法》,《教育学报》2017 年第 1 期。

论与实践》。王天一极其看重苏霍姆林斯基的"自我教育"思想,认为这是一个重大理论创新,它相信学生的自尊、自重、自觉、自我完善,教育学生自我监督、自我克制,改变了否认学生积极主动性的陈腐观念,推翻了只靠强迫、限制束缚学生的旧办法。他认为,苏霍姆林斯基教育理论是世界教育思想演进中的一枝鲜艳、瑰丽的花朵。[①]

21 世纪以来苏霍姆林斯基研究的重要成果,进一步挖掘了苏霍姆林斯基教育思想的人文主义内涵。朱小蔓指出,苏霍姆林斯基教育思想的核心是"怎样培养真正的人",苏霍姆林斯基去世前撰写的最为重要的一篇论文是《人是最高价值》,其中写道:"在我们社会的旗帜上清楚地写着:人是最高价值,没有什么事比活生生的人更加重要。"苏霍姆林斯基认为,教育学是人学。他说:"教育——这首先就是人学。不了解孩子——不了解他的智力发展,他的思维、兴趣、爱好、才能、禀赋、倾向——就谈不上教育。"这种对教育活动本质和根本价值的理解具有重大的意义。[②] 肖甦认为,苏霍姆林斯基思想脉络中最关键的东西是人性的真善美。[③] 苏霍姆林斯基这样具有深厚的人道主义情怀的伟大教育家,无疑是俄罗斯民族文化和历史的结晶。国内持续的苏霍姆林斯基研究热潮,既是中国社会近 40 年回归以人为本的反映,也是人本主义思潮的推动者。

(三)其他外国教育思想研究

我国对蒙台梭利(M. Montessori)教育思想的研究也是一波三折。1949 年以前,我国学者对蒙台梭利教育思想有初步研究。1949 年后的 30 年,蒙台梭利与杜威等教育家一样受到否定性批判。20 世纪 80 年代,中国学界开始重新肯定了蒙台梭利教育思想的重要价值,90 年代,蒙台梭利式幼儿园在全国各地如雨后春笋般涌现,但人们往往重视的是蒙氏的教育思想和方法层面的一些保育技巧,相对忽视了"自由和个性"在蒙氏教育思想中的核心地位。

国内开始重视皮亚杰的理论始自 20 世纪 80 年代初,傅统先的引介功不可没。此后借21 世纪初国内流行的"建构主义"东风,对皮亚杰的研究出现了一个小高潮。

巴西教育家保罗·弗莱雷(P. Freire)被认为是近半个世纪以来最重要的教育家以及赫尔巴特、杜威之后教育理论史的"第三次革命"的开创者和实施者。20 世纪 90 年代后期,弗莱雷的教育思想被黄志成等学者引入中国后,曾引起一轮研究热潮。研究者多从政治学视角讨论弗莱雷的教育思想。例如,董标指出,弗莱雷发现了教育与压迫同构、灌输与统治同源、统治与解放对立、自由与对话一体,他对现代教育做了总诊断,使被遮蔽了的,并因为这

① 王天一:《苏霍姆林斯基教育理论体系》,人民教育出版社 2003 年版,第 1、297 页。
② 朱小蔓:《怎样培养真正的人:教育永恒的命题》,《教育文摘》2017 年第 3 期。
③ 肖甦:《超越时空的人道主义教育学——纪念苏霍姆林斯基诞辰一百周年》,《比较教育研究》2018 年第 11 期。

种遮蔽而兼有神圣化和妖魔化特点的现代教育的性质再次裸露了。[①] 黄志成以"解放"一词定位弗莱雷的教育理论。[②] 张琨指出,弗莱雷教育思想的核心是批判驯化教育。[③] 吕娜指出,弗莱雷的理论是以实现人性和培养真正的民主公民为目标的政治教育理论。[④] 弗莱雷教育思想是近百年批判教育学发展的关键节点,与拉丁美洲的社会历史,特别是与"解放神学"密切相关,从这两个角度及其他视角,深入系统地研究弗氏思想的内在理路和外部关联,尚是一件未竟的任务。

简言之,国内学界对外国现代教育思想的研究,主要以思想家的个案研究方式展现,在揭示思想内在的演变及其与外部历史文化的关联方面,还有待进一步深入。一方面,我们应以"我注六经"的学术精神,解经式深入诠释教育经典文献。已经被译介进国内的外国教育经典文献虽然不少,但还有更多的外国古代和近现代教育经典还没有进入我们的视野,尚待我们辛勤挖掘。另一方面,应跳出思想史研究思想史,如此才有望克服碎片化的历史研究,真正把握思想的流变。

四、大学理念研究

大学理念是人们对大学的本质及其办学规律的一种理性认识。在 20 世纪 30 年代,中国学者就已经开始研究大学理念,如孟宪承在 1933 年出版的《大学教育》中就提及了大学的本质、理想,但此后对于这方面的研究较为缺乏,直到 20 世纪 80 年代才有所改观。从 80 年代开始,国内研究经历了兴起、高峰、回落三个阶段。兴起阶段是从 80 年代到 2003 年左右,高峰阶段是从 2003 年到 2010 年左右,此后是回落阶段。各个阶段的特征可以简要归纳为:初见庐山,侧重介绍与分析,观照中国大学发展新方向;千灯一室,研究更加深入和系统;尘埃渐定,关于大学理念研究方法的反思更为突出。

(一)关于大学理念的整体研究

兴起阶段,学界关于大学理念的学术讨论偏向于介绍和分析国外大学的办学理念和思

---

① 董标:《哪里有压迫,哪里就应该有〈被压迫者教育学〉——试述保罗·费莱雷的"解放教育学"》,《比较教育研究》2002 年第 8 期。
② 黄志成:《被压迫者的教育学:弗莱雷解放教育理论与实践》,人民教育出版社 2003 年版。
③ 张琨:《教育即解放》,福建教育出版社 2008 年版。
④ 吕娜:《教育即政治:保罗·弗莱雷的政治教育思想研究》,华中师范大学博士学位论文,2016 年。

想家对于大学的整体认识。如 1997 年刘振天发表的《关于大学理念的再思考》[①],是目前中国知网上以"大学理念"作为主题检索的第一条记录。卢晓中的《当代世界高等教育理念及对中国的影响》[②]和眭依凡的《大学校长的教育理念与治校》[③],都尝试对高等教育理念或大学校长的办学理念及其作用进行历史与现实的整合,并寻求大学理念在中国的实现途径。

高峰阶段,国内学者对大学理念的研究更加多样化、具体化和系统化。比如刘宝存的《大学理念的传统与变革》从大学史出发对大学理念进行了系统梳理与新的解读。[④] 陈洪捷回应了刘宝存的研究,并回溯历史,从"studium generale"这个词组在历史语境中的确切含义入手,增进了学界对西方大学理念发展的理解。[⑤] 此阶段对洪堡(Wilhelm von Humboldt)大学理念的研究逐渐增多。孙周兴在深厚哲学底蕴的支撑下分析了洪堡大学理念的古典理性主义哲学和人文主义精神来源,深入探讨了洪堡所提倡的古典理想、纯粹大学和学术自由。[⑥] 沈文钦引经据典,从古典大学观的视域中分析比较了纽曼(J. H. Newman)和洪堡大学思想的不同之处,以及他们对后世大学发展的影响。[⑦]

研究热度的回落阶段,学者们开始从研究方法方面反思已有的研究成果。例如,针对有些学者过分强调经典人物、条块分割的研究范式,陈洪捷等学者提出对大学理念的研究应当嵌入历史发展过程中。[⑧]

(二)关于大学理念核心主题的研究

学术自由理念、保守主义大学理念和威斯康星理念等是国内比较热门的相关研究专题。

1.学术自由理念

目前国内对"学术自由"的研究主要有概念研究、历史研究和国别研究三类。

关于学术自由的概念,当前我国学者有如下基本一致的认识:学术自由适用于大学的教学和学术活动;学术自由权利授予对象主要是大学师生;学术自由活动范围具体包括研究自由、教授自由、学习自由、思想自由、言论自由和出版自由等;学术自由的目的是免除外界不

[①] 刘振天:《关于大学理念的再思考——新中国高教改革发展道路的反思与展望》,《高等师范教育研究》1997 年第 5 期。

[②] 卢晓中:《当代世界高等教育理念及对中国的影响》,厦门大学博士学位论文,2001 年。

[③] 眭依凡:《大学校长的教育理念与治校》,华东师范大学博士学位论文,2001 年。

[④] 刘宝存:《大学理念的传统与变革》,教育科学出版社 2004 年版。

[⑤] 陈洪捷:《何谓 studium generale? ——〈大学理念的传统与变革〉读后献疑》,《北京大学教育评论》2006 年第 2 期。

[⑥] 孙周兴:《威廉姆·洪堡的大学理念》,《同济大学学报(社会科学版)》2007 年第 2 期。

[⑦] 沈文钦:《观念的力量——评〈德国古典大学观及其对中国的影响〉》,《北京大学教育评论》2006 年第 3 期。

[⑧] 陈洪捷:《旧套路与新范式:历史视野中的大学理念研究》,《北京大学教育评论》2015 年第 4 期。

合理的干扰，以潜心探究和传播真理。① 少数学者认为古希腊的思想自由是学术自由的最早形态，认为学术自由本质上是思想自由，是学者在内心自由状态下对理性真理的不断追求，既不盲从权威也不受其他外在因素或压力的影响。也有学者认为学术自由与中世纪的大学相关，"学术自由，在西方历史上同大学自治是一对孪生概念，是指大学从政府和教会那里争取到的学术权利，大学在政府或教会许可的范围内有教学、研究和学习的自由"②。有学者分析了学术自由的含义及其与大学自治、学术责任之间的关系。③ 另外，也有学者扩大了学术自由的范围，认为学术自由包括政治自由和宗教自由，学者有权力发表自己的政治、经济和社会主张，但是不能在大学讲坛上向学生灌输自己的政治信念或道德准则，应严格区分价值判断和事实陈述的关系。④

关于学术自由历史演进的研究，一般认为，学术自由的历史演进可以回溯至古希腊罗马时期，经历了中世纪大学、洪堡、霍普金斯大学这几个核心节点。张斿厘清了中世纪大学学术自由与近现代学术自由的分野。⑤ 关于洪堡所构建的学术自由观念，比较早的研究认为洪堡所定义的学术自由核心是理智自由与独立：精神活动需要"必要的自由"和"不受干扰"才能进行，只有保证教、学与科研的自由，才能发挥教师和学生的个性，挖掘其积极性和创造力。⑥ 而应星则梳理了康德、洪堡和马克斯·韦伯(M. Weber)的学术自由理念的异同，他指出，康德时代学术自由理念以理性为基础，回应了当时因所谓高级系科和低级系科而产生的争执；洪堡的大学理念，滋养出经验科学在大学的合法地位；而韦伯澄清了文化在大学发展中的含义，树立了科学精神及专业化学科在现代大学中的中心位置。⑦

很多学者关注了美国学术自由发展的历程，研究成果颇丰。加拿大学者许美德用中文发表的《美国的学院朝大学的过渡》(《外国教育资料》1983年第3期)和张宝昆的《人的因素对大学发展的影响——德、美、日三国大学发展与高等教育思想家》(《外国教育动态》1988年第1期)，是早期的两个优秀研究成果。21世纪以来，国内学者对美国学术自由演进历程的研究以大量国外一手文献为基础，更为具体详细。王国均的《美国高等教育学术自由传统的演进》(学林出版社2008年版)和译著《美国大学时代的学术自由》(北京大学出版社2010年版)相继出版，构建了美国学术自由发展历史图景。此外，张斌贤和李子江回顾了美国学术自由发展的历史，提出学术自由在美国的发展经历了信仰自由、思想的移植以及制度化三

① 陈列、俞天红：《西方学术自由评析》，《高等教育研究》1994年第2期。
② 肖海涛：《论大学的学术责任与学术自由》，《高等教育研究》2000年第6期。
③ 李子江：《学术自由问题研究的现状和趋势》，《高等师范教育研究》2003年第4期。
④ 林杰：《知识·权力和学术自由》，《现代大学教育》2002年第1期。
⑤ 张斿：《中世纪大学之"学术自由"辨析》，《北京大学教育评论》2017年第1期。
⑥ 李其龙：《洪堡改革高等教育的思想与实践初探》，《华东师范大学学报(自然科学版)》1980年第4期。
⑦ 应星：《学术自由的内外限度及其历史演变——从〈系科之争〉到〈韦伯论大学〉》，《北京大学教育评论》2009年第3期。

个主要阶段①,考察了美国学术自由所取得的成绩和面临的困难。

2.关于其他大学理念的专题研究

保守主义大学理念是一个思想宝库。国内的相关研究主要以人物研究为中心,探索了纽曼(J. H. Newman)、欧文·白壁德(I. Babbitt)、赫钦斯(R. M. Hutchins)、艾伦·布鲁姆(A. Bloom)和新保守主义者爱德华·希尔斯(E. Shils)等保守主义者的大学理念。从研究内容和研究方法上看,国内对保守主义大学理念的研究尚处于初级阶段。威斯康星大学的社会服务理念,近年来也受到了研究界的关注。

简言之,关于大学理念的研究,尚有待于更多研究者从更广阔的历史视野出发,从西方思想史和社会历史进程的角度来探索大学理想,总体把握西方大学理想的发展历程,从而对相关问题做出更深入的解答。②

五、反思与前瞻

从 19 世纪末开始,我们国家已经尝试学习外来教育制度和教育理论,以推进中国教育和社会的现代化,在这个背景下,研究外国教育思想,是人们持久的兴趣,各研究专题的形成也与此密切相关。近 70 年来中国学界对外国教育思想的研究,可分为前 30 年和后 40 年两个阶段。

前 30 年,由于新政权受到外部世界的遏制等原因,研究对象局限于马克思主义教育思想,虽较片面,但不失深刻,推进了教育界抽象思维水平的提高。

后 40 年,由于国家倡导解放思想、实事求是,推行改革开放,以及硕士、博士学位制度的建立,因而外国教育思想研究的疆界得以大大拓展,研究成果在量上迅速增多,但理论深度的拓展并无显著提升。

近 70 年研究所体现出的教育史观,弥足珍贵。过去人们往往持"中国中心"史观或"欧洲中心"史观,而外国教育思想史研究却体现了一种以"共有历史"为核心概念的全球史观。曹孚和吴式颖等老一辈学者对"教育是一个永恒范畴"的坚持,体现了这种史观。正如哈佛大学历史学家入江昭所言,"真正存在的是'世界历史',在此意义上,人类的历史只有一个,它为所有人共有。历史不可以分割世界"③。对于教育思想史研究,更是如此,教育思想史是人类共有的历史。"中国视野""中国声音"非常重要,但更基本的是各大洲的人类有共同的

---

① 张斌贤、李子江:《论学术自由在美国的制度化历程》,《沈阳师范大学学报(社会科学版)》2003 年第 5 期。
② 王晨:《论保守性大学理想的来源、结构和发展》,《清华大学教育研究》2007 年第 6 期。
③ 入江昭:《我们生活的时代》,王勇萍译,中信出版社 2016 年版,第 15 页。

人性,"东海西海,此心同,此理同"。

从教育本质的角度看,"共有历史"观有助于外国教育史研究者破除狭隘的、封闭的价值视野,走出"欧洲中心""中国中心""阶级中心"等,以开放的胸襟探索古今中外教育的经验和教训。然而,从教育现代化的角度看,外国教育史研究恰恰需要坚持"欧洲中心"[1],甚至以英美为中心,因为现代化就是英美化。前辈学者破除"欧洲中心",新一代学者走向"欧洲中心",二者看似对立,其实不然。这不但是因为双方是从不同层面立论,而且因为二者的价值关怀是一致的。破除"欧洲中心"实际上是要破除前 30 年宣扬的"教育是一个阶级性范畴"这个意识形态化桎梏,其目标是教育现代化;走向"欧洲中心"的价值关怀同样是教育现代化。

总之,中国学界近 70 年的外国教育思想史研究,推进了教育人性化和教育理性化思潮的发展,为中国教育现代化提供了多元的思想资源。

关于外国教育思想史的研究方法,目前国内主要有人物思想史和思潮流派史研究两种方式,前者居多,后者往往也写成了一些人物的思想史。通过研究代表性人物的思想,来研究教育思想史,这种方法的优势在于研究方法便利,能做到片面的深刻,缺点是较狭隘,不能充分探讨制度史、文化史与思想史互动,从而不能深入阐明一个时代思潮的流变。目前思想史学界的诸多研究进路,如诺夫乔伊(A. O. Lovejoy)的观念史、施特劳斯学派的解经式研究、萨顿(G. Sarton)和柯瓦雷(A. Koyré)的科学思想史研究、曼海姆(K. Mannheim)的知识社会学、福柯(M. Foucault)的知识考古学研究、以年鉴学派为代表的文化史心态史研究和以昆廷·斯金纳(Q. Skinner)为代表的概念史、话语分析研究,颇受关注,值得教育思想史研究界借鉴。[2]

国与国之间教育思想的挑战与应战、吸收、抵制、过滤和变易,也是将来需要加强的研究课题。文明总是在开放和对话中缓慢地融合与成长。教育作为文明成长的一个重要的动力性因素,其重要性决定了教育思想交流史的研究,是一个"富矿"。欧洲大陆和英美教育思想的交流史、东方国家与西方国家的教育思想交流史、中国与外国的教育思想交流史,都是有待开拓的重要课题。

处理好史料与史识之间的关系,也很重要。有学者强调,"有万分材料,加千分理论,再加百分纯洁心灵,还有十分谨慎后,说一分话"[3]。史料的重要地位再怎么强调也不为过。史料是基础,史识也是历史研究者所看重的,对于思想史研究来说,更是如此。史识迂阔,思想

---

[1]　2019 年 10 月 19 日下午,北京师范大学张斌贤教授在一次谈话中提出了这个观点。

[2]　王晨:《从思想本身到思想建构方式 ——思想史研究范式演进与教育思想史研究》,《中国人民大学教育学刊》2015 年第 1 期。

[3]　这是华南师范大学董标教授的观点。

史作品就可能只是在粗浅的哲学圈中打转,或沦为意识形态宣传员。当然,有史识,但史料不足,其后果将是大开大合的宏大叙事。对于外国教育思想史研究来说,学者对希腊语、拉丁语、德语和法语等外国语言掌握不够,成为制约史料的瓶颈,史识修养也亟待加强。

原载《教育学报》2020 年第 3 期

西方自然主义教育思想研究:回顾和展望

◎刘黎明 *

摘　要:自从改革开放以来,我国西方自然主义教育思想研究经历了恢复和重建、深化和拓展、繁荣和兴盛三个发展阶段。通过回顾,我们可以看到西方自然主义教育思想研究取得重要成就:西方自然主义教育思想的性质和人文价值得以确立和澄明;梳理了西方自然主义教育思想的历史嬗变和特征,揭示了它的历史贡献;西方自然主义教育思想的宏观综合研究不断拓深;西方自然主义教育思想的微观研究不断拓展,成果日渐丰富;构建了西方自然主义教育思想的理论体系,为人们进一步研究西方自然主义教育思想提供了重要的思想资源和理论参照;采取了开放的西方自然主义教育思想的研究方法,使西方自然主义教育思想不囿于书斋和学院,而面向教育实际,关注现实的教育问题,力求使西方自然主义教育思想中国化。展望未来,西方自然主义教育思想研究呈现出如下的趋势:提升西方自然主义教育思想研究质量;西方自然主义教育思想学派研究得到加强;造就一支高素质的研究队伍,创建西方自然主义教育思想"学术共同体";开展西方自然主义教育思想"元"研究;宏观研究与微观研究并重;西方自然主义教育思想的研究应观照当代教育改革的现实、与实践者的对话。当然,西方自然主义教育思想研究存在学术研究的创造性不足;缺乏专门研究队伍,尚未形成研究的"学术共同体";缺乏学术交流,研究的开放性不足等问题和局限。

关键词:西方;自然主义教育思想;回顾;成就;反思;展望

西方自然主义教育思想之历史源远流长,经历了萌芽期(以亚里士多德、古罗马教育家和文艺复兴时期的人文主义教育家为代表)、客观化自然教育思想(以夸美纽斯为代表)、主观化自然教育思想(以卢梭为代表)、心理化自然教育思想(以裴斯泰洛齐、赫尔巴特、第斯多惠、福禄培尔、斯宾塞为代表)、生长论自然教育思想(以杜威为代表)的发展历程,形成了不同的学派和范式,是西方教育思想宝库中的优秀的文化遗产。研究它不仅可以为整个西方教育思想的发展添砖加瓦,丰富其内容,而且可以为我国教育理论和实践的发展指明方向,预测未来。本文旨在梳理改革开放以来西方自然主义教育思想研究的历程,揭示它的成就,

---

*　作者简介:刘黎明,湖南师范大学教育科学学院副教授。

反思它的问题,展望它的发展前景,从而为研究者对它的进一步研究提供一个清晰的线索和重要的思想借鉴。

一、回顾：西方自然主义教育思想研究的历程

(一)西方自然主义教育思想研究的恢复和重建时期(1978—1989)

1.恢复和重新评价赫尔巴特、杜威等西方自然主义教育家及其教育思想的地位和作用

新中国成立初期的 17 年和"文化大革命"10 年,教育史学界以政治意识形态为标准,主要从偏重于政治和哲学方面来评价自然主义教育家及其教育理论,对教育思想的哲学基础是唯物还是唯心考虑得多,而忽视了教育思想本身的内在逻辑和理论价值。教育史学界的前辈学者滕大春、赵祥麟、吴元训、夏之莲等都要求实事求是地、客观地评价历史人物及其教育思想,还他们以本来面貌,既要看到历史人物及其教育思想的阶级性质,又要充分肯定其中合理的积极的内容。滕大春指出,"对待教育家或教育理论的评价,过去我们偏重政治和哲学方面的分析,多从他或它为哪个阶级服务,其教育思想的哲学基础是唯心还是唯物的,等等,去考虑;对于其教育方面的贡献忽视了。实际上,很多人为统治阶级服务,也能有其积极的因素。有些以唯心主义哲学为基础的教育理论,也能反映某些教育活动规律,提出某种行之有效的办法。对这些进行科学的评价应持历史唯物主义的观点"[1]。赵祥麟认为,"我们要辩证地具体地实事求是地对待人物,把人物的教育思想和活动放到整个社会的发展过程中进行考察。我们反对人物中心论,即把人物的教育思想和活动与有关的基本的历史联系及其他历史因素割裂开来,以至对个别人物的形象过分渲染,似乎那个时代的整个教育都出自某个人物的创造。这样的对待人物,反而不能充分阐明人物的教育思想的特点及其在历史上的地位和作用。……我们还应注意把历史人物的教育思想和当时的教育实践结合起来进行研究,能更恰如其分地把历史的真实面貌呈现出来。由于人们的创造性活动是相互联系的,我们还应当注意到同时代或不同时代人物的教育思想之间的相互影响和作用"[2]。

这些前辈学者不仅是这样说的,也是这样做的,他们率先发表论文,对赫尔巴特、杜威等这些曾经被否定的自然主义教育家进行了实事求是的客观的重新评价,既指出他们思想的阶级实质,也强调肯定其中的有价值的内容,以恢复他们及其教育思想在教育史上的重要地位。论文有孟宪德的《论杜威教育哲学体系在教育史上的地位》、陈科美的《杜威教育哲学的

[1] 合肥教育学院编:《外国教育史的学科体系讨论会论文集》,安徽省教育史研究会 1984 年版,第 8 页。
[2] 合肥教育学院编:《外国教育史的学科体系讨论会论文集》,安徽省教育史研究会 1984 年版,第 20-21 页。

重新探讨》、陈景磐的《再论杜威的道德教育思想》、任宝祥的《儿童中心论述评》、吴元训的《试评杜威的"从做中学"》、赵祥麟的《杜威芝加哥实验的设计和理论述评》、夏之莲的《杜威提出的一些教育、教学课题应认真研究》、王天一的《杜威教育思想初探》、肖远的《赫尔巴特教育思想的阶级性格和时代特征》、吴瑯高的《评赫尔巴特及其教学理论》。这些论文收录在1985年由山东教育出版社出版的《杜威、赫尔巴特教育思想研究》一书中。此书的出版,标志着杜威、赫尔巴特等自然教育家及其教育思想的地位和作用的恢复。

2.重建西方自然主义教育思想研究的指导思想和方法论

在恢复重建阶段,受改革开放政策的影响,教育史学界勇于解放思想,从旧有的苏联模式和政治意识形态的评价标准的束缚中解放出来,重建西方自然主义教育思想研究的指导思想。这个指导思想就是以辩证唯物主义为指导,坚持"实践是检验真理的唯一标准"的原则,实事求是地、客观地对西方自然主义教育家及其教育思想进行评价,既要看教育家的教育思想的哲学基础和阶级实质,更要看教育家的教育思想本身所蕴含的理论价值和它对当时和后来的教育理论的发展和教育实践的变革做出的积极贡献、提供的可能性真理。不仅如此,还要把历史人物的教育思想放在当时的政治、经济、文化的发展背景下进行考察,注意它的历史变化、前后联系,从中发现它们发展变化所蕴含的规律性。要以辩证唯物主义为指导,处理好古代教育与当代教育、教育思想与教育制度、学与用、论与史、教育的继承与发展等几对关系。"与上述研究指导思想的转变相关,80年代以后,学术界在具体对待苏联和西方教育的认识和态度上发生了转向。一是开始以新的眼光看待苏联的教育,二是重新正确认识西方教育以及教育家和教育史学家的教育思想和教育史学思想。"[1]在对待西方自然主义教育家及其教育思想上,"同情的了解"渐渐替代了"批判的论述"。这已经成为学者们研究西方自然主义教育思想的主导性态度。他们努力从其研究的对象吸收精神资源,实事求是地评价自然主义教育家及其教育思想。"实事求是意味着,学术研究不应当预设先行的原则,研究的结论必须从对对象的认真研究中得出来,而不是把研究作为对既有的某种意识形态的论证。"[2]

方法论的重建也是这个时期外国教育史(包括西方自然主义教育思想)研究的重要使命和任务。1979年在杭州召开的全国教育史研究会第一届年会和1982年在西安召开的全国教育史研究会第二届年会开启了外国教育史研究方法论的重建之路。前一次会议"讨论了外国教育史学科的一些基本理论问题,诸如教育史研究中的批判与继承问题、教育历史的共同规律和特殊规律问题、'史'与'论'的关系问题以及阶级分析法等问题,使教育史研究者明

① 杨孔炽:《百年跨越——教育史学科的中国历程》,鹭江出版社2005年版,第93页。
② 陈来:《中国哲学研究三十年回顾》,《天津社会科学》2008年第1期。

确了学科建设的方向,认识到教育史学科重建的目标与重心"①。这些教育史学科研究的方法同样适用于西方自然主义教育思想的研究。后一次会议讨论了重新评价赫尔巴特、杜威及其教育思想的问题。"这次重新评价活动的本质与意义在于……在研究外国教育史时要正确看待教育家的阶级立场、哲学观与其教育思想、历史贡献之间的关系,防止片面理解辩证唯物主义历史观和盲目运用阶级分析法,避免将教育家的社会阶级地位、哲学倾向与其教育思想的属性画等号,摈弃进行教条主义的批判和否定等一系列带有'左'倾思想的做法。"②总之,这些方法论指导思想的重建为以后 30 多年的西方自然主义教育思想的研究指明了方向,提供了行动的指南。其重要的表征是此后的研究成果都能秉承实事求是的精神,既不全盘否定,也不歌功颂德,而是对教育家的教育思想做出历史的分析和客观的评价。

3.西方自然主义教育思想研究的史料建设有重大突破

在 1985 年以前,研究西方自然主义教育思想的史料仅有卢梭的《爱弥儿》《西方资产阶级教育论著选》《现代西方资产阶级教育思想流派论著选》和《杜威教育论著选》。进入 80 年代中期,这种状况开始得到明显改观。从 1986 年到 1989 年,先后出版了《西方古代教育论著选》《西方思想家论教育》等史料汇编。尤其值得一提的是,人民教育出版社组织全国教育界的力量,系统翻译了外国教育史上的著名著作 38 种,其数量之多、范围之广是前所未有的。③ 其中包括西方自然主义教育家的著作,如夸美纽斯的《大教学论》、卢梭的《爱弥儿》、裴斯泰洛齐的《林哈德与葛笃德》、第斯多惠的《德国教师培养指南》、福禄培尔的《人的教育》、斯宾塞的《教育论》和杜威的《民主主义与教育》。这些著作的出版为西方自然主义教育思想的研究提供了第一手材料,有力地推动了西方自然主义教育思想的史料建设。

4.教育史学界展开了西方自然主义教育家的教育思想的个案研究,取得了一批可喜的成果

在恢复重建阶段,西方自然主义教育思想的研究与以往相比有了长足的进展,个案研究取得了一些重要成果。就人物而言,主要涉及夸美纽斯、卢梭和杜威。就著作而言,被研究的主要有夸美纽斯的《大教学论》、卢梭的《爱弥儿》和杜威的《民主主义与教育》。就学说而言,主要被研究的有:

(1)夸美纽斯的自然适应性原则。论文有潘后杰的《评夸美纽斯的自然适应性原则》(《四川师范学院学报》1985 年第 3 期)、龙玲玲的《评夸美纽斯的"自然适应性原则"》(《贵州师范大学学报》1986 年第 3 期)。这两篇论文虽然研究的是同一主题,但各有特色。前者从

---

① 杨捷:《我国外国教育史学科的发展与回顾探究》,《河北师范大学学报(教育科学版)》2015 年第 5 期。
② 杨捷:《我国外国教育史学科的发展与回顾探究》,《河北师范大学学报(教育科学版)》2015 年第 5 期。
③ 杨孔炽:《百年跨越——教育史学科的中国历程》,鹭江出版社 2005 年版,第 85 页。

时代背景和世界观基础出发,论述了夸美纽斯的自然适应性原则的基本内涵,探讨了根据这个总原则提出的一系列教学原则和方法。后者论述了夸美纽斯的自然适应性原则的基本内涵及其在教育史上的地位和作用。

(2)卢梭的自然教育思想。主要探讨了卢梭自然教育思想的理论基础、思想渊源和背景、教育目的、基本内容、历史功绩及影响。论文有喻立森的《卢梭关于自然教育理论及其影响》(《黄石师范学院学报》1983年第3期)、张法琨的《卢梭〈爱弥儿〉中的教育革新思想》(《教育研究》1985年第10期)、翟大林的《略论卢梭的自然教育思想》(《教育评论》1986年第6期)、戴本博的《论卢梭的"自然人"和"自然教育"》(《安徽师范大学学报》1988年第2期)、郭戈的《教育应当是快乐的——卢梭和斯宾塞的教育思想》(《比较教育研究》1989年第2期)、刘箭的《卢梭自然教育思想的渊源和背景》(《比较教育研究》1989年第6期)。这些论文从不同的视角对卢梭的自然教育思想作了较深入的论述。值得一提的是,这个时期出现了专门论述卢梭的教育思想的专著,即滕大春的《卢梭教育思想述评》(人民教育出版社1984年版)。它涉及"生平、时代和斗争纲领""论天性""论培养自然人""论发展天性和教育""论身体的保育和锻炼""论感觉教育""论知识教育""论道德教育""论女子教育""教育思想的评价"等内容,并高度地评价了卢梭的自然主义教育思想的意义,指出:"卢梭以自然主义相号召,不但给教育探索了新的归宿点,即培养自然人的教育目标;而且给教育找到了出发点,即儿童的身心特征。"①

(3)杜威的教育思想。主要探讨了杜威的教育目的、教师观、儿童中心主义和儿童个性发展思想。论文有袁锐锷的《杜威"儿童中心说"对现代教育的影响》(《比较教育研究》1983年第5期)、张伟俊的《杜威的教师观述评》(《上海师范大学学报》1985年第1期)、杨汉麟的《试论杜威的教育观与儿童中心主义的原则区别》(《教育研究与实验》1985年第1期)、袁锐锷的《杜威教育目的探讨》(《华南师范大学学报》1986年第1期)、徐俞的《杜威"儿童中心主义"浅议》(《江西教育科研》1986年第2期)、袁锐锷的《杜威教学方法论探讨》(《华南师范大学学报》1987年第2期)、杨汉麟的《杜威儿童个性发展思想初探》(《教育研究与实验》1987年第3期)。

综上所述,西方自然主义教育思想的研究尽管取得了一批成果,但从数量上讲,成果不多,标志性的成果更少。从总体上看,整个研究状态进展缓慢,其原因与整个外国教育史研究进展缓慢是相吻合的。从1978年到1989年,教育史学界的学者的工作重心和奋斗目标就是创建具有中国特色的外国教育史学科体系,编写具有中国特色的外国教育史教材,以突破既有的欧美和苏联模式,服务于当时高等师范院校的课程建设。因而学者们顾不上对西方自然主义教育思想的研究,导致此研究进展迟缓。

---

① 滕大春:《卢梭教育思想述评》,人民教育出版社1984年版,第178页。

(二)西方自然主义教育思想研究的深化和拓展时期(1990—2005)

20世纪90年代以来,素质教育、主体性教育、愉快教育、活动教学、个体的全面发展成为教育界的最强音。随着理论界对这些问题的深入研究,学者们意识到,学习和借鉴西方自然主义教育思想,是解决上述问题的有效路径,因而深化和拓展了西方自然主义教育思想的视野和领域。这是动因之一。动因之二,就是新的方法论如研究范式变革、科学哲学的方法、现代理论的历史比较法、模糊数学和系统论方法的运用,特别是系统论方法的运用,有力地推进了西方自然主义教育思想研究的深入发展。宏观层面的研究成果和比较类的成果的问世,是运用新方法论所取得成效的重要表征。

1. 对夸美纽斯、卢梭、杜威及其自然主义教育思想的研究得到进一步深化

就论文而言,夸美纽斯的自然主义教育思想的研究得到深化。陆志远的《夸美纽斯适应自然教育原则的历史启示》(《教育史研究》1991年第3期)、高天明的《试析夸美纽斯教育适应自然的思想》(《教育史研究》1994年第2期)、傅宝英的《夸美纽斯"教育适应自然"的教育原则》(《当代教育论坛》2003年第4期)进一步探讨了夸美纽斯教育适应自然原则的内涵及价值。

卢梭和杜威的自然教育思想的研究也展现了新视野和新气象。在卢梭方面,周萍的《卢梭自然教育理论探析》(《教育科学》1994年第4期)、丁敏的《简评卢梭的自然主义教育思想》(《淮北煤炭师范学院学报》1996年第3期)、张细谦的《浅析卢梭的自然主义体育思想》(《体育与科学》1998年第1期)、文敬芳的《试论自然教育与儿童中心主义》(《学前教育研究》1994年第3期)、王有亮的《试论卢梭的"童道主义"学生观》(《内蒙古师范大学学报》1997年第2期)、朱文玉的《浅论卢梭的自然教育理论》(《临沂师专学报》1993年第1期)、黎军和张大玲的《卢梭的自然主义教育思想评析》(《西南交通大学学报》2003年第6期)、覃素兰的《自然主义教育理论及理性思考》(《湖北民族学院学报》2002年第4期)、黄希尧的《儿童的发现——卢梭的儿童观述评》(《河北师范大学学报(教育科学版)》2000年第2期)、王春燕的《自然主义教育理论及其思考》(《教育理论与实践》2001年第9期)等,从不同的角度探讨了卢梭的自然主义教育思想、儿童观等。

在杜威方面,学者们全面地论述了杜威的"教育即生长"、"教育即生活"、"教育即经验的不断改造"、教育目的、课程论思想、儿童中心主义思想,并对其进行了评价,既指出了其合理内核,又指出了其不足之处。论文有:杨汉麟的《杜威教育目的新析》(《教育研究与实验》1990年第2期)、于向阳的《杜威教育目的论之评析》(《河南大学学报》1993年第3期)、夏正江的《杜威教育目的论略》(《教育理论与实践》1994年第3期)、褚洪启的《杜威"生长目的"论探微》(《山东师范大学学报》1992年第1期)、李文奎的《试论杜威的课程论思想》(《高等师范

教育研究》1992 年第 5 期）、褚洪启的《论杜威课程理论中的"经验"概念》（《课程教材教法》1999 年第 1 期）、罗海丰的《杜威课程理论探析》（《中州大学学报》2000 年第 2 期）、熊贤君和张雪强的《杜威"教育即生活"新释》（《教育史研究》2004 年第 2 期）、刘晓东的《为杜威"儿童中心论"辩护》（《学前教育研究》2002 年第 2 期）等。

此外，刘黎明的《论斯宾塞的兴趣教育思想》（《教育史研究》1995 年第 1 期）对斯宾塞兴趣教育思想产生的背景、基本内容、影响给予了论述和评价。

就著作而言，程方平的《划时代的伟大教育家——夸美纽斯诞辰 400 周年》（开明出版社1996 年版）论述了夸美纽斯的教育适应自然的原则。毛祖桓的《从方法论看教育学的发展》（重庆出版社 1990 年版）从方法论的视角论述了夸美纽斯、卢梭、裴斯泰洛齐、赫尔巴特、杜威的教育思想的发展，其中涉及自然主义教育思想。滕大春的《外国教育通史》第三卷第四章"卢梭教育思想"论述了卢梭的自然主义教育理论。赵祥麟主编的《外国教育家评卷》第 1卷和第 2 卷对夸美纽斯、卢梭、裴斯泰洛齐、赫尔巴特、第斯多惠、福禄培尔、杜威的教育思想进行了论述和评价，其中涉及自然主义教育思想。吴式颖、任钟印主编的《外国教育思想通史》论述和评价了夸美纽斯、卢梭、裴斯泰洛齐、赫尔巴特、第斯多惠、福禄培尔、杜威的教育思想，其中涉及自然主义教育思想。

2. 开拓了西方自然主义教育思想研究的新领域

（1）宏观层面的研究成果问世。这个时期，出现了从宏观层面研究西方自然主义教育思想的成果。就论文而言，郭法奇的《重视西方自然主义教育理论的历史研究》（《教育史研究》1990 年第 2 期）是从宏观层面研究西方自然主义教育思想的开山之作。它的出现对后来的西方自然主义教育思想研究具有启蒙、奠基和启示的意义。受此篇论文的影响，有些学者开始对西方自然主义教育思想展开宏观研究，主要是对西方自然主义教育思想的历史轨迹和发展规律作了探讨和阐释。刘黎明的《论西方自然主义教育思想的形成、发展及历史功绩》（《河北师范大学学报（教育科学版）》2004 年第 5 期）、王小丁和高志良的《西方自然主义儿童教育理论的历史演变》（《河北师范大学学报（教育科学版）》2005 年第 2 期）、高伟的《论近代自然主义教育哲学的起源——对西方教育现代性的一种追问式解读》（《南京师范大学学报》2005 年第 2 期）等，从不同的视角梳理了西方自然主义教育思想的起源、发展演变的历史，阐释了西方自然主义教育思想的历史贡献。

就著作而言，这个时期，有三本名为"西方教育思想史"的著作，即张斌贤、褚洪启的《西方教育思想史》（四川教育出版社 1994 年版）；王天一、方晓东的《西方教育思想史》（湖南教育出版社 1996 年版）和单中惠的《西方教育思想史》（山西人民出版社 1996 年版）辟专章对"西方自然主义教育思潮"进行了研究。前两本著作对自然主义教育思想的历史演变、理论基础、教育目的、儿童观、"自然适应性"原则、自然主义教育思想的教学论等基本原理作了较为深刻的论述,并对自然主义教育思想作了评价,既肯定了自然主义教育思想的成就和经验,又分析了它的局限性。第三本著作较深刻地对自然教育思想产生的背景、特点及卢梭的自然教育思想进行论述,并对自然主义教育思想作了评析。三本著作对自然主义教育思想所做的研究,同样对后来的西方自然主义教育思想研究具有启蒙、奠基和启示的意义。

(2)比较类的成果问世。这个时期,拓展的另一个新领域,就是学者们还从比较的视角探讨了两个教育家的自然主义教育思想之异同,既揭示两位教育家的自然主义教育思想的共同特性,又彰显它们的独特性。这类论文有唐洁的《庄周卢梭自然主义教育思想比较》(《社会科学研究》1998 年第 4 期)、苏启敏的《王守仁与卢梭自然教育思想的比较研究》(《肇庆学院学报》2005 年第 6 期)、徐嵘的《夸美纽斯和卢梭"适应自然"教育思想之比较》(《教育史研究》2001 年第 3 期)、刘黎明的《杜威的"生长目的"论与罗杰斯的"自我实现目的"论之比较》(《教育史研究》2003 年第 4 期)等。

(三)西方自然主义教育思想研究的繁荣和兴盛时期(2006—2017)

1. 自然教育名家及其教育思想热点研究方兴未艾,成果大量增加

在西方自然主义教育思想领域,自然主义教育名家夸美纽斯、卢梭、杜威及其自然主义教育思想是持续的研究热点,吸引了很多研究者对他们进行研究。就夸美纽斯而言,学者们研究了他的愉快教育思想、客观化自然教育思想、天性教育思想、教师角色观等。主要论文有:郭戈的《愉快教育思想的开端——重读夸美纽斯的教育名著》(《当代教育与文化》2010 年第 2 期)、刘黎明的《夸美纽斯的客观化自然教育思想初探》(《教师教育学报》2013 年第 2 期)、刘黎明的《夸美纽斯的天性教育思想探析》(《教育史研究》2016 年第 4 期)、王保星的《自然·秩序:夸美纽斯教育理论的逻辑起点》(《河北师范大学学报(教育科学版)》2006 年第 5 期)等。

就卢梭而言,主要涉及卢梭的人性论、自然教育思想、儿童观、教师观、"消极教育"思想、天性教育思想、生命教育观、自由教育思想、教育目的观、"发现学习"理论、卢梭教育思想的"哥白尼式革命"。主要论文有:张磊的《卢梭人本主义自然教育思想浅析》(《海南大学学报》2008 年第 3 期),丁永为的《卢梭:自然主义者,还是威权主义者?》(《南通大学学报(教育科学版)》2007 年第 3 期),李刚的《从"人"到"公民"的转化——论卢梭的自然教育思想》(《教育理论与实践》2006 年第 11 期),陈云恺的《自然教育自由教育契合论》(《教育研究与实验》2006 年第 1 期),岳伟的《论卢梭的"自然人"形象与教育》(《集美大学学报》2009 年第 4 期),王保星的《自然与自由的追求:卢梭的自然教育思想的现代阐释》(《贵州大学学报》2016 年第 6 期),刘黎明的《评卢梭的天性教育思想》(《江苏教育研究》2016 年第 9 期)、刘黎明的《论卢梭对"自然教育"的理论诠释及启示》(《荆楚理工学院学报》2011 年第 1 期)、刘黎明的《论卢梭自然教育思想的历史贡献》(《荆楚理工学院学报》2013 年第 1 期),刘黎明、刘汝萍的《彰显童年的价值:卢梭儿童观新探》(《宁波大学学报(教育科学版)》2013 年第 1 期),袁鑫鑫的《论〈爱弥儿〉中的"消极教育"思想》(《沈阳教育学院学报》2011 年第 6 期),刘黎明、钟昭会的《卢梭消极教育观及其当代价值新探》(《天津市教科院学报》2015 年第 1 期),苏明明的《卢梭"消极教育"思想对当前过度教育的启示》(《华中师大研究生学报》2017 年第 3 期),刘黎明、黎黎的《彰显儿童生命价值——卢梭的生命教育观初探》(《江苏教育研究》2013 年第 5A 期),刘黎明的《卢梭的自由教育思想探析》(《中国教育科学》2016 年第 4 辑),刘晓东的《论教育学的"哥白尼式革命"》(《教育研究与实验》2017 年第 4 期),张斌贤、王慧敏的《从神话到历史:教育中未曾发生的"哥白尼革命"》(《教育学报》2014 年第 2 期)等。

就杜威而言,学者们研究了杜威的自然教育思想、天性教育思想、教育即生长、教育即生活、教育即经验的改造、教育目的、活动课程、从做中学、儿童中心主义、教师观、兴趣理论。主要论文有:刘黎明的《"生长"与"本能":杜威的自然教育思想》(《中国人民大学教育学刊》2013 年第 2 期)、刘黎明和刘应宏的《杜威的天性教育思想探析》(《教育文化论坛》2016 年第 4 期)、李强的《杜威教育生长观的前提辨析》(《教育研究与实验》2012 年第 4 期)、付秀丽的《生活与教育:杜威"教育即生活"思想的"源"与"流"》(《内蒙古师范大学学报(教育科学版)》2009 年第 1 期)、涂诗万和董标的《解放智慧:杜威"教育即生活"的民主意蕴》(《当代教育与文化》2015 年第 6 期)、崔士民的《杜威基于"经验分析"的"新教育哲学"论》(《河南师范大学学报》2008 年第 5 期)、蒋雅俊的《杜威的经验课程观》(《学前教育研究》2008 年第 1 期)、陈滔娜的《经验与问题:杜威教育哲学的核心理念》(《求索》2006 年第 9 期)、席海燕的《改造经验与经验的改造:杜威论教育与民主的基础》(《教育学报》2016 年第 5 期)、俞吾金的《教育是经验的传递——杜威教育哲学理论探要》(《天津社会科学》2014 年第 2 期)、蒋雅俊的《杜威的经验哲学与经验课程哲学》(《南京师范大学学报》2013 年第 4 期)、褚洪启的《杜威的教育目的浅析》(《纪念〈教育史研究〉创刊二十周年论文集》2009 年版)、王天琪的《杜威"教育无目的论"的理论诠释与价值意蕴》(《国家教育行政学院学报》2014 年第 2 期)、单中惠的《从做中学新论》(《华东师范大学学报(教育科学版)》2002 年第 3 期)、丁道勇的《警惕"做中学":杜威参与理论辩证》(《全球教育展望》2017 年第 8 期)、程天君的《教育无目的?儿童中心论——杜威两个重要命题献疑》(《学前教育研究》2010 年第 6 期)、张斌贤和王慧敏的《"儿童中心论"在美国的兴起》(《北京大学教育评论》2014 年第 1 期)、张伊丽的《教育中的兴趣:杜威的观点》(《湖南师范大学教育科学学报》2009 年第 4 期)、唐斌的《杜威的探究性教学论:出场语境及其视域偏差》(《华东师范大学学报(教育科学版)》2014 年第 3 期)、郭法奇的《杜威的"探究与创新"教育思想及其现代检视》(《中国人民大学教育学刊》2015 年第 3 期)等。

就研究卢梭自然主义教育思想的专著而言,学者们从多个维度和视角研究了卢梭的自然主义教育思想。主要著作有李平沤的《如歌的教育历程:卢梭〈爱弥儿〉如是说》(山东人民出版社 2008 年版)、李清雁的《卢梭〈爱弥儿〉的教育思想》(吉林文史出版社 2013 年版)、曹永国的《爱弥儿与教育理想》(教育科学出版社 2014 年版)、曹永国的《自然与自由:卢梭与现代性教育困境》(福建教育出版社 2012 年版)、渠敬东和王楠的《自由与教育:洛克与卢梭的教育哲学》(生活·读书·新知三联书店 2012 年版)、于书娟的《世界著名教育思想家卢梭》(北京师范大学出版社 2012 年版)、陶红亮的《爱弥儿——教育实施者的反思之道》(江西教育出版社 2012 年版)、赵南的《卢梭教育哲学思想的内在困境与真正价值》(天津教育出版社2014 年版)。

就研究杜威自然主义教育思想的专著而言,学者们对杜威教育思想进行了多角度的透视和评析,主要专著有单中惠的《现代教育的探索——杜威与实用主义教育思想》(人民教育出版社 2002 年版)、丁道勇的《和优秀教师一起读杜威》(中国青年出版社 1998 年版)、褚洪启的《杜威教育思想引论》(湖南教育出版社 1998 年版)、辛继湘的《解读实用主义教育思想》(广东教育出版社 2007 年版)、张云的《经验·民主·教育——杜威教育哲学》(上海社会科学院出版社 2007 年版)、丁永为的《世界著名教育思想家:杜威》(北京师范大学出版社 2012年版)、杜祖贻的《杜威论教育与民主主义》(人民教育出版社 2003 年版)、王颖的《杜威教育学派与中国教育》(北京理工学院出版社 2007 年版)、王彦力的《走向"对话"——杜威与中国教育》(教育科学出版社 2008 年版)、陈峰津的《杜威教育思想与教育理论》(福建教育出版社2015 年版)、涂诗万的《杜威教育思想的形成》(浙江教育出版社 2015 年版)等。

2.其他自然教育名家及其教育思想受到关注

这个时期,除了自然教育名家夸美纽斯、卢梭、杜威及其自然主义教育思想受到持续研究外,其他自然主义教育名家亚里士多德、古代罗马教育家、人文主义教育家、心理化自然教育家的自然主义教育思想开始进入研究者的视野,主要论文有:刘黎明的《论亚里士多德的自然教育思想》(《河南大学学报》2008 年第 4 期)、刘黎明和高漫漫的《古罗马的天性教育思想探析》(《湖南第一师范学院学报》2016 年第 3 期)、刘黎明的《论文艺复兴时期的自然教育思想》(《河南大学学报》2010 年第 5 期)、刘黎明的《文艺复兴时期的自由教育思想探析》(《贵州大学学报》2016 年第 6 期)、李明德的《裴斯泰洛齐与"教育心理学化"》(《教育评论》2010年第 3 期)、杨震和张丽萍的《裴斯泰洛齐教育心理化及当下价值》(《教育探索》2015 年第11 期)、贺国庆和刘向荣的《赫尔巴特教育心理学的理论分析》(《教育学报》2006 年第 5 期)、刘黎明的《"自然"与"文化":第斯多惠心理化自然教育思想》(《河北师范大学学报(教育科学版)》2014 年第 4 期)、张敏和徐小洲的《论福禄培尔的教育顺应自然思想》(《河北师范大学学报(教育科学版)》2000 年第 1 期)、郭戈的《斯宾塞:快乐教育思想的一座丰碑》(《当代教育与文化》2010 年第 5 期)、刘黎明的《"自然"与"快乐":斯宾塞的心理化自然教育思想》(《教育文化论坛》2013 年第 4 期)等。

3.西方自然主义教育思想当代价值类成果不断涌现,令人瞩目

就西方自然主义教育思想当代价值类成果而言,学者们的主要论文有:侯耀先的《卢梭的自然教育思想及启示》(《西北民族大学学报》2006 年第 3 期)、海存福的《卢梭的儿童观对当前中国儿童教育启示》(《社科纵横》2008 年第 3 期)、魏志强的《杜威教育目的观解读与启示》(《当代教育科学》2009 年第 6 期)、曹淑贞的《杜威活动课程对实施综合实践活动课程的启示》(《当代教育论坛》2009 年第 5 期)、邓素文的《杜威的兴趣理论及其启示》(《教育史研究》2009 年第 1 期)、章结明和许庆亚的《杜威的教育本质观及其启示》(《成都大学学报(教育科学版)》2009 年第 1 期)、和学新和田尊道的《杜威教育理论的中国化及其启示》(《全球教育展望》2013 年第 1 期)、江婕和周清明的《杜威教师观的启示》(《吉林广播电视大学学报》2010 年第 3 期)、吴亚玲的《杜威教育目的观及其现实意义》(《汕头大学学报》2010 年第 3 期)、张文婷的《杜威教育目的观及其现代价值思考》(《扬州大学学报》2010 年第 5 期)、李学丽的《杜威活动课程论对综合实践活动的启示》(《当代教育科学》2010 年第 4 期)、胡昕珏的《杜威"教育即生长"思想对我国教育的启示》(《基础教育研究》2017 年第 13 期)、仝焕君的《"儿童中心主义"及其当代教育启示》(《安阳工学院学报》2016 年第 3 期)等。上述论文从不同的视角论述了卢梭和杜威的自然主义教育思想对学前教育、活动教学、综合实践活动、兴趣教学、幼儿教育等的启迪意义。

4.西方自然主义教育思想的宏观层面的综合研究蓬勃发展,硕果累累

这个时期,西方自然主义教育思想的宏观层面的综合研究快速发展,硕果累累。这体现在:就论文的数量而言,研究成果的数量倍增。在知网上打入主题词"自然主义教育思想",搜索到的结果是:这个时期(12 年)的论文有 181 篇,而上个时期(16 年)的论文是 27 篇,这个时期的论文与上个时期相比,多了 154 篇,增长了 6.7 倍,可谓快速增长。就研究的领域而言,被研究领域不断拓展,主要涉及:西方自然主义教育思想的历史嬗变及其特征、历史嬗变的动因、现代意义的追问、儿童观的历史演变、对现代人本主义教育思想的影响、对欧洲新教育思想的影响、人文价值、理论与实践相结合的传统、如何面向教育实践;西方自然主义教育思想的理论基础与特征;西方自然主义教育思想的"理解间距""解释学循环""视域融合";文艺复兴时期的自然教育思想、西方天性教育思想、自由教育思想;西方自然主义教育思想的经验教育理论及其启示、中国化何以可能与如何可能;西方自然主义教育家愉快(或快乐)教育思想的历史演进和当代价值、主体性教育目的观及其当代价值、活动教学理论及当代价值、治学智慧及启示;西方兴趣教育思想的演进、基本内容与评价。上述研究领域表明,西方自然主义教育思想得到了学界全面系统地关注,几乎涵盖了西方自然主义教育思想的方方面面。就研究成果的质量和影响而言,出现了一批有分量、有深度和有影响的论文,主要有:

郭戈的《兴趣教育思想三部曲——卢梭、赫尔巴特和杜威的兴趣说》(《当代教育与文化》2011年第4期)、《西方兴趣教育思想之演进史》(《中国教育科学》2013年第1辑)、《西方快乐教育思想之传统》(《课程•教材•教法》2015年第3期),刘黎明的《论西方自然主义教育思想的历史嬗变及其特征》(《武陵学刊》2011年第3期)、《西方自然主义教育思想的历史嬗变的动因探析》(《当代教育论坛》2012年第4期)、《论西方自然主义教育思想的儿童观的历史演变》(《湖南第一师范学院学报》2014年第6期)、《西方自然主义教育思想对现代人本主义教育思想的影响》(《教育现代化》2014年第1期)、《西方自然主义教育思想对欧洲新教育思想的影响》(《教育文化论坛》2017年第5期)、《西方自然主义教育思想研究的现代意义的追问》(《湖南师范大学教育科学学报》2007年第5期)、《西方自然主义教育思想的理论与实践相结合的传统》(《荆楚理工学院学报》2014年第3期)、《论西方自然主义教育思想的当代价值》(《中国人民大学教育学刊》2012年第3期)、《西方自然主义教育思想当代价值研究的"理解间距"》(《江苏教育研究》2015年第7~8期)、《西方自然主义教育思想当代价值研究的"解释学循环"》(《贵州大学学报》2016年第3期)、《西方自然主义教育思想当代价值研究的"视域融合"》(《鲁东大学学报》2017年第1期)、《论西方自然主义教育思想的经验教育理论及其现实价值》(《江苏教育研究》2015年第1期)、《论西方自然主义教育思想在本质上是人文的学问》(《教育文化论坛》2016年第1期)、《论西方自然主义教育思想的人文价值》(《湖南第一师范学院学报》2015年第3期)、《论西方自然主义教育思想的教师观及其当代价值》(《当代教师教育》2015年第3期)、《文艺复兴时期的自然教育思想》(《河南大学学报》2015年第5期)、《文艺复兴时期的西方天性教育思想探析》(《天中学刊》2016年第6期)、《文艺复兴时期的自由教育思想探析》(《贵州大学学报》2016年第6期)、《论西方自然主义教育思想的教育目的观的当代价值》(《教育史研究》2016年第1期)、《必要性与可能性:基于解释学视域的西方自然主义教育思想的当代价值研究》(《荆楚理工学院学报》2016年第1期)、《论西方自然主义教育思想的特征》(《荆楚理工学院学报》2015年第3期)、《彰显西方自然主义教育思想的机制、特点和本质——论西方自然主义教育思想的理论基础》(《荆楚理工学院学报》2014年第1期)、《论西方自然主义教育家对教育科学发展的历史贡献》(《贵州大学学报》2014年第5期)、《论西方自然主义教育家愉快教育思想的当代价值研究》(《湖南师范大学教育科学学报》2017年第3期)、《论西方自然主义教育家视野中的愉快教育思想》(《教师教育学报》2017年第5期)、《论西方自然主义教育家活动教学理论的当代价值》(《教师教育学报》2017年第1期)、《论西方自然主义教育家的主体性教育目的观及其当代价值》(《教育文化论坛》2017年第2期)、《论西方自然主义教育家视野中的主体性教育路径观及其当代价值》(《贵州大学学报》2017年第1期)、《论西方自然教育家的治学智慧及启示》(《贵州大学学报》2015年第4期)、《一切西方自然主义教育史都是当代史》(《贵州大学学报》2017年第6期)。

此外,还有肖丹和赵万祥的《西方自然主义教育:根基与脉络》(《山西财经大学学报》2009 年第 4 期),黄英杰、王小丁和张茂恩的《西方自然主义教育思想的嬗变与和合》(《西华师范大学学报》2009 年第 6 期),张二庆和耿彦君的《西方自然主义教育思想发展述评》(《河北师范大学学报(教育科学版)》2006 年第 3 期),刘晓东的《自然教育学史论》(《南京师范大学学报》2016 年第 6 期)等。

5.西方自然主义教育思想通史性著作和当代价值著作的问世,标志着西方自然主义教育思想的研究走向成熟和深度发展

2014 年,刘黎明出版的西方自然主义教育思想的通史性著作《西方自然主义教育思想史》(华中科技大学出版社 2014 年版),是新中国成立以来第一本研究西方自然主义教育思想史的专著。它包括三部分内容:"绪论""上篇"和"下篇"。"绪论"涉及西方自然主义教育思想的历史嬗变及其特征、西方自然主义教育思想历史嬗变的动因探析、西方自然主义教育思想的理论基础。"上篇"包括自然教育思想的萌芽、客观化自然教育思想、主观化自然教育思想、心理化自然教育思想、生长论自然教育思想。"下篇"包括西方自然主义教育思想研究的四个范式、西方自然主义教育思想的历史贡献、西方自然主义教育思想研究的现代意义的追问和西方自然主义教育思想的当代价值。

全书系统地梳理了西方自然主义教育思想的历史嬗变,展现了西方自然主义教育思想的整个图景和内在逻辑,彰显了西方自然主义教育思想的内在机理,改变了以往孤立研究自然主义教育家及其教育思想的"只见树木不见森林"的局面。它首次论述了影响西方自然主义教育思想演进的动因:政治、哲学、自然科学、心理学、自然主义教育家的反思和批判精神,揭示了演进与动因之间的本质联系。该书还从研究范式、历史贡献、现代意义的追问、当代价值的维度对西方自然主义教育思想史作了"元"研究。这使得该书从微观研究和宏观研究相结合的视角建构了西方自然主义教育思想史的完整体系,结构新颖、独特,因而正如单中惠先生在该书"序言"中所指出的,它"无疑是一个创新视角的学术成果"。

刘黎明的另一部专著《西方自然主义教育思想的当代价值》于 2017 年由华东师范大学出版社出版,它是新中国成立以来第一部研究西方自然主义教育思想当代价值的专著。"全书围绕西方自然主义教育思想的当代价值,从解释学的维度细致地阐释了西方自然主义教育思想的经典文本,认真梳理了西方自然主义教育思想的源流和现代影响,深刻地探讨了西方自然主义教育思想的当代命运,并在此基础上联系当代中国的现实问题,着重揭示了西方自然主义教育思想的儿童观、教师观、教育目的观、天性教育观、消极教育观、经验教育理论、活动教学理论、主体性教育思想和治学智慧的当代价值以及它所蕴含的人文价值,提出了实

现西方自然主义教育思想的当代价值的路径。"①

这两本书的出版,填补了该领域整体性研究的空白,标志着中国对西方自然主义教育思想的研究由零散研究走向系统研究,由青涩走向成熟和深度发展。

二、总结:西方自然主义教育思想研究的成就

(一)西方自然主义教育思想的性质和人文价值得以确立和澄明

明确学问的性质,澄明学问的价值,是学问发展的前提,制约着学问的研究质量。关于西方自然主义教育思想的性质,刘黎明指出:"西方自然主义教育思想在本质上是人文的学问,因为它的旨趣是以人为本,具有丰富的人文意蕴;西方自然教育家的教育思想是以人性论为基础的,体现了以人为本的人文精神;西方自然主义教育思想是以人文关怀为价值取向的;西方自然主义教育思想彰显了对何谓'好的教育'的人文追问。"②关于西方自然主义教育思想人文价值,刘黎明认为,它主要关涉:培养学生的德性,提升学生的幸福;挖掘儿童的潜能,实现儿童的自我价值;为儿童建构以意义为核心的精神世界;激活儿童当下教育的可能性,敞开儿童教育的人性空间。③

(二)梳理了西方自然主义教育思想的历史嬗变和特征,揭示了它的历史贡献

学者们首先梳理西方自然主义教育思想的历史演进。王小丁、高志良认为:"西方自然主义儿童教育理论发端于夸美纽斯,集大成于卢梭,经过许多教育家的继承和发展,完善于杜威。"④刘黎明全面梳理了西方自然主义教育思想的历史嬗变,把西方自然主义教育思想的历史发展分为五个阶段,即萌芽期、客观化自然教育思想、主观化自然教育思想、心理化自然教育思想、生长论自然教育思想。这"五阶段论"突破了以往把西方自然主义教育思想的发展分为"客观化"自然教育思想和"主观化"自然教育思想的旧有分期模式,使心理化的自然教育家裴斯泰洛齐、赫尔巴特、第斯多惠、福禄培尔和斯宾塞以及生长论自然教育家杜威的历史贡献由"遮蔽"走向"澄明",也使整个西方自然主义教育思想的形成和发展呈现出清晰的线索。心理化自然教育思想和生长论自然教育思想两个概念系作者首创,它们对梳理西

① 刘黎明:《西方自然主义教育思想的当代价值》,华东师范大学出版社 2017 年版,封底。
② 刘黎明:《论西方自然主义教育思想在本质上是人文的学问》,《教育文化论坛》2016 年第 1 期。
③ 刘黎明:《西方自然主义教育思想的当代价值》,华东师范大学出版社 2017 年版,第 275-284 页。
④ 王小丁、高志良:《西方自然主义儿童教育理论的历史演变》,《河北师范大学学报(教育科学版)》2005 年第 2 期。

方自然主义教育思想的历史嬗变具有重要的学术价值。刘黎明还指出了西方自然主义教育思想的历史嬗变的特征:第一,西方自然主义教育思想关于教育问题的认识经历了由量变到质变的过程;第二,自然主义教育家对自然适应性原则的探讨是从外部深入内部的;第三,自然主义教育理论的"研究特点主要是采用崇尚利用'自然'这种特殊的表达方式,通过对大自然发展规律和人的自然本性的认识去透视教育活动,并侧重于对人的生理和心理发展的研究和培育,来说明人的发展和教育活动的内在联系及其活动规律,从而倡导一种自然和谐的教育";第四,探讨教育与儿童自然(天性)发展的关系是西方自然主义教育思想研究的主题;第五,西方自然主义教育思想的历史嬗变表明,西方自然主义教育思想发展中形成了不同的学派,即客观化自然教育思想派、主观化自然教育思想派、心理化自然教育思想派、生长论自然教育思想派。每一学派的产生,都改变了自然主义教育思想研究致思的方向。正是这些学派的诞生,推动了西方自然主义教育思想的发展。①

此外,学者们探讨了西方自然主义教育思想的历史贡献。刘黎明认为这种历史贡献主要体现在:(1)重视对儿童天性的研究,确立"教育心理学化"教育思维模式;(2)重视对儿童的个性研究,确立了儿童在教育过程中的主体地位;(3)重视教育与儿童发展关系的研究,促进了人类对教育的科学的研究;(4)重视感官教育的研究,确立了经验教育理论;(5)形成了较有特色的活动课程理论,推动了活动教学思想的发展;(6)建构了具有儿童视野的教育学,促进了儿童教育理论的发展。②

(三)西方自然主义教育思想的宏观综合研究不断拓深

自从 21 世纪以来,学术界对西方自然主义教育思想的宏观综合研究的热情日益高涨,研究领域和内容不断深化,研究范围涵盖了西方自然主义教育思想的方方面面,主要包括西方自然主义教育思想的历史嬗变、基本特征、兴趣教育论、快乐教育论、活动教学论、主体性教育论、经验教育论、人文价值论、治学智慧论、教育目的论、儿童观、教师观等。研究上述主题的论文有的深入探讨了它们的历史演进;有的深入探讨了它们的理论基础和基本特征;有的深入研究它们的基本内容和当代价值;还有的深入论述了它们对欧洲新教育思想和现代人本主义思想的影响,因而出现了一批有影响、有价值、有质量的论著。

(四)西方自然主义教育思想的微观研究不断拓展,成果日渐丰富

微观的个案研究日益拓展,成果涵盖了夸美纽斯、卢梭、杜威及其自然主义教育思想的各个层面,主要涉及他们的教育目的、儿童观、教师观、天性教育、自然适应性原则、活动课程

---

① 刘黎明:《论西方自然主义教育思想的历史嬗变及其特征》,《武陵学刊》2011 年第 3 期。
② 刘黎明:《西方自然主义教育思想的当代价值》,华东师范大学出版社 2017 年版,第 282-299 页。

论、经验课程论、从做中学、愉快教育理论、消极教育论、主体性教育思想、活动教学思想等。其他自然主义教育家如亚里士多德、昆体良,人文主义教育家裴斯泰洛齐、赫尔巴特、第斯多惠、福禄培尔和斯宾塞的自然主义教育思想得到了关注。

(五)构建了西方自然主义教育思想的理论体系,为人们进一步研究西方自然主义教育思想提供了重要的思想资源和理论参照

刘黎明的《西方自然主义教育思想史》从微观和宏观相结合的视角构建了西方自然主义教育思想的理论体系。微观的内容包括萌芽期、客观化自然教育思想、主观化自然教育思想、心理化自然教育思想、生长论自然教育思想的历史演变和基本内容;宏观的内容包括西方自然主义教育思想的理论基础、历史贡献、现代意义和当代价值。这种架构对人们进一步研究西方自然主义教育思想无疑具有重要的参考价值和启迪意义。

(六)采取了开放的西方自然主义教育思想的研究方法,使西方自然主义教育思想不囿于书斋和学院,而面向教育实际,关注现实的教育问题,力求使西方自然主义教育思想中国化

西方自然主义教育思想当代价值的成果非常丰富,无论是个案研究,还是宏观研究,都取得了可喜的成果。研究者不是从理论到理论,而是结合现实的教育问题来研究西方自然主义教育思想,力图"洋为中用""古为今用",为现实的教育改革提供启示和教益。这些教育问题包括教育目的问题、儿童观问题、教师观问题、天性教育问题、自然适应性原则问题、活动课程问题、经验课程问题、从做中学问题、愉快教育问题、消极教育问题、主体性教育问题、活动教学思想问题、新教改问题、综合实践活动问题等。学者们针对这些问题,求助于西方自然主义教育思想,往往能获得有益的借鉴与启示。不仅如此,它也能促使西方自然主义教育思想获得当代新发展,因为实现这一点,西方自然主义教育思想必须回应当代中国教育的突出问题,唯有如此,才能使西方自然主义教育思想的发展体现中国特色,实现其本土化和中国化。离开了中国教育实践、问题和教情,西方自然主义教育思想就会出现"水土不服"的现象,其自身的发展也就难以永葆理论青春。

之所以能够取得这些研究成果,主要原因:一是强烈的质疑批判精神和问题意识为西方自然主义教育思想的繁荣提供保障。大多数理论研究者都具有强烈的质疑批判精神和问题意识。质疑批判精神是发现问题、实现创新的前提。其路径是:先有质疑,然后才有问题产生,再有研究过程和创造发明的诞生。正是这种质疑问难的精神和强烈的问题意识,使得西方自然主义教育思想的研究和探讨不断精进,不断获得新成果。二是研究者方法论意识的自觉,促使西方自然主义教育思想的发展走向深度发展和多元化。自从20世纪80年代以来,学者们的方法论意识日益增强,实事求是、辩证分析、历史探讨和客观评价成为人们对西方自然主义教育思想研究的自觉意识,历史研究法、文献研究法、抽象归纳法、批判继承法、比较分类法、系统论方法等被不断应用。方法论多元化促进了西方自然主义教育思想研究的多元化和深度发展。三是反思性研究推动了西方自然主义教育思想的不断发展和深化。20世纪80年代后期开始不断有学者从各个角度、各个层面对外国教育史出现的危机感以及造成危机感的原因进行反思性研究,并提出了解决问题和困境的方法和策略。这种反思性研究对学者们是一种警醒,促使他们在外国教育史研究(包括西方自然主义教育思想的研究)上奋发图强,不断推动学科的发展,取得突破性成果。

三、反思:西方自然主义教育思想研究存在的主要问题

(一)学术研究的创造性不足

西方自然主义教育思想研究者基础薄弱,理论修养不够,研究水平不高。有的研究者基本功不扎实,缺少对西方自然主义教育思想的基本原理的了解、把握和沉淀,匆忙研究;有的研究者没有认真钻研西方自然主义教育家经典文本,没有充分掌握第一手材料,使用的是第二手材料,"史"与"论"不是结合,而是分离。而深入钻研和掌握学术的经典,恰恰是人文科学研究的不二法门。没有对经典的研读,不获取大量的第一手材料,就难以得出科学的结论。上述问题的存在,不仅使许多论文的选题重复、观点重复和结论重复,开掘不深,而且阻碍了西方自然主义教育思想研究的理论创新和突破,影响了学术研究质量的提升。

(二)缺乏专门研究队伍,尚未形成研究的"学术共同体"

当前西方自然主义教育思想的研究没有形成专业的研究队伍和学术共同体,基本上是"单打独斗"、各自为政,不少研究者的研究完全出自自己的学术兴趣。这种状况的存在,一方面使得研究者学术成熟既缺失理论深度,又缺乏理论洞见;另一方面研究者的研究缺乏学术争鸣,既无争论,也无共鸣,成为西方自然主义教育思想研究发展的瓶颈。

(三)西方自然主义教育思想与中国教育实践者缺失对话

西方自然主义教育思想要对中国教育改革实践产生影响,促使其发展,就不能囿于"象牙塔"而必须植根于中国当代教育改变的实践,并与之不断展开对话和交流。只有通过对话和交流,才能让教育实践者对西方自然主义教育思想加以理解、接受和消化,从而使西方自

然主义教育思想走进他们的内心世界,成为他们个人的教育观念和教育实践智慧,有效地指导他们的教育实践活动。在这方面,我们做得还不够,40年来的西方自然主义教育思想研究表明,西方自然主义教育思想的研究没有充分地关注中国当代的教育改革实践,缺乏与教育实践者对话和交流的机会和平台,从而也导致自身缺乏创新和活力。"因为理论产生于实践,理论的创新脱离不开实践的关怀。真正的教育理论创新必然是教育学者基于实践问题或实践需要,不断地展开思考和探索而取得的理论成果。但是,教育理论对于实践的疏离,显得已经对此产生了阻碍,从而也就阻碍了教育理论的创新。"[①]

四、展望:西方自然主义教育思想研究的未来前景

趋势之一:提升西方自然主义教育思想研究质量。这是西方自然主义教育思想研究者的重要使命。首先,研究者要提高自身的理论修养。通过认真研读西方自然主义教育家的经典文本,切实地掌握西方自然主义教育思想的基本原理和第二手资料,夯实自己的基本功,做到论述有根有据,论从史出,"史"与"论"结合。其次,鼓励学术创新。学术创新是提升西方自然主义教育思想研究水平的有效路径。这种创新不是西方自然主义教育思想的简单移植,而是建立在自身特性上的理论建构。目前西方自然主义教育思想的研究囿于引介、学习和阐释,缺乏深度的理论建构,缺乏具有中国特色和中国气派的理论成果。唯有理论创新,才能推动西方自然主义教育思想研究不断完善和突破,可以说理论创新是实现西方自然主义教育思想发展的必由之路。再次,研究方法的多元化。方法制约学术理论创新和学术发展。除了采用历史分析法、批判继承法、抽象归纳法等,我们应借鉴相邻学科的方法,从人类学、哲学、历史学、政治学和思维科学等中吸取方法论的营养,以推动西方自然主义教育思想研究不断深化。

趋势之二:西方自然主义教育思想学派研究得到加强。西方自然主义教育思想在发展的过程中形成了众多学派,如客观化自然教育思想派、主观化自然教育思想派、心理化自然教育思想派、生长论自然教育思想派。这些学派是如何形成的,学派与学派之间有何异同,它们对西方教育科学的发展做出了何种贡献,提供了何种真理,产生了何种影响,等等,诸如此类的问题,仍然需要我们加强研究。

趋势之三:造就一支高素质的研究队伍,创建西方自然主义教育思想"学术共同体"。目前还没有形成一支高素质的研究队伍,基本是"各自为政",互不沟通,互不交流,这使得研究者的视野不开阔,缺乏思想火花的碰撞,更没有"学术共同体"的产生。为了改变上述状况,

---

① 冯建军:《中国教育哲学——回顾与展望》,北京师范大学出版社2016年版,第214-215页。

一方面,加强研究队伍建设,加强研究生人才的培养,让他们参与西方自然主义教育思想的研究,成为研究西方自然主义教育思想的后备军。这可以通过开设西方自然主义教育思想课程,实施制度化的训练来实现。另一方面,邀请政治学、历史学、哲学、人类学的学者加盟,创建西方自然主义教育思想研究"学术共同体",定期开展学术研讨会,展开学术争鸣。唯有造就一支高素质的研究队伍,创建西方自然主义教育思想"学术共同体",才能为西方自然主义教育思想研究提供强有力的保障。

趋势之四:西方自然主义教育思想的研究应观照当代教育改革的现实与实践者的对话。西方自然主义教育思想的研究不仅要关注历史,还要观照教育现实,与实践者对话,让西方自然主义教育思想走入实践者的心灵世界。只有了解当代教育改革的现实问题,才能针对现实情况,在西方自然主义教育思想的传统与当代教育改革的现实之间寻觅到最佳的契合点,从而使"古今视界融合",彰显西方自然主义教育思想的活力、生机和当代性。唯有如此,才能使西方自然主义教育思想与当代教育改革现实建立密切的联系,更有效地服务于当代教育改革的实践。

原载《教育史研究》2019 年第 1 期

近 40 年欧洲新教育运动研究的回顾与展望

◎刘雅真[*]

摘　要:欧洲新教育运动的研究经历了初步发展(1979—1993 年)、深入探索(1994—2008 年)、不断分化(2009 年至今)三个阶段。回顾 40 年的研究历程,欧洲新教育运动的宏观研究已初步形成体系;基本史实研究不断丰富;教育实验研究视野逐渐拓宽;教育思想研究成果丰富、异彩纷呈。未来欧洲新教育运动的研究可以从以下几方面入手:在保证研究质量的同时,不断丰富研究总量;借鉴多学科的研究方法,以我为主并为我所用;吸纳多学科人才的加入,加强研究队伍建设;充分利用旧史料,不断挖掘新史料。

关键词:40 年;欧洲新教育运动;回顾;展望

欧洲新教育运动与美国进步主义教育运动被称为欧洲现代教育哲学流派的共同开端。于欧洲而言,它是两次世界大战后创新与活力的代表;于世界而言,它为众多的发展中国家带来了曙光。它的出现为新的教育实践和改革提供了经验与教训,其中教育家的思想与实践在今天依然有回响。吴明海在《欧洲新教育运动的历史研究》一书的前言部分对欧洲新教育运动的研究现状进行了概述,这是国内学者第一次对欧洲新教育运动的研究进行教育意义上的总结,目前来说也是唯一一次。本文在吴明海研究的基础上进一步对近 40 年来欧洲新教育运动的研究进行总结,指出现有研究的成就与不足,并提出对未来研究的展望。

一、欧洲新教育运动研究的历程

为全面把握 40 年来国内关于欧洲新教育运动的研究状况,本研究首先搜览《西方教育思想史》《外国教育通史》《当代西方教育思潮》《西方教育思想的轨迹》等主要著作,再依据中国知网对欧洲新教育运动研究的相关文献进行了检索。经综合搜索,最后确立本综述将从

---

　*　作者简介:刘雅真,湖南师范大学教育科学学院硕士研究生。

宏观和微观两个层面展开。社会研究的宏观层次主要是将社会视为一个整体,侧重从文化、历史的角度来研究社会整体的性质和发展规律;微观层次的研究则主要从个人或群体入手,通过观察人们的社会交往来发现社会行为的意义。① 基于这样的研究思路,确定欧洲新教育运动研究的宏观层次是从整体出发,主要研究欧洲新教育运动的概念界定、历史演变、产生背景、整体特点、影响以及与其相关运动的比较研究。微观层次则主要针对个人与群体,学者们对欧洲新教育运动中个人与群体的研究主要涉及新教育运动家们的实践与理论两方面。现依据具体的研究内容,将 40 年来欧洲新教育运动的研究分为三个阶段。

(一)欧洲新教育运动研究的初步发展(1979—1993 年)

改革开放后,教育知识体系亟须重建,欧洲新教育运动的知识内容也在这一改革洪流中逐步得到完善。随着各类外国教育史书籍的重新编写,欧洲新教育运动开始被客观化描述,其本来的历史面貌渐渐复原。宏观上,欧洲新教育运动的背景、历史经过、历史影响都在这一时期被重新书写;微观上,学者们开始重视一些教育实验的经验,分析教育家的教育思想。

1979 年,由曹孚主编的《外国教育史》首次提到"十九世纪末和二十世纪初的'新学校'教育学派",初步介绍了狄摩林的"新学校"和费利耶尔的教育理论。② 该书对"新教育"的定性是资产阶级性质的,是为巩固资产阶级政权而存在的。1985 年,夏之莲的《外国教育史》(下)对新学校运动及其中教育家的教育思想进行了专题研究,厘清了"新教育"的概念,并对"新学校"的产生及其理论原则进行了解读。这是欧洲新教育运动客观化研究的开始。到1989 年,滕大春主编的《外国教育史》(第五卷)介绍了诸多的教育实验与教育理论,丰富了欧洲新教育运动研究的范畴,为后来的研究奠定了基础。这一时期的论文也主要是介绍性与评述性的;1981 年,单中惠用一述一评的方式对 20 世纪前半期的欧美教育革新运动进行了对比;1991 年,金含芬对欧洲新教育运动进行了述评,这些文章都是将欧洲新教育运动与美国的进步主义教育运动一同做对比分析。

欧洲新教育运动中教育思想和教育实践的研究以书本论述最多。如滕大春主编的《外国教育通史》(第五卷)中介绍了雷迪的阿博茨霍尔姆乡村学校、利茨的乡村教育之家、德摩林的罗歇斯学校、尼尔的夏山学校等教育实验;教育思想则介绍了罗素、蒙台梭利和沛·西能等人的教育主张。这一时期有关欧洲新教育运动的论文并不多。教育实验的研究有凯兴斯泰纳的劳作学校、麦克米伦姐妹的保育学校。"新教育联谊会"也是欧洲新教育运动中的一个重要实践。欧洲的"新学校"在各国日益兴起,这些学校的联结便是 1922 年成立的"新教育联谊会"。1986 年,单中惠发表《欧洲新教育联谊会的沿革》,对欧洲新教育联谊会的发

---

① 王方、王汉生:《社会科学研究方法教程》,北京大学出版社 1997 年版,第 59 页。
② 曹孚:《外国教育史》,人民教育出版社 1979 年版,第 332 页。

展历程做了介绍。在教育思想方面,学者们分析较多的是托尔斯泰和凯兴斯泰纳的教育思想,主要有对二人的教育理论、教育内容的研究。其他教育家的教育思想在此时还没有引起足够的关注。只有 1985 年吴志宏对怀特海的教育思想进行了述评,发表了《怀特海教育思想述评》;1989 年和 1992 年,王凌分别发表《尼尔的教育目的论》和《尼尔的教育方法论》,对尼尔的教育目的和教育方法进行了初步介绍。

(二)欧洲新教育运动研究的深入探索(1994—2008 年)

经过上一阶段研究的铺垫,这一时期欧洲新教育运动的宏观研究更加深入,不仅在具体分析上拓宽了研究视野,而且有了专门的著作成果。微观研究进入一个发展期,研究成果日益丰厚。

宏观研究视野上的拓宽体现在对欧洲新教育运动的背景研究、特点研究、评价研究和对比研究上。此前的文论中还只是还原欧洲新教育运动的历史,但自 1994 年始,学者们对欧洲新教育运动的研究日益推进。首先是欧洲新教育运动的背景研究。张斌贤、褚宏启编著的《西方教育思想史》主要从社会历史的变化角度来论述欧洲新教育运动产生的背景,而单中惠编著的《西方教育思想史》则是从文化教育的角度阐释欧洲新教育运动产生的背景,二者从不同层面的论述,影响了后来学者对欧洲新教育运动产生背景研究范畴的考量。其次少部分文论里提到了欧洲新教育运动的特点,多是从传播范围广和内容上新两方面进行论述。欧洲新教育运动的评价研究则集中于历史贡献和局限性两个方面。同样是以两本《西方教育思想史》为开端,并以吴式颖和任钟印的《外国教育思想通史》为代表,对新教育客观上进行了评析。此外,还有一些与其他国家或地区教育的对比研究,如孙汶旗的《欧洲新教育与美国的进步教育》、孙传宏的《素质教育:中国式的"新教育"——与欧洲新教育与比较意义上的素质教育观》、于娟的《欧洲"新教育运动"与中国"乡村教育运动"之异同》等。

专门的著作成果则是 2008 年由教育科学出版社出版、吴明海著的《欧洲新教育运动的历史研究》,这一著作目前来说也是唯一专门研究欧洲新教育运动的图书,它的出版标志着欧洲新教育运动的研究走向了成熟化和系统化。吴明海在其博士论文的基础上,进一步探析了欧洲新教育运动的历史。首先《欧洲新教育运动的历史研究》一书分析了欧洲新教育运动兴起的背景,其次作者创造性地对这一运动的历史分期进行了划分,再分别论述了欧洲新教育运动中有代表性的实验和教育理论,最后是对其进行综合性分析。这本书第一次全面系统地介绍了欧洲新教育运动的历史,作者从史实出发,适当加以分析,并阐释出欧洲新教育运动对我国教育改革发展的启示。

如果说改革开放的最初十几年是欧洲新教育运动微观研究的萌芽,那世纪之交的 12 年则是欧洲新教育运动微观研究的成长期。不论是教育实验还是教育家的教育思想研究都在这一阶段得到丰富,许多研究从无到有,研究内容从单纯的历史分析到思考教育本土化的取舍。这一时期许多新的教育实验和教育思想都走进了我们的视野,如尼尔的夏山学校、瓦斯孔塞多的彼爱尔实学校、怀特海的教育思想,等等。

学者们更加聚焦于具体教育问题的分析。夏山学校的实践模式为"问题儿童"的康复提供了一定的借鉴意义;从怀特海的教育思想中则探索出了教学设计、数学教育、技术教育、标准化考试、高校心理等教育范畴;从蒙台梭利的教育实践中得出了幼儿园课程设计和幼儿家庭环境建设等的启示。具体问题的分析便涉及教育本土化问题,尤其是在蒙台梭利教育思想的研究中,我们可以看到田景正、杨莉君等一众学者都在探索中国应怎样借鉴"蒙台梭利",如何更好实现蒙台梭利教育的中国化等问题。对于其他教育实验和教育家思想的研究,也落实到了启示上,如研究凯兴斯泰纳的公民教育、职业教育、劳作学校的现实意义与启示;罗素自由教育思想的启示等。

这一时期比较有代表性的微观研究是吴明海的博士论文《继承与创新——英国新教育运动的历史研究》。论文先介绍了英国新教育运动兴起的背景,再论述了英国新教育运动中所出现的著名实验和主要教育理论,最后对英国新教育运动的特点进行了分析。该书虽然是从单一国家出发,分析具体的教育实践和教育理论,但见微知著,我们可以从这一个个鲜活的实践和理论例证中窥见新教育运动的本质特点与创新精神。

(三)欧洲新教育运动研究的不断分化(2009 年至今)

30 年欧洲新教育运动研究之后,近 10 年来宏观研究似乎是沉寂了。新出版的相关著作涉及欧洲新教育运动的研究并不多,10 年来论文也是间或有出,并未像其他研究一样在深入探索后呈现出蓬勃发展的状态。微观研究则与宏观研究呈现出两种不同的态势,微观研究不论是在研究数量还是研究内容上都大放异彩。

2009 年,贺国庆、于洪波、朱文富主编的《外国教育史》承袭了前一阶段关于欧洲新教育运动的研究,从概念、产生与发展历程、主要活动和教育理论以及特点与影响几个方面分析了欧洲新教育运动。黄志成的《西方教育思想的轨迹》一书中也大致从以上几个方面论述了欧洲新教育运动。近 10 年研究欧洲新教育运动的论文主要有:李立国的《进步主义教育运动与新教育运动的比较研究》、石阳的《进步主义教育与新教育健康教育思想的比较研究》、李良芳和董吉贺合著的《欧洲新教育运动的教育智慧》、刘黎明和邵子英合著的《西方自然主义教育思想对欧洲新教育思想的影响》等。

欧洲新教育运动的研究分化明显,与宏观研究的稀少相比,微观研究呈现出完全不一样的情况。首先从研究数量来说,宏观研究只有寥寥数篇论文,据不完全统计,微观研究中教育实验与教育家思想研究的论文有 700 余篇。其次就研究内容而言,宏观研究因其数量限制,研究所涉范围也十分狭窄;微观研究的研究范围已拓展至研究的各个层面。除了起步期与发展期的介绍、评述、启示,近10年的微观研究还将视角扩展到了不同领域。如对于怀特海的研究,已经扩展到了艺术教育、大学教师评价、高等教育改革、家庭教育、中小学学科教学、师生关系等方面。对尼尔的研究也从开始的自由教育,扩展到了生命教育、爱的教育等层面。微观研究的内部也呈现出了分化现象。对少数教育家的研究成为近10年的热潮,如对蒙台梭利、怀特海、尼尔的研究大大超过前两个阶段。但前两个阶段较多的诸如凯兴斯泰纳和托尔斯泰的教育思想研究则日益减少。这和我国对外开放逐渐扩大不无关系,同时也是新时期中国教育寻求合适道路的一种发展诉求。

二、欧洲新教育运动研究的成就与反思

(一)宏观研究已初步形成体系

欧洲新教育运动宏观研究的体系已初步成型。20世纪80年代到21世纪初,各外国教育史的教科书不断完善,客观上促进了欧洲新教育运动的研究,在内容上形成了背景研究、内容及其特点研究、影响研究、评价研究、对比研究的基本研究范畴。以背景研究为例,从无到有,从单一到多元,从简单到深入,研究的视角越来越从教育史本身拓展到社会历史的方方面面。欧洲新教育运动的对比研究则是:最初只有与美国进步主义教育的对比,后期学者们深入反思,发展到与同时期的中国、日本教育改革的对比,与后世教育改革的对比。教育改革与时俱进,外来文化本土化也越来越受到关注。吴明海在2008年出版的《欧洲新教育运动的历史研究》这一专门性著作的出现则标志着欧洲新教育运动的研究走向成熟。与前期欧洲新教育运动的研究只是出现在"思想史""通史"中不同,该著作从专门化的角度论述了欧洲新教育运动,对运动出现背景进行深入分析,对运动的分期重新界定,也分析了更多的案例,最后分析运动特点,并与中国的教育改革实际相结合,实在是论及则为之计深远。

(二)基本史实研究不断丰富

欧洲新教育运动的研究从1979年曹孚的《外国教育史》开始,得益于学者们对基本史实研究的不断探索,现在我们已经能够窥见欧洲新教育运动发展的全貌。以欧洲新教育运动的背景研究为例,实现了从无到有、从单一到全面的发展。1989年,滕大春主编的《外国教育通史》第五卷直接从雷迪与新教育运动的兴起开始论述新教育运动,并没有介绍其产生的背景。到20世纪90年代,张斌贤、褚宏启与单中惠分别编著的《西方教育思想史》开始小篇幅分析新教育运动产生的背景。其中,张斌贤、褚宏启编著的《西方教育思想史》中主要提到工业化与人口的增长、经济贸易的发展导致社会结构的变化和人们的乐观心态;而单中惠的《西方教育思想史》虽然也提到了社会生活的变化,但更多是从教育与文化的层面来论述新教育运动产生的原因。这两本《西方教育思想史》对新教育运动产生的背景分别从社会历史与文化教育两方面论述,影响了后来学者们对新教育运动产生背景研究范畴的考量。后来的研究中便开始结合这两方面进行分析。2002年,吴式颖和诸惠芳合著的《外国教育通史》第九卷中,从当时欧洲的经济、社会意识形态、个人民族情感和社会状态等方面分析了欧洲新教育运动产生的背景。直至2008年,吴明海的《欧洲新教育运动的历史研究》从更深层次挖掘了当时的历史文化背景和哲学、科学、教育学等教育文化方面的变化。教育的历史是人类文化演进历史的一个有机组成部分,每一个教育思想和实践都与它根源的时代有着千丝万缕的联系[1],欧洲新教育运动的产生也不例外,它是对当时欧洲社会政治、经济、科技、文化发展的适应和促进。后人在进行研究时,也越来越从这些方面还原历史的本来面貌,也为后来的教育变革与发展提供借鉴。

(三)教育实验研究视野逐渐拓展

教育实验的研究最初是以介绍和评述为主的,后期逐渐涉及各教育实验的对比研究、启示类研究,等等。最早的欧洲新教育运动的教育实验研究是1987年曾秋平翻译的《麦克米伦姐妹的保育学校》,这篇译文出自1973年B.斯波戴克教授编著的 *Early Childhood Education*,主要概述了保育学校的目标、课程、方法、组织等。后来关于欧洲新教育教育实验评述类的论文还有田景正的《"儿童之家":蒙台梭利的幼儿教育实验》、吴明海的《彼爱尔实:欧洲新学校的一个典型模式》、李红梅和马立志的《试论凯兴斯泰纳的"劳作学校"》、张建平和胡元辉的《夏山学校:异域国度的别样"素质教育"》等。文献主要是对所研究的教育实验进行概述,除夏山学校评述类文章较多外,其他教育实验的评述类文献均只有一两篇,属于该教育实验评述研究的代表性作品。文献一般从该实验的历程、课程特点或实践特点出发,对某一教育实验进行综合概述。如张建平和胡元辉的《夏山学校:异域国度的别样"素质教育"》就从三方面对夏山学校进行述评:一是介绍创办者尼尔的基本情况;二是从自由、民主、爱三个维度概述夏山学校的实践特点;三是作者得出的启示。[2] 田景正的《"儿童之家":蒙台梭利的幼儿教育实验》则是首先介绍"儿童之家"的历史背景,其次论述该实验的内容和特点,最后是对"儿童之家"与蒙台梭利教育体系价值的一个评述。[3] 由评述研究深入展开的

① 张斌贤:《教育是历史的存在》,安徽教育出版社2007年版,第66页。
② 张建平、胡元辉:《夏山学校:异域国度的别样"素质教育"》,《当代教育科学》2006年第2期。
③ 田景正:《"儿童之家":蒙台梭利的幼儿教育实验》,《上海教育》2008年Z1期。

便是教育实验具体的理念、精神、方法、特色等的研究,周雪艳、卢敏、杨晓晴、樊祥玲、张建平等对蒙台梭利的"儿童之家"和尼尔的"夏山学校"进行了深入分析。其中樊祥玲、杨晓晴写的都是硕士论文,他们分别研究了"夏山学校"的自治实践和办学精神。

对比类文献较有代表性的主要有何波的《德可乐利学校与陈鹤琴的"活教育"思想》、张晓俞和王晓莉的《"乌托邦"式学校的实践及比较研究——以高尔基工学团、夏山学校、公正团体学校为例》、刘芳丽的《自治下的自由与纪律下的自由——尼尔的萨默希尔学校与中国的传统学校》等。这些学校或趋同或分野。如高尔基工学团、公正团体学校与"夏山学校"都属于"乌托邦"式的学校,它们共同关注"问题学生"、师生关系融洽、学校管理自主、校园文化氛围好;同时它们在制度、机构设置与内部倾向上还是有所差异。[①] 启示类文献也以"夏山学校"的研究为主,其中有代表性的便是"问题生"启示。尼尔将自由主义教育思想运用于这一教育实践中,并取得了一些成果,这为后来教育中"问题生"的转化提供了重要借鉴。

(四)教育思想研究成果丰富、异彩纷呈

教育理论的研究则体现了外国教育思想史研究的一贯风格,丰富且深刻。因蒙台梭利对我国幼儿教育产生了深远的影响,所以学者们对蒙台梭利的研究是最多的,占总研究数的半数以上。研究涉及蒙台梭利儿童教育思想历史研究、对当前教育的启示、对比研究等。研究数量居第二位的怀特海教育思想研究则涉及怀特海的教育哲学思想、自由教育思想、智慧教育思想、儿童教育观、大学教育观等。这里我们也主要以蒙台梭利和怀特海的教育思想研究为例,探讨欧洲新教育运动教育思想研究的特点。

蒙台梭利的幼儿教育思想对我国幼儿教育影响深刻,尤其是国内当前有许多蒙台梭利幼儿园以及蒙台梭利教具的广泛使用,足见其影响之广,所以学者们也将视野转向对蒙台梭利教育思想的研究,以便寻求更多的经验与启示。从教育历史的角度来看,纯粹对蒙台梭利教育思想进行史实挖掘的文章其实不多,较有代表性的是单中惠的《"儿童"是谁? 蒙台梭利如是说——蒙台梭利对儿童身份问题回答之初探》、田正平的《蒙台梭利教育思想在近代中国》、方晓东的《蒙台梭利教育思想的传播与发展》、霍力岩的《试论蒙台梭利的儿童观》等。这些论文充分挖掘材料,或从蒙台梭利的教育著作中探明其教育思想的本源性概念——"儿童是谁";或以中外教育史实来回答蒙台梭利教育思想究竟是什么时间、通过什么渠道传入中国,传入中国后该思想的特点以及出现的问题是什么。[②] 不论是概念的研究,还是儿童观

---

① 张晓俞、王晓莉:《"乌托邦"式学校的实践及比较研究——以高尔基工学团、夏山学校、公正团体学校为例》,《江苏教育研究》2016年第1期。

② 单中惠:《"儿童"是谁? 蒙台梭利如是说——蒙台梭利对儿童身份问题回答之初探》,《湖南师范大学教育科学学报》2019年第1期。

本身的研究,抑或是蒙台梭利教育思想传播史的研究,这些都是属于史实研究。另外一种研究便是它的延展性研究,包括蒙台梭利教育思想的启示、蒙台梭利教育思想的本土化等。这些研究在蒙台梭利教育思想的研究中是占绝大多数的,甚至许多涉及蒙台梭利教育思想研究的硕士论文都是属于这类研究。如湖南师范大学邓艳华的《蒙台梭利教学法运用的个案研究》、西南大学朱文娟的《蒙台梭利教学法本土化探究》等。他们大多是以蒙台梭利教育思想中的某一论点为基础,并针对时下的教育问题,这些问题包括但不限于学科教学、教师教育、儿童教育、老年痴呆症等。学者们思考其对问题解决的启示,以期为当下的教育问题提供更多的借鉴。此外,蒙台梭利教育思想的研究还有与其他教育思想的对比研究,学者们主要对比过蒙台梭利与福禄贝尔的儿童教育观、蒙台梭利与尼尔的自由教育思想、蒙台梭利与陈鹤琴的幼儿教育思想等。

怀特海教育思想的研究是 2004 年以后兴起的,在此之前学界也只有零星几篇评述其教育思想的文章。关于怀特海教育思想的研究,主要集中在他的教育哲学思想、教育思想的类别,以及对《教育的目的》一书的分析上。怀特海的教育哲学思想主要是过程教育哲学。2004 年,黄铭、曲跃厚、王治河开始论述怀特海的教育哲学思想,并相继在《浙江大学学报(人文社科版)》《哲学研究》上发表了相关文章,自此怀特海教育哲学思想研究的文章喷涌而出。从开始对过程教育哲学的解读到其教育哲学思想对课程、教学的启示,并逐渐开始思考人学等等,研究逐渐深入,也越来越与中国课程教学的实践相结合。而怀特海教育思想的类别,则有他的自由教育思想、智慧教育思想、道德认识论、儿童教育观、大学教育观等等,学者们也都展开了论述。《教育的目的》一书的研究是非常多的。2018 年,林琳、杨丽专门对《教育的目的》一书的学术影响力进行了研究。该书在不同学者、机构、区域的影响力呈不断上升的趋势。[①] 中国知网 30 年间引用《教育的目的》一书的论文达 1035 篇,足见其影响力之大。

这是目前学者们研究最多的两位新教育人物,文献占半数以上。研究其他新教育家思想的论文模式大多如此,只是因教育家教育思想的不同而内容有所不同,如罗素、尼尔的自由教育思想,凯兴斯泰纳的劳作教育思想,沛西·能的个性教育思想,等等。其研究范式大多还是教育思想的评述、某种教育思想的特点或启示以及教育思想的对比研究。

---

① 林琳、杨丽:《怀特海〈教育的目的〉学术影响力研究——基于中国知网(1980—2017)的文献计量与知识图谱分析》,《现代大学教育》2018 年第 1 期。

三、欧洲新教育运动研究的反思与展望

(一)欧洲新教育运动研究的反思

1.研究数量不均衡

对欧洲新教育运动的研究还处于起步期,总量少,研究分布不均衡。宏观研究与微观研究分化明显,宏观研究中研究数量、时间上不均衡,微观研究中各教育家的研究数量差距也悬殊。就总研究数量而言,进步主义教育运动的研究数量庞大,中国知网搜索"进步主义教育"等相关关键词,宏观层次的研究文献就超过 150 篇,而欧洲新教育运动宏观研究仅有不到 15 篇,连其 1/10 尚未达到。就欧洲新教育运动宏观研究与微观研究的数量而言,微观研究的文献总篇数有 800 余篇,宏观研究难望其项背。就微观研究的内部研究数量而言,以蒙台梭利教育思想的研究最为丰富,其他教育家和教育实验的研究数量则相对少很多。像雷迪的阿博茨霍尔姆乡村学校,学界均认为该学校的出现标志着欧洲新教育运动的兴起,但中国知网上还没有一篇文献研究该学校。

2.研究视角狭隘

当前欧洲新教育运动的研究视角比较狭隘。一是研究深度不够。宏观研究多出现于"思想史"或"通史"的著作中,多是教科书式的介绍与评述。"思想史""通史"要兼顾史实性和全面性,所以虽然论述全面、有理有据,但也带来了研究深度不够的问题。二是研究内容上的单一。微观研究集中于几个历史人物,忽视了欧洲新教育运动中的绝大多数存在。就教育实验来说,吴明海的《欧洲新教育运动的历史研究》中所列教育实验就有 18 个,而对于尼尔的"夏山学校"研究是最丰富的,其他教育实验似乎是被忽视了。此外,研究内容的单一还表现在思想史的研究与其他史研究的对比。学者们对欧洲新教育运动中的教育家研究以其教育思想研究最为深入。教育家们的教育思想固然重要,欧洲新教育运动中的学生以及其他知名的、不知名的教育家们的思想和实验也同样重要。

3.研究队伍不成形

在 20 世纪 80 年代,单中惠连续发表了数篇欧洲新教育运动相关的论文;吴明海在 20 世纪末和 21 世纪初的 10 多年间系统研究了欧洲新教育运动,并取得了丰富的成果。但近 10 年来欧洲新教育运动的研究沉寂了,尤其是宏观研究,没有专门研究欧洲新教育运动的学者,更别说形成专业的研究队伍。10 年来,零星有研究生和学者进行过个别研究,也只是昙花一现。微观研究的文献数量看似颇丰,但没有成体系的研究队伍,研究也终究是个别研究。

4. 史料挖掘不够深入

研究欧洲新教育运动也是研究教育历史,没有史料,无从谈史。吴明海在其博士论文中引用了大量的英文文献,在《欧洲新教育运动的历史研究》一书中沿袭了这一惯例,史料翔实,分析鞭辟入里。但之后的论文很少有看到新的文献的出现,都是对已有文献的再分析。除了论述相关教育家的教育思想史,分析其著作,资料的丰富程度很不够。

(二)欧洲新教育运动研究的展望

1. 在保证研究质量的同时,不断丰富研究总量

在把握微观研究总量的同时,以点带面,不断丰富宏观研究。欧洲新教育运动评述的研究已经十分成熟了,宏观研究要更加注重总体史观。"历史研究与社会研究是近亲,最终注定是会交融的。"欧洲新教育运动的研究不能孤立地关注教育,应将教育放在历史长河中,分析每一个环节中的内在辩证关系。[1] 微观研究中则应分散注意力至那些不起眼但同样有血有肉的一般大众身上,而不只是运动中的大人物和大事件。教育历史不仅仅是那些著名的教育家们的历史,更是历史上每一个微不足道的人与事件的共同体。[2] 欧洲新教育运动作为社会转型时期的教育改革的代表,研究其历史对于我国的教育改革有很大的启示意义。它的兴起是特定历史时期的特定社会需要,而目前我国教育改革所处的环境是不一样的,这样的背景下,研究欧洲新教育运动更要注重研究的本土化。

2. 借鉴多学科的研究方法,以我为主并为我所用

教育史学科本身是一个交叉学科,它是历史学科的分支,在教育学中也发挥着基础性作用。在研究方法的使用上,欧洲新教育运动的研究在保持教育史研究特点的同时,还需建立与哲学、历史学、社会学等的联系。现在的微观史学多借鉴人类学和心理学的研究方法,注重探讨个人与社会环境之间的关系,并通过微观的现象来反映出其他方面的现象。这种见微知著的研究视角值得去探索。随着大数据的发展与应用,计量史学被广泛采用,为很多具体问题提供了数据佐证。但研究者在借鉴和运用这些多样方法的同时,还应注意适切性。以计量史学为例,它可以说明一些正常的社会功能,但无法在社会转型与过渡的分析中起到解释作用。[3] 并不是所有的外来方法都适用于欧洲新教育运动的研究,因此在研究时应寻找

---

① 渠敬东:《教育史研究中的总体史观与辩证法——涂尔干〈教育思想的演进〉的方法论意涵》,《北京大学教育评论》2015 年第 4 期。

② 杨雪翠:《略论微观史学对教育史研究的启示》,《教育学报》2010 年第 5 期。

③ 黄书光:《反省与前瞻:教育史研究的方法论刍议》,《高等教育研究》2017 年第 11 期。

研究的内在增长点,以具体研究为基准,探究合适的研究方法。

3.吸纳多学科人才加入,加强研究队伍建设

上一代研究欧洲新教育运动的学者或退休或转型,所以目前尚无成型的研究队伍。任重道远,但未来可期。欧洲新教育运动的研究队伍建设可以从以下几方面开展。首先是教育史界学者的重视。如在学术会议上提出欧洲新教育运动研究的相关议题,短时间内促进欧洲新教育运动的研究。2009 年,纪念《教育史研究》创刊 20 周年论文集中,在外国教育史的相关议题中,欧洲新教育运动作为 20 世纪重要的教育改革,一时间有许多学者参与研究。研究热度的提高只是一个开始,研究的持续性就需要专门的研究人才。所以应加强研究人才的培养,鼓励有兴趣的研究生开展研究。其次是吸纳多学科人才加入。欧洲新教育运动目前的确是一个相对冷门的研究方向,但同时期的心理学、哲学、历史学、政治学的研究百花齐放。吸纳这些学科的人才不仅要学习他们的研究方法,更要从中找材料。不同学科的人才开展研究也会有新的视角、新的发现。在研究人才的培养上,亦可挖掘不同学科背景的人才。

4.充分利用旧史料,不断挖掘新史料

当前欧洲新教育运动研究的史料陈旧,史料类型单一。今后的研究中应注意挖掘史料,深入分析。一是旧史料与新史料的结合。欧洲新教育运动传入中国之时,我国学者翻译了许多关于欧洲新教育运动的作品,如 1931 年唐现之译华虚朋的《欧洲新学校》、1933 年崔载阳译柯布的《新教育的原则及实际》等。改革开放以来,又有许多欧洲新教育运动的翻译作品涌现出来。现有研究应充分利用这些资料。二是不断挖掘新的史料。鉴于当前许多关于欧洲新教育运动的资料都是外文文献,所以研究者在翻译上应多下功夫。另外,史料的挖掘不只限于教育史的范畴,目前的研究已不再满足于官方资料、文件和著作,散落于民间的书信、其他学科的文集、歌谣、档案等都是可挖掘的。同时期的历史、文化资料中都可以找到一些新教育运动的影子,包括学生、老师的日记等都可以开展研究。

中国教育管理史研究百年历程与未来愿景

◎程斯辉　刘宇佳 *

摘　要：中国教育管理史作为教育管理学学科的重要史学基础，对建立中国特色教育管理学，丰富中国教育史具有的重要价值。中国教育管理史研究的百年学术史，经历了"起步—停滞—重启—发展—沉淀"五个阶段，展现出从管理制度到管理人物的研究侧重，形成了以史论为主导的诠释型研究范式。未来中国教育管理史研究还需转换研究视角，以教育管理学学科视角研究中国教育管理史；创新研究思路，关注教育管理现实问题，挖掘教育管理史学智慧；扩展研究范围，均衡教育管理史研究偏好，补足教育管理史研究短板；更新研究方法，借鉴学习多学科研究方法以形成综合研究范式。

关键词：中国教育管理学；中国教育管理史；学科建设；史学基础

"历史者，叙述进化之现象也；叙述人群进化之现象也；叙述人群进化之现象而求得其公理公例者也。"①正如社会发展离不开历史经验的积累，学科发展也离不开学科历史的积淀与承继。"学科的发展证明：任何成熟的学科都是以自己的历史学科为基础的。反之，没有自己成熟的历史学科支撑，学科发展是不可能走向成熟的。"②可以说，教育史对于教育科学发展具有不可替代的基础性价值。

从学科的视角看，教育管理史具有鲜明的交叉性质，它与教育史、管理史发生着联系，既是教育史的分支学科，也是管理史的分支学科；从教育史看，教育管理史属于教育专题史范畴，从管理史看，教育管理史属于管理专题史范畴。教育管理学同样具有交叉性质：它既是教育学的分支学科，又是公共管理学的分支学科，教育管理学既与教育学有交叉，也与公共管理学有交叉。教育史是教育学的基础学科，这是共识；同样，教育管理史是教育管理学的基础学科。因此，从学科建设的角度看，加强教育管理史的研究，就具有了双

---

　*　作者简介：程斯辉，武汉大学中国教育家研究中心主任，武汉大学教育科学研究院二级教授；刘宇佳，武汉大学教育科学研究院博士研究生。

　①　梁启超：《新史学》，商务印书馆 2014 年版，第 92-95 页。

　②　程斯辉：《学科自信与教育史学科建设》，《河北师范大学学报（教育科学版）》2018 年第 1 期。

重意义,不仅对于中国教育史研究的丰富,而且对于建立具有中国特色的教育管理学都有重要价值。

中国教育管理史研究内容丰富,如果进行相对的划分,又主要包括中国教育制度史、中国教育行政史、中国学校管理史、中国教育管理思想史的研究。其中,中国教育制度史的研究起步最早,一般认为 1916 年由上海商务印书馆出版的郭秉文博士学位论文《中国教育制度沿革史》中译本,是我国第一部教育制度史著作。百年来,中国教育管理史研究是如何不断丰富的,取得了哪些相关成果,这些成果有何特色,中国教育管理史研究的百年进程中呈现出怎样的阶段性特征,如何在新的历史阶段改进中国教育管理史的研究,尤其是如何运用中国教育管理史研究的成果来推进中国特色教育管理学的发展,或者说中国教育管理学的建设如何在中国教育管理史这一史学基础上不断夯实、提升水平,便成为本研究的主要旨归。

一、回顾:中国教育管理史研究总体概况

公开出版的中国教育管理史著作是中国教育管理史最系统的研究成果,本研究借助"读秀"学术平台,共查找出约 95 本①符合研究主题与内容要求的中国教育管理史研究专著与资料书,基本展现了中国教育管理史的学术研究历程,从中可以了解到相关成果及其特色。

(一)以"中国教育管理史"为整体框架的研究专著

虽然有关中国教育管理史的内容零星见之于中国教育史、中国教育专题史的著作,但直到 1989 年,第一部以"中国教育管理史"为书名的专著才正式问世。如表 1 所示,在随后十多年时间里陆续出版了 8 本中国教育管理史研究专著,出现了中国教育管理史研究的一个小高潮。

表 1　以"中国教育管理史"为整体框架的研究专著信息

名称	编著者	出版年份	出版社
《中国教育管理史》	熊贤君	1989	华中师范大学出版社
《中国近代教育管理史》	程斯辉	1989	武汉工业大学出版社

---

① 包含中国教育管理史相关内容的一般教育史研究著作未统计在内。

续表

名称	编著者	出版年份	出版社
《中国教育管理史》	刘德华	1990	河南教育出版社
《中国教育管理史》	梅汝莉	1995	海潮出版社
《中国教育管理史》①	孙培青	1996	人民教育出版社
《中国教育管理史教程》②	王建军、薛卫东	1998	广东高等教育出版社
《中国教育管理史》	刘兆伟等	2002	黑龙江人民出版社
《中国教育管理史》	黄仁贤	2003	福建人民出版社

1. "中国教育管理史"的开山之作

熊贤君的《中国教育管理史》与程斯辉的《中国近代教育管理史》分别在 1989 年 5 月和 10 月出版,是最早以"中国教育管理史"为书名的研究专著。熊著采用编年体例,以朝代更替作为分期的标准,详述了清末以前中国古代教育行政制度、学校管理制度以及教育管理思想的发展与演变。程著以专题为主,编年为辅,"上篇着重探讨了近代学校制度与教育行政管理体制的沿革,中篇着力于近代学校与教学管理的关系研究,下篇铺陈了近代著名教育家的教育管理实践与思想等"③,系统论述了鸦片战争至五四运动时期中国近代教育管理各层面的演变过程。熊著专注于远古至清末的教育管理,程著聚焦于鸦片战争至五四运动时期的教育管理,两部著作连接起远古至五四运动时期的中国教育管理史,并将"教育管理"的庞杂内容按照"教育行政管理制度、学校管理和教育管理思想"三分法进行了划分,不仅标志着中国教育管理史从中国教育史的母体中逐渐分离出来成为一个独立的研究领域,也为中国教育管理史树立了一种研究范式。

2. "中国教育管理史"的通史类著作

虽然上述两部著作具有中国教育管理史研究之开山意义,但都只选择了中国教育管理史的一段时期加以研究,如程著《中国近代教育管理史》只涉及了清末、中华民国临时政府时期与北洋政府时期的教育行政和各级各类教育管理,南京国民政府时期的内容基本没有涉猎,熊著《中国教育管理史》也只论及了中国古代教育管理史的内容。因此,中国教育管理通史是中国教育管理史研究中可进一步研究的空间。

1990 年 7 月,由刘德华主编,刘德华、俞启定、程斯辉等多位学者分撰而成的《中国教育

---

① 2013 年 1 月第二版。

② 2003 年 8 月第二版。

③ 程斯辉:《中国近代教育管理史》,武汉工业大学出版社 1989 年版,序。

管理史》出版,该书上起先秦时代,下至中华人民共和国成立前夕,论述了各时期教育管理的状况和主要教育家的教育管理思想,以史料系统勾勒出我国教育管理历史的发展脉络和规律,"是一部力求反映中国教育管理史全貌的专著"。进入21世纪,刘兆伟等编著的《中国教育管理史》和黄仁贤所著的《中国教育管理史》分别于2002年6月和2003年3月问世,两书的共同特点是都将新中国成立后的教育管理纳入写作范围,在一定程度填补了以往中国教育管理史不涉新中国教育管理的缺失,充实了中国教育管理史研究。

3. "中国教育管理史"的教材编著

随着20世纪80年代末90年代初中国教育管理史课程的开设,编著"中国教育管理史"的教材也被提上日程。1995年5月,北京海潮出版社出版了梅汝莉主编的《中国教育管理史》。该书按专题论列,将教育管理的主要问题列出专题,在每一专题下按历史发展进行研究,"力求做到纵横结合,旨在使中国教育管理史更便于古为今用"[①]。

1996年12月,为适应高等学校教学改革和教材建设的迫切需要,人民教育出版社出版了由孙培青主编的《中国教育管理史》。该书以朝代更替作为章节划分依据,囊括了自古至中华人民共和国成立前的教育管理发展历程,包括教育方针政策、教育行政、学校系统以及教育人员、学校内部管理、教育经费的管理等,并在每章后附与本章内容相关的思考题。在2013年1月更新的第二版中,该书还在每章开头增加了"本章学习要点",在每章结束后增加了"思考与练习""拓展性阅读导航",完全契合本书"高等学校文科教材"的定位,是中国教育管理史教材的典范。另外,王建军和薛卫东合著的《中国教育管理史教程》于1998年5月出版(2003年再版)。该书也采用专题论述,分为"中国教育行政制度的沿革""学校管理制度的沿革"与"教育管理思潮的沿革"三编,清晰系统地展现了中国教育管理史研究的三大要素。

(二)以"中国教育制度史"为主题的专题史著作

教育制度是教育管理的依据,中国教育制度史的研究起步较早。如前所指,1916年,上海商务印书馆出版的郭秉文博士学位论文《中国教育制度沿革史》中译本,是我国第一部教育制度史著作。随后,中国教育制度史的研究受到关注,如表2所示,至今共约出版11本中国教育制度史研究专著,具体又可分为以"中国教育制度史""中国学校制度史"和"中国考试制度史"为主题的研究。

---

① 梅汝莉:《中国教育管理史》,海潮出版社1995年版,第5页。

表 2　以"中国教育制度史"为研究主题的主要著作信息

主题	名称	编著者	出版年份	出版社
中国教育 制度史	《中国教育制度沿革史》	郭秉文	1916	商务印书馆
	《中国近代教育制度》	姜书阁	1934	商务印书馆
	《中国教育管理制度史》	李才栋等	1996	江西教育出版社
	《中国近代职业教育制度史研究》	吴洪成	2012	知识产权出版社
中国学校 制度史	《中国学校制度》	周予同	1933	商务印书馆
	《中国学制史》	蔡芹香	1933	世界书局
	《中国古代学校教育制度考略》	王志民、 黄新宪	1996	首都师范大学出版社
	《中国近代学制比较研究》	钱曼倩、 金林祥	1996	广东教育出版社
中国考试 制度史	《中国考试制度史》	沈兼士	1969	商务印书馆
	《中国考试管理制度史》	杨智磊、 王兴亚	2007	中州古籍出版社
	《中国科举制度史》	王凯旋	2012	万卷出版公司

1. 关于"中国教育制度史"的研究

作为我国第一部研究中国教育制度史的著作,郭秉文的《中国教育制度沿革史》包括上古至该书撰写之时的"公共教育制度"沿革概况。在中国古代教育制度史部分,郭秉文主要以常见的历史年代划分大时期,辅以朝代顺序划分小阶段;而在近代教育制度史部分,郭秉文首次尝试了依据中国教育自身的发展特点对近代教育制度史进行了分期。其导师孟禄在序言中也赞许了该书"不独表扬己国之事绩,且俾西人恍然有悟于中邦维新之变革。是变革也,利之所及,端在西方"[①]。

姜书阁编的《中国近代教育制度》成书于 1934 年 10 月,是我国较早的断代教育制度史研究专著。李才栋等主编的《中国教育管理制度史》也于 1996 年 12 月问世。另外,2012 年 4 月吴洪成著的《中国近代职业教育制度史研究》则是对专门种类的教育制度进行全面研究的专著。

2. 关于"中国学校制度史"的研究

周予同著的《中国学校制度》和蔡芹香编著的《中国学制史》都于 1933 年出版问世。周著记述了中国自古代至民国时期学校制度的变迁,分为上古编、中古编、近代编和现代

---

① 郭秉文:《中国教育制度沿革史》,商务印书馆 1916 年版,序二。

编四编。蔡著分为上古期、中古期、近古期、近世期、近时期、三民主义教育这六编,不仅历史时期涵盖较广,内容也十分全面,还包括不同历史时期学制的比较以及对后代学制的影响,是我国早期学校制度史研究的优秀范本。王志民和黄新宪合著的《中国古代学校教育制度考略》于 1996 年 8 月出版。该书梳理了先秦至清朝中国古代的学校教育制度,包括中央官学、地方学校、私学和书院的教育管理制度。钱曼倩和金林祥主编的《中国近代学制比较研究》在介绍近代学制产生的总体背景基础上,着重对"壬寅学制""癸卯学制""壬子癸丑学制""壬戌学制"的产生过程及其在中国教育近代化过程中的作用与影响进行了论述。该著作还附录了中国近代学制大事年表,是一部系统研究近代学制、史论结合甚好的著作。

3.关于"中国考试制度史"的研究

广义上讲,考试制度是我国教育制度的重要组成部分,有关中国考试制度史的研究也成为一个热门领域。1969 年 9 月,沈兼士编的《中国考试制度史》问世。全书包括周代至清代的考试制度,通过大量史料论述了考试制度在中国古代的发展历程,充分肯定了我国古代考试制度的先进性,同时也指出了其运行过程中出现的种种弊端。杨智磊和王兴亚主编的《中国考试管理制度史》于 2007 年 12 月出版。该书以先秦至成书时中国考试管理制度为对象,以翔实的史料阐述了中国考试管理制度的产生、发展与变化的过程,考察了学校教育考试、察举、科举考试与职官技术考试管理的演进。2012 年 9 月,王凯旋著的《中国科举制度史》是以中国科举制度为主题的研究专著,在简述秦、汉、魏晋时期选士制度的基础上,详述了隋唐至清代科举制度的创立、发展、顶峰直至衰落的过程。

(三)以"中国教育行政史"为主题的专题史著作

教育行政是教育管理的重要组成部分。有关中国教育行政史的研究相对较早,1939 年薛人仰编著的《中国教育行政制度史略》是中国最早有关中国教育行政史的研究著作,此后几十年出现了中国教育行政史的研究空白期。如表 3 所示,直到 20 世纪 80 年代,雷国鼎著的《中国近代教育行政制度史》、熊贤君著的《中国教育行政史》和《中国近代教育行政史》才陆续出版。

表3　以"中国教育行政史"为研究主题的主要著作信息

名称	编著者	出版年份	出版社
《中国教育行政制度史略》	薛人仰	1939	中华书局
《中国近代教育行政制度史》	雷国鼎	1983	教育文物出版社

名称	编著者	出版年份	出版社
《中国教育行政史》	熊贤君	1996	华中理工大学出版社
《中国近代教育行政史》	熊贤君	2014	人民教育出版社

薛人仰编的《中国教育行政制度史略》简述了先秦至民国教育行政制度的发展,但正如其取名"史略",该书部分章节过于简略,不能还原该历史时期的教育行政,不利于读者把握中国教育行政制度发展的全貌。1983年6月,台湾教育文物出版社出版了学者雷国鼎著的《中国近代教育行政制度史》,该书依据历史编年体例,记录了清末同治元年到1982年我国教育行政制度重大史实。

熊贤君所著《中国教育行政史》和《中国近代教育行政史》分别于1996年1月和2014年12月出版。《中国教育行政史》按教育行政发生发展的萌生、过渡、专门化的三大节律,对各时期中央及地方教育行政职官及机构的设置、人员编制、官员素质、职责权限、任命方式、在职考核、待遇与奖惩、晋级与调动以及教育行政首脑在任内的政绩、改革思路与影响等方面,进行了全面的评述。该书特地在部分章节赞颂了教育行政官员在教育行政管理上的建树,鞭挞了对教育发展无功、滥竽充数的教育行政长官之流。《中国近代教育行政史》全面系统地阐述了清末教育行政、中华民国教育行政和中国共产党建立的革命根据地教育行政,每一部分内容都包括中央、省级、市县教育行政,教育行政首脑任内的建树以及上述三级教育行政职能的践履,是中国教育行政史研究的扛鼎之作。

(四)与"中国学校管理史"研究内容有关的专题史著作

有关"中国学校管理史"的研究起步较晚。如表4所示,与"中国学校管理史"研究相关的主要著作,20世纪80年代与21世纪初,山东教育出版社出版了由王炳照主编的《中国古代私学与近代私立学校研究》和《中国私学·私立学校·民办教育研究》。《中国古代私学与近代私立学校研究》分为"中国古代私学研究"与"中国近代私学研究"两编,第一编首先按朝代更替梳理了古代私学的发展历程,随后分章论述了私学的教学与管理、私学与选士制度的关系等内容;第二编在梳理了近代教会学校、清末国人自办私立学校、民国以来国人自办私立学校发展历程的基础上,进一步挖掘了近代私立学校的课程与教学、管理与经费、校风建设。《中国私学·私立学校·民办教育研究》在《中国古代私学与近代私立学校研究》的基础上增加了中国当代民办教育的发展与管理内容,包括新中国成立初期私立学校的维持、改造与接办,改革开放以来民办教育的发展,外国私立教育考察等。

表 4　与"中国学校管理史"研究主题相关的主要著作信息

名称	编著者	出版年份	出版社
《中国古代私学与近代私立学校研究》	王炳照	1983	山东教育出版社
《教会学校与中国教育近代化》	何晓夏、史静寰	1996	广东教育出版社
《近代中国私立大学研究》	宋秋蓉	2002	天津人民出版社
《大学之道 东南大学的一个世纪：1902—2002》	左惟等	2002	东南大学出版社
《中国私学·私立学校·民办教育研究》	王炳照	2002	山东教育出版社
《中国古代的学校、书院及其刻书研究》	赵连稳、朱耀廷	2007	光明日报出版社
《龙溪师范学校百年回眸》	郭漳陵	2008	中央文献出版社
《湖南师范大学七十年：1938—2008》	张国骥、刘湘溶	2008	湖南师范大学出版社

何晓夏和史静寰合著的《教会学校与中国教育近代化》于 1996 年 11 月出版，论述了教会学校在中国教育近代化征程中的角色与作用。宋秋蓉著的《近代中国私立大学研究》也于 2002 年 3 月出版，探讨了近代中国私立大学的发展历程、外部环境、政府政策、办学特征和精神、教育和社会功能、制约因素等内容。赵连稳与朱耀廷合著的《中国古代的学校、书院及其刻书研究》，在学校和书院的教学管理、教学内容、教学改革等一些重大问题上进行了研究。这些研究广义上说都属于对历史上的学校管理进行的研究。

(五)以"中国教育管理思想史"为主题的专题史著作

总体来看，有关"中国教育管理思想史"的研究起步较晚，但研究热度逐渐提升。如表 5 所示，自 20 世纪 90 年代以来，至今已出版了约 58 本相关著作，具体可分为中国教育管理人物及其教育管理思想的个案研究、中国教育管理人物及其教育管理思想的群体研究以及中国教育管理思想史的研究。

表5　与"中国教育管理人物及其教育管理思想"研究主题相关的主要著作信息一览

主题	名称	编著者	出版年份	出版社
中国教育管理人物及其教育管理思想的个案研究	"中国近现代教育家系列研究"丛书	宋恩荣	1993—1997	辽宁教育出版社
	《科教兴国的先驱 教育家张謇传》	程斯辉、刘光侠	2000	北京师范大学出版社
	《中国著名大学校长书系》第一辑	章开沅、余子侠	2003—2004	山东教育出版社
	"复旦大学校长传记系列"丛书	邓明以、王增藩等	2005	复旦大学出版社
	"钱伟长研究书系"	王福友、曾文彪等	2007—2011	上海大学出版社
	《钱伟长校长和钱伟长教育思想》	顾传青	2011	科学出版社
	《中国著名大学校长书系》第二辑	章开沅、余子侠	2012	山东教育出版社
	《蔡元培高等教育管理思想研究》	吴舸	2012	上海交通大学出版社
	《陶行知的教育管理思想与实践》	张新平、陈学军	2014	上海教育出版社
	《王伯群与大夏大学》	汤涛	2015	上海人民出版社
	《张寿镛校长与光华大学》	汤涛	2016	上海人民出版社
	《欧元怀校长与大夏大学》	汤涛	2017	上海书店
中国教育管理人物及其教育管理思想的群体研究	《基督教大学华人校长研究》	吴梓明	2001	福建教育出版社
	《清华的校长们》	黄延复	2003	中国经济出版社
	《湖南大学校长评传(1897—1949)》	许康	2006	海南出版社
	《浙大的校长们》	杨达寿等	2007	中国经济出版社
	《新中国著名大学校长(1949—1983)》	程斯辉	2007	湖北人民出版社
	《民国著名大学校长(1912—1949)》	高伟强、余启咏、何卓恩	2007	湖北人民出版社
	《中国近代大学校长研究》	程斯辉	2010	人民教育出版社
	《大学校长与中国近代大学本土化研究》	吴立保	2010	中国社会科学出版社
	《中国近代国立大学校长角色分析》	肖卫兵	2013	福建教育出版社
	《民国后期(1927—1945)教育家办大学研究》	秦俊巧	2015	河北教育出版社
	《武汉大学校长的办学理念》	周叶中、涂上飙	2017	武汉大学出版社
中国教育管理思想史研究	《中国教育管理思想史》	孙云龙、张玉阁	2014	东北财经大学出版社

1.中国教育管理人物及其教育管理思想的个案研究

教育管理思想蕴含在教育家的办学实践中,有关中国教育管理思想的研究首先出现在中国近现代教育家的研究成果中。1993年12月至1997年7月,辽宁教育出版社出版了由宋恩荣主编的"中国近现代教育家系列研究"丛书(共20本),丛书所研究的教育家中有张之洞、蔡元培、张伯苓、蒋梦麟、胡适、梅贻琦、雷沛鸿、张謇、陈鹤琴这9位从事过教育管理工作的教育家,以这9位教育家为主题的专著自然也涉及了他们的教育管理思想及其教育管理经历。2000年,北京师范大学出版社出版了由程斯辉与刘光侠合著的《科教兴国的先驱 教育家张謇传》,该著在介绍张謇办学业绩的过程中,对其教育管理思想多有涉及。

进入21世纪,以大学校长为主题的研究专著争相问世,其中最具代表性的是山东教育出版社于2003年12月陆续出版的,由章开沅和余子侠主编的《中国著名大学校长书系》[①],该书系共选17位[②]中国著名大学校长分别加以研究,每位校长单独成书,以"史料翔实、去芜存菁、史论结合、客观公允"[③]为撰研原则,记叙了中国著名大学校长的办学思想、治校方略、实践经验、育人业绩。书系选取的17位著名大学校长中,除原山东大学校长华岗是新中国成立后的优秀大学校长代表,其余16位都是民国时期中国现代高等教育起步之时办学有成、影响斐然的大学校长,足以见得民国大学校长在中国现代高等教育百年征途中的地位与分量。除此之外,吴舸著的《蔡元培高等教育管理思想研究》,张新平和陈学军合著的《陶行知的教育管理思想与实践》等著作,体现出研究者开始了对民国时期著名教育家之教育管理思想专门而系统的探索。

另外,还有一些大学为铭记在学校发展中做出卓越贡献的老校长而组织出版的有关学校校长研究丛书,如由复旦大学出版社出版的"复旦大学校长传记系列"丛书[④],由上海大学出版社出版的"钱伟长研究书系"[⑤],由上海人民出版社出版的《王伯群与大夏大学》《张寿镛校长与光华大学》《欧元怀校长与大夏大学》等。这些著作介绍了校长们在校长岗位上的主张、作为及其影响,是中国教育管理思想史研究鲜活的案例。

2.中国教育管理人物及其教育管理思想的群体研究

随着对中国教育管理人物及其教育管理思想个案研究的深入,一些学者开始对近代大

---

① 书系第一辑(共10本)于2003年12月至2004年11月陆续出版,第二辑(共7本)于2012年4月出版。

② 分别为蔡元培、陈裕光、梅贻琦、陈垣、唐文治、张伯苓、竺可桢、吴贻芳、马相伯、郭秉文、胡适、罗家伦、王星拱、林文庆、何炳松、任鸿隽、华岗。

③ 吴骁、程斯辉:《武汉大学校长王星拱》,山东教育出版社2012年版,序二。

④ 共6本,分别为《陈望道传》《马相伯传略》《苏步青传》《谢希德传》《朱恒璧传》《李登辉传》。

⑤ 共7本,其中《钱伟长校长的治校理念与治学之道》《钱伟长与上海大学》《钱伟长教育思想与教育实践研究》《钱伟长的治学理念与教育思想》这四本是有关钱伟长校长学校管理思想与实践的研究专著。

学校长进行群体研究,融个案考察与群体分析为一体,以期对中国近代大学校长的群体特征与个人风格有准确的把握,主要有近代著名大学校长研究、新中国著名大学校长研究和学校校长群体研究几类。

关于近代著名大学校长的研究成果较丰富。其中,吴梓明编著的《基督教大学华人校长研究》通过叙述沪江大学校长刘湛恩、华中大学校长韦卓民、震旦大学校长马相伯、辅仁大学校长陈垣等 10 位基督教大学华人校长的教育管理思想与经历,集中展现了近代基督教传入中国后基督教教育与中国文化的交流与融合,以及基督教大学管理的特质。高伟强等编著的《民国著名大学校长(1912—1949)》选取民国国立、省立、私立、教会大学校长的典型代表加以研究。程斯辉著的《中国近代大学校长研究》通过概述中国近代大学校长的任用情况、任期、任职年龄、待遇与离职,总结近代国立大学、私立大学著名校长的办学思想与治校方略,揭示了近代著名大学校长的办学特色、成功大学校长的素质与失败大学校长的特征,以及对造就当代教育家的现实意义。肖卫兵著的《中国近代国立大学校长角色分析》系统地描述了 43 所近代国立大学 142 位校长的基本情况,探讨了校长任职和去职的主要原因,并以此为基础论述了近代国立大学校长在办学理念、办学行为方面的整体特征。

关于新中国著名大学校长研究成果主要是 2007 年 4 月出版的、由程斯辉主编的《新中国著名大学校长(1949—1983)》,该书介绍了马寅初、周培源、蒋南翔、吴玉章、陈垣、陈望道、苏步青、郭影秋、匡亚明、郭沫若、李达、杨石先、许崇清、成仿吾、侯外庐、王亚南、孟宪成等 17 位新中国著名大学校长的生平事迹以及学校管理经验,总结了新中国大学著名校长的类型、特征以及新中国大学校长办学经验的多重意义。

关于学校校长群体的研究成果还有以探究一所学校历代管理者为主题的专著。其中,黄延复著的《清华的校长们》选择了清华大学各阶段的最有代表性的校长,以及无校长名义但有校长地位的领导人进行了介绍与评介。许康主编的《湖南大学校长评传(1897—1949)》记述了从清朝末年湖南大学建校之初到中华人民共和国成立前的 24 位湖南大学校长的生平事迹。杨达寿等著的《浙大的校长们》介绍了林启、陆懋勋、吴雷川、竺可桢、马寅初等历届浙江大学校长的生平事迹。这些研究基于一所学校的历史,对不同时期的校长之治校办学得失进行评述,不仅为深入开展中国教育管理思想史的研究提供了蓝本,而且对理解学校管理人物的历史境遇与地位很有助益。

3. 中国教育管理思想史的研究

中国教育管理思想源远流长,因此也涌现了以中国教育管理思想为主题的专题史研究,如孙云龙、张玉阁主编的《中国教育管理思想史》,以时间为序,分为"中国远古时期教育管理思想的萌芽""中国上古时期教育管理思想的产生""中国中古时期教育管理思想的发展""中国近古时期教育管理思想的承接""中国近代教育管理思想的融合"五编,把各时代各阶级的教育制度、教育思想放在当时的社会经济、政治、文化历史条件下进行考察,揭示其内在联系,并通过分析主要代表人物来反映各历史时期教育思想的发展脉络。

(六)有关"中国教育管理史"的资料建设

在中国教育管理史的研究中,除了有关中国教育管理史的研究性专著,中国教育管理史资料建设也成果显著,如表 6 所示,出现了多部与中国教育管理史研究相关的资料书和词条整合的工具书。

表 6　与"中国教育管理史"研究相关的主要资料书信息

名称	编著者	出版年份	出版社
《两汉教育制度史资料》	程舜英	1983	北京师范大学出版社
《魏晋南北朝教育制度史资料》	程舜英	1983	北京师范大学出版社
《隋唐五代教育制度史资料》	程舜英	1998	北京师范大学出版社
《中国近代教育史资料汇编·学制演变》①	陈元晖、璩鑫圭	1991	上海教育出版社
《中国考试制度史资料选编》	杨学为	1992	黄山书社
《中国近代教育史资料汇编·教育行政机构及教育团体》②	陈元晖、朱有瓛等	1993	上海教育出版社
《中国教育大系·历代教育制度考》③	顾明远	1994	湖北教育出版社
《中国历代学校制度通考》	邰林涛、黄仕荣	2008	北岳文艺出版社
《中国古代教育制度史料》	程舜英	2011	北京师范大学出版社

20 世纪 80—90 年代,程舜英为配合中国教育史的教学和研究工作,编著了《两汉教育制度史资料》《魏晋南北朝教育制度史资料》《隋唐五代教育制度史资料》等资料书,是学习与研究中国古代教育制度的重要参考。其中,《两汉教育制度史资料》叙述了两汉教育制度的发展史,包括秦汉之际的教育、汉代的选举制度、儒术独尊、学术与经学、学校教育制度与实施、私人教育等章节。《魏晋南北朝教育制度史资料》和《隋唐五代教育制度史资料》概述了魏晋南北朝和隋唐五代教育制度的发展史,除涉及该时期学校教育的政策与实施外,还包括书院教育、私人教育、家庭教育、佛教教育等内容。2011 年 3 月,北京师范大学出版社将程舜英所著的《两汉教育制度史资料》《魏晋南北朝教育制度史资料》《隋唐五代教育制度史资料》合订

---

① 2007 年 4 月重新出版。
② 2007 年 4 月重新出版。
③ 2004 年 6 月第二版出版,2015 年 8 月第三版出版。

为《中国古代教育制度史料》加以再版,较为系统地呈现了两汉、魏晋南北朝、隋唐五代教育制度的历史发展。

1991年3月,上海教育出版社出版了璩鑫圭编的《中国近代教育史资料汇编·学制演变》(2007年4月再版)。该书按"以年代为纲,专题为目"的原则,收辑了"庚子事变后清政府下诏变法(1901年)到'壬戌学制'的颁行(1922年)"[1]这一时间段内有关中国近代学制演变情况的一手资料。

1993年12月,上海教育出版社出版了由朱有瓛等编的《中国近代教育史资料汇编·教育行政机构及教育团体》(2007年4月再版)。该书甲编为教育行政机构部分,该部分选择1902—1922年中国教育行政的原始资料,按清末教育行政机构和民国初年教育行政机构两个阶段排列,每个阶段的行政机构又分为中央、省、县三级。该书是极具价值的近代教育行政史研究资料书,但未收集整理1922年以后中国近代晚期的教育行政资料,略显遗憾。

1994年7月,湖北教育出版社出版了《中国教育大系·历代教育制度考》(2004年6月、2015年8月先后出第二、第三版)。该书选编了中国历代有影响的教育制度史料及有关研究成果,按历史时期分为从先秦至清代后期八编,每编目由原文、原文附目、考评和考评索引四部分组成。整本书囊括教育政策法令、教育行政管理、学校教育、社会教育、家庭教育、留学教育、教会教育、选举考试等内容,是一部集零散教育制度史料于一册,并附以教育大家之史论的重要中国教育制度史参考资料。

郜林涛和黄仕荣合著的《中国历代学校制度通考》是有关中国古代、近代学校制度的工具书,以收录有关学校管理制度的词条为主。1992年8月,国家教委考试中心主任杨学为等主编的《中国考试制度史资料选编》出版。该书以专题为纲,按历史沿革和时间顺序排列,收集了从氏族社会末期至中华人民共和国成立前中国考试制度的相关资料,是"第一部专门搜集整理中国历代招生考试的资料选集"[2]。

二、总结:中国教育管理史研究的发展特点

通过上述中国教育管理史研究之学术史的回顾,可以发现,中国教育管理史研究在时间维度、内容维度和方法维度都展现出不同的特点与趋势。

---

[1]　陈元晖主编,璩鑫圭、唐良炎编:《中国近代教育史资料汇编 学制演变》,上海教育出版社1991年版,编者说明。
[2]　杨学为等主编:《中国考试制度史资料选编》,黄山书社1992年版,第923页。

(一)时间维度:"起步—停滞—重启—发展—沉淀"的中国教育管理史研究历程

如表 7 所示,通过统计收集到的 95 本有关中国教育管理史研究著作与资料书的出版年份,可以看出,中国教育管理史研究大致经过了民国时期起步、新中国成立后停滞、改革开放后重启、21 世纪后发展、近 10 年沉淀的五大阶段。

表 7　中国教育管理史各主题研究著作与资料书出版时段分布①

年份	研究主题					
	中国教育管理史	中国教育制度史	中国教育行政史	中国学校管理史	中国教育管理思想史	总计
1916—1948	0	4	1	0	0	5
1949—1977	0	1	0	0	0	1
1978—1999	6	3(+6)	2(+1)	2	9	29
2000—2008	2	1(+1)	0	6	25	35
2009—2019	0	2(+1)	1	0	21	25
总计	8	11(+8)	4(+1)	8	55	95

1916—1948 年是中国教育管理史研究的起步阶段,这一时期主要出版了 5 部有关中国教育管理史的研究专著。民国时期,在经历了清末风雨飘摇的国难岁月后,知识分子怀揣着教育救国的宏愿远渡重洋,希望借助西学来寻得救国良方,他们在国外学习的过程中,开始以西方科学方法诠释中国历史文化。以郭秉文为代表,其博士学位论文《中国教育制度沿革史》就是以中国教育制度之史实,冠以西方之科学研究方法,由此打开中国教育管理史研究的大门。另外,随着 1922 年"新学制"的建立,教育史被纳入师范学校和高等学校文科课程,也进一步推动了中国教育管理史的研究,后陆续出版了周予同著的《中国学校制度》、蔡芹香编著的《中国学制史》、姜书阁编的《中国近代教育制度》和薛人仰编的《中国教育行政制度史略》,标志着中国教育管理史研究正式起步。

1949—1977 年是中国教育管理史研究的停滞阶段。这一时期与中国教育管理史研究相关的著作,主要是 1969 年 9 月由台湾商务印书馆出版、沈兼士编的《中国考试制度史》。新中国成立后,中国教育史研究深受意识形态的影响,"对教育史人物的评价路子已经走偏,最大的问题是将苏联哲学史研究中划分唯物主义与唯心主义两条思想路线斗争的做法移用于教育史研究领域,并将政治态度的进步与保守作为衡量思想家、教育家思想是否可取的首

---

① 括号中的数字表示该时间段出版的有关该主题的资料书数量,如 1978—1999 年出版了有关中国教育制度史的研究著作 3 本、资料书 6 本。

要标准,这就导致把中国教育史表述为两个阵营、两条路线的斗争史"①。这种只讲"阶级分析"的方法严重制约了中国教育史研究的发展,自然也制约了中国教育管理史的研究。

1978—1999 年是中国教育管理史研究的重启阶段。随着中国共产党十一届三中全会的召开,禁锢的思想再一次得到解放,"对教育研究而言,邓小平'三个面向'指示的提出,建设有中国特色社会主义的教育体系成了教育理论工作者奋斗的目标,从而对中国教育史学工作者提出了新的更高的要求。这样,中国教育史研究者们得以在新中国成立以来未曾有过的宽松的研究氛围和便利的研究条件下,结合时代与学科发展的需求,展开更深入的探索,形成了建国以来也可以说是中国教育史学科形成以来未有过的研究规模和研究热潮"②。中国教育管理史研究也迎来了新局面,不仅出版了 6 部以"中国教育管理史"为书名的研究专著,以"中国教育制度史""中国教育行政史"等为主题的专题史也纷纷涌现,这一时期共计问世 29 部有关中国教育管理史研究的专著与资料书。这一时期中国教育管理史研究的重启并受到重视,与教育学科专业建设尤其是教育管理专业的设置密切相关。

进入 21 世纪后,中国教育管理史在中国教育史学家和中国教育管理学者的努力下继续发展,在 2000—2008 年,中国教育管理史的研究著作与资料书多达 35 部。特别是温家宝总理自 2003 年提出"教育家办学"的重大教育命题以来,近现代著名校长等教育管理人物及其教育管理思想成为当代中国教育管理史的研究热点,一时间出版了多部著名大学校长研究专著。另外,21 世纪实现中国教育现代化,建设教育强国的时代使命,也在一定程度上维持了中国教育管理史的研究热度,促进了中国教育管理史研究的发展。

近 10 年来,中国教育管理史的研究进入了相对的沉淀期,研究热度不及之前,这一时期出版的相关著作降至 25 部,且在这 25 部著作中,几乎都是中国教育管理思想史研究中与教育管理人物研究相关的著作,缺少对中国教育管理史的整体思考,也忽略了对中国教育制度史、中国教育行政史与中国学校管理史的研究。

(二)内容维度:从管理制度到管理人物的中国教育管理史研究侧重

如表 7 与图 1 所示,首先,从大约 95 部中国教育管理史著作与资料书的研究主题整体分布来看,与"中国教育管理史""中国教育制度史""中国教育行政史""中国学校管理史"和"中国教育管理思想史"主题相关的研究成果分别有 8 本、19 本、5 本、8 本和 55 本,可见,与"中国教育制度史"和"中国教育管理思想史"主题相关的研究成果较多,特别是与"中国教育管理思想史"主题相关的研究成果在数量上占据了很大优势。

其次,从"中国教育管理史""中国教育制度史""中国教育行政史""中国学校管理史"和

---

① 杜成宪等:《中国教育史学九十年》,华东师范大学出版社 1998 年版,第 80 页。
② 杜成宪等:《中国教育史学九十年》,华东师范大学出版社 1998 年版,第 151 页。

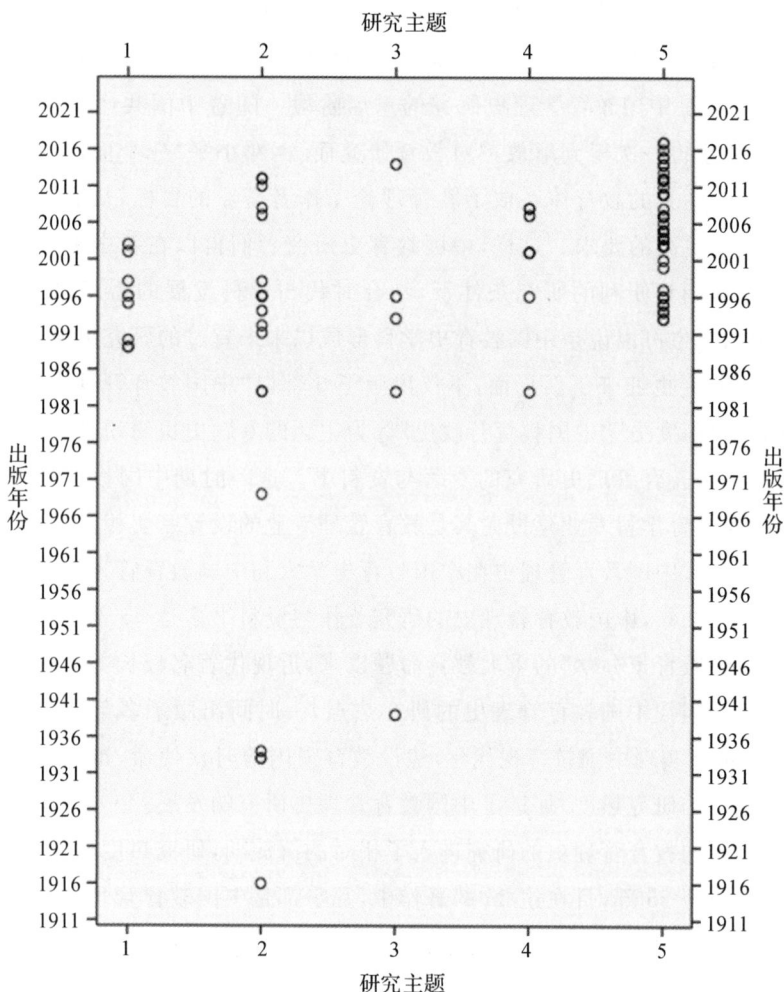

图 1　中国教育管理史研究专著的主题与时间分布

说明：横轴上的1、2、3、4、5分别表示以"中国教育管理史"为整体框架的研究和以"中国
教育制度史""中国教育行政史""中国学校管理史""中国教育管理思想史"为主题的研究；纵
轴表示著作的出版年份。图中的每个小圈对应相关著作的研究主题与出版年份，小圈颜色
越深就表明重叠越多，代表当年累计出版的著作越多。

"中国教育管理思想史"五个研究主题出版著作的分布情况来看。以"中国教育管理史"为整体框架的研究聚集在20世纪80年代末至21世纪初期，20世纪80年代末中国教育史研究的深入和教育管理学研究及教育管理专业建设的兴起，带动了中国教育管理史的研究。

　　与"中国教育制度史"主题相关的研究专著较多，出版时间分布较广。中国教育制度一直都是中国教育管理史的研究重点，而且随着中国教育管理史研究的深入，中国教育制度史的研究也逐步深化与细化,出现了中国考试制度史、中国职业教育制度史等专题研究,并在20世纪80年代末至90年代和21世纪初出现了两个专著出版的小高潮。

以"中国教育行政史"为主题的研究专著较少,出版时间也较分散。在仅有的4部中国教育行政史研究专著中,学者们偏重对中国近代教育行政史的研究,缺少对中国古代教育行政和中国现代教育行政的研究,以及对教育行政组织机构与运行机制等问题的挖掘。

以"中国学校管理史"为主题的研究著作也不多,但出版时间相对集中,20世纪末至21世纪初,陆续出版了7部与中国学校管理史研究相关的著作。从内容上看,相关的中国学校管理史研究专著多集中在中国古代与近代私立学校管理的研究,对其他类型学校管理的关注与研究不够。

与"中国教育管理思想史"主题研究相关的著作较多,出版时间也集中分布在20世纪末至21世纪初这20余年的时间里。随着中国教育管理史研究的深入,学者们意识到研究中国教育管理人物及其教育管理思想的重要价值,进而形成了对中国著名教育管理人物及其教育管理思想研究的热潮。但在相关研究中,存在较鲜明的"偏近代,重大学"的倾向,对中小学校、师范学校、职业学校及其他专门学校的学校管理者的教育管理实践与教育管理思想研究不足。另外,关注学校校长研究时,缺少对中国教育行政管理人物及其教育管理思想的研究。

最后,从中国教育管理史研究主题的发展趋势来看,中国教育管理史的研究主题与内容分布显示出从注重中国教育制度史研究到逐渐偏重中国教育管理人物及其教育管理思想的研究趋势。虽然各个研究主题都存在尚待进一步深入与挖掘的空间,但从近10年出版著作的主题分布来看,以"中国教育管理史""中国教育制度史""中国教育行政史""中国学校管理史"和"中国教育管理思想史"为主题的研究专著与资料书分别有0本、3本、1本、0本和21本,"中国教育管理思想史"的研究展现了强劲的发展势头。因此可以推测,中国教育管理人物及其教育管理思想研究可能继续成为日后中国教育管理史一段时期内的研究热点。

(三)方法维度:以史论为主导的中国教育管理史之诠释型研究范式

实证与诠释是教育管理研究的两种基本范式。伴随社会哲学思潮的发展,西方教育管理经历了"实证—诠释—实证"三次研究范式转变,并最终确立以实证为主导的教育管理研究范式。"受中国以思辨为主的传统哲学的影响,长期以来对教育管理的研究也以个人思辨和对传统经典的诠释为主"①,中国由此形成教育管理研究的诠释型范式传统,这一点在中国教育管理史的研究中也十分突出,具体体现在相关研究成果采用的史料汇编、史论结合与史论融合等著述方式上。

---

① 孙孝文:《对教育管理研究范式的思考》,《武汉理工大学学报(社会科学版)》2007年第2期。

首先是史料收集与汇编类的中国教育管理史资料与工具书,如由雷国鼎著的《中国近代教育行政制度史》,由璩鑫圭编的《中国近代教育史资料汇编·学制演变》,由杨学为等主编的《中国考试制度史资料选编》和朱有瓛等编的《中国近代教育史资料汇编·教育行政机构及教育团体》。这类成果的特点是最大程度展现有关中国教育管理史的真实史料,在罗列有关史料时基本不涉及作者本人及其他学者的评价,是供后来研究者寻觅史料的重要参考。

其次是史料与史论结合类的中国教育管理史研究著作,如由程舜英编著的《两汉教育制度史资料》《魏晋南北朝教育制度史资料》《隋唐五代教育制度史资料》,由顾明远总主编的《中国教育大系·历代教育制度考》。这类著作的特点是在占有中国教育管理史丰富史料的基础上,进而展现作者本人或其他学者对史料的考察与评价。如《中国教育大系·历代教育制度考》的每个编目由原文、原文附目、考评和考评索引四部分组成,其中"原文是有代表性和有影响的重要史料,考评则是后人最有代表性的研究成果"①,不仅给读者展现了珍贵的一手史料,还精选了相关研究成果供读者赏析。

最后是史料与史论融合类的中国教育管理史研究著作。这类专著的最大特点是将史料与史论融为一体,要求作者在掌握丰富史料的基础上,按照自己的分析逻辑形成对史料的独特理解与认识,在阐述自己观点的过程中再添加有关史料加以佐证。如由章开沅、余子侠主编的《中国著名大学校长书系》,由程斯辉著的《中国近代大学校长研究》,由肖卫兵著的《中国近代国立大学校长角色分析》,这类研究专著充分体现了作者的思辨与提炼整合能力,真正将史料与史论融为一体。

三、展望:中国教育管理史研究的未来期盼

中国教育管理史研究虽取得了丰硕的成果,但中国教育管理史还存在许多尚待突破的问题,中国教育管理史学也有待进一步发展。具体而言,未来中国教育管理史还需转换研究视角、创新研究思路、扩展研究范围、更新研究方法。

(一)研究视角转换:以教育管理学科建设视角研究中国教育管理史

从传统教育史的视角转换到教育管理学科建设视角是中国教育管理史学发展的迫切要求。回顾中国教育管理史的学术史,中国教育管理史在"起步—停滞—重启—发展—沉淀"的过程中,几乎都是伴随着中国教育史的发展而前进的。可以说,以往学者们对中国教育管理史的研究多是从中国教育史的视角考察的,即学者们是将中国教育管理史作为中国教育

---

① 顾明远主编:《中国教育大系·历代教育制度考》,湖北教育出版社1994年版,导言。

史的一部分,通过在中国教育史的研究中,对中国教育管理发展历史进行系统梳理而逐渐打开中国教育管理史的研究之门的。虽然中国教育管理史是中国教育史的重要组成部分,对中国教育史学科的建设和发展具有重要价值,中国教育史也为发展初期的中国教育管理史提供了优质的研究视角与方法,但从教育史的研究视角出发的教育管理史研究著作或多或少地缺乏"教育管理"的意味,没有突出教育管理的要点。因此,从教育史的视角转换到教育管理学科建设视角是中国教育管理史学自身发展的需要。只有站在本学科建设的高度去思考研究问题,才能实现学科全方位发展,进而充分发挥学科价值。

以教育管理学科建设视角研究中国教育管理史也是建设有中国特色的中国教育管理学的必要之举。如前所指,中国教育管理史不仅是教育史的学科分支,也是教育管理学的基础学科,是中国教育管理学的重要史学基础。中国教育管理学起步较晚,与西方发达国家的教育管理学研究有较大的差距,因此中国教育管理学是在译介西方教育管理学的过程中形成的。另外,我国教育管理学者的历史视野也相对缺乏,最明显的是在教育管理学理论研究的过程中忽视中国教育管理史的研究,对中国教育管理发展的历史规律关注不足,对中国教育管理发展历史的优秀传统借鉴不够,因而教育管理学的中国特色也就不鲜明。因此,建立有中国特色的中国教育管理学,必须重视中国历史上优秀教育管理传统的继承与弘扬,这就需要进一步重视和加快中国教育管理史的研究,以中国悠久的教育管理实践和百年教育管理研究史为中国教育管理学奠基,为中国教育管理学解惑,通过丰富、深入的中国教育管理史的研究及对其成果的吸收与借鉴,逐步形成具有中国特色的中国教育管理学话语体系。

(二)研究思路创新:关注教育管理现实问题,挖掘教育管理史学智慧

"是故善为史者,必研究人群进化之现象,而求得其公理公例之所在"[1],史学是连接历史与现实的桥梁,"关注与理解教育管理的现实问题,是推进历史研究的重要动力源。尤其在我国大力推进教育治理体系和治理能力现代化、深化教育管理体制改革的今天,亟须发掘中国历史上的教育管理智慧"[2]。因此,中国教育管理史研究者应自觉担当起挖掘中国教育管理史学智慧的使命,为解决当前中国教育管理现实问题提供历史借鉴。具体地讲,中国教育管理史研究者要关心社会现实问题,特别是中国教育管理的现实问题,通过准确解读中国教育管理史的经验与智慧,为更好地解决中国教育管理现实问题服务。

再者,带着中国教育管理的问题意识进行中国教育管理史研究,不仅有助于解决中国教育管理的现实问题,也是提升中国教育管理史学价值,增加中国教育管理史学自信的重要途径。从价值哲学角度而言,事物的价值是在客体能否满足主体的需要以及如何满足主体需

---

① 梁启超:《新史学》,商务印书馆 2014 年版,第 95 页。

② 张寅:《中国教育管理史研究:回眸与前瞻》,《中国社会科学报》2018 年 11 月 1 日第 4 版。

要的过程中得以显现的,即事物的价值就是被需要。因此,在中国教育管理史学的研究中,通过回应当前中国教育管理现实问题而使中国教育管理史学被需要,可以彰显中国教育管理史学价值,增加中国教育管理史学自信,进而激励研究者投身中国教育史学研究,产出更多充实中国教育管理史和服务中国教育管理实践的研究成果,以此形成中国教育管理史研究的良性循环。

(三)研究范围扩展:均衡教育管理史研究偏好,补足教育管理史研究短板

如前所述,不同时期中国教育管理史研究内容各有侧重,使得中国教育管理史研究成果分布不均衡,导致部分领域研究成果繁复,部分领域却缺少系统研究。因此,在日后中国教育管理史研究中,应扩展教育管理史研究范围,均衡教育管理史学研究偏好,以补足中国教育管理史研究短板。

首先,就中国教育管理史研究之内容选择偏好来看,要改变"重制度,轻实践"的研究现状。即中国教育管理史对有关教育制度的研究较多,但对于制度实施效果的研究较少,中国教育行政史和中国学校管理史的相关研究较少也在一定程度上反映了这一偏好。教育管理活动是实践的过程性活动,教育制度是教育管理的依据,但教育制度的实施却需要依靠相应的教育行政组织、学校组织及其人员的实践,相对而言,教育制度的实施与落实过程比教育制度本身更为重要。因此,要重视中国教育行政史和学校管理史的研究,增加教育制度实施过程与效果的研究篇幅。

其次,就中国教育管理史研究之时期选择偏好来看,要改变"重近代,薄古今"的研究现状。在中国教育管理史相关主题的研究中,都出现了重视近代教育管理的相关内容,忽视古代和现代教育管理的倾向。如在以"中国教育制度史"和"中国教育行政史"为主题的研究中,学者们都对中国近代教育制度和行政着墨较多,特别是在4部有关"中国教育行政史"的研究专著中,每本著作都着重阐述了中国近代教育行政史,只有2本著作涉及了中国古代教育行政史,没有一本著作谈及新中国成立后的中国现代教育行政。

再次,就中国教育管理史研究之学段选择偏好来看,要改变"重高等,忽其他"的研究现状。中国教育管理史的研究专著在学段选择上,出现了重视高等教育制度、高等学校校长及其教育管理思想的研究偏好,而初等学校、中等学校、职业学校、师范学校及其他专门学校的教育制度、学校管理者和管理思想都有待挖掘。

最后,就中国教育管理史研究之案例选择偏好来看,要改变"重知名,略普通"的研究现状。这一点主要是就中国教育管理思想史相关的研究而言,在有关中国教育管理人物的研究中,一是因为其办学有成而蜚声中外,二是因为占有资料相对丰富,因此大多数研究者都选择了著名的教育管理者来歌颂他们的办学成绩,导致某些研究成果简单重复。实际上,在

中国教育管理史研究领域,在研究人物选择上,不仅包括这些开拓创新、功勋卓著的成功型校长,也包括为学校管理默默奉献的普通型校长,甚至还有逆行倒施、扰乱学校的失败型校长。所以,在充分挖掘成功型校长优秀教育管理思想与经验的同时,也要思考普通型校长和失败型校长何以普通、何以失败的原因,以为教育管理实践提供警示。

(四)研究方法更新:借鉴学习多学科研究方法以形成综合研究范式

单一的研究范式都有其缺点,实证主义研究范式认为以诠释为主导的研究范式包含了研究者自身的价值判断,从而使研究结果失去了客观性与可信性,以实证为主导的研究范式的特点是"把研究对象从现实世界中独立出来,假设一种人为设想的理想状况即实验环境来研究"[①],而现实的教育情境是包含诸多要素的复杂集合,与此相关的每一个环节都可能会对教育结果产生影响。因此,单一范式不能满足复杂科学的研究需要。

就中国教育管理史研究而言,在现有的以诠释为主导的研究范式之下,还要学习教育统计、教育测量等量化研究方法,必要时将两者结合起来使用,用实证研究方法证实诠释研究之观点,用诠释研究方法解读实证研究的深层意义,发挥各自的比较优势,弥补单一研究方法的不足。除此之外,还要广泛学习其他学科研究方法,以心理学、社会学、人类学、历史学和哲学等学科的优秀研究方法充实中国教育管理史学研究,以多学科研究方法铸造中国教育管理史研究方法体系,形成综合研究范式。可以说,借鉴学习多学科研究方法,形成以复杂科学为基础的综合范式是中国教育管理研究范式发展的未来趋势。

原载《中国教育科学》2020 年第 4 期

---

① 孙孝文:《对教育管理研究范式的思考》,《武汉理工大学学报(社会科学版)》2007 年第 2 期。

中国教育史学史的演进特点、趋势及问题

◎李　忠 *

摘　要：教育史学史是教育史学的客观演进进程，不仅为人们提供教育史学演进的系统认识，还为人们提供教育史学研究中的问题、局限与不确定性。由于中国教育史研究缘起于新式学堂的教学需要，服务教材成为中国教育史的研究起点并盛行于 20 世纪上半叶，由此出现不同取向的教育史学。新中国成立后的 1950—1980 年间，对以往教育史研究成果重新做出分析评判，教育史学史得以兴起；然而，此时的中国教育史学史以思想改造为目的，是政治主导下的教育史学史，它在改变学术研究的性质的同时，改变了中国教育史研究方向。改革开放后的中国教育史在恢复重建中，形成了以教育史学科建设为核心的教育史学研究，教育史学受到高度重视并取得显著成效。但是，这不意味着教育史学研究中没有问题。未来的中国教育史学要健康发展，需要处理好以下问题：其一，固守于"用"的教育史研究定位；其二，教育史研究中的概念以及概念体系建设；其三，教育以及教育史研究与社会之间的关系；其四，马克思主义教育学说与其他教育学说之间的关系；其五，外来教育史学理论与本土教育史学理论之间的关系。

关键词：中国教育史学史；服务教学；思想改造；教育史学科；问题

　　教育史学史是教育史学的客观演进历程。教育—教育史—教育史学—教育史学史，是教育史学史形成的基本路径，也是教育史学史研究的基本路径。但是，教育史学伴随教育史研究出现，是教育史研究中的教育史学。因此，教育史学史又建立在教育史研究的基础上。如果说，教育史可以分为客观发生的教育历史、记录的教育历史与研究的教育历史的话，教育史学史就是对研究的教育历史再研究、再反思与再认识。因此，教育史学史是与教育史研究有着密切关联却又取向不同的学术研究。教育史学史关注的主要不是具体的教育思想、制度、事件或活动，也不是对教育史研究的简单回顾，而是以教育史研究成果为考察对象，通过对教育史研究历程的分析，重新审视教育史的研究对象、性质和功能定位、体系和范围、发展方向、教育史家史评等，指向教育史的本体论、认识论、方法论、价值论等与教育史观密切相关的基本问题，是对教育研究的历史性反思和研究。因此，教育史学史不仅为人们提供教

　　* 作者简介：李忠，陕西师范大学教育学院教授。

育史研究发展演变的系统认识,而且为人们提供教育史研究中的问题、局限性和不确定性,以便教育史研究得以健康发展。

一、服务教学:中国教育史研究的起步与发展

中国教育源远流长并富有特色,对教育历史进行专门研究却是晚近事件,而且是出于教学需要。[①] 中国教育史研究与清末师范学堂开设教育史课程几乎同时出现,并形成显著特点:服务教学,模仿日本的教育史研究,研究对象以教育思想与教育制度为主,研究中贯彻"中体西用"指导思想。伴随"西学"的广泛传入与"新史学"的兴起,中国教育史的研究取向趋于多元,从多个角度对中国教育史做出分析。

(一)"中体西用"主导下的中国教育史研究及其特点

"中体西用"是清末教育改革的指导思想。在这一思想主导下,"西学"源源传入中国,新学制得以颁布,新式学堂得以开设。但是,开办新学堂需要师资,创办师范学堂培养师资成为当务之急。培养师资必须开设教育学科相关课程,中国教育史作为师范学堂培养师资的教学科目出现,中国教育史研究由此起步并形成显著特点。

其一,中国教育史研究源自教学科目的现实需求。1902年的《钦定京师大学堂章程》规定,"师范馆"必须开设教育学(包括教育史)课程,其中,第一、四学年每周三学时,其余学年每周二学时;《钦定中学堂章程》规定"中学堂内应附设师范学堂",其"简易科科目"规定:每周学习四点钟的教育学及教育史。1904年,"癸卯学制"规定,大学堂、进士馆和师范学堂必须开设"教育史"科目;《奏定初级师范学堂章程》进一步规定:师范学堂须"先讲教育史,当讲明中国外国教育之源流,及中国教育家之绪论,外国著名纯正教育家之传记,使识其取义立法之要略。但外国历代教育家立说亦颇不同,如有持论偏谬易滋流弊者,万万不可涉及"。[②]正是出于教学的现实需要,中国教育史研究得以出现。

其二,建立在模仿基础上的教育史研究。中国最早的教育史著作译自日本,继而在翻译基础上开始中国教育史研究。其中,以罗振玉为代表的学术团队做出开拓性的贡献。1901年,罗振玉创办《教育世界》杂志,形成了以罗振玉为中心,以《教育世界》为平台,以王国维、

---

① 这也是教育史学研究的一般形态。就教育史学史相对成熟的西方国家而言,其教育史学研究的历史也不是很长。1813年施瓦茨的《教育原理》出版,他将教育史作为人类文明发展史的组成部分,被学者视为教育史学的奠基人。见杜成宪、邓明言:《教育史学》,人民教育出版社2014年版,第317、318页。

② 舒新城编:《中国近代教育史资料》下册,人民教育出版社1961年版,第670页。

樊炳清、沈纮、蒋黼等为核心成员的研究团队。在"以日为师"的社会氛围中,《教育世界》译载大量日本教育史论著。1903 年,罗振玉发表的《与友人论中国古代教育史》,拉开国人研究中国教育史的序幕。随后,罗振玉专注于教育制度史研究,王国维则侧重教育思想史研究。① 由于研究范式来自日本,教育史研究中带有浓重的模仿色彩,如蒋黼的《中国教育史》,不仅叙述体系与日本学者狩野良知的《支那教育史略》一致,甚至所述时段、所涉内容与结论也大致相似。

其三,教育史研究对象被限定在"教育制度"与"教育思想或学说"两个方面。在中国学制初创以及学校新办阶段,教育史研究不仅要提供制度经验,而且要提供思想资源。因而,教育制度与教育思想,成为教育史研究者主要关注对象。加之,日本的教育史研究对象也以制度与思想为主,进一步强化了这一认识。无论是蒋黼的《中国教育史》,还是黄绍箕的《中国教育史》,研究对象都集中在思想与制度两个方面。黄绍箕在论及编纂教育史动机时说:"近年东西各国讲究教育,皆有专史,为各教科中最重要之书。日本长谷川乙彦氏《教育制度论》谓:'欲定教育制度,当先研究教育史。'今拟仿其例,纂《中国教育史》,先辑长编,以资甄择。"并将教育史的范畴划分为"教育之制度事实"与"教育之议论理想"②。

其四,教育史研究中的"中体西用"。"中体西用"是清末教育改革的指导思想,也是学者研究教育史的指导思想。以黄绍箕为例,他是张之洞的得力助手、"中体西用"的践行者,曾以翰林院侍读学士身份将张之洞《劝学篇》进呈光绪皇帝,积极参与学制制订:"学务萌芽,科举未废,士夫或茫昧莫知其原,绍箕本中国教法,参考东西洋学制,手定管理教授规则,是为中国有学堂之始。"③"中体西用"还体现在研究资料和方法的选择与应用上。黄绍箕与柳诒徵所撰《中国教育史》虽然主要以中国史料与方法讨论战国前的中国教育史,却在论证中大量援引诸如黑格尔、康德、斯宾塞、赫尔巴特等人的哲学、历史学、社会学、教育学研究成果,目的也在于阐发中国教育精神,以"抗衡泰西,使中国数千年已坠之绪业,抽萌擢颖,重见振兴"④。正因如此,这本《中国教育史》被学者视为中国人自己编的第一本教育史著作。⑤

(二)多元化的中国教育史研究转变

"中体西用"主导下的中国教育史研究,缘于"西学"传入与国人对史学的反思向多元化发展。在西学催化下,中国学者重新认识"学问之最博大而最切要"的史学。梁启超指出:

---

① 罗振玉先后发表了《周官教育制度》(上下)、《秦教育考略》等关于教育制度史的论文,王国维则发表《孔子之美育主义》《周秦诸子名学》《孔子之学说》《子思之学说》《孟子之学说》《荀子之学说》等教育思想研究成果。
② 陈治昆等主编,俞天舒辑:《瑞安文史资料 第17辑 黄绍箕集》,宁波出版社1998年版,第159页。
③ 洪震寰:《黄绍箕的生平及其教育事业》,《温州师专学报》1993年第3期。
④ 叶尔恺:《中国教育史·序》,载《瑞安文史资料 第17辑 黄绍箕集》,宁波出版社1998年版,第186页。
⑤ 杜成宪:《关于中国第一部〈中国教育史〉的几个问题》,《华东师范大学学报(教育科学版)》1996年第1期。

"今日欧洲民族主义所以发达,列国所以日进文明,史学之功居其半焉。"中国史学貌似发达,但"其资格可以养吾所欲、给吾所求者,殆无一焉"①。改变"重君而轻民"的"新史学"由此兴起。所谓"新史学",就是将西方史观与中国史观结合用以研究中国问题的一种史学。这种观念由于西方政治学、社会学、教育学等传入得到强化并被应用到中国教育史研究之中,研究成果大幅增长,出现中国教育史研究的"第一次高潮"②。第一次高潮中的中国教育史研究成效,不仅体现为成果数量的增加,还体现在"中体西用"被突破,教育史研究多元化。

首先,实用主义教育主导下的教育史研究。实用主义教育将教育作为改造社会的主要手段,强调教育与生活、学校与社会的关联和互动。这种主张切合当时中国学者的教育追求,受到以陆费逵、蔡元培、黄炎培、庄俞等为代表的学者高度重视。蔡元培将"实利主义"作为民国初年教育方针之一,实用主义教育得以传播;杜威的中国学生胡适、陶行知、蒋梦麟等人对实用主义的介绍以及杜威本人来华讲学,使实用主义教育学说得到广泛传播;杜威离开中国后,实用主义教育学开始在中国落地生根、开花结果,对20世纪上半叶的中国教育实践与教育理论研究产生广泛影响。黄炎培的《中国教育史要》深受实用主义教育观影响,积极强调教育与社会的联系。③ 中国第一本教育制度史——《中国教育制度沿革史》,则是杜威指导的中国学生郭秉文的博士毕业论文。这本著作对中国教育远离生活、学校脱离社会之弊给予尖锐批评:"学生之抛弃社会而求学于学校,毕业后既不为农,又不能为工商,教育之本旨安在哉?"④实用主义教育因切合学者以教育改变社会的价值追求,受到教育史学者的普遍认同。

其次,实证主义主导下的教育史研究。实证主义重视以实证方法,从事实中寻求事物之间的因果关系,以便对事物做出合理解释并做出预判。史学的求真性质与教育史的交叉学科属性,要求教育史研究注重实证求真;中国学术的考据、训诂传统与西方实证主义史学结合,使得实证取向的教育史研究成为可能。这种认识,因实用主义教育学强调科学试验得以强化,研究者有意识地使用实证研究方法。盛朗西本着史料即史学、以史料说话之旨,撰成《中国书院制度》;陈东原则以教育事实为基础,以逻辑推理、严密论证为方法,编写出《中国教育史》。舒新城的《近代中国教育思想史》虽以"教育思想"为研究对象,研究目的却在于从"历史的实证中求出近代中国教育思想的因果,供给一点创造中国新(适宜之意)教育的资料"⑤。周予同则将教育史研究与教育的调查、统计、分析等教育科学研究并列,认为"教育史

① 梁启超:《梁启超文集》,燕山出版社2009年版,第232页。
② 杜成宪等:《中国教育史学九十年》,华东师范大学出版社1998年版,第15页。
③ 黄炎培:《中国教育史要》,商务印书馆1931年版,序言第1页。
④ 郭秉文:《中国教育制度沿革史》,商务印书馆1916年版,第146页。
⑤ 舒新城:《近代中国教育思想史》,福建教育出版社2007年版,第6、7页。

实是教育研究之重要的工作"①。出于史学的求真性质,大批教育史研究者在研究中注重事实,强调实证。

再次,以问题解决为主旨的教育史研究。研究围绕问题展开,没有问题,不成研究;同时,研究问题的目的不仅在于揭示问题的真相,更在于分析问题出现的来龙去脉,为问题解决提供方案,由此形成以问题解决为主旨的教育史研究。姜琦指出,教育史研究"不但是'实事求是'之学,并且是'实事之中求其所以是'之学"。因此,教育史研究"宁可先以现在问题为出发点,然后再从年代记的顺序去研究的。因为历史之中心原理……是现在问题"②。周焕文等亦指出:"盖教育史者,就教育之过去说明之,同时又必就现在说明之,既明现在,更必推测未来","吾人研究教育史,既得明日教育所由成立,且得预定将来改良之方针"。③ 也就是说,以问题解决为旨归的教育史研究,既要阐明教育问题的演变过程,知晓今日教育问题的由来,还要能够预测未来的教育问题,为未来教育发展指明方向并预定方案。以问题解决为主旨的教育史研究,将解决教育问题作为研究的出发点,凸显出教育史研究的价值和意义。在胡适提出"多研究些问题,少谈些'主义'"后,以问题解决为导向的教育史研究达成共识。

最后,唯物史观主导下的教育史研究。唯物史观是将马克思的历史唯物主义作为历史研究范式的史学观念。伴随马克思主义的传入,一些学者开始借助唯物史观分析教育历史现象。杨贤江的《教育史 ABC》是这一时段以唯物史观分析教育历史的典范,不仅以历史唯物主义观点考察教育的起源,划分教育历史阶段,还将阶级分析法作为教育史研究的主要方法。陈青之认为,意识形态以经济为基础,教育是意识形态的一种,教育是一个阶级统治另一个阶级的工具,"自统治阶级发生以后,教育与政治即连合为一,且成为政治之一部分。统治者一方为政治首领,一方为教育长官,他们以特殊地位制定教育,以政治力量推行教育,故教育不过为施行政治之一种手段,即为统治国家之一种手段"④。周予同亦将教育当作社会上层建筑,并以经济基础与上层建筑的关系分析教育问题,认为要了解教育的演变必须先明了经济、政治及其他社会现象的演变。

20 世纪上半叶是中国教育史研究的起步与初步发展阶段,满足教学需要是研究中国教育史的基本动机。在满足教学需要的现实要求中,形成两种不同路径的教育史研究走向。"中体西用"主导下的中国教育史研究,贯彻"中体西用"的主旨并拉开教育史研究的序幕。随后的多元化教育史研究同样服务于教学需要,立论依据却存在明显差异。其中,实用主义

---

① 周予同:《中国现代教育史》,福建教育出版社 2007 年版,第 4 页。
② 姜琦:《教育史》,商务印书馆 1932 年版,第 2、3 页。
③ 中岛半次郎:《中外教育史》,商务印书馆 1914 年版,绪论第 2 页。
④ 陈青之:《中国教育史》,东方出版社 2008 年版,编前言第 2 页。

教育主导下的教育史研究,将教育理论作为研究教育史的依据;实证主义主导下的教育史研究,将方法论作为研究教育史的依据;问题解决主导下的教育史研究,立足于教育现实问题,将解决问题作为教育史研究的依据;唯物史观指导下的教育史研究则立足于哲学,即将马克思主义哲学作为教育史研究的依据。立足中国教育现实,直面中国教育问题,学习域外学说,满足教学需要,是中国教育史研究起步与初步发展阶段的目的,为随后的教育史研究奠定了良好基础。教育史学在教育史研究中的作用,开始被学者关注。①

二、思想改造:中国教育史学史的兴起与变形

新中国成立后,中国教育史的研究随着社会制度与教育学科的性质发生变化。这种变化体现在以下几个方面:其一,学习苏联教育学说(包括教育史学说),通过翻译、宣传、学习以及聘请苏联专家来华讲学,将苏联教育理论以及教育史的研究成果引入中国;其二,以苏联教育学说为依据对已有教育史研究成果做出分析评判,教育史学史开始兴起,却形成一元化的教育史研究格局;其三,教育史学史的兴起主要目的不在于繁荣与发展教育史研究,而在于思想改造。在思想改造中,教育以及中国教育史研究的性质被扭曲变形,这种扭曲与变形伴随政治运动的加深而加剧,中国教育史研究遭遇严重挫折。

(一)从多元到一元:苏联教育学说主导下的教育史研究

新中国的成立开辟了中国历史的新纪元,寻求新的理论指导教育实践与教育研究成为当时急务。对于教育学者而言,学习马克思主义理论,重新认识并研究教育,是建设新中国教育的要求。在"以俄为师"的舆论氛围中,借道苏联学习马克思主义学说成为具体要求。这种要求包括两个方面:其一,马克思主义经典作品译自苏联;其二,马克思主义教育学理论译自苏联。其结果是:苏联教育学被视为马克思主义的教育学说,成为中国教育史研究的指导思想,中国教育史研究的多元取向被一元取向所取代。

首先,马克思主义经典教育论著译自苏联。新中国成立后,为确立马克思主义在教育学

---

① 在教育史研究的"第一次高潮"中,即出现教育史学史的相关表述。"我们要研究教育史,则不可不将它看作一种批判之学。详言之,我们不可不将教育事象看作人类社会进化发展上的一个过程,并根据某种根本假定或根本主义去解释它的缘起、变化与趋势。这种方法,普通叫作'历史之批判的研究方法'。"见姜琦编:《教育史》,商务印书馆1934年版,第7页。另如有学者指出:教育者研究教育史,"有广大而活泼教育思想,对于各种教育学说及理论,能加以正当之批判,而无偏见、固执、躁进、盲从之弊"。教育史研究的方法有比较——以辨别其异同得失、贯通——对比较所得融汇综合以发现其共通之处、验证——以所得之原理证诸现有状况验其是否适用。见王炽昌:《新师范教育史》,中华书局1932年版,第2页。这种"对于各种教育学说及理论,能加以正当之批判"基础上的"比较""贯通""验证"正是教育史学史的研究理路。

的主导地位,出版了多个版本的《马克思恩格斯论教育》。但是,无论哪个版本,都来自对苏联相关著作的翻译。1954 年的《马克思恩格斯列宁斯大林论教育》,译自苏联学者格鲁兹杰夫的同名著作,并对马克思和恩格斯的贡献予以说明:他们"指出资产阶级社会的教育的阶级本质,分析了这种教育的矛盾,并指出了摆脱这一矛盾的唯一出路,确立了工人阶级专政时代社会主义里新的社会主义教育的原则"①。人民教育出版社于 1958 年出版的《马克思恩格斯论教育》,译自苏联教育科学院出版社于 1957 年出版的同名著作;其"出版者说明"指出翻译目的是:"在于帮助我国教育工作者学习马克思主义创始人的教育学说;并希望我国教育工作者掌握马克思主义教育学说的精神实质,把它运用到实践中去,以促进我国教育事业更大的发展和进一步的提高。"②其他如上海师范大学教育系于 1979 年编著的《马克思恩格斯论教育》,虽然非直接翻译苏联的同名著作,但是内容来自从苏联翻译的《马克思恩格斯全集》与《马克思恩格斯选集》。马克思与恩格斯的经典教育论著不是译自原著,而是译自苏联,这也不是关键,关键问题是苏联版本的马克思与恩格斯的经典论著本身有问题。③

其次,马克思主义教育学说来自苏联。早在 1945 年,毛泽东就说:"苏联创造的新文化,应当成为我们建设人民新文化的范例。"主张以苏联创造的新文化建设中国的新文化。新中国成立初期,刘少奇要求教育要"以俄为师"。当时政治领袖乃至一般学者都认为,苏联教育学"是建筑在马克思列宁主义哲学基础上的,并且总结了苏联 30 多年的先进经验和科学成果,已经成为内容丰富,体系严密,且富有战斗性的真正科学"④。苏联的教育学被中国学者当作马克思主义教育学说,"苏联有许多世界上都没有的完全新的科学知识,我们只有从苏联才能学到这些知识","所有在教育上的资产阶级那一套——理论、制度、问题、方法等,对于我们根本上不适用,只有苏联先进经验,足以供我们借镜"。⑤ 学习苏联教育学说就是学习马克思主义教育学说,"马克思、列宁教育学说在短短几年中,在中国教育学术界奠定了自己的统治地位,这是与教育学方面学习苏联分不开的"⑥。苏联教育学成为马克思主义教育学的代名词,也成为中国教育史研究的指导思想与唯一准则。

---

① 格鲁兹杰夫:《马克思恩格斯列宁斯大林论教育》,叶文雄译,五十年代出版社 1954 年版,第 16 页。
② 马克思、恩格斯:《马克思恩格斯论教育》,中共中央马克思恩格斯列宁斯大林著作编译局译,人民教育出版社 1958 年版,出版者说明第 1 页。
③ 译自苏联的《马克思恩格斯全集》正文部分"存在着重大的缺点。该版译文有许多歪曲原意和不确切的地方,个别不是马克思和恩格斯写的文章被误编进去,而他们的许多具有重大理论意义和政治意义的著作却没有收录进去。第一版的说明、索引和其他参考资料也有错误"。不仅如此,还存在"伪造"以及"歪曲"原著问题。见马克思、恩格斯:《马克思恩格斯全集说明汇编》,中共中央马克思恩格斯列宁斯大林著作编译局译,生活·读书·新知三联书店 1977 年版,出版说明、第二版说明第 1,2 页。
④ 王焕勋:《对于师范学院施行教育系教学计划中几个问题的认识》,《人民教育》1954 年第 4 期。
⑤ 《进一步学习苏联的先进教育经验》,《人民教育》1952 年第 11 期。
⑥ 瞿葆奎等编:《曹孚教育论稿》,华东师范大学出版社 1989 年版,第 208 页。

(二)阶级分析法:教育史研究的基本方法

在视苏联教育学为马克思主义教育学的氛围中,苏联学者使用的阶级分析法被视为马克思主义学说的研究方法用于中国教育史研究中。1950年,叶文雄将抗战时期翻译的苏联学者麦丁斯基的《世界教育史》补充完整后再版。同年,麦丁斯基的《世界教育史》被翻译出版。在1953年的再版"导言"中,作者陈述了"教育史论著的基本原则":"马列主义教育史之方法的基础,是历史唯物主义","以历史唯物主义为基础所编著的教育史,对于阶级社会历史各阶段的教育理论和实践,应视为阶级的现象。教育史一如一切的哲学,一如一切的科学——是有党性的"。① 苏联学者将历史唯物主义理解为阶级性与党性,"历史表明:在阶级社会里,教育的性质是要看这种教育是为哪一个阶级的儿童而设立为转移的。……在有对抗阶级存在的社会中,教育乃是阶级斗争的活动舞台和工具。由此可见,其使命在于说明教育过程总的规律性的那种教育学说发展,乃是反映阶级斗争在教育理论和教育实践领域中的思想斗争的一种历史"②。苏联学者对历史唯物主义的理解,被中国学者不加辨析地视为马克思主义学说予以接受。

苏联学者对唯物史观的理解,直接影响到中国领导人以及中国教育史研究者。毛泽东指出:"阶级斗争,一些阶级胜利了,一些阶级消失了。这就是历史,这就是几千年的文明史。那这个观点解释历史的就叫历史的唯物主义,站在这个观点的反面的是历史的唯心主义。"③"阶级斗争"被视为历史唯物主义,成为研究中国教育史的基本原则,阶级分析法则成为主要研究方法。"教育史是具有阶级性和党性的一门科学","在阶级社会中,它是一部教育的阶级斗争史,是一部教育的解放斗争史。因此,一部教育史,必须阐明在教育理论与实践中两条路线的斗争——人民路线与反人民路线的斗争"。"把阶级社会的教育理论与实践视作具有阶级烙印的东西来进行分析,应当坚决地和不过问政治的客观主义态度进行斗争。深刻而彻底的党性,必须贯穿于全部教育史研究之中。"④阶级、阶级斗争、阶级分析成为中国教育史研究中的热词,翻开新中国成立初期到"文革"结束之间的任何一本或一篇中国教育史论著,几乎都能看到阶级性与党性等表述。

(三)"革命史观":中国教育史研究的评判根据

"革命史观"是将革命与否作为分析评判历史人物及其学术思想、历史事件的一种史学

① 麦丁斯基:《世界教育史·导言》上册,叶文雄译,五十年代出版社1953年版,第3,4页。
② 佘夫金:《杜威教育学批判》,佘增寿等译,五十年代出版社1953年版,内容提要页。
③ 毛泽东:《毛泽东选集》第4卷,人民出版社1991年版,第1847页。
④ 张安国主编:《教育史》,教育行政学院1956年刊,第2-4页。

观念。"革命史是中国近现代史研究的唯一'范式',即唯一的解释模式。换言之,就是认为对革命的理解和正面评价是理解近代以来中国一切变革的首要前提。"①革命史观不仅源自学习苏联,还源自中国革命的经验。毛泽东指出:"指导一个伟大的革命运动的政党,如果没有革命理论,没有历史知识,没有对于实际运动的了解,要取得胜利是不可能的。"②革命史观强调阶级斗争,强调彻底,强调质变,不仅要在思想领域树立革命思想,而且要在实践中践行革命行动。伴随新中国出现的革命史观,由于政治领袖的介入成为学术评价标准。1967 年11 月 6 日,"两报一刊"发表毛泽东审阅的编辑部文章《沿着十月社会主义革命开辟的道路前进——纪念伟大的十月社会主义革命 50 周年》,正式提出并系统论证了"无产阶级专政下继续革命的理论",革命史观被学者用于中国教育史研究,形成革命史观下的教育史研究。

所谓革命史观主导下的中国教育史研究,就是将是否革命作为分析、评判教育历史事件、历史人物及其活动主要指标的教育史研究。革命史观下的教育史研究认为,凡是革命的都是好的,越革命越好,革命越彻底越好。在革命史观的视域中,近代中国的"教育救国"是改良主义的体现,"改良主义就是和革命的民主主义相对立的思想、路线,改良主义就是主张在原有的腐朽了的反动政治经济的基础上进行某些社会的改革,而不是去从根本上推翻其原有的反动经济基础及其上层建筑"③。所以,"改良主义与投降主义的思想基础和本质是同一的,都是站在维护反动统治阶级的立场,不同点只是他们的表现形式和思想的深度有所差别而已"④。因此,对"改良主义思想的批判、肃清我们所受到的反动改良思想残余……无论在文化学术思想上、在社会主义建设和社会主义改造上,都具有重大意义"⑤,将是否革命作为分析与评价的基本指标。

(四)历史虚无:中国教育史研究的转向与变形

在苏联教育学说、阶级分析法以及革命史观等合力作用下,对古今中外教育史研究重新进行分析和评判,中国教育史学史的大幕由此拉开。然而,刚刚兴起的中国教育史学史由于政治介入而转向,由于思想改造而变形。也就是说,中国教育史学史在兴起时即演化成以改造思想为目的的政治性学术批判。唯物主义还是唯心主义、被统治阶级还是统治阶级、革命还是改良,成为评判标准:凡前者,都被认可与肯定;凡属后者,都被批判与否定。这种批判从 1950 年批判杜威教育学说开始,蔓延到批判整个资产阶级的教育学说。1951 年 5 月 20日,毛泽东在《人民日报》撰文《应当重视〈武训传〉的讨论》指出:武训的做法"否定被压迫人

---

① 罗荣渠:《现代化新论——世界与中国的现代化进程》增订版,商务印书馆 2004 年版,第 487 页。
② 毛泽东:《毛泽东选集》第 2 卷,人民出版社 1991 年版,第 533 页。
③ 凯旆:《从讨论武训思想谈到琵琶旧教育思想》,《人民教育》1951 年第 7 期。
④ 王焕勋:《对于师范学院施行教育系教学计划中几个问题的认识》,《人民教育》1954 年第 4 期。
⑤ 王介平:《论改良主义者梁启超——对梁启超改良思想的批判》,《教学与研究》1956 年第 12 期。

民的阶级斗争,向反动的封建统治者投降"。随后,赞扬武训精神的陶行知及其生活教育学说受到批判,"完全是美国杜威的实用主义教育思想在中国的翻版,是反科学的,反马克思列宁主义的东西"①。胡适是"美帝国主义最忠顺的奴才,是马克思列宁主义最凶恶的敌人,是中国人民的死敌",比杜威更可恨。② 陈鹤琴的"活教育"、晏阳初的"平民教育"、余家菊的"国家主义教育"等,"死忠于杜威思想""骨子里反共反苏"。③ 梁漱溟的乡村教育不仅反对阶级斗争,而且是唯心主义的和反革命的。④ 蔡元培的教育思想同是唯心主义、资产阶级的,虽有革命性却以改良妥协为主,"必须严肃地批判它"⑤。

这种带有历史虚无色彩的做法,在随后批判中迅速走向极端。它从两个方面体现出来。其一,对"封、资、修"教育思想的批判。以孔子为代表的儒家教育是封建教育的代表,并将批判孔子同批判林彪关联,形成"批林批孔"运动。杜威教育学说是资产阶级教育学说的代表,把批判杜威与批判"四人帮"捆绑在一起。⑥ 以凯洛夫教育学为代表的苏联教育学是"修正主义"教育学的代表,将批判凯洛夫的教育学与批判刘少奇的"修正主义路线"关联在一起。⑦ 新中国成立后17年的教育学是服务于中国的修正主义,等等。这种否定一切的教育史研究,使其自身陷入荒芜。其二,严重影响到教育史研究后备人才。新中国成立初期参加工作的黄济说:"在1958年的'批修'中……由于学习苏联教育学较早,也成为批判对象。特别是20世纪60年代初的'整党'中,在批判凯洛夫《教育学》时,我成为重点的批判对象。"⑧北师大毕业留校的郭齐家说:"这是一场悲剧! '文革'真是一场大灾难! 连自己培养的新型人才都不放过……忘却了人的天性。"时在北师大上学的田正平说:"'文化大革命'是触及灵魂的革命,没有人能够躲得过。我们也很快被裹挟在'文化大革命'的洪流中了,而且很快成了教育系搞'文化大革命'的主力。"⑨

---

① 董纯才:《略论陶行知先生及生活教育的认识》,《人民教育》1951年第10期。
② 彭祖智:《批判胡适反动的改良主义思想》,《湖南师院学报》1956年第1期。
③ 戴本博等:《杜威反动教育思想批判》,《华中师范学院学报》1955年第3期。
④ 邹吉风等:《批判梁漱溟的反动教育思想》,《人民日报》1955年9月15日;高赞非:《批判梁漱溟的反动教育思想》,《人民教育》1955年第12期。
⑤ 潘懋元:《蔡元培的教育思想——中国近代教育史研究资料之六》,《厦门大学学报》1955年第4期。对蔡元培教育思想更为详细的批判,详见潘懋元:《蔡元培教育思想》,《辽宁高等教育研究》1982年第1期。
⑥ 中共同济大学委员会:《实用主义教育的"模式图"——揭露"四人帮"鼓吹"结合典型工程进行教育"》,《人民教育》1977年第2期。
⑦ 上海革命大批判小组:《谁改造谁?——评凯洛夫的〈教育学〉》,《红旗》1970年第2期。
⑧ 黄济撰述,樊秀丽整理:《黄济口述史》,北京师范大学出版社2010年版,第96页。
⑨ 于述胜等访谈整理:《中国教育口述史》第一辑,重庆大学出版社2011年版,第54、128页。

三、教育史学科史:中国教育史研究的回归与进展

新中国成立后,教育史学史虽然兴起,却迅速偏离了学术研究轨道。在一元的"革命史观"下,教育史研究中充满政治意识形态,学术逻辑扭曲变形。期间,虽然出现一些成果,如顾树森的《中国古代教育家语录》、邱椿的《古代教育思想论丛》等资料性成果,另有毛礼锐等编的《中国古代教育史》、陈景磐的《中国近代教育史》和陈元晖的《中国现代教育史》等,却迟至 70 年代末才出版。随着"实践是检验真理的唯一标准"大讨论以及"改革开放"国策的确定,以往机械、教条的唯物史观开始被突破,并尝试将唯物史观与新的人类文化成果及中国教育历史实际相结合,重新展开中国教育史研究,教育史学史也得以回归到学术研究的正轨。

(一)教育史研究的恢复与发展

"文革"结束,中国教育史在重新评价孔子教育思想中开始缓慢恢复重建。以毛礼锐、沈灌群、张瑞璠等为代表的一批学者,在中国教育史恢复重建中付出艰苦努力,《中国教育通史》《中国教育制度通史》《中国教育思想通史》等通史性研究成果,是这种努力的结晶。恢复重建中的教育史强化了研究对象的二分,即教育思想史与教育制度史,并努力克服对马克思主义的庸俗化理解,成为开启新研究范式的必要环节。在学者的持续努力中,逐渐形成了唯物史观下的以现代化、叙事以及活动史等为代表的中国教育史研究。

现代化[①]理论主导下的教育史研究,将现代化理论融入唯物史观,用于考察中国近现代教育的变迁。它出现于 20 世纪 80 年代并持续到今天。现代化理论下的教育史研究带有过渡性与连续性,试图"建立一个包括革命在内而不是排斥革命的新的综合分析框架,必须以现代生产力、经济发展、政治民主、社会进步、国际性整合等综合标志对近一个半世纪的中国大变革给予新的客观的历史定位","力求处理近代化与传统、向西方学习与本土化、近代西方文化教育的正面影响与殖民主义者的文化侵略等重大问题的关系;力求把握好教育近代化与社会近代化的互动关系;力求从理论与现实相结合的高度展现近代以来传统教育在各个层面发生的深刻而广泛的变革轨迹"。[②] 教育现代化,是现代化取向教育史研究的中心议题。所谓教育现代化是指从自给自足的封建农业经济基础和封建专制政体相适应的传统教

---

① 在中国学术语境中,现代化有"近代化""早期现代化"等称谓,仔细考察这些概念的内涵则没有显著差异,本文将其统一称为"现代化"。行文中除引文中的"近代化"或"早期现代化"之外,其余地方则一律以"现代化"指称。

② 《中国教育近代化研究》课题组:《〈中国教育近代化研究〉总结报告》,《教育研究》1997 年第 12 期。

育,逐步向与现代大工业生产和资本主义法治相适应的新式教育转化演变的历史过程,实用性、民主性、科学性和开放性是其基本内涵。[①] 现代化取向的教育史研究出现,是改革开放后教育史研究的新发展。

在现代化取向兴起不久,伴随"文化热"出现了叙事取向的教育史研究。所谓叙事取向的教育史研究,是以教育中的个体生命体验为研究重心的教育史研究。它关注"下层民间的社会性文化教育",力求突破学校教育理论,"如果我们想仅从学校教育中寻找中国传统文化的传播途径,那就根本无法解释何以旧的文化思想会那样广泛地影响着人们的社会生活及精神观念"[②]。叙事取向的教育史研究重心在于如何把人的活动置于教育史研究的中心地位,尊重教育中个体人的生活意义,并以此强调教育史的历史感知及其人文意蕴。因此,"目中有人"以及揭示教育经验的复杂性、丰富性与多样性而非教育中因果律,是叙事取向教育史研究的重要特点。叙事研究关注的是微观层面的个体的人,是一种更为开放的研究。

活动取向的教育史研究,是以人的教育活动以及教育活动中的人作为重心的教育史研究。它关注的是人类历史上直观的、具体的以促进人的有价值发展为目的的具体活动,以及教育者与受教育者参与教育的过程。活动取向的教育史研究出现的原因大致有三方面:其一,马克思主义的实践唯物论以及人是历史的主体;其二,教育的本质,即教育是培养人的社会实践活动;其三,教育史研究中的问题,即已有教育史研究主要关注宏观的教育制度与精英的教育思想,却对制度与思想的形成和实施缺乏有效关注。因此,活动取向的教育史研究,是根植于教育本质并将马克思主义实践论与教育史研究问题相结合的一种教育史研究尝试。

(二)教育史学的探索以及教育史学史研究的展开

在中国教育史的恢复重建过程中,中国教育史学史也逐渐步入正轨。以田正平[③]、张斌贤、杜成宪、周洪宇、丁钢、贺国庆、张传燧、于述胜等为代表的大批学者对教育史学研究以及教育史学科建设做出了积极探索,形成了丰硕的研究成果。教育史学史研究开始转向正轨,按照学术自身逻辑向前发展。

1.教育史学的自觉探索

教育史学的自觉探索,莫过于提出"教育史学"概念并对概念体系予以分析。1987年,张斌贤在《关于"教育史学"的构想》中,首次对"教育史学"展开具有反思性的研究。他研究

---

① 田正平主编:《中国教育史研究 近代分卷》,华东师范大学出版社 2001 年版,前言 2、3 页。

② 丁钢:《文化的传递与嬗变:中国文化与教育》,上海教育出版社 1990 年版,第 5-7 页。

③ 田正平关于教育史学的研究成果主要有《教育史学科建设的回顾与前瞻》(和肖朗合著),《教育研究》2003 年第 1 期;《老学科与新气象——改革开放 30 年教育史学科建设述评》,《教育研究》2008 年第 9 期,等等。

指出,教育史学研究与教育史研究存在密切关联,却指向不同。教育史学研究是针对教育史研究的理论研究,涉及教育史研究的社会功能,教育历史发展的内在逻辑、基本方法、评价原则以及研究者的学术素养等,而非具体的教育历史问题或宏观的教育现象;教育史学研究的目的在于提升教育史研究水平,深化对教育的历史认识,而非解答当前的教育问题;教育史学主要使用哲学的方法,遵循从抽象到具体的研究路径。教育史学研究应秉持"历史唯物主义立场",坚持以"整体史观"来构建教育史学体系,并对教育史学应该研究什么主要问题予以说明,成为国内研究者首次针对教育史学的理论成果,教育史学研究开始从自在向自觉转变。①

教育史研究范式的提出,是教育史学自觉探索的深化。周洪宇等人认为,教育史学或研究范式是提升教育史研究水平的关键。中国教育史研究水平低落的原因就在于教育史学的研究范式陈旧,诸如研究观念落后、学术视野偏狭、知识结构单一、研究领域狭窄、研究内容老化、研究理论与方法的滞后等,是教育史学研究水平低落的表征。研究范式落后是教育史学也是整个教育史研究水平低落的原因所在,更是教育史学科建设危机的根源所在。② 在1997年的桂林全国教育史年会上,他进一步指出,"教育史学研究范式的陈旧是教育史学科的最大危机",倡导从教育史学理论或研究范式的角度去探求教育史的发展问题。杜成宪的研究,虽未冠以"范式"之名,研究内容则与研究范式类似。他从学术史的角度对教育史学做出系统研究,涵盖教育史学理论与方法、教育史学史、中国教育史学科史以及教育史哲学的研究等。③ 经过学者的集体努力,以教育史学为内容的教育史学史开始初具形态,对教育史学的认识得以深化。

2.教育史学科史研究

教育史学科史是教育史学自觉的进一步体现,甚至可以说是教育史研究的惊醒。它从两个方面得以体现:其一,教育史学科的提出。1988年,蔡振生第一次提出并对教育史学科发展历史阶段进行划分。他在反思近代以来教育史学发展基础上指出,教育史的理论是教育史学发展的时代体现,是规范教育史学科的先决条件和发挥教育史学科社会功能的重要途径。在他看来,教育史学理论是对教育史学的反思,至少包括教育史的本体论,即教育史的研究对象和体系;教育史的认识论,即教育史的认识过程和特点;教育史研究的方法论和

---

① 张斌贤:《关于〈教育史学〉的构想》,《教育研究与实验》1987年第3期。

② 周洪宇:《教育史研究改革管抒》,《教育评论》1991年第2期。

③ 杜成宪有关中国教育史学理论研究主要成果有:《关于中国第一部〈中国教育史〉的几个问题》,《华东师范大学学报(教育科学版)》1996年第1期;《中国教育史学科能不能分享"科学"的美名》,《教育评论》1996年第6期;《中国教育史学科体系试构》,《华东师范大学学报(教育科学版)》1997年第1期;《20世纪二三十年代中国的几种教育史观试探》,《华东师范大学学报(教育科学版)》1998年第2期;《20世纪关于中国教育史分期问题的探索》,《华东师范大学学报(教育科学版)》2000年第3期;《关于教育史学评论的理论思考》,《华东师范大学学报(教育科学版)》2001年第4期,等等。

价值论,即教育史的社会功用;教育史的学科性质、结构及其与其他学科之间的关系,教育史研究的变迁、趋势及国际比较,教育史学研究者的基本素养等问题。[①] 1989 年,田正平发表《关于中国近代教育史学科体系的几点思考》,以服务中国教育史学科建设为目的,提出近代中国教育史学科体系建设的设想。[②] 其二,"生存危机"中教育史学科的强化。世纪之交,教育史学科面临生存危机,尤其是 2004 年在福建武夷山召开的全国教育史年会,以"我国教育史学科建设百年回顾与反思"为主题,教育史学科建设受到高度重视,大批以教育史学科建设为主题的反思性研究成果出现,教育史学科史开始成为学者研究的重心。[③]

就教育史学科史研究的系统性而言,杜成宪等人的研究颇具代表性。他们撰写国内第一部中国教育史学科史的专著——《中国教育史学九十年》[④],并出版了第一部融合中外教育史学科史的专著——《教育史学》。[⑤] 两部专著虽以"教育史学"为题,却以服务教育史学科建设为旨归。《中国教育史学九十年》对教育史研究成果产生以来的学科史做了系统分析,内容涉及中国教育史学研究的史观、目的与任务、对象与范围、指导思想、发展阶段与历史分期、"史"与"论"的关系、批判与继承以及教育史的学科体系等。从性质看,该著作是对教育史研究成果的再研究;从内容看,著作几乎涉及教育史研究的各个阶段与各个方面;从目的看,是服务教育史学科建设的教育史学史研究。《教育史学》依然以教育史学科建设为目的,该著作是对先前研究的拓展与深化。就拓展而言,该著作不仅包含中国教育史的研究成果,还包含外国教育史的研究成果。就深化而言,该著作从教育史学科涉及的基本概念入手,在理论上厘清了教育史学科建设的基本问题。内容涉及教育史学科史、教育史学科体系、教育史学科的基本理论问题、教育史料和史料学、教育史编纂学、教育史学科与相关学科关系、教育史学评论等。

(三)教育史学科史的新进展

经历世纪之交对学科危机的反思,教育史学科史的研究得到强化。随后出现以《教育史学通论》为代表的教育史学论著,并开始对教育史本身进行探究,出现教育史的元研究、教育史是什么等关涉教育史本体论、方法论的研究成果,教育史学史特征进一步显现。

---

① 蔡振生:《中国教育史研究的历史回顾与反思》,《北京师范大学学报》1988 年第 3 期。
② 田正平:《关于中国近代教育史学科体系的几点思考》,《华东师范大学学报(教育科学版)》1989 年第 2 期。
③ 这种危机从改革开放后教育史的恢复重建开始,到 21 世纪之交达到高潮,形成大批研究成果。有关教育史学科危机的论著详见王建梁:《跨越世纪 再创辉煌——中国教育学会教育史专业委员会第七届学术年会综述》,《教育理论与实践》2001 年第 3 期;张传燧:《〈教育史学〉的反思与重构》,《华东师范大学学报(教育科学版)》2001 年第 1 期;田正平、肖朗:《教育史学科建设的回顾与前瞻》,《教育研究》2003 年第 1 期;洪明、黄仁贤:《"危机时代"的教育史学建设——中国教育学会教育史分会第 9 届学术年会暨第 6 届会员代表大会综述》,《教育评论》2004 年第 6 期。
④ 杜成宪、崔运武、王伦信:《中国教育史学九十年》,华东师范大学出版社 1998 年版。
⑤ 杜成宪、邓明言:《教育史学》,人民教育出版社 2004 年版。

　　首先,教育史学的元研究。教育史的元研究是伴随元教育学研究出现的一种观点。20世纪 90 年代末,在"元教育学"研究中,学者提出"元教育史学"概念,主张对教育历史做"元"研究,即"关于教育历史陈述(即'教育史'学科本身)为问题领域"的研究,或称为"教育历史编纂学"。[①] 这一概念引起教育史研究者的重视。有研究者认为,"元研究"是对学科性质、结构及其他情况的批判性思考与呈现。"元教育史研究"主要关注研究者怎样研究与书写教育历史,如何处理教育史学的结构与功能等问题。"元教育史学"研究需要诸多条件,在条件不具备的情况下,称其为"教育史学的元研究"。[②] 另有研究者将教育史学划分为元教育史学、教育史学理论与方法、教育历史哲学三个层次,研究内容主要包括教育史学的本体论、认识论、方法论及其与其他学科之间的关系等。但是,在条件不充分的情况下,将其称为教育史学的元研究。[③]

　　其次,何谓教育史。如果说教育史学的元研究尚处于探索阶段的话,对什么是教育史的反思构成教育史的元问题,是对教育史本体论的直接追问,一种观点认为,"教育史是现在的人们对教育过去认识的主观与客观的统一"。因此,教育史研究要重视教育史料与史实,更要重视与教育相关的史学、历史哲学和教育史学。[④] 这种观点成立的前提是要对教育有清晰界定,否则,就可能出现以学校教育史、教育思想史或教育制度史等代替教育史的问题。另有观点认为,教育史是客观发生的教育历史、记录的教育历史、研究与书写的教育历史和反思的教育历史的综合。[⑤] 教育史研究不仅要回答教育史是什么,而且要回答教育史在做什么以及如何去做。[⑥] 这是对王炽昌[⑦]关于教育史分类的深化,它标志着对教育史做自觉的哲学思考的开始。

---

　　① 陈桂生:《"教育学"辨:"元教育学"的探索》,福建教育出版社 1998 年版,第 202 页。

　　② 徐中仁:《困境中的探索:中国教育史学元研究管窥》,《西南师范大学学报(人文社科版)》2004 年第 3 期。

　　③ 如有研究者曾以"元教育史学研究"为博士毕业论文选题,但在随后的修改完善过程中,将其改为"教育史学元研究","元教育史学研究"的相应内容也改为"教育史学元研究"。见郭娅:《反思与探索:教育史学元研究》,山东教育出版社 2010 年版。

　　④ 郭法奇:《再论什么是教育史研究》,《教育学报》2009 年第 4 期。

　　⑤ 杜成宪:《对中国教育史几层含义及其相互关系的辨析》,《教育史研究》1996 年第 2 期。

　　⑥ 杜成宪、邓明言:《教育史学》,人民教育出版社 2014 年版,第 7、33、34 页。

　　⑦ 1923 年,王炽昌在《新师范教育史》中,根据教育史的性质,将教育史划分为"根源的""回想的""哲学的"三种。所谓"根源的"教育史,是"划定一时代,依据时人见闻而叙述之者也";所谓"回想的"教育史,是"不划定时代,以后代之目光,观察当时而论述之者也";所谓"哲学的"教育史,是指"非仅记录史事,更推阐其意义,发明教育上之原理、趋势,就客观以研求之者也"。见王炽昌编:《新师范教育史》,中华书局 1923 年版,第 3 页。王炽昌关于教育史性质的分类,被认为是教育史学史上第一次有关教育史存在形态的论述。

四、机遇抑或挑战:中国教育史学史研究中的问题

从 20 世纪初中国出现"教育史"一词至今已有约 120 年的历史。120 年间,经过一批批学者的辛勤耕耘与艰苦探索,中国教育史研究从无到有、从少到多(包括研究人员与研究成果)、从模仿借鉴到尝试构建中国教育史学体系,取得了明显成效,也曾遭遇过严重挫折。期间,中国教育史研究经历了服务教学、思想改造、恢复重建以及步入正轨等不同阶段。这种阶段性的教育史研究轨迹,在显示研究波动性的同时,也反映出研究中的问题。这些问题既影响到教育史研究的方向与定位,更影响到教育史研究的品质。未来的中国教育史研究需要意识到这些问题并有意识地化解。因为,在开创中国气派教育学的研究中,一些角色只有中国教育史研究能够承担。

第一,固守于"用"的教育史研究定位。与教育学研究一样,中国教育史研究起步时就与教学科目联系在一起,形成以教材建设与人才培养为特点的教育史研究定位。这种定位有其合理性,但是,如果将教育史研究仅仅定位于服务教学,显然会限制中国教育史研究的广度与深度。正如有学者指出:这种服务于教学的教育史研究,关注的是知识的传授而非创造,重视的是知识的宽度而非深度,进而形成教科书式的教育史学科研究的路径依赖。这种经过努力形成的研究习惯,改变起来相当艰难,成为教育史学科危机的重要原因。[①] 这种服务于"用"的教育史研究定位,经由项目立项、成果评定、刊物偏好等行政管理与学术规范的规制,迅速地向解决具体且实际问题转向,固守于"用"的教育史研究定位得到进一步强化。这种研究定位,使得教育历史中的一些基本问题难以被发现,更难以被分析、澄清,不仅使教育史研究的根基不稳,还可能造成方向性偏离。

未来的教育史研究,需要重新思考教育史研究的定位,需要关注历史上教育的基本问题。有学者认为,如果教育史研究能够从"丰富认识和完满生活之'需要'的角度来理解'用',教育史研究之永恒意义以及它作为完满人类精神生活的必然组成部分的自由价值也就突显出来"[②]。但是,在我们看来,教育史研究需要探索教育历史上的经典问题,并对经典问题做出具有说服力的分析解读,形成中国教育史经典,才是当务之急。在开创中国气派教育学的现实情境中,中国教育史要突破"用"的研究定位,揭示中国教育的特质与智慧,书写中国教育的知识谱系,为中国气派教育学的开创建设精神家园并凝聚精神动力,并为人类贡献中国教育智慧。因为,在整个教育学科群中,只有中国教育史研究能够承担这种职责。没

---

① 张斌贤:《重构教育史观:1922—2009 年》,《高等教育研究》2011 年第 11 期。
② 陈露茜:《教育史研究的价值论问题》,《华东师范大学学报(教育科学版)》2016 年第 4 期。

有中国教育的特质、智慧与知识谱系为基础,开创中国气派的教育学无异于无本之木、无源之水。

第二,概念界定以及概念体系的建立。概念是研究也是学术体系的基本单元,"一门学问的历史必然与我们对于它的概念密切地联系着。根据这概念就可以决定那些对它是最重要最适合目的的材料,并且根据事变对于这概念的关系就可以选择那必须记述的事实,以及把握这些事实的方式和处理这些事实的观点"①。无论是研究的呈现、假设的检验还是结论的陈述,都需要明晰的概念。因此,概念以及概念体系对研究产生全方位影响。然而,概念不清以及由概念不清引发的误解,在教育史研究中普遍存在,甚至一些核心概念也不清晰。上述的研究定位问题就与教育史的概念关联在一起,如教育史、教育史研究、教育史学科经常被混用,将学科研究对象与学科属性混为一谈。被学者广泛使用的教育史学科,似乎也未清晰界定。② 其他如教育与制度化教育、教育历史演变与教育历史进步等概念,普遍存在混用情况。③

由于概念含糊,学者研究时使用相同的名词,其内涵与外延却大不相同。这种情况甚至出现在同一篇研究成果中,即同一篇文章中的概念也存在游移问题。因此,未来的中国教育史研究,有必要对教育史的相关概念尤其是基本概念给予清晰界定,并在概念界定清晰的基础上进行推理、判断,建构教育史学理论体系。如果承认中国教育史学科的发展史就是中国教育史知识的增长史,那么,清晰的概念就是中国教育史知识增长的基点。关注概念界定,不仅是为了教育史研究本身,还是为中国教育理论的建构奠定基础,不至于用缺乏史实基础的教育学理论建构教育史学理论体系。

第三,中国教育史要对历史上的教育与人、社会的关系做出符合教育本义、史实以及符合时代特征的分析,因为这个问题直接关涉对教育的定位以及对研究品质的提升,同时关涉教育以及教育史能否健康发展。新中国成立以来,受苏联教育学说的影响,教育史研究曾致力于揭示中国教育历史发生发展的共同规律与不同阶段的特殊规律。但是,中国教育史研究非但没有揭示出规律,反而被未经检视的"适应性"教育规律所规范。"适应性"教育规律认为,教育中存在两个基本规律:一是教育必须培养全面发展的人,二是教育必须受一定社会的政治、经济和文化的制约并为一定社会的政治、经济和文化的发展服务。这种教育规律在将"培养什么样的人"的主观要求当作客观规律的同时,还将教育发展需要的条件当作教

---

① 黑格尔:《哲学史演讲录》,贺麟等译,商务印书馆1997年版,第4页。
② 曹永国:《何谓学科:一个整体性的考量》,《苏州大学学报(教育科学版)》2018年第4期。
③ 张斌贤:《什么是教育史》,《华东师范大学学报(教育科学版)》2016年第4期。

育发展的规律,不仅使教育实践发展难以步入轨道,而且成为教育理论危机的根源。①

　　这一未加审视的教育规律不仅被研究者认可,而且自觉不自觉地将它应用于教育史研究中,对教育以及教育史研究产生严重的负面影响,进而不利于社会的发展,因为社会教育史对教育与社会之间的关系研究,主要集中在教育服务社会方面。这种研究取向本身没有问题,但是,它存在两个极为严重的问题:其一,单纯地强调教育服务社会,可能出现既不利于教育发展也不利于社会发展的情况;其二,教育史研究不关注社会发展对教育的支持而只强调教育服务社会,同样可能出现教育与社会之间恶性循环的局面,因为它忽视了社会的政治、经济和文化发展为了什么这类更为根本的问题。②未来的中国教育史研究,依然需要对此进行深入研究,因为它不仅是教育史研究的基本问题,同时涉及教育史研究是否能够健康展开。

　　第四,马克思主义教育学说与其他教育学说的关系问题。马克思主义教育学说是我国教育学的主导学说,但是,如何处理马克思主义教育学说与其他教育学说之间的关系问题,尤其是如何处理马克思主义教育学说与杜威教育学说的关系问题,却未受到足够重视,成为制约教育理论研究的重要且迫切的问题。这里至少有两个问题需要澄清。其一,苏联的马克思主义教育学说与马克思的马克思主义教育学说的异同问题。不可否认,苏联教育学说与马克思主义教育学说存在密切关联,并形成苏联的马克思主义教育学说。但是,建立在苏联学者对马克思主义教育学说解读基础上的苏联马克思主义教育学说,是否就是马克思的马克思主义教育学说? 苏联的马克思主义教育学说与马克思的马克思主义教育学说是否存在差异、矛盾甚至冲突? 这个问题显然没有引起学者的足够重视。新中国成立初期,在未对苏联的马克思主义教育学说进行辨析的情况下,就将其等同于马克思的马克思主义教育学说全盘接受,并将其作为标准分析评判其他教育学说的唯一依据,这无疑是一种简单且草率的做法。这种简单且草率的做法,虽然因中苏关系恶化,我国学者对苏联的马克思主义教育学说进行了批判,称其为"修正主义",甚至出现《冒牌的马克思主义教学论》等文章,但是,由于这种批判建立在政治立场的基础之上,并未揭示出苏联的马克思主义教育学说与马克思的马克思主义教育学说的异同问题。未来的教育学发展,若不对此进行深入研究,依然可能被苏联的马克思主义教育学说误导。

　　其二,马克思主义教育学说与非马克思主义教育学说的关系问题。不可否认,马克思主义教育学说与非马克思主义教育学说存在明显差异,尤其是与杜威教育学说存在巨大差异,

①　学者指出:"只谈教育与经济、政治、文化等等的肯定性关系(适应性关系),而忽视乃至抹杀它们之间的否定性关系(超越性关系),也许正是当前产生许多教育危机的理论根源。"见鲁洁:《论教育的适应与超越》,《教育研究》1996年第2期。
②　关于"适应性"教育规律的具体情况,参见李忠:《高等教育"适应性"规律的内在冲突及其应对》,《社会科学战线》2019年第4期。

甚至本质差异。这一点,在批判、否定、摒弃杜威教育学说的过程中被充分说明并被放大。但是,同为教育学说,马克思主义教育学说与杜威教育学说之间是否有相似、相通或可融通的一面? 换句话说,作为两种不同的教育学说,马克思主义教育学说与杜威教育学说差别是显著的;然而,作为教育学说的两种不同表现形式,马克思主义教育学说与杜威的教育学说是否有相通的一面? 因为,在任何时候,教育学都是某某教育学的自然属性(或第一属性),某某教育学则是教育学的派生物,至多是教育学的社会属性(或第二属性)。历史已经证明,将杜威教育学说作为马克思主义教育学说的对立面,固然不利于杜威教育学说传播,也未必有利于马克思主义教育学说的发展。而且,这种将马克思主义教育学说封闭、孤立起来的做法,既不符合马克思主义的形成历史、基本原理,更不利于马克思主义教育学说的发展。因此,未来的教育学研究依然需要直面这一问题。

第五,外来教育学说与本土教育学理论的建构问题。如前所述,中国的教育学是"舶来品",学习外国教育学说的目的在于建构中国自己的教育学理论,用以指导中国教育实践。但是,以往教育学说的学习与建构呈现出明显的间歇性波动状态。从最初借道日本学习欧洲教育学说尤其是德国赫尔巴特的教育学说,到学习美国教育学说尤其是杜威教育学说,又到批判、否定、摒弃包括杜威教育学说以及所有资产阶级教育学说,然后是全盘接受苏联的教育学说尤其是凯洛夫的教育学说(其间虽有阶段性的批判,其主旨却得以保留),最后又不得不对以往学习的、批判的教育学说重新做客观介绍与理性分析。这种学习—否定—学习—否定、不断学习与否定的教育学建设路径,虽然取得一些成绩,却无法形成扎根本土、有学理支撑的中国教育学,难以有效指导中国教育实践。有限的教育学积淀中,却带有明显的凯洛夫基因。"翻开当时的任何一本《教育学》,我们都不难觅到凯洛夫《教育学》的痕迹,若将凯洛夫《教育学》与任何一本当时国内学者编写的《教育学》对照,几乎都可以看到它们之间的雷同。"[1]凯洛夫教育学不仅影响新中国成立初期的教育学建构,而且如同教育基因一样渗透到随后的中国教育学理论建构中,"从而导致我国的教育学只在一种模式下谋求发展,人们只在一种视界里构造着承袭了'凯洛夫'基因的中国教育学。这种教育学的模式和体系对我们教育发展所产生的影响是深刻而深远的,它不仅使人们习惯于用'凯洛夫式'的眼光审视几乎所有外来的思想和理论,并以此为准则改造那些试图接受的思想和理论。"[2]

问题的关键在于,凯洛夫教育学说的实质是流行于 19 世纪上半叶欧洲的赫尔巴特教育学说,是赫尔巴特教育理论在苏联的翻版,"它强调的是学科中心、课堂中心、教师中心,与杜

---

① 叶澜主编:《二十世纪中国社会科学·教育学卷》,上海人民出版社 2005 年版,第 69 页。
② 钟启泉:《作别"罐装"　走进真实》,引自沃尔夫冈·布列钦卡:《教育科学的基本概念——分析、批判和建议》,胡劲松译,华东师范大学出版社 2001 年版,代总序第 1,2 页。

威的实用主义教育思想是相对立的"①。如此,我国从苏联学来的所谓的马克思主义教育学说实质却是以赫尔巴特为代表的"传统教育"。由此,我国教育的教育学建构形成一种奇特的组合,即名义上是马克思主义教育学,思想上是杜威的"现代教育"理论,实践中却是赫尔巴特的"传统教育"理论,以至提倡多年的"以人为本""以学生为本"教育理念在现实中难以实践。因此,未来的教育学建设,需要在经典马克思主义指导下并充分总结本土教育思想资源的基础上,以开放态度吸收人类先进教育经验,经教育实践验证之后,融入本土教育思想中,形成有中国特色的教育理论,丰富人类教育思想。

从"教育史"一词的出现到教育史学史研究的发展,百余年的教育史学史的研究取得了丰硕的研究成果。但是,成果的丰硕不意味着研究的成熟。因此,未来的教育史研究将沿着实践与哲理两个路径发展,在服务实践发展与学术探究的过程中,统一于人的内心满足。只有当教育史学史成为人们的内在心理需要时,对教育史学史的研究才可能引起学者的真正重视。当然,人的内在心理需要的满足需要建立在真实且有学理支撑的基础之上,这种建立在真实且有学理支撑基础上的教育史学史,又服务于教育史学科建设以及人才培养,实现教育史学史的价值存在。正如研究者所言,教育史研究的自由价值,出于纯粹的学术兴趣,能够在所处情境中发现教育的真实问题和价值,深入且真实地了解本土与异域的历史文化,更好地认识自己,认识他人,能够愉悦身心,充实生活。② 未来的教育史学史研究,需要在总结已有经验教训的基础上,对上述问题进行分解,进而能够关注教育史上的经典问题,并对经典问题做出经得起实践检验的论证过程和结论,能够创造出教育经典,推动教育史学以及教育学发展的同时,才能改变自己在学术界的形象并赢得尊重。

---

① 顾明远:《中国教育科学走向现代化之路纪实——纪念共和国 60 周年》,《北京师范大学学报(社会科学版)》2009年第 4 期。

② 布雷岑卡:《元教育理论:教育科学、教育哲学、实践教育学基础导论》1992 年英文版序。引自陈桂生:《"教育学"辨:"元教育学"的探索》,福建教育出版社 1998 年版,第 1 页。

近 20 年中国教育史研究的考察

——以《教育研究》等三种教育学术期刊论文为例

◎李宜江　吉祥佩[*]

摘　要：基于近20年来发表在《教育研究》《高等教育研究》和《华东师范大学学报（教育科学版）》上的中国教育史学术论文，对发文数量、指向的时期和主题分布这三个方面进行统计分析发现，这一阶段的发文数量呈现出逐步递增、增速回落并保持稳定的趋势；研究指向的时期，以论文数量论，由多到少依次是晚清民国、现当代、先秦、汉唐宋元明清；研究主题不仅关注人物思想、教育制度等传统研究领域，更是深入拓展到了对教育史学建设与发展、课程与教学论发展史等各类问题的细化研究。由此可以看出近20年来的中国教育史研究的几个明显特点：一是教育史学研究领域的开拓；二是微观史的研究不断受到重视；三是教育史学科基础性作用不断受到重视。最后，针对近20年来的研究现状与特点，提出思考与建议。

关键词：近20年；中国教育史研究；考察

教育理论是在长期的教育历史发展过程中逐渐形成和完善的，教育史是教育理论的重要源泉。[①] 中华民族作为世界上唯一一个没有断层的种族，其历史源远流长且博大精深，在数千年的教育实践中，不仅有成功的经验，也有失败的教训，但这仍然给我们新时代的教育留下了深刻的影响，这是不可忽视的史实。瑞士教育家皮亚杰曾经指出："教育工作者们如果对教育史知识茫然无知，就会对教育上的许多重大问题，甚至中心问题，始终无法求得科学上的客观性，甚至出现种种不可置信的事情。"[②]作为一名教育工作者，我们必须认真地总结我国教育的昨天，才能更好地把握中国教育的今天和明天。中国教育史作为教育学的基础学科之一，经过前几代人的努力，已经取得了令人瞩目的成绩，但是相比教育学领域的其他分支学科，教育史的发展依旧任重而道远。

---

　*　作者简介：李宜江，安徽师范大学教育科学学院教授；吉祥佩，安徽师范大学教育科学学院硕士研究生。基金项目：安徽省学术与技术带头人后备人选科研资助项目（2018H167）。
　①　孙培青：《中国教育史》，华东师范大学出版社2008年版，第1页。
　②　皮亚杰：《教育科学与儿童心理学》，傅统先译，文化教育出版社1981年版，第7页。

本文基于 2000 年 1 月—2019 年 6 月期间发表在《教育研究》《高等教育研究》和《华东师范大学学报(教科版)》(以下简称《华东师大学报(教育科学版)》)三大期刊上的 555 篇有关中国教育史研究领域学术论文的统计分析,以期从一个角度反映中国教育史研究近 20 年来的研究现状、发展趋势以及存在的不足,并提出一些思考和建议。

一、近 20 年中国教育史研究的概况

(一)发文数量

从表 1 可以看出,自 2000 年 1 月至 2019 年 6 月,三大期刊发表中国教育史相关论文 555 篇,三大期刊总发文数量为 10530 篇,也就是中国教育史论文约占总发文数的 5.3%。2000 年,三大期刊刊载的中国教育史论文 18 篇,自 2001 年后,中国教育史发文数量逐步徘徊递增,2005 年突破 30 篇,2013 年突破 40 篇且达到近 20 年来的峰值。2017 年、2018 年为改革开放 40 周年前后,各类专题纪念文章大量涌现,刊载的教育史论文减少。2019 年恰逢杜威访华 100 周年,《教育研究》和《华东师大学报(教育科学版)》共计发表 8 篇关于杜威的外国教育史文章。总体而言,近 20 年的文章数量呈现出逐步递增、增速回落并保持稳定的趋势,可见中国教育史的研究在数量上还是取得了丰硕的成果。

表 1 2000 年 1 月—2019 年 6 月三大期刊刊载中国教育史论文统计

年份	论文篇数	年份	论文篇数
2000	18	2011	28
2001	29	2012	38
2002	24	2013	41
2003	28	2014	27
2004	20	2015	40
2005	34	2016	27
2006	29	2017	19
2007	30	2018	22
2008	32	2019	10
2009	27	总计	555
2010	32	三大期刊总发文	10530

(二)研究指向的时期[①]

从表2可以看出,近20年来,三大期刊中刊载的中国教育史论文,以研究晚清民国时期的居多,有266篇,现当代的次之,有101篇,其余的为先秦时期和汉唐宋元明清时期的文章,分别有65篇和54篇。

首先,近20年对于晚清民国时期的教育史研究占研究总数的54.7%左右,这与21世纪以来掀起的"民国热"有关。从2001年文章数突破10篇之后,这类文章就急速增加,直至2013年达到28篇,此后,研究热度缓慢降低,文章数量也趋于平稳,保持在年均十几篇左右。对于这一时期教育史的研究趋势,我们认为有以下几点原因。一是人们普遍认为晚清民国时期的教育历史是我们的昨天,汉唐宋元明清时期的是我们的前天,而先秦时期诸子百家的教育思想及其实践则是我们的大前天,显然昨天的教育场景与今天的更为相似。而且,我国自古以来历朝历代都十分重视对前朝经验教训的总结和反思,我们现在当然也不例外。所以,昨天的历史对今天的现实则具有更强的启发性和借鉴性。二是晚清民国时段作为我们的昨天,其各类教育文献史料保存丰富、完整且开发程度较低,对广大研究者来说搜集到资料即可整理发表论文,这既可填补科研空白又不会涉及学术抄袭。笔者认为这应该也是掀起晚清民国时期教育史研究热潮的原因之一。三是自2000年以来的高校研究生扩招。1999年,全国研究生总招生人数为86778人,2000年则扩大至128484人,2001年又扩大至165197人,2002年为202611人,这四年间每年扩招人数为40000人左右,到2018年全国研究生总招生人数已经达到857966人。[②]这意味着一大批硕博士研究生涌入教育科研领域,对这部分研究人员来说,晚清民国时期的史料较为容易获得且容易产出成果。如此看来,近年来对晚清民国时期的研究热潮也就不足为奇了。

其次,近20年对于我国现当代教育史的研究占研究总数的20.8%左右,从2000年以来,关于现当代教育史的研究论文基本保持在每年5篇左右。在这部分针对现当代史的研究中,主要关注点集中于现当代的一些教育大家,如陶行知、陈鹤琴、杨贤江等,以及新中国成立以来教育制度的总结和反思。以前史学界总是不太关注当代史,现在看来,教育史学界对现当代史的关注还是值得肯定的。

最后,近20年关于先秦时期和汉唐宋元明清时期教育史的研究共计占研究总数的24.5%左右,大概每年只有6篇研究这一时期的论文。从理论上看,教育史学界对于古代教

---

① 田正平、潘文鸯:《改革开放四十年的中国教育史研究——基于期刊论文和博士学位论文的考察》,《教育研究》2019年第1期。

② 以上数据来源于中华人民共和国教育部网站发展规划司教育统计数据栏目。

育史的研究的确有点羸弱,以至于有学者发出古代教育史研究亟待加强的呼吁。[①] 近年来中国古代教育史研究的现状是有相应的时代背景的。第一,古代与现今相去甚远,社会体制差异较大,古代成功的教育经验对今天的现实意义是十分有限的,而教育史学界又有着强烈的以史为鉴的致用情结,因此大部分人会将精力投入到对当代有丰富启示的近现代教育史中。第二,新中国成立以来,老一辈的教育史学家如毛礼锐、沈灌群、王炳照等主持编撰了一大批鸿篇巨制,将古代教育史的研究推向了一定的高度,难以超越,令后人难以望其项背。第三,由于古代教育文献稀缺,大多数教育文献资料又保存于国家重点大学及科研院所,对于普通研究者来说,如果没有新的史料发掘,很容易造成重复选题的学术浪费现象。尼采说过:"过去的知识在每个时代内只是在它服务于将来与现在时才被渴望获得。"[②]尼采强调适量有用的历史知识,反对过多过量的历史知识,因为这样会压制整个民族的创造性,一个国家沉浸在历史中是很难前进的。因此,我们在研究中国古代教育史的时候必须找到一个合适的度,而不仅仅是在面对薄弱的研究现状时简单地去呼吁加强研究。

表2　2000年1月—2019年6月三大期刊刊载中国教育史论文研究时期统计

年份	先秦时期	汉唐宋元明清	晚清(清末)民国	现当代
2000	2	3	5	5
2001	3	2	14	4
2002	3	2	12	5
2003	2	3	9	7
2004	4	2	7	5
2005	3	4	15	6
2006	0	5	15	4
2007	5	3	14	5
2008	4	3	7	7
2009	6	1	12	7
2010	6	1	18	6
2011	5	4	11	4
2012	5	4	21	8
2013	3	3	28	1
2014	1	3	16	8

---

① 娄岙菲、包丹丹、于述胜:《近年来中国教育史研究学术进展述评》,《教育研究》2015年第9期。

② 尼采:《历史对于人生的利弊》,杨东柱等译,北京出版社2010年版,第2页。

续表

年份	先秦时期	汉唐宋元明清	晚清(清末)民国	现当代
2015	5	5	18	4
2016	3	2	15	4
2017	2	1	12	4
2018	2	1	12	5
2019	1	2	5	2
总计	65	54	266	101

(三)研究主题的分布

从以往的教育史学论著可以看出,教育史学的研究主题包括教育思想史和教育制度史,长期以来这种两分论的观点占据着教育史学界的研究主流。近年来,在华中师范大学教育活动史研究团队的努力下,教育活动史开始与教育思想史和教育制度史一起成为教育史学的研究主题之一,这种三分论的观点正逐渐被人们所接受和认可。其实,除上面说的思想史、制度史、活动史之外,教育史学的研究还有诸如对教育史研究的研究、教育史学的发展研究等。

1.教育思想史研究

教育思想史研究是教育史研究的重要内容。如表3所示,近20年来以教育人物思想为研究对象的文章共有118篇,占研究总数的21.2%。以研究时段划分,近现代时期的研究最多,涉及人物最广,有85篇,其中对于蔡元培的研究就有15篇,位列研究榜首;先秦时期的研究再次之,有26篇,关注焦点集中在以孔孟为核心的儒家思想文化上,以孔子为研究对象的文章多达11篇;汉唐宋元明清时期的研究最少,仅有7篇。

近现代时期的人物思想研究是近20年来教育史学界的关注热点,这一时期的人物研究不仅包括蔡元培、陶行知、竺可桢等久负盛名的教育大师,也有梅贻琦、胡适、蒋梦麟等此前由于政治立场和资料获取困难等原因而被忽视的一些曾对当时的教育事业产生过深远影响的教授学者。蔡元培作为教育大家,一直以来就是万众瞩目的焦点。从近20年的研究来看,对蔡元培教育思想、实践活动进行单向度的总结和概括研究已经大量减少(占比1/3),因为如果没有新鲜史料的发掘,这类型的研究很容易陷入重复选题,及至学术浪费的困境。更多的是出现了一大批诸如蔡元培与民初教育改革、蔡元培与法国教育管理模式的移植及其启示、蔡元培与中国现代大学制度等一系列多向度的整体研究(占比2/3)。陶行知是继蔡元培之后的又一研究热点人物,有研究指出,"培养中国青年学生和底层民众成为新世界的创造者,达到教育改造社会的目标,完成现代教育担负,实现和维护社会公共善的使命,是陶行知对乡村教育伦理责任的自觉担当"[①]。陶行知一生致力于民主教育事业,以文明民主的观念推动乡村教育改革,从而实现乡村民主自治的目的,这是陶行知的乡村教育实践留下的时代价值。除此之外,还有对王国维与西方教育比较思想、黄炎培职业教育思想等的具体研究。

表3　近20年教育思想具体研究问题及其篇数

研究时期	涉及人物	具体研究问题	篇数	总计/篇
先秦时期	孔子	德育、教化、君子人格、因材施教	11	26
	孟子	德育、人格教育思想	3	
	庄子	道德问题、知识论	3	
	老子	德育	2	
	先秦儒家、道家	道德教育、人格教育思想、礼的思想、师生友朋思想	7	
汉唐宋元明清	王阳明	通人教育、教育思想与实践阐释	3	7
	朱熹	理学教育活动、诗教哲学	2	
	陆九渊	道德教育、"易简"教学法	2	
近现代[②]	蔡元培	高等教育管理思想、蔡元培与民初教育改革、美育、职业教育思想、"教授治校"理念	15	
	陶行知	乡村教育、办学实践探析、教师角色、陶行知研究综述	7	
	竺可桢	《竺可桢日记》阅读札记、通才教育观、教师灵魂说	6	
	孟宪承	大学教育观、民众教育思想与实践、教学和治学作风	5	
	梅贻琦	学校管理思想、"教授治校"理念、通才教育观	4	
	王国维	王国维与西方思想的比较	4	
	胡适、郭秉文、黄炎培、叶圣陶、涂又光(每人3篇)	胡适日记、通识教育理念、职业教育思想、教育思想的底蕴、语文教育、大学之道、求学经历	15	
	蒋梦麟、傅斯年、严复、杨贤江、陈鹤琴、陶孟和、吴汝纶(每人2篇)	高等教育思想、办学理念、留学经历、全人生指导思想、办学实践探究、教育思想	14	

① 舒志定:《陶行知对乡村教育的伦理担当与践行原则》,《教育研究》2018年第7期。
② 由于晚清民国和现当代的许多教育家都具有跨时期生活的特点,强行把这部分人分类会窄化他们的教育思想,割裂他们的教育影响力,于是这里把晚清民国时期和现当代的人物统一归类为近现代时期。

续表

研究时期	涉及人物	具体研究问题	篇数	总计/篇
近现代	梁漱溟、张瑞璠、钱穆、侯外庐、钱令希、蔡克勇、吴贻芳、周诒春、马一浮、廖世承、姚启和、朱勃、恽代英、吴俊升、盛宣怀(每人1篇)	高等教育、教育思想与实践、办学实践、家庭教育思想、教育哲学、办学	15	85
总计:118,占比 21.2%				

对于先秦时期的教育思想研究主要集中在以孔孟为首的儒家君子人格教育思想和以老庄为核心的道家德育思想,学界对孔子的研究依旧是热度不减,既有"因材施教"理论依据、"启发"艺术等教学原则,又有孔子办学财物来源等历史考据。近20年汉唐宋元明清时期的研究较少,涉及人物只有王阳明、朱熹、陆九渊三人,且这三人全部是宋代思想家,这部分研究主题主要是对他们的教育思想和教育实践做一些分析概括。

2.教育制度史研究

教育制度史的研究是教育史研究的重要组成部分,如表4所示,近20年的教育制度史研究论文共计256篇,占研究总数的46.1%。教育制度史的研究通常包括古代教育制度史和近现代教育制度史两部分。古代教育制度史的研究有53篇,占研究总数的9.5%,包含四个主题:科举制度16篇,各类官学教育制度16篇,书院制度13篇,教育经典名著8篇。近现代教育制度史的研究有203篇,占研究总数的36.6%。

古代教育制度史的研究集中在科举制、书院制和经学、学官、太学等古代官学教育制度等领域。以刘海峰、张亚群为首的厦门大学研究团队依然是科举制度研究的主力军,他们的研究成果占科举制度研究的将近一半。研究者从微观化的视角切入,例如刘希伟、刘海峰在《清代科举考试中的冒籍问题及其现代启示》中,从清代科举冒籍考试的类别、治理机制展开分析,以希对当今高考有所启示。

近代教育制度史则大部分是对高等教育制度的研究,此外还有一小部分学制和幼儿教育研究等。高等教育改革是当下的时代热点,表现在教育史领域即是对高等教育史研究的重视,大多数研究者都采取以史为鉴的方式,希望能够从丰富的教育史传统中找寻可资借鉴的理论指导。从研究主题出发,把近现代高等教育的研究分为四类:(1)教育管理制度,包括宏观的教育政策的制定、教育制度的制定、教育经费的管理等;(2)教育办学制度,在国立大学、私立大学的基础上,近些年又加强了对教会教育、商人办学等的研究;(3)考试、招生、就业制度,既有民国时期的大学招生制度,也有现代的高考招生制度等;(4)学校内部管理,校长教授的治校理念和教师、学生的管理等。

总体而言,对于中国教育制度史的研究内容是十分详尽的,尤其是在近现代高等教育领域,研究成果颇丰。

表 4　近 20 年教育制度史具体研究问题及篇数

研究类别	研究主题		具体研究内容	篇数	总计/篇
古代教育制度史	科举制		科举考试政策、科举制度特征、科举变革与废存、高考存废与科举存废	16	53
	各类官学教育制度		经学、学官、官学教育、古代太学、秦汉博士、五经博士、古代太学、古代师资文化、北魏中书学、南北朝博士	16	
	书院制度		书院的创办、书院精神、明代安徽书院考察	13	
	教育经典名著		《大学》《诗经》《论语》《孟子》《学记》	8	
近现代教育制度史	教育管理制度	教授治校	"教授治校"理念、制度演进	7	22
		政策制定	大学院制改革、政治道德体系建构	5	
		教育经费	学费政策、教育财政制度近代化	5	
		倾斜政策	重点大学政策、教育制度的政策与法律	5	
	教育办学制度	私立大学	私立大学成功因素分析、私立大学治理	5	67
		国立大学	国立大学的设立及分布、东南大学的国立化进程、国立大学数量	4	
		留学教育	留学教育的发端、留学人才论	9	
		研究生教育	抗战时期研究生教育的特点	1	
		商人办学	商人企业的教育性、商人捐助教育事业、商人办学观	5	
		教会学校	教会大学的特点、教会教育	12	
		学堂、女子教育	学堂奖励出身、法政学堂、女子学校、女子学堂教师	18	
		学制	中国学制变革、学科制度的缘起	9	
		外人办学	外人办学政策考察、外人办学与主权	3	
		校训	大学校训的历史演变与发展趋势	1	
	考试、招生、就业制度	招生、考试、学位制度	大学自主招生、招生考试科目、学位制度的演变、学位制度述评、高校录取	21	28
		高考制度	高考建制、高考制度、高等教育"大跃进"	4	
		博士制度	博士学位制度、博士研究生结构分析	3	

续表

研究类别	研究主题		具体研究内容	篇数	总计/篇
近现代教育制度史	学校内部管理制度	教授、教师队伍	教授制度、教师资格、教师薪酬、高校教师队伍的发展研究、教师形象	19	72
		校长、教育家	校长的办学理念、精神境界	18	
		院系、学科建设与发展	教育学科的建立与发展、院系调整及其影响、院系调整、新建本科院校研究	17	
		大学制度形成	大学制度起源考辨、大学先修班、近代大学制度形成、行政体制、教育改革、办学理念	13	
		学生、师生关系	学生生活、教授与学生的关系	5	
	职业教育、师范教育、幼儿教育		职业学校考察、职业阶层的兴起、师范学校发展、师范学校的早期实践、师范生政策、幼儿教育矛盾问题的研究	14	14
总计：256，占比46.1%					

3.教育活动史研究和其他研究

"教育活动史主要研究各类教育行为史、各类学校办学史、各种教学史、教师活动史、学生活动史、社会教育史、教育社团活动史等等。"①它旨在探索各类活动发生、发展的起源、规律、作用等。在华中师范大学教育史研究团队的带领下，教育活动史的研究得到了应有的重视，根据教育活动史的分类，如表5所示，笔者对近20年来的教育史研究进行了简单的归类。涉及教育活动史的研究论文有98篇，占研究总数的17.7%。

名校办学史在近年来教育活动史研究中占据第一位，不仅有西南联大、西北联大等当时名震一时的名校史研究，也有北京大学、清华大学、山西大学堂等资历较老的学校和学堂的办学活动讨论。教学活动、传统教化活动、社会教育活动、群体活动研究等也都是近些年来教育活动史的研究重点。

虽然学界对教育活动史研究说法不一，且教育活动史的研究还未获得广泛认同，但是从逻辑上来讲，教育思想史和制度史回答了历史是什么、怎么样的问题，教育活动史回答了历史为什么这样的问题，只有这三者的有机统一才可以构成一个完整的逻辑体系。

除以上教育思想史、制度史、活动史外，还有一些对教育史学科建设和发展的抽象教育史研究，即理论和方法的建构等，也有对课程发展史、学科发展史的一些研究成果，这部分研究论文共计53篇，占研究总数的9.5%，研究主题近年来也逐渐受到了重视。

---

① 周洪宇:《加强教育活动史研究，构筑教育史学新框架》,《湖北大学学报(哲学社会科学版)》2012年第3期。

表 5 近 20 年教育活动史具体研究问题及其篇数

研究类别	研究主题	具体研究问题	篇数	总计/篇
教育活动史	教学	教学的概念考察、教学原则、教学论的特征、教学模式、教学秩序、教学形式	15	98
	教育传统、传统教育、传统教化	教育传统与创新、教育传统与现代化的思考、中国传统教育思想、传统教化的命运	13	
	社会教育	社会教育的发展历程、制度建设、大学与边疆、大学军事教育	8	
	群体研究	77、78 级大学生群体扫描、留美学生群体研究	6	
	叙事研究	叙事范式、生活叙事、教育叙事研究	5	
	乡村教育	村落小学的兴衰、乡村教育的早期现代化	5	
	周年纪念史	杂志创刊纪念、大学建校纪念、人物诞辰纪念	5	
	私塾、塾师	私塾到学校：机构的转变、塾师的日常生活	4	
	抗战时期陕甘宁边区教育	新文字扫盲教育实验、边区高等学校的办学经验及其意义、"干校教育模式"及其影响	4	
	教育学会	教育学会成立考述、大学与教育学会互动影响	3	
	名校史研究	西南联大：办学思想、内部矛盾、辉煌成就	9	
		西北联大：兴衰史、命运与意义、社会教育	5	
		北京大学：北京大学的管理变革、北京大学的近代化	8	
		山西大学堂：山西大学堂与近代大学教育	4	
		清华、南开、东南：制度与文化、南开大学的私立化	4	
其他	教育史学建设与发展	中国教育史的考察、教育史学发展趋势、教育史学理论、活动史、生活史、身体史	20	53
	教科书、教材	近现代教科书的发展、教科书的启蒙、教材的改革、大学教材建设	16	
	课程	古代语文课程的性质、课程观、课程变革	12	
	教育学学科	教育学史到教育学术史、研究范式、问题史	5	

总计：151，占比 27.2%

二、近20年中国教育史研究的特点

（一）教育史学研究领域的不断开拓

如果非要把教育史学研究一分为二的话，第一部分应该是具体的教育史实研究，包括教育思想史、教育制度史和教育活动史，第二部分应该是抽象的教育史学研究，包括教育史研究的理论体系和指导方法。近20年来的教育史研究，教育思想史和教育制度史在持续发展，教育活动史的研究逐渐异军突起，并且它的发展已呈"星星之火，可以燎原"之势。在教育活动史发展之余，系列研究诸如教育身体史、教育生活史、教育情感史等也都应运而生。此外，学术界对于教育史学理论的研究也开始加强。

如果把教育史看成一个动态生成的过程，那么教育活动史就是起源，教育思想史和制度史则是结果，这三者的结合才构成了真正意义上的教育史。不难发现，在华中师范大学教育史团队的努力下，教育活动史已成为教育史学界的一个崭新的领域，成为教育史学科发展的一个新的增长点。他们的研究方向既有对新领域教育活动史的理论建构，如刘来兵和周洪宇的《视域融合与历史构境：实践活动取向的教育史研究》，周洪宇和申国昌的《教育活动史：视野下移的学术实践》和刘训华的《生活叙事、文学形式与重回现场——学生生活史研究的三个维度》等等，又有具体的活动史的研究范例，如申国昌在《明清塾师的日常生活与教学活动》中对塾师日常活动的研究，还有一系列微观化的教育活动史研究，包括教育身体史、教育生活史、教育情感史等，如周洪宇和李艳莉在《教育身体史：教育史学新生长点》中对教育身体史研究的内容、过程、意义进行了阐释，为我们进行教育身体史的研究奠定了理论基础，诺亚·索贝和周娜在《教育史中的情感与情绪研究》中揭示了教育情感史的研究主题和研究的重要性等。

抽象的教育史学理论和方法研究近年来也受到重视，比如周洪宇和申国昌在《新世纪中国教育史学的发展趋势》中提出了中国教育史学的三大发展趋势；丁钢在《叙事范式与历史感知：教育史研究的一种方法维度》中对教育叙事研究应用于教育史研究中做了介绍和分析；张斌贤等在《教育史学科建设六人谈》中对教育史学科的建设和发展都提出了各自的看法和建议。

总而言之，近年来的教育史学研究开拓了教育活动史这一新兴领域，也加强了对教育史学学科理论和研究方法的研究。

(二)微观史的研究不断受到重视

通过对近 20 年来教育史研究论文的考察分析发现,近年来的教育史研究正逐渐从宏大描述转变为微观叙事。用"以小见大"的手法进行"小题大做"的研究已屡见不鲜,微观史学作为教育史学的重要分支,为深入全面了解教育史实提供了新的方法视角。[①] 学者们运用个案研究、群体研究、叙事研究、口述研究等方法进行了一系列的研究,改变了以往过于重视宏观史研究而忽视微观史研究的现象。为此,微观史的研究呈现出以下三个特点。

第一,研究对象扩大到普通人物。历史上的教育并不只是少数精英教育家的舞台,除此之外还有许多普通民众的教育活动。传统的英雄史观已经不适应时代发展的潮流,更不适合教育史学的研究发展方向。例如,丁钢在《20 世纪上半叶哥伦比亚大学师范学院的中国留学生——一份博士名单的见证》中以一份博士名单为研究材料,对 20 世纪上半叶留学哥大的博士生论文进行分析,指出以中国问题作为选题者占很大比例。吴民祥在《中国教育早期现代化的独特乐章——清末女子学堂教师之考察》中,通过对清末女子学堂教师来源的分析窥见女子学堂艰难发展的道路,以小见大折射出中国早期现代化发展的艰难和曲折。此外,还有《试论西方传教士在中国近代大学创立中的作用》《时代与人物的互动:77、78 级大学生群体扫描》等研究,通过对传教士、大学生等普通民众的研究来映射教育发展历史。

第二,研究问题聚焦到日常教育活动。从微观的角度对人们的日常活动进行研究,克服了宏观史的抽象性,给我们提供了一个深入观察教育的机会。例如,申国昌在《明清塾师的日常生活与教学活动》中对明清塾师的入职活动、日常生活、教学活动、业余活动进行了梳理,为我们完整地呈现了塾师队伍的真实面貌。蒋纯焦在《晚清士子的生活与教育——以塾师王锡彤为例》中,通过对塾师王锡彤的日常生活研究,进而来探讨近代教育界传统士子的个人命运与时代发展的相互关系。此外,还有刘训华在《近代学生课堂生活的多维呈现》中对学生课堂生活的研究等。

第三,研究史料来自于民间生活。近年来教育史学者的研究材料已不局限于官方的史料记载,开始从民间挖掘非官方化的日记、信件、杂志、歌谣等材料。例如,田正平在研究中就非常注重这类史料的挖掘整理,《一位大学校长的理念与情操——〈竺可桢日记〉阅读札记》《"寻病源"与"读方书"——〈黄炎培考察教育日记〉阅读札记》《读书·修身·治家——〈曾国藩日记〉阅读札记》等都是他通过对日记的阅读来考察教育历史。还有田正平和陈桃兰在《抗战时期大学生生活的另类书写——〈未央歌〉中的西南联大记事》和田正平在《救亡与启蒙的二重奏——以留日学生刊物〈浙江潮〉为个案的考察》中对歌谣和杂志等史料的发现与研究。

[①] 李永、周洪宇:《微观史学与中国教育活动史研究》,《大学教育科学》2010 年第 6 期。

(三)教育史学科基础性作用不断受到重视

自 20 世纪初教育史学科创立以来,中国教育史已有一百多年的历史了。在无数专家学者的努力下,中国教育史学科的发展已取得了令人欣慰的成就。通过整理近 20 年来的教育史研究成果发现,教育史作为教育学学科的二级学科,在教育学学科的发展过程中,其基础性作用日渐受到重视,对其他二级学科的影响也日渐加深,与其他二级学科的融合化、整体化的发展趋势日益明显。正如周洪宇说的,"任何一门教育学科分支学科的研究者,不学习和研究教育史学,是做不好其研究工作的"①。从古至今许多教育学家的例子已经证明了这一点。对近 20 年的研究成果分析可以发现:(1)非教育史学背景学者发表的教育史论文日趋增多,每个教育研究学者都在学习研究各自方向的教育史实和规律;(2)教育学下的其他二级学科对本学科发展史的研究也日渐增多。

吴小鸥针对教科书进行了一系列的教科书、教材史的研究,她在《南洋公学师范生与中国近现代教科书发展》一文中提出南洋公学师范生为推动中国教育启蒙而促进近现代教科书的发展。从研究论文脚注中的作者简介中看出,吴小鸥的研究方向为课程与教学论,且该研究的主题也是以课程史为主题,这充分表明课程与教学论学科史的研究受到了学者们的重视。无独有偶,于翠翠和徐继存在《建国十七年人民教师精神群像的形塑》中对新中国成立后 17 年的人民教师的历史境遇进行考察,揭示了 17 年中教师的精神群像。可以说,这是教师教育领域的研究成果,但是其中也有着教育史的研究方法和研究内容。除此之外,还有一些幼儿教育发展史、留学教育发展史等许多学科中的史学拓展研究。因此可以看出,今后教育史的发展已不再是单一的取向,更多的应该是与其他学科复合研究、交融发展,而且教育史在教育学这个大学科中的作用会越来越明显和突出。

三、近 20 年中国教育史研究的思考与建议

(一)历史经验总结研究有余,教训反思研究不足

通过对 555 篇文章的标题进行统计发现:题目中含有"启示"(26 篇)、"意义"(18 篇)、"价值"(9 篇)、"经验"(5 篇)等词语的文章共计 58 篇(占比 10.4%),含有"反思"(9 篇)、教训(0 篇)的文章仅有 9 篇(占比 1.6%)。这种差距充分体现出教育史研究中的发展趋势:学者的研究偏向于对历史上成功经验的总结介绍,对过往的失败教训的反思关注不足。

---

① 周洪宇:《对教育史学若干基本问题的看法》,《河北师范大学学报(教育科学版)》2009 年第 1 期。

德国哲学家狄根慈在《狄根慈哲学文集》中说过:"前人的错误给我们的教益,不亚于他们的积极成就给我们的教益。其实教益更多,因为错误是构成那通向普遍世界观的阶梯。"历史留下的成功经验固然重要,它可以引领后人走向成功;但失败的教训也同样重要,在某种程度上甚至更重要,它可以引导后来人在探索的路上避免走弯路或误入歧途。失败的教训也是一种经验,懂得反思的人,不管是经验或者教训,都能从中学到很多有益启示。美国哲学家乔治·桑塔亚那曾经说过:"那些不知道历史错误的人注定要重蹈覆辙。"①这意味着那些不能全面地了解过去的人注定只能重复前人走过的路,因此,在教育史研究中,必须全面了解过去的教育实践,在总结成功案例经验的同时不忘对失败案例教训的反思。

联合国教科文组织的报告《反思教育:向"全球共同利益"的理念转变》深刻贯彻了全面的经验教训总结法,对过去几十年的教育实践进行了深刻的总结与反思。针对不可持续的经济增长方式和消费模式导致全球气候变暖、环境恶化和自然灾害频发等问题,提出重申人文主义的教育方法,发出"教育必须找到应对这类挑战的办法,反思教育的目的和意义从未像今天这样迫切"②的呼吁。

在谈及过去的时候,人们总是说要总结历史的经验教训,然而多数人倾向于对历史经验的总结介绍,对于历史的教训反思却少之又少。殊不知,历史的失败可以为我们指明前进的方向,对历史教训的反思正是重新前进的方法。在今后的工作和生活中,我们要学习和借鉴别人的成功经验,也要以人家的失败作为教训,以警醒自己的工作不犯同样的错误,同时还要结合实际,与时俱进,才能不断地继承创新。在教育史学领域,我们也必须同样落实这一原则,全面客观地总结过去的教育实践活动,既有经验史的总结,又有教训史的反思,这样我们就可以避免进入"不读历史的教训,注定会犯历史的错误"的怪圈。历史的经验值得注意,历史的教训更应引以为戒。

(二)学术争鸣较少,缺乏高质量的学术讨论

本研究对选取的 555 篇论文标题进行关键词检索,题目中含有"探讨""商榷""辩论""讨论""商议"等词语的文章总计 5 篇(占比 0.9%)。教育史作为一门人文社会学科,还是需要更多的学术争鸣和讨论,"由于中国文化的博大精深和几千年来中庸之道的影响,国人在开展争鸣方面存在明显的先天不足"③。学术界的这种缺乏争鸣的氛围与当下的社会风气不无关系,在这个好人主义盛行的时代,人与人之间有问题但不去明确指出,有想法但不去加强交流,有过错但不去严厉批评。由于大家都碍于颜面和情分,更多的只是无关痛痒的简单评

---

① 乔治·桑塔亚那:《人性与价值》,陈海明等译,商务印书馆 2015 年版,第 9 页。
② 联合国教科文组织:《反思教育:向"全球共同利益"的理念转变》,教育科学出版社 2017 年版。
③ 游苏宁:《科技期刊应引导并开展学术争鸣》,《编辑学报》2004 年第 5 期。

论,真正发自内心深处的肺腑之言少之又少。然而,真正的学术界不怕而且需要健康的学术争鸣、论战乃至批判。学者们可以而且有必要就相同的问题,从不同的立场、视角展开学术交流与批评,这是促进学术界繁荣发展的重要路径。

"但我国学术界(包括高校)缺少学术批评的传统,其现状表现为:一是各单位(院系)、各学科内部没有学术批评,教研人员各自为政,自成一家之言,只埋头做自己的学问而不问其他;二是少见对某学术观点公开、客观的批评,却多见私下的议论甚至攻击。多数的期刊都以发表论文为主,不见学术争鸣的选题和栏目。"①学术争鸣论战推动学术发展在中华民族的历史上留下了深刻的印记。古代有先秦时期的诸子百家的治术争鸣,各学派人物各抒己见,争鸣论战,表现出百舸争流、争先恐后的竞争精神,当时的学术界呈现出一番千岩竞秀、万壑争流般的景观,形成了百家争鸣、百花齐放的局面,使得当时中国的文明程度远远领先于其他国家。新中国成立后,毛泽东主席提出了文化科学领域里的"双百方针",提倡文化科学工作者在自由思考的基础上开展学术争论,自由批评,使得当时学术文化事业呈现出生气勃勃的发展景象。

学术研究提倡"百花齐放,百家争鸣",最忌"统一思想,统一认识"。② 针对当下的学术风气,第一,我们可以借鉴中国共产党"批评与自我批评"的优良传统,在学术交流过程中,敢于讲真话,敢于讲逆耳之言,真实地反映自己的心声,做到知无不言、言无不尽,营造一个学术争鸣、论战的氛围。第二,各类学术期刊可以设置学术争鸣和论战的栏目,积极鼓励大家在对待有争议性学术问题时敢于"吵架"。第三,学者群体大部分集中在高校内,这就要求高校教师积极践行"其身正,不令而行"的精神,在治学态度上,给本科生、研究生等树立起开放包容、敢于争鸣、勇于批评的标杆,用榜样的力量来引领他们前行。

(三)区域性教育史研究需要加强

本研究对选取的 555 篇论文标题进行关键词检索,以"徽州教育文化""陕甘宁边区教育"为主题的区域性教育史研究的文章总计 10 篇(占比 1.8%),未见其他区域性的教育史研究。搜寻中国教育史学的各种权威著述,可以发现其研究对象"主要集中于教育人物思想与教育制度变迁,教育人物思想研究也仅仅是就教育史上的精英人物进行研究,教育制度也偏向宏观制度变迁概览"③。随着教育改革逐渐走向深水区,各区域教育改革发展都对理论支撑的要求越来越高,以往的对精英人物思想和宏观制度的研究已不能满足各地区教育理

---

① 朱荣华、刘国强:《学术不端文献检测系统的负效应及其反思——以高校、学术期刊的应用为例》,《编辑之友》2019 年第 7 期。

② 周洪宇:《对教育史学若干基本问题的看法》,《河北师范大学学报(教育科学版)》2009 年第 1 期。

③ 周洪宇:《学术新域与范式转换——教育活动史研究引论》,华中科技大学出版社 2010 年版。

论发展的体系支撑。所以,区域性、地方性的教育史研究已经箭在弦上,不得不发。理论上讲,该区域的教育历史实践经验对于本区域的教育改革发展更具借鉴和启发意义。比如说高校的管理者们都知道蔡元培提倡的"教授治校"理念是正确的,但是这种制度并不一定适合我国所有的高校,现在"双一流"大学教授与地方性大学、学院的教授在素质与能力方面存在一定差距,因此像"教授治校"这种宏观制度是不能一概而论的,所以区域性、地方性大学要回溯自己当地的教育实践史,在过去的经验中找寻对该区域发展有益的启示。

全球教育史学界要打破西方中心主义,不仅注重研究欧美发达国家的教育史,也要研究不发达国家和地区的教育史,尤其要注重研究东方,特别是中国的教育史,因为"光明来自东方"①。同理,一个国家亦是如此,不仅要研究发达省份和地区的教育史,也要研究不发达地区和乡村的教育史。以往的教育史学研究总是以精英人物、宏观制度的文献为研究对象,研究的结论进而也是针对精英阶层和宏观国家制度体系,与区域性民众和地方制度设计有着较大的距离,这种研究方向已不能适应新时代教育史学发展的潮流。因此,在未来的教育史研究中,一定要加强对区域性、地方性的教育史研究。不断扩大研究视野和领域,实现研究问题的多元化、研究内容的民众化,这样既可以给区域性教育发展提供理论指导和历史借鉴,又可以拓宽教育史的研究领域,推动教育史学繁荣发展。

本文的分析主要是基于对近 20 年来国内三份主要核心期刊(《教育研究》《高等教育研究》和《华东师范大学学报(教育科学版)》)上的 555 篇中国教育史学术论文的统计数据,并没有全部涵盖 20 年来的全部学术论文,因此并不能说准确地反映了近 20 年来的中国教育史的研究现状、发展趋势。在此,只是希望能够从一个侧面来了解近年来的中国教育史研究,从而对今后的教育史研究提出了一些思考和建议。总而言之,教育史学的繁荣发展是一项长期且艰巨的任务,需要我们后人付出更多的努力。

原载《教育史研究》2020 年第 2 期

---

① 申国昌、周洪宇:《全球化视野下的教育史学新走向》,《教育研究》2009 年第 3 期。

中国教育史专业硕士学位论文的选题与进路
——基于 2007—2018 年六所部属师范大学硕士学位论文的统计综述

◎周凯依 *

摘　要：本文以 2007—2018 年 6 所部属师范大学中国教育史专业的 511 篇硕士学位论文为基本素材，从论文所涉及的历史时代、针对的研究主题以及使用的史料与方法三个维度进行考察。结果显示，中国教育史研究的热点仍然是在晚清民国时期。为了让中国教育史的研究更加丰满，选题对中国古代传统教育也应有所观照；教育思想史和教育制度史仍然是主流的研究趋势，同时关于教育活动史、中外教育交流史、教育史学等的研究也相继出现；笔记、小说、童谣等新史料的发掘，叙事研究、计量史学等新方法的运用，让中国教育史的研究更加生动。同时，研究表明所选的中国教育史专业硕士学位论文存在质量不高、选题重复等现象，这也要求硕士研究生们要做好相关研究的梳理工作，尽可能地提高自己的写作能力，让自己的研究更有新意、有贡献。

关键词：2007—2018 年；6 所部属师范学校；中国教育史；硕士学位论文

　　中国教育史是教育学科中的基础学科，从 20 世纪初发展至今，不管是研究资料的搜集，还是研究范围的扩展，抑或是研究成果的发表都取得了重大的进展。随着研究成果的增多，越来越多的学者开始重视对教育史学科已有研究进行回顾和评介。

　　大部分学者进行述评总结研究，都是以已发表的期刊文章和著作为对象的，而专门择取学生群体，以学生的学位论文为对象的研究则相对较少。不过目前可以搜集到的相关论文已经可以给我们提供较多的参考和帮助，例如，肖朗发表的《教育史专业研究生的学术训练与修养——以学位论文选题为探讨中心》[①]、郝丽霞的硕士学位论文《2000 年以来教育史研

---

　　* 作者简介：周凯依，华东师范大学教育学部硕士研究生。
　　① 肖朗：《教育史专业研究生的学术训练与修养——以学位论文选题为探讨中心》，《河北师范大学学报（教育科学版）》2017 年第 6 期。

究的主要进展:基于学科内研究生学位论文的综合考察》①、杜成宪和李世宏合作发表的《成长的轨迹——华东师范大学教育学系 25 年来研究生学位论文分析》②等。

这些文章的研究切入点虽然都是选择了学位论文,但都侧重对博士学位论文的分析,对硕士学位论文的讨论则不多。因此,本文拟在这些成果的基础上,通过对 2007—2018 年可获得的 6 所部属师范大学③的中国教育史专业的硕士学位论文的数量及内容进行统计分析,以期对近 10 年中国教育史学科的发展情况进行一定的总结与反思,同时希望能够分析出近10 年中国教育史专业的硕士研究生研究的大体情况和存在的问题,并从学生学术能力的角度审视教育史学科的发展趋势。

一、总体概况

(一)篇目数量

根据 CNKI 中国知网、万方数据和 6 所学校图书馆中能够收集到的资料统计,2007—2018 年,6 所部属师范院校中国教育史专业的硕士研究生共完成硕士学位论文 511 篇,具体的论文数量与分布情况如表 1、图 1 所示。

表 1 6 校中国教育史专业硕士学位论文时间分布　　　　　　（单位:篇）

学校	2007 年	2008 年	2009 年	2010 年	2011 年	2012 年	2013 年	2014 年	2015 年	2016 年	2017 年	2018 年	共计
北京师范大学	9	14	16	4	8	7	7	5	8	5	5	—	88
华东师范大学	8	8	9	9	6	8	7	7	7	12	11	8	100
东北师范大学	9	11	8	6	7	6	13	6	9	4	6	5	90
华中师范大学	7	2	6	4	4	6	—	5	3	3	4	5	49
陕西师范大学	11	14	11	13	6	10	9	6	9	3	4	4	100
西南大学	7	9	4	13	12	8	5	10	5	5	4	2	84
共计	51	58	54	49	43	45	41	39	41	32	34	24	511

注: * 表中的"—"表示数据缺失。

---

① 郝丽霞:《2000 年以来教育史研究的主要进展:基于学科内研究生学位论文的综合考察》,南京师范大学硕士学位论文,2013 年。

② 杜成宪、李世宏:《成长的轨迹——华东师范大学教育学系 25 年来研究生学位论文分析》,《学位与研究生教育》2007 年第 2 期。

③ 6 所部属师范大学为北京师范大学、华东师范大学、东北师范大学、华中师范大学、陕西师范大学和西南大学。

根据统计,2007—2018年华东师范大学和陕西师范大学完成的教育史专业硕士学位论文较多,华中师范大学则相对较少,仅为其他学校的一半左右。而北京师范大学和华东师范大学的教育史专业作为国家重点学科,具有较高的科研水平和较强的师资队伍,在全国范围内有一定的影响力,学生完成的硕士学位论文数量也相对比较稳定。

根据图1呈现的硕士学位论文数量情况,中国教育史学科硕士学位论文的完成数量出现了逐渐走低的趋势,这也反映出中国教育史专业的学生数量在下降。近几年,随着教育学整体的不断发展,教育学各二级学科日渐受到重视,各高校在研究生名额分配上会出现一定的调整。教育史学科的学生数量减少,可能会让教育史专业出现式微的趋势。因此,教育史学科也需要找寻其他的发展方向,例如,加强跨学科的研究,打开学术研究的视野等等,而这些在硕士研究生的论文当中也有一定的体现。

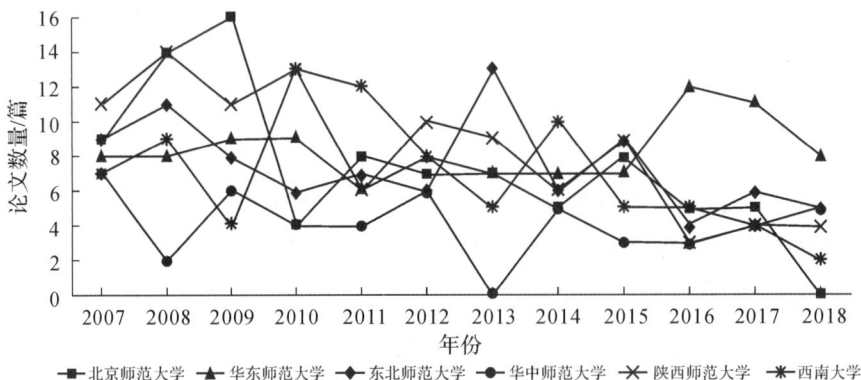

图1　6所师范院校硕士学位论文数量分布

(二)研究时段

为了进一步揭示2007—2018年6所部属师范大学中国教育史学科的硕士研究生研究的热点与趋势,本文对511篇硕士学位论文的研究时段进行了统计(其中没有明确反映研究时段的记入"通史类"),详见表2、图2。

首先,从整体来看,以晚清民国时期作为研究时段的论文最多,有262篇。这段时期是近10年中国教育史研究的重心。究其原因,一是这段时期的资料被人们有意识地系统地保管与整理,方便研究人员获得;二是此时期是新式教育产生和形成的特殊时期,对现代教育的发展改革有重要的参考价值。研究生多从教育家或教育群体的思想、各级各类教育的变革、教育活动的实施开展等角度进行研究。其次,以新中国成立之后为研究时段的论文也相对较多,有89篇。研究方向主要集中在课程改革的实施、高考制度的演变、教育政策的变迁、教育公平的实现等主题上。这段时期的中国教育史研究和教育学界的研究热点的关联性会更大、更先进一些,但也更容易受到相关主流观点的影响,失去了从历史的角度看问题的"点睛之处"。

古代教育史的研究则集中在先秦、两宋和明清等时段,而对于秦汉、魏晋南北朝、隋唐、元代等时代的研究相对较少。研究主要涉及重要教育人物的思想,以及女子教育、社会教化、童蒙教育、家庭教育等新兴的教育研究主题。跨时代的教育研究主要是对两个或两个以上在某个问题上具有代表性的朝代,进行横向或纵向的比较,从而突出研究对象的价值和对今天教育发展的启示。

表2　6校中国教育史硕士学位论文研究时段分布　　　　　　　　(单位:篇)

时段	北京师范大学	华东师范大学	东北师范大学	华中师范大学	陕西师范大学	西南大学	总计
先秦	4	2	9	0	0	1	16
秦汉	2	1	1	0	0	2	6
魏晋南北朝	0	0	2	0	0	0	2
隋唐	3	2	3	0	1	0	9
两宋	7	3	12	1	4	0	27
元	3	0	1	0	0	0	4
明	9	1	0	1	1	0	12
清前、中期	5	5	2	1	3	1	17
晚清民国	41	48	28	39	51	55	262
中华人民共和国	3	28	22	4	20	12	89
通史	1	3	3	0	7	0	14
跨时代	10	7	7	3	13	13	53

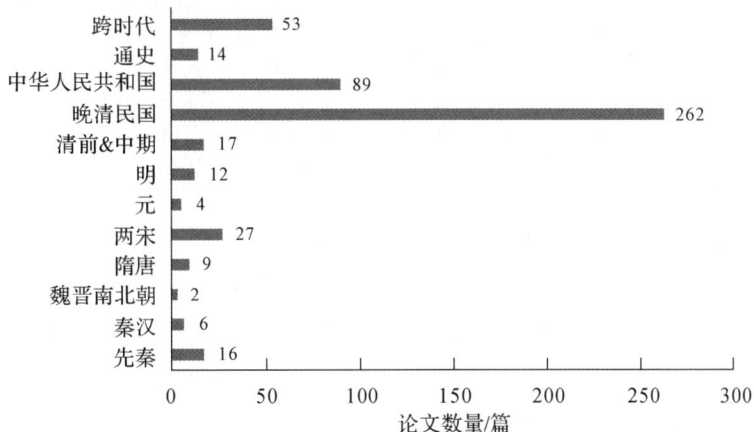

图2　511篇学位论文所涉时段分布

二、研究主题

(一)人物与思想

1. 教育人物

本文判断一篇硕士学位论文的主题是体现某一位或某几位教育人物的标准是:(1)论文的主标题以及章、节、目的标题中出现教育人物姓名并作专门的介绍的;(2)对教育人物群体进行论述(例如"儒家""道家""老庄"等),在论文中明确提到几人就统计几人,没有明确提及个别人物的,就根据情况归入"群体";(3)只讨论作品或思想,而未对人物进行正面而专门的论述的不计入此种情况。

按照上面的标准进行统计,在全部 511 篇硕士学位论文中,以"教育人物"为主题的论文共 110 篇,总共论及的教育人物有 93 人。很显然,6 所学校的同学在选择研究目标的时候有较大的差异,选取到相同的教育人物的情况非常少见。研究者选取的教育人物以及出现次数见表 3。

表 3　6 校硕士学位论文中教育人物统计

出现次数	教育人物名称
3-4 次	朱熹(4 次)、孔子(3 次)、孟子(3 次)、舒新城(3 次)、陶行知(3 次)、普通教师群体(3 次)
2 次	傅斯年、老子、李鸿章、李蒸、梁漱溟、廖世承、林砺儒、俞子夷、张伯苓、张謇、庄子
1 次	艾伟、蔡元培、曾国藩、曾昭抡、常直道、陈诚、陈东原、陈衡哲、陈平原、陈时、程今吾、邓萃英、狄考文、范源濂、范仲淹、冯玉祥、傅兰珠、傅雷、顾树森、顾毓琇、郭秉文、胡瑗、黄溥、黄宗羲、蒋梦麟、蒋维乔、经元善、雷沛鸿、李塨、李叔同、李维格、梁启超、刘百川、刘泽如、刘宗周、柳诒徵、鲁迅、陆九渊、陆世仪、罗家伦、马君武、欧元怀、钱穆、孙培青、陕西维新人物群体、任鸿隽、容闳、沈百英、司徒雷登、苏青、孙敬修、邰爽秋、王安石、王国维、王阳明、吴研因、吴玉章、荀子、颜元、颜之推、晏阳初、杨昌济、杨东莼、杨东平、叶圣陶、余治、俞庆棠、袁希涛、张焕纶、张雪门、张载、张之洞、张宗麟、赵廷为、庄泽宣、左宗棠

第一,在上列 93 位教育人物中出现次数最多的 5 位是陶行知、朱熹、孔子、孟子和舒新城。这 5 位在中国教育史上都是具有一定地位的,出现次数较多实属正常。孔子、孟子和朱熹一直是古代传统教育中绕不开的热门人物,而陶行知和舒新城在近代中国教育的发展中也贡献颇多,其他还有几篇论文因为只是提到了他们的相关思想和实践,但并没有对他们本人进行正面的讨论及评价,因此并没有归到此类当中。

关于孔子的研究,主要是分析《论语》中孔子所提倡的"孝教"、美育思想等主张,还有分析《诗经》中孔子的"诗教"思想。关于朱熹,则主要讨论了他所提倡的"为己之学"以及家庭教育、书院教学等相关的思想主张。对于孟子的讨论,主要集中在他所发展延伸开的"性善论"和美育教育思想等方面。陶行知作为近代中国教育发展的先驱,研究者多对他的农村幼儿教育思想、义务教育免费思想、科学教育思想进行解读与剖析。与舒新城有关的讨论则主要集中在他进行的道尔顿制教学的实验上,也有研究者将他所主张的义务教育免费的思想与陶行知的相关思想作对比。

第二,硕士学位论文中所论及的其他教育人物在中国教育史上的重要性与其被论及的次数不是十分对应。有些教育人物在教育史上具有较高的地位,但是学生的相关研究却较少。最为典型的是董仲舒和蔡元培两位。董仲舒作为奠定儒家思想地位的代表人物,并且近几年学界对其的讨论热度也较高,但是6所学校的硕士研究生近10年间却并未对其进行专门的讨论。而蔡元培为发展中国新文化教育事业做出了巨大的贡献,并且2018年是蔡元培诞辰150周年,却只有2011年的一篇文章讨论他的女子教育思想。当然,也有一些教育人物做出的贡献较小,但是被学生选择作为硕士论文的研究对象的,此类将在后文进行详说。

第三,除了东北师范大学以外,其他5所学校的硕士研究生们都选取了与该校所在地或与该校历史背景有关的教育人物。例如,北京师范大学的硕士研究生所讨论到的陈平原、杨东平,华东师范大学硕士研究生所讨论到的欧元怀、艾伟,华中师范大学硕士研究生所讨论到的陈诚、杨东莼,陕西师范大学硕士研究生所讨论到的刘泽如、陕西维新人物群体,西南大学硕士研究生所讨论到的卢作孚、吴玉章等人。这其中大部分的论文篇幅都不是很长,除去绪论和附录部分,仅有20～30页,原因在于这些人物的经历较简单,相关学术著作不多,提出的观点与主张不具有较大的代表性或颠覆性。但是这些人物所做出的贡献是我们不可忽视的,这样的篇幅建议可以作为期刊论文整理并发表,作为硕士学位论文稍显内容单薄。或者搜集更多的材料,让论文的内容更加充实。

第四,110篇相关硕士论文所论及的93位教育人物中,古代的教育人物仅有17位。原因大约在于:一方面,古代教育人物流传下来的著作及史料相对较少,且前人已经做过很多相关的研究,而硕士研究生一般学力尚浅,还难于推陈出新地对古代教育人物做更深层次的剖析;另一方面,晚清民国之后的教育人物能收集到的史料比较丰富,有些还可以通过对其亲友的访谈来加深了解,对于硕士研究生来说更便于成文。另外,近代的教育人物可以说是最先接受西学影响、学习西方的教育理论,并在中国本土推行运用的,研究他们的思想及实践活动对中国目前的教育情况可能更有借鉴意义。

第五,从表中我们可以看到普通教师群体也是出现频率较高的人物,这也是近年来中国教育史研究的一大趋势——学术眼光下移,关注大众的教育情况。通过对这些普通教师进行访谈,再参考相关的文献记载,运用口述史和叙事研究的方法,将这些教师的教育经历、教学生涯、教学观念等等进行生动的呈现,从而更加真实地反映中国教育的发展情况,也能更加清楚地了解到教师群体的想法以及遇到的各种问题,有利于国家相关政策的制定与实施。

2. 教育思想

如果一篇硕士学位论文主要以教育实践中所运用的思想作为研究对象,研究它的内容、实践、价值及影响等等,本文就将其归纳到教育思想这一主题之下。在统计的全部 511 篇硕士学位论文中,有 97 篇文章隶属教育思想研究。其中有 59 篇主要讨论古代中国的教育思想,有 38 篇主要讨论近现代中国的教育思想。

(1)古代教育思想。有关古代教育思想的讨论主要涉及先秦诸家教育思想、家庭教育思想、女子教育思想、社会教化思想、童蒙读物中的思想和科举考试相关思想 6 类。这其中有一些论文的研究主题是相互重叠的,那么就根据论文论述的重点所在,将其算入相应的类别当中,如图 3 所示。

"教化"指的是上位者采取的某种化育民众的政策、理想和手段,浸润到社会生活的方方面面,使下层民众的精神世界发生深刻变化,从而对中国社会传统产生深刻的影响。6 所学校当中北京师范大学在这方面的研究比较突出,有 16 篇论文都谈到了社会教化的问题。用到的材料有儒释道各家经典、乡约、日用类书、宝卷、旌表、弹词、诏书、官箴、功过格、小说、戏曲,等等。这些材料有的是因为皇权强制推行的,有的是民间私下制定、流传并遵守的,有的则是对当时社会教化的实际记录。通过对百姓进行方方面面的广泛教化,普通民众对统治阶级的社会文化意识有了认同并慢慢接受,从而影响甚至改变其原有的文化意识。

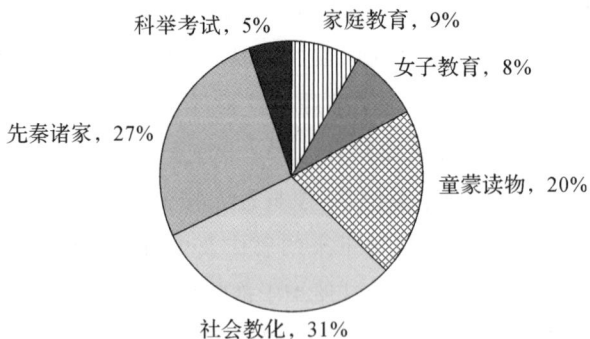

图 3　古代教育思想涉及话题分布

先秦诸家的教育思想一直是教育史研究当中的重点,当然也是 6 所学校的同学们关注较多的话题。各家学派的思想博大精深,有从《大学》《中庸》《易传》《庄子》等相关著作中进行引申分析与解读的,也有将各家的思想特点和现代社会的需求结合起来进行研究的,例如,法家的法制教育思想和现代建设法制社会的结合、道家的自然主义思想对课程改革的启示。除了先秦诸子的教育思想一直是研究的热门之外,唐宋时期的思想是中国古代教育思想发展的第二次高峰时期,对这一时期的原创性教育思想进行整理与归纳是一个重要的工作,同时这段时间里禅宗的思想得到了极大的发展,与传统的儒家思想进行了激烈的碰撞与融合,因此对禅宗、道教所提倡的教育思想进行研究也是一个不错的选题。

中国自古对儿童的教育就十分关注,认为只有让儿童从小得到好的教育,才能较早地形成良好的习惯,具有优秀的个性品质。可见蒙学从产生起就承担着启蒙、修身的作用,其中蒙学教材更是不可忽视的思想载体。因此,在对童蒙教育进行研究的学位论文当中大部分都是以蒙学教材作为研究对象,讨论其中蕴含的特征意涵、价值取向、科学思想,等等。中华民族是诗的民族,很多童蒙读物都是以诗歌作为载体,华东师范大学的硕士研究生抓住"教子诗"这个特殊的载体,对每个朝代的教子诗的特征、主题及思想进行了研究,形成了一个论文系列。除此之外,童谣、小说、神话等文化载体中的教育思想也有同学进行研究,但是选择的人不多,还有很多可以发挥的空间。

根据统计的结果,我们还可以发现女子教育、家庭教育等新的话题也受到了 6 所学校同学们的关注,这些话题因为是最近 20 年左右才开始进行大规模研究的,所以大家用到的史料与参考资料相对比较单薄。例如,研究家庭教育思想时用到的家训,研究女子教育思想时用到的女四书,这些属于比较基础的研究材料,但如果可以找到更多的材料作为研究的佐证,会给这些研究增加不少色彩。对于科举考试,以往教育史学界都是对其相关的教育政策和考试形式的讨论,而北京师范大学和陕西师范大学的同学则是从一些记录与讨论科举考试的文本入手,探究其中所蕴含的教育思想与教育观念。

(2)近现代教育思想。本文将与近现代教育思想有关的论文大致分为家庭教育思想、女子教育思想、职业教育思想、教师教育思想、学校教育思想、杂志读物中的教育和其他教育思想 7 类。每个话题所占比例如图 4 所示。

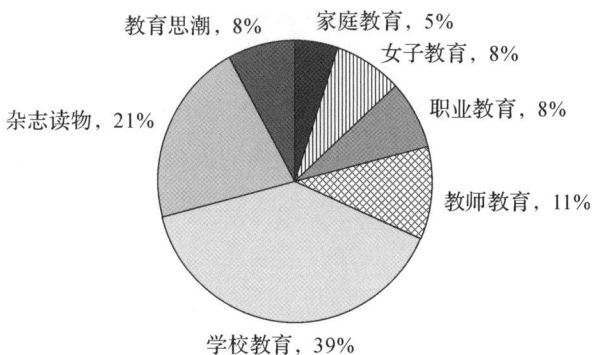

图 4　近现代教育思想涉及话题分布

晚清民国以来,各种各样的教育思潮和教育思想在中国相互交锋与融合,西方新式学堂、新学制的进入,对中国传统的教育格局产生了极大的影响。随着职业教育学校、女子教育学校和教师教育学校的相继出现,国内对这些新类别的教育思想的讨论也是源源不断。不过,关于这些话题的讨论,大部分硕士研究生更注重它们在中国的实践推行情况,而对指导思想进行分析研究的尚在少数。

新式学堂的出现是民国时期教育体制转型的重要影响因素,对学校教育思想的研究也因此成为热门的选题。首先,学校的创办肯定是有一个相应的办学宗旨的,反映到学校学生的身上,就是学校的"校训""校歌"等等,它们的内容一般都不是很长,但是短短的几行字或一段话却可以包罗万象,寄予学校对学生的厚望,因此有同学选择了民国时期一些著名的学校作为研究个案,研究这些学校的校训、校歌的演变以及对学生的启发影响。其次,教科书也是学校教育思想的一种体现,尤其是语文教科书、公民教科书、修身教科书等以道德思想教育为基础而编辑的教科书,对当时学生的思想道德、权利等意识的培养有很大的启蒙作用,因此对这些教科书内容的选取、价值的取向、插图人物的呈现等进行研究也是值得关注的话题之一。最后,对学生的培养要"因材施教",这是自古以来就有的传统,而在新式学校当中如何运用个性化教育的思想,对天才儿童的培养要用怎样的教育思想,科学教育要如何进行等问题都可以发散出整篇学位论文。

受到西方的影响,报纸杂志等便于传播推广的媒介形式在我国出现并且得到了不错的发展。近现代很多著名的教育家、思想家都组建加入报刊社或者通过杂志报纸,将自己的教育思想与理念发表,在与别的教育界人士交流互动的同时,也让自己的教育思想得到更广泛的推广,形成更大的影响,例如《美育》《教育杂志》《学衡》《申报》《安徽俗话报》《大公报》,等等。这些杂志报纸里的文章往往代表着当时最先进的教育理念,各位教育家的思想在这里进行激烈的思想碰撞,同时对普通民众的思想有着潜移默化的影响,对这些文章和他们背后的教育家群体进行研究,不但可以对相关教育家们的思想进行补充佐证,还可以对民国时期教育的热门话题的观点进行梳理分析,对现代教育的发展提供一定的思想基础。随着出版业的蓬勃发展,各种读物的出版发行,不仅是对学校教育的补充,也是帮助进行社会教育的一种手段方式,例如,有同学考察了近代科普读物的发展情况、晚清竹枝词中的教育世界,等等。

(二)制度与政策

1. 学校制度

在511篇硕士学位论文中涉及最多的研究主题是关于学校制度的讨论,共有156篇论文。根据论文的具体内容,本文将其划分为不同类别,如表4所示。其中,教师教育类不仅包含了师范院校相关的论文,还包括了与师资培养、管理相关的论文;其他类包含的是从内容中看不出明显的类别指向或者横跨了多个类别且无明显偏重的论文。

表 4　学校制度涉及主题分布　　　　　　　　　　　　　　　（单位:篇）

主题名称	官学教育	私学教育	学前教育	基础教育	高等教育
篇目数量	18	9	5	51	24
主题名称	教师教育	职业教育	比较教育	特殊教育	其他
篇目数量	25	12	1	2	9

第一,关于基础教育的讨论在数量上大大领先于其他的话题。在这 51 篇论及基础教育的论文当中,选题方向主要有 3 类。首先,关于中小学教育发展的纵向分析研究。这些论文从不同的角度展现了各个时期中小学教育发展的特色。其次,关于各地有特色的中小学的校史研究。华东师范大学的硕士研究生在这一部分做得比较突出,为上海市一些有特色的学校校史整理做出了很大的贡献。最后,关于中小学课程及教学的研究。民国时期,西学的一些课程传入中国,例如,体操(育)、物理、化学等等,还有一些女学中的特色课程,例如,家事、裁缝等等,这些课程的起源与发展也是值得关注的话题。还有类似于道尔顿制、"廉方教学法"等教学方法的试验及其经验也可以给现在的教育教学提供一定的参考。

第二,由于 6 所学校的师范院校属性,因此学生对与教师相关的制度研究也显得格外偏爱。话题切入点也比较多,从宏观上梳理一段时间内教师教育发展变革情况的有之,从教学内容的角度讨论师范学校课程设置与改革情况的有之,用发展的眼光看教师的实习、培训、管理、职后教育模式的也有之。这些话题几乎囊括了一个教师从学校学习到入职培训再到职后教育等职业生涯中一系列的相关内容。同时,中等和高等的师范学校、城市和乡村的师范学校等各种类别也都有提及。而相比于教师教育,职业教育、比较教育、特殊教育等各类教育的研究则显得太过薄弱,大多只做了时间线上的梳理工作,各个学校的硕士研究生在以后的选题过程中可以多多往这些方向考虑。

第三,6 所学校的硕士学位论文中有关古代官私学的讨论则释放出了一个明确的未来发展趋势的信号。在过去的研究当中着眼于国子监、太学、学田制度、书院教育等的人过多、过于集中,而在 6 所学校的硕士学位论文当中大家的选择则比较分散,目前也有关于画学、经学、律学、阴阳学等官学中的其他机构发展的研究,还有关于各地私塾、义学等的开办情况的研究。这是在以往的学术研究中还没有着重涉及的部分,因此研究者只要能选取一个独特的解读视角,把相关的资料进行整理与解读,对于硕士研究生来说这将会是比较出彩的文章。

第四,被划分到其他类的论文当中出现了很多选题新颖、视角独特的话题,这些话题都可以有很多新的阐发,这里列出来给大家提供一些参考。例如,秦孝公至秦始皇时期,秦国的法制教育的理念与实施情况[1];魏晋南北朝时期,社会发展变化与隋代教育关系研究[2];清末民初时期,蒙学教育向小学教育是怎样一步步地过渡与改革的[3];民国时期,江苏的教育视导制度的制定与运行情况[4],政府对私立学校的管理情况[5],电化教育的传入与传播情况[6];从教学媒体的变化来解读我国教学组织形式的演变[7];从壬戌学制的确立实施过程来考察北洋政府时期教育界"自下而上"的运作方式[8];赣南地区客家人的教育在中国古代的发展情况[9];等等。

2. 教育政策

在讨论教育制度的学位论文当中,有一部分论文旨在专门讨论教育政策的演变和影响,这里可以把这 34 篇论文单独拿出来分析统计,其中有 16 篇是东北师范大学硕士研究生的研究成果,可见东北师大在教育政策研究当中的贡献。

教育政策的研究涉及的内容非常丰富:古代文教政策、学制制定、基础教育政策、教师教育政策、职业教育政策、学前教育政策(包括社会化办园政策)、高等教育政策(包括重点大学政策)、留学教育政策、教育公平政策等等都有相关的研究成果,尤其突出县市或者农村地区的教育政策制定与实施情况。这里面所占比例较多的是关于教师教育政策和教育公平政策的讨论,前者有 9 篇,占比 26%;后者有 7 篇,占比 21%。

百年大计,教育为本;教育大计,教师为本。教师教育事业的不断发展离不开教师教育政策的不断完善。教师资格制度决定了什么样的人符合成为一名教师的标准,这项政策的实施保证了教师队伍的质量。关于教师资格认定的研究不在少数,其中有些同学的论文内容也因此有所重叠,有从时间的维度对教师资格制度的变化进行梳理的,也有从空间的维度对同一时期不同省份地区的具体实施情况进行比较的,还有从文本的维度对政策的规定进行解读的,充分分析了教师资格制度的特点以及不足之处。由于教师的种类较多,针对不同种类的教师制定的政策肯定是不一样的,因此如果从大的方向上不好把握的话,可以选择从小一点的角度入手,例如,6 所学校的同学们也选择分析了农村义务教育教师、学前教师、中

---

[1] 孙浩:《秦孝公至秦始皇时期的秦国法制教育研究(公元前 361—前 210)》,东北师范大学硕士学位论文,2015。

[2] 盛莹:《魏晋南北朝时期社会发展变化与隋代教育关系研究》,陕西师范大学硕士学位论文,2009 年。

[3] 姜恕:《清末民初蒙学教育向小学教育的嬗变之路》,陕西师范大学硕士学位论文,2012 年。

[4] 陶圣琴:《江苏教育视导制度研究(1927—1937)》,北京师范大学硕士学位论文,2007 年。

[5] 齐宏萍:《民国时期政府对私立学校的管理》,华东师范大学硕士学位论文,2018 年。

[6] 梁娜:《民国时期电化教育研究(1920—1949 年)》,西南大学硕士学位论文,2011 年。

[7] 尹晖:《从教学媒体看我国教育教学组织形式的历史演变》,华东师范大学硕士学位论文,2010 年。

[8] 莫瑞柏:《壬戌学制的奠基、成型与实践:北洋政府时期教育界"自下而上"运作方式考察》,华东师范大学硕士学位论文,2012 年。

[9] 李丽云:《赣南地区客家教育研究》,陕西师范大学硕士学位论文,2007 年。

小学教师包括教师职后教育等的相关政策。

"教育公平"的问题一直以来都是我国教育界讨论的热点话题,每一年"两会"的教育议题都绕不开"教育公平"。保障每个孩子受教育的权利是我们国家一直在提倡,也在努力践行的。自晚清民国以来,免费教育就得到了提倡与普及,政府也是大力地支持并且尽可能地保障资金的充沛。1986年,"九年义务教育"政策的颁布与实施,再加上督导政策的有效监督,很多流动人口子女、穷人子女都获得了入学读书的机会,提高了国民的受教育水平。但是也伴随着流动人口子女的融入城市,城乡教育发展不均衡等问题,这些问题都非常值得讨论,并且希望能得以解决。另外,华东师范大学的同学从基础教育学龄人口的空间分布这个角度,分析了上海这种外来人口大量导入的城市的情况,从历史的角度分析人口流动的趋势,依据这些学龄人口的空间分布状况,政府可以更好更合理地规划、均衡配置教育资源。

3. 考试制度

除了学校教育制度与政策之外,考试制度也是中国教育史研究中比较重要的板块,但是在511篇硕士学位论文中涉及考试制度的数量相对较少,仅有9篇。这样的比例也显示出在过去10年里,6所学校的同学对考试制度的关注度还不够,也就是说,在考试制度方面还有很多可以往下继续深挖之处。

科举考试制度是中国古代选拔人才的重要制度,沿用了1300年,对中国社会的发展产生了重大的影响。到了清代,由于统治阶级希望在思想上控制民众,导致了科举制度不管是在考试内容还是在考试形式上都变得僵硬刻板。士子中举的关键在于八股文的写作,因此八股文读本开始出版发行,这种类似于高考满分作文一样的读本一经上市便受到哄抢,士子终日沉湎于研习八股文的写作,眼界和思维都受到了极大的束缚。正是因为科举考试制度的呆板,清朝应试化教育的现象极为严重,士子们在学习目的、学习内容和学习方法上都发生了极大的改变,学风、考风也受到了严重的影响。由于国家培养不出更多的真正的人才,在时局动荡、外强环伺的清朝末年,"废科举"成为兴才强国的突破口。但是废除科举制也不是骤然就能成功的,在科举废除之际有很多不同的声音,例如,有的人主张"变",认为制度不可废,只需调整一下内容即可;有的人主张"废",认为科举已不能应对时势需要,有碍新式学堂发展,必须废除;但是当科举制度真的被废除,在社会上也没有引起太多的反响,反而有很多读书人因为失去了向往与动力,请求"复"科举。在各种各样的声音交织之下,科举制度走到了尽头。

民国前中期,国立大学基本都是自主命题,自行组织考试,自行阅卷,根据各自学校专业及需要决定录取学生人数,招生自主权主要掌握在学校手中。随着抗日战争的爆发,国民政府为了顺应时局的需要,适时调整国立大学的招生考试政策,逐步加强对大学招生的控制,开始由政府统一组织招生考试,成立招生委员会负责考试的准备、举行、阅卷、录取等工作。

对于战争冲突激烈的地区,教育部还另外制定了特殊的招生考试办法,最后发展成为多元化招生考试的模式,保证了战时高等教育的稳定发展,为抗战及战后新中国成立培养了大量人才。21世纪以来,高校自主招生政策又开始试行,成为我国高考改革中的新亮点,但同时也带来了诚信、公平等方面的问题。日本的大学招生制度与我国招生制度十分相像,因此对它的招生考试制度进行具体的历史考察和理论分析,可以为完善我国高校自主招生制度提供一些参考。

对于中高考制度的历史研究是更具有现实意义的,目前我国关于中高考制度改革的讨论特别多,从历史的角度对中高考制度的发展进行回顾与分析,可以为我国现阶段考试制度的改革提供坚实的理论基础。中考与高中招生政策作为基础教育阶段的一项重要政策,是衡量一位初中生是否达到毕业标准的考试制度,也是高中进行招生录取的关键性依据。在国家主要政策文件的引导下,全国各地都在进行改革,结合各省市的改革经历,分析中考和高中招生政策的发展过程是一个可以借鉴的切入点。考试制度的改革与课程的改革是密切相关的,目前我国正在对高中的课程标准进行改革,那么高考就必然要适应课程的改革,做好衔接与引领的工作。在这方面,美国、日本和我国都有过相关的经验可以借鉴,我国也率先在一些省市进行课程和高考改革衔接的试验,提供了一些本土的经验。这些经验对我国解决普通高中新课程改革与高考改革的衔接问题有不小的帮助。我国高考制度的变迁在本质上是文化变迁,高考制度背后所展现的价值观念和思维方式,即是其文化意蕴,“文化是高考制度改革必须考虑的因素,理性是高考文化应有的思维方式,公平与效率是高考文化的核心价值思维方式,价值观是高考文化创新的源点。”[①]

除此之外,会考制度的发展也受到了关注,会考制度以及后来的学业水平考试设置的初衷是扭转应试教育带来的偏科现象,可以更好地促进高中教育的发展,培养学生全面发展的能力。

4. 教育经费

关于教育经费的研究,在“教育制度”的主题当中属于比较特殊的一类,因此这里把和教育经费有关的7篇学位论文单列一类。东北师范大学的3篇论文是2008—2009年的研究成果,其他4篇都是近5年的研究成果,因此这个话题是具有研究潜力的,很有可能成为中国教育史学科未来的研究发展趋势之一。

华东师范大学的同学着重对民国时期私立学校经费的筹措方式进行全面考察。论文将民国私立学校的经费筹措方式分为外源性和内源性两种,外源性经费筹措方式包括公私捐款、政府补助、基金资助三个方面,内源性经费筹措方式则包括学杂费收入、校产收益两个方

---

① 李涛:《新中国高考制度变迁的文化透视》,西南大学硕士学位论文,2010年。

面。"教育捐赠"是民国时期私立学校办学经费的主要来源。西南大学的同学结合我国近代的国情和社会背景,以1912—1937年私立大学的发展脉络为主线,系统收集并整理出这段时间内私立大学发展过程中的捐赠情况,包括捐款的大体概况、捐赠主体、捐赠动因、捐赠形式、捐赠渠道等。通过教育捐赠的方式,民国时期的私立大学具有了办学的物质基础,使大学学科的发展、人才的培养拥有了更好的资源,高等教育的发展保持了稳定性、均衡性和多样性。

陕西师范大学的同学则将目光聚焦于民国时期政府直接管辖下的中等及其以上学校中的贫寒学生,以学生资助制度为研究对象,探索民国时期的贫寒学生是如何获得受教育的权利和机会的。论文采用纵向梳理和横向分析相结合的方法,在尽可能全面地呈现民国时期学生资助制度化的历史演变进程的基础上,对资助主体、资助方式、资助规则进行具体的分析。华中师范大学的同学同样关注到了教育救助的问题,抗战时期东北的教育环境遭到破坏,东北学生流亡到了全国各地导致教育中断,在海外留学的学生也面临着学费中断的经济困境,因此,国民政府教育部采取了一系列措施对东北学生进行教育救助,为东北的教育事业保留了一线生机。作者在对学生人数和救济经费的呈现中采用了计量史学的方法,让论文的数据更加直观,利于分析。

义务教育的发展是国家国计民生中的重大问题,也是我国目前和今后一段时期工作中最重要的问题。在义务教育的问题中,经费问题依然是制约义务教育向更高质量和层次发展的主要障碍。东北师范大学的同学通过对民国时期义务教育发展的情况的分析,从教育经费的投入与困境、教育经费筹措的原则及特征两个角度总结出义务教育经费筹措的相关经验,从而能够对当今义务教育经费的筹措提出一些有效的参考和建议。

除了义务教育的经费问题之外,东北师范大学的两位同学则研究了师范教育的学费制度问题,一位梳理了新中国成立以前的师范教育学费制度,另一位则研究了新中国成立以后的部分。两位同学对师范教育学费制度的发展变化历程进行了非常系统且详细的梳理,对近代学费制度的特点和变化原因加以分析,同时发现了新中国成立以来的制度当中的长处与弊端,以期对现在的师范教育学费制度的制定有所启示。

(三)活动与运动

笔者在对6所学校硕士论文分类的过程中发现,确实有很多论文将其放到传统的教育制度和教育思想两个大的框架当中,这并不十分合适,没有能完全体现这些论文的写作重点,因此这里另外列出"活动与运动"这一研究主题,将511篇学位论文中的51篇分到了这一主题之下,话题分布如表5所示。

表5　活动与运动涉及话题分布　　　　　　　　　　　（单位:篇）

话题名称	社会教育	教学活动	民间社团	教育运动	家庭教育	女子教育
篇目数量	11	10	9	8	7	6

1. 社会教育

社会教育的具体开展形式是多种多样的。清末民初之际,通俗教育成为传统社会教化和近代社会教育的过渡阶段的主要表现形式,西方的先进科学观念与中国传统的儒家道德教育思想相互交融,为民国时期以行政推动为主导的社会教育奠定了基础。

抗战时期,受近代社会教育思潮的影响,为了获取民众的支持,巩固政权建设,中国共产党在多个革命根据地展开大规模的社会教育,结合根据地的实际情况,开展了不同内容和形式的教育活动,有正规教学的夜校冬学等,也有寓教于乐的板报集会等。国民政府也同样重视民众教育的开展,尤其是重庆具备了一系列开展民众教育的有利条件——政策的制定、资金的支持、机构的完备。社会教育的开展给民众提供了更多受教育的机会,扫除了一部分文盲,提高了民众的素质及生产力,唤醒了民众的民族意识,为全面抗战做出了一定的贡献。

除了全面的对某个时期、某个地方的社会教育进行整理研究之外,有的同学还选择从小的方面入手,来展示社会教育当中某一项活动的具体实施情况,例如,识字运动的推行、针对女子的社会教育、村落教化的发展,等等。近代以来,博物馆教育已经成为社会教育的主要形式,因为专业与娱乐并存,直观易于推广等特征,它在社会教育的过程中承担了重要的作用。因此,以"博物馆教育"为个案进行研究,展现它的组织架构、主要内容和活动等等也是一个不错的选题。

大学是将一个人与社会衔接起来的重要阶段,除了教学与科研之外,社会职能也是大学的重要职能之一,它势必在社会教育的发展过程中起着举足轻重的作用。民国时期,大学中的学生很多都参与到了社会教育的推广之中,他们在其中扮演着怎样的角色,做出了怎样的贡献,这都是值得研究的问题。6所学校当中有两位同学做过这方面的分析,角度比较新颖,在分析大学的社会服务职能的同时,窥见当时社会教育的发展状况,还能给现代大学的建设与发展提供一定的借鉴与参考。

2. 教学活动

历史研究实际上是一个与古人对话的过程。传统的教育史研究关心的是国家的教育政策、重要的思想家的教育思想。现在的教育史研究更倾向于关注对古代教育生活的回顾与再现。

研究唐代禅宗选拔弟子的流程、元代儒士的游学经历、明代地方官学的日常生活、清代的科举考试活动等的论文,从古代的各种典籍文献当中把有关古代学生求学、就学、考学、选拔的经历的记录进行摘录与整理,通过叙事的方法将这些事情一一道来,就好像是我们亲身经历了这些教育活动一般。

民国时期以来,各种教育思潮在我国孕育流传,军国民思想让很多普通学校的学生们参加了军事训练;教育学科艰难起步,北高师教育研究科的学生在进行各种学术研究活动;中国共产党为了更好地开办教育、制定教育政策,在延安地区宣传和学习陶行知的教育思想。从这些具体的事件中,我们可以感受到近代教育改革的艰难历程。

教学活动也可以反映教育的发展变化轨迹。例如,通过一家子孙三代的受教育经历,可以看到蒙古族的教育在不断改变;通过商务印书馆出版的相关丛书,可以看到中学英语教育的发展状况;通过幼儿园中故事活动的内容与实施情况,可以看到幼教改革的推进过程。

3. 民间社团

民国时期,时局动荡,民间爱国志士纷纷创立了很多教育社会团体,探寻教育救国的方法和出路,它们在中国教育的发展过程当中发挥了很大的促进作用,具有重要的社会功能,推动了民国时期各级各类教育的出现与变革。

西南大学和北京师范大学的同学先后注意到了中华职业教育社在中国职业教育现代化和提倡职业指导两方面所占有的重要位置。职教社主要通过报纸期刊来向群众普及职业教育的相关理念,并且创办中华职业学校来进行教育研究与试验,探索出了适合中国的职业教育模式和理论体系。同时,职教社还十分注意对学生的职业发展的指导,他们借助演讲的力量,在中小学当中宣传推广职业指导,同时引入各种量表增加指导的科学性,尽管未能成功推行到全国,但是仍然给我们今天的职业指导打下了坚实的基础。

中华平民教育促进会(简称平教会)是平民教育运动的中流砥柱,他们深入乡村进行试验,也为中国的乡村建设运动做出了巨大的贡献。例如,平教会在定县开展了丰富多彩的文艺教育活动,如平民文学、艺术教育和农村戏剧等等,通过这些活动,对农民进行了全方位的教育。这样既能丰富劳动人民的生活,也能对民间传统文艺进行保护,有利于唤醒群众的民族意识,一致对抗外敌。随着农村工作的深入,平教会也认识到培养乡建人才的重要性。他们建立平民学校,开设适合乡村改造的课程,并且在试验区给学生提供实习机会,为中国的乡村建设培养了一批不可多得的人才。

6 所学校的硕士论文当中还提到了很多社团,例如,当时中国最大的教育社团中华教育改进社,体察国内各方面教育状况、举行教育年会进行交流的全国教育会联合会,促进儿童教育现代化的中华儿童教育社,抢救战区儿童、保护民族血脉的中国战时儿童保育会,推行女子教育、提高女性文化素质的各种女子社团,等等。这些社团均在中国各方面教育的发展过程中起到了重要作用。

4.教育运动

五四运动激起了中国人民强烈的爱国主义热情,教育领域的反帝斗争也进入新高潮,收回教育权的行动就在这样的背景之下应运而生。而收回教育权运动也经历了反对基督教运动时期、从名义上收回教育权时期、实质上收回教育权时期三个阶段。尽管过程当中有些政策措施稍显偏激,但是为中国恢复自主办学奠定了基础。

学生在学校里学习各种道德修养、文化知识,当他们发现现实与他们的心中的理想相悖的时候,可能会做出一些过激的举动,也就是"学生运动"。[1] 民国时期,中国的学生运动达到了前所未有的高潮,各地的学生纷纷走上街头,宣传自己的主张与看法。南京国民政府初期,在五四运动精神的影响和传承之下,学生高涨的爱国救亡思想推动了"一二·九"运动的爆发。

中国的平民教育运动发源于五四运动时期,从教者试图通过提高平民主要是城市小资产阶级和其他市民的文化知识水平,来消灭不合理的社会现象。[2] 这时一大批教育家和教育团体从城市走向农村,在全国各地的多个乡村开展平民教育的实验,不管是对实验区当地,还是对国内其他地区,甚至是在国际上,都有着深远的影响。抗日战争爆发后,为了获取民众的支持,巩固政权,中国共产党在抗日根据地内也开展了广泛深入的社会教育。民众教育运动的主要形式包括扫盲运动、冬学运动等等,其中冬学运动因为其组织方式和教学形式更加适应北方农民的生活特点,因此取得了很好的效果。

5.家庭教育

一个人从出生起就浸润在家庭教育之中,家庭当中发生的各种细节都在对他进行着潜移默化的教育。中国几千年的文化传承中,皇族大家庭是备受关注的,生于皇族的子女们受到了怎样的教育,取得了怎样的成果是个非常值得研究的问题。不过,在 6 所学校的硕士论文中涉及这一部分的仅有东北师范大学的一篇,它从八旗宗室子弟的成长经历入手,探讨了他们为何到清末时会成为只顾贪图享乐,最终导致败身、亡家、丧国的"败家子",这也是对我们现代社会中一些现象的映照与警示。

还有些学校的同学从历史上某一时期著名的大家族入手,来探讨这些家族中家庭教育的实施及发展轨迹。例如,宋代东莱的吕氏家族、眉山的苏氏家族在中国历史上都占有重要地位,在政坛和文坛上都发挥着举足轻重的作用。土司制度时期鄂西的容美土司家族和"改土归流时期"石门县覃氏家族都是当时人员较多、地位较高的土司家族。从这些大家族教育子弟的原则、方法、内容、目的等中,我们可以发现这些家族能够长远发展的原因,对现在的

---

[1] 李弘祺:《学以为己:传统中国的教育》,华东师范大学出版社 2017 年版。
[2] 顾明远主编:《教育大辞典》,上海教育出版社 1998 年版。

家庭教育也能有所启示。

在家庭教育中还有一类较为特殊的教育——商业教育。很多家族为了保持本家族在商业领域中的优势，巩固家族的地位并让家族发扬光大，都非常重视对本家族子弟的商业教育。这些家族在家中办私塾或者义学来教授经商的基础知识、商业技能和商业道德，不仅可以教导家中子弟，还可以物色好的学徒管家，等等。学位论文中提到的徽商和鲁商就是商业教育中的代表。他们在提高自己的家族地位的同时，也促进了当地教育事业的发展，甚至可以把他们的这种商业教育看成是中国早期的职业教育。

6. 女子教育

"女子无才便是德"，这句话可以说是中国古代传统女子教育的写照。《礼记·昏义》中曾说："教以妇德、妇言、妇容、妇功。"中国古代社会是非常重视女子的道德品质的，他们希望女子可以贤良淑德、孝敬恭顺、仁慈礼让，同时要具备基本的生活技能和教育子女的能力。作为女子，她们最高的人生价值、美德规范就是做一个淑女、贞妇、贤妻、良母。到了唐代中后期，社会风气开放，对女子的要求也从"以德为美"逐步向"德、色、艺并重"发展，对于宫廷中位列高位或者高官重臣家的女子也开始有了识文断字、提高文化修养的要求。宋代在选妃方面加大了平民女子的比重，这也刺激了平民女子受教育范围的扩大，教学内容中也增加了识字和诗词的学习，尽管范围依然很小且不具系统性，但是意义重大。

近现代以来，女性的地位不断提升，中国共产党在总结历史经验的过程中认识到，要使妇女真正地得到解放，教育是前提和基础。中国共产党在抗战大后方的陕甘宁边区推行妇女教育，保护妇女的权益，开展动员工作和舆论宣传，提高了妇女的政治思想意识和参政议政的能力，改变了束缚妇女身心的落后习俗。中国共产党还在延安创办了党内第一所女子高等学校——中国女子大学，先后培养了千余名妇女干部，为抗战建国做出了巨大贡献。新中国成立后，中国共产党更是通过法律赋予女性和男性同等的权利。陕西师范大学的同学运用口述史的研究方法，对一个家庭中的三代女性进行访谈，从而生动形象地呈现出新中国成立以来女性学识逐步提高、发展空间越来越广的历程。

(四)理论与方法

有关教育史学理论与方法的讨论是中国教育史学界近些年讨论的热点之一。但是在6所学校的硕士论文当中讨论这方面问题的论文仅有5篇。教育史学其实就是检视教育史研究的妥当性与合法性，它是建立在对既有的研究成果有相当的认识的基础上来进行回顾与反思的。[①] 这就要求选择这一研究主题的硕士研究生们要尽可能多而全面地收集完整的信

---

① 周愚文:《教育史学研究》,台湾师范大学出版中心 2014 年版。

息和资料,同时能够提出一些先领性、总括性的见解。因此这一主题的论文写作难度较大,要求学生的功力要深,写的人少也就可以理解了。

北京师范大学的同学以教育史学科在中国的成立作为研究对象,详细讨论了 1901—1921 年教育史学科在我国成立的历史过程。教育思想、教育活动在我国有着上千年的历史,但是教育史作为一门独立的学科在我国出现则是在 20 世纪初才产生和确立起来的。它起初是因为近代西学的影响,国人在转译与编纂国外学者的相关著作时,提出并解释了"教育史""中国教育史"等概念;后来,国内学者对教育史进行独立而专门的研究,并且撰写了一系列教育史方面的论著;最后,近代新式学堂中教育史课程的开设,标志着教育史学科在中国的最终成立。

教育史研究的进步离不开教育史研究方法的革新。陕西师范大学的同学抓住了近些年教育史研究中新兴的研究方法——叙事研究,详细阐述了这种研究方法的基础、内涵和应用。教育史中的叙事研究跳出了传统的教育史研究中只关心上层社会的教育情况和主流教育思想的框架,强调挖掘之前被忽视的社会下层普通民众的教育历史,而且通过叙事的方式来对这些历史上的日常教育生活图景进行描绘,呈现出"文史合一"的文本。叙事研究在教育史学科中的应用不仅拓展了史料的来源范围,增加了历史的真实感,还让教育史的研究更加大众化,但也因此产生一些局限,例如,研究内容会变得越来越细小分散而没有整体性,研究对象从群体转为个案导致代表性降低和写作手法越来越文学化而没有学术性。

华东师范大学的同学针对"教师教育研究"和"中国高等教育评估"的研究主题分别进行了系统的梳理和分析。在对"教师教育"的统计中,作者通过对 1979—2008 年和教师教育最相关的四本期刊内所刊载的有关教师教育研究的论文的统计,首先从数量上进行了总体研究脉络的呈现,然后根据教师教育研究主题的聚焦点的变化将 1979—2008 年分为 5 个时期,分别阐述改革开放以来 30 年教师教育主题研究的情况和特点,最后分析得出改革开放 30 年中对教师的入职培训研究、职业道德研究、偏远农村地区的教师教育研究呈现出重视不够还需加强的结论。对 1985—2009 年的高等教育评估的主题变迁也采用了大致相同的研究方法和思路,发现我国对教师评估的研究,对高职高专院校的评估研究和对评估中介机构、评估专家的研究重视还有待加强,同时具有实证研究和个案研究较少、研究的反思不够、研究思维简单化等问题。

随着教育研究的发展,教育研究群体在从事教育活动的过程中会建立起共同的教育信念,这种教育信念指导着他们的教育研究方法和程序,因此我们可以让这种共同的教育信念成为教育研究范式。西南大学的同学从我国教育研究者对教育研究范式的理性认识的发展转变角度出发,总结出教育研究范式未来变化的趋势,从而更好地指导教育理论的发展,促进教育实践与理论的和谐统一。

(五)中外教育交流

1. 留学教育

留学教育是中外教育交流史的重要内容之一,因此本文把与留学教育有关的 16 篇论文单列出来讨论,根据论文的具体内容将其分为留学政策及留学生活动、留学生回国后的影响两大部分,具体情况如图 5 所示。

大部分学位论文选择对留学教育的政策变化进行梳理,并且针对留学的主要途径、相关机构等进行个案研究或者对比研究。有的学生使用叙事研究的方法对留学生们留学时的活动和取得的学术成就进行生动形象的描写;也有学生运用计量史学的研究方法对留学生人数、留学生费用、留学的学校及专业等方面进行统计分析,让研究的成果更加直观化。其中,华中师范大学和陕西师范大学都有同学较为新颖地转换传统的研究视角,探讨了外国人来华留学的教育情况。

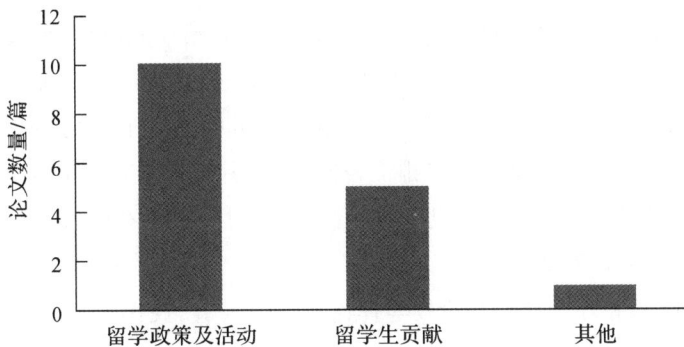

图 5 留学教育涉及主题分布

留学生回国后对中国教育建设或者国家建设的贡献是第二大选题。留学生们接受了西方新的教育,学习了西方的先进知识,将西方女子教育、职业教育等新的教育形式引入国内,为国家各方面教育的发展奠定了很好的基础。陕西师范大学和西南大学的同学都讨论到了留日学生对中国教育近代化的影响。两位同学都是通过对史料的梳理,对留日教育的背景、发展阶段和特点进行梳理:西南大学的同学主要通过留日学生与庚款留美学生对中国教育近代化的影响进行比较分析,从而凸显留日学生对中国教育近代化的独特影响;陕西师范大学的同学则主要通过对留日教育的内容和形式的探讨,来反映清末留日学生对中国教育近代化的贡献和对中国当今留学教育的启示。

2. 中外交流

其他的 26 篇硕士学位论文,根据具体内容可分为教会教育、学校教育、教育考察、教育期刊和教育机构 5 个主题,具体情况如图 6 所示。

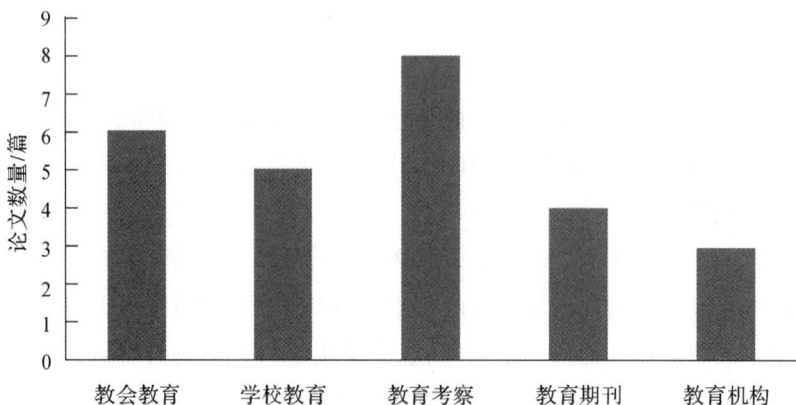

图 6 中外教育交流涉及主题分布

明代中期,西方传教士来到中国,他们为了传教需要,将西方的科学文化知识也一同带到了中国,同时带来的还有西方的教育理念和教学方法。鸦片战争后,英美等国通过教会在中国创办了一系列教会学校,让西方的办学理念和学制思想得到实践,促进了新式教育在中国的诞生。教会学校在中国的办学过程当中,也受到了中国本土文化和民俗的影响。不管是在学校管理上,还是学制与课程的安排上,抑或是教师和学生的表现上,教会学校都出现了中国化的特征和趋势,直到新中国成立以后,教育部对全国所有的教会学校进行接管和改造,才使得这些学校没有了宗教性质。

为了能更好地了解与学习西方的教学理论和办学经验,民国时期我国先后有多个学生团体、官员团体或者学者个人赴国外进行教育考察和学习。因为"路近省费、去华近、语言相近、易仿行"等理由,大家都不约而同地选择了日本作为教育考察的对象。① 除了中国的学生或学者赴外考察学习,也有很多像柏克赫斯特这样来华访问的学者,他们将自己在教育中的理论与实践传播到了中国。而国联教育考察团的访华之行更是对当时中国的教育进行了全面的了解与总结,并且提出了诸多改进的意见。就是在这样的交流互动之中,我国的教育理念和质量逐步提高,与世界接轨。

甲午战争后,中国人民慢慢开始意识到报刊文字宣传的巨大力量,随着民族危机的不断加深,报纸杂志成为一种舆论宣传的重要途径。中国的留学生或者一些教育学者们希望通过教育来救亡图存,他们组织社团,出版各种报刊或者翻译教育小说,来积极探讨和宣传拯救中国的各种方案,同时将教育兴国、立国的理念传播到了中国各地。这时还有中国教育基金董事会、全国教育联合会等各种各样的教育组织机构为中外教育交流提供了资金支持或

---

① 张之洞:《劝学篇》,朝华出版社 2017 年版。

者搭建了交流的平台。

新中国成立以来,我国教育的发展更加开放与包容,国际形势逐渐趋于合作共赢,中外学校间的交流与学习更加频繁:向国外学习先进的办学经验,聘用引进国外优秀的教师,很多学校更是提出了"国际化办学"的口号。为了让传统教育也能发挥出新的活力,中国在世界各地开办"孔子学院",将中国传统的文化传播出去,进行思想上的碰撞与融合。

三、史料与方法

(一)教育史料

"一个论题是否能写得好,有贡献,除了自己能力之外,材料是最基本的因素。"[①]6 所部属师范学校教育史专业近 10 年的共 511 篇硕士学位论文当中,有很多写得非常精彩,读起来逻辑清晰,观点明确。这些论文有的运用了大量的史料,既丰富了文章的内容,也增强了文章的历史感;有的用到的史料虽然不是很多,但是把主要的资料吃得很透,用得也非常得当,文章的充实感也没减弱。不过,也有很多论文写得不如人意,只是一堆史料的铺陈,或者大部分是作者的个人主观臆想,总让人觉得少了一些韵味。

6 所学校的同学们用到的教育史料种类繁多,内容丰富,如果做一个系统的整理编辑工作,可以为以后的中国教育史研究提供很多原始资料,这里因为时间与篇幅的关系,只能做一个简短的介绍。

1. 口中的教育史

在中国历史上,百姓们根据自己的生活及生产经验,编出了很多朗朗上口、通俗易懂的歌谣、谚语、故事等,它们流传至今,不仅具有一定的时代性,还具有一定的历史性。这些史料的传播不需要借助外力,仅仅是通过口耳相传,影响早已经超出了学校之外,而且很多可以作为童蒙教育或品德教育的素材,包含了大量的教育信息,非常值得用来做研究。例如,华东师范大学的同学所做的传统童谣研究,深刻剖析了童谣中所蕴含的教育思想与功能。[②]

除此之外,在口述史的研究当中也会大量用到口中的教育史料,研究者通过对相关研究人物进行访谈,了解他们的受教育经历、教育活动与思想,等等。对于一些口误或者记忆失误之处,要用别的相关史料进行佐证纠错,例如,华东师范大学的同学运用口述史的研究方

---

① 严耕望:《治史三书》,上海人民出版社 2011 年版。
② 张梦倩:《在教育世界的边缘:中国传统童谣研究》,华东师范大学硕士学位论文,2009 年。

法对孙培青先生的成长科研经历进行了整理与记录。① 口述史料除了可以帮助整理一些重要的教育人物事迹,还可以用来反映特定时期的教育背景或者教育现状,例如,陕西师范大学的同学通过一家三代人对自己受教育经历的讲述来反映我国女子教育的发展,等等。②

2.物传的教育史

历史上保留下来的官学、私塾、书院、学校等的旧址同样可以用来作为教育的史料,包括一些出土的简帛、石刻、碑刻上的文字等都可以提供很多信息。这些史料对于一些想做制度发展史、学校发展史的同学也有所帮助。但是,在6所学校的硕士论文当中几乎没有同学明确说明自己对选取的研究对象进行过现场实地的考察,大多是用的网络资料库中的材料或是档案馆、校史馆的材料。

"一图胜千言",历史上流传下来的图像当中也蕴含着大量与教育有关的信息,例如绘画、画报、版画、年画、照片、图书插图,等等。北京师范大学的同学在研究北宋徽宗时期的画院教育的时候就用到了很多画集来分析当时画学教育的发展状况。③

3.笔下的教育史

笔传的中国教育史料是目前使用量最多,并且易于获取,便于整理分析。"四库全书"经、史、子、集各部几乎包括了中国古代方方面面的内容,也是我们研究古代教育史最基础的史料来源。但是因为是官方修订的图书总库,所以避免不了政治因素的影响,上面的历史记载不可尽信,使用时最好是能找到相互佐证的材料。最直接的佐证材料就是来自民间的相关记录,笔记、小说、戏曲、弹词、诗歌、善书、家训等都是极好的史料,例如,东北师范大学的同学运用收集到的明清时期的家训来分析它的价值取向,从而反映当时社会的教育环境。④

如果是研究近现代教育史,报纸杂志上的文章或者广告、教育著作、人物传记、政府下发的教育文件、各种版本的教科书等也都是不错的选择,既可以做纵向的变化梳理,也可以做横向的比较研究,研究角度有很多可供选择,例如,西南大学的同学通过对《妇女杂志》中发表的文章进行分析,来研究当时女子教育思想的发展与转变。⑤

(二)研究方法

关于教育史的研究方法,从6所学校近10年的发展来看,可谓是"旧中有新"。经典的

---

① 董洪:《一代共和国新人的教育人生——孙培青先生口述史》,华东师范大学硕士学位论文,2016年。
② 尚晓雪:《新中国女子教育发展研究——一家三代女性教育亲历者的口述史》,陕西师范大学硕士学位论文,2018年。
③ 方春:《北宋徽宗时期画院教育的研究》,北京师范大学硕士学位论文,2007年。
④ 谢金颖:《明清家训及其价值取向研究》,东北师范大学硕士学位论文,2007年。
⑤ 刘丽:《〈妇女杂志〉中的女子教育思想研究》,西南大学硕士学位论文,2013年。

历史研究方法仍然是主流,新的历史研究方法也在慢慢地进入教育史的研究之中,丰富了教育史的研究成果。

1. 经典方法

关于中国教育史的研究,大部分同学还是遵循了编年体式的方法,对于某个选题在一段时间内的发展情况进行研究,根据这段时间内变化的特点,将其划分为若干个阶段,然后分阶段进行阐述。如果选题是教育人物,则沿用了纪传体的方法,先是人物生平,然后是人物思想及相关教育活动,最后是对人物的评价。

在研究方法上,毫无疑问,文献研究法是必须用到的,没有史料、文献的基础,教育史研究的论文几乎难以成文。但是在使用史料文献的过程当中应当注意,不要只是对史料的铺陈,一句接一句地往上放,要带有逻辑层次,带有议论的引用,才能体现作者的思想。对比研究法也是比较经典的方法,古与今的对比、中与外的对比、官与民的对比、个案之间的对比,都能够让人发现其中的精华与糟粕,取长补短。同样的,对比的时候也不要只是把两边的情况进行罗列,要突出展现两者的异同。

2. 新方法

近10年,6所学校的硕士论文中用到新的历史研究法的情况逐渐增加,例如上面提及的口述研究法。除此之外,还有叙事研究法、计量史学法,等等。

叙事研究法,即通过讲故事的形式,生动形象地再现过去的教育生活,通过叙事的方法展开对现象的思索,是将客观的过程、真实的体验、主观的阐释有机融为一体的一种教育经验的发现和揭示过程。[①] 例如,华中师范大学的同学从衣食住行、学习生活、应试生活、课余生活等方面生动地再现了明代地方官学生员在校学习与生活的场景,同时结合相关史料中的记录分析了当时的学生在物质生活较为贫寒的状况下,仍旧坚持自我学习,还要通过各种兼职维持家中生计,最终成功科举出仕,达到人生终极理想的心路历程。[②]

计量史学法,是运用现代数学的手段和统计学的方法以及现代计算机技术,对历史上的数量和数量关系以及它们所构成的数据结构进行研究的方法,让定性研究和定量研究相结合,使历史研究进一步精确化和科学化。[③] 例如,华中师范大学的同学选取了近代湖北省民众教育的中心机构——"湖北省立实验民众教育馆"为研究个案,对它的产生背景、发展脉络、组织构成以及主要工作内容进行详细的调查,通过计量史学的方法对民众教育馆的规模等相关数据进行系统的梳理呈现,让我们了解到了湖北近代民众教育的真实样貌。[④]

---

① 王瑛:《课外活动为课堂注入新能量》,《散文百家》2017年第9期(下)。
② 王佩:《明代地方官学生员日常生活研究》,华中师范大学硕士学位论文,2014年。
③ 霍俊江:《计量史学研究入门》,北京大学出版社2013年版。
④ 于文哲:《湖北省立实验民众教育馆研究》,华中师范大学硕士学位论文,2010年。

四、总　结

纵观 2007—2018 年 6 所部属师范学校中国教育史专业的硕士学位论文,中国教育史研究的选题呈现出新的特征与发展趋势。

第一,教育史的研究应该更加积极地贴近与回应现实问题,这是维持学科活力,推动学科深入发展的重要途径。我国的教育改革日益深入,变的过程中总是会遇到一些问题与阻碍。例如,习近平总书记在党的十九大报告中提出要"加快一流大学和一流学科建设,实现高等教育内涵式发展"[①],那么,我们研究教育史的同学们是否可以跟紧国家需求,在以往对民国时期以来高校办学研究的基础之上,多多关注人才培养和科研工作方面的发展,为我国的高等教育制度的变革提供历史的借鉴呢? 但是,在目前的硕士研究生的选题中对这方面的关注还不太够,这也提醒我们的学校要注意培养教育史专业的学生对现实问题的关怀。

第二,硕士研究生们要做好文献回顾工作,提高学位论文内容的质量,这是从根本上提高学术科研水平的第一步。选择硕士论文的研究主题以及切入点时,一定要尽可能地做好文献综述工作,从目前的研究当中真正薄弱甚至有缺失的角度入手,而不是简单地在别人的选题之上进行简单的修改,或是照搬别人的框架来研究类似的问题。我们要摆脱"混到毕业"的想法,既要清晰地展现个人选题的特色,还要保证论文的篇幅,篇幅过短的话难以与研究生的学历、能力相匹配。这就更加要求硕士研究生们要加强学术写作的训练,扩大阅读量和资料的收集范围,不要只是简单铺陈史料,要有自己的分析解释,要带着为教育史研究提供新的发现的心态进行学习。

第三,传统的教育思想史、教育制度史等研究要继续保持自己的活力,不断地推陈出新,让教育史的研究更加深入,不断发掘出中国教育发展中所蕴含的文化底蕴,例如,教育政策的制定与实施、教育机构的发展与贡献、考试制度的演变与改革、教育思想的传承与创新,等等。教育史的研究也同样需要注入新鲜的"血液"、新的主题或者新的视角,以小见大,让教育史的研究更加丰富,不断完善中国历史的发展轨迹,还原历史的真实景象,并且越来越多地关注到普通民众的教育,例如,古代学生学习生活的场景、民间诗歌童谣中的教育、教育运动的发生与影响、外人来华的留学教育,等等。同时,研究的目光不要只局限在晚清民国时期,中国古代的传统教育还有很大的空间可以发挥。

第四,在中国教育史的研究当中,研究框架基本成熟,研究方法趋向多元。6 所学校的

---

① 习近平:《在北京大学师生座谈会上的讲话》,http://politics.people.com.cn/n1/2018/0503/c1024-29961468.html,访问日期:2017 年 10 月 28 日。

硕士论文当中出现了很多相似的研究主题,其中用到的论文研究框架基本一致,说明教育史的研究该从哪几方面进行、如何进行已经有了成熟的框架可以借鉴,但是借鉴不等于照搬,还是要融入自己研究的特色。前面已经介绍过,目前 6 所学校硕士论文用到的研究方法也是越来越多元,叙事研究、计量史学、口述历史的方法频频出现。除此之外,还有的论文以文献研究为基础,采用学科交叉的视角进行研究,用哲学、社会学、语言学等学科的分析方法和角度来对历史史料进行解读与阐发。当然,这也要求研究者对两个学科的知识都有足够的学习,并且找到好的切入点,在写论文的时候才能做到融会贯通,否则只会是生搬硬套。

40年孔子教育思想研究的热点与趋势(1979—2018年)

——基于CiteSpace可视化分析

◎孙留敏　阴崔雪*

摘　要：近40年来,我国孔子教育思想研究的成果不断涌现,以中国知网1979年到2018年间研究孔子教育思想的期刊论文为对象,利用CiteSpace可视化软件对孔子教育思想研究的发文量、高频作者群体、主要研究机构和关键词进行统计分析,阐述近40年来孔子教育思想的研究热点、现状与演进。分析可知目前已经出现了该领域发文量较多的研究者群体以及具有代表性的主要研究机构,研究数量不断上升,研究热点集中于孔子的道德教育思想、教学方法、培养目标以及启示意义,研究热点的演进呈现出时代特色。同时,对孔子教育思想的研究热点进行了相关研究的综述,研究表明,40年来孔子教育思想研究总体呈现出研究主题更加丰富、跨学科研究增多、研究现实立场加强的趋势。

关键词：孔子；教育思想；CiteSpace；热点；趋势

孔子的教育思想是传统教育思想的源泉,改革开放以来,对于孔子教育思想的研究成果不断涌现,体现了对以孔子教育思想为代表的传统教育思想研究的重视,为挖掘传统教育思想精华,反思当代教育提供了许多有益启示。2017年,中央办公厅和国务院办公厅印发了《关于实施中华优秀传统文化传承发展工程的意见》,要求深入挖掘中华优秀传统文化价值内涵及进一步增强文化自觉和文化自信。[①] 孔子及儒家思想是中华传统文化的重要组成部分,孔子的教育思想对我国教育传统的形成具有重要影响,因此有必要对其进行更加深入的研究。近40年来,孔子教育思想研究成果丰硕,其中学术论文在数量上占绝大部分。学术期刊作为研究阵地,可以及时有效地反映研究热点与研究动向。本文对1979—2018年40年间孔子教育思想研究的相关论文进行可视化分析,意图以期刊论文为载体,探寻孔子教育思想研究发展的历程与研究热点的变化,以期为梳理孔子教育思想研究的演进趋势、反思研

---

　* 孙留敏,华东师范大学硕士研究生；阴崔雪,华东师范大学博士研究生。

　① 中华人民共和国中央人民政府：《关于实施中华优秀传统文化传承发展工程的意见》,2017年1月25日。

究现状以及进一步研究孔子教育思想提供助力。

一、数据来源

文章相关数据来源于 CNKI 中国学术期刊网络出版总库,检索时间限定为 1979 年 1 月到 2018 年 12 月[①],利用专业检索功能,输入检索式 TI='孔子'-'孔子学院' AND FT='教育思想',以搜集篇名包含"孔子"并且全文包含"教育思想"的文章,排除篇名包含"孔子学院"的文章。此检索式可较全面地搜索出孔子教育思想的研究成果,而关于孔子学院的文章属于无关的干扰因素,所以予以排除。经过删选,剔除了非教育思想类的孔子研究文献、讨论会简介等非科研类文献,共得到 2958 篇相关文献。将文献按照 Refworks 格式导出,其中每条数据包含标题、作者、摘要等相关信息,用于下一步的数据处理。

二、研究方法

本研究主要采用知识图谱分析和文献关键词共现分析方法,通过 CiteSpace 软件对文献数据进行分析,对分析所得可视化图谱展开具体论述。通过对作者、机构、文献关键词共现网络的聚类图谱以及时区图谱进行分析,展现孔子教育思想研究在国内 40 年间的热点及趋势。

三、研究结果分析

(一)孔子教育思想研究发文量的可视化分布

为获得孔子教育思想研究发展变化的详细情况,将 1979—2018 年间孔子教育思想相关的研究成果数量进行年份统计,结果如图 1 所示。

在 2000 年以前,关于孔子教育思想的研究基本处于平稳的发展期,这一时期相关研究文献的数量不多,且变化幅度不大,只是出现小范围的升降波动。进入 21 世纪后,关于孔子教育思想的研究进入显著上升的时期,研究成果数量呈现不断增长的趋势,特别是 2006—

---

① 检索日期为 2019 年 5 月 1 日。

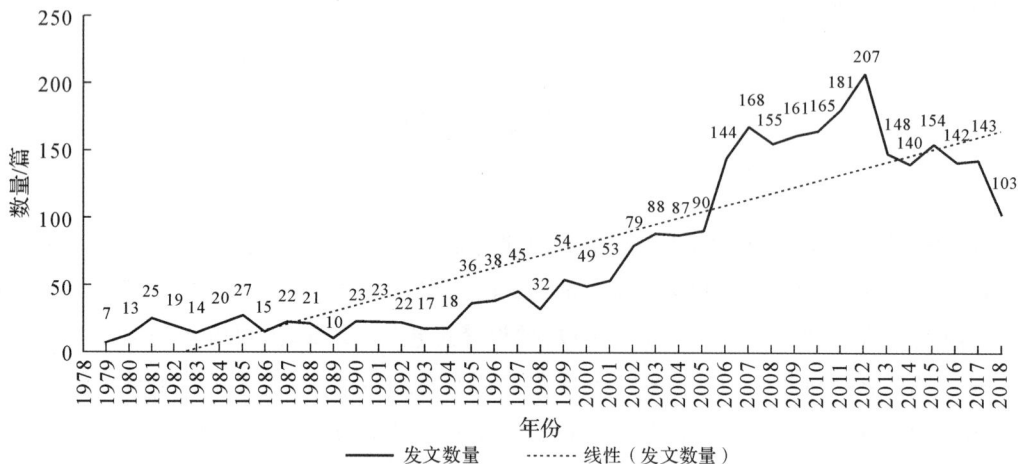

图 1　年均发文量折线

2012 年间,发文量增长速度明显,说明该研究在这个时期处于发展高潮期。2011—2012 年的发文量均在 180 篇以上,2012 年达到顶峰,单年发文达 207 篇,为孔子教育思想研究领域内单年发文量的最高值。而 2013—2018 年的发文量有所下降,呈现出下降趋势,说明该领域的研究热潮有所退却,孔子教育思想的研究在数量上有所减少。

图 1 所显示的孔子教育思想研究成果的变化趋势与实际的研究环境有着必然的联系,虽然 1978 年后已经进入改革开放的新时期,研究环境有所改善,但对孔子教育思想的研究仍集中于单一专业领域,学界整体研究热度不高。在 1989—2000 年,研究成果呈现出缓慢上升的趋势,与这段时期关于孔子思想研究会议的相继召开有关,如 1989 年 10 月,由中国孔子基金会与联合国教科文组织联合举办的孔子诞辰 2540 年纪念会和学术研讨会在北京召开;1994 年 10 月 5—8 日,在北京隆重举行了国际学术研讨会暨国际儒学联合会成立大会。[①] 这些活动的举办客观上促进了孔子教育思想研究的回温。研究成果的爆发期出现在 21 世纪后,发表的文献数量占到了总文献数量的 82.71%。这说明在 2000 年以后,孔子教育思想的研究呈蓬勃发展态势。21 世纪以来,随着传统文化热和国学热的升温[②],在弘扬中华优秀传统文化的旗帜下,以孔子为代表的儒学成为教育领域的研究热点。同时,2000 年以后孔子教育思想研究的主题开始呈现多样化的趋势,更多跨学科的研究方式和新的研究视角出现,也为孔子的教育思想研究开拓了新领域。

[①]　陈增辉:《历史的回顾与 21 世纪儒学的瞻望——纪念孔子诞辰 2545 周年国际儒学研讨会综述》,《学术月刊》1995 年第 2 期。

[②]　李宗桂:《儒学发展态势和前景展望——以 2004 年以来为范围》,《孔子研究》2018 年第 4 期。

（二）高频研究者的可视化分布

基于对研究者发文量和研究者之间合作关系的统计，使用 CiteSpace 分析发文量大于 2 篇的研究者，可直观显示出在孔子教育思想研究领域发表文章较多的研究者及其合作关系，结果如图 2 所示。

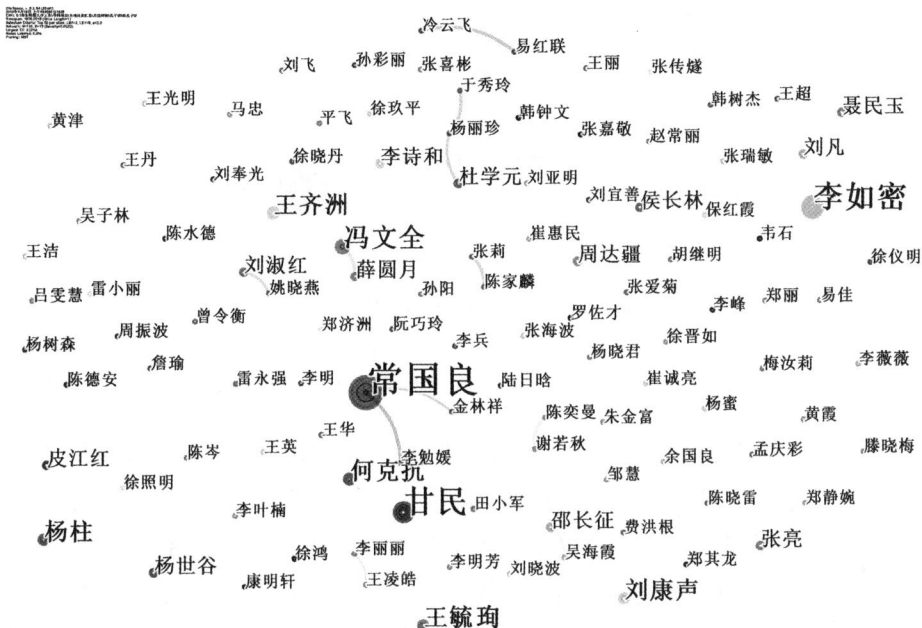

图 2　高频研究者可视化图谱

在图 2 中，点代表作者，点和作者字体的大小代表其文章数量的多少，点与点间的连线代表作者与作者之间的合作关系。从发文数量的统计结果来看，常国良、李如密、甘民、冯文全、王齐洲、王毓珣等人在该领域研究成果较多。同时可以看出，在孔子教育思想的研究上，除少部分研究者存在合作发文情况外，大部分作者都是独立发文。总体而言，作者之间的合作关系呈现离散状态，说明从事孔子教育思想研究的学者虽然数量庞大，但未形成合作性作者网络，没有形成较大的研究共同体。建议研究者之间的合作可进一步加强，充分实现研究者之间的交流互动，深入发掘孔子的教育思想。

（三）主要研究机构的可视化分布

基于研究者所属单位，可分析孔子教育思想研究的主要机构及其合作关系情况，如图 3 所示。图中圆圈表示机构发文量，直径越大代表发文量越多。不同原点间的连线表示机构与机构之间的合作关系与程度,连线越多说明机构间合作次数越多。

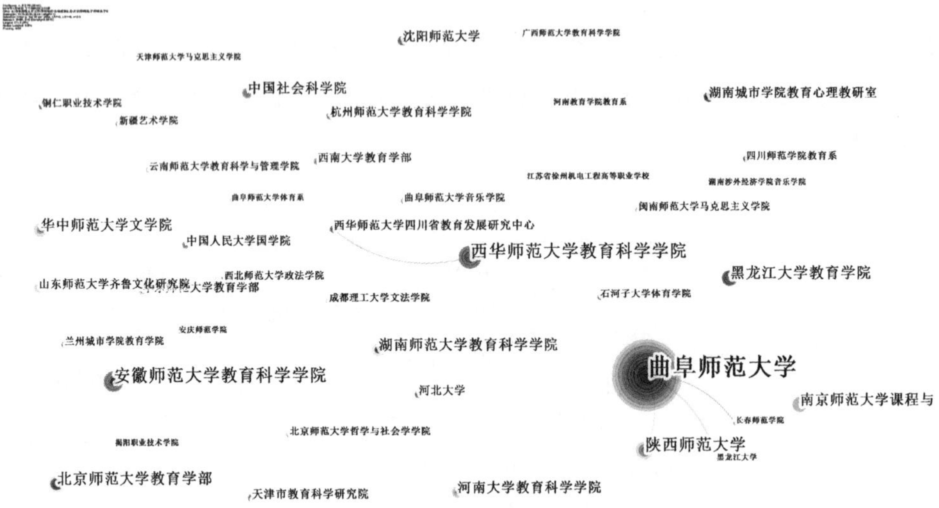

图 3　主要研究机构可视化图谱

从图 3 主要研究机构可视化图谱中可以看出,研究孔子教育思想的主要机构,基本上是各高校的教育学院,且以师范类院校的教育学院为主。研究机构之间存在着合作关系,但合作数量不多,仅有少数研究机构如曲阜师范大学与其他机构有较多的合作。图 3 中显示的数据没有将同一学校的不同院系进行合并,因此,再以学校为统计单位进行数据分析,得出研究孔子教育思想的主要机构发文量如表 1 所示,其发表研究论文的起始时间和结束时间也可反映出该研究机构在此领域开展研究工作的时间跨度。

表 1　主要研究机构发文时间

机构	发文量/篇	起始时间	结束时间
曲阜师范大学	60	1988	2018
北京师范大学	36	1990	2018
西华师范大学	31	2004	2017
华东师范大学	31	1988	2017
安徽师范大学	29	2001	2017
陕西师范大学	27	2000	2017
西北师范大学	27	2003	2018
广西师范大学	27	1994	2018
西南大学	26	2005	2018

机构	发文量/篇	起始时间	结束时间
华中师范大学	24	1990	2018
东北师范大学	24	1992	2018
山东大学	23	1990	2018
河南大学	22	1996	2017
黑龙江大学	20	2002	2018
哈尔滨师范大学	20	1995	2018

由表1可知,发文量最多的高校是曲阜师范大学,且研究时间跨度较长,1988—2018年间共发表60篇文章,可谓研究孔子教育思想的重地。有15所高校的发文量均超过20篇,并且在持续进行研究,说明这15所高校是研究孔子教育思想的主要机构。其中师范类大学在该领域的研究成果十分显著,说明师范类院校对孔子教育思想研究一直很关注,未来也将会是研究孔子教育思想的主力。

(四)研究关键词分析

文章的关键词体现其讨论的核心问题,通过对高频次出现的研究关键词进行分析,可以清晰地看出孔子教育思想研究的研究热点与趋势,把握孔子教育思想研究的聚焦点。使用CiteSpace对关键词进行分析,出现频次越高、中心性越高的关键词越可以体现孔子教育思想的研究热点。关键词的高频次出现代表研究者普遍对该问题较重视,中心性高表示该关键词同其他关键词之间的相关程度较高。对孔子教育思想的相关研究绘制关键词共现图谱,除去基本的关键词"孔子""教育思想",筛选出频次高于5的关键词,结果如图4所示。

在图谱中,"十"字大小表示关键词出现频次,关键词之间的连线表示每个关键词的中心性。"十"字越大代表关键词出现频次越高,连线越多表示关键词的中心性越高。由图4可以直观地看出,在孔子教育思想的研究领域,研究者较为关注的是《论语》、对当代教育的启示、因材施教、素质教育、道德教育、同其他思想家如苏格拉底和柏拉图进行比较等方面的研究。这些高频次出现的关键词即代表了该研究领域的热点,关键词开始出现的时间代表了这个研究热点开始受重视的时间。为进一步清晰地展现这些研究热点的关注度及其出现的时间,取前20个高频关键词,按照频次进行排序,结果如表2所示。

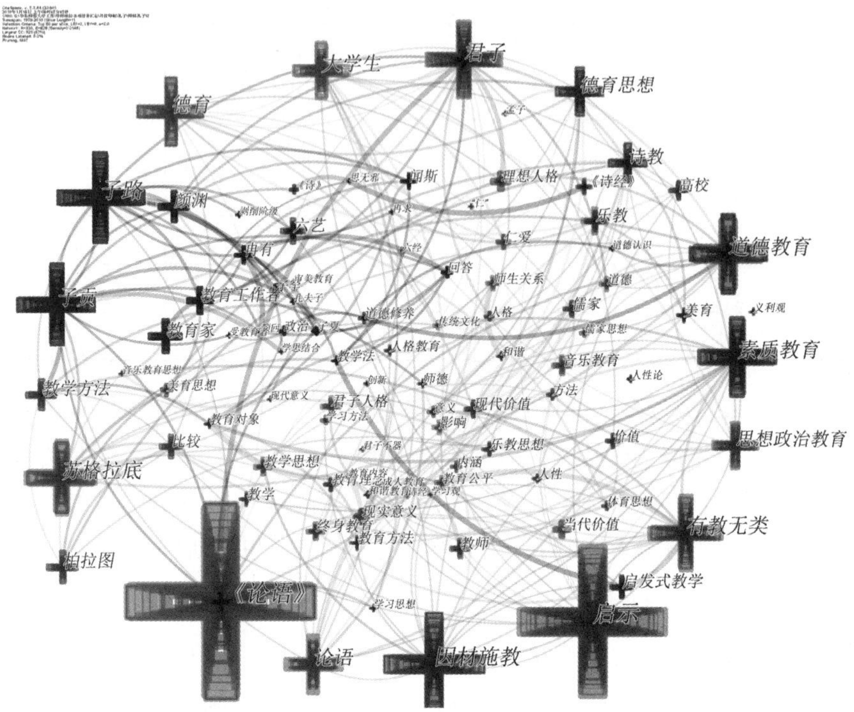

图 4　研究关键词共现图谱

表 2　关键词频数和中心性数据表（按关键词频数降序排列）

频次	中心性	年份	关键词	频次	中心性	年份	关键词
162	0.17	1980	《论语》	63	0.13	1997	德育
125	0.07	2001	启示	52	0.06	2006	大学生
89	0.11	1999	因材施教	45	0.06	2006	思想政治教育
81	0.10	1979	子路	38	0.05	1994	诗教
73	0.08	1998	素质教育	34	0.06	1984	教学方法
73	0.12	1981	子贡	34	0.03	1992	柏拉图
69	0.09	1984	君子	30	0.03	1981	颜渊
69	0.12	1981	道德教育	27	0.04	1992	乐教
68	0.07	2001	有教无类	24	0.03	1980	六艺
65	0.04	1997	苏格拉底	24	0.01	1980	启发式教学

　　由表 2 可以看出孔子教育思想研究的一些聚焦点。对孔子教育思想的研究，研究者重视回归原典，即从《论语》中进行研究，而表 2 中《论语》的中心性最高，即与其他关键词之间

的联系较强正说明了这一点。孔子的教学方法是研究者关注的热点,其中因材施教、启发式教学尤为重要。孔子的道德教育思想、诗教思想、乐教思想也受到研究者的重视。此外,进入 21 世纪后,孔子教育思想对当代教育的启示方面的文章激增,越来越多的研究者意图探寻孔子教育思想对当代教育的借鉴意义,如对大学生的启示、对教师的启示。同时,将孔子与素质教育、终身教育等思想进行联系的文章增多。研究者对于孔子弟子的关注度也十分高,主要为子路、子贡、颜渊,研究重点在于通过孔子对弟子的教学活动来体现孔子的教学方法和教育原则。

(五)研究演进分析

40 年来,孔子教育思想的研究成果丰硕。随着时代的发展,孔子教育思想的研究主题也呈现出变化。使用 CiteSpace 软件制作关键词时区视图,可以显示研究高频关键词在不同年份中的分布情况,展现研究领域内新出现的热点问题在时间跨度中的变化过程。对1979—2018 年间的相关研究进行关键词时区视图分析,为了更清晰地看出 40 年来研究关键词的变化情况,选取出现频次大于等于 5 的关键词绘制成图,如图 5 所示,其中视图的横向为时间维度,纵向为在对应时间新出现的高频关键词分布,节点间的连线表示不同时区关键词之间的相关性,连线越多,关系越紧密。图 5 可以显示出孔子教育思想研究领域内的研究热点在 40 年来的发展变化过程。

由图 5 关键词时区视图中可以看出,孔子教育思想研究在 40 年来的发展中呈现出两种不同的情况。在 1979—1990 年,研究的关键词较少,主要为《论语》、孔子的弟子、教学方法、道德教育、君子、《诗经》等,结合具体的研究可知,在这一时间段研究者重视孔子教育思想的内容本身,即侧重于通过《论语》中孔子与弟子之间的教育活动客观地总结分析孔子的教育内容、培养目标、教学方法等。在 1991—2018 年,研究的关键词激增,研究主题更加丰富,对孔子教育思想的研究主要聚焦于启示与当代价值、因材施教与有教无类、大学生与高校、德育与思想政治教育、素质教育、终身教育、比较研究等。结合具体文章可见,这段时间孔子教育思想研究与现实的联系更加密切,重视立足于现实立场研究孔子的教育思想,探索孔子的教育思想可以为当下的教育实践提供哪些有益的启示。

图 5 中所显示的 40 年来孔子教育思想研究热点的转变,源于我国教育实践的发展变化,反映了研究者研究立场的变化和研究者教育学术话语体系的变化。在改革开放最初的十几年中,研究者倾向于从历史事实出发,分析孔子具体的教育思想,如教育对象、教育内容与方法等。而在 90 年代后,尤其是进入 21 世纪后,研究者倾向于站在当代教育的立场上,研究孔子教育思想对现代社会的价值与启示,以及对当下教育实践的借鉴意义。研究的变化也体现在教育学术话语上,在后一阶段,素质教育、终身教育、和谐教育、创新等高频关键

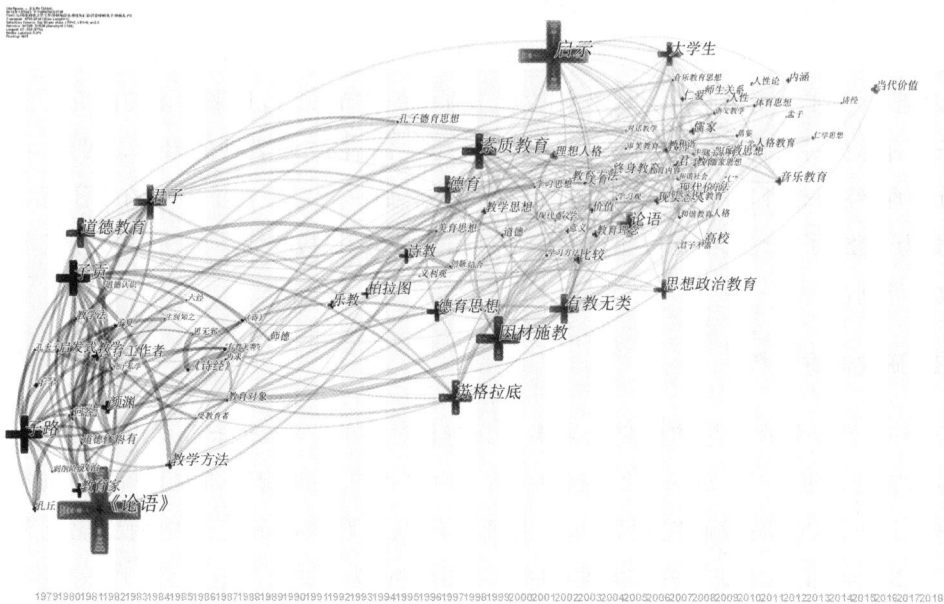

图 5 研究关键词时区

词涌现,显示出与之前明显不同的学术话语。进入 21 世纪以后,诸多具有显著时代特征的教育理论和实践问题,诸如素质教育理论、教育公平、均衡发展、教育研究方法论、教育与生命和生活的关系等相继进入教育学术话语的视野。[①] 这些同样反映在孔子教育思想的研究中,许多研究也将孔子教育思想与素质教育、教育公平、全面发展等概念联系起来。这些概念为研究孔子教育思想提供了一些新思路,但研究者在运用这些概念研究孔子的教育思想时也应保持警惕,契合的相关概念才能挖掘出孔子教育思想中真正的精华。孔子教育思想中蕴含的精华在当下依然具有生命力,可以为今所用是不争的事实,但孔子的教育思想中并不包含所有的现代教育理念,应在实事求是的基础上研究孔子的教育思想。

四、40 年来孔子教育思想研究的热点

通过上述对孔子教育思想研究关键词的汇总分析,可以将 1979—2018 年的研究热点主要归类为以下几个方面。

---

① 刘旭东、蒋玲玲:《论中国教育学术话语体系的当代构建》,《教育研究》2018 年第 1 期。

（一）道德教育

孔子的道德教育思想一直是孔子教育思想研究的重要部分。研究者主要从孔子道德教育的体系、地位、目标、内容、方法等方面进行分析论述。关于孔子道德教育的体系,有学者总结为:提出以德治为目标的道德教化构想;设计关于道德教育的基本内容;塑造具有民族特色的君子人格;倡导循循善诱式的道德教育方法;确立自我修身的一系列重要原则等。[①]关于孔子道德教育的地位,有学者认为道德教育是孔子教育的核心。孔子教育的内容基本上都隶属于道德教育。[②] 关于孔子道德教育的目标,有的学者总结了孔子教育的主旨是以德育人,目标是培养君子。其目的在于服务政治,使受教育者能修己以安人,修己以安百姓。[③]关于孔子道德教育的内容,多数学者肯定"仁"是孔子道德教育的核心,如有学者认为孔子道德教育的主要内容是一个以"仁"为核心,包括爱人、忠恕、孝悌、中庸、立志、礼、义、恭、宽、信、敏、惠等许多具体规范和要素在内的完整体系。[④] 关于孔子道德教育的方法,有学者认为主要是持之以恒、克己内省、身体力行、迁善改过、以身作则。[⑤] 还有一些研究主要阐述了孔子的道德教育对当今道德教育的启示。除了孔子的道德教育思想外,其体育思想和美育思想也有许多研究者关注。在孔子的体育思想方面,有学者认为,孔子实施的"六艺"教育中,包含了射、御、舞等体育的内容;孔子体育思想亦是其"仁"学思想的一部分。[⑥] 在孔子的美育思想方面,有学者认为其美育观主要包括:道、德、仁、艺全面发展的美好人格期求;兴于诗、立于礼、成于乐的美育过程及基本路径;兴、观、群、怨的诗教艺术美育社会功能。[⑦]

（二）教学方法

近 40 年来,研究者发表了大量文章论述孔子的教学方法,主要集中于孔子的启发式教学和因材施教思想。关于启发式教学,有学者具体探讨了"不愤不启,不悱不发"的含义及例证,认为孔子之教的精义,在于关于"启""发""复"的火候(条件),不仅考虑弟子的智力因素,甚至更顾及非智力因素,尤其注意弟子的思想境界、思想倾向、"道"与"德"的水平,作为其施教的出发点;"不愤不启"是为了更有效的"启","不悱不发"是为了更有效的"发"。[⑧] 学者在研究孔子启发式教学的时候,往往联系当前教育实际,注重启发式教学对当今课堂教学的意

① 黄钊:《关于孔子的道德教育学说探析》,《武汉大学学报(哲学社会科学版)》2004 年第 1 期。

② 陈景磐:《论孔子的道德教育思想》,《北京师范大学学报》1980 年第 4 期。

③ 刘云汉:《孔子教育思想的主旨:德以育人》,《河北师范大学学报(教育科学版)》2008 年第 5 期。

④ 杜振吉:《试论孔子的道德教育思想》,《河北学刊》1996 年第 2 期。

⑤ 刘颖:《孔子道德教育思想及其启示》,《中国教育学刊》2003 年第 4 期。

⑥ 曹冬:《孔子的体育思想及其对后世的影响》,《武汉体育学院学报》2003 年第 5 期。

⑦ 姜殿坤、王凌皓:《孔子原创性美育观理析》,《东北师大学报(哲学社会科学版)》2015 年第 5 期。

⑧ 陈桂生:《略论孔子的"启发"艺术》,《教育研究与实验》1996 年第 4 期。

义。如有学者指出,启发教学的三种存在形式,即"愤悱启发""引而不发""开而弗达",对于克服目前仍盛行在各级各类课堂教学中"满堂灌"的教法和"教师问,学生答"的假启发式教学等均具有重大启示作用。① 对孔子因材施教的教育方法学界也有较多关注,一些学者总结了孔子因材施教的历史背景、理论基础、实施过程、现代启示等。如有学者认为,孔子因材施教的理论基础是以"仁"为核心的人本思想和对学生不同之"材"的洞察与研究,因材施教的实践基础是"有教无类"的教育原则。② 关于孔子在教学活动中批评与表扬弟子的方法,也有学者进行了研究。③

(三)培养目标

关于孔子培养目标的研究,主要体现在孔子的君子观、人才观等方面。关于孔子的君子观,研究者注重于研究君子的内涵、君子的培养、"君子不器"等方面。有学者认为,孔子理想人格"君子"的基本特征主要有"仁、礼、知、义、信",具体体现在:仁爱的广阔胸怀;中庸的处事准则;重礼的道德规范;智明而圣的自觉意识;义以为上的价值取向;自强不息的进取精神;诚信不欺的为人品行。④ 孔子的人才观也体现着孔子关于教育培养目标的思想,有学者认为孔子的人才观建立在其"贤人政治"的思想上,孔子重视人才,主张提拔贤能的人才"从政",借以改善政治生活,加强政治建设。⑤

(四)教育内容

关于孔子教育内容的研究,主要集中在诗教、乐教、体育思想、美育思想等方面。在孔子诗教思想的研究方面,研究者对其内容、特点、价值都有论述。关于孔子的诗教主张,有学者归纳为:《诗》的特点以"思无邪"为代表;《诗》的社会功能以"不学《诗》,无以言"和"兴、观、群、怨"为代表;诗与志的关系以"诗亡离志"为代表;教学内容及顺序以"兴于诗,立于礼,成于乐"为代表。⑥ 乐教思想也是研究者的关注重点,研究侧重于在论述孔子乐教思想的同时,与当今的音乐教育联系起来。有学者认为孔子乐教的思想与实践行为大致有以下四个方面:第一,将乐教的完成视为教育完成的终极目标;第二,体现在乐教的道德内容研究方面;第三,孔子非常重视乐教中的审美情感培养及其美育作用;第四,孔子对乐教知行合一的实

---

① 甘民:《论孔子启发式教学的三种存在形式》,《湖南师范大学教育科学学报》2003 年第 3 期。
② 梁秋英、孙刚成:《孔子因材施教的理论基础及启示》,《教育研究》2009 年第 11 期。
③ 王毓珣:《孔子是如何批评弟子的》,《华东师范大学学报(教育科学版)》2008 年第 3 期。
④ 胡继明、黄希庭:《君子——孔子的理想人格》,《西南大学学报(社会科学版)》2009 年第 4 期。
⑤ 常校珍:《孔子人才观初探》,《西北师大学报(社会科学版)》1981 年第 4 期。
⑥ 马银琴:《论孔子的诗教主张及其思想渊源》,《文学评论》2004 年第 5 期。

践性的强调。①

(五)启　示

在进入 21 世纪之后,研究者倾向于从现实教育出发,探寻孔子教育思想的当代价值。相关研究较为注重孔子的德育思想、因材施教思想、"有教无类"思想、君子观、教师观、学习观等方面对当代教育的启发意义。这类文章主要分为:对大学生人格塑造和思想道德教育的启示;对当代教师的启示;对当前素质教育的启示;对学科教学的启示等。许多学者重视孔子教育思想对大学生培养的意义,其中对大学生思想政治教育启示作用的研究较多。一些学者分别从孔子道德教育思想、"仁"的思想、理想人格、义利观、孝道观、和谐教育思想等方面研究对大学生思想政治教育的启示。关于对当代教师的启示,一些学者分别从孔子因材施教思想、师德观、学生观、教学艺术等方面研究对当代教师的借鉴价值。关于孔子教育思想对素质教育的启示,有学者认为孔子的许多教育思想已经超越了时空限制,对我们当代推行素质教育仍然具有重大启示意义,具体体现在"有教无类"与素质教育对象的全体性、文行忠信和六书六艺与素质教育内容的全面性、君子人格与素质教育内核的目的性、学思结合与素质教育方法的开放性等方面。② 一些学者也探讨了孔子教育思想对具体的学科教育,如语文、政治、体育、音乐等学科的启示。

(六)孔子与其他教育家的比较

通过比较研究孔子与其他教育家思想的共性和差异性,可以深化对孔子教育思想的了解。目前与孔子进行比较研究的教育人物主要有苏格拉底和柏拉图,其次是亚里士多德、陶行知、卢梭、墨子、老子等。孔子与苏格拉底的比较研究视角多为启发式教学、对话教学、道德教育等方面。关于孔子启发式教学与苏格拉底"产婆术"的比较,有学者认为,其相同点在于它们都属于互动式交谈;它们都属于伦理谈话;孔子也像苏格拉底一样,深知自己无知,并对强不知以为知异常反感。其不同之处在于:"产婆术"以先生问,谈话对象答为主,"启发"则以弟子问,先生答为主;苏格拉底"产婆术"从特殊到一般,孔子"启发"艺术则从一般到特殊;苏格拉底志在探求新知,而孔子则相信"温故而知新",二者对"知"的理解也不同。③ 孔子与柏拉图教育思想的比较多从二者的美育思想、音乐教育思想、体育思想切入,或是对二者教育思想形成背景、教育目的、教育对象、教育内容和教育方法等方面进行综合比较。

---

① 王平:《论孔子的乐教思想》,《西北大学学报(哲学社会科学版)》2002 年第 4 期。
② 杨柱:《孔子教育思想对当代素质教育的启示》,《孔子研究》2007 年第 1 期。
③ 陈桂生:《孔子"启发"艺术与苏格拉底"产婆术"比较》,《华东师范大学学报(教育科学版)》2001 年第 1 期。

五、40 年来孔子教育思想研究的趋势

从 40 年来孔子教育思想研究的演进可以看出,孔子教育思想研究总体呈现出以下趋势。

首先,孔子教育思想研究取得了丰硕的成果,研究成果的数量逐步增加,尤其在进入 21 世纪后数量显著提高,并在 2012 年达到顶峰。近几年来,数量有所减少,但每年仍在 100 篇以上,孔子教育思想研究热度有所下降,但仍是一个重要研究领域。

其次,在研究主题方面,研究的热点问题不断丰富。一方面,关于孔子教育思想的研究内容更加多样、深入;另一方面,出现一些新的研究热点问题,比如孔子教育思想的当代价值,对大学生、教师等群体以及学科教学的启示意义,与其他思想家的教育思想比较研究等。

再次,对孔子教育思想的跨学科研究增多。改革开放初期,孔子教育思想研究主要集中在教育学领域,进入 21 世纪后,从哲学、心理学、管理学、经济学等视角分析孔子教育思想的研究不断出现,跨学科分析增多,研究维度更加多样。

最后,研究的现实立场不断加强,研究者开始更加重视孔子教育思想与当代教育实践、教育热点问题的联系,以及孔子教育思想的当代启示意义,在未来孔子教育思想的研究中,这依然会是一个重要的切入点。孔子的教育思想虽然距今已远,但其蕴含着深厚的教育价值,并在中华民族教育传承中扮演着重要作用,随着教育实践的发展和理论研究的深入,如何科学地将现实立场与孔子教育思想联系起来,值得进一步思索与研究。

原载《贵州师范学院学报》2019 年第 7 期

新中国成立以来元代教育研究综述

◎柏安璇 *

摘 要：学术界历来关注元代的教育问题，态度臧否不一。本研究以元代教育为研究对象，通过对"中国知网""万方数据知识服务平台""百度学术"中有关元代教育文献的分析，总结出元代教育研究总述、人物与思想、制度与政策的三个主题，提出讨论与建议，认为要细化元代教育的分期，增加对元代教育的历史梳理；注重对元代教育家的研究，挖掘少数民族教育家的教育智慧；运用多种研究方法，开展理论与方法类的研究；增强团队的研究力量，呼唤教育史人的加入。

关键词：元代教育；新中国成立以来；研究综述

党的十八大以来，国家高度重视民族教育事业的发展。2015 年，国务院颁布《关于加快发展民族教育的决定》，对民族教育事业发展做出全面部署，明确指出要促进各民族文化交融创新。回顾历史，我们发现元朝是中国历史上第一个由少数民族建立的统一王朝，多元文化交融，历时短暂。学术界历来关注元代的教育问题，臧否不一，且不少学者认为元代在教育方面少有建树[①]，因而厘清元代教育研究的脉络与内容不仅有助于提高对元代教育的认识，推进元代教育研究的深入开展，还可以为当今民族教育事业的发展提供参考。

一、研究数据

（一）文献年份分布

研究中，笔者以"元代教育"为主题词，基于"中国知网""万方数据知识服务平台""百度学术"三个数据库进行检索，时间设定为 1949 年 1 月 1 日至 2019 年 11 月 5 日，剔除重复、与

---

* 作者简介：柏安璇，华东师范大学教育学系硕士研究生。

① 黄新宪：《对元代教育的重新认识和评价》，《河南师范大学学报（哲学社会科学版）》1989 年第 3 期。

主题关联度低、涉及多个朝代的研究内容,共搜集有效文献 188 篇,依据其发表时间的不同,进行统计分析,绘制如图 1:

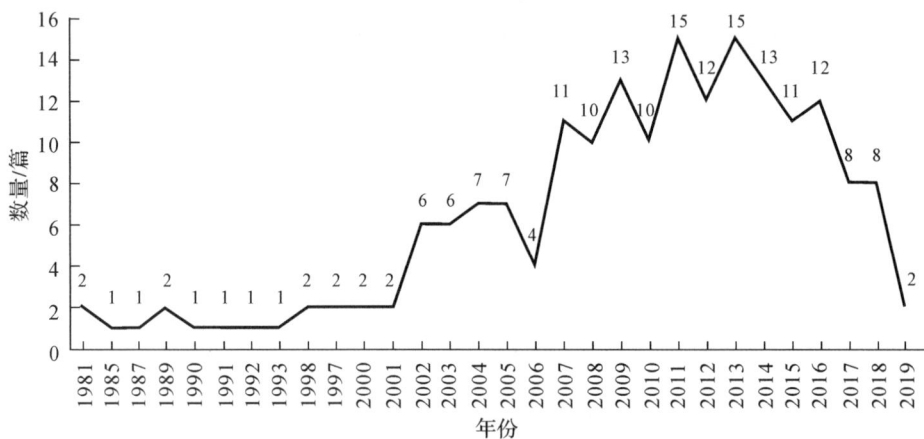

图 1　元代教育研究文献的年度分布

　　由图 1 可以看出,新中国成立以来元代教育研究成果的发表开始于 1981 年,由特格舍的《元朝蒙古族教育概况》与孟繁清的《元代的学田》组成。其后,元代教育研究经历了一段较为平稳的过渡期,在 1981—2001 年的 20 年间,学术界对元代教育有一定的关注度,但研究成果较少,年发文量在 1~2 篇间波动,且出现过间断的情况。2001 年以后,元代教育研究迎来了上升期,2002—2005 年间,年发文量均高于 5 篇,后虽稍有回落,又迅速上升,自 2007 年起,元代教育的相关问题越来越受到关注,研究热度上升,2007—2016 年间,虽上升伴有回落,但较上一时期,涨幅明显,年均发文量达 12 篇。元代教育研究蓬勃发展的同时,需要注意的是近三年元代教育研究成果发表呈下降趋势,故有必要梳理现有研究成果,为进一步的研究提供思路与借鉴。

(二)文献主题分布

　　从文献的研究主题来看,元代教育研究主要包括总述、人物与思想、制度与政策三方面,数量分别为 4 篇、38 篇、146 篇。具体情况见表 1:

表 1　元代教育各主题研究内容数量分布

主题	内容	篇数
总述	发展、特点、影响、评价	4
人物与思想	人物、思想、学派	38

主题	内容	篇数
制度与政策	儒学教育内容与机构	47
	区域教育	27
	政策与制度	25
	职业教育	25
	幼儿教育	8
	女子教育	5
	民族教育	6
	小学教育	2
	成人教育	1

由表1可以看出，制度与政策类的研究多于人物与思想类的研究。人物与思想研究中，主要包括程端礼、许衡、许谦等教育家及其教育思想的研究，也包含对儒士、陆子学派等群体的教育研究。制度与政策研究中，儒学教育内容与机构研究数量最多，包含官学、书院、社学、家塾等机构的教育研究及儒学教育的宏观分析，还包括政策与制度、各类教育，如职业教育、成人教育等。

二、研究内容

（一）元代教育总述

元代在学界对元朝起讫时间的解释中，最长的时期划分为从成吉思汗建立蒙古汗国时算起，到1368年元顺帝逃亡，共历经162年。现有研究中，学者们对元代教育概述类的研究数量较少。有的学者研究元代的教育发展状况与影响，从各级学校教育、书院教育、家学、游学、军队教育五方面着手，其中各级教育包括京学——国子学、蒙古国子学、回回国子学与地方学校——社学、蒙古字学、医学、阴阳学等，认为元代教育发展对宋儒理学在全国范围内推广和传播、少数民族人口的文化科学素质总体提升产生了积极影响。[1] 也有的学者认为元代的教育体制为官学与民间办学，将书院与庙学纳入民间办学之中，并进一步分析元代教育体

---

[1] 李莎：《元代教育的发展及其影响》，《郑州航空工业管理学院学报(社会科学版)》2008年第3期。

制的影响,认为其还具有利于民族融合的积极影响。[①] 此外,有学者认为元代虽统治时间不长,但在教育方面的贡献颇多,呼吁正确估量元代教育的历史地位。[②] 还有学者立足元代教育的特点,认为元代教育具有蒙古化与汉化相表里的教育体制,教育发展的起伏不定、学校与科举关系的松弛、创设学习域外文化的教育机构四方面的特点,探讨教育特点与政治特点的关系,显示出教育为政治服务与政治影响教育的客观规律性。[③]

总体而言,元代教育总述类的研究以文献研究为主,一般围绕元代教育的体制出发,突出元代教育在教育形式、管理体系方面的特色,较为肯定元代教育的发展。

(二)元代教育的人物与思想

人物与思想研究主要围绕程端礼、许衡、许谦等元代教育家展开,亦有少量对儒士群体、教学思想与陆子学派的教育研究。有关程端礼,主要集中在对其著作《程氏家塾读书分年日程》的概述、性质、包含的语文教育思想与启示、读写教学思想等方面的研究。有的研究就以《程氏家塾读书分年日程》为主体,广泛研究程端礼制定此教学计划的基本思路、识字教学、阅读教学及作文教学的具体做法,并分析《日程》对后代的影响、现实意义与局限,为当代的语文教育工作提供借鉴。[④] 也有的研究针对《日程》性质、语文教育或读写教学思想展开分析。有学者研究《日程》倡导的写作原则与写作方法,指出先放后收、以立意为主的写作方法对当前中小学课堂作文教学有积极的指导意义。[⑤] 还有学者通过对近 30 年《日程》研究的梳理及对课程表、教学计划、教学大纲、语文教学大纲或课程标准的界定与比较,将《日程》定性为产生于元代的一部较为完备的汉语文教学大纲或课程标准。[⑥] 可见,学术界更加关注程端礼著作中所蕴含的语文教育思想与现实启示。对教育家许衡的研究中,有学者通过对许衡生平的介绍,归纳其创建多民族教育体系、阐释与传播程朱理学、推崇儒学传统,"以道事君"、教学有法、热爱与尊重学生、品行高洁等方面,给予许衡高度评价,认为许衡为"朱熹之后第一人"[⑦]。还有研究围绕许衡"治生"思想、教育心理思想及与弟子的教育实践,突出许衡在教育方面的成就。有关许谦的研究中,学者深入分析许谦"学为圣人"的教育目标,建议要建构符合当下的语文教育目标,正确对待语文的"工具性"与"人文性"的关系。[⑧] 有关教育人

---

① 丁永建:《浅析汉文化向心力下的元代教育》,《兰台世界》2013 年第 21 期。

② 黄新宪:《对元代教育的重新认识和评价》,《河南师范大学学报(哲学社会科学版)》1989 年第 3 期。

③ 杨国勇:《元代教育的几个特点》,《山西大学学报(哲学社会科学版)》1985 年第 1 期。

④ 王婷:《试论程端礼的〈程氏家塾读书分年日程〉》,首都师范大学硕士学位论文,2005 年。

⑤ 耿红卫、臧嘉琦:《〈程氏家塾读书分年日程〉中的写作教学观》,《教育评论》2017 年第 6 期。

⑥ 王照年、罗玉梅:《试论〈程氏家塾读书分年日程〉的性质》,《闽南师范大学学报(哲学社会科学版)》2016 年第 3 期。

⑦ 王广新:《朱熹之后第一人——论元朝著名教育家许衡》,《西安教育学院学报》1998 年第 3 期。

⑧ 张永蕾:《元代许谦"学为圣人"的教育目标及其启示》,《文教资料》2017 年第 11 期。

物的研究还包括苏天爵、刘因、蒲道源、陶安等。亦有研究关注文人儒士的教育思想与影响，如《忽必烈幕府文人与元代教育及对文学的影响》《元代儒士教育思想初探》。在思想研究方面，有学者认为元代是中国教学思想史上的充实与发展时期，其呈现出在教学观受朱陆理学影响、书本知识与实行并重、教学方法上内铄与外求相结合、心理学化色彩浓厚的阶段教学与分年教学、对教学中诸种关系的论述进一步深化的特性。[①] 学派研究则阐述江西陆子学派主要代表人物李存、刘壎、危素教育思想的历史发展，并进行评价。[②]

总体而言，人物与思想研究以文献研究法为主，主要研究元代教育家的教育思想与实践。值得注意的是，仅有少量对少数民族教育人物的研究，如《元代诸帝教育思想的历史研究》《不忽木等人的教育观和元代早期教育》。

（三）元代教育的制度与政策

元代教育的制度与政策研究包含对教育制度、教育政策及各级、各类、各种教育形式的研究，具体表现在以下五个方面。

1.政策与制度

有关政策的研究，主要涉及元代整体的文教政策与少数民族教育政策。有学者梳理元代文教政策的历史，认为元朝文化教育不被统治者重视，科举制度虽在元仁宗即位后得以恢复，但影响有限，进而研究元代文人或为官或隐居，或从事戏剧创作的人生出路。[③] 还有学者研究具体的文教政策，如《试论元代"遵用汉法"的文教政策与教育措施》。有的学者关注元代由少数民族统治的历史特性，研究少数民族的教育政策。有研究指出，元代少数民族学校教育从教育的边缘走向了中心，教育政策呈现出多元化、开放性、等级化及实用化的特征。[④] 还有的学者关注元代少数民族其他教育形式的政策研究，如《多样性维持与整合缺失：多元文化背景下元代民族社会教育政策分析》《中国高等教育领域少数民族招生政策分析：基于元代以来政策演进的视角》。有关制度的研究，主要包括学田制与科举制。元代的学田属于官田，为国家兴办的学校所有。有学者就从学田的设置、租佃与赋役以及寺院与地主豪强对学田的侵夺等问题展开研究。[⑤] 也有学者认为学田制是儒学发展到一定阶段的产物，边疆地区的实施稍晚于内地，继而梳理云南地区学田制的历史。[⑥] 科举研究中，相较于元朝举行科举考试的次数，有关元代的科举研究数量较多，有学者用"时断时续"来形容元代的科举考

① 吴霓：《试析元代教学思想的特异性》，《西南师范大学学报（人文社会科学版）》1991年第3期。
② 张东海：《元代江西陆学教育哲学思想研究》，江西师范大学硕士学位论文，2002年。
③ 王刘波、杨巧妮：《元代的文教政策及文人的出路》，《教育现代化》2018年第5期。
④ 张学强：《元代少数民族学校教育政策及其具体特征分析》，《社会科学战线》2012年第11期。
⑤ 孟繁清：《元代的学田》，《北京大学学报（哲学社会科学版）》1981年第6期。
⑥ 李昆、方钱：《元代云南学田制初探》，《黑龙江史志》2014年第19期。

试，认为其深层原因是蒙汉两种异质文化的综合所必然经历的从冲突到融合的过程。① 也有学者从科举制度对国家精神培育的影响入手，认为元代以经学、理学、举业"三合一"的科举内容重建国家精神；以举业、选官和教育"三合一"的选用体制培育国家精神；以"实学兴邦"的科举取向促进国家精神的社会践行。② 还有科举研究针对某一地区或某一门类，如《元代婺州路科举初探》《元代的太医科举考试》。

2. 教育机构

元代教育机构的研究主要包括官学、书院、社学、庙学。在元代教育研究的著作成果中，有学者认为元代的儒学教育主要包括三个层级：中央国子学为第一层级，地方官学与书院为第二层级，社学、义塾、私塾（家塾）为第三层级。③ 结合期刊论文中将庙学与书院纳入民间办学的研究，笔者将教育机构分为官学、私学两类，官学包括中央官学与地方官学，私学包括书院与庙学，需要指出的是，社学在部分研究中被视为地方官学，亦有研究未将其纳入其中，故单列。在官学研究中，有学者从元代官学整体的兴起与发展、设置、管理及历史评价四个方面展开全面论述。④ 也有学者研究中央官学的历史发展，包括国子监的办学模式，如《元代中央官学研究》《教养化育与科举主导：元代国子监办学模式的演变》，还有学者研究地方官学的建筑规模与相关关系，如《元代地方官学的建筑规模及学田》《元代的儒户与地方官学》。在私学整体研究中，有的学者研究某一地区整体的私学发展状况，如《元代中原地区私学探微》，此外，书院研究数量最多，有的研究书院的发展背景、特征、兴盛原因及影响，如《试论元代书院的特征》《元代书院的历史发展》；有的研究书院的教学与规约，如《元代书院教学研究》《元代书院规约研究》；还有的研究某一区域或某一具体的书院教育，如《元代河北书院述论》《元代百泉书院兴盛的自然与人文环境》。在庙学研究中，有学者指出庙学即是各级儒学，认为元代在儒学教育上继承了两宋以来的庙学合一制度，以朔望祭祀、讲书为教学活动的重要内容，具有注重祭祀的特点。⑤ 还有的研究关注庙学的规模与释奠礼仪，如《元代山西地方庙学规模及孔庙释奠考——以〈山右石刻丛编〉为中心》。在社学研究中，研究者关注社学对现代教育的启示，认为元代社学兼具教育与生产的双重属性、普教与职教的双重教育、农师与经师的双师制度、理论与实践的双重教法。⑥ 此外，还有研究立足于儒学教育本身，关注儒学教育的课程，其涉及多种教育形式，如《元代的儒学教育——以教育课程为中心》就包

---

① 陈·巴特尔、李莉：《元代科举考试时断时续的文化解释》，《中央民族大学学报（哲学社会科学版）》2007年第2期。

② 张伟：《元代科举与多民族的国家精神培育》，《西南民族大学学报（人文社会科学版）》2014年第4期。

③ 申万里：《元代教育研究》，武汉大学出版社2007年版，第89页。

④ 郭德静：《元代官学研究》，云南师范大学硕士学位论文，2004年。

⑤ 申万里：《元代庙学考辨》，《内蒙古大学学报（人文社会科学版）》2002年第2期。

⑥ 路宝利：《元代"社学"与现代"职业农民"教育》，《河北科技师范学院学报（社会科学版）》2010年第4期。

含家庭教育课程与学校教育课程。

3. 教育类型

对元代教育类型的研究包括职业教育与成人教育。职业教育指的是元代的专科教育，数量较多，包括医学教育、阴阳学教育、军事科技教育、天文教育、书法教育、艺术教育等。其中医学教育的研究数量最多，有的研究围绕医学教育的兴办背景、特点、成就展开，如《元朝医学教育的兴办背景与主要特点》《元代医学教育的主要成就》；有的研究官办与民办的医学教育形式，如《古代官办医学分科教育管窥》《元代医学教育初探》；还有的研究医学教育的教学与管理制度，如《元朝的医学教育教学与管理制度》。在阴阳学教育研究中，有的学者从教学内容出发，考辨阴阳学的教学内容，如《元代阴阳学教学内容考辨》；也有学者用新史料来进行研究，分析黑水城文书中包含的阴阳学教育信息，认为元代阴阳学教育在黑水城地区有着完善的组织机构、人员配备，并有着频繁的教学活动。[①] 此外，军事科技教育、天文教育、书法教育等专科教育内容以宏观的历史研究为主，分析专科教育的形式、内容等，如《元代书法教育研究》。相较于职业教育研究，成人教育研究的数量较少，学者以教材为出发点，研究成人教育教材的发展历程、特点与启示，如《元代成人教育教材的发展历程、特点及启示——以儒家经典教材为例》。

4. 教育学段

元代有关教育学段的研究内容较少，主要包括幼儿教育与小学教育，且此小学与现今意义的小学不同。幼儿教育研究包括童蒙教育、蒙学教育与幼学。有的学者从童蒙教学的形式、教学概况、教育特点及历史地位展现元代童蒙教育的面貌，如《元代童蒙教育研究》。也有学者从教材、具体地区、官学等视角研究童蒙教育，如《元代官立童蒙教育初探》《元代的蒙学教育与教材》。还有学者关注教育机构与幼儿教育开展的关系，如《元代社学与乡村童蒙教育的开展》。小学教育研究主要围绕教材展开，有的学者从小学教材整体入手，认为教材编纂的主体是元代儒士，指导思想为理学思想。[②] 也有学者从语文教材出发，认为其承担着"启蒙""养正"的职责，是学校教育的核心，具有以伦理道德教育的"道德本位"及以宣扬封建教育思想的"社会本位"两种价值取向。[③]

5. 其他教育形式

元代其他教育形式的研究涉及区域教育、民族教育、女子教育。在区域教育研究中，14篇为元代行政区域划分下的教育研究，涉及上都、漠南地区、集乃路、永州路等，宏观研究涉

---

① 赵小明：《从黑水城文献看元代的阴阳学教育》，《衡阳师范学院学报》2016年第1期。

② 张延昭：《元代"小学"教材的编纂、传播与理学的社会化》，《湖南师范大学教育科学学报》2010年第2期。

③ 李汉潮：《元代小学语文教材价值取向》，《现代教育论丛》2014年第6期。

及具体区域的教育历史与儒学教育情况,如《元代漠南地区儒学教育情况探析》《元代永州路教育研究》。另有13篇以省为范围,涉及江苏、安徽、河南、云南等地区,研究具体区域的教育概貌与特点、官学教育及其他教育形式,如《元代江苏官学教育研究》《元代西北教育的特点》。在民族教育研究中,主要研究蒙古族的教育概况,有学者认为治国方针的实现,必然有求于教育与科学的发展,继而梳理了元朝自1260年定都大都后开始的教育发展。[①] 也有研究肯定元代蒙古族的教育,如《元朝蒙古族教育的异彩华章》。还有研究从回回、色目等民族入手,如《元代回回教育特征述论》。在女子教育研究中,有的研究元代女子教育的内容、方式与意义,如《元代女子教育研究》;有的立足教材,研究元代女子学习的读物,如《论元代的女童教育与女教书》;有的以教育主题为对象,研究女德、妇德教育的背景与内容,如《元代"女德"教育的背景、内容及特征》。

总体而言,元代教育制度与政策方面的研究关注元代的教育形式,研究方法除文献法以外,还有运用新史料、二重证据法进行研究的。

三、讨论与建议

(一)细化元代教育的分期,增加对元代教育的历史梳理

整体来看,元代教育的研究范围划分不一,有的从1206年成吉思汗建立蒙古汗国时开始算起,有的从1271年忽必烈建"元"为国号时开始说起,目前学界关于元代的起讫时间大体有四种见解,故有必要在研究前明确研究的时段。同时,元代虽历时短暂,但经历多个皇帝的统治,不同时段,教育的政策、形式与内容亦有不同,细化元代教育的研究分期有助于突出元代教育的特点。此外,元代教育总述类的研究较少,但人们对元代的教育依然存有好奇与质疑,增加对元代教育历史的研究与梳理能够提高大众对元代教育的认识,推动元代教育研究的进一步发展。

(二)注重对元代教育家的研究,挖掘少数民族教育家的教育智慧

现有的研究多从程端礼、许衡、许谦等教育家着手,结合以往中国教育史著作中所收录的元代教育家名录,我们发现还有如赵复、金履祥、吴澄等元代教育家鲜少被研究。同时,研究中出现少量对少数民族人物教育思想的研究。元代由少数民族占统治地位,其教育政策的制定、教育形式与内容的变化都是统治阶级意志的反映,而元代的"四等人制"增加了汉人

---

① 特格舍:《元朝蒙古族教育概况》,《内蒙古社会科学》1981年第6期。

入仕为官的难度,故应有一定数量的少数民族教育家为教育政策的制定献言献策。因此,在元代教育研究中,要注重对元代教育家的研究,深入挖掘出少数民族教育家的教育思想,丰富对元代教育的认识与研究。

(三)运用多种研究方法,开展理论与方法类的研究

元代教育作为教育史的研究范畴,长期运用教育史研究的基本方法,即文献研究法。其取材以传统的史料文献、教育条文与教育著作为主。近年来,随着新史料的不断丰富,二重证据法在元代教育的研究中得到运用,但总体而言,元代教育依然以文献研究为主要研究方法。在学科融合的大环境下,运用多种研究方法,将有助于元代教育研究的长足发展。同时,现有研究中尚未发现对元代教育理论与方法的研究,开展理论与方法类的研究,能够丰富元代教育的研究成果,促进元代教育的深入开展。

(四)增强团队的研究力量,呼唤教育史人加入

研究发现,元代教育仍有大量问题可供进一步研究,然而新中国成立以来元代教育的研究成果总量却较少,其中,研究团队的数量与力量发挥着重要影响,当务之急是要提高团队的研究素养,吸引更多的专家学者加入到元代教育研究的队伍中来。元代教育是中国教育史研究的一个历史话题,但目前看来,许多研究成果为历史学、文化学等领域的学者产出,故呼唤教育史专业的专家学者加入到元代教育的研究中来。

新中国成立 70 年中国少数民族教育史研究历程与展望

◎焦　石　杞　蕾　吴明海*

摘　要:中国少数民族教育史是基于中华民族多元一体格局的文化立场,综合运用教育学、历史学、人类学、民族学、政策学等多学科的理论与方法,研究自古至今中国境内少数民族与少数民族区域的教育政策、思想、活动的发生、发展的历时性过程的交叉学科领域。以教育主体为标准,中国少数民族教育史研究外延可包括:(1)自古至今中央政府民族教育政策史研究。(2)民族地方教育史研究,包括自古至今各民族地方政府教育政策史、活动史与实践史。(3)族别教育史研究。既研究当今中国除汉族以外各少数民族教育史,也研究某一历史时期,曾经以相对独立形态出现过,后来融合到其他民族中的少数民族(族群)的教育史;既包括各民族教育政策与实践研究,也包括各民族教育思想与活动的研究。(4)民族教育家历史研究。研究中国少数民族及民族地区教育事业在思想上与实践上有积极贡献的历史人物,既包括历代各少数民族教育人物,也包括主体民族对少数民族及民族地区教育有杰出贡献的人物;既包括著名政治人物及行政官员,也包括教育家、哲学家、宗教家、文学家、语言学家、民族学家、人类学家、社会学家、学者等知名人士、社会贤达,等等。(5)民族民间教育史研究,即有教育意蕴的民族民俗发生发展的研究,如史诗、谚语、游戏、民间说唱、岁时节日、礼仪、庆典等民俗事项。(6)各民族教育交流史研究。新中国成立 70 年以来,我国少数民族教育史经历了孕育、萌芽、独立及繁荣四个阶段。本研究探讨了民族教育史不同时期划分的起因,对民族教育史 70 年来的经验与成就进行总结,并提出展望思考。

关键词:新中国成立 70 年;中国少数民族教育史;历程;成就;展望

中国少数民族教育史研究,以教育主体为标准,其外延可包括:民族教育政策史研究、民族地方教育史研究、族别教育史研究、民族教育家历史研究、民族民间教育史研究、各民族教育交流史研究。根据研究时间段,可以分为通史研究与断代史研究。根据受教育者年龄阶

---

　　* 作者简介:焦石,中央民族大学教育学院博士研究生;杞蕾,中央民族大学教育学院硕士研究生;吴明海,中央民族大学教育学院教授。

段,可以分为中国少数民族幼儿教育史、初等教育史、中等教育史、高等教育史等。根据所研究问题,可以包括中国少数民族特殊教育史、职业教育史等。

新中国成立 70 年来,尤其是改革开放 40 多年来,中国少数民族教育史研究从无到有,从少到多,已经成为中国教育史、中国民族史等学科重要的研究领域。我们从教育史、民族史等学科领域深度挖掘史料,对新中国成立以来中国少数民族教育史研究的历程进行回顾。研究选取已出版的中国少数民族教育史领域的相关专著、博士学位论文、硕士学位论文作为主要文献来源,未将期刊论文收录其中。我们不但对民族教育史的研究内容进行系统梳理,还对其发展与演变的过程进行呈现。根据史料分析及时间整理,我们将中国少数民族教育史研究划分为四个时期:孕育时期、萌芽时期、独立时期及繁荣时期。根据所选文献,本研究将少数民族教育史研究分为五大主题:族别史、区域史、政策史、通史和分期史、思想史。

一、民族教育史的发展历程

(一)民族教育史孕育时期(1949—1986 年)

1949 年 12 月,新中国第一次全国教育工作会议召开,会议提出教育必须为国家建设服务,学校必须向工农打开大门。新中国的教育以学习老解放区经验为基础,同时吸收旧教育中某些有用的经验及苏联的先进经验。[①] 在第一次全国教育工作会议中召开了少数民族教育会议,发布了有关民族教育的法规。[②] 这是新中国教育史上里程碑式的会议,也翻开了新中国少数民族教育史的第一页。1950 年 11 月,中共中央决定在北京设立中央民族学院(现为中央民族大学),并在西北、西南、中南各设一处分院,作为培养少数民族干部的基地,新中国民族教育翻开了崭新的一页。1978 年党的十一届三中全会以来,我国的教育事业得到恢复与发展,少数民族教育事业获得新生。1979 年全国教育史研究会成立,并在杭州召开了第一次教育史代表大会。[③] 有关教育史的研究及少数民族教育史的研究开始孕育。1985 年 5 月,党中央、国务院在北京召开了改革开放以来的第一次全国教育工作会议,讨论的中心议题就是中共中央《关于教育体制改革的决定(草案)》,并研究贯彻执行的步骤和措施。此次会议的重点是教育体制改革,邓小平做了重要讲话,提出"教育要面向现代化,面向世界,面向未来",要求各级领导要像抓好经济工作那样抓好教育工作。

---

① 《教育与职业》编辑部:《1949 年 12 月 23 日第一次全国教育工作会议召开》,《教育与职业》2013 年第 1 期。
② 陈秀伶:《教育兴国:第一次全国教育工作会议召开》,吉林出版集团有限责任公司 2009 年版。
③ 吴式颖:《改革开放 40 年外国教育史学科发展的回顾与展望》,《教育史研究》2019 年第 1 期。

　　1956年，人民教育出版社编译的《教育学和教育史》①成为新中国第一部探讨教育史的著作，这对民族教育史研究及学科形成起到了重要作用。东北师范大学教育史教研室编写的《教育史专题报告》为首个专门讨论教育史专题的史料集。②舒新城的《中国近代教育史资料》③，梳理了从清末鸦片战争（1840）到五四运动时期（1919）的"教育意见"及"教育措施"，具体涵盖教育政策、学校教育、留学生教育及民族教育。其中，浓墨重彩地介绍了满蒙藏民族教育的基本情况，介绍了清末民族教育的政策及章程，其中附带了蒙藏学校的章程文件。同时，运用马克思主义的历史唯物主义观点进行了批判分析，分析当时教育的历史性与阶级性。这对民族教育研究及形成起到了很好的铺垫作用。

　　陈景磐的《中国近代教育史》和陈元晖的《中国现代教育史》，被称为新中国成立以来最早正式出版的近现代教育史教材。书中对该时期的重要教育人物思想进行了梳理，既是教育分期史，又是教育思想史。两本书皆为人民教育出版社出版，以1919年五四运动为分水岭。④陈景磐的《中国近代教育史》吸收中国教育史研究的新思路和成果，对清末民初时期的教育史料内容进行了增补和丰富。在论述有关教育史问题时，既传承和沿袭了典型材料，又运用学位论文发现新的史料，开创了借鉴学位论文研究教育史的先河。⑤陈元晖的《中国现代教育史》从五四运动开始，将蔡元培、毛泽东、梁漱溟、陶行知等核心人物纳入书中，既有对马克思主义思想的奠基，又折射了教育与实际生活的结合。⑥毛礼锐、邵鹤亭、瞿菊农主编的《中国古代教育史》书写了从远古到清末时期的中国古代教育历程，可以称得上是新中国第一部教育学通史，其中包含了少数民族教育政策史及思想史，如辽、金的学校制度，书中重点探讨了元、清时期少数民族文教政策和教育制度的发展。⑦

　　熊明安的《中国高等教育史》是中国现代高等教育史上一部里程碑式的著作，开辟了高等教育史这一新的研究领域，对民族高等教育史研究起到了奠基的作用。此书可以称为高等教育研究的通史，研究时段从殷商时期延续到新中国成立。书中除了梳理高等教育的历程，还涉猎民族高等教育史，如辽、金、元、清朝时期的高等教育史。元朝时期中央国立高等学校出现了蒙古国子学及回回国子学，清朝时期出现旗学和觉罗学等民族贵族学校，同时，其针对民族高等教育的政策、思想及学校发展有详尽论述。⑧由上海书店1984年出版，任时

　　① 人民教育出版社编译：《教育学和教育史》，人民教育出版社1956年版。
　　② 东北师范大学教育史教研室：《教育史专题报告》，东北师范大学教材教具科1957年版。
　　③ 舒新城：《中国近代教育史资料》，人民教育出版社1979年版。
　　④ 蒋纯焦等：《61种中国教育史教材所选入近现代教育人物分析——兼论中国近现代教育家群体的形成》，《全球教育展望》2019年第5期。
　　⑤ 陈景磐：《中国近代教育史》，人民教育出版社1978年版。
　　⑥ 陈元晖：《中国现代教育史》，人民教育出版社1979年版，第278页。
　　⑦ 毛礼锐、邵鹤亭、瞿菊农：《中国古代教育史》，人民教育出版社1979年版。
　　⑧ 熊明安：《中国高等教育史》，重庆出版社1983年版。

先所著的《中国教育思想史》,根据商务印书馆 1937 年版复印再版发行。此书概述了自原始时代、封建时代至近代半殖民地时代的各时期中国教育思想。该书是第一部较为完整论述中国教育思想历程及走向的思想史专著。书中对中国教育的思潮、历史精英人物思想以及历史分期进行了详述,对研究中国教育思想史的目的、方法及着眼点进行了论述。[1] 书中较早针对少数民族文教政策及思想进行了叙述,此书对民族教育思想史的发展起到了铺垫的作用。

1984 年王炳照和 1985 年李定开等分别出版了《简明中国教育史》。王炳照梳理了从古代到新中国成立以前的教育政策、制度与思想,简要概述了宋、辽、金、元、明、清时期的少数民族文教政策。[2] 李定开等先按照主题分类,后按照历史时期划分,概述了从古代至近代的中国教育发展历程。在少数民族教育史研究方面,简要概括了国子学的历史经验。[3] 杨荣春的《中国封建社会教育史》梳理了从汉代到鸦片战争以前的封建社会教育史。有关民族教育史的研究,重点概括了元、清时期的民族文教政策。[4] 高奇的《中国现代教育史》运用马克思列宁主义与毛泽东思想,论述了从新民主主义时期到社会主义时期的教育发展的历史经验,总结了民族文教政策。书中回顾了抗日战争时期陕甘宁边区的民族教育,以民族学院建设为例,进行了民族文教政策的概述。[5] 陈学恂主编的《中国近代教育史教学参考资料(上中下册)》,研究时段起于鸦片战争,止于五四运动。该书辑录了该历史时期具有典型代表性的教育史料及主要教育问题。首次采用了教育统计表,对学校教育中的教职工、学生进行描述性统计,并记录了教育财政经费情况,为研究民族教育史提供了重要方法经验。[6]

(二)民族教育史萌芽时期(1987—1997 年)

1988 年 4 月,国务院在北京召开第一次全国民族团结进步表彰大会。这不仅是一次民族团结进步的盛会,也是民族教育史上光辉的一页。1994 年 6 月,中共中央、国务院在北京召开了改革开放以来的第二次全国教育工作会议,进一步动员实施党的十四大提出的《中国教育和改革纲要》,确立了教育优先发展的地位。1997 年,党的十五大提出社会主义现代化建设目标,部署落实科教兴国战略,强调提高全民族的素质和创新能力。少数民族教育史的研究在这种背景下开始萌发,有关民族教育史研究的专著开始出现,少数民族教育的族别史、区域史的研究开始成为主流。

---

① 任时先:《中国教育思想史》,上海书店 1984 年版。
② 王炳照等:《简明中国教育史》,北京师范大学出版社 1984 年版。
③ 李定开、熊明安、徐仲林:《简明中国教育史》,四川人民出版社 1985 年版。
④ 杨荣春:《中国封建社会教育史》,广东人民出版社 1985 年版。
⑤ 高奇:《中国现代教育史》,北京师范大学出版社 1985 年版。
⑥ 陈学恂:《中国近代教育史教学参考资料》,人民教育出版社 1987 年版。

李瑛的《鄂伦春族教育史稿》是首部用汉文书写的少数民族教育史著作,概述了新中国成立前人口稀少的鄂伦春族教育发展原貌。该书结合库玛尔路鄂伦春协领公署档案、全国人大民族委员会及内蒙古自治区等单位史料文献,进行撰写,也是首部族别教育史著作,是少数民族教育史研究的首创之举,具有抛砖引玉的作用。[①] 在此之前,赵复兴曾对鄂伦春族的教育史在期刊中做过简要概述,描绘了从原始的社会教育到新中国成立前后的教育变迁,展现了鄂伦春族世代相沿的教育成长历程,从注重技能、思想和品德的氏族教育,到现代的学校教育。[②] 郭齐家所著的《中国教育思想史》,梳理了从春秋战国时期到现代的教育名家思想及流派。书中采用了人物对比、中外对比以及古今对比的方法,勾勒了历代教育精英人物在不同地域、不同民族、不同学派及不同时期的教育思想。其中,毛礼锐在此书的序中提到中国教育史的研究离不开少数民族教育史的研究。[③] 该书为中国少数民族教育史及思想史的研究起到了重要的启示作用。1989 年,谢启晃所著的《中国民族教育史纲》,以新中国成立为界,概述了自古代到现代以来的中国民族文教政策。该书打破了民族的界限,整体概述了我国民族教育的制度、管理、经济、学校等各个方面的历史经验,同时,针对民族教育问题,分层级、分学科、多角度进行探讨。[④]

1989 年,延边大学创始人之一的朴奎灿主编的《中国朝鲜族教育史稿》首次系统介绍了中国朝鲜族教育的发展历程。该书基于朝鲜文、汉文、日文档案和文献,概述了自朝鲜族迁入初期到 20 世纪 80 年代末朝鲜族教育发展的历史及规律。该书把朝鲜族教育的起源和发展进行了概括,从私立教育到公立教育,从近代到现代,论述了朝鲜族教育在不同历史时期、不同文化背景下的发展历程。此书史料丰富,涵盖不同时期朝鲜族教育的现状、问题及取得的成就。1991 年,此书再版成朝鲜文,由当时的东北朝鲜民族教育出版社出版发行。[⑤] 2009年,作为《中国朝鲜族教育史稿》主要统稿者的许青善、姜永德再次统筹主编,在延边教育出版社出版了汉文版的《中国朝鲜族教育史》。[⑥]

西北民族研究所朱解琳所著的《藏族近现代教育史略》,为首部介绍藏族近现代教育史的理论专著。该书描绘了自 1840 年鸦片战争到 1949 年新中国成立的藏族教育历程。该书认为藏族的教育与生活密不可分,藏族通过长期的生产、实践和科技的发展,以及与其他民族的相互交往,逐步形成了符合自身民族特点的教育传统。从封建传统教育到近现代教育的演变中,藏族的寺院教育与世俗教育并存,官学与私学互补。书中概括了中国共产党在新

① 李瑛:《鄂伦春族教育史稿》,吉林教育出版社 1987 年版。

② 赵复兴:《鄂伦春族教育史略》,《内蒙古师范大学学报(哲学社会科学版)》1982 年第 3 期。

③ 郭齐家:《中国教育思想史》,教育科学出版社 1987 年版。

④ 谢启晃:《中国民族教育史纲》,广西教育出版社 1989 年版。

⑤ 朴奎灿:《延边朝鲜族教育史稿》,吉林教育出版社 1989 年版。

⑥ 许青善、姜永德:《中国朝鲜族教育史》,延边教育出版社 2009 年版。

民主主义革命时期的民族文教政策,特别是延安民族学院的设立对藏族干部的培养乃至整个民族教育的发展起到的重要历史作用。① 1991 年,山东省民族事务委员会编写的《中国回族教育史论集》,汇集了第六次全国回族史讨论会的论文 40 篇,概述了当时国内关于回族教育史的最新研究成果。该论文集主要收录了回族教育的内容、形式及发展历程,经堂教育在回族教育史上的作用及联系,近代回族教育的现实问题及走向的相关研究成果。②

朱解琳的《甘宁青民族教育史简编》,按古代、近代、现代这一时代顺序进行研究,从历史经验上考究甘、宁、青地区的现代民族起源及民族名称的源流,研究宗教(尤其是藏传佛教及伊斯兰教)对民族教育的影响,突显寺院(经堂)教育在甘、宁、青地区民族教育中的地位及历史贡献。此书基于历史唯物主义观点,从政治、经济、宗教、文化及人物思想角度,探索甘肃、宁夏、青海三省区的民族教育发展历程及民族教育思想演进。该书不仅是一部民族教育史研究成果,也是一部民族团结教育史著作,是有关边疆地区民族教育区域史的重要著作。③陶增骈主编的《东北民族教育史》通过文本分析和实地调查,基于马克思主义理论,对东北少数民族教育历程、政策及教育思想进行梳理,涵盖东北民族教育发展的历史轨迹、民族政策及教育政策。该书内容纵横交错,从古至今,既有横向主题研究,又有纵向历史脉络梳理。历史上,从古代民族教育,延伸到新中国成立 40 余年的民族教育的历史演进过程。④ 耿金声、崔斌子所著的《中国少数民族教育史》(当代卷),将新中国成立以来的民族教育史进行了系统梳理,结合史料与系统论证,分别对少数民族幼小中教育、职业教育、高等教育与成人教育进行了主题分析,对民族教育制度、管理与经济领域进行了论述。⑤

(三)民族教育史独立时期(1998—2012 年)

1999 年 6 月,中共中央、国务院再一次召开全国教育工作会议,并发布了《中共中央、国务院关于深化教育改革 全面推进素质教育的决定》,提出中国教育改革和发展的主要任务是全面推进素质教育。1999 年 9 月,正逢中华人民共和国成立 50 周年,国务院在北京召开第三次全国民族团结进步表彰大会,民族团结进步模范集体和模范个人受到表彰。2005 年5 月,中共中央、国务院颁发《关于进一步加强民族工作 加快少数民族和民族地区经济社会发展的决定》。这是新中国成立后中国共产党关于民族工作的第一个决定,民族工作的重点是发展。在这种形势下,中国少数民族教育事业得到迅速发展,民族教育规模扩大,学科

---

① 朱解琳:《藏族近现代教育史略》,青海人民出版社 1990 年版。

② 山东省民族事务委员会:《中国回族教育史论集》,山东大学出版社 1991 年版。

③ 朱解琳:《甘宁青民族教育史简编》,青海人民出版社 1993 年版。

④ 陶增骈主编:《东北民族教育史》,辽宁大学出版社 1994 年版。

⑤ 耿金声、崔斌子:《中国少数民族教育史》(当代卷),吉林教育出版社 1995 年版。

门类更加专业,民族特色更加鲜明。① 2009 年 9 月,第五次全国民族团结进步表彰大会在京召开,会议提出要把民族团结教育纳入公民道德教育全过程、社会主义精神文明建设全过程,并提出大力培养选拔少数民族干部和各类人才。中国少数民族教育史经典专著的出现标志着民族教育史研究进入独立阶段。

1998 年,韩达主编的三卷本《中国少数民族教育史》(第四卷由冯春林、蔡寿福、陈庭贵主编),收录了蒙古、回、藏、维吾尔、彝、壮、布依、朝鲜、满、瑶、白、土家、哈萨克、傣、黎、高山、东乡、纳西、达斡尔、仫佬、羌、毛南、保安、裕固、京、基诺等 26 个少数民族的教育史。该书的出版是少数民族教育史的一次史诗性跨越,规模恢宏浩大,既是一部民族教育的族别史,又是一部民族教育的通史性著作。该书分为三卷 26 部分,每一部分根据少数民族的族别记载其教育历程。关于历史时期的划分,基本参照朝代史划分,部分根据大的年代史及世纪史进行划分。从各个历史时期,针对各民族的民族政策、教育政策、学校教育的发展脉络进行了概括及评价。其中,双语教育、寺庙经院、多元文化、民族心理为该丛书的特色。②

朴胜一、程方平主编的《民族教育史》,从 1949 年中华人民共和国成立到 1999 年,梳理了新中国成立 50 年的民族教育史。作者朴胜一时任国家教委民族教育司(教育部民族教育司)司长,该书将史料研究与实地调查数据相结合,证据与事实分析相结合,史料较为翔实,内容生动。该书涵盖教育学、民族学、历史学等学科,为一部较为系统的民族教育史研究专著。③

吴明海主编的《中国少数民族教育史教程》,基于中华民族多元一体格局理论,纵向上从中国古代、近代和现代的历史时期划分,每个篇章在区域上按照东北、北方、西北、西南和中东南的顺序划分,概括了少数民族各个阶段的教育历程。每个篇章涵盖了相应区域的少数民族教育史。纵横交错,既是历朝历代各少数民族教育的通史,又包含区域史和族别史。④同年出版的《中外民族教育政策史纲》,梳理了中国古代、近代及现代中央政府民族教育政策的发展历程,重点突出了新民主主义革命时期以来的中国共产党民族文教政策,总结了新中国成立以来民族教育政策发展的主要成就,梳理了关于少数民族教育的法律体系及政策。整体来讲,我国民族教育政策发展更加具体化、系统化、科学化、法规化。⑤ 孟立军的《新中国民族教育政策研究》,对新中国民族文教政策进行了概括,对政策实践等教育史实进行梳理

---

① 哈经雄:《少数民族高等教育改革开放 30 年》,《中国民族教育》2008 年第 9 期。

② 韩达主编,中国少数民族教育史编委会编:《中国少数民族教育史》,广东教育出版社、云南教育出版社、广西教育出版社 1998 年版。

③ 朴胜一、程方平:《民族教育史》,海南出版社 2001 年版。

④ 吴明海:《中国少数民族教育史教程》,中央民族大学出版社 2006 年版。

⑤ 吴明海:《中外民族教育政策史纲》,中央民族大学出版社 2006 年版。

和归纳,分析了我国民族教育政策执行上存在的问题,并提出了民族教育政策的创新与构想。[1]

(四)民族教育史繁荣时期(2013—2019年)

2014年9月,中央民族工作会议暨国务院第六次全国民族团结进步表彰大会在北京举行。会议指出,多民族是我国的一大特色,也是我国发展的一大有利因素。各民族共同创造了悠久的中国历史、灿烂的中华文化。我国历史演进的这个特点,造就了我国各民族在分布上的交错杂居、文化上的兼收并蓄、经济上的相互依存、情感上的相互亲近,形成了你中有我、我中有你,谁也离不开谁的多元一体格局。[2] 2019年9月,中华人民共和国成立70周年之际,第七次全国民族团结进步表彰大会在北京隆重召开。会议指出,一部中国史,就是一部各民族交融汇聚成多元一体中华民族的历史。实现中华民族伟大复兴的中国梦,就要以铸牢中华民族共同体意识为主线,把民族团结进步事业作为基础性事业抓紧抓好,促进各民族像石榴籽一样紧紧拥抱在一起,推动中华民族走向包容性更强、凝聚力更大的命运共同体。[3] 在这一时期,有关中国少数民族教育史的研究如雨后春笋不断涌现,百花齐放、百家争鸣。民族教育史这一研究主题不再是一片孤岛,出现了繁荣、稳定的景象。

杨聪按照地域和时间范围,梳理了云南大理自治州白族教育发展的历史。在区域上,将洱海区域的大理、洱源、鹤庆、剑川、云龙等白族聚集的市和县作为研究的重点区域。在时间上,梳理了汉、唐、宋、元、明、清、民国及新中国成立以来的白族教育,系统概述了白族地区古代私学与官学的发展、明清时期白族地区的书院及科举制的演变。同时,概述了民国及新中国成立后的学校教育,对幼儿、小学、中学、中等职业学校及高等教育基本情况进行了概述,主要涵盖课程、教材及教学工作。[4] 沙景荣主编的《西北地区少数民族教育发展口述史研究》,采用口述史的方式,通过田野访谈及观察,针对所选个案的成长过程进行口述记录,描绘西北地区少数民族解放战争以来的教育历程。研究选取西北地区蒙古族、维吾尔族、藏族、裕固族几个典型民族为代表,勾勒了西北少数民族教育发展成就。[5] 罗连祥梳理了贵州苗族地区教育的起源、发展,对贵州苗族传统文化进行了分类(物质文化、制度文化、精神文化),描绘了贵州苗族传统文化的变迁,并针对其原因进行分析。贵州苗族地区的学校教育

① 孟立军:《新中国民族教育政策研究》,科学出版社2010年版。

② 新华社:《中央民族工作会议暨国务院第六次全国民族团结进步表彰大会举行》,参见网站:http://www.gov.cn/xinwen/2014-09/29/content_2758816.htm。

③ 习近平:《在全国民族团结进步表彰大会上的讲话》,参见网站:http://politics.people.com.cn/n1/2019/0928/c1024-31377932.html。

④ 大理白族自治州白族文化研究院编:《白族教育史》,云南民族出版社2014年版。

⑤ 沙景荣:《西北地区少数民族教育发展口述史研究》,科学出版社2014年版。

起源于明朝,自学校教育兴起,苗族物质文化、制度文化、精神文化发生了巨大的变化。书中概述了明清时期贵州苗族地区官学与书院的演变,以及改革开放以来民族教育的发展。贵州民族教育以各地州民族中小学为基础,以贵州民族大学为龙头,以三所民族师范院校为重点,以初中和高中民族班及预科班为补充,形成多层次、多类型的民族教育体系。罗连祥认为学校教育回避了民族传统文化,导致学校教育与苗族乡土文化发生了疏离,苗族传统文化的传承与发展也受到了挑战。他认为应该发挥苗族文化主体性的作用,传承与发展贵州苗族地区的传统文化,弘扬苗族的优秀文化传统,促进中华民族多元的文化发展。[1]

近些年,有关少数民族教育史的大规模研究,在中国形成了两大主要阵营,一个是位于首善之区北京的中央民族大学,另一个是位于兰州的西北师范大学。本文分别选取张学强及吴明海的民族教育史研究团队为对象,分析了与其相关的硕士、博士学位论文及专著。

张学强主编的"中国少数民族教育政策研究丛书",梳理了元、明、清及民国时期700余年的少数民族教育史。其中,包括张学强、王文娟、艾丽的《元代少数民族教育政策研究》,刘淑红的《明代少数民族文教政策研究》[2],许可峰的《核心与边缘——清代前中期民族文教政策研究》,王景的《民国中央政府少数民族教育政策研究》。丛书主要针对这四个历史时期,梳理了700余年的少数民族文教政策历史脉络、特征及影响。元、明、清及民国时期少数民族教育政策的演进与社会变迁及教育发展相互关联,虽有相互借鉴,但有各自的内涵及特点。

吴明海主编的"民族教育史研究丛书",相继出版了其指导的博士学位论文研究成果。其中,顾玉军的《明清时期回族教育思想研究》基于2012年的博士学位论文出版;陆继锋的《中国民族院校办学理念的变迁研究》,基于2013年的博士学位论文出版;杨瑞芬的《谚语中的教育智慧:幼儿园乡土课程文化建设的基础》,基于2015年的博士学位论文出版。

顾玉军结合教育学、历史学、民族学、宗教学等多学科领域研究,针对明朝和清朝时期的回族教育思想进行整理,将回族的汉学教育思想和回族的经学教育思想进行论述与比较。他认为儒学教育思想及伊斯兰教的教育思想都是中国传统教育思想的重要组成部分,二者对回族及中国伊斯兰教的发展皆产生了重要影响。顾玉军认为回族能在中国历史潮流中世代生存与发展,离不开"伊儒相通"的回族教育思想及"使人为善"的为人处世哲理。伊斯兰传统文化与儒家传统文化相结合至关重要。[3] 陆继锋从民族院校办学理念变迁切入,从宏观、中观和微观三个层次,采用混合式研究方法,基于历史与田野实际调查等,梳理民族院校的历史及办学理念的演进过程。他提出民族院校在发展过程中,既要保持其特色,又要与时

①　罗连祥:《贵州苗族地区教育发展民族传统文化变迁》,中国书籍出版社2016年版。
②　刘淑红:《明代少数民族文教政策研究》,民族出版社2016年版。
③　顾玉军:《明清时期回族教育思想研究》,民族出版社2016年版。

俱进,提升办学理念。[①] 杨瑞芬通过对哈萨克族的口传文本谚语研究,结合实地田野调查,探讨了我国哈萨克族民间教育思想的历史成因。民间教育思想亦是我国教育思想史的重要组成部分,哈萨克族的民间教育思想研究为民族教育思想史研究中不可或缺的一部分。研究探讨了哈萨克族民间教育的内容、方法、特征与价值,以及哈萨克族民间教育思想的历史渊源,同时分析了社会变迁中哈萨克族民间教育的价值贡献。[②]

吴明海的学生姚霖、滕霄、杨丽丽、于丽坤的博士和硕士论文,虽未出版,但对少数民族教育史研究的贡献不可估量。姚霖对壮族古代教育思想史进行了系统概括,既有儒学教育思想的衍播,又有壮族本土教育思想的形成。他对汉、壮教育思想的关键人物进行分析,认为汉文化的播化与壮文化的自我协调,在壮族教育思想史的演进中发挥了重要作用,壮、汉文化的交融构成了壮族教育思想的演进。壮族的古代教育思想形成了保守性与开放性结合的特点。壮族古代教育思想的形成离不开儒学教育思想与壮文化教育思想的结合。[③] 滕霄选择双语教育为研究主题,以湘西土家族苗族自治州为研究场域,从历史上将湘西地区的双语教育划分为四个历史时期,即萌芽时期、初创时期、稳定发展期和徘徊停滞期。从古代、近代到现代,梳理了双语教育的发展历程。同时,从教育的社会功能角度分析了湘西双语教育的发展与对策。[④] 杨丽丽通过对元、明、清三朝白族的教育思想进行分析,发现白族的教育思想吸收并融合了儒家学派的教育思想,从而使白族的教育思想更加多元化。白族的教育思想是一个动态的过程,并且随着历史的发展不断演进。[⑤] 于丽坤对中国朝鲜族近代教育思想进行了历史纵向的梳理,并将朝鲜族近代教育思想史划分为三个时期,从迁入初期到新民主主义时期。她认为朝鲜族的教育思想既有对朝鲜族本民族的文化传承性,又有一定社会兼容性。[⑥]

二、民族教育史的主要成就

通过对新中国成立 70 年来民族教育史研究的梳理与经验总结,我们发现民族教育史研究是对我国各少数民族教育历程的概括、区域民族教育成果的总结、文教政策与制度的呈现、历史时期划分及主要教育思想的回顾。下面,我们从民族教育史的研究趋势、主题及研

① 陆继锋:《中国民族院校办学理念的变迁研究》,民族出版社 2017 年版。
② 杨瑞芬:《谚语中的教育智慧:幼儿园乡土课程文化建设的基础》,民族出版社 2019 年版。
③ 姚霖:《壮族古代教育思想史初探》,中央民族大学博士学位论文,2013 年。
④ 滕霄:《湘西土家族苗族自治州民汉双语教育的历史研究》,中央民族大学硕士学位论文,2006 年。
⑤ 杨丽丽:《元明清时期白族教育思想初探》,中央民族大学硕士学位论文,2015 年。
⑥ 于丽坤:《中国朝鲜族近代教育思想史初探》,中央民族大学硕士学位论文,2017 年。

究方法等方面进行概括与成就总结。

(一)民族教育史的研究趋势

新中国成立以来,我国民族教育史研究在数量上呈上升趋势。研究大致可以分为四个阶段。第一阶段为孕育时期(1949—1986年)。该阶段还未出版以少数民族教育史为题名或主题的研究专著,主要出版的是以中国教育史为主题的著作。其中,舒新城、毛礼锐、熊明安、任时先、王炳照、李定开、杨荣春、高奇在著作中概述了民族教育的文教政策、制度、思想及民族院校建设,为民族教育的研究提供了重要的借鉴经验。

第二阶段为萌芽时期(1987—1997年)。这一阶段开始出现专门针对少数民族教育史研究的专著,该时期以少数民族教育族别史和区域史研究为主流。

第三阶段为独立时期(1998—2012年)。该阶段的少数民族教育史研究已经开始初具规模,可以独树一帜。以韩达主编的《中国少数民族教育史》为标志,这是一部民族教育的通史性著作,开辟了少数民族教育史研究的独立阶段。该时期以少数民族教育通史、分期史和政策史为主要研究主题。

第四阶段为繁荣时期(2013—2019年)。该阶段的少数民族教育史研究已经趋于稳定,呈现百花齐放、百家争鸣的局面。除了出版的专著之外,还有博士、硕士学位论文研究。该时期以少数民族教育分期史和思想史为主要研究主题。

(二)民族教育史的研究主题

通过对少数民族教育史专著及学位论文进行分析,我们将民族教育史研究的主题大致分为五类:族别史、区域史、政策史、通史和分期史及思想史(见表1)。研究主题从族别史、区域史、政策史向通史和分期史、思想史过渡。

表 1　民族教育史研究主题

主题	研究内容	聚焦数量
族别史研究	鄂伦春族、朝鲜族、藏族、回族、哈萨克族、壮族、土家族、苗族、白族等教育史研究	9
区域史研究	东北、云南、西北、贵州、湘西地区少数民族教育史研究	6
政策史研究	少数民族教育政策、制度演变研究	4
通史和分期史研究	按照古代、近代和现代划分的通史研究,或具体某一时期的民族教育历程研究	8
思想史研究	少数民族精英人物教育思想研究	6

1. 族别史研究

族别史研究是民族教育史研究初期的主要主题。新中国成立70年来,鄂伦春族、朝鲜族、藏族、回族、哈萨克族、壮族、土家族、苗族、白族等民族已经出现了以族别为主题的民族教育史研究。李瑛、朴奎灿、许青善、姜永德、朱解琳、韩达等为民族教育族别史研究做出了巨大的贡献。韩达主编的《中国少数民族教育史》(三卷)针对26个少数民族,进行民族教育史的成就梳理。每个民族的教育史有专门的主编执笔,如该书中的《中国朝鲜族教育史》分册由金炳镐等主编。

2. 区域史研究

根据我国历史演进的特点,造就了各民族在区域上的交错杂居与文化上的兼容并蓄。因此,针对这一特点,民族教育历史成就的总结可以按照区域进行划分。现有研究成果主要集中在甘宁青、东北、云南、西北、贵州、湘西地区少数民族区域教育史的研究,形成了各美其美、美美与共的多元一体格局。

3. 政策史研究

政策史研究是对少数民族教育政策、主要制度演变的研究。有关少数民族教育政策史的研究主要集中在谢启晃、吴明海、孟立军、刘淑红四个团队。他们分别从不同时期的划分、少数民族文教政策和制度问题等方面进行了探讨,并提出了完善民族教育政策体系的构想。民族教育史是汉族与少数民族、少数民族与汉族以及少数民族之间的交流史。整体来讲,我国古代和近代的民族教育政策基本保持一体多元的思想前提,针对汉族及少数民族采取不同的文教政策。直到今天,为实现中华民族伟大复兴,以铸牢中华民族共同体意识为主线,逐步形成兼容并蓄、凝聚团结的中华民族多元一体的格局。

4. 通史和分期史研究

中国少数民族教育史的历史时期划分与中国教育史的时期划分基本一致:古代教育史由远古时期到鸦片战争,近代教育史从鸦片战争到中华民国的终结,现代教育史从新中国成立到今天。民族教育通史是按照古代、近代和现代进行划分,梳理民族教育的整体历程。韩达主编的《中国少数民族教育史》(三卷)及吴明海主编的《中国少数民族教育史教程》,都可以被认为是中国少数民族教育通史。

有关分期史的研究,主要聚焦在元、明、清、民国及新中国成立前后的民族教育历程研究。由张学强主编、王文娟等著的"中国少数民族教育政策研究丛书",概括的是元、明、清及民国700余年的教育分期史。在吴明海的研究团队中,顾玉军、杨丽丽、于丽坤的学位论文,研究的既是教育思想史,又是元、明、清时期的教育分期史。

5.思想史研究

在漫长的历史发展过程中,少数民族中涌现了一批颇有远见卓识的教育家、思想家,他们对民族教育的发展做出了突出贡献。教育思想史的研究,是对中国少数民族精英人物教育思想成果的总结与概括。吴明海主编的"民族教育史研究丛书",主要针对中国少数民族教育思想历程的成就进行总结。

(三)民族教育史的研究方法

新中国成立70年以来,民族教育史研究方法也变得更加丰富。以往的民族教育史研究,多为基于文本分析的史料研究。目前的研究方法除史料研究之外,还有对比研究、实地调查研究、口述史研究,通过田野调查与史料结合,描绘少数民族教育发展的历程与成就。

三、民族教育史研究展望

(一)拓宽民族教育史的研究视野

纵观民族教育史的研究历程,我们发现,民族教育史主要针对民族教育的族别史、区域史、政策史、通史和分期史及思想史五大主题进行研究。这些是民族教育史研究的宝贵经验与财富,应当传承。然而,这些主题研究的广度和深度还不够,应深入挖掘现有的研究主题,继续加大对各民族的族别史研究,结合地域特色、民族人物思想与主要文教政策,梳理独具特色的民族教育史。同时,应该拓宽研究视野,从不同主题发掘民族教育史的主要成果。

(二)加强民族教育史的学科建设

民族教育史研究不能孤立地看待每一个时期的民族教育历史,还应注重历史发展的逻辑过程。根据制度逻辑,后发展的学科容易模仿先发展的学科,且容易模仿浅层次的制度,而深层次的制度容易被忽视。民族教育史的学科立足于教育学、历史学及民族学三大学科,因此,民族教育史要结合自身学科特点,建构符合自身学科发展需要的制度。

(三)丰富民族教育史的研究方法

当前,少数民族教育史的研究方法相对集中在史料研究的描述上,是一种非实证的经验总结研究、文献综述及文件解读。近些年,有关少数民族教育史的研究出现了口述史研究及田野调查研究。民族教育史研究可以借鉴实证研究的方法与思路,对史料进行更加系统的分析。从书斋到田野形成良好的互动,在这个逻辑环里面,进行人类学田野调查和史料的概括。量化与质化研究相结合,在研究方法及研究文本上采取三角互证。将今天的研究与过去的研究进行对比和验证,在资料分析中,选取同一个研究主题,在不同情境下进行验证,力求将民族教育史的研究,从简单描述过渡到深入分析与总结,结合教育学、历史学、民族学、人类学、社会学的研究方法,形成民族教育史研究的特色。

1949—2019 年：中国留学史料的整理进展与学术成就

摘　要：1949 年以前专门的留学史料的整理比较少见，留学史料混杂于教育史料和教育年鉴等著作中。1949—1977 年，我国对留学史料的整理主要为中共党史范围内"勤工俭学"的回忆。在这期间，梅贻琦等海外华人学者对中国留美学生人数和博士论文进行了统计；王树槐搜集、编辑了《庚子赔款》，刘真、王焕琛整理编辑了《留学教育——中国留学教育史料》。1978 年改革开放以来，我国对留学史料的整理空前重视，取得了一系列成果：改革开放之初至 20 世纪 80 年代，专门的留学史料成果开始出现，勤工俭学史料丰富；20 世纪 90 年代，留学史料的整理取得了重要成就，其中陈学恂、田正平主编的《留学教育》影响广泛。21 世纪以来，留学史料的整理进入了新阶段，成果丰硕，规模宏大：国家档案馆参与了留学档案的整理，中国第一历史档案馆的部分留学档案得以影印出版；留学档案整理进入了国家哲学社会科学研究的规划阶段，以周棉获得的两个国家重大项目对清代和民国留学档案的整理及其成果较有代表性；出现了《出国留学六十年》等当代留学史料整理的成果。日本等外国学者关注中国留学史料的整理，亦取得了一些成果。

关键词：1949—2019 年；留学史料；整理；成就

现代意义上的中国留学教育，始于 1840 年鸦片战争以后，以容闳出国留学为标志。在他的倡导和推动下，1872 年开始的幼童留美，开启了中国官派留学的先河，在清末形成了人类历史上第一次留学大潮，并一直绵延至今。下面即对 1949—2019 年的 70 年间中国留学史料整理的进展情况与学术成就，作一扼要梳理，以就教于参加中国教育学会教育史分会第二十届年会的专家学者和青年朋友。[①]

---

*　作者简介：周棉，江苏师范大学留学生与近代中国研究中心，江苏哲学社会科学重点研究基地"留学生与中国现代化研究基地"教授。

①　鉴于日本的专家学者和中国旅日学者对中国人留学日本史的研究成果之丰硕，其对中国人留学日本史料的整理功夫之深，本文对日本学者和中国旅日学者的相关成果的梳理评述，将不按照本文总的时间顺序进行，集中放在本文的第四部分。

一、1949 年前关于留学史料整理的回顾

关于中国留学的研究和留学史料的整理,晚于留学运动的形成约半个多世纪。

从民初开始,已有人注意留学现象,但那不是研究而是新闻,如《申报》《东方杂志》等媒体对留学生的报道;或者是在留学史的著作中,含有一些留学史料,如 20 世纪 20 年代著名学者舒新成撰写的《近代中国留学史》。该书为中国近代第一部研究留学问题的专著,它对从清同治九年到民国十五年(1870—1926)近 60 年间有关中国的留学情况一一胪陈,内容涵盖留学创议、制度设计、章程规范以及中国学生赴欧美及日本等国留学的人数、所学科目等内容,不仅为以后中国留学教育史的书写贡献了基本范式,其中保存的一些留学史料也有重要的价值。

至于此后对留学史料的专门的整理,起步非常之晚。最早的是 1933 年出版、1986 年再版的《海外工读十年纪实》。该书作者为“辛亥童子”,留法勤工俭学生,后来成为语言学家的盛成。作者以亲历者的身份对留法勤工俭学运动的兴起、概况、成败作了记述和评论。这是最早的勤工俭学运动的第一手史料。

民国时期,重要的留学史料当推《民国教育史料丛刊·高等教育》部分关于留学教育的 4 册史料,分别为第 885、886、887 和 888 册。第 885 册主要介绍管理中英庚款董事会第一、四届留英公费生考试试题以及赴美留学指导等内容;第 886 册介绍留欧印象、留日学生名簿以及留日指南等内容;第 887 册介绍留日中华学生名簿、留学概况以及留学须知等内容;第 888 册介绍旅欧教育运动、美洲留学报告、中国留学生总会章程以及中华留日同学会概况等内容。这套丛书为民国时期第一次大规模整理和出版的民国教育专题文献,其中关于留学史料的整理也是首次,对研究中国近代留学教育具有一定的史料价值和研究意义。

另外,在 1934 年和 1948 年的《中华民国教育年鉴》(1934 年第一次教育年鉴、1948 年第二次教育年鉴)中,也有一些留学史料,其中有一些重要的统计数据非常有价值。

二、1949—1977 年对留学史料的整理

20 世纪 50 年代到“文革”结束前,由于当时的经济情况特别是极“左”思潮的影响,中国对近代留学史料的整理仅限于中共党史范围内“勤工俭学”的回忆,而且是零星的。如 1958 年工人出版社出版了何长工的《勤工俭学生活回忆》,追忆了他勤工俭学的生活,还叙述了当

时徐特立与蔡和森等人的活动。

在这期间，梅贻琦等海外华人对留美史料进行了专门整理，如对中国留美学生人数的搜集、统计等。重要的成果如梅贻琦、程其保的《1854—1953 年留学美国学生人数统计表》，搜集了在这 100 年中中国留美学生的人数，达 20636 人。从历史的角度看，正是这 20636 人，构成了近代中美关系史上中方阵营的主体，其中相当一批人不仅在晚清，特别是民国时期成为中国历史上及中美外交史上的风云人物，如颜惠庆、唐绍仪、顾维钧、孙科、王宠惠、宋子文、宋美龄等，而其中更多的成为中国近现代科学技术和人文学科的翘楚，如詹天佑、胡适、梅贻琦、竺可桢、赵元任、钱学森、邓稼先、梁思成、梁思礼、任鸿隽、冰心等。袁同礼编撰的《中国留美学生博士论文目录：1905—1960》等，收录了 55 年间中国留美博士论文 2757 篇，涉及的内容比较广泛，不仅涵盖了中美两国的文化、历史、文学、哲学、教育、经济等，还涉及当时一些先进的学科。留美学生的博士论文作为那个时期美国国家教育的一个标志和中国留美学生的最高学业成绩，不但反映了当时美国高校的教育水平，而且记载了中国学生在美国的学习情况。在 1905—1930 年的 25 年间，由中国留美学生所撰写的汉学博士学位论文达 98 篇，其中又有近 50 篇在完成之后即以期刊论文或专著形式在美国发表。又如后来成为著名经济学家、北京大学校长的马寅初的博士论文《纽约市的财政》，不仅写的是财政，而且是世界著名大都市纽约市的财政，就是一个明证。从教育交流的角度看，这些博士论文不但是那个时期中国留美史上珍贵的记录，也是中美教育关系史上珍贵的记录，具有重要的史料价值。

"文革"期间，中国对留学史料的整理基本上处于空白，稀有的有关史料也仅仅限于对中共党史人物留学期间一些活动的片断回忆。

在此期间，王树槐搜集、编辑了《庚子赔款》（1974 年版）。该书概述了庚款的来源、中国政府的偿付情况以及在赔偿过程中出现的种种问题，并且叙述了各国庚款的退还情况。其中有关于庚子赔款集中、详备的史料。

更值得重视的是，1975 年开始，刘真主编、王焕琛整理编辑的《留学教育——中国留学教育史料》（五册），由台湾编译馆出版。该书收录的史料自 1850 年起到 1977 年止，共 5 册，分上下编，其中上编 7 章为清代留学史料，部分史料为清宫档案中流失到台湾地区的留学档案。下编为"民国留学教育"，在该书中为"第十七章"。该书包含了目前出版的海峡两岸收集中国留学教育史料时间跨度最长、内容最丰富的留学教育史料，具有重要的史料价值和学术价值，特别是多种图表有其独特价值。

但是，该书史料涉及时间起止跨度大：1850—1977 年，而且因为整理时间早，海峡两岸联系尚少，没有南京中国第二历史档案馆与北京中国第一历史档案馆的史料；对民国时期私人日记、书信和回忆录也没有涉及；外文或国外资料更为少见，参考书目仅举四种，数量明显偏少;况且当时还没有电子检索技术,整理非常艰苦,也难免挂一漏万;还有该书不是纯粹的留学史料的汇集,采用的是以留学教育中特定的某个时期、政策、运动、事件的史料与评说相结合的体裁,带有一些史料综述的性质。因此,有的史料的名称、时间难免不清晰,部分史料没有明确交代具体来源,因此,有时候用起来不大方便,有所不足。

三、1978年改革开放以来对留学史料的整理

改革开放以后,随着思想的解放和经济的繁荣,中国学术的发展进入了一个大好时期,海峡两岸交流的大门开启,对留学史料的整理得到了空前的重视,接连取得了一系列成果。欧美、日本都有学者注意到了中国的留学史料。

(一)改革开放之初——20世纪80年代的成果

这个时期正处于拨乱反正、经济复苏的阶段,专门的留学史料整理成果还不多见。

其中钟叔河主编,1985年由湖南人民出版社和岳麓书社出版的"走向世界丛书",最先引起了学界的注意。该丛书是20世纪80年代很有影响的一套湘版书,所收内容是鸦片战争后,一些具有先进思想的近代中国知识分子前往西方进行接触和交流的记录。这是近代中国人第一次睁眼展望现代文明,是中国人开始走向世界的早期脚印。从此以后,封建统治者闭关锁国的状态才开始慢慢打破,人们才开始渐渐打开眼界,走向世界。主要包括:林汝耀的《苏格兰游学指南》、张斯东的《使东诗录》、载泽的《考察政治日记》、祁兆熙的《游美洲日记》及梁启超的《汗漫录》《梁卓如先生澳洲游记》等,但并不都是关于留学史料的专著。

1981年由上海教育出版社出版的陈学恂主编的《中国近代教育大事记》,以教育史为主,辅以政治、文化等相关史料,引用了中国近代史与中国近代教育史研究的一些研究成果及史料,力求反映中国近代教育的演变和发展过程,注重中国近代教育的重大事件,如清政府的教育诏谕,臣僚的教育奏议和有关活动,民国初期的教育政策、法令等,其中就涉及有关留学的内容。此外,其他中国近现代史料著作也或多或少地包含留学史料。

不同于上述情况的是,这个阶段国内外对勤工俭学运动史料很重视,主要有:

(1)清华大学中共党史教研组编写的《赴法勤工俭学运动史料》,由北京出版社于1979年出版。

(2)张允侯等编著的《留法勤工俭学运动》,由上海人民出版社于1980年出版。该书包含部分勤工俭学史料。

(3)法国高等社会科学研究院出版的汉学家巴尔曼等编辑的《1920—1940年中国留法

勤工俭学生资料汇编》,主要搜集了法国收藏的留法勤工俭学史料,于1981年出版。

(4)陈三井编辑的《勤工俭学运动》(台湾正中书局1981年版)是一本专门的留学生史料汇集。该书为中国现代史史料选辑第二辑,收集了80多篇文章,其中大多数为勤工俭学参加者的回忆,因此,具有很强的史料性,是研究勤工俭学运动非常重要的史料。但该书反共的政治色彩比较明显,如其中最后一章的题目就是"勤工俭学运动的逆流",因为本章所收集的11篇文章都是关于中共和周恩来在勤工俭学期间的事情。

(5)贺培真的《留法勤工俭学日记》,由湖南人民出版社于1985年出版。作者为湖南邵阳人,1913年考入湖南省立第一师范。1919年10月与李维汉、李富春赴法国勤工俭学。回国后参加北伐战争。1949年后曾任贵阳市副市长、贵州省政协副秘书长等。该书记录了其本人与李维汉、李富春在法国勤工俭学的经过,内容真实,具有较强的史料价值。

此外,这个时期的相关成果还有法国高等师范学院教授、法国国家科学研究院研究导师巴斯蒂(Bastid)的《清末留欧学生——福州船政局对静待技术的输入》。此文不是纯粹的留学史料,但是其中有当时担任福州船政学堂学生翻译的日意格档案中的一些史料等,因此也具有一定的史料价值。

(二)20世纪90年代的留学史料整理

进入20世纪90年代,中国留学史料的整理取得了重要成就,主要包括:

(1)陈学恂、田正平整理主编的《留学教育》,1991年初版,2007年由上海教育出版社再版。该书是《中国近代教育史资料汇编·留学教育》卷,收集了1872年至1922年前后历次重要的留学运动史料,着重收集有关近代留学教育运动三次高潮的资料。同时还收集有关留学政策、留学生派遣与管理、留学生学习与活动等资料,并附有简明的留学生人数统计概况,为进一步总结近代留学教育运动的历史经验,提供了有价值的史料,影响比较广泛,目前从事中国留学史研究的专家和青年学子,差不多都受益于该书。

(2)清华大学校史研究室编的《清华大学史料选编》,由清华大学出版社在1991—1994年陆续出版。该书共4卷6册,其中第1卷部分内容为清华大学前身美国退还庚款办学和游美学务处、游美肄业馆、清华学堂时期的史料,时间上属于清代。此部分是庚款留美的重要史料,对研究庚款留美有直接的参考价值。

(3)林清芬女士整理、编辑的《抗战时期我国留学教育史料》(6册),1994年版。该书是将台湾教育主管部门典藏的中国抗战时期我国有关留学政策与留学规章、留学考试与出国事宜、公费留学生留学学务、留学经费与留学预算,以及留学救济与汇发川资等方面的史料,加以搜集整理汇编而成。这是迄今为止抗战时期最重要的留学史料,对于研究抗战时期我国的留学教育具有重要的史料价值。

(4)江苏师范大学周棉主编的《中国留学生大辞典》,由南京大学出版社于1997年出版。该书上起1847年容闳留美,下止1978年中共十一届三中全会前,选收在此时间范围内有较大建树的人员4000余人,达200多万字。特点是:①中国第一部起讫时间最长、收录范围最广、人数最多的留学生人物辞典;②对入选人物以简表的形式,把人物的主要数据彰显出来,这在辞书编纂史上是个创造和贡献;③影响比较广泛,国内外评价较多,日本还有专文介绍,国外几十个图书馆收藏。不足之处在于编辑时间早,手工操作,有很多遗珠之憾。目前正在修订,将在原来的基础上扩展到6000人左右,总字数到800万字左右。

(5)李又宁主编的《留美八十年》,由美国纽约天外出版社于1999年出版。这是美国圣约翰大学亚洲研究所所长李又宁主编的系列著作,时间跨度从1910年到1990年。书中的作者来自海峡两岸和美国,各有地缘、家世、性格、教育过程和事业成就。他们虽都留美,但其经历、思想、感情却各有不同。此书因而具有多元性、多样性、历史性及时代性。本书主要从个人经历来记叙,通过留美个人的经历来窥见中国留学生在美国留学的实际情况,内容丰富,对于研究留美史有多种用处和价值。

(6)欧美同学会编的《情系热土 新时期归国留学生的心路历程》,由贵州人民出版社于1998年出版。此书虽然不是专门的留学史料整理,但是,编辑了近70篇文章,约50万字,比较全面地论述了改革开放以来一批留学归国的科学家、学者、艺术家及其他方面的专家在国外的经历、感受和成就,以及他们的思想活动和归国后艰苦创业的事迹。内容生动具体,也具有史料价值。全书分为三辑:第一辑是一些留学归国人员的个人自叙;第二辑是他人为一些留学归国人员作的介绍;第三辑侧重于记录一些留学归国人员在国外生活某个侧面的感受、印象。

此外,1994年中国历史第二档案馆编的《中华民国史档案资料汇编》第五辑第一编"教育"部分,也有一些留学史料。

(三)21世纪以来,中国留学教育史料的整理进入了新阶段,成果丰硕,规模宏大

1. 国家档案馆参与了留学档案的整理,中国第一历史档案馆的部分档案得以影印出版

(1)中国第一历史档案馆与北京大学、澳大利亚拉筹伯大学编辑的《清代外务部中外档案史料丛编·中西关系卷》第二册"留学办校",收录了清末关于中国留学英国的档案264件,是研究中国近代史、中外关系史、中英留学史的宝贵历史文献,有着很高的参考价值。

(2)中国第一历史档案馆与北京大学、澳大利亚拉筹伯大学编辑的《清代外务部中外档案史料丛编·中美关系卷》第五册"留学办校",收录了清末关于中国留学美国的档案229件,这是研究中美教育关系的珍贵史料,也是研究近代史及中外关系史必不可少的重要资料。

此前,国家档案馆在出版的多种档案史料中,虽然含有一些留学档案,但都不是专门的留学档案专辑。而这两册是纯粹的清代留学档案。可惜,这两册档案起止时间太短,档案数量太少,两册才493件。相对于清代5000多件留学档案而言,还只是个零头。

2. 留学档案整理进入了国家哲学社会科学研究的规划阶段

进入21世纪,国家对哲学社会科学资助的力度加强,尤其是以国家哲学社会科学研究规划办公室的资助最大。有几位专家对留学史料整理的项目获得了国家社科项目资助,例如,复旦大学的吴景平在2014年获得了国家社科重大项目"美国斯坦福大学胡佛研究所藏宋子文档案整理研究与数据库制作";2019年,中国社会科学院近代史研究所侯中军研究员获得的国家社科重大项目"哥伦比亚大学馆藏顾维钧档案整理与研究"等。这两个项目的特点是整理美国一所大学的一个中国留学生名流的档案史料,相对集中。在获得国家社科资助的项目中,江苏师范大学周棉获得的两个国家重大项目及其成果较有代表性。

(1)从2007年开始,在中国第二历史档案馆的支持和配合下,周棉搜集、整理民国时期留学档案和报刊上的留学史料。2011年获得了国家社科基金重大项目"民国时期留学史料的整理与研究",2015年结项,整理出民国留学档案与史料930余万字,汇编为《民国时期留学史料》23册。该项目是有史以来对民国时期留学史料比较全面的搜集与整理。主要包括留学档案史料、书报留学史料和专题史料(学校、团体;书信、日记、回忆录等),具体为从南京临时政府成立后到中华人民共和国成立前(包括汪伪政权)的留学档案和书报中关于留学的法规、通告;留学的考选、派遣、归国、任用;留学管理;留学费用、资助、奖励、救济;留学生派出、回国人数统计;留学情况、活动、事件等方面的史料。

该项国家重大项目及成果对民国时期留学史料整理具有重要的学术意义。首先,该成果巨大,不仅是民国留学史料整理方面一个集大成的标志性成果,也是中国近现代史上一项重要的文化工程的成果。民国时期的留学史料客观地反映了民国时期留学运动的历史,但它又不是一般的学科史料,而是民国时期中国社会转型和文化转型的重要的基础性史料,是民国时期国人走向世界和现代化的真实记录。因此,该项目成果不仅是民国留学史料整理方面一个集大成的标志性成果,也是中国近现代史上一项重要的文化工程的成果。其次,该成果填补了民国时期留学史料整理的五个空白,使之趋向系统、全面和完整。一是首次集中、系统地整理了中国历史第二档案馆的留学档案,又补充了中国国家博物馆、台湾有关部门所收藏的留学档案。二是首次对民国时期多种书报上的留学史料进行整理。三是首次系统、集中地对清华的留学史料进行整理。四是首次系统、集中地对欧美同学会等社团的留学史料进行整理。五是首次对民国时期留学生的书信、日记、回忆录中的留学史料进行整理。再次,该成果发现了大量新的留学史料,有助于推动民国史的多方面研究。如为战后建设需要,1943年,蒋介石下达了《关于拟具建设事业计划与建设人才配合统制使用实施办法》的手令,要求中央设计局成立派遣国外学习人员计划审议委员会,统筹审议有关各部派遣留学实习人员之计划。此项派遣活动到 1945 年 11 月结束。此前,这个战时特殊的留学计划史料基本沉埋于中国历史第二档案馆的档案中,由于该项目的实施,其才得以问世,对于今天我们重新审视南京国民政府的留学教育,进一步认识南京政府战后建设的愿景期望和蒋介石的抗战建国思想,都有极其重要的价值。最后,采取了先进的计算机编目编码,为国内以后超大型文化学术工程目录的编纂提供了经验。该项目数量巨大,根据国家规划办要求用WORD 格式报送成果,但用它来为超大型的文字成果编目编码当时可能尚无先例,但该成果克服难以想象的困难,最终把目录与内容"链接"在一起,这在国内超大型项目成果的编排中极为少见,为以后大型史料的整理提供了经验。

(2)从 2007 年开始,在中国第一历史档案馆的支持和配合下,周棉整理了清代留学档案。2015 年,他获得了国家社科基金重大项目"中国第一历史档案馆清代留学档案的整理与研究"资助,目前已搜集、整理 4000 余件清代留学档案。该项目档案主要包括集中于内阁、军机处、兵部、外务部、学部、农工商部、巡警部、资政院、总理练兵处、北洋督练处、宪政编查馆、军咨府、顺天府、醇亲王府、端方档、醇亲王档、赵尔巽档等几十个卷宗中的清代留学档案,而这些档案因为先后顺序和开放程度不一样,许多至今尚沉埋在浩如烟海的其他档案中。

该项目清代留学档案整理的学术意义有:首先,该项目的档案整理是一次系统的、全面的关于清代留学档案的整理,不仅是清代留学史料整理方面的一项工程,也是中国近代史、近代中外文化交流史和中国早期现代化史的一项重要的、特殊的文化工程。把清代留学档案归之于清代教育史料并没有错,但从中国文化转型和社会转型的角度来看,它又不是一般的教育史料,其整理也不是一般的文化学术工程,而是一项事关晚清中国现代化进程和文化学术转型的特殊的文化工程,是鸦片战争以后中国走向世界和现代化进程的真实记录,具有多方面的文化价值。其次,通过该项目系统、全面的整理,可以最大限度地完成对清代留学史料中核心史留学档案的整理,挖掘多方面的史料价值。目前大部分清代留学档案都集中于中国第一历史档案馆。但是这些档案形式多样,收藏卷宗分散,几乎遍及整个清宫档案,搜集、整理耗时费力,相当困难,以致至今大多淹没在其他档案史料之中。因此,该项目的实施,将从根本上解决清代留学档案长期以来未能系统、全面整理的现状,毕清代留学档案整理之功于一役,具有丰富的学术史料价值。最后,通过该项目系统、全面的整理,可以发现很多新的史料,推动晚清史多方面、多角度、多层次的研究,特别是晚清的留学教育与中国的留学教育、晚清的留学运动与社会变革关系的研究。

上面两个国家重大项目及其留学史料成果,是中国近代留学教育运动以来具有标志性的留学教育方面的重大项目和重大成果。近年将次第出版,预计有 45~50 册。

3.对1949年以后中国的留学史料进行了整理

21世纪以来,对留学史料的整理是多方面的,其中对1949年以后中国留学史料的整理,是一个重要方面,取得了多种成果,主要有:

(1)苗丹国的《出国留学六十年》,由中央文献出版社于2010年出版。该书比较详细地全面回顾了1949年到2009年间,我国出国留学政策形成与延续的总体过程,并翔实记录了中国政府和国家领导人基于国际政治背景和留学实践活动,审时度势做出的一系列战略性决策,汇集了当代出国留学政策发展过程中的诸多事件和多样性的数据统计,并繁简不等地进行了概述。该书以公开史料为基础,以可以检索到的文献为依据,以众多研究者的研究成果为参考,材料较为丰富和系统。全书150万字,虽然不是一本纯粹的留学史料的汇集,但其中有大量的留学史料,可资参考、研究。在目前有关中国留学史料的著作中,该书具有代表性。

(2)林清芬编审编辑的《台湾战后初期留学教育史料汇编》,在2000—2004年陆续出版,共5册。除《留学日本事务(一)》从1945年开始外,其余都是从1950年开始,对于了解台湾地区1950年以后的留学情况,具有特殊的价值。

4.对民国时期留学史料的多种形式的整理

这方面的史料著作比较丰富,主要的有:

(1)美籍华人马祖圣的《历年出国/回国科技人员总览》(1840—1949),2007年由社会科学出版社出版),具有代表性。作者多年以来自费资助调查收集编写而成这部有关中国早期留学生出国/回国情况的研究专著,比较详细地记载了1949年以前我国对外派遣留学生和科技人员出国/回国的情况,专门对科技留学生派出的缘起、派出的过程、中断的缘由,进行了比较系统客观的分析。文中有大量的调查统计数据,系作者本人结合自身参与早期留学的经历、特殊的身世和长期旅居美国的感悟,长期收集、编辑成的全面和系统的留学生历史资料。

(2)冯筱才编著的《教育之桥 从清华到麻省理工》,由清华大学出版社于2014年出版。该书集中地向读者展现了20世纪前半叶曾在清华和麻省理工学院两校学习过的中国学者的经历,包括顾毓琇、施嘉炀、任之恭、钱学森、林家翘、张准等闪亮的名字。该书从负笈游学、教学相长、科学传承、国之栋梁、合作精神、学术互访六方面介绍了清华与麻省理工的交流史,从中我们可以了解留学麻省理工的早期清华学生是如何在中国和美国进行科学研究的。

(3)赵静主编的《留法勤工俭学运动》,是河北省保定市留法勤工俭学运动纪念馆馆藏资料的汇编;为大16开精装本画册,有大量的照片史料,由解放军文艺出版社于2004年出版。

(4)周永珍编著的《留法纪事》,由国家图书馆出版社于2008年出版。留法勤工俭学运动,是中国近现代史重要的一章,但有关的资料出版甚少,且多数为老报纸上的消息汇集,原始资料面世者鲜见。该书作者历经 10 余年,搜寻中法两国的有关档案、文物、照片及留法者的回忆文稿等诸多鲜见资料,并经过深入调查研究,予以校核辨误,汇集成该书,为读者提供了翔实的资料,对深入了解这段历史,多有助益。该书首先介绍了保定育德中学留法高等工艺预备班、北京私立中法大学、里昂中法大学以及沙洛瓦工业专修馆的相关内容,其次还有关于朱少屏、罗承鼎、施益生等人在法国学习和工作的经历,最后刊录了留法勤工俭学学生的姓名、批次表等资料,这给研究留法勤工俭学提供了丰富的史料,有助于我们进一步了解国人留学法国的情况。

5. 留学生个人回忆录大量面世

(1)上海辞书出版社编的《院士趣闻录》,由上海辞书出版社于 1997 年出版。该书遴选了苏步青、黄汲清、周慧久等 26 位院士的自述,从他们童年求学、萤窗雪案、漂洋进修、经历磨难、科研成果、提携后学等多种角度展示他们奋发刻苦的意志、对科学事业的执着追求以及海人不倦的长者之风。该书所收文章多为院士亲笔撰写。正文按院士生年为次编排,文前附院士亲笔签名、生平简介及照片。故虽然篇幅不大,但是具有特殊的史料价值。

(2)万明坤、汤卫城主编,季羡林等著的《旅德追忆　二十世纪几代中国留德学者回忆录》,由商务印书馆于 2000 年出版。该书记述了 20 世纪季羡林、李国豪、张维等近 50 位中国留德学人在德国的留学生涯,反映了他们从多种视角所看到的德国在 20 世纪所走过的曲折而不平凡的道路和德国社会的方方面面。作者有科研院所的研究员、大学教授、工程师、医师、外交官、作家、音乐家、美术家、戏剧学家、新闻记者、经济专家、企业家等。该书为了解中国留德学人的历史具有一定的参考价值和史料价值。

(3)朱训主编的《希望寄托在你们身上(续集)——难忘的峥嵘岁月》,由中国计量出版社于 2003 年出版。该书通过自述、他述、回忆录等方式,共收录了 76 篇有关留苏学子的文章,保存了许多珍贵的留学史料。如《阳光、狂风、雨露伴我行——忆留苏岁月的前前后后》一文是曾任中国地质矿产部部长的朱训的留苏回忆录,又如《我和六叔吴祖强》则通过吴氏的侄女吴霜的回忆来介绍吴祖强的留学生活。除此之外,书末还附有表格"中国 1949—1966 年派遣留学生大事记",为相关学者的查阅提供了方便。

(4)黄荣辉主编、留日同学会编的《留日风采》,由中国青年出版社于 2002 年出版。该书记载了新时期以来我国部分自然科学、社会科学、哲学等各方面的访问学者、留学生、研修生在日本学习、工作的真实情况,它既是留日学生在日本努力奋斗的写照,又是中日两国人民真诚友好的见证。

(5)王念祖著的《我的九条命——王念祖回忆录》,由中国财政经济出版社于 2002 年出版。该书是旅美学者王念祖的回忆录,主要介绍自己的老大—国家学人—留学生涯—归国入仕—万能教师—国际文官—政企顾问—院士—美籍华人的历程。其中第三章"留学生涯"中详细回忆了他自伦敦入学开始,一直到大学毕业期间所遇到的种种事件,为学者研究该时期留学英美教育提供了一定的参考价值。

(6)金克木著、张定浩编选的《游学生涯》,由东方出版中心于 2008 年出版。该书是作者从金克木的等身著作中,编选梳理出的金先生谈论自己的集子。其中,第三辑"十年灯"的第二部分着重写了金克木自 1941 年至 1946 年游学印度期间所发生的事件。

四、日本有关中国人留学日本史料的收集和整理①

日本是中国的近邻,也是近代中国人留学的主要目的国。日本学者对中国人留学日本史的研究也远远超过世界上其他国家学者对中国人留学史的研究。他们对中国人留日史料的整理也取得了丰硕的成果。按照日本对中国留日学生的史料收集整理情况大致可分为三个阶段。

(一)20 世纪 20—60 年代

这个阶段日本对中国人留日史料的收集整理主要以著名学者实藤惠秀和日华学会为代表。

1. 实藤惠秀对中国留日史料的收集、整理

实藤惠秀是日本研究中国留日史的主要代表,1926 年毕业于早稻田大学文学院中国文学系,1930 年毕业于东京外国语学校中国语专修科,1938 年到中国研修,1949 年起任职于早稻田大学法学院及教育学院。他的第一个重要贡献是将民国初期中国留学生监督处的资料保存了下来。1923 年关东大地震后,中国驻日公使馆撤离东京时,将使馆的文件资料交给日华学会保存。二战后日华学会解散,实藤惠秀将这批资料转移到了中国研究所。几年后,中国研究所希望实藤惠秀继续保存这些资料。于是,这些资料又转到实藤惠秀所在的早稻田大学研究室。在把这些资料还给中国之前,实藤惠秀请早稻田大学将这批资料制成了缩微胶卷。目前,这些资料保存在早稻田大学综合图书馆的缩微胶卷资料室,名为"中国留日学生监督处文献"。其中有清末的《官报》《经费报销册》,还有中华民国初期关于中国留日学生的各类调查报告书、统计和名单等。这些资料是研究清末民初中国留日学生的重要史料。

实藤惠秀的第二个贡献以 1960 年的博士论文写就的书《中国人留学日本史》(1970 增

---

① 本部分内容的写作得到了日本大学周一川的帮助,特此致谢。

补)为代表。首先应该指出,在中日邦交未恢复之前,中日之间几乎没有官方往来,日本对中国的各方面的研究也基本处于停滞状态,但实藤惠秀仍未停止对中国留日学生有关资料的收集、保护和整理。故该书能够使用大量第一手资料,包括留日学生的日记、书信、著译书刊、口述史料,以及中日文公私档案文牍等,详述1896年至1937年间留学日本运动的缘起和演变、留日学生就读的学校种类及课程,也论及清末以来留日学界的种种政治组织和活动,又另立专章详细探讨留日学生对中国近代思想、政治、教育、文学、语言、翻译、出版事业等方面的贡献和影响。此书面世以来,备受国际学术界重视,被誉为研究19世纪末至20世纪前期中日文化关系的重要参考书之一。美国哈佛大学中国历史教授费正清曾称该书为"资料及例证极为丰富之作"。实藤惠秀收集的资料,现存于东京都立图书馆,名为"实藤文库"。文库资料涉猎范围很广,有留日学生游记,各时期留日学生的出版物、教科书和留学生名簿等。其目录已经上网,可以进入东京都立图书馆查阅。后来,中国学者谭汝谦、林启彦翻译了《中国人留学日本史》,1983年8月由生活·读书·新知三联书店出版。

2.日华学会编《中华民国留日学生名录》(1927—1944年度)第1~18版,日华学会昭和二至九年印刷发行。

日华学会成立于1918年,是为中国留学生和来日进行教育视察人士提供各方面帮助的组织,属于半官办性质,后来成为财团法人。自日本政府利用庚子赔款开始对中国留学生提供学费"资助"(对日本政府这一别有用心的行为,中国政府坚决反对)之后,日华学会逐渐成为协助日本政府对中国留学生进行调查、监管的组织。1945年2月,日华学会解散,其活动从此结束。

日华学会1927年设置了日华学会学报部,开始发行《日华学报》,刊登各类与留学生有关的消息和报道。同年,日华学会开始对留学生进行各项综合统计,出版留学生名簿,到1944年为止历时18年,共出版了18册。日华学会的留学生名簿,根据时局的变化曾先后几次更改名称。从1927年度的第一册到第6版称《留日中华学生名簿》;伪满洲国成立后,第7版到第10版改称《留日学生名簿》;第11版到第13版又改名为《中华民国·满洲国留日学生名簿》。自1935年始,驻日伪满洲国大使馆开始留学生统计,出版《满洲国留日学生录》,因而日华学会从1940年度的第14版开始只进行中华民国学生的统计,又一次将名簿改名为《中华民国留日学生名簿》。

日华学会留学生名簿是根据各校提交的资料综合而成,具有很高的史料价值。数据统计大都是在6月进行,统计形式前后有若干变化,大部分年度是以文部省直辖、官公、军、私、实习、预备学校的顺序排列,各校在学的每个留学生均有年龄、专业、出生地、出身校、官(自)费等详细的记载,从1932年开始还有是否回国、缺席、休学等记录。进入20世纪30年代后,日华学会名簿逐渐开始按教育水准的不同把同一所大学的大学部、专门部、预科等分别统计,所以留学生在学学校和机关数的累计,较一般意义上的学校数要多。此外,名簿的各项分类统计表为了解当时留学生的总体状况提供了重要的数据。日华学会的留学生统计与文部省有很大的不同,不仅把文部省未曾收录的军事、铁道各类学校都统计在内,而且把留学生实习的林业及工业等各类试验场、讲习所、研究所等,也都收录在名簿中。因此,其统计范围比文部省广泛。对其史料价值如总人数等综合数据、分类统计表、各校名单等,日本大学的周一川曾有具体的分析。[①]

(二)第二个阶段:20世纪70年代—21世纪初

这一时期,以阿部洋为首的研究团队对中国留日史料的整理取得了丰硕成果。从20世纪70年代末开始,该团队从教育交流的角度探讨中国人留学史的状况和历史作用,留日只是研究内容各个层面中的一个组成部分。在史料整理方面,他们收集了外务省外交史料馆保存的文部省等机构的各类留学生统计资料,二见刚史和佐藤尚子将这些统计整理成《中国人日本留学史关系统计》一文,刊登在日本国立教育研究所纪要第94集《亚洲教育交流——亚洲人日本留学的历史和现状》(国立教育研究所1978年版)论文集中。其中第1表《明治末—大正期的留日学生数(1906—1921年)》文中各表是外务省档案中有关中国留学生统计的各类重要统计归类整合而成,是中日留学史研究者参照率很高的资料之一。

此后,该团队在2005—2006年出版了13卷的《中国近现代教育文献资料集》,其中包含了很多与留学生相关的资料。阿部洋的《"对华文化事业"的研究》(汲古书院2004年版)一书,是一部超过千页篇幅的巨著。书中对"对华文化事业"的各个方面按时期分别进行了详细的论述和评判,各阶段的内容里均有与留日学生相关的重要资料,是研究庚款补助留学生的必读之书。

(三)第三阶段:20世纪末至今

20世纪末,以神奈川大学的大里浩秋、孙安石为中心的日本学者成立了"中国人留学生史研究会"。近年来该会非常活跃,召开的研究会已达70次,在中国人留日史研究上取得了很多成果。其成员花费了相当多的精力收集分散于中日两国各地的相关资料,其中:

(1)最重要的史料是大里浩秋、孙安石、见城悌治监修,以复刻版的形式出版的日华学会编纂的《日华学报》(1927—1944年,全97册)。[②]

(2)中国人留学生史研究会其他的史料整理成果主要集中在大里浩秋、孙安石编著的3

[①] 周一川:《日华学会编民国时期"中国留日学生名簿"的史料价值》,《江苏师范大学学报(哲学社会科学版)》2017年第6期。

[②] 大里浩秋、孙安石、见城悌治监修:《日华学报(复刻版)》,ゆまに书房2013年版。

部论文集《资料篇》里。其中:①《中国人日本留学史研究的现阶段》(御茶水书房2002年版)的资料部分收录有《清国游学日本学生监督处发行〈官报〉目录》《外务省外交史料馆所藏中国留学生相关资料和目录》(明治时期),二者均为研究清末日本留学的重要官方记录。②《从留学生派遣看近代中日关系史》(御茶水书房2009年版)收录了《日华学报》目录、《留东学报》目录、《中国留日同学会季刊》目录。《日华学报》是管理中国留学生的组织日华学会发行的刊物,各期学报里对当时中国留学生的方方面面以及与留学生相关的事项有详细的记载。其中,《留东学报》是20世纪30年代留日学生创办的刊物;《中国留日同学会季刊》是战时华北留日学生组织中国留日同学会的刊物。这些都是研究民国时期日本留学生必不可少的重要史料。另外,还有《留日学务档案》介绍。在《同仁会和〈同仁〉》与《日华学会和〈日华学报〉》两部分里,除了目录之外还有对其如何解读的详细分析。③《近代中国人日本留学生的诸相》(御茶水书房2015年版)中收有《败战前后接受中国人留学生的关联资料》;1947年创刊的中华民国留日同学总会的机关报《〈中国留日学生报〉记事目录》中的史料整理成果,已经延伸到了战后;《〈中国留日学生报〉记事目录》是研究战后滞留日本留学生的重要线索。

(3)中国人留学生史研究会成员周一川的《中国人日本留学的社会史》(东信堂2020年版),是研究民国时期留日学生的最新专著。此书的后半部分《资料篇》整理了日华学会编的《中国留学生名簿》(1927—1944年)各年度的目次和一部分统计表,共计100余页。目次中有接受留学生各校的留学生人数、专业、分类和学费等数据,是研究民国时期留日学生不可缺少的史料。《资料篇》中的目次不仅仅是原史料的转载,还以"笔者注"的形式指出了原史料里的各类错误。

(4)各校保存的中国留学生学籍簿。这是研究留日学生的第一手资料,此类资料整理的成果大都分散在有关学术著作和论文中。如王岚的《战前日本高等商业学校中国留学生的研究》(学文社2004年版)的书后附有《各高等商业学校中国留学生名簿》;在李成市和刘杰的《留学生的早稻田》(早稻田大学出版部2015年版)和奈良女子大学的《奈良女子高等师范学校和亚洲留学生》(敬文舍2017年版)中,也有详细的留学生名单。其他很多以某所学校为中心的留学生研究的论文中,也都有详细的留学生名单或人数、专业等数据。

(5)此外,"驻日伪满洲国大使馆"编的《伪满洲国留日学生录》已有复刻版(槻木瑞生编《伪满洲国留日学生录》,龙须书舍2012年版)出版。但是复刻版并未收录全部1935—1943年的《伪满洲国留日学生录》,其中欠缺1942年度的数据,应该是未找到原件的原因。

概括地说,日本保存了民国时期大量的留日学生的第一手资料,有关留日学生的史料收集和整理的成果也在逐渐增多。这些资料整理的成果,除了复刻版和史料集的形式之外,大都分散在各学术专著和论文里。作为中国人和研究中国留学史的学者,我们应该肯定日本学者和旅日中国学者的成就,感谢他们对中国留日史的研究和对留日史料的搜集整理。

五、留学史料整理的不足

在 1949—2019 年的 70 年间,中国留学史料的整理取得了巨大的成就,但也有不足,主要表现在:

(1)从时间上看起步较晚;学术界关注、重视程度不够,主要表现为参加的学校、研究单位和研究者太少;经费投入不足,以致进度缓慢,不能适应留学史料整理与研究的需要。

(2)对国外的留学史料特别是中国留学生海关入境档案关注不够,造成一些重要的留学史料的缺失,以致一些以讹传讹的人和事不能得到及时纠正;实际上,对国外一些著名大学中国人留学史料的整理也是起步不久,尚有大量的工作要做。

(3)对中国各个省区留学史料的整理,仅仅是个开始,目前仅有民国时期陕西省留学史料的整理基本完成,其他各省区留学史料的整理还没有开始。

综上所述,在 1949—2019 年,中国留学史料的整理从零星的、几乎空白的状况开始,逐步进入了国家规划的繁荣阶段,特别是进入 21 世纪以来,更是取得了比较全面的发展和丰硕的成果,标志着中国留学研究的繁荣。其中还有国外的有关史家学者对中国留学史料的整理,对此也做出了贡献。

中国传统教育及文化探赜索隐

言说的逻辑:庄子关于语言与教育关系的界说

◎张学强 *

摘　要:在先秦思想家的语言哲学系统中,庄子对于语言问题的探讨富有深意,以"道"能否言说为起点,展开了对语言与教育关系的阐述,形成了其别具一格的关于教育世界中能否言说以及如何言说的独特逻辑。论文分析了先秦时期关于"道"能否言说的两种思路,指出庄子思想中存在着关于言说的相反相成的奇特逻辑,既反对言说,又对言说持开放的态度。庄子一方面对言说可能造成局限性进行了深入剖析,使得言说在教育中趋于消隐;另一方面通过重新厘定道言关系使言说在教育场域中回归,回归之后的言说指向了真实而自由的生命存在。

关键词:庄子;道;言说;不言之教;消隐;回归

在春秋战国时期的百家争鸣中,语言的力量被思想家充分关注,激烈的论争不仅通过语言来展开,而且语言本身也成为论争的对象,最终生发出中国历史上最早的、也最具有原创性和生命力的先秦语言哲学。

先秦语言哲学并非仅仅围绕某一具体语言问题进行,而是与春秋战国时期思想界最为核心的话题,如天地运行之道的追问、社会秩序的整顿以及个体生存意义的探寻等密切相关,"人们很自然地会对自己所使用的语言文字以及语言文字中的思路进行追问:语言能否真正切实地说明或如何说明世界? 人们能否通过或怎样通过语言来调整世界的真实存在状态? 人能否或如何超越语言而直探世界本身?"[1]

在先秦思想家的语言哲学系统中,庄子对语言问题的探讨富有深意,以道能否言说为起点,展开了对语言与教育关系的阐述,形成了其别具一格的关于教育世界中能否言说以及如何言说的独特逻辑,不仅具有深厚的历史意蕴,而且也极富现实启迪意义。

---

* 作者简介:张学强,杭州师范大学教育学院教授。

[1] 葛兆光:《七世纪前中国的知识、思想与信仰世界》,复旦大学出版社1998年版,第290页。

一、"道"能否言说：先秦语言哲学的两种不同思路

在先秦诸子的思想中，"道"作为最根本的范畴，被视作本原性或本体性的存在，是决定自然万物与人类社会运行的决定性力量，也是个体安身立命和追求存在意义的终极依据。道在本质上具有普遍性、超越性和批判性的特点，道之于人的意义至关重要，但要真正获得并推行道却并非易事：它超越人们惯常的经验和观念，却时常被经验和观念所排斥；它批判人们固有的私欲和意见，但往往被私欲和意见所遮蔽。

道的超越性意味着教育的超越性，意味着教育需要摆脱以往的由权力支配的僵化状态而具有一种新的内在的精神生命，最终帮助和引导个体过一种有意义的生活，进而实现其应有的生命价值。从老子、孔子及墨子等思想家的教育理想及其教育实践来看，儒家的、道家的及墨家的教育无疑都具有这种超越性的特点。但问题是，教育如何形成超越性品质从而使个体与道相契合？ 或者我们可以从言说[①]的角度切入对这一问题的讨论，这引申出有关教育在形成其超越性品质的过程中，或者说个体在逐渐臻于与道的契合过程中言说的必要性和可能性等一系列问题：道是内在于言说的还是外在于言说的？ 如果道是内在于言说的，那么言说者应具备何种资格或条件？ 言说（言传）与行动（身教）是何种关系？ 怎样的言说方式可以使教育更有力量？ 如果说道是外在于言说的，即道超越于或无关于言说，为什么会这样？ 在排除了语言之外获得道的可靠方式是什么？

以孔子、孟子和荀子为代表的先秦儒家思想家主张道内在于言说，在他们看来，言说的力量不证自明且显而易见，"一言而兴邦""一言而丧邦"（《论语·子路》），因此对言说进行必要的价值区分，进而通过强化合理的言说以发挥其在社会秩序的整顿（"正名"）以及教育化成（"成人"）等方面的正向作用便显得格外重要。孔子主张"有德者必有言，有言者不必有德"（《论语·宪问》），对"德言"与"佞言"进行明确区分，抑制"佞言"，将有德者的言说视为推行教化的重要方式，从而为儒家的教化体系确立了"言传"与"身教"相结合的基本原则；墨子虽也主张"慧者心辩而不繁说""言无务多而务为智"（《墨子·修身》），但反对儒家"君子若钟，击之则鸣，弗击不鸣""隐知豫力，恬漠待问而后对"（《墨子·非儒下》）的消极态度，对言

说的态度更加积极,并力图将言说的力量发挥至极致。① 与孔子对士君子"焉用佞"的要求不同,墨子将"辩乎言谈"与"厚乎德行""博乎道术"一起作为兼士的必备条件,在"有道者劝以教人"(《墨子·尚贤下》)的原则下倡导"强说人",认为"今求善者寡,不强说人,人莫之知也"(《墨子·公孟》)。

以老子、庄子为代表的道家思想家显然采取了另一种思路:道不可言说,老子讲"道可道,非常道"(《老子·第一章》),庄子讲"大道不称,大辩不言"(《庄子·齐物论》)、"道不可言,言而非也"(《庄子·知北游》)。道既不可言说,当然更不可言传,故老庄倡导"不言之教",老子讲"是以圣人处无为之事,行不言之教"(《老子·第二章》),又称"多言数穷,不若守中"(《老子·第五章》);庄子也谓"知者不言,言者不知,故圣人行不言之教"(《庄子·知北游》),又称"语之所贵者,意也,意有所随。意之所随者,不可以言传也"(《庄子·天道》),反对言说而提倡潜移默化的引导与学者的体悟、自得,在儒、墨重视言说的教化体系之外宣示"不言之教",特立独行且影响深远。

表面上看,所谓的"言教"与"不言之教"体现的是教育领域中对语言的两种截然不同的态度,但两种态度背后却是两种不同的关于世界、社会与自我的认识:大致而言,儒、墨的"言教"指向人为的创制文化,以更为积极的态度面对世界,倾向于通过语言来呈现确定性的、普适性的社会规范,为每一个体提供共同的行为准则,依赖于世俗化的权威与社会组织来推进教化;而道家的"不言之教"则崇尚因循的自然法则,更为提倡无为顺应,通过对"言教"的批评以否定确定性、普适性社会规范的存在价值,主张解构世俗教化体系中的权威主义,为个体作为主体性的存在奠定合理性根据。另外需要指出的是,老、庄虽都提倡"不言之教",但重心及旨趣不尽相同,老子注重在上者潜移默化的引导,谓"我无为,而民自化;我好静,而民自正;我无事,而民自富;我无欲,而民自朴"(《老子·第五十七章》),而庄子更为强调个体独特的体悟自得,"明白入素,无为复朴,体性抱神,以游世俗之间"(《庄子·天地》)。

二、"不言之教"与"言说"关系辨正:庄子的基本立场

自老子揭橥"不言之教"之旨后,庄子承续其道,对此立教宗旨不仅有着细致深入的理论阐释,也通过一些生动的教育案例对其加以形象化说明。与此同时,对于儒家及墨家或重仁义或倡兼爱而以是非分辨言说于天下的做法,庄子并不赞同,它们被视为固执己见、偏于一

---

① 当然,儒学从孟子发展到荀子,对于言说的态度有一明显的趋向积极的态势,孟子尚言"予岂好辩哉? 予不得已也"(见《孟子·滕文公下》),荀子则明言君子善辩而好言,谓"故君子之于言也,志好之,行安之,乐言之,故君子必辩",又谓"言而仁之中也,则好言者上矣,不好言者下也"(见《荀子·非相》)。

隅的"言教"而被庄子所排斥:"故有儒墨之是非,以是其所非而非其所是。欲是其所非而非其所是,则莫若以明。"(《庄子·齐物论》)在《庄子》文本中也多次出现针对儒家及墨家所倡导"言教"的批评,这些批评中部分为庄子后学所为,但也基本上反映了庄子的立场。

在我们关于庄子教育思想的讨论中,有一个基本且关键的问题被我们忽视了:既然庄子倡导"不言之教",为何在《庄子》文本中除了一些尽管虚构但令人印象深刻的昭示"不言之教"宗旨的教育案例外①,还呈现了更多的同样虚构的以师生对话方式展开的教育案例? 这些把言说贯穿其中的教育案例不仅出现在被认为掺杂了一些庄子后学作品的《外篇》②及《杂篇》③中,同样也出现在被公认为庄子所写的《内篇》④中,其中一些案例在思想深度、语言生动性及教育效果方面与前者相比毫不逊色甚至更胜一筹。那么庄子对于言说究竟持什么态度呢?

如果我们不拘泥于老庄孰先孰后的次序问题,而沿用学界主流的老先庄后观点的话,便不难发现此种情形在老子思想中已初现端倪:老子一方面提倡"不言之教","知者不言,言者不知"(《老子·第五十六章》)、"不言之教,无为之益,天下希及之"(《老子·第四十三章》);另一方面又多次肯定言说之价值,如"言善信"(《老子·第八章》)、"善言无瑕谪"(《老子·第二十七章》)、"美言可以市"(《老子·第六十二章》)等。

在老子之后的先秦诸子中,庄子是最为集中地对语言的局限性进行阐述的思想家,但吊诡的是,庄子又是最为淋漓尽致地展示语言奇妙之用的思想家,他尽管提倡"不言之教",但却将教师的言说艺术推向了一个几乎无人能及的境界。应该说,庄子反对"言教"但并不排斥言说,"他反复讨论言之局限,恰恰证明了言的重要性"⑤。在《庄子·天下》中庄子自谓其说"以谬悠之说,荒唐之言,无端崖之辞,时恣纵而不傥,不以觭见之也。以天下为沈浊,不可与庄语。以卮言为曼衍,以重言为真,以寓言为广。……不谴是非,以与世俗处。其书虽环

---

① 如《德充符》中"立不教,坐不议"的王骀、《应帝王》中"四问而四不知"的王倪、《知北游》中三问而"不知答"的无为谓以及《田子方》中"目击而道存矣,亦不可以容声矣"的温伯雪子等人都是领悟并推行"不言之教"的得道之人。

② 如《天地》中许由告诫尧聪明智巧不可以治天下;《天道》中老子告诫孔子应"放德而行,循道而趋";老子告诫士成绮修身应去除智巧骄泰而心任自然,轮扁也以斫轮事例向齐桓公阐述"言不尽意"的道理;《天运》中老子对孔子谈论何为"采真之游"并告诫孔子六经为"先王之陈迹"而非"所以迹";《秋水》中通过河伯与北海若的七问七答讨论价值判断的无穷相对性;《山木》中庄子借木以不材终其天年而雁以不材死的事例与弟子讨论如何在无奈的社会中保有全身之道,又借"螳螂捕蝉,黄雀在后"警示弟子勿奔竞物欲而迷失真性。

③ 如《庚桑楚》中庚桑楚告诫弟子为政应自然无为,全形养生之人应敛藏自己;《寓言》中描述颜成子游受东郭子綦教导("闻子之言")而进道的历程;《让王》中孔子通过自己的人生经历告诫弟子怀道抱德之君子穷通皆乐的道理;《列御寇》中伯昏瞀人告诫列御寇"巧者劳而知者忧,无能者无所求",人不可炫智而应有"虚而遨游"的精神追求。

④ 如《逍遥游》中连叔告诫肩吾"知有聋盲";《齐物论》中南郭子綦提醒颜成子游要去除"成心"而达于"吾丧我"的境界;《人间世》中孔子向颜回阐述"心斋"之理,又因颜阖傅卫灵公太子事借蘧伯玉之口提出顺应引导的教育方法;《大宗师》中借女偊与南伯子葵的对话阐述学道的进程;《应帝王》中壶子通神巫季咸看相告诫列子应虚己无私、复归素朴。

⑤ 韩东晖:《先秦时期的语言哲学问题》,《中国社会科学》2001年第5期。

玮而连犿无伤也,其辞虽参差而諔诡可观"①。我们极少见到一位思想家像庄子那样主要从语言风格的视角评述自己的思想,要知道庄子还是一位特别注意探究语言局限性的思想家!

在《庄子》中,我们可以时常看到关于言说的看似自相矛盾的种种说法:一方面提倡不言之教,否定言说教化之价值,如谓"道昭而不道,言辩而不及"(《庄子·齐物论》),"知之所不能知者,辩不能举也。……狗不以善吠为良,人不以善言为贤,而况为大乎"(《庄子·徐无鬼》),又谓"世因贵言传书。世虽贵之,我犹不足贵也,为其贵非其贵也。……知者不言,言者不知,而世岂识之哉"(《庄子·天道》)。另一方面肯定合于道的言说教化的必要,谓"大人之教,若形之于影,声之于响,有问而应之,尽其所怀,为天下配"(《庄子·在宥》),谓"古之所谓隐士者,非伏其身而弗见也,非闭其言而不出也,非藏其知而不发也,时命大谬也"(《庄子·缮性》)。

庄子对于语言看似矛盾却充满张力的态度形成了关于言说的相反相成的奇特逻辑,既可以说庄子是最为轻视语言的,又可以说庄子是最为注重语言的,而不管是轻视还是重视,都指向帮助个体去除蒙蔽而获得自由,或者说言与不言共同指向了"解蔽"。庄子称,"由中出者,不受于外,圣人不出;由外入者,无主于中,圣人不隐"(《庄子·天运》),"由中出者"为弃绝言说的自悟自得,"由外入者"为承认言说的教诲启发,两者各有其用而并行不悖。②

一方面,在庄子看来,借助于权力者的说教,世俗的言教反而使求学者陷入被蒙蔽的状态,"缮性于俗学,以求复其初;滑欲于俗思,以求致其明:谓之蔽蒙之民"(《庄子·缮性》),庄子对于语言不遗余力的解构是希望把人们从依附于教师语言霸权的独断与控制中解放出来,赋予个体以更多的私人空间,通过内在体验使个体的精神世界更为丰富多彩,使个体享有更为充沛的生命自由,从而彰显个体独特的存在价值和永久的生命创造力,"孰知不言之辩,不道之道?若有能知,此之谓天府。注焉而不满,酌焉而不竭,而不知其所由来,此之谓葆光"(《庄子·齐物论》)。

另一方面,庄子并不因为道不可言便对言说持完全摒弃之极端态度,而是以更加开放、更为理性和更趋审美的眼光看待语言,探寻一种合于自然之道的言说艺术。庄子既讲道不可"言",也对"言"进行区分,称"高言不止于众人之心,至言不出,俗言胜也"(《庄子·天地》),又有"重言""寓言"及"卮言"之论,甚至多次将"道"与"言"并举,希望通过教师高超的言说艺术来启发诱导学生,消除一己私欲成见,破除固有思维定式,通过师生间自由、平等的

---

① 即便如此,庄子亦以方术自处以免于落入言诠,故王夫之谓:"其不自标异,而杂处于一家之言者,虽其自命有笼罩群言之意,而以为既落言诠,则不足以尽无穷之理,故亦曰'古之道术有在于是者'。"参见王夫之著、王孝鱼点校:《庄子解》,中华书局1964年版,第277页。

② 陆长庚谓:"'由中出者,不受于外',自悟入者也。'自外入者,无主于中',自耳根入者也。'圣人不出'者,不出多言以强聒,直待其自悟而后正之。'圣人不隐'者,作止语默,无非是教,明明百草头,明明祖师意,但耳根入者终不能悟耳。"见陆长庚:《南华真经副墨·外篇天运第十四》,明万历六年(1578)刊本。

对话超越好恶是非的分辨而真正使学生"心服":"使人乃以心服而不敢蘁,立定天下之定"（《庄子·寓言》），如同其笔下的孔子经由老子的点拨而明了天地大全之道后对老子的赞叹一样。[①]

三、"言而愈疏":言说之于教育的种种局限性分析

庄子之教育主张,以天道而推人道,提倡法天贵真、怀道抱德与自由逍遥的人生追求,其理想人格虽有"神人""至人""真人"及"圣人"等多种称谓,然其要则不出"全""通""真""独"四者。庄子之教育主张崇尚自然主义,既以臻于"全""通""真""独"之理想自由人格为其旨归,其教育途径与手段则主张通过体认、默会以求自得,尤重"心斋""坐忘",而视言说为得道之迷障而提倡"不言之教","可言可意,言而愈疏"（《庄子·则阳》），特意阐发语言之固有局限性及现实中言说对于道的种种遮蔽,探讨了言说是如何与教育逐渐疏离的。[②]

(一)言说的局限性在于幽冥之道本身是无法言说的

道处幽冥之地而不昭显,故谓"道昭而不道",而得道为一"冥合"或"冥契"状态,这一状态无法言说。庄子讲,"视乎冥冥,听乎无声。冥冥之中,独见晓焉;无声之中,独闻和焉"（《庄子·天地》），"至道之精,窈窈冥冥;至道之极,昏昏默默。无视无听,抱神以静,形将自正"（《庄子·在宥》），而言说于此"冥合"或"冥契"状态无所用。

道也是浑沌的整体性存在,无法切割和分解。庄子通过两则寓意极强且颇具戏剧性对比效果的寓言说明了言说等在认识道过程中的无能为力。一则述"浑沌之死",以悲剧收场:

> 南海之帝为儵,北海之帝为忽,中央之帝为浑沌。儵与忽时相与遇于浑沌之地,浑沌待之甚善。儵与忽谋报浑沌之德,曰:"人皆有七窍以视听食息,此独无有,尝试凿之。"日凿一窍,七日而浑沌死。（《庄子·应帝王》）

"浑沌"喻完整的自然无为之性,"儵"与"忽"喻分别的敏捷有为之行,"谋"为智虑,"凿"为强制,"日凿一窍,七日而浑沌死"喻感官的介入而对道的肢解与损害,阐明闻见言说的不必要与不可能。

---

① 孔子称:"丘之于道也,其犹醯鸡与! 微夫子之发吾覆也,吾不知天地之大全也。"（见《庄子·田子方》）
② 王夫之在注解《田子方》时便以"忘言"为其宗旨,并对语言之局限性及言教之弊有精彩的分析:"忘言者,非可以有言而忘之也。道大而言小,道长而言短,道圆而言方,道流行而言止于所言,一言不可以摄万言,万言不可以定一言,古言不可以为今言,此言不可以为彼言。所言者皆道之已成者也,已成则逝矣。道已逝而言犹守之,故以自善则不适,以治人则不服,以教人则不化。"见王夫之著,王孝鱼点校:《庄子解》,中华书局1964年版,第175页。

另一则述"黄帝遗珠",则以喜剧结尾：

> 黄帝游乎赤水之北，登乎昆仑之丘而南望。还归遗其玄珠。使知索之而不得，使离
> 朱索之而不得，使喫诟索之而不得也。乃使象罔，象罔得之。黄帝曰："异哉！象罔乃可
> 以得之乎？"(《庄子·天地》)

"知"为智巧过人之士，"离朱"为视力超群之士，"喫诟"为能言善辩之士，而"象罔"乃无心无迹之士，此四人中唯有象罔能找回玄珠，亦喻闻见言说的不必要与不可能。①

除此之外，庄子论道，不唯讲其幽冥难识，更将其落实在万事万物及日用常行，"唯达者知通为一，为是不用而寓诸庸"(《庄子·齐物论》)，尤其是技艺高超的诸多工匠被庄子视为由技入道之人，他们的经验也无法言说，如同轮扁所谓"不徐不疾，得之于手而应于心，口不能言，有数存乎其间"(《庄子·天道》)。②

(二)言教历史地造成了道的遮蔽状态

在庄子的思想中，道本质上作为一个根源性存在，蕴藏于自然万物、人类社会及个体生命的存在过程之中，万事万物皆自然而然，概莫能外，"天下诱然皆生，而不知其所以生；同焉皆得，而不知其所以得"(《庄子·骈拇》)，"四时迭起，万物循生"(《庄子·天运》)，这样的世界被庄子称为"至德之世"，在此世界中人与禽兽同居，与万物并聚，没有君子小人之分，没有是非对错之别，没有机巧功利之虑，人人保持着原初纯朴本性，"同乎无知，其德不离；同乎无欲，是谓素朴，素朴而民性得矣"(《庄子·马蹄》)，迨至后世，标榜仁义，崇尚智巧，推行言教，物失其性而天下大乱，人受蒙蔽而本末倒置，故庄子谓："自三代以下者是已，舍夫种种之民而悦夫役役之佞，释夫恬淡无为而悦夫哼哼之意，哼哼已乱天下矣！"(《庄子·胠箧》)自三代以后都是如此，舍弃淳厚的百姓而爱好狡黠的佞人，舍弃恬淡无为的引导而爱好喋喋不休的教化，而喋喋不休的教化足以淆乱天下。言教的盛行与文辞的泛滥使得民心惑乱而无法返回至原初素朴状态，"心与心识知，而不足以定天下，然后附之以文，益之以博。文灭质，博溺

---

① 阐明"言而愈疏"的对话在《庄子·知北游》中曾多次出现，如知问道于无为谓，三问而无为谓不答，狂屈欲答而忘其言，黄帝则告之，知询问黄帝究竟谁更接近于道时，黄帝告诉他"彼其(指无为谓，作者注)真是也，以其不知也；此其(指狂屈，作者注)似之也，以其忘之也；予与若终不近也，以其知之也"；泰清的经历与知非常相似，其问道于无穷，无穷回答不知，问道于无为，无为则告之，泰清询问无始知与不知孰是孰非时，无始告诉他"不知深矣，知之浅矣；弗知内矣，知之外矣"。

② 我国学者杨儒宾论及"道"与"言"的关系时便谓："'道'如果是指体道者所体验的一种冥契的状态，那么，道与语言必然不相及，因为在冥契的状态，无时无空，无一无多，说是一物即不中，'不可言说'(ineffable)构成了此一特殊体验的本质。……'道'如果指一种未被言说所切割的本初状态，一种设想的生活世界中最原始的经验的话，那么，语言与道也是不相及的，因为言说的抽象作用必然无法完整地呈现最原始的完整经验。'道'如果更落实到生活中的分殊之道，尤其是作为'工具人'的技艺之道上面，语言也是无法传达此种道的核心——know-how，它传达的只是形式的语义层。"见杨儒宾：《儒门内的庄子》，联经出版事业股份有限公司 2016 年版，第 229-230 页。

心,然后民始惑乱,无以反其性情而复其初"(《庄子·缮性》)。从这个意义上讲,言教作为权力体制中的言说,甚至作为意识形态的呈现,历史地造成了对道的遮蔽,因此人之求道本质上是"复其初",属不得已而为之,是对言教遮蔽后的回归。

(三)现实生活中的种种言说立场与方式造成了道的普遍异化

道为个体所认识即为人之所"得",或谓"得道""闻道""知道"及"安道"等①,而真正的"得"是一种心领神会,但现实生活中百家的种种言说立场却造成了道的普遍异化,主要体现在以下四个方面。

第一,言说导致人们对道的认识蔽于一曲,缺少开放性与自我批判意识。道是完整无缺的,百家的言说则各述其理而蔽于一曲,蔽于一曲则与"内圣外王"之大体不合,从而导致"道术将为天下裂"局面的出现。

由于"夫言非吹也,言者有言,其所言者特未定也"(《庄子·齐物论》),言说并不像风的吹动那般无心,言说之人议论纷纷,却不免于私心偏见。"天下多得一察焉以自好",一家之言有其确定的立场,有其特定的知识体系与价值观念,惯于划定边界而有排外性倾向,特别是在维护自我核心价值观念时更是如此,极力证明自身主张的合理性而无意于对其局限性进行反思,对其他学说大加鞭挞而没有勇气进行自我批判,"天下之治方术者多矣,皆以其有为不可加矣"(《庄子·天下》),如此一来,接受某种学说预示着更为丰富的观念很可能会被隐藏起来,更为开放性的视野、更加多样化的理解或明或暗地会受到限制,人由此成了"井蛙"或"陷井之蛙"。

第二,言说简单地将道的获得视为如物的外部给予一般,往往忽略了其内在生成特性。道应是内求"自得"的,是个体内在的真知生成,百家的教化却视道的获得如同物的外部给予一般,甚至时常借助于权威的力量强制性地要求人们接受其主张,不可避免地造成了道的异化。当人们习惯于以"言—听"的方式去理解教育时,教育过程不再是内生的、自主的与解放的,变成了给予的、依赖的与控制的,缺少了自我体认、质疑、批判与反思,此种情形下,人们不再像其笔下的汤那样不为师见所囿而成就自我,"汤得其司御门尹登恒为之傅之,从师而不囿,得其随成"(《庄子·则阳》),却如同颜渊那样只会滞守言教、亦步亦趋而丧失自我:"夫子步,亦步也;夫子言,亦言也;夫子趋,亦趋也;夫子辩,亦辩也;夫子驰,亦驰也;夫子言道,回亦言道也"(《庄子·田子方》),故庄子讲:"至言去言,至为去为。齐知之所知,则浅矣"

---

① 如《应帝王》谓:"壶子曰:'吾与汝既其文,未既其实。而固得道与?'"《天运》谓:"孔子行年五十有一而不闻道,乃南之沛见老聃。老聃曰:'子来乎?吾闻子,北方之贤者也!子亦得道乎?'"《知北游》谓:"知谓无为谓:'予欲有问乎若:何思何虑则知道?何处何服则安道?何从何道则得道?'"《秋水》谓:"河伯曰:'然则何贵于道邪?'北海若曰:'知道者必达于理,达于理者必明于权,明于权者不以物害己。'"这都可看作广义的师生之间讨论为何要认识"道",如何认识"道"的问题。

《庄子·知北游》），企图以言教统一人们认识的想法无疑是浅陋的。庄子进而称那种借助权威的力量强制性地要求人们听从的做法为"欺德"："肩吾见狂接舆，狂接舆曰：'日中始何以语女？'肩吾曰：'告我君人者以己出经式义度，人孰敢不听而化诸！'狂接舆曰：'是欺德也。'"（《庄子·应帝王》）[①]"欺"字极有深意，与真实无妄相对，它将教育中霸权主义者目中无人的心态及独断专行的作为揭露得淋漓尽致。

第三，言说倾向于以一己的立场来确立与维护确定性法则，往往忽略了个体认识的变化性。道的基本特征为"化"，个体对道的认识过程也表现为"化"的过程，注重事物变易与人我之间、物我之间、物物之间是非分别的消融，而言说则更倾向于确立和维护一成不变的确定性法则，并始终以"我"的立场看待万事万物。庄子认为，"在宇宙中存在的一个最普遍的现象、万物间存在的一个共同特点就是变化"，"他常常把这种存在于万物间的'化'理解为、想象为物与物间、物与人间无条件、无界限的自由转化"。[②] 既然"万物皆化"（《庄子·至乐》），就要"应时而变"（《庄子·天运》），拘泥于言教、信守教条便是舍本逐末。

"化"意味着不滞守物物之间、人物之间及人我之间的是非分别，而从"万物皆一"（《庄子·德充符》）的立场来观照万物，内心宁静不变却能随物而化，"日与物化者，一不化者也"（《庄子·则阳》）。庄子称，"古之人外化而内不化，今之人内化而外不化"（《庄子·知北游》），古时的人随物而化而内心宁静，现时的人内心摇荡而凝滞于物，而不停歇的言说辩论造成了人内心的摇荡："大言炎炎，小言詹詹。其寐也魂交，其觉也形开。与接为构，日以心斗。"（《庄子·齐物论》）能知"化"则不滞守，故庄子谓："蘧伯玉行年六十而六十化，未尝不始于是之，而卒诎之以非也。"（《庄子·则阳》）

第四，道最终指个体生命存在，而纯粹的言辩则以自身为目标。庄子认为道遍在于万物，言其形态则称"有情有信，无为无形"，言其存在则称"自本自根"，言其作用则称"神鬼神帝，生天生地"（《庄子·大宗师》）。在庄子眼中，"宇宙为一生生不息的大生命；宇宙整体就是道；道亦即是宇宙大生命所散发的万物之生命"[③]，道为万物生命之根源与方向，而终极目标乃是为个体生命存在确定价值标准。先秦时期诸子对于语言问题有着丰富的论述[④]，其中对语言问题有极大兴趣而热衷于言辩者当属名家，以公孙龙、惠施等人为代表。在庄子眼中，他们是口辩好察之士，终身以此为乐："辩士无谈说之序则不乐，察士无凌谇之事则不乐，皆囿于物者也。"（《庄子·徐无鬼》）他们"或许解释了万物和整个世界，可就是遗忘了最重要

---

① 在《庄子》中许由与意而子之间也有类似的一段对话："意而子见许由。许由曰：'尧何以资汝？'意而子曰：'尧谓我：汝必躬服仁义而明言是非。'许由曰：'而奚来为轵？夫尧既已黥汝以仁义，而劓汝以是非矣。汝将何以游夫遥荡恣睢转徙之涂乎？'"（见《庄子·大宗师》）

② 崔大华：《庄学研究》，人民出版社 1992 年版，第 114 页。

③ 陈鼓应：《庄子今注今译》（上），中华书局 1983 年版，第 147 页。

④ 周建设：《先秦语言哲学思想探索》，《中国社会科学》2017 年第 7 期。

的东西——自己"①。庄子既以道为依据确立个体生命价值,视名家之纯粹言辩为逐物不返、背离大道则在情理之中。

四、从"不言"到"言":教育中言说的消隐与回归

庄子对语言固有局限性以及言说对于道的种种遮蔽的阐述,最终目的并非彻底地、一劳永逸地将言说从教育场域中驱逐出去,而是指向了两种富有深意且相反相成的教育变革路向:"不言"的教育(或称"默"的教育、"不言之教")与"言"的教育。尽管这两种教育在形式及内涵上有着很大的不同,但都呈现出引导性、开放性、自主性与多元化等特征,并最终在"非言非默""即言即默"的层次上相融通。

与"言"的教育相比,"不言"的教育具有逻辑与事实上的双重优先性。从逻辑上看,庄子对于语言局限性的刻意描述,指向的不是在教育中如何更为恰当地言说,而是针对当时各家执着于彼此是非而争论不休的言教,特意阐述如何做到不言的教化;从事实上看,相对于"言"而言,"不言"离道更近,"不言"的教育比起"言"的教育其意蕴更为深邃悠远,"彼至则不论,论则不至。明见无值,辩不若默。道不可闻,闻不若塞。此之谓大得"(《庄子·知北游》)。

(一)"不言"的教育:教育中言说的消隐

当言说甚至论辩被包括诸子百家在内的"轴心时代"的思想家们视作宣传学说、探求真知的重要方式时,庄子却反其道而行之,将"不言"作为得道者的行为指向,视"不言之教"为教育的至高境界,在得道者的教育场域中,言说开始消隐。

但言说的消隐并不容易。庄子说:"知道易,勿言难。知而不言,所以之天也;知而言之,所以之人也。古之至人,天而不人。"(《庄子·列御寇》)"知道"实际并不容易,从庄子对孔子、墨子、杨朱、公孙龙、曾参、史鳝、离朱、昭文、师旷、俞儿等或真实或虚构的一干人等的批评中,我们看到了"知道"已属不易,但"勿言"与"知道"相比,"勿言"更难达到。在这里,庄子提出了"知道"后的两种对待道的方式,即"知而不言"与"知而言之",它们分属于两种不同的机制:天的机制与人的机制。

之所以说"知而不言,所以之天也",因其效仿天地之道,"天地有大美而不言,四时有明法而不议,万物有成理而不说"(《庄子·知北游》)。"不言之教"遵循的便是天的机制,也被

---

① 王博:《庄子哲学》,北京大学出版社 2004 年版,第 47 页。

庄子视为教育的极高境界,在这一境界中,言说处于消隐状态,庄子以寓言的方式生动地呈现了兀者王骀"不言之教"的无穷魅力。

在庄子笔下,王骀"立不教,坐不议",生不问,师不答,引导而不用言说,通过无形的感化使学生"虚而往,实而归",以收潜移默化之功效。对于孔子的学生常季而言,这种不问亦不答的教育方式无疑是神奇的,甚至有些无法理解,而对于孔子来说,他显然对此已有所领会,能认识到唯有有德者才能自正其性命,才能引导别人,"幸能正生,以正众生"(《庄子·德充符》)。对于此种"不言之教"庄子显然非常向往,他借孔子之口说出"丘将引天下而与从之",表达的是对儒家教育体系之外的另一种更有价值的教育生活的期许。

不言之教为何是值得期许的?因为它直接指向了师与生的双重解放:一方面,它将教师(如"圣人""至人"或"真人"等)从权威的角色扮演中解放出来,教师之所以为教师不在于他是教师,而在于他拥有的内在力量使他自然而然成为教师;另一方面,它能够将学生从受控制的状态中解放出来,普遍性的、确定性的知识体系不再被推崇,个体独特的体验与认知前所未有地受到了重视。

就前者而言,教师虽不言却因其丰沛之德而蕴藏巨大的影响力。庄子曾对"真人"有过一段富有想象力的刻画:

> 古之真人,其状义而不朋,若不足而不承;与乎其觚而不坚也,张乎其虚而不华也;邴乎其似喜也!崔乎其不得已也!滀乎进我色也,与乎止我德也;广乎其似世也,謷乎其未可制也!连乎其似好闭也,悗乎忘其言也。(《庄子·大宗师》)

"与乎止我德也"谓其德行宽厚而令人归依,"连乎其似好闭也"谓其沉默不语好似封闭了感觉,"悗乎忘其言也"谓其心任自然而好似忘记了言语。有德者之所以能凝聚、导引众人乃是由于其德充于内、内外相符而自然散发出的感召力,非心存教化之念而汲汲于言教,"彼且择日而登假,人则从是也。彼且何肯以物为事乎!"(《庄子·德充符》)众人的归依与教师的威仪无关,也与教师的言辞无涉,故王夫之谓:"饰其威仪,藻悦其文辞,表有德之容以立教坐议者,知侈于物而失正于已。"[1]庄子又称圣人之气象为"尸居而龙见,雷声而渊默,发动如天地者"(《庄子·天运》),即谓圣人安居不动而神采奕奕,沉静缄默而感人至深,奋发机动如同天地一般;他又称圣人"其于物也,与之为娱矣;其于人也,乐物之通而保己焉;故或不言而饮人以和,与人并立而使人化"(《庄子·则阳》),即圣人对于物能够做到和谐相处,对于人乐于沟通而不失自己,能以不言之教饮人以心灵之和谐,和人并立而能使人感化,于无须言处,语言便已显得多余。[2]

---

① 王夫之著、王孝鱼点校:《庄子解》,中华书局1964年版,第49页。
② 如在《田子方》中,孔子见之温伯雪子而不言,"子路曰:'吾子欲见温伯雪子久矣。见之而不言,何邪?'仲尼曰:'若夫人者,目击而道存矣,亦不可以容声矣'"!

就后者而言,不言之教使学生拥有了思考、体验、探究的更多机会与更大空间,从而能够使学生建立起与自我以及外部世界之间最为直接、真切的关联。相对于王骀不言之教"虚而往,实而归"的高度概括化的教育效果描述,啮缺从其师王倪不言之教中的收获则更为具体、形象:

> 啮缺问于王倪,四问而四不知。啮缺因跃而大喜,行以告蒲衣子。蒲衣子曰:"而乃今知之乎?有虞氏不及泰氏。有虞氏,其犹藏仁以要人;亦得人矣,而未始出于非人。泰氏,其卧徐徐,其觉于于;一以己为马,一以己为牛;其知情信,其德甚真,而未始入于非人。"(《庄子·应帝王》)

在这个以"问"而开始的寓言中,并未提到问题的具体内容①,我们可以这样认为,在《应帝王》所呈现的因循自然、摒弃造作的宗旨下,问什么问题并不重要,重要的是对待问题的态度,当提问者以请教者的身份登场时,被问者很容易以教师的身份入场,其入场方式便是权威式的言说,正如同《论语》中师生问答所呈现出的情景一样,而王倪的"四问而四不知"表达的是对普遍的确定性知识的怀疑,以及对个体独特性的肯定,因此自然拒绝以权威言说者的教师身份入场,从而为学生的自得提供最为宽广的舞台,为其打开一片新天地,故有"四问而四不知,啮缺因跃而大喜"的效果。既然道"可传而不可受,可得而不可见"(《庄子·大宗师》),道只可心传而不可口授,只可心得而不可目见,那么它必定呈现不同个体私密而不可宣的独特体验,故郭象称,"此言得之于道,乃所以明其自得耳"②。

(二)语言的力量:教育中言说的回归

作为对言教的遮拨,庄子不言之教的提出在中国教育思想的演进脉络中具有极为重要的历史地位,在对外在的权威、经典及规范的破执中教育第一次真正拥有了自由与解放的品质。但同时也应注意到,在庄子思想中,不言之教并非教育的最高形态,毕竟"默"也不足以载道,所谓"道,物之极,言默不足以载。非言非默,议有所极"(《庄子·则阳》),正如同不应牵绊于言教一样,对不言之教的执着也是一种牵绊,故有"非言非默"之说。

人是使用语言的动物,没有语言的人类生活是无法想象的,同样,没有语言的教育活动也是无法想象,因此,不言之教虽然富有魅力并具有独特的价值,但它不可能作为完整的教

---

① 陈鼓应认为,"四问"即《齐物论》中啮缺向王倪所问的四个问题,分别为"知物之所同是乎?""知子之所不知乎?""物无知邪?"及"知利害乎?",并称"王倪都答称不知"。见陈鼓应:《庄子今注今译》(上),中华书局1983年版,第212页。这一说法有可参考之处,但与《齐物论》所载有所出入,在《齐物论》中,对于前三个问题,王倪虽称不知,却尝试性地进行了回答,对于第四个问题,王倪则直接给予了回答。

② 郭庆藩撰、王孝鱼点校:《庄子集释》第1册,中华书局1961年版,第251页。在这一点上,庄子与孟子有着思想的共通性,孟子亦倡"自得"之说,强调"自得"之于个体自主性道德人格生成的重要意义,称"君子深造之以道,欲其自得之也。自得之,则居之安;居之安,则资之深;资之深,则取之左右逢其原,故君子欲其自得之也"(见《孟子·离娄下》)。

育形态而存在,更不可能作为唯一的教育形态而存在。从这层意义上讲,庄子对不言之教的提倡并不指向对语言的完全排斥便也在情理之中。归根到底,不言之教也是离不开言说的,两者合则两利,离则两伤,关键是言说者如何以新的合乎自然之道的方式使言说重新回归到教育中,使言说从先前的言教与不言之教的对峙状态中摆脱出来而获得一种全新的力量,从而与不言达成一种你中有我、我中有你的动态平衡状态,此时,教育既不是纯粹的"默",也不是纯粹的"言",即"非言非默";或者说,教育既是"默"也是"言",即"无谓有谓,有谓无谓"(《庄子·齐物论》),林希逸称"无谓有谓,不言之言也;有谓无谓,言而不言也"①。

言说的回归是以道言关系的重新厘定作为基础的。如果说在"道不可言"的关系中语言成为解构的对象,那么在"道""言"并举的关系中语言又成为建构的对象。庄子曾多次将"道""言"并举:

> 汝唯莫必,无乎逃物。至道若是,大言亦然。(《庄子·知北游》)
>
> 道未始有封,言未始有常。(《庄子·齐物论》)
>
> 道昭而不道,言辩而不及。(《庄子·齐物论》)
>
> 道恶乎隐而有真伪? 言恶乎隐而有是非? 道恶乎往而不存? 言恶乎存而不可? 道隐于小成,言隐于荣华。(《庄子·齐物论》)

既然"道不可言",那为何又要"道""言"并举呢? 劳思光称:"所谓'言隐于荣华',意谓虚矫之言,因求粉饰而起。此点在理论上,似与'道隐于小成'并非同一层次之事;因'道隐于小成'可看作知识之不可免之问题,'言隐于荣华'则至多只是一部分言论之问题。"②由上引可见,庄子将"道""言"并举并非偶一为之,其做法恰恰说明庄子对于语言问题之重视,不仅重视如何以"不言"来彻底扫除现实生活中语言对于道的层层遮蔽,也重视探讨如何通过"言"的引导使道真实地向人们敞开,而道真实地向人们敞开便是让作为言说者的圣人将自己与万物作为自身显现出来,"这样的语言仍然不同于对人与物的形态、性质、功能进行观察和思考基础上的表达和描述,而是顺从于天地神人相聚一体而说,是随着人成其人、物成其物的道说"③。

真实地敞开意味着"言"并非权宜之计,而是一种常态,它需要言说心态与言说方式的转变,即由人的机制转变为天的机制。这种转变,一则在于"吾丧我",关涉主体对于自身即"吾"应有之态度;一则在于"忘言",关涉主体对于工具即"言"应有之立场。"丧我"即言说者需要摒弃成心私见,忘掉是非分别,用自然之心来言说。庄子称:"无为为之之谓天,无为言之之谓德。"(《庄子·天地》)以无为的方式去作为就是"天",以无为的方式去言说就是"德",

① 林希逸著、周启成校注:《庄子鬳斋口义校注》,中华书局 1997 年版,第 37 页。
② 劳思光:《新编中国哲学史》第 1 卷,广西师范大学出版社 2005 年版,第 198 页。
③ 那薇:《海德格尔与庄子的开拓语言之途》,《南京社会科学》2005 年第 6 期。

是故释德清称:"将要齐物论,而以三籁发端者,要人悟自己言之所出,乃天机所发;果能忘机,无心之言,如风吹窍号,又何是非之有哉?"[①]"忘言"即言说者既以言说为工具,则不应执着于言说本身,而应做到得意而忘言:

> 筌者所以在鱼,得鱼而忘筌;蹄者所以在兔,得兔而忘蹄;言者所以在意,得意而忘言。吾安得夫忘言之人而与之言哉!(《庄子·外物》)

意与鱼、兔为目的、旨归,而言与筌、蹄是工具、手段,既为工具、手段,则言必有所用而不可废置,但也要认识到,言既为工具、手段,则不可与目的、旨归相混同,即达到目的后,便不可再执着于手段,此时就需要"忘言",而"忘言"之人少之又少,要做到"忘言"确属不易。

"丧我"与"忘言"两者实际上又是一而二、二而一的,能"丧我"自然能"忘言",既"忘言"当然已"丧我"。不管是"丧我"还是"忘言",追求的都是更好地言说,既如此,则"言"与"道"并非完全隔绝而互不相关,言说是至关重要的,关键是如何言说、言说是否周遍。"言而足,则终日言而尽道;言而不足,则终日言而尽物"(《庄子·则阳》),言说周遍,则终日言说都是道,言说不周遍,则终日言说尽为物。在"无心之言"中,在"忘言"中,语言便处于一种被解放的状态,它不再被权力所控制而成为某一组织或阶层(特别是统治集团或优势阶层)的工具,也不再为欲望、成见所包围或为一家之言所禁锢,而语言的解放本质上指向每一个体的解放,在语言的解放状态中个体开始向道(或称为"真知")无限逼近,或者说道开始向个体完全敞开,语言由此而获得真正的力量。

言说在教育中回归后,它与不言也并非分属彼此而完全隔绝,而是相融相通、相互成就,教育者既不滞守于不言,也不滞守于言,应言应默,无有定极,所谓"道在非言非默之际,议之宁有定极乎!"[②]言说者一任自然而无成心,言即是默,默即是言,"不言则齐,齐与言不齐,言与齐不齐也,故曰言无言。言无言,终身言,未尝言;终身不言,未尝不言"(《庄子·寓言》),不言说而万物自然齐同,本来齐同的加上主观的言说就不齐同了,主观的言说加在齐同的真相上便不齐同了,所以说人的言说不应有主观成见,言说没有主观成见,终身言说却不曾言说,终身不言说却也未尝不在言说。如此一来,我们似乎能窥测到庄子展开关于言说与教育关系讨论的基本逻辑:在对言教的批判中庄子阐明了不言之教的独特魅力,而不言之教又是包容性的,它接纳言说以合理的方式回归,而在言说的回归中,言与不言相融相通、相互成就,一起指向道的显现。

---

① 释德清撰、黄曙辉点校:《庄子内篇注》,华东师范大学出版社2009年版,第21页。
② 胡文英:《庄子独见》,《杂篇·则阳第二十五》,清乾隆十六年(1751)三多斋刊本。

五、言说与存在:语言在教育中的运用及其旨归

庄子以为,言说能够回归教育本质是因为言说已成为无心之言,与不言一样共同遵循着天的机制,"其口虽言,其心未尝言"(《庄子·则阳》)。当言说回归教育后,它必然超越以往的言教而呈现出一种全新的状态,它需要言说者对语言本质及其作用的深刻洞察,也需要言说者对言说方式的深入理解和恰当运用,这意味着言说的回归指向一种结构性变革:言说者不再凭借体制所赋予的权威角色而使听者服从,而是因其自身的力量而获得听者的信任;言说过程不再是角色固化的"我"说"你"听的"言—听"的过程,对话成为言说的主导机制,说者也是倾听者,听者也是表达者,言说既为对话而非独白,则言说更多的以"我—你"关系而非"我—你们"关系呈现,体现了作为独立主体的对话双方的真实在场,从而使言说过程不仅具有了情景性,也具有了开放性与生成性;言说的目标也不再固守对已有知识体系的复制传统,而是指向了个体的存在,指向了完整的自然人格养成,言说开始摆脱狭隘知识授受导向的羁绊而与个体生命产生了直接的关联。当言说指向个体存在并与个体生命产生直接关联时,言说本身便意味着教育,或者说,言说与教育在个体生命存在的层面相融通,言说由此而通向最本真的教育。

(一)言说力量来自于言说者与听者信任关系的建立

庄子区分了言说的两种不同取向:一为"口服",以言说服人之口,如辩者所为;二为"心服",以言说服人之心,庄子曾借孔子之口说,"鸣而当律,言而当法。利义陈乎前,而好恶是非直服人之口而已矣。使人乃以心服,而不敢蘁立,定天下之定"(《庄子·寓言》)。庄子反对"口服"而提倡"心服",前者强逞口舌之能而与道相隔,后者则借由无心之言而使道显现。

要使听者"心服",就需要言说者与听者之间建立起信任关系,而这种信任关系的建立无法借助于言说的外在力量而达到,不管是依靠作为形式的言说本身(如辩者对于论辩技术的炫耀),还是倚重于言说者的权威(如世俗教育中教师的独白),相反,它需要言说方式的转变,需要言说能够持续不断地生发出内在力量,当言说成为道自然呈现的载体而不再成为遮蔽道的障碍时,言说者与听者之间才有可能最终建立起信任关系来。

"寓言""重言"与"卮言"三种言说方式就是要在言说者与听者之间建立起信任关系。《庄子》的《寓言》篇专门对此三种言说方式进行说明:"寓言十九,重言十七,卮言日出。"具体而言,"寓言十九,借外论之","寓言"者借外而言之,王夫之谓"通万有而休乎天钧,则随所寓而众著之理皆成,就其人之心性神志而言之,则皆私也。人各怙其私而不相信从,众著之,公

而言之,则易以晓然"①;"重言十七,所以己言也","重言"者借他人而言之,以止是非纷争,"是为耆艾,年先矣,而无经纬本末以期年耆者,是非先也。人而无以先人,无人道也。人而无人道,是之谓陈人"②,年长有德者以其言先行诱导,如年长而无德,则为陈腐之人;"卮言日出,和以天倪,因以曼衍,所以穷年","卮言"者乃无心之言,自然有分而是非无主,散漫流衍而悠游终生,有无心之言才有无心之化,言说因而便具有了绵绵不绝的生命力,"化声之相待,若其不相待"(《庄子·齐物论》)③,不论是"寓言"或者"重言",其间言说者或借物以言说,使道通过万物而自然显现,或借人以言说,充分利用人们信任年长德厚者的朴素情感,"以其耆艾,故俗共重之"④,而就"寓言""重言"及"卮言"三者关系而言,则寓中有重,重中有寓,且寓重皆卮。

其实不管是借物而论抑或是借人而言,都是对自我中心主义的消解,但这并不意味着言说者本人无足轻重,相反,不论以何种方式言说,言说者自身的影响力才是关键,毕竟言说的力量从根源上来自于言说者本人,或者更为明确地说,言说者本人只有立己有定、德行充盈,方可获得他人信任而有启发告诫之效。在《人间世》中,当颜回准备前去卫国劝谏卫君时,孔子告诫他:"古之至人,先存诸己而后存诸人。所存于己者未定,何暇至于暴人之所行!"意谓古之有道之人,必先存其在我者,而后才能启发告诫他人,立己未定、德行未充而强行言说,不仅于事无补,反倒会深受其害,因此孔子又告诫颜回:"且德厚信矼,未达人气;名闻不争,未达人心。而强以仁义绳墨之言炫暴人之前者,是以人恶育其美也,命之曰灾人。灾人者,人必反灾之,若殆为人灾夫!"

无心之言并非无情之言,虽无心,却有真情,因此无心之言也是真心之言、真人之言。庄子贵真,在《天下》篇自称"以重言为真",以耆艾之言为真实可信,即成玄英所谓"耆艾之谈,体多真实"⑤。何为真?"真者,精诚之至也。不精不诚,不能动人。故强哭者虽悲不哀,强怒者虽严不威,强亲者虽笑不和。真悲无声而哀,真怒未发而威,真亲未笑而和。真在内者,神动于外,是所以贵真也"(《庄子·渔父》)。真为精诚之至,言说者虽无诚心却有真情,既为真情,便无矫揉伪饰,也无巧诈算计,更无忿詈怨恨,通常人们的言说之所以不合于道,乃是由于言说者受到自我消极情绪的控制与摆布使然,"故忿设无由,巧言偏辞。兽死不择音,气息

---

① 王夫之著、王孝鱼点校:《庄子解》,中华书局1964年版,第247页。

② 在这一点上,荀子似乎受到了庄子直接的影响,如其称"耆艾而信,可以为师"(见《荀子·致士》)。又称"以善先人者谓之教,以善和人者谓之顺"(见《荀子·修身》)。

③ 林希逸解释称:"化声者,谓以言语相化服也;相待者,相对相敌也。若以是非之争,强将言语自相对敌而求以化服之,何似因其所是而不相敌也。"见林希逸撰,周启成校注:《庄子鬳斋口义校注》,中华书局1997年版,第43页。

④ 郭庆藩撰,王孝鱼点校:《庄子集释》第4册,中华书局1961年版,第949页。

⑤ 郭象注,成玄英疏,曹础基、黄兰发整理:《庄子注疏》,中华书局2011年版,第569页。

莦然,于是并生心厉"(《庄子·人间世》)。① 言说者既有真情,则其言为真人之言,言说者的真情成为其获得听者信任的必要条件。

(二)言说源于听者的疑问并呈现出开放性与生成性

言说者与听者信任关系的建立,不仅在言说之前,更在言说之中。表面上看,信任是言说展开的前提,但实际上,真实的言说过程往往展现为信任的危机及其化解过程。这里涉及如下一些问题:如何看待言说的性质与特征? 如何认识言说者与听者两者的关系与地位?

庄子视言说为对话。既为对话,则言说不是以往由言说者以权威身份维系的"我"说"你"听式的独白,此时,说者也是倾听者,听者也是表达者,是双方的交流、互动推进了对话的展开;既为对话,则言说不是事先设计好的程序化的表达,不是对固有的经典知识体系的解释和复制②,而成为情景化的深度交流,成为围绕听者的疑惑(或质疑)而展开的对话,因而具有了开放性与生成性。在《大宗师》中,南伯子葵与女偊之间有过一段有关何处闻道的对话:

> 南伯子葵曰:"子独恶乎闻之?"曰:"闻诸副墨之子,副墨之子闻诸洛诵之孙,洛诵之孙闻之瞻明,瞻明闻之聂许,聂许闻之需役,需役闻之于讴,于讴闻之玄冥,玄冥闻之参寥,参寥闻之疑始。"

女偊称其闻道于副墨之子,"副墨"即文字,"洛诵"即语言,"瞻明"即目见,"聂许"即耳听,"需役"即行动,"于讴"即咏叹歌吟,"玄冥"即深远幽寂,"参寥"即空阔,而"疑始"即迷茫之始。③ 从副墨之子到洛诵之孙,从洛诵之孙到瞻明,一直回溯至疑始,其实质是对道的认识的追根溯源,是对本真之道的无限逼近:对道的认识始于听者(求道者)的迷茫,言说是跟随听者的疑惑而展开的,是听者的疑惑开启并主导着言说者与听者的对话之旅。从"副墨"回溯至"疑始"的过程也是超越的过程,是超越客观外显的、普遍性的、确定性的知识体系,使人的认识回归至主观内在的、独特性的、多样化的体认形态。《庄子》一书中的对话大多始于听者的疑问,其例不胜枚举,典型者如《齐物论》中的颜成子游的"天籁"之问、《人间世》中颜回的"心斋"之问、《德充符》中常季的"不言"之问、《大宗师》中南伯子葵的"学道"之问、《知北

---

① 庄子曾对人们之消极情绪下的言说状态进行过形象的描述:"大言炎炎,小言詹詹。其寐也魂交,其觉也形开,与接为构,日以心斗。缦者、窖者、密者。小恐惴惴,大恐缦缦。其发若机栝,其司是非之谓也;其留如诅盟,其守胜之谓也;其杀如秋冬,以言其日消也;其溺之所为之,不可使复之也;其厌也如缄,以言其老洫也;近死之心,莫使复阳也。"(见《庄子·齐物论》)

② 儒家重视对圣人言说的代际复制传统,如《左传》谓"太上有立德,其次有立功,其次有立言,虽久不废,此之谓三不朽"(见《左传·襄公二十四年》),在《论语》中子贡曾对孔子称:"子如不言,则小子何述焉?"(见《论语·阳货》)表达的也是对圣人言说代际复制传统的肯定。

③ 陈鼓应:《庄子今注今译》(上),中华书局 1983 年版,第 186-187 页。

游》中孔子的"至道"之问等。①

言说既源于听者的疑问,言说又为无心之言,则言说过程自然具备了开放性与生成性:既不是按部就班地说,也不是无关痛痒地问,问题在情境中自然呈现,交流在对话中渐次深入,虽然有辩论,却是用超越是非分别的无心之言在辩论,虽然有称说,却是用超越概念与名称的面对面的道说方式在称说,言说者在对话中谨慎地使用着语言②,关注着听者的理解能力,以免使其产生更大的困扰③。在言说之中,听者甚至言说者的观念在自然而然地变化,每一次对话都是如此的与众不同,在言说的敞开之境中蕴含着源源不断的内生力量,"孰知不言之辩,不道之道? 若有能知,此之谓天府。注焉而不满,酌焉而不竭,而不知其所由来,此之谓葆光"(《庄子·齐物论》),这颇类似海德格尔使用"剖面"一词来阐明语言本质④,语言不再被视作解释我们所见、所闻、所思的固定符号系统,而被视为如同开垦土地、耕出犁沟,让田地保藏种子、滋育万物那样,是敞开的,生成的,"庄子的语言正是要瓦解掉片面性、抽象性,让语言复活,重新溶入具体的、气化的、新新不已的情境之中"⑤。

(三)言说以个体真实而自由的生命存在为旨归

言说所依赖的信任关系、无心之言所涵摄的种种言说方式以及言说过程所呈现的开放性与生成性,共同指向的是真实而自由的存在。与惠施、公孙龙等名家之言说消解了人之真实存在不同,庄子之言说在于建构人之真实存在;与儒、墨等各派之言说着重建构人作为社会存在者不同,庄子之言说力图重塑人的个体生命价值;与老子强调重塑个体作为自然存在者的价值有所不同,庄子则以自然为基础着意阐述个体追求生命自由境界之意蕴。《庄子》一书中的对话,不论是物与物之间的对话,还是人与物、人与人之间的对话,大都以启迪个体追求真实而自由的生命存在为旨归,颜成子游曾对其师东郭子綦说:

---

① 在《庄子》一书中,"问"字共出现了 170 余次,其中"问于"出现了 28 次,"问乎"出现了 17 次,"敢问"出现了 21 次,"请问"出现了 13 次,更值得我们注意的是,庄子在《天下》篇中对先秦诸多思想流派之述评中,唯独对自我的评述以一连串的问题开始,"芴漠无形,变化无常。死与? 生与? 天地并与? 神明往与? 芒乎何之? 忽乎何适?"足见庄子对于"问"之重视。

② 如王倪回答啮缺时称"虽然尝试言之"(见《庄子·齐物论》),老子回答孔子时称"尝为汝议乎其将"(见《庄子·田子方》)、"将为汝言其崖略"(见《庄子·知北游》),长梧子回答瞿鹊子时称"予尝为女妄言之,女以妄听之"(见《庄子·齐物论》)等,实际上是为听者提供一个更为自由的体会、想象空间。

③ 如《至乐》篇中孔子忧虑颜回以黄帝、神农之道言说于齐侯,"彼将内求于己而不得,不得则惑,人惑则死";《达生》篇中扁子则忧虑以至人之德言说于孙休,"恐其惊而至于惑也"。

④ 海德格尔称:"在此寻索的语言本质之统一可以叫作剖面(Aufriss)。这个名称令我们更为清晰地去洞察语言本质的本己要素。……但划开和勾划田地(Einen Acker aufund umreissen),这在今天的方言中也还有'开沟'的意思。沟垄开启田地,好让田地保藏种子,促发生长。剖面是那种图画的整体面貌,此种图画完全嵌合了被开启的东西即语言的敞开领域。"见海德格尔著,孙周兴选编:《海德格尔选集》(下),上海三联书店 1996 年版,第 1131-1132 页。

⑤ 杨儒宾:《儒门内的庄子》,联经出版事业股份有限公司 2016 年版,第 250 页。

自吾闻子之言,一年而野,二年而从,三年而通,四年而物,五年而来,六年而鬼入,七年而天成,八年而不知死、不知生,九年而大妙。(《庄子·寓言》)

我们虽然无从知晓东郭子綦对颜成子游教导了什么,对何为"野""从""通""物""来""鬼入""天成""不知生"与"不知死"以及"大妙"等概念也无法进行清晰而准确的界定,却并不妨碍我们对庄子本意的窥测。颜成子游所谓的"一年而野"至"九年而大妙"的这一过程,尽管曾被儒家立场的人解释为一种"序",如林疑独所谓"学者入道之序"[①]或胡远濬所谓"真人守神致功之序"[②],被视为由有着前后逻辑关系的不同环节所组成的完整链条,但对此一过程的描述毕竟太过玄妙,并非真正意义上具有普适性的"序"[③],庄子无疑想表达这样一种观念,即个体成长史是以其自然之性为基础而展开的自由、通达且奇妙的生命体验史。

言说既以生命存在为指向,就需要使言说围绕个体这一生命存在发生实质性的转向,这种转向在信任关系的建立、无心之言的倡导以及言说过程开放性、生成性等方面已然有所显露,但更为内在的根本性要求是,言说与作为整全生命形态而存在的个体直接相关,意谓言说不仅仅关涉个体的知识与观念体系,也关涉个体的情感体验、意志品质与行为方式,在言说中,言说与精神的共生关系已自然而然地具象化为言说与事物、言说与情感、言说与行为之间的共生关系,表现为言说与事物的相互依存、言说与情感的相融感通以及言说与行为的相互交织。

言说与事物的相互依存指的是,言说尽管可以表现为一种纯粹的思维活动,甚至也会沦为一种概念游戏,但言说的真正目的在于明理知道,而道理寓于事物及其活动之中,以启发诱导为目的的言说既非空谈,也非灌输,更非自说自话,而是寓于具体情境中的事物及其活动之中,道理也借此而得以真切、生动地呈现。概言之,言借事而理实切,事借言而理显现。在《齐物论》中南郭子綦借"天籁"而言"吾丧我",在《人间世》中孔子借颜回欲劝谏卫君之事而言"心斋",在《天地》中汉阴丈人借桔槔灌水之事而言"无为复朴",在《山木》中庄子本人借"螳螂捕蝉,黄雀在后"之事言勿逐物而忘真等等,皆属此类。

言说与情感的相融感通指的是,言说尽管具有讲理论道、明辨是非的理智特征,但真正的言说是与言说者的情感相融感通的,言说需要并激发情感,情感敞开言说,使言说含藏灵

---

① 崔大华:《庄子歧解》,中华书局 2012 年版,第 742 页。

② 胡远濬:《庄子诠诂》,中华书局 1988 年版,第 239 页。

③ 儒家对于个体成长、发展之"序"曾有过多种表述,如孔子称"吾十有五而志于学,三十而立,四十而不惑,五十而知天命,六十而耳顺,七十而从心所欲,不逾矩"(见《论语·为政》)。《大学》亦称"物格而后知至,知至而后意诚,意诚而后心正,心正而后身修,身修而后家齐,家齐而后国治,国治而后天下平"。相较而言,《学记》中"一年视离经辨志,三年视敬业乐群,五年视博习亲师,七年视论学取友,谓之小成;九年知类通达,强立而不反,谓之大成"的表述则更具有"序"的循序渐进、明晰普适的特点,作为普适性的要求,这一过程涵盖了经典学习的由浅入深及道德知识的融会贯通、社会交往的渐次扩展及德性人格的成熟定型等不同层面,其"小成"与"大成"之结果的出现依赖的是后天的人文化成机制,与颜成子游所谓"天成"展现出的先天的自然生成机制大相径庭且旨趣迥异。

魂,从而获得了直达内心的启蒙解蔽力量,言说虽不刻意于情却自然生情,在言说中个体的情感体验成为不可或缺的关键环节。在庄子笔下,子产、孔子与阳子居等人的"蹴然",广成子的"蹶然",季彻的"局局然"与蒋间葂的"觑觑然",汉阴丈人的"忿然"与子贡的"瞒然",魏文侯的"傥然"以及南荣趎的"惧然"等等,莫不如是。

   言说与行为的相互交织指的是,尽管言说可以以纯粹的语言交流方式展开,但在行动中展开言说并以言说改变行动显然更值得追求,基于知识观念的创新变革,经由情感的孕育发酵,最终落实于一种豁然开朗后的别样存在形态的生成,从而完成了从知到行的自然递进,如壶子与列子之间的言说围绕着神巫季咸替壶子看相之事而展开,其后列子"纷而封哉,一以是终"[①];如吴王与颜不疑之间的言说围绕吴王射狙之事而展开,其后颜不疑"去乐辞显,三年而国人称之"[②];又如老子与阳子居之间的言说围绕阳子居处众之事而展开,其后阳子居"反也,舍者与之争席矣"[③]。

---

   ①　例见《庄子·应帝王》,原文为:"然后列子自以为未始学而归,三年不出。为其妻爨,食豕如食人。于事无与亲,雕琢复朴,块然独以其形立。纷而封哉,一以是终。"

   ②　例见《庄子·应帝王》,原文为:"吴王浮于江,登乎狙之山。众狙见之,恂然弃而走,逃于深蓁。有一狙焉,委蛇攫搔,见巧乎王。王射之,敏给搏捷矢。王命相者趋射之,狙执死。王顾谓其友颜不疑曰:'之狙也,伐其巧,恃其便以敖予,以至此殛也!戒之哉!嗟乎,无以汝色骄人哉!'颜不疑归而师董梧,以锄其色,去乐辞显,三年而国人称之。"

   ③　例见《庄子·寓言》,原文为:"阳子居南之沛,老聃西游于秦,邀于郊,至于梁而遇老子。老子中道仰天而叹曰:'始以汝为可教,今不可也。'阳子居不答。至舍,进盥漱巾栉,脱屦户外,膝行而前曰:'向者弟子欲请夫子,夫子行不闲,是以不敢。今闲矣,请问其过。'老子曰:'而睢睢盱盱,而谁与居?大白若辱,盛德若不足。'阳子居蹴然变容曰:'敬闻命矣!'其往也,舍者迎将,其家公执席,妻执巾栉,舍者避席,炀者避灶。其反也,舍者与之争席矣。"

唐代的女子教育内容研究
——以《女孝经》和《女论语》为例

◎马慧敏*

摘　要:产生于唐代的《女孝经》和《女论语》,阐释了女子教育的礼法规范,即女子在立身方面,应清贞廉节、贞顺勤劳、好于女工、贤明多智;在家庭生活中,在为人女、为人妻和为人母时应以孝女、贤妻、良母的道德要求规范自己。就其教育内容的特点来看,一方面反映出唐代女性社会地位的提升,另一方面它既是对传统儒家礼教的继承,也是时代对于恢复儒家正统地位的呼唤。

关键词:女子教育;女孝经;女论语;女性地位

处于中国古代封建社会繁荣时期的唐代,不仅在政治、经济、文化等方面获得了巨大的成就,其女子教育也在多方面影响下有了新的发展。其中《女孝经》和《女论语》是产生于唐代中期的两部关于女子训诫的,对女子言行举止和持家处事等各方面的行为规范,对当时乃至后世的女子教育产生了普遍而深远的影响。本文以《女孝经》和《女论语》为依据,探讨唐代女子教育的内容及其主要特点,同时为现代女子教育带来一定的启示。

一、《女孝经》和《女论语》介绍

《女孝经》是唐玄宗时期郑氏为劝导其侄女(被策为唐玄宗十六子永王李璘之妃)而作:"戒以为妇道,申以执巾之礼,并述经史正义。"[①]此书仿《孝经》,共十八章:开明宗义、后妃、夫人、邦君、庶人、事舅姑、三才、孝治、贤明、纪德行、五刑、广要道、广守信、广扬名、谏争、胎教、母仪、举恶。有的章借班昭语录作为立论根据,有的章以诸女提问、班昭解答的形式来阐述义理。其基本内容是郑氏以封建礼教训诫其侄女,但也包含一些合理的做人之道。

---

　*　作者简介:马慧敏,山西师范大学硕士研究生。

　①　陶宗仪等:《说郛三种》,上海古籍出版社1988年版,第3286页。

《女论语》是唐德宗时期宋若莘、宋若昭姐妹所撰写的一部女子训诫书，"若莘诲诸妹如严师，著《女论语》十篇，大抵准《论语》，以韦宣文君代孔子，曹大家等为颜、冉，推明妇道所宜。若昭又为传申释之"①。分立身、学作、学礼、早起、事父母、事舅姑、事夫、训男女、营家、待客、和柔、守节共十二章，每一章都有具体内容规范女子言行举止和持家处事等各个方面。其文本通俗易懂，朗朗上口，将社会主流价值观传播到女子生活的方方面面并起到了良好的规训作用②，与《女诫》《内训》《女范捷录》合称"女四书"，是中国封建社会女性德育教材。

二、《女孝经》和《女论语》中的女子教育内容

《孟子》曰："天下之本在国，国之本在家，家之本在身。"《大学》中也提出："古之欲明明德于天下者，先治其国。欲治其国者，先齐其家。欲先齐其家者，先修其身。"同样，于女性而言，《女论语》开篇即强调"凡为女子，先学立身"。立身，即修身，是对身心的修养，是个人发展之本。此外，女性的社会生活范围大多在家庭之内，在其中扮演着为人女、为人妻和为人母等不同的角色，同时也被赋予孝女、贤妻和良母等相应的道德责任。

(一) 立　身

1. 清贞廉节，守分整齐

《女论语·立身》章开篇指出："凡为女子，先学立身，立身之法，惟务清贞。""清"指端雅安静，冰清玉洁，志行光明；"贞"指纯一守正，柏操松坚，岁寒不改。③为此，应在行、言、坐、立等方面合乎妇德准则，即要求"行莫回头，语莫掀唇。坐莫动膝，立莫摇裙。喜莫大笑，怒莫高声"。只有这样"立身端正"，"方可为人"。《女孝经·广守信》章提到女性应从一而终，"男有重婚之义，女无再醮之文"。男子可以再娶，女子则没有再嫁之礼。如果丈夫不幸去世，要"三年重服。守志坚心。保持家业，整顿坟茔。殷勤训子，存殁光荣"。及服丧三年，保持家业，修理坟墓，殷勤教导子女，这样无论是去世的人还是活着的人都会感到光荣。

2. 贞顺勤劳，勉其荒怠

《女论语·早起》章训诫道："五更鸡唱，起着衣裳，洗漱已了，随意梳妆。捡柴烧水，早下厨房。摩锅洗镬，煮水煎汤。随意丰俭，蒸煮食尝。安排蔬菜，炮鼓春姜。随时下料，甜淡馨香。整齐碗碟，铺设分张。三餐饱食，朝暮相当。"五更之时，便穿衣起床，洗漱梳妆，料理家

---

① 刘昫：《旧唐书》，中华书局 2007 年版，第 2198 页。
② 刘燕飞：《宋若莘姐妹与〈女论语〉研究》，《河北大学学报（哲学社会科学版）》2008 年第 2 期。
③ 陈志勇：《唐宋家训研究》，福建师范大学博士学位论文，2007 年。

中厨房各事,为家人提供三餐饭食。不能学习懒妇,日高三丈,还未离床,手忙脚乱,"丑呈乡里,辱及爷娘"。

3. 凡为女子,须学女工

《女论语·学作》章对女子所学的女工做了事无巨细的描述:一学纺织麻布,"纫麻缉苎,粗细不同。车机纺织,切勿匆匆"。二学采桑养蚕,"看蚕煮茧,晓夜相从。采桑摘柘,看雨占风"。三学缫丝织造,"取丝经纬,丈尺成工。轻纱下轴,细布入筒。绸绢苎葛,织造重重"。四学刺绣缝补,"刺鞋作袜,引线绣绒。缝联补缀,百事皆通"。

4. 贤明多智,谨言慎行

《女孝经·夫人》章倡导女性读书学习,"诗书之府可以习之,礼乐之道可以行之"。女子当知礼数,着衣、说话、行为,都应合乎礼法,动必有方,如《女孝经·邦君》章中"非礼教之法服,不敢服;非诗书之法言,不敢道;非信义之德行,不敢行"。还需谨言慎行,所谓"欲人不闻,勿若勿言;欲人不知,勿若勿为;欲人不传,勿若勿行"。

(二) 睦 家

1. 为人女——孝女

事父母:《女论语·事父母》章训诫道:女子在堂,要敬重爹娘。首先,在日常生活中要每日早起请安,照料父母衣食。其次,对于父母的批评,应上前听取,早晚思量。如果自己有不对之处,及时改过,不能忽略或视为寻常。对于父母的教诲应遵照而行,如果有不懂的地方,细问无妨。最后,父母年老时,在为父母高寿所喜的同时,也要担忧父母时日不多,为父母"补联鞋袜,做造衣裳。四时八节,孝养相当";父母生病时,要细心照料,"衣不解带,汤药亲尝"。并向神灵祷告,保佑父母安康;若父母不幸亡故,要不忘恩德,做好丧事,"衣裳装殓,持服居丧。安理设祭,礼拜家堂"。

2. 为人妻——贤妻

事夫:《女论语·事夫》章训诫女子在出嫁后应以夫为主,强调"将夫比天,其义匪轻","夫者天也,可不务乎!"(《女孝经·三才》)认为女子事夫是天经地义之事。《女孝经·纪德行》章中指出,在与丈夫相处时,也要有如同君臣、父子、兄弟、朋友相处的道义,且要言行自律。在日常生活中,《女论语·事夫》章提到,一要相敬如宾,夫有言语,要侧耳详听。二要关怀丈夫身体,照顾丈夫生活,丈夫外出的时候,要记其途程,"黄昏未返,瞻望相寻,停灯温饭,等候敲门";丈夫生病时,要多方求药求神,终日劳心,百般治疗;日常生活中要备齐衣物,以防寒冷冻坏身体,家常茶饭,要供待殷勤。总之,要"同甘同苦,同富同贫。死同葬穴,生共衣衾"。三要忍气退让,在丈夫生气发怒时,要退身相让,忍气低声。但是在《女孝经·贤明》章中以楚庄王樊妃等故事,提倡为人妻者应贤明多智,而能免夫之难。"夫有诤妻,则身不入于非道"(《女孝经·谏诤》),真正贤良的妻子在看到丈夫有过失时,能够直言规谏。

事舅姑:舅姑,即公婆。对待公婆要如同父母一样,"敬与父同,爱与母同",要先人后己,竭力而尽礼。《女论语·事舅姑》章中对女子在日常生活中对公婆的照料制定了规范:早起开门不能惊动了公婆,起来后便要"洒扫庭堂,洗濯巾布。齿药肥皂,温凉得所",然后退到一边,等公婆洗漱完后,"万福一声,即时退步",便去"整办茶盘,安排匙箸。香洁茶汤,小心敬递"。因为老人牙齿疏松,所以"饭则软蒸,肉则熟煮",晚上要照顾好公婆后再去休息,且要"日日一般,朝朝相似"。

营家:《女论语·营家》章训诫道"营家之女,惟俭惟勤",女性持家是否勤劳节俭关系到家庭的兴衰富贫。女子应深知"一生之计,惟在于勤。一年之计,惟在于春"的道理,早起打扫庭院,耕田下种,喂养牲畜,经营家中富余的钱谷,这样逢年过节,宾客到家,无须奔走急措,而"夫妇享福,欢笑欣欣"。《女论语·和柔》章提出,妻子还应努力维系家族和睦,以和为贵,"以孝治九族"[①],对待公婆的斥责,即使冤枉自己也不计较,就像没有发生一样,怜爱子侄之辈,不谈论是非长短,家丑不扬于户外。

待客:与邻居相处时"东邻西舍,礼数周全",邻居往来,应问寒暖,茶水招待,言不失礼,不论是非。有人来家中做客时,《女论语·待客》章训诫:要用烫水洗涤茶具,擦净桌凳,向客人递上茶水,然后退立堂后,听丈夫吩咐。若留客人吃饭,要备好酒食,"杀鸡为黍。五味调和,菜蔬齐楚。茶酒清香",如果客人要留宿,要"点烛擎灯,安排卧具。钦敬相承,温凉得理"。第二天早上客人如要辞别,要准备酒食,殷勤款待。

3. 为人母——良母

胎教:《女孝经·胎教》章中认为"人受五常之理,生而有性习也,感善则善,感恶则恶",所以胎教是很重要的,怀孕时行住坐卧、言行举止都要更为注意:"寝不侧,坐不边,立不跛;不食邪味,不履左道,割不正不食,席不正不坐,目不视恶色,耳不听靡声,口不出傲言,手不执邪器;夜则诵经书,朝则讲礼乐",生活中回避恐怖、淫秽之事,并通过规范自己的行为,来正确引导子女的习性,使其能够"形容端正,才德过人"。

教育子女:《女论语·训男女》章写有"训诲之权,亦在于母"。《女孝经·母仪》章提到在教育子女的过程中,母亲应率先垂范,为子女做榜样:"夫为人母者,明其礼也,和之以恩爱。示之以严毅,动而合礼,言必有经。"对男孩而言,6岁教其数与方名,7岁知男女有别,不同席、不共食,8岁入小学学习,10岁跟随老师学习。此外,要求子女出行回家须告知父母,"不苟訾、不苟笑、不有私财";"立必正方,耳不倾听";"使男女有别,远嫌避疑,不同巾栉"。做到

---

① 陶宗仪等编:《说郛三种》,上海古籍出版社1988年版,第3287页。

谨慎、恭敬、避嫌。相较于男子,女子的教育内容就相对简单,只要求"女子七岁教之以四德",在教育过程中对女子的言行举止进行规训,"女处闺门,少令出户。唤来便来,唤去便去。稍有不从,当加叱怒。朝暮训诲,各勤事务。扫地烧香,纫麻绩苎"①。女子应接受与其性别相对应的礼教灌输与规训。

三、女子教育内容的特点

(一)唐代女性社会地位的提升

《女孝经》和《女论语》都是假借曹大家之名进行训诫,侧面反映了班昭《女诫》在唐代社会的影响。但是与班昭的《女诫》相比,《女孝经》和《女论语》有一定的进步之处。前者不主张女子聪明伶俐,而后两者则提倡女子贤明多智,如《女孝经·贤明》章中诸女问道:"敢问妇人之德,无以加于智乎?"曹大家回复:"人肖天地,负阴而抱阳,有聪明贤哲之性,习之无不利,而况于用心乎?"还进一步倡导女子对丈夫的错误之处进行谏诤:"夫有诤妻,则不入于非道。"《女论语·事夫》章也提到"夫有恶事,劝谏谆谆",而前者对女子则是一味强调"卑弱"。在事夫方面,虽仍继承"将夫比天"的思想,但更倡导与丈夫"敬重如宾","同甘共苦,同富同贫"。在教育子女方面,由于唐代男外女内的社会分工,母亲对儿童的训导更为关键,正如《女论语·训男女》章之"训诲之权,亦在于母",故对唐代女子的品德修养提出了更高的要求。总体来说,唐代女子较之前代,家庭地位和社会地位有所提高。

唐代女性社会地位的提升,究其原因,主要有以下几点:首先是民族融合的影响,唐代经历了南北朝时期多民族文化的冲突和融合,"李唐皇室本出于宇文泰之胡汉六镇关陇集团,实具关中、代北两系统之性质"②,也就是说,唐王朝是以汉族文化为主并包胡、汉各族文化的结合体,且统治者执行较为开放的民族政策。在这种民族文化融合的影响之下,"女性的思想和行为也就不像儒教理学化后的宋代那样受到种种拘禁束缚"③。而在少数民族中,女性的社会地位仍比较高,在唐朝各民族间频繁的相处之中,这种文化间的碰撞交流也冲击了中原汉民族的女子礼教观念,女子在婚姻家庭乃至社会中的地位也因此而有所提升。

其次是女子接受教育,文化素质水平提高。唐代是我国古代社会教育发展的繁荣时期,魏晋以来门阀制度的衰退以及科举取士制度的兴起,促进了教育的普及,同时也在客观上为

① 宫南庄等著,志成、文信校注:《蒙养书集成》,三秦出版社 1990 年版,第 22 页。
② 陈寅恪:《金明馆丛稿初编·陈寅恪文集之二》,上海古籍出版社 1980 年版,第 238 页。
③ 程蔷、董乃斌:《唐帝国的精神文明》,中国社会科学出版社 1996 年版,第 235 页。

女子接受教育提供了机会。唐代女子训诫作品有很多都是女性自己编撰的,如郑氏的《女孝经》,其从章名到写法乃至语句都是模仿《孝经》而成,并在各章句末多引《诗》《易》等经典,对全文加以印证总结。由此我们可知郑氏虽为女子,但是其基本儒学素养及文化素质较高。同样,《女论语》的作者宋氏姐妹都被唐德宗召入宫中,试以诗赋文章,兼问经书大义,不以宫妾遇,呼为"学士先生",在宫中还掌"宫中记注簿籍""秘禁图书"职。

最后,是统治阶级对社会风气的影响。唐代不仅出现了中国历史上唯一一位女皇帝——武则天,而且唐代公主再嫁、三嫁人数之多,也是历朝历代公主中少见的。据《全唐文》《新唐书》等记载,唐代公主再嫁之人达 32 人,虽其原因是因驸马战死、病死或在皇室权力斗争中死亡,在政治集团权力争斗中被贬谪,加之因政治斗争而再次改嫁[①],但也在一定程度上对社会风气有所影响。

(二)儒家传统礼教的一脉相承

对于女子的训诫向来是儒家礼义教化中不可或缺的重要组成部分,其目的是将女子塑造成为父权宗法社会所需要的贤妻良母,以达到稳定家庭强固国本的目的。[②] 与女子有关的教育思想发端于先秦,《礼记·内则》中首次提到隔绝男女的闺阁制度和性别回避;《周礼·天官》提出妇女"四德"标准;《周易·恒》提出了妇女要从一而终的思想。汉代随着封建主义中央集权制度的形成和完善,董仲舒提出了维护封建社会统治阶级秩序的伦理规范——三纲五常,即君为臣纲,父为子纲,夫为妻纲,丈夫对于妻子,犹如父亲于孩子、君主于臣子一般,是绝对的权威。西汉末年,刘向依据先秦儒家的伦理观念及董仲舒"三纲五常"理论中有关女子的言说,采择史籍编纂成《列女传》一书,为女子训诫的第一部专著。东汉班昭的《女诫》对"夫为妻纲"进行了论证与阐述,并具体化为各项规范,从而提出了女性的道德规范和行为准则——"三从四德","三从"即未嫁从父、既嫁从夫、夫死从子;"四德"是妇德、妇言、妇容、妇功。[③] 班昭对"四德"有过详尽的阐释:妇德,要求不必才明绝异,而应"清闲贞静,守节整齐,行己有耻,动静有法";妇言,要求不必辩口利辞,而应"择辞而说,不道恶语,时然后言,不厌于人";妇容,强调不必容颜美丽,而应"盥浣尘秽,服饰鲜洁,沐浴以时,身不垢辱";妇功,要求不必工巧过人,而应"专心纺织,不好戏笑,洁齐酒食,以奉宾客"。发展到唐代,与其较为开放的社会风气不同的是,女子教育问题受到广泛的关注,根据史籍记载,这一时期有关女教训诫的作品有 17 部之多,但是保留下来的只有《女孝经》和《女论语》两部。其女子教育思想仍然是对儒家传统礼教的一脉相承。如提出"将夫比天",认为夫妻之间应"夫

---

① 李娜:《唐代公主再嫁现象考释》,《中华文化论坛》2009 年第 2 期。
② 王艳秋:《唐代女教文献简述》,《时代文学》2010 年第 11 期。
③ 谢昌蓉:《中国传统女性伦理的发展脉络与特点》,《昌吉学院学报》2008 年第 5 期。

刚妻柔",如《女论语》中要求妻子在听丈夫说话时,应"侧耳详听",实则都是男尊女卑思想的体现。另外,《女论语》将女子在家庭生活中的饮食起居、待人接物、行为规范等各个方面都做了全面详细的规范,实则是用更加浅显易懂的语言以及操作性更强的规范将"四德"传达给了广大女性。唐代女子所接受的教育,无一不受到儒家传统礼教观念的深刻影响。

而儒家传统礼教观念在唐代的再次繁荣,一方面是社会发展的需要和呼唤——上文提到民族融合等影响了唐代社会的风气等;另一方面也带来了"闺门不肃""礼教不兴"的社会状况,当然,也并不是完全没有礼教观念,只是相对比较薄弱。尤其"安史之乱"之后,唐朝面临政治、经济、社会各方面的危机,亟须恢复儒学的正统地位来维护等级制度,稳固唐王朝的统治。因此,唐中后期的《女孝经》和《女论语》,不仅迎合了统治阶级要求妇女恪守妇德的期望,还是唐代传统礼教观念日益强化的具体体现。

四、《女孝经》和《女论语》对现代的启示

虽然唐代女子的社会生活局限于家庭之中,其所扮演的角色为人女、人妻、人母,但这也同样是当代女子所不可或缺的社会角色。随着社会的发展和进步,唐代对女子的道德要求——孝女、贤妻、良母,在文化内涵和表现形式上都在跟随时代的变化而不断向前发展。因此,在当代社会,需要我们理性地审视女性家庭角色的传统伦理,对传统文化取其精华,去其糟粕,并使其与时代的要求相适应。这对于女性的自我发展以及和谐美满家庭的构建都有着积极的意义。

第一,"事舅姑"孝文化的当代意义。当今社会摒弃了"男尊女卑"的传统封建思想,以"男女平等"而代之,女性享有同男性一样的社会权利。但是与此同时,女性也应承担社会义务,包括家庭,如唐代女子教育思想中所倡导的孝敬父母。现代社会,对父母的感恩和关怀往往是出于感性的血缘关系和养育之恩,而儿媳对待公婆,则更多是出于理性的道德选择,因为公婆与有血缘关系的父母相比,是法律上、道德上的一种关系,所以情感表现在现实中时,也会有所不同。而在古代,要求在生活中对待公婆"敬与父同,爱与母同",事无巨细地规范了女性孝敬公婆的各个方面,要求把孝敬父母的自然之情移至公婆身上,从而能够主动地去侍奉公婆,对待公婆像自己的父母一样。不可否认的是,在客观上这样的孝道内容有利于促进家庭的和睦。

第二,"训诲之权,亦在于母"。当今社会女性的生活重心不仅仅在家庭,其人生价值也不再只能从家庭及相夫教子中获得,还可以在社会中寻求自身的职业价值等。在广大职业女性活跃于社会舞台的背后,是女性在家庭当中的作用趋于淡化,以及将更多的儿童教育权

赋予学校的现实。而家庭教育对于儿童的成长与发展是非常重要的,家庭教育具有高度的灵活性,最大限度地提高了儿童成长的渗透率,这是其他教育所无法替代的。一方面,母亲应认识到家庭教育在幼儿发展过程中的重要性;另一方面,社会是否能够给女性创造更多的条件,使其能够有更多陪伴孩子的时间,适度回归家庭。

第三,提升女性的自我修养,促进家庭和睦。修身律己是我国的优秀文化传统,时至今日,依旧是影响个人发展的重要因素。唐代女子教育内容中有很多对女性道德行为的规范,是我们今天仍可以借鉴的。首先是"和柔",即温柔宽容,无论是在日常的生活还是工作中,与温柔宽容之人相处,总能带来更为愉悦的氛围。同样,在家庭生活中,出于对丈夫的爱和对家庭的重视,多些温柔和宽容,定会使人与人之间的交往以及家庭中夫妻的交流更为和睦。当然,温柔并不意味着一味忍让,要学会尊重自己,有自己的原则。其次是"清贞廉洁"。对于现代女性,也应当抱着"贞一不二"的态度认真对待爱情和婚姻。对爱情的尊重以及对婚姻的忠诚是女性成熟的重要标志之一。再次是勤劳节俭。现代人已不仅仅是"月光一族",而更进一步的是超前消费,当这种消费观愈来愈成为社会主流时,对于节俭观念的呼唤就更为迫切,所谓"俭则家富,奢则家贫",理性消费才应当是值得我们提倡的消费理念。

宋代旅行教育管窥

——以苏轼、苏辙为个案

◎朱鲜峰*

摘　要：苏轼、苏辙于嘉祐元年(1056)、嘉祐四年(1059)两度出蜀，在父亲苏洵陪同下赴京城开封远游。通过这两次旅行，苏轼、苏辙饱览了终南山、华山、黄河、长江等名山大川及沿途的其他自然景观，游览了寺庙道观、亭台楼阁、古代遗迹等人文景观，对各地的风土人情也有所接触和了解。两次旅行对苏轼、苏辙的教育影响呈现在多个方面，其一是儒家入世思想与佛道出世思想的冲击与碰撞，其二是对自然与社会的认识加深，其三是文学修养的提高。此外，苏轼、苏辙的旅行教育还呈现出如下特点：旅行之前有较深的阅读积淀与创作基础，旅途漫长且较为艰苦，旅行目的具有多元性。

关键词：宋代教育；旅行教育；苏轼；苏辙

　　旅行教育在中国有着深厚的历史渊源。春秋时期，孔子带领弟子周游列国，即可视为一种旅行教育。[①] 此后旅行教育的形式与内容不断演化，如魏晋南北朝时期寄情山水，崇尚玄游、仙游、佛游，唐代除士人游学之外，又有边游、佛游等形式。[②] 随着中唐以降，门第社会逐渐瓦解，进入宋代，士绅阶层取代贵族阶层，求学者与应举士子不断增加，由此带来的旅行现象日益频繁，呈现出与唐代截然不同的特征。苏轼、苏辙作为宋代士大夫的代表，其旅行教育经历在一定程度上代表了宋代社会与教育的新变。

---

　　* 作者简介：朱鲜峰，湖南师范大学教育科学学院讲师。

　　① 李如密：《游历教育与从游学习——孔子"周游列国"之教育活动及其价值再考察》，《当代教育与文化》2016年第5期。

　　② 肖菊梅、李如密：《中国古代游学的发展嬗变、教育价值及现实启示》，《河北师范大学学报(教育科学版)》2017年第6期。

一、唐宋变革与宋代旅行教育的兴起

日本史家内藤湖南指出,唐宋之际是中国中世和近世的分野,两个朝代在政治、经济、文化、艺术等方面均呈现出截然不同的特征,其中贵族政治的式微与君主独裁的出现这一转变尤为关键。① 这一观点后被概括为"唐宋变革"论,在史学界产生广泛影响,并为诸多研究所证实。近年来,部分学者围绕着与旅行教育密切相关的"游学"这一主题展开研究,相关结论也在一定程度上佐证了这一观点。如钱建状指出,宋代士人游学具有社会性特征,并非个别人或少数人的人生经历与体验。② 黄云鹤研究发现,宋代士人游学的时间总体上比唐人要短,唐代士人外出游学的时间往往达数年之久,而宋代则不然,这与科举制度本身的变化有关。③ 刘香民认为,与唐代游学相比,宋代游学的忧患意识更强,同时更为重视游学中的理趣。④

就社会背景而言,在苏轼、苏辙所处的北宋中叶,国内形势相对平稳,宋辽边境因"澶渊之盟"的缔结而获得了较长时间的和平,宋与西夏则爆发了数次战争;在经济方面,经过北宋初年休养和调整,社会经济得到了较大程度的发展,交通网络日益发达,但与此同时,与西夏的战争及国内大兴土木也消耗了大量人力物力;在文化教育方面,宋代实施"兴文教,抑武事"的国策,官私教育均得到了长足发展,科举制度日益完善,佛道两教亦颇为兴盛。苏轼、苏辙的旅行教育,正是在上述背景下展开的。

二、苏轼、苏辙旅行教育概述

在苏轼、苏辙的青年时期,曾两次出蜀,在父亲苏洵陪同下赴京城开封远游。

这两次出游固然还有其他重要的目的——前一次为应举,后一次为候官——但三苏父子显然也自觉地把这样的长途出游当作极好的教育契机,如苏辙在第一次出游后撰写的《上枢密韩太尉书》中即坦言:"辙生十有九年矣,其居家所与游者,不过其邻里乡党之人;所见不

---

① 内藤湖南:《概括的唐宋时代观》,黄约瑟译,载刘俊文主编:《日本学者研究中国史论著选译》第 1 卷,中华书局1992 年版,第 10-18 页。

② 钱建状:《科举与两宋士人的游学风尚》,载刘海峰、朱华山主编:《科举学的拓展与深化》,华中师范大学出版社2013 年版,第 190 页。

③ 黄云鹤:《唐宋下层士人研究》,河北人民出版社 2006 年版,第 244-245 页。

④ 刘香民:《中国古代游学的历史考察与反思》,曲阜师范大学硕士学位论文,2010 年。

过数百里之间,无高山大野可登览以自广;百氏之书,虽无所不读,然皆古人之陈迹,不足以激发其志气。恐遂汩没,故决然舍去,求天下奇闻壮观,以知天地之广大。"①可见旅行本身的教育意义对于苏轼、苏辙兄弟而言并不亚于应举与候官。

嘉祐元年(1056)三月,三苏父子离开眉山,首次赴京城开封参加科举,此时苏轼21岁,苏辙18岁。父子三人在成都略作停留,过剑门关、利州,沿嘉陵江上三泉、经金牛驿,北上陈平道至兴州,由长举县越青泥岭,经河池驿、两当驿、凤州、大散关至凤翔府②,过长安、洛阳,五月份抵达开封。宋代科举分解试、省试、殿试三级,苏轼、苏辙在当年秋季顺利通过解试。次年正月,二人又通过礼部主持的省试,苏轼更是深得主考官欧阳修赏识。三月,宋仁宗亲自主持殿试,苏轼兄弟皆进士及第。此后不久,苏轼兄弟的母亲程夫人病逝的消息传来,三苏父子仓皇赶回眉山。

办理完母亲的丧事后,苏轼、苏辙在家守孝三年。嘉祐四年(1059)十月,苏轼兄弟再度与父亲出蜀,此次有家小同行,故前半程选择走水路。三苏父子乘船顺流而下,行经嘉州、泸州、渝州、涪州,过长江三峡,于十二月上旬抵达江陵。一路上,三苏父子且走且停,饱览沿途风景名胜。抵达江陵时已是年末,遂在此停留月余,次年正月取道陆路北上,过襄阳、唐州、许州等地,于二月中旬抵达京城开封。

两次出行沿途的所见所闻极大地激发了苏轼兄弟的创作热情,尤以第二次出蜀所留下的诗文为多。在江陵停留期间,三苏父子曾将途中所作诗文100篇编为《南行前集》。抵达开封后,又将后半程所作诗文70余篇编为《南行后集》。两书所收录的诗文大部分流传至今,其中多有同题之作,可见苏洵亦有意识地以此锻炼苏轼兄弟的写作才能。

三、山水与人文:旅行的风景

苏轼、苏辙两次远游的足迹跨越今四川、甘肃、陕西、湖北、河南五个省份,二人饱览了沿途的自然景观与人文景观,也接触到各地的风土人情,即苏轼所谓"山川之秀美,风俗之朴陋,贤人君子之遗迹,与凡耳目之所接者,杂然有触于中而发于咏叹"③。

(一)自然景观

苏轼、苏辙两次出蜀所取路线不同,所见自然景观迥然相异,极大地开阔了苏轼兄弟的

---

① 苏辙著,陈宏天、高秀芳点校:《苏辙集》第1册,中华书局1990年版,第381页。
② 尧军:《苏轼陆路出蜀路线考探》,载冷成金主编:《中国苏轼研究》第6辑,学苑出版社2017年版,第248-264页。
③ 孔凡礼点校:《苏轼文集》第1册,中华书局1986年版,第323页。

眼界。

首先是名山。三苏父子第一次出蜀取道陆路,沿途多为崇山峻岭。艰苦跋涉之余,苏轼、苏辙也饱览了太白山、终南山、华山、嵩山等名山的壮丽风景。第二次出蜀先取道水路,江上看山,又别是一番景致。行经巫山时,三苏父子特地舍舟登岸,攀缘而上。苏轼有诗即写其高峻:"苍崖忽相逼,绝壁凛可悸。仰观八九顶,俊爽凌颢气。"①苏辙对神女峰的形态也有生动的描绘:"敛手危立以右顾兮,舒目远望恍然而有所怀。"②停留襄阳期间,父子三人共同游览了城东南的岘山。此山因西晋著名政治家、军事家羊祜而闻名,更有唐代诗人孟浩然留下的"人事有代谢,往来成古今。江山留胜迹,我辈复登临"的名句。苏轼在山上极目远眺平旷的原野,思绪万千,发出了"登高忽惆怅,千载意有偶"(苏轼《岘山》)③的感慨。

其次是江河。首次出蜀时,在三苏父子翻过秦岭之后,即沿黄河南岸前行。苏辙曾写道,自己"北顾黄河之奔流,慨然想见古之豪杰"④。可见汹涌的黄河之水给年轻的苏辙所带来的震撼。与苏辙同行的苏轼想必也有类似的感慨。第二次出蜀则是取道长江,苏轼兄弟对沿途的江景有生动的描绘。其中有对故乡之水的不舍:"朝发鼓阗阗,西风猎画旗。故乡飘已远,往意浩无边。锦水细不见,蛮江清可怜。奔腾过佛脚,旷荡造平川。"(苏轼《初发嘉州》)有入峡时的惊险:"舟行瞿唐口,两耳风鸣号。渺然长江水,千里投一瓢。峡门石为户,郁怒水力骄。扁舟落中流,浩如一叶飘。"⑤也有出峡后的安畅:"入峡喜巉岩,出峡爱平旷。吾心淡无累,遇境即安畅。……今朝脱重险,楚水渺平荡。鱼多客庖足,风顺行意王。"(苏轼《出峡》)江行两个月,对苏轼兄弟而言是极为震撼而独特的人生体验。

此外,苏轼兄弟在诗文中也记录了沿途的其他景观。夜深人静时,苏轼曾仰望满天星斗,生出了"茫茫不可晓,使我长叹喟"的感慨(苏轼《夜行观星》)。行至峡州时,三苏父子一道探游了当地著名的三游洞。此洞因白居易、白行简、元稹三人同游而得名。尽管天寒地冻,苏轼、苏辙依旧游兴颇高,并带上被褥在洞内住了一晚,体验了其中"夜深明月出山顶,下照洞口才及唇。……平明欲出迷上下,洞气飘乱如浮云"(苏辙《三游洞》)⑥的独特景观。陆行至荆门时,三苏父子游览了当地的惠泉,并皆有诗作留存。如苏轼《荆门惠泉》诗写道:"泉源从高来,走下随石脉。纷纷白沫乱,隐隐苍崖坼。萦回成曲沼,清澈见肝膈。"寥寥数句,写出了泉水的灵动与清澈,读之如临其境。

---

① 王文诰辑注,孔凡礼点校:《苏轼诗集》第1册,中华书局1982年版,第34页。
② 苏辙著,陈宏天、高秀芳点校:《苏辙集》第1册,中华书局1990年版,第328页。
③ 苏轼第二次出蜀期间所作诗歌收入《苏轼诗集》卷一、卷二,为简省起见,除第一次出现外,文中引用时只在引文后注明作者与诗题,出版信息不再加注。
④ 苏辙著,陈宏天、高秀芳点校:《苏辙集》第2册,中华书局1990年版,第381页。
⑤ 苏辙著,陈宏天、高秀芳点校:《苏辙集》第1册,中华书局1990年版,第7页。
⑥ 苏辙第二次出蜀期间所作诗歌收入《栾城集》卷一,为简省起见,除第一次出现外,文中引用时只在引文后注明作者与诗题,出版信息不再加注。

(二)人文景观

沿途的人文景观同样给苏轼兄弟留下了深刻的印象。

首先是寺庙道观。苏轼、苏辙两次出蜀正值宋仁宗在位(1022—1063),研究者指出,宋仁宗对佛教的崇奉在北宋皇帝中较为突出,这一时期佛教得到了快速的发展。^① 道教在北宋同样得到复兴和发展,宋仁宗对道教的扶持虽不及其父宋真宗,但部分宗教政策仍得到沿袭。^② 寺庙道观多在风景秀丽之处,加之苏轼兄弟对佛道二教素感兴趣,故诗文中多有寻僧访道的记录。第一次出蜀时,苏轼、苏辙即先在成都游览了大慈寺极乐院。在汝州龙兴寺,苏轼兄弟首次欣赏到"画圣"吴道子的画,眼界为之一开。抵达京师后,三苏父子借宿于兴国寺浴室院,苏辙曾有诗回忆这一时期的经历:"往年旅东都,局促吁已厌。城西近精庐,长老时一觇。每来获所求,食饱山茶酽。尘埃就汤沐,垢腻脱巾鞲。不知禅味深,但取饥肠餍。"^③ 第二次出蜀,苏轼兄弟参观了沿途的嘉州凌云寺,峡州清溪寺、甘泉寺等寺庙。在丰都,苏轼兄弟游览了著名的仙都观。南宋范成大《吴船录》记载:"去县(丰都县——笔者注)三里有平都山仙都道观。……碑牒所传,前汉王方平、后汉阴长生,皆在此山得道仙去。有阴君丹炉及两君祠堂皆存。"^④可见其历史之悠久。万州武宁县有木栿观,传说为晋代许逊得道升仙之地,由于舟人的失误,苏轼兄弟未能舍舟登岸,一探究竟,只能远远相望。苏轼有诗记之:"石壁高千尺,微踪远欲无。飞檐如剑寺,古柏似仙都。许子尝高遁,行舟悔不迂……"(苏轼《过木栿观》)赴京途中,苏轼兄弟还游览了汝州叶县双凫观。传说东汉时期叶县令王乔精通道术,每月初一、十五驾双凫进京朝见皇帝,不用车骑,后人遂以"双凫"为名而建此观。

其次是古代遗迹。长安华清宫,嘉州乐山大佛、尔雅台,忠州屈原塔,秭归屈原庙、昭君村,尉氏阮籍啸台等,均留下了苏轼、苏辙的足迹。对于屈原的高尚气节,苏轼兄弟极为推崇。苏轼写道:"全身远害,亦或然兮。嗟子区区,独为其难兮。虽不适中,要以为贤兮。夫我何悲?子所安兮。"^⑤对屈原之死报以极大的同情。作为蜀人,苏轼兄弟对蜀汉遗迹有着特别的感情。在夔州,苏轼、苏辙参观了诸葛亮练兵所留下的八阵碛以及传为其开凿的诸葛盐井,并寻访了刘备托孤的白帝城永安宫。行至襄阳时,苏轼兄弟参观了隆中的诸葛亮故宅,感慨万千:"山中有遗貌,矫矫龙之姿。龙蟠山水秀,龙去渊潭移。空余蜿蜒迹,使我寒涕垂。"(苏轼《隆中》)

再次是城市风貌。苏轼兄弟于嘉祐元年初次到开封时,遭逢京城水灾,行止多有不便。

---

① 赖永海主编:《中国佛教通史》第 9 卷,江苏人民出版社 2010 年版,第 39 页。
② 卿希泰主编:《中国道教史》第 2 卷,四川人民出版社 1996 年版,第 595 页。
③ 苏辙著,陈宏天、高秀芳点校:《苏辙集》第 1 册,中华书局 1990 年版,第 70 页。
④ 范成大:《范成大笔记六种》,中华书局 2002 年版,第 215 页。
⑤ 孔凡礼点校:《苏轼文集》第 1 册,中华书局 1986 年版,第 3 页。

苏轼有诗回忆当时的情景："忽忆丙申年,京邑大雨滂。蔡河中夜决,横浸国南方。车马无复见,纷纷操筏郎。新秋忽已晴,九陌尚汪洋。龙津观夜市,灯火亦煌煌。新月皎如画,疏星弄寒芒。不知京国喧,谓是江湖乡。"(苏轼《牛口见月》)大水尚未完全退去,夜市依旧灯火辉煌,可见当时京城的繁华景象。苏辙也曾写道:"至京师,仰观天子宫阙之壮与仓廪府库城池苑囿之富且大也,而后知天下之巨丽。"①第二次出蜀,沿途亦经过多座历史名城,其中三苏父子在荆州停留较久。苏轼《荆州十首》中,有"朱槛城东角,高王此望沙""柳门京国道,驱马及春阳""北客随南贾,吴樯间蜀船""废城犹带井,古姓聚成村"等诗句,对荆州的城楼、道路、水运、聚落等情况均有描绘。

(三)风土人情

苏洵对于百姓生计及边防问题极为关注,这一倾向也影响到苏轼、苏辙。在欣赏沿途风景的同时,苏轼兄弟也主动接触、了解各地的风土人情。

民间疾苦是苏轼、苏辙关注的重点之一。泊舟戎州牛口渚时,苏辙目睹村野老人的艰难生活,抱以极大的同情:"野老三四家,寒灯照疏树。见我各无言,倚石但箕踞。水寒双胫长,坏袴不蔽股。日莫江上归,潜鱼远难捕。稻饭不满盂,饥饿冷彻曙。"(苏辙《夜泊牛口》)其《竹枝歌》则对忠州百姓生活的艰辛作了描绘:"可怜楚人足悲诉,岁乐年丰尔何苦?钓鱼长江江水深,耕田种麦畏狼虎。……上山采薪多荆棘,负水入溪波浪黑。天寒斫木手如龟,水重还家足无力。山深瘴暖霜露干,夜长无衣犹苦寒。"行至许州时,目睹地方官员不顾当地连年歉收,役使百姓开浚湖泊,苏轼深有感触:"使君欲春游,浚沼役千掌。纷纭具畚锸,闹若蚁运壤。……池台信宏丽,贵与民同赏。但恐城市欢,不知田野怆。"(苏轼《许州西湖》)对于唐州太守赵尚宽疏通河渠、灌溉良田的民生举措,苏轼则作诗予以热情歌颂。

长途的跋涉也使苏轼兄弟对各地民风有了更多了解。在戎州,随着边界战事的缓解,蕃汉之间的集市又发展起来,苏轼兄弟对此颇觉新鲜:"汉虏更成市,罗纨靳不还。投毡拣精密,换马瘦孱颜。兀兀头垂髻,团团耳带环。夷声不可会,争利苦间关。"(苏辙《戎州》)沿途村落的淳朴民风也令人印象深刻:"居民偶相聚,三四依古柳。……煮蔬为夜飧,安识肉与酒。……儿女自呀嚘,亦足乐且久。"(苏轼《夜泊牛口》)嘉祐五年(1060)的春节,苏轼兄弟是在荆州度过的。荆州百姓对于春节尤为看重,所谓"楚人重岁时,爆竹鸣磔磔"②、"爆竹惊邻鬼,驱傩逐小儿"(苏轼《荆州十首》其七),均为当时的场景。对于当地百姓不勤于农事的现象,苏轼亦有直言不讳的批评:"农事谁当劝,民愚亦可怜。平生事游惰,那得怨凶年。"(苏轼《荆州十首》其三)

---

① 苏辙著,陈宏天、高秀芳点校:《苏辙集》第2册,中华书局1990年版,第381页。
② 苏辙著,陈宏天、高秀芳点校:《苏辙集》第1册,中华书局1990年版,第12页。

　　蜀地为北宋与吐蕃诸部的交界地带,苏轼、苏辙在旅途中,对于边防问题亦有所关注。经过嘉州时,苏轼兄弟遇见了一位老弓箭手郭纶。据郭氏自述,其在定川寨之战等战役中屡次建功:"长遇西鄙乱,走马救边烽。手挑丈八矛,所往如投空。平生事苦战,数与大寇逢。昔在定川寨,贼来如群蜂。万骑拥酋帅,自谓白相公。挥兵取其元,模糊腥血红。战胜士气振,赴敌如旋风。"(苏辙《郭纶》)然而,郭氏并未因此受到重用,而是长期在地方担任低微官职,沦落至"河西猛士无人识,日暮津亭阅过船"(苏轼《郭纶》)的境地。这一现象也引发了苏轼、苏辙对于军队赏罚不均的思考。行经宜宾时,遥望对岸峰峦险峻、瘴气弥漫的景象,苏辙联想到当地的居民与驻守的士兵:"遥想彼居人,状类麋鹿窜。何时遂平定?戍卒从此返。"(苏辙《过宜宾见夷中乱山》)苏轼注意到,边境的形势亦在不断变化:"往时边有警,征马去无还。自顷方从化,年来亦款关。"(苏轼《戎州》)上述见闻无疑加深了苏轼、苏辙对北宋政治、军事状况的了解。

四、磨砺与成长:旅行的教育影响

　　两次出蜀是苏轼、苏辙人生中的重要经历,对其成长有着重要而深远的影响。以下试从"入世情怀与出世思想""自然之理与社会之思""人生体验与文学技艺"三方面分而论之。

(一)入世情怀与出世思想

　　从两次出蜀所留下的诗文来看,旅途的见闻在入世与出世两方面对苏轼、苏辙的思想均有影响。

　　出蜀之时,苏轼、苏辙均是满怀豪情,苏轼高唱"故巢何足恋,鹰隼岂能容"(苏轼《涪州得山胡次子由韵》),苏辙也表示"谁能居深山,永与禽兽伍"(苏辙《初发嘉州》)。瞻仰屈原、诸葛亮、严颜、寇准等人的遗迹,也激起苏轼兄弟对前贤的崇敬之情。如苏轼《隆中》一诗写道:"诸葛来西国,千年爱未衰。今朝游故里,蜀客不胜悲。谁言襄阳野,生此万乘师。"苏辙极力称道严颜战败被俘后的镇定自若:"临危闲暇有如此,览碑慷慨思横戈。"(苏辙《严颜碑》)策马于荆州的大道上,苏轼回想战国史事,不禁感慨"楚境横天下,怀王信弱王"(苏轼《荆州十首》其十),言下之意,自是希望能辅佐君主建立功业,不至重蹈楚怀王数败于秦的覆辙。对此,苏轼曾回忆道:"当时共客长安,似二陆初来俱少年。有笔头千字,胸中万卷,致君尧舜,此事何难。"①词中以西晋的陆机、陆云兄弟类比,满怀"致君尧舜"的雄心壮志,可谓这一时期的真实写照。

---

　　①　苏轼:《沁园春·孤馆灯青》,载邹同庆、王宗堂:《苏轼词编年校注》,中华书局 2002 年版,第 134 页。

寺庙道观的清净氛围、乡野的淳朴生活与旅途的奔波恰成对照,使得苏轼兄弟不禁萌生出世之念。所谓"今予独何者,汲汲强奔走"(苏轼《夜泊牛口》),"今我何为尔,岂亦愚者徒"(苏辙《渼阳早发》),均为上述思想的直接反映。苏轼也曾设想归隐园田:"永怀江阳叟,种藕春满湖。"(苏轼《渼阳早发》)江阳即苏轼故乡眉州。苏辙对于江上生活亦表示歆羡:"江上诚足乐,无怪陶朱生。"(苏辙《江上早起》)陶朱生即陶朱公范蠡,其辅佐越王成就霸业之后,即罢官而去,泛舟于五湖之上。在仙都观,苏轼更是写下了"安得独从逍遥君,泠然乘风驾浮云,超世无有我独行"(苏轼《留题仙都观》)的诗句,表示欲追随庄子,作逍遥之游。由此可见,佛道出世思想与儒家入世思想的杂糅,构成了这一时期苏轼、苏辙思想的重要特点,这一特点对其此后的人生亦将产生深远的影响。

(二)自然之理与社会之思

两次出蜀不仅增进了苏轼、苏辙对于自然与社会的感性认识,更引发其理性思考,使得二人的思想日益成熟。

一方面,苏轼、苏辙善于从自然中领悟宇宙与人生的道理。瞿塘峡口的滟滪堆水流湍急,向来被视为险地,苏轼却认为,若无滟滪堆之阻,水流势必更急,并由此进一步探讨"安"与"危"之间的辩证关系:"嗟夫,物固有以安而生变兮,亦有以用危而求安。得吾说而推之兮,亦足以知物理之固然。"[①]苏辙由惠泉联想到君子狷洁的品格:"应是众水中,独不容至洁。涓涓自倾泻,奕奕见清澈。"(苏辙《荆门惠泉》)苏轼则将惠泉与贪泉、愚溪作比,强调君子应慎其所居:"泉源本无情,岂问浊与澈。贪愚彼二水,终古耻莫雪。只应所处然,遂使语异别。……君子慎所居,此义安可缺。"(苏轼《次韵答荆门张都官维见和惠泉诗》)

另一方面,苏轼与苏辙始终关注沿途的社会状况,并试图提出对策。如苏辙在《郭纶》一诗中由郭纶个人的遭遇联想到军队的管理:"一夫何足言,窃恐悲群雄。此非介子推,安肯不计功?"苏轼则感慨人事的反复无常:"人言生女作门楣,昭君当时忧色衰。古来人事尽如此,反覆纵横安可知。"(苏轼《昭君村》)更值得注意的是,第二次赴京后,苏轼、苏辙应制科考试,各呈25篇《进策》与25篇《进论》,二人这一时期对于北宋社会的认识在上述策论中得到了集中呈现。如苏轼在《进策》中提出了敦教化、劝亲睦、均户口、校赋役、教战守、去奸民六条安民之策[②],苏辙则是从劝农、屯田、赋役、土地公有、兴修水利等方面对民政问题进行探讨,并谈及赴京途中田地荒芜的景象:"当今自楚之北,至于唐、邓、汝、颍、陈、蔡、许、洛之间,平田万里,农夫逃散,不生五谷,荆棘布野。"[③]显而易见,仅仅埋首书斋断难对当时的社会状况

---

① 孔凡礼点校:《苏轼文集》第1册,中华书局1986年版,第1-2页。
② 孔凡礼点校:《苏轼文集》第1册,中华书局1986年版,第253-267页。
③ 苏辙著,陈宏天、高秀芳点校:《苏辙集》第4册,中华书局1990年版,第1332页。

有如此清晰的认识与透彻的分析。

（三）人生体验与文学技艺

苏轼、苏辙均强调人生体验对于文学创作的重要性，反对刻意为文。苏轼在第二次赴京途中所撰的《南行前集叙》中即指出："夫昔之为文者，非能为之为工，乃不能不为之为工也。山川之有云雾，草木之有华实，充满勃郁，而见于外，夫虽欲无有，其可得耶！"①苏辙亦强调："文不可以强学而能，气可以养而致。"②因此，通过旅行激发文学灵感、锤炼文学技艺，对于苏轼、苏辙的创作而言尤为重要。

苏轼、苏辙第一次出蜀时所创作的诗文多已不存，就第二次出蜀所留下100余篇诗文来看，三苏父子同题（或同主题）之作有5首，苏轼、苏辙同题诗作多达23首，另有《屈原庙赋》各一篇，此外苏洵、苏轼同题之作有4首，可见父子三人这一时期切磋诗艺之勤。从文学体裁来看，仅就诗歌而言，即涵盖四言诗、五言绝句、七言绝句、五言律诗、七言律诗、五言古诗、七言古诗、乐府诗等多种体裁，形式极为多样。

与此同时，苏轼、苏辙也有意识地力避俗套，追求创新。三苏父子舟行至新滩时遭遇风雪，在滩下停留三日，苏辙遂提议，以咏雪为题作诗，但必须采用"欧阳体"，即欧阳修所定下的体裁，不得用咏雪时的常用字词与比喻。苏辙原作已佚，从苏轼和诗《江上值雪，效欧阳体，限不以盐玉鹤鹭絮蝶飞舞之类为比，仍不使皓白洁素等字，次子由韵》来看，的确极富新意。开头数句正面写雪："缩颈夜眠如冻龟，雪来惟有客先知。江边晓起浩无际，树杪风多寒更吹。青山有似少年子，一夕变尽沧浪髭。……"此下则从侧面落笔，描绘樵夫、天子、宰相、书生、道人等不同身份的群体乃至作者本人对于雪的不同态度，层次分明，想象丰富。显然，上述唱和方式极大地锻炼了苏轼、苏辙的创作才能，为其此后的文学生涯奠定了良好的基础。

五、结 语

在唐宋变革的大背景之下，随着国土疆域与社会形态的变化，宋代旅行教育呈现出极为鲜明的特征。苏轼、苏辙作为宋代士人的重要代表，其在1056年、1059年的两次出蜀，构成了宋代旅行教育的一个缩影。两次远游分别取道北行与南行两条路线，沿途既有名山大川、奇岩异穴等自然景观，也有寺庙道观、古代遗迹、亭台楼阁等人文景观，各地的风土人情亦迥

---

① 孔凡礼点校：《苏轼文集》第1册，中华书局1986年版，第323页。
② 苏辙著，陈宏天、高秀芳点校：《苏辙集》第2册，中华书局1990年版，第381页。

然不同。旅行所见所闻加深了苏轼、苏辙对自然与社会的认识,提升了其文学修养,也进一步引发了"入世"与"出世"的思想矛盾,其影响涵盖德育、智育、体育、美育等多个层面。此外,苏轼、苏辙的旅行教育还呈现出几个方面的特点:一是积淀的深厚性。在旅行之前,苏轼兄弟已有较深的阅读积淀与创作基础,能够充分感受沿途景观,尤其是历史景观的意蕴,并自如地抒发个人的感受。二是旅途的艰苦性。苏轼、苏辙首次出蜀用时两个月,第二次出蜀用时约四个月,其间需面对崇山峻岭、激流险滩等恶劣环境的考验,极大地锻炼了苏轼兄弟的身心意志。三是目的的多元性。苏轼、苏辙的两次旅行兼具赶考、教育、旅游等多重目的,旅行目的具有多元性。

陈白沙：明代心学教育的开篇者

◎黄明喜*

摘　要：作为明代前期的思想家、教育家，陈白沙在明代心学教育思潮中有开局之功，确如黄宗羲所言"有明之学，至白沙始入精微"，是宋代程朱理学向明代王湛心学过渡的关键人物。陈白沙（1428—1500），名献章，字公甫，因世居广东新会的白沙村，学者称之为白沙先生，是岭南地区入祀孔庙的唯一儒家学者。他生长于耕读之家，四入京师，三次会试不第；经大儒吴与弼的指引，进一步促使其反思程朱理学教育以及科举弊端；授翰林院检讨南归后，遂不复出，屡荐不起，终身以讲学为业，学术上自成一派，被学界称作江门学派。陈白沙兴学育才，倡导学宗自然，力主静坐澄心的修养方法，培养出湛若水、贺钦、李承箕、张诩、林光等一批杰出弟子，为明代心学教育的勃兴开启了新的篇章。

关键词：陈白沙；江门学派；明代教育；心学教育先驱

陈白沙（1428—1500），名献章，字公甫，曾号石斋、江门渔夫、玉台居士、黄云老人、紫水归人、南海病夫，晚号石翁，广东新会县（今广东江门市新会区）白沙村人。陈白沙一生以道德和学问显名天下，颇受人们仰慕，视作"真儒复出"。因避其名讳，而被尊称白沙先生。

作为明代心学的先驱人物，陈白沙不仅是独辟蹊径的思想家，而且是成就斐然的教育家。无论立言处世，抑或教书育人，都浸染着浓郁的儒家气息。诚如明清之际著名学者黄宗羲在《明儒学案·白沙学案》所言："有明之学，至白沙始入精微。其吃紧工夫，全在涵养。喜怒未发而非空，万感交集而不动，至阳明而后大。……于正德十四年上疏请白沙从祀孔庙。"[①]高度概括出陈白沙开启明代心学先河，并与心学集大成者王阳明一起于万历十三年（1585）入祀曲阜孔庙。两大儒家巨擘钟秀东南之气，一个生在江南，一个长于岭南。明清以来岭南人文荟萃，但从祀曲阜孔庙的儒者则唯有白沙一人。

身处明代心学教育思潮将启之际，陈白沙驻心穷达，勤于笔耕，倾毕生心血于教育事业。

* 作者简介：黄明喜，华南师范大学教育科学学院教授。基金项目：教育部人文社科基金项目"甘泉学派与明代心学教育思潮的发展研究"（18YJA880030）。

① 黄宗羲：《明儒学案》，中华书局2008年版，第79页。

在几近四十载的教育生涯中,培养了许多优秀的弟子,譬如湛若水、李承箕、张诩、贺钦、林光、邹智、陈茂烈、陈庸、李孔修、谢祐、何廷矩、史桂芳等等,创建独树一帜的江门学派。历史地看,陈白沙的教育思想近润岭南,远播全国,且泽被后世,堪称明代心学教育的开篇者。

一、立志向学恰少年

陈白沙生活在 15 世纪的中国,历经宣德、正统、景泰、天顺、成化、弘治五朝更替,此时恰值明代前中期,这是一个思想文化波诡云谲的变局时代。

陈白沙的思想学问洋溢着时代气息,个性鲜明并富有岭南特色,被称为"江门心学",影响甚大。陈白沙学有所成,深得人们称道,绝非一蹴而就,确是和他自小立志向学、远足游学、浮沉科举、潜心坐春阳、兴学育人才等等息息相关。

追忆年少时的学习情境,陈白沙曾说:"予少无师友,学不得其方。"①申明自己没有得到名师的教诲,也没有遇到益友的帮助,始终找不到很好的学习方法。好在他出身于比较重视教育的富裕家庭,让他有读书的机会。

宣德三年(1428)十月二十一日,陈白沙诞生于新会县的都会村。南宋时,陈白沙的先祖从五岭山脚下的粤北南雄县迁至珠江三角洲西部的新会县都会村。迨至陈白沙呱呱坠地,陈氏家族半耕半读,安居乐业已逾百年。经爷爷陈永盛、父亲陈怀瑾两代人的勤劳致富,留给陈白沙和其兄陈献文的田产已达 200 亩之多,足以使陈白沙过上衣食无忧的生活。对此,陈白沙曾在给都御史邓廷缵一封名为《与邓督府》的信中这样说道:"有田二顷,耕之足以自养。"②自给自足的言辞跃然于纸上。这在一些与陈白沙有关的歌谣、诗歌中也有体现,譬如:

> 二五八日江门墟,既买锄头又买书。
>
> 田可耕兮书可读,半为农者半为儒。③

这首诗折射出陈白沙甘居江门,励志学习,愿为儒者,像自己的先辈一样过着半农半儒的人生,并以此为乐趣。

在陈白沙的心目中,江门是个秀美而富饶的家园。农历每月的初二、初五、初八,都是江门墟的赶集日。江门墟不但经济活跃,而且不乏书香味道,常使陈白沙乐此不疲,傍晚时分他时常迷路,诗兴大发,"江湖城市气交吞,谁放兰舟系柳根? 肯与渔翁通水界,白头破浪在

---

① 陈献章:《陈献章集》,中华书局 1987 年版,第 34 页。
② 陈献章:《陈献章集》,中华书局 1987 年版,第 122 页。
③ 陈献章著,陈永正笺校:《陈献章诗编年笺校》,广东人民出版社 2018 年版,第 516-517 页。

江门","水面烟浓白鸟低,数峰青锁夕阳西。隔波莫是仙源否,恰到波心路已迷。"①

新会县濒临南海,而江门则是西江的门户。都会村是陈白沙的祖居之地,陈白沙年幼时随家迁徙到西江河畔的白沙村,且定居终生。其实,都会村和白沙村,两地之间相隔不足 10 里。陈白沙的爷爷,名朝昌,字永盛,号渭川,是个典型的耕读传家的乡绅。陈永盛一介布衣,不谙世故,唯对老子的《道德经》颇为喜好。他认为《道德经》十分适合修身养性。稍有闲暇,就会翻翻《道德经》。出行外地,《道德经》更是书不离身,乐在其中。陈白沙出生时,53 岁的爷爷陈永盛心花怒放。陈永盛时常给陈白沙讲解老子的故事、精言以及思想,直到 74 岁离世为止。

能够有这样一位爷爷的启蒙,对陈白沙来说,实在是件幸事! 然而,人生总有不尽人意之处。按照孔孟的伦理观念,人生在世,最大的快乐莫过于父母俱全。陈白沙的母亲林氏身怀六甲期间,他 27 岁的父亲没有等到陈白沙降生就去世了。陈白沙的父亲名叫陈琮,字怀瑾,号乐芸。陈琮和陈白沙的爷爷一样,也是一位处士,对仕途不感兴趣。陈琮体质虽然虚弱,却非常热爱读书,特别能文善诗。他的文句清新绮丽,比如《山水词》:"水何碧,云何黄,漠然真是水云乡。水云乡,梅灼烁,一夜东风尽开却。幽鸟飞来不知去,几许芳心欲偷啄。"②陈白沙的母亲不仅含辛茹苦,勤俭持家,还承担着父亲的角色,常常吟诵《山水词》给陈白沙听,描摹出一幅生机勃勃的山水图:那碧绿的水道,那金黄的云朵,萦绕在家乡四周。绰约的寒梅,迎着春寒料峭的东风再度绽放,宛若桃源仙境。暗香浮动,竟引得许多鸟儿流连忘返,芳心摇动,吻上一剪梅香,陶醉其中。以诗寓情,父亲生性淡逸、超然物外的风采流露,在幼小的陈白沙心田里久久驻留。这样,陈白沙虽是遗腹子,未能得到父亲的当面教诲,却经由其母的口耳之传,习得了不少父亲的诗文,且从慈母的日常关爱和点化中,透过人间的喜怒哀乐感悟出许多道理,学到如何待人接物,欣赏大自然的美,养成了爱好读书、勤于思考的良好习惯。

对于少年陈白沙的成长来讲,家庭环境的影响,特别是母亲教育,无疑有着不可或缺的作用。在良好的家教氛围中,陈白沙读书很认真,逐渐培养出看一遍就能记住的本领。不仅如此,他还能透过纸背,深入思考蕴含其中的道理,把自己的观点表达出来。例如,有一次,他阅读到一本关于南宋政权被灭于新会崖山之地的书,看到南宋全军覆没,10 余万南宋军民不惧生死,投海殉国,尤其是描述以文天祥、陆秀夫、张世杰为代表的忠臣义士所展现的浩然气节,他内心备受震撼。由此,他联想到孟子所讲的"有天民者,达可行于天下而后行之者也"的观点,慷慨陈词地说道:"嗟夫,大丈夫行己当如是也!"③(大丈夫的行为理当如此)认为

① 陈献章著,陈永正笺校:《陈献章诗编年笺校》,广东人民出版社 2018 年版,第 579 页。
② 李承箕:《李承箕集》,湖北人民出版社 2017 年版,第 181 页。
③ 陈献章:《陈献章集》,中华书局 1987 年版,第 869 页。

在鱼和熊掌不可兼得之时,每个人都应该造就舍小我而成大我的大丈夫人格,即像孟子所倡导的大丈夫那样穷则独善其身,达则兼济天下,用自己的实际行动报效国家。

陈白沙在喜好读书之余,还对音乐产生了很大兴趣,特别是石琴。由钟、磬、琴、萧、笙、埙、鼓、柷八种乐器演奏出的八音里,比较起来,要想弹奏出美妙动听的石琴音律是非常困难的,但陈白沙石琴却弹得清新悦耳,给人留下深刻的印象。为此,陈白沙特意给自己取了一个"石斋"的别号。他的弟子张诩专门在《白沙先生行状》里这样写道:"八音中惟石音为难谐,今谐若是,子异日得道乎。"①称赞恩师高超的石琴才艺。

时光飞逝,少年陈白沙虽学有收获,但心中总想博览群书,向更多的鸿儒雅士求学问道,让自己的人生过得愈来愈有意义。

二、负笈江西师康斋

聪颖好学的陈白沙经过童试考核,在19岁那年成为江门县儒学生员,获得秀才的世俗称呼。转眼之间,20岁的陈白沙迎来了他人生中的科举大考,第一次参加在省城广州举行的乡试。依照明朝科举制度的章程,考试分为三级:乡试、会试和殿试。如果加上科举预备性质的童试这一层级,明朝科举制度实际上可分成依次递进的四级考试,即童试、乡试、会试和殿试。

童试,又称童生试,是各省的府、州、县学的入学考试,即从无分年龄高低的众多"童生"里面来选拔出"生员"。凡童试的合格者,称为生员,俗称秀才。

乡试,又称乡闱、大比,举行地点在各省的省会。乡试的主考官,在明代初期由各省自行任命,中晚明时期则由皇帝任命京官出任。明代在各省设立"提督学道",负责日常的教育事务。每逢子、午、卯、酉年的农历八月为乡试的考试时间。八月是秋桂飘香时节,因此乡试又可称为桂榜、秋闱、秋试、秋榜、秋贡、秋赋,等等。考中乡试的秀才,取得了举人的头衔。与秀才的名分相比而言,考中举人则意味着获得了为官的资格。举人只要通过朝廷的吏部铨选,就可正式授官。当然,士人最理想的政治选择是报名参加在京城的会试,进而取得进士的出身。

正统十二年(1447)丁卯,正逢举行乡试之年。陈白沙满怀信心,一举中榜,排名第九,跻身举人之列。紧接着,陈白沙背起行囊,远赴北京,迎战戊辰科的礼部会试。明朝科举规定,每三年一大比,遇辰、戌、丑、未之年就要举行会试。会试的参与者是来自各省的举人,包括头一年的新科举人,还有之前历届的会试落榜者。因为会试是由尚书省下属的礼部来主持,

---

① 陈献章:《陈献章集》,中华书局1987年版,第868页。

所以会试又称作礼闱、省试。会试的时间通常为农历二月的早春时节,因而会试又有了春闱、春试、春榜、杏榜之类的别称。或许难以适应北方的寒冷气候,或许舟车劳顿而准备不足,陈白沙初战会试失利,仅中副榜而无资格参加殿试,但是获得准入国子监的读书机会。

光阴荏苒,24 岁的陈白沙再度参加景泰二年(1451)的辛未科会试,结果却是依然名落孙山。连续两次的会试落榜,让陈白沙对科举产生了些许迷茫和反思,开始萌生出摒弃科举功名的念头。经过三年的潜心问学后,他决定拜访名师大儒,给自己指点迷津。

在景泰五年(1454),陈白沙听闻江西临川府的崇仁县,有一大儒名叫吴与弼。于是,他下定决心前往千里之外拜投于吴与弼门下。陈白沙告别江门,溯西江,翻越大庾岭,度梅关,驻足赣州。而后顺章水直下,沿吉水至临江府的清江县,再改陆路,最后抵达目的地崇仁县,见到仰慕已久的理学大儒吴与弼。

吴与弼,字子傅,号康斋,创办小陂书院,是明初有着重要影响力的理学教育家。黄宗羲在《明儒学案》中高度评价吴与弼在明代学术思想史上的影响,"微康斋,焉得有后时之盛哉"[①],如果没有吴与弼的出现,就不会有其后整个明代学术思想的繁荣。

吴与弼淡泊功名,多次被人举荐,却始终不愿为官,一生居住乡间,以招徒授业为乐。

作为崇仁学派的奠基者,吴与弼学宗孔孟,兼采朱陆,呈现出以陆变朱的学术倾向。他在认同朱熹读书观的基础上,弘扬陆九渊的发明本心思想,强调通过"静观"和"力行"的方式将读书和体验本心结合起来,从而实现学为圣贤的目的。

吴与弼言传身教,劝导人们多读圣贤书,"人之所以异于禽兽者,以其备仁义礼智四端也。……欲异于物者,亦曰反求吾心固有之仁义礼知而已。欲实四者于吾身,舍圣贤之书则无所致其力焉"[②],主张将圣贤书熟读玩味,体察于身的人之仁义礼智四端,落实在语默动静之间,就能成就仁义礼智的德性,臻于圣贤之境。

然而,在现实生活中,人们蒙受种种物欲的遮蔽,造成本心被放逐而无法成圣为贤,"然气禀拘,而耳目口鼻、四肢百骸之欲为垢无穷,不假浣之之功则神妙不测之体,几何而不化于物哉"[③]? 因此,依照吴与弼的教育观念,要发现人之本心,除了学习圣贤书,自身还得下一番"洗心"工夫。那么,如何"洗心"呢? 一言以蔽之,用吴与弼的话就是"敬义夹持,实洗心之要法"[④]。所谓"敬义夹持",是指"集义"和"居敬"两者兼济,相互作用。吴与弼认为,"集义"作为一种外在工夫,主要涵括书本学习和劳动实践,而"居敬"则是一种内在工夫,意指在读书和劳作时收敛身心,排除各种欲念的影响,精神高度集中,达至纯净专一的心理状态。

---

① 黄宗羲:《明儒学案》,中华书局 2008 年版,第 14 页。
② 吴与弼:《四库全书·康斋集》,上海古籍出版社 1987 年版,第 529 页。
③ 吴与弼:《四库全书·康斋集》,上海古籍出版社 1987 年版,第 561 页。
④ 吴与弼:《四库全书·康斋集》,上海古籍出版社 1987 年版,第 561 页。

后来,陈白沙回到江门,也专门作了一首题为"梦作洗心诗"的五言古诗:

> 一洗天地长,政教还先王。
>
> 再洗日月光,长令照四方。
>
> 洗之又日新,百世终堂堂。①

表达出陈白沙澄澈本心,修养德性,日日"洗心",内外合一,便可成就"天地我立,万化我出,而宇宙在我"的人生理想。从这诗所呈现的意境,不难看出吴与弼对陈白沙的深刻影响。

吴与弼格外注重"居敬"这一为学工夫的作用,"人须整理心下,使教莹静,常惺惺地方好,此敬以直内工夫也。嗟夫,不敬则不直,不直便昏昏倒了。万事从此隳,可不惧哉?"②他所说的"敬",即是教导学者专心致志,以道制欲,让自己内心总是处在一种晶莹洁白的状态,这样便可抵御私欲杂念的影响,进而使作为人之固有的"本心"得以显露。其实,吴与弼"居敬"这一为学工夫,亦可视为一种"静观"的工夫。明乎此,我们就不难理解黄宗羲为何这样概括吴与弼的为学特征:"言心,则以知觉而与理为二;言工夫,则静时存养,动时省察。故必敬义夹持,明诚两进,而后为学问之全功。"③并由此把吴与弼的弟子分为两大派别:"其及门弟子陈献章得其静观涵养,遂开白沙之宗;胡居仁得其笃志力行,遂启余干之学。"④陈白沙和胡居仁是吴与弼门下的两大著名弟子。陈白沙讲究静坐涵养,主张"理"与"心"合一,创立白沙学派;胡居仁反对静坐,侧重笃志力行,开启余干学派。应该说,黄宗羲这些话是有一定道理的。

跟随吴与弼在崇仁县学习期间,陈白沙对吴与弼的教诲感受颇深。

无论在教学过程还是教学方法上,吴与弼都堪称一位严师。他学识渊博,给学生教授诸多儒学经典,对陈白沙更是"于古圣贤垂训之书,盖无所不讲"⑤,希望他能够勤勉用功,学有所成。但吴与弼并非一味止于书本知识,而是更加注重践履,尤其是做到劳动与读书相结合。

有一回,天色蒙蒙亮,吴与弼早已干起了农活。但过了好一阵子,还没见陈白沙的影子,他便大声喊道:"秀才,若为懒惰,即他日何从到伊川门下? 又何从到孟子门下?"⑥告诫陈白沙,如果那么懒惰,何时能够近承程颐的思想精髓,更别说远达孟子的思想泉源。正是在吴与弼的不断鞭策下,陈白沙发愤学习,愈来愈受到吴与弼的雅重。

在陈白沙师从吴与弼的半年时光里,老师乐教,弟子好学,师生俩结下了深厚的情谊。

---

① 陈献章:《陈献章集》,中华书局 1987 年版,第 744 页。
② 吴与弼:《四库全书·康斋集》,上海古籍出版社 1987 年版,第 574 页。
③ 黄宗羲:《明儒学案》,中华书局 2008 年版,第 16 页。
④ 永瑢等撰:《四库全书总目》,中华书局 1965 年版,第 1491 页。
⑤ 陈献章:《陈献章集》,中华书局 1987 年版,第 145 页。
⑥ 黄宗羲:《明儒学案》,中华书局 2008 年版,第 15 页。

该年的八月五日，吴与弼特意为陈白沙题写了牌匾，一书"孝思"两个大字，让陈白沙的家僮带回广东新会老家，悬挂于陈家宅第厅堂。不仅如此，还撰写了一篇《孝思堂记》，表扬陈白沙像孔子弟子漆雕开那样，富有为人谦和并诚实守信的美德。

而在恩师去世后，陈白沙睹物思人，触景生情，落笔写下《过康斋吴与弼先生墓》，诗云："桐园三尺聘君坟，犹有门人为扫云。此日英灵应识我，斯文风气莫如君。吟残老杜诗千首，看破伊川《易》几分。未了平生端的事，九原风露倍酸辛。"①还满怀深情地写有一篇《祭先师康斋墓文》祭文，其中这样描述道："始焉知圣人之可学而至也，则因纯公之言而发轫；既而信师道之必尊而立也，则守伊川之法以迪人，此先生所以奋起之勇，担当之力而自况于豪杰之论也。先生之教不躐等，由涵养以及致知，先据德而后依仁，下学上达，日新又新。启勿忘勿助之训，则有见于鸢鱼之飞跃；悟无声无臭之妙，则自得乎太极之浑沦。弟子在门墙几人，尚未足以窥其阃域。"②赞扬吴与弼善于循序渐进，由涵养扩及致知，能够据德依仁，援引杜甫的诗歌和程颐的《程氏易传》为教学内容，用勿忘勿助来开启学生的智慧。

虽然当时有些人对吴与弼的思想学问不太理解，但在陈白沙的眼中，恩师康斋先生推崇儒家师道，勇于担当，不屈不挠，不愧为一代名师大儒。

师徒情长，终有一别。陈白沙告别江西，于景泰六年（1455）的春季回到广东，在家乡新会筑春阳台，造楚云台，建江门钓台，汲取吴与弼的教学之长，并结合自己的为学体悟，广收门徒，形成了颇具影响力的江门学派。

三、及第何人似献章

落榜不落志，不第未蹉跎，可谓是陈白沙的真实写照。

陈白沙离开江西，而后在新会老家的春阳台静坐悟道十年。深谙科举的陈白沙本已放弃会试的念头，但碍于友人的劝说，特别是老母亲的敦促，在成化二年（1466）冬季重游北京国子监，并于成化五年（1469）参加已丑科会试，结果如之前戊辰科、辛未科的两科会试一样，依旧名落孙山。

成化二年（1466），陈白沙时年 39 岁。在即将步入不惑之年的时候，陈白沙第二次进入最高学府北京国子监游学。那时国子监教官中的一把手称为祭酒，时任祭酒这一职务的是一位叫邢让的学者。祭酒邢让对陈白沙的声名早有耳闻，为了实测陈白沙的真实水平，他便以"此日不再得"为题，让陈白沙对此和诗一首。《此日不再得》为宋儒杨时所作。杨时

---

① 陈献章：《陈献章集》，中华书局 1987 年版，第 497 页。
② 陈献章：《陈献章集》，中华书局 1987 年版，第 107 页。

（1053—1135），字中立，号龟山，北宋著名理学家、政治家，继承并发展了程颢、程颐的理学思想，被奉为"程氏正宗"，并与游酢、吕大临、谢良佐并称为"程门四大弟子"，是程颐所言"吾道南传"的杰出代表。陈白沙直抒胸臆，挥洒自如，提笔写下令人惊叹的《和杨龟山〈此日不再得〉韵》一诗：

> 能饥谋艺稷，冒寒思植桑。
> 少年负奇气，万丈磨青苍。
> 梦寐见古人，慨然悲流光。
> 吾道有宗主，千秋朱紫阳。
> 说敬不离口，示我入德方。
> 义利分两途，析之极毫芒。
> 圣学信匪难，要在用心臧。
> 善端日培养，庶免物欲戕。
> 道德乃膏腴，文辞固秕糠。
> 俯仰天地间，此身何昂藏。
> 胡能追轶驾，但能漱余芳。
> 持此木钻柔，其如磐石刚。
> 中夜揽衣起，沉吟独彷徨。
> 圣途万里余，发短心苦长。
> 及此岁未暮，驱车适康庄。
> 行远必自迩，育德贵含章。
> 迩来十六载，灭迹声利场。
> 闭门事探讨，蜕俗如驱羊。
> 隐几一室内，兀兀同坐忘。
> 那知颠沛中，此志竟莫强。
> 譬如济巨川，中道夺我航。
> 顾兹一身小，所系乃纲常。
> 枢纽在方寸，操舍决存亡。
> 胡为谩役役，研丧良可伤。
> 愿言各努力，大海终回狂。[①]

在这首 250 字的五言长诗中，夹叙夹议，以诗言志，处处蕴含着价值信仰和终极关怀。

---

① 陈献章：《陈献章集》，中华书局 1987 年版，第 297 页。

映入眼帘的前两句点出谋道之急胜于谋衣食之急,形象地描绘出诗人求道之心的迫切感,就如农民饿了自然便会联想到种庄稼,冷了自然便会联想到植桑树。紧接着的两句表明年少时扶摇天际的胸怀壮志,气高万丈,为全诗的境界奠定基调。第五和第六两句笔锋顿挫,时常梦见古人而悲叹光阴的飞逝。第七和第八两句"吾道有宗主,千秋朱紫阳",堪称全诗的诗眼。它旗帜鲜明地强调诗人学有泉源,道有依归,即崇信名扬千秋的宋代大儒朱熹。

其后的第九句和第十句"说敬不离口,示我入德方",一直到结尾的第四十九和五十两句"愿言各努力,大海终回狂",都是围绕着"吾道有宗主,千秋朱紫阳"这一诗眼展开议论的。

陈白沙这首诗以朱熹之"敬"为切入点而凸显修己以"静",育德含章,善养心性,教人努力悟道成道,给人一种入乎朱熹而又超越朱熹的耳目一新之感。无怪乎,邢让一见此诗,脱口而出"真儒复出"来赞美陈白沙,由衷发出"龟山不如也"的感慨。邢让这一番言论使得陈白沙名震京师,在士人之间传扬开来,罗伦、庄昶、贺钦等新科进士纷纷拜访陈白沙,都乐与陈白沙结交为友。

随后,陈白沙由国子监被选送到吏部下属的文选清吏司实习。文选清吏司,简称文选司。文选清吏司作为吏部的四司之一,它的主要职责是掌理官吏升降,拣选举人,且安排恩、拔、副、岁、优贡生就职、就教等具体事务。在实习期间,陈白沙得罪了大权在握的吏部侍郎尹旻。这为其后陈白沙在成化五年(1469)的己丑科会试落榜埋下了隐患。

成化三年(1467)的春天,南归广东。在老家新会休整了一年多,陈白沙于成化四年(1468)的冬季再次抵达北京,准备参加来年春季举行的礼闱。

成化五年的礼闱是陈白沙人生中最后一次科举考试。尽管陈白沙才华横溢,且名扬天下,但由于尹旻的从中作梗,陈白沙终与会试无缘,更遑论跻身殿试,拔得进士的名头。时人谈论陈白沙的三次会试落第时,纷纷说道:

> 会元未必如刘戬,及第何人似献章。①

所谓"会元",是指会试的第一名,会试中榜者被称作贡士。42岁的陈白沙与35岁的刘戬一起参加己丑科会试,均无功而返。两人少年英才,都一举中第,较早成为举人。陈白沙21岁中举,刘戬22岁也中举。可他俩20年来,数次会试,双双都未入贡士之列。不过,刘戬矢志不渝,终于在成化十一年(1475)40岁时进士及第,名列榜眼。而陈白沙终其一生,与进士擦肩而过。但在旁人的心目中,他们认为己丑科的会元在德性与才能上,也不一定胜过刘戬和陈白沙。

陈白沙的最后这次会试无缘中榜,不免让人疑惑,愤慨不已。据说,此次下第是因为阅卷官查无此卷而无法判分。有人猜测陈白沙遭到报复,把他的试卷私自投入水里,以致主考

---

① 陈献章:《陈献章集》,中华书局1987年版,第870页。

官下令彻查,翻阅了所有考生试卷,也未看到陈白沙的答卷。

根据陈白沙得意弟子张诩《白沙先生行状》的记载,御史邝文从时任礼部尚书的贴身下属那里获悉,陈白沙的试卷丢失是"某所为也"①。从一些迹象推断,所谓"某所为也"之人可能是吏部侍郎尹旻。因为尹旻仰慕陈白沙的才学和名声,希望他做自己儿子的老师,前后拜访陈白沙多达六七次却都未如愿。于是,尹旻便怀恨在心,利用手中权势,暗中让人毁掉陈白沙的试卷,以此断送陈白沙从仕之路。

拥有"真儒复出"之誉的陈白沙缘何落榜会试,人们百思不得其解。"会元未必如刘戬,及第何人似献章"发出替陈白沙鸣不平的呼声,就连京师的贩夫走卒也都为之愤懑。但无论怎样,陈白沙无法叩开进士之门已成事实。面对知己同仁的宽慰,白沙先生始终付之一笑,泰然处之。

经历己丑科会试这场风波,陈白沙从此告别科举之路,潜心问学,教书育人。

其实,陈白沙自己在科举上虽终不得志,但他从不坚决反对科举制度。不仅如此,他还不时勉励学子,包括自己的家人参加科举考试,若有人考中,他得知喜讯,就会满心高兴。譬如,他曾在《喜黄在登科》的三首诗里这样写道:

其一

半醒半醉一儒巾,黄卷青灯二十春。

晚醉鹿鸣君莫讶,龙头还属老成人。

其二

龙头还属老成人,夜半雷声已变春。

莫为晨昏留不去,安车扶上白头亲。

其三

安车扶上白头亲,徐积当年也为贫。

忆昨扁舟淮上路,青山吾拜墓中人。②

黄在,字子察,是陈白沙的新会籍弟子,在成化二十二年(1486)的丙午科考中举人。陈白沙在他赴京之际,十分开心,一口气连写三首诗,且为顶针诗,殷切地祝愿他能够进士及第,出席朝廷为进士摆设的鹿鸣宴。

无独有偶,陈白沙对门下其他弟子也是如此。当听闻李渭、梁景行分别到京师参加会试时,他的愉悦之情溢于言表。

成化二十年(1484),他在给李渭《送昆山省试》的诗中,希望他一帆风顺:"凤鸟当时至,

① 陈献章:《陈献章集》,中华书局1987年版,第869页。
② 陈献章:《陈献章集》,中华书局1987年版,第578页。

龙门何处登？经过五老下,问讯白莲僧。"而在弘治二年(1489),获悉梁景行准备参加春闱,走出自己为其题名"小壶山"的书屋,一展宏图,他更是喜出望外,写下《赠梁景行赴春闱》:

> 宗烈平生读书处,老夫题作小壶山。
>
> 壶山不解留君住,君著壶山梦里看。①

在另外两首同题的《送梁宗烈赴春试》中云:

> 其一
>
> 梦入天门看春榜,榜中不记状元名。
>
> 世间此梦真何梦,说道梁生似有情。
>
> 其二
>
> 君持素履向朱门,五色云中见至尊。
>
> 且莫轻言天下事,须将风俗究根源。②

透过一连三首的赠别诗,陈白沙期盼梁景行中榜之情跃然于纸上。

除了鼓励和希冀弟子们能够学而优则仕,登上进士这一科举塔尖,陈白沙也曾对自己的儿子榜上有名寄予厚望,但在儿子多次落榜后,亦不乏安慰,教他要正确看待科举的功名利禄。他的《送景旸赴秋试》一诗写道:

> 未达穷通理,难忘得失心。
>
> 安能谢朝市,且莫厌山林。
>
> 烹鼎须兼味,吹竽当好音。
>
> 文章无定价,敝帚不论金。③

晓之以理,告诫陈景旸要保持一颗平常心,敝帚自珍,驻心穷达。面对陈景旸第三次乡试的失利,陈白沙又特意作了一首题为"秋夕偶成,小儿失解,聊以慰之"的七律:

> 崔颢赋诗何处楼,白云黄鹤两悠悠。
>
> 江山供眼不知老,风月满蓑还是秋。
>
> 三试吾儿虽失解,一花司马未鏖头。
>
> 何人久抱遗珠恨,黑觜抽成白觜抽。④

句句别有深意,巧妙运用崔颢、司马光等典故,流露出款款的舐犊之情,引导陈景旸要养

---

① 陈献章著,陈永正笺校:《陈献章诗编年笺校》,广东人民出版社2018年版,第518页。
② 陈献章:《陈献章集》,中华书局1987年版,第643页。
③ 陈献章著,陈永正笺校:《陈献章诗编年笺校》,广东人民出版社2018年版,第514页。
④ 陈献章著,陈永正笺校:《陈献章诗编年笺校》,广东人民出版社2018年版,第516-517页。

成不以物喜、不以己悲的心态,不要为科举之名利得失所困扰。

平心而论,上述这些有关科举话题的诗作是陈白沙与弟子以及儿子一道共勉的,形象地折射出他自己的科举心路历程。

往来春秋二十载,陈白沙三赴礼闱未中,满腹经纶却与进士无缘,令不少人扼腕叹息。但陈白沙毕竟是陈白沙,他应科举而不为科举所累,最终摆脱世俗功名的羁绊。他钟情教育,使儒学在岭南地区发扬光大,成为明代心学教育的开篇者。陈白沙别具匠心,设教兴学,备受人们敬仰而入祀孔庙。正如《从祀文庙疏议》所言,"祀白沙以劝夫遗逸者,使人知不用之亦为学,不必仕而后可以显"[1],陈白沙的德才功业早已超越了科举声名,远非用"及第"抑或"不第"加以评论和衡量。

四、兴学育才开新篇

作为明初的儒家学者,陈白沙与其前辈同样呈现出内在的二重品格。一方面发愤求学,参与科举;另一方面又兴学育才,传承儒学。陈白沙除了师事吴与弼、三次参加会试而远赴异地,一生都居住在岭南,以兴学育才为务,设馆授徒,一直对教育怀有高度的热爱和敬畏之情。他在《新迁电白县儒学记》一文中说:

> 自古有国家者,未始不以兴学育才为务,然自汉而下,求诸学校之所得名世者几人,有不由庠序而兴者乎?是故学校之设,其重在于得人;学之道,其要在于为己;古之名世者,舍是无以成德。[2]

强调人才的获得,特别是栋梁之材的培养,离不开学校教育的造就之功。不仅如此,他认为教育还关系着社会风俗的美恶与否,"天下风俗美恶存乎人,人之贤否存乎教"[3],指出只有教化行,才能风俗美。

正是抱有这样一种教育的情怀,陈白沙十分敬仰至圣先师孔子,并决心效法孔子,设教杏坛,传道天下:

> 昔者尧、舜、禹、汤、文、武、周公道行于天下,孔子不得其位,泽不被当世之民,于是进七十子之徒于杏坛而教之,择善力行,以底于成德。其至也,与天地立心,与生民立命,与往圣继绝学,与来世开太平。若是者,诚孔子之教也。大哉,教乎![4]

---

① 陈献章:《陈献章集》,中华书局 1987 年版,第 929 页。
② 陈献章:《陈献章集》,中华书局 1987 年版,第 39 页。
③ 陈献章:《陈献章集》,中华书局 1987 年版,第 31 页。
④ 陈献章:《陈献章集》,中华书局 1987 年版,第 31 页。

孔子处于礼崩乐坏、战乱频仍的春秋末期,他的仁政思想不为各国诸侯所重视,故而无法得到适当的官位去施展政治抱负。孔子不愿与黑暗的当政者同流合污,一味谋求爵位厚禄,而是审时度势,致力于教育这一根本路径,冀望重构社会的道德伦理秩序,使天下变无道为有道,进而实现天下大治。尽管陈白沙德行高洁,满身才学,但他的政治际遇也与孔子相似。成化十八年(1482),在广东左布政使彭韶、总督两广军务兼理巡抚右都御史朱英的合力荐举下,55岁的陈白沙应召参加吏部的官员铨选。经过长途跋涉,陈白沙于成化十九年(1483)的三月三十日抵达京师。到达京师后,陈白沙因病而未能参加铨选。其实,官位得失对此时的陈白沙而言,内心深处早已释然。于是,他写下洋洋千言的《乞养病疏》,向明宪宗恳求回家终养老母。有感于陈白沙的一片孝心,明宪宗不光接受了他的陈情,并且授予他翰林院检讨的官职。这是陈白沙一生唯一的官职。陈白沙领了这一头衔,便很快离京返乡,始终没有到翰林院赴任。回到老家新会后,陈白沙大力兴学,教化乡里,名声渐隆。

"士不居官终爱国"是陈白沙一生的座右铭。陈白沙视兴学育才为己任,把教育和政治联结在一起,努力践行自己的座右铭。陈白沙讲学四十载,生徒甚多,因材施教,杰出者不乏其人。其中的代表人物有辽宁的贺钦,湖广的李承箕,广东的张诩、林光、湛若水、陈庸、李孔修、谢祐、何廷矩,四川的邹智,福建的陈茂烈,河南的史桂芳,这些弟子在黄宗羲《明儒学案》中都立有专门学案。举其荦荦大者,从中可窥白沙学派在有明一代的学术影响力。这里无妨以贺钦、李承箕、张诩、林光、湛若水五人为例,一睹陈白沙的教育风采和影响。

在北方地区,贺钦是白沙学派的重要传人。他出身辽东的义州卫军人世家,但自小喜爱儒家典籍,善于独立思考。成化二年(1466),贺钦进士及第。时年,适逢陈白沙在京师重游国子监。贺钦听完陈白沙讲学后,叹服白沙心学思想,"笃信不疑,从而禀学,遂澹然于富贵"①,"即日抗疏解官,执弟子礼事献章"②。在他的心目中,陈白沙"学术醇正,称为大贤"③。贺钦虽仅仅比陈白沙小9岁,且为新科进士,却虔诚地执弟子之礼,心甘情愿捧砚研磨,拜陈白沙为师。陈白沙与贺钦一见如故,欣然接纳贺钦为徒。在随后的师生相交30年里,贺钦时常表示如果没有陈白沙的教诲,自己难免成为患得患失的鄙夫。

据《明史》记载,贺钦"不务博涉,专读《四书》《六经》《小学》,期于反身实践。谓为学不必求之高远,在主敬以收放心而已"④。贺钦这一为学取向实与陈白沙的教育影响密不可分。陈白沙经常写信教导贺钦,希望他能够"心地要宽平,识见要超卓,规模要阔远,践履要笃实,能是四者,可以言学矣"⑤。在修养方法上,特别指点贺钦尝试静坐工夫,"为学须从静坐中坐

①　黄宗羲:《明儒学案》,中华书局2008年版,第99页。
②　张廷玉等:《明史》,中华书局1974年版,第7262页。
③　张廷玉等:《明史》,中华书局1974年版,第7264页。
④　张廷玉等:《明史》,中华书局1974年版,第7265页。
⑤　陈献章:《陈献章集》,中华书局1987年版,第135页。

养出个端倪来，方有商量处……若未有入处，但只依此下工，不至相误，未可便靠书策也"①。陈白沙把自己独具匠心的"静坐中坐养出个端倪"的修养工夫传授给贺钦，希望他化为实际的行动。贺钦认同陈白沙这一静坐教学法，倡言"为学之要，在乎主静，以为应事建功之本"②，并在自己的讲学活动中不断传播陈白沙的心学教育思想。

如果说贺钦是白沙心学在北方传播的重要推手，那么李承箕无疑是白沙心学西传荆楚的突出代表。李承箕（1452—1505），字世卿，号大厓，湖广嘉鱼人，是与陈白沙志趣最为相投的弟子之一。他身处荆楚的嘉鱼，十年间前后 3 次不远千里来到岭南的新会，从学于陈白沙身边累计近 4 年。陈白沙非常看重李承箕，在其二度至江门问学时专门在自己住处碧玉楼的旁边建造楚云台，供他学习生活所用。在居于江门读书和生活期间，二人不仅纵情于作诗饮酒，每日酬答不已，"饮酒举杯，投壶拥矢，一歌一曲，有唱有和"③，不时亦辨名析理，谈学探道，"吾与世卿，朝夕无所不言，所未言者，此心通塞往来之机，生生化化之妙，非见闻之所及者，将以待世卿深思而自得之"④，成为莫逆之交。对此，黄宗羲做出这样的评论："真有相视而莫逆者，盖先生胸怀洒落，白沙之门更无过之。"⑤陈白沙鼓励李承箕探究天地和人生的奥妙之道，深造以自得。对于陈白沙学贵自得的教育主张，李承箕十分认同并加以推至家族子弟，他是带领家族晚辈跟随陈白沙从学最久的弟子。⑥ 李承箕告别江门回到嘉鱼后，讲学于黄公山，将陈白沙手书"黄公钓台"牌匾置于学堂，传播和弘扬陈白沙所倡导自得之学的教育精神。

除了省外的贺钦、李承箕，陈白沙在岭南本土的得意弟子中，广东南海的张诩无疑是其中之一。张诩（1455—1514），字廷实，又字席珍，号东所。他一直以白沙学派传人自居，致力于陈白沙心学思想的阐发。成化十七年（1481），经同乡白沙弟子陈庸介绍，张诩得以拜陈白沙为师，跟随白沙先生长达 19 年。陈白沙比较欣赏张诩，"以国士待，其后受教多而辱爱厚"⑦，并希望他能传承自己的学术思想。面对陈白沙的厚望，张诩也从未放松学习。他始终秉持陈白沙"以自然为宗"的为学旨趣，"以自然为宗，以忘己为大，以无欲为至，即心观妙，以揆圣人之用"⑧，努力做到忘己无欲，终日探求深造自得之境，以期学为圣贤。在陈白沙去世后，师恩浩浩，历历在目，张诩饱含深情地写下《翰林检讨白沙先生行状》和《白沙先生墓表》，不仅对陈白沙的生平事迹、思想脉络作了详尽介绍，而且充分肯定白沙心学的道德教化作

---

① 陈献章：《陈献章集》，中华书局 1987 年版，第 133 页。
② 黄宗羲：《明儒学案》，中华书局 2008 年版，第 101 页。
③ 李承箕：《李承箕集》，湖北人民出版社 2017 年版，第 282 页。
④ 陈献章：《陈献章集》，中华书局 1987 年版，第 16 页。
⑤ 黄宗羲：《明儒学案》，中华书局 2008 年版，第 94 页。
⑥ 史艳群：《李承箕江门行迹考略》，《五邑大学学报（社会科学版）》2019 年第 2 期。
⑦ 陈献章：《陈献章集》，中华书局 1987 年版，第 881 页。
⑧ 陈献章：《陈献章集》，中华书局 1987 年版，第 12 页。

用。毋庸置疑,张诩确为陈白沙心学教育学说忠实的传播者和捍卫者。

与张诩一样,来自广东东莞的林光也是陈白沙器重的弟子。林光(1439—1519),字缉熙,号南川。成化六年(1470),32 岁的林光赴江门执弟子礼,正式拜 43 岁的陈白沙为师,成为陈白沙早期的得意弟子之一。在近 30 年的师生交往中,林光受到陈白沙的格外青睐。翻阅陈白沙的诗文集,不难发现在弟子给陈白沙的诗文和书信中,写得最多的当数林光。同样,陈白沙与弟子诗文互动频次最高的,也当推林光。今流传于世的《陈献章集》,存有写给林光书信 38 篇,诗歌 41 首。陈白沙在学术上精心栽培林光,曾高度称赞说:"得此道而践履笃实者,惟缉熙一人而已。"[1]认为林光颇能体悟自己的思想实质,并融于日常的生活点滴,以至于晚明著名学者屈大均这样评论道:"然白沙之门,见道清彻,犹以林先生光为最。光字缉熙,东莞人,所上白沙书,得力过于甘泉,可直接白沙学脉,弟子传当首缉熙。白沙尝语:'从吾游而能见此道践履者,惟缉熙耳。'"[2]的确如此,林光无论担任浙江平湖教谕、山东兖州教授,还是出任南京国子监博士,抑或聘任湖北襄阳王府左长史,为官 20 载都能身体力行,践行白沙心学主张,且造成了一定的社会影响。

在陈白沙所有的弟子中,湛若水最为知名,是陈白沙心学思想的衣钵传人。湛若水(1466—1560),初名露,字民泽,因避祖讳而后改名若水,字元明,号甘泉。其时,陈白沙所开启的心学思想渐成规模,趋之者甚众。弘治七年(1494)二月,29 岁的湛若水前往江门拜师,正式成为陈白沙的入室弟子,从学 6 年之久,直到陈白沙辞世才作罢。湛若水初入白沙门下,其时陈白沙已经 67 岁。早已过花甲之年的陈白沙桃李成蹊,弟子成百,其中的佼佼者除了贺钦、李承箕、张诩、林光,还有李孔修、邹智等等,这些弟子都有望成为陈白沙的衣钵传人,但他们均未能深入把握陈白沙学以自然为宗的思想精髓,无法从根本上体认静坐中养出端倪的工夫要义,因此都不符合衣钵传人的综合要求。湛若水在学习白沙心学思想的基础上,提出了"随处体认天理"这一学术新见,深得陈白沙的赞同。他们师徒之间相知相契,情深意长。弘治十二年(1499),陈白沙在去世的头一年,效仿达摩西来、传衣为信的方式,把自己最重要的学术讲台"江门钓台"作为衣钵传与湛若水,语重心长地说:"兹以付民泽,将来有无穷之托。"[3]且赋诗言道:"莫道金针不传与,江门风月钓台深。"[4]并特别兴奋地写信告知李承箕:"受台者,老朽以民泽告之。"[5]

湛若水一生仕途顺利,累官至二品,历任南京礼、吏、兵三部尚书。他享年 95 岁,在为官

① 林光:《南川冰蘗全集》,中国文史出版社 2004 年版,第 4 页。
② 屈大均著,李育中注:《广东新语》,广东人民出版社 1991 年版,第 276 页。
③ 陈献章:《陈献章集》,中华书局 1987 年版,第 644 页。
④ 陈献章:《陈献章集》,中华书局 1987 年版,第 644 页。
⑤ 陈献章:《陈献章集》,中华书局 1987 年版,第 192 页。

之余,创办了 35 所书院,有弟子 3900 多人[1],是明代书院教育运动的主要推手。他每建一所书院,都必悬挂或雕塑陈白沙的画像,宣讲陈白沙心学要旨。他不仅赓续陈白沙心学并有所创新,而且构建起自己独树一帜的学派,即甘泉学派,成为可与阳明学派分庭抗礼的一大显要心学派别,在中晚明的学界影响巨大,正如《明史》所言:"时天下言学者,不归王阳明,则归湛若水。"[2]实事求是而论,王学和湛学之所以在教育影响上不相伯仲,这与陈白沙心学教育思想的奠基有着密切关联。

值得一提的是,陈白沙最具特色的教育方式,莫过于他的诗教。[3] 陈白沙存留下来的诗歌达 2000 多首,其中富有诗教意义的甚多,湛若水从中精选出 165 首,撰成《白沙先生诗教解》一书,丰富了人们对陈白沙心学的认知,使得白沙诗教的传播更加广泛。

纵观陈白沙的 73 年生涯,他虽在政治上未能一展宏图,却在教育上突破程朱理学教育的思想窠臼,倡导"以自然为宗""静坐中养出端倪"的教育理念[4],培养出不少颇具影响力的出色弟子,开启了明代心学教育的新篇章。

---

① 陈建华、曹淳亮主编:《广州大典》第 422 册,广州出版社 2015 年版,第 731 页。
② 张廷玉等:《明史》,中华书局 1974 年版,第 7244 页。
③ 黄明喜:《陈白沙诗教意蕴探析》,《现代教育论丛》2018 年第 2 期。
④ 黄明喜:《论陈白沙心学教育哲学的特色》,《华东师范大学学报(教育科学版)》2003 年第 3 期。

颜元南游中州活动及其影响

◎赵国权　张　晨*

摘　要：颜元在完成从喜好"陆王心学"、推崇"程朱理学"到最后坚定"实学"的思想转变后，开始走出书斋，广交天下名士。他南下游学中州，足迹遍及安阳、开封等十多个地市县，时长七个多月。期间他与名士论学取友，宣传自己的学术观点，抨击理学家空说心性，这次游学活动对其实学思想的构建及成熟、学术地位的奠定以及改变社会上不良学风等，都产生了重要影响。

关键词：颜元；中州游学；实学思想

颜元作为明清之际的思想家、教育家，早年因推崇程朱理学及陆王心学，以致"足迹罕出里门，交游绝少，又不肯著书"[①]，后来经过反省，对理学中"主静"和闭门读书的行为不以为然，甚至持反对态度，力主"实学""主动""习行"和"致用"，于是开始重视与学者之间的交往，尤其是他在57岁时南游中州，成为他游学活动中最重要的一件事情。

一、颜元南游中州的初衷

颜元游学活动的范围比较有限，除家乡河北外，就是南下中州。中州是黄河中下游河南的古称，还有"中土""中原""中国"之称。颜元之所以选择南下中州游学，主要有三个方面的原因。

（一）颜元治学及学术思想的转变

在南游中州前，颜元的思想发生了三次重要转变。他早年跟随养祖父朱九祚及塾师吴洞云、贾端惠学习，但所学甚杂，诸如术数、医术、骑射、时文、兵法等均有涉猎。后来为了生

---

　*　赵国权，河南大学教育科学学院教授；张晨，河南大学教育科学学院硕士研究生。基金项目：教育部人文社会科学研究青年基金（15YJC880114）。

　①　梁启超：《中国近三百年学术史》，东方出版社2004年版，第122页。

计，24 岁时他开办书塾，名为"思古"，自号"思古人"，在这期间他对陆王心学深感兴趣，史载"先生深喜陆、王，手抄《要语》一册"①。开始关注主流学问和学术研究，这是颜元思想发生的第一次转变。

26 岁时，颜元阅读《性理大全》，被周、程、张、朱所创立的理学所折服，"屹然以道自任，期于主敬存诚，虽躬稼胼胝，必乘闲静坐"②。从推崇陆王心学，到被程朱理学所折服，这是他思想发生的第二次重要转变。

颜元的思想在养祖母刘氏病逝后又发生了一次转变。在他 34 岁时，养祖母刘氏病逝。居丧期间，他遵守朱子《家礼》，烦琐的规矩，使颜元连病带饿几乎致死。史载："先生居丧，一遵朱子《家礼》，觉有违性情者，校以古《礼》，非是，著《居丧别记》。兹哀杀，思学，因悟周公之六德、六行、六艺，孔子之四教，正学也；静坐读书，乃程、朱、陆、王为禅学、俗学所浸淫，非正务也。"③他对程朱理学从推崇到怀疑，再到批判，视之为"非正务"，并又回归到正统，回归到周公所制六德、六行、六艺及孔子之教，从此将"思古斋"改名"习斋"，以表明与宋明理学的决裂，开始着重"主动"和"习行"。这是他思想最重要的一次转变。

（二）颜元同其他儒家学者一样，带有一种"天下兴亡，匹夫有责"的使命感

颜元生在社会危机不断、民不聊生的明清之际，感知天下人的苦难，不禁激起他"救世"、普济苍生的情怀。颜元的前半生选择闭门不出，独善其身。在他 40 岁时，有人劝说其出世，史载："或劝先生献策，曰：'张齐贤不以此出乎？'先生笑曰：'王文中何以不出？人隐见命耳。天之用吾也，深隐而人求焉。'"④还有人规劝颜元说："天下多事，盍济诸？"⑤颜元则回答道："仆久有四方之志，但年既四十，血嗣未立，未敢以此身公之天下耳。"⑥颜元以此为借口推辞出游，在他看来，自己所学才是真正继承孔孟之学的圣学，而程朱理学是杂糅了佛学的异端，他希望自己的思想能够取代程朱理学，能够"转数世之人"。但社会现实却给予他不小的打击，颜元在 41 岁时率门人习射，发现自己门人中人才稀缺："九月五日，率门人习射村首，中的六，门人各二。"⑦这件事很可能对他产生了较大的触动，所谓"人材未集，经术未具，是吾忧也"。从他《答陈端伯中书》中，亦可体会出颜元的无奈心境，书称："先人血嗣未立，一隙承绪无人，自蠹归博又十五年矣，郁郁寒窗，便如此以死哉！近迁祁城，妄希或得一二人才，可承

① 李塨纂，王源订：《颜习斋先生年谱》，载陈山榜整理：《颜李丛书》卷上，河北人民出版社 2018 年版，第 7 页。
② 李塨纂，王源订：《颜习斋先生年谱》，载陈山榜整理：《颜李丛书》卷上，河北人民出版社 2018 年版，第 7 页。
③ 李塨纂，王源订：《颜习斋先生年谱》，载陈山榜整理：《颜李丛书》卷上，河北人民出版社 2018 年版，第 16 页。
④ 李塨纂，王源订：《颜习斋先生年谱》，载陈山榜整理：《颜李丛书》卷上，河北人民出版社 2018 年版，第 27 页。
⑤ 李塨纂，王源订：《颜习斋先生年谱》，载陈山榜整理：《颜李丛书》卷上，河北人民出版社 2018 年版，第 28 页。
⑥ 李塨纂，王源订：《颜习斋先生年谱》，载陈山榜整理：《颜李丛书》卷上，河北人民出版社 2018 年版，第 28 页。
⑦ 李塨纂，王源订：《颜习斋先生年谱》，载陈山榜整理：《颜李丛书》卷上，河北人民出版社 2018 年版，第 30 页。

一隙者,乃六阅月仍抱膝独吟,兀坐药肆,苦可知也。"①在他看来,凡罪皆本于自欺,言圣人之言,而行小人之行,这是全欺;即言圣人之言,而行苟自好者之行,这是半欺。很明显,他认为独善其身是不对的,这也是自欺,尽管这是半欺。② 于是,颜元由被动转为主动出击,通过拜访名士论学,来扩大自己学术思想的影响范围及招揽人才来传承他的实学思想,做一位真正的利济天下、拯救苍生的儒者。

(三)中州地区历史悠久、文化灿烂、人杰地灵

所谓"中州居天地之中,得宇宙敦淑正大之气。故历代来,侯王将相、雄伟英杰、超迈之材,多出于其间"③。尤其是中州为理学发展的重镇,理学大师云集。河北人士孙奇逢,晚年南迁辉县,"讲学于辉县百泉书院,四方来学者甚众,耿介、李灼然、窦克勤、冉觐祖、汤斌、张沐、魏一鳌等都曾出其门下"④。从颜元南游中州的活动内容也可以看出,主要是结交豪士,与当地名士辩学,以求辨证自己的学术思想,以及把握当时的学术发展动态。诚如陈山榜所言:"若说颜元东出关东寻父,是以家事为主而兼顾了事业的话,那么他的南游中原则完全是为了事业。"⑤

二、颜元南游中州的线路及经历

颜元游学中州发生在清康熙三十年(1691),是年 3 月 16 日,他告别亲友及"告家祠"后,从家乡博野出发,到十月初五返回故里,历时 7 个月 20 天。所到之处主要在河南中北部,如以黄河为界,黄河以北以安阳、汤阴为中心,黄河以南主要以开封、上蔡为中心(具体路线如图 1 所示)。

(一)南游首站安阳:哭祭友人许三礼,拜访孝子徐适

因在深州停留,颜元虽三月开始出游,但到中州的首站安阳已是四月初。他到安阳的第一件事是哭祭好友许三礼。许三礼,字典三,号酉山,河南安阳人。早年曾受业于孙奇逢,顺治十八年(1661)中进士,官至兵部督捕右侍郎。他为官期间热心办学,曾致书于颜元论学,颜元亦以周孔正学答之。可以说,两人是志同道合的朋友。颜元在《答许酉山御史书》中曾

---

① 颜元:《习斋记余》,载陈山榜整理:《颜李丛书》卷下,河北人民出版社 2018 年版,第 465 页。
② 陈山榜:《颜元评传》,载陈山榜、邓子平主编:《颜李学派文库》第 7 册,河北教育出版社 2009 年版,第 2225 页。
③ 汪晋征:《耿逸庵先生敬恕堂集叙》,载耿介:《敬恕堂文集》,清道光二十九年(1849)刻本。
④ 王洪瑞:《清代河南书院的分布级差与成因分析》,《殷都学刊》2005 年第 2 期。
⑤ 陈山榜:《颜元评传》,载陈山榜、邓子平主编:《颜李学派文库》第 7 册,河北教育出版社 2009 年版,第 2225 页。

博野
安平
石家庄市
深州
临城
顺德
磁州
安阳　回龙
汤阴
浚县
淇县
班胜固村
辉县东夏峰
延津
黄　河
开封
杞县
郑州市
鄢陵
商水
去程：——→
返程：- - -→
上蔡

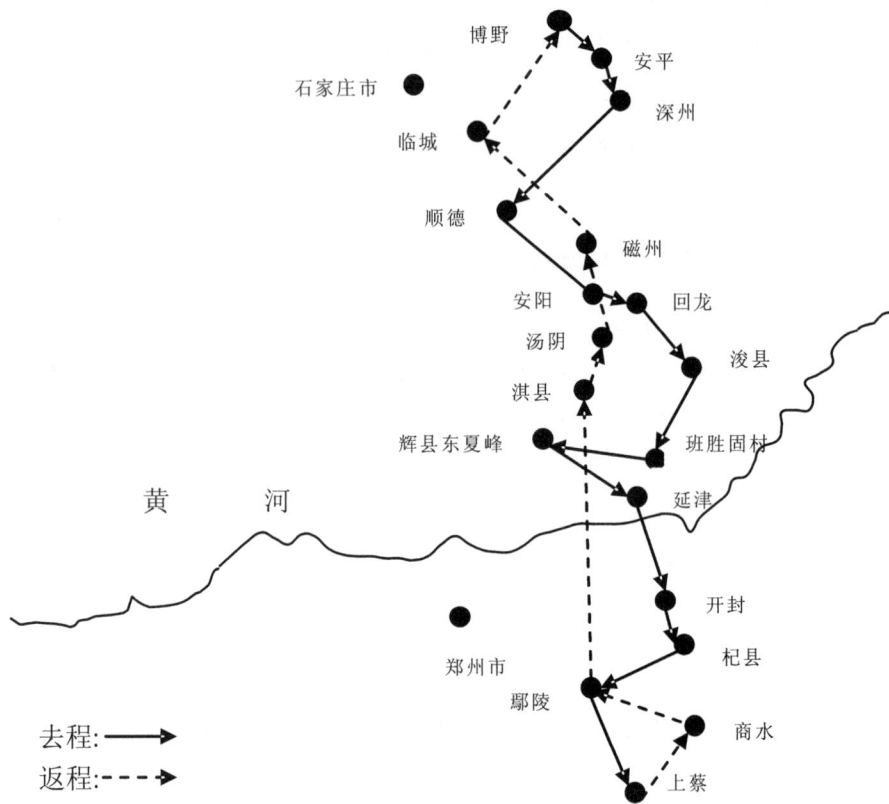

图 1　颜元南游中州往返路线

写道：

因出《河洛源流》《拟太学祀典》《圣学直指》二册示仆,读之神情忽为一爽,胸次更加一扩,大半如平昔意中营营者;不觉两手额祝曰:"天生先生,真有意于斯世斯民也哉!"恨隐见殊途,无由接咳笑,通声问。谓刚主曰:"曩闻太仓陆道威学识似得孔孟本旨,而终未谋面,已为深憾,至欲读其遗书,竟不可得;今又可失之许先生乎? 第恐居下援上,为有道者羞耳。"何幸先生不弃,辱垂手教,下及无知;敬置案上,再拜展读。知《存性》《存学》得达记室,愿先生砭其愚,订其顽,勿俾疏狂偏执,取罪先贤,是所望也。①

在《与都察院许西山书》中,颜元又写道:"《河洛源流》真二千年独辟堂奥,独窥孔心之识,宋、明诸儒当俱拜下风也。""请先生赐教,以开聋瞽,不胜遥企。北望依依,不既欲言。"②颜元虚心向许西山请教,可见二人在思想上有相通之处。康熙三十年(1691)正月初九,许三

---

① 颜元:《习斋记余》,载陈山榜整理:《颜李丛书》卷下,河北人民出版社 2018 年版,第 440 页。

② 颜元:《习斋记余》,载陈山榜整理:《颜李丛书》卷下,河北人民出版社 2018 年版,第 441 页。

礼病逝于京师,葬于安阳县西。颜元是四月初一到达安阳的,所以他首先要做的事情就是前往哭祭友人许酉山。

徐适,字仲容,安阳人,人称徐孝子。徐适曾读过颜元的《存学编》《存治编》,被颜元的思想所折服。他说:"适每夜祝天生圣贤,以卫圣道,其在先生矣!"之后,徐适多次北上,向颜元问学,也算是颜元的"私淑弟子"。因此,颜元南下路过安阳,自然少不了与徐适共话长短。

(二)游学回龙:与当地名士陈子彝等往来

回龙,位于安阳、内黄及河北魏县、临漳县交界处。初名大徐村,隋炀帝诏挖并巡幸永济渠后,改大徐村为御河镇,并在此设码头。为纪念宋真宗北征至此回銮而改名"回龙",后又改名回隆。自隋唐至明清,此镇一直都是水运发达、商贸繁华的大集镇,在清代时又归"两省四县加一州"所辖,因而也是各方文人才子荟萃之地。

颜元来到回龙,也确实见到诸多当地名士。史载:"抵回龙,与陈子彝、耿子达、宁天木、熊伯玉、耿敬仲、孙实则、柴聚魁、丁世杰论学,为宁季和、阎慎行言经济。"① 从《寄陈宗文》中,可知陈子彝比颜元要年长,且颜元南游之前与陈子彝是没有任何联系的。这封信是颜元60岁时写的,当时漳南书院创办者郝文灿带着陈子彝的信,希望颜元能够在彰南书院设教,但颜元推辞后便回信给陈子彝。信中写道:"三年前,公函兄不彼,枉顾茅檐下,相对十余日,问南中人才,始得闻吾兄名。书院事,元不能任,亦不愿任也,特因再三不释,强颜就之,实假此以亲习贵地诸贤,求开我茅塞也。过广宗吉生斋,始得见吾兄字,五月到此地,帘步还田短作,始得见吾兄文。两月中公函咴咴述叙,有意状吾兄与无意状吾兄,因他人言行想见吾兄者,盖盈耳充胸,令人丝绣平原矣。然友人之推兄与天下之重兄者,率以文压当世耳。"② 可见,当时颜元与陈子彝及同行友人交流甚欢,几年后仍念念不忘。

(三)游学浚县:与国之蒲论"井田"之学

离开回龙后,颜元曾到浚县做短暂停留,畅游有着丰厚儒释道文化的大伾山,"谕道士归伦"。恰遇父亲祭日,于是"终日素衣冠,不御酒肉"以遥祭先父。然后与国之桓(颜元弟子)的弟弟、县教谕国之蒲论"井田"之学。

(四)班胜固村:寄书县令

离开浚县,颜元南下夜宿延津县的班胜固村。据《延津县地名志》所载,此村系跟从班超出使西域的部属为纪念完胜归来在此定居而得名。颜元到后,却看到民众因天灾而纷纷流

① 李塨纂,王源订:《颜习斋先生年谱》,载陈山榜整理:《颜李丛书》卷上,河北人民出版社2018年版,第48页。
② 颜元:《习斋记余》,载陈山榜整理:《颜李丛书》卷下,河北人民出版社2018年版,第453页。

亡,"恻然,出钱及衣周之"。同时,又草书《游客书》寄给县令,提出四点建议,如《年谱》所载:"一急停征,一急赈济,一急捕蝻,一急请上官行文各处,安集流民。"这件事体现出颜元作为一代大儒的忧国忧民意识和家国情怀。

（五）游学辉县东夏峰：会晤孙奇逢之子，与耿保汝论"六艺之学"

离开延津班胜固村后,颜元来到辉县东夏峰村（孙奇逢,又名孙夏峰,此村以及西夏峰村均为孙奇逢后人及门人所居而成,故名）,先是会晤理学大师孙奇逢的三个儿子,即五子孙君协、七子孙君孚、十一子孙君夔,然后哭拜孙奇逢。其实,孙奇逢与颜元从未见过面,颜元在30岁时本想拜访孙奇逢,却未能如愿,只能通过书信论学,在书信中与孙奇逢谈论过宋明理学的空疏无用,认为其并非真正的孔孟之学,还谈论当时学术界出现的弊端。在《上征君孙钟元先生书》中,颜元写道:

> 某静中猛思,宋儒发明气质之性,似不及孟子之言性善最真。变化气质之恶,三代圣人全未道及。将天生一副作圣全体,参杂以习染,谓之有恶,未免不使人去其本无而使人憎其本有,蒙晦先圣尽性之旨而授世间无志人一口柄。又想周公、孔子教人以礼、乐、射、御、书、数,故曰"以三物教万民而宾兴之",故曰"身通六艺者七十二人"。故性道不可闻,而某长治赋,某长礼乐,某长足民,一如唐虞之廷某农、某刑、某礼、某乐之旧,未之有爽也。近世言学者,心性之外无余理,静敬之外无余功。细考其气象,疑与孔门若不相似然。即有谈经济者,亦不过说场话、著种书而已。[①]

祭拜孙奇逢后,颜元在孙平子、孙箕岸陪同下游览苏门山啸台、饿夫墓等。然后与孙奇逢门人耿保汝论学,但在论学现场的还有耿保汝之子及其他学者,史载"时保汝率子尔良及杨荫千、杨诚甫、李天祐、孔益仲陆续至"。他们二人畅谈实学即"六艺之学",且透漏出颜元对六艺之学的推崇大于自己的生命,所谓"苟无获戾先儒,而幸圣道粗明,生死,元不计也"。他们还谈论国家治理问题,如史载:"保汝出其《王制管窥》,论井田封建,与先生《存治》合,深相得。"[②]二人相谈甚欢,有相见恨晚之感,以至于"流连几十日乃别"。陈山榜在描述颜元与耿保汝交谈情况时,说颜元"他的交流方式就完全变了一个样子,他不仅不敢'讲',甚至于不敢'论',而是以请求批评指正的方式将其《存学编》出示给孙奇逢的弟子"。透过颜元与耿保汝的交谈情景,"我们既可以看出颜元为推行实学主张而生死不计的决心,同时也可以窥见当时学术环境的险恶"[③]。

---

① 颜元:《存学编》,载陈山榜整理:《颜李丛书》卷上,河北人民出版社2018年版,第209页。
② 李塨纂,王源订:《颜习斋先生年谱》,载陈山榜整理:《颜李丛书》卷上,河北人民出版社2018年版,第49页。
③ 陈山榜:《颜元评传》,载陈山榜、邓子平主编:《颜李学派文库》第7册,河北教育出版社2009年版,第2227页。

(六)游学开封：与名士张天章等往来论"习行"之学，延揽后学

与周础公道别后，颜元便渡过黄河来到开封，时已是 5 月，他以行医的方式与名士往来或招徕学者，即所谓"张医卜肆以阅人"。他拜访张子朗、刘念庵、郭十同、李瑶之等名士。如张子朗，年少有为，15 岁便能通经，是一位心怀志向的青年才子。诚然，也有不少名士前来向颜元求教的，如"杜聿修、周炎、赵龙文来访"①。

在开封，颜元还偶遇孙奇逢的门人张天章，并与张天章论学多日。张天章，名灿然，原阳人，潜心于伊洛之学。孙奇逢讲学于苏门山，张天章徒步前往从师。孙奇逢对张天章很是器重，史载："先生深器重之。二年辞归，先生送以诗，有'天章多慧根'之句。由是从学者日众，每与门人□论毕，即屏居一室端坐。"②当时，张天章曾请颜元撰写礼仪水政之类的书，颜元似乎不肯，说："元之著《存学》也，病后儒之著书也，尤而效之乎？且纸墨功多，恐习行之精力少也。"事实上，颜元向来反对著书。对此，梁启超曾说颜元："他这新学派的根本精神是'不要说，只要做'，所以他既不讲学，又不著书。现在我们想从书本研究他的学说，很感觉材料缺乏。他手著的书，只有《四存编》——《存学》《存性》《存治》《存人》四篇，都是几篇短文或笔记之类凑成，不能算做著述。"③过几日，颜元又与张天章讨论读书与静坐问题。张天章说："学者须静中养出端倪，书亦须多读，著书亦不容已。"颜元不以为然，对曰："孔子强壮时，学成教就，陶铸人材，可以定一代之治平矣。不得用，乃周流，又不得用，乃删述，皆大不得已而为之者也。如效富翁者，不学其经营治家之实，而徒效其凶岁转徙，遭乱记产借以遗子孙者乎！……况静中了悟，乃释氏镜花水月幻学，毫无与于性分之真体、位育之实功也。"④颜元早年曾习静坐读书，学神仙，故深知其境界，所谓"予戊申前，亦尝从宋儒用静坐功，颇尝此味，故身历而知其为妄，不足据也"⑤。最终张天章"悦服"，直到夜色来临才离开。国内外众多学者对颜元将宋明理学比作"镜花水月"进行过评论，如郑世兴认为"习斋此种论调，和近代心理学的论幻觉颇有不谋而合之处"⑥。美国学者弗里曼认为，"颜习斋从心理学的角度对'静坐'进行了分析……体现出了他和现代科学思想的相近之处"⑦。日本学者村濑裕也认为，

---

① 颜元：《习斋记余》，载陈山榜整理：《颜李丛书》卷下，河北人民出版社 2018 年版，第 50 页。

② 吴文炘修，何远等纂：《原武县志》卷七，清乾隆十二年(1747)刻本，第 102 页。

③ 梁启超：《颜李学派与现代教育思潮》，载陈山榜、邓子平主编：《颜李学派文库》第 9 册，河北教育出版社 2009 年版，第 2884 页。

④ 李塨纂，王源订：《颜习斋先生年谱》，载陈山榜整理：《颜李丛书》卷下，河北人民出版社 2018 年版，第 49 页。

⑤ 颜元：《存人编》，载陈山榜整理：《颜李丛书》卷上，河北人民出版社 2018 年版，第 294 页。

⑥ 郑世兴：《颜习斋和杜威哲学及教育思想的比较研究》，载陈山榜、邓子平主编：《颜李学派文库》第 9 册，河北教育出版社 2009 年版，第 1819 页。

⑦ 曼斯菲尔德·弗里曼：《颜习斋：17 世纪的哲学家》，载陈山榜、邓子平主编：《颜李学派文库》第 9 册，河北教育出版社 2009 年版，第 3161 页。

"这些话简明扼要地道出了统治当时学术界和教育界诸多脱离现实的观念学风的特征和效果"①。

寻觅后学也是颜元游学中州的目的之一。在开封,颜元就偶遇一少年朱越千,史载:"六月,游于衢,遇一少年,颇异,问之,朱超越千也。约来寓,已而果至。问其志,愿学经济,乃沽酒对酌,与之言。已,提剑而舞。"②由此可以感受到,颜元对于晚辈后学的态度颇为谦和,就像多年未见的老朋友那样"沽酒对酌""提剑而舞"。颜元南游回家乡后,朱越千曾北上,投颜元门下学习。后来,朱越千在康熙五十年(1711)考中举人,乾隆年间召试博学鸿词。③颜元卒后,郭十同与朱越千等,与颜元的弟子李塨仍有往来。

离开开封,颜元到杞县,拜访田椒柏、郑吉人,并出示《存学编》让郑吉人审阅,深得郑吉人的认同,所谓"皆以为是"。

(七)游学鄢陵:与王延祐等辩学,教刘从先习礼

当在六月下旬,颜元从杞县来到鄢陵,先是拜访梁廷援和伏村的刘子厚。在《答清苑冯拱北》和《与河南道御史赵用九书》中,提到过"梁伏村诸名士""相晤则言经济者"等事情。据史载,梁廷援,字以道,尚气节,为前明太学生,声震文社,"于诗隐居邑南伏茅舍,绝迹城市宴如也,以隐遁终其身,学者称为伏村先生,著有《四松堂集》"④。之后,又拜访王延祐、刘从先、韩程愈、韩逢吉、常贞一、苏子文等名士。王延祐,字次亭,初从张沐学习,后与颜元习冠燕诸礼。韩程愈,字智度,敏而好学,能文章,有名籍序,由明经授书,翘然以古人,著有《白松楼集》。⑤ 韩逢吉,字旋元,"父早没,母梁氏教以义方数岁,嬉戏母侧,言动举止严若成人……先儒所注经传每得精奥,即与远近请谒者讲解,终日不懈"⑥。

七月,刘从先与颜元论礼,颜元认为"言礼当习"。于是,刘从先说做就做,所谓"此时即习,何待乎?"甚至晚上还"秉烛终三"地坚持习礼。颜元还教刘从先及其儿子习"丧礼"。

后来,王延祐、刘从先、韩程愈、韩逢吉等,均追随颜元学习,使得颜元的学术影响力逐渐扩大,可以说鄢陵此行收获颇丰。

(八)游学上蔡:与学者张沐及门人论"操存""习行"之学

是年闰七月,颜元抵达上蔡,与友人张沐及其门人辩学,和李子楷论学,后又去访侯子宾

---

① 村瀬裕也:《颜元的教育学说》,载陈山榜、邓子平主编:《颜李学派文库》第9册,河北教育出版社2009年版,第3197页。
② 李塨纂,王源订:《颜习斋先生年谱》,载陈山榜整理:《颜李丛书》卷上,河北人民出版社2018年版,第50页。
③ 沈传义等修,黄舒昺纂:《祥符县志》卷十六,清光绪二十四年(1898)刻本。
④ 何鄂联修,洪符孙纂:《鄢陵县志》卷十五,道光十三年(1833)刻印。
⑤ 何鄂联修,洪符孙纂:《鄢陵县志》卷十五,道光十三年(1833)刻印。
⑥ 何鄂联修,洪符孙纂:《鄢陵县志》卷十五,道光十三年(1833)刻印。

等人。张沐,字仲诚,号起庵,上蔡人。他不仅为官,还创立"起庵学派"。该学派主张读书静坐修养,与颜元的"主动""习行"思想大相径庭。在颜元与张沐的辩学中,可以看出两人观点有很大的出入。仲诚曰:"修道即在性上修,故为学必先操存,方为有主。"先生曰:"是修性,非修道矣。周公以六艺教人,正就人伦日用为教,故曰'修道谓教'。盖三物之六德,其发现为六行,而实事为六艺。孔门'学而时习之'即此也,所谓格物也,格物而后可言操存诚正。"①两人在讨论取士之法时,张沐说:"如无私,可八股。"颜元反对曰:"不然,不复乡举里选,无人才,无治道。"就这样,颜元不仅与张沐师徒辩学近一个月,在民国《重修上蔡县志》中还发现他为张沐的父亲张继白所撰写的《张继白先生传》(《颜李学派文库》尚未收录,属于首次发现),称颂张继白"善教子孙",称张沐"以道学名于世"。颜元在辞别张沐时,还在劝勉张沐,希望他"操存有年,愿进习行,以慧苍生"。张沐拜手许诺。颜元对张沐极力地推崇程朱理学感到惋惜,在他68岁时曾感叹道:"思宋儒之学,南误张仲诚,西误李中孚,北误王法乾,皆天生秀杰,可为斯人立命者。"②李中孚即李颙,陕西周至人,明清时期哲学家,与黄宗羲、孙奇逢并称为海内三大鸿儒。王法乾是河北蠡县人,尊崇儒道,颇重礼仪,曾主张"焚八股而诵五经",颜元与他交往最为频繁,争论也最为激烈。韩国学者杨熙庸这样评价说:"颜元认为作为朋友的张仲诚、王法乾不进行实践,只是用心里想和嘴上说进行格物,所以不能说他们是真正的穷理。……就这样,颜元从当代的学识极高的朋友那里都得不到赞同。因此可以说他是一个精神上很孤单的思想家。"③

在上蔡,颜元与另一学者李子楷辩学时,也产生过分歧,李子楷将学问思辨俱在"戒慎不睹,恐惧不闻"内用功,颜元则反对这样静坐读书、不闻不问的学习方式。

(九)北归游学商水:与傅惕若辩学,与李木天切磋武艺

离开上蔡后,颜元开始北归到达周口的商水,与学者傅惕若"论学,惕若服焉"。颜元是一位注重体育的儒学家,他曾说:"吾常言一身动则一身强,一家动则一家强,一国动则一国强,天下动则天下强。"④梁启超对此评价说:"我想,中国二千年提倡体育的教育家,除颜习斋外只怕没有第二个人了。"⑤因此,颜元拜访乡里大侠李木天。本来,颜元见到李木天时主要是想"言经济",而嗜好技艺的李木天见颜元佩一把短刀,便说:"君善此耶?"为此,两人还"折

---

① 李塨纂,王源订:《颜习斋先生年谱》,载陈山榜整理:《颜李丛书》卷上,河北人民出版社2018年版,第50页。
② 李塨纂,王源订:《颜习斋先生年谱》,载陈山榜整理:《颜李丛书》卷上,河北人民出版社2018年版,第64页。
③ 杨熙庸:《关于颜元格物致知的研究》,载陈山榜、邓子平主编:《颜李学派文库》第9册,河北教育出版社2009年版,第3286页。
④ 钟錂纂:《颜习斋言行录》,载陈山榜整理:《颜李丛书》卷下,河北人民出版社2018年版,第169页。
⑤ 梁启超:《颜李学派与现代教育思潮》,载陈山榜、邓子平主编:《颜李学派文库》第9册,河北教育出版社2009年版,第2891页。

竹为刀"进行一场比武,结果李木天居然技不如颜元,又被颜元的实学救世济民思想所折服。第二天,李木天及三个儿子均拜师颜元。颜元卒后,李木天与颜元弟子李塨也成为好友。[①]

颜元离开商水,过贾鲁河即"小黄河"后,拜访了王子谦、寇楣,"随问引以正学",到奉天峙(按行程线路,应在商水和鄢陵之间,但无可考)又拜访王焉倚、李象乾等学者。据《年谱》载,王焉倚"初执习见,已而服"。

(十)重游鄢陵:对话李乾行,与王延祐习礼

颜元在返程途中,又路过鄢陵,拜访学者李乾行。在谈论为学方法时,李乾行坚持认为"何须学习,但须操存功至,即可将百万兵,无不如意",又认为"未之思,亦不必思,小才小智耳"。颜元对李乾行的态度感到悚然,没想到程朱之学竟如此的空虚无用,在人们的思想中又如此根深蒂固,便对李乾行说:"小才智尚未能思,大才智又何在? 岂君操存尚未至耶!"[②]李乾行一时语塞。颜元这番话道出了中国读书人的思想倾向,人人都好为阔大精微的空论,想要无所不知,结果却是一无所知。有学者认为,此时颜元对后儒"确实有迂腐到不学不习甚至不屑于思考之地步,焉能不令人痛心疾首"[③]。

之后,和学者王延祐"习冠燕诸礼",王延祐还就"明德亲民"向颜元请教。

(十一)途经淇县:看望师友王余佑的家人

九月,颜元渡河北归,过淇县时专门看望王余佑的弟弟王余严。王余佑,字申之,一字介祺,号五公山人,孙奇逢的门人,武功高,喜兵法。颜元重视体育,也是受王余佑等人的影响所致。颜元曾与王余佑言"经济",并对颜元学术思想转变产生很大的影响。对此,颜元在《送安平杨静甫作幕序》中说:

> 仆少年狂妄,辄欲希古圣贤之所为,闻为古圣贤者辄造庐拜访,师之、友之,求切劘我,提相我。一时所得诸长者,率究心于主敬存诚,静坐著书,为程、朱、陆、王把持门户。求其留心经世济民之业,而身可行之、手可办之者,吾乡之北,惟督亢五公山人,吾乡之南,惟中博计公杨先生,吾乡之东,惟蠡吾张子文升,则侪行矣。

> 仆之拜计公先生也,忘年德而接纳,每见则举天文、地志、兵农、水利、算数,披图拈诀,或下及枪棍技击,手著作式,尝终夜不辍,一如五公山人之相遇。[④]

颜元去看望王余佑的家人,一是对师友的感谢,表现出颜元重情义的一面;二是得知王

---

① 戴望:《颜李学记》第十卷,东京墨书会 1906 年版。
② 李塨纂,王源订:《颜习斋先生年谱》,载陈山榜整理:《颜李丛书》卷上,河北人民出版社 2018 年版,第 51 页。
③ 陈山榜:《颜元评传》,载陈山榜、邓子平主编:《颜李学派文库》第 7 册,河北教育出版社 2009 年版,第 2230 页。
④ 颜元:《习斋记余》,载陈山榜整理:《颜李丛书》卷下,河北人民出版社 2018 年版,第 429 页。

余严身患重病,既然路过,就需要前去问候,他还留下一些钱财给其子孙用于为其治病养病。

(十二)游学最后一站汤阴:与朱宁居、朱主一父子习礼

在南下中州之前,颜元并不熟悉朱宁居、朱主一父子。从他后来写给朱宁居的书信《与汤阴李宁居》(本为"朱宁居",可能是因朝代更替对"朱"姓家人不利,而改称"李宁居")中,可知颜元在安阳停留时,从徐适等人那里了解到朱主一的大名,所谓"从徐仲容、宁季和诸友处,得闻公郎主一名,归途拜访"①。另据徐世昌的《颜李师承记》所载:"朱宁居、主一父子,明宗室也。习斋之南游中州闻主一名,返至汤阴,往访之。"②因此,返程途中拜访朱主一,应该是在计划之内的事情。

到汤阴后,刚好朱主一不在家,其父朱宁居出来迎接。朱宁居本是一宿儒,两人简单交谈之后,"抵掌称善"。接着,朱主一回到家中,颜元不仅与朱主一论学,还与其父及其子侄一起习礼"躬自跪拜周旋"③。在即将离开朱家时,徐适前来迎接,"出日省记求教,问礼乐,答之"。朱主一随后追来,与徐适一起将颜元送至磁州道别。

这次拜访,颜元对朱宁居印象十分深刻,称在汤阴"因得叩谒,备聆英雄气概,道学邃养,所谓'圣贤豪杰兼任而合做之'者"④。当得知朱宁居病逝的消息,颜元更是悲痛不已。他在《哭汤阴李宁居》中写道:

> 先生真为圣贤者也,真谓豪杰者也。天何不使之一试于用而徒老乎! 天何不使吾两人得遇于少壮之时,及某五十有七先生七十有九而始遇乎! 天何不使之再见,而遽命先生反元乎! 呜呼痛哉! 呜呼痛哉! 气运苍生,其阴为力哉! 尚飨!⑤

这次拜访之后不久,朱主一还"率其少子本良,不远千里至博野,具赞从游,习礼乐数书,考水火诸学"⑥。这应该是颜元南游中州活动中一次很惬意的相遇,不仅传播和践行了自己的实学思想,还将朱主一父子收入门下,很自豪地称"晚南行第一佳会也"。

十月至临城,南游中州活动结束。十月五日,颜元返回故里。

颜元南游中州所拜访名士和收徒情况如表1所示。

---

① 颜元:《习斋记余》,载陈山榜整理:《颜李丛书》卷下,河北人民出版社 2018 年版,第 452 页。
② 徐世昌:《颜李师承记》,台湾明文书局 1985 年版,第 89 页。
③ 颜元:《习斋记余》,载陈山榜整理:《颜李丛书》卷下,河北人民出版社 2018 年版,第 451 页。
④ 颜元:《习斋记余》,载陈山榜整理:《颜李丛书》卷下,河北人民出版社 2018 年版,第 452 页。
⑤ 颜元:《习斋记余》,载陈山榜整理:《颜李丛书》卷下,河北人民出版社 2018 年版,第 521 页。
⑥ 徐世昌:《颜李师承记》,台湾明文书局 1985 年版,第 89 页。

表1　颜元游学中州拜访名士及收徒情况

地区		拜访名士	追随或收徒情况
安阳	安阳	徐适	徐适 朱主一父子
	安阳回龙	陈子彝、耿子达、宁天木、熊伯玉、耿敬仲、孙实则、柴聚魁、丁世杰、宁季和、阎慎行	
	汤阴	朱宁居、朱主一	
新乡	辉县东夏峰村	孙君协、孙君孚、孙君夔、耿保汝、耿尔良、杨荫千、杨诚甫、李天祐、孔益仲、孙平子、孙箕岸	杨荫千
	延津县	周础公	
开封	开封市	张子朗、刘念庵、郭十同、李瑶之、杜聿修、周炎、赵龙文、张天章、朱越千	朱越千、郭十同
	杞县	田椒柏、郑吉人	
许昌	鄢陵县	梁廷援、刘子厚、王延祐、刘从先、常贞一、苏子文、韩旋元、韩智度、李乾行	王延祐、刘从先、韩逢吉、韩程愈
鹤壁	浚县	国之蒲	
驻马店	上蔡	张沐、李子楷、侯子宾	
周口	商水	傅惕若、李木天、王子谦、寇楣、王焉倚、李象乾	李木天及其子李珧、李顺、李贞
7个地市		论学55人	从师14人

三、颜元南游中州活动的基本特点及影响

纵观颜元长达7个多月的游学活动,可以看出具有四个方面的特点。

一是游学计划性强。从游学路线的安排可以看出,在南游中州之前,颜元对所要拜访的中州名士以及主要活动区域有所了解,因而几乎是直达目的地,所到之处既有殷都安阳,八朝古都开封,古县城汤阴、浚县、上蔡等,又有繁华古镇回龙、孙奇逢后裔所居的东夏峰村等。

二是游学目的明确。颜元南游中州的目的主要是与贤达名士论学和传播自己的学术思想。据不完全统计,颜元中州往返至少与56名学者往来,其中有一小部分是游学途中结识的,如在开封偶遇孙奇逢门人张天章、青年才俊朱越千,在汤阴又专门拜访朱宁居、朱主一父子等。所谈论的内容,主要是围绕着礼乐、性理、经济、技艺之学展开的。在东夏峰村和开封,颜元还将自己的论著《存学编》《存治编》拿出来与学者商讨,不仅折服诸多学者,还为此赢得一批追随者,如开封的朱越千、郭十同,鄢陵的王延祐、刘从先、韩逢吉、韩程愈,商水的李木天及其子李珧、李顺、李贞,汤阴的朱主一父子等。

三是积极践行"实学"。颜元不仅借游学之机传播自己的实学思想,还时刻不忘践行"实学"主张。如在商水与李木天不仅"言经济",还"折竹为刀"切磋武艺;在汤阴时,与朱宁居、朱主一父子"习礼"等。其实,践行"实学"的本身,也是在传播自己的"实学"思想。

四是处处彰显人格魅力。作为一代大儒,颜元时刻恪守周孔之教,如在浚县时,遇到生父祭日,他便"终日素衣冠,不御酒肉";在淇县看望师友王余佑的弟弟王余严时,得知其身患重病,便赠送一些钱财供王余严看病所用。在班胜固村留宿时,得知民众因天灾而纷纷流亡,便给县令建议"急赈济"以安抚流民。在与各地学者往来时,无论是被拜访者抑或是来访者,无论是长辈抑或是后学,无论对方从事何种职业,也无论是何时提出"习礼"的合理要求,颜元都能以真挚、谦和、豁达之心论学和切磋技艺。如在开封遇到一位少年朱越千,得知其"愿学经济",颜元便"沽酒对酌",甚至"提剑而舞"。当徐适和朱主一将其送至磁州将要告别时,朱主一请颜元"习恭"以观之,颜元提出一起"习恭"。因为两人并坐习礼,颜元感慨道:"吾儒无一处不与异端反,即如我二人并坐习恭,俨然两儒,倘并静坐,则俨然两禅和子矣!"[1] 尤其是在拜访明朝宗室朱宁居、朱主一之后,考虑到改朝换代使得朱姓之人多有避讳,康熙二年(1663)发生的"《明史》案"曾牵扯不少朱姓之人,因此在写给朱宁居的书信以及写给朱宁居的祭文中,为规避政治风险,直接称其为"李宁居"等。点点滴滴,无不彰显出他的人格魅力及心系家国、关爱天下的博大情怀。

总的来说,这是一次达到预期目的、收获颇丰的游学活动,因此也对颜元的学术思想产生了重要的影响。

首先,使他更加坚定地力主"实学"、践行"实学"。正如颜元在《寄桐乡钱生晓城》中所言:

> 乃盘桓中州八阅月,二千余里,所见如张起庵师弟、孙征君、周铁邱、云骨子诸翁之门人,所闻如耿逸庵、李中孚、俞春山,大抵皆宋人之学,而更不及,仁义真充塞矣。非罢口敝舌,辩开一分宋学,孔道一分不入。[2]

《颜习斋先生年谱》亦载:

> 盖忧予《存性》《存学》,大翻宋明之案,逆而难入,录其合道之言,欲使人信吾说不谬于先儒,而教易行,意甚盛也。然予未南游时,尚有将就程朱,附之圣门支派之意,自一南游,见人人禅子,家家虚文,直与孔门敌对,必破一分程朱,始入一分孔孟,乃定以为孔孟、程朱,判然两途,不愿作道统中乡愿矣。[3]

---

① 李塨纂,王源订:《颜习斋先生年谱》,载陈山榜整理:《颜李丛书》卷上,河北人民出版社2018年版,第52页。
② 颜元:《习斋记余》,载陈山榜整理:《颜李丛书》卷上,河北人民出版社2018年版,第451页。
③ 李塨纂,王源订:《颜习斋先生年谱》,载陈山榜整理:《颜李丛书》卷上,河北人民出版社2018年版,第52页。

此时的颜元,完全是以程朱思想反叛者的姿态面世,这一阶段也是他独立学术思想成熟的时期。① 一向反对著书的颜元却在南游之后,连续写了《四书正误》《朱子语类评》两部著作来抨击宋明理学,敢于"别出一派",公然与宋明理学分庭抗礼,对宋明以来性命义理之学不遗余力进行攻击。② 对此,弟子及后人评价甚高。如弟子王源说颜元是"开二千年不能开之口,下二千年不敢下之笔"③。钱穆也评价道:"遥遥斯世,'前不见古人,后不见来者,念天地之悠悠,独怆然而涕下',可以为习斋咏矣。"④

其次,游学中州,也使得颜元的名声大增,影响范围扩大,表现在跟从颜元问学的人日益增多,除在南游时延揽一批门人或后学外,还有故友李介石等,如《年谱》载:"南游后,介石具币仪来问学也。"⑤与此同时,颜元还被邀请到肥乡漳南书院主持执教两个月。当时,肥乡学者郝文灿几次拜访,请颜元设教漳南书院。后来,颜元还是同意了郝文灿的请求,在漳南书院将自己的实学思想付诸实践。

再次,在当时"非朱子之传义不敢言,非朱子之家礼不敢行"的学术专制背景下,颜元无惧"身命之虞",把抨击的矛头集中指向程朱理学,公开提倡"实学",强调"实文、实行、实体、实用"⑥,对改变当时社会风气和治学脱离实际的不良倾向具有一定的作用。

原载《郑州航空工业管理学院学报(社会科学版)》2020年第1期

---

① 黄明喜、袁德润:《颜元〈四书正误〉的教育学意蕴》,《河北师范大学学报(教育科学版)》2011年第11期。

② 郭淑云:《颜元对宋明理学的批判及其特点》,《东北师大学报》1987年第5期。

③ 王源:《与婿梁仙来书》,载《居业堂文集》卷八,丛书集成初编本卷八,商务印书馆1936年版。

④ 钱穆:《中国近三百年来学术史·颜习斋 李恕谷》,载陈山榜、邓子平主编:《颜李学派文库》第10册,河北教育出版社2009年版,第3496页。

⑤ 李塨纂,王源订:《颜习斋先生年谱》,载陈山榜整理:《颜李丛书》卷上,河北人民出版社2018年版,第52页。

⑥ 王炳照、阎国华:《中国教育思想通史》第4卷,湖南教育出版社1994年版,第224页。

清代临桂陈氏科举家族考论

◎韦骅峰*

摘　要：清代临桂陈氏科举家族从世代务农的普通人家，转变为"五代连科"、多人入朝为官的仕宦家族，科举考试在其中发挥了最重要的影响力。自 1723 年陈宏谋考中进士起到 1904 年陈敷功考中进士为止的一百多年间，陈氏家族共有 45 人考取贡生以上功名。从支系、世代、朝代和代际关系的角度分析陈氏家族的科举功名情况，有助于厘清陈氏家族繁衍发展的真实状况和背后反映的广西科举考试的历史背景。对陈氏家族的研究为清代广西科举家族的发展历程和特点提供了一个生动的案例，有助于还原广西地方社会发展风貌。

关键词：科举家族；临桂陈氏；清代广西

"科举家族"的概念，涉及对家族成员中考取功名数量和等级的标准、代数或血缘的亲疏，以及家族地域范围的讨论。张杰在《清代科举家族》一书中提出："科举家族"，是指清朝世代聚族而居，从事举业人数众多，至少取得举人或五贡以上功名，在全国或地方产生重要影响的家族。[①] 科举家族的研究具有明显的地域性特征。一方面是由于乡试分省进行，各省之间、同省的府州县之间科举录取差异较大，将研究范围限定在一省或一府最为准确；另一方面是由于我国传统安土重迁的思想，科举家族往往在一地累世而居，家族成员均是在当地参加乡试中举，因而科举家族研究与地域文化研究密不可分。学界对科举家族定义争论的焦点在考取功名的数量标准和家族代数沉淀。目前比较主流的观点是将范围限定在五代以内，至少出现两位进士或举人的家族被称为科举家族。因为家族的影响需要积累和延续，相隔五代以上，前代科举中第的影响已经微乎其微，失去将其作为科举家族的意义。而拥有两名进士或举人，意味着家族中可能还有更多获得秀才、五贡功名，乃至从事举业但尚未获得功名的家族成员。这样人数众多、累世业举并获得相当成就，在地方上颇有影响的家族，正是"科举家族"应当研究的对象。

---

* 作者简介：韦骅峰，浙江大学教育学院博士研究生。

① 张杰：《清代科举家族》，社会科学文献出版社 2003 年版，第 1 页。

　　广西地处边疆少数民族地区,经济发展和文教事业相对落后,历朝科举考试中试人数不多。清代科举考试实施分省定额录取之后,保证了边远省份士子的中试机会。因而清代广西举人和进士的人数较前代有明显增加,科举家族的数量也逐渐增多,对地方社会文化的影响也日益扩大。清代广西最声名显赫的科举家族,首推临桂陈氏家族。陈氏家族世居广西桂林临桂四塘横山村,从世代务农的普通人家,转变为"五代连科"、多人入朝为官的仕宦家族,体现了科举考试促进社会阶层流动的重要作用,具有典型性。陈氏家族的代表人物陈宏谋,是清代桂林籍官员中职位最高的治世名臣。其任职足迹遍布全国 12 个省区,对中央政策的制定也有较大影响力。陈宏谋的玄孙陈继昌是我国历史上最后一位"连中三元"的状元郎,是千年科举史上仅有的 13 人之一。陈氏家族有"高祖当朝一品,玄孙及第三元"的美誉,在清代广西地方社会具有举足轻重的影响力,因而本研究选择兼具典型性和代表性的临桂陈氏家族作为研究对象。

一、清代临桂陈氏家族科举考试获得功名情况概述

　　清代临桂陈氏家族是义门陈氏在楚地的分支,明景泰至天顺年间(1450—1464)由洞庭湖畔迁至临桂横山村。在陈氏先祖陈宝聚迁往横山村后,经历数代默默无闻的务农,自 1723 年第九世陈宏谋考中举人、进士起,临桂陈氏家族突然由普通的务农家族,转变为累世连科的科举仕宦家族。

　　陈宏谋的父亲陈奇玉生三子:陈宏诚、陈宏谋和陈宏议,家族至第九世起,可以分为陈宏诚、陈宏谋和陈宏议三个支系。临桂陈氏科第成果丰硕,若仅从三个主要支系分别计算家族的进士、举人数量,这三个支系也都完全可以被称为科举家族。现根据《临桂陈氏族谱》①《临桂县志》《清代硃卷集成》《明清进士题名碑录索引》等文献内容,分别简述三个主要支系的科举功名情况。②

(一)陈宏诚一系主要情况

　　陈宏诚没有考取功名,仅补了县学生。其生五子,除第五子钟珂过继给陈宏谋为嗣之

---

① 《临桂陈氏族谱》尚未出版,由陈氏家族成员世代编撰、保存,并持续更新。本研究中所用到《临桂陈氏族谱》,是笔者实地调研临桂陈氏世居地临桂横山村时,由陈氏后人提供的。

② 以下陈氏家族科考情况,主要参照《临桂陈氏族谱》;(清)吴征鳌、黄泌:《临桂县志·选举志》,清光绪三十一年(1905)刻本;顾廷龙:《清代硃卷集成》,台湾成文出版社有限公司 1992 年版;朱保炯、谢沛霖编:《明清进士题名碑录索引》,上海古籍出版社 1979 年版等材料整理而成。如有冲突之处,以《清代硃卷集成》和《明清进士题名碑录索引》为准。两者均无明确记载的,则主要参考《临桂县志》。

外,尚余钟璠、钟瑶、钟琨、钟理四子。陈宏諴长子,十世陈钟璠,字朴先,国学生。生三子兰荃、兰芬、兰芳,为国学生、邑庠生。次子钟瑶,字以丹,邑庠生,以陈宏谋荫任山东张秋通判、河南开封同知。受陈宏谋的影响熟悉水利河工,为上官所器重。生三子兰蓬、兰蔼和兰蕙。三子陈钟琨,字心友,候选县丞。生二子兰蔚、兰若,兰蔚任山东武定府商河县典史。四子陈钟理,字燮公,号执齐,乾隆六年(1741)辛酉科举人,是陈宏諴四子中唯一取得科举功名的儿子。历任直隶魏县、湖北潜江、湖南湘阴、常宁等县知县,颇有政绩。生三子兰莼、兰芸和兰葆。

陈钟瑶长子,十一世陈兰蓬,字长风,郡庠生。次子陈兰蔼,字仲吉,号可轩,乾隆五十七年(1792)壬子科举人,任郁林州学政。三子陈兰蕙,字树琬,号赞谷,乾隆五十四年(1789)己酉恩科举人,拣选知县。陈钟理长子陈兰莼,字桂山,号翰秋,国学生。次子陈兰芸,字书城。三子陈兰葆,字舍光,号云樵,乾隆四十八年(1783)癸卯科举人,拣选知县。

之后陈宏諴一系子孙相对其他两系而言鲜有功名,陈兰芳之子,十二世陈畴熙,字承箕,号莽原,嘉庆十五年(1810)庚午科举人,任平南县学训导。陈智熙之子,十三世陈其昌,字八五,郡廪生,道光十二年(1832)壬午科举人,拣选湖南知县。

陈宏諴一系是临桂陈氏三个主要支系中考取功名数量和等级最薄弱的,共考取 6 名举人,没有考取进士。

(二)陈宏谋一系主要情况

陈宏谋一系是临桂陈氏家族科第成果最繁盛的一系,也是陈氏科举家族兴起的源头。陈宏谋是雍正元年(1723)癸卯恩科乡试第一,获解元。同年参加会试获第 109 名,殿试取三甲第 12 名[①](一说为三甲第 9 名[②],本文采用前者的说法),授翰林院庶吉士。随后在全国各地为官 34 年,历任浙江道监察御史、扬州知府、云南布政使,江西、陕西、湖北、河南、福建、江苏、湖南等省巡抚。后调回中央,任吏部尚书、东阁大学士等职,是我国古代广西籍官员中官位最高、为官时间最长、历任省份最多的官员。原配夫人杨氏是临桂店头村人,生六女两男,但陈宏谋的两个亲生儿子都幼年夭亡,因而以兄长宏諴的第五子陈钟珂为嗣。十世陈钟珂 18 岁时过继给陈宏谋,是乾隆六年(1741)辛酉科举人,拣选知县。原配王氏临桂东村人,继配刘氏永福人。生三子陈兰森、陈兰楸和陈兰枝,全都考取了功名。

十一世陈兰森是陈钟珂的长子,也是临桂陈氏第十一世最杰出的人才。他是乾隆二十一年(1756)丙子科举人,乾隆二十二年(1757)丁丑科进士。历任翰林院编修、江西盐法道、湖南督粮道等职。二子陈兰楸,字德新,号丰桥,是乾隆五十七年(1792)壬子科副榜,拣选直

---

① 朱保炯、谢沛霖编:《明清进士题名碑录索引》,上海古籍出版社 1979 年版,第 2691 页。
② 陈钟珂:《陈文恭公年谱》卷一,《北京图书馆藏珍本年谱丛刊》第 95 册,北京图书馆出版社 1999 年版,第 482 页。

隶州州同。三子陈兰枝,字伦华,号孙甫,是乾隆五十七年(1792)壬子科举人,拣选湖南知县。陈兰森生三子,分别为陈兆熙、陈元泰和陈鼎勋。

陈宏谋的曾孙延续了祖辈和父辈科举传家的辉煌,科第成果丰硕。十二世陈兆熙,字梦鱼,号春宇,是乾隆四十二年(1777)丁酉科拔贡,同时也是本科举人,为官历任广东新安县等县知县、贵州铜仁知府等职,署贵州东道衔。陈元泰,原名定熙,字寿士,乾隆五十三年(1788)戊申科举人,候补内阁中书。陈鼎勋,字铭庭,是邑庠生,未婚殁。陈兰楸生子陈文熙,榜名襄熙,字成章,咸丰六年(1856)丙辰科举人,候补知县。陈兰枝生子陈载熙,字亮揆,嘉庆十八年(1813)癸酉科副榜,任武缘县教职,候选直隶州州判。陈兆熙生三子陈守增、陈庆昌和陈麟昌。陈元泰生三子陈治昌、陈继昌和陈詠昌,其中陈继昌过继给陈鼎勋做嗣子。

陈宏谋的五世孙在父辈的基础上再创佳绩,创造了光耀千古的科考佳话。十三世陈守增,字谦益,号秋田,嘉庆三年(1798)戊午科举人,任国子监监丞,分发同知。陈庆昌,榜名际昌,又名守昌,号松孙,道光十七年(1837)丁酉科优贡,候补新宁县学训导,后担任云南弥勒县知县、南宁府同知等职。陈麟昌,字受田,国学生。陈治昌,原名守堃,榜名守模,字敦臣,号珊海,荫监生、候选县丞。道光元年(1821)辛巳恩科举人,乡试第八名。充罗宫教习,后任贵州龙里县守备、知县,开阳知州等职。最引人注目的当属陈继昌,榜名守睿,嘉庆十八年(1813)癸酉科解元,嘉庆二十五年(1820)庚辰科会元,殿试被点为状元,是我国科举考试历史上最后一位"三元及第"者。陈詠昌,原名奎昌,字翰臣,号西屏,道光二年(1822)壬午科举人,乡试第四名,大挑一等。历任象州学政、郴州知府、德庆知府等职。治昌、继昌和詠昌胞兄弟三人皆至少考取举人,而陈继昌更是连中三元,成为一时佳话。

而后陈宏谋一系依然延续着科举成绩的辉煌,不但有多人中举、担任官职,甚至还出现了"父子进士"的盛况:十四世陈延常是陈继昌之子,道光二十六年(1846)丙午科举人,同知衔候选知县。陈詠昌之子陈延英于咸丰六年(1856)获丙辰科副贡,任湖南直隶州通判、知县。陈守增之子陈祥光是岁贡生,候补训导。十五世陈福荫是陈治昌之孙、陈延息之子,号少修,光绪十七年(1891)辛卯科举人,光绪十八年(1892)壬辰科进士,历任湖南宁乡、石门,湖北通城、潜江知县,升户部主事郎。生敉功等六子。值得一提的是,光绪十八年(1892)壬辰科会试,不但广西临桂人刘福姚获得了状元,同科更有包括陈福荫在内的其他七名临桂人获得进士。再加上光绪十五年(1889)广西临桂人张建勋同样考中状元(同科还有其他四名临桂籍进士),从而成就了中国科举考试史上临桂县"一县八进士,三年两状元"的传奇佳话。

十六世陈敉功,号彦青,光绪二十七年(1901)辛丑补行庚子恩科举人,光绪三十年(1904)甲辰会试恩科进士。不仅和父亲一样进士及第,同时也是中国科举考试最后一科的进士,对于科举考试而言意义重大。历任江西泰和、安仁知县,民国元年(1912)任职于蒙、藏外事部。陈延息之孙、陈福荃之子陈懋功,与堂兄弟陈敉功同为光绪二十七年(1901)辛丑补行庚子恩科举人,历任湖南浏阳、益阳知县。

陈宏谋一系共考取了状元 1 名、进士 5 名、会元 1 名、解元 2 名、举人 15 名、五贡 6 名,是临桂陈氏家族取得科举考试成就最大的一系。

(三)陈宏议一系主要情况

陈宏议本人同长兄一样没有获得功名,生三子钟琛、钟玫和钟璐。十世陈钟琛,字紫岱,乾隆二十四年(1759)己卯科举人,历任直隶抚宁知县、云南鹤庆州知州、浙江宁波知府、河南按察使、山东布政使、巡抚等职。为官颇有政绩,且热心于家乡建设。生一子兰策。陈钟玫,字善元,道光二年(1822)壬午科副榜,候选湖南同知。生三子兰箴、兰笥、兰钱。陈钟璐,字荫山,国学生。生兰符、兰赞、兰秌等十一子。

十一世陈兰策,字方吾,号香林,嘉庆元年(1796)丙辰制科孝廉方正,嘉庆五年(1800)庚申科举人,嘉庆十年(1805)乙丑科进士,任甘肃洮州同知,署巩昌知府。生两子来熙、迈熙。陈兰箴,字顾吾,附监生,候选县丞。陈兰符,字信吾,嘉庆六年(1801)辛酉科拔贡,嘉庆九年(1804)甲子科举人,拣选知县。生一子泰熙。陈兰赞,榜名兰簪,字豫吾,嘉庆十二年(1807)丁卯科副榜,嘉庆十八年(1813)癸酉科举人,拣选知县。陈兰秌,榜名兰箖,字登吾,道光八年(1828)戊子科副贡。

十二世陈来熙,字有斯,嘉庆十三年(1808)戊辰科举人,拣选河南知县。陈迈熙,字及斯,嘉庆二十一年(1816)丙子科举人,道光六年(1826)大挑一等,历任河南襄城、新乡知县,同知衔。生衍昌、会昌等五子。陈泰熙,原名通熙,字子城,道光十四年(1834)甲午科举人,道光二十一年(1841)辛丑会试恩科进士,拣选河南知县,后升至知府。

十三世陈衍昌,又名敦陞,字萌卢,同治元年(1862)壬戌恩科举人,同治四年(1865)乙丑科进士,历任平乐府永安州学正、陕西三原知县,同知衔。陈会昌,又名敦垓,榜名观民,字涛南,光绪八年(1882)壬午科举人,拣选知县。

陈宏议一系共考取进士 3 名、举人 9 名、五贡 4 名,科举考试成果仅次于陈宏谋一系,也十分出色。

(四)临桂陈氏家族其他旁系子孙情况

此外还有其他临桂陈氏家族旁系子孙取得了一些科举成果,在此就不一一梳理他们的世系情况,仅对他们的基本信息和考取功名情况做简要介绍:

陈宏绪,字阁修,乾隆元年(1736)丙辰恩科举人,拣选湖南宁乡知县。

陈钟瑞,字虞辑,乾隆六年(1741)辛酉科举人,与堂兄弟钟珂、钟理是同榜举人,拣选知县。

陈钟球,字铃山,乾隆九年(1744)甲子科举人,任横县县学学正。

陈钟瑗,字引异,乾隆二十五年(1760)庚辰科举人,任平乐县学训导。

陈钟珣,乾隆四十三年(1778)戊戌科岁贡。

陈寿昌,道光元年(1821)辛巳恩科举人,贵州定番州知州。

陈延宣,同治二年(1863)癸亥科岁贡。

陈运昌,光绪元年(1875)乙亥恩科举人。

临桂陈氏家族其他旁系子孙共考取举人 6 名、五贡 2 名。

综合三个主要支系和其他旁系的情况,临桂陈氏家族共考取了状元 1 名、进士 8 名、会元 1 名、解元 2 名、举人 28 名、五贡 9 名,获得五贡以上功名共 45 人(除去同时获得五贡和举人功名者 3 人),不愧是清代广西最负盛名的科举家族之一。

二、陈氏科举家族考取功名分析

(一)临桂陈氏家族科举考试获得功名情况综述

自陈宏谋于雍正元年(1723)获解元、中进士以来,临桂陈氏家族由世代农耕家族一跃成为仕宦家族。并且经过十余年的沉淀、积累,陈氏家族的下一代持续读书受教、攻举子业,科第成绩在乾隆朝有了井喷式的发展,多人中举入仕,从此陈氏家族历朝科名不断,各世代也均有人中举或进士及第,一直持续到清末科举制被废除。

临桂陈氏家族的科考情况在多种历史文献中均有记载。《清代硃卷集成》中记录了陈宏绪、陈钟珂、陈钟瑞、陈畴熙、陈继昌等人的乡试硃卷,其中的履历表记载了陈宏谋系、陈宏諴系和旁系陈宏绪、陈钟瑞的支系考取功名情况。科举制于光绪三十一年(1905)被正式废除,光绪三十一年续修的《临桂县志》正好完整地记载了整个清代临桂县的科举考试获得功名情况。参照《临桂陈氏族谱》中记载的家族成员,可以很清晰、明确地统计临桂陈氏家族的功名情况。现结合上述材料,统计临桂陈氏家族的科举考试获得功名如表 1、表 2 和表 3 所示。其中正一品至正四品为高级官员,从四品至正七品为中级官员,从七品及以下为低级官员[①];为了对获得功名的人数有更为准确的分析,获得多个功名者不重复计算,以其获得的最高功名为准。

---

① 陈氏家族成员的官职等级可参考黄本骥:《历代职官表》卷一至六,上海古籍出版社 1980 年版。

表 1　清代临桂陈氏家族进士功名

序号	世代	姓名	功名	年号	官职等级
1	九	陈宏谋	进士	雍正	高
2	十一	陈兰森	进士	乾隆	高
3	十一	陈兰策	进士	嘉庆	中
4	十二	陈泰熙	进士	道光	中
5	十三	陈继昌	进士	嘉庆	高
6	十三	陈衍昌	进士	同治	中
7	十五	陈福荫	进士	光绪	中
8	十六	陈敉功	进士	光绪	中

　　从总量上看,临桂陈氏家族总共考取了 8 位进士,据统计,清代每个州县平均有进士 17 人左右,陈氏家族考取的进士数相当于普通州县的一半以上,已经是一个相当不错的成绩。[①] 但清代临桂县的科第繁盛远非普通州县可以相比,仅从陈宏谋进士及第的雍正元年(1723) 开始统计,至光绪三十年(1904)陈敉功考中进士为止,这期间临桂县共考中进士 182 名,整个清代临桂县共有 188 名进士。陈氏家族能在文风盛行、人才众多、科举考试竞争激烈的临桂脱颖而出,成为清代广西科名最盛的科举家族之一,殊为不易。

　　从时间上看,陈氏家族成员获得进士功名的世代并不集中,每个世代至多考取两名进士,每个朝代的情况也是如此。但陈氏家族成员获得进士功名的延续性很强,从第九世至第十六世进士功名未有长时间的断绝,从朝代的角度分析也只有咸丰朝未获得进士。进士功名的世代延续性和较高等级的入仕任职情况,既保障了临桂陈氏家族较高层次仕宦家族的地位和参与科举考试的竞争力,又维持了良好的经济水平和仕宦家族交游网络,形成一个促进家族发展繁盛的良性循环。

表 2　清代临桂陈氏家族举人功名

序号	世代	姓名	功名	年号	官职等级
1	九	陈宏绪	举人	乾隆	中*
2	十	陈钟珂	举人	乾隆	中*
3	十	陈钟理	举人	乾隆	中
4	十	陈钟瑞	举人	乾隆	中*
5	十	陈钟球	举人	乾隆	低

---

　　① 张杰:《清代科举家族》,社会科学文献出版社 2003 年版,第 315-316 页。

续表

序号	世代	姓名	功名	年号	官职等级
6	十	陈钟琛	举人	乾隆	高
7	十	陈钟瑷	举人	乾隆	低
8	十一	陈兰枝	举人	乾隆	中*
9	十一	陈兰葆	举人	乾隆	中*
10	十一	陈兰蕙	举人	乾隆	中*
11	十一	陈兰蔼	举人	乾隆	低
12	十一	陈兰赞	举人	嘉庆	中*
13	十一	陈兰符	举人	嘉庆	中*
14	十二	陈兆熙	举人	嘉庆	中
15	十二	陈元焘	举人	嘉庆	中*
16	十二	陈畴熙	举人	嘉庆	低
17	十二	陈来熙	举人	嘉庆	中*
18	十二	陈迈熙	举人	嘉庆	中
19	十二	陈文熙	举人	咸丰	中*
20	十三	陈守增	举人	嘉庆	中
21	十三	陈治昌	举人	道光	中
22	十三	陈寿昌	举人	道光	中
23	十三	陈詠昌	举人	道光	中
24	十三	陈其昌	举人	道光	中*
25	十三	陈运昌	举人	光绪	
26	十三	陈会昌	举人	光绪	中*
27	十四	陈延常	举人	道光	
28	十六	陈懋功	举人	光绪	中

注:官职等级中标"*"的为拣选官职。

举人群体是陈氏家族的中坚力量,占所有功名群体的数量最多,共计 36 名,这一数量在广西的科举家族中也是名列前茅。从世代情况看,陈氏家族的举人主要集中在第十世至第十三世,总计 25 名举人,占所获得全部举人数的 89.3%;从朝代上看,主要集中在乾隆和嘉庆朝,咸丰和同治朝最少。另外,陈氏家族举人的任职情况以担任中低级的地方官员为主,并且 12 名举人仅获得了拣选官职,占所有入仕举人的一半以上。

为应对官员名额固定但举人人数日渐增加的情况,清朝在顺治年间就实行了拣选制度,规定举人如会试不中,可以授予推官、知县、通判等官职。康熙九年(1670)对举人拣选制度进行了进一步细化,规定:广西、广东、福建等偏远省份,参与会试一科不中者,即可拣选,以知县用。[①] 康熙三十九年(1700)对举人拣选排序方法做出了规定,广西举人拣选依照乡榜名次先后进行排序,但同时参与拣选者不能再进行会试。乾隆四年(1739)对拣选任职增加了年龄上的限制,规定年富力强的举人注册为拣选知县,而年纪偏大的举人则只能注册教职。[②] 陈氏家族的 12 名参与拣选的举人中,11 人是拣选知县,1 人是拣选内阁中书,没有人拣选教职,证明这 12 名举人中举时年纪尚轻,年富力强。

但拣选官员等候上任的时间相当漫长,往往需要十几二十年甚至三十年的时间。[③] 为此清政府甚至专门出台政策,针对 60 岁以上或虽未达 60 岁但身体虚弱不能任职的拣选知县,由吏部授予八品以上京衔。最高 80 岁以上的拣选知县,甚至可被授予都察院都事、经历等六品京衔。[④] 由此可知拣选知县的候选时间有多漫长,因而陈氏家族这 12 名拣选官员,最后真正能上任的很可能不到半数。余下者只能担任教职,发挥乡贤士绅参与地方建设的作用。

此外,清朝继承和发扬了明朝的贡举制度,在前代基础上,在地方府、州、县学选拔生员入国子监读书,形成了独特的五贡功名。五贡包括岁贡、副贡、优贡、拔贡和恩贡五种,区别于捐纳入仕等"杂流",被认为是除考中进士、举人入仕以外的"正途"。[⑤] 陈氏家族的五贡功名以副贡和岁贡为主,共获得 5 名副贡、3 名岁贡和 1 名优贡,没有恩贡和拔贡。副贡又称副榜,指在乡试录取的正榜举人之外,列入备取、可入国子监读书的生员。副贡也属于乡试中的佼佼者,监临官在复核乡试硃卷时,获得三个"优"的可中举人,获得两个"优"的则获得副贡。[⑥] 可见获得副贡的陈氏家族成员的科举考试成绩也相当不错,接近中举。岁贡则是承袭明制,以府、州、县学的资深廪生按顺序升贡,入国子监学习。[⑦] 普通县学是两岁一贡,临桂县学的则是一岁一贡,客观上为陈氏家族成员获得岁贡提供了更多的可能性。[⑧]

表3　清代临桂陈氏家族五贡功名

序号	世代	姓名	功名	年号	官职等级
1	十	陈钟珣	岁贡	乾隆	
2	十	陈钟玫	副贡	道光	中*

① 昆冈等:《钦定大清会典事例》卷七十三,清光绪十二年(1886)刻本,第 47 页。
② 昆冈等:《钦定大清会典事例》卷七十三,清光绪十二年(1886)刻本,第 51 页。
③ 马镛:《清代举人、贡生和监生入仕初探》,《科举学论丛》2011 年第 1 期。
④ 昆冈等:《钦定大清会典事例》卷七十三,清光绪十二年(1886)刻本,第 53 页。
⑤ 赵尔巽:《清史稿》志八十八,《选举一》,民国十七年(1928)清史馆本,第 1655 页。
⑥ 冯桂芬:《校邠庐抗议》卷二,清光绪十年(1884)豫章刻本,第 37 页。
⑦ 赵尔巽:《清史稿》志八十八,《选举一》,民国十七年(1928)清史馆本,第 1654 页。
⑧ 吴征鳌、黄泌:《临桂县志》卷十七,《学校志》,清光绪三十一年(1905)刻本,第 756 页。

续表

序号	世代	姓名	功名	年号	官职等级
3	十一	陈兰楸	副贡	乾隆	中*
4	十一	陈兰秌	副贡	道光	
5	十二	陈载熙	副贡	嘉庆	低
6	十三	陈庆昌	优贡	道光	中
7	十四	陈祥光	岁贡	道光	
8	十四	陈延英	副贡	咸丰	中
9	十四	陈延宣	岁贡	同治	

(二)临桂陈氏家族科举考试取得的功名在支系、世代和朝代情况

上一部分在梳理陈氏家族的主要支系时曾简要提到,陈氏家族获得的功名众多,但功名的集聚现象也十分明显,主要集中在少数支系之中。

表 4　清代临桂陈氏家族支系考取功名情况

支系	进士人数	举人人数	五贡人数	总计
陈宏諴系	0	6	0	6
陈宏谋系	5	10	5	20
陈宏议系	3	6	2	11
其他旁系	0	6	2	8
总计	8	28	9	45

如表 4 所示,陈宏谋系获得的功名数量是三个主要支系中最多的,其进士、举人和五贡数也是最多,总功名数接近其他支系的总和。并且陈宏谋是陈氏家族兴盛的起源,陈宏谋系共有 5 名进士,担任高、中级官员的数量也最多。由此可见陈宏谋系在科举时代是三个主要支系中发展最好的。陈宏议系的陈钟琛虽然仅是举人出身,但是官至山东布政使、巡抚。因山东没有总督,因而山东巡抚是正二品的大员,高于其他地方巡抚。其子陈兰策、其曾孙陈衍昌也不负众望,考取进士。陈宏议系的功名数量仅次于陈宏谋系,位居第二。陈宏諴系的功名数量和层次在三个支系中都是最少最低的,甚至略少于其他旁系的总和,并且也没有高级官员产生。

陈氏家族的世代功名表和朝代功名情况如表 5、表 6 所示,从世代上看,陈氏家族获得的功名主要集中在第十至第十三世,占功名总数的 80%,即陈宏谋一鸣惊人获联捷进士,辗转多地任地方大员并最终官至东阁大学士后,陈氏家族在其后的四代里迎来了科考功名的高峰,世人交口称赞的"五代连科"真如是也。但随后陈氏家族的功名数量出现了断崖式的下降,第十四至十六世总共仅有 7 人获得科考功名。

表 5 清代临桂陈氏家族世代考取功名情况

世代	进士人数	举人人数	五贡人数	总计
九	1	1	0	2
十	0	6	2	8
十一	2	6	2	10
十二	1	6	1	8
十三	2	7	1	10
十四	0	1	3	4
十五	1	0	0	1
十六	1	1	0	2
总计	8	28	9	45

从朝代上看,陈氏家族获得的功名主要集中在乾隆、嘉庆和道光三朝,共计 35 人,占总人数的 77.8%。这一时期与陈氏家族第十至第十三世所处的时间基本对应,是陈氏家族获得功名的集中时期。值得注意的是,陈氏家族所获功名变化的情况,与临桂县进士数量的变化情况也十分一致:同样是雍正朝数量较少;乾隆、嘉庆、道光三朝有了大幅度提升;到咸丰朝出现断崖式下降;最后在光绪朝有了一定回升。唯一不同的是,光绪朝临桂县出现了"一县八进士,三年两状元"的盛况,进士数远超前代。可见陈氏家族考取功名的情况,也与临桂乃至广西的科举考试形势有着较为密切的联系。

表 6 清代临桂陈氏家族考取功名情况

年号	进士人数	举人人数	五贡人数	总计	临桂进士数
雍正	1	0	0	1	5
乾隆	1	11	2	14	34
嘉庆	2	8	1	11	28
道光	1	5	4	10	30
咸丰	0	1	1	2	12
同治	1	0	1	2	26
光绪	2	3	0	5	47
总计	8	28	9	45	182

造成陈氏家族科举考试获得功名世代变化和呈现朝代变化趋势的原因,其一是各个朝代的开科情况不同。雍正朝开科较少,仅开了 6 科;乾隆、嘉庆、道光三朝广西的政治局势较为稳定,科举考试照常进行,广西分别开科 28、11 和 15 科,是活跃在乾、嘉、道三朝的陈氏家族第十至十三世族员获得功名较多的因素之一。但咸丰元年(1851),太平天国运动在广西爆发,天地会也在广西各地起义举事,广西各地的政治局势受到了较大冲击,乡试无法正常举行。[①] 咸丰年间仅正常举行了 2 次乡试考试,因而陈氏家族考取功名的情况受到了很大影响。同治年间虽然广西乡试得以正常进行,但同治朝持续时间较短,仅开 5 科,因而获得的功名也较少。光绪朝持续时间较长,共开 14 科,因而考取功名数量也有了一定程度的回升。

其二是广西政治局势不稳的影响。自平定吴三桂叛乱后,广西已经承平两百年,期间没有兵祸战事爆发。但道光年间,广西天灾不断:道光十二年大疫,十五、十六年蝗灾,二十五年夏突降大风雨,二十六年冬大雪盈尺,咸丰元年复又大蝗。接连的天灾,给民众的生活带来很大的影响。在民间,动乱失序的因素已经在滋养。"自道光季年,民心思乱,亡命草泽者处处为乱。"[②]道光三十年(1850),洪秀全于桂平紫金山集会,召集手下杨秀清、萧朝贵、冯云山、韦昌辉、石达开等人发动起义,"攘臂一呼,所在响应",是为太平天国起义。起义军先后败清军于新圩、思旺、黄牛岭等地。咸丰元年(1851),清政府调集楚、滇、黔三省兵力围剿,复又大败。起义军兵进象州,攻陷永安,并于咸丰二年(1852)围攻省城桂林。清政府复调川、鄂、豫三省兵力入桂作战。至此广西全省失序,科举考试被迫停止,从道光二十九年(1849)至咸丰六年(1856)均未开科,咸丰八年(1858)广西乡试又被取消,咸丰朝共计只开两科。除此之外,战乱给陈氏家族成员的生命财产安全也带来很大影响。据《临桂陈氏族谱》记载,在太平天国运动期间,陈氏家族有两人因兵乱走失,有两人下落不明。由此可以推测,陈氏家族在起义军进犯桂林期间,曾抛下祖业,组织家族成员迁移避难,战乱结束后才回归祖地。但在迁移过程中,还是不可避免地承受了人员和财产损失,这对陈氏家族通过科举考试获得功名的延续有较大影响。

其三是科举制废除的冲击。晚清中国社会风雨飘摇,人心思变,对科举这一"国家抡才大典"的改革也被提上了日程。1901 年,自明代开始延续了 500 余年的八股文首先被废除,改试中国政治史论和各国政治时事。这一改革被认为是对科举制度的"一次革命"[③]。尽管如此,1903 年张之洞、袁世凯等人以逐渐降低名额的方式,最终通过了于 1911 年废除科举制的奏议。但由于时局变化,在举行完光绪二十九年(1903)癸卯恩科乡试和光绪三十年

---

① 广西壮族自治区地方志编委会:《广西通志·教育志》,广西人民出版社 1995 年版,第 85 页。

② 吴征鳌、黄泌:《临桂县志》卷十八,《前事志》,清光绪三十一年(1905)刻本,第 829 页。

③ 刘海峰:《科举停废 110 年祭》,《厦门大学学报(哲学社会科学版)》2015 年第 5 期。

(1904)甲辰恩科会试后,科举制就被提前废除了。[①] 陈氏家族第十五世的部分成员、第十六世的绝大部分成员都活跃在清末民初。受科举制废除的影响,陈氏家族第十五、十六世成员无法继续参加科举考试,其获得功名数量自然会大幅减少。最后以十六世陈籹功获得光绪三十年(1904)甲辰恩科进士画上句号。

(三)临桂陈氏家族考取功名的代际关系

临桂陈氏家族获得功名的集聚现象较为明显,主要集中在陈宏谋系和陈宏议系,陈宏諴系和其他旁系考取的功名相对较少。同样生活在临桂的山水之间,对外受地方的政治、经济、文化、教育和科举制度等条件的影响相似,对内家族经济条件、家学家风传承类似,造成不同支系间获得功名情况差异较大的原因之一在于代际传承情况。现根据《临桂陈氏族谱》中记载的各分支主要情况,将陈氏家族三个主要支系和其他旁系获得功名者的代际关系情况统计如表7、表8所示。

表7　主要支系族获得功名者的代际关系情况

支系	姓名	父亲是否获得功名或为官	是否有子嗣获得功名或为官
陈宏谋系	陈宏谋	否	是
	陈钟珂	是	是
	陈兰森	是	是
	陈兰枝	是	是
	陈兰栤	是	是
	陈兆熙	是	是
	陈元焘	是	是
	陈文熙	是	无嗣
	陈载熙	是	否
	陈继昌	是	是
	陈守增	是	是
	陈治昌	是	是
	陈詠昌	是	是
	陈庆昌	是	否
	陈延常	是	否

[①] 刘海峰:《中国科举史上的最后一科乡试》,《厦门大学学报(哲学社会科学版)》2003年第5期。

续表

支系	姓名	父亲是否获得功名或为官	是否有子嗣获得功名或为官
陈宏谋系	陈祥光	是	否
	陈延英	是	是
	陈福荫	是	是
	陈籹功	是	不计*
	陈懋功	是	不计*
陈宏诚系	陈钟理	否	是
	陈兰蔼	是	否
	陈兰葆	是	是
	陈兰蕙	是	否
	陈畴熙	否	否
	陈其昌	否	否
陈宏议系	陈钟琛	否	是
	陈钟玫	否	是
	陈兰赞	是	否
	陈兰符	是	是
	陈兰秩	是	否
	陈兰策	是	是
	陈来熙	是	是
	陈迈熙	是	是
	陈泰熙	是	否
	陈衍昌	是	是
	陈会昌	是	是

注:由于陈籹功和陈懋功的子嗣主要生活在民国时期,因而不计入其中。

由表7的统计情况可以看出,陈宏谋系中除他本人之外,其他获得功名者的父亲皆获得过功名或曾经为官,占总人数的95%;而去除掉无嗣和不计入考虑的情况,陈宏谋系获得功名者中有13人的子嗣也获得过功名或曾经为官,占总人数的76.5%。陈宏诚系获得功名者的父亲也获得过科举功名或曾经为官的比例为50%,其子嗣获得科举功名或曾经为官的比例为33.3%。陈宏议系获得功名者的父亲也获得过科举功名或曾经为官的比例为81.8%,其子嗣获得科举功名或曾经为官的比例为72.7%。

表 8　其他旁系获得功名者的代际关系情况

序号	姓名	父亲是否获得功名或为官	是否有子嗣获得功名或为官
1	陈宏绪	否	是
2	陈钟瑞	否	否
3	陈钟球	否	无嗣
4	陈钟瑷	否	否
5	陈寿昌	否	否
6	陈运昌	否	否
7	陈钟珣	是	否
8	陈延宣	否	否

与此相对,陈氏家族其他旁系考取功名者的代际关系情况和三个主要支系相比则有很大的不同。8 名功名获得者中,陈宏绪和陈钟珣是父子关系。因而只有 1 人的父亲曾经也获得过科举功名或为官,占总人数的 12.5%;而除去无嗣的情况,也只有 1 人的子嗣获得过科举功名或为官,占总人数的 14.3%。即除了陈宏绪、陈钟珣父子外,其他 6 人的父亲和子嗣都没有获得功名或为官的经历,他们的科举考试成功是个别的、单一的现象,并没有能在代际传递。

由此可见,陈氏家族的功名不仅在不同支系间有集聚现象,在各支系内还有较强的连续性。即在同一支系中,父亲曾获得功名或入仕为官的族员,考取功名的概率要远大于父亲是白衣的族员;而功名获得者的子嗣中,有人获得功名或入仕的概率也大于全是白衣的概率。并且获得功名者的数量越多,这一趋势在支系中也越明显。此现象表明,陈氏家族主要支系的族员在科举或为官经历中的成功经验,以及由此积累的各方面资源,能以较为有效的形式在代际传递,从而促使子嗣考中功名或为官的概率大幅提升。反之,其他旁系的考取功名者的科举或仕宦经验未能有效地在代际传递,致使他们科举考试的成功成为单一、孤立的现象,从而使其他旁系科举功名者的总数远远少于主要支系。

三、陈氏科举家族主要支系人才培养情况分析

临桂陈氏家族科第成果丰硕,从雍正元年(1723)至光绪三十年(1904)考取功名者一直连绵不断,足可见在科举时代,陈氏家族已经形成了一套行之有效的科举人才培养模式。并且除了科举正途出身者,陈氏家族还有数量众多的攻举子业或通过其他途径入仕者,与前者一同构成了完整的陈氏家族人才体系。如表 9 所示,对陈氏家族三个主要支系的各类人才

情况进行统计分析,可以对科举时代陈氏家族的人才构成、变化趋势进行宏观把握。

表 9 陈氏家族三个主要支系各类人才统计情况

世代	总人数	人才总数	占比/%	初级人才		中级人才		高级人才	
				人数	占比/%	人数	占比/%	人数	占比/%
九	3	2	66.6	1	50.0	0		1	50.0
十	8	8	100.0	4	50.0	3	37.5	1	12.5
十一	28	21	75.0	12	57.2	7	33.3	2	9.5
十二	43	20	46.5	13	65.0	6	30.0	1	5.0
十三	40	14	35.0	5	35.7	7	50.0	2	14.3
十四	60	15	25.0	11	73.3	4	26.7	0	
十五	40	10	25.0	8	80.0	1	10.0	1	10.0
十六	20	7	35.0	4	57.1	2	28.6	1	14.3
总计	242	97	40.1	58	59.8	30	30.9	9	9.3

注:①表中的人数由《临桂陈氏族谱》整理而成,未婚早夭者和主要生活在民国时期者不计入其中。②表中初级人才指七品以下官员,太学生、郡庠生、邑庠生等;中级人才指获得举人或担任七品至从四品官员者;高级人才指获得进士或担任四品至一品官员者;有多种身份者只取最高身份统计。

由表 9 可知,从总体上看,陈氏家族三个主要支系的人才比例相当之高。除去未婚早夭和主要生活在民国的族员,人才总数占三个主要支系总人数的 40.1%,相当于每 10 人中就有 4 人获得功名或能入仕为官。这对一个原本世代务农,在陈宏谋之前从未有人入仕的家族来说实属不易。足见科举对于陈氏家族的改变,以及陈氏家族围绕科举构建的人才培养模式是相当成功的。

从人才构成上看,陈氏家族的初、中、高三级人才数量基本呈现 6∶3∶1 的比例,这一构成符合科举考试和人才培养的规律。值得注意的是,陈氏家族第十三世中中级人才和高级人才占人才总数的近 65%,并且出现了"连中三元"的陈继昌,成为千年科举史上的一段佳话,因而陈宏谋三兄弟的五世孙被认为是陈氏家族最杰出的一代实至名归。

从变化趋势看,除第十六世大部分族员主要活动于民国时期,因而考取功名的总人数较少,人才占比有所提升之外,陈氏家族各世代人才占总人数的比例出现了逐渐下降的趋势。这一趋势不仅体现在人才总数占该世代总人数的比例逐渐下降,也体现在人才数量从第十一世后整体呈下降趋势。其中的原因既有如前所述受广西的开科情况、政治局势和科举制被废除的影响,也表明了在晚清政局风雨飘摇、科举制度的选才功能被饱受质疑的情况下,以科举考试作为立身之本的科举家族不可避免地逐渐滑落、走向低谷。

四、尾　声

陈氏科举家族的科举考试历程由雍正朝起,至光绪朝科举考试被废止,贯穿了整个清朝的中晚期,像一面镜子,折射出了清代中晚期广西科举考试的历史背景和广西社会的发展变迁。未来本研究还将对陈氏科举家族兴起的原因和陈氏科举家族对广西地方社会的影响进行研究,力图为清代广西科举家族的发展历程和特点提供一个生动的案例,以还原广西科举考试的基本情况和地方社会的发展风貌。

教育史视域下庙学、庙学学与庙学史刍议

◎周洪宇　赵国权*

摘　要：在古代，"庙"为主祀孔子的重阵，"学"为育才重地，"庙"与"学"结合后形成中国教育史上独具特色的"庙学合一"现象，二者的结合体被称为"庙学"，亦即各级各类官学的代称。庙学作为践行儒学的特殊物质载体，既是一种历史、政治、文化符号，更具有普遍的教化功能。本文用历史、文献和比较法，从概念、学科、史学三个维度，来解读庙学的基本内涵，在此基础上提出建构一门新的"学问"即"庙学学"和专门研究领域"庙学史"。

关键词：孔子；庙学；庙学学；庙学史

在人类轴心时代，中国的"庙"作为礼制性建筑已有定制，或称"庙堂"，或称"太庙"，设庙目的主要在于祭祀先祖先贤，以缅怀他们的恩德、遵循他们的教诲、传承他们的基业，甚至在国家政治生活中还发挥着重要作用，所谓"国之大事，在祀与戎"。依据礼制，从天子到士皆可建庙，故孔子卒后，"后世因庙藏孔子衣冠琴车书"①，此便是历史上第一座主祀孔子的庙宇，称为"孔庙"，明清以后多以"文庙"称之。自两汉以后，伴随统治者对孔子及儒学的尊崇，主祀孔子的庙宇与官学及宋元以后的部分书院渐渐融为一体，成为学校教育活动的主要内容，也形成颇具特色的"庙学合一"景观，我们称此类礼制性建筑为"庙学"，也有称之为"学庙"的。且自有庙学以来，如同书院、贡院、祠堂一样，成为各个学科普遍关注的一个文化及教育的"活化石"，以至于相关史料及研究成果颇为丰厚，在此基础上有必要建立一门新的"学问"即"庙学学"，有必要开辟一个新的研究领域即"庙学史"，以此来推动庙学研究，让中国的庙学文化走向世界，让世界了解中国的庙学文化。

---

* 　作者简介：周洪宇，华中师范大学教育学院教授；赵国权，河南大学教育科学学院教授。

① 　司马迁：《史记》，中华书局1963年版，第1945页。

一、何谓"庙学"

在史书及后世研究的文献中,庙学多与文庙、学庙等混用。事实上,每一个概念的出现都有一定的背景和语境,概念又恰恰是"我们进行思考、批评、辩论、解释和分析的工具"①。"庙学"作为"庙学学"的核心学术用语,必须有一个明确而又准确的界定,且有别于文庙、学庙等与"学"有关的概念时,才能合理地进行"庙学学"及"庙学史"体系的建构。

有说"庙学"一语最早出自韩愈的《处州孔子庙碑》,所谓"惟此庙学,邺侯所作"②。事实上,唐之前已有"庙学"的说法。北魏郦道元在《水经注》卷二十二中,考证河南淮阳郡一方《汉相王君造四县邸碑》时,称"时人不复寻其碑证,云孔子庙学,非也"③。北魏司空、清河王元怿上表要"修明堂辟雍",召臣僚商议,国子博士封轨议曰:"明堂者,布政之宫,在国之阳。……至如庙学之嫌……"④卫尉卿贾思伯则依据蔡邕所言"明堂者,天子太庙,飨功养老,教学选士,皆于其中,九室十二堂"而称之为"蔡子庙学之议"⑤。虽然唐之前学者笔下的"庙"即"明堂",但有"庙学合一"的含义。而韩愈所谓的"庙学",实际上也是"庙"与"学"的结合体,他撰文时没有以"处州庙学碑"为题,而是直书《处州孔子庙碑》,在叙述修建过程"既新作孔子庙……又为置讲堂"后,才有"惟此庙学"一语。从表述上看应该是对前人之见的借鉴,所不同的是,韩愈笔下的"庙"确为主祀孔子的庙宇,在唐朝"庙学合一"是普遍认同的客观存在。

"庙学"在表述上之所以"庙"先"学"后,不是一个简单的因庙设学、庙中有学的问题,而是在政治及社会生活中孰轻孰重的问题。在佛教本土化及道教勃兴后,佛寺、道观遍布天下,致使儒学也面临着严峻的挑战。于是,在兴学重教、弘扬儒学的同时,儒学的物质载体、士人的精神家园孔子庙也被统治者纳入学校建设的议事日程,因此唐宋以后要求有庙必有学、有学必设庙,这是一种顶层设计和治国之策。或者说"庙学"中的"庙",就是"儒"的代称,而儒学又是历代统治者极力推崇的官方哲学,教育历来都是从属于政治的,因而"庙学"的话语表达更具有政治学意义,同时也是"政教一体"的存在形式,或是对"庙"与"学"合一现象的真切描述。

另外,就字义上来说,"庙"是来限定"学"的,既有别于佛教的"寺学"和道教的"道学",更

---

①　海伍德:《政治学核心概念》,吴勇译,天津人民出版社 2008 年版,第 4 页。

②　韩愈著,马其昶校注:《韩昌黎文集校注》,上海古籍出版社 1986 年版,第 491-492 页。

③　郦道元著,陈桥驿校正:《水经注校证》,中华书局 2007 年版,第 535 页。

④　魏收:《魏书》第 3 册,中华书局 1974 年版,第 766 页。

⑤　魏收:《魏书》第 5 册,中华书局 1974 年版,第 1615 页。

有别于那些没有庙宇性建筑的书院、私学、族学、义学、家学等教育机构,但落脚点在"学"而不在"庙"。这样,"庙学"就是对各级官学及部分书院的通称,研究庙学既要研究"庙"更要研究"学"。如果说绝大部分孔庙属于"学庙"的话,那么古代的官学及部分书院和私学都可称之为"庙学",这样,一部"庙学史"就近乎一部"中国学校史"。

正是基于对"庙学合一"的政治及教育文化认同,元之后的史书中多使用"庙学"这一术语来描述"庙"与"学"的结合体即地方官学。如《元史》载:"成宗即位,诏曲阜林庙,上都、大都诸路府州县邑庙学、书院,赡学土地及贡士庄田,以供春秋二丁、朔望祭祀,修完庙宇。自是天下郡邑庙学,无不完葺,释奠悉如旧仪。"①《元史·忽辛传》亦载,忽辛就任云南行省右丞后,"先是,赡思丁为云南平章时,建孔子庙为学校,拨田五顷,以供祭祀教养。赡思丁卒,田为大德寺所有,忽辛按庙学旧籍夺归之。乃复下诸郡邑遍立庙学,选文学之士为之教官,文风大兴"②。

后世学者同样因袭前说,从教育史角度上积极从事"庙学"研究,普遍将中央国子学、太学及地方府州县学称为庙学。如《中国教育通史》在谈到金元之际的庙学时,认为广义的庙学"是指各级各类的儒学"③。日本学者牧野修二在探讨元朝庙学时,认为"庙学即郡县学,它是以文庙为精神中枢,并依附于文庙而设置的儒学"④。而在中国学者高明士看来,一部中国教育史就是由"学"到"庙学"发展的历史。⑤ 他的《中国教育制度史论》一书共有 5 章内容,其中 4 章都是在讨论"庙学"问题,内容分别是:第一章"从'学'到'庙学'的教育",第二章"'庙学'教育制度的普遍化",第三章"书院的'庙学'化",以及第五章"庙学制的崩溃与近代学制的建立"。除上述 4 章之外的第四章讲的是"师生关系",可以说是庙学研究的代表之作。

二、"庙学学"及其学科归属

截至目前,学术界对与孔子庙有关的学理性探讨主要有两种意见:一是提出要建立"孔庙学",将"孔庙学"界定为"以祭祀孔子的庙宇及相关文化为研究对象的一门学科",并视之为一门新的学科,而非"专学"。⑥ 二是提出要建立"文庙学",即"以文庙及与文庙相关的教育

---

① 宋濂等:《元史》第 6 册,中华书局 1976 年版,第 1901 页。
② 宋濂等:《元史》第 10 册,中华书局 1976 年版,第 3069 页。
③ 毛礼锐、沈灌群:《中国教育通史》第 3 卷,山东教育出版社 1987 年版,第 296 页。
④ 牧野修二、赵刚:《论元代庙学书院的规模》,《齐齐哈尔师院学报》1988 年第 4 期。
⑤ 高明士:《中国教育制度史论》,联经出版事业股份有限公司 1999 年版,第 46 页。
⑥ 刘振佳:《孔庙学刍议》,《济宁学院学报》2010 年第 4 期。

文化设施、制度、理论和活动为研究对象的专门'学问'"①。而对于"庙学",高明士只是大致梳理了庙学发展的历史,至今学界尚未提出要构建"庙学学"问题。对此,我们从教育史的角度提出要建立一门新的"专学"即"庙学学"。那么何谓"庙学学","庙学学"与庙学史、教育史有何内在联系等问题,需要作进一步的讨论。

(一)"庙学学"

所谓"庙学学",是指以庙学及与庙学相关教育文化为研究对象的专门学问,或者说"庙学学"如同书院学、科举学一样是一门新兴的"专学",而非严格意义上的学科。因为学术界对"学科"的界定是非常严格和明确的,"必须要有自己的学科性质、研究对象、研究理论与方法、研究范围与边界,有自己的代表性人物与成果"②。对于尚不具备成为一门新兴学科基本条件的"庙学学"来说,自然不能称之为一门完全意义上的学科,也许若干年后,当"庙学学"具备一门新兴学科的条件时,则可以从真正意义上的"学科"角度进行"庙学学"学科再建构。

就目前来说,将"庙学学"称为一门专学或"学问"则是合理的。因为"学"有学问和学科双重含义,"学问是完全开放的,它是一种研究领域,不受任何限制,任何人都可从不同方面、不同层面进入研究领域,开展研究,取得成果。而学科则带有一定的专有性与封闭性,有自己独有的研究对象、独有的研究理论与方法、独有的研究范围与边界"③。方泽强等提出,凡是称之为"专学"的,需要具备研究对象、研究方法、理论体系和一定数量的研究人员等四个条件,相对于"学科"而言,"专学更侧重于知识维度的探究,它为研究兴趣而追求学术,而并不刻意追求社会建制"④。鉴于"专学"也是目前学术界常使用的一个概念,诸如相继兴起的四书学、朱子学、阳明学、红学、敦煌学、甲骨学等一系列"专学",那么也完全可以将"庙学学"定位在一门"专学"或"学问",既符合教育史研究的价值导向与追求,又能避开"学科"这一极易引起歧义的字眼。

(二)"庙学学"与"庙学史"

"庙学学"与"庙学史"都以庙学为研究对象,都是教育史的专门研究领域,旨在庙学文化能在新的时代得以"创造性继承,创新性发展"。所不同的是,"庙学学"所研究的是庙学自身所承载的教育文化及其功能,需要以知识为轴,从历史、教育、政治、经济、哲学、建筑、文物、民俗、伦理、艺术、宗教、图书、生态等多个角度进行深入研究,借以探明庙学的价值取向及运

---

① 周洪宇、赵国权:《文庙学:一门值得深入探究的新兴"学问"》,《江汉论坛》2016年第5期。
② 周洪宇:《建立陶行知学》,《生活教育》2013年第8期。
③ 周洪宇:《建立陶行知学》,《生活教育》2013年第8期。
④ 方泽强、张继明:《科举学的学科与专学辨析》,《江苏高教》2012年第4期。

行机制,为现存庙学资源的充分利用提供理论指导。而"庙学史"则是以时间为轴,来探讨庙学发生发展的背景、历史进程及其规律的专门学问,以便"古为今用"。

"庙学学"与"庙学史"之间,无疑是一种既相互独立又相辅相成的关系。"庙学史"是"庙学学"研究的基础,也是"庙学学"成为一门专学的主要标志,或者说没有系统深入的庙学史研究,"庙学学"很难成长或成熟为一门专学。而"庙学学"既是以庙学史研究为基础的一种理论再生,反过来又能拓展庙学史研究的视野和范围,并为庙学史研究提供理论支持与引领。

(三)"庙学史"与"教育史"

按照学科分类,"教育史"是教育学之下的二级学科,"庙学史"则只是教育史研究中的一个研究方向或专门研究领域,因此二者不是同位概念,"教育史"居上位,"庙学史"居下位,教育史研究包括"庙学史"研究,"庙学史"归属于"教育史"。

就研究内容来说,"教育史"研究自古及今教育活动、教育制度、教育思想的发生、发展与演变过程,借以探寻教育发展的历史规律,其中学校制度及教学活动是教育史研究的重点,包括学校政策、各级学校设置、行政管理、教学活动、课程与教材、教师任用、招生考核及就业等,设庙祭祀只是学校教育教学活动的一个"点",在学术研究上重"学"而不重"庙"。而"庙学史"则是研究学与祭、学与庙相融合的历史,包括庙学之建筑布局、祭祀礼仪、诗词碑刻,以及学校如何利用孔子庙这一祭祀空间来实施教育教学活动,庙又如何借助学校来充分彰显自身的教化功能等。截至目前,"庙学史"研究不为内地学术界所关注,在多卷本的《中国教育通史》中也只是在讨论辽金元时期的官学教育制度时才提到"金元之际的庙学",多卷本的《中国教育制度通史》中则没有专列条目来讨论庙学问题,在诸多版本的中国教育史教材中"庙学"还多是一个盲点。高明士对"庙学史"研究多有建树,虽然在其《中国教育制度史论》一书中主要探讨"庙学"问题,但"官学"或"书院"因素比较突出,书名亦冠之以"教育制度史论"而非"庙学史论"。这为"庙学史"研究创造了更大的机会和空间。

三、"庙学学"建构的学科及社会基础

依据"专学"资质,"庙学学"不仅具有独特的学术价值,更具备成为一门专学的学科及社会基础,包括史料积累、学术成果、社会支持及现实需求等。

(一)史料积累丰厚

"庙学学"及"庙学史"研究属于教育史学范畴,必须有足够的庙学史料才能支撑起这一门"专学"。事实上，自两汉"独尊儒术"后，庙学便在全国各地得以建置和开展一系列的祭拜及教育教学活动，与此同时也就开始了庙学资料的原始积累，见于正史所载的当始于司马迁的《史记》，之后问世的《汉书》《晋书》《魏书》《宋书》《新唐书》《旧唐书》《宋史》《元史》《明史》《清史稿》等史书中的帝王传记、礼制、学校、选举、祠祀部分等均有不同程度的记载。《大唐开元礼》《大金集礼》《明集礼》《大清通礼》等仪制类史书，以及《通典》《唐会要》《宋会要》《明会典》《大清会典》《文献通考》《续文献通考》等通制类史书，都含有丰富的庙学祀典、释奠资料。宋以后纂修的省志、府志、州志、县志等地方志中，对庙学设置、修葺、迁建等，包括各种碑文、诗词、舆图等，几乎都有详细的记载。

在历代学者的文集中，同样保存有大量的与庙学相关的记文、碑文、祭文、诗词等。如唐朝韩愈的《昌黎先生文集》中载有《处州孔子庙碑》；宋朝黄裳的《演山集》中载有《安肃军建学记》《重修澶州学记》；朱熹的《晦庵集》中载有《信州州学大成殿记》《白鹿洞成告先圣文》；《全辽金文》中载有赵秉文的《郏县文庙创建讲堂记》、党怀英的《棣州重修庙学碑》、王去非的《博州重修庙学碑》等。这些庙学史料虽然散于各种史书之中，但以其原始性和不可替代性，以及融入诸多文人学者的思考，都是支撑"庙学学""庙学史"研究不可多得的第一手史料。

(二)学术成果丰硕

早在明清时期，就有学者开始对庙学的各种资料进行整理、研究和汇编，如《明史·艺文志》中载有潘峦的《文庙乐编》、瞿九思的《孔庙礼乐考》、黄居中的《文庙礼乐志》、何栋如的《文庙雅乐考》；《清史稿·艺文志》中载有阎若璩的《孔庙从祀末议》、蓝锡瑞的《醴陵县文庙丁祭谱》、庞钟璐的《文庙祀典考》、郎廷极的《文庙从祀先贤先儒考》等。其他史料还有清朝陈锦的《文庙从祀位次考》、金之植的《文庙礼乐考》、张佚的《文庙贤儒功德录》、牛树梅的《文庙通考》、民国孙树义的《文庙续通考》等。这些早期的学术研究成果，对庙学沿革、建筑、祭祀、从祀、礼乐制度等做了系统考辨，为后世"庙学学""庙学史"研究积累了翔实的史料。

在新中国成立初期的"破四旧"及后来的"批孔"运动中，全国各地的庙学遗存均受到不同程度的破坏，对庙学的研究和保护也几乎处于停滞状态。改革开放后，庙学研究进入新的春天。自1987年版的《中国教育通史》第三卷列出一目专门探讨"金元之际的庙学"后，学术界开始关注庙学研究，截至1999年发表了不少相关的学术论文，如牧野修二的《论元代庙学书院的规模》(1988)，高明士的《庙学教育制度在朝鲜地区的发展——中国文化圈存在的历史见证》(1995)，范小平的《中国孔庙在儒学传播中的历史地位》(1998)等。期间的代表作，当推高明士的《中国教育制度史论》(1999)。他在其"自序"中指出，民国以来因受日本和西方教育史研究取向的影响，学术界只重视"学"的研究，而忽略"庙"的研究，事实上"一部中国教育史，本来是'学祭'合一的教育史，也就是'学庙'合一的历史"，因此他在书中专以探讨

"庙学"问题。

2000 年以后,庙学研究成果倍增,除发表诸多相关学术论文外,还呈现出四大亮点。

第一,出版多部有代表性的学术著作,如范小平的《中国孔庙》(2004),陈传平主编的《世界孔庙》(2004),刘亚伟的《远去的历史场景——祀孔大典与孔庙》(2009),孔祥林等的《世界孔子庙研究》(2011),彭蓉的《中国孔庙建筑与环境》(2011),董喜宁的《孔庙祭祀研究》(2014),朱鸿林的《孔庙从祀与乡约》(2015),刘续兵与房伟的《文庙释奠礼仪研究》(2017)等等,从历史学、建筑学、考古学、美学等多角度、多维度地对孔庙及庙学进行了系统性、综合性研究。

第二,重视庙学史料及研究资料的搜集与整理,如耿素丽、陈其泰编撰的《历代文庙研究资料汇编》(2012),收录了清至民国时期的文庙研究资料 21 种,编为 14 册。而比较有代表性的是成一农编著的《〈古今图书集成〉庙学资料汇编》和《地方志庙学资料汇编》(2016),这是他在整理《古今图书集成》中"中国古代城市地理信息系统"时积累起来的资料,在此基础上汇编而成。《〈古今图书集成〉庙学资料汇编》收录当时京畿、盛京、山东、山西、河南、陕西、四川、江南、江西、浙江、福建、湖广、广东、广西、云南、贵州等 16 个省 179 个府(州)下属各级官学或儒学、庙学设置的基本沿革情况,既是庙学资料汇编,也是地方官学资料汇编。《地方志庙学资料汇编》是对 489 种地方志所载的庙学史料加以汇编而成。

第三,有一批硕博生开始围绕文庙或庙学来撰写学位论文,如柳雯博士的《中国文庙文化遗产价值及利用研究》(2008),田增志博士的《文化传承中的教育空间与教育仪式——中国庙学教育之文化阐释与概念拓展》(2010),董喜宁博士的《孔庙祭祀研究》(2014),田志馥博士的《宋代福建庙学的历史地理学分析》(2013)等。

第四,开始有学者从学科建设的角度来探究文庙问题,如刘振佳的《孔庙学刍议》(2010),周洪宇、赵国权的《文庙学:一门值得深入探究的新兴"学问"》(2016)等,分别提出要建立"孔庙学"和"文庙学"。虽然有关文庙或庙学研究成果丰厚,但至今尚未有学者提出"庙学学"这一学术性概念,更没有《庙学学导论》《庙学史》之类的学术性著作出现,因而建构"庙学学"、探究"庙学史"也是学科发展的必然诉求。

(三)社会力量的支持

社会支持也是衡量"庙学学"能否成为一门专学的重要因素,来自社会的支持主要体现在四个方面:一是国家重视对庙学遗存的保护,现存的近 300 所庙学遗址基本上都是国家、省、市、县级文物保护单位。二是 1995 年成立国家一级学会"中国孔庙保护协会",协会多次举办学术会议,聚集起一支规模较大的研究队伍。此外,中华孔子学会、中国孔子基金会以及多个省市县所成立的孔子学会或孔子研究会,对庙学的研究也给予较多的关注。三是各地得以恢复的文庙或庙学,充分利用自身的资源和优势,不断开展"祭孔""孔庙学术研讨会""孔子文化节"以及"开笔礼""入学礼""拜师礼""成人礼"等活动。四是出版媒体的关注,如山东教育出版社、华中科技大学出版社签约出版文庙、庙学研究丛书;部分大学学报以专栏、笔谈的形式发表文庙、庙学方面的研究成果等。

(四)现实价值与需求

"庙学学""庙学史"研究具有重要的现实价值,是新时代中国特色社会主义社会弘扬传统文化的迫切需要,也是解决庙学研究与复兴庙学中诸多难题的必然诉求。

21世纪以来,中国政府愈加重视文化建设,党的十八大报告不仅明确指出"文化是民族的血脉,是人民的精神家园",更基于对传统文化营养的汲取而提出了国家、社会、个人三个层面"二十四字"的社会主义核心价值观。2014年的"五四"青年节当日,习近平总书记在与北京大学师生座谈时,将《大学》中的八个条目与社会主义核心价值观联系在一起,指出:"中国古代历来讲格物致知、诚意正心、修身齐家、治国平天下。从某种角度看,格物致知、诚意正心、修身是个人层面的要求,齐家是社会层面的要求,治国平天下是国家层面的要求。我们提出的社会主义核心价值观,把涉及国家、社会、公民的价值要求融为一体,既体现了社会主义本质要求,继承了中华优秀传统文化,也吸收了世界文明有益成果,体现了时代精神。"[1]由于优秀传统文化已经成为中华民族的基因,植根在中国人的内心,潜移默化地影响着中国人的思想方式和行为方式,因此"提倡和弘扬社会主义核心价值观,必须从中汲取丰富营养,否则就不会有生命力和影响力"[2]。儒家文化是中华优秀传统文化的重要组成部分,如何弘扬儒家文化便成为新时代社会科学研究的一个重要课题。2017年初,中共中央办公厅、国务院办公厅联合印发《关于实施中华优秀传统文化传承发展工程的意见》,将实施"中华优秀传统文化传承发展工程"纳入国家发展战略层面,并进行长远规划和战略部署。

庙学作为儒学传播的主阵地及重要的教育文化遗产,对其研究、保护和利用也自然被推向学术前沿,我们曾撰文提出要"以祭祀活动打造民众的精神守望地""以传承国学来打造社会主义核心价值观培育地""以所奉祀人物来打造人生坐标地""以人生节点打造生命体验地"[3],旨在使庙学资源在新时代能够得到合理有效利用。但在现实中,庙学遗存的保护和利用还面临诸多问题,诸如:有的庙学或文庙遗存没有严格按照《文物保护法》及有关规定加以修复和保护,任其自毁自灭;部分得到修复的文庙,未能发挥其公众文化服务和教育功能,存在过于功利化倾向;部分文庙设施及祭祀活动不合礼制;还有一些文庙打着国学的名义而出

---

① ②　习近平:《青年要自觉践行社会主义核心价值观》,《人民日报》2014年5月5日。
③　赵国权、周洪宇:《游走于传统与现代之间:对文庙再定位的几点思考》,《河南大学学报(社会科学版)》2017年第5期。

现办班乱象等。还有一些值得进一步探讨的问题,诸如祭祀时间应在生日还是卒日,公祭孔子时其他配享者如何受祀,在尊重已往配享制度的前提下是否可以续增一些新儒学代表人物以及在文庙内如何举办弘扬优秀传统文化及儒学传播方面的活动等。

总之,无论是弘扬优秀传统文化的需要,还是解决庙学遗存保护与利用中存在的诸多问题,都需要从学科的角度加以研究,以庙学理论来引领庙学的保护和利用,以充分发挥庙学在社会主义核心价值观培育中的助推作用。

四、“庙学学”与“庙学史”的体系建构

“庙学学”与“庙学史”作为一门“专学”,既有扎实的学科基础,又是新时代中国特色社会主义文化建设所必需,那么其体系建设就显得非常重要。

(一)“庙学学”与“庙学史”体系建构的原则和方法

“庙学学”与“庙学史”在体系建构上,要坚持两项原则:一是历史与逻辑相一致。恩格斯曾指出:“历史从哪里开始,思想进程也应当从哪里开始,而思想进程的进一步发展不过是历史过程在抽象的、理论上前后一贯的形式上的反映。”①因而,在庙学“专学”建构上,既要客观再现庙学发展的历史进程,又要科学揭示庙学发展的一般规律,既要施与真实的历史叙述,又要坚持深度的逻辑分析。二是宏观与微观相统一。庙学作为儒学的物质载体和特殊的教育现象,深刻影响到中国的政治和社会生态,还波及周边诸多国家和地区,因此既要以全球视野做宏观把握和研究,将庙学置于世界文化史的背景中去考察,以对庙学文化准确定位与合理解读,还要坚守中国立场,避免用西方文化中心论来决断中国的庙学文化,以此坚定我们的文化自信。同时,又要对不同地区庙学之间的个别差异做具体的分析与比较,以再现各地的庙学文化特色。研究庙学不单是学科发展的诉求,也是基于对现实问题的考虑,因此既要有“问题引领”,不断地从文本、实物及图像中发现问题,带着问题将庙学研究推向深入,又要坚持“实践导向”,紧紧围绕着国家政策及社会需求,针对庙学遗存保护和资源利用中存在的诸多问题展开探讨。

在研究方法上,坚持以唯物主义历史观为指导,同时借鉴兰克、斯宾格勒、汤因比、布洛克、费弗尔、布罗代尔、勒高夫和勒韦尔等学者史学理论中的合理因素,采用社会科学研究中的文献法、历史法和比较法等一般研究方法,以及图像、计量、叙事、考察、个案等具体的研究方法,从历史、教育、政治、经济、哲学、建筑、文物、民俗、伦理、艺术、宗教、图书、生态等多个

---

① 马克思、恩格斯:《马克思恩格斯全集》第13卷,人民出版社1962年版,第532页。

角度或维度,全面系统而又立体地探讨和展现庙学的历史与文化。

只有坚持正确的价值取向,并以科学的方法论为指导,庙学研究才会充满活力和生命力,也才能构建起科学系统的"庙学学""庙学史"理论。

(二)"庙学学"的体系建构

"庙学学"的理论体系主要涉及它的学科属性、研究对象、研究内容等问题。

1."庙学学"的学科属性

学科属性决定着一门"专学"研究的学科倾向或着力点,"庙学学"作为一门新兴的专学,虽然需要多个学科介入研究,但就庙学所承载的基本功能而言,可以将"庙学学"界定为教育学与历史学的一门交叉专学。

2."庙学学"的研究对象

庙学既是儒学的物质载体,又是"庙学学"的核心概念,自然也是"庙学学"的研究对象。换句话说,"庙学学"就是研究庙学现象及其规律的一门专学,在实际研究中既重"学"又重"庙"。

3."庙学学"的研究内容

庙学现象是非常复杂的,所承载的文化及功能也是非常丰富的,因而所要研究的内容大致归纳为以下几个方面。

一是庙学的沿革及现状。研究"庙学学",首先要对庙学有一个清晰、合理的认识,故需要对庙学发展的历史进行回顾和系统梳理,对庙学的现状进行准确把握和描述。

二是庙学与政治。高明士认为,"在中国,因为教育一直依附在皇权之下发展,所以教育虽然力求自主性,终究不脱其为政治活动的一部分"[1]。因而庙学承载着传播儒学的政治使命,两汉以后历代统治者无不重学修庙,各级地方官员也无不以兴修庙学为己任,竭力使之成为"弘扬王道的政治场所"[2],因此要探讨庙学与政治认同、地方治理之间的关系。

三是庙学与经济。庙学一般都有稳定的田产及政府拨款为日常活动经费,需要大修时还会面向社会多方筹措经费,因此需要探讨庙学田产来源、经营方式、费用走向以及经费对庙学发展的影响或制约等。

四是庙学与建筑。庙学是一种屋化的礼制性建筑,其选址迁址、建筑布局、建筑空间、建筑礼制以及建筑物自身的石雕、砖雕、木雕、漆雕、绘画等蕴含着丰富的政治伦理、生态文化、

---

[1]　高明士:《中国教育制度史论》,联经出版事业股份有限公司1999年版,第53页。
[2]　广少奎:《斯文在兹,教化之要——论文庙的历史沿革、功能梳辨及复兴之思》,《河南大学学报(社会科学版)》2017年第5期。

美学尤其是教化等元素,故有学者称,从建筑学和建筑现象学角度解读庙学建筑空间,解构庙学建筑的教化旨趣和教育意蕴,乃是庙学研究的一个新课题。①

五是庙学与祭祀。儒教非宗教却人人都要接受洗礼,庙学非宗教活动场所却具备宗教活动的形式,孔子非神却像神一样被祭拜,学子非教徒却有着教徒般的虔诚,最终促成士人及普通民众对儒家文化的认同与信仰,因此需要探讨庙学的配享制度、祭祀礼仪与学人文化信仰、价值认同之间的关系。

六是庙学与教化。庙学的主要功能是教化,如清代学者庞钟璐在《文庙祀典考》中所言:"夫欲敦教化、厚人伦、美风俗,必自学校始。学校崇祀孔子,附以先贤先儒,使天下之士观感奋兴,肃然生其敬畏之心,油然动其效法之念,其典至巨,其意甚深。"②可见,在"学"是文本化的儒教,在"庙"是具象化的儒教,需要研究"学"与"庙"是如何"合一"又是如何相互促进的,对学子的世界观、人生观、价值观是如何发生影响的,以及如何对民众实施伦理、风俗教化等问题。

七是庙学与科举。庙学是培养人才的,科举是选拔人才的,在"学而优则仕""达则兼济天下"观念影响下,庙学与科举之间便有着一种不解之缘,庙学都建有"棂星门""泮池"或"状元桥",有的庙学会被当作"考棚",有的庙学旁边还有魁星阁、文昌阁等设施,考生在考前考后总会到庙学内拜谒先圣先师或魁星,中榜后还会在庙学内"金榜题名",并刻碑以名垂青史等。因此需要研究庙学与科举之间的互动,以及庙学与科举文化传承、庙学与区域文化发展之间的关系与规律。

八是庙学与书院。自宋朝书院演变为授徒讲学的教育机构,从而与官学、私学一起成为封建社会中后期学校的三大支柱,且有部分书院仿照官学庙制,建有主祀孔子的庙宇或殿堂,因此这部分书院也具备庙学的意蕴,因此需要探讨书院祭祀与儒学、书院文化传承问题。

九是庙学与藏书。大凡庙学都有"藏书阁"或"藏经楼"等设施,以珍藏儒家先贤先儒的书籍,对藏书的来源、书籍的利用,以及藏书、刻书活动对学校教学和古籍保存的促动等问题需要做系统研究。

十是庙学与艺术。庙学内处处充斥着美的元素,如建筑风格与院落布局艺术,木雕、砖雕等各种雕塑艺术,碑刻、匾额、楹联中的书法艺术,彩绘、壁画以及祭祀活动中的音乐、舞蹈、服饰艺术等,每一种艺术又都充满着政治色彩和伦理说教,因此要研究这些艺术作品的伦理教化内涵,对学子审美及民众生活的影响,以及对传统文化的传承等。

十一是庙学与寺观。儒教下的庙学与佛教下的寺学、道教下的道学有诸多相通之处,但也有质的不同,需要从比较的角度加以分析归纳,探讨彼此之间的交互影响,借以凸显庙学

---

① 邓凌雁:《空间与教化:文庙空间现象及其教育意蕴的生成》,《河南大学学报(社会科学版)》2017年第5期。
② 耿素丽、陈其泰:《历代文庙研究资料汇编》第8册,国家图书馆出版社2012年版,第9页。

的文化特质。

十二是庙学与儒学文化圈。自两汉以后,儒学开始影响中国周边一些国家和地区,形成一个独特的文化景观即儒学文化圈。伴随中国庙学制度的定型和发展,朝鲜半岛、日本、越南、缅甸、印度尼西亚、新加坡、马来西亚、泰国等国也开始复制庙学制,如现存韩国的成均馆、越南河内文庙及日本汤岛圣堂等,都是典型的"庙学合一"建筑。因此需要研究庙学如何被复制,对当地华裔民族心理的维系以及海外儒学文化传承带来怎样的影响等。

十三是庙学与当今社会。庙学既是一种历史符号,其文化遗存又是一种重要的文化载体,在举国弘扬优秀传统文化的背景下,一方面需要针对庙学遗存保护中存在的问题加以研究,另一方面需要深挖并充分利用庙学遗存所隐藏的文化资源,使其在社会主义核心价值观培育、国学教育与普及中继续发挥其强大的教育和文化传承作用。

诚然,随着史料的不断挖掘和学术研究的不断深入,以及社会需求的不断更新,"庙学学"体系还会进一步拓展和完善。

(三)"庙学史"的体系建构

"庙学史"如同"庙学学"一样,都是一个专门的研究领域。不同的是,"庙学学"侧重于"学"的建构,"庙学史"则侧重于"史"的建构。

1."庙学史"的学科属性

根据上述对"庙学""庙学史"的界定,那么"庙学史"的学科属性便一目了然,毫无疑问它是教育史研究中的一个专门领域,即要用教育学的知识对"庙学"这一特殊的教育文化载体进行史学分析和研究的一门"学问"。

2."庙学史"的研究对象

顾名思义,"庙学史"的研究对象就是庙学发生发展的历史,通过梳理庙学沿革、演变的历史轨迹来探讨其发展的规律,旨在丰富和充实教育史学科内容,展现多彩多姿的教育历史文化,并为庙学文化的延续和功能发挥提供史学依据。

3."庙学史"的研究内容

教育史研究几乎都是遵循历史发展的脉络来划分历史阶段的,虽然通过大历史可以窥测到小历史,但小历史也有其自身发展的规律。鉴于"庙学史"所研究的对象具体而又有针对性,因此有必要按照庙学自身发展的轨迹来梳理庙学史的研究架构,大致可以分为四个阶段。

第一,庙学前史。从夏商周三代"学"中出现祭祀行为到汉初"庙学合一"之前。据《礼记·文王世子》载:"凡始立学者,必释奠于先圣先师。"这里的"先圣先师"绝非孔子,但已为后世"庙学合一"提供了制度依据。在高明士看来，"若不拘泥于'庙'的硬体建筑的出现，而以其祭祀礼仪活动作考量时，亦即学祭教育的施行，则有两千年以上的历史"[①]。故"前史"需要研究庙学问世之前的学祭制度及演变、第一座庙祀孔子建筑的创建与发展、汉初文庙设置及日常管理等，这一切都成为庙学问世的历史铺垫与实践。

第二，庙学合一史。自汉初文翁在蜀郡兴学设置"礼殿"主祀周公、孔子等先圣先贤，学与庙"合一"初现端倪，至清末新学制建立时庙学分离为止，这一阶段时间跨度大，王朝更替多，统治者的庙学政策也多有变化，且也是庙学真正合一的制度化、规范化的繁荣期，因此按朝代分为五个发展时期：

一是两汉时期为庙学制初创期，汉初统治者的尊孔崇儒政策，引起各阶层对"立学祀孔"问题的普遍关注。蜀郡太守文翁兴学时，在郡学所建"礼殿"内既有周公等圣贤画像，也供奉有孔子及其弟子等儒家人物，且岁时祭祀，可认为是"中国古代庙学合一的最早范本""左庙右学"的雏形。[②] 到东汉永平二年(59)"郡、县、道行乡饮酒于学校，皆祀圣师周公、孔子，牲以犬"[③]，表明庙学初步建制。

二是魏晋南北朝为庙学制形成期。期间虽政局动荡不安，但在继续推崇儒学的背景下开始"依庙立学"和"因学设庙"的尝试。魏文帝黄初二年(221)，曹丕"令鲁郡修起旧庙，置百户吏卒以守卫之，又于其外广为屋宇以居学者"[④]，此举开依庙立学的先河。宋太元九年(384)，宋武帝刘骏建国子学，"选公卿二千石子弟为生，增造庙屋一百五十五间"[⑤]。另据《建康实录》载，国子学"西有夫子堂，画夫子及十弟子像"[⑥]，足见为"左学右庙"建制，此举可谓国学立庙主祀孔子之始。至北齐文宣帝时，"郡学则于坊内立孔、颜庙"以祀[⑦]，是为地方上明确因学设庙祀孔之始。

三是唐朝为庙学制度化期。为"重振儒术"，从唐高祖、唐太宗到唐玄宗接连推出立学设庙的重要举措。武德二年(619)，唐高祖下诏国子学立周公、孔子庙各一所，自此周公、孔子单独立庙奉祀。贞观元年(627)，唐太宗下诏令"天下学皆立周公、孔子庙"。贞观二年(628)，"诏停周公为先圣，始立孔子庙堂于国学。稽式旧典，以仲尼为先圣、颜子为先师"[⑧]。自此天下庙学主祀孔子，遂成定制。贞观四年(630)又诏州县"皆特立孔子庙，以左丘明等二十二人从祀"。唐玄宗时，加封孔子为"文宣王"，享受最高祭祀礼遇，其弟子也被封为公、侯、

① 高明士：《中国教育制度史论》，联经出版事业股份有限公司1999年版，第53页。
② 舒大刚、任利荣：《庙学合一：成都汉文翁石室"周公礼殿"考》，《四川大学学报(哲学社会科学版)》2014年第5期。
③ 范晔撰，李贤等注：《后汉书》第11册，中华书局1965年版，第3108页。
④ 陈寿：《三国志》第1册，中华书局1959年版，第78页。
⑤ 沈约：《宋书》第2册，中华书局1974年版，第365页。
⑥ 许嵩：《建康实录卷》，中华书局1985年版，第277页。
⑦ 魏征等：《隋书》第1册，中华书局1973年版，第181页。
⑧ 吴兢：《贞观政要》，中华书局2011年版，第470页。

伯等,庙学也开始被称为"文庙"。

四是宋元时期庙学制被普遍认同。两宋的"重文"之举及宋初的三次兴学,使得各级官学以及书院获得快速发展,也就意味着庙学的大发展。辽金元虽然是少数民族政权,但在国家治理上"尊用汉法",因而辽、金朝建庙设学成为常态。元朝更是如此,"自国都郡县皆建学,学必有庙,以祠先圣先师,而学所以学其学也"[①]。

五是明清之际庙学"遍天于下"。明清之际虽然政治上走向专制,孔子不再称"王"而改称"先师",但儒学依然是官方哲学,统治者对立学设庙仍不遗余力,以至于"庙学遍于天下,百余年来,文教大兴"[②]。清朝入关后,建国子监文庙,升孔子之祭为大祭,与祭天地、太庙、社稷同礼,至清末各地庙学多达 1560 多处,且多以"文庙"相称。

第三,庙学后史。自清末学庙分离到改革开放后庙学遗存普遍被保护前,可分为两个发展时期:从清末到新中国成立为一个时期,期间因发展新式学校,导致庙学分离、学退庙存,庙学虽然完成了它的学校教化使命,但其遗存在学子及民众心目中的位置依然不可替代,继续发挥其大众教化的功能。且国民政府提倡"四维八德",定孔子诞辰日为教师节,庙学遗存继续得到保护和利用。从新中国成立到改革开放为一个时期,期间因多次发生政治运动,庙学遗存被毁严重,得以幸存的庙学多因其建筑移作他用之故。

第四,庙学新史。自改革开放至今,庙学遗存迎来新的时代,其保护和利用被普遍关注,多被列为县级以上文物保护单位,需要对庙学遗存的规模、维修、保护情况进行全面考察,对新时代庙学如何发展及其资源如何利用进行思考和展望。与此同时,对周边国家庙学遗存情况予以充分关注,为中外庙学之间的互通互动和交流架起一座桥梁。

总之,庙学作为儒学及教育文化的物质载体,如同书院、贡院一样,不仅在中国文化及教育发展史上扮演着不可替代的角色,对东亚及东南亚国家的文化教育事业也发生过重要影响,业已成为国内外学术界日益关注的一种文化现象和研究课题。在这种情况下,建构一门新兴学问"庙学学"恰逢其时,开辟一个新的研究领域"庙学史"势在必行。期待在不久的将来,伴随研究队伍的日益壮大,研究成果的日益丰富,"庙学学"一定会成为 21 世纪儒学研究中的一门"专学"或"显学","庙学史"也会成为教育史研究中的一门特色"学问"。

---

① 虞集:《道园学古录卷 36·南康路都昌县重修儒学记》,四部丛刊初编本 1929 年二次影印本。
② 王樵:《方麓集卷 6·镇江府重修学记》,文渊阁四库全书本。

民国时期教育现代化的诸面相

民国师范生教育参观旅行活动：模式、问题与价值

◎黄书生*

摘　要：民国时期师范教育要求师范生参加教育参观旅行。基于对相关史料的考察研究发现：(1)民国师范生教育参观旅行活动可以分为教育参观研究、教育参观实习和教育参观旅游三种模式；(2)民国师范生教育参观旅行活动被质疑存在目的变异、参观地单一、效果难保等问题，其实施也受到政策掣肘和经费制约；(3)民国师范生教育参观旅行活动具有三个层次的沟通理论与实践的专业发展价值，以及培育人格丰满教师的个性发展价值。

关键词：教育参观旅行；民国师范教育；师范生；活动史

　　师范生教育参观是民国师范教育中富有特色的一项内容，但在当下的教师教育语境中这一话题显得那么疏离。究其原因，一方面是它已经远离了现代的教师教育实践，另一方面是关于民国师范生教育参观的历史研究非常少。人们大多只是在研究民国师范教育的课程设置及实习制度时概述教育参观这一项内容①，或是研究某位教育者的教育实习思想时提及其对教育参观的论述。② 而作为教育参观形式之一的教育参观旅行活动的相关研究则更少，只有个别研究对师范生教育参观经费的筹发办法进行考察③，偶有相关史料被整理公布④。总的看来，相对于其在民国时期的普遍流行和对师范生教育影响之重大，民国师范生教育参观旅行活动似乎被研究者忽视了。本文将主要从模式、问题和价值三个方面来挖掘和审视

　　* 作者简介：黄书生，福建师范大学教育学院博士研究生。

　　① 毛礼锐、沈灌群：《中国教育通史》第5卷，山东教育出版社2005年版，第278页；梁励、陈亚萍：《教育实习发展史略》，《江苏教育学院学报(社会科学版)》1995年第3期；程林：《民国时期浙江师范学校教育实习研究》，杭州师范大学硕士学位论文，2018年；申卫革：《民国时期师范院校实习制度研究——以南京国民政府时期发布的实习制度文本为例》，《教育评论》2018年第1期；张德忠：《异质的移植与内化：民国时期北京地区的师范教育》，首都师范大学博士学位论文，2013年。

　　② 贾艳红：《张雪门幼儿师范教育思想研究》，徐州师范大学硕士学位论文，2011年。

　　③ 李刚：《1928—1937年的河南师范教育研究》，安徽大学硕士学位论文，2017年。

　　④ 如《北京档案史料》收入了1915年北京师范学校首届毕业生参观上海、苏州、无锡、南通四地的学校报告书。参见：《北京档案史料》2017年第1辑内容提要，《北京档案》2017年第3期。

这段历史。

一、民国师范生教育参观旅行的政策依据与流行

　　我国自师范教育肇始,教育参观一直作为教育实习课程的内容之一而实施。不过,起初在全国性的制度安排中没有专门列出这一内容,直到 1932 年 12 月《师范学校规程》颁布。《师范学校规程》第三十六条和《修正师范学校规程》第三十八条规定,"师范学校应随时利用余暇,领导学生参观邻近小学,最后一学期并应为参观旅行,其时间以两周为限,费用由学校负担"①。教育参观旅行至此有明确的政策依据。1941 年,《师范学校(科)学生实习办法》第八条、第十七条分别规定,"师范学校除最后一学年规定实习时间外,其余各学年亦应于必要时随时举行参观","参观方式除普通参观外,应由附属学校特定各种示范教学供实习学生参观,并得于最后一学期内举行外埠参观"②。这里进一步将教育参观分为了三类:普通参观、示范参观、外埠参观。外埠参观即前述参观旅行。1934 年,《师范学校实习课程标准》规定,师范生实习包括参观、见习和试教③;1943 年,《师范学院学生实习及服务办法》规定,"师范学院学生之实习,包括参观见习、教学实习及行政实习等项"④。二者所说的参观都包括邻近之参观(不定期)和外埠参观(定期)。本文拟聚焦于师范生的外埠参观,即教育参观旅行,也称为毕业参观(因常常安排在临近毕业时)。

　　笔者目前所获资料中所记载的师范生教育参观,最早为山东官立师范学堂简易科甲乙丙三班毕业生于 1905 年 10 月 26 日被监督方鹤人派往参观各学堂和各局所。⑤ 南通师范学校毕业生的实习内容中教育参观也是一个主要部分。⑥ 而资料显示教育参观旅行(外埠参观)出现得稍晚,其中较早的有 1911 年集美幼稚师范学校在黄则吾带领下的教育参观旅

---

　　①　国民政府:《师范学校法》,1932 年 12 月 17 日;教育部:《修正师范学校规程》,1935 年 6 月 2 日公布;宋嗣廉、韩力学:《中国师范教育通览》,东北师范大学出版社 1998 年版,第 237、253 页。

　　②　教育部:《师范学校(科)学生实习办法》,1941 年 12 月 6 日;宋嗣廉、韩力学:《中国师范教育通览》,东北师范大学出版社 1998 年版,第 350-351 页。

　　③　教育部师范课程标准编订委员会:《师范学校课程标准》,中华书局 1934 年版;教育部:《师范学校实习课程标准》,《河南教育月刊》1935 年第 4 期。

　　④　教育部:《师范学院学生实习及服务办法》,1943 年 8 月 17 日;宋嗣廉、韩力学:《中国师范教育通览》,东北师范大学出版社 1998 年版,第 348 页。

　　⑤　《师范学堂学生参观各学堂及各局所》,《时报》1905 年 12 月 1 日第 5 版。

　　⑥　通州师范学校:《甲班实习教授评案》,翰墨林书局 1907 年版;江苏通州师范学校乙班生:《乙班实习教授评案》,通州翰墨林书局 1908 年版。

行①,1913 年江苏省各师范学校的教育参观旅行②。时人将师范生教育参观旅行看作一件大事,相关消息常常见于报端。③ 比如,1929 年 4 月 25 日,《时报》第 6 版同时刊登三则师范教育参观的消息:大夏大学教育科、高师科本届毕业学生数十人组织教育参观团,由苏州、无锡、镇江、南京,而后由宁过沪,直赴杭州,再过嘉兴回校;南京女中师范科三年级教育参观团到沪参观,计划留沪 6 天;福建私立集美学校将届毕业师范生 18 人组织江浙教育参观团,教育部科长、特别市督学、商务书馆总务主任等为他们介绍各学校各机关。④ 教育参观旅行流行之盛况由此可见一斑。

二、民国师范生教育参观旅行活动的模式

教育参观旅行首要目的是参观学习教育机构以资借镜。正是因为这个原因,其目的地通常是国内江浙沪等教育发达地区,甚或东渡日本。⑤ 在师范教育者的设计中,于此目的之外还兼有其他目的,如教育调查研究、实地教育实习、游览风景名胜等。据其兼有目的之差别,民国时期师范生教育参观旅行可以分为三种模式:教育参观研究模式、教育参观实习模式和教育参观旅游模式。

(一)教育参观研究模式

教育参观研究,虽是外埠参观,路途远,历时长,但未将旅行的教育意义作为显性的目的,师范生写的参观报告是纯粹关于参观机构的情况及对其适当的评论,不包括对风景名胜、风俗民情的记叙和个人的旅行感受。同时,参观与实习在时空上具有相对的独立性。这一模式的特点是,调查研究性目的突出,问题导向性强。不但可以拓展师范生的教育实践视野,而且通过问题研究这一桥梁来联结师范生的理论与实践学习,提高他们的教育综合素养。

民国二十四年(1935)十一月十三日至十二月中旬,国立北平师范大学教育系一九三七班学生由院长李湘宸率领,一行 28 人南下参观。他们经天津、济南、南京、镇江、扬州、无锡、

---

① 《二组参观团返校》,《集美周刊》1911 年第 241 期。

② 《记事:学事一束:江苏师范生参观学校》,《教育杂志》1913 年第 3 期。

③ 仅以《时报》为例,笔者在《全国报刊索引》数据库里查得 1905 年至 1933 年间有关师范参观的消息共 133 条。

④ 《大夏参观团今日出发》《南京女中参观团莅沪》《集美师范生来沪参观》,《时报》1929 年 4 月 25 日第 6 版。

⑤ 如南京高等师范学校、北京女子高等师范学校、江苏省立第六师范学校等都曾组织师范生东渡日本教育参观旅行。参见:《南京高等师范赴日参观团已由李仲霞陆规亮二君昨日率领首途》,1919 年 4 月 12 日第 2 版;卢造时、孙鹏《北京女子高师参观团过奉记》,《沈阳高等师范学校周刊》1922 年第 74 期;《各省纪闻:师范毕业生赴日参观》,《教育周报(杭州)》1918 年第 202 期。

苏州、上海、杭州等地,参观中学、师范、小学、社会教育机关、教育行政机关等40余处,并聆听了许多教育专家的讲演。其参观目的为:"使学生观察各地教育行政机关和学校的组织、经费、建筑、设备、训育、教学等,加以比较研究并参证学理,以为将来自己从事办理教育时之借镜。"①参观之前,他们做了充分的准备工作,除成立专门组织、拟定参观日程表外,尤其是按照参观机构的不同性质,以及各参观对象的不同特点制定了观察的角度和面谈的问题。同时,对当时影响较大的教育实践和理论提出了特别的关注,如"邹平之村学乡学制度与梁漱溟先生理论的关系""陶行知先生的工学团与小先生制的真实价值及推广的可能性""邰爽秋先生发明之'普及教育车'的功用""晏阳初先生的精神作用"等②,使得他们的参观具有浓厚的实地调研色彩。按照要求,师范生参观过程中,每告一段落必有讨论会,每参观一处每人都得写详细报告,一般包括前述目的中所列各项内容。但参观旅行结束后要综合参观的各机构情况,以解决所关心的问题为主要内容撰写报告,相当于一个调查研究报告。比如有三位师范生在这次参观后写的《师大教育系南下参观报告》,在相关调查所得到的实证性材料的基础上,对行政、教务、训育等方面的一系列问题做了探讨,包括毕业生会考之弊端与修正、课程标准之批判与改进、训育目标之问题与处理等。③

(二)教育参观实习模式

在教育参观实习模式中,参观与实习活动在时间和组织上是一体的,且实习地点即在参观的"外埠",即外省或外县。教育实习与教育参观在富有特色的机关结合起来,这样既加强了教育参观的效果,也使得教育实习在一个较好的环境和较高的平台进行,这是这一模式的突出优点。

民国二十三年(1934)三月七日至四月十三日,河南省立辉县百泉乡师范普通科应届毕业学生61人,在生活指导部主任兼教育指导员李瑞安的率领下,前往邹平山东乡村建设研究院实习。总共38天的参观实习,实地参加实习的时间为3月15日至21日,共计7天,其余时间为沿途参观。参观的场所包括大学、中学、小学、幼稚园等普通教育机构;师范学校、艺术学校、盲哑学校等专门或特殊教育机构;民教馆、广智院、麦作试验场、体育场等社会教育机构;商务印书馆、申报馆等文化出版机构;建设厅等政府机构;也包括沿途的云龙山、趵突泉等几处风景名胜。其活动规划中提道:"非惟赴外参观,且往各乡教成绩卓著之区域或机关,实地参加实习,冀有所得,以资全省之借镜。"④不过这次往邹平的教育实习实际上不甚

① 郝鸣琴:《师大教育系一九三七班参观见习与实习实况记要》,《师大月刊》1936年第28期。
② 郝鸣琴:《师大教育系一九三七班参观见习与实习实况记要》,《师大月刊》1936年第28期。
③ 雷动、罗学府、马云鹤:《师大教育系南下参观报告》(附表),《师大月刊》1936年第24期。
④ 李瑞安:《参观实习之前前后后》,《乡村改造》1934年第11-13期。

成功。有个别实习生报告,在县学小学部的实习只是名义上的,实际上有许多不便而难以办到。该部主任安排他们上午参观教学,下午参与儿童的活动,但是他们了解了下午的课程安排后,觉得没有必要而未参加。[①] 而另一位到县学女学部实习的女生报告,实习的第一天,在校长和教员的催促下上了一堂没有准备的地理课。[②]

(三)教育参观旅游模式

有师范毕业生回忆教育参观,"那时只当它是一件带着游览性质的事情"[③]。将外埠参观作为一次难得的旅游,对于青少年学生来说,这是很自然的事情。当时有师范教育者认识到这一点,主张外埠参观的副目的即为游览名胜。登山临水以拓旷胸襟愉快人生,凭吊古迹以激发志气坚定奋斗决心,所谓修学旅行,价值不可磨灭。[④] 于是,将外埠参观本身教育价值的实现列为显性的参观活动目的之一,将活动定位为"教育参观加教育旅游"。

比如,长沙师范第五班教育参观团一行 22 人在实习主任伍钟山的带领下,"经汉口、九江、南京、杭州等地,每至一处必留四五天,参观著名小学及游览名胜古迹"[⑤]。江西省立第一南昌中学师范科学生每届毕业时都会赴江浙教育参观,那年因经费有限仅去南京,"历时两星期,参观了不少的名胜和学校。参观名胜,自然是瞻仰南京之风景藉以陶冶学生之身心"[⑥]。南通师范学校选择苏锡沪杭四处为目的地,"以其为全国教育及风景夙著之区也"。参观后一师范生称,"于外县教育设施情形以及山川风俗,偶有所得"[⑦],参观目的地的选择中有旅游的考量,参观后汇报所得也将旅游纳入其中。再看安徽省立第四中学师范科在江浙参观回校后所选辑的日记,里面详细记载了参观团到玄武湖、中山陵、太湖、梅园、西湖及其他大小景点和市区游玩的过程和感受[⑧],从其所选日记的特点及日记被选入参观报告专辑这件事本身来看,师范学校对于教育参观旅游的定位是明确的。在参观之前,旅游的目的已经在学校的计划之中,参观之后检视效果发现,师范生确实从中获得了教益。实践中,采取这一模式的较多,尽管人们对这一模式多有诟病。

① 杨迺辉:《参观实习报告:县学小学部教学参观记》,《乡村改造》1934 年第 11-13 期。
② 李翠仙:《参观实习报告:县学女学部实习报告》,《乡村改造》1934 年第 11-13 期。
③ 俞秀文:《江浙粤桂师范学校及小学参观报告附表》,《教育研究》1936 年第 72 期。
④ 方东澄:《师范生教育参观 ABC》,《文化与教育》1937 年第 120 期。
⑤ 《长沙师范教育参观团抵沪》,《和平日报》1948 年 5 月 29 日第 5 版。
⑥ 熊寿文:《报告:二十一年度师范科教育参观团报告》,《一中校刊(南昌)》1934 年第 4 期。
⑦ 茅楚尊:《杂纂:苏锡沪杭四县参观教育日记》,《南通师范校友会杂志》1919 年第 8 期。
⑧ 安徽省立第四中学师范科:《教育参观实习报告汇刊》,1933 年年刊,第 143 页。

三、民国师范生教育参观旅行活动的问题

(一)人们对参观旅行活动自身的质疑

在整个民国时期,各地师范生在毕业前夕的教育参观旅行每年都以上述某种模式在进行,成为蔚为壮观的一个教育现象,但是在实践中也遭遇了一些质疑。

1.目的变异:热衷游览名胜

有人质疑,教育参观过程中怎能游山玩水? 在很多人看来,教育参观的对象只能是教育机关,参观人家怎么办学、怎么上课,以资借镜。但师范生钟情于教育参观是"醉翁之意不在酒",而在于游览名胜古迹,热衷于游山玩水。有人指出,师范生平时的参观就在附近,而出境(外埠)参观时间长,多选名胜的地方去,似乎游览成了唯一目的,而将正事抛到脑后,甚至"指导员也只是跟他们趁便玩一下"。这样既与教育参观目的不合,又大大增加了教育参观的费用,徒费时间与金钱,只是将一笔经费"换上流水账式的一本报告而已"。而要避免师范生只顾游玩不认真参观,就要严格考核,要求他们的参观报告重点在心得,要对参观所得进行客观而系统的评价。[①] 客观地说,当时的教育参观旅行确有人游览时精神倍增,而参观时没精打采,这在一定程度上偏离了教育参观的主旨。但是,我们也不能视游览名胜为多余甚或是罪过。只要能把握好游览与参观的关系,游览本身也可以作为教育参观旅行的内容,实现其有益于师范生发展的价值。

2.参观地单一:重都市轻乡村

民国时期"各团体往外埠参观,都往繁盛之都市而不分往乡村较有名的学校观光"[②],"从来参观的路线是由乡村到城市,由城市到大都市。"[③]董渭川等人认为原因在于:第一,我国自废科举兴学校以来,各级学校都尽量设置在都市里,不管乡村学校有多差,政府只管把都市里的学校办好来装点门面。因而都市的学校一般比乡村的学校要好,可资借鉴之处更多。第二,都市里的优良学校集中,参观效率更高。第三,都市的交通、住宿、饮食等条件更加便利。然而,"重都市轻乡村"是一个非常大的问题。乡村的家庭消耗许多财力送孩子去都市上学,而很多孩子沾染了城市的习气回不了乡村,致使乡村建设的人才匮乏,我们需要"回到农村",我们需要办好乡村教育。因此,师范生的教育参观要为乡村教育着想,为师范生毕业

---

① 周鼎华:《怎样指导师范生去参观》,《浙江教育》1936 年第 12 期。

② 方东澄:《师范生教育参观 ABC》,《文化与教育》1937 年第 120 期。

③ 董渭川、俞异君:《就中国教育之新动向论师范生毕业参观问题》,《山东民众教育月刊》1933 年第 5 期。

后从事乡村教育服务。都市的教育办得很好,但那些经验并不能轻易地移植到乡村教育中来,甚至使师范生"徒叹都市学校之富丽、设备之完整"①,面对乡村的教育条件更加怨天尤人。他们认为应该多参观乡村的优良学校,一来在借鉴上少了许多障碍,二来可激励师范生为乡村教育做贡献。

3. 效果难保:"走马观花"

人们还质疑,"走马观花式"的参观有效果吗?"南京系首都所在,全国各地纷往参观,每一学校参观者日必数十起,大有应接不暇之势,致引导者不胜其烦,未能许以详密之观察,不啻走马观花,加以天气酷热,经费有限,未敢逗留过久,仅参观几所代表的学校,自未敢云金豹全窥。"②"别的不用说,就是部颁《高中师范科暂行课程标准》上的'参观时须将一单元之教学完全看到'一节,有多少师范依据了这个规定切实执行,真是一个大疑问。"③而且预备不充足,参观后也不认真写报告,师范生在这样的教育参观中实在是得益甚少。④ 邰爽秋也曾感叹:"参观,参观,只看见这般人来,学校里为它花去了许多钱,学生自己又浪费了许多光阴,究竟有什么好处?"⑤"走马观花"问题其实是很难解决的,被参观的学校作为稀缺资源不可能被充分占用,何况参观者的时间、经费都非常有限。有人提出用分组法,即参观的师范生分组去不同的地方,可以解决同一学校因参观人太多而无法每人都能细致参观的问题。⑥ 但全国都有师范生涌向教育发达地区参观,仅仅参观人数减少也解决不了"走马观花"的无奈,显然这个办法无济于事。也有人提出,参观时不要求全,要抓住参观对象的特点,有重点地去观察和了解。

(二)参观旅行活动外部的问题

1. 政策上的掣肘

民国政府对于师范生教育参观旅行价值的认识在地域间并非一致的,在不同时期也并非是一贯的,这反映在政策的差异和变化上。一旦政策上不鼓励甚或禁止,教育参观旅行便遭遇挫折。1935 年 10 月,江西省教育厅向各师范学校和乡村师范学校发布训令,禁止出省参观。其理由概括起来有三:(1)费时,加上事前准备和事后休憩,动则月余;(2)低效,走马观花并不能真正认识所参观教育之真相;(3)旷废学业,导致毕业会考成绩差。所以,只需在附近小学实习,并参观本市的优良小学即可。"并使知下届毕业会考,本厅当确遵中央规定,

① 方东澄:《师范生教育参观 ABC》,《文化与教育》1937 年第 120 期。
② 熊寿文:《报告:二十一年度师范科教育参观团报告》,《一中校刊(南昌)》1934 年第 4 期。
③ 盛朗西:《如何改造师范教育与如何改进师范生参观实习的商榷》,《江苏教育》1932 年第 7-8 期。
④ 顾倬:《师范生参观问题》,《新闻报》1923 年 4 月 23 日第 15 版。
⑤ 周鼎华:《怎样指导师范生去参观》,《浙江教育》1936 年第 12 期。
⑥ 张南屏:《教育评坛:师范生参观问题》,《教育杂志》1923 年第 10 期。

严切执行,诸生毋得荒嬉自娱"①。时任厅长恰恰是 5 年前为《福州乡村师范教育参观团教育参观报告》题写书名的程时煃。笔者推测,其真正原因并非对省外教育参观价值的怀疑,而是他们认为省外教育参观影响了毕业会考成绩,这关系到教育行政部门的政绩。

2. 费用筹备的艰难

在民国前期,中央政府或教育部的法令、规章中未有涉及师范生教育参观经费的条款,直到 1932 年《师范学校规程》明确规定参观旅行的费用由学校负担,1935 年的《修正师范学校规程》仍是如此表述。但事实上,整个民国时期师范生都在"向例"向政府讨要这笔经费,公文中常见"向由各该生原籍县政府"酌情津贴。在实际实施中,师范生参观经费的来源分为以下几种类型:(1)省政府按校或学生定额划拨;(2)师范学校在经常费(或膳费结余)下开支;(3)师范生原籍县政府筹拨;(4)师范生原籍县政府提供借垫;(5)师范学校向学生收取。然而,民国时的教育经费一直都在短缺之中,要各级政府按实际需要足量拨发参观津贴很难。能否拿到教育参观经费,很大程度上得靠师范生奋力争取,因此而起纷争的报道常见诸报端。

崇明县立初级中学师范班在毕业考试前要旅外参观,学校让每位师范生自筹旅费 20 元,再加上入学时上缴学校的保证金 10 元(本应毕业时退还学生),一共 30 元,也就是说旅费完全由师范生本人承担。如果筹不齐这要交上的 20 元,就不准予毕业。可是,师范生大多家境贫寒,有些师范生所在县头年遭遇水灾,这时又是青黄不接正缺钱的时候,家长们确实拿不出这 20 元巨款。不得已,这些师范生的家长们向教育局呈文请求取消教育参观。② 最后解决的办法是:学校总共出洋 200 元,其余的由教育局从城南简易小学的教费项下支取 120 元(因为该小学是由师范班的同学义务任教的),总共 320 元作为师生的全部旅费。③ 教育局和学校采取了非常规办法才使得教育参观得以成行。

有人认为,以前参观地点的远近多寡受津贴及参观费的多少制约,而 1922 年省教育行政会(江苏)暂停津贴师范生参观费的决议使得这一制约不复存在,师范生参观地点的选择倒是更自由了。如果受自身的经济所限制,那只能说是社会组织不良,这又是另外一个问题。④ 这其实是一种安那其主义的论调,只能使更多师范生及其家庭的经济负担加重,大多数家庭无力承受。

---

① 程时煃:《各师范学校学生应注重特种教育及乡村改革事业不得任意出省参观旷废学业令仰遵照》,《江西省政府公报》1935 年第 330 期。

② 《崇中师范班参观外埠,学父兄请求停止,将具呈教局》,《崇民报》1934 年 4 月 12 日第 2 版。

③ 《崇中师范班参观旅费纠纷已决》,《崇民报》1934 年 4 月 16 日第 3 版。

④ 张南屏:《教育评坛:师范生参观问题》,《教育杂志》1923 年第 10 期。

四、民国师范生教育参观旅行活动的价值

虽有自身和外部的各种问题,但教育参观旅行的实施仍在整个民国时期持续着,这是因为时人在一定程度上认识到了它的价值。

(一)专业发展价值:架设理论与实践沟通的桥梁

教师的实践性格不能仅仅在书斋里养成,作为教育实践形式的师范生教育参观旅行由此获得其合法性。这一教育形式为理论与实践架设起沟通的桥梁,有利于师范生的专业化发展。从时人对教育参观旅行价值的语言表述,我们可以试图把握他们对其理解的三个层次。当然,在某一具体的参观实践中,这三个层次的价值是相互联系的,并可能都在一定程度上得以实现。

1."以资借镜":单向度的加法

时人对于师范生教育参观旅行目的常见的表述是"以资借镜",这也是师范生参加教育参观旅行的价值所在。师范生首先是要看到书本上所介绍的教育理论在教育发达地区是如何实践的,在参观学习的基础上可以在将来运用到实际中去,这是第一个层面。师范生对参观学校的组织、经费、建筑、设备、训育、教学的观察所得,都是自己所学理论的具体化、情境化。它不再是躺在纸张上的文字符号,而是实实在在的具象的教育情境、教育人物和教育事件。参观是一种"替代性实践",是对实践缺乏的补充。另一个层面的"以资借镜",是指看到别人好的实践,记下来以备将来照着去做。比如师范生参观发现"膳堂与屋内操场合用,膳时则将桌散开,操时则将桌撤去",认为"案此经济不足,或地位狭仄者,可仿此法"。[①] 总之,教育参观为师范生办学和教学提供了模仿的范本,有利于今后移植到自己的实践中。参观是为了弥补实践的不足,是单向度的增加,这是理论与实践沟通价值的第一个层次。

2."学理与事实之相印证":双向比较与互动

理论与实践沟通价值的第二个层次,是指有益于"学理与事实之相印证"[②],这是民国时期师范教育者和师范生对于教育实习和教育参观的价值认识的另一种经典表达。书本上学的是抽象的原理原则,与实际运用有一段差距,那么教育参观(看别人做)和教育实习(自己尝试做)就是缩小书本知识与实际运用差距的方式,是在理论与实践之间架起的沟通之桥

---

① 茅楚尊:《杂纂:苏锡沪杭四县参观教育日记》,《南通师范校友会杂志》1919 年第 8 期。
② 方东澄:《师范生教育参观 ABC》,《文化与教育》1937 年第 120 期。

梁。相对于本地参观,外埠参观的样本不仅仅是量的增加,更是质的多样性扩展及层次的提升,因而有益于师范生对理论的深入理解和实践的优化改进。时人有将这"印证"理解为静态的,即学理在此,事实在彼,通过参观用学理来审查事实的优劣,同时也用事实来验证学理的正误。这种双向比较固然是较前一层次有所提高,但这种形而上学的理解仍不够;更为准确的理解是将这种印证看成是双向的,是动态的,是互相解释而生长出发展空间的。

有师范生参观发现,各学校教师在教学方法上都力求改进,多半使用设计教学法、自学辅导教学法,注入式的教学很少见。而且教学不拘泥于课本,多自编补充教材。[①] 这些与师范生所学理论是相符的。也有师范生发现被观察学校的教师尽用注入式、讲演式的教学法,这种情况甚是普遍,感叹"教师专业训练实为极要紧问题"[②]。这体现了师范生对注入式、讲演式方法的认识,也表达了他们对教师专业训练内容的看法,从反面坚定了他们信奉的理论。以上主要是理论与实践的比较。又如,所参观学校崇尚给儿童以自由,不拘束儿童之行动。"教授之际,一问题之发,学生能答者,不待教者之呼名,即自作答,于是教室之中为之喧噪不静,教员亦无从一一别其为是为非,且不善发表之儿童,永不能有练习发表之机会,不肯发表之儿童,亦永不能有督促发表之机会,似不免有缺憾焉。"[③]对观察到的这一现象,如果将理论与实践进行互动式的阐释和理解,便会激发起对"儿童自由"的理论思考及如何既尊重儿童自由又使每位儿童都有参与实践探索的机会。

3. "广集群益":综合之上创新

"世界之进化无穷,教育之方法亦日新而月异。其所以能日新月异者,研究以外,其莫如参观乎? 盖社会上学校繁多,其编制必不能尽同,其教法亦岂能一辙? 又或此校所发明,彼校所未有,彼校所改良,此校所未知,此教育所以重参观之举也。"[④]教育参观旅行有益于师范生了解教育实践的多元样态和发展变化,可以"藉为南北沟通,广集群益之资"[⑤]。当师范生能够自觉地综合思考多样教育实践而求得对教育理论和实践的创新时,便进入了理论与实践沟通的第三个层次了。这时,他们会试图去超越自身原有的理论,在对实践进行观察、调查和研究的基础上进行深入的思考,提出一些新的问题,得出一些新的看法,甚至是理论形态的结论。进一步,这些认识可望在他们今后的教育实践(包括作为实习生的教育实习和作为正式教师的教育教学)中具有启发或指导意义。

比如,师范生在参观了多所学校之后,对学生自治会的管理得出如下结论:"学生自治会之存在,为教育法令所允许,故各校均有是项组织……各校负责人多认学生会之组织,既可

---

① 张蕃煜:《江浙教育参观报告》(附表),《乡村改造》1937 年第 4-5 期。
② 雷动、罗学府、马云鹤:《师大教育系南下参观报告》(附表),《师大月刊》1936 年第 24 期。
③ 茅楚尊:《杂纂:苏锡沪杭四县参观教育日记》,《南通师范校友会杂志》1919 年第 8 期。
④ 胡玉芳:《问师范生出外参观其益何在》,《南汇县立城南第一女子高等小学校校友会杂志》1918 年第 1 期。
⑤ 朱有瓛:《中国近代学制史料》第 3 辑下册,华东师范大学出版社 1992 年版,第 544 页。

练习学生自治能力,且于学校训育有莫大裨益,但欲使此两种效果实现,学校教职员须负责积极领导。对于学生集会,应完全处于辅助地位,绝不可以教者自居,致学生畏惧心理。否则学生会将于学校当局成对立形势,则其组织,不但无益,反为学校行政之碍。"①这里,在对各个学校做法的综合思考之后,师范生提出了自己的看法。当然,民国师范生的参观旅行实践证明,这一层次的价值要真正实现是不容易的。

(二)个性发展价值:培育"人格"丰满的教师

1. 沐雨栉风:个性品质的磨砺

民国时期的交通尚不发达,且因为经费紧张和时间限制,师范生在教育参观旅途中常常是备尝艰辛。百泉乡师范的师生在旅途中冒大雨而行,李瑞安在文中写道:"吾等抵院时,各人身上层层之棉衣俱已浸透,甚至水点点下滴,如串珠然。设非院中招待备至,为吾等添置炉火多座,则吾等因寒而致疾者,将不知几许人矣!"②北平师范学校的毕业生到上海参观,以为上海会比较暖和,都没有带棉衣。然而到那之后,"阴雨绵绵,寒风逼人","虽可单上加单,而卫内热御外寒之力终不足也"③。而福州乡村师范教育参观团"为了时间,为了金钱,胼手胝足,以步当车,拼命地走,连夜地写,积劳过度,精神疲乏,有的因此致病,有的因而命殇"④。也有师范生提到,虽然旅途艰辛,但是有这么多同学在一起,倒也不觉得苦,反而觉得很有乐趣。

2. 登山临水:胸襟性情的陶冶

在教育参观旅行过程中游览风景名胜和历史古迹对师范生具有审美、励志等教育价值。有师范生描述游览西湖:"秀丽的山丛,平静的湖水,无不使人心旷神怡。""苏堤马路,纵横其间,加以芳草青新,燕语莺歌的点缀,身入其境的人们,无有不留连忘返的。"⑤有师范生游北固山,如此记录当时的心情:"登山巅,金焦在望,看江水滔滔,胸襟为之大畅。"⑥他们游太湖时,一边欣赏雨中湖景,一边哼着歌儿,心中喜悦;过五里湖,水势汹涌,怒涛澎湃,无不赞曰:"雄哉太湖,美哉太湖!"待到"舍舟等陆,登高眺望,水天一色,不见边际",顿生豪迈之气。⑦另有师范生记叙游览中山陵园时的一个情节:"在祭堂内,空气真是静穆而严肃,连一点出气的声音几乎都听不到。我们自动地集于孙先生的像前,恭恭敬敬行了最敬礼,并默念数分

① 雷动、罗学府、马云鹤:《师大教育系南下参观报告》(附表),《师大月刊》1936年第24期。
② 李瑞安:《参观实习之前前后后》(附表),《乡村改造》1934年第11-13期。
③ 张希曾:《江苏旅行报告书》(1915年),载北京档案馆:《北京档案史料》,新华出版社2017年版,第3、6页。
④ 许文芹:《福州乡村师范教育参观团教育参观报告》,福州公教印书馆1930年版,第2页。
⑤ 苗俊长:《几页残缺的旅行参观生活录》(附表),《乡村改造》1937年第4-5期。
⑥ 安徽省立第四中学师范科:《教育参观实习报告汇刊》,1933年刊,第143页。
⑦ 安徽省立第四中学师范科:《教育参观实习报告汇刊》,1933年刊,第143页。

钟,然后依次退出。"①在参观"一·二八"战事展览时,当看到那只浸在药水中被日军炸下来的腿,参观的师范生感到"心里实在悲痛,恨不得马上投笔从戎才好"②。

3. 体验观察:人生阅历的丰富

"师范生的学校教育虽然达到了卒业的时限,似乎是面壁功深、学艺成熟,而社会的经验和常识的见闻,在久处学校的生活中,是感觉异常的缺欠。"③而老师同学组织起来一起出去参观旅行,走出校园与社会密切接触,在一定程度上可以弥补这一缺欠。正如师范生张希曾所说:"今因参观之机会,得知彼方之习俗、风尚、土产、方言,以及古迹之所存、名都之所在。""及夫驾乎陆上,航乎洋中,登山涉险,问俗观景,谒古庙,会时彦,无时无地不足以增阅历,进知识。"④

旅行的经历对于师范生来说是增加社会体验的过程。有位师范生听闻教育局关于停发参观旅费的呈文已获准,在旅途中想到家里因水灾在经济上的更为困窘,他不禁打了几个寒噤,忏悔不该执意孤行地又给家庭增加30元的借债。他计较着简陋的早餐超出了原定一角钱的预算。他深刻体会到人脱离不了社会关系,而经济基础对一个人是如此的重要。⑤ 另一位师范生在参观日记中记载了心绪的起伏:"六时抵港时则日落江中,余光反射,云霞如锦,一幅绝妙画图也。"(此时对于教育参观旅行期待而兴奋)"上轮时,官房客房皆有人满之患,于是以行李暂置通道,藉之而坐,三时启轮,江平月白,星光闪烁。起倚栏上,远见两三星火,渐没于淡烟中者,昨所宿处也。"(初遇旅途的不便,但心绪平静)"及买票,复多辗葛,令人闷闷。三时四十五分始得等车,人已不堪拥挤,容膝难安矣。"(此时已觉旅途艰辛,稍有消极情绪)"奔波半月,尘满征衫。然所见所闻,裨益于吾之将来者不少,此行为不虚也。"(这是对于教育参观旅行的理性认识。笔者相信,其中裨益不仅来自于参观,也来自于旅行⑥)

教育参观旅行也可以丰富师范生对社会的认识。有师范生观察到上海社会人情复杂、诈骗频发、贫富悬殊、秩序紊乱等。他发现外滩黄浦江里几乎看不到中国的船只,感觉这是上海主权不能独立造成的,表示极端痛心。他还发现上海的招生情况与北方刚好相反:上海的学生多得容纳不下,每个学级都特别拥挤;而在他们那儿,大多数情况下,收一班学生都要招了一次又一次,还不一定能招满。⑦ 师范生的社会阅历丰富,对于其个人的成长和未来从事教育工作都有莫大的益处。

---

① 安徽省立第四中学师范科:《教育参观实习报告汇刊》,1933年刊,第143页。
② 安徽省立第四中学师范科:《教育参观实习报告汇刊》,1933年刊,第143页。
③ 贾敬:《旅行江浙参观教育印象记》(附表),《乡村改造》1937年第4-5期。
④ 张希曾:《江苏旅行报告书》(1915年),载北京档案馆:《北京档案史料》,新华出版社2017年版,第3页。
⑤ 郭允允、王贵诠:《留邹实习日记:实习日记(三月七日)》,《乡村改造》1934年第11-13期。
⑥ 茅楚尊:《杂纂:苏锡沪杭四县参观教育日记》,《南通师范校友会杂志》1919年第8期。
⑦ 赵光先:《参观报告:本校第四届普通科三年级以毕业在即……》(附表),《乡村改造》1937年第4-5期。

4. 亲历现场：职业信念的增强

当准教师(师范生)对教师这一职业有了一定的认识,并在此基础上对教师的职业价值产生了坚信不疑的态度,那么他就形成了一定的教师职业信念。[1] 职业信念是建立在师范生对教育环境、教育事业、学校管理、教师身份、学生、课程、教育教学等的认识基础之上。一旦形成,它将成为教师人生的精神支柱、教师职业的奉守信条、教师文化的核心要素、教师行为的隐性向导和教师发展的内在动力。[2] 因此,积极培育师范生的教师职业信念非常重要,它甚至决定了师范教育成功与否。而这种培育只通过理论学习远远不够,需要将师范生置身于现实的、具体的教育情境中去,引导他们去感知、体验和体悟。教育参观旅行是实现这一目标的有效方式,积极影响师范生职业信念的形成是其重要价值之一。

在民国时期,有师范生在教育参观旅行之后表示,参观使他对教育有更深刻的认识,感觉到教育的巨大力量,使他前进的方向更加确定。[3] 另有师范生认为,南方的教育比北方的教育发达,经济充裕是一个重要因素,经济发达才有教育设备的优良、教师薪酬的丰厚,民众才有更高的教育需求(不必终日困于生计),因此,教育事业要进步,建设好国民经济非常重要。同时,他也非常认同在参观时雷宾南、张宗麟和邰爽秋所做演讲的观点,即做教师要毫无名利心(空手而来,空手而去),要有研究上进(把握着时代)和不畏艰苦(吃苦耐劳地干)的精神。[4]

结　语

综上所述,民国时期师范生的教育参观旅行按照目的不同可以分为教育参观研究、教育参观实习、教育参观旅游三种模式,实践中以第三种模式居多。一些师范教育的关注者质疑教育参观旅行的目的变异为游山玩水,选择的参观目的地多为繁华都市而忽视了乡村,参观时间仓促难以保障参观效果等,并提出了一些相应的改进办法。除了自身的问题以外,教育参观旅行也受到一些外部条件的制约,比如经费筹措艰难,政府在政策上有时不支持。但在整个民国时期,师范生教育参观旅行基本得以贯彻实施,这主要源于时人对其价值的认可。教育参观旅行为师范生架起一座理论与实践沟通的桥梁,有益于他们专业化的发展,同时在旅行过程中也促进了师范生的个性化发展,增长了他们的见识,磨砺了他们的个性,坚定了

① 王卫东:《教师职业信念问题初探》,《华东师范大学学报(教育科学版)》2000年第4期。
② 肖正德:《基于教师发展的教师信念:意蕴阐释与实践建构》,《教育研究》2013年第6期。
③ 陆吾身:《我所见到的江南教育:参观报告(附表)》,《乡村改造》1937年第4-5期。
④ 苗永祥:《南下教育参观报告》(附表),《乡村改造》1937年第4-5期。

他们的教师职业信念。这是民国师范教育中不可遗忘的一段历史。

新中国成立以后,我国师范生的教育实习仍在很长一段时间保留了教育参观这一内容。① 但当前我国师范生教育实践的内容以教育见习、实习和研习为主,未专门提及教育参观,而集中组织的教育参观旅行(外埠参观或毕业参观)更没有安排和实施。虽然,今天的教师教育环境与民国时期相比发生了巨大的变化,比如,今天的信息沟通发达,区域间的差距缩小,师范生自己外出旅游的机会增多等等,但是,教育参观旅行的价值仍然存在。近年教育部先后印发了《关于实施卓越教师培养计划的意见》和《教育部关于加强师范生教育实践的意见》,都要求开展规范化的实践教学,全面提升教师培养质量。后者还提出,"要拓宽教育实践渠道,积极探索遴选师范生到海外开展教育实践等多种形式,开阔师范生的视野"②。教育实践的形式是多样的,笔者以为,教育参观旅行可以是其中之一。当前我国中小学如火如荼地开展研学旅行活动,其实民国时期师范生的教育参观旅行具有"教育参观+研学旅行"的意涵。如果我们在深入研究的基础上,先从公费师范生中遴选学生进行尝试,我相信今天的师范生教育参观旅行可以实施得更好,在新的历史时期发挥出更大的作用。

---

① 比如,在 20 世纪 50 年代初,规定"参观与实习为师范学院和师范专科学校各系科教学计划中的重要组成部分"。师范学校的教学计划中,规定参观实习为必修科目,"实习成绩(集中进行的)包括试教成绩和参观成绩"。在改革开放之后,规定"教育实习包括实习、见习和参观等活动","师范学校应有一名教导主任,在校长领导下分工负责学生的实习、见习和参观等事宜"。(参见:《关于高等师范学校的规定(草案)》,1952 年 7 月 16 日;《师范学校暂行规程(草案)》,1952 年 7 月 16 日;《中等师范学校规程(实行)》,1980 年 8 月 22 日;宋嗣廉、韩力学:《中国师范教育通览》,东北师范大学出版社 1998 年版,第 431、443-445、451 页。)

② 教育部关于加强师范生教育实践的意见,参见网站:http://www.moe.gov.cn/srcsite/A10/s7011/201604/t20160407_237042.html。

"以儿童为本位"：民国小学家访之考察

◎于　潇　王凌超[*]

摘　要：随着手机、电脑等现代通信方式的普及，作为家校合作重要方式的传统家访逐渐式微的现象值得重视，而民国小学家访可以为此提供启示。家访是民国小学家校合作的有效方式，其内容侧重于儿童身心、学习与生活等各方面，教师访问前准备较为周全，访问时以儿童为出发点，访问后注重材料的整理和利用。这些宝贵经验有助于我们重塑家访重要地位、秉承"儿童本位"家访理念与完善家访实施过程。

关键词：民国小学；家访；儿童本位；家校合作

随着信息化社会的发展，家校更多地通过校讯通、QQ 与微信等媒介进行沟通，这些方式具有及时、高效等优势。相比之下，家访、家长会与书信等传统方式逐渐式微，许多班主任甚至没有过家访经历。然而，家访在特定情境下仍可以发挥重要作用，应该重新受到关注。实际上，民国时期备受重视的家访形成了较为完备且具特色的体系。五四运动后，"以儿童为本位"[①]的教育理念渐入人心，当时小学家访也受其影响并得到了极大的推崇和发展。

一、"首推家庭访问"：民国小学家校合作的方法

民国时期，适龄儿童在校时间远不及在家时间长，儿童受家庭感化更多，"家庭是大有关系于学校教育的。若要训练儿童，教学儿童……非竭力设法和家庭联络不行"[②]。当时小学通常采取集会、访问和书面通信等方式联系家庭，而家访"最恳切""最有效力"[③]。访问主要

---

　*　作者简介：于潇，宁波大学教师教育学院副教授；王凌超，宁波大学教师教育学院硕士研究生。基金项目：国家社科基金教育学一般课题"民国时期教育部决策方式与机制研究"（编号：BOA170038）。

①　潘仁：《家庭与学校联系问题（下）》，《教育通讯（汉口）》1938 年第 26 期。
②　陈守谦：《学校和家庭之关系》，《学蠹》1928 年第 1 期。
③　韩照远：《学校与学生家庭联络法（附表）》，《河南教育月刊》1931 年第 5 期。

指家长到校访问或教师到学生家中访问（家访）。家长来校访问，学校虽能知道儿童在家状况，但"未身历其境，究嫌隔膜"①。因此，家访尤为重要，其优势主要表现在如下方面。

首先，家访可以增进家校之间感情。面对面的交流能拉近教师和家长的距离，使双方"发生直接的、有情谊的接触"②。其次，家访利于家校进行深层次沟通。当时不少家庭做法守旧，常与学校相悖。例如，家长不懂时势，强制儿童读经，认为常识功课无关紧要③；学校要破除迷信，但家长告知儿童有鬼神，甚至命令其参加念佛、吃素等活动④；学校提倡儿童多运动、多游戏，而家长认为这些"无益"⑤。这种分歧会导致儿童无所适从、学校教育受阻。而通过家访，家校可以"直接互相交换意见，共谋纠正的方法"⑥。最后，家访有助于约束儿童言行。当时不少儿童欢迎教师家访，甚至以先到自家为快。⑦ 受到重视的儿童会增进求学兴趣，减少欺骗家校的恶劣行为，对教师有好感，进步较大。⑧

二、聚焦儿童：民国小学家访的类型及其内容

民国小学家访主要分为普通家访和特殊家访两种，其有各自特点与功能，比较而言，普通家访较为常见。

（一）普通家访：尽可能全面了解全体儿童

普通家访（或称定期访问）是由级任导师（指负责一个学级全部或主要课程教学和组织管理工作的教师）邀请科任导师（指担任某一学科教学任务的教师）协同进行。最多每月或两个月访问一次，至少每学期一次，多在开学后一段时间内进行。因许多乡村家长不能识字与写字，所以访问次数较多。⑨

1. 家庭状况与儿童个性：教师征询家长的要点

民国小学普通家访涉及的内容较多，其中教师征询家长的基本要点主要包括家庭状况与儿童个性两大方面。

① 褚应瑞：《学校与家庭联络专辑：城市学校与家庭联络问题》，《小学教师》1939 年第 3 期。
② 徐获权：《学校与家庭的联系问题》，《时论分析》1940 第 18 期。
③ 陈守谦：《学校和家庭之关系》，《学矗》1928 年第 1 期。
④ 作者不详：《家庭与学校应有联络》，《兴华》1937 年第 2 期。
⑤ 秦薰陶：《本校举行家庭访问的经过》，《教学生活》1936 年第 1 期。
⑥ 李心恒：《本校家庭访问的结果探讨》，《江西地方教育》1937 年第 87 期。
⑦ 李廷宏：《家庭访问经验谈》，《安徽教育辅导（旬刊）》1937 年第 28-29 期。
⑧ 李心恒：《本校家庭访问的结果探讨》，《江西地方教育》1937 年第 87 期。
⑨ 作者不详：《小学联络家庭办法汇编：家庭访问（附表）》，《江苏省小学教师（半月刊）》1934 年第 20 期。

（1）家庭状况方面

第一，家庭环境。儿童的家庭环境因父母的职业、经济水平等多方面不同而有所区别，教师家访可进行实地调查。一方面，教师从地域（特殊的地理影响）、邻居（性质和职业等）、房屋情况等方面了解家庭的外部环境；另一方面，从经济情形（贫富、一年的收支等）、家风等方面把握家庭的内部环境。[①]

第二，家属情况。教师一般首先调查儿童的父母亲、祖父母、叔伯、兄弟姐妹等亲属的姓名、年龄、教育程度、职业、嗜好、健康等情况。[②] 其次考察家长对儿童的养育情况，包括供养儿童、教育计划、期望、奖惩方式（含是否打骂）、行为习惯如何养成等。[③] 再次询问家长对学校的希望和意见，以此作为改进的参考。[④]

（2）儿童个性方面

在调查过程中，"凡儿童在家庭的时候，个性的发达，与在学校的比较研究，都应该在访问的时候，详细考察"[⑤]。儿童个性方面的访问内容主要包括学业表现、身心状况、生活习惯、道德品行和社交娱乐这五个方面。学业表现方面，内容涉及儿童的努力程度、喜欢或厌恶的学科、每日自修情况、除教科书外有无阅读其他书刊、有无家庭教师等；身心状况方面，主要询问儿童是否患过大病、是否容易患病、是否喜欢运动、有无特殊的心性现象等；生活习惯方面，了解儿童最喜欢的食物与服饰、每天起睡时间、是否按时进食与注意卫生及按时回家、衣物能否自己管理、每日零花钱数额及是否储蓄等；道德品行方面，调查儿童能否顺从家长教导与帮助家长做家务、对尊长是否礼貌、是否喜欢与兄弟姐妹争抢、对客人与佣人态度、做事有无计划、有何长处及怎样养成、有何短处及怎样造成；社交娱乐方面，问明儿童假日喜欢做何事、运动游戏的种类、喜欢在哪游玩及与谁游玩等。[⑥]

在家访时，教师一般着重了解儿童自身的诸多问题，以此明晰每位儿童的个性，"并随时利导，或改进其家庭状况，以为学校训育的补助"[⑦]。

2. 学校概况与儿童在校表现：教师报告家长的要点

为节省时间及避免家长的碎屑询问，当时教师把校内情况事先编印成备询录，在访问前分送各家长，在访问时，再请家长发表意见。备询录要目包括：学校经费、教学、训导、图书数

---

① 张齐圣：《实施家庭访问的经过：江苏常熟浒浦小学》，《教师之友（上海）》1936年第2期。
② 曦子：《乡村小学之家庭访问》（上），《小学与社会》1936年第6期。
③ 王继甫：《学校和家庭社会怎样联络》，《地方教育》1932年第37期。
④ 张齐圣：《实施家庭访问的经过：江苏常熟浒浦小学》，《教师之友（上海）》1936年第2期。
⑤ 李青莲：《家庭访问时应注意之事项》，《霞文潮》1920年第5期。
⑥ 太玄：《实验：学校家庭联络法》，《教育杂志》1918年第3期；关钟琦：《学校与家庭联络之重要及其方法》，《教育生活》1934年第2期；黄达人：《学校怎么样去联络家庭》，《江苏教育》1940年第5期。
⑦ 陈守谦：《学校和家庭之关系》，《学蠡》1928年第1期。

量、男女生人数、学生年龄与籍贯、男女教师姓名及担任科目、教职员薪金、各年级上课时间及教学方法、课外作业指导、日常训练方法、学生纳费简则、学生辍学退学休学复学转学及升留降跳级规则、学生各科学业成绩考查办法、学生惩奖办法、学生勤惰考查规则、学生通守规则等。[1] 教师酌情说明学校情况后,开始报告儿童在校状况,内容包括上下课、与朋友交往、特殊习惯等。[2]

(二)特殊家访:针对性地考察特殊儿童

特殊家访(或称不定期访问)虽较少进行,但有特殊效用。在儿童遇到重大偶发事件或学习成绩下降,或偶有其他特殊事项时进行特殊访问。访问由级任导师负责,约定访问日期,向家庭报告事项发生情形。[3] 与普通家访有较大不同,特殊访问的内容比较简单,但针对性更强,主要包括具体事项、经过情形、预拟处置办法、家长意见及其提出的办法等。[4]

三、围绕儿童展开:民国小学家访的实施过程

家访工作虽较为琐碎,但是在小学教育中占有重要位置。民国小学教师在家访前准备较为充分,访问时关注儿童,访问后重视结果的整理与利用。

(一)家访准备较为周全

在家访前,教师需要进行多方面准备。首先,开学时让儿童填写调查表,明了各家情况,如同居者、家长及亲子关系、家庭环境、职业等。[5] 教师都会事先弄清每个地区的习俗和家庭的特殊情形,设法避免禁忌。其次,调查住址,事前决定访问路线。以路途的异同、远近分为若干区,然后分期分区访问,或者"以学级为单位,照儿童的住址分为若干区,由级任教师会同一二位专科教师担任该级的访问工作"[6]。再次,拟定访问日程,让儿童通知家庭,约定时间,邀儿童引导。访问时间一般为假期及课后,以不妨碍日常工作为原则。最后,利用集会向儿童解释家访的目的和办法,让儿童转告家长。[7] 初次访问因路途生疏,教师可让儿童一

---

① 杨士枒:《家庭联络问题》,《教育与中国》1935 年第 7-8 期。
② 作者不详:《小学联络家庭办法汇编:家庭访问》,《江苏省小学教师(半月刊)》1934 年第 20 期。
③ 同里女子小学协进团:《怎样举行家庭访问》,《吴江教育(半月刊)》1936 年第 13-14 期。
④ 同里女子小学协进团:《怎样举行家庭访问》,《吴江教育(半月刊)》1936 年第 13-14 期。
⑤ 李廷宏:《家庭访问经验谈》,《安徽教育辅导(旬刊)》1937 年第 28-29 期。
⑥ 杨士枒:《家庭联络问题》,《教育与中国》1935 年第 7-8 期。
⑦ 张齐圣:《实施家庭访问的经过:江苏常熟浒浦小学》,《教师之友(上海)》1936 年第 2 期。

同前往。

(二)访问时关注儿童,酌情报告其优缺点

访问时教师大体有两方面工作。其一是报告学校对家庭的希望,包括督促儿童准时到校、注意儿童整洁、回家指导儿童功课、常到学校参观、随时提意见和务请配合学校工作等。其二是征求家长的意见,真诚采纳家长的合理诉求,也会及时回应错误意见,避免日后误会。[①] 此外,教师报告或询问儿童的优劣问题,会使儿童知道[②],这样可使其深受教育,改变行为。如有不便公开的,可请儿童回避。[③] 通常,教师会注意报告学生优缺点的方式。首先,不全讲儿童优点。家长都爱听人夸自己子女,但教师不会绝对迎合,以免引起学生骄傲与家长误会。[④] 其次,不全讲儿童缺点。家长有护短心理[⑤],因此教师事前会详细记载儿童的优缺点,不良表现尤需以事实证明[⑥]。教师会以"十二分的恳切"使家长信服,否则会增加家校之间的隔膜。[⑦]

(三)重视访问结果,作为教育儿童的依据

普通家访的结果由级任教师指定年长学生统计后,经教导部收存,学校再做整理。[⑧] 此后,学校发函致谢家长,报告采纳的意见。[⑨] 而特殊家访的结果由于情况各异且内容较少,一般不做集中统计。访问结果是家校改进教育的重要根据。一方面,学校会反省是否曾违背家庭合理希望,会依据结果制定儿童个别改进办法。[⑩] 另一方面,家访可以改善家长的教育理念与方法。平时不少家长管教儿童或溺爱,或太严(甚至体罚),家访后据儿童反映,"家长对于他们比以前好得多了"[⑪]。

---

① 杨士枡:《家庭联络问题》,《教育与中国》1935 年第 7-8 期。
② 汝志强:《家庭访问》,《儿童与教师》1935 年第 20 期。
③ 同里女子小学协进团:《怎样举行家庭访问》,《吴江教育(半月刊)》1936 年第 13-14 期。
④ 吴鼎、吴珵瑛:《如何编选各科补充教材、如何做家庭访问》,《国民教育(月刊)》1941 年第 4 期。
⑤ 刘百川:《小学校的家庭访问》,《儿童教育》1933 年第 10 期。
⑥ 吴鼎、吴珵瑛:《如何编选各科补充教材、如何做家庭访问》,《国民教育(月刊)》1941 年第 4 期。
⑦ 陈守谦:《学校和家庭之关系》,《学蠡》1928 年第 1 期。
⑧ 秦薰陶:《本校举行家庭访问的经过》,《教学生活》1936 年第 1 期。
⑨ 刘百川:《小学校的家庭访问》,《儿童教育》1933 年第 10 期。
⑩ 同里女子小学协进团:《怎样举行家庭访问》,《吴江教育(半月刊)》1936 年第 13-14 期。
⑪ 李廷宏:《家庭访问经验谈》,《安徽教育辅导(旬刊)》1937 年第 28-29 期。

四、民国小学家访的当代价值

(一)重塑家访在家校合作中的重要地位

在信息技术高度发展的今天,家访逐渐被边缘化,甚至被抛弃不用,代之以微信、QQ、电话等现代方式。诚然,在现代家校合作体系中,家访不再适合充当"首推"方式,但其仍能发挥不可替代的作用。以直面互动方式进行深入交流的家访,可以有效地帮助家校达成意见共识与情感共鸣,这在一定程度上是其他方式无法比拟的。教育工作者需更新观念,正视家访这一传统方式的当代价值,重塑其在家校合作体系中的重要地位。特别是在面对新班级、特殊儿童等情况时,教师可以依据实际问题进行家访,直接而深入地与家长沟通,形成引导儿童的合力。同时,我们也需要正视家访的当代地位,认识到它存在费时、费力等不足,优化其内容与推行方法,将其与现代方式有机结合,更好地促进儿童成长。

(二)秉承"儿童本位"的家访理念

家访的目的指向儿童的健康成长,与"儿童本位"理念相契合,而这正是民国小学家访所提倡的,也适用于现代家访。一方面,尽管教师与家长是家访的主要参加者,但儿童是有真情实感的客观存在,是家访的主体,理应成为"局内人",不可说是"为了儿童"而去做过分依据成人规则训导儿童的事。因此,教师在访问表编制、访问实施与结果应用等诸多环节都应尊重儿童,以儿童为出发点与归宿点。另一方面,"儿童本位"并非要求绝对顺从儿童、放任儿童,教师与家长作为相对成熟的个体,具有丰富的知识储备与人生阅历,需要在家访中起到设计、组织、推动等作用,以保证家访能围绕儿童顺利而有效地展开。可见,在家访过程中,教师应秉承"儿童本位"理念,特别需要协调好尊重儿童与发挥成人作用之间的关系,以更好地实现家访的目的。

(三)家访实施的若干注意事项

1.访问前充分准备,合理发挥儿童作用

民国小学家访前的准备比较充分,现代家访可以参照相关经验进行,基本事项可与之大体相仿,不过联系方式可以更灵活,如手机、电脑、信函等媒介都能起到各自的作用。另外,由于未能有效发挥儿童的作用,民国小学家访也曾遇到麻烦。例如,教师访问前未通过儿童

预约时间,导致"家长不在,徒劳跋涉,或家庭有事,不能详细访谈"等情况。① 再如,儿童的自尊心很强,知道教师要来,"嚷着预备这样那样",有些家长嫌麻烦,不欢迎教师前来,而有些家长事先准备,导致教师看不出真实的情形。② 因此,我们可以给予儿童一些力所能及的任务,同时告知儿童和家长保持平常心、不必过多准备,以保证家访能够在家庭常态下进行。

2.访问中关注儿童的全面发展情况,利用有限时间深入了解实情

我们可以从一些民国小学的家访记录中看出不少值得重视的问题。其一,访问时由于太客套,有时偏离儿童这一主题,如教师王贯三曾记载:"一走进去,非常要好,立刻泡茶,反而谈话工夫都没有。"③家访即便是关注儿童,也应多围绕学业,忽视儿童其他方面。④ 可见,教师应注重向家长了解儿童学业、身心健康等多方面情况。其二,访问时常不够深入。如一位教师家访,仅他的外婆接待,"我们随便问了几句就出来了"⑤。又如,教师塞先艾曾拜访了五个家庭,家长大半经商,虽竭力配合,但"有些漠漠之意",因希望其子弟做贸易为生。⑥ 故而,教师家访前需要依据儿童及其家庭特点针对性地准备,根据情况适当调整时间长短,同时注意引导家长积极配合学校工作。其三,实情不易获取。如曾有教师指出家长一般不愿说出孩子的"坏处","因为他怕对你说了,对他爱儿有所不利"⑦。对此,教师可以用诚恳且庄严的态度、温和的言语与家长谈话,反之家长会有"淡漠、怀疑、厌恶的态度"⑧。此外,问话少用正问法。例如,儿童有晚起习惯,不宜直接探求原因,应从侧面询问:"每晚几点钟睡……上床后的情形如何?是否失眠,家长几时起身,早上可有人喊他起来。"⑨这样便可较为顺利地找出儿童晚起的原因。

3.访问后家校合力推动结果的落实

家访可以增进家校的相互了解,有助于共同改进教育儿童的方法。然而,民国小学家访结果的应用有时不尽人意。例如,乡村儿童经常缺课,沟通后依然未有改观⑩。再如,有些教师没有根据结果针对性地制定儿童的改进办法,学校也未回应"儿童家庭合理的意见和希望"⑪。因此,教师需关注家访结果的"真",即家校在开诚布公的沟通中达成一致。随后,家

① 陆振寰:《谈谈家庭访问》,《进修(半月刊)》1932年第17期。
② 吴鼎、吴珵瑛:《如何编选各科补充教材、如何做家庭访问》,《国民教育(月刊)》1941年第4期。
③ 王贯三:《家庭访问记》,《责任》1922年第5期。
④ 褚应瑞:《学校与家庭联络专辑:城市学校与家庭联络问题》,《小学教师》1939年第3期。
⑤ 烟波:《家庭访问记》,《教学生活》1936年第1期。
⑥ 塞先艾:《家庭访问》,《晨报副刊·文学(旬刊)》1924年第43期。
⑦ 省立安庆府学宫小学:《家庭访问中之一点滴》,《安徽教育辅导(旬刊)》1936年第27期。
⑧ 曦子:《乡村小学之家庭访问》(上),《小学与社会》1936年第6期。
⑨ 省立安庆府学宫小学:《家庭访问中之一点滴》,《安徽教育辅导(旬刊)》1936年第27期。
⑩ 王贯三:《家庭访问记》,《责任》1922年第5期。
⑪ 同里女子小学协进团:《怎样举行家庭访问》,《吴江教育(半月刊)》1936年第13-14期。

校在落实结果过程中应该通力合作,各司其职,特别是在与儿童交流时,要分工明确,避免相互推诿。此外,教师还可以依据实际情况,灵活处理家访结果,变通解决儿童后续发展中的具体问题。

综上所述,民国时期"以儿童为本位"的小学家访在家校合作中发挥着重要作用,在较大程度上减少了家校之间的隔阂,促进了双方合作,为提高儿童教育的质量做出了重要贡献。尽管随着时代的变迁,现代家校合作的方式愈加丰富,但是家访这一传统形式不应被遗忘或抛弃。当然,我们既要认识到家访的特殊价值,也要明了它不是唯一方式。从历史中汲取经验与教训,并根据新时代的特点,重构出一套较为完备的小学家访体系,这将是一个值得继续深入探究的课题。

原载《教师教育论坛》2020 年第 2 期

反抗与戏谑:亲历者视角下的民国中学会考

◎赵　昂*

摘　要:1932年,南京国民政府教育部以加强学校管理、增进教学效率、整齐毕业程度的名义,强行在全国范围内施行中小学毕业会考制度。由于主要负责部门事先并未对会考可行性与施行方式进行充分的研究与论证,也未提前在一定范围内进行试点,导致该项制度自颁布之日起,争议之声沸腾,反抗风潮迭起。当时的教育学者纷纷撰文或是批评或是建议,直指教育部门贸然推行会考所产生的流弊。而作为会考主要参与者的应试考生、中学教师、校长以及学生家长由于事出突然,发生了多起学生拒考、罢课,教师与家长申诉、请愿的事件,一时全社会为之震动。本文从这些亲历者关于会考记忆的文学作品、书信、日记、采访记录中撷取一些不同的侧面,结合当时中国教育学会关于中学会考的调查数据一窥亲历者视角下的民国中学会考的实际情形,并对我们了解中国教育现代化进程中的步履蹒跚提供一个窗口。

关键词:亲历者视角;民国中学;毕业会考

南京国民政府教育部自 1932 年起,相继颁布了《中小学学生毕业会考暂行规程》《中学学生毕业会考规程》和《中学毕业委员会规程》,规定:一切公私立中等学校毕业生必须参加教育主管部门组织的统一会考,最终公布两项成绩,一是以学生个人为单位,排列名次等级,二是以学校为单位,参考各生考分总和排列名次等级。毕业会考成绩不合格者不能参加毕业考试,若某一学校会考成绩过差,则取消其下一年度的招生资格。这一系列法令的出台标志着中学会考制度在中华民国的正式确立。极富争议性的民国会考制度一直是众多教育史研究者关注的重点,已有论文将民国中学会考制度的缘起、发展以及具体的实施过程整理详尽。[①] 对当时教育界、文化界中进行的关于中学会考制度合理与否的争鸣与辩论,学界也有

---

　*　作者简介:赵昂,西北师范大学教育学院博士研究生。

　①　谈儒强:《民国中学会考制度产生背景初探》,《安徽教育学院学报(哲学社会科学版)》1998 年第 5 期;谈儒强:《民国中学出台会考制度原因新探》,《河北师范大学学报(教育科学版)》2009 年第 5 期;胡乐:《我国中学会考制度的初步研究》,内蒙古师范大学 2009 年硕士论文;袁红玉:《1932—1937 年中学毕业会考制度研究》,华中师范大学 2013 年硕士论文等。

较多关注。[1] 但对于参加会考的中学毕业生、会考科目教员、中学校长以及学生家长等对民国中学会考有切身悲喜体验的人群的研究似较为缺失。本文拟从一些民国中学会考亲历者的报告文学、日记、书信、回忆录、杂文等作品中,截取一些不同的侧面,结合针对会考亲历者的调查数据,将 20 世纪 30 年代实行的中学会考制度以更直观的形象呈现出来。

一、"种田怕担粪,读书怕会考"——会考考生的众生相

20 世纪 30 年代的中国由于教育基础薄弱,加之大学数量稀少,大部分中学应届毕业生并没有进入大学继续深造的机会和打算,学习的动力也就并不强烈。毕业生自命为学校的"老太爷",往往"一心里只是存着还住满一个月就可伸手向学校要凭照"[2]的心思。当这批学生初闻需要进行毕业会考的消息,自然是方寸大乱,一时间"拍桌声、踏地板声、吐口痰声、骂声……"[3]此起彼伏。"人人肚子里都藏着一腔怨气,吃饭时候的碗筷就成了出气的家伙"[4]。无用的谩骂与发泄充斥在毕业生群体中,一些不着边际的侥幸心理也出现在学生的思想中:"大家都希望报上发现取消会考的消息,有许多人希望市教育局大火烧。有很多人希望日本人再来一次战争……学生的罢课抵抗会考的消息传来后,有几位简直和狂人一样,从楼上跳下来,又从楼下跑上去。"[5]接下来几日,"突发了广泛的反对会考风潮,从绥远,济南,安徽以至于福州,广州,从南京,上海,以至于江苏全省,或请愿取消会考,或发宣言通电反对会考,或直接宣告罢考……捣毁教育厅……形形色色,蔚为一九三三年中国教育界之轩然大波"[6]。例如在山东某校,学生在学校内张贴"反对法西斯蒂的教育、会考是白色帝国主义压迫我们的工具、反对白色帝国主义的会考"[7]。南京某私立中学罢课游行向教育部请愿变通会考办法。[8] 江苏省立中学教育会向教育厅建议变通会考办法。[9] 绥远学生捣毁教育厅,罢课游行

---

① 张永平:《民国中学毕业会考之始末》,《华东师范大学学报(教育科学版)》1992 年第 3 期;谈儒强:《民国时期中学会考制度评析》,《华东师范大学学报(教育科学版)》1998 年第 1 期;谈儒强:《物议四起的民国时期中学会考》,《安徽史学》2010 年第 3 期;胡向东:《民国时期中国考试制度的转型与重构》,华中师范大学 2006 年博士论文等。

② 康乐:《记会考》,《晨曦》1937 年第 2 期。

③ 康乐:《记会考》,《晨曦》1937 年第 2 期。

④ 傅敬嘉:《会考记》,《十日谈》1934 年第 35 期。

⑤ 傅敬嘉:《会考记》,《十日谈》1934 年第 35 期。

⑥ 嘉年:《毕业会考风潮》,《正路》1933 年第 2 期。

⑦ 佚名:《长短评:济南的学潮与会考》,《华年》1932 年第 36 期。

⑧ 《申报》,1933 年 3 月 9 日。

⑨ 《时事新报》,1933 年 4 月 16 日。

反对会考。① 厦门中学学生游行,并要求与教育厅对话取消或改良会考。② 在上海,数十所公私立中学联合游行,要求取消中学毕业会考。值得一提的是,游行居中联络、散发传单、呼喊口号最积极者并不是那些所谓的"差生",一位秀启中学的同学在信件中写道:"这次反会考最起劲的干事都是功课顶呱呱的第一名、第二名……"私立爱群中学全体学生走上街头游行示威,居然得到了前任校长的经费赞助。上海中学、正行中学、私立南屏中学和智仁勇中学等几所学校成立了反会考联合会,"全体总动员,画了二十张白布大幅漫画……赶好了五百多张标语"③,由上海北站游行至教育局门口示威。在安徽,反对会考的学潮甚至惊动了蒋介石,最后由行政院下令弹压。④

事实上,在当时的环境下会考既不会被取消也不存在被外力打断的可能。那么,想方设法能通过会考就成为众多毕业生的头等大事。

当时,许多学生将会考列为中学生必须要过的"四关"(四关分别是:入学考试、军训、毕业考试和会考),而会考由于是校外考试,命题、评阅与监考的权力皆不在本校,考生自己也意识到很难像平时考试一样采用非常规的手法蒙混过关,所以会考又被考生当作"最恶毒、最残酷的煞神"⑤。而备考阶段的氛围则被学生描述为"宇宙充满着阴惨的风"⑥。毕业生自得到要进行会考消息之日起,"每人的心中都放着一个笨重的铅块,每人的目前都经现着一个黑暗的影子,时时刻刻地。有人在祈祷着上帝,有人在怨恨,诅咒自己的命运,偏偏自己遇到会考。有的少数的人每日竟开始用起功来,大多数的都是听天由命"⑦。

由于会考不仅关系到学生的毕业情况,也和学校是否在来年具备办学资格挂钩,学校自然需要在备考阶段想方设法帮助提高学生的会考成绩。比如提前进行模拟考试,将一部分成绩较差的学生排除在毕业班之外,但这种行为自然会遭到学生的反对,在一份报告文学作品中就记述了 H 学校因为要实行甄别考试,让一部分学生留级,而发生的学生包围校长室引发流血冲突的惨剧。⑧

由于参与会考考生的程度不一,且有一些学校对教学工作过于散漫,会考试卷上也闹了诸多笑话,例如:"某省国文试题解释字意一项中有'千金一诺'句,某考生解曰:'小姐答应一声'……某省某考生英文试卷上大书曰:'题目很容易,但我考不出,是皆我校英文教员××

① 《时事新报》,1933 年 7 月 7 日。
② 《申报》,1933 年 6 月 20 日。
③ 佚名:《全上海女同学的声音——反对会考》,《知识青年》1934 年第 12 期。
④ 《申报》,1933 年 6 月 20 日。
⑤ 傅敬嘉:《会考记》,《十日谈》1934 年第 35 期。
⑥ 王萍草:《文学:会考记事本末》,《绸缪月刊》1936 年第 12 期。
⑦ 拙辍:《会考的回忆》,《十日谈》1934 年第 35 期。
⑧ 王化:《会考的前夜》,《众志月刊》1934 年第 2 期。

×之罪也,唉! 不毕业算了!"[1]又如:"试述水泥之成分,答曰:'由一份水和两份细泥沙化合而成。'"[2]从这些千奇百怪的答案中,我们也能感受到考生对于学校教育与会考的戏谑和无奈之情。

1935年,程克敬主持进行的初中毕业生会考态度的调查[3]和王征葵、萧师毅主持进行的高中毕业生会考态度的调查[4]可以帮助我们了解参加会考考生对会考的实际想法。

其中,参与初中毕业会考调查的对象来源于14个省区共160所公私立学校的高中一年级学生,共发放问卷691份,剔除无效问卷,共收回674份。参与高中毕业会考调查的对象选取来自平津地区的9个大学或者独立学院的大学一年级学生,这批学生分别来自18个省份的148个高中,共收回504份有效问卷,由于参与调查的学生来源广泛,所以调查结果还是颇具代表性的。

由调查结果我们可以看出:初中毕业生群体中只有39.61％的同学赞成举行会考,考虑到接受调查问卷的群体来自于已经进入高级中学就读的学生,其考试成绩相对较为优秀,若就整个初中毕业生群体而言,这个数字可能会更低。受访初中生中有95.70％的学生都表示提前着手准备了毕业会考,时间在1个星期到12个月不等。就具体复习的科目而言,每日增加1个小时到7个小时的复习时间不等,其中大部分复习时间花在英文、地理、历史、算学和物理等科目上。而非会考科目如美术、劳作、音乐等,基本上学校都为了准备会考而停止授课。66.77％的学生表示教师会在课内对他们进行会考复习的辅导,主要方式有发给纲要、指示要点、拟定问题等。有60.09％的学生表示自己购买且背诵过会考指南或类似的书籍,其中66.17％的学生认为自己通过毕业会考与背诵会考指南有很大关系。在课外活动方面,只有24.48％的学生表示在备考期间仍照常参加了学校的课外活动,35.01％的同学进行了体育锻炼。睡眠时间方面,半数以上学生都表示为了准备会考牺牲了不少睡眠时间,有削减1个小时到削减6个小时不等。仅仅只有9.64％的受访学生认为毕业会考利大于弊,主要的害处在于有碍健康、有碍课外活动、对待各科不公平、评价方式不正确、使学生养成自弃心理等。

大学一年级新生群体中,71％的学生不赞成毕业会考,这个比例如果推广到未进入大学的学生群体中可能会更大。会考的备考时间也是从1周到12个月不等,每日增加复习准备会考的时间由半小时到7小时不等。大部分教师会在课上指导高中毕业生备考,主要方式有发给纲要、讲解问题、介绍参考书、进行预备考试等。所有学生都表示学校增加了会考科

---

① 门斗:《会考趣谈》,《越国春秋》1933年第27期。
② 阿雷:《会考趣闻》,《十日谈》1934年第40期。
③ 程克敬:《初中毕业生的经验及意见》,《教育杂志》1936年第4期。
④ 王征葵、萧师毅:《高中毕业生的经验及意见》,《教育杂志》1936年第4期。

目的上课时数,每日增加的课时数由半小时到 6 小时不等,主要增加课时数的科目为算数、化学、物理、英文和党义。只有 60％的学生承认自己读过会考指南,但实际数字应远远不止于此。准备会考期间,24％的学生能正常参加学校的课外活动,33％的学生照常进行体育锻炼,超过半数的学生因为会考减少睡眠时间,其中减少 2 个小时到 2.5 小时的居多。反对举行毕业会考的受访学生表示会考使精神与身体大受损害、牺牲了学生的个性发展、无暇阅读课外书籍且得到的知识太过狭窄。

二、"救救这班小国民"——考生家长的呼喊

"临时抱佛脚"式的复习,给学生带来的是极大的精神压力与身体消耗,部分学生家长对会考自然也是毫无好感。大量的复习时间破坏了学生的日常作息,考试与成绩的压力一齐向学生袭来。在家长眼里准备会考的孩子实属"活生生的受罪了"①。学生"碰到了会考的难关,本学期学校里的功课,便骤然增加了许多门,都是以前未念过的,即使有几门念过,因为要会考,也不得不再搬出来死记"②。一位家长在给编辑部的信中记述了自己的孩子所需要复习的知识:"他读着国文,要理解唐宋八大家、汉书史记的选文;还读《国语》,明了梁任公、胡适之大作……要死记'竹林七贤'、'建安七子'、'二陆'、'庾徐'之类的数百个人名……要懂'算数'、'代数'、'几何'……要记'阿基米德原理'、'巴开斯定理'……要读'动物学'……'植物学'……当然还有《地理》、《历史》。"③因为繁重的学习压力,使得"儿童简直没有时间运动、游戏,更没有时间也没有精力去看报,看杂志,去注意国家社会的大事,去求点实用的活知识"④。

会考成绩直接与学生毕业与否相关,其所带来的心理压力可想而知。在这种压力下,学生很容易产生极端的想法,一位家长在接受记者采访时说到他的孩子为了通过会考,自期末便"战战兢兢把一切功课都预备得娴熟……因为考场的扰杂气闷,监考员的虎视眈眈,都使一个弱小可怜的孩子把预备的功课忘掉了。他自遭到这一回打击后……饭都不想吃,终日懵懵懂懂的"⑤。

另外,由于会考是集中考试,大部分学校的学生需要到外校或是集中到省城进行考试,

---

①　胡松涛:《会考的罪恶》,《新生周刊》1935 年第 49 期。
②　胡松涛:《会考的罪恶》,《新生周刊》1935 年第 49 期。
③　胡松涛:《会考的罪恶》,《新生周刊》1935 年第 49 期。
④　胡松涛:《会考的罪恶》,《新生周刊》1935 年第 49 期。
⑤　四方:《谈会考》,《人言周刊》1934 年第 22 期。

这无疑给家庭环境不好的学生增加了经济上的负担。当时有漫画①就讽刺了这种给学生家庭徒增负担的统一会考活动,如图1、图2所示。

图1 会考的经费——农人挥血汗

图2 儿子赶考的旅费——老子卖耕

1935年,沈履、章寅、张钟郁主导的关于针对会考考生家长的调查问卷②可以帮助我们一窥当时考生家长的心态。问卷的投放范围为举办会考的14个省份,共计向1225名会考考生的家长投放了问卷,但因为各种原因仅仅只回收了275份问卷。

在275份有效问卷中,66.54%的家长认为会考对孩子的健康会产生坏的影响,74.18%的家长认为会考让孩子产生了恐惧、焦虑等负面情绪,81.09%的家长认为会考加重了学生的身体负担。在会考的效用方面,有55.27%的家长认为会考影响了学校的正常教学活动,而只有40.37%的家长认定会考能检测出孩子对于各科的实际掌握情况。在会考的花费方面,45.45%的家长认为会考的花费加重了家庭负担,这项数据虽然比例不大,但考虑到20世纪30年代中国的识字率并不高,且问卷只在省会城市发放,受访者应是收入水平相对较高的群体,但仍有接近半数的家长认为会考花费负担过重,由此推之,相对贫困的家庭更是不堪重负。"费了许多钱许多力,所得的效果,仅增加了儿童精神紧张的状态,似乎得不偿失。"③

---

① 蔡鹤:《学校风景之二"会考"》,《生活教育》1934年第7期。

② 沈履、章寅、张钟郁:《学生家长的经验及意见》,《教育杂志》1936年第4期。

③ 廖世承:《毕业会考究竟有什么价值》,《中华教育界》1933年第5期。

三、"最冤屈的一关"——教师的感慨

会考不仅关乎学生能否顺利毕业，"某科不及格的学生太多，教育厅便要下一个训令申斥……'足证该教员教学不力'……教员即使仅仅在任的是毕业班的最后半年的课，也要让贤的"①。会考考砸了，不仅让学校出了丑，教职员的饭碗也是不保，所以教师都叫会考作"冤屈关"。②

要想安全渡过这一关，教员必须想方设法在短时间内提高考生的成绩。最直接的方法便是增加授课时间，无论公私立学校，"对于后起的学生，能够切实不苟且的训练了"③。事实上，一些教师也很反感为会考而学习的行为，但由于成绩与工作挂钩，教师们自嘲"不得不如此，这都是环境的驱使！"④1935年，中国教育学会平津分会潘渊、杨荣贞所做的针对中学会考科目教员的调查问卷⑤真实地反映了当时教师对待会考莫衷一是的看法。

调查对象是来自河北、河南、江苏、浙江四省和北平、天津二市的302名中学会考科目的教员。教员们表示，会考制度的推行对于整齐中学毕业生的程度还是有一定效果的，而且复习备考期间，课堂秩序和学生出勤情况相比以前有了很大的提高，师生感情也比以前更加融洽。但大部分教师同时也意识到会考对学生的身心健康造成了一定的伤害。只有18.88%的老师认为会考可以帮助各科达到规定的教学目标，这也就是说，绝大部分会考科目教师认为会考并非必要的方法。为了学生能顺利通过会考，教师纵使有新的教学想法也不敢轻易发挥，一切以会考为中心，使得教师的教学兴趣也逐渐降低。"其时，四川的卢作孚在北碚发动800名青年传播新知识，顺带从事教育普及工作，并告诉陶行知想进一步推广小先生制，但苦于四川中小学生要会考，想做小先生而不可能。陶行知据此认为'如要提倡小先生，必得打倒会考'。"⑥

另外，要增加会考科目的复习时间，占用非会考学科的课时就无法避免。在中国教育学会平津分会周学章1935年关于非会考科目教员对会考意见的调查问卷中⑦，大部分非会考科目教员就表示其课时减少在五成以上，课时被减少得最多的科目是体育、军事学和图画。

① 铁柱：《会考缺点》，《论语》1935年第69期。
② 铁柱：《会考缺点》，《论语》1935年第69期。
③ 可权：《呜呼！反对会考》，《学校生活》1933年第36期。
④ 任于：《会考与学生》，《十日谈》1934年第38期。
⑤ 潘渊、杨荣贞：《担任会考科目教员的经验及意见》，《教育杂志》1936年第4期。
⑥ 谈儒强：《物议四起的民国时期中学会考》，《安徽史学》2010年第3期。
⑦ 周学章：《担任非会考科目教员的经验及意见》，《教育杂志》1936年第4期。

即使这些课程正常开设,仍有半数以上的学生在课堂上阅读会考科目相关书籍或是逃课复习会考。对待这种情况,非会考科目的教师也无力改变,只有8％的老师会在课堂上规劝和斥责学生这种一心多用的行为,主要也是因为会考成绩高低与学校能否正常招生有关。

四、"事后见人心"——从一位校长的保证中看会考舞弊

民国中学会考实行的目的之一便是整齐各校的教学程度,以规范各学校的招生及教学情况。但事实上,由于地域差异导致各地区会考的监督力度也松紧有别,这就使得一些学校为了毕业率在会考中使用舞弊手段,甚至于一些舞弊行为是由学校领导与学生共同完成的。

在一些回忆录和杂文作品中,作者以戏谑的口吻记述了会考的舞弊情况:由于学生的抗议,校长向学生们做了"事后见人心"的保证,到正式会考那天"两位冰霜面孔的监考员,被校长引走了。十分钟后,门声响起,专任教员走了进来,手中执些小纸片,是用复写纸写的,分散给大家,说'传着抄'"①。又如"女学生们,前后左右求派司,向着旁边的男学生,男学生当然不会拒绝的,送了无线电过去"②。再如"第二天,胆子壮多了。监试的也不走来走去,都坐在椅子上打盹了。学生是灵活聪明的,好好的机会当然不肯放弃,于是渐渐不老实了,纸团从西面飞到东面,从南面抛到北方"③。

1934年,天津市中学会考成绩公布,往日教学质量口碑较好的学校反而不如其余县立学校和私立学校,当时记者经过调查,认为:"外县考试较津便利,津试则厅长自行监场,学生望而生畏,奚敢有他? 外县则否。主试一人。力有不逮,监试人员,亦多敷衍。某主考者见场中学生多然不能作答,乃自出休息片刻,及归,学生则多已交卷矣。"④

由于会考监考是在某区主试的领导下,各校皆派出教师及校长会合当地行政部门的一些官员组成监考委员会,除去受贿现象,大都抱着不得罪人的不作为心态,"于是学生得其所哉了"⑤。

在前述关于初高中参与会考毕业生的调查问卷中,初级中学组只有38.13％的同学承认没有在会考中使用舞弊行为,高级中学组只有33％的同学承认自己既没有舞弊行为,自己身边也没有发现舞弊行为。36％的监考教师表示放任了学生的舞弊行为,即使行使监考职责也只是面斥和劝告,只有4％的教师会选择向上一级报告,即取消考生考试的资格。

---

① 拙辕:《会考的回忆》,《十日谈》1934年第35期。
② 徐系字:《会考》,《十日谈》1934年第35期。
③ 傅敬嘉:《会考记》,《十日谈》1934年第35期。
④ 寒华:《冀省中学会考前后》,《北洋画报》1934年第1120期。
⑤ 铁柱:《会考缺点》,《论语》1935年第69期。

五、特殊时代背景下的特殊方式——再回首民国中学会考

20世纪30年代初的中国,并没有一个统一的、科学的、标准的衡量中学课程实施情况与毕业生水平的方式。从这个角度来看,1932年中学会考的施行可以使教育行政机构得到一个相对客观的数据,这个数据对调整中学的课程结构,整齐各地区毕业生质量,督促学校抓紧教学等方面起到了积极作用。从高校的角度来说,在全国统一招生考试联考制度诞生之前,会考成绩也可作为高校招生部门了解学生程度的一个关键数据。

我们又回到亲历者的这个角度来看会考,于学生而言,会考成绩的好坏直接关系到毕业是否顺利,能否拿到毕业文凭,进而是否能继续深造或在社会求职。加之部分学校对教学敷衍了之,学生养成了混文凭的恶习,所以会考制度自然而然在这一部分学生群体中反抗声最大。另外,会考对于学生来说只有外部的压力,没有内在需求的动力,会考成绩对于未升学者没有实际意义,对就业也没有太大的参考意义,学生反对也在情理之中。但同时,我们也应该看到,无论毕业会考是否科学合理,无论学生群体反抗举动与戏谑之声有多少,会考的确是寻找到了实际成绩和预期成绩之间的差距,重构了民国时期并不丰富的中学教育资源,避免了中学毕业生水平的大面积滑坡。所以,我们再用现在的眼光,抛开国民政府一些特殊的政治动机来看,即使没有中学会考,民国政府教育部也会推出另外一种统一的检验方式促进中学生学业水平的提高。

于家长而言,每一个家长都有权了解子女在学校的受教育情况,也有权了解学校的工作情况。事实上在20世纪30年代特殊形势背景下,家长对于基础教育教学质量的下降,是有很大抱怨的。作为校外考试的会考,在一定程度上能真正考核学生是否达到毕业程度,学校是否达到教学目标。从这个角度来说,家长是赞成会考这种检验形式的。但是,会考的仓促施行、与毕业考试时间冲突给学生增加了复习负担、复习过程中学生的身体与心理压力过大以及由于进行校外统一考试而增加的经济负担,都使得家长颇多微词。

于教师而言,会考成绩作为教师教学质量提高的外在驱动力,起着监控作用,尽管当时大部分教师反对这种外在的监控行为,不希望自己的教学被外在的考试成绩所约束,但无论何时,国家都会采取一定的手段监控教育,以保证教育资源合理分配、教育质量稳步提高。这样看,会考制度是有其优越性的。部分教师之所以反对会考,抛开极少数教师的个人因素,更多原因是教师对会考考试科目设立的科学性与检验效果的准确性还抱有怀疑,事实上,任何新生事物推出之际都会饱受亲历者的质疑,会考制度也不例外,经过数次会考检验后的学生成绩提高,也说明了这个问题。

于学校的管理者而言，会考既能使学生投入学习，也能激发教师教学的热情，所有中学毕业生都需要参加会考，打破了以前内部考试的不公平性，为认真负责的办学者提供了一个客观的衡量标准。至于，会考备考中发生了一系列让人啼笑皆非的事情，也仅仅是在某些地区和某些学校。但是，民国学校的管理者们却过于注重会考的成绩，实践能力与兴趣爱好反而得不到尊重和承认，这不得不说是会考带来的流弊。

事实上，猝然施行民国中学会考制度没有进行一个较长期的理论论证和社会实验，也没有得到学生、家长、教师和学校管理者的广泛认同，虽然取得了一定的效果，但随着时局的变化，随着更科学、更有效的评价方式的诞生，它终究还是走向衰亡。

历史对于研究者来说是一段故事或者材料，我们的研究往往突出最重要的部分，而将次要部分有意无意地隐去。但不管怎么说这段史实对于亲历者来说是切身悲喜的感受。民国的中学毕业会考制度无论从制定到修改再到最后的消亡，宏观层面上，或许在一定程度上达到了整顿学校秩序、提升毕业生质量的目标，但从微观角度，从这段历史的亲历者视角再去看它，民国中学会考并不能算作十分成功。事实上，无论是参与会考的学生，还是任课教师、学生家长乃至中学校长在当时都希望能以一种更科学有效的方式界定学校办学成绩和学生学业水平，而这种希望和现实发生冲突之时，就产生了一系列反抗举动与戏谑之语。从这个角度来说，我们的教育政策、考试制度的建立，如果能更多地从亲历者、参与者的角度去思考，或许能取得更好的效果。

学科知识的体系化与本土化:民国时期教育学科关联辞书编纂论析

◎李　林*

摘　要:辞书是人类知识累积与承传的关键载体。近代以降,随着知识领域的拓展、学术分科的细密,加之不同知识体系的交流融通,新型专科辞书与百科辞书相应增多,与专门学术转相促进,教育学科亦然。民国时期,尤其是20世纪20—30年代,中国学界广泛参撷中外既有教育辞书编纂成果,立足本土实际,编纂刊行以《中国教育辞典》及《教育大辞书》为代表的专门教育辞书,编译中英对照教育学词典,并在新编综合百科辞书中注重包涵教育学科词目。此类工作对中国教育辞书的编纂进行了颇有成效的探索实践,由此逐渐促成教育学科知识在中国的体系化与本土化。综合论析民国时期教育学科关联辞书的编纂,对于深入理解近现代中国教育学科知识的发展及"学术话语"的形成,均有裨益。

关键词:民国时期;教育辞书编纂;学科知识;体系化;本土化

辞书是人类知识创获、累积与承传过程中的关键载体,它既是初学入门之阶梯,也是宿学解疑之钤键。一部具有代表性的辞书[①],实乃某一领域"规范知识"之合集,更是一定时期"思想、科学、文化和语言发展状况的重要见证"[②]。中国素有编纂辞书的悠久传统,《尔雅》以降,各类字书、类书等递相编成,成为解读中华文明知识体系的重要锁钥。近世以还,人类知识之领域较前代大为拓展;此知识领域之内,学科之分化越益专精;同时,环球交通日益频密,各文明之间知识体系的交互影响日益显著。此种情势之下,承载各科专门知识的专业辞书相应增多,地位也越益重要。对此,蔡元培尝言,"一社会学术之消长,观其各种辞典之有无与多寡而知之";且谓专门学术与专门辞典之间,实有互为因果、转相促进的关系。[③] 此种

---

* 作者简介:李林,华东师范大学教育学部副教授。基金项目:教育部人文社会科学重点研究基地项目"中国基础教育学校现代化发展道路的本土探索"(16JJD880019)。

① 本文在广义上使用"辞书"的概念,即"以按一定方式编排的条目为单元提供知识信息,供检索查考的工具书。是字典、词典和百科全书的统称"。夏征农、陈至立主编:《辞海》第1册,上海辞书出版社2009年版,第336页。

② 尚丁:《冷门与显学》,《辞书研究》1982年第1期。

③ 杜亚泉等:《植物学大辞典》,商务印书馆1923年版。

内在关联,亦可见于教育学科专业知识与专业辞书之间。

中国近代教育制度及教育学理之系统引进与革新,以晚清新式教育之创办为发端,民国时期继踵发展,前贤对此考论颇多。然对于此一渐进过程中,尤其是 20 世纪 20—30 年代,中国学界在教育辞书编纂方面的多方探索与实践,以及此类工作对于教育学科知识在中国体系化及本土化的意义,则鲜见综合研究。管见所及之关涉本题者,或针对某部辞书之编纂发行,以《辞海》研究为其代表[1];或对比分析两种同类辞书的编纂过程及其部分词条[2];或为近代辞书之分类与提要[3];又或后编辞书将先行辞书设为词条,进行诠释与介绍。综合论析民国时期教育学科关联辞书的编纂,不仅有助于深化对近现代中国教育学科知识体系形成的认识,对于理解今日关注的"学术话语"议题也不无裨补。因为学术意义上的"话语建构",即与核心知识与观念的形成、诠释与传播密切关联。在这方面,专业辞书的地位及影响显而易见。

一、编纂首部"中国的"教育辞典

本节主要论析中华书局版《中国教育辞典》之编纂、特色与影响。此乃近代中国首部正式编纂发行的教育辞书,也是编者明言编撰一部"中国的"教育辞书的具体成果。

(一)编纂缘起与旨趣

中华书局版《中国教育辞典》发行之前,国外学者已编纂发行了多种教育辞书。[4] 其中较有影响之代表者,法国有毕维松(F. Buisson)之《教育学与初等教育辞书》(*Dictionnaire de pédagogic et d'instruction primaire*,1882),其以内容精审、比例匀称见长;德国有莱因(W. Rein)之《教育辞书》(*Encyclopädisches Handbuch der Pädagogik*),内容范围甚为完备;英国有瓦特孙(F. Watson)之《教育辞书》(The *Encyclopedia and Dictionary of Education*,1921—1922),乃其时教育辞书之最新者;美国则有孟禄(P. Monroe)之《教育辞书》(*Cyclopedia of Education*,1911),其分科各以专家负责撰写,尤称精审。近代教育制度及教育学理多肇自欧西,其主要国家均有多种教育辞书之编刊,亦属应然。但同属东亚的日本,也已于 1907—1908 年由同文馆刊行《教育大辞书》,作为"大日本百科全书"之一[5];并于

---

① 徐庆凯、秦振庭:《辞海论》,上海辞书出版社 2015 年版。
② 童富勇:《从新旧〈教育大辞典〉看 70 年来教育理论的发展》,《华东师范大学学报(教育科学版)》2004 年第 3 期。
③ 钟少华:《中国近代辞书指要》,商务印书馆 2017 年版。
④ 唐钺、朱经农、高觉敷:《教育大辞书》,商务印书馆 1930 年版,"序"。
⑤ 教育大辞书编辑局:《教育大辞书》,同文馆 1925 年版。

1918 年增订,1925 年再版,其中对于东方教育包括中国古代教育包揽甚多。此为当时教育辞书界之"环球行情"。

面对这些先行教育辞书,中国教育学者既有取用和受惠,同时也因其中关涉中国教育的词条不足而颇觉不便,更因偌大中国此时尚无自编教育辞书而感到使命与压力。因此,余家菊作为《中国教育辞典》总纂,在"凡例"中开宗明义地指出:"本书力求成为一册'中国的'教育辞典,而不愿为一纯粹抄译之作,故于本国固有之教育学说、教育史实、教育名家,乃至于教育有密切关系之各项事例,莫不留意于搜采。并于篇末附《中国教育四千年大事表》,以便翻检。"[1]中华书局登载的宣传中,也着重强调该辞典的"时代关怀"与"中国特征"。此种界定与行动,反映出其时中国教育学界对于教育辞书及其所承载的教育学科知识本土化与系统化的自觉意识及实际行动。以此而编成的《中国教育辞典》,成为首部"中国的"教育辞书。

(二)编纂过程、辞典内容与特色

《中国教育辞典》由舒新城发起编纂。舒新城尚在成都任教时,就有编辑教育辞典的计划,并着手搜集材料。1926 年秋,余家菊往东南大学任教,与同在南京的舒新城就此达成共识;遂由余家菊任总纂,舒新城负责教育史、教学法及教育心理学等领域的编纂。至于编纂人员,除了利用此前协助舒新城编辑《中华百科辞典》者,特请古楳来南京协助,又函请学界友人撰稿。团队成员仅用半年时间,到 1927 年 1 月,辞典已大体完稿,总计 60 余万字。[2] 后由余家菊负责审阅全稿,分类目次及《中西名词对照表》均由舒新城编纂。[3]

编辑团队方面,《中国教育辞典》编辑人凡 14 名,撰述人凡 21 人;以编辑人而兼为撰述人者,有古楳、余家菊、舒新城、刘范猷 4 人(表 1 内加框者)。虽然该辞典编者称其定位不在狭义之教育学术之内,但其核心编撰群体主要仍为教育学界人士。此与后文所析《教育大辞书》在编撰群体人数、身份及学科多元程度,以及辞书整体的"百科全书"取向等方面,颇有不同。其团队名录及撰述人当时身份如表 1 所示。

表 1 《中国教育辞典》编撰团队人员信息[4]

职责	姓名及当时身份
总纂	余家菊

[1] 王倘等编:《中国教育辞典》,中华书局 1928 年版,"凡例"。
[2] 舒新城:《我和教育——三十五年教育生活史(1893—1928)》,中华书局 1945 年版,第 383 页。
[3] 舒新城:《舒新城日记》第 2 册,上海辞书出版社 2013 年版,第 19 页。
[4] 王倘等编:《中国教育辞典》,中华书局 1928 年版,第 1 页;《申报》1927 年 11 月 25 日第 3 版;《申报》所列撰述人另有刘衡如(金陵大学教授),《辞典》所列名录未见。

续表

职责	姓名及当时身份
编辑人	王偁、王叔明、古楳、田树辉、汪德全、余家菊、余景明、周慧专、黄龙先、舒新城、孙承光、刘范猷、萧馨君、罗文汉
撰述人	王克仁（前成都高师教务主任，暨南学校初中主任）、李璜（前武昌大学教授，北京大学、成都大学教授）、余家菊（前武昌师大教育系主任、东南大学教授）、李儒勉（东南大学附中教员）、李嘉齐（中州大学教授）、金海观（前浙江第四中学教员）、邱椿（前北京师大教授、清华学校教授）、曹刍（江苏第五师范教员）、张济时（开封省立第一女子师范教员）、陈启天（前武昌中华大学教授）、陈东原（北京爱国中学教员）、舒新城（前成都高师教授）、汤茂如（中华平民教育促进会总会干事）、杨卫玉（中华职业教育社干事）、杨效春（江苏省立第六中学教员）、刘拓（北京师范大学教授）、潘文安（中华职业学校校长）、刘范猷（前湖南爱莲女子师范校长）、刘炳藜（北京爱国中学教员）、罗廷光（前河南省立第一师范教员）、古楳（江苏第五师范农村分校教员）

作为一部学科专门辞典，《中国教育辞典》旨在提供专门学人研究之参考，尤其侧重专门事理之说明。因此，凡与教育有适当关系之事项，又为教育者所必须知晓者，该辞典均尽量搜罗。其取词范围除了教育原理、教育方法、教育行政及教育史传等，对于心理学、伦理学、论理学、社会学、生理学、哲学、生物学等，亦皆择要收纳，以此而见学术之整体性。[1] 教育辞典编纂中的内部门类划分，也是教育学科内在学术分科体系的呈现。当然，此种取法一则可见教育学确实与其余分科知识之间难以割裂的关系，同时也折射出教育学科知识"专属性"的困境。此外，编者还考虑到中国新式教育创始时期，中央政府对教育影响甚大的现实，因此参撷法国毕松《新教育辞典》的体例，将重要教育法令一律收入，亦见该辞典编者参考于外而又本乎于内的思路。

整体来看，《中国教育辞典》收录词目凡2411条，依照词首笔画数及词目汉字总数排序，此亦中文辞书异于西文辞书以拉丁字母顺序及日文辞书以五十音顺编排之处。在条目诠解上，既有针对中国固有教育人物、机构、典籍的精要介绍，亦包括对新近外来学术名词的详细说明，并多配外文译名；此外，还包括对本国重要教育制度、教育法令的系统介绍或全文载录，必要时辅以表格。其词条释文短者数十字，长者可达千余字。中华书局刊载的广告中，列举该辞典之特色有三：（1）每条均有详细说明，一阅便解；（2）注意本国材料及世界新教育；（3）文字明晰，依笔画编次，西洋学说、人名均注原文。[2] 对于此三项宣传，该辞典确能名副其实。

辞典正文之后，另附《四千年中国教育大事年表》，上限起于传说中伏羲氏画八卦，作书

---

① 王偁等编：《中国教育辞典》，中华书局1928年版，"凡例"。

② 《中国教育辞典》，《申报》1928年3月5日。

契、甲历,制嫁娶,造琴瑟;下限止于 1926 年国民政府占领湖南、湖北、江西,盛倡"党化教育",收回教会学校。并以干支纪年与西历纪年对照,补列世界教育文化大事对照纪要。又附《中西名词对照表》,依字母顺序列出辞典所涉英、法、德等语种专门词汇及中文对译,总凡 2047 条。凡此设计,除了辞书编纂中便利翻检的考量,也蕴含编纂者力求反映中国教育特色并以之与世界教育参照对接的尝试。所谓"本土特色",正是在与外界对接和对比之中,更能见其特色与贡献。

(三)辞典之发行与影响

新文化史学者以"启蒙生意"之视角,分析诸如百科全书之类的"文化产品"的生产、销售及影响。[①]《中国教育辞典》发行之前,中国尚无自编教育辞书,教育学界既感使命与压力,出版界更能预知其背后潜在的商机与市场。《中国教育辞典》于 1928 年 5 月由中华书局发行初版,精装单册,定价七元。但早在初版发行之前,中华书局就开始在《申报》等主流报刊以及该局发行的书刊上连载广告,而且预先发布词目;又制作辞典样本,以备索取预览。[②] 其宣传与营销策略,于此可见一斑。宣传词谓该书"体裁略仿德国莱因,法国毕松,美国孟禄等《教育辞书》之例:于教育原理、方法、行政、史传以及有关教育之他种科学,均分别叙入,而于中国近代教育制度之沿革,古今教育思想之变迁,尤三致意焉。迥非普通辞书,专钞外籍者可比。"[③]并言其用途,一曰可供教育行政家及学校教职员研究参考或预备论文之用,二曰可供大学教育系及师范学校学生研究参考或预备论文之用,三曰备供检查,尤为便利。[④] 中华书局即此抢占先机,辞典次年再版,1933 年 6 月已发行第四版,可见市场之需。

《中国教育辞典》发行后,学术著作中多有正面征引。如杨鸿烈《教育之行政学的新研究》征引其"教育行政"论述[⑤];浦漪人《教育概论》引其关于学校的界说[⑥];常道直(导之)《教育行政大纲》亦将其中相关词条列为参阅范围[⑦];陆人骥《教育哲学》引其关于教育学与教育哲学异同的论述[⑧];余家菊《教育原论》参考其"教育学"条目[⑨];卢绍稷《中国现代教育》亦将其列入主要参考书目[⑩];等等。

---

① 罗伯特·达恩顿:《启蒙运动的生意:〈百科全书〉出版史(1775—1800)》,叶桐等译,生活·读书·新知三联书店 2005 年版。

② 《中华书局发行中国教育辞典》,《申报》1927 年 11 月 25 日;《中国教育辞典总目》,《中华教育界》1928 年第 1 期。

③ 《中华书局发行中国教育辞典》,《申报》1927 年 11 月 25 日。

④ 《中国教育辞典》,《申报》1928 年 3 月 5 日。

⑤ 杨鸿烈:《教育之行政学的新研究》,商务印书馆 1939 年版,第 236 页。

⑥ 浦漪人:《教育概论》,黎明书局 1936 年版,第 89 页。

⑦ 常导之:《教育行政大纲》,中华书局 1930 年版,第 120 页。

⑧ 陆人骥:《教育哲学(师范用)》,商务印书馆 1934 年版,第 21 页。

⑨ 余家菊:《教育原论》,大陆书局 1933 年版。

⑩ 卢绍稷:《中国现代教育》,商务印书馆 1933 年版,第 171 页。

其时报刊亦多有宣传与介绍，并摘录其词条内容。^① 此外，部分报刊论及有关教育问题，亦摘录其词条，如"学校之职能""师资之培养"等，以为引证或补充。^② 彼时中国出版市场尚无同类辞书，该辞典正当其时，教育行政、教育研究及教育实践一线，均可依赖参考。

当然，中华书局《中国教育辞典》出版后仅两年，商务印书馆《教育大辞书》也已刊行。因此时人多作对比介绍，如邓嗣禹和毕乃德（Knight Biggerstaff）为哈佛燕京学社所编英文《中国参考书目解题》，在详细介绍《教育大辞书》之后，亦谓《辞典》及《辞书》两者性质基本相同，唯前者在许多方面均不如后者。^③ 若论编辑队伍、辞书体例、内容范围等，中华《辞典》确实不及商务《辞书》。舒新城在日记中，亦谓"对于《教育辞典》亦多不满意之处，但总纂为景陶（余家菊），且其性质甚执着"，更有"以后与人合作须慎之于始"之言。可见核心二人在该项目上也不无嫌隙。但无论如何，该《辞典》毕竟是中国教育学者编刊的首部教育辞书，且其内容体例如多收教育法令条文、编撰教育大事年表等，亦可谓其特色与贡献。此外，由于主事者兼具教育学理和教育实践的深厚背景，使得此类辞书具有很强的理论关怀和现实关怀。观照此种历史语境，更能体解《中国教育辞典》编纂之旨趣与得失。

二、添补世界 Encyclopedia of Education 家族的"中国成员"

本节论述商务印书馆《教育大辞书》的编纂、特色及影响。该书作为民国时期教育辞书编纂之大成，对此后中国教育辞书的编纂影响深远。如前所述，欧美各国教育学界已先后编刊数种以 *Encyklopädie/Encyclopädisches* 或 *Cyclopedia/Encyclopedia* 为题的教育辞书或百科全书；日本也已发行《教育大辞书》，其丛书名"大日本百科全书"用拉丁文 *Encyclopaedia Japonica*，"教育大辞书"名用德文 *Enzyklopädisches Wörterbuch der Erziehung*。商务版《教育大辞书》标于书脊之英文题名，即为 *The Chinese Cyclopedia of Education*，意甚明确：此乃"中国的"教育百科辞书，亦即世界 *Encyclopedia of Education* 家族的"中国成员"。

（一）编纂缘起与旨趣

在中国学者自编教育辞书之前，各国已出版多种教育辞书。即便在国内而言，中华书局

---

① 《书报介绍》，《广西教育》1928 年创刊号。

② 《学校之职能》，载《我们的教育：徐汇师范校刊》1931 年第 2 期、第 3 期；《师资之培养》，载《我们的教育：徐汇师范校刊》1933 年第 2 期。

③ Ssŭ-yü Têng，Knight Biggerstaff，An Annotated Bibliography of Selected Chinese Reference Works，Peiping：The Harvard-Yenching Institute，1936，pp. 180-181.

版《中国教育辞典》也已于 1928 年刊行。作为深刻影响近现代中国教育与学术的两大出版机构,中华书局和商务印书馆在诸多辞书、教科书及文献整理出版项目上,都有"势均力敌"的竞争参照,《中国教育辞典》及《教育大辞书》亦为一例。当然应该指明,《教育大辞书》出版虽在《中国教育辞典》之后,但若论编纂起始时间,实以《教育大辞书》较早。

关于《教育大辞书》之编纂缘起,王云五称其 1921 年开始主导商务印书馆编译所,规划编译事宜,即"觉参考书之需要最亟者,无如教育辞书"。并详言三条理由:"一则国中新建设类多蹇缓不前,惟教育为能猛进;师资之造就,既不足以应学校之需求,任教育者乃多有赖于参考书籍。二则辞书为最经济的参考书籍,在欧美出版发达诸国,教育书籍浩如渊海,辞书之功用,尚居次要;我国则此类书籍寥寥可数,殆不能不以辞书为任教育者之唯一宝库。三则二十世纪以来,各国教育学说日新,其制度亦经重要之演化;我国适当新旧学说之过渡,日美法等国学制更番输入,变革尤多,非有系统分明之辞书,为研究教育者导线,将无以通其统系也。"①王云五从彼时中国学校教育及教育学术两者的内部、外部情形入手,切言编纂教育辞书之必要。

王云五详列当时各国重要教育辞书,并简评其得失,进而指出这些辞书乃为彼国之教育家或教育研究者而编纂;其体例纵然极为完善,也只是对于彼国人为完善。我国编纂教育辞书,"当对象于本国教育家或研究教育者,以本国教育问题及状况为中心,采各国教育辞书之特长,而去其缺憾,方适于用也"②。由此可见,虽然体例、规模、条目不尽相同,但中华版《中国教育辞典》和商务版《教育大辞书》在编纂缘起与旨趣上,均有相通之处。两者均力求采集各国同类辞书之所长,集中国教育学界之力,编纂能呈现中国教育内涵、面向中国教育人士、助力中国教育发展,能够切合时需的"中国的"教育辞书。

至其具体旨趣,该辞书预售广告中绾为八点:节述各种教育学说,俾阅者易得简明之观念;整理教育上所用各种术语,使有统一之解释及正确之意义;提示本国各种教育法令之要点,以便国内教育界之查阅;采取中外教育名著中主要之点,编入辞书,以便学者之浏览;记述中外教育制度之概要及重要教育机关之组织,以便学者之稽考;摘叙中外教育学者生平之经历及其主张;搜集其他教育参考数据,以供学者之参证;注重"专门条目",俾阅者易得系统的概念。③ 整体而言,该辞书确能体现这些旨趣,颇有创获。

(二)编纂过程、辞书内容与特色

《教育大辞书》于 1922 年春开始编纂,至 1928 年初毕,前后历时 6 年。初由心理学家唐

① 唐钺、朱经农、高觉敷:《教育大辞书》,商务印书馆 1930 年版,第 1034-1035 页。
② 唐钺、朱经农、高觉敷:《教育大辞书》,商务印书馆 1930 年版,"序"。王云五此序落款时间为 1928 年 2 月,彼时中华书局版《中国教育辞典》尚未正式发行。
③ 《教育大辞书》,《申报》1928 年 3 月 19 日。

钺任主编,1926 年改由教育学家朱经农继任主编,1927 年再由心理学家高觉敷继续主持完成。主编领衔之外,采取常任编辑加特约编辑的工作模式。常任编辑 14 人:沈百英、俞鸿润、胡荣铨、范寿康、唐敬杲、陈正谟、陈博文、华林一、华超、贺昌群、郑贤宗、刘麟生、钱树玉、缪天绥,属于专职人员,主要负责占辞书内容多数的一般词条撰写,亦参与撰写专门词条,并负责编辑特约编辑撰写的词目,因此多为经过选拔的教育学科专业人才。特约编辑列出 75 人,多为教育界知名人士及各学科专家代表(详见表 2),不参与日常编辑工作,主要应约撰写专门条目。[①]

整体来看,《教育大辞书》共收词条 3378 条,总约 300 万字。亦按词首笔画及词条汉字数量先后编排,此为音序检字普及之前,中文辞书沿自传统字书并加以变革的编排方式。词目除了专门教育条目,亦多收录其他学科词条与教育有关者,由此凸显该书不仅为"教育的"百科全书,更是"百科知识"关涉教育者之合集。词条释文短者数十字,长者达数千言,部分词条后附参考文献,实为短篇专论,此为"百科全书"体例之特色与优势。所收新学词条多附外语译名,必要时并附图示、表格。自 1933 年缩印版起,并附英文索引及四角号码检字法。

若整体来看日本同文馆《教育大辞书》(1918 年版)、中华书局《中国教育辞典》(1928 年版)及商务印书馆《教育大辞书》(1930 年版),并各取其中以"教""学"两字开头词目为例对照,可知:同文馆《教育大辞书》词目凡 1805 条,其中"教"字开头 75 条,"学"字开头 49 条;中华书局《中国教育辞典》词目凡 2411 条,其中"教"字开头 77 条,"学"字开头 60 条;商务印书馆《教育大辞书》词目凡 3378 条,"教"字开头 118 条,"学"字开头 90 条。三种辞书皆收的词目,"教"字开头者有教育、教育学、教育史、教育会、教科、教科用书、教材、教授、教授细目、教育行政、教育调查会、教育之可能、教育博物馆、教员免许状(许可状)、教化、教导学等;"学"字开头者有学校、学校教育、学习、学年、学龄、学期、学科、学级、学位、学科担任法(担任制)、学级担任法(担任制)、学校园、学校管理法、学校仪式、学校经济、学校市等。

教、学作为教育活动及教育理论之核心概念,三部辞书所收以此二字开头的词条,颇能见其特色。三者皆收的教、学词条,基本代表教育学科的核心基础概念。比较而言,商务版《教育大辞书》词目增多,内容丰富,不过从书名、体裁、内部分科及编纂方式、西语东译,乃至每页三栏的呈现方式,都明显受到日本《教育大辞书》的影响,其部分词目及释文更直接编译自日本辞书。前人亦谓《教育大辞书》中的词目,涉及外国的内容占到近一半;而且抽样测试其中一、二画的前 100 个词目,也发现其中直接取材、介绍、引用或翻译自国外者有 47 条,占47%。此亦近代中国教育学科知识体系化及本土化过程中的实情。

《教育大辞书》的特色与价值之一,在于其对"专门条目"的特别重视。此类专门条目涉

---

① 唐钺、朱经农、高觉敷:《教育大辞书》,商务印书馆 1930 年版;童富勇:《从新旧〈教育大辞典〉看 70 年来教育理论的发展》,《华东师范大学学报(教育科学版)》2004 年第 3 期。

及国内外教育的重要思想、理论、事件、机构等,约请专家撰写,释文普遍较长,且多附列撰者姓名。现将此类条目撰者信息整理统计见表2。

表2　《教育大辞书》专门条目撰署统计①

作者	词目	作者	词目	作者	词目	作者	词目
胡适	1	瞿镜人	1	邹恩润	1	缪天绶[巨卿]	3
李石岑	1	周越然	1	李学清	1	孟宪承	6
段育华	1	萧友梅	1	程瀚章	1	俞凤宾	6
冯翰飞	1	傅运森	1	陆志韦	1	缪凤林	6
杨铨[杏佛]	1	曾宗巩	1	袁观澜[希涛]	1	张其昀	6
方裕	1	秉志	1	王云五	1	顾寿白	7
高鲁	1	李培恩	1	何元	2	潘仰尧	7
余日章	1	黎锦熙	1	缪秋笙	2	臧玉洤	7
陈稼轩	1	姜琦	1	蔡元培	2	沈百英	7
吴致觉	1	查良钊	1	廖世承	2	高觉敷	9
叶绍钧	1	程湘帆	1	竺可桢	2	贺昌群	11
刘虎如	1	陈鹤琴	1	郑贞文	2	欧宗祐	13
计剑华	1	陶孟和	1	葛湛侯	2	郑宗海[晓沧]	14
潘文安	1	王书林	1	黄绍绪	2	唐敬杲	20
王伯祥	1	钟心煊	1	朱经农	2	胡荣铨	22
郭任远	1	张耀翔	1	周予同	2	俞颂华	22
赵乃传	1	胡道鋆	1	齐铁恨	2	华林一	47
俞子夷	1	刘海粟	1	邹秉文	2	陈正谟	72
蒋英	1	何炳松	1	任鸿隽	2	陈博文	115
周昌寿	1	庄泽宣	1	钱树玉	3	范寿康	119
周建人	1	黄炎培	1	陶行知	3	华超	164
						不详	75

---

① 唐钺、朱经农、高觉敷:《教育大辞书》,商务印书馆1930年版。

由表 2 可见,《教育大辞书》专门署名词条凡 838 条,占其条目总数 3378 条的 24.8%。撰者署名可考者凡 84 人,总共贡献词条 763 条,其余 75 条作者暂难考定。[①] 若细究之,专门词目的主要贡献者,仍为列名常任编辑的华超、范寿康、陈博文、陈正谟、华林一等人。而且,表 2 中贡献词条排名前十者,总共至少撰写了 608 条署名词条,占全部 838 条的 77.32%。词目作者暂难考定的 75 条,也是集中于极少数撰者,其中题署"刘"(刘麟生、刘秉麟或刘虎如)者占 52 条,题署"漪"(或为浦漪人,不在编辑名单之内)者占 17 条。而且,考察所见专门词条作者 84 人,其中 48 人实际各自只撰写了 1 个词条,13 人各自只撰写 2 个词条。各界学术名流之受邀撰写专门词目,在总体数量上仍属有限。或者说,其汇集中国学界精英编纂"百科辞书"的象征意涵和代表意义,实际大于该辞书日常编纂的操作意义。

无论如何,《教育大辞书》专门条目撰者诚可谓极一时之选,如胡适(一元论)、李石岑(人生哲学)、蔡元培(大学教育、美育)、廖世承(中等教育、高级中学)、高鲁(中央观象台)、朱经农(光华大学、教学法概论)、竺可桢(中国科学社、地理教学法)、孟宪承[中学国文教学法、杜威、真谛尔(Gentile)、教育哲学、试验学校、讷恩(Nunn)]、叶绍钧(文法)、陶行知(生活历、教育改进、艺友制的教育)、周昌寿(物理教学法)、任鸿隽(科学教育、科学概论)、萧友梅(音乐教学法)、黎锦熙(国语教学法)、陈鹤琴(教育测验)、陶孟和(教育社会学)、刘海粟(图书教学法)、何炳松(历史教学法)、周建人(优生学)、王云五(检字法)、庄泽宣(职业指导)、黄炎培(职业教育)、邹恩润(职业测验),等等。由此,中国学者在吸收既有教育辞书体例及内容的基础之上,编纂出兼具教育辞典及百科全书功能的综合辞书,内容涵盖常识领域及学术专门,兼具普及知识及研究查证之功效,照应了"教育之百科"与"百科之教育"的宗旨。

(三)辞书之发行与影响

《教育大辞书》于 1930 年 7 月由商务印书馆发行初版,分上、下两册,定价 10 元。但在此之前,甚至早在 1928 年 5 月中华版《中国教育辞典》正式印行之前,商务印书馆也在《申报》登载了《教育大辞书》的预售广告。广告词谓此乃"中国教育界最伟大的参考书,教育专家六十余人的合作品"[②]。中华与商务两家各有其编纂团队、出版平台与流通渠道,彼此竞争,对于推进专门学术发展贡献亦多。

《教育大辞书》发行后,报刊多有宣传与介绍,评价甚高。[③] 又原文摘录其词条,以为论述

---

① 《教育大辞书》专门词条之署名,大多仅取作者姓名之一二字,或名、字、号混用,而编辑同姓者常有多人,且学术专长颇有重叠;部分撰写者如瞿镜人等,并不在编辑名单之中。加之文献本身难免偶有舛误,又久久翻印,少数内容印刷不清。凡此情形,均给详考署名词目总数及各条作者造成困难。笔者多方对照考定,信疑缺失,皆从其实。

② 《教育大辞书》,《申报》1928 年 3 月 2 日。

③ 《普通参考书提要:教育大辞书(唐钺、朱经农、高觉敷主编)》,《图书馆副刊》1930 年第 11 期;《书报介绍》,《广西教育》1928 年创刊号;《书报介绍教育大辞书述略》,《中华基督教教育季刊》1928 年第 3 期。

相关问题之印证与补充。[①] 其时学术书籍之征引该辞书者,如范寿康之《教育史》,征引多达14处、数十条[②];杨鸿烈《教育之行政学的新研究》三引该书[③];朱有瓛《师范生怎样实习》参考其"参观""实习"条[④],等等。此外,该辞书亦多见于民国时期各省图书馆及大学图书馆馆藏目录。其时的参考书指南,推许《教育大辞书》为中国出版之教育辞书中"最完备者",并以之与中华版《中国教育辞典》相比,称两者编制相同,但《辞典》内容远不及《辞书》之详赡。[⑤] 更称《教育大辞书》"不但是中国教育辞典中最好一部,也是中国一切专门辞典中可称道的一部"[⑥]。其受学界之接纳与推重,由此可见一斑。

《教育大辞书》于1933年缩印为一册出版,至1940年缩本已发行五版。在当时环境之下,一部专业辞书能在10年之间发行如此,可见其受欢迎与重视程度。不特如此,《教育大辞书》此后仍有修订再版。1963年,台湾"省立"师范大学教授孙邦正应台湾商务印书馆之约修订再版(其时王云五仍掌舵台湾商务印书馆),后于1974年印行修订台二版。[⑦] 此外,2000年台湾另有《教育大辞书》之编纂发行,分为12巨册,词目15000条,总约1100万字。[⑧] 此非商务版之修订本,但仍用"教育大辞书"之名,仍兼采专业"辞典"及"百科全书"之体裁,可以略见源自近代欧西的Encyclopedia of Education传统译解于东亚的长久回响。

三、汇通中西:英汉教育词典与教育术语之译定

中国近代教育学科系统知识既为"西学东渐"之产物,其中必然需要处理若干西文语汇的翻译;而中西交流的有效展开,也需要对中国特有的教育词汇进行恰当译解。有鉴于此,民国学界也在中外双语、多语对照词典编纂方面进行探索。本节举要试析三种涉及教育学专业术语之英汉词典,以见指归。

(一)赵明高编《英汉政治法律商业教育辞典》

《英汉政治法律商业教育辞典》(*A Dictionary of Words and Phrases of Government*,

---

① 《公民资格:教育大辞书》,《教育周刊》1934年第189期;《公民教授与公民学(录自教育大辞书公民教育)》,《教育周刊》1934年第183期。

② 范寿康:《教育史》,商务印书馆1931年版。

③ 杨鸿烈:《教育之行政学的新研究》,商务印书馆1939年版,第392页。

④ 朱有瓛、邹爽秋:《师范生怎样实习》,开明书店1934年版,第152页。

⑤ 何多源:《中文参考书指南》,商务印书馆1939年版,第434-435页。

⑥ 杨家骆:《图书年鉴》下册,商务印书馆1933年版,第120页。

⑦ 顾明远:《教育大辞典(增订合编本)》上册,上海教育出版社2002年版,第733页。

⑧ 台湾编译馆:《教育大辞书》,文景书局2000年版,"副主任委员序"。

Law, *Commerce*, *and Education in English and Chinese*），编者赵明高，曾留学康奈尔大学，主攻政治与外交，获硕士学位，辞典编成时为东北大学政治学教授。赵氏另有英文《中国之内政外交》（*China*, *Inside and Out*）及《中外政论》（*Essays on Chinese and Foreigners*）等著述。赵氏因以英文撰述涉及中国之议题，知译学之重要，又知初学英文之不易，并有进阶之心得，因论之云："际此学术昌明之世，外洋有用之新著述，年有千计。吾华人苟能直接通洋文，取而读之，获益当匪浅鲜。如能译为汉文，以授诸不习洋文者；凡在位之员司，在野之士农工商，无论老壮，皆得取而读之，采而行之矣。然则广译洋文有用书籍，诚属必要之事也明矣。"①因此，他结合自己专业所长，参酌前人译本，编成该辞典，希望能对研究英文者有所助益。

《英汉政治法律商业教育辞典》于 1930 年发行，共收词 12159 条。因其为四个学科术语合编，并非专注教育词条，且整体编纂及排印质量亦不乏可以改进之处。以其 Education/Educational 开头的词条为例，所涉仅 10 条：教育（Education），教育年龄（Educational），教育基金（Educational fund），教育的游戏（Educational games），学科之教育的价值、修养的价值（Educational or culture value），教育社会学（Educational sociology），教育会（Educational societies），教育为一科学（Education as a science），公民教育（Education of citizenship），敬虔派之教育（Education of pietism）。其中，"教育年龄"条英文疑漏 age，"学科之教育的价值、修养的价值"一条中英文均冗长而费解，"教育社会学"一条英文 sociology 拼写有误；以此处仅收 10 条的规模，"敬虔派之教育"是否当收亦可商榷。或因如此，辞典初版即附"勘误表"②；但此处所举数条均未勘出，由此可见一斑。

尽管该辞典整体质量未尽人意，但其立场值得重视。赵明高认为，研究英文必须以研究中文为前提，并引张之洞《劝学篇》"先入者为主，讲西学必先通中学，乃不忘其祖也"等言，更称："通中文而不通英文，或有聋瞽之讥，犹可说也。通英文而不通中文，此犹不知其姓之人，无辔之骑，无舵之舟，强者为乱首，弱者为人奴，其害更甚于不通英文者矣。"因此，该辞典后附详细"汉文索引"③。此尤为当时英汉教育词典所无，充分考虑中英互查的功能和便利，而不仅为英文术语的汉译合集，从中可见"本土化"的考量与自觉。此外，如将 Academy 对译为通儒院，Adult 对译为成丁，Optimism 对译为乐天主义，以 Middle Kingdom 作为专词特指中国等，均可见编者对中文语境的特别考量。该辞典"序言"以文言写就，并多征引中国古代典籍，亦见作者此种立场与关切。

---

① 赵明高：《英汉政治法律商业教育辞典》，沈阳北陵新华印书局 1930 年刊，"序"第 vii 页。
② 赵明高：《英汉政治法律商业教育辞典》，沈阳北陵新华印书局 1930 年刊，第 40、238-240 页。
③ 赵明高：《英汉政治法律商业教育辞典》，沈阳北陵新华印书局 1930 年刊，"序"第 viii 页、第 201-237 页。诚然如此，张之洞直谓"华文不深者，不能译西书"。见张之洞：《劝学篇》，中华书局 2016 年版，第 122 页。

(二)庄泽宣编《英汉对照教育学小词典》

《英汉对照教育学小词典》(*An Anglo-Chinese Dictionary of Educational Terms*)为庄泽宣所编。关于编译缘起,庄氏自称尚在美国留学时,"就感到教育学上用的名词一天一天的加多,不但译名没有,就是原文的名词一览也找不到"。而且,对于此类"教育名词",教育大辞典虽然详尽,但一则大多出版年月久远,再则卷次繁多,翻检不便。庄氏归国后从事与教育学有关的教研工作,亦觉此类编译工作之迫切。[①] 1922 年起,他受中华教育改进社委托,编译出版《心理学名词汉译》(*Terms in Psychology*),意在考正许多尚未统一的心理学名词与定义,并考察"中国的文字适用于科学的程度如何"[②]。近代教育学发展的重要特色与方向之一,即是与心理科学的结合,庄泽宣的此项编译,也为他此后编译教育学词典奠定了基础。此后,庄泽宣曾任广州国立中山大学教育学研究所所长,并被教育部任命为译名委员会委员,遂在工作中着意整理、编译教育学名词。

1929 年,中山大学教育学研究所购得新出英文《教育学科词目一览》(*List of Educational Subject Headings*)及《教育测量与研究习用术语三百条》(*A Glossary of Three Hundred Terms Used in Educational Measurement and Research*),庄泽宣遂即进行整理编译,步骤如下。首先,根据两书,选出 2000 多个名词;融合前期整理词汇及旧著《心理学名词汉译》,以及生理学、心理学、统计学、进化论及社会学名词中与教育学有关者,形成名词表初稿。其次,给所选词目拟定译名。作者坦承,其中有旧译可资参考者,有查核专书始得译名者,亦有查核未得而自己"杜造"者,更有意似明了却难以表述或竟不识者,均属译事常情。再次,将多字短语分别重列,突出主词,以便检查。1930 年,《英汉对照教育学小词典》作为中山大学教育学研究所丛书之十一,由上海民智书局出版;庄泽宣的工作简报将其归入"供研究教育问题之一般参考资料"[③]。1938 年由中华书局重印,书后并附《中国教育辞典》广告。[④]

管见所及,《英汉对照教育学小词典》乃民国时期中国学者编纂的专收教育学术语的唯一英汉对照词典。该词典收词凡 3535 条,按照首字母顺序排列,词组以突出主词为编排原则。其中,以 Education/Educational 开头的词汇(含简写)达 150 条,甚为周全。相较本节讨论的其他英汉词典,本词典以收词精当、释义简明准确见长,民国书刊亦多见介绍及参考此书。其中对于不少教育学名词的翻译沿用至今,足见其"正名"之功。

---

① 庄泽宣:《英汉对照教育学小词典》,中华书局 1938 年版,"编译经过"。
② 庄泽宣:《心理学名词汉译》,中华教育改进社 1924 年刊。
③ 庄泽宣:《我的教育思想》,中华书局 1947 年版,第 213 页。
④ 庄泽宣:《英汉对照教育学小词典》,中华书局 1938 年版。

(三)檀仁梅、陈懿祝合编《英汉对照教育学心理学词典》

《英汉对照教育学心理学词典》(*Dictionary of Educational and Psychological Terms*)为檀仁梅、陈懿祝合编。檀仁梅曾留学于宾夕法尼亚大学,获教育科学哲学博士学位,该词典编刊时其任福建协和大学教育学教授。陈懿祝为哥伦比亚大学教育学及心理学硕士,时任同校心理学教授。两人此后均曾参与《韦氏大词典》的编译①,在外语能力及学科专业上均有所长。

在编译原则上,《英汉对照教育学心理学词典》以意译为主,必要时兼从音译;凡已通用之旧译名词,含义信达者尽量采用。其目标在于"不仅可供高中以上学校学生作参考书,即其他专门职业人员亦可采用"。编者所列九种主要参考书中,前两种即为商务版《教育大辞书》及庄泽宣《教育学小词典》。② 对于庄泽宣所编词典的词目及译名,《英汉对照教育学心理学词典》既有取舍,也有增补。该词典于 1945 年由私立福建协和大学农业教育学系发行。1949 年,由上海广学会修订重版,收入 8282 条教育学及心理学普通名词,其中以 Education/Educational 开头的词汇(含简写)共 87 条,绝大多数译名与今日习用者相同。近代中国教育学术语及学科知识,正是在此种转译、承续和调整中,不断地体系化及本土化。

外语译名的规范化,对于促进中外学科专业知识的融通意义非凡。其间语词的"双向漂移",及其所承载的中外语言、文化之间的彼此"涵化"(acculturation),尤其值得重视。庄泽宣谦言其《小词典》译名虽不妥当,"但可以帮助初看原文书的困难";他更希望有人能将德文、法文教育学名词也编译出来,"再把中英法德对照起来,必予我们知识饥荒的中国人便利不少"③。无论是编译词典,还是辑录史料、编制索引,庄泽宣对于此类增进学科知识积累的基础工作,都看待甚重,并身体力行。遗憾的是,90 年之后,他所期待的《中英法德对照教育学词典》仍未编成。

四、融入"百科":综合辞书之教育知识与教育词目举隅论析

近代教育学科知识成为人类知识总库的专门领域,需要不断调适与其他学科知识的关联;且教育学科内部知识容量也不断扩大,次级分科越益细密。综合百科辞书对教育知识与教育词目的选取与诠释,颇能看出此种关联与变化。本节以《中华百科辞典》及《辞海》为代

---

① 林煌天:《中国翻译词典》,湖北教育出版社 1997 年版,第 649 页。
② 檀仁梅、陈懿祝:《英汉对照教育学心理学词典》,广学会 1949 年版。
③ 庄泽宣:《英汉对照教育学小词典》,中华书局 1938 年版,"编译经过"。

表稍作分析,以窥一斑。

(一)《中华百科辞典》之知识分科与教育关怀

《中华百科辞典》系 1925 年由陆费逵提议编纂,舒新城任主编。辞典正式编纂历时两年,前后虽经多人之手,但内容体例均由舒新城拟定,全稿亦经其校阅。[①]《中华百科辞典》于1930 年 3 月由中华书局出版,凡二百万余言。至于编纂定位,舒新城始终放在清末改行新教育以来学校与社会的实际需求中进行思考。因此,其条目与内容"一以中等学校之各种科目为标准,一以一般社会所需要之基本知识为根据,而尤注意于教科书或专业训练中所不易见之常识事项。以冀其对于在校者之修学、在职者之治事,均有相当助益"[②]。该辞典采取分科编辑法。舒新城根据多年从事中等教育及服务社会的经验,估计青年及一般社会应具有的常识,再请各科专家参订,分门编撰,以浅近文言撰写;又着重于中西报纸中辑选名词,保证知识更新。

在选目与编撰上,主事者对于"百科知识"的广纳与平衡有非常明确的自觉意识。其中科目虽多,但各科分量则依需要而定。此种自觉意识,除了在分科编辑的总体原则上有所体现,还在每个词条之后,简要注明其所属的主要学科分类;并在编纂完成之后,统计汇总各科词条及内容分量所占比例。学科分目与归类背后,实际是对于知识体系的理解及界分,其中颇能见其特色。其分科条目比例统计,如表 3 所示。

表 3 《中华百科辞典》分科条目比例统计[③]

科目	子目	百分比/%	
		以条目计	以内容分量计
社会科学	历史、教育、地理、政治、社会学、社会主义、社会问题、财政、法律、科学通论、经济、论理等	34.00	37.00
自然科学	物理、化学、植物、动物、矿物、生物学、心理学、天文学等	26.00	24.00
文艺	文学、语言、音乐、绘画、雕刻、建筑等	18.00	18.00
数学	算术、代数、几何、三角、数学通论等	8.50	7.50
应用科学	工业、商业、医学、图书馆学、军事、农业、家事、统计学、卫生等	7.00	7.00
哲学	哲学、宗教、伦理、美学等	6.50	6.50

由表 3 可见,《中华百科辞典》大致兼顾了人文社科与数理科学两大分支的均衡。不过,具体学科子目的词条数量差异较大。辞典后附"各科分类索引",共分 43 个学科,总计收词

---

① 舒新城:《我和教育——三十五年教育生活史(1893—1928)》,中华书局 1945 年版,第 384-387 页。
② 舒新城:《中华百科辞典》,中华书局 1930 年版,"凡例"。
③ 舒新城:《中华百科辞典》,中华书局 1930 年版,"凡例"第 2 页。

11680 条。所列分支学科词目排名前十者依次为（括注词条数量及所占百分比）：历史类（1205,10.32%）、文学类（1191,10.20%）、地理地质学类（820,7.02%）、教育类（720,6.16%）、政治类（527,4.51%）、植物学类（513,4.39%）、化学类（489,4.19%）、动物学类（434,3.72%）、哲学类（431,3.69%）、物理学类（429,3.67%）；排名后十者为：图书馆学类（78,0.67%）、科学类（61,0.52%）、美学类（56,0.48%）、三角类（49,0.42%）、生物学类（49,0.42%）、农业类（48,0.41%）、体育类（41,0.35%）、家事类（37,0.32%）、卫生学类（25,0.21%）、统计学类（16,0.14%）。教育类词条达 720 条,居第四位;其中以"教"字开头者 45 条,以"学"字开头者 35 条。本书虽为辞典之体式,但"性质上则兼顾各科系统知识,冀于辞典之外而兼具常识教科书之功用"①。此种定位与编排,一则体现教育学科知识在"百科知识"中的重要地位;同时,这也可见作为主编的舒新城作为教育学者,对于教育学科知识的熟悉与重视。更应指出的是,由于舒新城曾实质主持《中华百科辞典》《中国教育辞典》及《辞海》的编纂工作,这三部辞书的编纂团队,以及其中关涉教育的词目与内容,不少地方存在沿用和"共享"关系。

（二）《辞海》之编纂宗旨及其教育词条举隅论析

《辞海》可谓近现代中国辞书编纂及知识传承之"大事因缘",影响深远。其编纂自 1915 年由原《中华大字典》主编徐元诰提议启动,断续进行;1928 年,由舒新城继踵主编,沈颐、张相亦曾任主编;至 1936 年出版上册,1937 年出版下册,前后历时 20 年,从事者凡百数十人,总计撰成词条 30 余万条,定稿仅精选十余万条,近 800 万字。②《辞海》之编纂定位,实非一部简单功能之字典;其体例仿英文《韦氏词典》,"是语词与百科词汇兼重的综合性辞书"③。

初版《辞海》问世,即得到学界及政界名流题署称誉。蔡元培回溯中国传统辞书编撰及其得失,谓《辞海》"内容之丰富与扼要,又适合于今人之所需,诚有用之书也"④。黎锦熙序谓"整理国故,吸取新知,最系统化的工作,就在编一部大类书;正名辨物,赏奇析疑,最具体化的工作,就在编一部大辞典"⑤。其编辑大纲则称,"凡各科重要之理论、方法、派别、流变,一切名词术语,无不兼收并蓄,力求完备。其分量大略相称,其叙述方法亦大体相同"⑥。其学术分科并注重平衡、延请专家执笔等编撰方法,与《中华百科辞典》相类。

由于《辞海》系属大型综合辞书,且初版所收词条已逾 10 万。若要全面考究其中关涉教

---

① 舒新城:《中华百科辞典》,中华书局 1930 年版,"凡例"。
② 舒新城等:《辞海》上册,中华书局 1936 年版,"编印缘起"。
③ 汪家熔:《〈辞源〉、〈辞海〉的开创性》,《辞书研究(上海)》2001 年第 4 期。
④ 舒新城等:《辞海》上册,中华书局 1936 年版,"蔡元培题词"。
⑤ 舒新城等:《辞海》上册,中华书局 1936 年版,"黎锦熙序"。
⑥ 舒新城等:《辞海》上册,中华书局 1936 年版,"编辑大纲"。

育的词条,诚非易事。此处拟以教育活动核心之教、学二义为例,将其中收录以此二字开头的词条统计见表 4。

表 4　初版《辞海》"教""学"词条统计①

"教"字开头	教士、教化、教主、教令、教生(Student teacher)、教判、教坊、教材、教具、教刑、教官、教社(Order)、教育、教门、教皇(Pope)、教科、教员、教唆、教师、教案、教训、教堂、教授、教条、教习、教场、教会(Church)、教督、教练、教学、教导、教读、教鞭、教友派(Society of Friends)、教坊记、教育史(History of education)、教育局、教育科、教育区(Educational settlements)、教育部、教育会、教育学(Pedagogica)、教育厅、教便物(Devices)、教科书、教唆犯、教师节、教训诗(Didactic poem)、教训剧(Moral play)、教会法、教学法、教父哲学(Patristic philosophy)、教育年龄、教育行政、教育哲学(Philosophy of education)、教育测验(Educational test)、教皇领土(Papal states)、教猿升木、教会学校、教学相长、教育心理学(Educational psychology)、教育社会学(Educational society)、教育病理学(Pedagogical pathology)、教育统计学
"学"字开头	学力、学士、学子、学分、学史、学正、学生、学田、学名(Scientific name)、学年、学而、学行、学位、学究、学制、学官、学府、学政、学林、学舍、学长、学派、学科、学者、学宫、学徒、学校、学案、学海、学级(Grade of form)、学记、学院、学问、学堂、学习、学术、学部、学博、学期、学殖、学童、学费、学业、学鸠、学说、学庙、学历、学录、学馆、学额、学艺、学龄、学古编、学法女、学徒制(Apprenticeship)、学校市、学校园、学海堂、学无学、学步邯郸、学治臆说、学津讨原、学校系统、学校保育、学校教育、学校管理、学海类编、学术体系(Hierarchy)、学部通辨、学斋占毕、学生自治会、学校卫生学(School hygiene)、学术讲演会
小计	"教"字开头凡 64 条,内 18 条目录附英文/拉丁文;"学"字开头凡 73 条,内 5 条目录附英文

由表 4 可见,《辞海》所收教、学词条中,与前文所论诸种专门教育辞书有交叉之处,如教育、教学、教材、教化、教育学、教育史、教练、学习、学科、学校、学期、学校教育等。近代教育学科已形成一些共有的核心概念,且译名也渐趋统一,因此无论综合辞书抑或专门辞书,涉及教育学科知识时均会收录。当然,其中也有一些诸书皆收但只为当时习用的特殊名词,如"学校市"(School City)等。当然,《辞海》作为综合辞书,也会收录教育学科专门辞书一般不收的词目,如教、学词目中的教皇领土、学鸠、学法女、学无学等。

还应留意的是,本文所论教育辞书及综合辞书中,虽然《辞海》出版较晚,但其发起编纂却是最早。而且作为权威综合辞书,其释义以简明扼要为第一原则。因此,其中还可得见近代中国教育学科系统化与本土化过程中,辞书这一"规范知识载体"对其核心概念的早期界定。此处略举三例。其一,《辞海》解释"教育",先引《说文解字》之释"教""育"二字,继引《孟子》"得天下英才而教之"之句。而后谓以该词译英文之 education,有广、狭二义:"广义指凡足影响人类身心之活动;狭义则并须有一定方案,具一定目的,始得称为教育。"侧重中西语

　① 舒新城等:《辞海》(上册),中华书局 1936 年版,寅集,第 19-21 页;卯集,第 178-181 页。

源对照,且广、狭二义的界分,至今仍然基本沿用。其二,解释"教育学",谓为"从心理学、生理学、社会学诸方面研究教育事实,讲求教育之原理及方法之科学",指明近代教育研究之科学维度与社会维度;又特别以拉丁文 Pedagogica 加以注明,指其西文语源意涵。其三,解释"教育史",谓"记述教育理论、教育实际之起源与变迁之学问,为文化史之一分科",亦附英文 History of education,诠解稍作理论与实际(实践)之二分,并在广义上认其为文化史之分科。[①] 此处所举词条,释文无不注重中西对照,并揭示学科属性、意涵及方法。这些早期的划分与界定,对于探寻各个学科基本概念的意涵源流,均有实质启示。

近世以降,人类社会急剧变化,知识积累与学术分科亦越益显著。与之相应,新型百科辞书不断推陈出新,包括教育学在内的各专门学科知识得以不断累积和更新。不仅如此,"百科知识"中教育学科知识的独特意义更在于,人类知识的系统积累、传承和更新,绝大多数就是依托学科和学校、在教育活动中得以实现。而即便是在教育学科之外,其余学科也应厘清本学科知识体系的形成与承传问题,正因如此,关涉教育历史与文化的研究得以历久而弥新。

结　语

教育学科知识的体系化与本土化,乃渐进的动态历程,近代中国学界为此进行了多方探索,20 世纪 20—30 年代的努力尤见成效。其中,中华书局版《中国教育辞典》及商务印书馆版《教育大辞书》,对此均具有重要的总结兼开创意义——前者乃首部"中国的"教育辞典,后者则益加完备,添补世界教育百科辞书家族的"中国成员"。这两部教育辞书对于教育学科知识内部的划分,对于其中若干关键词条的选择与诠释,奠定近代中国教育学科知识的重要基础,其深远影响及于今日。此外,几种英汉教育词典的编译出版,将教育学科专门术语对译不断统一规范,不少译名至今沿用。同时,此一时期出版的综合辞书,也赋予教育学科专门条目应有之地位,并不断界定和调整教育学科知识与其他学科之间的关联。各种辞书共同作用,促成近代中国教育学科知识逐渐走向体系化和本土化。

当然,肯定近代中国教育学科关联辞书编纂之成绩与贡献,非谓此类工作完满无瑕。无论是在体例的借鉴沿用、词条的选目标准,还是在释文的细微全面、辞书的校刊印行等方面,都不乏可再改进之处。然辞书编纂与一般撰述不同,欲网罗诠解某一领域之规范知识,其难度已然不小;更何况,"教育对象为人,而人之教育,所涉之知识范围甚广,极不易编纂一部有

---

① 舒新城等:《辞海》上册(卯集),中华书局 1936 年版,第 179-180 页。

系统而完整之大辞书"①。近代以降中国教育辞书编纂史上,先后有《中国教育辞典》《教育大辞书》《中国大百科全书·教育卷》《辞海·教育学心理学分册》《教育大辞典》《中国教育大百科全书》及《大辞海·教育卷》等重要作品前后相继,将此项基础工作不断推进。

　　辞书是真正的"不言之师"。中国素有编纂辞书的优良传统,近代以降中西知识与文化的融会,加以新的编撰理论与体例引入,使得新的辞书编纂变得必要,辞书内容与体例的突破也成为可能。前贤尝谓,"一国文化,常与其辞书相比例",更言"国无辞书,无文化之可言"②,足征其要。近代中国的学校、学科与学术,皆经历传统至现代的更迭、中学与西学的交汇。在此过程中,陶冶品性、传递知识、养成技能的教育活动以及与之相伴的教育学理,亦渐次更化,需要适时总结汇编,以将教育学科知识不断体系化、规范化和本土化。先行教育辞书编撰者及其所编撰的辞书,也因此成为后继教育辞书中的词条。一个学科的成立与演进,正是在此种接力式的基础工作中,将其规范知识不断累积、延续和更新。

---

① 台湾编译馆:《教育大辞书》,文景书局 2000 年版,"副主任委员序"。
② 陆尔奎等:《辞源》,商务印书馆 1918 年版,"说略"。

试论战区中小学教师第七服务团在甘肃的教育活动

◎杨思信[*]

摘　要:抗战前期,教育部为救济和安置从战区撤退至后方的大批中小学教师,先后成立了 10 个教师服务团。其中,活跃在甘肃省的是第七服务团。该服务团人数约有 400 人,团员主要来自山西、河北等 10 多个省份。从 1938 年 5 月至 1942 年 5 月,该团在天水、秦安、甘谷、武山、礼县、西和等县,克服困难,艰苦办学,广泛开展义务教育、国民教育、中等教育、社会教育及抗战宣传等各种工作。其教育活动时间虽不长,但对于活动区域中小学教育的发展和民众思想观念的改变,均有积极的贡献。

关键词:抗日战争;中小学教师;教师服务团;第七团;甘肃

　　全面抗战爆发后的半年之中,我国华北、东南地区迅速沦陷。1938 年后,国民政府教育部为收容、救济、安置从战区撤离的大批中小学师生,先后在西北、西南的一些主要省份及湖南、广东等省,成立了十几所国立中学及 10 多个中小学教师服务团,组织师生分别撤至后方省区办学,并划分工作区域,开展了一系列地方教育服务。当时,活跃在甘肃省内者,为"教育部中小学教师第七服务团"。该团以陇南天水、秦安、西和、礼县、武山、甘谷等六县为工作区,团员人数最多时有 400 余人。该团虽然存在时间不算太长(从 1938 年至 1942 年),但在查良钊、刘百川、郑通和、王静山、郁汉良等前后几任团长领导下,克服了交通不便、经费紧张、待遇菲薄、当地文化落后等困难,积极开展社会教育与学校教育,为战时甘肃教育的发展做出了一定的贡献。本文搜集有关档案及文献材料,略述该团始末及在甘肃的教育活动,以

---

　　[*]　作者简介:杨思信,兰州交通大学社会科学系教授。

弥补相关研究的不足。[①]

一、成立及沿革

全面抗战之初,日军步步进逼,半年之内,平、津、冀、晋、察、鲁、沪、浙、苏、皖等省大部或一部沦于敌手。国民政府主要机构先后迁往武汉、重庆。各主要社会机关、工厂、高等教育机构、大批民众等,亦纷纷向西迁移。这其中就有不少中小学师生,他们颠沛流离,迁至后方,生活与工作两无着落。

教育为百年树人之大计,不能因战争而停止,故如何迅速救济与安置由战区退出的数量众多的师生员工,成为亟待解决的当务之急。时任教育部普通教育司司长的顾树森,建议在适当地区设立国立临时中学,对退出战区的大部分中学师生予以收容;对一部分中学教师和大部分小学教师、社教人员,则设立战区中小学教师服务团、战区社教工作团,使其能得以继续工作,维持生活,此意见得到教育部长的同意。[②] 随后,教育部即制定《教育部处理战区退出之各级学校办法大纲》《教育部处理由战区退出之各级学校教职员及社会教育机关工作人员大纲》《战区中小学教师服务团工作大纲》等多部法规,对退出战区的师生员工开展登记、救济、安置工作,"务使因战事而失学失业之青年,俱能安居乐业,为抗战建国而效劳,为民族复兴而努力"[③]。这项工作,约从 1937 年 11 月底启动,先在开封、许昌进行登记。不久,就决定"在豫甘川黔等处,设立临时中学,川黔设立中小学教师服务团,于开封、西安、天水、汉口、宜昌、重庆、长沙、贵阳等处次第举行登记。豫甘二处,以容纳冀察绥晋鲁平津等省市员生为主。川黔一处,以收纳京苏浙皖等省市员生为主"[④]。可以说,战区中小学教师服务团、国立中学的设立,是当时教育部针对战区中小学师生员工推出的两项最重要之救济措施。这两项措施实际是一个整体,互相补充。时人评述:"至二十七年冬季,始由教育部派员在开封、汉口、长沙、西安等地办理登记;同时并创设国立中学和组织服务团,来容纳这批教师,分发

---

① 学界有关战区中小学教师服务团的研究成果,相对鲜见,少数成果多聚焦于总体概况之研究,如朱萍:《1938—1942 年战区中小学教师服务团研究》,南京大学 2002 年硕士学位论文;田保利:《教育与抗战——抗战时期战区中小学教师服务团研究》,西南大学 2012 年硕士学位论文;龙琛:《希望的曙光——抗日战争时期的中小学教师服务团》,《邢台学院学报》2010 年第 1 期;郭洋:《抗战时期大后方的支教活动——基于战区中小学教师服务团发展研究》,《天中学刊》2017 年第 3 期等。关于第七服务团在甘肃活动的研究,迄付阙如,只有王永宁:《国立五中教师服务团在礼县的活动和影响》,《礼县文史资料》第 2 辑;张浩若:《抗日战争时期教师服务团在西和的简况》,《西和文史资料》第 2 辑等。

② 顾树森:《抗战时期国民党的反共教育》,中国人民政治协商会议全国委员会文史资料研究委员会编:《文史资料选辑》第 16 辑,中华书局 1961 年版,第 139 页。

③ 《战时教育救济》,顾毓琇:《战时教育的回忆》,1948 年刊,第 39 页。

④ 《救济战区中小学员生 教部在各地设立学校及服务团》,《西京日报》1938 年 1 月 1 日第 2 版。

到后方各省市工作。所以凡有国立中学的地方,差不多就有服务团。我们可说国立中学和战区教育服务团实是孪生兄弟,同其命运。"①截至 1939 年 7 月底,教育部已先后成立服务团 9 个,容纳从战区退出的中小学教职员 3141 人。到 1941 年,共设立服务团 10 个、国立中学 17 所,收容教师超过 1 万余人,具体分布在川、黔、甘、湘、陕、宁、渝等省市,办理国民教育、社会教育、中等教育及地方自治各项工作。

以甘肃陇南地区六县为其工作区域的战区中小学教师甘肃服务团(后于 1939 年底改称第七服务团),即是在此种背景下组建成立的。该团从 1938 年 1 月开始筹备,至 1942 年 5 月撤销,期间约存在四年时间。其发展演变的过程,可大体分为筹备与成立时期(1938 年 1 月至 1938 年 5 月)、查(良钊)刘(百川)负责时期(1938 年 6 月至 1939 年 1 月)、郑(通和)苏(振甲)负责时期(1939 年 2 月至 1939 年 12 月)、王(静山)郁(汉良)负责时期(1940 年 1 月至 1942 年 5 月该团最后解散)等四个阶段。

(一)筹备与成立时期(1938 年 1 月至 1938 年 5 月)

早在 1938 年 1 月初,教育部即派部员宋志伊、栗维铭等人赴西安,成立"战区中小学员生登记处",并从 1 月 20 日起,开始正式登记退至西安的师生员工。对被登记的员生,发放每日 0.3 元的生活救济费。② 3 月 4 日,由教育部委派的国立甘肃中学及战区中小学教师甘肃服务团筹办负责人、著名学者查良钊到达西安。此时,已经登记合格的员生,计教师 654 人、学生 796 人。③ 查随即在西安高中大礼堂召集被登记教师,举行"甘肃教师战区服务团暨国立甘肃中学开学典礼",并将登记员生按十人为一组、三组为一小队、三小队为一中队、三中队为一大队的原则,予以编队管理。计学生共编为三个大队,教员及家属编为一大队。查良钊还成立总队部,自任总队长,宋志伊任总干事,栗维铭任会计长,下设膳宿、交际、交通、救济、卫生、编辑等各组。各组组长,由登记合格人员中分择适当人员担任。教育部当时指定国立甘中和甘肃服务团迁往天水办学,所以从 3 月 11 日开始,四个大队陆续从西安乘陇海线火车出发至虢镇下车,17 日齐集陕西凤翔县。因此时天水办学地点尚处于交涉未定之中,故各大队员生在凤翔耽搁 14 天左右。从凤翔至天水,里程共 520 里,彼时并无火车。凤翔至天水间虽通汽车,但查良钊考虑到"所费太多","为养成各员生等吃苦耐劳习惯起见,除行李酌雇车马运输外,所有队员一律长途步行"。查良钊沿途安排湃阳、草碧镇、陇县、固关、马鹿、傅家堡、清水、草川铺、马跑泉、天水等 10 个膳宿站,并排定各队出发日期,从 4 月 1 日

---

① 薛溥海:《服务经验特辑:我如何办理战区中小学教师服务团》,《服务月刊》1942 年第 2 期。

② 查良钊:《关于筹设甘肃临时中学请示之件》及教育部的回复(民国二十七年一月廿二日),中国第二历史档案馆藏教育部档案,档号:五—7370,第 82-83 页。

③ 查良钊:《为拟具筹备经过情形报告书备文呈请鉴核由》及教育部的回复(民国二十七年七月二十三日),中国第二历史档案馆藏教育部档案,档号:五—7370,第 55-61 页。

开始,次第出发。11日至17日,各大队先后抵达天水。国立甘中校址初设天水玉泉观,服务团团址则设于天水城内关帝庙。5月1日,"国立甘肃中学暨战区中小学教师甘肃服务团"正式成立,共同举行了始业式。后来,国立甘肃第一中学(后改称国立五中)和战区中小学教师甘肃服务团(1939年底改称战区中小学教师第七服务团),即以此日为正式成立之日。① 国立甘中和服务团的领导体制,最初均实行委员会制。5月9日,经查良钊推荐,教育部正式委任林常盛、刘百川、赵青誉、都本仁、宋志伊等为第七团团务委员,查良钊为团委兼代主席委员。服务团及国立甘中成立后,查良钊又报请教育部批准,继续举行天水及其附近一带有关员生的登记。据查当时向教育部报告,前后共登记教师947人、学生1344人(个别员生未至天水向服务团及国立甘中报到)。截至1938年6月初,国立甘中及服务团,实共有学生1196人、教职员547人(在校服务者150人,在团服务者397人)。②

(二)查(良钊)、刘(百川)负责时期(1938年6月至1939年1月)

团部地址方面,甘肃服务团原设在天水关帝庙,后因此地狭小,不敷应用,经与甘肃第四行政区专员公署协商,借到天水北关外泰山庙为团址,因陋就简,于5月18日搬入。但因地处山顶,冬季结冰后,取水困难,不得已,又由该团出资,租天水城内伏羲城大街48号民房,于当年12月1日三度迁移。该团组织方面,1938年7月20日,查良钊离职调部,所遗服务团主席委员一职,由原江苏镇江大港乡村教育实验区和大港战时教育工作团主任、著名小学教育和乡村教育专家刘百川先生接任,并增加张元亨、郭裕、马澍之、王山春、刘同、张雪宾等六人为团委。后团委张元亨、高象九奉调为甘中校委。11月底,甘省教育厅又增派省立天水女师校长刘同声为团委,12月底,教育部又派杜守文、魏怀谦为团委。1939年2月,又增派王祝三为团委,同月刘同辞职。1938年10月17日,服务团将所属团员改编为八个大队,并确定了各大队服务地点:第一大队驻甘谷,第二大队驻武山,第三大队驻秦安,第四大队为预备队,第五大队驻天水城关,第六大队驻西和,第七大队驻礼县,第八大队驻天水乡镇(后确定为马跑泉)。各大队随后出发,于10月底到达指定位置,开始正式工作。③ 当时在甘肃服务团内,已有共产党人(如团部编辑组主任高象九、驻武山团员胡益生等)和民先队员开展进步活动,鼓动团员离团奔赴延安。高邮人吴民祥时在甘肃服务团,得到刘百川同意并资助,"约了几个团员回西安转赴延安"。④ 该团第三大队曾向秦安各校、私塾分送生活书店所

---

① 查良钊:《致教育部长电》(民国二十七年六月十三日),中国第二历史档案馆藏教育部档案,档号:五—7370,第75-79页。

② 查良钊:《为拟具筹备经过情形报告书备文呈请鉴核由》(民国二十七年七月二十三日)及教育部的回复,中国第二历史档案馆藏教育部档案,档号:五—7370,第55-61页。

③ 董康侯:《本团二周年团务概况》,《教育部战区中小学教师第七服务团团刊》1940年第6期。

④ 刘古平:《刘百川先生年表(二)》,《徐州师范大学学报(教育科学版)》2010年第4期。

编《战时读本》一书。该书未经教育部审定,其第三册内有"我们要自由"等课,被认为是"思想不正,辞句失检"。这些情况,均引起了国民党特务的注意。国民党中央社会部视察员毕乃謇、黄宣城认为,服务团与国立甘中的教师中皆有"异党分子",甘肃服务团负责人刘百川更是"极端左倾""行动诡秘,思想可疑",要求将刘百川撤换。① 教育部官员当时责问刘百川:"服务团有多少进步分子?"刘回答:"落后的多,进步的一个都没有。"因此被撤职。② 刘的学生、著名教育家陈侠,时在甘肃服务团。他后来回忆道:"不久,因为他同意进步教师(其中就有我的同学吴民祥)返回西安去延安而被撤职。"③"刘百川事件"后,教育部加强了对甘肃服务团的控制,撤销了团委会制,实行团长负责制,并派甘教厅长郑通和兼代该团团长。

(三)郑(通和)、苏(振甲)负责时期(1939 年 2 月至 1939 年 12 月)

组织方面,自甘教厅长郑通和代理第七团团长以后,为领导便利起见,故将团部迁往兰州。原天水团部则改设办事处,由郑通和派省教厅秘书苏振甲为办事处主任。郑通和并对该团组织进行调整,将大、中、小队编制取消,原各大队改名为"战区中小学教师甘肃服务团××义社教推行区",每个推行区分总务、教导、辅导三股,并拟定《义社教推行区组织大纲》《义社教推行委员会简章》,组织各义社教推行区团员开展战时民教、社教工作。1939 年 6 月,郑通和召集服务团各义社教推行区主任,在兰召开义社教讨论会。郑在讲话中说,甘肃服务团到本省来服务,是发展本省教育很好的机会,今后要运用服务团同人的力量,"划定区域,将义教和社教同时推行,将来义社教合一试验卓有成效时,也可以向其他各县推广"④。当时服务团各义社教推行区执行教育厅的部署,成立了乡镇民众补习学校,创办了民众阅览室,并编辑时事壁报和常识壁报、举办寒暑假小学补习班,还进行各纪念日之宣传、举办小先生施教队,以及其他有关救护、施种牛痘等事业。⑤ 郑通和还从该团抽调 44 名团员赴甘教厅协助各县办理战时民教,又调派团员 37 人赴青海及甘肃省各中小学任教。⑥ 这种做法,无形中破坏了该团原有的内部组织,又在很大程度上影响了该团在陇南六县的正常工作。加之团部迁兰,团员办事不便,原团委被撤销等,故引起了该团原团委和部分团员的不满,团务工作与具体活动均受影响。原任团委、团员因此工作懈怠或离团。7 月 12 日,郑通和向教育部辞去团长之职,并推荐苏振甲为该团副团长兼代团长职务。苏振甲上任之后,关于团部是否

---

① 《国立甘肃中学、第五中学关于学生学潮及处理事宜与教育部的来往文书》,中国第二历史档案馆藏教育部档案,档号:五(2)—1819,第 2-9 页。

② 季小燕:《中国现代乡村教育实践的探索者——刘百川》,华东师范大学硕士学位论文,2010 年。

③ 陈侠:《课程论重建与教育科学研究》下册,人民教育出版社 2017 年版,第 959 页。

④ 郑通和:《义社教推行问题——在教师服务团义社教讨论会讲词》,《甘肃教育》1939 年第 10、11 期合刊。

⑤ 刘荣芝:《二年来甘谷义社教推行区的工作概况》,《教育部战区中小学教师第七服务团团刊》1940 年第 6 期。

⑥ 《教育部战区教师第七服务团视察报告》,中国第二历史档案馆藏教育部档案,档号:五—14335,第 58-64 页。

从兰迁回天水的问题,又与该团人士争执不下,内部矛盾依旧,团务工作长期未能上正轨。苏还经常擅离职守,返回兰州或原籍,且"日常对于团内事务并不闻问",并对举行总理纪念周活动不甚积极。这种情况引起该团部分团员的不满,屡被团员告至教育部。① 教育部遂于当年 11 月免去苏振甲的代理团长之职,随后任命王静山、郁汉良为甘肃服务团正副团长。两人于 1940 年 1 月底到达天水,正式接收该团。②

(四)王(静山)郁(汉良)负责时期(1940 年 2 月至 1942 年 5 月该团最后撤销)

王静山原为教育部督学,1938 年 1 月曾受教育部派遣,至南阳创办国立河南临时中学(后改称国立第一中学)。国立一中成立后,他任该校附小主任委员。郁汉良原为上海浦东市立高桥小学教务主任,1938 年起任教育部视察员。两人于 1939 年 12 月初被任命后,即从第一团借调佟英绍、李培垣、王炳书、王培森 4 名团员,由汉中起程,于 12 月 23 日到达天水,与团委马澍之晤谈。又于 12 月 27 日抵达兰州,与甘教厅主管人员及苏振甲协商接收事宜。1940 年 1 月,王、郁回到天水。他们经过了解后,发现该团存在下列问题:第一,团员及团委方面。团员实际人数不确,有些团员出身值得怀疑,晋籍团员地方观念太浓厚;团委中,都本仁与郭裕两人,均非现任教职员,对团务殊少负责。第二,工作及经费方面。各团员表面上皆有工作,但真努力从事者寥寥无几,甚至在家闲住坐领生活费者亦不乏其人;经费尤其紊乱,仅有概算而未编预算,一切开支漫无标准,临时借款及暂付款过多,报销积压十余个月,有多达 200 个文件未能及时处理。第三,团部组织方面。该团组织机构与部章多有出入,机构不健全,中教、编辑两部迄无专人负责;会计虽云独立,实际等于虚设。他们的结论是:"惟七团情形复杂,捣乱员工,已成风气,确已众口一词。今后欲图整顿,非对症下药彻底改革不足以奏宏效。"③ 故于 2 月 5 日,王、郁将团部正式迁回天水,开始办公,随后即实施一系列办法,开始整顿团务。其具体措施,厥有下列数项:其一,将甘肃服务团正式更名为"教育部战区中小学教师第七服务团",并奉部令将原团委撤销。其二,改组原有内部组织,撤销义社教推行区制,实行分团制。将原来的 6 个义社教推行区,分别归并为第一分团(由原甘谷、武山两个义社教推行区合并)、第二分团(由原西和、礼县两个义社教推行区合并),及秦安、天水(马路泉)两个办事处。1940 年 9 月,又将天水城内各团员编为团部直辖大队。12 月,又撤销马跑泉办事处(因人数过少),将其所属团员与天水城内团员合并为天水大队,设大队部于城内。其三,将原有团委分别安排工作。如刘同、马澍之两人改任第一、第二分团长,郭裕、

---

① 《为呈报最近团务情况请彻查由》(民国二十八年十月三十日),中国第二历史档案馆藏教育部档案,档号:五—14334,第 97-99 页。
② 董康侯:《本团二周年团务概况》,《教育部战区中小学教师第七服务团团刊》1940 年第 6 期。
③ 王静山:《电陈到甘经过及七团现状》,中国第二历史档案馆藏教育部档案,档号:五—14334,第 107-108 页。

都本仁调第一服务团工作,赵青誉、王祝三调第八服务团工作。其四,发放积压的生活费。该团生活费自上年 10 月以后,已拖欠 4 月之久,多数团员生活已感恐慌。王静山到任后,即核实人数,清理账目,从 2 月 21 日起陆续发放。其五,规定今后非教育机关,不得派团员前往服务。过去该团不少团员曾服务于党团、政府、实业以及其他非教育机关,致偏离服务团本身的主旨。王静山到团后,即规定今后不得向非教育机关派出服务团员。前已派出的,一律调回。其六,呈报教育部获得批准,将前由甘教厅调往协助民教及服务于兰州学校的该团团员 60 人,"奉部令着将以上各团员划为教育厅直接管理,生活费亦由厅方直接向部具令转发,不与本团发生关系"①。其七,重新划定该团工作区域。在郑、苏负责时期,该团工作区域从陇南六县扩至省会兰州和河西地区,几遍全省,不便管理。王静山到团后,规定缩小工作范围,确定天水、秦安、甘谷、武山、礼县五县为工作区域。但后来因成县、康县及徽县一再要求该团派员工作,第七团不得不向上述三县派出少数团员前往服务。计成县 8 人、徽县 2人、康县 1 人,分别执教于成县乡村师范学校、成县女子小学、徽县简易师范学校、康县大堡子小学等。② 另外,1940 年 12 月,因宁夏教育厅迭次要求教育部派服务团来宁工作,教育部指令就近从第一、第七两服务团中抽调团员赴宁。从第七服务团原拟抽调 26 人,但实际报到者仅有温涛、甄连汉、王子彬、王思道、李巍、李毓刚、杨守业、张玉贞、秦澐等 9 人。1940 年12 月 23 日,由团部视察员赵官果将上述 9 名团员护送至平凉,转赴宁夏工作。③ 在此还值得一提的是,1940 年初,教育部应青海省政府之请,要求第七团派遣英文教员 1 人、数学教员2 人、理化教员 1 人"莅青服务"。但第七团"迄无一人应征愿往服务者"④。其八,制定章则。为克服团员散漫自由、加强对团员的管理以及规范办事程序,王静山、郁汉良等起草颁布了几十种团规,涉及多个方面。其九,适当提高待遇。王静山为解除团员生活困难,借此杜绝团员另谋职业或兼薪计,依据部颁标准,将团员薪俸定为八级,中学教员平均月薪 50 元,小学教员平均月薪 30 元,较过去略有提高。其十,恢复举行纪念周及各种纪念日集会,规定每周六下午三时至四时举行各项集会,以加强团员的精神训练。上述几大措施的实施,使第七服务团的工作重上正轨,各项工作有条不紊地开展起来。可以说,此期为第七服务团所取得成绩最大的一个时期。但在 1941 年 11 月 14 日,王静山辞去团长之职,赴兰就任西北师范学院兰州分院主任秘书,由郁汉良接任第七团团长一职,赵官果接任副团长。郁、赵就任后,

---

① 《团内消息》,《教育部战区中小学教师第七服务团团刊》1940 年第 4 期。

② 《教育部战区中小学教师第七服务团九月份重要工作报告》,中国第二历史档案馆藏教育部档案,档号:五—14334,第 177-184 页。

③ 《教育部战区中小学教师第七服务团二十九年十二月份工作报告书》,中国第二历史档案馆藏教育部档案,档号:五—14334,第 197-205 页。

④ 王静山:《战区中小学教师第七服务团三十年一月份重要工作报告》,中国第二历史档案馆藏教育部档案,档号:五—14334,第 248-253 页。

萧规曹随,并无大的变动。1942 年 4 月,教育部为适应战事及环境需要,对战区中小学教师服务团进行总体调整,原有的 10 个服务团,被分别归并、改组或撤销。当时,在贵州的第四服务团与在甘肃的第七服务团,均在撤销之列。教育部规定第七服务团移交甘教厅接收,工作人员由甘教厅分派或介绍正常工作。[①] 该团一切文卷、图书、财产、经费,由郁汉良于 1942 年 5 月移交于甘教厅,郁亦转任甘教厅秘书。[②] 存在四年多的战区中小学教师第七服务团,就此结束了在甘肃的教育使命。

二、人员结构与待遇

第七服务团自 1938 年 3 月在西安组建成立以来,直至 1942 年 5 月撤销,其间人数多有变化。1940 年 11 月王静山任团长时,曾对进出该团的人数作过统计。除当时该团实有团员 242 人外,以前曾为该团团员而后来以各种原因离团者,多达 293 人。[③] 以上两项合计,共535 人。具体来说,1938 年 3 月在西安办理登记时,共有登记合格教师 654 人。1938 年 5 月,甘肃服务团与国立甘中正式分开,服务团人数大体在 400 人上下。从当年 6 月至 12 月,服务团人数依次为 392、392、398、398、395、393、412 人。1939 年全年,逐月统计的服务团人数分别是 394、375、397、418、396、388、379、376、384、379、372、357 人。1940 年前 10 个月的逐月统计数,则为 370、377、340、277、263、252、249、244、243、242 人。[④] 1940 年 11 月后,该团人数仍继续下降,据教育部视察员张亶翔、徐瑞祥 1941 年 12 月 12 日的报告,彼时该团团员只有 185 人(其中男 127 人,女 58 人)。其具体分布是:天水 95 人,甘谷 36 人,礼县 20 人,秦安 17 人,武山 9 人,徽县 2 人,成县 1 人,缓派 5 人。[⑤]

由以上统计数字可以看出,服务团由开始的 400 人上下,逐渐下降,到 1941 年 12 月,只有 185 人左右。该团总人数不断下降,其主要原因如下:第一,刘百川被撤职后,受甘教厅长郑通和相邀,赴兰任省教育厅义教视导室主任。其离团时,曾带走不少原大港战时教育工作团的团员:"刘百川将其最接近团员即大港团员,均分布于重要地点,将陈侠、李长河、李培福、丁良道调在甘肃教育厅各科工作……又将其重要亲近人员黄寿松、李绍白、殷学慈分配

---

① 田保利:《教育与抗战——抗战时期战区中小学教师服务团研究》,西南大学硕士学位论文,2012 年。

② 《呈报本团结存经费已遵令移交甘肃教育厅接收清楚仰祈鉴核由》(民国三十一年五月二十一日),中国第二历史档案馆藏教育部档案,档号:五—14340,第 93 页。

③ 《教育部战区中小学教师第七服务团概览》,1940 年 12 月刊,第九部分"同仁录",第 19-21 页。

④ 1938 年 3 月人数,见前文。1938 年 6 月以后人数,见《教育部战区中小学教师第七服务团概览》,1940 年 12 月天水出版,第八部分"本团统计图表",第 11 页。

⑤ 张亶翔、徐瑞祥:《视察战区中小学教师第七服务团报告》,中国第二历史档案馆藏教育部档案,档号:五—14335,第 166-170 页。

于各县活动……又刘百川在各大队（即现在改为义社教推行区）之根据大本营,秦安以龙德渊为主任,武山以吕兆庚为主任,两地为重要。但龙德渊性情暴烈自大,颇为该大队团员不满,以贺文翰、崔士民反对尤力。刘百川恐动摇刘、龙之地位,遂将贺、崔二人调至兰州。"[①]第二,甘教厅长郑通和兼任该团团长期间,曾调团员多人,协助各县开展战时民教,或派往兰州、河西、青海等处担任中小学教师。1939年10月,刘同、马澍之两位团委,曾就此向教育部报告,"查本团历经派赴各地学校及机关服务人员,计在天水县党部及中小学者,共有冯道统、杨培基等五十一人,派在甘谷、武山、通渭、武威、临夏、成县、景泰、陇西及康县等地中小学者,有王雨田、温隆升等二十四人。在兰州学校及机关者,有贺志伊、陈侠等五十一人。在西宁中小学服务者有王桥、文山等八人,总共一百三十五人"[②]。可以说,此为该团减员最多的一次。第三,王、郁负责时期,曾遵教育部之令,选调9名团员赴宁夏支教。第四,患病死亡与违规被开除者。甘肃经济素不发达,地瘠民贫,加之战时物资匮乏,特别缺医少药。服务团待遇菲薄,教师生活困难,患病概率增高,时有一病不起者。1940年11月以前,该团有魏怀谦、蔡温、王思骥、兰慕卿、王春霖、张敦厚、杨茂材等7名团员病故。1940年11月后,又有张尊德、臧繁采、吴贞益、李仲民等4名团员病故。总共病故团员达11人。此外,王、郁负责时期,为加强团风,严肃团纪,也开除了几名团员:"少数团员,行动泛漫,如刘鸿藻、牛佩姗等二人,不自检点,任意赌博,殊属有碍团誉,着即开除团籍。"[③]第五,其他原因。如调国立五中执教、转团、调部工作、因生活费过低而离团者等等,亦有相当人数。

关于第七服务团的人员结构,现未见到1940年以前的分析材料。根据1940年11月时的统计,第七团242名团员,其结构状况如表1所示。[④]

表1　第七团团员的省籍情况

籍贯	江苏	浙江	安徽	福建	河北	山东	河南	山西	辽宁	北平	天津
人数	9	1	5	1	83	17	7	110	7	1	1
百分比/%	3.71	0.41	2.07	0.41	34.3	7.02	2.9	45.46	2.9	0.41	0.41

---

①　《教育部战区教师第七服务团视察报告》,中国第二历史档案馆藏教育部档案,档号:五—14335,第69-70页。

②　刘同、马澍之:《战区中小学教师第七服务团民国二十八年九月份重要工作报告》,中国第二历史档案馆藏教育部档案,档号:五—14334,第155页。

③　王静山:《教育部战区中小学教师第七团三月份重要工作报告书》,中国第二历史档案馆藏教育部档案,档号:五—14334,第121-125页。

④　各表见《教育部战区中小学教师第七服务团概览》,1940年12月刊,第八部分"本团图表",第2-6页。本文略有修改。

表 2   第七团团员的学历情况

项目 学历	国外 留学	大学 毕业	专门学 校毕业	大学 肄业	完师 毕业	高中 毕业	高级职 业毕业	初中 毕业	简师 毕业	训练班 毕业	其他
人数	2	62	27	13	82	17	2	6	26	3	2
百分比/%	0.82	25.61	11.16	5.37	33.88	7.02	0.82	2.48	10.74	1.24	0.82

表 3   第七团团员的年龄与性别情况

项目 年龄段分布	20～25 岁	26～30 岁	31～35 岁	36～40 岁	41～45 岁	46～50 岁	51 岁以上
人数	36	53	59	47	20	18	9
百分比/%	14.87	21.9	24.38	19.42	8.26	7.44	0.3
性别	男				女		
人数	181				61		
百分比/%	74.79				25.21		

　　从以上三表所列,可看出该服务团人员构成上的一些特点:其一,从省份分布来看,该团团员来自 11 个省份。其中以晋籍最多,共有 110 人,占 45%;冀籍次之,共有 83 人,占 34%。此两省总计有 193 人,占该团总数的近 80%。其二,从该团师资学历来看,具有大学或专门以上学校学历者,共 104 人,占 43%;具有师范、高中和高职学历者为 101 人,占 42%;其他为 37 人,约占 15%。再以中、小学教师分别来看,中学教员 103 人,小学教员 118 人,其他 21 人。[①] 当时甘肃各县教育落后,师资水平十分低下。如 1938 年 11 月,教育部视察员曾在礼县发现,"全县小学有六十处,量的方面虽不为少,而质的方面则相差甚远,推其原因,由于人才缺乏(经费年二万二千余元,全县中学师范毕业者寥寥无几,师资多由小学毕业及旧日私塾出身者充任)"[②]。服务团约 80% 的团员具有高中或高中以上学历,高于各县现有教师水平,完全可以胜任中小学任教及其他任务。其三,从年龄构成来看,20～40 岁之间者有 195 人,约占 80%;40～50 岁者有 38 人,约占 15%;51 岁以上者只有 9 人。这不啻是说,约 80% 的团员的年龄均在 40 岁以下,可谓年富力强。其四,从性别构成来看,男团员有 181 人,约占 75%;女团员有 61 人,约占 25%。

　　总而言之,第七服务团可以说是一个团员来源广泛、以来自山西和河北的中青年中小学教师为主、具有较好学历和师资水平的战时教育工作者团体。

　　如此特点,对于服务团开展工作来说,是利弊共存的。从利的一面来讲,学历较高、师资水平高、中青年者居多,有利于承担较多教学任务和其他任务;从弊的一面讲,则是由于服务

---

①　《教育部战区中小学教师第七服务团工作概览》,1940 年 12 月刊,第二部分"工作概况",第 2 页。

②　赵晋三:《礼县第七大队十一月份视察报告》,中国第二历史档案馆藏教育部档案,档号:五—14335,第 11-14 页。

团人员众多、组织庞大,团员又来自不同地区,原本素不相识,在共同的工作中容易发生矛盾与摩擦,尤其是在服务团建立初期。这些矛盾与摩擦,主要表现为由于籍贯不同而形成的团内小团体、中学教员与小学教员的相互轻视、团员对薪金分配或考绩结果的不满等。

例如,该团团员的省籍矛盾自建立之初就存在,长期未能解决,影响团务甚大。如王静山所言:"就籍贯言,晋冀鲁苏皖豫各皆有之,惟晋籍特多,约占十分之六,而晋籍团员地方观念似较浓厚,以往团内屡起纠纷与此或不无关系。"[①]郁汉良也说:"其原任教师者,以中学教员较多,籍贯以晋冀二省最多,鲁豫苏浙皖等省较少,因省籍不同,能力悬殊,品类不一,自易滋生纠纷。"[②]再如中学教员与小学教员之间的相互轻视,亦时有表现。教育部视察员叶信振就注意到,驻秦安的第三大队共有 33 名团员,"该大队第十中队,以中学教员之资格登记者居多。其第七第九两中队,则皆为小学教员及社教工作人员。前者略存资格较佳、能力较强之自尊心理,后者则又以前者以往工作未见若何优异之表现,而其待遇特高,彼此在无形中,稍有裂痕,实属憾事"[③]。此外,团员普遍的自由散漫意识与"逃难"心理,也曾经困扰第七团。在天水马跑泉第四大队,团员们"大多数偏于消极方面,即逃难主义心理,对于本身工作,缺乏正确的见解与认识,因之因循敷衍,不负责任……此种现象不仅本队如是,恐甘肃服务团各队大抵皆然"[④]。该团团员焦宗修亦承认:"在纪律方面,过去服务教育界的人,每继承清高遗风,生活自由,不愿受任何束缚,此乃多年习俗固无足怪,亦教界之特色。"[⑤]第七团在王、郁到任以前的两年时间,之所以团委时有龃龉、团务停顿、工作成绩不甚出色,与这些矛盾与心理有着直接关系。要减少或解决团内矛盾和摩擦,根本的方法还在于加强团员管理、严肃团纪团规和团长的以身作则。就第七团来看,应该说,王静山以前的几任负责人,领导均不甚得力,疏于管理,纪律不严,赏罚不明,才造成团务涣散的局面。而自 1940 年 1 月王到任后,大力整顿团务,对团员加强约束,才使该团内外状况有了根本性的好转。

至于该团待遇方面,根据教育部的规定,原任中学教员者,平均每人月支 45 元;原任小学教员者,每人月支 25 元。但这只是一个基本的生活费标准,具体到各服务团,由于经费、团员人数、结构等不同,各团又有不同。具体到第七团,在 1940 年 2 月前,团员生活费是包在全部经费之中的。该团全部经费最初只有 1.4 万元。其中团员生活费被教育部限定,不能超过 1.2 万元。由于该团中学教员偏多(约 160 人),不敷分配,所以该团另行制定了团员

---

① 王静山:《电陈到甘经过及七团现状》,中国第二历史档案馆藏教育部档案,档号:五—14335,第 107-109 页。

② 郁汉良:《战区中小学教师第七服务团视察室二十九年二月份视察报告》,中国第二历史档案馆藏教育部档案,档号:五—14335,第 84-91 页。

③ 叶信振:《战区中小学教师甘肃服务团第三大队(秦安)视察报告》,中国第二历史档案馆藏教育部档案,档号:五—14335,第 25-35 页。

④ 袁毅:《甘肃服务团第四大队视察报告》,中国第二历史档案馆藏教育部档案,档号:五—14335,第 16-20 页。

⑤ 焦宗修:《二年来工作经验与感想》,《教育部战区中小学教师第七服务团团刊》1940 年第 6 期。

俸给标准。规定:中学教员每人月支 25 元,小学教员每人月支 22 元。其担任大、中、小队长及干事,暨团部各股主任干事及干事者,于原薪外分别增加若干(一般为 5 元至 10 元)。1939 年,该团曾奉部令,团员不分中小学教员月增加 5 元。即使如此,该团中小学教员的实际生活费,也只有 30 元与 27 元,与教育部的规定相差甚巨。靠此微薄收入,想要养家糊口,自然十分困难。倘遇有重大疾病,则只能债台高筑,挣扎在死亡线上了。此方面最有代表性的例子,是该团 1940 年 10 月染病身故的团员臧繁采。据王静山呈送给教育部的报告,"案据本团团员罗弼卿三十年十月二十五日报告称,查本团团员臧繁采于本月十三日下午在天水病故。兹查该员籍隶鲁省,只身逃出,辗转奔走,身无长物。近年以来,物价高涨,而该员所领生活费,仅免冻馁。偶患疾病,则颐养多缺,遂致迁延,各界亏弱难持。月前复患赤痢水肿病,该员既素无盖藏,家乡之接济又断,呻吟孤苦,医药不给。弼卿知其苦况,不忍恝置,遂与一二友好,觅保赊欠,延医诊治。不意终未收效,穷死他乡。总计该员医药、棺殓、葬理等费,共有一千三百余元。除该员例恤及十月份生活费恳祈准予先行发给将急债抵偿一部外,尚有医药费七百二十元,仍属无法清理。弼卿前既辗转请托觅保赊欠,若抵赖则法所不许,而偿还又罗掘俱穷。思维再四,惟有恳祈钧座,特予矜恤,转请核发,以慰孤魂,实为公德两便"。王静山因此转呈教育部,并附上天水天主堂医院医师徐苌蘇所写臧氏欠该院 720 元医药费的证明书,要求"破格给恤,俾便抵偿债务"。教育部因此破格发放了殓葬费 400 元、一次性恤金 500 元。[①]

1940 年 1 月王静山到团后,鉴于过去团员薪酬过低,团员多不能安心工作,又因物价上涨,生活费需要提高,所以制定了新的俸给标准。[②] 该团团员与该团行政人员的支薪标准,分别见表 4 和表 5。[③]

由表 4 和表 5 可以看出,团部行政人员的薪给,总体上是高于普通团员的。为鼓励该团团员与行政人员积极工作,第七团还制定了《主办各项义教事业主管人员提高待遇办法》,规定:"各级小学校长、幼稚园主任、巡回教学教师等因职责较重,事业较繁,特将其生活费酌予提高,以示优异。完全小学校长生活费按原标准晋两级支发。初级小学校长、幼稚园主任、巡回教学教师等生活费,均按原标准晋一级支发。小学六个班以上的主管人员生活费得再酌予提高。"团员行政人员如工作懈怠或毫无成绩可言,由团长呈报教育部给予降级支薪。[④]

①　王静山:《呈为据报团员臧繁采病故拟恳除准发给例恤外并请破格给恤仰祈鉴核示遵由》及教育部的回复,中国第二历史档案馆藏教育部档案,档号:五—14340,第 4-8 页。

②　王膏言:《总务组二年来之工作概况》,《教育部战区中小学教师第七服务团团刊》1940 年第 5 期。

③　表 4 根据《教育部战区中小学教师第七服务团概览》,1940 年 12 月刊,第八部分"本团图表",第 6 页。表 5 根据《教育部战区中小学教师第七服务才团部行政人员支薪办法》,《教育部战区中小学教师第七服务团团刊》复刊第 11 期,1940 年 8 月 1 日。

④　《教育部战区中小学教师第七服务团概览》,1940 年 12 月刊,第三部分"章则办法",第 12-13 页。

表 4　1940—1942 年第七团团员俸给标准

级别项目	薪俸	职别	说明
第一级	60 元	大学教授	国内外大学毕业
第二级	55 元	高中教员	国内外专科以上学校毕业
第三级	50 元	初中教员	国内外专科以上学校毕业
第四级	45 元	初中教员	中等学校毕业或大学肄业
第五级	40 元	中学职员、小学教员	专科以上学校教育系毕业
第六级	35 元	中学职员、小学教员	完全师范毕业或大学肄业
第七级	30 元	中学职员、小学教员	简师或中学毕业
第八级	25 元	中学职员、小学教员	初中肄业或高小毕业

表 5　第七服务团团部行政人员支薪等级

项目等级	一	二	三	四	五	六	七	八	九	十	十一	十二
薪给	130	120	110	100	90	80	70	65	60	55	40	45
人员	团长	副团长	分团长			各组室主任	股长、直辖区主任	股长、直辖区主任	干事	干事、助理干事	助理干事	助理干事

应该说,第七服务团的俸给标准,在 10 个服务团中,总体上是十分偏低的。特别是一些普通团员,只有每月 25～50 元不等的生活费,这在 1940 年后大后方物价急速上涨的背景下,可以说是杯水车薪,生活十分艰难。这里且以当时最重要的商品——米麦的市价变动为例。1937 年下半年至 1943 年 8 月约 6 年间,天水市场米麦市价的变动情况见表 6 和表 7。

表 6　1937 年下半年至 1943 年 8 月天水市场米麦价格变动　　　（单位:元/石）

时间		粮食名称	
		大米	小麦
1937 年	下半年	22.46	10.46
	半年平均	24.80	12.35
1938 年	6 月	24.00	12.40
	12 月	21.40	11.67
	全年平均	22.84	11.23
1939 年	6 月	23.80	8.20
	12 月	21.00	10.84
	全年平均	20.98	9.00

续表

时间		粮食名称	
		大米	小麦
1940 年	6 月	32.40	13.48
	12 月	61.20	25.20
	全年平均	32.08	15.14
1943 年	4 月	146.70	730.03
	8 月	2500.00	1150.00
	8 个月平均	1031.16	787.38

说明:本表据庄星书:《六年来甘肃的粮价》一文提供的有关数字制成,见《新西北》1943年第8期。

表 7 　1937 年下半年至 1943 年 8 月天水米麦市价指数变动

粮食名称	年份						
	1937 年 下半年	1938 年	1939 年	1940 年	1941 年	1942 年	1943 年 1—8 月
大米	113	113	104	159	697	1828	6571
小麦	116	105	83	142	599	1825	7428

说明:本表据庄星书:《六年来甘肃的粮价》一文提供的有关数字制成,见《新西北》1943年第8期。

由表 6 和表 7 可清晰地看出,从 1940 年下半年开始,天水市场米麦市价开始上涨。到
1941—1943 年,更一发不可收拾。1943 年 8 月,天水市场大米价格竟达 2550 元每石,小麦
为 1250 元每石,均较 1937 年下半年上涨百倍左右。价格暴涨的原因,是"由于后方人口大
量增加,国民政府开始田赋征实、军粮征购,而陇东陇南迭遭局部之歉收,遂造成粮价的迭次
暴涨"①。大后方粮价的这种急速暴涨,必然带动其他生活必需品的上涨,从而严重影响到包
括服务团团员在内的后方普通民众的生活。据当时天水县商会的调查,该县零售物品价格
总指数,如以 1937 年 6 月为 100,那么 1937 年底为 217,1939 年底为 397,1940 年底则上升
为 707。三年中物价已上涨 6 倍,其中工业品上涨 10 倍以上,农副产品上涨 3~4 倍。② 1940
年 5 月 2 日,因后方各地物价飞涨,团员所领生活费不能维持生活,10 个战区中小学教师服
务团团长因此联名呈请教育部,要求自本年起,团员生活费每月增发"米贴 20 元"。但这个
要求当时教育部并没有批准。③ 直到 1941 年 7 月 31 日,教育部才决定上调各服务团团员的

---

① 庄星书:《六年来甘肃的粮价》,《新西北》1943 年第 8 期。

② 潘守正:《民国时期天水县的物价变化》,载中国人民政治协商会议天水市委员会文史资料委员会编:《天水文史
资料》第 7 辑,1994 年刊,第 131-140 页。

③ 《教育部战区教师各服务团快邮代电》(民国二十九年五月二日),中国第二历史档案馆藏教育部档案,档号:五—
14210,第 161 页。

生活费标准,认为"物价高涨,各团员待遇过微,哺啜赡养极感艰苦。为体恤及救济计,决定自本年七月份起,团部行政人自办事业人员一律增加生活费十五元"①。1942 年初,国民政府又决定给所有公教人员发放一次性补贴。② 第七团所属中小学教师,每人领到 200 元的生活补助费,行政人员及会计人员,则领到 400 元补助。

三、在甘肃的教育活动

根据教育部 1938 年颁布的《战区中小学教师服务团工作大纲》,初期服务团的教育活动,主要有义务教育、社会教育、中小学教导、教材编辑等四大类。具体来说,义务教育与中小学教导方面,包括自办、合办中小学及幼稚园,办理高、初中及小学补习班,分配团员至中小学、师范学校、职业学校、幼稚园任教等项。社会教育方面,包括办理战时民教,办理失学成人及妇女补习班,开展巡回教学及巡回宣传,办理民教馆、民众阅览室、民众问事处、代笔处、诊疗所,开展街头演剧,张贴壁报,参与壮丁教育、保甲人员集训甚至禁烟宣传等。编辑方面,包括编辑战时教材、乡土教材、学生读物、儿童读物、民众读物、文艺作品等。从 1940 年 3 月,国民政府颁布《国民教育实施纲领》,计划用五年时间,普及完成国民教育,达到每乡镇办一所中心国民学校、每保办一所国民学校及入学儿童达到学龄儿童 90%、入学民众达到失学民众 60% 以上的预期目标。③ 国民学校的受教对象,包括适龄儿童、失学成人及妇女等。此后各服务团的工作,自以办理国民教育为中心。同时,以往承担的各种工作仍继续办理,只不过有所收缩而已。

第七团在甘肃的活动时间虽不算太长,但具体的教育活动却十分丰富,以下分三个时期予以概述。

(一)1938 年 10 月以前

此期服务团的对外教育工作基本未展开。当时由于该团工作地点尚未接洽妥当,只邀请本地名流来团讲演、召开工作研讨会、进行内部统计和编组、组织团员观摩与研究。如该团曾组织中小学参观团,逐日轮赴天水各中小学参观学习,以作日后开展工作之借镜。团内还分别成立了"导师制研究会"及"中等学校各科教学实际问题研究会",组织教师分组开展

---

① 王静山:《战区中小学教师第七服务团三十年十二月份重要工作报告书》,中国第二历史档案馆藏教育部档案,档号:五—14334,第 217-210 页。

② 郁汉良:《呈报本团团部行政人员领受三十年度一次生活补助费仰祈鉴核并请将垫款汇团由》(民国三十一年三月二十五日),中国第二历史档案馆藏教育部档案,档号:五—14340,第 75-78 页。

③ 陈立夫:《战时教育行政的回忆》,商务印书馆 1968 年版,第 35 页。

研究。中学教育方面,1938年暑假期间,该团借用天水西关亦渭小学的教室,创办了中等学校暑期补习班,内分中学、师范、高小升学指导等三组,共招收学生280余名,对学生进行了课程辅导。后因团员需赴西和,该补习班即停办。① 义务教育方面,在天水药王洞小学特设小学一班(70人),分一二、三四两级,开展复式教学;在药王庙、朱公祠各设临时幼稚园一所,总计招收20多名儿童,施以教养。以上小学和幼稚园,均招收本团团员子女开展教学。社会教育方面,此期该团在天水城关成立了流动教学处29所,召集失学成人及儿童,授以识字教育及抗战常识,"用教育送上门的办法,协助政府实施普及教育"②。总之,在第七团抵达天水的前四个月内,该团主要进行内部整理,对外只开展了数量极少的教育活动。

表 8　1938 年 10 月前第七服务团举办的教育活动

种类内容	数量及名称		学生数	参与团员	备注
	数量	名称			
自办中小学和幼稚园	3	药王洞小学	70		学生为本团
		临时幼稚园	20		教师子女
协办中小学和幼稚园					
流动教学点					
战时民教工作					
民众阅览室					
民众代笔问事处					
民众诊疗所					
张贴壁报					
其他活动	1	中等学校暑期补习班	280		

说明:表中数字据陆清海《二年来中学教导组之回顾与前瞻》、萧汉辅《二年来之义教推行组》两文统计,见《教育部战区中小学教师第七服务团团刊》1940 年第 5 期。

(二)1938 年 10 月至 1940 年 1 月

此期虽受团长更替及团务纠纷等困扰,但赴陇南六县的各大队多数团员,仍能勉力工作,取得不错的成绩。由于第四大队为预备队并无工作,驻武山之第二大队缺乏资料,以下只概述其余 6 个大队的教育活动。

---

① 陆清海:《二年来中学教导组之回顾与前瞻》,《教育部战区中小学教师第七服务团团刊》1940 年第 5 期。
② 萧汉辅:《二年来之义教推行组》,《教育部战区中小学教师第七服务团团刊》1940 年第 5 期。

1.驻甘谷第一大队

该大队于1938年10月24日到达县城,将队部设于粮食集,其具体工作区域以城区和城西40里的磐安镇为中心。城区及各乡方面,第一大队积极开展张贴壁报等各种教育活动。于1938年11月间,借用甘谷县马家庄慈宁寺为校址,开办马家庄民众学校(后改为初小),招收学生90多人,编为三级,派团员王希贤为校长,虢子峥、曹淑霞、裴鸾芬等为教员。第一期结束后,因适值农忙,招生困难,所以将其改为马家庄初级小学,并增派团员张修身至该校任教,共计招生学生百余名,编为四级,"因该校教员颇为热心努力,故深得地方人士之好感"。另外,大队又派出不少团员从事该县中小学课程辅导工作,"参加此项工作之人数足占全区总人数之半有奇,收效亦宏,全县各中学完小及规模较大之初级小学,几无一校不有本团团员从事辅导工作者"。在抗敌宣传方面,驻城区的团员时常借城内戏院、公共体育场对民众进行扩大宣传。曾于1939年元旦,在公共体育场与地方各机关共同举行"慰劳前方将士寒衣募捐游艺大会"一次,售票收入千余元。协办战时民教方面,协助县政府教育局举办战时失学民众补习教育共三期。协办保甲及壮丁训练方面,该团团员参与了该县第一区、第二区之集训。教育视导方面,有王雨田、郭士普、陈基固、梁炳辰等4名团员被该县聘为各区教育视导员。此外,该县还聘请团员李运恒为该县农业指导员。[①] 1939年3月,驻甘谷大队还配合政府对群众施种牛痘一次,参与种痘者群众有数百人之多。该大队在县城还办有一民众阅览室,借甘谷县党部前院戏院戏楼为室址,购置不少报章杂志,每日来阅者不少。

该大队另一活动区域是磐安镇。该镇位于县城以西40里的渭河南岸,计有民户800余户、8000余人,交通便利,土地肥沃。第一大队初到此地后,即参与本镇壮训工作,向壮丁教以识字及抗战歌曲,并担任公民训练及精神讲话。后于1939年2月借磐安镇小学成立民众学校一所,派团员梁炳辰为校长,张学孔、白景周为教员,招收学生80余人,分为二级予以施教。1939年初寒假时,又在该民校办理寒假补习班,学生50余人。该大队在磐安镇及甘谷城关,都办有壁报。时事壁报以抗战消息为主,张贴于各通衢,"每日观众拥挤异常,迨已成为当地唯一之新闻纸矣"。常识壁报其内容包括农业常识、手工业常识、兵役宣传、敌寇暴行、漫画插图、拥护领袖、肃清汉奸、防空防毒、救护、清洁卫生、禁烟等,每周出刊一次,每次10份。该大队又派团员三人,在磐安镇小学担任级任、教务工作。1940年8月又派人至磐安镇杨氏私立小学服务。[②] 另外尚有两事值得一提:一是1939年1月,该团团员梁炳辰等在磐安镇发现我方失事飞机一架,随即进行了救护,受到团部表扬;二是举办"小先生施教队",利用五、六年级的高才生,组织若干小先生施教队,对失学民众进行扫除文盲运动。[③]

---

① 刘荣芝:《二年来甘谷义社教推行区的工作概况》,《教育部战区中小学教师第七服务团团刊》1940年第6期。
② 张学孔:《服务于磐安镇》,《教育部战区中小学教师第七服务团团刊》1941年第18期。
③ 刘荣芝:《二年来甘谷义社教推行区的工作概况》,《教育部战区中小学教师第七服务团团刊》1940年第6期。

2. 驻秦安第三大队

该大队于 1938 年 10 月到达后的半年之中,先以城区为主要活动区域,半年以后,逐步扩展至乡村。

在城区的教育活动,主要有教唱、宣传、张贴壁报、担任战时民教、巡回教学、举办义校等项。(1)每天早晨全体同仁出发,至街头晨唱,借以激发市民抗战情绪外,并分派具有歌咏特长的团员,至各级学校、私塾、部队、街头及乡村,进行普遍教唱。[1] (2)1938 年冬,大队与秦安县民众教育馆联合组成宣传队,在朔风中出发,担任本县第二区的宣传工作。春节前后,又单独组织乡村宣传队,在本县第一区各村中进行巡回宣传。(3)秦安虽号称交通便利,但新闻传播比较落后,只凭《陇南日报》传播消息。该大队在城区办有时事壁报和常识壁报,吸引了大批民众阅读。(4)战时民教方面,大队一部分团员奉省教厅命令办理本县战时民教工作,担任实际的教学。第一、二期民教业已结束,计毕业学生有 1000 余人。(5)巡回教学方面,该大队于 1939 年春曾在城关成立数处施教点,召集附近失学儿童及成人施以教育。义教方面,由于秦安地方小学特别欠缺音乐师资,所以该大队多派员充任。(6)举办义教方面,大队到秦安初期,曾举办两所小学:一为北关初小,1938 年冬在该大队办事处内设立,招收学生一班。1940 年春后学生日渐增多,遂添设一级,计共有学生 62 人;一为县府街初小,1939 年春设立,招收学生一班,计 24 人。除以上六项外,该大队还派团员 5 人至秦安县立级中任教,其中 3 人专任该校数理等科教学,2 人兼任音乐等科教学。又在县民众教育馆附近设立民众阅书报处,曾大购书报,并配备桌凳,所费不少。[2]

在乡村的教育活动,主要是举办数所短期小学。该大队鉴于秦安城区学校已有相当数量,但乡间学校偏少,因此于 1939 年春,与该县教育局会商,由省教厅发给乡村短小开办费 460 元,设立了短期小学 5 所。这 5 所小学分别是:雒家川短期小学(学生 35 人)、神明川短期小学(学生 27 人)、张家磨短期小学(学生 52 人)、涧滩里短期小学(学生 37 人)、马河代短期小学(学生 62 人)。[3]

3. 驻天水城关第五大队

该大队在天水城内的主要活动,有办理小学和幼稚园、流动教学、张贴壁报等。(1)设立小学及幼稚园共 5 所:其一,为"七七完全小学",借用大城城隍庙房屋为教室,招收学生 130 余名,并将前药王洞小学特设班合并于此,成为完全小学。其二,借用城隍庙中院和二郎巷张氏家庙,各办幼稚园一所,共招收幼童 30 余名,并将原药王庙、朱公祠临时幼稚园合并于

[1] 潘鉴之:《第七服务团在秦安》,《教育部战区中小学教师第七服务团团刊》1940 年第 6 期。
[2] 叶信振:《战区中小学教师甘肃服务团第三大队(秦安)视察报告》(民国二十七年十一月),中国第二历史档案馆藏教育部档案,档号:五—14335,第 25-35 页。
[3] 潘鉴之:《第七服务团在秦安》,《教育部战区中小学教师第七服务团团刊》1940 年第 6 期。

此。但此后不久,这三处学校均停办。[①]其三,1940年2月后,该大队与天水教育局商定,"将该局管辖之天水郡灵源小学及伏羲城伏羲庙小学,改为与本团合力,由本组承团长意旨指导之,并委团员吕德三、康俊卿二人分任两校校长,负责整理"[②]。(2)流动教学。该大队在天水城关设有流动教学点5处,分别位于北关乞丐收容所、北关圆通寺、北关严家角48号、大城阮家街18号、大城砚房背后25号,由大队团员丁树博、温涛、苏芳五、章笑三、焦寒鸣等人负责。一般为每日中午或下午施教,施教时间约两小时,施教对象多为妇女儿童。(3)张贴壁报。该大队在天水城内张贴之壁报,最富特色。其主办之时事壁报,分为五至六栏,如"湘鄂战况""广州情况""皖南捷讯""冀晋战局""国际新闻"等,有时还有津、沪、港等处之简电。此种壁报于每日上午抄写13张,内11张张贴于天水城关各区,另2张送至驻天水97师旅部。常识壁报,为每周出刊一次,每次11张。内分"公民""抗战""国耻""歌谣""卫生""故事"等六栏。每栏平均200字,每期共约1200字,供一般民众阅览。除97师旅部未送阅外,凡时事壁报公布之处,即张贴常识壁报一张。教育部视察员曾记录了1938年11月5日所出常识壁报的题目,该期"公民"栏有《什么叫三民主义》《三民主义为什么叫救国主义》,"抗战"栏有《敌机来袭必须要灯火管制》,"国耻"栏有《日本侵略史略》,"歌谣"栏有《九月里菊花黄》,"卫生"栏有《药物常识》,"故事"栏有《平倭故事》等。[③]

4. 驻西和第六大队

1938年10月,第六大队到达西和县,驻城内侯家庙和东后街宋家院。大队长为谷风池,副大队长为焦宗修、王鸿儒。他们到县伊始就开展抗日宣传工作,演出了不少戏剧和文艺节目,吸引大批民众观看。还有一部分团员,分别在城内鼓楼南小学、女子小学和长道小学执教。参加教学的团员,主要有窦士育(教卫生)、张达明(教算术)、王笑天(教音乐)、张子敬(教国语)等。由于教法新颖,生动活泼,所以给学生留下了很好的印象。[④]

5. 驻礼县第七大队

该大队于1938年10月到达礼县,随后即开展街头讲演、张贴壁报、兴办民众学校和各级小学工作。主要有:(1)在县城设立通俗讲演处2处,每日讲演一小时,"听讲民众颇踊跃"。(2)每日在县城张贴时事壁报数份。(3)接办小学一所,校址在城南约里许之东台下村,有学生16人,以团员刘汉民为校长。(4)设立民众夜校一所,内开设儿童班,有学生40

---

① 萧汉辅:《二年来之义教推行组》,《教育部战区中小学教师第七服务团团刊》1940年第5期。
② 萧汉辅:《二年来之义教推行组》,《教育部战区中小学教师第七服务团团刊》1940年第5期。
③ 魏树东:《战区中小学教师甘肃服务团第五大队十一月份视察报告》,中国第二历史档案馆藏教育部档案,档号:五—14335,第76-80页。
④ 张浩若:《抗日战争时期教师服务团在西和的简况》,政协甘肃省西和县委员会编印《西和文史资料》第2辑,2004年刊,第59-61页。

人。① (5)团员张丛山在县城成立一义务诊疗队,为民众进行医疗服务。除以上活动外,其他大部分团员被分配至该县中小学任教或参加战时民教工作。②

6.驻天水马跑泉第八大队

马跑泉距县城 40 里,该镇居民众多,民生凋敝。原有东泉小学一所,因民气未开而入学者少。该大队于 1938 年 10 月间到达后,积极展开各项活动,主要有:(1)举办民众学校一所,于 1939 年 1 月 28 日开学,先后由团员杜子荣、赵东璧担任校长。因学生逐渐增多,至 1939 年 4 月,将此民校改为完小,名马跑泉小学。学生 130 人,共分六级,一、六学级采单式教学,二、四学级及三、五年级采用复式教学。③ (2)张贴壁报。时事壁报每日 3 张,分贴街衢要处,传达抗战消息。常识壁报则每周出版一次,每次 3 张,灌输防空、防毒、消防、卫生、医药、生产等知识。(3)其他活动。如总理诞辰纪念日时,该大队在胡家祠堂召集本镇各界及附近小学师生开纪念大会,并演出戏剧。民族复兴节时,又赴社棠镇召开大会,并张贴壁报,做游艺宣传。1939 年元旦,联合本镇各界开庆祝大会,演剧三日。旧历元宵节时,亦举行提灯游行。该大队团员还参与了本镇抗敌后援会宣传,及私塾辅导、区署调查户口等工作。④

以上即为第二个时期各大队所开展的教育活动的主要概况。应该特别指出的是,在编辑教材与读物方面,此期该服务团亦取得非常丰硕的成果。在儿童读物方面,该团所编成的作品主要有:《新儿童》(半月刊,共出 1 期)、《爱国的克兰》(故事)、《抗战小英雄》(故事)、《杀敌故事》(故事)、《狼群来到村庄上》(童话集)、《儿童游戏》(教材,共两集)、《哥哥我来了》(独幕剧)、《我替你们报仇》(独幕剧)、《汉奸的罪恶》(两幕剧)、《敌人是怎样残暴》(小说)。民众读物方面,则有:《抗战丛刊》(半月刊,共出两期)、《大家看》(半月刊,共出两期)、《抗战画报》(一种)、《大战上海东林寺》(鼓词)、《痛话南京城》(鼓词)、《劲夫从军》(鼓词)、《范专员》(鼓词)、《飞将军东征日本》(鼓词)、《日本是纸老虎》(三字经)、《从军的前夕》(独幕剧)、《蒲二杀敌》(连环画)、《阳明堡》(河南坠子)、《开小差》(街头剧)、《躲避敌机》(常识问答)、《可恨的日本》(鼓词)、《救护常识》(问答)、《赵理仁从军》(评剧)、《戒鸦片》(鼓词)、《赵金玉大败日本兵》(快书)、《蒋委员长抗战纪念日告全国军民》(改编韵文)、《一个经过训练的农民》(小说)、《同心杀敌》(评剧)、《江南钢盔乐以琴》(鼓词)、《血战居庸关》(鼓词)、《抗战新诗选辑》、《我们的生活》(周刊,共出 12 期)。补充读物方面,有:《世界是怎样骚动的》(读本)、《蒋委员长告世界友邦书》(教材)、《蒋委员长告全国国民书》(教材)、《孙夫人告世界各国青年》(教材)、《蒋委员长斥近卫申明词》(读本)、《关于国民教育》、《法令辑要》。地方志类方面,有两种:

① 赵晋三:《礼县第七大队十一月份视察报告》,中国第二历史档案馆藏教育部档案,档号:五—14335,第 11-14 页。
② 梁桂观:《第七服务团在礼县》,《教育部战区中小学教师第七服务团团刊》1942 年第 23、24 期合刊。
③ 周振邦:《马跑泉小学服务记》,《教育部战区中小学教师第七服务团团刊》1941 年第 16 期。
④ 王子进、赵仰卿:《本团天水办事处过去现在及未来》,《教育部战区中小学教师第七服务团团刊》1940 年第 6 期。

《天水小志》《天水三字经》。总计达 40 多种。此外还办有《教育部战区中小学教师第七服务团团刊》(半月刊)。以上作品,少则印刷 50～100 册,多则印刷 200～500 册,个别甚至印刷千册,主要供本团使用,亦散发到团员任教的各学校与机关,产生了一定的影响。[①]

(三)1940 年 2 月以后

此即王静山、郁汉良担任团长的时期。这一时期,由于团员人数减少、收缩服务区域等原因,该团的活动范围与具体内容,较前有所减少。比如,编辑方面,此期只编成《抗战建国民众读本》(共三册 48 课)、《抗战歌曲选集》、《教育部战区中小学教师第七服务团团刊》(半月刊)等少量作品,无疑较前大为逊色;街头歌唱、演剧、宣传及参与战时民教等工作,亦大大减少。这一时期,该团的主要精力,放在了自办事业及参与中小学任教方面。以下简要概述之。

天水直辖大队,其主要活动有:(1)自办小学有灵源完小、伏羲城初小二所。灵源小学位于天水城西,距伏羲城西门约 3 里,校址为一古寺庙。该大队于 1940 年 3 月接办,计学生 80 人。伏羲城初小,由该大队于 1940 年春接办,学生从 21 人增至 73 人。(2)协办和参与教学的中小学校有 19 所,分别是县立东关小学、亦渭小学、私立玉泉小学、学巷小学、药王洞小学、梁家巷小学、北关完小、二郎巷第二中山小学、关公巷初小、安沟里小学、西三十甸完小、石佛镇完小、汤房院小学、育英幼稚园、东关月城小学、省立天水师范、省立天水中学、省立天水女子师范、县立初中。(3)其他。该大队团员还至县立民众教育馆、县立图书馆、西北工合天水事务所等机关服务。[②] 1940 年 12 月 1 日后,由于该团原设的马跑泉办事处人员过少,无设办事处之必要,故将其撤销,将原有工作人员合并为天水直辖大队。合并后,该大队在马跑泉的事业情况是:(1)自办小学 2 所,即马跑泉完全小学(学生 168 人)、东三十甸初级小学(学生 74 人)。(2)合办民众学校有 1 所,即马跑泉民众学校,有学生 35 人。(3)时事壁报每日出报一次,板书于马跑泉大街及什字坪。常识壁报,亦在此地,每周出刊一次。(4)有民众代笔问事处 1 处。

第一分团其工作区域,包括甘谷和武山两县。甘谷方面,分团成立初期,有 44 名团员。其开展的主要活动有:(1)主办七七幼稚园 1 所,于 1940 年 5 月 13 日开办,有儿童 48 人。(2)主办假期小学毕业生补习 2 班,于 1940 年 6 月在城内东街小学及城西磐安镇小学分别办理。其中城内东街小学补习班有学生 59 人,每日授课 5 小时,教学科目为国语、算术、社会、自然、公民、升学指导等。(3)协办和参与教学的学校有 11 所,分别是县立东街小学、北

[①] 尹彤埠:《二年来的本团编辑组》,《教育部战区中小学教师第七服务团团刊》1940 年第 5 期;《教育部战区中小学教师第七服务团概览》,1940 年 12 月刊,第二部分"本团工作概况",第 6-7 页。

[②] 《战区中小学教师第七服务团视察报告》,中国第二历史档案馆藏教育部档案,档号:五—14335,第 119-132 页。

街小学、柳湖女子小学、西关小学、磐安镇小学、磐安镇杨氏私立小学、土桥小学、乐安小学、金山镇小学、礼辛镇小学、朱围乡小学。(4)办理壁报。常识壁报每周张贴一次,共有5份,其中4份张贴于街衢及城门洞处;时事壁报每日张贴,共缮写5张。(5)设立民众阅报处1处,地址在北门里关帝庙前楼上,有《大公报》《扫荡报》《中央日报》《西北日报》《陇南日报》各1份。阅览时间为上午十时至下午三时。① 武山方面,分团成立初期,有团员14名。其开展的主要活动有:(1)自办小学1所,即山丹镇完小,1940年8月开办,学生83人。(2)协办及参与教学的学校有5所,分别是县立梦阳中心小学、新寺东小学、南关中心小学、滩南中心小学、蓼阳中心小学。(3)设立民众书报阅览室1处,地址在武山城内后街,有《中央日报》《大公报》《民国日报》《陇南报》等四种报纸,每日阅览人数约有25人,开放时间为每日上午九时至下午四时。② (4)办理时事壁报,每日缮写3份,张贴于前街、南街及东门外。③ 常识壁报内容分防空、防毒、兵役、禁烟、献金、抗战言论及故事、种树种棉、农业常识,每周出刊一次,每次三份,张贴于武山城关。(5)指导农林。1940年1月,武山县长邵清辉欲改进该县农林事业,分团团员李运恒系学习农学出身,遂派其前往。武山县原无农场与苗圃,李运恒到县后,即指导该县于各区植树90万株。次年,李运恒又在武山县开始试种美国棉花。当时武山一般绅民,咸以为武山气候不适棉花之生长,而对此有所怀疑。李运恒决心打破"武山不能产棉"之神话,先采取委托试验方法,由县府委托县属各村之较富者,每户试种一亩或半亩,并加以指导。初步试种表明,武山宜于种棉。邵县长遂指定县城附近棉地千亩,拟于次年再次集中试验。将来获得厚利,乡民当会自种之。④

第二分团由原礼县和西和两推行区合并而来,合并后,主要在武山县开展各教育活动。(1)自办小学3所,幼稚园1所:大南街国民学校(学生17人)、石岭子国民学校(学生23人)、东台下国民学校(学生36人)、礼县幼稚园(儿童21人)。(2)协办中小学及参与教学的学校有12所:白河乡中心小学、永平镇中心小学、高坡镇国民学校、磨石嘴小学、平泉小学、川口小学、高坡山小学、天嘉镇中心小学、永兴镇中心小学、下碧峪中心小学、礼县女子小学、礼县初中。(3)办理民众阅览室1处,于1940年5月在礼县大南街设立。有图书340册,并订有《文摘》《时事类编》《教育通讯》三种杂志,及《大公报》《中央日报》《扫荡报》《陇南日报》等四种新闻纸。每日平均阅览人数15人。(4)创办民众义务诊疗所1处,每日平均诊疗人数为3人。(5)办理壁报。时事壁报每隔日出一次,每次3张,分贴于南北城门、穿城门三处。常识壁报每旬出刊一次,每次3份,与时事壁报并贴一处。⑤ (6)其他。有1名团员服务

① 《战区中小学教师第七服务团六月份视察报告》,中国第二历史档案馆藏教育部档案,档号:五—14335,第134-143页。
② 郭步云:《本团第一分团武山办事处现况述略》,《教育部战区中小学教师第七服务团团刊》1941年第15期。
③ 《战区中小学教师第七服务团八月份视察报告》,中国第二历史档案馆藏教育部档案,档号:五—14335,第145-148页。
④ 李运恒:《抗战以来服务记》,《教育部战区中小学教师第七服务团团刊》1941年第18期。
⑤ 《本团第二分团团务及主办事业现况》,《教育部战区中小学教师第七服务团团刊》1941年第15期。

于礼县民众教育馆。[1]

秦安办事处由原驻秦安大队改称而来,成立时共有团员约21人。其事业主要有:(1)主办初小、短小6所:北关国民学校(学生84人)、县府街初小(学生14人)、神明川国民学校(学生37人)、张家磨国民学校(学生53人)、涧滩里国民学校(学生30人)、雒家川国民学校(学生33人)。[2] (2)协办及参与教学的学校3所:县立初中、省立秦安职业学校、县立女子小学。(3)办理壁报。每隔一日,出时事壁报2张。[3]

表9　第七团自办事业统计(1940年11月统计)

项目			天水大队部	第一分团	第二分团	秦安办事处	总计
事业	小学	校数	5	1	3	5	14
		班数	14	3	3	7	27
		学生数	355	83	96	233	767
	幼稚园	园数		1	1		2
		班数		1	1		2
		儿童数		33	21		54
	巡回教学	组数	3			1	4
		学生数	27			16	44
	壁报	时事	4	8	3	2	17
		常识	8	7	3	2	20
	民众阅览室			2	1		3
	民众诊疗所				1		1
	民众代笔问事处		1				1
经费	经常费		197	119	94	108	518
	活动事业费		70	70	40	30	210
	预备费		222				222
团员额数			32	17	13	11	73
备注			根据民国二十九年十一月份统计				

说明:本表见《教育部战区中小学教师第七服务团概览》,1940年12月天水出版,第二部分"工作概况",第4页。

---

[1] 梁桂观:《第七服务团在礼县》,《教育部战区中小学教师第七服务团团刊》1942年第23、24期合刊。

[2] 潘鉴之:《本团秦安办事处概况》,《教育部战区中小学教师第七服务团团刊》1941年第15期。

[3] 赵官果:《战区中小学教师第七团视察室四月份视察报告》,中国第二历史档案馆藏教育部档案,档号:五一14335,第99-110页。

表 10　第七团参加教学学校与团员人数统计(1940 年 11 月统计)

项目		天水大队部	第一分团	第二分团	秦安办事处	成县	康县	徽县	总计
服务学校	中学	3			2	1		1	7
	小学	16	16	8	3	1	1		45
团员人数	中学 男	7			7	2		1	17
	中学 女	1			1			1	3
	中学 共计	8			8	2		2	20
	小学 男	18	25	10	1		1		55
	小学 女	23	5	1	3	1			33
	小学 共计	41	30	11	4	1	1		88
	合计 男	25	25	10	8	2	1	1	72
	合计 女	24	5	1	4	1		1	36
	合计 共计	49	30	11	12	3	1	2	108
备注		根据民国二十九年十一月份统计							

说明:本表见《教育部战区中小学教师第七服务团概览》,1940 年 12 月天水出版,第二部分"工作概况",第 5 页。

应该指出的是,以上所述该团第三个时期教育活动的情况,多来源于 1940—1941 年的有关数据。由于服务团人数时有增减,其教育活动亦处于动态变化之中。1942 年初,由于人数严重萎缩(只有 185 人),故其开展的教育活动亦不断减少。据该年初的统计,义务教育方面,该团自办小学只剩 14 所,共有学生 750 人;自办幼稚园 2 所,分别设于礼县、甘谷。社会教育方面,设有民众义务诊疗所 2 所、民众图书阅览室 2 处、民众代笔问事处 3 处、壁报 4 处。此外,该团还办有天水伏羲城中心小学的妇女班和礼县东台下国民学校的成人班共两个补习班。[1]

---

[1]　苗克峻:《自办事业概况》,《教育部战区中小学教师第七服务团团刊》1942 年第 23、24 期合刊。

表 11　第七团自办事业统计(1942 年 1 月统计)

项目			天水大队部	第一分团	第二分团	秦安办事处	总计
事业	自办学校	中心小学	2	1	3	5	11
		国民学校	14	3	3	7	27
		学生数	355	83	96	233	767
	幼稚园	园数		1	1		2
		班数		1	1		2
		儿童数		33	21		54
	巡回教学	组数	3			1	4
		学生数	27			16	44
	壁报	时事	4	8	3	2	17
		常识	8	7	3	2	20
	民众阅览室			2	1		3
	民众诊疗所				1		1
	民众代笔问事处		1				1
经费	经常费		197	119	94	108	518
	活动事业费		70	70	40	30	210
	预备费		222				222
团员额数			32	17	13	11	73
备注			根据民国二十九年十一月份统计				

说明:本表见《教育部战区中小学教师第七服务团概览》,1940 年 12 月天水出版,第二部分"工作概况",第 4 页。

四、贡献与影响

1938 年 3 月至 1942 年 5 月,以甘肃陇南地区部分县份为工作区域而开展教育活动的战区中小学教师第七服务团,是在抗日战争这一特殊背景下产生并发展演变的一个战时教育工作者团体。该团团员最多时达 400 人左右,最少时亦有 180 多人。团员来自我国 10 多个省份,以山西、河北籍的中小学教师为主。该服务团在约四年的时间里,在甘肃陇南地区多个县份开展中小学教育、社会教育、抗战动员与宣传等方面工作,为国家及甘肃省的抗战教育和其他事业均做出了重要的贡献,在当时产生了积极影响。

第七服务团在甘肃境内所开展的丰富而广泛的教育活动,不仅是我国战时教育事业的重要组成部分,而且其所表现的克服困难、坚持办学、积极工作、动员民众,和以所学所长服务于国家抗战事业的品质和精神,也同样是中华民族伟大抗战精神不可分割的一部分。

该服务团进出团员多达 535 人,来自我国南北 10 多个省份,团员年龄最小的只有 20 岁,年龄最大的已有 50 多岁。这些团员背井离乡来到甘肃,有的是孤身一人,有的则是拖家带口。该服务团的存在,为他们提供了一块相对安全的容身之地,解决了山西、河北等省数百名流亡后方中小学教师的生计问题,从而保存了一批十分宝贵的师资力量。这些师资的存在,也为后方学生在战争时期接受教育创造了有利条件。

该服务团对战时甘肃教育的发展,做出了不可磨灭的贡献。甘肃历来经济文化落后,中小学教育尤其不发达。据甘教厅长郑通和 1938 年底到任时之统计,全省中学只有 18 所,再加上师范和职业学校,也只有 32 所,学生规模只有 5000 余人;小学包括完小、短小在内,一共只有 4000 余所,学生有 14 万人,全省学龄儿童入学率只有 20% 左右。全面抗战八年期间,甘肃教育界努力工作,使中小学教育有了突飞猛进的进步。至 1945 年秋,已有中心国民学校 821 所、国民学校 6551 所,入学儿童近 40 万人,学龄儿童入学率达到 54%。① 中学方面,据曾在战时随郑通和来兰担任甘肃省教育厅秘书的沈亦珍所言,1946 年,全省中等学校(包括师范、职业学校在内),增至 138 所,在校学生达 1.6 万余名。② 甘肃战时中小学教育能取得如此成就,显然有第七服务团的一份功劳。可以说,抗战时期该服务团的到来,为甘肃教育的发展,带来了一次良好的机会。彼时,该团团员的足迹,遍布陇南天水、秦安、武山、甘谷、礼县、西和、成县、康县、徽县的城区及部分乡镇,甚至远达兰州、皋兰、景泰、武威、张掖和酒泉等地。他们不畏困难,因陋就简,艰苦办学,为甘肃特别是上述陇南各县的教育事业发展,做出了不可忽视的历史贡献。也正因为如此,甘教厅长郑通和早在 1939 年即予以肯定:"教师服务团在陕甘两省者,不下七百人,于教育事业之推进,助力颇多。"③还应该指出的是,1942 年 5 月该团由甘教厅接收后,大多数团员仍留在甘肃各中小学校工作。即使到 1946 年 5 月全国普遍进行教育复员时,原第七服务团仍有一部分团员未回原籍,而是继续留在甘肃执教,直至新中国成立后。

该服务团在甘肃各县的存在和活动,也在一定程度上影响和改变了各地原有的落后文化与社会风俗。长期以来,甘肃由于经济文化不发达,信息闭塞,各地风俗偏于古朴、保守,民众思想观念均比较落后。而第七服务团的到来,使民众获得了一次很好的接触现代文明的机会。该服务团到达县城后,即在城区及附近四乡开展中小学教育,并进行街头宣传和流

---

① 郑通和:《六十自述》,三民书局 1970 年版,第 24-30 页。
② 沈亦珍:《我的一生》,三民书局 1987 年版,第 124 页。
③ 郑通和:《抗战以来的西北教育》,《甘肃教育》1939 年第 12 期。

动教学。他们在街道或公共体育场举办演剧、歌唱、各种典礼,并张贴时事与常识壁报,介绍时事和科学知识,启迪民众智慧,激发民众的爱国观念和抗战觉悟。一些服务团员还手把手教妇女儿童识字,为民众办理问事、代笔、诊疗等服务。上述活动的开展,使民众打开了眼界,增长了见闻,潜移默化地影响了民众的思想和风俗。此方面的例子甚多。比如,该团驻西和第六大队到县城后,即在街头演出了文艺节目,"队员刘某某见西和县城因家境困难游荡街头的失学儿童较多,便把他们组织起来,教他们读书识字,并向他们和当时集训的保安队副教唱歌曲,如《打回老家去》《大同府》《大刀进行曲》《到敌人后方去》《黄河水》等,激发了人们爱国热情,激发了民众对日寇的仇恨"①。彼时就读于天水西关亦渭小学的董鉴泓回忆,自国立五中和服务团到天水后,天水的抗日宣传一下子热闹起来,"五中在城隍庙大戏台演出抗战活报剧,男女同台演出,在天水还未曾见过,教师服务团也经常在街头演出"。当时天水民众思想落后,男女在街上并排走,即会引起人们的非议。但随着五中和服务团的到来,便打破了这种落后观念。1940 年春天,天水中学也开始招收女生。② 再比如礼县,长期以来,该县信息闭塞、文化教育落后。"教师服务团和五中来礼后,由于常年深入乡间,学校、街头,采取讲演、张贴标语、巡回演出形式,对礼县群众、学生、教师耳濡目染,有许多启迪,接受了不少新文化、抗战文化。"该县群众第一次接触到街头活报剧、小歌曲演唱形式,看到墙报之类的宣传品,听到较为纯正的官腔调(即后来统称的普通话)和京腔,等等。服务团的提倡和示范作用,还表现在女子教育、幼稚教育方面。自服务团到来后,"本地人有不少有识之士开始送女孩子出来上学认字,社会上也有了幼稚教育"。③ 在秦安,服务团到达此地后,即十分重视音乐的作用,每天早晨全大队出发到县城街头举行晨唱,并分派团员至地方各级学校、私塾、部队、街头以及乡村教唱。"现在我们走到街头或乡村,都可以听到抗战的歌声,有些孩子看见我们走过,就会唱'河里水黄又黄'的短歌向我们打招呼。我们听了,随时回答他们一个会心的微笑。"④以上这些事例,均彰显了该服务团对启迪民智、促进地方文化教育发展的积极作用。

总之,1938 至 1942 年战区中小学教师第七服务团在甘肃的教育活动,既是甘肃抗战教育史的光辉篇章,也是全国抗战教育史的重要组成部分。对于此段教育活动史,后人应当予以铭记。

---

① 张浩若:《抗日战争时期教师服务团在西和的简况》,载政协西和县委员会编:《西和文史资料》第 2 辑,2004 年刊,第 59-61 页。

② 董鉴泓:《建校之初看五中》,载中国人民政治协商会议天水市委员会文史资料委员会编:《天水文史资料》第 11 辑,2004 年刊,第 24 页。

③ 王永宁:《国立五中教师服务团在礼县的活动和影响》,载礼县政协文史资料委员会编:《礼县文史资料》第 2 辑,1995 年刊,第 166-183 页。

④ 潘鉴之:《第七服务团在秦安》,《教育部战区中小学教师第七服务团团刊》1940 年第 6 期。

杜威教育思想及其在近代中国

杜威的大学教育观及启示

◎朱镜人 *

摘　要:杜威的大学教育观是其实用主义教育思想的重要组成部分。杜威的大学教育著述有两个特点:一是题材广泛,二是论及的主题不少与其工作经历有关。杜威的大学教育观主要体现在他对大学的功能、大学与社会的联系、大学的通识教育、大学教育学科的发展和教育学院的价值等方面的论述中。杜威的大学教育观给我们的启示:现代大学依然是代表真理和光明之场所,现代大学教育必须密切联系社会生活,大学的专业教育和通识教育缺一不可,经典著作的学习应当联系实际挖掘其现代意义,应当重视教育学科和教育学院的建设和发展,"教育史"课程应当成为所有师范专业学生的必修课。

关键词:杜威;大学教育观;大学的使命;专业教育;通识教育;教育学科;教育史

　　杜威(J. Dewey)是美国实用主义教育思想的代表人物。他的大学教育观是其实用主义教育思想的重要组成部分。对之作一探讨,不仅可以拓宽我们研究杜威教育思想的视野,而且可以为我们当下大学教育改革提供有益的参考。

一、杜威的大学教育著述的特点

　　杜威的大学教育观反映在他的有关大学教育的著述中。因此,在这里有必要对杜威的大学教育著述做一统计,并对其著述的特点进行分析。杜威自 1885 年发表《教育与女性健康》开始,共发表了约 44 篇[①]涉及大学教育的论文、讲演和书评等。归纳起来,他有关大学教育的著述大致有 3 个特点。

---

　　* 作者简介:朱镜人,合肥师范学院教师教育学院教授。基金项目:安徽省高等学校人文社科重点研究基地重点项目"国外地方性大学通识教育研究"(SK2019A0747)。

　　① 笔者统计到的只有 44 篇,可能会有遗漏,因为杜威有关大学教育的论述并不完全能根据标题来判断。所以,这里的统计难以做到十分精确。

第一,论述题材广泛。首先,论文涉及的主题大致包括女子高等教育、大学的哲学和伦理学课程、大学和高等教育、教育学院、教育学科、人文学院、非专业教育以及与赫钦斯(R. M. Hutchins,又译为"哈钦斯")围绕通识教育展开的论战、教授及教授协会和其他等九类题材。① 其次,论述的问题从宏观到微观都有涉猎。例如,宏观的问题有"当前的大学教育趋向"等,微观的问题有教育史课程如何开设等。②

第二,许多论文论及的主题和他的工作经历或任职岗位有关,换言之,杜威大学教育观大都论述的是他亲历的大学教育实践中的问题。例如,杜威在密歇根大学哲学系担任讲师、助理教授、教授和系主任期间,发表了《美国大学开设哲学课程调查》等 4 篇有关哲学系课程的论文。又如,杜威担任芝加哥大学哲学、心理学和教育学系系主任时,先后撰写了《芝加哥大学教育学院》等 6 篇有关教育学院的文章。再如,1915 年,他担任美国大学教授协会第一任主席期间,发表过《在美国大学教授联合会上的开场讲演》等 8 篇相关演讲和文章。这一现象表明,杜威十分关注他自己亲历的现实中的教育问题,他是名副其实的"既注重教育理论又注重教育实践"③的教育家。

第三,与崇尚古典教育思潮的争论有关。在这方面,杜威写了《现代职业教育趋势对大学中专业学习和非专业学习的影响》和《哈钦斯校长改造高等教育的建议》等 4 篇文章,批判了美国一些大学中弥漫的崇尚古典教育的思潮,特别是批判了以赫钦斯为代表的永恒主义

---

① 这九类主题分别包括:论及女子高等教育的 2 篇,即《教育与女性健康》(1885)、《高等教育中的健康与性别》(1886);论及大学哲学和伦理学课程的 4 篇,即《美国大学开设哲学课程调查》(1886)、《密歇根大学的伦理课程》(1889)、《美国大学中的哲学课程:密歇根大学》(1890)和《大学课程:应当从中期待什么?》(1890);论及大学和高等教育的 11 篇,即《关于大学教育》(1901)、《当前的大学教育趋向》(1911)、《犹他大学的形势》(1915)、《大学与民治国舆论的重要》(1919)、《大学的旨趣》(1921)、《为东部商科教师协会的首份年刊〈商科教育的基础〉所作的序》(1929)、《高等教育和研究中的政治干预》(1931)、《大学里的儿子——和家长们》(1932)、《评〈现代大学论:英美德大学研究〉》(1932)、《教育:1800——1939》(1939)和《高等教育与战争》(1939);论及教育学院的 6 篇,即《芝加哥大学教育学院》(1902)、《芝加哥大学教育学院(公报)》(1902)、《(芝加哥大学)教育学院的组织和课程》(1903)、《教育学院》(1903)、《教育学院的意义》(1904)和《致密歇根大学教育学院的一封信》(1929);论及教育学科的 5 篇,即《教育学——备忘录》(1894)、《教育学讲座》(1901)、《教育学中理论与实践的关系》(1904)、《作为一门大学学科的教育》(1907)和《教育史》(1907—1908);论及人文学院的 3 篇,即《人文学院的前景》(1924)、《人文学院及其敌人》(1924)和《人文学院的问题》(1944);论及非专业教育以及与赫钦斯论战的 4 篇,即《现代职业教育趋势对大学中专业学习和非专业学习的影响》(1917)、《教育中的合理性》(1936)、《哈钦斯校长改造高等教育的建议》(1937)和《美国高等教育》(1937);论及教授及教授协会的 8 篇,即《在美国大学教授联合会上的开场讲演》(1915)、《美国大学联合会主席的年度讲演》(1915)、《教授的自由》(1915)、《美国大学教授协会》(1916)、《来自美国大学教授协会下属的大学伦理委员会的声明》(1916)、《美国大学教授协会下属的大学伦理委员会的报告》(1917)、《教授和公共利益的案例》(1917)和《欠考虑的建议》(1917);论及其他问题的 1 篇,即《从大学立场看高中心理学教育》(1886)。(据刘放桐主编的《杜威全集》以及单中惠、王凤玉编的《杜威在华教育讲演》中相关资料统计整理。)

② 杜威在其论文《教育史》一文中论述了教育史的价值、学习方法之外,还详细列出了围绕 17 个主题的必读书目。微观论述之细微可见一斑。参见朱镜人:《杜威的"教育史"课程计划要点及启示》,《教育与教学研究》2018 年第 12 期。

③ 单中惠:《杜威教育学说的永恒价值——纪念〈民主主义与教育〉出版一百周年》,《河北师范大学学报(教育科学版)》2017 年第 1 期。

教育思想。^①

二、杜威的大学教育观述要

(一)论大学的功能

1.大学代表的是光明和真理

1919年,杜威在北京大学讲演时明确强调:"大学的重要不在它所教的东西,在它怎样教和怎样学的精神。它代表的是知识的重要,它代表的是光明,它反对的是黑暗。它代表真理的势力——不是遗传下来的真理势力,是由理性制成的,再由人生行为实验过的真理势力。它的责任是传播知识,不是要把学过的深深地藏起来。它是活水的源头,不是储藏财产的铁箱。"^②

2.大学是社会的灯,谋求的是公共利益

在杜威看来,上大学"不是为了个人的财力上、知识上着想,也不是为了养成官僚,而是为了公共利益。近世国家很不容易。它有许多问题:交通的方法、征税的方法、森林保护的方法、教育制度的养成……这些问题全仗高等知识的解决"^③。大学应当成为"服务公共事业精神的中心,永远为社会的灯"^④。

3.大学是培养领袖人物之处所

杜威认为,大学应当承担起培养作为社会栋梁的领袖人才的任务。1921年,他在厦门大学讲演时强调了这一主张:"大学是陶铸领袖的洪炉……中国的大学应培养两种重要的领袖。一是工商业的领袖……二是政治和社会的领袖。"^⑤杜威之所以强调大学要培养领袖人才,是因为在他看来,工商业领袖关系到实业的发达,政治和社会领袖关系到社会进步,而培养这两类社会精英是大学不可推卸的责任。

4.大学不仅要传播知识,还要进行探究和创新

杜威认为,传播过去的知识是大学应当做的事情,但更重要的是进行新的探究和创新。

---

① 有关两人争论中的分歧与共识,参见朱镜人:《杜威与赫钦斯的论战:什么是好的通识教育》,《中国科学报》2019年7月3日第3版。
② 约翰·杜威:《杜威在华教育讲演》,单中惠、王凤玉编,华东师范大学出版社2016年版,第257页。
③ 约翰·杜威:《杜威在华教育讲演》,单中惠、王凤玉编,华东师范大学出版社2016年版,第258页。
④ 约翰·杜威:《杜威在华教育讲演》,单中惠、王凤玉编,华东师范大学出版社2016年版,第258页。
⑤ 约翰·杜威:《杜威在华教育讲演》,单中惠、王凤玉编,华东师范大学出版社2016年版,第288页。

对此,他明确指出:"现代大学并不是完全为了重复过去的知识而存在的。它存在,恰恰是因为存在着这么多的领域——在这些领域中,相对而言,我们并没有走得很远。但是,在这些领域中,最重要的是,我们应该走得更远;而且,在这些领域中,大学的存在所培育起来的那种探究和讨论是前进的唯一手段。"[1]他形象地比喻说:"大学像家庭和民族一样,其生命在于不断重生。重生意味着不断推出新的想法和行动,永远处于改变之中。"[2]

(二)论大学与社会的联系

杜威坚定地认为,大学应当与社会保持密切的联系。他坚决反对赫钦斯通识教育主张的一个根本原因,就在于赫钦斯的崇尚古典教育的主张与现实社会相脱节。他强调指出:"有知识而不知利用,好像把东西关在房子里头一样。虽是有这东西,但叫作没有也可以的……所以,大学领袖的人才,是利用知识方面的。"[3]

在他看来,与社会相联系对学生而言非常必要。他认为:"如果在学校里学到的事实与观念紧密地联系着基本的社会需求和可用来共同满足那些需要的资源,联系着人们认识当前阻碍资源使用的那些力量,那么,知识的本性和有利于(而不是有害于)社会的行为之间有着紧密联系的观念就蕴涵着这样的结论:学生们应该以更重要的方式获得更多的知识,并且对于真理的意义有更加深刻和持久的理解。"[4]

杜威还以芝加哥一家游泳学校只让孩子在岸上学游泳技术而从不让孩子下水学为例,强调学校不能脱离与生活的联系。他指出:"我们在学校生活,是为社会生活做准备。如果学校不具备社会性,没有和外面世界接触并建立关联的观念,那么,我们的学校教育不就变成和那所游泳学校没有区别了吗?"[5]而且,在他看来,知识不能得以应用,充其量只是一个装饰品,不是一件好事。他指出:"教材与学生的生活、需要、经验、兴趣以及社会状况,若是分离了,不但学生所学的知识没有什么实用;习惯下来,学生的心理亦不求有实用了:认为在某学校里毕业,差不多像得了一种官衔一样;或脑筋中记得几本书,就算是士君子之流,高出于群众了。像这样的知识,好比一块美玉佩在身上,当作一个装饰品罢了! 这不是很坏的事情么?"[6]

(三)论大学的通识教育

杜威对 19 世纪末 20 世纪初美国一些大学的通识教育课程存在的崇尚古典教育倾向和

---

① 约翰·杜威:《杜威全集·中期著作(第 4 卷)》,陈亚军等译,华东师范大学出版社 2012 年版,第 129 页。
② 约翰·杜威:《杜威全集·晚期著作(第 14 卷)》,马荣等译,华东师范大学出版社 2015 年版,第 193 页。
③ 约翰·杜威:《杜威在华教育讲演》,单中惠、王凤玉编,华东师范大学出版社 2016 年版,第 261 页。
④ 约翰·杜威:《杜威全集·晚期著作(第 11 卷)》,朱志芳等译,华东师范大学出版社 2015 年版,第 308 页。
⑤ 约翰·杜威:《杜威全集·晚期著作(第 17 卷)》,李宏昀等译,华东师范大学出版社 2015 年版,第 208 页。
⑥ 约翰·杜威:《杜威在华教育讲演》,单中惠、王凤玉编,华东师范大学出版社 2016 年版,第 246 页。

一些大学存在的过分专业化倾向的两种现象是不满的,认为美国的大学"成了无根基的土坯房,充斥着无用的'通识'教育,同时伴随着过分限定目标和内容的特殊教育形式"①。

对待通识教育,杜威的态度可归纳为以下两点。

1.通识教育不能崇尚古典教育以古典著作的学习为主

在杜威看来,如果通识教育以学习古典著作为主,不接触社会实际,那么这种通识教育就是一种"无用的通识教育"。他认为,人类社会已经发生了巨大变化,出现了许多古人未曾遭遇到的新问题,对待这些新问题,人们不应该回到隐修院式的大学中从赫钦斯倡导的永恒科目的学习中寻觅解决的方法。他提出,随着社会的发展,特别是随着科学的发展,大学的学科必将不断吐故纳新,科学研究必将成为大学的重要任务。他强调:"我不相信会有这样的可能性,即美国大学本科学院会大范围地退回到传统人文机构的文学和形而上学课程中去。"②在他看来,永恒的学科是不存在的,更不能把古典作家的主张作为永恒的真理。他尖锐地批判了赫钦斯的主张,认为现代社会不可能再回到过去,做"在古希腊和中世纪所做的事情"③。他还认为,学习古典著作不是唯一的训练心智的途径,希腊语言和其他"死的语言"并"不是具有'文化价值'的唯一研究"④。

需要看到的是,杜威并不反对学习古典著作。例如,他在 1902 年为"芝加哥大学教育学院"制定的教学计划中也包括希腊语学习(含《伊利亚特》和《奥德赛》)和拉丁语学习(含恺撒的《高卢战记》以及《维吉尔》《奥维德》《西塞罗》等)。⑤ 他在 1903 年发表《(芝加哥大学)教育学院的组织与课程》时还提出,准备到中学任教的学生应当学习的课程包括历史学和公民学、希腊语、拉丁语、法语、英语语言、物理学、化学、地理学、地形学和地质学、生物学和家政学。其中,拉丁语包括塔西佗的《日耳曼尼亚志》《阿古利可拉传》以及西塞罗的《书信集》等。⑥ 对于古典著作,杜威的主张是,学习要"紧紧把握当代科学与社会事务"⑦。

2.专业学习应当与非专业学习相结合

杜威认为,专业学习非常重要,因为每个大学生都需要谋生。因此,每个大学生都要学习某种赖以谋生的专业知识和技能。但是,杜威明确反对大学教育过分专业化。他强调:

① 约翰·杜威:《杜威全集·晚期著作(第 10 卷)》,王成兵等译,华东师范大学出版社 2012 年版,第 124 页。
② 约翰·杜威:《杜威全集·晚期著作(第 15 卷)》,汪堂家等译,华东师范大学出版社 2012 年版,第 214-215 页。
③ 约翰·杜威:《杜威全集·晚期著作(第 11 卷)》,朱志芳等译,华东师范大学出版社 2015 年版,第 314 页。
④ 约翰·杜威:《杜威全集·中期著作(第 6 卷)》,王路等译,王路、江怡校,华东师范大学出版社 2012 年版,第 359 页。
⑤ 约翰·杜威:《杜威全集·中期著作(第 2 卷)》,张留华译,周水涛校,华东师范大学出版社 2012 年版,第 55 页。
⑥ 约翰·杜威:《杜威全集·中期著作(第 3 卷)》,徐陶译,赵敦华校,华东师范大学出版社 2012 年版,第 266-257 页。
⑦ 杜威:《杜威全集·晚期著作(第 11 卷)》,朱志芳等译,华东师范大学出版社 2015 年版,第 314 页。

"任何教育如果只是为了传授技能,这种教育就是不自由的、不道德的。"①在他看来,过分专业化有两个弊端:其一,学生将来只能从事某一种职业;其二,会影响学生理智能力的发展,最终影响国家长远的发展。他指出:"假如我们的大学成为专业教育的主要预备场所……那么,这种损害会威胁到我们国家自由理智生命的成长。"②因此,杜威主张专业学习与非专业学习相结合。他说:"单有专门的技能,没有相当的教育,是很不好的。……但单有普通教育③,没有职业教育,也是不好;顶好是两个并行,就是说普通教育和职业教育并授。"④

(四)论大学教育学科和教育学院

杜威非常重视大学教育学科和教育学院的建设和发展,提出了以下一些主张。

1.进行教育科学研究是大学的使命

杜威认为,将教育学作为大学里的一门学科是很重要的。他告诉人们,教育学科在美国人的生活中具有重要的作用,是其他学科无可比拟的,"没有任何一个学科在如此多的方面触及了生活"⑤,而且,美国教育的发展需要教育科学的指导。为此,他强调说,美国的教育系统"需要来自专业资料的指导。如果它不是来自强制,那么,就一定来自自愿。如果它不接受一个官僚机构的权威,那么就一定接受科学、哲学和历史的权威……总之,对教育的科学研究应该表现出大学对其自身工作和命运的最大自觉,对其自身使命和社会——大学既是它的执行者,也是它的机构——使命的自觉"⑥。

2.教育学科不能孤立地研究教育问题

杜威认为,大学教育学科研究不能脱离生活,"试图把教育变成一个孤立的研究课题,这种过去流行的论点是多么荒谬啊!"⑦在他看来,一方面,教育学科研究必须联系生活实际;另一方面,教育学科具有可以联系实际的可能性。杜威告诉教育学工作者,教育学科在接触实际生活的过程中"为它自身带来了许多与关于人类的过去和现在令人振奋的观点混合在一起的素材资源"⑧。他曾对19世纪末的美国教育学学科的发展状态很不满意,认为美国的"教育学方面到目前为止所做的工作相当无效;它机械而含糊不明,因为它与心理学和社会

---

① 约翰·杜威:《民主主义与教育》,王承绪译,人民教育出版社1990年版,第275页。
② 约翰·杜威:《杜威全集·中期著作(第10卷)》,王成兵等译,华东师范大学出版社2012年版,第122页。
③ 这里的普通教育指的是非专业教育或者通识教育,职业教育指的是专业教育。
④ 约翰·杜威:《杜威在华教育讲演》,单中惠、王凤玉编,华东师范大学出版社2016年版,第246页。
⑤ 约翰·杜威:《杜威全集·中期著作(第4卷)》,陈亚军等译,华东师范大学出版社2012年版,第127页。
⑥ 约翰·杜威:《杜威全集·中期著作(第4卷)》,陈亚军等译,华东师范大学出版社2012年版,第130-131页。
⑦ 约翰·杜威:《杜威全集·中期著作(第4卷)》,陈亚军等译,华东师范大学出版社2012年版,第126页。
⑧ 约翰·杜威:《杜威全集·中期著作(第4卷)》,陈亚军等译,华东师范大学出版社2012年版,第126-127页。

伦理相隔离"①。

3. 教育学科必须重视教育史的研究

杜威强调,"作为一门大学学科的教育,在其能力的详细目录中,至少必须包括对其历史性方面问题的简单讨论"②。在他看来,学习教育学,应当了解过去的教育机构、教学内容,了解古代希腊人、古代罗马人、中世纪欧洲人和近代德国人、英国人和法国人。为了帮助人们了解教育史的意义、价值、应当教什么和怎么教,杜威专门为文理学院撰写过一份"教育史"课程(1907—1908 年度)的"教学计划"。③

4. 教育学院的价值在于推动教育科学的发展

杜威认为,教育学院在推进教育理论发展方面作用重大。在他看来,"教育学院的意义中有一个根本的和显著的因素,那就是推动教育事业发展的愿望和坚定的目标"④。他还强调:"教育学院的目标是发展教育理论,并且在实践中阐明教育原理。"⑤

5. 教育学院应当设立实验学校

杜威认为,实验学校对于教育学院而言十分重要,是教育学院教育理论的实验室。他强调指出:"实验学校就像它名字所暗指的一样,是特意为了对教育心理学和教育社会学的相关问题进行科学调查和研究而设立的,其目的在于促进学校管理的科学概念和方法的运用……更为重要的是,实验学校还代表着教育必须依靠的思想主体,而不是由大量的实证的工具所增强的一系列抽象和一般的概念。它使教育学院去承担一项更重要的任务,即对隐藏在教育实践中的规律不断地进行研究,并对实践中的方法不断地进行批评。"⑥

在其大学教育观的论述中,杜威还提议建一个教育博物馆,"收藏品包括仪器设备、图表、可以说明各学科教学的书籍;关于学校的计划、建筑风格,等等"⑦,以支撑大学教育学科建设。此外,他还论述了教授的思想自由和教授之间需要合作等问题。

三、结论与启示

杜威的大学教育观强调现代大学教育的"效用",是其实用主义教育思想的有机组成部

① 约翰·杜威:《杜威全集·晚期著作(第 17 卷)》,李宏昀等译,华东师范大学出版社 2015 年版,第 402 页。
② 约翰·杜威:《杜威全集·中期著作(第 4 卷)》,陈亚军等译,华东师范大学出版社 2012 年版,第 128 页。
③ 朱镜人:《杜威的"教育史"课程计划述要及启示》,《教育与教学研究》2018 年第 12 期。
④ 约翰·杜威:《杜威全集·中期著作(第 3 卷)》,徐陶译,赵敦华校,华东师范大学出版社 2012 年版,第 204 页。
⑤ 约翰·杜威:《杜威全集·中期著作(第 3 卷)》,徐陶译,赵敦华校,华东师范大学出版社 2012 年版,第 269 页。
⑥ 约翰·杜威:《杜威全集·中期著作(第 3 卷)》,徐陶译,赵敦华校,华东师范大学出版社 2012 年版,第 205 页。
⑦ 约翰·杜威:《杜威全集·晚期著作(第 17 卷)》,李宏昀等译,华东师范大学出版社 2015 年版,第 403 页。

分,其中一些主张仍然具有鲜明的现代意义。

第一,现代大学依然是代表真理与光明之场所,是社会的灯。所谓"真理"乃是"真实的道理,即客观事物及其规律在人的意识中的正确反映"①。这依然是当今大学和所有高等学校追求的目标。所谓"光明"和"社会的灯"是指大学应当担负起的引领社会进步的责任,是当今大学义不容辞的社会责任。

第二,现代大学教育必须密切地联系社会生活。人们已经深刻意识到,大学自从步出象牙塔以来,已经和社会融为一体,成为社会不可分割的一部分。"现代社会将越来越牢固地建立在知识基础之上。知识与社会不可分离。作为维系和传播知识的机构,高等教育必然成为现代社会中极其重要的一员。"②

第三,大学的专业教育和通识教育缺一不可。大学应该通过专业教育培养学生的谋生能力,通过通识教育"造就有远大眼光、科学知识、创造能力、冒险精神的人"③和社会的优良公民。

第四,经典著作的学习是有价值的,但应当联系现实社会的问题,挖掘其现代价值。"经典著作一般都是思想大师之作,他们提出的一些观点精辟独到,且经受了历史的检验,是后人智慧的源泉……认真研读,不仅能在思想方面获得启迪,而且可以学习大师们论证的方法。"④

第五,应当重视教育学科和教育学院的建设和发展。我国综合性和师范性大学应当努力办好教育学院,并在条件允许时建立教育博物馆和真正用于教育理论研究的实验学校来支持教育学院的教学和研究的发展。

第六,"教育史"课程应当成为所有师范专业学生的必修课。一般而言,只有了解了前人的思想和所做的事情之后,才会有真正意义的创新。每个准备从事教育工作的学生都应当了解教育的历史。

需要指出的是,杜威大学教育观中的某些观点还属于精英高等教育时代的观点。例如,他认为,大学是培养工商界和社会领袖之场所,这种观点在高等教育大众化时代就显得片面了。

原载《大学教育科学》2019 年第 5 期

---

① 中国社会科学院语言研究所词典编辑室:《现代汉语词典(第 6 版)》,商务印书馆 2012 年版,第 1653 页。

② 罗纳德·巴尼特:《高等教育理念》,蓝劲松译,北京大学出版社 2012 年版,第 87-88 页。

③ 约翰·杜威:《杜威在华教育讲演》,单中惠、王凤玉编,华东师范大学出版社 2016 年版,第 246 页。

④ 朱镜人:《现代大学通识教育的特征和发展趋势》,《高等教育研究》2018 年第 7 期。

什么样的生长是好的？

——对杜威教育目的论的重新审视

◎金传宝*

摘　要：杜威非常著名的教育主张是教育的目的乃是生长。生长是一个非常模糊的概念，因而，对杜威教育理论之最持久的批评是没有提出确定的教育目的。杜威认为，与其给教育强加外部的目的和僵化的课程，不如为公民提供可用于对实践、课程或机构的教育和民主价值进行评判的标准。这种立场具有明确的政治含义，旨在促使人们抛弃指导美国教育实践和政策的专家驱动模式，并转向强调经验基础上的严密的方法和程序。

关键词：杜威；教育目的；生长；民主

杜威非常著名的教育主张是教育的目的乃是生长。这个广受批评并常常被误解的教育观念基于杜威对更加复杂的教育本质、人类经验和社会生活的一系列认识。首先，杜威将教育理解为经验的重组。我们既通过提高目前经验的意义学习，也通过改进指导未来经验的能力学习。[1] 这意味着，一方面，人的各种生活经验之间存在着密切的、不可分割的联系；另一方面，教育方法、内容和目的之间也存在着密切的联系。其次，当学习为我们未来生长提供了机会时我们生长，并且能使我们继续我们的教育。[2] 在这个意义上，教育过程之外没有目的；它本身就是它的目的。[3] 最后，杜威一贯反对给教育强加终极的和外部的目的，这种强加的目的不符合杜威关于教育是经验的观念。杜威将生长确定为教育的目的，反对从外部强加给教育任何目的，实际上是反对美国教育实践和政策的专家驱动模式，相信所有教育行动者都有能力确定自己的教育目的。随着美国联邦政府对教育的干预越来越深入，技术官

---

* 作者简介：金传宝，齐鲁师范学院教师教育学院教授。

[1] J. Dewey, *The Middle Works of John Dewey*, *1899—1924* (Vol. 9), Carbondale: Southern Illinois University Press, 1980, p. 83.

[2] J. Dewey, *The Middle Works of John Dewey*, *1899—1924* (Vol. 9), Carbondale: Southern Illinois University Press, 1980, p. 107.

[3] J. Dewey, *The Middle Works of John Dewey*, *1899—1924* (Vol. 9), Carbondale: Southern Illinois University Press, 1980, p. 53.

僚越来越重视测验成绩,我们获得了对杜威教育目的进行重新思考的契机。

一、美国学者对杜威教育目的论的批评

教育的目的是生长的观点激起了各种激进观点的轻蔑和批评。霍夫斯蒂特(R. Hofstadter)早在1963年就在其著作《美国生活的反智主义》中对进步教育运动和杜威的教育思想进行了激烈批判。霍夫斯蒂特不否认杜威的贡献,但认为杜威的教育思想产生的影响和所起的暗示作用是消极的。杜威的思想很容易被人误解,也很容易被人用来发动各种各样的反智主义的教育改革。

霍夫斯蒂特指出,虽然进步教育在教育方法方面做出了重要贡献,例如,终结了机械式教学的主宰地位就是其中之一,然而,进步教育的问题是在教育目的上令人困惑,没有确定适当的教育目的。① 需要指出的是,霍夫斯蒂特的批评针对的不只是杜威,也包括进步教育的提倡者对"他的观念的曲解"。在霍夫斯蒂特看来,进步教育消解了课程内容,并导致了美国反智主义趋势的流行。霍夫斯蒂特没有因为反智主义而指责杜威,而是正确地认识到,杜威的核心目的乃是提高公众的智力水平,然而,他也指出,杜威的问题在于未能考虑到其思想的局限性或影响。

霍夫斯蒂特进一步指出,杜威对自身思想局限性或影响的忽视因其未能提供清晰的观念变得更加严重,这一缺陷在一定程度上导致了外界对杜威思想的广泛误解和滥用。霍夫斯蒂特这样说:"杜威写的是具有巨大模糊性和不确定性的散文……他的风格暗含着对不同的敌人的炮轰:某个人断定在遥远的无法评测的距离上有不好的东西发生了,但他又不能确定这个不好的东西究竟是什么。"②然而,霍夫斯蒂特认为,这里的问题不仅是作品风格的问题,"风格上的严重问题,如果有的话,很少只是风格的问题,必然包含着真正的观念差异"。③在霍夫斯蒂特看来,虽然杜威的写作风格加剧了被误解的趋势,但真正被误解的源头则是其思想和逻辑问题存在的巨大鸿沟,这才是严重且又值得引起注意的问题。如果杜威确实没有提供清晰的观念,就是他自己开启了被滥用的大门。

霍夫斯蒂特宣称,杜威教育思想的主要问题是将生长视为教育的本质和教育的唯一目的。④ 杜威的生长观念成了教育理论和实践上无尽困难的源头。在霍夫斯蒂特看来,生长对

---

① R. Hofstadter, *Anti-intellectualism in American Life*, New York: Vintage, 1963, p. 375.

② R. Hofstadter, *Anti-intellectualism in American Life*, New York: Vintage, 1963, p. 361.

③ R. Hofstadter, *Anti-intellectualism in American Life*, New York: Vintage, 1963, p. 361.

④ R. Hofstadter, *Anti-intellectualism in American Life*, New York: Vintage, 1963, p. 373.

教育而言是一个不恰当的比喻。生长是自然的、遗传的,最重要的是,它是一个自动的过程,人们无法控制生长的方式。换言之,生长是发生在我们身上的东西,我们不能决定往哪长和怎么长。在这一点上,霍夫斯蒂特宣称,杜威无视自己将教育视为社会的和重构的过程这个命题;在处理生长问题时,杜威放弃了在确定的教育目的和社会生活方面的任何责任。

在霍夫斯蒂特看来,杜威不仅给教育提供了一个坏的比喻,而且在混淆教育和生长方面迈出了更坏的一步。意思是说,杜威不只是将教育比作生长,对他来说,教育就是生长,生长是生活,生活是发展。霍夫斯蒂特从杜威的《民主与教育》中引用下面的段落来说明这个问题:

> 我们一直在讨论生长的条件和含义……当我们说教育就是发展时,全看对发展一词怎样理解。我们的最后结论是,生活就是发展,并且不断发展,不断生长,就是生活。用教育的术语说,即(1)教育过程在自身之外没有目的,它就是它自身的目的;(2)教育过程是一种持续改组、改造和转化的过程。[1]

霍夫斯蒂特指出,如果生长只是教育的比喻,那么社会依然保有对方式方法之目的、方向和结果的控制,但是,如果将教育和生长等同起来,那么儿童的生长就比社会传统重要得多。这种观念的重要后果(以及紧跟而来的歪曲)是将儿童(生长)的兴趣凌驾于社会之上。霍夫斯蒂特承认,杜威实际上从来没有提出这样的主张。然而,"生长的观念导致教育思想家将内发的自我决定和自我指导的生长,这是好的,与外铄,这是坏的,令人讨厌地对立起来"[2]。在霍夫斯蒂特看来,这种思想路线"将提升儿童地位却忽视社会问题,其根据是,儿童生长代表着健康,而社会传统(包括课程传统)代表着陈旧和过度强调权威"[3]。

霍夫斯蒂特认为,将生长确定为教育的唯一目的意味着不可能建立统一的课程。杜威坚持将具体情境作为学习的起点意味着"对强调课程设计的各门学科的长期评价变得异常困难"[4]。在霍夫斯蒂特看来,这种困难,尽管在小学阶段也令人生厌,但在更高的学习阶段,却是灾难性的,这意味着在高学段中要掌握的不同学科必须与个人的兴趣和其他可能的学科联系起来。例如,霍夫斯蒂特这样说,以学生的经验为基础学习中学化学是不可能的。更确切地说,这要求学生同时关注不同的内容,并且随着时间的推移,积累关于日益复杂的事物的经验。

这种生长观念与杜威早期作品中关于教育应成为"社会进步的基本方法"的主张也背道

---

① J. Dewey, *The Middle Works of John Dewey*, *1899—1924* (Vol. 9), Carbondale: Southern Illinois University Press, 1980, p. 54; R. Hofstadter, *Anti-intellectualism in American Life*, New York: Vintage, 1963, p. 373.

② R. Hofstadter, *Anti-intellectualism in American Life*, New York: Vintage, 1963, p. 373.

③ R. Hofstadter, *Anti-intellectualism in American Life*, New York: Vintage, 1963, p. 374.

④ R. Hofstadter, *Anti-intellectualism in American Life*, New York: Vintage, 1963, p. 376.

而驰。^① 在这种向前生长和变化的观念中,教育的个体和社会方面结合在一起:学校通过教育个体成为批判的探究者和社会行动者变成了变化的推动者。霍夫斯蒂特认为,杜威没能兼顾这两个方面。杜威要么"牺牲教育是生长的理想,要么放弃与成人关于良好社会愿景一致的'成熟思想'"②。

　　概言之,霍夫斯蒂特提出了一个关于杜威教育思想的重大忧虑。具体来说,他对杜威是否提供确定的目的、有用的标准和严肃认真的课程提出质疑。杜威的确没有设计一套课程,然而,他的确通过对各种学科的作用和次序的持续讨论提供了课程决策的方法。这些学科包括历史、科学、地理和数学等。面对这些批评,杜威不可能两方面都赞成或都反对。我们需要注意的是,在追求社会进步的过程中,目的不是成人施加的,但在所有层级的教育生活(家庭、课堂、学校、学区、州、国家等)中,目的却是民主协商的产物。杜威试图利用他关于民主教育的观点为这些协商活动提供指导。在这个意义上,难度更大的问题是,杜威是否为教育者和公民确定他们自己的目的提供了足够的指导。例如,我们仍然需要提出疑问:杜威的方式是否向学生、家长、教师、管理者或普通民众问得太多了? 如果是,霍夫斯蒂特的批评是否依然是重要的?

　　20 世纪末至 21 世纪初,对杜威教育目的观提出激烈批评和指责的学者有赫斯科(E. D. Hirsch)、布鲁姆(A. Bloom)和莱维奇(D. Ravitch)等。^③ 他们普遍认为,杜威将教育的目的视为生长本质上是不要教育的目的,去除了"核心知识"内容的精华,并从各个层面肢解了课程的统一性。根据赫斯科的说法,进步改革的结果是文盲遍地,这种文盲对公民生活来说问题尤其严重,使学生缺乏核心的常识,从而不能形成"有效的民族交谈"④。在光谱的另一端上,对杜威教育目的生长论进行批评的是批判教育理论家鲍尔斯(S. Bowles)和金迪斯(H. Gintis)。他们认为,当代教育制度培养的是温顺的臣民。^⑤ 与弗莱雷(P. Freire)、费因伯格(W. Feinberg)和罗斯蒙特(H. Rosemont)的观点一致,他们认为教育应该鼓励独立

---

① J. Dewey, *The Earlier Works of John Dewey*, *1882—1898* (Vol. 5), Carbondale: Southern Illinois University Press, 2008, p. 93.

② R. Hofstadter, *Anti-intellectualism in American Life*, New York: Vintage, 1963, p. 379.

③ E. D. Hirsch, *The Schools We Need*, New York: Anchor, 1996; E. D. Hirsch, *Cultural Literacy: What Every American Needs to Know*, New York: Vintage Books, 1987; A. Bloom, *Closing of the American Mind*, New York: Simon and Schuster, 1987; D. Ravitch, "Education and Democracy", in D. Ravitch, and J. P. Viteritti (Ed.), *Making Good Citizens*, New Haven: Yale University Press, 2001, pp. 15-29; D. Ravitch, *Left Back: A Century of Failed School Reforms*, New York: Simon and Schuster, 2000.

④ E. D. Hirsch, *The Schools We Need*, New York: Anchor, 1996, p. xi.

⑤ S. Bowles, H. Gintis, *Schooling in Capitalist America: Educational Reform and the Contradictions of Economic Life*, New York: Basic Books, 1976.

的、批判性的思维，挑战现有的社会结构和标准。① 鲍尔斯（S. Bowles）和金迪斯（H. Gintis)批评杜威和进步教育对学校在重建资本主义生产关系中扮演的角色提出疑问。杜威理论的缺点是，"很明显，问题不在于改变约束人们生活的经济结构，而是安顿人"②。从这个思路看，他们从杜威的教育思想中几乎看不到任何批判的痕迹。对这些批评家而言，进步教育既没有引领学生质疑现状，也没有鼓励学校质疑他们在永续现有社会秩序中的作用。从根本上讲，批判教育家的这些观点都与杜威"生长是唯一的道德'目的'"的主张相悖。③概言之，批判教育家认为，杜威的教育观是混乱的、令人迷惑的，生长不能为如何构建教育目的或设计课程提供任何指导。

尽管杜威和其他学者，如胡克（S. Hook）、克莱巴德（H. Cliebard）和萨普斯（P. Suppes)等人都对批评教育家们指出的问题进行了辩护④，但这一批评阵营的力量仍十分强大。杜威始终坚定地拒绝为教育提供终极的目的，他相信任何目的都不能离开具体的教育实践和环境。进一步讲，杜威反对给课程强加具体的目的，主张提供评价标准，以便公民自身能对任何实践、课程或机构的教育和民主价值做出评判。这种立场是杜威激进主义和反功能主义的核心，也是备受批评的源头。许多批评者对杜威所持的"普通"教育行动者（学生、家长、教师、管理者）都有能力确定他们自己的目的的激进主义观点持坚决反对的态度。杜威的这种立场具有深奥的政治含义，它摒弃了指导美国教育实践和政策的专家驱动模式，转向强调以经验为基础的严密的方法和程序。

美国近年来在教育政策上发生了变化，开始强调要远离这些严密的方法和程序，这为我们提供了重新审视杜威教育目的论的契机。总体而言，在信息时代，美国的教育政策越来越受具体的、为技术官僚所重视的学习成绩目的所驱动。例如，2002 年出台的《不让一个孩子掉队法案》用多种方式督促各州和地方政府为学生确定具体的、可以测量的目的。洛斯斯坦

① P. Freire, *Pedagogy of the Oppressed*. Myra Bergman Ramos, Trans. New York: Continuum, 1970; W. Feinberg, H. Rosemont, *Work, Technology, and Education: Dissenting Essays in the Intellectual Foundations of American Education*, Champaign: University of Illinois Press, 1975.

② S. Bowles, H. Gintis, *Schooling in Capitalist America: Educational Reform and the Contradictions of Economic Life*, New York: Basic Books, 1976, p. 26.

③ J. Dewey, *The Middle Works of John Dewey, 1899—1924* (Vol. 12), Carbondale: Southern Illinois University Press,1988, p. 18.

④ J. Dewey, *The Later Works of John Dewey, 1925—1953* (Vol. 13), Carbondale: Southern Illinois University Press, 2008, pp. 7-11, pp. 48-63; S. Hook, "The Ends of Education", *Journal of Educational Sociology*, 1944,18(3); S. Hook, "The Ends and Content of Education", *Daedalus*, 1959,88(1); S. Hook, "Introduction", in J. Boydston, *The Middle Works of John Dewey, 1899—1924* (Vol. 9), Carbondale: Southern Illinois University Press, 1980, pp. ix-xxiv; H. Kliebard, *The Struggle for the American Curriculum: 1893—1950*. New York: Routledge, 1995; P. Suppes, "The Aims of Education", in A. Nieman (Ed.), *Philosophy of Education* 1995, Urbana: Philosophy of Education Society, 1996, pp. 110-126.

(R. Rothstein)和杰克布森(R. Jacobsen)批评这种对学生成绩的定义过于狭窄。① 其他批评者则认为这种要求将导致误入歧途和反生产性测验政策的产生。② 事实上,提高测验分数的目的已经给美国教育政策带来了不良影响,为了确保学生能达到熟练目标,有15个州调低了测验标准。③ 在学者们对改革的负面效果进行长期研究的同时,作为《不让一个孩子掉队法案》的早期支持者和后来的批评者,莱维奇进一步将批评的焦点指向教育目标的狭隘。莱维奇在近年来的文章中写道:"我很失望地认识到,测验已成为学校最关心的核心问题,它不仅仅是测量问题,测验本身就是目的。"④

此外,与越来越狭隘和标准化的学习成绩测验相伴的是学校控制的日益私有化和专家驱动化。例如,特许学校,虽然由公共财政支持,但伴随着责任增加的是自治权的扩张。只要达到特定的学术要求,独立组织就能脱离学区行政和监管开办学校。越来越具体的课程任务提供给不同的学生和家庭,公民被视为消费者,可以根据既有的偏好选择或退出学校。⑤ 零敲碎打的学校改革努力和学校管理的文件夹模式将这些假设传递到学区水平。⑥ 正如莱维奇所指出的,这些改革与民主管理和审议的距离越来越远。⑦ 在这种意义上,近来的政策所支持的实现目的的各种手段越来越不支持辩论、修订或审议。相反,将学习成绩视为教育目的被认为不言而喻且没有讨价还价的余地。这些政策变化营造了这样一种氛围:为了提高成绩,可以采取任何手段,包括学校间基于市场的竞争和"为考试而教"的死记硬背的各种方法。这种状态似乎正是中国教育的常态。在这种背景下,也许可以说,探讨杜威的教育目的论有助于我们理解并应对日益狭隘和技术化的教育实践和教育政策。

---

① R. Rothstein, R. Jacobsen, "The Goals of Education", *Phi Delta Kappan*, 2006, 88(4).

② K. Menken, "Teaching to the Test: How No Child Left Behind Impacts Language Policy, Curriculum, and Instruction for English Language Learners", *Bilingual Research Journal*, 2006, 30(5); L. McNeil, "Faking Equity: High-stakes Testing and the Education of Latino Youth", in A. Valenzuela (Ed.), *Leaving Children Behind: How "Texas-style" Accountability Fails Latino Youth*, Albany: SUNY Press, 2005, pp. 57-111.

③ V. Bandeira de Mello, C. Blankenship, and D. Mclaughlin, *Mapping State Proficiency Standards onto NAEP Scales: 2005—2007* (*NCES* 2010-456), Washington, D C: National Center for Education Statistics, Institute of Education Sciences, U. S. Department of Education, 2009, pp. vi-viii.

④ D. Ravitch, *The Death and Life of the Great American School System*. New York: Basic Books, 2010, p. 12.

⑤ T. Wilson, *Between Public and Private: Parents and Distinctive Schools of Choice*, New York: Columbia University, 2010.

⑥ 参见:J. Ancess, D. Allen, "Implementing Small Theme High Schools in New York City: Great Intentions and Great Tensions", *Harvard Educational Review*, 2006, 76(3); D. Ready, V. Lee, "Choice, Equity, and the Schools-within-schools Reform", *Teachers College Record*, 2008, 110(9); K. Bulkley, J. Henig, and H. Levin, *Between Public and Private: Politics, Governance, and the New Portfolio Models for Urban School Reform*, Cambridge: Harvard Education Press, 2010.

⑦ D. Ravitch, "Why Public Schools Need Democratic Governance", *Phi Delta Kappan*, 2010, 91(6).

二、教育的一般目的

对杜威来说,教育目的和手段是同一个东西:教育目的是个体整个生命过程中的持续学习和生长。[①] 霍夫斯蒂特认为把目的和手段混同是令人困惑并容易将人引入歧途的。本部分中我们将通过对杜威"教育的真正观念是社会目的指引下个人'向前生长'[②](progressive growth)过程中能力的解放"[③]的分析来解决杜威是如何处理目的和手段问题的。在这句话中,杜威使用的"向前生长"究竟指什么? 指引生长的"社会目的"是什么? 社会目的是如何确定的? 在这里,杜威的向前生长观给他的许多批评者所提倡的固定目的提供了一种重要选择,并且以一种新的方式在美国目前的教育政策中获得体现。

在分析这个问题之前,需要明确杜威的"目的"是什么。尽管深受黑格尔的影响,杜威仍然不赞同任何关于终极目的或人类事务存在绝对目的的主张。受这种观念的影响,在他的教育思想中,教育目的总是与学生的实际生活经验、手段(方法)、内容(学科知识)和具体社会状况相联系。在杜威看来,手段和目的之间的关系,不应该是二元的,而应该是灵活的连续体。在《民主主义与教育》[④]一书中,"目的"被定义为想要的结果:"目的是指有序的和组织有序的活动,在这种活动中,秩序是过程渐进实施的要素。假设活动有时间范围并且在时间延续中不断积累生长,那么目的就是指在终结或可能的终点之前的深谋远虑。"[⑤]在这里,目的成了过程的一部分,成了连续体的一个阶段。实际上,杜威在理解过程的意义时偏爱使用"视野中的目的(手头的目的)"(ends-in-view)这个术语。这个术语将我们的注意力引到了手头的具体任务目的,并提醒我们目的是暂时的,在整个教育经验过程中处于不断变化中。这样,视野中的目的就是开放的,代表了一系列用于测量和指导人民实践的特质和标准。基本上可以形成这样的观点,杜威的目的是一种评价的工具,可以使教师、学生和公众对个体成长、职业发展、公民能力等目的和民主社会中教育的普遍性质进行评价。

---

① J. Dewey, *The Middle Works of John Dewey*, *1899—1924* (Vol. 9), Carbondale: Southern Illinois University Press, 1980, p. 107.

② "向前生长"是王承绪在《民主主义与教育》里的译法,虽然觉得未必是确切的意思,但也确实没找到更恰当的译法,暂用。

③ J. Dewey, *The Middle Works of John Dewey*, *1899—1924* (Vol. 9), Carbondale: Southern Illinois University Press, 1980, p. 105.

④ 将"Democracy and Education"译为"民主主义和教育"也许是一个可以商榷的问题:在英语中作为后缀的"-ism"与"主义"是对应的,在 democracy 中看不到"主义"的痕迹。本文在涉及杜威这本著作的时候,仍然沿用这种译法。

⑤ J. Dewey, *The Middle Works of John Dewey*, *1899—1924* (Vol. 9), Carbondale: Southern Illinois University Press, 1980, p. 108.

(一)教育的个体目的

杜威将生长的普遍原则视为评价经验教育价值的主要标准。通俗地说,生长代表着为进一步生长打开机会而不是阻止机会的学习经验。如果人们对经验有更好的认识,并且能更好地掌控未来的经验,那么他们就能为在未来的情境中机动灵活地应用这些习得经验做更好的准备。换言之,生长是一种使个体一生中都能持续学习的形式。对生长的这种基本理解是几种重要差异的基础。杜威坚持认为,有些经验是非教育性的,有些是教育性的,有些是反教育性的。非教育性经验不具有反省的特点;常规经验不考虑经验的目的和意义而根据要求或习惯行动。

教育性经验和反教育性经验的差异对理解教育的广义目的至关重要。我们获得了经验却没有生长,这样的经验就是反教育性经验。为了解释这个问题,杜威对训练(常规的与目的无关的技能掌握)和教育进行了区分。"行业教育",至少在其最坏的形式上,是反教育过程,因为它教学生无意识地掌握具体技能或职业。[①] 杜威提出的一个著名的例子是"盗帮"。我们可以想象帮派是如何教年轻的入帮者成为盗贼的。通过练习和学习,年轻的小偷在盗窃、掳掠甚至领导自己的帮派上逐渐娴熟,这些"学习"经验都是反教育的。尽管盗贼确定无疑地变得更加熟练和见多识广,但是这种学习限制了他们未来经验的深度和广度。最重要的是,盗贼不能与他人自由地互动(interact),这严重地削减了其未来生长的可能性,这种学习不是服务于生长的学习。[②] 需要说明的是,杜威认为生长的标准应能够应用于任何经验、实践和课程。

杜威通过附加详细的个体发展或生长的标准进一步提升了生长原则的地位。他提出了两条评价教育经验的标准:互动(interaction)和持续性(continuity)。第一个标准强调孤立的活动不具有教育性。学习经验既要与过去的生活经验相联系,又要为未来的生长提供机会。在这一意义上,学校与社会的联系和个体目前的经验与未来可能追求之间的联系变得更加重要。第二个标准强调教育经验必须包括在这个世界中实施深思熟虑的实验活动。[③] 与没有思考或不反省的行为相反,当我们通过各种可能的行动路径并注意到可能的结果而不停地思考,我们是在学习。经验应帮助未来生长的其他领域形成习惯和态度,并帮助个体

---

① J. Dewey, *The Middle Works of John Dewey*, *1899—1924* (Vol. 8), Carbondale: Southern Illinois University Press, 2018, pp. 119-120.

② J. Dewey, *The Middle Works of John Dewey*, *1899—1924* (Vol. 9), Carbondale: Southern Illinois University Press, 1980, p. 88.

③ 参见:J. Dewey, *The Middle Works of John Dewey*, *1899—1924* (Vol. 9), Carbondale: Southern Illinois University Press, 1980, p. 142, p. 284; J. Dewey, *The Later Works of John Dewey*, *1925—1953* (Vol. 13), Carbondale: Southern Illinois University Press, 2008, p. 31.

评价未来经验的质量。①

对个体生长作为教育一般目的的讨论不涉及生长的具体内容和方向。为了更好地理解杜威的教育目的,需要转向杜威教育定义的第二条款——"社会目的指导下的向前生长"②。

(二)教育的社会目的

正如霍夫斯蒂特所指出的,杜威关于教育手段和目的是一回事的主张显然不能为界定更广泛的教育目的或杜威所谓的"社会目的""社会目标"提供任何指导。③ 值得注意的是,杜威在其早期著作中一直强调要平衡考量教育的个人目的和社会目的。早在 1897 年杜威就明确指出,应该教育个体形成"对社会福祉的兴趣,认同为社会秩序和进步贡献力量的……兴趣,和将这些原则付诸实施的兴趣"④。对社会的这种兴趣被杜威视为"终极的道德习惯",并成为所有其他习惯的指导。作为一种相当高尚的观念,这种陈述引起了霍夫斯蒂特的忧虑,其忧虑在于,要确定这些社会目的需要多少指导。即使对杜威持同情态度的解释者诺丁斯(N. Noddings)也提出了类似的批评:"即使我们敬佩并接受杜威关于教育行为的大多数建议,我们可能仍然会对儿童用以'指导和塑造变化'的标准产生忧虑。我们知道这个标准必须是社会标准,但是可以依靠这个标准去塑造自身吗?"⑤

杜威承认存在这种担忧。在《民主主义与教育》中,杜威指出任何国家的教育制度都存在固有的矛盾,这是由国家主义、民主和其他社会目的对教育的角色要求所决定的。杜威提醒我们,任何社会概念都是特定背景下的观念:"作为社会程序和功能的教育的概念没有确切的含义,除非我们心中有关于社会的明确概念。"⑥与其批评者一样,杜威认为,要定义和测度教育必须有一个更清晰的社会概念。他这样说:"彼此有益且相互联系的社会生活的大圈子和排他并因而可能有碍于实现个人追求和目标的小圈子之间的对立(因为只能是对立),要求教育理论提供关于社会含义的更清晰的概念,并一直作为教育运行和测度的依据,(这

① J. Dewey, *The Later Works of John Dewey*, *1925—1953* (Vol. 13), Carbondale: Southern Illinois University Press, 2008, p. 23.

② J. Dewey, *The Middle Works of John Dewey*, *1899—1924* (Vol. 9), Carbondale: Southern Illinois University Press, 1980, p. 105.

③ J. Dewey, *The Middle Works of John Dewey*, *1899—1924* (Vol. 9), Carbondale: Southern Illinois University Press, 1980, p. 104, p. 105.

④ J. Dewey, *The Earlier Works of John Dewey*, *1882—1898* (Vol. 5), Carbondale: Southern Illinois University Press, 2008, p. 63.

⑤ N. Noddings, "Thoughts on John Dewey's Ethical Principles Underlying Education", *Elementary School Journal*, 1998,98(5).

⑥ J. Dewey, *The Middle Works of John Dewey*, *1899—1924* (Vol. 9), Carbondale: Southern Illinois University Press, 1980, p. 103.

一任务)仍然远没有完成。"①杜威呼吁提供一个更清晰的社会概念,但他只是停留在呼吁上,未能继续前进试图解决这个问题。在《民主主义与教育》中,杜威没有提供一个社会概念,也没有发起关于社会概念的持续讨论。他虽然说过"真正的社会组织"包括"目的分享和权益交换"②,却没有指出这些目的可能是什么。杜威似乎明显忽略了这一问题,尤其考虑到他宣称教育是社会过程、个体是社会存在、学校是社会机构,等等。

然而,不讨论社会概念问题是杜威明显的忽略,也是杜威理论的特点。从某种意义上看,这种忽略表明作为思想家的杜威所持有的激进的反基础(antifoundational)倾向。由于不能说清楚社会的概念,杜威不再根据普遍被人们接受的权威,如哲学或上帝来确定教育的目的。从另一种意义上看,这种忽略表明了一种不同的政治立场。杜威试图运用一条复杂的路径实现自己的目的:希望在不陷入国家主义的危险中确定复杂的社会目的。尽管杜威没有提供关于社会的实质性定义,还是可以从杜威关于"社会问题"的认识中得到启发。首先,杜威提出的实验探究(experimental inquiry)包含着社会目的的定义。其次,杜威将民主视为理解社会概念的理想和标准。

在讨论社会概念问题时必须注意到杜威的消极看法:社会目的是外在于教育过程的概念,教育过程内部的目的才应该是关注的中心。从外部强加到内部发展这种转变意味着应该在教育实践、合作探究和集体决策中,并通过教育实践、合作探究和集体决策来界定社会目的。此外,需要注意的是,杜威的教育方法必须放在各种具体的情境下理解。在将教育视为生活的方式和将学校视为胚胎的社区的语境下,学习是与他人一起完成的行动过程中的合作性努力。由于将实验探究置于合作背景下,学习的问题就必然是社会的问题。事实上,教育不可避免地具有社会性和政治性,这些维度被铸入了实验探究的框架中。③

既然实验探究的本质是社会的,那么这种探究能引导人们远离每个人都深陷其中的社会世界吗?正如杜威所指出的:"既然教育是社会过程,并且存在各种不同类型的社会,那么教育评价和建设的标准必须包含具体的社会理想。"④那么,杜威心中的社会理想是什么呢?毫无意外,民主就是这个理想。对杜威来说,民主的社会理想不仅仅是一种政府形式,还是

① J. Dewey, *The Middle Works of John Dewey*, *1899—1924* (Vol. 9), Carbondale: Southern Illinois University Press, 1980, p. 104.

② J. Dewey, *The Middle Works of John Dewey*, *1899—1924* (Vol. 9), Carbondale: Southern Illinois University Press, 1980, p. 9.

③ R. Hildreth, "Reconstructing Dewey on Power", *Political Theory*, 2009,37(6).

④ J. Dewey, *The Middle Works of John Dewey*, *1899—1924* (Vol. 9), Carbondale: Southern Illinois University Press, 1980, p. 105.

"共同交流经验"①,在这种交流世界里,所有公民都具备"社会生活的清晰意识"②。换言之,民主是生活的方式,在这种生活中,所有公民都能充分理解社会生活的本质,并能做出更合理的集体决策。杜威在《民主主义与教育》中提出了教育评价和建设的两条标准:(1)共同利益的分享和种类更多,并且更强调作为社会控制因素的共同利益的认同;(2)源于不同群体利益交流过程的持续改进,引起社会变化的社会群体间的交流变得更自由。③ 这些标准乍一看好像与教育没有多大关系,第一个标准似乎是一个标准的目标,即相互有利应该成为集体决策的指导原则;第二个标准指向社会生活是开放的、多元的和交互的意识形态。

但通过更仔细的审查,我们发现了更深层次的主张。如果我们相信教育始于经验,并且经验具有社会性,那么第一个标准就是所有行动者(学生、家长、教师和管理者)在确定学生学习和生长的状况时必须慎重考虑的。换言之,我们在评价学生学习状况时是否考虑到了所有行动者的利益。同时,第二个标准坚持通过承认差异促进学习,变化和交流因此就变得特别重要。当我们将两个标准结合起来时教育的真正回报就来了。杜威这样说:"增加利益分享者个体的数量以便每个人都不得不在采取行动时顾及他人的行动,并且考虑他人的行动以便给自己的行动提供立场和指向,与打破妨碍人们采取充分行动的阶级、种族和民族地区的界限同样重要。"④民主和教育的目的是促使人们发展利益共同体,并形成对社会行动的后果负责的意识。总体来看,杜威的标准指向为学生的个人成长提供理想的社会状况,共同利益清除了人与人之间和不同经验形式之间存在的人为障碍,这为交流、学习和成长提供了更大的可能性。

杜威不是去界定社会目的,而是为我们提供了民主标准,这要求教育者、公务人员和公民做出艰辛努力,讨论、分析和落实符合民主理想的教育观念。教育行动者的确应该讨论教育的目的,不过,这里的问题是,即使被定义为社会组织间更自由的交流和更多的利益分享,教育目的依然是一种非常模糊的观念,要根据这种观念设计课程仍要面临许多困难的技术问题。⑤ 然而,杜威提出的标准不是要帮助我们无中生有地设定教育目的,而是用这个标准去评价现有的或提出的教育目标、方法和内容,是让实践者来完成应用这个标准去评价具体

---

① J. Dewey, *The Middle Works of John Dewey*, *1899—1924* (Vol. 9), Carbondale: Southern Illinois University Press, 1980, p. 93.

② J. Dewey, *The Later Works of John Dewey*, *1925—1953* (Vol. 2), Carbondale: Southern Illinois University Press, 2008, p. 328.

③ J. Dewey, *The Middle Works of John Dewey*, *1899—1924* (Vol. 9), Carbondale: Southern Illinois University Press, 1980, p. 92.

④ J. Dewey, *The Middle Works of John Dewey*, *1899—1924* (Vol. 9), Carbondale: Southern Illinois University Press, 1980, p. 93.

⑤ P. Suppes, "The Aims of Education", in A. Nieman (Ed.), *Philosophy of Education* 1995, Urbana: Philosophy of Education Society, 1996, pp. 110-126.

建议和实践的艰难工作。为了更清晰地认识杜威的这个意图,笔者将对被人们普遍接受的教育的两个具体目的做简要分析。

三、教育的具体目的:工作和公民身份

杜威认为成长的标准能够应用于所有的教育实践和机构,但在如何应用这个标准的问题上,杜威却没有提供多少具体的细节,这一做法与他一贯强调的民主理想观念是一致的。关于如何将这个标准运用于分析学校教育的具体目的,杜威提出了较多的指导意见。

(一)工 作

杜威在教育和未来职业关系的立场上存在矛盾。一方面,杜威很清楚,学校教育的一个基本目的是为青年过有意义的职业生活做准备,即教育的根本目的是使所有学生具有成为"他们经济和社会事业主人"的能力。[①] 如果承认成人生活的大部分时间是以工作者的身份度过是一个事实,我们就不得不面对这样一个挑战,即如何以有利于个体生长的方法精心组织教育和工作的状态。另外,杜威坚决反对教育为未来的生活做准备。[②] 杜威在《我的教育信条》中这样说:"由于民主和现代工业的出现,我们现在不可能明确预言 20 年后的文明是什么样子,因而也不能让儿童为各类固定的(社会)[③]状况做准备。"[④]具体来说,杜威相信,为具体工作("学会挣钱")进行的狭窄的训练是受到过度挤压的教育观。[⑤] "职业训练"不仅不利于生长,而且"存在一种严重的危险,即由于对这种目的的持续坚持,现有的经济状况和标准将一成不变"[⑥]。那么问题就来了,即如何以既对学生现在生活重要,又有利于其未来生长的方式,使儿童为未来的职业生活做准备?杜威通过两种方式解决这一冲突。

第一种方式的焦点是形容词"有意义的"(meaningful)。什么使工作有意义看起来简

---

① J. Dewey, *The Middle Works of John Dewey*, 1899—1924 (Vol. 9), Carbondale: Southern Illinois University Press, 1980, p. 104.

② J. Dewey, *The Middle Works of John Dewey*, 1899—1924 (Vol. 9), Carbondale: Southern Illinois University Press, 1980, p. 59; J. Dewey, *The Later Works of John Dewey*, 1925—1953 (Vol. 13), Carbondale: Southern Illinois University Press, 2008, p. 28.

③ 括号里的内容为本文作者所加,原文中没有相应的文字。

④ J. Dewey, *The Earlier Works of John Dewey*, 1882—1898 (Vol. 5), Carbondale: Southern Illinois University Press, 2008, p. 66.

⑤ J. Dewey, *The Middle Works of John Dewey*, 1899—1924 (Vol. 10), Carbondale: Southern Illinois University Press, 2008, p. 145.

⑥ J. Dewey, *The Middle Works of John Dewey*, 1899—1924 (Vol. 9), Carbondale: Southern Illinois University Press, 1980, p. 126.

单,实则极为复杂。杜威认为,教育能够且应该帮助个体理解其有薪工作的更广泛的社会意义。杜威指出,如果个体能认识其活动在生产过程中的作用及其公司在经济中的作用,不费脑筋的体力劳动者的工作就是有意义的。这看起来像缺少温度的安慰,可以想象,作为麦当劳流水线的厨师偏偏需要去理解更大的社会过程的意义可能会使这项工作更令人沮丧。然而,杜威相信,对更大的社会和经济过程的理解可以改变个人对有薪工作的态度,有助于我们认识工作和工作结果的关系,并能促进我们更好地学习和成长。

在这里,可以看到杜威是如何提出通过工作而非为了工作进行学习的。杜威及其合作者在芝加哥实验学校中将各种职业活动建成"清楚表达的中心"(articulating centers),职业活动在实验学校扮演三种角色:组织学生学习;帮助学生理解未来工作的重要意义;使学生尽可能多地接触不同种类的职业。杜威给职业提供了一个特殊的定义,即职业是"社会生活中实施的某种工作形式的再现模式或平行模式"①。这些活动在设计时必须贴近学生的日常生活,围绕儿童在家庭周围能遇到的各种职业,如缝纫、烹饪等。在职业活动中,学习的目的不是使用工具、获得技能或生产产品,而是通过参加职业活动使儿童形成"智力上的责任以选择最合适的材料和工具,确定自己的工作方式和计划,发现自己的问题并找到改正的方法"②。这样的职业活动就具有了重要的学术意义,要求学生"无论做何种事情都要最大程度的积极投入"③。

更重要的是,这些职业是对更大的社会、历史和工业过程的映照。在这种意义上,学生通过简化的建设性活动学习工业方法。杜威认为,这些活动不是只学习手工艺,"从社会意义上看,我们必须将(职业学习活动)视为保持社会自身运转的各种方法"④。学生不只是学习编织,还通过学习纤维科学、服装穿着和制造以及服装文化等"认识历史中人类的进步"⑤。这样,职业学习活动通过对学生进行地理学、艺术学、文学、科学、经济学和历史学等多维度的检视,扩展了他们的经验。通过对人类社会生产方式演变的分析,学生对社会发展有了理论和实践上的认识。与霍夫斯蒂特呼吁专业化的主张不同,在杜威的世界中,教育通过职业活动强化了这样的观念:"所有学习都源自一个星球和生活于其上的个人生活的不同方面。

---

① J. Dewey, *The Middle Works of John Dewey*, *1899—1924* (Vol. 1), Carbondale: Southern Illinois University Press, 2008, p. 92.

② J. Dewey, *The Middle Works of John Dewey*, *1899—1924* (Vol. 1), Carbondale: Southern Illinois University Press, 2008, p. 92.

③ J. Dewey, *The Middle Works of John Dewey*, *1899—1924* (Vol. 1), Carbondale: Southern Illinois University Press, 2008, p. 93.

④ J. Dewey, *The Middle Works of John Dewey*, *1899—1924* (Vol. 1), Carbondale: Southern Illinois University Press, 2008, p. 10.

⑤ J. Dewey, *The Middle Works of John Dewey*, *1899—1924* (Vol. 1), Carbondale: Southern Illinois University Press, 2008, pp. 14-15.

当儿童在这个不断变化的共同世界上生活，并与其发生各种具体的和积极的关系时，他们的学习就自然地统一起来了。"①这样的教育扩展了学生对其未来工作的政治、经济和社会意义的认识，提高了应对迅速变化的环境所需要的智慧和能力的灵活性。

杜威解决智力训练和有意义职业准备之间矛盾的另一种方式是重新认识职业问题。在这里，基于早期对职业宗教传统的认识，杜威反对当时普遍流行的对职业、产业或行业教育的定位，主张回到将职业视为"事业"（calling）的传统认识上，并因此提出每个人有许多不同事业的主张。杜威进一步提出，学校教育应该从智力上帮助个体寻找并形成多种有效的职业。② 这种职业观，与当时根据智商测验成绩，驱动学生为了获得某种有报酬的工作进行训练的模式是相悖的。杜威认为人不会只是为了薪酬工作，"我们必须抛弃职业是生产物质产品的工作的狭隘观念"③。

杜威认为，"职业"这个术语意味着特别的兴趣和习惯，是一个人之所以成为这样的人或那样的人的关键因素。如果个体不追求自己的事业，就无法成为自己。如果把职业当作生活，他们会在这个特殊的对象或活动中迷失自我，也会在其中找到自我。"实际上，自我和兴趣是同一事物的两种称呼；积极投入到一件事情的兴趣的种类和数量是自我存在质量的表征和标准。"④这种"兴趣投入"经验的持续发展，在某种特殊活动中的"自我迷失和自我发现"，形成了职业观念。这样看来，职业是指"自我身份与某个特定对象的主动靠拢"⑤。当把职业当作生活时，个体就在有酬（或无酬）的工作中找到了生活的意义。

在这里，可以看到杜威个体生长的标准如何被应用到工作的具体目的之中。由于大多数时间都在工作，当个体的职业生涯和有报酬的工作统一起来时，能达到个体持续生长的最佳状态。然而，经济迅速变化这个事实也意味着具体的工作、行业或技能会过时。正是因此，杜威提出要发展宽泛的、多元的职业兴趣。⑥ 职业的多样性有助于个体养成灵活探究的行为习惯，多样化的兴趣与不断扩展的专业知识有助于个体在迅速变化的社会中灵活调整、适应和繁荣。即使不可避免地受到经济变化的影响，这种灵活性也使个体不至于生活在单

① J. Dewey, *The Middle Works of John Dewey*, *1899—1924* (Vol. 1), Carbondale: Southern Illinois University Press, 2008, p. 54.

② J. Dewey, *The Middle Works of John Dewey*, *1899—1924* (Vol. 9), Carbondale: Southern Illinois University Press, 1980, p. 317.

③ J. Dewey, *The Middle Works of John Dewey*, *1899—1924* (Vol. 9), Carbondale: Southern Illinois University Press, 1980, p. 317.

④ J. Dewey, *The Middle Works of John Dewey*, *1899—1924* (Vol. 9), Carbondale: Southern Illinois University Press, 1980, p. 362.

⑤ J. Dewey, *The Middle Works of John Dewey*, *1899—1924* (Vol. 9), Carbondale: Southern Illinois University Press, 1980, p. 362.

⑥ J. Dewey, *The Middle Works of John Dewey*, *1899—1924* (Vol. 9), Carbondale: Southern Illinois University Press, 1980, p. 317.

一职业或行业的怜悯之中,最终这又有助于个体最大限度地掌控自己的经济生活。

(二)公民身份

杜威关于职业观念的多元论与其对公民身份(citizenship)的通常理解存在重叠。值得注意的是,杜威一贯反对将公民教育视为确切的主题。有学者指出,杜威的这种做法显然不是故意忽略这个问题,而是表明其整个教育哲学都可以用"公民身份"这个术语来解读。[①] 在一次教师集会的演讲中,杜威这样说:"我理所当然地认为我们都同意,从最广泛的意义来看,普通教育系统的主要事务必须是将进入到学校来的所有青少年男女培养成为好的公民。"[②]那么如果确切地说,这个最广泛意义上的良好公民身份是什么呢?杜威非常明确地指出,我们不应该从狭隘的意义上将公民身份理解为"明智投票的能力""遵纪守法的品质",等等。[③] 在杜威看来,公民不只是投票人,还是家庭成员、雇员、朋友、社团成员和某个社区的居民(还可以有其他的维度)。因而杜威要求年轻人"发展观察、分析和推理的能力,确定是什么造成了某种社会状况,以及社会状况如何塑造各种机构"[④]。这里可以看到杜威关于职业的多元化观念和公民身份概念的重叠。如果用职业的术语解读公民身份,可以发现它是一种极为特别的存在模式。在这种模式中,个体听从这个世界的政治召唤,并拥有合理应对问题的关键的、政治的习惯。

如果用霍夫斯蒂特的批评话语来分析,可以发现,杜威关于公民身份的概念引出了几个重要问题:什么是公民身份的确切观念?关于公民身份的这种界定是否太过宽泛以致缺少足够的内容?对于上述疑问,可以从杜威的思想中找到尝试解答的线索。

杜威认为公民教育的一个重要目的是形成政治判断。[⑤] 良好的判断建立在对政治、社会和经济实际运作体制的批判性的理解基础之上。杜威宣称,学校一直过分强调公民知识的学习,包括政府机构的知识和议案如何变成法律知识等。标准的公民学无一例外地专注于过程和机构,而不是审视政府的实际运作。杜威说:"从政治观看,我们不能因培养学生成为真正良好的公民而引以为荣,在某种程度上,我们正在培养的是消极的公民群。受民粹主义

---

① S. Rosentahal,"Democracy and education: A Deweyan Approach",*Educational Theory*,1993,43(4).

② J. Dewey,*The Middle Works of John Dewey*,*1899—1924* (Vol. 15),Carbondale: Southern Illinois University Press,2008,p. 158.

③ J. Dewey,*The Earlier Works of John Dewey*,*1882—1898* (Vol. 5),Carbondale: Southern Illinois University Press,2008,p. 58.

④ J. Dewey,*The Earlier Works of John Dewey*,*1882—1898* (Vol. 5),Carbondale: Southern Illinois University Press,2008,p. 73.

⑤ J. Dewey,*The Middle Works of John Dewey*,*1899—1924* (Vol. 4),Carbondale: Southern Illinois University Press,2008,p. 290.

者和煽动者的影响,他们或受政治机器的利用和控制,或成为政治机构的反对者。"①这一观点是对杜威时代流行的强调忠顺的"社会效率"运动的直接挑战。这种对公民教育的批判不仅主张要检视政府的权力,而且强调要审查政府背后的权力,尤其是要检查政府和企业的关系。② 有趣的是,沿着这一思路,杜威提出要研究经济史而非政治史。③ 它不是为了知识而学的知识,而是为了能在评估政治问题和计划时做出更好的判断而用到的知识。

第二个目的强调形成促进社会和政治变化的能力。④ 这就又回到了此前对民主标准问题的讨论上来。杜威认为,民主社会应该是合作的、多样化的和灵活的。正是因此,杜威敦促所有个体都要加入他们隶属的各类团体(包括工作场所),并在团体中分享他们的意见。这些团体在小范围内代表了"民主生活的方式"——交流、审议、协商和解决问题。杜威希望社会生活中所有形式的参与过程都为个体的成长提供条件,确保个人的利益同团体的共同利益保持一致。

尽管在某种程度上团体提供了学习机会,但杜威敏锐地认识到,团体有时可能是不民主的,甚至是反民主的。这引出了杜威的第二个教育标准:团体间自由的和充分的交流(盗贼团伙不会满足的标准)。杜威相信,这种团体之间的交流既有教育的功能又有民主的功能。正如上面所指出的,团体间的广泛交流有助于消除各种障碍,并因此开启了进一步生长的机会。通过了解一个团体行动的后果如何影响其他团体或更大范围的公众,个体能认识到自身行动对更大范围的公众所产生的意义。杜威相信,这是培养"良好公民"的关键一环。他这样说:"良好的公民通过他的政治团体行为获得充实,并且通过参与家庭生活、工业、科学和艺术协会丰富自身。由于可以自由地交换意见,完整的人格因而可能形成,通过不同团体间的碰撞、交流,彼此之间将相互促进,并使价值观和谐一致。"⑤在这里,可以看到杜威早期从最广泛意义上对公民身份进行解释的具体内容。这不仅仅是贯穿于各种社会角色中的公民身份,而且是存在并贯穿于各种角色世界中的特别的政治态度。

对工作和公民身份这两个具体目的的分析有助于从民主这一更广泛的角度理解杜威的教育目的论。杜威有意排除教育的社会目的,但通过对公民身份的讨论,他又表明公民的日

---

① J. Dewey, *The Middle Works of John Dewey*, *1899—1924* (Vol. 15), Carbondale: Southern Illinois University Press, 2008, p. 163.

② J. Dewey, *The Middle Works of John Dewey*, *1899—1924* (Vol. 15), Carbondale: Southern Illinois University Press, 2008, p. 160, p. 163.

③ J. Dewey, *The Middle Works of John Dewey*, *1899—1924* (Vol. 9), Carbondale: Southern Illinois University Press, 1980, pp. 223-224.

④ J. Dewey, *The Middle Works of John Dewey*, *1899—1924* (Vol. 9), Carbondale: Southern Illinois University Press, 1980, p. 93.

⑤ J. Dewey, *The Later Works of John Dewey*, *1925—1953* (Vol. 2), Carbondale: Southern Illinois University Press, 2008, p. 328.

常活动和行为能够培养公民集体确定社会目的的能力。在这里可以看到职业和公民目的的重叠：都强调多样性和灵活性；都强调个体形成自我意识和世界如何运行的意识。从这个意义上看，这两个目的都有助于个体更大程度地掌控自己的职业生活和存在的集体状态。在一个不断变迁的世界中，杜威构筑的工作和公民身份目的有助于个体认识、适应乃至影响社会变化。

四、结　论

杜威的教育理想是培养有"教养的个体"和建设民主社会。有教养的个体必须具有灵活的批判探究的习惯，确保其整个一生都能持续学习，有广泛的兴趣和有意义的职业。这种灵活性和广度有助于个体更好地掌控其经济生活，并成为民主社会生活更有效的参与者。这一观点有助于我们在迅速变化的时代中对教育目的问题进行深入的讨论。

杜威没有提出明确的教育目的，但他为公民（学生、教师、家长、管理者等）提供了确定教育目的的标准和民主程序。杜威认为目的应该是开放的，保持着巨大的不确定性。拒绝提供明确的教育目的反映了杜威的激进主义。杜威之所以主张保持目的的开放性，是因为他认为公民有能力确定社会目的并实施相应的教育计划。杜威认为确定明确的教育目的在政治上是有害的，教育的目的必须通过审慎的集体讨论和大量的政治斗争，形成于教与学的过程中。杜威对个体如何形成公民习惯和构建社会目的的能力进行了分析。他强调生长的标准——公民集体用于评价和指导教育实践的民主管理和社会交流的、既与地方课程密切相关又指向更广泛的社会目的的目标。在杜威看来，最重要的是，不管是哲学家还是政策制定者都不能确定教育的目的。目的问题，无论多么复杂和困难，都只能留给从事教育实践的利益相关者。在所有教育行动者中，儿童是最重要的利益相关者，所有教育活动都是为了儿童的"生长"，只有儿童知道什么样的生长对自己是好的。沿着这个思路，也许可以用杜威在《儿童与课程》中的话作为本文的结束语："我们必须站在儿童的立场上，并且以儿童为出发点。是儿童，而不是教学内容，决定学习的质量和数量。"①

----

① J. Dewey，"The Child and the Curriculum"，参见网站：https://pdfs.semanticscholar.org/141a/88b7b85baf9af60dd564efb2cdd06bc9e6ee.pdf.

社会民主进程中的学校重建

——杜威教育思想中的一个核心主题

◎丁永为　荆美玉　闫宝萍婧*

摘　要：社会民主与学校重建的关系是杜威教育思想中的一个核心主题。工业革命以及随之引起的在科技、交通、政治、经济、文化等社会诸领域的全面变革，对美国民主构成了严峻挑战。从哲学高度，深入反思学校如何重建和变革，以在美国社会的民主化进程中扮演更为积极、有为的角色，成为一个重大而紧迫的时代课题。杜威从实用主义哲学的立场重构了民主概念，主张学校应超越旧个人主义的狭隘性，通过主动作业培养未来公民的民主和社会精神。20世纪20年代前后，杜威的教育思想发生转向，对制度化教育在社会民主化中的功能的有限性认识更为清晰，但是，终其一生，杜威都未曾放弃对学校重建问题的关心。杜威有关民主和学校重建关系问题的思想十分深刻，超越了杰斐逊和贺拉斯·曼等前人，影响了克伯屈和拉格等社会改造主义教育家，在美国教育思想史中，杜威是一位当之无愧的、继往开来的大师。

关键词：杜威；社会民主；学校重建；主动作业；旧个人主义

在近代西方，最早全面讨论学校重建与社会改良关系问题，且对世界教育史影响深远的教育家也许是捷克的夸美纽斯。夸美纽斯提出了包括统一学制、设置督学、建立学年制和班级授课制、由专家编撰各科教科书等一揽子学校重建方案，以应对17世纪欧洲社会普遍的宗教不宽容、国际战争、饥馑和文盲问题。在夸美纽斯之后，洛克、卢梭、裴斯泰洛齐、赫尔巴特都从不同角度对上述方案进行修改，但基本的主旨都是为了一个更加美好的社会而重建学校、改组教育。这种具有启蒙意识、理性精神的教育探险，在18、19世纪的北美大陆也可以看到。富兰克林、拉什、华盛顿，特别是杰斐逊，以及19世纪三四十年代的贺拉斯·曼在继承欧洲和本国教育先贤思想遗产的基础上，结合美国国情和文化特质，提出了学校重建与民主促进的关系的重要议题。到19世纪末20世纪初，处在迅速工业化过程中的美国社会，阶级冲突加剧，移民的涌来导致社会分裂加深，社会问题突出，民主传统遭遇前所未有的挑

---

* 作者简介：丁永为，首都师范大学教育学院副教授；荆美玉、闫宝萍婧，首都师范大学教育学院硕士研究生。基金项目：北京市社会科学基金重大项目"教育与美国社会改革（1890—1920）"（15ZDA25）。

战。美国社会各界对重建学校以解决社会问题、保卫美国民主精神的需要极为迫切。杜威正是在这个背景下,深入观察美国社会现状,反思美国文化和精神,探索新的学校发展观,以适应新时代美国民主的发展需要。杜威的相关思想在美国教育史中占据重要地位。

一、工业革命与学校重建的必要

1885 年是杜威入职密执安大学哲学系的第二年。在这一年的秋季学期,杜威几乎每天都到学校图书馆里翻阅有关资本主义工业、机械、工资和阶级斗争方面的书籍。他对工业革命比较系统的理性认识主要是从这个时期开始的。值得注意的是,杜威实际上一开始就将工业社会与民主联系在一起。在 1888 年发表的《民主伦理学》一文中,杜威从社会的和道德的角度讨论民主的意义。他运用新黑格尔派的社会有机体概念对美国的民主观念从日常生活的伦理层面进行创造性的阐释,提出了两个关于民主的非常重要的论点。

第一,民主不只是一种政府的形式,它更是一个社会的或伦理的概念。"民主是一种政府的形式只是因为它是一种道德的精神的联合的形式。"①如怀特(Howard White)所言:"杜威坚持认为,民主与其说是一种政治秩序,不如说是一种共同生活的方式,甚至认为把民主等同于政治民主充满了危险。"②

第二,民主不只意味着公民的和政治的民主,更意味着工业的民主。"除非它是工业的,也是文明的和政治的,否则民主是名不副实的。"③"民主必须成为工业的。"④

民主主张个性(personality)是最初的,也是最终的、实在的(reality)。"它承认完全意义的个性只有个人通过后天习得;它承认实现个性的刺激和鼓励来自社会……发展个性的选择必须来自个人。"⑤

从 37 卷本的《杜威全集》可见,上述两个观点在杜威漫长的学术生涯中被贯穿始终。它们是我们了解杜威有关学校参与社会民主化改革思想的金钥匙。

1894 年,杜威辞去密执安大学哲学系主任的职务,接受哈珀校长的邀请,到芝加哥大

① J. A. Boydston, *The Early Works of John Dewey* (Vol. 1), Carbondale: Southern Illinois University Press, 1969, p. 240.

② H. B. White, "The Political Faith of John Dewey", *The Journal of Politics*, 1958(2).

③ J. A. Boydston, *The Early Works of John Dewey* (Vol. 1), Carbondale: Southern Illinois University Press, 1969, p. 246.

④ J. A. Boydston, *The Early Works of John Dewey* (Vol. 1), Carbondale: Southern Illinois University Press, 1969, p. 248.

⑤ J. A. Boydston, *The Early Works of John Dewey* (Vol. 1), Carbondale: Southern Illinois University Press, 1969, p. 244.

学任哲学系、心理学系和教育学系三系主任。1896年,杜威创办了芝加哥大学附属小学。1899年,杜威出版《学校与社会》。这本书是杜威在芝加哥大学附属小学的家长会上发表的几篇发言稿的基础上整理而成的。在该书的第一章,杜威旗帜鲜明地指出学校与社会进步的关系。杜威指出,当前美国社会正在发生一场迅速的变革,这场社会变革有几个明显的特点。首先是工业上的变化,杜威称它是"笼罩一切的、甚至支配一切的变化"①;其次是科学的应用与各种自然力的重大发明;再次是城市化与家族和邻里制度的消逝,这些变化深刻地影响了教育。他呼吁:"根本的状况已经改变了,在教育方面也只有相应的改变才行。"②"明显的事实是,我们的社会生活正在经历着一个彻底的和根本的变化。如果我们的教育对于生活必须具有任何意义的话,那么它就必须经历一个相应的完全的变革。"③

特别值得注意的是,杜威指出,当时美国的学校还没有对正在发生的这一切变化进行主动的反映。在他看来,学校中和课堂里社会精神的缺乏是很明显的。1888年杜威就已经指出,民主是一种社会的和道德的生活,缺乏社会精神的学校显然不能培养具有民主精神的未来社会成员。杜威认为,民主的社会是一些遵循着共同的路线,拥有共同的精神,并参照共同的目的而活动的个人聚集在一起而成的。这种共同的需要和目的,要求加强思想的交流和感情的和谐一致。然而,学校却缺乏这种共同的和生产性的活动。在课堂里,社会组织的动机和凝固剂是非常缺乏的,所以,"在伦理方面,目前学校可悲的弱点在于,它所致力的是在社会精神的条件显然十分缺乏的情况下培养社会秩序的未来成员"④。

杜威感慨地说:"今天有多少被雇佣的人不过是他们所使用的机器的附属品!"⑤工人们不能从他们的日常工作中认识它含有的重大而有人生价值的意义,大部分工人没有机会去发展他们的想象力和用他们的同情的眼光来领略他们工作中社会的和科学的价值。在1915年出版的《明日之学校》中,杜威对现代工业社会中工人的处境再次做了揭示。他写道:"由于严密分工形成的经济状况,生产被分割为多种多样的过程。即使是在一条生产线上的工人,也很少有机会通晓整个生产过程。……机器运转靠的是工人,除非他受过专门的智力训练,否则无法认识复杂的事实和自然原理。"⑥"大多数的人除了能被长期雇佣,为他人干活而取得报酬外,再也没有其他期望。财富的不平等现象增加了,使得童工的需求变成一种对严肃的大众教育的紧迫的威胁。"⑦因此,从工业民主的角度看,重建学校教育以适应现代社会

---

① 吕达、刘立德、邹海燕:《杜威教育文集(第1卷)》,人民教育出版社2008年版,第28页。
② 吕达、刘立德、邹海燕:《杜威教育文集(第1卷)》,人民教育出版社2008年版,第30页。
③ 吕达、刘立德、邹海燕:《杜威教育文集(第1卷)》,人民教育出版社2008年版,第39页。
④ 吕达、刘立德、邹海燕:《杜威教育文集(第1卷)》,人民教育出版社2008年版,第31-32页。
⑤ 吕达、刘立德、邹海燕:《杜威教育文集(第1卷)》,人民教育出版社2008年版,第37页。
⑥ 吕达、刘立德、邹海燕:《杜威教育文集(第1卷)》,人民教育出版社2008年版,第329页。
⑦ 吕达、刘立德、邹海燕:《杜威教育文集(第1卷)》,人民教育出版社2008年版,第330页。

条件是最为重要而迫切的问题。

二、对学校中旧个人主义的超越

在杜威看来,个性是民主的最初也是最终的实在,而个性是在社会交往中形成的,所以,为民主培养未来社会成员,必须要在一个社会化的环境中进行才行。而阻碍学校的民主化和社会化的正是旧的个人主义观念。

面对城市社会正在解体的客观形势,杜威指出,旧个人主义已经不再起到积极的作用,而成为社会民主和进步的障碍。因此,为了促进社会的民主,学校不应过分宣扬个人主义的精神、训练学生的个人主义意识。杜威说,传统学校是个人主义的,这是以社会生活能够提供一种合作的生活方式的教育为条件的。但是,由于工业化和城市社会的出现,当前美国人的社会生活发生了重大变化,家庭和近邻的各种职业已经消失了,原本这些职业对于培养人的合作意识和能力是起着重要作用的。因此,杜威强调,希望学校能够承担起对儿童进行合作意识培养的责任。

然而,杜威叹息说,在学校里"个人主义的动机和标准得到了反复灌输"[1]。"儿童在尚未成熟时就被抛入个人主义竞争的境地。"[2]"只要纯个人主义的方法进入他的工作中,社会精神就会因不用而萎缩。"[3]杜威指出,为了生活而准备的教育,是把遥远的成功作为激励,这种教育只适合个人主义,不利于培养大多数人的合作意识和社会精神。他说:"遥远的成功主要是对那些要抢在前面——抢在别人前面——的个人主义欲望已经成为非常强烈的动机的人们才有吸引力。那些个人野心已经很强烈、为未来的胜利描绘光辉图景的人是会受到感动的,其他本性较宽厚的人是不会做出响应的。"[4]当代教育史学家斯普林(J. Spring)正确地指出:"由于现代工业和城市生活并不能促进人与人之间的合作,所以杜威坚持认为,学校需要做出改变,而成为教育人们相互合作的中心。例如,杜威就撤掉了单人课桌,而采用小组多人课桌,他相信单人课桌有助于提升个人的经济竞争性,而学生使用多人课桌进行学习活动,则有助于培养它们的合作意识。"[5]

杜威认为,准备社会生活的唯一途径就是进行社会生活。他指出,离开了任何直接的社会需要和动机,离开了任何现存的社会情境,要培养对社会有益和有用的习惯,是不折不扣

---

① 吕达、刘立德、邹海燕:《杜威教育文集(第 1 卷)》,人民教育出版社 2008 年版,第 141 页。
② 吕达、刘立德、邹海燕:《杜威教育文集(第 1 卷)》,人民教育出版社 2008 年版,第 142 页。
③ 吕达、刘立德、邹海燕:《杜威教育文集(第 1 卷)》,人民教育出版社 2008 年版,第 140 页。
④ 吕达、刘立德、邹海燕:《杜威教育文集(第 1 卷)》,人民教育出版社 2008 年版,第 142 页。
⑤ 乔尔·斯普林:《美国教育》,张弛等译,安徽教育出版社 2010 年版,第 327 页。

的在岸上通过做动作教儿童游泳。[①] 这里需要指出的是,如历史学家韦斯特布鲁克(R. B. Westbrook)所说:"杜威的教育理论远没有人们想象的那样以孩子为中心,而更多的是以教师为中心。他对儿童在他所设想的学校中发展民主性格的信心,与其说是基于对'儿童自发和粗劣能力'的信念,不如说是因为教师有能力在课堂上创造一种环境,使他们有能力'调解'这些能力,使之转变为社会智慧和反应习惯。"[②]杜威敦促教育工作者在学校和社区创造、发展和维持学习环境,这些环境将取代非教育的、错误的甚至是反教育的环境。[③] 而且,杜威认为学校应该通过参与更广泛的成人社会生活来帮助学生做好社会生活的准备。正确行动的动机在学校内外应该是一样的。[④] 因此,杜威主张教师把儿童的社会生活引入学校之中。例如,将儿童家庭生活的工作引入学校中,并且使儿童在学校中学习到的东西在家庭中也可以应用。杜威鼓励儿童参与家庭决策和家务劳动,这有利于他们获得勤勉、有序的习惯、关心他人的权利和意见以及使他的活动从属于家庭成员的共同利益。此外,在杜威创办的实验学校中,儿童还经常要到公园、田野和森林以及博物馆和图书馆中学习,到工厂和商店里参观,使儿童的生活由学校和家庭扩展到更加广阔的世界,这种方式使儿童从小就参与到社会生活之中,对社会生活的各种机制有所了解,学会运用理智为社会生活的改革和进步做出贡献。

三、主动作业的民主意蕴

学校和教育的社会化在教学上的反映就是采用各种不同形式的主动作业。通过它们,学校的民主精神得到新生。

杜威指出,当各种作业成为学校生活的联结中心时,儿童社会态度的改变是非常显著的。主动作业给儿童提供了真正的动机和直接的经验,并使他接触现实。它不仅是一种令人愉快的东西,而且把它转化为历史的、社会的和科学的东西,使之成为理解事物的媒介、工具和手段,这将有利于促进儿童的心智在能力和知识上的成长。杜威强调:"采用主动作业、自然研究、科学常识、艺术、历史,把单纯的符号和形式的课程降低到次要的地位,改变学校的道德风尚、师生关系和纪律,引进更生动的、富于表情的和自我指导的各种因素——所有

---

① 吕达、刘立德、邹海燕:《杜威教育文集(第 1 卷)》,人民教育出版社 2008 年版,第 138 页。

② R. B. Westbrook, "Schools for Industrial Democrats: The Social Origins of John Dewey's Philosophy of Education", *American Journal of Education*, 1992(4).

③ D. J. Simpson, "John Dewey's Concept of the Student", *Canadian Journal of Education*, 2001(2).

④ T. Fallace, "John Dewey's Influence on the Origins of the Social Studies: An Analysis of the Historiography and New Interpretation", *Review of Educational Research*, 2009(2).

这一切都不是偶然发生的,而是出于更大的社会发展的需要。"①虽然"作业"的目的之一是将学校与周围社会更广泛的社会生活联系起来,但是,"杜威的意图显然并不是在学校中复制工业资本主义的职业生活,而是要创造一个能反映他对工资劳动的批评的工作场所"。② 在《学校与社会》中,杜威就已经指出:"除非它们按照社会的方向加以训练,并为历史的解释所丰富,为科学方法所控制和阐明,我们的确甚至不能找出我们经济罪恶的根源,更不能有效地处理它。"③

学校的民主化需要打破学制的隔离。杜威指出,学制的隔离不利于培养人的社会精神,而要实现学制的统一,把学制的各个部分结合起来,唯一的方法就是使每一部分与生活结合。要把学校制度看作社会生活的更大整体的一部分。④ 在学校中,"开始的时候,材料应是与儿童最切近的,与他的家庭生活和邻里的环境最切近的;然后就继续进行稍远一些的事情,社会上的职业(特别是与城市生活和乡村生活的互相依赖有关的事情),然后,扩展到典型职业和与它们有关的社会方式的历史演变"⑤。目标不是让儿童上的学校是一个隔离的场所,而是在学校重演他的校外经验的典型方面,使它扩大、丰富并逐渐系统化。⑥ 杜威学校中的儿童走出学校,到社会上去学习,从社会的实际生活中找寻有用的资料,这个过程表明,杜威试图把教育社会化,从而使社会生活本身具有教育的意义。从社会的角度看,社会不只是通过学校,更是通过自身进行着教育,教育社会化的逻辑后果就是使社会教育化,如杜威所说:"社会只有致力于构成它的所有成员的圆满生长,才能尽自身的职责于万一。"⑦

在杜威看来,成人和儿童一样都是生长中的个体,因此,教育对于他们都是有意义的。杜威说:"每一个成人,如果有人诋毁他没有进一步生长的可能性,他就要怨恨;只要他发现自己没有进一步生长的可能性,他就要悲痛,把这件事视为丧失的证据,而不把以往的成就作为力量的适当表现。"⑧杜威认为,常态的儿童和常态的成人都在不断生长,他们之间的区别不是生长和不生长的区别,而是各有适合于不同情况的不同的生长方式。因此,"一个人离开学校之后,教育不应停止。这句话的意思是,学校教育的目的在于通过组织保证生长的各种力量,以保证教育得以继续进行。使人们乐于从生活本身学习,并乐于把生活条件造成

① 吕达、刘立德、邹海燕:《杜威教育文集(第1卷)》,人民教育出版社2008年版,第39-40页。
② R. B. Westbrook, "Schools for Industrial Democrats: The Social Origins of John Dewey's Philosophy of Education", *American Journal of Education*, 1992(4).
③ 吕达、刘立德、邹海燕:《杜威教育文集(第1卷)》,人民教育出版社2008年版。
④ 吕达、刘立德、邹海燕:《杜威教育文集(第1卷)》,人民教育出版社2008年版,第58页。
⑤ 吕达、刘立德、邹海燕:《杜威教育文集(第1卷)》,人民教育出版社2008年版,第75-76页。
⑥ 吕达、刘立德、邹海燕:《杜威教育文集(第1卷)》,人民教育出版社2008年版,第76页。
⑦ 吕达、刘立德、邹海燕:《杜威教育文集(第1卷)》,人民教育出版社2008年版,第27页。
⑧ 吕达、刘立德、邹海燕:《杜威教育文集(第1卷)》,人民教育出版社2008年版,第45页。

一种境界,使人人在生活过程中学习,这就是学校教育的最好产物"①。杜威的上述观点表明,他显然并不认为学校的社会化就是教育的全部责任,从这个意义上,他突破了制度化教育的束缚,从一个人生长的全部历程的角度,认为教育应该是一个社会和学校共同的事务。从这个角度看,帕克(R. Park)、亚当斯(L. J. Addams)与杜威分享了共同的观点。所不同的是,杜威的落脚点在于每个人,是不分阶级、性别和种族的个人的全面生长,而不是沃斯和帕克等人所看重的社会控制和社会效率的需要。亚当斯的观点更接近杜威的想法,但是,亚当斯似乎更强调的是社会化的教育对人的影响,杜威比亚当斯更加信任制度化的学校教育在促进个人的全面生长方面的巨大作用。

四、结语:美国教育思想史中的杜威

从上面的论述中,我们能够看到,作为教育进步主义者中公认的领袖,杜威继承了杰斐逊和贺拉斯·曼关于知识社会化和制度化教育的信念和基本主张。但是,我们也应该看到杜威和前人在讨论学校和社会的民主化关系问题时的重要区别。例如,贺拉斯·曼将学校视为社会的平衡轮,杜威却将之视为避难所,用来使儿童躲避工厂和商业生活的灾难,让儿童在这个避难所中学习民主的基本价值和科学的方法。杜威和曼还有一处不同在于,"杜威不过多谈论将人口多样的元素置于一个单一的组织中,而这正是公立学校(common school)的中心观念。尽管杜威当然支持学校将人们聚在一起,但是,他认识到社会和经济区分的现实,更多关注在这个组织的院墙之内共同体的构建"②。此外,在杰斐逊的认识框架中,教育对于社会变革的重要意义在于它能够维系一种二元制的社会结构,使制度化的教育充分发挥选拔性的作用,将穷人中的才智优秀者选拔出来,有利于巩固现有的政治体制和社会制度。杰斐逊的知识社会化主张也因此具有保守性,他显然过于重视被美国上层社会所珍视的价值和知识,认为这些价值和知识才是制度化教育的中心。在杰斐逊为普通人所开列的课程清单里,清晰可见的事实是,他并不重视平民特别是农民和工人的日常生活生产所需要的知识。跟同时代的其他人一样,杰斐逊根本没有将平民的日常生活与教育联系起来看。

杜威与杰斐逊在这一点上存在特别重要的区别或者说是分歧。杜威看重的是教育之于每个人的培育性的价值而非选拔性的价值。这种区别根本上与我们前述的杜威有关民主的两个基本观点有关。杰斐逊和贺拉斯·曼显然更多地从民主作为一种政府形式的角度加以

---

① 吕达、刘立德、邹海燕:《杜威教育文集(第 1 卷)》,人民教育出版社 2008 年版,第 53-54 页。

② J. L. Rury, *Education and Social Change：Themes in the History of American Schooling*, Mahwah：Lawrence Erlbaum Associates Publishers, 2002, p. 145.

认识,而杜威则是把民主从道德和伦理生活方式的更深层次加以理解,这样,杜威就将民主的基本精神从狭隘的政治生活扩展到了社会生活的一切方面,从而赋予了教育在促进社会民主化方面以更加根本也更加重大的责任。

从对制度化教育的上述定位入手,杜威认为,知识的社会化一方面意味着科学方法和社会精神的训练在教育中占据中心地位,另一方面意味着使学校能够适应绝大多数学生的日常生活、生产需要,使学生在学校中所学习的知识和方法能够产生实际效用,为绝大多数人生活的改善提供切合实际的帮助。总的来说,杜威坚持认为,我们应该比杰斐逊和贺拉斯·曼前进一步,即把学校社会化、生活化,将科学和民主的方法引入学校教育,以有利于受教育者有能力去适应现代工业和城市生活的不断变化的需要。

在 1916 年出版的《民主主义与教育》一书中,杜威专门讨论了在工业社会中学校与社会民主化变革的关系问题。此时,他已褪去新黑格尔主义的外衣,对民主社会的含义进行了更为清楚明白的表述。他说,民主不仅是一种政府的形式,它首先是一种联合生活的方式,是一种共同交流经验的方式。民主社会包括两大要素,第一个要素是在社会中存在数量大、种类多的共同利益,第二个要素是各社会群体之间存在自由的相互影响,通过应付由于多方面交往而产生的新情况,社会习惯得以不断地重新调整。杜威警告说:“对一个社会来说,划分成许多阶级将是致命的。一个社会必须给全体成员以平等和宽厚的条件求得知识的机会。……一个流动的社会,有许多渠道把任何地方发生的变化分布出去,这样的社会,必须教育成员发展个人的首创精神和适应能力。否则,他们将被突然遇到的种种变化所迷惑,看不出这些变化的意义或关联。结果将是一片混乱,人们盲目的、由外部势力指挥的活动的成果将为少数人滥用。”[1]因此,在杜威看来,当个人达到不仅以一种与他人的行为相一致的方式行事,而且在这样的行为中,同样的想法和情感经由他而激发起他人的活力时,教育就变成了一种分享,从而具有了促进民主的价值。通过分享进行的教育是在形成语言习惯、礼仪习惯和审美习惯的社会媒介中进行的,它又反过来增进了个人对社会的适应和理解,使个人与社会相一致。[2]

杜威相信,在一个民主社会中,人民群众统治自己,而不是被某种外部权威所统治。“接受自身治理责任的富有挑战性的经验鼓励了个人能力的全面和联合发展。”[3]杜威不接受杰斐逊和贺拉斯·曼的精英式民主的概念,他坚持工业民主的理想,认为“个人在决定自己工作的条件和目标方面应具有自己的一分力量;而且,总的来说,通过不同个人之间的自由和

---

①　吕达、刘立德、邹海燕:《杜威教育文集(第 1 卷)》,人民教育出版社 2008 年版,第 87 页。

②　W. J. Sanders, "The Logical Unity of John Dewey's Educational Philosophy", *Ethics*, 1940(4).

③　J. Betz, "John Dewey and Paulo Freire", *Transactions of the Charles S. Peirce Society*, 1992(2).

相互协调,比由少数人计划、安排和指导更好,无论他们有多么聪明或有多好的意图"①。杜威深信"共同体(community)生活是民主的本质,他担心依赖专家会损害个人对社区的积极参与"②。

需要指出的是,在进步时代接近尾声的时候,杜威的教育思想也发生了深刻的转向。鉴于杜威在美国教育家中的重要地位,他的这种思想转向不仅在个人思想史上有着重要意义,在美国教育思想史上,也是值得深入挖掘的重要课题。尽管此后他仍然受邀参加教育者的各种研究和实践活动,并在这些活动中发表演说,但是非常明显的变化是,杜威几乎所有最重要的教育学著作均是在1920年之前出版的。在1952年去世之前,尽管杜威还发表过一些讨论学校教育的文章,其中有些文章的主题是和芝加哥大学的校长赫钦斯等人的辩论,有些则是评论当时有关智商测验和儿童中心主义主张,还出版过一本讨论进步教育得失的小册子,即《经验与教育》。但是,与教育学著述的寥寥无几相比,杜威在哲学、社会心理学和政治哲学方面出版的著作可谓十分丰富,包括《哲学的改造》《人性与行为》《确定性的寻求》《人的问题》《艺术即经验》《探究的理论》等。

杜威的思想转向究竟意味着什么呢? 可以肯定的是,这不意味着杜威不再关心学校教育,不再思考民主社会中的学校教育问题,更不意味着他推翻了之前的关于民主和学校重建关系的所有主张。实际上,从1920年以后杜威的著述和活动来看,杜威更多采取一种类似于社会活动家简·亚当斯式的立场,也就是更加看重非制度化的、直接面向公众的社会教育在推动工业民主和社会进步中的重要作用。这种观点在之前的著作中他就提出过,只不过这个观点当时还隐藏在论述制度化教育改革的大段文字中,不那么显眼而已。不过,毕竟还是有些变化。以前,他通过学校的院墙去认识校外的世界,现在,他直接走到学校所处的大社会之中,参与政治活动,讨论政治和社会热点问题,直接为政治和社会改革提供批评性的建议。这种视域的转换和行动场域的转移使杜威在讨论教育和社会关系的问题上更加成熟和深邃了。正是从这个角度看,陶行知先生在20世纪30年代前后提出的"社会即学校""生活即教育"等思想命题,也许可以说是对其师杜威在20世纪20年代后教育思想转向的天才式的概括。

总的来看,1920年后的杜威在制度化学校教育促进社会民主化问题的态度上,相较于之前,理想主义、乐观主义的成分更加淡薄。随着杜威对美国日趋多元的社会的复杂性的认识不断加深,对制度化教育改革背后的政治性和社会性复杂因素有了更加切身的体会,他越

---

① R. B. Westbrook, "Schools for Industrial Democrats: The Social Origins of John Dewey's Philosophy of Education", *American Journal of Education*, 1992(4).

② L. M. Westhoff, "The Popularization of Knowledge: John Dewey on Experts and American Democracy", *History of Education Quarterly*, 1995(1).

来越深感受到直接参与推动社会民主化的实际进程中的迫切性。杜威早年对于教育比较技术化和客观性的认识,渐趋让位于教育的政治化和批判性的理解。杜威教育思想的这种转向,在很大程度上影响了美国教育与社会变革关系理论的走向。在杜威的影响之下,后来的克伯屈(W. H. Kilpatrick)和哈罗德·拉格(H. Rugg)等人在 20 世纪 30 年代举起了社会改造主义的旗帜,鲜明地提出应改造教育,使教育能够适应社会民主化的需要,并将教育传递一种批判性的社会知识作为重要任务。不过总体来说,克伯屈和拉格等人仍然是在以一种近乎技术化和客观性的态度来推动学校改革和重建,这种态度决定了他们的教育主张难以在日益复杂的社会和政治形势下走很远。

原载《教育文化论坛》2020 年第 2 期

对杜威教育观中"职业"的讨论:1899—1916 年

◎苏艺晴*

摘 要:把握杜威对工业和教育问题的认识离不开对杜威所阐发的"职业"概念的理解。本文以 1899 年《学校与社会》至 1916 年《民主主义与教育》出版期间杜威发表的文章和著作为依托,通过对杜威"职业"概念的梳理,认为杜威的职业教育是对美国公立教育制度的一种实践诉求,也是杜威教育思想的一种借助时势的阐释,而杜威的"职业"概念则是进入杜威教育思想的关键入口。在杜威学校开办时,杜威的"职业"作为一种促进生长的活动被看作学校的绝佳训练方式,它致力于使儿童体会到人生的意义,在学校中为儿童与社会的联系找到中介;在职业教育运动兴起时,"职业"的目的加深了对个人掌控自身"职业"的能力的期望,杜威的"职业"作为教育与工业社会的连接点开始展露改革既有制度的实践内涵;在《民主主义与教育》出版时,杜威的"职业"概念获得了完整的民主意义,它作为一种道德的、艺术的、自主的活动,被杜威视为一种无所不在的教育,在人的一生中都在与教育上的身与心、手与脑、经验与理性的分离,与社会上的劳动与闲暇、职业与自由的隔离相抗衡,其最终目的是走向杜威理想中的民主社会。

关键词:杜威;职业;教育;工业民主

杜威在《民主主义与教育》这部被他本人看作是最接近于总结自己"全部哲学立场"的著作[1]中用专门一章论述了"教育的职业方面",并对"职业"进行了如下定义:"一种职业不过是人生活动所遵循的方向,使这些活动因其结果而让个人感到有意义,同时也让它的朋友感到活动有好处。"[2]这引起了国内外研究者对杜威有关"职业"及其相关概念的重视,有人将其视作杜威思想中的核心概念之一,也有人认为"职业"及其相关概念在杜威的思想大厦中处于边缘位置。[3]

---

* 作者简介:苏艺晴,北京师范大学硕士研究生。

① 罗伯特·威斯布鲁克:《杜威与美国民主》,王红欣译,北京大学出版社 2010 年版,第 175 页。

② 约翰·杜威:《民主主义与教育》,王承绪译,人民教育出版社 2001 年版,第 325 页。

③ 拉什(C. Lasch)认为杜威很少注意工作(work)及相关概念,其在杜威的政治思想中处于边缘位置。伯恩斯坦(R. Bernstein)则认为杜威的工作观(views of work)是其思想的核心。参见:J. Winkelman,"John Dewey's Theory of Vocation",*American Political Thought*,2016(2).

　　不过,毋庸置疑的是,"职业"概念对于我们理解杜威的职业教育思想,或称之为"大职业教育观",确是不可回避的关键概念。在既有研究中,国内学者基于对杜威"职业"概念的解释进一步澄清了杜威的职业教育思想。[①] 得出结论认为,杜威的"职业"概念不同于以谋生为目的的"工作",它与个人幸福与社会福祉两方面都有着深刻的联系,同时,"职业"概念与杜威在公共学校中推崇的"作业"(occupation 或 active occupation)概念也密不可分,二者共同构成了教育中的目的与手段的双行线。基于此,杜威对职业教育的理解有别于职业培训(vocational training)、商业培训(trade training)、职业指导(vocational guidance)等相关认识。一方面,职业教育的建立问题是公立教育制度的重组和改革的关键问题;另一方面,职业教育的目的不仅仅是培养具有工业智慧并懂得人生意义的个人,更要培养这些个人成为改革工业体制的中坚力量,最终实现杜威所期盼的民主社会。在这种意义上,杜威对"职业"概念的建构已经不囿于其职业教育思想的范畴,而成为杜威整个教育思想不可或缺的基石。国外研究者对杜威"职业"概念的研究也因此更为聚焦于概念本身,研究视角更为多元,研究材料也更为丰富。在这些研究中,"职业"概念甚至不再仅仅作为杜威教育思想中的概念而出现,更作为杜威政治的、社会的概念而占有重要地位。[②]

　　杜威对"职业"概念的认识与他对工业、教育与民主三者关系的考虑密不可分。1915年,杜威曾指出,"职业的"(vocational)这个颇具启发性的词是对教育问题的华丽修辞的新发明[③],暗指当时的职业教育仍未摆脱技能培训的枷锁。在阅读杜威的文本时,我们也发现,在《民主主义与教育》出版之前,杜威对这一问题已经早有提及,与"职业"相关的表述也并不

---

　　① 王保星在其文章《杜威职业教育思想的现代性分析》中提出杜威职业教育思想的建立在现代"民主"概念与"职业"意义的基础上,"职业教育的实施应以准确把握职业的意义为前提"。李子江与姜玉杰在文章《工业民主社会的职业教育——杜威职业教育观探析》中也专门分析了杜威的"职业"概念,并称杜威的观点为新阐释,文中注意区分了杜威在提及"职业"概念时所使用的多个英文词汇。可见,杜威的"职业"概念对于我们理解杜威的职业教育思想至关重要,甚至可以说,正是由于杜威对"职业"概念的理解有别于与经济产出相联系的谋生意义,才使得杜威的职业教育思想呈现出民主意蕴。参见王保星:《杜威职业教育思想的现代性分析》,《河北科技师范学院学报(社会科学版)》2004年第2期;李子江、姜玉杰:《工业民主社会的职业教育——杜威职业教育观探析》,《湖南师范大学教育科学学报》2015年第1期。

　　② 德法尔科(A. DeFalco)的《对约翰·杜威作业概念的分析:在教学上仍有价值吗?》认为学界对杜威"作业"(occupations)概念与职业教育之间的关系存在误解,并通过杜威早期和中期著作中的有关内容,指出杜威的职业教育不同于传统上的认识,对杜威而言所有的教育都是职业的;克里斯托弗·希金斯(C. Higgins)在其文章《杜威的职业概念:存在主义的、美学的及其对教师教学的意义》从哲学角度拓展了对"职业"的解释,并在实践层面对教师教学提供了借鉴;乔·温科尔曼(J. Winkelman)的《约翰·杜威的职业理论》指出,已有的对杜威职业教育思想的研究忽视了对"职业"概念的溯源,通过对职业与工作的关系、职业在民主教育中的作用以及职业对专家学者的意义三个方面的疏理,认为杜威民主学说的核心正是其职业理论(该理论探讨了"职业"在社会中的作用)。参见:A. DeFalco, "An Analysis of J. Dewey's Notion of Occupations: Still Pedagogically Valuable? ", *Education and Culture*, 2010 (1)); C. Higgins, "Dewey's Conception of Vocation: Existential, Aesthetic, and Educational Implications for Teachers", *Journal of Curriculum Studies*, 2005(4); J. Winkelman, "John Dewey's Theory of Vocation", *American Political Thought*, 2016 (2).

　　③ J. Dewey, *The Middle Works, 1899—1924* (Vol. 8), Carbondale: Southern Illinois University Press, 2008, p. 126.

唯一。因此,本文试图基于杜威在 1899 年《学校与社会》至 1916 年《民主主义与教育》出版期间发表的文章及出版的著作,尝试对杜威的"职业"概念进行历时性的梳理,以认识杜威的"职业"概念是如何产生并成形的,并对这一概念在杜威的教育思想中占有怎样的位置进行讨论。

一、转型中的美国社会与公共学校

1820 年至 1860 年这段时期被称为美国教育史上的公共学校运动时期,美国的学校教育经历了前所未有的组织革命,这种由公共支持、受公共管理的学校制度一经建立,对其长久的辨认、讨论与诉求也旋即开启。在学者们的笔下,公共学校的产生源自政治、社会和经济因素的共同作用,其中,工业化与城市化的需求、移民的涌入是共识性的影响因素。自 19 世纪 20 年代起,美国进入了工业革命时代,制造业的极大发展伴随着城市化的推进与新一轮移民潮的到来,共同加深了美国社会的"异质性"。与此同时,财产与公民资格之间联系的断裂,塑造良好品质的社会情境的缺失[①],都迫使人们找寻新的对象来塑造公民品质。正是在这些力量的不断施压下,学校的功能发生了转变:一方面,工业化生活使生产相互隔离,城市化加速使贫富悬殊、犯罪多发,"现代化"生活所丧失的塑造良好品质的能力,被寄希望于学校来继续完成,"财产不能够做到的事情,学校里的老师们将能够做到"[②];另一方面,"都市"的思维方式与经济的管理与组织方式也深刻地影响了学校教育,专业教育管理者的出现、结构化与稳定化的科层制在学校管理体制中的成形,都反映出城市与工业对学校成为人力资本开发工厂的诉求正被一步步实现。[③]

随着工业化与城市化的持续推进,19 世纪的最后 10 年与 20 世纪初的 20 年构成了美国生活中一个躁动不安的时代。[④] 美国在经济上完成了工业化的转型,经济巨头对资本的鲸吞蚕食迫使《谢尔曼反托拉斯法》颁布出台,难以抵挡的 1893 年大萧条致使贫富差距被进一步拉大,里斯(J. Riis)的《另一半人如何生活》反映出城市发展中贫富分化所带来的无法回避的问题,镀金时代遗留的金钱政治与政治腐败催生了社会上的改革运动,新移民和其他城市贫困者进入公众的视野并成为公众的关注点。公共学校也在课程、教学与管理等各个方面不断改革。克伯莱(E. P. Cubberley)认为这一时期美国学校的变革是一种利他的产物,其

---

① 乔尔·斯普林:《美国学校:教育传统与变革》,史静寰等译,人民教育出版社 2010 年版,第 370 页。
② 罗伯特·H. 威布:《自治:美国民主的文化史》,李振广译,商务印书馆 2006 年版,第 37-38 页。
③ 戴维·B. 泰亚克:《一种最佳体制:美国城市教育史》,赵立玮译,上海人民出版社 2010 年版,第 196-198 页。
④ 韦恩·厄本:《美国教育——一部历史档案》,周晟译,中国人民大学出版社 2009 年版,第 267 页。

目的是解决社会和经济问题。卡茨(M. Katz)则认为这是对美国公立教育的一种错觉,并借助科层制的管理体制指出其种族主义和阶级偏见的性质。斯普林(J. Spring)也提出,学校是自由企业国家实现社会控制的工具,由精英与企业控制的学校旨在成为人力资本开发的场所。柯蒂(M. Curti)则指出,是工人与资本家之间的冲突与斗争影响了教育改革。[①]

学者们对世纪之交的美国公立教育变革所做的解释,反映出美国的工业时代对教育的强大影响力。教育要如何应对经济与社会变革,如何完成塑造儿童品格的使命,如何弥合城市中各阶级的鸿沟等问题成为工业化的美国对公立教育体制的拷问。而处于时代之中的杜威,也为之做出了自己的回答,他不断分析工业、教育与民主三者之间的关系,最终使其"职业"概念获得了完整的民主含义。

二、"职业"概念在杜威教育思想中的呈现

1899 年,杜威在《学校与社会》中介绍了他所倡导的新的课程与教学活动——作业(occupations)。从这时开始,我们不难看到一些与"职业"有关的词汇,如 vocation、occupation、work、profession、calling 等交替出现在杜威的文本中。这些词汇的出现,反映出杜威对教育与工业问题的特别关注与思考,也暗含着杜威对教育、工业与民主三者关系的不断认识。

(一)以"主动作业"为依托的杜威"职业"概念

杜威在《学校与社会》中探讨了学校与社会之间的关系问题,提出学校必须与社会相联系的观点,并特别要求学校要适应工业化的需求。杜威将"社会"定义为"以共同的精神为共同的目标而共同劳作(working)的一群人"[②]。在这样的社会中,每个人都有一份职业或工作(calling and occupation),人的"观察力、才智、建设性的想象力、逻辑思维和现实感"能够从中培养起来,在这种社会化的和合作的活动方式中,人们相互交流与理解,并能对彼此负责。杜威意识到,工业社会中的工人们沦为了机器的附庸,彼此分隔并紧跟机器的节奏,因而无暇培养出认识社会与领悟科学的能力,而曾由邻里生活所打造的共同精神也日渐丧失,学校无法在这种条件下培养出社会成员。[③] 为此,杜威将"作业"(occupations)视为一种绝佳的训

---

① 乔尔·斯普林:《美国学校:教育传统与变革》,史静寰等译,人民教育出版社 2010 年版。

② J. Dewey, *The Middle Works*, 1899—1924 (Vol. 1), Carbondale: Southern Illinois University Press, 2008, p. 10.

③ J. Dewey, *The Middle Works*, 1899—1924 (Vol. 1), Carbondale: Southern Illinois University Press, 2008, pp. 9-23.

练方式,认为在作业活动中,儿童可以在眼下"追溯和继承历史中人类的进步""了解工作中使用的材料和机械设计的原理",从而在未来帮助其在日常工作(daily work)中追寻人生的意义。家庭纺织、锯木、制桶、冶炼都被杜威视为具有教育力量的工作,这些"典型的作业活动(typical occupations)没有任何经济压力,其目的不是产品的经济价值,而是要发展儿童的社会能力和洞察力"①。可见,杜威眼中作为学校训练方式的"作业",一方面与日常工作相联系,另一方面又超脱了日常工作的谋生目的,它的目的在于打破社会与校内生活的隔离,同时保持社会与个人之间的平衡。杜威指出,这种课程或教学无论被称为"作业"(occupations)、"建造性的工作"(constructive works)还是"手工训练"(manual training),都必须被置于学校课程的中心位置,因为只有通过这种作业,儿童方能调动起他的本能,运用自己的力量,最终获得对自我社会价值的认知。在《学校正在做人们想要他们做的事情吗?》一文中,杜威在回应高等教育的分离趋势时也指出了他对"职业"的认识,首先是"职业"(profession)的内容,在应用科学的时代和科学的才智与方法产生了紧密联系;其次是"职业"在社会中的位置,"每个人都有职业"(callings,occupations),这意味着"职业"不是某个阶级的事务或责任,而是全社会每个人的共同活动。因此杜威要求高等教育要"从道德和物质两方面关注职业的普遍性和重要性",从而正视自己与社会之间的关系,与社会保持一致。②

1903 年,杜威开始更多地将"职业"的运用与工业问题结合在一起,教育与工业之间的分离成为杜威频繁讨论的问题。在现代生活中,有这样一种观念体系:"工作是为了悠闲而存在,工业是为了文化而存在,就像战争是为和平而存在,但是一个人不能同时拥有两者。"③从同年的《全国制造商协会工业教育委员会报告》中也可以得到这种观念的佐证:美国需要建立一种面向劳动人民子弟的行业学校(trade school),它的职责就是帮助广大青少年获得某个行业的实践技术知识,使之能够成为拥有高水平技能的、有智慧的工人。④ 尽管这份报告切实关注到了劳工群体的利益,并将工作与教育联系起来加以考虑,但无疑它背后的逻辑仍是杜威所担心的二分的观念体系。杜威指出,这种观念体系的来源和结果就是阶级的划分,而这种划分也导致了教育与工业之间一直以来的分离甚至对立。在 1899 年出版的《学校与社会》中,杜威强调教育与生活之间的联系,关注科学与工业的结合,要求教育为工业化社会所丧失的共同精神付诸努力,而在 1903 年的《教育中的文化和工业》一文中,杜威注意

---

① J. Dewey, *The Middle Works*, *1899—1924*（Vol. 1）, Carbondale: Southern Illinois University Press, 2008, p. 12.

② J. Dewey, *The Middle Works*, *1899—1924*（Vol. 1）, Carbondale: Southern Illinois University Press, 2008, pp. 303-313.

③ 约翰·杜威:《杜威全集·中期著作(第 3 卷)》,徐陶译,华东师范大学出版社 2012 年版,第 213 页。

④ 张斌贤、高玲:《迎接工业化的挑战:美国职业教育运动研究》,教育科学出版社 2019 年版,第 203-205 页。

到当前的学校教育体系正处于一种令他痛心的现状:其一是绝大多数的男孩和女孩在未完成学业时就离开学校谋求工作;其二是学校大量"生产"出的是一些被操控甚至于附属于机器的人。基于这两点,杜威提出了一个新的观点,这一观点"与其说是关于学校要为工业做些什么,不如说是工业体系要为学校做些什么"①。杜威认为,单纯为工业而进行的教育会把工业的技术化和功利性的特征带到学校里,培养出的人只能沦为机器的附庸,而更好的使学校与工业生活相联系的方法是将工业活动变得艺术化,使它褪去技术性与功利性的色彩,指向更为广泛的人生前景。

从《学校与社会》到《教育中的文化和工业》,杜威重点关注了学校内部的课程、教学等具体内容与整个社会之间的隔离,注意到在工业化所带来的社会变革下,学校必须做出回应,以培养真正有益于共同体的社会成员。基于此,杜威对"职业"的认知一方面作为引入学校的"作业"(occupation)而呈现,强调它的道德性与艺术性,反对以经济目的和技术要求来加以运用;另一方面作为一种人生意义的选择而出现,反对"职业"(calling, occupation)背后的阶级观念,反对"职业"选择的一成不变,强调职业在道德与物质上对共同体的重要作用。

(二)以教育与工业制度关系为依托的杜威的"职业"概念

自《教育中的文化和工业》一文发表后,有近十年的时间,杜威没有再以教育与工业之间的关系为题进行过写作,也正是在这十年间,美国各界对这一问题的探讨几经摸索,已经在制度层面上得出了几种可能的结论。1913 年,当杜威再次为这一问题发声时,教育与工业之间的关系已经由名为"职业教育"的桥梁架起。

这十年间有关教育与工业问题的讨论,已经形成了以下几种不同立场:工商业者协会要求建立与公共学校系统分开的单独的工业教育体系,以培养行业所需的人才;劳工团体反对由工商业主掌控工业教育,要求教育者加强管理;教育专业组织则致力于改革现有公共学校系统内的课程,以满足工业化社会的需求。1906 年,马萨诸塞州工业与技术教育委员会(Massachusetts Commission on Industrial and Technical Education)发布《道格拉斯报告》(The Douglas Report),批判既有的手工训练计划,主张推行一种工业导向的教育系统,建立与现行教育系统二分的公立行业学校(public trade schools)。1910 年,工业在公立教育中的地位委员会(The Committee on the Place of Industries in Public Education)的报告强调,美国如要建立一个民主社会所需的公立教育系统,就必须认识到工业在教育中的主导地位,并依此来为各个阶段的学校设置多样化的课程。同年,美国劳工联合会工业教育委员会(American Federation of Labor)主张由公共经费来支持职业教育,而非由企业家来掌控职业训练,这样才能使每一位工人都能对其工作充满兴趣并最大化地提高效率。1912 年,全

---

① 约翰·杜威:《杜威全集·中期著作(第 3 卷)》,徐陶译,华东师范大学出版社 2012 年版,第 215 页。

国制造商协会工业教育委员会（National Association of Manufacturers, Committee of Industrial Education）的报告将职业教育与人力资本、公民培养、学生类型乃至全球贸易等主题相联系，着力于从美国当前的工业水平在世界中的位置，特别是与德国的对比来加强建立职业教育制度迫切性。[①] 同年，芝加哥商会的教育顾问库利（E. G. Cooley）在议案《对职业学校的需求》（The Need for Vocational Schools）中为伊利诺伊州设想了一种为初等学校毕业的青少年提供分流的学校的制度，一种是学术中学，为准备进入学院或大学的青少年敞开，一种是技术中学，为准备从事工商业界的青少年提供普通教育。此外，还有一类专门面向那些想要在 14 岁时就进入农、工、商业或家政领域工作的青少年的补充学校。[②] 这些报告和议案反映出开展职业教育的必要性已经成为美国社会公认的事实，其争议在于用何种方式施以何种职业教育。

时至 1913 年，美国已有 9 个州偏向工商业主主张的二分的职业教育制度。[③] 这使得阔别这一议题许久的杜威，在全国工业教育促进会第七届年会上发表了题为"密歇根州应当把职业教育置于'单一'的还是'双重'管辖之下？"的讲话，这一次，杜威对教育与工业问题的着眼点也从此前的学校内部的课程与教学方法转向了学校外部的政策调整上。让学校机构对职业教育无动于衷的政策显然是错误的，完全把职业教育"从现存的教育体制中分离出来，对它进行单独管辖"绝对是一种无可奈何的办法。[④] 针对倡导补习学校的主张，杜威虽然表示理解，却并不支持这种设计，他指出这种设计实际上暗含着青少年在 14 岁时必然会大量离开学校的前提假设，这种假设不利于改革现行的公立教育体制，而改革教育体制才是当务之急。随后，杜威在《一个不符合民主原则的提案》《工业教育与民主》《一种工业教育的方针》等文章中相继表达了对"双元制"主张的反对，并称之为工业教育的危险和威胁教育民主化改革的最大祸害。如果"双元制"得以实行，那么增强公共学校与社会联系的改革进程与职业教育运动对增强教育的社会责任所做的努力都将付之东流，最终将会加剧阶级的分化，而这正是杜威在十年前就已经表达过的忧虑。杜威指出，对美国而言，如何处理工业与教育之间的关系是一个教育问题，而非德国的商业或技术的问题。[⑤] 因此，他要求重组公共学校，而非排除学校的责任另辟蹊径。

也是在这一年，杜威的文章《从社会的角度看教育》及报告《教师的职业精神》从宏观与微观两个侧面丰富了杜威对职业教育的主张以及杜威的"职业"概念。杜威在《从社会的角

---

① 张斌贤、高玲：《迎接工业化的挑战：美国职业教育运动研究》，教育科学出版社 2019 年版，第 247-262 页。

② M. Lazerson, W. N. Grubb, *American Education and Vocationalism: A Documentary History*, 1870—1970, New York: Teachers College Press, Columbia University, 1974, pp. 69-75, pp. 81-87, pp. 141-142.

③ 路宝利：《美国中等职业教育启鉴："杜普之辩"研究》，《全球教育展望》2017 年第 10 期。

④ 约翰·杜威：《杜威全集·中期著作（第 7 卷）》，刘娟译，华东师范大学出版社 2012 年版，第 65 页。

⑤ 约翰·杜威：《杜威全集·中期著作（第 7 卷）》，刘娟译，华东师范大学出版社 2012 年版，第 72 页。

度看教育》这篇文章中分析到,现代国家在时代的推动下都提出了改革教育的要求,尽管各国之间的经验存在共性,但也要看到美国在其中的独特之处,殖民地岁月以及共和国的历程使美国势必走上一条追寻民主的道路,因而美国的教育也要相应地形成一套民主的观念与制度来契合自由进步的社会,并促成民主社会的真正实现。杜威在此推进了他对"职业"、教育与工业三者关系的认识:"我们不再是为了既定的工业结构去培养人,而是利用工业和职业工作(professional work)来改革教育。"最终使既定的工业体制(industrial regime)得到改革。[①] 在杜威看来,当今的"职业"(occupation)已经融入了科学的方法,通过把这种"作业"(occupations)引入学校,人们便能够提高实践活动的认知水平、掌握科学的方法,并运用自己自然增长的智识去洞察人与人、人与社会之间的关系,从而永久地打破对"职业"的二重划分。在纽约教师协会的组织会议上,杜威做了题为"教师的职业精神"(Professional Spirit among Teachers)的报告,其"职业"概念有了更具体的呈现。杜威给教师提出了两方面的明确要求,其一是教师在教学中"不仅仅做工匠,而且要做艺术家"[②],其二是教师在教室外也要担负起作为公众意见的引导者或指导者的责任。杜威提倡教师不仅仅应具有从业者自身的智慧,同时还要开启学生的理智,这种追求体现了教师职业内在的责任感。在报告的结尾,杜威引用了一篇不知名文章的观点——工业教育之所以要由企业家来管辖,是因为目前的学校已经被教师搞砸了。但杜威指出,一旦教师能够拥有和贯彻他所主张的职业精神,那么教师就能够成为改革公共学校的中坚力量。对教师职业精神的呼吁实际上影射了对职业教育"双元制"主张的抨击,而教师的职业精神所含有的社会性内涵也表露了杜威对"职业"概念的一种阐释。虽然这份报告面向教师职业,但杜威也曾指出每个人都有职业,因而无论职业具体是何种表现,其内在的精神应有共通之处。

一个人的"职业"对整个工业社会的作用在这一时期被杜威着重刻画了,"职业"与社会的关系不仅停留在塑造共同精神的层面上,将职业引入教育的终极目的是使得每一位生活在工业民主社会中的人最终能够善用理智的力量,或者称为工业的智慧,来改革现有的工业制度。

(三)以教育与民主社会关系为依托的杜威"职业"概念

1915 年,杜威卷入了与斯内登(D. Snedden)有关职业教育的辩论中,也是在这一时期,杜威与女儿伊芙林·杜威(E. Dewey)合著的《明日之学校》成书出版,在这部作品中杜威用大篇幅阐述了他对工业与教育关系的认识。这一次,杜威再次从书本教育与实用教育之间

---

① 约翰·杜威:《杜威全集·中期著作(第 8 卷)》,何克勇译,华东师范大学出版社 2012 年版,第 93-94 页。

② J. Dewey, *The Middle Works*, *1899—1924* (Vol. 7),Carbondale:Southern Illinois University Press,2008,p. 110.

的二分为切入点,重申他对职业教育的立场。杜威指出,历史上从没有一个时期像目前的时代一样,"几乎所有的政治和社会事务都与经济问题联系在一起"①,应用科学也日益加深了对日常生活的影响,人与人之间的联系日益密切,人与人之间相互服务的观念也与日俱增,种种变化以其政治的、经济的、道德的层面要求美国公立教育系统的改革。在这个时代来临以前的那种闲暇与劳动的对立再也不应该影响我们对公立教育的主张和建设,然而事实却是残存的观念一直盘踞在我们的教育理论与实践中,日益与当今的民主追求相违背。这也使得不同的阶级都沦落到尴尬的境地,工人依赖并服从于他人的指令以赚取薪酬,富家子弟则失去了源于家庭义务的道德与实际训练。② 杜威提醒人们,是时候从工业的角度来审视和调整教育了,他据此提出三项道德原则,具体而言,从个人的角度来讲,每个人都应该"自尊、自立和理智地工作";从社会的角度来讲,一个人的工作影响别人的福利;从工业的角度来讲,自然科学和社会科学的知识和法则对工业的影响要求人们有能力应对自己所面临的工作环境。将这三项原则投射在教育中,杜威得出了结论:教育并非要培养谋生的人,而是要培养有能力进行选择的人,这样的人不会因为他所学习到的东西而囿于某一个固定不变的工作(work),教育不能左右他的选择,左右他选择的"将仅仅是他自己的本领和自然倾向"③。基于这种认识,杜威对威廉·沃特(William Albert Wirt)在葛雷市的二部制教育改革倍加推崇,认为"在葛雷市,工作(work)在任何意义上都是职业的(vocational)",学生在此了解了众多职业的具体工作步骤,同时也"一直在学习如何在现实社会环境中从事劳动的动机和原则",所以当学生今后离开学校,无论他可能从事什么工作,"那都将真正成为一种职业(vocation)、一种生活的事业(calling in life),而不是拿钱干活的例行公事"④。在这里,我们看到了杜威意义上的"工作"向"职业"转变的关键点——儿童对工作动机的澄清与对工作意义的认同。在杜威处,人的一生是变动不居的,唯一相对稳固的是一个人所具备的理智和道德。这样,问题就回到了文章的最初:在这样的一个工业时代里,美国要如何才能摆脱阶级的二分,追求真正的民主社会?首先,杜威所追求的民主社会是一种"有效民主"的社会,它所代表的是一种机会平等,这并非要求机会向每一个人均等地敞开,而是要求"为社会所有成员提供自我完善的手段"⑤。其次,就是要选择实现这种民主社会的手段,杜威先是肯定了多方的贡献,如政治上的、司法上的实践,但最终将这一重任交给了公立教育系统去完成。杜威对教育寄予的厚望与其哲学家的身份密不可分。在杜威的眼中,哲学是一种智慧,而哲学家就是检验和塑造这种智慧的实践者,在现代社会中,学校是把哲学转化为现实的重要场

---

① 约翰·杜威:《杜威全集·中期著作(第8卷)》,何克勇译,华东师范大学出版社2012年版,第280页。
② 约翰·杜威:《杜威全集·中期著作(第8卷)》,何克勇译,华东师范大学出版社2012年版,第284页。
③ 约翰·杜威:《杜威全集·中期著作(第8卷)》,何克勇译,华东师范大学出版社2012年版,第315页。
④ 约翰·杜威:《杜威全集·中期著作(第8卷)》,何克勇译,华东师范大学出版社2012年版,第295页。
⑤ 罗伯特·威斯布鲁克:《杜威与美国民主》,王红欣译,北京大学出版社2010年版,第172页。

所,也是哲学家检验其哲学的最佳试验场。① 因而,对民主社会的追求一直是杜威探讨职业教育的一根主线,也是因此,杜威对"职业"概念的理解从一开始就超出了一般意义上的"岗位"概念,他关注的并非经济或技术的效率,他关心的也并非局限于劳动力市场所需要的人力资本。

"职业教育(vocational education)是一种旨在从事职业(occupation)的教育,因此不可或缺,也不必把它弄得很神秘"②,斯内登在 1915 年 5 月的《新共和》杂志上发表了一篇直指杜威的文章,名为《职业教育》(Vocational Education)。在这篇文章中,斯内登认为目前有关职业教育的根本问题在于职业教育的内容、何时提供、谁来提供以及如何与其他教育形式有效结合这四个方面,而非杜威所攻击的"双重控制"还是"单一控制"的问题。因为杜威所关心的问题在斯内登眼中不过关乎职业教育的效率问题,所以斯内登认为,双重管理不过是在职业教育刚刚起步之时的一种临时尝试,只要它有利于职业教育的顺利开展,那便无可厚非。可见,斯内登与杜威之间的辩驳从来没有达成主体间的有效对话。杜威在随后的回信《教育与行业培训:答大卫·斯内登》(Education vs. Trade-Training:Reply to David Snedden)中就斯内登对职业教育的理解进行了回应,他再次澄清了自己的"职业教育"概念,尤其反对将其看作是一种培训,因为它没有"把推进理智的进取心、创造性和执行力作为最高目标,而这些品质和能力将把工人变成自己辛劳生活的主人"③。杜威再次追问斯内登对"双元制"管理体制的看法,并指出二人之间的分歧已经不是教育问题,而是更深的政治与社会问题。④

1916 年《民主主义与教育》出版,杜威就职业与教育的关系问题以"教育的职业方面"为题进行了专章论述。这一次,杜威从"职业"概念本身入手,呈现他对职业与教育关系的认识。"职业(vocation)不过是人生活动所遵循的方向,使这些活动因其结果而让个人感到有意义,同时也让它的朋友感到活动有好处。职业的对立面既不是闲暇,也不是文化修养。它的对立面,在个人方面,是盲目性、反复无常和缺乏经验的积累;在社会方面,是无根据的炫耀自己和依赖他人过寄生生活"⑤,这与斯内登对职业的定义近乎南辕北辙,也难怪杜威在对其的回应中称自己对"职业"的理解比斯内登还要广泛。杜威的"职业"包含却不局限于人人工作于其中的职业,作为活动,它具有艺术性和科学方法,作为一种对个人而言的意义和对朋友的好处,它又具有道德的含义。杜威进一步阐明了"职业"在教育中的位置——作为活动和训练的"作业"(occupations),作业能够成为一种刺激物,它作为一种动机驱使着人们朝着它不断行动,促使人们的知识、智力与道德不断地生长。"职业"(vocation)也因而成为了

① 罗伯特·威斯布鲁克:《杜威与美国民主》,王红欣译,北京大学出版社 2010 年版,第 175 页。
② 约翰·杜威:《杜威全集·中期著作(第 8 卷)》,何克勇译,华东师范大学出版社 2012 年版,第 365 页。
③ 约翰·杜威:《杜威全集·中期著作(第 8 卷)》,何克勇译,华东师范大学出版社 2012 年版,第 325 页。
④ 约翰·杜威:《杜威全集·中期著作(第 8 卷)》,何克勇译,华东师范大学出版社 2012 年版,第 326 页。
⑤ 约翰·杜威:《民主主义与教育》,王承绪译,人民教育出版社 2001 年版,第 325 页。

一个动态的概念,既能够在人的一生中都发挥积极的指引作用,使人保有一种行动的动力,又能够在人的一生中提供选择的方法,使人运用理智对自己的人生和社会的命运做出适时而灵活的调整。职业既无内部的差异,也没有外部的局限。在这种意义上,杜威警惕的一种危险是仅仅把职业教育看作是行业教育(trade education),这样教育就只能成为维系现有工业秩序的工具,而非将其改革的手段。① 在文章《工业民主社会实业教育的需要》和演讲《学会获利:职业教育在公立教育综合方案中的位置》中,杜威对职业教育的这种要求表达得更为明确。他指出,教育作为生产民主的助产婆,要追求社会性的或道德性的民主,"只有在民主是社会性的地方,政治民主才能得到有效的维持"②,这要求职业教育作为一种新的"通识教育"而发挥作用。甚至,杜威将原有的文化性基础教育看作是一种非杜威意义上的职业教育,它不过是为文员工作培养人才,因而这种教育必须加以改革,使之成为真正的教育,使之有助于民主政治而非加强对工业的封建控制。

"职业"概念终于呈现出了杜威语境下的含义,首先,它不同于谋生层面上的职业,它的目的不是提高经济生产的效率,而是要使人能安全而有道德地生存。其次,它不仅仅是停留在个人层面上的职业,更具有一种社会性质。在杜威那里,个人具有社会性,"只有在社会群体中,一个人才有机会发展自己的个性"③,因而杜威的"职业"也就要求它不仅能够满足个人的理智和道德的要求,同时还能对他人的福利有益,更重要的是,它能帮助人们改革既有的工业秩序以达到民主社会的目的。最后,它也不代表一种单纯的技术,而更像一种艺术。拥有特定的技艺和工业效率而在社会中找到一己之地并不是"职业"的终极目的,如何成为一个值得信赖的健全的人,如何在经济生活中不至于迷失自我,并掌握自己在工业生活中的命运,才是"职业"所提出的一大要务。

三、基于杜威"职业"概念的教育思想

当杜威的"职业"从一个经济的概念发展成为一个教育的、社会的、政治的、哲学的概念时,我们对杜威的职业教育思想的理解就必须转向一种对杜威所谓的工业民主的理解中去。

早在手工训练运动时期,杜威就已经谈及将"职业"引入学校的重要意义,但对杜威而言,与其说这与后来人们所关注的职业教育有关,不如说是因为杜威本人所持有的道德哲学

---

① J. Dewey, *Democracy and Education*, Radford: Wilder Publications, LLC, 2008, p. 273.

② 约翰·杜威:《杜威全集·中期著作(第 10 卷)》,王成兵等译,华东师范大学出版社 2012 年版,第 110 页。

③ J. Dewey, *The Middle Works*, *1899—1924* (Vol. 15), Carbondale: Southern Illinois University Press, 2008, p. 168.

和民主观念在工业民主的背景下得到了进一步的发展。杜威想做的不是引入一种新的名为职业教育的体制,而只是将现有的教育体系改革成符合民主社会需求的样子,诚如他在《民主主义与教育》中的观点,他期待的是让职业教育成为一种新的"通识教育"。但随着手工训练运动的衰落和职业教育运动的兴起,杜威自然无法回避当前社会的呼声以及呼唤职业教育的潮流,于是,他开始用这种他方的话语为外衣再次诠释自己心中的民主的教育哲学。

(一)"职业"的理想:道德的个人与民主的社会

在刚刚崛起的工业美国,生产从家庭作坊里的日常变为了大工厂中大众的事务,这种在复杂的劳动分工下产生的体系,使制造变成各种互相分离的过程。杜威意识到学校外部的经济与社会条件已经发生了变化,但学校的教学内容与方法却依然故步自封。因此,杜威呼吁要从劳动的角度来重新调整教育,这种调整不是简单而又一味地迎合工业环境的需要培养从事特定行业的个体,而是要帮助每个受教育者获得一种工业智慧,这种智慧使人们有知识和能力认清自己所处的环境,并对其意义产生一种理性的认知和真诚的情感,从而对自己理应谋生及谋生的方式产生一种理智的认同,对自己所从事的工作对他人福利的影响产生一种道德的使命感。按照杜威的话来说,这种教育目标的反面就是培养社会的寄生虫。

这就是杜威所指的"教育的职业方面",当他把教育问题与工业生活的实践与工业民主的理想勾连在一起时,"职业"的概念也就必须从经济生活的原始概念中解放出来,而与人的生长取得更进一步的联系。杜威也清醒地认识到,当"职业"进入学校成为一种课程与教学方法,甚至成为一种教育目标、一种新的学校模式时,历史上遗留下来的闲暇与劳动、书本教育与实用教育的二分观念,当今存在的教育与社会、理性与经验之间的隔离状态,都成了"职业"要与之抗衡的对象。

(二)"职业"的实现:公立教育体制的全面改革

早在杜威界定"职业"概念之前,他就指出"解决目前教育状况的关键在于逐步改造学校的教材和方法"[①],将作业活动(occupation)引入教育正是杜威为这种改造寻找到的最佳途径。开展"作业"的重要目的是活动的实现,当儿童通过"作业"而积极投入并实现自主的活动时,它就不再是简单的手眼配合,而意味着它调动了儿童的本能和兴趣,也使儿童在学校里就得到了一种参与生活的方式。当这种活动本身得以实现时,儿童不仅能够增长道德,也能够获得科学的洞察力,最终获得自由而积极地参与社会活动的能力。在杜威学校中,这种

---

① 约翰·杜威:《民主主义与教育》,王承绪译,人民教育出版社 2001 年版,第 334 页。

"作业"形式得到了充分的实践诠释。

随着美国工业化与城市化的不断推进,社会各界人士对学校教育提出了新的诉求,工商业界无疑成为呼声最大的一方,学校的功能、组织及管理也随着工业效率的提高而日渐专业化。"在 19 世纪,为了提供有区分性的学校教育而设计的许多创新措施与其说是源自职业教育家,不如说是源自富有的慈善家、商人和实业家之手","职业学校教育的兴起代表着关于全民教育之功能的构想的一种深刻转变"。① 这种构想恰好与杜威的担忧不谋而合,"人们很容易就陷入这种习惯之中,即将学校组织和管理的结构视为某种比较外在的以及与教育目的和理念不相关涉的东西"②,也正因此,杜威强烈反对职业教育受制于工商业者管辖。一方面,专为职业教育而开设的学校越来越沦为填补劳动力市场所需的劳动者的制造工厂,沦为一种纯粹的、彻底的行业训练,这非但不利于民主社会的最终建立,反而会造成社会阶级分化的进一步加剧,最终使职业教育沦为不平等的教育传统的延续;另一方面,目前的美国公立教育体系将得不到任何有益的改革,学校中的不平等、14 岁以上儿童的大量辍学、教师民主责任的缺位等问题便无法得到真正的解决。因而,杜威提倡职业教育要进入公立教育体系,与普通教育融为一体,实施单一制的管控,由教育人士对职业教育进行设计和管理,这既能够改革现有的教育体制,又能够为民主社会的实现迈出关键一步。

同时,杜威也强调作为教育专业人员的教师在改革公立教育体系的进程中必须发挥应有的作用,教师必须是具有高度自主性的个体,这样才能够不仅有支配自己工作的智慧与权力,还能够有能力去开启学生的理智,避免教学流于枯燥和机械的训练,从而践行与实现杜威的民主教育理念。

在杜威澄清和阐明其职业教育观的这个时代,美国的公立教育正面临着前所未有的改革浪潮,学校改革的实验此起彼伏,心理测量成为时尚,教育管理的专业化逐渐成形,不仅社会随着物质产品的丰富而成为一个万花筒,就连不同人群对学校的诉求也呈现出异彩纷呈的样貌,男性、女性,工人、商人,美国人、移民……所有不同的群体都对美国教育改革寄予殷切的希望。职业教育运动只是这巨浪中的一个浪头而已。从杜威的职业教育思想中,我们越来越发现,杜威关注和致力于实现的也从来不是这些浪头中的任何一个,他想解决的是更为宏大的、更为深层的和更难以实现和触及的民主社会的问题。正如他的"职业"概念一样,"职业不过是人生活动所遵循的方向,使这些活动因其结果而让个人感到有意义,同时也让它的朋友感到活动有好处"③,它看似轻松,却实则承载着人们难以企及的意义,也因此当我们混淆内容与形式之间的界限时,杜威的职业教育为实践提供的指导就变得易于曲解。杜

---

① 戴维•B.泰亚克:《一种最佳体制:美国城市教育史》,赵立玮译,上海人民出版社 2010 年版,第 190、196 页。
② 戴维•B.泰亚克:《一种最佳体制:美国城市教育史》,赵立玮译,上海人民出版社 2010 年版,第 207 页。
③ 约翰•杜威:《民主主义与教育》,王承绪译,人民教育出版社 2001 年版,第 325 页。

威学校停办于 1904 年，"作业"及其背后的教育理念也日渐流于手工训练的外部形式；"双元制"的职业教育体制在一定程度上以 1917 年《史密斯－休斯法》的颁布为标志得以推行；美国公共学校中的大部分教师都难以达到杜威所吁求的高度，更不消说职业教育学校中的师资。杜威的教育理想与教育现实的一系列断裂，就使得"从此他人可以诠释、运用甚至经常扭曲杜威的教学理念"[①]。

四、小　结

"每个人都有一份职业或工作"[②]，这是 1899 年杜威对人们所生活于其中的世界的基本认识。在当时，杜威提出将"职业"（occupation）作为一种必不可少的训练方式引入学校，它摒弃了自身的经济含义，而变为道德的、艺术的、有目的的、持续不断的活动——"作业"，使儿童的道德、想象力、理智等方面得到充分的发展。对工业生活而言，更重要的一点是，"职业"能够使人们认识到工作所蕴含的个人意义。在职业运动兴起的时期，杜威的"职业"（calling, occupation）概念作为探讨教育与工业关系的逻辑起点，不仅要求人们对职业意义有所认知，更要求人们运用自己的工业智慧来掌控自己的职业，这即是杜威赋予职业教育改变劳动体制的使命的关键所在。在《民主主义与教育》中，杜威的"职业"（vocation）概念获得了完整的民主意义，它一方面作为引入学校的"作业"活动为儿童手脑合一、经验与理性的合一创造条件，另一方面也作为一生的"职业"而与历史上的劳动与闲暇、道德与物质等各种二分的传统相隔绝，促使每一个拥有职业的人都能通过教育成为自己工业命运的主人，甚至能够改革既有的工业秩序以实现对自身职业的真正掌控。

从杜威的"职业"概念出发再次认识杜威的职业教育思想，使我们意识到杜威主张的职业教育已经不同于一般意义上的职业教育，它不同于旧时家庭手工业中学徒制在当代的延续，不同于为工业经济提供所需劳动力的行业训练，甚至也不同于 1917 年作为美国职业教育法母法而出台的《史密斯－休斯法》所肯定的职业教育制度。从本质上讲，杜威的职业教育是对美国教育制度的一种实践诉求。杜威并没有划分普通教育与职业教育之间的分界，他所希望看到的是将"职业"作为一种方法同时也作为一种目的引入教育的各个阶段中。因此，杜威的职业教育思想并不指向一种名为"职业教育"的体制，而是指向杜威致力于实现民主社会所形成的整个杜威教育哲学。"职业"概念因其与生计或谋生手段等经济目的的决裂而摆脱了其狭隘的经济学意义，转而与人的全面的持续性的生长联系起来，使其自身成为个

①　罗伯特・威斯布鲁克：《杜威与美国民主》，王红欣译，北京大学出版社 2010 年版，第 118 页。
②　约翰・杜威：《杜威全集・中期著作（第 1 卷）》，刘时工等译，华东师范大学出版社 2012 年版，第 12 页。

人生长与工业生活的连接点,而这种连接又需要通过教育对"职业"的运用来加以实现。威斯布鲁克(R. B. Westbrook)指出,杜威的"民主是一种生活方式,是一种道德与精神的联盟"①,民主的意义与"职业"概念之间的共通性使得杜威的"职业"或可谓切入杜威民主教育思想的一根楔子。

① 罗伯特·威斯布鲁克:《杜威与美国民主》,王红欣译,北京大学出版社 2010 年版,第 42 页。

走出对杜威认知的"投射效应"

◎储朝晖 *

摘　要：自从杜威到中国以来，文化差异造成的对杜威认知的"投射效应"就开始出现，随着中美政治与国家间关系的变化，"投射效应"严重扭曲了杜威的形象，也影响到中国社会尤其是教育在现代化进程中人们对杜威的正确认识，从而难以准确、有效地利用他的思想资源为教育和社会发展服务。杜威思想的现代性特征及其对中国影响的广泛深入决定着消除"投射效应"是社会进步所必需的。以开放的视野、理性的态度和实证的方法，提高我们自身的认识能力，走出对杜威认知的"投射效应"，客观、准确、完整地认识杜威是我们每个人自身的认知完善，也将促进中国社会更加成熟、理性地走向未来，走向世界。

关键词：杜威；认知；投射效应；消除

"投射效应"主要指群体中个人的认知因受地位、情感、意志的影响，而难以做出与认知对象的真实状况及其关系相符的客观、真实、准确、完整的判断。

每个人的认知都会在一定程度上受到他的既有知识、情感的影响，这种个别化的认知差异不属于本文所指的"投射效应"；本文中的"投射效应"主要指群体受某一社会因素影响而发生具有相同倾向或特征的偏向。投射效应发生影响时，人们就不能对观察对象的真实状况进行感知，而是发生远近、真假、大小等方面的偏差。

不同的人对杜威有不同的理解本身不是"投射效应"；不同人受同一因素影响使得某个人群对杜威认知产生相同取向或特征的非真实判定，则属于"投射效应"。中国人对杜威的认知较大程度上受到文化、政治、民族和行为特征不同而产生的一般共同认知也许存在不够准确的问题，但不属于本文所指的认知"投射效应"；"投射效应"特指受到系统观念干预，认知过程不能正常进行，造成所获认知不够真实的现象。杜威思想内容是中国实现社会与教育现代化的重要资源。要充分利用这一资源，我们就需要尽可能消除"投射效应"的影响，在真实的基础上使用。

　　* 作者简介：储朝晖，中国教育科学研究院研究员。

一、对杜威认知"投射效应"的演变

杜威被他的学生们介绍到中国的时候就夹杂了一定的"投射效应"。比如,陶行知在杜威来之前写的文章称杜威"是当今的大哲学家,也是当今的大教育家"①。在这两个称谓中,"大哲学家"是中国文化中此前较少使用的名词,人们或依据西方文化中原有的词义加以理解;"大教育家"则是中国此前常用来指称孔子、孟子、荀子之类人的词,中国人就不禁依据原有文化对该词进行联想。因此,北京大学校长蔡元培在 1919 年 10 月 20 日杜威 60 岁生日晚餐会上致辞道:"我所最先感想的,就是博士与孔子同一生日……我觉得孔子的理想与杜威的学说有很多相同的点。"这是对杜威最早最典型的认知"投射效应"。1920 年 10 月 17日,蔡元培在北京大学授予杜威名誉博士学位的典礼上直接称杜威为"西方的孔子"②,这种投射或许就连杜威也不能说什么,但他依然不是原本的真实的杜威,对此有清醒认识的人不多。

杜威在中国接触了各种思想观念的人。1919 年 5 月 12 日,孙中山亲自拜访杜威。杜威在给女儿的信中说:"孙中山先生是一位哲学家。"③在这里杜威对孙中山的认知带有"投射效应"了,没有看到孙中山作为政治家的主要方面,而把他当成哲学家。杜威在山西的演讲折服了阎锡山;在广州,陈独秀以广东省教育委员会委员长的名义亲自主持他的演讲会;杜威在长沙演讲时毛泽东当记录员;在天津,周恩来也在《天津学生联合会报》创刊号上把杜威的实验主义称为世界上的最新思潮。当时中国各政治派别大都对他表示欢迎。在国内观点各异甚至针锋相对的人对杜威却能从各自不同角度找到自己的认同点,其中在一定程度上就属于"投射效应"生成的模糊空间发挥了作用。

事实上,对杜威认知的"投射效应"并不都是简单的一级投射,不少情况属于多级投射。杜威在中国的影响扩大后,引起苏联的注意,1928 年受列宁夫人克鲁普斯卡娅之邀,杜威到苏联访问后也曾对苏联的教育学者产生较大影响。1950 年,在中国"一边倒"学苏联时被当作"圣典"学习的凯洛夫主编的《教育学》最早的版本也受到杜威影响。后来陈侠主持翻译该书时由于苏联意识形态的影响,把原书中受杜威影响的"个性发展"改成"人的全面发展"。这一改动是"投射效应"的例证之一。《人民教育》曾对此进行过持续四个多月的讨论,最后

---

① 陶行知:《陶行知全集(第 1 卷)》,四川教育出版社 1991 年版,第 300 页。

② 高平叔:《蔡元培教育论著选》,人民教育出版社 2011 年版,第 239-240 页。

③ 约翰·杜威、爱丽丝·C.杜威:《杜威家书:1919 年所见中国与日本》,伊凡琳·杜威编,刘幸译,北京师范大学出版社 2016 年版,第 161 页。

提出以"因材施教"来回避"个性发展",这样的处理又是受到中国当时正在批判杜威及其中国门徒的影响的再次"投射",绕开了意识形态的纷争,却让不知底细的人无法看到原本的真实。

对杜威的"投射效应"发展的历史过程如下。

第一阶段,从 1906 年到 1949 年,可称之为"圣化"阶段。

"圣化"的文化基因是中国社会数千年形成的"颂圣文化",它的原初对象仅对皇帝,但作为一种文化存在,没有皇帝的时候可指向众人选定的某个人。自 1906 年张东荪在日本《教育》杂志发表第一篇介绍实用主义的文章后,对杜威怀着敬仰心态的中国人无意间总将他附上"圣"气。杜威在中国讲学广受欢迎而被中国人当作西方的圣贤、现代化的导师。包括胡适、陶行知等众多杜威的中国学生和追随者觉得杜威高大上,缺少对杜威的质疑、实证态度,他们了解的杜威就不够真实、完整,更别说其他随众的人了。

在 1936 年到 1944 年间,杜威帮助中国抗日,为中国人说公道话,而被中国人当作美国朋友。中国不同政治立场的人都希望杜威与自己的立场接近,这样的希望本身也在一定程度上属于认知的"投射效应"。

1945 年前后,在争取民主和宪政的问题上,陶行知与胡适的立场显然不同,杜威难以对政治立场不同的学生提出的不同诉求做出有效的回应。陶行知在给杜威写的信中反复强调杜威是自己的朋友,显示出陶行知当时的情感、所持的立场、目标都在较大程度作用于"投射效应",加上当时的时代背景,使得认知投射效应产生叠加和多次折射而变得更为微妙、复杂。

总体上,这一时段的"投射效应"主要在中国文化的作用范围之内,较少受政治因素影响,对杜威的认知有失真,但尚无明显的与事实背离之处。这是一场没有设定绝对主义真理的实验主义探索。既有以自由主义为视角的持平之论(吴俊升),又有以马克思主义为视角的微言大义(林布);既有实践派激情阐发(陶行知和活教育),又有学院派的条分缕析(徐翔之);既有实用主义者的坚定如一(欧阳子祥),又有基督教人文主义的烛幽照微(孟宪承)。[①]正是在这种状态下,对杜威思想的全面肯定、学习借鉴、转化应用,使中国社会与教育现代化因此获益良多。

第二阶段,从 1950 年到 1981 年,可称为"丑化"阶段。

1950 年后,在中美政治对立的大背景下,从批判杜威的弟子胡适、陶行知开始,进而批判杜威,直至 1955 年进入大批判高潮。与此同时,批判杜威又投射到他的中国学生陶行知、陈鹤琴等人身上,似乎作为杜威的学生就必然多少有些反动和原罪,必须批判。

---

① 涂诗万:《行行重行行:杜威教育思想研究在中国》,载张斌贤、刘云杉编《杜威教育思想在中国》,北京大学出版社 2019 年版,第 193 页。

这个阶段的"投射效应"依然是以中国的文化为基础,其中包括"颂圣"文化在内,只是由于"圣"的对象发生了变化,原来曾被当作"圣"的杜威就必须打翻在地,要实现这个目的就必须改变原有的判定,把真的说成假的,好的说成坏的,善的说成恶的,不顾基本事实。

这个阶段叠加进了较强的政治因素。由于中美关系走向对立,对杜威的认知投射主要为政治立场发挥作用。苏美的对立引发中美对立,先把杜威定位为美帝的走狗、资产阶级的教育家,设定杜威与马列主义势不两立。学贯中西的学者傅统先只能对杜威著作做信达的翻译,不发表观点。这个阶段杜威受到不加分析的"全面批判""妖魔化"。

第三阶段,从1981年至今,"投射效应"淡化阶段。

经过近30年的反向投射,人们开始恢复正常理智,以较为实事求是的态度评价杜威及其教育思想。1981年,被批判了30年的杜威的学生陶行知获得"平反",过去30年在政治和文化两重因素作用下对杜威认知的"投射效应"开始逐渐淡化,"重新评价"与"深化研究"有所进展,但"投射效应"依然在普通人乃至不少学人内心顽固地存在。

"投射效应"虽然随时间变淡,但仍未彻底消除。仅就与陶行知的关系而言,一是强调陶行知与杜威的立场与本质不同,二是强调陶行知对杜威的思想理论有很大超越。如有的学者即认为,陶行知生活教育思想和实践远远超越了杜威,既反对本国的封建传统教育,又反对帝国主义输入的洋化教育。这种强调的背景本身不是基于事实,而是30年来被极度强化的"投射效应"的惯性使然。

全方位地看,对杜威认知的"投射效应",虽然在1981年后开始走出绝对主义的笼罩,在沟通杜威与马克思、杜威与中国文化传统,认识民主的、人文的杜威等方面有所进展,却远未消除文化的误读与隔膜。在这方面,绝大多数人依然将杜威置于过去式而非依据其现代性回归现代生活。

也就是说,直至现今,由于学术研究的功利化和庸俗化倾向,几十年积累起来的对杜威认知的"投射效应"依然相当程度地存在着。

二、关于对杜威认知"投射效应"的分析

对杜威认知的"投射效应"是在多重因素作用下的长时期积累的现象,也是跨文化交流中常见的现象。中国对杜威的认知投射极具典型性。"杜威本人并不是一个擅长演讲的人,但他每次演讲之前都做了充分准备,会把演讲的主要内容,以书面形式交给口译者,使他们根据内容提前想好合适的中文词汇进行翻译。"[①]译者想好合适的中文词本身就为"投射效

---

① 简·杜威等:《杜威传》,单中惠编译,安徽教育出版社2009年版,第383页。

应"产生创造了机会。消除这一现象的前提是对它的特征和成因进行全面、深刻的分析,并有针对性地采取措施。

(一)分 类

对杜威认知的"投射效应"进行分类是比较困难的。由于投射主体在不同时期产生的投射是不同的,很难以主客关系对它进行分类。笔者主要以投射现象的特征为标准,将"投射效应"分为以下四种。

第一种是凭空投射,在完全没有依据的情况下任由主观想象的投射。

1950年后,除了曹孚等人,其他对杜威有一定研究的人发表批判文章存在明显的投射外,还有不少只知杜威其名,没有读过杜威著作,对杜威几乎没有了解的人却能在报章上长篇大论批判杜威,或发表批判杜威的讲话。近年来,又有不少人没有读过杜威的原作,却能长篇大论写出杜威教育思想对自己所从事的职业教育、教育技术、生涯指导、道德教育的启示,把杜威当作能够解决所有教育问题的万能钥匙。这两种情形都属于凭空投射,它影响的中国人或许最多,尤其是在从众、差不多、笼统意识流行的影响下,功利、庸俗与虚假的研究不时大行其道,凭空投射无孔不入。

第二种是关联投射,仅仅依据某个关联因素而不顾其整体与实质的投射。

比如,因为杜威是美国人就关联投射杜威不爱中国,杜威的学生也不会爱中国;美国是资本主义国家,杜威是"彻头彻尾的美国资产阶级的代表",杜威的教育思想就是资本主义的教育思想,是为资产阶级服务的;杜威是美国教育家,美国教育比中国教育好,杜威思想比中国教育家的思想好,研究杜威教育思想就比研究中国教育思想的学问大。诸如此类的投射都属于关联投射,其中有些比较明显,有些比较隐蔽。我们如果稍加留意,就会发现那些比较隐蔽的关联投射大量存在于各种行为、报刊文章和表达之中。

第三种是利害投射,依据对自己有利还是有害确定是否投射,以何种方式向哪个方向投射。

这种投射在"大批判"年代比较常见,一些人写批判杜威的文章也许不符合他们的内心判断,可能有明显在政治压力下趋利避害而不顾事实成分。在过度商业化的社会中,人们又在没有压力的情况下以利害为参照在自己的表述中生成新的投射。这两种投射都违反了学术的基本准则:只问真假是非,不问利害。所以无论是在压力下还是在自然状态下,利害投射对普通民众或属本能,对于学人而言则是丧失学术人格。

第四种是方位与间距投射,根据与自己的远近关系进行投射。

方位与间距投射的文化根子是中国存续很久的彝伦攸叙观念,简而言之,就是依据伦常表述,演变为世俗社会依据与自己的远近关系而非客观真实状况来判别是非。它本身就是一种存续很久的传统的"投射效应",与利害投射有一定的关联。比如陶行知在境内的中国学生或研究者褒奖近处的陶行知较多,贬抑虽是陶行知的老师却处于相对远处的杜威较多;对杜威一知半解,甚至未曾看过杜威文章和著作,也能信誓旦旦做出陶行知比杜威更伟大、更具有人民性的结论。

方位与间距投射在中国文化中的另一种表现是"外来的和尚好念经"。原本作者的观点或所做的事与杜威没有关系,也没有深入研究过杜威,却要披上杜威的外衣去招摇以吸引更多的人。原本他写的文章中的想法就是自己的想法,却要宣称是杜威思想的启示以求增大发表的机会。编辑也会受此影响而真的给这些人更多的机会,形成让这种投射畅行的共构。类似现象在商业化过度的当今学术界也很常见。

除了上述四种典型的投射,还有其他一些投射影响着对杜威的原貌与全貌的完整理解与判定。唯有彻底消除对杜威认知的"投射效应"的影响,才能看清原本的杜威,并有效利用杜威的思想资源服务当下的教育和社会发展。

"投射效应"下的哪一种言说都与事实存在距离,所以任何投射的存在都意味着社会认知的不健全,都应该设法减少直至消除。

(二)成 因

认知投射的成因很复杂,就对杜威的认知投射而言,主要原因有以下四种。

第一种是政治。

在 20 世纪 30 年代,就有人批判杜威的"改良主义"。1935 年,陶行知所创办的晓庄学校的学生刘季平以"满力涛"的笔名发文,从矛盾关系的视角批判杜威"教育即生活""学校即社会"的理念,认为杜威通过观念上的纠正就可以将生活与教育的矛盾加以解决是根本不可能实现的。[1] 刘季平直到 1978 年后才开始反思,认为自己"仍然有不少必须认真检查改正的'左'倾思想影响"[2]。1941 年,与陶行知交往较早的李维汉认为,陶行知在教育上是沿着杜威主义—生活教育—新民主主义政治—新民主主义教育的道路发展的。[3]

1950 年后,一些人干脆从政治上将杜威、陶行知投射到马克思主义的对立面,就连原本笃信陶行知的陶门弟子方与严、戴伯韬等人在为陶行知生活教育辩护时,也不得不承认陶行知思想源自杜威的局限性。[4]

第二种是文化。

---

[1] 满力涛:《教育与生活》,《生活教育》1935 年第 19 期。
[2] 刘季平:《正确评价陶行知教育思想·刘季平文集》,北京图书馆出版社 2002 年版,第 309-310 页。
[3] 温济泽等编:《延安中央研究院回忆录》,中国社会科学出版社、湖南人民出版社 1984 年版,第 60 页。
[4] 方与严:《再认识陶行知先生教育学说并批判自己》,《人民教育》1952 年第 7 期。

文化原因造成的投射相对稳定持久。杜威对中国的传统文化持温和的批判态度,认为中国存在的不少问题与中国文化的保守相关。尽管如此,杜威依然带着对东方文化和社会的浓厚兴趣来观察、认识中国,并不惮于提出中国存在的问题,于是相对保守的学人就会从他们所持的文化立场投射出杜威思想上的激进与缺陷。

1922 年,学衡派所在的东南大学学生缪凤林指出,杜威《民主主义与教育》一书忽视了艺术和宗教,有"四点之失"①。从其所写文章可以看出年轻人的勇敢与坦诚,也显示出文化的保守倾向;而当时的新文化与新教育的追随者则可能在文化上高估了杜威的思想对中国社会与教育改进可能发挥的作用。这两种都属于文化原因造成的投射。当今,文化仍然是形成对杜威认知投射的重要原因,但其表现形式随着社会文化的发展变化而变化,完全消除此类投射几乎不可能,需要为学的人谨慎细致对待才可能减少到一定限度。

第三种是情感。

作为中国人,以民粹或狭隘的民族主义立场认知杜威的事曾经发生过,拿被误解的杜威与被投射的陶行知作比较,出现"扬陶抑杜"或"抑陶扬杜"的现象也是历史事实。

将中西关系,具体地说是中美关系投射到杜威身上,中美关系恶化就对杜威和其他西方教育家的思想猛烈抨击,就指责杜威为"进步主义面具掩盖下的狡猾敌人""全世界反动势力的代言人""中国和全世界热爱和平和自由的人民的敌人",显然违背常理,以致他的"实用主义"也因为是美国的主流哲学观而遭到批判,在中国与杜威相关的人或认同杜威观点的人都会遭到一些人的仇视。情感与认知之间有关联,以情感左右认知必然难以获得正确的认知,投射主体将因此而难以正常地成长发展。

第四种是认知。

认知局限本身也可形成认知的"投射效应"。杜威所著《民主主义与教育》不同年代的 8 个中文译本,对其中的关键词"democracy"的翻译从"平民主义""民本主义"到"民主主义"的变化,就是不同时期学者对杜威思想认知深化和中国社会认知逐渐消除投射共同发生的结果。

杜威在中国各地的演讲与中国传统教育一言堂的灌输不同,他不是采用强加式、灌输式,而是选择了启发式、说理式,因而更容易为中国的听众所接受,在受到欢迎的同时在理解上出现偏差的可能性也会加大,从而产生认知的投射。认知投射在他的学生身上也会发生。陶行知就认为:"美国是一个资本主义的国家,他们是零零碎碎的实验,有好多教育家想达到的目的不能达到,想实现的不能实现。然而在俄国已经有人达到了,实现了。假使杜威先生是在晓庄,我想他也必主张'生活即教育'的。"②

---

① 缪凤林:《评杜威平民与教育》,《学衡》1922 年第 10 期。
② 陶行知:《陶行知全集(第 2 卷)》,四川教育出版社 1991 年版,第 492 页。

　　中国不少学者受马克思主义教科书的影响,强调辩证的方法,于是有学者归纳出杜威的哲学方法里也有"辩证的方法"①,从表述杜威早年思想受黑格尔影响而带有辩证特色到将辩证方法列为杜威哲学的方法,却未必符合杜威的本意,其间显然有一种认知投射的存在。

　　当下,更多的研究者并不了解杜威生活的社会背景,无意中把杜威教育思想放在"现代教育"的框架内来分析,这种框架本身就无意中构成对杜威思想新的投射。

　　消除因认知而产生的"投射效应"在逻辑和技术上难度最大,需要有专业基础和天赋的学者为之付出大量努力。

三、消除对杜威认知"投射效应"的必要性与可能性

　　根据资料检索,本文是第一次提出消除对杜威认知的"投射效应"问题。这说明学术界较少意识到这个问题,至少是没有人认真思考过这个问题,更谈不上去解决这个问题。

　　之所以要解决这个问题,理由如下。

　　一是杜威对中国教育与社会的影响之大决定着不解决好投射问题就难以解决教育中的一些基本问题。1919年后,杜威对中国教育的具体实践影响是深刻的,当时影响较大的《教育杂志》与1948年朱经农和沈百英主编、商务印书馆出版的《国民教育文库》都有与此相关的大量记录。正如吴俊升所言:"中国教育所受外国学者影响之广泛与深远,以杜威为第一人,杜威所给予外国教育影响之巨大,中国为第一国。"②历史决定了杜威与中国教育的过去不可分割,也决定着他与中国教育未来的发展与改革不可分割,杜威的教育思想已经成为连接中国教育与世界教育的重要链条。百年来,从某种意义上讲,中国正是借鉴并得益于杜威的教育思想,才使得教育观念和实践发生了深刻的变化。如果对这样一个影响面如此之大、影响程度如此之深的人不能客观、真实地认知,既难以解决历史问题,也难以解决现实问题,还难以定位真实的问题所在,就难以形成有效的解决方案。

　　二是能否消除杜威认知的"投射效应"对普通民众而言是个常识和判断能力如何的问题。杜威的思想学说博大精深,没有必要要求普通民众都全面学习。但是对这样一位对中国乃至世界有着全面深刻影响的人,民众的认知投射本身就是一种无中生有或在不正确的环境中生成的社会力量阻碍着正常社会的到来,妖魔化地投射杜威本身就使得自己离文明社会更加遥远。消除投射是开阔民众视野,增进民众常识,提高民众认知与判断能力,使民

---

　　① 石中英:《杜威教育哲学论述的方法》,载张斌贤、刘云杉编:《杜威教育思想在中国》,北京大学出版社2019年版,第228页。

　　② 吕达等:《杜威教育文集(第3卷)》,人民教育出版社2008年版,第10页(前言)。

众与人类文明更加亲密的必经过程。

三是能否消除对杜威认知的"投射效应"是中国学术发展状况的一种度量。在一个学术态度端正、学术能力正常的人那里，认知的"投射效应"就会降到最低限度；相反，在一个心存偏见、成见，又缺乏基本独立性与思维能力的学人那里，各种成因和类型的"投射效应"就会堆积起来。对杜威的认知的"投射效应"能够在中国长期存在而无人问津，在某种程度上标示了中国学术界当下的状态。而一个社会要向文明前进的方向发展，实现更高程度的现代化，健全的学术机制是整个社会发展必不可少的腺体。为了让中国社会发展具有功能健全的学术腺体，提高学术品质，就必须从消除对杜威的认知投射这样一件件具体的事做起，让学术机体的能力逐渐增强。

受到功利、思想禁锢等多重因素影响，不少人对能否实现学术的正常发展，彻底消除对杜威的认知"投射效应"持怀疑、观望态度。在很大程度上，这也是40年来不少杜威研究者从一个个具体问题着手研究，没有从更宏观视角提出消除对杜威认知的"投射效应"问题的原因。对于这种谨慎的研究不能不说在所处社会环境中是踏实稳妥的，也是积极有效的。但对于杜威的研究而言，仅有这种量的积累是不够的；对推进中国学术适应社会发展需求而言，也必须有新的突破，尤其有必要提出消除对杜威认知的"投射效应"这样一个更为宏观的目标，推动对杜威研究也是对中国教育与社会现代化发展需要进一步努力的明确方向。

对于实现这一目标的可能性，应作以下考虑。

首先，没有提出目标就永远不可能实现目标。在对杜威认知的"投射效应"依然顽固强大的当下，任何一点消除都具有较高的难度，都会遇到阻力；但认识到这种投射的存在就有了消除的可能，提出消除的目标就会有人在这个方向上努力，从这个意义上说，经过一段时间的努力，对杜威认知的投射必将逐渐消除。

其次，过去的研究已经奠定了一定的基础。《杜威全集》中文版的翻译出版，逐渐深化和扩大的杜威研究，为纪念杜威来华100周年，多个机构举办学术活动、多家学术期刊发专题研究文章，这些都是在打基础，都在一定程度上增加了消除"投射效应"的可能性。

最后，要相信社会发展需求的力量。杜威思想的超前性和现代性决定了中国社会如要想向现代化方向发展，就必然产生对杜威思想理论的需求。在当下中国的教育实践中诸多问题需要合理、有效地运用杜威的教育思想，在社会发展领域同样有这样的需求，需求推动认知，认知力求准确完整，这个过程不断循环就是消除认知投射的过程。

从以上三个方面可以看出，消除对杜威认知的投射是社会发展推动的必然结果，它的可能性是毋庸置疑的；但它的过程会是较为漫长的，过程长短与社会前进的步伐以及学者的努力程度直接相关，积极有效推动就会缩短这个过程，这才是学人们能够做且应担负的责任。

四、消除对杜威认知"投射效应"的路径与方法

从宏观上看,消除对杜威认知的"投射效应"是一个社会正常发展的需求,也是每个人的认知自主与独立思考的外显,所以实现这个目标的路径在于扩大社会成员的自主、自觉,增进社会包容,提升个体的认知和判断能力。但是,又不能把消除对杜威的认知"投射效应"当成一场运动,不能设置标准答案,设定怎样的表述才是真实的杜威的统一标准,也不能设置固定的时限,要求在某个时间节点前大家都消除对杜威的认知投射。

从微观上看,需要希望从杜威思想中获益的人,尽量以真实原本的杜威作为认知对象和目标,尽可能阅读杜威的原作,尽可能完整理解杜威的各种表达,尽可能将各种不同表述作分析比较后选择、采信那些准确的内容。在此过程中,每个人的认知、思考、辨别、判断能力都会得到提高,这才是最终和最有价值的目标。

在微观行动中,除了需要普通民众提升认知、思维、判断能力,还需要从事杜威研究的学者们做更加全面系统的实证研究,厘清对杜威认知"投射效应"的整体状况、特征、分布、成因和历史过程,运用杜威提出的两种方法攻城拔寨:第一种是历史的方法,就是对杜威的各种主张要搞清楚它的来龙去脉,把它放在历史中去认识;第二种是试验的方法,杜威自己的一切学理都是假设,都是仅供参考用的,杜威的一切学说、制度等也都要经过实验来验证。

例如,不少国人把杜威的实用主义与中国传统文化中的经世致用甚至功利主义观点简单混同。在这方面,2019 年 4 月 28 日在北京召开的纪念杜威来华讲学 100 周年研讨会上就有几位学者从不同方面展开了论述,其中有人告诉笔者,这是他想了几十年没想通的问题。

类似想了几十年没想通的问题还有不少,解决它们需要有个漫长的过程,需要做大量的研究。以消除对杜威认知的"投射效应"为着手点,拓宽视野,改善思维,提升能力,对杜威的研究就能为中国实现现代化发挥更大的作用。

原载《教育史研究》2020 年第 1 期

杜威来华与中国现代学术交流制度之滥觞

——基于胡适、杜威的日记与书信

◎刘　晖　杜倩韵*

摘　要：1919年是中国现代史的开端，也是中国现代学术制度之开端。美国哲学家、教育家、20世纪进步主义教育思想的代表人物杜威于1919年至1921年在中国从事讲学、研究、考察两年有余，数十所高等学校和学术团体、报纸、杂志、出版社等机构参与组织，其学术活动时间之久、社会影响之大、波及范围之广、影响程度之深，于现代中国学术史上恐无出其右者。以胡适的书信和日记以及有关亲历者书信作为主要研究史料，遵循论从史出、史料互证的历史考证范式，以个人叙述观照宏大叙事，研究发现杜威来华讲学活动流程形塑了一整套学术交流机制，即著名学者策划邀请、大学与社团牵头组织、官方和民间资金支持、地方团体参与安排、新闻媒体宣传报道、杂志社和出版社编辑出版成果的学术交流机制，成为现代中国学术交流制度之滥觞。

关键词：现代学术交流制度；杜威；胡适；制度发生学；大学；社团

美国教育家杜威于1919年4月30日下午抵达上海，开始了他对中国的访问。访华期间，他在十一省和北京、上海二市作演讲。杜威于1921年7月11日离开中国[①]，结束了两年又两月的在华学术交流行程。100年来，有关杜威哲学思想、教育主张及其对中国教育观念、教育哲学和教育实践影响的研究，可谓汗牛充栋，有关杜威来华讲学的史实细节与后续影响的研究文献，亦不在少数。但有关杜威来华讲学与现代中国学术交流制度的关联，或散见于有关文献中，或在杜威研究中顺便提及，却少有专题论述。1919年是中国现代史的开端，也是中国现代学术制度的发端。彼时国际风云际会，学术机缘巧合，杜威来华讲学——并一再延迟归期——持续两年之久，之于中国现代学术制度史的发生、学术交流机制的构建，不能不说是一件影响深远的大事，有待深入探究。

---

* 作者简介：刘晖，广州大学教育学院教授；杜倩韵，广州大学教育学院硕士研究生。基金来源：国家社会科学基金"十三五"规划2016年度教育学一般课题"中国高等教育质量保障政策（1895—2015）变迁研究"（BIA160098）。

① 简·杜威：《杜威传》，单中惠编译，安徽教育出版社1987年版，第76页。

一、1919 年何以成为现代学术交流制度元年

中国现代学术交流制度发端于何时？是在什么社会背景下形成的？其基本运行方式和机制为何？这是本研究的疑问，希望借助书信、日记以及有关史料，穿过漫长的一个世纪，寻找答案。

胡绳于 1954 年在《历史研究》创刊号上发表的《中国近代历史的分期问题》中，明确地把 1919 年的五四运动作为中国近代史和中国现代史的分界。此后，学术界往往把 1840 年鸦片战争至 1919 年五四运动的历史称作中国近代史，1919 年以后的历史称作中国现代史。[①] 如果认同如此分期，中国现代学术史和现代学术交流制度也应自然地从 1919 年开端。杜威恰巧此时来中国做学术交流，而且恰恰因为五四运动使得杜威对中国充满联想，一再推迟归期，在中国的学术交流持续两年之久，这不能不说是中国现代史、中国现代学术史、中国现代学术交流史的大事，其意义不仅仅在于传播实用主义哲学思想、实验主义教育理念和教育科学研究方法，还在于他两年多的学术交流活动，较为全面地形塑了中国现代学术交流体制机制。

这一体制机制的发生始于杜威的中国弟子们——毕业于哥伦比亚大学的学术精英胡适、陶行知、郭秉文、蒋梦麟等。郭秉文在日本当面邀请老师来华讲学，其团队策划与运作交流活动，开启了一系列学术交流机制：著名学者策划邀请、大学与社团牵头组织、官方和民间资金支持、地方团体参与安排、新闻媒体宣传报道、杂志和出版社编辑出版学术成果，水到渠成地构建了现代中国学术交流制度，成为其后学术交流示范。

那么，这种学术交流机制是如何一步一步地创建，并形成了一个操作并然有序，运行良好的机制的？哪些要素构成了这样的机制？这有待我们通过梳理史实，厘清关节，寻找杜威在华讲学与现代学术交流机制互动的过程。换句话说，组织杜威讲学的过程就是形塑学术交流体制机制的过程。

通过日记和书信钩沉历史，探讨问题，是史学界通用的研究法门。我们注意到与杜威来华相关的往来信件、私人日记提供了当时学术交流的珍贵资料，有着重要的研究价值。它们从杜威在华期间的私人生活、学术活动、社会交往以及主观评价等方面入手，有着详细的记录，为我们解读中国现代学术交流机制的发生与雏形提供了极之珍贵的研究资料。

---

① 胡绳：《中国近代历史的分期问题》，《历史研究》1954 年第 1 期。

二、现代学术交流机制的发生与发展

我们认为杜威之于中国现代学术制度史的发生、学术交流制度的构建,有着非同寻常的意义,其立论是基于制度发生学的阐释。近年来,以发生学、特别是制度发生学来阐释制度的发生和演变在社会科学领域较为流行,这种研究方法本身也具有格外重要的意义,因为发生学主要研究事物或现象及其发生的前提和过程,是一种追本溯源式的研究方式,是一种对事物本相的终极探究。[①]

这种方法可以有效地探究事物发生的原因,追溯其发生的本质与起源,对于事物或者现象的发生有着十分重要的意义。冯契认为,流行于社会科学研究领域的发生学方法是"反映和揭示自然界、人类社会和人类思维形式发展、演化的历史阶段、形态和规律的方法。主要特征是:把研究对象作为发展的过程进行动态的考察;有分析地注重考察历史过程中主要的、本质的、必然的因素"[②]。按照西方学者的观点,发生学方法的"目的是为了发现和研究起源、趋势、进度、方向以及所研究对象的发展模式"[③]。

在人类的思想史上,关于社会秩序(制度)发生学探索的研究成果为"制度是如何形成的"这一问题提供过两种答案:(1)自发演化生成;(2)理性创设生成。而这两种答案在经济学中,则分别是沿着两条不同的理论进路展开的:一是斯密—门格尔—哈耶克的演化生成论传统;二是康芒斯的"制度是集体行动控制个人行动"的制度设计论传统。[④]

我们据此来分析杜威来华讲学的宏大背景与个人叙事,目的是为了发现和研究现代学术交流制度的起源、进度、要素和功能。从中国学术制度的发展角度看,1919 年是新旧学术制度的分野,传统的学术制度逐步退出历史舞台,新的面向世界的学术制度蓬勃发展,杜威来华讲学是恰逢其时的典型,具有原发意义。中国的现代学术交流制度似乎是一种自生自发的扩展秩序,其产生和成形体现了民国时期西学东渐、学术自觉、知识交换的需要。其发生看似偶然,其实却存在着必然性,是当时的知识分子、民间社团、高等学府等对于新知识、新理论、新学派引进需要的驱动。学术交流的历史是在没有任何学术交流规制的情况下发端的,其起源的真正动力是人们对于知识的追求。

现代学术交流机制的内涵和结构为何? 我们不妨参考有关学者的分类。向河认为,学

---

① 王妍:《公司制度研究:以制度发生学为视角》,《政法论坛》2016 年第 2 期。
② 冯契:《哲学大辞典(修订本)》,上海辞书出版社 2001 年版,第 381 页。
③ 梅慎实:《现代公司机关权力构造论(修订本)》,中国政法大学出版社 2000 年版。
④ 韦森:《经济学与哲学:制度分析的哲学基础》,上海人民出版社 2005 年版,第 65 页。

术交流指标体系的结构可以分为两层,第一层结构包括五个方面,即交流主题、交流形式、交流层次、交流成果和组织管理。而第一层次结构的各个方面又能细化出第二个层次结构来,构成一个完整的层次模型,具体见表1。

参照"学术交流指标体系的层次结构模型",结合 1919—1921 年间民国时期中国的学术交流环境的情况,我们可以将杜威来华的学术交流要素进行分类,包含了组织管理(学者邀请、组织机构、宣传、基本生活需要、行程安排)、交流经费(筹措机制、分担机制)、交流形式(交流环境、参与人数)、交流主题(内容商定)、交流成果(组织记录、讲稿翻译、成果发表)、交流层次(总体影响、公众认可度、学者反馈)等六类基本要素(具体见表2),具备了学术交流制度的所有要素。据此判断,随着杜威来华学术活动的展开,中国现代学术交流体制机制趋于成形。

表 1　学术交流指标体系的层次结构模型①

	第一层结构(B 层)	第二层结构(C 层)
学术交流 A	交流主题 B_1	学科范围 C_{11}
		焦点热点 C_{12}
	交流形式 B_2	参与人数 C_{21}
		交流环境 C_{22}
	交流层次 B_3	著名学者数量 C_{31}
		参与者层次分布 C_{32}
		认可度(被收录情况等)C_{33}
	交流成果 B_4	交流论文数量 C_{41}
		论文质量 C_{42}
		奖励情况 C_{43}
		潜在社会和经济效益 C_{44}
	组织管理 B_5	组织机构 C_{51}
		活动安排 C_{52}
		服务安排 C_{53}

---

① 向河、沈贺:《基于层次分析法的学术交流质量评估与机制创新研究》,中国科学技术协会学会学术部:《学术交流质量与科技研发创新——中国科协第三届学术交流理论研讨会论文集》,中国科学技术出版社 2008 年版,第 12 页。

表 2　中国现代学术交流机制的层次要素

	第一层次（基本要素）	第二层次（具体要素）
学术交流	组织管理	策划邀请
		组织机构
		媒体宣传
		基本生活安排
		学术行程安排
	交流经费	筹措机制
		分担机制
	交流形式	交流环境
		参与人数
	交流主题	内容商定
	交流成果	组织记录
		讲稿翻译
		成果发表
	交流层次	总体影响
		公众认可度
		学者反馈

这为我们以下的分析提供了一个框架，据此探讨杜威来华何以催生了现代学术交流机制的发生与完善。

三、杜威讲学促成现代学术交流制度的完善

根据层次要素分析结构，一个较为完整的现代学术交流制度，应该由若干不可或缺的要素构成，分别是同行学者策划邀请、大学与社团牵头组织、官方和民间资金支持、地方团体参与安排、新闻媒体宣传报道、杂志和出版社编辑出版成果等，形成了要素协调互动、人力物力支持、时间空间链条的学术交流制度框架。

（一）策划与邀请

现代学术交流制度的第一个要素是策划与邀请。那么杜威从美国出发去日本度假和讲

学时,并未列入计划的中国之行最初由谁提议?谁来邀请?最终谁来实施?此前,中国并无现成的经验或规则可资借鉴,而是各当事人沟通、协商与探索形成的,其中主要的策划者是胡适、陶行知、郭秉文等,这在当事人的书信中有明确记录。

杜威来华似乎只是一个"意外"。在《杜威家书》中,杜威的女儿伊凡琳·杜威在序中写道:[1]

> 这趟旅行原本只是为了开心,但就在他们离开旧金山之前,有电报传来,邀请杜威教授首先到东京帝国大学……于是他们造访了日本,在那里待了三到四个月的时间……在那之后,他们决定继续这次旅行,到中国去,至少返回美国之前在中国逗留上几周。
>
> 中国此刻正在为独立统一的民主制度而斗争,杜威夫妇也沉浸其中。这使得他们改变了原有的1919年夏天返美的计划。

由此可见,杜威夫妇并非一开始就想要在中国待上两年的,甚至他们一开始根本都没有打算到中国来。而促成杜威来华一事,杜威的中国弟子们自是最功不可没的。在《胡适来往书信选(上)》中,1919年3月20日陶行知致胡适的信件,是目前可找到最早关于邀请杜威来华计划的信件。[2]

> 适之吾兄请看:
>
> 三个礼拜前听说杜威先生到了日本,要在东京帝国大学充当交换教员,当头一棒,叫我觉得又惊又喜。……继而又想到杜威先生既到东方,必定能帮助东方的人建设新教育,而他的学说也必定从此传得广些。且日本和中国相隔很近,或者暑假的时候可以请先生到中国来玩玩,否则就到日本去看看他也是好的。想到这里,又觉得大喜了。所以即刻就把这事和郭先生谈了一下,当时就决定由他经过日本的时候当面去请。现在又有你欢迎的信去,我看杜威先生十分有六七分能够来了。我不久也要写一封信去。总而言之,这件事我们南北统一起来打个公司合办,你看如何?……

继而在1919年3月31日陶行知致胡适的信件中可知邀请杜威来华之事已办妥。[3]

> 适之吾兄:
>
> 现在有一件可喜的事,一件可悲的事报告:

---

[1] 约翰·杜威、爱丽丝·C.杜威:《杜威家书:1919年所见中国与日本》,伊凡琳·杜威编,刘幸译,北京师范大学出版社2016年版,序第1-2页。

[2] 中国社会科学院近代史研究所中华民国史研究室编:《胡适来往书信选(上)》,社会科学文献出版社2013年版,第22页。

[3] 中国社会科学院近代史研究所中华民国史研究室编:《胡适来往书信选(上)》,社会科学文献出版社2013年版,第25页。

今日接到郭秉文先生的信,他说到日本已经见过杜威先生,杜威先生并不是帝国大学交换教授,不过游历的时候带着演讲就是了。郭先生请他到中国来,他就一口答应,说四月中就可到中国,打算游历上海、南京、扬子江流域,一直到北京。杜威先生曾发表他的意思说,除今年之外,还愿留中国一年。既然有此很好的机会,这一年光阴自然不能轻轻放过。怎么办法,要等郭先生和哥伦比亚大学商量后才可定当。杜威先生到华接洽事宜应由北京大学、江苏教育会、南京高师三个机关各举代表一人担任。敝校昨日已推定兄弟担任此事,请老兄和蔡子民先生商量推举一人,以便接洽。附上敝校所拟办法数条,请与蔡子民、蒋梦麟、沈信卿三先生(蒋、沈二君现在北京)磋商,并请赐教。杜威先生来期已迫,请从速进行为要。杜威先生通讯地址一纸请留存尊处。

在《杜威在华活动年表(上)》也可发现其邀请杜威来华的说明:[1]

> 先是,二、三月间,杜威在日本东京帝国大学讲演,胡适与蔡元培、陶行知等商定,以北京大学、尚志学会、新学会和南京高等师范等几个团体的名义,邀请正在日本游历讲演的杜威来中国讲学。

后来又有江苏省教育会加入邀请组织之列,也就是五个团体邀请杜威来华讲学。从时间看,杜威是西方学者进入现代中国讲学的第一人,可以说此行开启了中国现代学术交流制度的先河。

(二)组织与管理

北京大学、江苏省教育会、尚志学会、新学会和南京高等师范等五个团体是杜威夫妇来华学术活动的主要组织者,负责他们到中国之后的接洽事宜、行程安排、各项接待,等等。

1919 年 4 月 28 日,美国哲学家杜威与夫人爱丽丝(A. Dewey)乘坐熊野丸号驶离了日本熊本港,前往上海。[2] 1919 年 4 月 30 日午后到达。[3] 抵沪时,由北京大学代表胡适、南京高等师范学校代表陶行知、江苏省教育会代表蒋梦麟前往码头迎接。杜威下榻沧州饭店,即今日的锦沧文华大酒店。[4] 杜威在《杜威家书》中提及了当时接待的人员与团体,还附上了

---

① 黎洁华:《杜威在华活动年表(上)(1919 年 4 月 30 日—1921 年 7 月 11 日)》,《华东师范大学学报(教育科学版)》1985 年第 1 期。

② 约翰·杜威、爱丽丝·C.杜威:《杜威家书:1919 年所见中国与日本》,伊凡琳·杜威编,刘幸译,北京师范大学出版社 2016 年版,第 139 页。

③ 黎洁华:《杜威在华活动年表(上)(1919 年 4 月 30 日—1921 年 7 月 11 日)》,《华东师范大学学报(教育科学版)》1985 年第 1 期。

④ 约翰·杜威、爱丽丝·C.杜威:《杜威家书:1919 年所见中国与日本》,伊凡琳·杜威编,刘幸译,北京师范大学出版社 2016 年版,第 143 页。

合照。①

杜威来华的主要目的是学术交流，与此同时，也是生活之旅、文化之旅、政治之旅。

我们在胡适的日记和书信中看到，除了邀请杜威频繁讲学以外，胡适还经常与杜威家人一同进餐，与杜威交流关于中国与世界的看法，整理杜威演讲稿以及商讨学界事宜等。据不完全统计，单单只是《胡适日记全编》内（甚为可惜的是，胡适的行程以及日记部分缺失，在杜威来华期间胡适的日程部分最早只可追溯到 1919 年 11 月 14 日），胡适拜访杜威或杜威夫妇、家人以及共同进餐的次数就多达 28 次，对杜威的衣食住行十分上心，并共同讨论学术问题，以下是部分行程的节选：②

> 1920 年 1 月 18 日周日下午 2：00—4：00：与姚同访杜威。
>
> 1920 年 2 月 6 日周五晚上 6：00—7：00：与冬秀至杜威先生家吃饭。
>
> 1920 年 2 月 24 日周二中午 12：00—下午 3：00：杜威家吃饭。Miss Evelyn Dewey（伊文林·杜威小姐）会 Miss Friedns（弗丽斯小姐）。
>
> 1920 年 3 月 1 日周一晚上 7：00—10：00：Dewey Dinner（杜威请饭）。Hunt（亨特）夫妇，Dewey（杜威）一家，Porter（波特）&C. 谈甚久。
>
> 1920 年 3 月 9 日周二早上 10：00—12：00：与范静生同访杜威，谈“家庭”与“宗教”两问题。
>
> 1920 年 3 月 30 日周二晚上 7：00—8：00：访杜威、知行，东兴楼。
>
> 1920 年 4 月 30 日周五早上 11：00：为 Deweys（杜威一家）定车。
>
> 1920 年 5 月 5 日周三下午 5：00—6：00：See Deweys for tickets（给杜威送车票）。
>
> 1920 年 5 月 6 日周四早上 8：00—9：00：送 Deweys（杜威一家）到天津。

仅从可获得的资料部分也足够可以看出，胡适与杜威交流甚为频繁，对其在华行程照顾是十分周到的。

除了主要的演讲行程以外，杜威还走访了许多国内高校、博物馆与寺庙，甚至是一些很平常的家常餐馆、商店。对于杜威的来华行程，前人研究者一般较多把目光聚焦在其学术行程上，其实杜威伉俪也走访了中国许多的历史名胜，或是与一般人无异地携手逛逛商店、下下馆子。并且，杜威对于中国的印象也更多地来自于非学术的社会交往。杜威夫妇与女儿伊凡琳在 1919 年 5 月 4 日的通信中写道：③

---

① 约翰·杜威、爱丽丝·C.杜威：《杜威家书：1919 年所见中国与日本》，伊凡琳·杜威编，刘幸译，北京师范大学出版社 2016 年版，第 147 页。

② 胡适：《胡适日记全编 3(1919—1922)》，曹伯言整理，安徽教育出版社 2001 年版，第 9 页。

③ 约翰·杜威、爱丽丝·C.杜威：《杜威家书：1919 年所见中国与日本》，伊凡琳·杜威编，刘幸译，北京师范大学出版社 2016 年版，第 155 页。

当我们参观学校的时候,他不会提前组织什么,以为他不想让我们看到一个被刻意安排过的程序。当我们去吃午餐的时候,他带我们去了一家中国餐馆,都没有什么外国人去。昨天我们去了一家百货商店,买了一些手套和吊袜带。

在5月23日的南京书信中,杜威表示自己参观了寺庙,并且谈到了在一位军事顾问家中进餐时与之讨论对中国的看法:①

当我们有一天去参观一所据说是中国佛教圣地之一的寺庙时,有人给我们介绍了一幅中国最卓越的书法家的摩拓本——我们曾经在上海的时候就给你们写信说过,有人给我们介绍过中国的所有稀罕事物,比如皮蛋、鱼翅、燕窝、鸽子蛋、八宝饭等。我们还在享用中国美食。昨天的午饭是在一位军事顾问的家里吃的。他非常直爽,并不偏执于政治,让你对中国产生一种更有希望的感觉。

显而易见的是,在看似轻松的文化参观、民间交流、朋友宴请的背后,是世界观、价值观、政治观的深层互动与理解。再比如,此后在1919年6月1日住在北京时所写的书信中,杜威提及他们去了"比凡尔赛宫更神秘"的西山,看到了大理石基座的石船和"最精彩的""每一块砖上面都雕刻着一尊佛"的佛教寺庙(西山碧云寺),还去了一家"坐落于紫禁城的旧宫殿或者议事厅里头",有着"黄瓷瓦铺成的屋顶,红色、蓝色、绿色、金色的墙","是珍宝、瓷器、青铜、玉器等物品的陈列所"。② 随后在1919年6月2日杜威夫妇便道出其实那是"在紫禁城内部"的颐和园。③ 杜威夫妇还曾参加中国的婚礼,"星期天我们参加了一次中国的婚礼。婚礼是在海军俱乐部举办的"④。还看到有趣的中国庆典——杂技表演。⑤

这些低调的、不起眼的行程都在表明杜威夫妇在来华的过程中并不是只有学术行程,还参与了广泛的社会活动,这更体现了细节部分:照顾外国学者来华的感受,并非完全只是密集的安排演讲,而是中间穿插文娱活动的行程。正是邀请学者来华、不同组织机构负责承担相应责任、广告宣传、为学者安排基本生活细节、进餐、对来华学者的行程进行周密安排等方面体现中国现代学术交流制度在组织管理上的逐渐成形。

---

① 约翰·杜威、爱丽丝·C.杜威:《杜威家书:1919年所见中国与日本》,伊凡琳·杜威编,刘幸译,北京师范大学出版社2016年版,第187页。
② 约翰·杜威、爱丽丝·C.杜威:《杜威家书:1919年所见中国与日本》,伊凡琳·杜威编,刘幸译,北京师范大学出版社2016年版,第195—197页。
③ 约翰·杜威、爱丽丝·C.杜威:《杜威家书:1919年所见中国与日本》,伊凡琳·杜威编,刘幸译,北京师范大学出版社2016年版,第204页。
④ 约翰·杜威、爱丽丝·C.杜威:《杜威家书:1919年所见中国与日本》,伊凡琳·杜威编,刘幸译,北京师范大学出版社2016年版,第238页。
⑤ 约翰·杜威、爱丽丝·C.杜威:《杜威家书:1919年所见中国与日本》,伊凡琳·杜威编,刘幸译,北京师范大学出版社2016年版,第249页。

(三)经费筹措与分担

任何学术交流都需要经费,都有经费的筹措方式、渠道和机制,有的是事先约定的,例如北京大学聘请杜威为客座教授;有些是"从无到有"地争取与尝试,例如各地演讲的费用是各界反复磋商、辗转筹措的。故此,杜威来华的学术交流经费来源与方式并无一定之规,而是在讲学过程中不断探索和形成的,形成了大学、政府、社团、出版机构等分担经费的机制。这本身也是杜威此行对于学术交流制度的"贡献"吧。

我们不妨稍作回顾。在筹措学术交流经费方面,最是着急的可算是胡适了。哥伦比亚大学同意杜威留华一年明确是"无薪俸的假",因此对于杜威的俸禄与经费更是不敢马虎。胡适频繁与陶行知、蒋梦麟等联系以寻求资助。这在其书信集中便可见一斑。1919 年 5 月 22 日黄炎培、蒋梦麟致胡适信中写道:①

(二)如北京大学不幸散了,同人当在南组织机关,办编译局及大学一二年级,卷土重来,其经费当以募捐集之(炎、麟当赴南洋一行,《新教育》可请兄及诸君代编)。杜威如在沪演讲,则可兼授新大学。

继而于 1919 年 5 月 26 日蒋梦麟致胡适书信中有这样一段话:②

杜威留中国,其俸已由省教育会担保。任之与弟又要做和尚募化万余金。将来预备在沪开演讲大会。还要请他到重要地方如天津、北京、广东、汉口去讲讲。省教育会要做这一件慷慨的事,你赞成么?

但实际上,杜威留华的费用,最后还是通过尚志学会发起人范源濂的建议和牵线,找到尚志学会、新学会和清华学校,以社会上的私人组织名义承担了。③

在 1919 年 6 月 22 日,胡适致蔡元培函中有这样一段:④

那时范静生先生到京,我同他商量,他极力主张用社会上私人的组织担任杜威的费用。后来他同尚志学会商定,担任六千元。林宗孟一系的人,也发起了一个"新学会",筹款加入。我又和清华学校商量,由他们担任三千元。北京一方面共认杜威(以下缺)。

---

① 中国社会科学院近代史研究所中华民国史研究室编:《胡适来往书信选(上)》,社会科学文献出版社 2013 年版,第 35-36 页。

② 中国社会科学院近代史研究所中华民国史研究室编:《胡适来往书信选(上)》,社会科学文献出版社 2013 年版,第 37 页。

③ 陈文彬:《邀请美国教育家杜威访华的台前幕后》,《兰州学刊》2006 年第 7 期。

④ 高平叔:《蔡元培全集(第三卷)》,中华书局 1984 年版,第 305-306 页。

后在 1919 年 6 月 24 日陶行知、蒋梦麟致胡适书信中又写道：[1]

> 麟今晨自杭归，你的信都收到。知行亦自宁来沪。今先将徒威（杜威）的办法回答你，他事另函详。徒威留一年，甚好。南京、上海方面准合筹四千元。

杜威来京后的几次演讲，都是由北京大学、教育部、尚志学会和新学会共同组织的，而且，四团体在 1919 年 10 月 19 日杜威 60 岁生日之际，共同为杜威举办了生日晚宴，以示庆贺。[2]

由于当时中国的学术交流制度正处于初创时期，此类学术交流经费从何而来，如何筹款、机制为何，均没有先前经验可资参照，处于尝试与摸索时期，因此经费的筹措出现了许多问题，甚至具体由哪些机构或组织承担杜威来华经费亦不确定，需要通过书信不断联系，反复商榷，辗转筹措，开始时甚至是"病急乱投医"式地摊派。由此可见，学术交流经费筹措中的种种际遇、尴尬及至"柳暗花明"，从一个侧面反映了支撑现代学术交流制度的经费筹措机制，从一张白纸到逐渐成形的艰难过程。看似形而下的经费问题，或许是我们打开现代中国学术交流制度大门的钥匙。

（四）宣传与出版

宣传与出版，无疑是构成现代学术制度和交流机制不可或缺的有机部分，前者制约学术交流的当时成效，后者事关学术交流的持续影响与精神传世。围绕杜威此行的演讲、会谈、对话、讨论等，发展（衍生）出一套以前未曾有过的学术宣传与出版的"工作链"，为后来的类似活动提供了可资效仿的程序。

首先，杜威演讲的空前盛况为现代中国学术界所罕见，而宣传的广而告之功不可没。杜威的女儿露西后来回忆说：由于听讲者十分踊跃，杜威在"那些省城里的讲演都被安排在最大的会场里，那是必要的"，"听他讲演的，不仅有学生和教师，而且还有其他知识阶层的代表。这些地方的报纸也充分报道了杜威的讲演活动。在许多情况下，杜威所做的讲演都由一位速记员记录下来，然后发表在一些广泛发行的小册子上"。[3]

学术出版在学术交流机制中亦十分重要，学术成果的出版与传播是交流的继续和成果的固化与传世，这要求设置一系列由翻译、记录、整理、编辑、发表（报刊的文章）、出版（著作）构成的环节。例如，首场演讲会由陶行知负责组织，沈恩孚主持会议，蒋梦麟翻译，潘公展记

① 中国社会科学院近代史研究所中华民国史研究室编：《胡适来往书信选（上）》，社会科学文献出版社 2013 年版，第 41 页。
② 陈文彬：《邀请美国教育家杜威访华的台前幕后》，《兰州学刊》2006 年第 7 期。
③ 单中惠：《杜威教育思想与近代中国教育》，载中国地方教育史志研究会、《教育史研究》编辑部编：《纪念〈教育史研究〉创刊二十周年论文集——中外教育史比较研究（含比较教育等）》，2009 年刊，第 2052 页。

录,其后由胡适等编辑与策划出版,杜威的广为流传的"五大演讲",即《社会哲学与政治哲学》《教育哲学》《思想之派别》《现代的三个哲学家》和《伦理讲演纪略》先后出版,使其思想影响超越了时空,不仅为当时的教育界、思想界、文化界提供思想资源,也使其教育哲学对现当代中国教育理论与实践产生了很大影响。

有趣的是,宣传出版并非一帆风顺,时而伴随着利益的纠葛,胡适曾因宣传、登广告等事宜与邓家彦有过分歧,1919年12月25日邓家彦致胡适书信中写道:①

> 杜威博士讲演广告,弟本欲代登义务之广告,但恨弟尚未独立办报,无随便许人之权,不得已乃登入新闻栏,是亦因竹宣兄言《益世报》从来无义务广告也。

现在看来,当年对杜威的宣传与其学术成果的出版对其学术之旅的成功是功不可没的。在杜威离开中国前一个月,在纽约发行的《中国学生月刊》上曾刊登了一篇文章,其中写道:②

> 一些银行家和编辑经常去他的住处拜访;一些教师和学生则集聚在他的教室里;一些社团竞相接待他,听他的讲演;一些报纸竞相翻译并刊登他的最新言论。他的发言和讲演被竞相阅读,他的传记被精心撰写。人们认真地评论他的哲学,并毫不费力地记住他的名字。

美国学者基南也这样指出:"约翰·杜威在中国受到了极为热烈的欢迎。杜威个人对改革和进步的赞同以及他作为一个现代教育哲学的权威,使他引起了很多听讲者的兴趣。"③

杜威来华的演讲非常受欢迎,可谓盛况空前。1919年5月3日和4日,在上海的江苏教育会会场,杜威先后作了两场《平民主义的教育》演讲,有千余青年冒雨赶来,"座为之满,后来者咸环立两旁"④。周由廑撰文称:"五月三、四两日,博士在上海江苏省演说,听者之众,几于无席可容。"⑤

5月18—21日、24—26日杜威在南京高等师范演讲,由陶行知等翻译。有文报道,杜威自来到中国后,每次演讲时,"听讲者非常踊跃,无不座为之满"⑥。

6月8、10、12日有三次演讲。6月8日是杜威首次登上北京学术演讲会讲坛,开始他在京的第一次演讲。当时有记者报道了这三次演讲的情况,这三次演讲,听众一次比一次多,

---

① 中国社会科学院近代史研究所中华民国史研究室编:《胡适来往书信选(上)》,社会科学文献出版社2013年版,第57页。

② 单中惠、王凤玉编:《杜威在华教育讲演》,华东师范大学出版社2016年版,前言。

③ 单中惠:《杜威教育思想与近代中国教育》,载中国地方教育史志研究会、《教育史研究》编辑部编《纪念〈教育史研究〉创刊二十周年论文集——中外教育史比较研究(含比较教育等)》,2009年刊,第2053页。

④ 章云华:《杜威:从上海走遍中国》,《新民晚报》2008年9月14日B7版。

⑤ 邹振环:《"五四"前后江浙地区的"杜威热"及其与江南文化的关联》,《社会科学研究》2009年第6期。

⑥ 邹振环:《"五四"前后江浙地区的"杜威热"及其与江南文化的关联》,《社会科学研究》2009年第6期。

到者"踊跃""座为之满""后到者咸环立两旁","且均先期而至",演讲时听众"肃然静听"。①

杜威来华不只给学生们进行演讲,还给老师们进行演讲:②

> 今天当我给一些教师进行演讲的时候,我注意到有些人具有巴黎拉丁区那种艺术家的气质。

在交流主题这个问题上,1919年4月15日蒋梦麟曾写信给胡适与之商量:③

> 译稿用白话,弟无条件的赞成。英文原告要付刊,更不成问题。余俟杜威先生到后再商,似比较的便当些。南京讲教育,自不成问题。上海意思亦讲教育,将来教育部演说恐亦要讲教育呢。故题目一时甚难酌定。

后杜威来华的讲座与演说的交流主题、内容、走访的省市等信息都能从《杜威在华活动年表》上得知:杜威的到来,从上海出发,走遍北京和华北、华东、华中11省市,在胡适、陶行知、蒋梦麟等人安排下讲学15个月,先后在教育部礼堂、清华大学等地作了16次社会与政治哲学演讲,16次教育哲学演讲,15次伦理学演讲,8次思维类型演讲,3次关于詹姆士、柏格森和罗素的讲演,系统地介绍了他的实用主义哲学,在中国知识界产生了极大的反响和强烈的兴趣。④ 此外,这一时期杜威还发表了"现代教育趋势""美国民治的发展"等系列演说。⑤

这些记载显示,杜威来华演讲的交流主题与形式都渐渐形成了一种"文宣"模式,其策划之成功、宣传媒体之广泛、吸引听者之众多可谓空前!当然,这也许与杜威来华时正值中国国内掀起思想文化领域的革命有着密切的关系。首先,此时新文化运动已经在中国萌芽,"科学"和"民主"成了一种广泛的社会思潮,而杜威的理论对于此时此刻的中国,有如久旱逢甘霖之效。在这样一种场面宏大的历时性演讲与对话中,有别于传统中国学术方式的现代学术交流制度在逐渐成形。其次,杜威来华讲学的流布甚广,研究探讨持续不断,影响直至今日,不能不说翻译和出版发挥了极大的作用。组织者在其中举凡记录、翻译、发表、出版的系列安排,用心良苦,颇费周章,立意深远。

关于杜威演讲著作的出版,并不只限于杜威在华的演讲稿子与内容,也包括杜威在日本

---

① 黎洁华:《杜威在华活动年表(上)(1919年4月30日—1921年7月11日)》,《华东师范大学学报(教育科学版)》1985年第1期。

② 约翰•杜威、爱丽丝•C.杜威:《杜威家书:1919年所见中国与日本》,伊凡琳•杜威编,刘幸译,北京师范大学出版社2016年版,第152页。

③ 中国社会科学院近代史研究所中华民国史研究室编:《胡适来往书信选(上)》,社会科学文献出版社2013年版,第27页。

④ 黎洁华:《杜威在华活动年表(上)(1919年4月30日—1921年7月11日)》,《华东师范大学学报(教育科学版)》1985年第1期。

⑤ 徐瑛、周进:《五四时期杜威北京之行》,《北京档案》2013年第5期。

时候所做的演讲。1919年2月,杜威偕同夫人抵达日本,一边旅游,一边讲学,一个多月内做了8场演讲,后来结集为《哲学的改造》出版。3月13日当晚,陶孟和写信给胡适,说杜威向他询问胡适的近况,他告诉杜威,胡适除在北大授课之外,还"从事于新文学译剧等事"。杜威听了很高兴,还极赞赏胡适的毕业论文,陶孟和说:"胡适现著有《中国哲学史》,已经出版,乃根据前论文之研究更扩充之。"①

对于《哲学的改造》一书的出版,花费心力最多的自是胡适。从其日记中可看到,很多时候他都在翻译此书:②

1921年4月30日星期六,八点,上火车,去天津。八点二十五分,车开行。车中我重读杜威的《哲学的改造》第一章,改译为《正统哲学的缘起》,胜似英文原篇名。

1921年5月6日星期五,七时半,到高等师范演说,他们给我的题目是:"哲学与人生的关系,及研究的方法"。我的讲演略采杜威先生《哲学的改造》第一篇的大意。

1921年5月12日星期四,译杜威先生的《哲学的改造》(Dewey:"*Reconstruction in Philosophy*")两页。

1921年5月13日星期五,上午,译杜威《哲学的改造》两页。

1921年6月17日星期五译《哲学的改造》三页。

而对于杜威的首场演讲会,更是不敢怠慢。1919年5月3日和4日,在上海的江苏教育会会场是由陶行知负责组织,沈恩孚主持会议,蒋梦麟翻译,潘公展记录,由此杜威开始了中国的演讲之旅,并为各地教育界、思想界、文化界留下了许多真知灼见,对实用主义在近代中国思想文化的发展产生了很大影响。

此后,胡适、陶行知等人一直都在帮助杜威整理与出版在华的演讲。在《杜威在华活动年表》上可以看到,胡适、陶行知、蒋梦麟等人几乎形影不离于杜威左右:③

5月3日下午二时,杜威偕其夫人到江苏教育会演讲。由蒋梦麟翻译,讲演的题目是"平民主义的教育"。

5月5日到杭州游玩,由蒋梦麟陪去。浙江教育会代表经子渊先生昨日来迎,在杭州约住四、五日,只有一次讲演。

5月7日到浙江省教育会讲演《平民教育之真谛》。由郑宗海(教育硕士)任翻译。

5月18—21日、14—26日在南京高等师范讲演。由陶行知等翻译。

6月8、10、12日:6月8日是杜威首次登上北京学术讲演会讲坛,开始他在京的第

① 苏育生:《胡适与杜威》,《乌鲁木齐职业大学学报》2015年第1期。
② 胡适:《胡适日记全编3(1919—1922)》,曹伯言整理,安徽教育出版社2001年版,第9页。
③ 黎洁华:《杜威在华活动年表(上)(1919年4月30日—1921年7月11日)》,《华东师范大学学报(教育科学版)》1985年第1期。

一次讲演。这三天每日上午九时在北京西城手帕胡同教育部会场讲演《美国之民治的发展》。由胡适翻译。

6月17、19、21日：这三日应京师学务局邀请到北京美术学校对中小学教职员讲演《现代教育的趋势》。由胡适翻译。

8月10日，应新学会的请求，下午二时在北京化石桥尚志学校讲演《学问的新问题》。由胡适担任翻译。

……

在《胡适来往书信选》中，我们时常能看出其对于杜威演讲稿的翻译发表需要赶日程，其中还能看到罗家伦的一次失误，丢失了杜威的讲演稿子，为此他写信致胡适请求原谅，并且一边还写上部分稿件的补救方法：[①]

> 现在正在动手详细记《教育哲学》。说到此地，我有件心中最不安、对于先生极抱歉的事告诉先生了！就是我前次出城赴西山的时候……掉了一个小包袱，内中除几件衣服外，还有杜威先生八次的讲演稿子（四次《教育哲学》——十三至十六，两次《思想的派别》——第七第八，两次《近代的三个哲学家》——第一第二，其余的安全存在）。当时我就在海甸出五块钱的赏格教车夫去找，种〔总〕找不到。先生！我说【到】此地，我心里真是又惭又气。……我看先生所有的底稿，乃是复写的；杜威先生一定还有原稿。所以我还要请先生写信给杜威先生或夫人，将原稿借下。……这都是我为先生多讨出来的麻烦，我难过极了！先生恕我。

由此可见，参与其中的同仁对杜威演讲手稿的翻译与出版倾其所能，不遗余力，对于杜威演讲稿发表的帮助之多不胜枚举。在杜威的学生胡适、陶行知等人的帮助下，这些演讲稿发表在《晨报》《新潮》等报纸杂志上，此后这五大系列演讲还被汇编成书，由北京晨报社出版，在杜威离开中国之前就已经重版了10次，并且每一次再版的数量都是一万册，可见杜威的学术理论对当时中国轰动之大、传播之广。由于杜威的每一场演讲都有相关人员负责记录、翻译、发表，以及之后的结集出版，使得其思想凭借现代出版业之载体而得以长久流布，也体现出中国现代学术交流机制在翻译、出版、发行机制上的逐渐成形。

四、余　论

杜威的思想与当时社会思潮相契合，五四新文化运动又推动其思想在国内传播。新文

---

① 中国社会科学院近代史研究所中华民国史研究室编：《胡适来往书信选（上）》，社会科学文献出版社2013年版，第69-70页。

化运动高举"民主"与"科学"两面大旗,而"杜威来自美国这样一个被时人认为是政治民主、科技发达的国度,带着他的实验主义学说访华,既容易引起国人的尊重,又满足了中国知识界的需求"①。杜威提出调和中西文化,找寻中国文化发展路径并助益于世界文明的主张,易被中国知识界接受。但对于中国的文化,杜威却希望"中国这个古国不应单纯去模仿,应当自己创造……中国本来很注重社会方面,如人生问题、伦理问题等,所以希望中国既与西方同处一个新境遇中,应当努力创造有贡献于世界的文明"②。纵观演讲内容,有学者从《晨报》《新学潮》《北京大学日刊》等当时最流行的报纸与杂志中总结出杜威的观点:"杜威先生最注重的是教育的革新,他在中国的演讲也要算教育的演讲为最多","杜威在《平民主义的教育》演讲中,提出'我们须把教育事业为全体人民着想',使人人'受着切己的教育',契合中国传统的经世致用思想,既规避了敏感的政治话题,又拉近了同国人的思想距离"。③

结合杜威对华影响,公众、高校、学者对于杜威认可度,杜威家人对于中国各项事宜的评价与反馈等,可以说中国现代学术交流制度在制度安排、交流机制方面已初步成形,并成为后世的典范。

杜威在华讲学两年有余,奠定了中国现代学术交流的程式与机制,其他也陆陆续续有外国学者来访,均援引先例,形成规矩。例如,孟禄访华,孟禄是在 1913 年率领基督教传教会人员访华,开始同中国教育界结缘的。其时,尽管逗留时间短促,但考察了若干学校,在江苏省教育学会作讲演,对中国的近代教育的模式表现了强烈的关注。1921 年 9 月,孟禄再度访华。其时约有 5 个月逗留中国,从 1921 年 9 月 24 日至同年 12 月 7 日止,进行 2 个多月的大规模学校调查,足迹遍及北京、保定、太原、开封、南京、无锡、上海、杭州、南通、福州、厦门、广东、济南、曲阜、天津、奉天等 9 省 16 市。其后在北京举办盛大的教育讨论会,报告调查结果。在孟禄来华之前,范源濂等人组织"实际教育调查社",旨在使学校调查得以顺利进行。在这个调查中,王文培、陶行知、许崇庆、凌冰以及汤茂如、王卓然等孟禄的弟子们决定分地区各自承担任务,与孟禄同行。④ 其整体程序安排基本等同杜威来华的模式。

我们还以尚志学会、讲学社为例,讨论杜威来华讲学的制度价值和后续影响,观察现代学术交流机制如何随着杜威来华而形成与延伸。1919 年,范源濂与梁启超等组织尚志学会,在北京开办尚志法政讲习所,设立尚志医院,编纂"尚志会丛书",翻译《哲学评论》等国外法制名著数十种出版发行。如前所述,尚志学会是杜威来华讲学的主要策划者和邀请者,并以此为据策划了罗素等来华讲学。1920 年 9 月,讲学社成立,其宗旨是聘请国外著名学者来

① 胡俊修、唐媛媛:《杜威、罗素、泰戈尔访华及其不同际遇》,《光明日报》2016 年 12 月 7 日第 14 版。
② 任杰:《浅谈杜威在华演讲对中国教育的启示》,《亚太教育》2015 年第 31 期。
③ 胡俊修、唐媛媛:《杜威、罗素、泰戈尔访华及其不同际遇》,《光明日报》2016 年 12 月 7 日第 14 版。
④ 阿部详、钟启泉:《保尔·孟禄与中国的近代教育》,《外国教育资料》1996 年第 1 期。

华讲学,计划每年请一位。讲学社为了弥补资金不足,依靠教育部的支援与一些募捐金聘请外国著名学者来华讲学。该会董事会包括研究系的政治社会名流,如梁启超、汪大燮、蔡元培、王宠惠、熊希龄、范源濂、王敬芳、张伯苓、严修、张謇、张元济、黄炎培、郭秉文、胡汝麟、林长民等共 20 余人。其基本计划是以每年董事会基金中 2000 元邀请西方学者一人来华演讲。

讲学社先后邀请了美国教育家杜威、英国哲学家罗素、德国学者杜里舒、印度诗人泰戈尔来华讲学。其中杜威在讲学社成立前,应北京大学邀请来华已一年多,第二年改由前者续聘。由于这四位著名学者讲学时间长(除泰戈尔外,都长达一年以上)、媒体报道充分、演讲内容结集出版,都激起了强烈的反响,影响甚大。后三者来华前后的策划与安排在很大程度上是杜威来华交流机制的复制与推广,学术交流机制亦随之日趋成熟和完善。时至今日,中国的学术交流的面向与深度已呈磅礴之势,而杜威与中国学术的因缘际会不断被提及、被考证、被阐释,每一个篇章都值得存留,"约翰•杜威和现代中国之间,是二十世纪中国知识分子历史中最迷人的插曲"①。从制度发生学的层面看,杜威来华开启了富有现代意涵的学术交流之门,是中国现代学术交流制度之滥觞。

原载《高教探索》2020 年第 5 期

---

① A.哈利•巴森、乔有华:《约翰•杜威对世界教育的影响》,《外国教育研究》1984 年第 3 期。

嬗变与坚守

——傅统先之杜威学说研究的内在理路

◎董艳艳　张茂聪*

摘　要:傅统先一生致力于杜威教育学说的研究。早年,他对杜威实用主义教育思想充满坚定的信仰与付诸实践的决心。人至中年,尽管时逢特殊历史时期,其话语体系发生转变,但其对杜威学说的信仰依然坚定不移,在动荡中坚守对杜威哲学著作的翻译与传播。晚年,他以更加客观、理智与公允的态度用马克思主义理论重新评价与定位杜威及其教育学说。傅统先对杜威教育学说的研究不断系统深化,将杜威教育思想与中国具体实践相结合作为一生的追求。

关键词:杜威;傅统先;实用主义

一、前　言

傅统先(1910—1985)是我国现代著名的哲学家、教育家,其思想体系通古达今、中西合璧,在哲学、教育学、心理学等方面具有独到的见解。傅统先拥有另一个令人艳羡但似乎被遮蔽的身份——"杜威问题专家"。陆有铨曾指出:"在他那一代老学者中,全国学术界有 10 个真正懂杜威的专家,傅统先是其中之一。"[①]研读傅统先的著述,分析其研究理路和架构方式,可以清晰地发现对杜威学说的研究与诠释是其教育思想构建的重要支撑。纵观已有研究,学界历来重视杜威与胡适、陶行知等教育家之间的关联,如《胡适对杜威教育思想的吸收和转化——以杜威访华时期为中心》《杜威与陶行知:走出"投射效应"》等研究。究其原因,主要是由于胡适、陶行知等人在哥伦比亚大学师范学院留学期间师从杜威,且回国后竭力宣传杜威实用主义。受这种嫡系师承关系归属的遮蔽,国内对杜威与傅统先关系的研究尚未

---

　* 作者简介:董艳艳,山东管理学院劳动关系学院讲师;张茂聪,山东师范大学教育学部教授。
　① 陆有铨、于述胜、包丹丹等:《傅统先教授的学术人生》,《教育学报》2010 年第 5 期。

引起关注。傅统先也曾赴哥伦比亚师范学院求学,但是当时杜威已经退休。读博期间,傅统先师从劳普(R. B. Raup)(克伯屈的学生)学习哲学,因此从学术谱系看,傅统先与杜威隶属于师承关系。本文试图通过系列文本分析,按照纵向演进的脉络探讨傅统先对杜威学说研究的核心路径,从横向分析傅统先教育思想构建的过程中对杜威实用主义教育思想的继承与发展,从而更加清晰地把握与理解傅统先对于推动杜威学说在中国传播与研究所做出的学术贡献,从侧面窥探傅统先的学术人生。

二、从傅统先思想发展与实践历程透视其与杜威学说的关联

(一)抗战时期推崇杜威实用主义教育思想

抗战时期,傅统先对杜威实用主义教育思想的推崇主要体现在以下两个方面。

1. 在教学实践中推行杜威的教育思想

"杜威先生的教育哲学,是世界上公认的,而根据这个理论找出具体的方法,去实现这个理论,予教育界一个伟大的贡献的,就是克伯屈先生发明的设计教学法。"[①]1935 年秋,傅统先到暨南大学附设实验学校任英语教师。任职期间,傅统先推行"设计教学法"。在教学过程中打破学科界限,以学生为中心,培养学生的主动探索解决问题的能力。就设计教学法开展取得的成效而言,由于历史时代的局限性,设计教学法脱离中国的具体实际,其成效是甚微的,不仅遭到学生家长的反对,而且由于上海"八一三"事件学校被迫解散,这一教育试验也被迫停止。但是,这一教育试验为当时杜威实用主义教育思想在中国的传播与实践探索增添了厚重的一笔,体现了有责任、有担当的进步知识分子力图以教育改造中国的远大抱负与决心。傅统先在这一教育实践活动中的行动,充分体现了他的人格理想,及其对杜威实用主义教育思想实践的大胆尝试。此外,傅统先还通过社会活动传播杜威实用主义教育思想。如 1941 年暑假,上海市政府举办小学教师训练班,傅统先做了关于杜威实用主义教育思想的演讲。在这一时期,除管理学生事务之外,傅统先还带领进步学生创办圣约翰大学附设实验学校、中南中学和爱群小学三所爱国学校推行杜威的平民主义教育思想。

2. 在教学活动中研究杜威的教育思想

自 1937 年之后,上海亦进入多事之秋。为了维持生计,傅统先兼任上海江西中学、正风文学院、大夏大学、圣约翰大学、光华大学、东吴法学院等校的教员。当时,傅统先向青年学

---

① 陈竞蓉著:《陶行知与克伯屈》,《河北师范大学学报(教育科学版)》2017 年第 1 期。

生宣传爱国主义思想而受到日伪特务机关的恐吓,目睹爱国学生被杀害。经过深思熟虑后,傅统先决定辞去其他各校职务,迁居至圣约翰大学,专任圣约翰大学教师。1941年,由于太平洋战争的爆发,圣约翰大学美籍教师或离校回国,或被关进日本集中营。[①] 在国家与民族危难存亡之际,傅统先临危受命,担任教育系主任。残酷的战争与烦琐的事务并未阻挡傅统先追求真理的脚步,他在教授教育哲学课的同时,在职进修教育哲学。在学习教育哲学的过程中,傅统先广泛阅读西方哲学著作特别是杜威的著作,《人的问题》《民主主义与教育》《确定性的寻求》等都在其思想上留下了深刻的烙印。

设计教学法在暨南大学附设实验学校实施的失败,使傅统先深刻意识到杜威的实用主义教育思想必须与中国的具体实践相结合,对之加以改造才能适合中国的国情,才能实现教育改造社会之目的。因此,在教学过程中,傅统先开始以杜威实用主义教育思想为借镜,构建自己的教育哲学思想,其成果主要体现在《教育哲学讲话》一书中。杜威在批判斯宾塞教育准备说和赫尔巴特以教师为中心的传统教育弊端的基础上,聚焦美国现实教育的问题,提出"教育即生长、教育即生活、教育即经验的不断改组或改造"的实用主义教育观,傅统先亦根据中国社会的实际情况,在批判我国形式教育、书本教育问题的基础上,打破杜威实用主义教育思想的藩篱,继承和发展了杜威实用主义教育思想,提出以"新教育"改造中国。新教育具备三个特点:一是使人从实践中去学习;二是这种实践学习不是尝试与错误,而是需要先知先觉在理论方面的指示;三是在学校里面所学习的也正是社会所需要的。具体而言包括以下三个方面。

第一,关于教育的本质。傅统先认为教育是生长,是整个人格的生长。杜威提出:"生长既是生命的特征,那么教育即当为继续的生长。凡是不断发展、不断生长就是生命。"[②]傅统先认为,"凡是不断发展,不断生长就是生命"这一表述过于宽泛,似乎杜威所言不断发展、不断生长指向的是有机体,但是植物、动物和人类都是有机体,这三者在本质上是不同的。发展是人类所特有的,对植物与动物而言是没有意义的。因此,教育是人类所特有的,教育不仅是生长,而且是整个人格的生长。傅统先进一步指出,人格发展的最终目标是最真、最善、最美,是一种绝对的均衡协和状态。虽然受现实的制约,这种均衡的状态是无法实现的,但向真、向善、向美是人格发展的必然趋向,因此,教育是教人做事的。

第二,关于学校与社会的关系。杜威主张学校即社会,学校要成为一个雏形的社会。傅统先进一步丰富杜威学校即社会的学说,将学校教育拉回到社会中。他指出:"我们非但在

---

① 北京图书馆《文献》丛刊编辑部、吉林省图书馆学会会刊编辑部编:《中国当代社会科学家(第1辑)》,书目文献出版社1983年版。

② 傅统先:《教育哲学讲话》,世界书局1947年版,第26页。

学校里面受教育,我们不断地在社会里面受教育。"①在傅统先看来,学校与社会的关系并非仅是将学校办成雏形的社会,社会也是实施学校教育的延伸。"学校应该建立在现实社会基础上,还应该回归到现实社会里面去。"②他针对中国形式主义教育割裂学校与社会的弊病,主张把社会生活的方面,如政治组织、道德准则、经济结构等作为教育的材料;要求学生的学习应随时得到社会的检验,因此学校应指导学生实习,通过参加社会调查、生活苦旅等活动,使学生体验都市和乡村的生活,指导学生到乡村办合作社、农场、工厂等场所参加实践工作。反过来,青年应回报社会,将自己所学应用于指导与改造社会。在调查、观摩、实习的过程中,青年学生应向社会传授知识,进而改善社会风气。"学生应该定期到当地公共场所作各种时事报告,讲演,最好用一种讲故事的方式灌输各种知识。"③在学生毕业时,应把自己所学的知识与经验立即投身到服务社会、改造社会中去。

第三,关于教育内容。在教育内容上,杜威主张教育生活化。这种教育强调以儿童为中心,与儿童的实际需求与经验密切相联系,如开展手工、游戏等活动;在教学的过程中遵循儿童心理发展,打破学科界限。傅统先认为,这种教育存在脱离社会、脱离家庭的弊端,儿童教育的目的是使其适应社会的需要,社会需要什么样的人才,儿童就应受怎样的教育、过怎样的生活。因此,应将生活的特殊技能和需要作为教育的重要内容。他进一步指出,儿童的教育应符合心理的程序,但是高深的知识应符合逻辑的程序。因此,小学教育应符合儿童的家庭和学校生活,中学教育应该与邻近的工厂、商店等发生联系,大学的教育应鼓励青年运用自己的所学投身到民间,帮助他们改善生活。

(二)留学期间深化杜威哲学研究(1948—1950 年)

怀着对真理追求的热忱之心,1948 年 8 月,傅统先自费远赴哥伦比亚大学师范学院(Teachers College of Columbia University)攻读哲学博士。此前,美国教育学会致函中国教育学会上海分会,邀请推派代表赴美考察最新教育设施。5 月,中国教育学会上海分会决定推选傅统先赴美考察。此时,傅统先已做好赴美深造的准备,于是他将此机会让与其他委员。哥伦比亚大学是杜威曾经任教的地方,在 1904—1939 年,杜威先后任哥伦比亚大学哲学教师与荣誉教授。虽然傅统先到哥伦比亚大学师范学院求学的时候杜威已经退休,但是二人却有着千丝万缕的关联。

从学缘结构看,傅统先与杜威有着长远的师生之谊。在哥伦比亚大学师范学院求学期间,傅统先跟从兰德尔(J. H. Randall)和内格尔(E. Nagel)分别学习思辨哲学、逻辑与科学

---

① 傅统先:《如何使教育适应社会需要》,《教育学报》1947 年第 1 期。
② 傅统先:《上海青年的再教育》,《平论》1945 年第 3 期。
③ 傅统先:《如何使教育适应社会需要》,《教育学报》1947 年第 1 期。

方法,与中国学生樊星南一起师从社会改造主义的重要代表人物——劳普学习教育哲学,两人建立了深厚的同门情谊。在博士导师劳普的悉心指导下,樊星南和傅统先分别于1949、1950年先后完成题为"社会与个人两难问题之检视"(An Examination of the Socio-individual Dichotomy as It Relates to Educational Theory)、"形成道德判断的方法论——基于国际比较的视角"(Method In Moral Judgement—An Intercultural Analysis)的研究。劳普专攻道德哲学与教育哲学研究,在哥伦比亚师范学院师从克伯屈,并于1925年获得博士学位后留校任教,而克伯屈一生追随杜威,因此,傅统先与杜威之间存在着源远流长的师徒关系。

从傅统先对杜威思想传承与发展的角度分析,傅统先在此阶段着重研究杜威的道德判断学说。傅统先撰写的《形成道德判断的方法论——基于国际比较的视角》一文包括引言、人的处境与实践智慧、"美国哲学派"道德判断的标准和准则、儒家道德行为判断之原则、两种流派的异同、两种流派的差异性互补共六章。在撰写的过程中,傅统先大量引用了杜威《确定性的寻求》《人的问题》《哲学的改造》《教育科学之资源》等著作中的观点。傅统先分别介绍杜威与"美国哲学派"的道德判断方法,并进行比较分析。杜威认为,在道德判断过程中,价值判断和事实判断是不能分开的,价值判断是通过作为价值判断的条件和它所产生的结果的事实判断来构成的。[1] 而"美国哲学派"提出的实践判断的方法仅将事实性的通则化为整个实践判断历程的一部分。傅统先认为这实质上是"美国哲学派"对杜威实用主义价值观的批判、继承与发展。

樊星南和傅统先的论文首开师范学院中国学生研究美国教育哲学的先河。1914年,郭秉文在哥伦比亚大学师范学院取得博士学位,自此,20世纪上半叶大约有50名中国学生在该校取得博士学位。不过,在师范学院研究教育哲学的中国学生屈指可数,最早是1917年毕业、师从杜威的蒋梦麟,其博士论文研究主题为中国传统教育思想,另一位是1924年毕业的邱椿博士,其论文研究主题为英国效益主义。时隔20余年,才出现研究美国教育哲学论文,即樊星南和傅统先的博士论文。"两篇论文之出现,象征哥伦比亚大学师范学院中国学生对美国教育哲学(特别是社会改造主义的进步主义教育哲学)的学术兴趣、理解与能力终臻初步成熟。"[2]

中国学生研究美国教育哲学,引起了哥大校长艾森豪威尔(D. D. Eisenhower)的关注。在毕业典礼上,校长艾森豪威尔评价道:"中国留学生傅统先的论文是本届最优秀的毕业论文。"会后艾森豪威尔希望见一见傅统先,试图挽留,但由于傅统先同夫人正在校外为回国准

---

[1] 安树芬、彭诗琅:《中华教育历程(第64卷)》,远方出版社2006年版。
[2] 刘蔚之:《哥伦比亚大学师范学院中国博士生"教育基础理论"领域论文的历史意义分析》,《教育学报》2014年第5期。

备物资,所以未能见成。当时,中国的局势不断试炼着我国留学生的回国意志,尤其是在远离战乱而富庶的美国的中国留学生。傅统先未曾被美国的繁华所吸引,也未曾因为国内复杂的局势而动摇回国的决心,他密切关注国内局势的发展,1949年上海刚刚获得解放,傅统先立刻致电上海圣约翰大学,希望能够回到曾经求学并为之奋斗的地方继续教书育人,报效祖国。可惜由于交通受阻,回国计划只能暂时搁浅。1950年6月,朝鲜战争爆发,中美关系更加紧张。美国政府一改往日鼓励中国学生回国的态度,转而竭力阻止中国学生归国。傅统先深刻意识到回国的曲折,甚至回国发展可能会面临许多困难,但是他时刻不忘教育救国的初心,秉持抗战时期留在"孤岛"上海为教育事业而献身的勇气,克服重重困难,终于在同年8月回到祖国。

(三)新中国成立后在动荡中坚持翻译杜威哲学著作(1950—1979年)

因受某些干扰,回国后傅统先未能回到圣约翰大学继续教书。1951年春,傅统先到新中国学院教授心理学。同年9月,到"华东人民革命大学政治研究院"学习马列主义、毛泽东思想。留美期间,傅统先已开始关注马克思列宁主义,"为了适应新中国教育事业的需要,除继续完成博士论文的撰写工作外,他还尽可能多地选购马克思主义著作,并整理了一份马克思列宁主义著作目录"[①]。遗憾的是,这些珍贵的资料在归国的途中全部被美国政府收缴。

1. 应时之需,转变学术话语体系

1952年2月,学习结束后,傅统先被分配到革命老区山东支援教育,担任山东师范学院(今山东师范大学)教授,30余年默默为之奉献。同年6月起,教育部参照苏联高校制度开始在全国范围内进行高等院校院系调整。次年,山东师范学院因教育系毕业生过剩,故停止招生,改为教育学教研室。不久"整风"运动和"反右"运动开始,学界掀起批判杜威思想运动,"反动"成为这一时期的话语主题,《杜威批判引论》《实用主义批判》《批判杜威的反动教育思想》等批判杜威学说的著作层出不穷,傅统先也难以幸免地被卷入这一政治狂潮之中。除去进行自我反思与批判之外,傅统先在《山东师院》发表文章《反动的实用主义教育思想批判》,在《光明日报》发表文章《批判为美帝国主义服务的杜威反动教育思想》,这两篇文章后被收录在《反动的实用主义教育思想批判》一书中,1957年由湖北人民出版社发行。傅统先在文末指出:"本文是我个人对于实用主义教育思想的一个初步批判的尝试,也是我学习马克思列宁主义教育科学的一个开端。"[②]于述胜认为,该时期傅统先对杜威实用主义教育思想的批判"虽说给杜威和实用主义扣了不少当时通行的政治帽子,但从总体上看,傅统先的批判确

---

① 北京图书馆《文献》丛刊编辑部、吉林省图书馆学会会刊编辑部编:《中国当代社会科学家(第1辑)》,书目文献出版社1983年版,第82页。

② 傅统先:《反动的实用主义教育思想批判》,湖北人民出版社1957年版,第82页。

实抓在了点子上,批判得有根有据,引用了大量原文,且主要是杜威的英文版著作"。作为著名的杜威问题研究专家和杜威实用主义教育思想的忠诚推崇者,在动荡的时代里,傅统先的选择和学术表达出现后人难以理解的背反现象。他研究杜威问题的学问与权威是为人们所公认的,但又无法逃脱坎坷曲折的命运。在变动中,傅统先舍弃了自己留学归国之前形成的价值体系,其学术话语的转变是真诚与无奈的杂糅,更是无奈之举。正如陆有铨所言:"此一时期,傅统先转变的只是话语体系,其真正的学术信仰仍是杜威实用主义。"[1]亦如杜威所说:"一切社会运动都包含着各种冲突,这些冲突在思想上则表现为各种论战。教育是一项重要的社会福利事业,如果在教育领域内不存在理论的和实践的各种斗争,反而不太正常。"[2]

2. 致力于杜威经典著作翻译

然而,在这动荡的时期,傅统先依然坚守内心的信仰,坚持不懈地追求真理,专心致力于翻译杜威著作,成为 20 世纪 60 年代传播杜威学说的鲜明旗帜。由傅统先翻译的《经验与自然》和《自由与文化》分别在 1960 和 1964 年由商务印书馆出版;1965 年,他翻译的《确定性的寻求——关于知行关系的研究》以及同邱椿合译的《人的问题》由上海人民出版社发行。尽管当时他是受命翻译杜威的著作,以此作为内部批判西方资产阶级思想的资料,具有"被动"的成分,但这却在主动性上促进了他自己乃至整个学术界对杜威的研究。事实上,翻译杜威的著作已在傅统先心中考虑良久,他在早期的《教育哲学讲话》一书中就曾指出:"《民主主义与教育》(1916 年英文版)一书原文文字难懂,邹恩润的译本(商务版)又是文言,在思想上似有隔阂,将来我还想用浅近的文字把这书重译一遍。"[3]正如学者涂诗万所言:"在当时的环境中,选择什么书来译,也曲折表达了译者的思想观点。"[4]这四本杜威译著在国内均是首次翻译出版,见表 1。这一时期,历经哥伦比亚大学师范学院系统化的学术训练,以及任教后教学经验的不断丰满,傅统先的哲学思辨能力、文献阅读翻译能力和学术素养都得到明显提高。因此,相较早年翻译的《心理学》等著作,他的杜威译著具有更加严密的逻辑体系、更加深厚的学术积淀和更加广博的学科知识,这也使得这些译著受到广泛欢迎,多次再版发行。上海人民出版社将《人的问题》一书收入"世纪人文系列丛书",并于 1986 年、2006 年、2016 年、2018 年再版此书;《确定性的寻求——关于知行关系的研究》一书也于 2004 年、2005 年再版。商务印书馆于 2014 年、2015 年、2017 年再版了《经验与自然》一书;2012 年,中国人民大学出版社将其收入"学术思想丛书"进行再版。商务印书馆于 2013 年再版《自由与文化》一书。江苏教育出版社分别于 2005 年、2006 年再版《经验与自然》和《人的问题》。

---

① 陆有铨、于述胜、包丹丹等:《傅统先教授的学术人生》,《教育学报》2010 年第 5 期。
② 约翰·杜威:《经验与教育》,盛群力译,中国轻工业出版社 2016 年版,第 3 页。
③ 傅统先:《教育哲学讲话》,世界书局 1947 年版,第 115 页。
④ 涂诗万:《行行重行行:杜威教育思想研究在中国》,《华东师范大学学报(教育科学版)》2014 年第 2 期。

表1　我国杜威译著(1918—1979)一览①

书名	著者	初版年份	出版社	杜威思想在中国
《思维术》	刘经庶	1918	国立南京高等师范学校	以译介为主的时期
《德育原理》	元尚仁	1921	中华书局	
《平民主义与教育》	常道直	1922	商务印书馆	
《儿童与教材》	郑宗海	1922	中华书局	
《明日之学校》	朱经农 潘梓年	1923	商务印书馆	
《教育上兴味与努力》	张裕卿 杨伟文	1923	商务印书馆	
《民主主义与教育》	邹恩润	1929	商务印书馆	
《学校与社会》	刘衡如	1928	中华书局	
《德育原理》	张铭鼎	1930	商务印书馆	
《教育科学之源泉》	张岱年 付继良	1932	人文书店	研究深入期
《哲学的改造》	许崇清	1958	商务印书馆	
《教育科学之资源》	丘瑾璋	1935	商务印书馆	
《思想方法论》	丘瑾璋	1935	世界书局	
《道德学》(同塔弗特合著)	余家菊	1935	中华书局	
《思维与教学》	孟宪承 俞庆棠	1936	商务印书馆	
《科学的宗教观》	吴耀宗	1936	青年协会书局	
《道德与辩证法》	李书勋	1939	亚东图书馆	
《经验与教育》	曾兆森	1940	商务印书馆	
《我的信仰》	应远涛 袁访赉	1941	长风书店	
《经验与教育》	李相勋 阮春芳	1941	文通书局	
《经验与教育》	李培囿	1942	正中书局	
《今日的教育》	董时光	1947	商务印书馆	
《经验与自然》	傅统先	1960	商务印书馆	批判时期
《自由与文化》	傅统先	1964	商务印书馆	
《人的问题》	傅统先 邱椿	1965	上海人民出版社	
《确定性的寻求——关于知行关系的研究》	傅统先	1965	上海人民出版社	
《杜威教育论著选》	尚航等	1977	上海师范大学教育系 杭州大学教育系	

① 根据国家图书馆、上海图书馆馆藏目录及读秀学术搜索数据库整理。

　　傅统先翻译的杜威著作不仅在 20 世纪 60 年代独树一帜,更为"文革"结束后的杜威思想研究提供了丰富翔实的资料,产生了广泛而持久的学术影响。许多学者对于这一时期傅统先之于杜威学术思想传播所做出的贡献给予高度的评价。陆有铨指出:"要翻译杜威这样的大哲学家的作品,光懂语言是不够的,还要有西方哲学史的造诣,翻译者本人最好就是一个哲学家、思想家。这些条件,傅统先都是具备的。他的译作是很少有人能够超越的。"①涂诗万认为:"20 世纪上半叶,《经验与自然》和《确定性的寻求》没有翻译出来,这在一定程度上影响了人们对杜威教育哲学的准确把握""傅统先翻译的杜威作品可谓信、达兼备,很难超越。"②晚年傅统先撰写的《我的思想发展过程》一文被收入巴金《当代文学翻译百家谈》一书,这也是对其翻译素养与治学精神的侧面映照。

(四)改革开放后结合马克思主义重新评价杜威教育学说(1980—1985 年)

　　尤为可贵的是,傅统先坚持不懈地研究杜威实用主义教育思想,探索适合中国具体实际的教育哲学研究之路。晚年,他探索出运用马克思主义评判杜威实用主义教育思想这一适合中国国情的教育理论研究之路,以更加客观、公允的态度重新评价杜威教育思想。

　　傅统先历来主张中国教育哲学研究应考虑中国的实际国情,早在《教育哲学讲话》一书中,傅统先就指出,中国教育哲学的发展要考虑两个关键的因素,一是一般的因素,应注重研究宇宙观、人生观等根本性、普遍性问题。二是要考虑中国国情的特殊因素,因为"教育肩负着推进社会、改造国家的使命"。对待西方的文化,傅统先也有明确的态度,"以中国的伦理精神和理性态度去吸收西洋的团体组织和科学技术"③。

　　1980 年 4 月,年迈与疾病缠身的傅统先仍坚持出席在上海召开的为期一周的"教育哲学提纲"讨论会。该讨论会由华东师范大学的刘佛年主办。刘佛年与傅统先两人存在深厚的友谊,早年刘佛年到暨南大学任教,正是傅统先引荐的。在傅统先的引荐下,刘佛年邀请美国涅勃拉斯加大学樊星南博士介绍西方教育哲学流派。会后,傅统先在《教育研究》杂志上发表《美国改造主义的教育思想》一文,介绍实用主义哲学的分支——改造主义的教育思想。该文从改造主义教育思想产生的背景、理论基础层面与杜威的实用主义教育思想进行比较,全面阐述了改造主义的教育思想。

　　在"文革"刚刚结束的时期,教育界依然受"左"的思潮影响。在关于姓"资"还是姓"社"的讨论依然热烈之时,傅统先敏锐地意识到如何重新阐述与定位杜威教育哲学思想、如何处理该学说同马克思主义之间的关系从而为国家培养德智体美劳等方面全面发展的新人是亟

---

① 陆有铨、于述胜、包丹丹等:《傅统先教授的学术人生》,《教育学报》2010 年第 5 期。
② 涂诗万:《行行重行行:杜威教育思想研究在中国》,《华东师范大学学报(教育科学版)》2014 年第 2 期。
③ 傅统先:《与梁漱溟先生谈中国民族之前途》,《申报》1947 年 4 月 17 日。

待解决的问题。面临新的机遇,即将步入古稀之年的傅统先再润笔墨,他鲜明地指出:"马克思列宁主义是我们的指导思想。对于古今中外教育哲学著作中的一些具有科学价值的材料,要运用马克思主义来批判、借鉴。"①这一时期,傅统先对杜威教育学说的重新评价主要体现在《教育哲学》一书中,主要涉及教育目的、教师作用和教学方法等方面。

在教育目的方面,杜威是要"养成作社会良好分子的公民",即为资产阶级服务的公民。与杜威不同,傅统先认为教育应培养人向善、向真、向美,其宗旨是通过人才的培养,进而实现改造社会的目的。抗战时期,在培养什么样的人这一问题上,他已给予了明确的回答,即通过教育为国家培养具有责任感、能够改造社会的人。抗战胜利后,傅统先亦鲜明地指出杜威的教育无目的论忽视了社会的需求,其实质是培养为资产阶级服务的人才。他明确提出,教育应为国家培养德智体美劳全面发展的社会主义事业的接班人和建设者。关于教育目的,傅统先认为将杜威看作无目的论者是对杜威的一种误解,杜威说教育过程并没有它本身以外的目的是指教育过程本身即它的目的,而任何外加的目的都是固定的和死板的。晚年,傅统先以更加客观、公允的态度评价杜威的教育无目的论。他认为,杜威的教育目的观告诉我们教育的目的应符合儿童的发展规律,但也指出杜威忽视了社会的客观需要和人生对最高价值的追求。马克思说,"人的本质不是单个人固有的抽象物,它是一切社会关系的总和"②。因此,杜威反对根据社会的需要确定教育目的,而是把儿童人格实质地形成与他在社会发展的客观规律来确定教育目的。杜威的教育无目的论是为资产阶级服务的,事实上教育目的总是为政治、经济服务的。另外,教育的目的也不是固定不变的,不同的阶级、不同的社会必然具有不同的教育目的。因此,傅统先的教育思想培养的人才是服务于国家、社会、人民大众的人才。

在教学方面,傅统先指出,马克思列宁主义认识论是科学的教学论的基础,科学的教学论旨在培养德智体美劳全面发展的人,在教育的过程中应有实际经验的教师指导,传授学生系统的科学知识。所以,他认为杜威以儿童为中心,反对教师主导作用的做法是错误的,教师应遵循共产主义教育的目的和任务,落实党和国家的文教政策,他们是国家所规定的教学计划、教学大纲的认真执行者,应在教学过程中发挥主导作用。傅统先还指出,杜威主张废除学科、打破班级的做法也有待商榷,因为马克思主义坚决反对脱离实际的书本知识。但是他也强调,只要书本上的知识是科学的真理,就应传授给学生,应坚持理论与实践相结合,而非反对理论知识。由于缺乏教师的指导,杜威的"做中学"只能提供零散的知识,这会耗费儿童大量的时间。因此,傅统先主张在教学过程中坚持理论与实践相结合,这一认识与实用主义者所要求的在经验情境中学有着本质的区别。

---

① 傅统先、张文郁:《教育哲学》,山东教育出版社 1986 年版,第 1 页。
② 傅统先、张文郁:《教育哲学》,山东教育出版社 1986 年版,第 114 页。

三、结　语

综上所述,可以清晰地发现,傅统先是一位具有爱国情怀、不断追求真理的教育家。他对杜威教育思想的接纳、批判性继承与发展是时代背景与个人志向相结合的产物。傅统先对杜威学说的研究如图 1 所示。

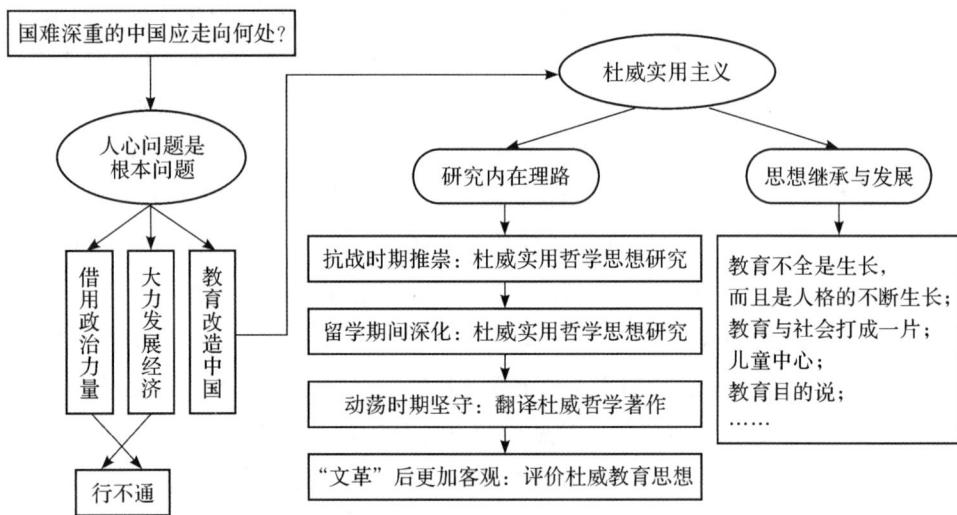

图 1　傅统先对杜威学说的研究

早年,傅统先对杜威实用主义教育思想充满坚定的信仰与付诸实践的决心。人至中年,尽管时逢特殊历史时期,其话语体系发生转变,但他对杜威学说的信仰依然坚定不移,在动荡中坚守对杜威哲学著作的翻译与传播。晚年,他以更加客观、理智与公允的态度以马克思主义理论重新评价与定位杜威及其教育学说。傅统先对杜威教育学说的研究不断系统、深化,将杜威教育思想与中国具体实践相结合作为一生的追求。探寻适合中国国情的教育哲学研究之路,为教育事业发展呕心沥血是傅统先一生的真实写照,他研究及翻译的杜威哲学著作为后学研究杜威提供了翔实的资料。

在 21 世纪的今天,我们仍然致力于教育强国、致力于教育理论的探索。"教育兴则国兴,教育强则国强。"我们应上升到哲学的思考,以中国当下国情为立足点,重新解读与理性思考杜威与傅统先的教育思想,保持教育与生活、教育与社会、学校与社会之间的必要张力,让教育更好地为社会服务。

中外历史上的大学及其学科建设

从工科到新工科
——中国第一所现代大学的百年变迁

◎闫广芬　王红雨*

摘　要:作为中国现代第一所大学,一向注重以"工学"立校的天津大学正在经历着由兴办"工科"到兴办"新工科"的历史性转变。这一转变不单单是对当前科技革命与新经济发展等外部因素的直接回应,更是天津大学兴办工学这一历史传统的基因继承。在此过程中,从盛宣怀、丁家立、赵天麟、刘仙洲、李书田到史绍熙、吴咏诗,天津大学的历代掌校者在不断满足外部环境变化的同时,更遵循工程学科的内部规律,在其办学方针与实践路径上均不断探索工科建设的"天大经验"与"天大模式",这为我们考察当前"新工科"建设的历史来源与文化继承提供了有益视角。

关键词:工科;新工科;北洋大学;天津大学

世界范围内新一轮的科技革命和产业变革以及席卷全球的新经济的蓬勃发展对工程教育的改革和发展提出了新的挑战,新工科建设的提出正是对这一挑战做出的积极回应,"因势而新"正所谓新工科兴起之重要背景。与此相应,作为中国现代第一所大学,一向注重"以工立校"的天津大学在经历着由"工科"到"新工科"历史变迁的同时,也不断满足外部环境的变化与教育内部规律的本质要求,这集中体现在其不同掌校者的办学方针与实践路径之中,这为我们考察"新工科"的历史来源与继承基因提供了一个视角。

一、北洋大学的创立:知穷思变

甲午战败,中华民族笼罩在危机之中,灭国灭种的危机换来清王朝最高统治者们的担忧与觉醒,光绪帝在痛定思痛的同时立志变革,为表示其挽救时局的决心,这位年轻皇帝迅速发布《强国诏》称:"朕宵旰忧勤,惩前毖后,惟以除痼习力行实症为先,叠据中外臣工条陈

---

* 作者简介:闫广芬,天津大学教育学院教授;王红雨,天津大学教育科学研究中心讲师。

时务,详加披览,采择实行。如修铁路,铸钞币,造机器,开矿产,折南槽,减兵额,创邮政,练陆军,整海军,立学堂……应及时举办。"①在这诸多的"自强"与"求治"之策中,办学堂、兴教育成为其中的头等急务。响应于此,时任天津海关道的盛宣怀立刻草拟了筹建兴办新式大学的《拟设天津中西学堂章程禀》上报皇帝,这位一向以兴办实业为重的洋务派大臣在自身的实践之中早已明确了创建新式高等教育尤其是高等工程教育的重要性:"自强首在储才,储才必先兴学""中国智能之士,何地蔑有,但选将才于俦人广众之中,拔使才于诗文帖括内;至于制造工艺皆取才于不通文理不解测算之匠徒,而欲与各国蹶长较短,断乎不能"②,由此,致力于兴学强国、工程救国的北洋大学于 1895 年 10 月 2 日在天津诞生,时称天津北洋西学学堂,后几易其名,未免叙述混乱,下文除特定时期,均以北洋大学称之。

(一)盛宣怀的投石之举

从理论上讲,高等教育的功能在于培养人才(社会化)与选拔人才(精英化),而中国传统理念中的"大学"则相对突出精英化的功能而忽视社会化的作用,于是,在晚清学校沦为科举考试预备场的同时,学校人才培养与科举人才选拔的功能也随之双向缺失。为此,制度的重新确立成为近代高等教育新陈代谢的第一步,新式学制的设立由此应运而生。

盛宣怀在《拟设天津中西学堂章程禀》中首先确立了北洋西学学堂的学制,"职道之愚,当赶紧设立头等、二等学堂各一所",其中"头等学堂即今之正科,二等学堂即今之预科",二等学堂的学生经 4 年培养、考核后可升入头等学堂,头等学堂学生也须经 4 年的培养"方能选入专门之学",嗣后,"或派赴外洋,分途历练",至国外研究院进行学习;"或酌量委派洋务职事",至国内各部门专兴洋务。③ 但是,面对晚清社会对于新式人才的迫切需求,8 年的培养时间过于迟滞,北洋大学堂(1896 年更名)第一年的招生故此采取了"通融求速办法",先在天津、上海、香港等处提前招收当地第一年小学堂学生 30 人,列做北洋二等学堂头班学生;招收当地第二年小学堂学生 30 人,列做北洋二等学堂二班学生……以此类推,二等学堂共招收学生 120 人,至第二年起,二等学堂四班学生即可升入头等学堂进行正科的学习,其余经考试选拔合格者,也可依次升班。至头等学堂同样以 120 人为限额,第一年精选"已通大学堂"的 30 名考试成绩佼佼者作为末班学生,来年升入第三班,嗣后按年递升,至第四年考试合格后方可毕业。可见,相比于先前开办的西式专门学校,北洋大学堂学制之特点在于"精英育才,学有秩序",这种循序渐进的系统培养更易赋予学生深厚的功底,并为其日后的发展打下坚实的基础。

---

① 《求是斋集》皇朝经世文编六册《学校》(上),上海译书局 1898 年版,第 18 页。
② 北洋大学—天津大学校史编辑室:《北洋大学—天津大学校史》(第一卷),天津大学出版社 1990 年版,第 56 页。
③ 北洋大学—天津大学校史编辑室:《北洋大学—天津大学校史》(第一卷),天津大学出版社 1990 年版,第 56 页。

学制确定后,学科的设定被提上日程。北洋大学堂的学科设置,不但要迎合晚清社会的现实需求,更要体现出其作为新式大学堂的先进性与首创性,因此,引进西方大学的前沿学科成为必然,这也是盛宣怀在兴办洋务中"以致用为本"的思想于其教育实践中的落实。北洋西学学堂创立之初,适逢南北战争结束,美国社会迅速进入工业化时代,传统大学如哈佛、耶鲁等借鉴德国模式,主动向现代大学转型,研究型大学不断涌现,工程、矿业、机械等学科成为美国高等教育的前沿学科,盛宣怀再三考究后参照哈佛与耶鲁的办学模式,在北洋西学学堂分设律例(法律)、工程(土木)、矿冶和机械四学科,并在其后的办学过程中,不断根据现实的需要增设学科:1897 年,盛宣怀创办的山海关铁路学堂停办,学生并入北洋大学堂,铁路专科由此增设;1903 年,为满足外交需要开设俄文班、法文班;1907 年,为培养中等学校师资开设师范科。尽管以上专业多为临时开办,存在时间较短,但也成绩斐然,培养出著名教育家齐璧亭、李建勋,著名铁路专家詹天佑等。可见,在北洋大学堂初期的专业建制中,既包含以"西政"为主的社会学科,如文、法、师范,又囊括以"西艺"为主的自然学科,如工程、矿冶、机械,将其称为一所综合性大学实乃名副其实,这也是北洋大学区别于其他一般洋务学堂的根本所在。

(二)丁家立的规式之范

如果说盛宣怀对北洋大学有着设计上的开创之功,那么,北洋大学首任总教习丁家立则无疑享有实践上的规式之范。丁家立(Charles Daniel Tenney),1857 年生于美国波士顿,1878 年毕业于达特茅斯学院,1882 年于欧柏林神学院获神学硕士学位后随即来华入山西太谷进行兴学传教,遇阻后至天津成为李鸿章家塾英文教师;以此为契机,丁家立与李鸿章倚重的幕宾、其洋务事业的重要副手盛宣怀结识,并与盛氏一起完成北洋大学堂的初创设计。1896 年,盛宣怀离任天津海关道,至上海担任全国铁路总公司督办,丁家立成为北洋大学堂的实际掌校人,在北洋大学的历史上留下浓墨重彩的一笔。

丁家立执掌北洋大学堂后完成的首件要事便是延揽高徒与名师。北洋大学堂注重精英化教育,其对学生的选拔是要求较高、甚至相对严苛的。学问的考核自是其中的重点,入学者的年龄限制也是其中的一项重要规定,这既保证了学生心智发展之健全,更保证了此年龄段学生所特有的强大可塑性:"凡入二等学堂之学生,自十三岁起至十五岁止。按其年岁,考其读过《四书》,并通一二经,文理稍顺者,酌量收录。十三岁以下十五岁以上者俱不收入。"[①]初创之际急需人才,但北洋大学堂并未因此而降低招生标准,第一年从天津、上海、香港等地招收学生时,仅香港一地便有应考者千余人,而头等学堂末班最后仍坚持招收 30 人,可见其对录取学生质量的重视。入学后,学生补考、留级、退学现象的普遍性同样从另一侧面验证

---

① 北洋大学—天津大学校史编辑室:《北洋大学—天津大学校史》(第一卷),天津大学出版社 1990 年版,第 56 页。

了其人才培养环节中的严格要求,以北洋大学年终大考为例,"本预两次考试成绩有三门课程不及格者(六十分为及格)留级一次;二门以下不及格者,得补试一次;仍有一门不及格者,但按八成计算,不得升级。留级连至二年者,即令退学。补习班年考有一门以上不及格者,勒令退学"①。除此之外,平时的课堂学习中还有若干无定期小考,其所得成绩也会按比例参与到年终考核中。王宠佑在回顾自己于北洋大学的求学时代时称:"回首前尘,犹滋惭愧……(北洋)校规綦严,学生间有不免嫌其约束者,然而放心之求获益之处则非浅鲜也。"②魏寿昆也在回忆中称:"北洋的入学考试以及学期、学年考试均以严格著称……若一次考试不好好对待,即使是经常发生的随堂考试,也会直接影响到最后的成绩,甚至会被降级、被劝退。"③在王与魏的回忆中,丁家立治校的"严格"跃然纸上,高要求保证了高质量,"查堂中头二班学生讲求西学,程度甚高,中学文字亦具有根底,斐然可观,加以濯磨,可称上选"④。

大学之大,在于大师。高水平的师资是学校发展的重要保障,丁家立亦重视优质教习的延聘。学堂创立之初,丁氏拟定将外籍教习作为北洋的师资主体:头等学堂拟聘请洋人教习5名,担任工程学、算学、格物学、矿物机械学、化学、机器学、绘图学、律例学等学科的主讲教习;二等学堂拟聘请洋文华人教习8名,分别担任4个班级的英文正教习与帮教习。⑤ 西式学科本是舶来之品,聘请外籍教习担任主讲本在情理之中,但其中也或由经验不足或由政治干扰,外籍教习中也不乏滥竽充数之徒,丁家立以此为鉴,在聘请外籍教习时尤为注重学识,所聘教习不但均为博学之士,更能在教学上认真负责:矿学兼地舆学教员德雷克(N. F. Drake)"每于暑假期内,赴矿山看矿,研究地质,长途跋涉,固甚劳苦"⑥;地质学教授亚当(W. H. Adame)被北洋师生称为"学问经验,夙称卓越"⑦;化学教习福拉尔博士(C. K. Flyer)与爱因斯坦交往甚密,对相对论颇有研究。⑧ 但是,就实际情况来看,外籍教习并未成为北洋的师资主体。丁家立在职期间,共延聘教习44名,其中外籍教习为10人,仅占到全体教习比例的22%。学堂中中式传统学科一律由华人教习担任,如头等学堂聘请华人汉文教习2名,讲读经史之学与圣谕广训;华人洋文教习6名,专讲课策论;一些西式学科的主讲教习也由华人担任,如头等学堂的算学教习陈锦涛、二等学堂的洋文教习温宗尧、刘秉铺、倪永澄等⑨,可见,北洋大学虽然标榜"西学体用",但其教习的聘请情况却并非如此,中西融汇、品质

---

① 吕培烈:《北洋大学调查》,《石室学报》1923年第3期。
② 北洋大学—天津大学校史编辑室:《北洋大学—天津大学校史》(第一卷),天津大学出版社1990年版,第29页。
③ 左森、胡如光:《回忆北洋大学》,天津大学出版社1989年版,第26-31页。
④ 《天津大学堂沈道桐整顿学规大概情形禀并批》,《北洋官报》1904年11月29日。
⑤ 北洋大学—天津大学校史编辑室:《北洋大学—天津大学校史》(第一卷),天津大学出版社1990年版,第56页。
⑥ 北洋大学—天津大学校史编辑室:《北洋大学—天津大学校史》(第一卷),天津大学出版社1990年版,第29页。
⑦ 佚名:《本校记事:本校教员住宅向有十余幢》,《北洋大学季刊》1915年第1期。
⑧ 王玉国:《丁家立与北洋大学堂》,《天津大学学报(社会科学版)》2003年第1期。
⑨ 天津大学档案馆:《北洋大学三十周年纪念册》,1925年,第9-12页。

优渥才是丁家立真正的择师标准。

(三)赵天麟的定制之措

赵天麟,字君达,生于清末天津地区颇有名望的四大家族之一,早年入北洋大学法科学习,1906 年成为北洋大学第一批官费赴美的留学生,入哈佛大学学习文学和法律,并获得象征学习最高成绩的金钥匙奖,回国后执教于北洋大学,讲授法律与理财学。1914 年,年仅 28 岁的赵天麟经直隶省政府任命担任北洋大学校长。从早年求学到担任校长,赵天麟的北洋生涯长达 14 年之久,这使得其对学校既有深厚的感情,又有深刻的认识。

上任伊始,赵天麟认为,北洋大学虽有良好的学风,却无明确的精神,明确北洋大学的办学宗旨迫在眉睫。由此,他将北洋大学近 20 年的办学经验提炼升华,于 1914 年提出"实事求是"四字作为办学主旨来教导学生,并赋予其北洋校训的地位。"实事求是"最早见于《汉书·河间献王刘德传》,文中赞美汉景帝第二子刘德"修古好学,实事求是",经学大师颜师古将其注解为"务得事实,每求真是也",现一般被人理解为:不投机、不取巧、不采虚声,注重证据,探寻真相。与此同时,赵天麟还将"实事求是"转译为拉丁文校训:"motto: Quaerere Verum et Factum."①校训之确立,既可见北洋源于中国、生于历史之"源",又可见其学习西方、面向现代之"流",源流结合,方为北洋。校训的制定,绝非一时脑热的仓促决定,也非一时热情的草率之举,它必是由对学校、教育乃至国家民族有着无限热爱和深刻了解之人,经过深思熟虑,方可实现的对学校传统积淀的高度升华与提炼。否则,这样的校训根本无法为几代师生所认同,更谈不上为国家民族培育栋梁。时至今日,赵天麟提出的校训依然在天津大学沿用,成为学校的精神内核和发展动力。一些老校友毕业多年后仍动情地回忆:"离开母校已 26 个寒暑,长记勿忘者乃我校'实事求是'之校训,深感受用良多,而欲匡时弊者亦赖此种精神。"②

在"实事求是"校训的基础上,赵天麟还完善了北洋大学的制度建设。民初教育部《大学令》的出台将近代高等教育的制度管理推进到一个新的阶段,而此时的北洋大学遵循的管理规约依然是 1895 年建校之初的《拟设天津中西学堂章程》,赵天麟认为这难以满足时代的要求与学校的发展,《国立北洋大学校办事总纲》(以下简称《总纲》)由此产生。《总纲》共 3 章 23 条,结构简单却涉及全面。第一章主要涉及职位与责任,首先确立校长地位,"本校事务分由左列各主任商承校长处理之,设校长一人,总辖大学全部事务"③,并分别明确教务主任、学监主任、庶务主任、斋务主任、图书主任、文牍主任的相关职责;第二章确立了校务会议制

① 左森、胡如光:《回忆北洋大学》,天津大学出版社 1989 年版,第 5 页。
② 陈明章:《学府纪闻——国立北洋大学》,南京出版有限公司 1985 年版,第 143 页。
③ 北洋大学—天津大学校史编辑室:《北洋大学—天津大学校史》(第一卷),天津大学出版社 1990 年版,第 88 页。

度,"校务会议由校长、各主任及在本校连续任职二年以上之本国教员组成。凡属学校全局性重大问题,都由校务会议决议"①;第二章还确立了教务会议制度,"教务会议由教务主任及全体教员组成,以教务主任为议长……规定各门课程之进度,商定授课时间表,商定各科课本,商定各种试验之时间,商定购置图书仪器及其他关于学术上之设备;各科成绩考查法之实施及变更;审查学生各项成绩,决定每学年终学生之升级、留级、毕业及退学……"②《总纲》作为辛亥革命后我国高等学校最早的管理条例,体现了校长负责、专家学者治校的民主管理体制,从而保证了北洋大学内部机制的健全与完善。为配合《总纲》的贯彻与实施,《国立北洋大学校学事通则》(以下简称《通则》)成为有关教学与管理的具体实施准则。《通则》共14章100余条,囊括学生入学资格、考查、升级、留级、退学、奖惩、品德教育、操行考查、体育考核、纪律卫生、宿舍管理、膳食管理、费用开支、就医等方方面面。虽多与细节相关,却更见赵天麟严格的管理思想,如《通则》第七章就对学生参加考试做出了规定:入学之后要根据当年的考试内容再次进行同样一场考试,以便确认笔迹,以免替考学生鱼目混珠。学期中进行的一般考试则要求学生按排定序号就座,未经允许不得带图书字纸进入考场,不许翻阅别人的试卷,并且要按时交卷。③

　　除管理制度的设置外,赵天麟还对课程进行了规划,尤其是确定了工程学科课程设置的几大原则。课程设置完整、系统,是保证各学科教学质量、达到培养目标要求的重要因素,赵天麟上任之初便以此对课程进行了调整与充实,具体体现在以下三点:第一,基础厚,注重基础学科的学习。赵天麟首先增加了一、二年级基础课的比重,仅机械科一年级的必修基础课就包含理论力学、材料力学、机械原理、机械设计、金属加工工艺学、金属材料学、机械制图等14门。第二,口径宽,注意复合型人才的培养。赵天麟在征求外籍教师与学生就业意向的基础上决定合并采矿冶金学门,并新增了很多跨学科课程,如岩石与电机工程、经济地质学、采矿工程计划及制图、矿山机械学、矿山法规等。第三,方向细,针对学生具体情况进行课程规划。赵天麟认为,学生的能力与兴趣是决定其能否保障学业成功的关键,接受高等教育的学生,尤其是工科学生,特别需要注重这一点。据此,赵天麟规定北洋学生在二年级末要进行一次为期半个月的课程实践活动,要求学生在实习之前亲自拟订实习计划,并在实习之后递交完整的、详细的、学术性的实习报告。安排实践的目的一方面在于考查学生的能力;另一方面在于摸清学生的兴趣。若报告丰富,至三年级时可选择相关问题进行专业研究,直至形成毕业成果。

---

① 北洋大学—天津大学校史编辑室:《北洋大学—天津大学校史》(第一卷),天津大学出版社1990年版,第89页。
② 北洋大学—天津大学校史编辑室:《北洋大学—天津大学校史》(第一卷),天津大学出版社1990年版,第89-90页。
③ 左森、胡如光:《回忆北洋大学》,天津大学出版社1989年版,第55页。

(四)刘仙洲的发扬之功

刘仙洲掌校的第二年(即 1925 年),恰逢北洋大学 30 年华诞,刘仙洲在为《国立北洋大学卅周年纪念册》所作的序文《理想中之将来扩充计划》中称:"工科为理科之实用,理科为工科之根基……如(本校)能再进一步,则以改办理工大学为最相宜。"①这是刘仙洲第一次明确提出其理工结合的办学思想,也是北洋大学兴办工学的一大转折。

理工结合的理念源自北洋大学理工分离的办学历史。如前文所言,1895 年北洋大学创立之初被视为一所包含"西艺"与"西政"的综合性大学。但至 1917 年 2 月,时任北京大学校长的蔡元培以德、法学制为依据,认为工科皆为专门学校,建议将北洋预科第一部毕业愿入法科的学生转入北京大学法科学习,将北京大学预科第二部毕业愿入工科的学生转入北洋大学工科学习。由此,北洋大学取消法科,进入专办工科的阶段。到 20 世纪 20 年代,这种趋势越发明显,此时北洋大学的毕业生有超过 80% 的学生是以工科大学教师或工程师的身份出现在社会舞台上的②,这是北洋大学工科独大的有力表征。

但是,刘仙洲认为,这种理工分离的状况并不利于学科建设和学校的长远发展,理工结合也是现代大学发展的一大趋势,这既是工程技术对基础学科的依赖日益强烈的表征,也是现代技术既高度分化又高度综合的展现,更是高等教育发展到一定阶段的必然要求。理工结合办学不但能彼此弥补不足以达到相互促进的结果,更能节省开支,优化资源:"工科同时兼办理科,则凡工科各学门之根基,可由理科教授担任之,其程度自易提高;凡理科各学门有需要实物以证明者,可由工科之设备参考之,其观念自易于明了也。"③"理科之主要课程如数学、物理、化学、地质等,倘工科学生对之有良好成绩,则其工科课程必易达于高深。工科之主要设备如机械、仪器、电机等等,倘理科学生对之有充分参考,则理科课程必更为切实。"④由此,刘仙洲通过 10 年的时间使北洋大学从单一的工科大学发展成为包括机械、电气、冶金、土木四工学门与数学、化学、物理、地质四理学门的理工类综合大学,以造成"东方麻省理工学院"⑤之始基。

除理工结合的思想外,刘仙洲在实践工程教育时发现,学理与实验兼行是培养一名合格工程人才所必须具备的条件,他常引《公羊传》之名言"巧心劳手成器物曰工"来解释其对于"工"的理解:只有"巧心"而无"劳手",只重学理而无实验,充其量只能成为一名纸上谈兵的

---

① 北洋大学—天津大学校史编辑室:《北洋大学—天津大学校史》(第一卷),天津大学出版社 1990 年版,第 134-135 页。
② 《本院廿三班毕业同学调查》,《北洋周刊》1934 年第 46 期。
③ 清华大学校史组编:《清华校史丛书:人物志》,清华大学出版社 1983 年版,第 14 页。
④ 清华大学校史组编:《清华校史丛书:人物志》,清华大学出版社 1983 年版,第 14 页。
⑤ 北洋大学—天津大学校史编辑室:《北洋大学—天津大学校史》(第一卷),天津大学出版社 1990 年版,第 135 页。

理论工程家,虽可做文章亦可勉强教书,但一遇具体问题便会不切实际起来;只有"劳手"而无"巧心",只重实验而无学理,充其量不过是一位熟练的工匠,虽可按图造作抑或揣摩仿制,但对其"所以然"则总是茫然无知。① 所谓"学理",是指与工程教育相关的学术研究与理论建设;所谓"实验",是指与工程教育相关的实际训练和实践能力的培养。学理与实验并重实际上是抓住了工程教育在发展来源上的关键特征,即其"双源性"特点。所谓"双源性",是指工程学科实际上是依赖于两条路径发展起来的学科,一方面,它依赖于基础性学科和应用性学科所提供的理论基础;另一方面,它又在面对复杂的现实时需要不断寻求具有操作性与经济性的实践方案。这种在理论与实践的共同滋养下以获得发展的学科属性使得学理与实验的综合成为必然。那么,如何实现"巧心"与"劳手"之并重呢? 最为理想的办法便是实施"工读协作"制度。1920 年,刘仙洲在《我国工业教育当酌采工读协作制意见书》一文中首倡工读协作制并上书教育部,这一主张的提出既来源于其对美国辛辛那提大学办学经验的借鉴,也出自其早年在保定留法勤工俭学预备班的切身感受,更发自其对现代工程教育的发展趋势与新型工程人才培养目标的正确认识。刘仙洲认为:工读协作制是将"学校附设实习工厂"和"工厂附设补习学校"取长补短的结合办法,即将一班学生分成两部分,一部分在学校求"学理",另一部分在附近的工厂求"实验",隔一定时间相互交换,以此将学校和工厂合成一体,把学生和工人备于一身,以实现学术与技术两者之间的互补与促进。

(五)李书田的中兴之践

李书田,1900 年出生于河北省卢龙县,1917 年考入北洋大学预科,1923 年以第一名的成绩毕业于北洋大学土木系,随后赴美国康奈尔大学研究院继续攻读土木工程专业,1926 年获得博士学位,1927 年应刘仙洲校长之邀受聘母校任教,1932 年任北洋工学院(1928 年改为北洋工学院,1946 年恢复为北洋大学)院长。

李书田执掌北洋大学的时期正是北洋大学的艰难时期。1929 年的一场无名之火将北洋大学的教学楼付之一炬,北洋大学于此次大火中损失惨重,此实为北洋大学的"艰难困苦、浩劫历练"之年。1937 年 2 月,李书田拟定《国立北洋大学筹备缘起及分期完成计划》②,开始兴建南大楼(工程学馆)、北大楼(工程实验馆)、图书馆、新体育馆;同时不断加强学科建设:于土木系添设水利卫生工程组,于矿业系分置采矿工程组及冶金工程组,于机械工程系新设航空工程组,创建电机工程系、矿冶工程部、工科研究所……这些成就与作为已经证明,李书田无疑是一位雷厉风行的实干派校长,北洋大学"实事求是"的校训与李校长的行事风格相得益彰。

---

① 刘仙洲:《我国机械工程教育应当改进的途径》,《清华机工月刊》1936 年第 1 期。
② 北洋大学—天津大学校史编辑室:《北洋大学—天津大学校史》(第一卷),天津大学出版社 1990 年版,第 139 页。

与物质上的重建相对应的,则是学生的培养与学术的生成。在此,李书田首重培养科学精神的塑造。李书田说:"今日之工程学术,固为科学应用之产物。"①深厚的科学基础是具有思想、富有学术、能发明创造的工程人才的基本条件,也决定了工程人才能否具备适应能力和发展潜力。如何培养学生深厚的科学基础,李书田特别强调教师的作用,他对教师提出严格的要求,即"以师长之尊严,与其精神、道德,或因嘉言之发抒,或借懿行之习现,而表率诸生"。他要求教师的作用表现在以下几个方面:在教学上,"要极透彻地教授给学生以各学科之理论、技术、实验、设计";在科研上,"埋头实验室或研究室中,以阐明、整理、论评,或发现学术之精微,而助长学术之进步提高学术水平,并领导高年级学生研究之风尚"。除此之外,教师还要负起督责学生求学的责任,"鼓舞其求学的兴趣,锻炼其推阐其思想"②。所以,李书田执校期间北洋大学的教师阵容非常强大。在基础课方面,数学有张玉昆,物理有张国藩,化学有林一民,英文有金仲文,测量制图有冯熙敏,土木工程专业更是荟萃了最高级的学者,如茅以升、张润田、徐世大、庆承道、张鸿逵、涂允成等。③

为培养学生深厚的科学基础,李书田力倡北洋工学院尽快添设理学院,这也是刘仙洲校长理工结合办学思想的延续与继承,"理学院应分为数理系、(应用)化学系、(应用)地质系,以资与工学院各学科密切联系"④。李书田认为,独立的工学院往往使知识囿于一隅,课外孤陋寡闻,文化熏陶、常识灌输均事倍功半。有了理学院就可以延揽优秀的基础课教师,使科学理论与技术应用都得以提高。此外,他要求教师除完成教学任务外,还应积极开展科学研究,以提高学术水平。为鼓励教师开展科研工作,李书田主办了《北洋理工季刊》,专做技术深研、理工探讨,5 年中共出版了 5 卷 14 期 170 篇论文(直至 1937 年 7 月因战乱停刊)。这一时期,教师参加科研的比例达 80% 左右,教授几乎都有研究专题,讲师、助教大多参与教授主持的课题,也有个别讲师独立承担研究项目。此时"教授研究,亦蔚成风气,其中有创造性之论文,选印为研究丛刊者有十余种"⑤。

---

① 李书田:《中国之工程教育之纵横观》,《北洋理工季刊》1935 年第 3 期。
② 北洋大学—天津大学校史编辑室:《北洋大学—天津大学校史》(第一卷),天津大学出版社 1990 年版,第 173 页。
③ 杨慧兰:《世纪记往》,天津大学出版社 2000 年版,第 124 页。
④ 李书田:《国立北洋大学筹备添设医学院缘起及规划大纲》,《北洋周刊》1937 年第 142 期。
⑤ 李书田:《北洋大学之过去五十三年》,载左森、胡如光:《回忆北洋大学》,天津大学出版社 1989 年版,第 151 页。

二、天津大学的奋进：因时而进

（一）史绍熙：综合性办学的先行者

史绍熙自 1981 年底开始担任天津大学校长，至 1986 年初卸任，其掌校时间只有短短的 4 年多，却是我国改革开放初期天津大学发展建设的重要阶段，其所面对的问题最复杂，也最困难。

改革开放之初，在我国高等教育领域的改革刚刚起步之时，史绍熙就率先提出要将天津大学由一所多科性工业大学发展建设成为"以工为主，理、工、文、管相结合的综合性大学"的办学思想。这可谓天津大学发展历史上的重要一笔，也在新中国成立以来一直标榜"以俄为师，重工轻文"的高教界开风气之先。在这一思想的指导下，1983 年，史绍熙主持制定了《天津大学 1984—1990 年发展规划》，第一次将"以工为主，向综合性大学发展"的办学思想写入规划中，并确定了学校"八五"期间的主要奋斗目标是："把天津大学办成具有工科、理科、文科和管理学科的综合性高等学校。在若干学科领域形成自己的特色，使之成为在国内居于领先地位、在国际上享有盛誉的高等学府。"[①]史绍熙在天津大学率先进行了学科设置的改革，在工科各学系之外，先后建立了数学系、物理系、力学系、化学系和应用化学系等理科学系，以及外语系、人文与社会科学系等文科学系，新建了研究生院、管理系、石油化工开发中心，基本形成了以工为主，理、工、文、管相结合的综合性格局。这一具有开拓性和创新性的指导思想在学校之后的长期发展中发挥了重要的战略指导作用。

与综合性办学思想相呼应的是高层次拔尖人才发展战略。培养国家栋梁、社会精英是社会与历史对大学的一致要求。史绍熙认为："大学，尤其是重点大学应肩负起为国家培养高层次拔尖人才的历史使命，重点大学应该有高水平的研究生教育。"在担任副校长时，他就开始着手恢复因"文革"而中断的研究生招收和培养工作。1981 年，国家正式恢复了学位制度，天津大学是全国第一批被授予 9 个博士点、34 个硕士点的大学；国家还批准了博士生导师 9 名，史绍熙就是全国首批博士生导师之一。1984 年 12 月 18 日，天津大学研究生院成立，史绍熙在会上做了题为《全校办研究生院，为培养高质量的研究生而努力》的报告，号召集中学校优势办研究生院，培养高层次人才。由此，天津大学实现了多层次人才培养的目标，并迅速向本、研并重的综合性大学发展。研究生教育的恢复，为天津大学之后向研究型大学发展打下了坚实的基础。

---

① 史连佑：《永久的怀念——著名科学家与教育家史绍熙院士》，天津大学出版社 2002 年版。

(二)吴咏诗:高等工程教育改革的领航者

20世纪八九十年代,我国的高等教育正面临一场极为迫切的改革:我国高等教育模式受苏联计划经济体制影响,对大学生进行"统购统销"式的培养,学校没有自己的办学特色,学生的创造力也被遏制。在全球科学技术迅猛发展的背景下,中国高等教育体制改革迫在眉睫。吴咏诗校长曾不止一次地说:必须打破思想束缚,在教育观念上实现转变。大学应该怎么办? 未来朝什么方向发展? 如何实现教育"面向现代化、面向世界、面向未来"? 1986年12月,时任天津大学校长的吴咏诗在国内率先提出把"综合性、研究型、开放式"作为学校发展方向,并在深思熟虑之后,专门撰文,完整地论述了"建设以工为主的理、工、文、管相结合的综合性大学""坚持改革、着重提高、向研究型大学发展"和"密切与社会和世界的联系,建成开放式的教育与科研中心"的观点,标志着他关于"综合性、研究型、开放式"的办学思想已经形成。①

吴咏诗认为,理工科大学向综合性大学发展是建设高水平大学的必然,其原因主要在于科学技术发展的综合化趋势以及人才培养的全面需求。同时,吴咏诗指出,综合性大学不仅表现在学科设置上,更应体现在人才培养、科学研究和学科建设上:在教学上,要体现理工结合、文理渗透的精神。工科学生要加强理科的基础,理科学生也要学习必要的工程技术知识,理工科学生都要吸收人文、社会科学的基本知识与基本精神,如此,跨学科学习的复合型人才方可生成;在科学研究和学科建设上,学校要尽一切力量促进跨学科的合作和多学科的联合,如组织跨学科的合作来承担交叉学科的科研课题、组织多学科联合建设新兴学科的科研机构等,这些活动可促使学校的科研工作符合科技发展综合化的趋势,也可促进一些新兴、交叉学科的建设和发展。

研究型大学更是高水平办学的必然要求,吴咏诗认为一流大学的研究性表现在教学、科研与管理三个方面:首先,研究型大学的教学要具备研究性。教学内容应反映学校与教师本人的科研成果、学术见解和学术特色,教学方法应能够启发学生主动积极的思维,教师应能吸引不仅是研究生,而且是本科生参加科研工作和各种学术活动,学校也要随之形成生动活泼、积极有效的环境,以利于学生创造能力的培养。其次,研究型大学的科研要首重创新性。创新是科学研究的灵魂,研究型大学的科研更应强调创新,不能仅仅跟踪国外的研究,而应努力创造自己的学术生长点;应能承担国家的经济建设、科技与社会发展中的重大课题,在解决问题的过程中产生有自己知识产权的创新成果;还应注意开展软科学的研究,为国家和地方政府的重大决策提供科学化和民主化的咨询意见。最后,研究型大学的管理应具备科

---

① 吴咏诗:《综合性、研究型、开放式、国际化——关于建设国内外知名高水平大学的若干思考》,《高等工程教育研究》2001年第2期。

学性。一般来讲,目前大学的管理还是经验性的,或是按照过去的经验乃至习惯,或是按照上级的指示来进行管理,往往落后于教学与科研改革的发展。现代研究型大学必须加强高等教育管理学的研究,在科学理论的指导下,形成科学的管理。这种管理应能在机制上激励教学与科研的改革与提高,促进学校的健康发展。

研究型大学不是象牙塔,它需要特别注重"向社会开放"的特征,这主要表现在:第一,大学要适应社会的人才需要,以各种可能的形式为社会培养人才,包括本科生、研究生和成人教育、职业教育培养的学生;既可以培养有学历、可授予各种学位的学生,也可以培养无学历、只授予专业证书的短期培训的学生;更应该大力发展网络教育,为一切愿意学习的人民群众提供学习与深造的可能。第二,大学要适应社会发展的需要,以各种可能的形式为社会提供科技服务。大学应该能为大学组织之外的其他组织(特别是企业)提供科技支持,提供新产品、新技术与新工艺,使它们提高竞争力。这就要求现代大学重视科研成果的二次开发,使它转化为能批量生产乃至规模生产的产品,使科学技术转化为现实的生产力,在发展经济中发挥重要作用。同时,大学还应该充分发挥自己的科技潜力,为社会提供各种科技服务,如产品质量的鉴定、环境保护的监控、宏观与微观决策的咨询论证,等等。

三、新工科:开启新征程

进入新时代,天津大学的掌校者同样积极推动高等教育改革创新。钟登华在担任校长期间积极推行"新工科"建设,并亲自担任新工科研究与实践专家召集人。在他的倡导和推动下,新工科建设路线图("天大行动")[①]得到国内外响应,倡议成立新工科教育国际联盟,正在全力探索形成领跑全球工程教育的中国模式、中国经验,助力高等教育强国建设;提出"强工、厚理、振文、兴医"的综合发展思路;探索"通专融合、贯通培养",人才培养质量不断提高。

"天大行动"的具体措施主要包括以下几点[②]:(1)紧紧围绕立德树人的根本要求,强化新工科建设意识形态引导,这主要包括将思想政治教育全方位贯穿、深层次融入新工科专业教育与构建以"家国情怀"为引领的工程通识教育体系两大部分内容;(2)以产业需求为导向,构建科学合理的新工科专业结构,积极布局战略性新兴产业相关专业,加快重点领域紧缺人才培养,努力推动传统工科的转型升级;(3)以创新创业教育为引领,不断完善新工科人才培养体系,健全体制机制激发学生"创意",推动多元协同保障学生"创新",营造孵化环境服务学生"创业";(4)以未来卓越人才标准为依归,围绕未来卓越人才标准,创新新工科人才培养模式。

---

① 钟登华:《新工科建设的内涵与行动》,《高等工程教育研究》2017 年第 3 期。

② 张凤宝:《新工科建设的路径与方法刍论——天津大学的探索与实践》,《中国大学教学》2017 年第 7 期。

民国时期北京大学的选科制改革及其影响

◎谭　越　*

摘　要：1917 年 10 月，教育部召开会议修改大学规程，北大文科的代表在会上提出要废除年级制、实行选科制后，教育部同意由北大文科先行试办。此后不久，北大便开始酝酿实施选科制，文理两科的教师都提出了多种课程设置方案。1918 年下半年，北大在哲学门、中国文学门、英文学门局部范围内试行选科制，并于 1919—1920 学年正式扩展到除法科政治、经济、法律三系之外的全部新生。而 1922 年"壬戌学制"出台后，选科制作为大学中的一种教学管理制度被正式确定下来。选科制的实施首先给北大的课程体系带来了根本性的变化，极大地推动了北大课程数量的增加。同时，选科制也带动了北大组织架构的变革，并且对北大的师生、科学研究以及学术发展等都带来了深刻的影响。

关键词：北大；选科制；课程；影响

　　选科制，英文名称为"Elective System"，它是指学生可以选择其他学科的课程的一种教学管理制度，这里的"科"可以理解为"学科"。选科制正式成为一种制度始于 19 世纪中叶的美国大学，更准确地说是始于查尔斯·威廉·艾利奥特（Charles William Eliot）掌校时期的哈佛大学，它是针对年级制的弊端而提出的。年级制是指学生按年修课，只有在一年中所规定的功课全部及格通过后，方能升到下一年级，反之，只要有一门功课不及格，学生就必须将所有功课重新再修习一遍。在年级制下，学生们虽身处某一学科或某一专业之中，然其课程则是由学校及教师决定，郑宗海 1916 年曾经在文章中提到，这种制度在美国叫作"代编课程之制"（Prescribed Studies）[1]，这一制度的最大弊端便是固定的课程设置使得学生们无选择之自由，学生不能决定自己想要修习的课程，并且所修课程基本上只能局限于自己所在的学科，最终导致学生难以按照自己的兴趣去学习，这极大地束缚了学生的个性发展。而与之相反的是，选科制则是一种尊重学生个性发展以及考虑到不同学生在天资、兴趣等方面存在差异后的一种教学管理制度，它让学生能够根据自己的需要选择其他学科的课程，从而最大化

　*　作者简介：谭越，北京大学教育学院硕士研究生。
　[1]　郑宗海：《北美合众国教育现状一斑（续前期）》，《留美学生季报》1916 年第 4 期。

地展现学生的个性。20 世纪初期,选科制由美国引进到中国,当时的北京大学、东南大学等学校都是较早采用选科制的学校。1922 年的"壬戌学制"正式将选科制以法规的形式确立下来后,越来越多的大学采用选科制,它的引进和采用标志着民国时期中国大学的教学管理制度正式从传统步入现代。本文以北京大学为研究对象,梳理北京大学从引进、酝酿和实施选科制到"壬戌学制"最终将选科制确立为大学的一项基本制度的历史过程,分析选科制对北大产生的影响。

一、国人对选科制的早期介绍

中国近现代大学出现较晚,许多制度均是学习西方大学的产物,选科制也不例外,而在介绍、引进选科制的过程中,中国留美学生发挥了非常重要的作用。在早期庚款留美生到达美国后不久,他们便创办了《留美学生年报》,该报在上海出版,并于1914 年改为《留美学生季报》。留美生们利用自己在美留学的机会,因其地利之便考察美国各地的大学,并通过译介国外著作、撰写文章、举办各种集会活动等方式介绍美国的大学制度。早在 1913 年,侯景飞便在《留美学生年报》上发表了《康奈尔大学》一文,他在该文中介绍康奈尔大学各学科的课程时,明确指出了各学科设置选科(Electives)的情况。[①] 与此同时,王仁辅在同一期的《留美学生年报》上发表了《哈佛特大学》一文,其中介绍了艾利奥特在哈佛大学实行的选科制(Elective System)改革。[②] 1916 年,任鸿隽在《西方大学杂观》一文中,首次明确指出选科制的含义:"选科制者,校中备设各种学科,而无一定课程,学者得自由选择其所好之科目而学之之谓也。"他还同时指出了选科制的七大优点和实行该制的三大难处。[③] 同一年,郑宗海在《北美合众国教育现状一斑(续前期)》一文中写道:随着学问的日益发达,学校科目逐渐增多,一个人难以完全掌握所有学科的知识,因此美国大学实行了选科制度,并且该制度因哈佛大学而产生了巨大的影响。[④] 以上这些均是留学美国的中国学生对美国大学选科制的早期介绍,这些介绍成为当时国人了解美国大学制度的重要信息来源。另外,考虑到该报的出版地(上海)在国内,因此留美生对美国大学及其制度的介绍必定对国内的读者们产生影响,其中当然也包括了一些教育工作者,留美生为国人打开了一扇了解美国大学的窗户,他们在中国大学近现代化的过程中扮演着重要角色。反观国内,同样也有学人通过撰写文章介绍

---

① 侯景飞:《学校调查:康奈尔大学》,《留美学生年报》1913 年第 2 期。
② 王仁辅:《学校调查:哈佛特大学》,《留美学生年报》1913 年第 2 期。
③ 任鸿隽:《西方大学杂观》,《留美学生季报》1916 年第 3 期。
④ 郑宗海:《北美合众国教育现状一斑(续前期)》,《留美学生季报》1916 年第 4 期。

美国的大学制度,如曾任北大预科主任的沈步洲在 1913 年的《大学课程刍议》①一文中便介绍了哈佛大学和耶鲁大学的课程设置情况,不少研究者认为,这篇文章是目前可以找到的最早介绍大学课程的文章。虽然在该文中,沈步洲没有明确使用"选科制"这一概念,但是从其文章内容来看,它所介绍的就是选科制,进一步说,了解一点美国高等教育史的学人便可知道,沈步洲文章中讲的其实是哈佛的自由选科制与耶鲁对选科制极力抵制的一段历史。一句话总结来说,近代以来,国人通过撰写文章的方式介绍美国大学的选科制度,这为选科制最终在中国大学生根发芽做出了先导性的工作。

二、选科制在北大的引进、酝酿与实施

选科制能够引进到北大也与留美生有关,因为在当年的留美生中,有一位中国近现代史上的重要人物——胡适,也正是他将选科制这一制度推荐给北大并落地实施。1916 年 12 月,蔡元培被任命为北京大学校长并于次年 1 月 4 日正式到校视事。到任后不久,蔡元培便聘请彼时尚在美国的胡适出任北大文科教授,胡适应蔡元培之邀,于 1917 年 9 月 10 日来到北大任教。

在蔡元培和胡适来到北大前,北大的课程均为固定的必修课,学生们没有选科的自由,也难以发展自己的兴趣和特长。京师大学堂时期,最早的选修科目见于 1904 年 1 月 13 日颁布的《奏定大学堂章程》②,在该章程中,大学堂各分科大学的课程被分为主课、补助课和随意科目,其中,主课和补助课均为必修科目,随意科目则是可由学生选习的。尽管设置了随意科目,然而,章程中有文字表述:"凡治经及理学者,无论何门每日讲堂钟点甚少,应于以上各科目外兼习随意科目如下……"可见,这里之所以设置随意科目,主要是为了弥补主课和补助课上课时间不足的问题,其背后的理念并不是选科制所考虑的尊重学生的差异、发展学生的个性。1912 年民国建立后,京师大学堂改名为"北京大学校",然而,此时的北大虽有大学校之名,却不具备大学校之实,最主要的便是没有一套成型的现代大学制度。从 1912 年严复出任首任校长至 1917 年蔡元培正式到校视事,北大的负责人在这几年间更换频繁,学校制度虽偶有起色,然而总的来说,距离真正的现代大学仍有很大差距。其中就课程体系来看,从 1912 年到蔡元培掌校前的这一时期,北大的课程仍是固定的必修科目,学生按照学年升级,几乎没有学习自由,蔡元培对此曾表示,"分年级之制与小学校无异"③。蔡元培掌校

---

① 沈步洲:《大学课程刍议》,《中华教育界》1913 年第 1 卷第 3 期。
② 《奏定大学堂章程》,载朱有瓛:《中国近代学制史料》第二辑上册,华东师范大学出版社 1987 年版,第 771-772 页。
③ 《北京大学着手修改学制》,《教育杂志》1917 年第 9 卷第 12 期。

后,越发觉得年级制和固定课程的弊端已经到了非改不可的地步。他曾表示,年级制的流弊在于"使锐进者无可长",并且"留级者每因数种课程之不及格,须全部复习,兴味毫无,遂有在教室中瞌睡、偷阅他书及时时旷课之弊。而其弊又传染于同学"。[①] 鉴于此,他决定对北大的课程进行改革,而就在此时,胡适来到北大任教,并将选科制带到北大。蔡元培曾在《自述》中说:"适教员中自有美国回者,力言美国学校单位制之善。遂提议改年级制为单位制。"[②]这里的教员便是指胡适。1917 年 10 月 15 日,教育部召集在京各高级学校代表开会,修改大学规程。当时,北京大学文科系的代表在会上提出《大学废去年级制采用选科制议案》,此案得到与会代表的通过。[③] 据胡适 1917 年 10 月 25 日写给母亲的信中说:"此次教育部因改订大学章程事,召集一会讨论此事,适亦被请参预会事。因建议废现行之分年级制,而采用'选科制'。此议已经教育部通过,但一切细目详章尚须拟好。此为中国学制上一大革命,一切办理改革之法,非数月所能料理。适为创议之人,当竭力筹办此事,期于一年之内可见诸实行。"[④]可见,胡适在介绍、引进选科制以及推动选科制落地方面做了很多工作。此次的教育部会议后,北大便开始在校内着手制定新的选科制课程体系。

1917 年 10 月,就在教育部会议召开后不久,《北京大学文理法科本预科改定课程一览》[⑤](以下简称《改定一览》)发布,其中文科课程分通科、专科和特别演讲,理科课程分通科和专科,法科课程仍是年级制,但每一年均有随意科目可选。然而,此方案并没有实际落实。1917 年 12 月 2 日,北大文科公布了《改订文科课程会议纪事》[⑥](以下简称《会议纪事》),表 1 是《会议纪事》中对哲学门课程的规定。

表 1　改订文科课程会议纪事第二次第三次会议议决案之哲学门课程

哲学(一)哲学概论(在预科选习此科者免)	三单位
哲学(二)中国哲学史大纲	三单位
哲学(三)西洋哲学史大纲	三单位
哲学(四)心理学	三单位
哲学(五)论理学	三单位
哲学(六)伦理学	三单位

以上必修科　一八单位

① 蔡元培:《蔡元培自述》,中国言实出版社 2015 年版,第 112 页。
② 蔡元培:《蔡元培自述》,中国言实出版社 2015 年版,第 112 页。
③ 《北京大学日刊》,1918 年 10 月 30 日。
④ 耿云志、欧阳哲生:《胡适书信集》(上),北京大学出版社 1996 年版,第 112 页。
⑤ 《教育公报》,1917 年第 4 卷第十四期,第 133-140 页。
⑥ 《北京大学日刊》,1917 年 12 月 2 日。

以下选科:凡选习某科时与该科极有关系不可不兼习,而应入他科或他门之学科,其为他科或他门所既设者,概不列入其未设者,列为副科。

哲学(五一)中国古代哲学史	二单位
哲学(五二)中国中古哲学史	二单位
哲学(五三)中国近代哲学史	二单位
哲学(五四)西洋古代哲学史	二单位
哲学(五五)西洋中古哲学史	一单位
哲学(五六)西洋近代哲学史	三单位
哲学(五七)西洋现代哲学	二单位
哲学(五八)印度哲学史	三单位
哲学(五九)心理学实验	二单位
哲学(六〇)儿童心理学	一单位
哲学(六一)因明学	一单位
哲学(六二)伦理学史	三单位
哲学(六三)教育学	三单位
哲学(六四)教育史	三单位
哲学(六五)教授法	一单位
哲学(六六)宗教学	二单位
哲学(六七)宗教史	三单位
哲学(六八)政治哲学	二单位
哲学(六九)美学	二单位
哲学(七〇)美术史	二单位
哲学(七一)社会学	三单位
哲学(七二)言语学	二单位
哲学(七三)哲学副科(一)梵文	三单位
哲学(七四)哲学副科(二)希腊文	三单位
哲学(七五)哲学副科(三)拉丁文	三单位
哲学(七六)哲学副科(四)生物学	三单位
哲学(七七)哲学副科(五)人类学	一单位
哲学(七八)哲学副科(六)生理学	二单位
哲学(七九)哲学副科(七)解剖学神经之部	一单位

续表

哲学(一〇一)儒家哲学	三单位
哲学(一〇二)道家哲学	二单位
哲学(一〇三)墨家哲学	一单位
哲学(一〇四)名学	一单位
哲学(一〇五)柏拉图派哲学	二单位
哲学(一〇六)亚里士多德哲学	二单位
哲学(一〇七)康德派哲学	二单位
哲学(一〇八)	
哲学(一〇九)	
哲学(一一〇)数学的论理学	二单位

可见,《会议纪事》所议决的课程方案中规定了必修科和选修科科目,并且计算课程学习量的方式也已经换作"单位",可以说,该方案已经是选科制下的新课程体系。然而,此方案亦未得到迅速落实,原因在于,该月月底,《北京大学日刊》(以下简称《日刊》)上便登载了署名为北大文科学长陈独秀的一份课程方案——《文科大学现行科目修正案》[①](以下简称《科目修正案》),表 2 是其中对哲学门课程的规定。

表 2 《文科大学现行科目修正案》中规定的哲学门课程

(一)哲学概论	三单位
(二)中国哲学	九单位
(一)儒家	二单位
(二)道家	二单位
(三)墨家	一单位
(四)南北朝	二单位
(五)宋明哲学	二单位
(三)中国哲学史大纲	三单位
(四)西洋哲学史大纲	三单位
(五)西洋近代哲学史	三单位
(六)西洋现代哲学	三单位
(七)印度哲学概论	三单位

---

① 《文科大学现行科目修正案》,《北京大学日刊》,1917 年 12 月 29 日。

续表

(八)论理学	三单位
(九)心理学	三单位
(一〇)心理学实验	一单位
(一一)伦理学	三单位
(一二)社会学	三单位
(一三)教育学	二单位
(一四)政治哲学	二单位
(一五)社会哲学	一单位
(一六)人类学及人种学	三单位
(一七)生物学	三单位
(一八)美学概论	二单位
(一九)经济学原理	二单位
(二〇)言语学概论	二单位
(二一)科学发达史	
(二二)科学方法论	
(五一)外国语	一八单位
(五二)拉丁文	六单位
(一)(二)(三)(四)(八)(九)(一〇)(一一)(五一)或(一)(三)(四)(五)(六)(八)(九)(一〇)(一一)(五一)为必修科,余为选修科(合必修科、选修科三年所讲单位须在六〇以上)	

对比《会议纪事》和《科目修正案》对哲学门课程的设计可知,虽然它们都明确设置必修科和选修科,但是二者不管是在课程数量上还是在必修与选修的规定上都有所不同。更为重要的是,北大评议会不久后照原案通过了陈独秀提出的修正案,并准予实行。[①] 究其原因,可能是《会议纪事》中的方案对课程数量的要求更高,相对而言,《科目修正案》在短期内更具可行性,因为较之当时正开设的课程(见表3),《科目修正案》变化相对小些。上述仅以北大文科哲学门为例进行了分析,实际上当时的北大理科也在制定新的选科制课程体系,如1917年11月18日的《北京大学日刊》上便载有当时理科学长夏元瑮署名的《改定理科课程案报告》[②],其中正式出现了选修科目,所用名称为"选择科",并且该报告方案中还附有每门课详细的修读单位规定。

---

① 《北京大学日刊》,1918年1月23日。
② 《纪事:改定理科课程案报告》,《北京大学日刊》,1917年11月18日。

表3 文科本科哲学门各年级课程①

年级	科目	每周时间	教员担任时间
第一年级	中国哲学	三	胡适之　三
	中国哲学史	三	胡适之　三
	哲学概论	三	陈百年　三
	论理学	三	章行严　三
	心理学	三	陈百年　三
	社会学	三	陶孟和　三
	英文	八	
		共计：二六	
第二年级	中国哲学	六	马寅初　三 胡适之　三
	中国哲学史	三	胡适之　三
	论理学	三	康心孚　三
	人类学	三	陈仲骧　三
	生物学	三	李石曾　三
	英文	八	
		共计：二六	
第三年级	中国哲学	六	马寅初　六
	中国哲学史	三	陈伯弢　三
	印度哲学概论	三	许季上　三
		共计：一二	

综合以上内容我们可以知道,在1917年10月的教育部会议之后,北大确实已经开始着手酝酿制定新的选科制课程方案,从《改定一览》到《会议纪事》再到《科目修正案》,这正是北大酝酿选科制改革的充分说明。尽管这些方案实际上没有实施或只是部分实施,但是不可否认,这些酝酿为后来选科制在北大的正式落地奠定了基础。那么选科制何时开始在北大实施呢? 现有研究对此尚有不同说法,有认为是1917年的,有认为是1918年的,也有认为是1919年的,因此我们有必要在这里澄清一下时间问题。

从笔者掌握的材料来看,北大实行选科制是在1918年9月(即1918—1919学年的第一学期开始),并且最早在文科的哲学门、国学门、英文学门和法文学门四个学门中实行,最关

---

① 《北京大学日刊》,1917年11月29日。

键和最明确的证据如下：一方面，1917 年 9 月 14 日的《北京大学日刊》上公布了理科本科各年级各学门的课程表，从课程表中可以看出，此时的理科各学门仍是原先的课程体系，即课程均为必修科，教师按钟点授课。① 而与此同时，1918 年 9 月 26 日《北京大学日刊》上公布了《文本科本学年各门课程表》，其中很明确地展示了哲学门、国学门、英文学门和法文学门的课程实行的是选科制，学生的课程均分为必修科和选修科，并且课程计算单位已改称"时"。而与以上四个学门同属于文本科的史学门此时仍旧实行的是年级制，课程中并无必修与选修之分。另一方面，我们还可以从 1919—1920 学年的《国立北京大学学科课程一览（八年度至九年度）》②（简称《一览》）中来验证这一结论。首先，从《一览》的第 Ⅱ 部分可知，从 1919—1920 学年即 1919 年 9 月开始，北大除了法科之外，文科和理科的一年级新生均已实行选科制，这是毫无疑问的，因为《一览》中表示，"此项新制，本拟全体实行。今年八月中经评议会及教授主任会议决，法科之政治、经济、法律三系，本年暂时仍用现行之单位制。其余各系之一年生一律采用此项新制"。其次，从《一览》中的第 Ⅲ 部分"本科分系课程（旧制）"可以看出，哲学系、中国文学系以及英文学系的二、三年级学生均实行选科制，而其他系二、三年级的学生仍实行旧制的年级制。③ 这说明，至少在前一学年（1918—1919 学年），这几个系的学生就已经实行选科制了，即 1918 年 9 月份第一学期开始实行，这与前面的分析是相一致的。由以上两方面史料我们可以得出结论：北京大学从 1918 年 9 月首先在文本科的哲学门、国学门、英文学门和法文学门实行了选科制，到了 1919 年 9 月，北大才正式将选科制推广到了除法科之外的各院系一年级新生中。另外，就选科制酝酿、实行的具体情况而言，除了前面提到的《改定一览》《会议纪事》和《科目修正案》外，北大还实行了"分组选科制"。从 1918 年 10 月 30 日到 11 月 7 日，《日刊》分数期连续登载了《本校拟在专门以上各学校校长会议提出讨论之问题》④，其中便有"分组选科制"的设计方案：本科一年级除了"以大学学生所不可少之基本学科及在预科所曾习之外国语"为共同必修科外，还设有选修科。选修科共分五组。组一：数学、物理、天文等；组二：生物、地质、化学等；组三：哲学、心理学、教育学等；组四：中国文学、英文学、法文学等；组五：史学、政治、经济等。这五组"每组各有所侧重，令学生随性之所近于一组内选习八或十一单位以上，以为一年后专习一系之预备"。本科二、三、四年级的学生则是从数学、物理学、天文学等，地质学、生物学、哲学、中国文学等系中选择课程，所有课程均采用选科制，但选科则须按照学校规定，如"每人于此三年之内，须在某

---

① 《理科七年度第一学期课程表》，《北京大学日刊》，1918 年 9 月 21 日、23 日。

② 王学珍、郭建荣：《北京大学史料》第二卷（1912—1937）中册，北京大学出版社 2000 版，第 1078-1099 页。

③ 这里需要注意的是，在《文本科本学年各门课程表》中，法文学门一年级学生是实行选科制的，按照道理来说，一年后即 1919—1920 学年，这批学生到了二年级也应该采用的是选科制，但实际上，《一览》中，法文学系的二年级学生似乎又变回了年级制，具体原因不详。

④ 《本校拟在专门以上各学校校长会议提出讨论之问题》，《北京大学日刊》，1918 年 10 月 30 日至 11 月 7 日。

一系及其相关系内选修三十至四十单位","在不相关之系内得选习六单位以上","第二年生亦可选本组第一年学科之未习过者,但不得过六单位"等。由此可见,北大此时设计的培养方案已经有了通识教育的影子,已经将注重基础与发展专业结合了起来。更为重要的是,这一方案在 1919 年得到正式实行,因为只要略加对比《一览》中第Ⅰ部分"新制大旨"便可发现,"新制大旨"中的说明与要求同《本校拟在专门以上各学校校长会议提出讨论之问题》中的几乎一模一样。

从 1917 年 10 月的教育部会议上北大文科提出要进行选科制改革,到 1918 年 9 月北大在文科的哲学门、国学门、英文学门和法文学门中试行选科制,再到 1919 年 9 月北大正式在校内推广选科制,选科制这一外来的教学管理制度终于在北大落地生根。自北京大学实行选科制之后,从 1920 年开始,东南大学等学校纷纷开始实行选科制。1922 年 12 月,教育部颁布《学校制度改革令》,史称"壬戌学制",该学制秉持"适应社会进化之需要""谋个性之发展"等标准,在第二十三条明确规定了"大学校用选科制"[①],至此,选科制以法规的形式被正式确立下来,成为中国近现代大学中的一项基本教学管理制度。何炳松对此曾说:"前清和民国初年的大学都行分科分门和学长的制度,规定非常严密,校长教师和学生在科目分配上和个性发展上几乎都没有活动的余地。自从民国八、九年后北京大学本已仿美国大学办法改行学系制和选科制,颇著成绩。不但办学者可以根据社会需要以及人才和财力来增减学系和学科,就是学生亦可以就自己性之所近来选择学系和学科。所以这次政府正式承认大学校应用选科制实在是我国大学教育上一个极大的进步。"[②]

三、选科制改革对北京大学的影响

北大由传统向近现代转型的过程中,课程体系的变革是十分关键的,而选科制的引进和实施是近代以来北京大学教学管理制度的一次重大变革,也是中国大学现代化的重要一环,它直接带来了北大课程体系的变化,进而对北大的学生、北大的教师、北大当时的组织架构以及学科发展等都产生了积极的影响。

首先,选科制的实行带来的是学生个性的解放和更多的学习自由。之所以进行选科制改革,最大的目标便是要打破年级制和固定课程对学生个性的束缚,从而尽可能地使学生的兴趣和特长得到发展。选科制实行后,学生可以选择的余地大大增加,但需要注意的是,选择余地的增加不仅指选择的范围和机会,而且更重要的是可选课程数量的增加。因为要想

---

① 朱有瓛:《中国近代学制史料》第三辑下册,华东师范大学出版社 1992 年版,第 804-807 页。
② 何炳松:《三十五年来之大学教育》,载何炳松:《何炳松文集》第 2 卷,商务印书馆 1997 年版,第 552 页。

实行选科制,拥有足够数量的课程是极为重要的一方面,没有足够的课程,选科制就成了"无源之水"。以 1917 年哲学门(系)为例,年级制下哲学门(系)各年级的课程合计只有八九门左右,而从上面几个酝酿中的选科制课程方案来看,哲学门(系)的课程数量一下子发展到数十门。同时,在蔡元培"沟通文理"的培养理念下,学生们不仅能够选择本学门(系)的课程,还能够选择其他学门(系)的课程,其中,"分组选科制"便是一种有益的探索。蔡元培曾经指出:"就学生方面来说,如果进入一所各科只开设与其他学科完全分开的、只有本科专业课程的大学,那对他的教育将是不利的……因此,我们决心打破存在于从事不同知识领域学习的学生之间的障碍。"[1]实际上,这种在一年级实行共同必修科以夯实基础,在二、三、四年级实行分组选科以发展专业知识的方式,已经在尝试探索将基础与专业结合起来,从而具备了通识教育的实质。可以说,这是我国大学现代化进程中的一次巨大进步。

其次,选科制在给教师带来研究和创新压力的同时,也在很大程度上解放了教师的个性。选科制实行后,为了满足学生的多样化需求、开设更多的课程,教师就必须开展研究工作,不断地努力创新,陈平原对此曾在文章中写道:"引入选科制后,对教师、对学生都是个很大的压力。学生有更多选择的机会,教师也必须努力研究,不断往前走,才能给学生们开新课。"[2]因此,课程数量的增多带来了教师研究工作的增加,而随着教师研究工作的深入,课程的质量转而又得到了提升。与此同时,选科制也大大地解放了教师的个性,自由度也较从前有了很大提升。冯友兰曾经提道:"蔡元培到北大以前,各学门的功课表都订得很死。既然有一个死的功课表,就得拉着教师讲没有准备的课,甚至他不愿意讲的课。后来,选修课加多了,功课表就活了。"[3]可见,选科制的实行不仅使得学生上课的自由度有了巨大提升,与此同时,教师开设课程的自由度也有了巨大提升。其中非常重要的一点是,教师能够根据自己所研究的内容和所感兴趣的方向开设课程,这是年级制所不具备的。通过课程讲授,教师能够不断地从学生那里获取新的观点、新的思路,从而又对其研究大有裨益,因此,选科制的实行使得教师的教学与科研得以很好地结合起来,这也带动了北大整体研究水平的提高和学科的发展。冯友兰对此说:"对于教师来说,功课表真是活了。他所教的课就是他的研究题目,他可以随时把研究的新成就充实到课程的内容里去,也可以随时用在讲课时所发现的问题发展他的研究。讲课就是发表他的研究成果的机会,研究成果就直接充实了他的教学内容。这样,他讲起来就觉得心情舒畅,不以讲课为负担,学生听起来也觉得生动活泼,不以听课为负担。这样,就把研究和教学统一起来。"[4]所以从以上两点来看,课程数量的增加、课程

① 蔡元培:《中国现代大学观念及教育趋向》,载高平叔编:《蔡元培教育论著选》,人民教育出版社 2011 年版,第515 页。
② 陈平原:《花开花落中文系》,生活·读书·新知三联书店 2013 年版,第 9 页。
③ 陈平原、夏晓虹编:《北大旧事》,生活·读书·新知三联书店 2003 年版,第 207 页。
④ 陈平原、夏晓虹编:《北大旧事》,生活·读书·新知三联书店 2003 年版,第 207 页。

质量的提升以及教学与科研的结合,这些在很大程度上促进了北大学科和学术水平的发展,这也是选科制的重要贡献之一。

最后,选科制改革带动了北大组织架构的变革。一方面,北大从1917年10月前后开始酝酿选科制下的课程方案,而1917年底,北大便通过设立文、理、法三科研究所,以鼓励教师和学生开展研究工作,从而提高北大的科研水平。学界一般认为蔡元培在北大设立研究所是受到德国大学"习明纳"制度的影响,但是如果结合选科制改革来看,恐怕研究所的设立也有选科制对课程数量要求较多的影响因素在里面。另一方面,1919年以前,北大曾设文、理、法三科并由三科学长负责各科工作,然而,这样的组织架构不利于学生自由地选科学习,也不利于消弭学科之间的隔阂。蔡元培曾说:"内部的不协调,主要在于三个科,每一科又一名学长,唯有他有权管理本科教务,并且只对校长负责。这种组织形式形同专制政府;随着民主精神的高涨,它必然要被改革掉。"[1]因此,1919年北大废除了文、理、法三科和三科的学长,转而设置学系,每一系均设系主任,史称"废门改系"。从管理学角度来看,废门改系减少了组织层级,降低了管理成本,提高了管理和沟通的效率。原先各科下设的学门首先由各科学长领导,其次才是学校领导,而设系后,每个学系均由学校直接领导,各科之间的联系变得更加方便,这也为整合教学资源、实行"分组选科制"奠定了组织基础。陈平原在分析选科制和废门改系对北大中国文学系的影响时便指出,"废门改系及选科制的确立,对北大中文系的学术发展意义重大"[2]。

总结来说,选科制对北大的影响是多方面的,而1917年底设立研究所、1919年废门改系等举措又与选科制改革相互配合,使得各方面影响互相之间也存在着交错的因果关系。或许有读者会对其中的因果关系产生怀疑,但不管何者为因、何者为果,这些举措都服务于北大由传统向现代转型的根本任务,这也是蔡元培各项改革的最高目标。然而我们也必须充分意识到,选科制也有其弊端,比如一些学生为了以很少的付出便获得学分而选择那些容易通过考试的课程;学生们选择不同的课程可能导致其很难建立起完整的知识体系;因选科制下学生们的课表各不相同,原来的班级文化便很难形成,学生之间容易变得生疏,凝聚力和认同感也会有所下降;一些不负责任的教师容易拿几门许久不变的课程来敷衍了事等。但无论如何,选科制改革是北大在向现代化大学转变过程中迈出的重要一步,它在中国大学走向现代化过程中的历史意义是不容否定的。

---

① 蔡元培:《中国现代大学观念及教育趋向》,载高平叔编:《蔡元培教育论著选》,人民教育出版社2011年版,第516页。
② 陈平原:《花开花落中文系》,生活·读书·新知三联书店2013年版,第9页。

四、余 论

选科制的引进是我国大学现代化过程中的重要一环,它标志着中国大学的教学管理制度逐渐从传统走向现代,而且仅从制度设计方面来看,当时的北京大学、东南大学等学校可以说已经和世界名校并驾齐驱。然而,选科制并不是完美的,甚至从历史上来看,选科制所引起的争议是巨大的。选科制的优点是明显的,而它的缺点同样也是明显的,为此,100年前的教育者们对此曾争论不休。而在这些争论中,选科制的命运也经历了起起伏伏,尤其是在民国时期的中学里更是如此。新中国建立后,选科制曾因中国大学全面"学苏"而被抛弃,但在改革开放后,中国大学逐渐恢复实行了选科制以及与之相辅的学分制度。而在中国大学纷纷大刀阔斧地进行通识教育改革的当下,回看100年前的这段历史,其中的许多故事均足以引起人们的重视,因为今天摆在教育者面前的由选课、尊重学生差异、发展学生兴趣所引起的各方面问题,100年前早已出现,然而我们对此的研究却十分不够。因此,笔者呼吁大家对百年前的这段历史进行回顾并对此进行深入的研究,相信一定会对我们当下的许多教育改革尤其是通识教育改革有所启发。

权力博弈与近代清华大学评议会制度的历史变迁

◎郭 强 胡金平 *

摘 要:20世纪20年代后期,随着《大学组织法》的出台,作为近代教授治校保障的大学评议会制度出现了立法转向和实践分野。在近代第一个大学评议会——北大评议会逐渐走向衰落直至完结之时,清华评议会崛起,开启了对教授治校长达22载的忠实坚守。纵观清华评议会的发展历程,权力博弈是贯穿其中的主线。1926年,《清华学校组织大纲》颁布,清华评议会在历经十余年的校长治校与教授治校的权力博弈中得以首次设立。好景不长,1928年《国立清华大学条例》出台,董事会得以确立,清华内部出现了评议会与董事会的权力更迭,最高权力机构的地位由评议会落至董事会手中。短暂易权后,1929年,随着《国立清华大学规程》的颁布,评议会重新夺回学校最高权力。1931年,梅贻琦出任清华大学校长,在其让渡校长权力的保障下,清华评议会承担起了北大之后、清华继起的历史责任。

关键词:权力博弈;清华大学;评议会;历史变迁

1927年4月18日,南京国民政府成立。随着国民党政权的统一,国民政府启动训政体制,实行以党治国,在对政治经济和社会全面加强控制的同时,也逐步加强了对全国教育的管控。在此背景下,作为民国时期教授治校制度保障的大学评议会制度,在国民政府时期出现了立法转向和实践分野。

立法层面,1928年,在时任教育部部长蒋梦麟的推动下,国民政府公布了《大学组织法》和《大学规程》。《大学组织法》对大学组织结构进行了新的调整,以校务会议取代评议会,校务会议成为大学最高权力机构。至此,大学评议会制度在立法层面发生了根本转向,教授治校转变为校长治校。

然而历史终究不是一个任人装扮的小姑娘,大学评议会在实践层面何去何从,却出现了根本分野。1931年,正式出任北大校长的蒋梦麟颁布了《国立北京大学组织大纲》,按照"校长治校、教授治学、学生求学、职员治事"的理念着手改革北大,并以校务会议取代评议会,终

---

* 作者简介:郭强,南京师范大学教育科学学院副研究员;胡金平,南京师范大学教育科学学院教授。

于将《大学组织法》付诸实践。至此,第一个得以确立并实践的北大评议会制度,在形式和实质上均走向了历史的完结。

与北大从教授治校转向校长治校的历程截然相反,清华大学的内部治理则经历了由校长治校转向教授治校的发展演变。北大之后,清华继起。20世纪20年代后期,在北大教授治校制度即将走向衰落之时,清华大学评议会登上历史舞台。1926年,清华大学首次设立评议会,标志着清华由校长治校转为教授治校。后来居上的清华大学,不但未在《大学组织法》的干预下取消评议会制度,反而承担起了接力北大的重任,开启了长达22年的忠实坚守。青出于蓝而胜于蓝,作为其接力和传承者,清华大学评议会甚至在时间跨度和效果成就上超越北大评议会。"在我国大学校园内,教授治校的理念并非首创于清华,但清华的评议会和教授会权力较大,且能建立此制度并能持之以恒者,也惟有清华。"[①]

纵观清华评议会制度的变迁历程,除了民国时期动荡的政治和社会环境等外部因素,清华内部的权力博弈是清华评议会制度变迁的内在核心因素。权力是人们日常社会生活中显而易见并能切身感受到的一种客观存在。"权力是组织成员对组织中的其他人或事的影响力和制约力。"[②]根据组织层面的不同,权力的范围和指向也不同。在一个大学内部组织中,体现为评议会、董事会、校长,甚至校级教授会等大学内部各个组织(人)的权力关系。

一、校长治校到教授治校的博弈: 清华评议会的正式确立(1911—1926)

清华大学创建于1911年,其前身是清华学堂,是清政府用美国退还的部分庚子赔款而创办的一所留美预备学校,隶属清政府外务部。1912年,清华学堂改为清华学校,隶属外交部。直至1926年《清华学校组织大纲》的施行和大学评议会的初设,清华学校经历了由校长治校到教授治校的历史转变。

(一)清华由校长治校到教授治校的权力演变

清华学校创建后的最初几年,董事会尚未设立,外交部总长和次长直接管理清华事务。这一阶段,由于外交部总长更替频繁,无暇顾及过多清华事务,校长拥有最大限度的治校权,延续清华学堂的管理模式。学校普通教员地位低下,中国教员更是比美国教员还要低一等。

---

① 苏云峰:《从清华学堂到清华大学1911—1929》,生活·读书·新知三联书店2001年版,第53页。
② 安奉钧、杨翠华:《领导危机:组织内因与有效防治——从权力、职权、权威三者关系视角的分析》,《理论探讨》2006年第2期。

这一时期,清华的管理模式是校长治校。

1917年,外交部设立了清华基金管理委员会和清华学校董事会,通过董事会的运行来监督校长和校务。清华学校真正成为一所模仿美国模式以董事会聘任校长及少数职员进行内部治理的学校。"董事会对清华经费收支的稽查甚严,凡学校经费预算、决算,和一切工程、购置、存放生息等及200元以上之开支,都须经董事会核定呈报外交部办理。"校长的权力得到了一定的辖制,但总的来讲董事会成立之初的几年只涉及经费审核,不干涉具体校务,"此时之董事会尚能遵守章程,不干涉校务"①。董事会领导下的校长负责制,决定了校长仍具有负责校务的权力。

1919年,随着五四运动的开展,民主和科学成为两大旗帜,清华师生争取民主权力的呼声越来越高,参与校政的民主诉求逐步形成声浪。一时间,校长的权威遭到了一定的挑战。1920年2月5日,为控制这种局面,外交部组织清华董事会,重新订立新的《清华学校董事会章程》。《章程》规定,董事会"以外交部部员二人,暨驻京美国使馆馆员一人"共三人组成,其职权除了之前的审核经费外,"对于清华学校及游美监督处一切事务,有协同校长管理之权"②,此时的董事会已由不干涉校务转为直接干涉校务。当然,面对日益兴起的民主要求,董事会也规定设立学校教职员会议。

清华学校设立了教职员会议,并制定了《清华学校教职员会议章程》,这是对于教员参与学校教务权力的首次规定。《章程》对会议的会员予以规定:"(甲)中文部西文部全体教员属之;(乙)校长、副校长、中文部教务主任、西文部教务主任、学监、图书馆主任及校医属之。"在第五条"职务"中规定:"(甲)本会议有讨论及议决左列各项之权:(一)关于编排课程事项;(二)关于购置仪器课本事项。(乙)本会议对于左列各项得向校长发表意见:(一)关于支配本校教务上预算事项;(二)关于教科之组织及扩张事项;(三)关于学生入学修业及毕业后处置事项;(四)关于本校改良事项。"由此可见,教职员会议的议决事项仅涉及课程安排、仪器课本购置等两项教务事宜,对于教务预算、学科事宜、学生学业和就业分配以及学校改革等核心事项,会员只有向校长建议权,没有议决权。且《章程》规定即便上述具有议决权的教务事项,校长也具有最终否决权:"本会议议决事件,校长有否决权。"③可见,全体教员的权力形同虚设,有胜于无罢了,教员并不满意。

但无论如何,《清华学校教职员会议章程》的颁布,成为教员争取权力的开始。1921年12月,40位华籍教员成立了"清华华员大会",以争取与美国教员同等权益。1922年4月,曹云祥任代理校长,为响应校内外的民主改革诉求,其先后设立了调查委员会和协作委员会,

---

① 苏云峰:《从清华学堂到清华大学 1911—1929》,生活·读书·新知三联书店 2001 年版,第 29-30 页。
② 清华大学校史研究室:《清华大学史料选编》(第一卷),清华大学出版社 1991 年版,第 247-248 页。
③ 清华大学校史研究室:《清华大学史料选编》(第一卷),清华大学出版社 1991 年版,第 196-198 页。

调查有关改革意见。协作委员会包括华员公会、职员会议、教职员会议、美国教员会议、中文部及学生会之代表,负责讨论全校应兴应革事宜,建议校长采行。[①] 1923 年初,调查委员会和协作委员会广提改革建议,一方面对外削弱董事会的权力;另一方面,对内限制校长的权力,以实现教员参与校政的诉求。调查委员会还建议设立专门的"教员会",赋予教员议决包括课程设置、仪器课本购置、教务预算、经费分配、各部之组织、学生学业与就业、学校改革等在内一切关于学校改革的权力。

1925 年,清华改制,在留美预备部的基础上,增设了清华大学部和研究院(国学门),大学部分设文、理、法 3 个学院,共计 12 个系,此时清华学校已经初具大学形式。根据《北京清华学校大学部暂行章程》,"校长总辖全校事务",设立校务会议,组成人员为:"校长(主席)、普通科主任、专门科主任或筹备主任、研究院主任、大学部任课之教授互选四人、由校长选派之教授或职员二人。"职权范围为:"(甲)教育方针。(乙)每年之预算并经费之支配。(丙)建筑及设备之计划。(丁)教授以上教席上设置及各教席之人选。"[②]据此,教授代表可以参与教育方针、学校预算、经费支配、建筑设备计划、教授任免、教席设置等学校重大事务的审议,但根据组成人员可以看出,10 人中通过公选的教授仅占 4 个席位,教授不掌握席位优势,无法占据主导权。这实际上还是校长等少数职员治校,因此,广大教授并不买账。钱端升直接主张根据 1924 年颁布的《国立大学校条例》,设立清华评议会和教授会,实现彻底的教授治校。他认为现行的制度,"既非校长集权,也非教授治校,而职员之权,则有增无已,主张应由教授治校,设立教授会和评议会,而以评议会为全校之最高权力机关。教授会得设各种委员会,统治全校,一如美国市郡之议会组织"[③]。

随着清华改制的实现,前期留美的清华学生相继返校任教,美国的自由和民主思想继续植入清华。为了真正实现教授治校,1926 年初,清华学校改组委员会成立,全体教职员大会推举曹云祥、梅贻琦、戴超(志骞)、陈达、钱端升、孟宪承、吴宓 7 人为委员。4 月 15 日,在清华学校改组委员会的努力下,《清华学校组织大纲》终于颁布。清华学校评议会和教授会得以建立,标志着清华学校校长治校时代的终结,教授治校的新时代开启了。

(二)《清华学校组织大纲》:清华评议会的首次确立

《清华学校组织大纲》的出台标志着清华评议会制度的正式确立,同时也标志着教授治校的实现。

《清华学校组织大纲》的颁布奠定了评议会的最高权力,但与北京大学评议会不同的是,

---

① 《清华周刊》1922 年 12 月 30 日,第 9 页。
② 清华大学校史研究室:《清华大学史料选编》(第一卷),清华大学出版社 1991 年版,第 302-305 页。
③ 钱端升:《清华学校》,《清华周刊》1925 年第 13 期,第 791-798 页。

清华评议会并非唯一的校级权力组织。《清华学校组织大纲》规定,清华学校内部设立两大平级权力机构——评议会和教授会,二会均为校级组织,评议会权力为最高。[①] 这与北大评议会、教授会的二级机构设置有着明显的不同。评议会作为最高权力机构的权力构成和实现方式也有显著差别。考察清华评议会的权力构成,就避免不了去比较其与教授会的权力关系。两会的职权范围和组成人员详见表1。

表1　1926年清华评议会、教授会的职权范围、组成人员一览

	职权范围	组成人员
评议会	一、规定全校教育方针 二、议决各学系之设立废止及变更 三、议决校内各机关之设立废止及变更 四、制定校内各种规则 五、委任下列各种常设委员会:甲、财务委员会,乙、训育委员会,丙、出版委员会,丁、建筑委员会 六、审定预算决算 七、授予学位 八、议决教授、讲师与行政部主任之任免 九、决议其他重要事件 　　附注一:第一、第二、第三、第六各项评议会在议决之前,应先征求教授会意见 　　附注二:第一、第二、第三、第六各项之事件,评议会之议决,经教授会三分之二之否认时,应交评议会复议	以校长、教务长及教授会互选之评议员7人组成之,校长为当然主席
教授会	一、选举评议员及教务长 二、审定全校课程 三、议决向评议会建议事件 四、议决其他教务上公共事项	以全体教授及行政部各主任组织之,由校长为主席,教务长为副主席

注:根据1926年4月15日颁布的《清华学校组织大纲》整理。

一是清华评议会是全校最高权力机构,教授占据绝对主导地位。评议会组成人员共9人,校长、教务长作为当然会员共2人,教授7人,相比行政人员,教授占据多数席位,具有绝对主导权。同时,评议会掌控了学校重大事务的决策,包括教育方针、学制、规章、财政、人事与学位之授予等,这些职权范围与北京大学评议会最巅峰时期比,丝毫不逊色。可见,清华评议会代替了《北京清华学校大学部暂行章程》中的校务会议,不任行政职务的普通教授的席位却由原来的十分之四,变为九分之七,由部分掌握主导权,到掌握绝对的主导权,前后变化非常之大。

二是清华教授会同为校级权力机构,教授同样占据多数席位。清华教授会并非《大学令》《国立大学校条例》中所规定的系院教授会,而是与清华评议会同样的校级机构。其地位是北京大学的学科、系、组、教授会所不能比的。清华教授会成员包括全体教授及各行政部

---

① 清华大学校史研究室:《清华大学史料选编》(第一卷),清华大学出版社1991年版,第297-300页。

门主任,但教授依然占据多数席位。教授会的职权范围除了涵盖一切教学教务的公共事项,还具有对教务长和评议员的选举权,教务长和评议员都由教授会民主选举产生,这是对教务长和评议员产生方式的规定,实际赋予了教授会对他们的任免权。其实,北京大学评议员也由全体教授选举产生,根据《国立北京大学内部组织试行章程(二)》"教务长由各学系主任互举""学系主任由各本科教授会教授公举"的规定,北京大学分两步选举,教授公举系主任,再由系主任互举教务长,其本质也由全体教授民主选举产生,和清华大学可谓异曲同工。

三是评议会受到教授会的牵制,人和权受到双重监督和制衡。评议会作为全校最高权力机关,最高权力的行使是受到教授会的制约和监督的。主要在两个方面:一是对人的监督和制衡。教授会掌握评议会中教务长和评议员的选举权。二是对权力的监督和制衡。凡涉及学校方针制定、学系和校内机关的设立废止与变更、学校预算决算审定这几项事务的审议时,评议会在做出决议之前,须先征求教授会意见;在做出决议后,经教授会三分之二代表否定时,评议会须再行复议。教授会通过对评议会的人和权的双重监督和制衡,从而避免评议会的专人和专权的双重专断。

四是教授拥有校务决策的核心权力,清华学校实现教授治校。在评议会和教授会中,教授均有参与且在席位上占据主导地位,同时,各学系之主任也由各该系教授、教员于教授中推举。教授在学校治理中占据绝对优势,其所享受之权力绝非《国立大学校条例》可比,教授治校得以实现,这一时期可以说是清华教授治校的巅峰时期。

二、评议会与董事会的短暂易权:
清华评议会的权力更迭(1926—1931)

与北大教授治校自上而下的顶层制度设计的路径不同,清华的教授治校制度自产生之日起就带有自下而上的民间色彩,其巩固和发展也是在广大基层教授的斗争过程中不断得到巩固和完善的。清华评议会、教授会自 1926 年成立,两年来,在实际运作中各自分工,又相互制约,不因校长之更替而停顿,对于清华的稳定与发展发挥了巨大的作用。但是好景不长,两会成立两年后,两会代表的教授治校权力却遭受巨大的挑战。清华师生追求民主自治掀起了一轮又一轮的斗争浪潮。

(一)《国立清华大学条例》:董事会取代评议会成为最高权力机关

1928 年 8 月 17 日,国民政府接管清华学校,清华学校正式更名为"国立清华大学",罗家伦任校长。9月5日,大学院(相当于教育部)会同外交部制定的《国立清华大学条例》①经国民政府颁布,重申教育部和校长的权力,削弱评议会、教授会的职权,同时增列董事会取代评议会的地位,详见表2。

表2　1928年清华董事会、评议会、教授会的职权范围、组成人员一览

	职权范围	组成人员
董事会	(甲)推举校长候选人三人,呈请大学院会同外交部择一,转呈国民政府任命之(但在董事会未成立以前,大学校长经由大学院会同外交部呈请国民政府任命之) (乙)决议下列关于国立清华大学事项:一、重要章制;二、教育方针;三、预算;四、派遣及管理留学生之方针与留学经费之支配;五、通常教育行政以外之契约缔结;六、其他关于设备或财政上之重要计划 (丙)审查下列关于国立清华大学事项:一、决算;二、校长之校务报告 (丁)建议清华大学基金之保管办法,于保管机关,并得商请该机关将基金数目及保管状况随时详细通知董事会	董事会置董事9人,由大学院会同外交部聘任之,并呈请国民政府备案 董事任期三年,于任满后每年改聘三分之一 第一届董事之任期以抽签法决定之 董事会董事不得兼任本大学校长或教职员
评议会	一、制定大学各部分之预算 二、审议科系之设立或废止 三、拟订校内各种规程 四、建议于本大学董事会之事项	以校长、教务长、秘书长及教授会所互选之评议员四人组成之
教授会	一、课程之编制 二、学生之训育 三、学生之考试成绩及学位之授予 四、其他建议于董事会或评议会之事项	以本大学全体教授组织之

注:根据1928年9月5日颁布的《国立清华大学条例》整理。

《国立清华大学条例》与《清华学校组织大纲》比起来,主要有以下几点变化。

1.董事会取代评议会成为最高权力机关,受国民政府掌控

董事会取代评议会的职能,掌握学校最高权力。教育方针、学制、重要规章、预算决算、人事与学位之授予等原本属于评议会的决议权,被董事会收入囊中。同时赋予了董事会给予清华基金保管建议及推荐校长候选人的权力。董事会的权力与之前《清华学校组织大纲》的评议会相比,有过之而无不及。国民政府大学院和外交部通过控制董事的任免权来控制董事会。董事会置董事9人,由大学院会同外交部聘任,并呈请国民政府备案。而董事不能担任清华的校长和教职员的规定,导致了董事会没有清华人。这样一来,校政权力即掌握在控制董事会人事权的国民政府手中。

<hr>

① 清华大学校史研究室:《清华大学史料选编》(第二卷上),清华大学出版社1991年版,第138-142页。

2.评议会职权范围被大幅缩减,"决议"权变为"审议""建议"权

《条例》出台后,原评议会九项职权被缩减为四项。评议会丧失了对教授、讲师与各行政部门主任的任免权以及对财务、训育、出版及建筑四委员会委员的委任权,仅保留四项权力,且只"审"不"决",职权全面降级。评议会决算权不再,预算权(各部分)由"审定"权变为"制定"权,校内规程由"制定"变为"拟定",科系设立及废止由"决议"权变为"审议"权,一些重要事项只有向董事会建议的权力,评议会最高权力机构的地位已经不再,其地位俨然在董事会之下。组成人员中,新增秘书长 1 人,减少教授代表 3 人,教授代表由在评议会中占据绝对多数席位,变为只过了半数。教授在评议会中的话语权远不及从前。

3.教授会职权范围被大幅缩减,关键的人事权不复存在

行政部各主任不再是教授会成员,教授会成为一个由全体教授组成的纯粹教授组织。且教授会的评议员和教务长选举权、否决评议会决议权、推荐各系教授权和推举系主任权等四项核心权力不复存在。这里需要指出的是,《条例》虽然删除了教授会选举评议员的选项,但从后面的教授会开会情况看,评议员选举仍由教授会进行,只可惜,现在的评议会已经不再掌握核心权力了。可以说,教授会已经沦为一个仅仅负责课程、训育、考试、学位的教务机构,教授的权力仅局限于教学方面而已,对于学校事务的管理决策再无决定权,只有建议权,同时也失去了制衡评议会的权力。这种改变对清华教授来说,无疑是一个致命的打击。

4.赋予了校长掌握全校教职工的人事权

根据《条例》,校长总辖全校事务,掌握了全校教职工的人事任免权,如聘任系主任、秘书长、各委员会委员,任命事务机关主任及事务员,经"聘任委员会"聘任教授、讲师,呈请大学院院长会同外交部部长任命学生监督处置监督等。原本属于评议会和教授会的人事权,收归到校长手中。但校长又由董事会推荐,国民政府任命,因此相当于国民政府间接掌握了学校人事权。

(二)《国立清华大学规程》:大学评议会重掌清华最高权力

《国立清华大学条例》彻底颠覆了《清华学校组织大纲》的规定,遭到了包括校长、评议会、教授会议以及清华师生的抵制。1929 年 4 月 8 日,罗家伦因为校政改革事宜与掌控全校重大事务的董事会意见相左而失和,导致了其第一次辞职,最后被挽留复职。董事会与校内各方的矛盾重重,不断引发冲突,直接导致了清华的"改隶废董"运动。

所谓"改隶废董"是清华师生发起的将清华改归教育部管辖,并废除董事会制度的诉求运动。此事件的导火索是董事会杯葛兴建馆舍计划遭到了清华师生不满。1929 年 4 月 6 日,全体评议员、教授会成员辞职以示抗议。4 月 8 日,第六次教授会召开全体会议,通过改

组董事会决议,并提交"改组董事会,其改组之方案由评议会提交教授会通过"案。当晚,评议会旋即召开第七次会议,吴之椿、陈岱孙、金岳霖、杨振声、叶企孙、张广舆等6位评议员参加,对教授会提案进行审议。根据议决结果,该提案被驳回重拟:"教授会交来'改组董事会,其改组之方案由评议会提交教授会通过'案,该项议决案窒碍甚多,难于拟具方案,应将原案退还教授会。并向教授会建议'呈请国民政府取消董事会制度,实行教授治校,校长由教授推举,呈请国民政府任命之'。"①教授会收到评议会回复后,改向南京国民政府提出诉求:"1. 撤销清华董事会和基金会。2. 将清华纳入教育系统,归教育部管辖,外交部不得干预清华事务。3. 批推动用基金40万元。4. 批准清华改制,正式成立清华大学。罗家伦携带这些文件亲自往南京交涉。过了不久,他就回来了,所有要求一律照办。……经过这次胜利后,教授会的威望大为增高,实权也大为增大。"②经过几番斗争,清华董事会取消了。

1929年4月29日,教务长吴之椿主持召开年度第十一次评议会,议决日常校务事项,并通过建议教授会派代表二人赴京修改本大学条例案。6月12日,教育部呈准行政院,重新颁布了《国立清华大学规程》③,清华大学评议会重回权力最高峰。《国立清华大学规程》制定于《大学组织法》(1929年7月26日国民政府公布)之前,但与《大学组织法》的规定比较一致。《规程》明确清华大学直属教育部管辖,设文、理、法三学院及研究院。在学校组织机构上设立教授会、评议会、校务会议及教务长、秘书长、留美学生监督处。"三会"职权范围和组成人员详见表3。

表3   1929年清华评议会、教授会、校务会议的职权范围、组成人员一览

	职权范围	组成人员
评议会	一、议决重要章制 二、审议预算 三、依据部定方针,议决建筑及他项重要设备 四、依据部定方针,议决各学系之设立或废止 五、依据部定方针,议决本大学派遣及管理留学生之计划,与留学经费之分配 六、议决校长交议之事项	以校长、教务长、秘书长、各院长及教授会所互选之评议员7人组织之
教授会	一、教课及研究事业改进之方案 二、学风改进之方案 三、学生之考试成绩及学位之授予 四、建议于评议会之事项 五、由校长或评议会交议之事项	以全体中国教授组织之,外国教授,亦得同等参加

① 清华大学校史研究室:《清华大学史料选编》(第二卷上),清华大学出版社1991年版,第61页。
② 冯友兰:《三松堂自序》,人民出版社2008年版,第290页。
③ 清华大学校史研究室:《清华大学史料选编》(第二卷上),清华大学出版社1991年版,第182-186页。

续表

	职权范围	组成人员
校务会议	议决一切通常校务行政事宜	由校长、教务长、秘书长及各院长组织之

注:根据 1929 年 6 月 12 日颁布的《国立清华大学规程》整理。

《国立清华大学规程》与《国立清华大学条例》《清华学校组织大纲》比起来,主要有以下几点变化。

1. 评议会重回大学最高权力机构的地位

《规程》出台后,评议会组成人员中教授评议员由《条例》所规定的 4 人恢复到《大纲》所规定的 7 人。其中,作为当然评议员的行政人员为 6 人,虽然比《条例》的规定多了 3 人,比《大纲》的规定多了 4 人,但教授评议员 7 人仍能在评议会中占据多数席位。职权范围涵盖规章、建筑设备、学校预算、学系废设、留学生事宜等,同时还有权决议校长交议事项。这些规定表明评议会在《条例》中失去的权力又回归了。但《规程》同时在建筑设备、学系调整和留学生事项上,设置了"依据部定方针"的前提条件,表明国民政府教育部对清华的管制加强了。但与《大纲》比起来,少了关于各机关之设立废止及变更、委任各种常设委员会、决算、授予学位、教授、讲师与行政部主任之任免等议决和审定的权力。因此,无论是教授代表的比例还是职权范围,《规程》赋予的评议会权力已无法回到《大纲》时期的巅峰状态了。

2. 教授会职权增设校长和评议会交议事项

《规程》规定教授会专司课程、学风、考试、学位等教务事项,与《条例》几乎相同,但依然保留了建议于评议会的权力,相当于校教务会议。但与《大纲》比较,少了选举教务长权和系主任等行政职务的推举权。增设了"由校长或评议会交议之事项",教授会的职权相比《条例》有所扩大,也算是对教授会的一个弥补,但无论如何,也回不到《大纲》时期的权力最高峰了。

3. 赋予了校长对教职员工的绝对人事权

《规程》和《条例》一样,赋予了校长综理校务和全校所有教职员工的人事权。如聘任院长、系主任、秘书长、各委员会委员,任命事务机关主任及事务员,聘任教员等。其中,"教授、副教授、讲师若干人,由校长得聘任委员会之同意后聘任之,留美学生监督处监督一人,由校长呈请教育部部长任命"。原本《大纲》中规定属于评议会和教授会的人事权一去不返了。但两年后,国民政府还嫌这一规定力度不够,1931 年 5 月 16 日,蒋介石以兼理教育部部长名义发布教育部令(1683 号),勒令清华大学按照指令修改《国立清华大学规程》,去掉院长职务聘任中的"就教授中"这几个字,同时教授、副教授、讲师、助教的聘任也要去掉"得聘任委员会之同意"这几个字,改成由院长商请校长聘任:先将第七条"就教授中"四字即行删去,第十条依照《大学组织法》第十三条改为："各学系置教授、副教授、讲师、助教若干人,由院长商请校长聘任之。"原因是《国立清华大学规程》虽然为国民政府核准颁布,但与后来国民政府颁布的《大学组织法》有相左之处:"惟该大学规程,系十八年六月颁布,核与同年七月国民政府公布之大学组织法,及同年八月本部颁布之大学规程,颇多未合。"①由此可见,国民政府希望校长拥有绝对的人事权,以实现通过控制校长来掌控学校的目的。

4. 取消了董事会,新设校务会议

《规程》中的校务会议是一个新设立的机构,议决一切通常校务行政事宜,它实则是校长下的一个校务具体执行机构,协助校长处理具体校务。根据冯友兰回忆,校务会议的地位和职能是这样的,"照当时清华的组织,校长之下有一个校务会议,成员是校长、教务长、秘书长,还有文、法、理、工四院院长,以校长为主席"②。罗家伦离开清华后,校务由校务会议维持。但管理机构多了,难免政出多门,加剧了矛盾和混乱,因此出现了负面的声音:"今清华会议林立,不能谓之校长专权,然谓之民治亦未可也。校务会议既不能代表教职员之全体,其他团体更不必论,且也主任满池游,机关多如鲫,架床叠被,因应不灵。而所谓委员会者,更属层出不穷,一部教员在委员会消耗之时间,至比上课及为学之时候更多,然议论纷纭,莫衷一是。"③西南联合大学组建之后,多会并存的情况也依然可见,既有校级的校务会议,也有校级的教授会,还有各学院的院务会议,以及各系的教授会。④

综上,《规程》的出台,是对《条例》的拨乱反正,取消了董事会,大学评议会重新成为最高权力机构,教授依然占据多数席位。但与最初的《大纲》的巅峰时期比,评议会的权力已经不如从前。但不同于北大对评议会的制度嬗变,清华对于评议会的坚持与坚守,让教授治校在清华能够一以贯之。

三、校长对评议会权力的保障:
清华评议会的忠实坚守(1931—1948)

1930 年 5 月 23 日,罗家伦因对学风失望第二次辞职离校,校务由校务会议代持,经教授、学生和教育部四度挽留无效后,国民政府于 1931 年 3 月 17 日正式批准了罗的辞职。10 月,梅贻琦出任国立清华大学校长。1931 年至 1948 年,从抗日战争到国共内战,政治局势风

---

① 清华大学校史研究室:《清华大学史料选编》(第二卷上),清华大学出版社 1991 年版,第 145-146 页。
② 单纯编:《冯友兰自述》,河南人民出版社 2004 年版,第 82-83 页。
③ 清华大学校史研究室:《清华大学史料选编》(第一卷),清华大学出版社 1991 年版,第 424 页。
④ 西南联合大学北京校友会:《国立西南联合大学校史》,北京大学出版社 2006 年版,第 27-29 页。

云变化,梅贻琦在战乱纷飞下执掌清华 17 年,成为清华史上掌校时间最长的校长。在作为校长的梅贻琦主动让渡校长权力的保障下,以清华评议会为代表的教授治校制度,经历了战前清华大学时期、西南联合大学时期和复原时期,依然被清华忠诚坚守。

(一)梅贻琦掌校后对大学评议会的坚守

"教授治校问题,是北伐后清华自由主义与政治威权对抗的焦点。"[①]1929 年,随着国民政府《大学组织法》的颁布,大学评议会被校务会议取代,评议会制度在政府教育立法层面发生了根本转向。实践层面,随着蒋梦麟 1931 年颁布《国立北京大学组织大纲》,北大评议会被校务会议代替,历史上第一个大学评议会在实践中走向完结。而这一年,梅贻琦执掌清华,他面临的首要问题便是清华评议会该何去何从——是以《国立清华大学规程》坚守评议会,还是应《大学组织法》取消该制度。梅贻琦选择了前者。甚至可以说,他维护与坚守的不仅是《国立清华大学规程》,更是《清华学校组织大纲》时期的拥有巅峰权力而又互相制衡的评议会和教授会:"梅个性木讷谦逊,尊重教授,放弃政府授予的大权,而依 1926 年的《清华学校组织大纲》行事,评议会为清华最高权力机关,教授会担任制衡角色,校长为'王帽'(虚位元首),校务依循民主规制运作。"[②]

梅贻琦以 1926 年的《清华学校组织大纲》为蓝本,同时参照 1929 年的《国立清华大学规程》,对评议会和教授会进行了科学的改革和完善。

首先,根据学校组织机构调整,及时增加教授评议员席位。根据 1929 年《规程》评议会"以校长、教务长、秘书长、各院院长及教授互选之评议员组织之",而 1929 年的清华有文、理、法三个学院,因此,教授评议员 7 人,当然评议员为 6 人,教授评议员是占据多数席位的。随着 1932 年清华"又遵教育部指令教字第 1215 号,自二十一年起,增设工学院"[③],当然评议员随着院长名额的增加而增加,教授评议员与当然评议员数量持平,不再占有多数席位。1936 年度评议会名单中,教授评议员与当然评议员均为 7 人:"本年度评议员为:校长(主席)、教务长、秘书长、文学院院长、理学院院长、法学院院长、工学院院长、叶企孙先生、施嘉炀先生、萧蘧先生、朱自清先生、刘崇铉先生、萨本栋先生、张奚若先生。"[④]这一局面在后来得到了调整,清华将教授评议员 7 人改为 9 人。根据"抗战期中清华历届教授评议员名单",1940 年至 1945 年,每年度的教授评议员均为 9 人。1946 年,清华设农学院。1947 年,清华评议会在梅贻琦的主持下,通过修正的《国立清华大学规程》,评议会由"以校长、教务长、训

---

① 苏云峰:《从清华学堂到清华大学 1911—1929》,生活·读书·新知三联书店 2001 年版,第 50 页。
② 苏云峰:《从清华学堂到清华大学 1911—1929》,生活·读书·新知三联书店 2001 年版,第 50 页。
③ 清华大学校史研究室:《清华大学史料选编》(第二卷上),清华大学出版社 1991 年版,第 146 页。
④ 清华大学校史研究室:《清华大学史料选编》(第三卷上),清华大学出版社 1991 年版,第 61 页。

导长、秘书长、各院长及教授会所互选之评议员十人组织之"①。教授评议员数量已经增至10人。相比于此时以校长、教务长、秘书长、训导长和五名院长组成的9人当然评议员,教授评议员仍占多数席位。

其次,按照《大纲》规定赋予评议会职权,保障评议会职权最大化。清华评议会在实践中拥有比《规程》更多的职权,如审议预算的同时还审议决算;议决院系设立和废止的同时,还议决行政机构的设立与废止;等等。同时,保留评议会受到教授会制衡的功能,保证最高立法机关和权力机关的用权接受监督。即学校教育方针、预算决算等重大事务在决议前,应先征求教授会的意见,决议经教授会三分之二否认时,评议会须复议。

最后,赋予教授会推荐院长候选人的相关人事权。

根据冯友兰的回忆:"罗家伦尊重这个组织(按:指评议会)。当时他和教授会有异议的,是关于院长人选问题。清华设文、法、理、工各学院,每院有一个院长,罗家伦主张各院院长由校长就教授中聘任,教授会主张由教授会选举。这是一个校长和教授会怎样分权的问题。……此项异议,经过商量,达成协议:每个院长由教授会在教授中选出二人为候选人,由校长就其中选定一人,加以聘任。"②据此,院长人选,由教授会在教授中选举2人,由校长择一聘用。这显然扩大了教授会的权力。但是不得不承认,冯友兰的说法也存在前后矛盾之处,清华1932年才根据教育部的指令成立工学院,而罗家伦于1931年3月就不再担任校长,1932年清华掌校的已经是梅贻琦。因此,笔者认为,关于赋予教授会选举院长权力之人,有两种可能,要么就是梅贻琦在任,而冯友兰记成了罗家伦;要么就是罗家伦在任,而冯友兰把当时文、理、法3个学院记成了文、理、法、工4个学院。而无论哪一种,都表明了清华在梅贻琦时代,是坚决支持和维护教授治校制度的。否则,梅大可以拿出《清华大学章程》,行使作为校长的权力,直接聘用院长,甚至直接以《大学组织法》取消评议会和教授会。

(二)西南联大时期清华评议会的历史考证

1937年,抗日战争全面爆发,清华大学被迫南迁,先是和北大、南开两所大学组成长沙临时大学。1937年底,战火逼近长沙,长沙临时大学迁往昆明。1938年5月,长沙临时大学开学,后更名为国立西南联合大学。

西南联合大学时期,清华大学教授治校制度实践运行情况究竟如何?评议会和教授会是否终止或中断?根据冯友兰的回忆,西南联大时期清华未设评议会:"这种教授治校的形式,除了在西南联大时期没有评议会之外,一直存在到1948年底。"③苏云峰亦持同样观点:

---

① 清华大学校史研究室:《清华大学史料选编》(第四卷),清华大学出版社1991年版,第70页。
② 冯友兰:《三松堂自序》,人民出版社1998年版,第325页。
③ 冯友兰:《三松堂自序》,人民出版社1998年版,第325页。

"这一制度的精神与形式,除了西南联大时期未设评议会外,一直保留到 1952 年为止。故梅贻琦的最大贡献在让清华教授实质上享有其他国立大学未曾有的治校权力。"①但根据笔者的考证,其实不然,西南联大时期,清华大学在抗日战争的非常阶段,依然保持教授治校制度,不仅没有中断评议会,而且基本能够保障评议会的正常运行。不仅评议会,教授会也未在这样一个特殊时期中断。清华大学的教授治校制度,在烈火烽烟下焕发出蓬勃生机。

首先,评议会正常产生教授评议员。《国立清华大学规程》规定,评议会由校长、教务长、秘书长、各院长及教授会所互选之评议员 7 人组成。因校内组织机构调整等需要,抗日期间,清华大学将 7 人的教授评议员改为 9 人。除了 1937 年至 1939 年的数据信息尚未可知,"抗战期中清华历届教授评议员名单"②记载了 1940 年至 1945 年 6 年期间的每年度清华大学教授评议会名单,每年的 9 名评议员名单都正常经教授会选举产生,无一例外。

其次,评议会正常决议全校重要事务。一是议决重要章制。抗战爆发不久,1937 年 7 月 12 日,第二次评议会通过了校务会议拟定的"续办本校研究院各研究所、部之计划",并修订通过了校务会议拟定的"本校研究院暂行办法"③。二是议决派遣及管理留学生之计划。1939 年 8 月 26 日第四次评议会、1940 年 1 月 9 日第五次评议会、1940 年 2 月 5 日第六次评议会、1941 年 3 月 4 日评议会、1941 年 4 月 10 日第十三次评议会分别对派遣留美公费生名额、津贴待遇、考试科目、管理规程等事项进行报告和议决。1942 年 12 月 16 日第十九次评议会还对留美自费生奖学金办法暂停案予以议决通过。④ 三是议决经费和校产事项。1939 年 5 月 27 日第一次评议会听取了校长关于本年度教育部支拨经费情况、留美经费概算情况、预算分配等情况的报告;8 月 26 日第四次评议会听取了校长关于研究费情况的报告;1940 年 2 月 5 日第六次评议会议决了本年度研究费的支配案;1941 年 9 月 10 日第十六次评议会听取了校长关于清华经费美金提用等情况的报告;1943 年 3 月 17 日第二十次评议会听取了校长关于在渝洽借学校该年度经费的报告;1943 年 6 月 22 日第二十一次评议会听取了行政院议决关于本国政府与同盟各国在新约签订前应付未付之庚款将来仍由政府负责偿付的校长通报;1944 年 3 月 4 日第二十三次评议会校长关于学校经费由教部核准、经财部保证转向四行借拨的报告;1945 年 1 月 4 日第二十六次评议会听取了校长关于 1944 年度学校支出情况的报告;1945 年 5 月 3 日第二十七次评议会听取了校长关于该年度教育部核定学校的经费报告;1945 年 7 月 3 日第二十八次评议会听取了校长关于教育部划拨给西南联大研究所及设备费中清华、北大、南开分配情况。⑤

---

① 苏云峰:《从清华学堂到清华大学 1911—1929》,生活·读书·新知三联书店 2001 年版,第 51 页。
② 清华大学校史研究室:《清华大学史料选编》(第三卷上),清华大学出版社 1991 年版,第 66 页。
③ 清华大学校史研究室:《清华大学史料选编》(第三卷上),清华大学出版社 1991 年版,第 75 页。
④ 清华大学校史研究室:《清华大学史料选编》(第三卷上),清华大学出版社 1991 年版,第 220-270 页。
⑤ 清华大学校史研究室:《清华大学史料选编》(第三卷上),清华大学出版社 1991 年版,第 337-348 页。

此外,1937 年 9 月至 1946 年 4 月,第一次、第二次、第五次、第六次、第七次、第八次、第二十四次、第二十七次、第三十次等历次评议会还听取了关于教职工待遇问题的报告,对相关事项进行议决。[①] 报告和议决具体内容,兹不赘述。

最后,教授会运行正常。根据《国立清华大学教授会议事细则》(1931 年 4 月 2 日通过,7 月 10 日修改):"教授会设书记一人,司记录及通告之职务……书记任期一年(自每年暑期放假之日起算),于每学年末次常会中选举之。"[②]1938 年至 1946 年间,教授会每年还开会进行教授会书记的选举。经选举,朱自清于 1938 年、1939 年连续两年担任书记,邵循正自 1940 年至 1944 年连续五年担任书记,1945 年戴世光当选书记,1946 年胡毅当选书记。[③]

1940 年度的第三次教授会(1941 年 5 月 8 日于昆明),校长报告中记录了清华对于联大采取友助态度的情况,即从 1938 年到 1940 年来往的各项经费的情况以及洽商的经过。[④]

1945 年 10 月 18 日,该年度教授会第二次会议召开,梅贻琦在会上报告关于复原迁校问题。梅贻琦通报了教育部召开的善后复原问题,报告了西南联大的复原问题以及清华大学复原方面的发展计划、北京校舍接收、长沙校舍以及经费预算等情况。[⑤]

由此可见,清华大学评议会和教授会制度在抗日战争的非常形势下,始终得以保持,不能不说,清华大学的教授治校是一个历史奇迹。

(三)复校以后清华评议会的一以贯之

1946 年,国立清华大学复校后,在校长梅贻琦的主持下,评议会正常开展工作。从 1946 年 10 月 30 日复校后第一次评议会至 1948 年 12 月 13 日最后一次评议会,国立清华大学复校后,共召开了 19 次大学评议会。每次评议会均分两个部分:一是校长向评议会报告工作;二是评议会议决事项。根据笔者统计,19 次评议会中,校长共提交报告事项 78 项,评议会议决议题 50 项,详见表 4。评议会议决事项几乎涵盖了《国立清华大学规程》中规定的学校重要章制、教职员各系指标分配、薪资待遇等所有学校重大事务。在复原后,国共内战的情势下,清华大学评议会一如既往地作为全校最高权力机构有条不紊地运行,确保学校免受战乱影响,不得不说,是一个奇迹。

第一次评议会,校长报告了八项工作,其中第三项报告工作是关于评议会的开会时间问题:"是后,每月第三周之星期四日举行评议会。"从后面的评议会开会情况来看,因种种原因,并未严格执行上述会议时间,但总体看,评议会运行非常有序,报告事项和议决事项有条

---

① 清华大学校史研究室:《清华大学史料选编》(第三卷上),清华大学出版社 1991 年版,第 282-288 页。
② 清华大学校史研究室:《清华大学史料选编》(第二卷上),清华大学出版社 1991 年版,第 172 页。
③ 清华大学校史研究室:《清华大学史料选编》(第三卷上),清华大学出版社 1991 年版,第 63-64 页。
④ 清华大学校史研究室:《清华大学史料选编》(第三卷上),清华大学出版社 1991 年版,第 344-345 页。
⑤ 清华大学校史研究室:《清华大学史料选编》(第三卷上),清华大学出版社 1991 年版,第 404-405 页。

不紊。19 次评议会,校长梅贻琦作为评议会主席,更是无一缺席。

表 4　清华大学复校后 19 次评议会情况统计一览(1946—1948)

评议会	校长报告事项	评议会议决事项
第一次	8	3
第二次	2	3
第三次	3	4
第四次	3	5
第五次	3	1
第六次	7	5
第七次	2	6
第八次	0	3
第九次	4	2
第十次	5	2
第十一次	4	1
第十二次	6	1
第十三次	5	3
第十四次	3	2
第十五次	7	3
第十六次	5	1(记录未全)
第十七次	4	2(记录未全)
第十八次	7	3
第十九次	无记录	无记录
总计	78	50

注:根据"国立清华大学评议会纪录"整理(清华大学校史研究室:《清华大学史料选编》(第四卷),清华大学出版社 1991 年版,第 5-24 页。)

1947 年 5 月 1 日,第七次评议会中,梅贻琦亲自向评议会提交《国立清华大学规程修订草案请审议案》,获得评议会议决通过。在取消评议会和教授会的《大学组织法》颁布 18 年后,清华大学仍延续 1929 年版《国立清华大学规程》的规定,秉承孑然独立之风骨,坚持评议会和教授会制度。

表5 1929年与1947年《国立清华大学规程》评议会、教授会、校务会议比较一览

		1929年版《国立清华大学规程》	1947年版《国立清华大学规程》
评议会	组成人员	以校长、教务长、秘书长、各院长及教授会所互选之评议员七人组织之	以校长、教务长、训导长、秘书长、各院长及教授会所互选之评议员十人组织之
	职权范围	一、议决重要章制 二、审议预算 三、依据部定方针,议决建筑及他项重要设备 四、依据部定方针,议决各学系之设立或废止 五、依据部定方针,议决本大学派遣及管理留学生之计划与留学经费之分配 六、议决校长交议之事项	一、议决重要章制 二、审议预算 三、依据部定方针,议决建筑及他项重要设备 四、依据部定方针,议决各学系之设立或废止 五、依据部定方针,议决本大学派遣及管理留学生之计划与留学经费之分配 六、议决校长交议事项
教授会	组成人员	以全体中国教授组织之,外国教授,亦得同等参加	以全体教授及副教授组织之
	职权范围	一、教课及研究事业改进之方案 二、学风改进之方案 三、学生之考试成绩及学位之授予 四、建议于评议会之事项 五、由校长或评议会交议之事项	一、教课及研究事业改进之方案 二、学风改进之方案 三、学生成绩之审核及学位之授予 四、建议于评议会之事项 五、由校长或评议会交议之事项
校务会议	组成人员	由校长、教务长、秘书长及各院长组织之	由校长、教务长、训导长、秘书长及各院长组织之
	职权范围	议决一切通常校务行政事宜	议决一切通常校务行政事宜

注:根据1929年版《国立清华大学规程》和1947年版《国立清华大学规程》整理。

通过两个版本的《国立清华大学规程》对比,我们发现,清华大学评议会、教授会、校务会议的职权范围没有任何变化,评议会的最高权力机构没有动摇。而随着国立清华大学规模不断扩大,体系不断健全,由1929年的文、理、法3个学院增至文、理、法、工、农5个学院,共下设26个学系。同时根据国民政府训导工作的要求,清华大学在管理人员中置训导长一人,商承校长处理学生训导事宜,由校长聘任之,级别相当于教务长。而这些改变,直接决定了评议会中行政人员身份的当然会员由6人增加为9人。但在梅贻琦的主持下,清华评议会的当然评议员也随之由7人增加至了10人,教授评议员始终以一个席位多于当然评议员,从而占据评议会的主导权,以保证教授治校权力的实现和教授治校制度的贯彻。

四、结 语

历史是一面镜子。从1926年至1948年,清华大学评议会历时22年,未曾中辍,保障了

教授治校制度的实现。清华大学评议会作为民国历史上最长久的大学评议会,接力北大,又赶超北大,在高等教育史上大放异彩。能达到这样的成就,自然与清华师生自下而上的斗争和努力形成的民主精神密切相关。清华大学素来具有民主的精神,"清华原来的校风,很重视这个民权初步,无论教授和学生凡是开大一点的会,都要照议事规则进行","民主的主要精神是少数服从多数。在行使民主的过程中,对于某件事情必然有许多不同的意见,究竟哪一种意见是多数人所赞成的,这就要开会决定。开会必须有一种议事规则。如果没有这种一定的规则,那就必然要出现发言盈庭,无所适从,会面不议,议而不决的情况"。①

但清华民主精神的形成巩固并持之以恒,离不开作为掌舵人的一校之长对于教授治校制度的支持保障和不懈追求,以及对于权力的不贪不恋,甚至主动让渡。顾孟余曾这样评价蔡元培成功开创的评议会和教授会制度:"先生掌校数年,以政治环境关系,在校之时少而离校之时多。离校之时,校务不但不陷停顿,且能依照计划以进行者,则以先生已树立评议会及各种委员会等之制度。此制度之精神,在以教授治理校务,用民治制度,决定政策,以分工方法,处理各种兴革事宜。然而非校长之清公雅量,则此制度不克成立,非师生绝对信赖校长,此制度不易推行也。"②顾孟余认为北大教授会制度之所以成功,是因为蔡元培校长的清公雅量,充分放权让教授真正行使治校权力。此句话道出了教授治校制度得以成功的精髓所在,评议会制度下,校长作为评议会决议的执行者,只有具有像蔡元培一样的清公雅量,和教授分工合作,而不搞校长专权,才能让教授治校真正实现。

这句话放在清华校长梅贻琦身上再合适不过了。梅贻琦曾对自己的角色有一个清晰的定位:"当校长就好像一个唱王帽戏的演员,他坐在那里好像是很重要,其实戏是别人唱的,他并没有很多的戏。"③"梅贻琦的大学教育基本理念是:培养通才、提高研究、学术自由和教授治校。"④而纵观梅贻琦17年的校长历程,清华评议会和教授会并非梅贻琦亲手创建,但梅贻琦作为评议会和教授会的主席,不贪恋权力甚至主动让渡权力,始终将自己的角色定义为会议召集人和执行人,不但不搞校长专权,而且能够严格贯彻清华少数服从多数的民主精神,增聘教授,坚守评议会、教授会的议事规则,巩固教授治校制度。一如北大校长蔡元培,梅贻琦的民主作风和清公雅量也是清华大学评议会制度能够接力北大而一以贯之的关键所在。

---

① 冯友兰:《三松堂自序》,生活·读书·新知三联书店1984年版,第341-342页。
② 顾孟余:《忆蔡孑民先生》,载中国蔡元培研究会:《蔡元培纪念集》,浙江教育出版社1998年版,第158页。
③ 冯友兰:《三松堂自序》,人民出版社2008年版,第29页。
④ 苏云峰:《从清华学堂到清华大学1911—1929》,生活·读书·新知三联书店2001年版,第49页。

中国近代大学教师评聘制度的历史考察

——以国立名校为中心

◎刘　超　田正平 *

摘　要：教师评聘制度是学术评价制度与人事制度的结合体，是现代大学制度及学术体制的重要抓手和支点。这一制度在近代中国经历过长期的演变过程。蔡元培主政北大时，该校初步借鉴了德国大学的制度模式，推动教师流动及专业化；近代意义上的中国大学教师评聘制度正式发轫。及至20世纪20年代，随着"新教育"的传播、新学制的引入，中国近代大学教师评聘制度在借鉴外国经验的基础上日渐成形，并于20世纪30年代初步定形。国立名校在此进程中进行了一系列探索，形成了较科学合理的制度体系，为省立、私立大学的制度建设提供了重要的经验。这种制度对当时大学的队伍建设、学术发展，产生了巨大的推动作用。其评聘标准也随学术市场的发育及留学生归国浪潮的高涨而水涨船高，持续地推动着大学教师队伍的专业化、规范化，刺激着近代大学的学术生产，提升了其国际能见度和影响力。这一时期中国教师制度的国际化与本土化兼顾的经验，对日后中国大学的人事制度改革、现代大学制度建设都有着重要参照价值。

关键词：近代中国；国立大学；教师评聘；专业化；学术共同体

　　一般地说，现代大学制度建设进程中，有两个非常核心的内容：在宏观方面主要是治理体系或治理结构的问题；在微观方面则是学术及学科制度问题。前者主要解决行政与学术的关系问题，后者则主要指向学术本身的问题。二者紧密相连。而教师制度则是联结这两者的重要枢纽。教师是决定教育质量的关键因素之一。克拉克·科尔直言："在非常实际的意义上说，教职员整体上就是大学本身，是一所大学最重要的生产要素，是大学的荣誉源泉。"[1]大学教授的评聘与管理关乎大学之兴衰。原哈佛大学校长科南特说："大学的荣誉不

---

　　* 作者简介：刘超，浙江大学教育学院百人计划研究员；田正平，浙江大学教育学院教授。基金项目：全国教育科学"十三五"规划一般项目（B0A180049）。

　　① 克拉克·科尔：《大学的功用》，陈学飞等译，江西教育出版社1993年版，第70-71页。亦可参见 Wesley Shumar，"College for Sale：a critique of the commoditization of higher education"，*Higher Education*，1999，35(4)。

在它的校舍和人数,而在它一代代教师和学生的质量。一个学校要站得住,教师一定要出色。""教师质量是保持学校名望和地位的最重要因素。"①大学教师评聘制度在某种意义上是对办学质量有决定性影响的变量。切实解决好这一问题,就等于牵住了整个高教事业发展的"牛鼻子"。对这一问题的研究,不仅有重要的学术意义,亦具有重要的现实意义。

无疑,这也应是我们学术研究中的一个重要议题。② 近 20 年来,国内外学界对此已有所涉及,但深度的研究仍属鲜见;有限的研究大都局限于对其理念、制度或具体个案的探讨。而在实际上,无论是理念还是制度,最终都离不开实践操作。为此,笔者拟着重考察其操作层面和国际维度,并以国立大学为其切入点。在近代中国的教育学术体系中,国立大学有着特殊重要的地位。国立大学离国家权力比较近,能较好地传递国家意志,回应主流社会的诉求,感知国家政策调整和社会文教生态的变迁;它能较好地执行国家政策,对其他类型的院校也起了辐射和示范作用;国立大学总体质量较为优异,随着 20 世纪 20 年代末国立大学的整体性崛起,中国的大学格局发生了结构性转型,国立大学在全国教育体系内的中枢地位也日趋稳固,是其他任何类型的高校所不能比肩的;中国的顶尖大学多属国立名校,它们能较好地代表中国大学的实力和水平,代表其高端形态;国立名校的办学理念和气质,也能更好地体现民族精神,更完整地呈现中国的学术独立和学术制度演变的历程。在某种意义上而言,近代中国国立名校的发展史可以说是近代中国学术独立的缩影,故其教师评聘制度建设的历程也具有特殊意义。

一、近代大学之创建及教师学术职业之初成

马克斯·韦伯指出,"无论就表面还是本质而言,个人只有通过最彻底的专业化,才有可能具备信心在知识领域取得一些真正完美的成就"③。对大学教师学术职业来说,同样也存在专业化问题。中国近代大学肇始于清末,但在相当长时期内,仍是"官师不分",大学教师并没有成为一种专门职业。清末各省大学堂"根本谈不上什么教员资格的问题"④。直到清政权结束为止,分科大学教员欲以通儒院分科大学毕业者担任的理想,始终未实现;无文凭

---

① 亨利·罗索夫斯基:《美国校园文化》,谢宗仙等译,山东人民出版社 1996 年版,第 22、52 页。
② 目前,已有部分研究者成果论及此议题。如田正平、吴民祥:《近代中国大学教师的资格检定与聘任》,《教育研究》2004 年第 10 期;蔡磊砢:《中国近代大学的教师聘任及其影响因素分析——以民国前后的北京大学为例》,《教育学术月刊》2014 年第 3 期。
③ 马克斯·韦伯:《学术与政治》,冯克利译,生活·读书·新知三联书店 2005 年版,第 31 页。
④ 刘龙心:《学术与制度》,新星出版社 2007 年版,第 261 页。

之"华员"与"外国教习",仍是大学教习之主体。① 此局面随后渐获改变。民初,政教分途,大学教师正式从原先新旧杂陈的人事体系中分化出来,成为有一定门槛的专门职业。大学教师的专业化、职业化确立后,亦形成了近代意义上的学术职业,教师评聘才有可能按专业标准来进行。由此而来的一个迫切问题是如何管理大学教师这支日趋壮大的学术职业队伍。当时有关部门尽管为此出台了诸多政策文件,并制定了相应的评聘规则,然而相对成型的制度体系的建立,仍经历了更长的探索历程。

中国近代大学制度是学习西方、移植西方近代大学制度体系的产物。大学教师制度亦然。正如蔡元培所说:"至现在我等教育规程,取法日本者甚多。"②1912 年 10 月教育部公布《大学令》,对大学的组织做了规定:大学设教授、助教授,遇必要时,得延聘讲师;各科再设讲座,由教授担任之,教授不足时,得使助教授或讲师担任之。③ 次年 1 月,教育部公布《私立大学规程》十四条,规定:"凡具下列各款资格之一者得充私立大学教员;具有下列各款资格之一,且曾充大学教员一年以上者得充校长:(1)在外国大学毕业者;(2)在国立大学或经教育部认可之私立大学毕业,并积有研究者;(3)有精深之著述,经中央学会评定者。如校长教员一时难得合格者,得延聘相当之人充之,但须呈请教育总长认可。"④

1917 年 5 月,教育部颁布《国立大学职员任用及薪俸规程》,规定大学教员分正教授、本科教授、预科教授、助教、讲师及外国教员 6 种,"除讲师外,不得兼他处职务";并对教员设置了 5 项晋级条件:教师成绩、每年实授课时间、所担任学科之性质、著述及发明、在社会上之声望。该规程还规定:"正教授、助教延聘,以一年为试教时期,期满若双方同意,得订立长期契约。"此规定可谓我国大学史上首次明文规定试聘及长聘办法,或与美国大学之影响有关(美国大学终身教职制度正是此前不久提出的议题)。⑤ 当然,在具体操作中不同学校往往不尽一致。1917 年 9 月,教育部公布《修正大学令》,规定:"大学设正教授、教授、助教授,遇必要时,得延聘讲师。"该法令主要吸取了德国高等教育制度。而蔡元培在北大的改革,更是被看作德国大学经验在北大的运用⑥,其教师人事制度亦呈相应特点(如学术职业化和教师流动制)。德、美等国的大学制度及其教师制度在中国的影响,亦可见一斑。这一新制度的成

① 刘龙心:《学术与制度》,新星出版社 2007 年版,第 263 页。
② 蔡元培:《全国临时教育会议开会词》,载高平叔编:《蔡元培教育论著选》,人民教育出版社 1991 年版,第 17 页。
③ 《教育部公布大学令》(1912 年 10 月 24 日),载中国第二历史档案馆编:《中华民国史档案资料汇编》第三辑第一编·教育,江苏古籍出版社 1991 年版,第 108-110 页。
④ 宋秋蓉:《民国时期私立大学发展的政策环境》,《清华大学教育研究》2004 年第 2 期。
⑤ 1915 年,为了应对当时的重重挑战,美国大学教授协会(American Association of Universities Professors,AAUP)成立,正式提出了终身教职、学术自由、教授治校等理念。当然,其全面贯彻和正式确立则是在 AAUP 提出《1940年宣言》之后。至此,美国许多名校"非升即走"的制度也基本确立下来。参见阎光才主编:《美国的学术体制:历史、结构与运行特征》,教育科学出版社 2011 年版,第 93、168 页;周志宏:《学术自由与大学法》,蔚理法律出版社 1989 年版,第 282 页。
⑥ 娄岙菲:《蔡元培"兼容并包"之再诠释》,《教育学报》2007 年第 5 期。

形,与当时开始出现的欧美留学生归国热潮密切相关。正是这一热潮使大量新式学人汇聚于近代大学并引入了新型学术制度;而教育家蔡元培在北大这一平台上的极富魄力的改革举措则为其提供了直接的推动力。随着时势的演变,这一改革也逐步越出北大的范围,产生了全国性影响。当然,在某种意义上说,德、美教育模式在华的影响虽长期并存,但隐然有此消彼长之势,随着"壬戌学制"(1922)的确立,美式教育学术制度(含教师制度)在博弈中开始明显地占据主导地位,且其优势地位日益凸显。

然而,理念的引入和制度的设计相对容易,实质性的贯彻落实却甚为艰难。蔡元培掌校之前的北大,制度不够规范,教师评聘资格并不明确,也没有对学术能力、业绩和教学能力的周密考察,随意性较大。[1] 在此环境下聘用的教师自然参差不齐,不乏滥竽者。当时中国大学的整体师资水平亦相对有限。此后,尽管北大改革极具成效,但全国整体情况并无大变。一般地说,民初教育部赋予各校校长充分的人事权,大学教员的学历和资格往往显得并非那么重要。[2] 多数时候校长可"通过不同的渠道,或以任何不同的理由决定聘用人选"[3]。部定教员聘用规程,在实际操作中仍有"无限的'例外'"[4]。

综上,从清末至北洋时期,中国教育界进行了广泛借鉴和长期探索。北大等校引入了德国的学术分科、教员流动等制度,借鉴了美式教师分等制,逐步形塑了中国近代大学的雏形。

二、南京政府时期之进展:规范化与个性化的张力

师资队伍质量是衡量一国教育效能的主要标准之一。南京国民政府成立后,教育管理渐趋完善。面对教师队伍的诸多突出问题,当局一方面加强制度建设,另一方面强化执行效度。这一过程既体现出鲜明的国际化特征,又根据国情进行了合理的调适,呈现明显的中国化态势。1927 年起,有关部门在"壬戌学制"的基础上进一步确立了以美国教育制度为蓝本的教育制度体系,近代意义上的教师评聘制日渐成形,此后十余年基本稳定并日趋完善,取得了显著成效。

为保障师资质量,南京国民政府成立伊始,就于 1927 年 6 月根据广州时期所通过的办法,重新公布《大学教员资格条例》,开始加强对大学教员资格的审查与认证。[5] 条例再度规

---

[1] 1912 年初,工科学长、代理校长何燏时(留日归国)及理科学长胡仁源(曾留学日、德)对浙人沈尹默(留日归国)的聘任即是典型案例。见沈尹默:《我和北大》,载钟叔河等编:《过去的学校》,湖南教育出版社 1982 年版,第 31 页。

[2] 刘龙心:《学术与制度》,新星出版社 2007 年版,第 269 页。

[3] 刘龙心:《学术与制度》,新星出版社 2007 年版,第 268 页。

[4] 刘龙心:《学术与制度》,新星出版社 2007 年版,第 272 页。

[5] 刘龙心:《学术与制度》,新星出版社 2007 年版,第 174 页。

定大学教员分教授、副教授、讲师、助教四等,每等又分三级,同时规定教员薪俸;并明确规定"大学教员以专任为原则,如有特别情形不能专任时,其薪俸得以钟点计算"。按条例规定:讲师须"国内外大学毕业,得有硕士学位",或"助教完满一年以上之教务,而有特别成绩","于国学上有贡献";副教授须"外国大学研究院研究若干年,得有博士学位"或"讲师满一年以上之教务,而有特别成绩",以及"于国学上有特殊之贡献";教授须"副教授完满二年以上教务,而有特别成绩"。① 在当时,西方多数国家的高等教育仍处于精英教育阶段,大学生原本不多,毕业后继续深造并能获硕博士学位者更是有限。在多数西方高等教育强国,博士学位尚非获得名校教职的必要条件。② 相比之下,社会经济、教育文化远远落后的中国,提出以硕博士学位为应聘讲师、副教授教职的基本条件,这在某种程度上体现了有关各方急欲提升师资水平和教育质量,追赶世界先进水平的宏愿。

此前,当局所有文件均未对教师准入门槛做刚性的规定(如学位等),该条例则首次明确地对大学教师资格做了突破性的规定。其一,"学位"概念首次进入法规,表明其与国际通行的学位制度相衔接,建立了学位与职称之间的联系(但并未硬性绑定)。其二,按四级分等这一现代职务层次设计相关资格条件。四级职务资格要求由低至高,界限分明,且以任期年限为内部升等的主要依据,并突出了教师的业绩(尤其是科研方面)贡献,这表明学术水准已成为大学教师资格的主要内容。在当时情况下,该法规具有一定超前性,而且比较严格。孟宪承对此表示"中国大学至少国立大学,教员的资格已经是相当的严"③。但因实情所致,"实际奉行者殊少"④。照此规定,第四中山大学在开办之初,全校竟无一教授,即使在国内外名校任职过的著名学者,如芝加哥大学博士吴有训、哈佛大学博士竺可桢及钱端升、法国国家科学院博士严济慈等,都被聘为副教授,因自该条例颁布之日算起,他们尚未"完满一年以上"副教授教务。⑤ 其三,条例还首次规定大学教员须呈验履历、文凭、著作品等,以备查核。特别是著作品一项,实乃是在资格履历外,强化对教员研究成果的检核。⑥

1927 年 9 月,有关部门又修正公布了《大学教员薪俸表》,并附注"各教员之薪俸,得因各大学之经济情形,而酌量增减之,外国教员同"。此薪俸表成为战前 10 年各大学制订教师薪

---

① 《大学教员资格条例》,《大学院公报》1 卷 1 期,1928 年 1 月,第 1-3 页。
② 当时,德、法两国知名大学一般以博士学位为教师聘任的基本要求之一;而在其他国家,大都并非如此。以民国大学的主要影响源——美国大学为例,直到 20 世纪 20 年代末才有极个别顶尖大学将博士学位作为教员入职的门槛,此局面一直维持到 1960 年;20 世纪 70 年代随着博士学位获得者猛增,博士学位才成为高校教员聘任的基本要件之一。进入 20 世纪 80 年代,博士毕业生远远多于教职需求,学术职业的买方市场正式形成,迄今如故。Smelser N. & Content, R. ,*The Changing Academic Market*. Berkeley, Los Angeles, London: University of California Press, 1980, p. 75.
③ 孟宪承:《大学教育》,商务印书馆 1933 年版,第 97 页。
④ 陈东原:《论我国大学教员之资格标准及其聘任制度》,《高等教育季刊》(创刊号)1941 年第 1 期。
⑤ 南京大学校史编写组编著:《南京大学史》,南京大学出版社 1992 年版,第 95 页。
⑥ 刘龙心:《学术与制度》,新星出版社 2007 年版,第 275 页。

俸的指导性文件。针对长期以来一些教师"兼职太多"的现象,教育部于 1929 年 6 月明令"大学教授应以专任为原则","凡国立大学教授,不得兼任他校或同校他院功课。确有特别情形,不能不兼任时,每周至多以六小时为限"。[①] 1929 年 7 月,国民政府公布《大学组织法》,明确规定大学兼任教员"总数不得超过全体教员三分之一";"大学各学院教员分教授、副教授、讲师、助教四种,由院长商情校长聘任之"。从此,大学内部人事形成由上而下的聘任制,大学组织正式成为权力高度集中的科层体制。[②] 该制度的要义包括:大学教师是一种专门职业,有特定的资质标准和准入门槛(专业性);教师分若干类型和等级(层次性);教师等级主要由所在院校评聘或认定(自主性);教师有一定的聘期限制(聘期制)。由此,全国可以形成一个较为自由开放的学术市场(开放性、流动性)。这是较为典型的聘任制。至此,这一制度体系已基本成形,此后不断发展和完善。

全面抗战爆发后,在教员资格审查方面明显收紧。过去大学教员资格的审查及待遇设定,均由各校自主进行[③];但抗战以后,国民政府对大学教育加强了管制。陈立夫主持教育部后(1938 年 1 月—1944 年 12 月),施行"全国统一"的严格主义教育政策,包括实行全国统一的大学教师资格审查制度、统一的课程体系及教材等。[④] 1940 年,教育部学术审议委员会正式成立,将施行多年的《大学教员资格审查条例》重新检讨修正,并于同年 8 月颁布新的规程,将过去由各大学评议会自行审查教员资格之大权,正式收归中央所有;同时修正助教、讲师、副教授、教授之聘任资格。[⑤] 还规定:"大学及独立学院教员等别,由教育部审查其资格定之"[⑥];然后"由校长依照教育部审查合格之等级聘任"[⑦]。该办法除了加强各级教员升等年资与条件的限定,还增列了专门著作一项,以为助教、讲师、副教授之教务期满后升等审查的必备条件之一。同月,教育部又对大学及独立学院教员聘任及待遇进行了具体规定。此次大调整引起西南联大等校的普遍抵制,但因参与审查的聘任人多为学者,故此举措反而形成一种制度化的规范,"无形中提高了研究著作在教员资格审查上所占的比重"。这对于当时学术标准的确立,是有一定客观作用的。此外,学术审议委员会为鼓励大学教员从事专门研究,自 1941 年起开始公开评审奖励学术优良著作。[⑧] 1941 年 6 月,行政院议决施行部聘教

---

① 《国立大学教授自十八年度上学期起应以专任为原则》,《教育部公报》1929 年第 1 卷第 7 期,第 39 页。

② 周志宏:《学术自由与大学法》,蔚理法律出版社 1989 年版,第 285 页。

③ 详见 1927 年 6 月 15 日教育行政委员会公布的《大学教员资格审查条例》及 1927 年 9 月 12 日修正公布的《大学教员薪俸表》,载《大学院公报》第 1 期,1928 年 1 月。

④ 费正清、费维恺:《剑桥中华民国史》下卷,中国社会科学出版社 1993 年版,第 691 页。

⑤ 刘龙心:《学术与制度》,新星出版社 2007 年版,第 282-283 页。

⑥ 《教育部公布大学及独立宣言教员资格审查暂行规程》(1940 年 8 月),载中国第二历史档案馆编:《中华民国史档案资料汇编》第五辑第二编,江苏古籍出版社 1997 年版,第 716-717 页。

⑦ 教育年鉴编纂委员会编:《第二次中国教育年鉴》第五编,文海出版社 1986 年版,第 27 页。

⑧ 刘龙心:《学术与制度》,新星出版社 2007 年版,第 284 页。

授制度;在原有教授之上设立部聘教授,挑选在国立大学或独立学院"任教十年以上""教学确有成绩""有专门著作且具有特殊贡献"的教授,由教育部直接聘任,任期5年。① 这无异于"在教授之上再加一级,以鼓励在教学与研究方面表现优异的学人"②。1948年1月,南京政府公布《大学法》《专科学校法》,将上述教职员评聘办法进一步制度化。③

以上只是政策的文本规定,在实践中如何结合实际情况贯彻执行,是一个更具挑战性的实质性议题。因各校在政策执行尺度上参差不齐,故对学术资格评聘规范化的呼唤,当时甚为迫切。傅斯年便在1932年呼吁:"大学以教授资格之胜任与否为兴亡所系,故大学教授资格及保障皆须明白规定,严切执行。……教育当局有改革高等教育之决心,则教授问题应该求得一个精切的解决。"他提议"教育部会同有成绩之学术机关组织一个大学教授学绩审查会"④。在他看来,"凡一学者,论其贡献,其最后著作最为重要"⑤,其教授资格亦大半取决于此。

在实际操作中,所有名校都参照教育部标准而有所调整,其升等标准在执行过程中虽不排除有一定弹性空间,但总体上仍贯彻严格主义,保持较高标准。无论如何,到1926年或1927年后,学术成果对教师评聘的重要性得到质的提升,"教员撰著在聘用升等的条件中逐渐占有一席之地"⑥,数年后"研究撰著在教员资格审查中所占的比例渐次升高"⑦。随着各类人才的日益增多,教师聘任也呈水涨船高之势。1930年以前,由于中国学术基础薄弱,凡在外国取得博士学位者,归国皆被聘为教授。然而,随着留学回国热潮的来临,此"行情"很快就一去不复返。欧美名校博士学位应届毕业生,应聘名校副教授或一般高校教授,成为标配;极少数有特殊贡献者,才有望获聘为名校教授。本国硕士毕业则一般任讲师,再由此累升。1935年,皮名举与齐思和分别从哈佛大学获博士学位回国,前者被聘为北大副教授,后者受聘为北平师大教授。1938年夏,曾获牛津大学B. Litt.学位,又在巴黎大学研修一年的钱锺书,接到了清华的聘书。按一般行情,"初回国时只当讲师,由讲师升副教授,然后升教

---

① 《教育部设置部聘教授办法》(1941年6月3日),载中国第二历史档案馆编:《中华民国史档案资料汇编》第五辑第二编,江苏古籍出版社1994年版,第723-724页。

② 刘龙心:《学术与制度》,新星出版社2007年版,第283页。

③ 《教育部设置部聘教授办法》(1941年6月3日),载中国第二历史档案馆编:《中华民国史档案资料汇编》第五辑第二编,江苏古籍出版社1994年版,第723-724页。

④ 傅斯年:《高等教育改革几个问题》,《独立评论》14号,1932年8月21日。

⑤ 傅斯年:《致朱家骅、翁文灏、胡适、萨本栋、李济等》,载欧阳哲生编:《傅斯年文集》第七卷,中华书局2017年版,第472页。

⑥ 刘龙心:《学术与制度》,新星出版社2007年版,第273页。

⑦ 刘龙心:《学术与制度》,新星出版社2007年版,第316页。

授";而时任院长冯友兰爱才心切,径聘其为教授,"这是破例的事"①。至于同年龄段,无海外经历的林庚、张岱年等才俊,则只能从助教做起,累升至教授大都需 15 年以上的时间。如此情形,难怪时人感慨:"教授与讲师的区别,就是留学与不留学的区别。"②

当时不仅高校如此,其他各界亦然。正如时人所观察到的那样:"今日中国的社会事业已有逐渐上轨道的趋势,公私机关的用人已渐渐变严格了。"③公立机构如中央研究院,民营机构如商务印书馆可谓显例。当然,尽管如此,针对特殊人才的绿色通道和破格措施事实上始终存在。按《大学教员资格审查条例》规定,"凡于学术有特别研究而无学位者,经大学评议会议决,可充任大学助教或讲师",此后若"于学术有特别研究"或"特别成绩",完全可累升至教授。此制度,可以"为通才制定规则,为天才预留空间"。

在教育行政部门大力推进规范化的同时,各校亦根据各自实情和传统,因校制宜,在教师评聘方面形成了自身特色。可以说,教育部所定标准只是原则性的,各校有所区别,甚至有很大区别——越是名校,往往就越是个性化。从实情看,许多名校标准的严格远远超过部定标准,一线名校内教员间的竞争尤为激烈。此外,各校在评聘方面的个性化,还表现在有的学校在教授之上设置了更高的头衔。例如,清华大学聘有导师(陈寅恪、顾颉刚等);有的名校申请基金聘任了一批庚款讲座教授,最早是北大于 1931—1936 年间通过筹款陆续聘任了十余位研究教授④,随后四川大学也于 1936 年设立此类教席。这一做法与美制相仿。但毕竟这只是针对个别顶级教授的制度,亦只存在于少数名校。及至后来,越来越多名校(如燕京大学、云南大学、中山大学、金陵大学等)在这方面开始了类似探索,以争夺顶级学者。

三、制度的历史源流:域外蓝本及其本土化改造

中国近代大学出现不久后,从大学教师职业专门化起步到 1927 年的《大学教员资格审查条例》颁行,仅用了大约 10 年时间。较之西方所经历的漫长过程,此进程不可谓不快。何以在如此短的时期内形成相对成形的新型制度体系呢?其重要原因之一,乃在于中国在移植西方的学术体制、大学制度体系时,也将其教师制度进行了创造性转化和创新性发展。

---

① 杨绛:《记钱锺书与〈围城〉》,载钱锺书《围城》(第 2 版),人民文学出版社 1991 年版,第 338 页。这一"水涨船高"的现象仍有大量例证。以当时新兴的原子能科学领域为例,1941 年,明尼苏达大学博士卢鹤绂回国径任中山大学教授,年仅 27 岁;而他在浙江大学的后学胡济民,1949 年以留英博士身份回浙大任副教授;卢的弟子程开甲 1950 年获爱丁堡大学博士学位后,被聘为浙大副教授。同样在 1950 年,同为青年才俊的朱光亚留美归国到北大,被聘为副教授,邓稼先则被聘为中国科学院助理研究员。
② 翁文灏:《中国大学教育之一问题》,清华大学:《国立清华大学二十周年纪念刊》1931 年 4 月,第 25 页。
③ 胡适:《赠与今年的大学毕业生》,《独立评论》7 号,1932 年 7 月 13 日。
④ 其中有周作人(国文)、梁实秋(外文)、张忠绂(政治学)、刘树杞(化学)等,可以说均为各学科领域的一时之选。

晚清,各高校主要借鉴日本制度。民国初期,北大较早地引入了德、美等国大学教师制度。到 20 世纪 20 年代,国内许多学校将德、美等国经验进行改造、制度化和具体化。于此,德国大学的教师流动制、编外讲师制,美国大学的聘期制和四等制,都在中国产生了一定影响;至于充分竞争和淘汰的机制,则基本肇源于美式制度,这便形成了近代的全国性学术市场。此后,中国国立院校主要以美国制度为蓝本、以德国制度为参考进行了创造性改造。因此,无论是与德国模式还是美、日模式相比,当时中国国立院校的教师评聘都有其自身特色。至 1929 年前后,中国高校教员的层级制基本定形,分助教、讲师、副教授、教授 4 等。但各校各具特点,在教师评聘方面也有很大差异。如与美国关系最深的清华大学,则长期将教师分为助教、教员、讲师、专任讲师和教授 5 等。[①]

第一次世界大战结束不久,西方国家的主要名校都普遍注重科研,学术研究在大学各项职能中的地位日益突出。中国名校也奋起直追。为实现密集的高水平研究,许多大学对教师评聘极为重视。至 20 世纪 30 年代起,以北大、清华为代表的国立名校在师资评聘方面尤其严格。有学者认为,1932—1937 年,梅贻琦所聘的教授,"无论就其资质或集中程度来说,在国内都是无与伦比的"[②]。即便用苛刻的标准看,也不能不承认该校"是国内比较差强人意的大学"[③]。1925 年,清华改制后,迅速向高水平研究型大学成长。其中关键之一,就是其教师评聘理念和制度的变革。1928 年该校改为国立大学后,在罗家伦主导的大改组中,55 名专任教师仅续聘 18 人。罗家伦认为"要大学好,必先要师资好","我希望能吸收大量青年而最有前途的学者",必要时"还要不分国籍地借才异地"。此前清华"教员待遇重资格不重学识。……无论学识如何,只要在清华住的时间久、资格老,薪金必定高;如果是新人,那就不能受到良好待遇,因此清华很难聘到有学识风度的新教师"[④]。罗注重网罗"真有学问之人",坚决不请"有虚名,而停止了上进的"所谓名教授;其所着眼的是"年轻一辈的学者",是根基扎实并有远大学术抱负的人才。[⑤] 一个"思想正在发展的"学者,"远比一个思想已在僵化中的"名流有"更大的气力",更容易引起共鸣。[⑥] 罗氏之改组,意在从全国乃至世界范围内"求得第一流的人才"。后来果然如此。其所聘教授几乎都成为一线学者,内中不乏"国际名誉

---

① 1928 年 5 月,清华大学评议会通过修改教职员薪金表。薪额规定之标准取以下数端:学历及学位,研究著作,教育经验,人才需要。在此之下,教授分 3 级、教员分 2 级。清华大学校史研究室编:《清华大学九十年》,清华大学出版社 2001 年版,第 43 页。

② 黄延复:《梅贻琦教育思想研究》,辽宁教育出版社 1994 年版,第 91-94 页。

③ 何鲁成:《提高中学程度的方法》,《独立评论》127 号,1934 年 11 月 28 日。

④ 罗家伦:《学术独立与新清华》,载清华大学校史研究室编:《清华大学史料选编》第二卷上,清华大学出版社 1991 年版,第 201 页;罗家伦:《校务整理之经过及计划》,载清华大学校史研究室编:《清华大学史料选编》第二卷上,清华大学出版社 1991 年版,第 5 页。

⑤ 罗家伦:《我和清华大学》,载罗久芳:《罗家伦与张维桢》,百花文艺出版社 2006 年版,第 132 页。

⑥ 詹姆斯·J.杜德斯塔特:《舵手的视界——在变革时代领导美国大学》,郑旭译,教育科学出版社 2010 年版,第 167 页。

的科学家"①。该校亦因之在很短时间内"有了很多的成就。在中国及世界的学术界上,已得了相当的地位"②。从 1928 年起,其评聘制度日渐合理,事实上始终将学术水准作为教师评聘的首要标准。③ 该校在中国大学界的异军突起,实与此有关。1938 年,西南联大数学系聘任了两位教授,均为二十六七岁,他们就是华罗庚、陈省身。稍后受聘的许宝𫘧教授,亦只有29 岁。后来,三人都于 1948 年当选为首届中央研究院院士。局内人认识到:"在提拔年轻人上,清华较放手","比较注重研究",青年教师研究成果多,"晋升就较快",甚至可破格晋升。这对年轻人脱颖而出、对师资队伍保持活力是极有利的。④

实事求是地说,许多国立名校的这些制度也有其域外的渊源。应当注意到,当时主要发达国家在大学教师评聘方面也都各具特色。20 世纪 70 年代,德国大学的教师聘任发生了重大变革。此前,那些非普鲁士大学的教授们,通常在一所大学里终其一生。而此后,根据柏林大学模式确立的"成绩评价原则"与"人才流动"原则来指导聘任实践,使学者的流动性日益增强,到最后,"任何大学的毕业生不能直接留校任教;任何教师的升职等,必须换一所大学才能进行"⑤。这种防止"近亲繁殖"的措施以及与成就直接挂钩的聘任原则,带来了大学之间的激烈竞争。到 20 世纪 80 年代,大学教师在学术共同体内的流动成为德国普遍的制度。⑥ 这种全国性"大学之间的竞争局势是它们取得世界性成就的决定性因素"⑦。而在此进程中,人才自由流动与自由竞争对大学发展"至关重要"⑧。当时德国大学教师种类繁多,主要包括正式教师、非正式教师和讲师(Privatdozent)3 种,有时还有教授、助教授等。⑨ 对任何大学教师而言,都必须先"由大学毕业,得有博士学位",经相关考察,才能成为讲师。其起点之高,是当时英、美、日等国都无法企及的。早期德国大学的教师制度亦颇具特色。其编外讲师制度产生于 17 世纪,到 19 世纪开始发挥重要作用。它被认为是德国大学成功的关键之一。⑩

---

① 罗家伦:《一场饶有兴趣的斗争》(1941 年 10 月 24 日),载罗家伦:《文化教育与青年》,商务印书馆 1945 年版,第100 页。

② 冯友兰:《清华廿五周年纪念》,《清华副刊》44 卷 3 期,1936 年 4 月 26 日。

③ 《国立清华大学教师服务及待遇规程》(1932 年 5 月),载清华大学校史研究室编:《清华大学九十年》,清华大学出版社 2001 年版,第 60 页;《南京国民政府教员行政委员会公布大学教育教员资格条例》,国民政府档案,载中国第二历史档案馆编:《中华民国史档案资料汇编》第五辑第一编,江苏古籍出版社 1994 年版,第 168-169 页。

④ 徐利治口述,郭金海、袁向东访问、整理:《回顾西南联合大学数学系》,《中国科技史料》25 卷 2 期,2004 年。

⑤ Paul Baumgart, *Bildungspolitik in Preubben zur Zeit des Kaiserreichs*, Stuttgart,1980,S. 62. 转引自李工真:《哥廷根大学的历史考察》,《世界历史》2004 年第 3 期。

⑥ 李工真:《哥廷根大学的历史考察》,《世界历史》2004 年第 3 期。

⑦ Joseph Ben David, "Scientific Productivity and Academic Organization in Nineteenth Century Medicine", *Americian Sociological Rreview*,1960(25).

⑧ 李工真:《哥廷根大学的历史考察》,《世界历史》2004 年第 3 期。

⑨ 佚名:《欧美各国教育制度》,《教育公报》1921 年第 1 期。

⑩ 陈洪捷:《德国古典大学观及其对中国大学的影响》,北京大学出版社 2002 年版,第 120 页。

法国情况也因校而异。以巴黎大学为例,教员大致分 3 种:教授、讲师、助教(Charge de cours)①;有时亦分 5 种:正教授、副教授、专任教员、讲演员、助理员②。一般从大学研究院或高师学院毕业的年轻人,都要先后经历如下阶梯:(1)国立或市立中学教员;(2)省立大学或巴黎大学讲师(Maetre de conference);(3)省立大学教授(Professeur);(4)极个别优秀者,最终将有望被聘为巴黎大学教授。在此升等的过程中,学术成绩是决定性因素。对该校教师而言,最基本的条件包括"曾在巴黎大学研究院或高等师范学院毕业,并已考得国家博士学位"、教学"确有经验""所治学科已有发明或已有著作"等,这已是"最低的限度"了。③ 应当说,从大学教职的准入门槛看,德、法两国是最高的,大学的水准也是全球领先的。到 20 世纪初叶,德、法大学仍是西方各国大学建设的主要原型和引领者,其办学经验和教师制度,均为许多国家所效仿。在英国,传统大学以剑桥、牛津为代表,大学教师一般分为教授、助教员(reader),有的学校也聘兼任教员(university lecturer)以担任功课。④

美国于 19 世纪 70 年代借鉴德国大学(特别是柏林大学)的经验建立了自己的研究型大学⑤;至 20 世纪最初 10 余年间,大学把主要权力交给了教授(耶鲁为此中先导)。其教师一般分为正教授、副教授、助教授和教员。⑥ 其大学教员主要有 3 种来源:(1)本校毕业生留校,研究数年,再任教职,一般"毕业七八年后,方执教鞭;二十年后,方充教授";(2)聘他校教师来校任助教授或"无限之教员";(3)聘请知名学者来校径任教授,"为本校永久之教员"。⑦ 对于教师聘任资格,美国大学考察得更为全面,注重教学、研究、才性甚至气貌等;但其与德、法大学的根本差异在于,大学对教师有最终聘任权。当时美国大学的一大特色是终身教授制。这一制度最早出现于 20 世纪初的威斯康星大学。该制度的产生与美国的学术职业的发展紧密相连。⑧ 美国学术职业经过近百年的演化,于 19 世纪末 20 世纪初出现了职业化学者。⑨ 1900 年,哈佛大学和密歇根大学等开始建立并为其他大学仿效的大学教职系列,即把统称的讲师或教员分为助理教授、副教授和教授。随着研究型大学的兴起,学科、课程及学

① 黄仲苏:《巴黎大学(续)》,《新教育》1924 年第 8 卷第 3 期。
② 佚名:《欧美各国教育制度(续)》,《教育公报》,1921 年第 8 卷第 5 期。
③ 黄仲苏:《巴黎大学(续)》,《新教育》1924 年第 8 卷第 3 期。
④ 佚名:《欧美晚近之学校教育与理科教授(续)》,《教育公报》1918 年第 5 卷第 6 期。
⑤ 对于美国大学的制度创设思路,可参见华勒斯坦等:《开放社会科学:重建社会科学报告书》,刘锋译,生活·读书·新知三联书店 1997 年版,第 108 页。
⑥ Charles W. Eliot:《美国大学教员团》,《新教育》1911 年第 3 卷第 3 期。
⑦ Charles W. Eliot:《美国大学教员团》,《新教育》1911 年第 3 卷第 3 期。
⑧ 郭丽君:《大学教师聘任制》,经济管理出版社 2007 年版,第 59 页。
⑨ Martin Finkelstein, *From Tutor to Specialized School: Academic Professionalization in Eighteenth and Nineteenth Century America*, Simon & Schuster Custom Publishing,1996,p. 56.

位制度日趋成熟,学术职业在美国 20 世纪初真正发展成熟,形成了相应的制度体系。[①] 美国大学形成了自身的"游戏规则":少数顶尖大学为了"拥有世界上最好的教授",实行完全外聘制,明确要求所有终身教授均须从系外或校外招聘;多数名校则实行终身教职累迁制(tenure-track system)。[②] 近代日本的大学教师分为教授、助教授与讲师,有时还有助手。助手一般不被视为正式教员,而讲师则是临时教员。因此,其正式教师只有教授、助教授。[③] 与德国一样,日本高校教师皆为国家公务员,任免权不在大学。与德、法名校一样,日本国立大学教授的成长一般是个漫长的累升过程。

在清末的高教系统中,这种学习他国的色彩是极为明显的。此后,随着中国化程度的逐步提高,这种色彩渐淡,呈现出更多的民族特色。中国近代大学教师制度自清末草创以来,经不断演变直到 1927 年《大学教员资格条例》颁行才基本定形;该条例与 1929 年的《大学组织法》等文件形塑了近代中国大学教师制度的整体框架,确立了此后很长时期内的大学教师资格标准。此后 20 余年间,该制度的历次调整均是在这一基本框架和范型内进行的。该制度框架下的中国大学教师制度在规范化的过程中,仍保持着个性化。其与同期西方情况相比,有着某些共性,也有其特色。几乎所有国家高校教师制度都遵循累升性;各国名校都将学术水准作为教师评聘的决定性因素;多数国家都突出竞争性(日本略逊)。在这一共性基础上,中国高校逐步演化出了新型的评聘制度,可谓之综合竞争性累升聘任制。

其要义主要包括:(1)累升性。教员内部晋升和外部引进相结合;多数教师有望通过内部的累升而跻身教授。这与美国多数研究型大学略近。当时美国某些顶尖大学实行高度开放的完全外聘制,任何一个教职都需进行全球竞争。德国亦然,任何大学教师欲实现升等,几乎都须转赴另一高校通过竞争实现。(2)竞争性。每一级晋升都通过竞争来实现,而竞争以学术水平和业绩为主要依据,同时结合教学、资望、服务及学科需要进行综合考量(这可谓综合性)。这与日本大学那种相对注重年资的教师升等制有明显差异。这种取向显然更有利于拔尖人才脱颖而出,有利于教授群体的年轻化。由于当时有关各方较好地为人才创造了宽松环境,中国形成了一个相当年轻的少壮派名教授群,也建立了一个年轻而极富活力的学术共同体。(3)聘期制。国立院校教师是教育机构的正式人员,但已不再具有民初之前那样的国家官吏身份,也不像德、日教授那样的公务员身份或讲师那样的编外人员身份(临时性教师)。他们与所在大学保持相对平等、双向选择的契约关系。每次聘任都有固定期限,但表现优秀或合格的教师基本都能获续聘。这样的队伍较为稳定,亦有一定流动性。(4)灵

① Richard Heydinger and Hasan Simesk, *An Agenda for Reshaping Faculty Productivity*, State Higher Education Executive Office, 1992, p. 85.

② 郭丽君:《大学教师聘任制》,经济管理出版社 2007 年版,第 65 页。

③ 桑木严翼:《大学制度改正论》,《教育公报》1922 年第 9 卷第 1 期。关于其评聘制度对帝国大学的意义,参见小野塚喜平次:《东京帝國大学紀日に際して》,《帝國大学新聞》三百七十四号,1931 年 3 月 2 日。

活性。始终从国情出发,在制度建设和政策执行中坚持原则性和灵活性相统一。评聘工作注重教师的能力和实绩,力图不拘一格降人才、用人才,明确地、实事求是地为特殊人才的选拔和发展保留空间。这较好地避免了唯文凭、唯资历的倾向。可以说,以上每一点,都有着特定的指向性,也大都有相应的制度来源。

如果说日本大学制度与德国大学制度之间关联度最高,那么,中国的这一制度则与美国的制度渊源无疑最明显,二者之间有诸多相似之处。美国有着巨型多元的高等教育系统,多数研究型大学实行竞争性累升制,同时配以终身教授制。中国同样实行竞争性累升制,但尚未建立终身教授制,实行"非聘即走"。其制度模式与美国名校的主流聘任制度相比,有类似之处,亦有诸多不同:多数教师都有固定聘期,既不强迫"非升即走",亦不确保"终身教职",即便聘为正教授,亦无终身教授的职位或荣誉。[①] 当然,事实上绝大部分教授都是长期任职的。在评聘问题上,名教授作为各校竞逐的稀缺资源,往往有相当的议价权——这一制度带来了竞争。竞争提升了质量,增强了流动,也激发了活力。由此,它实现了稳定性与流动性的统一、秩序与活力的有机统一,较好地促进了人才队伍建设,有助于提升国家的学术水准。这是中国大学史上重要的制度创新,是外来制度在中国的创造性转化。无疑,这是中西交流、融合的产物。许美德(Ruth Hayhoe)即认为:中国大学至此"已逐渐发展成熟,它在保持中国的传统特色和与世界大学制度互相衔接这两者之间已经成功地找到平衡点"[②]。

上述教师制度一方面强化了教师队伍的竞争性和流动性,另一方面也促进了教师队伍的规范化和专业化。各大学在实行"非聘即走"的教师流动制度的同时,也极力创造吸引人才的良好环境。[③] 当时"各学校教授的流动量很大",形成普遍的"学校争教授、教授选学校的情况"。[④] 教师的竞争与流动,给教师及大学双方都带来了压力和活力,又直接地提升了学术市场的活力,推动了全国大学水准的大幅提升。越是评聘制度科学合理的名校,其办学水准往往就越高,竞争力就越强。在竞争中表现优异的若干名校,以良好的环境吸聚了更多"良教授";"良教授"的大量聚集,又反过来大幅提升了名校的学术水准。在此良性循环中,若干所国立名校在激烈竞争中脱颖而出,成为全国性学术中心,也有的名校则成为区域性学术重镇。

约从1931年起,中国的学术文教进入一个新阶段,出现了近代以来第一个学术繁荣期。

---

① 按,当时中国有关各方亦曾探索建立终身教授制,但始终未曾实现。
② 许美德:《中国大学(1895—1995):一个文化冲突的世纪》,教育科学出版社2000年版,第99页。
③ 吴大猷:《南开大学与张伯苓》,载王文俊等编:《南开大学校史资料选》,南开大学出版社1989年版,第76-77页。当然,亦有人指出,该制度也造成了人事斗争的激烈和人际关系的复杂。陈东原在1941年撰文指出近代大学教师"聘任制度有流弊",主要是这种自由制度存在聘约双方信息不对称、校长权力过大和办理程序缺乏规范等,易导致"党同伐异,教授每随校长而进退。此去彼来,明争暗斗"。陈东原:《论我国大学教员之资格标准与聘任制度》,《高等教育季刊》(创刊号)1941年1月。
④ 冯友兰:《三松堂自序》,生活·读书·新知三联书店2009年版,第379-380页。

中国在不长的时间内涌现了一批高水平学者。这批人创建了相对完整的现代学术体系,提高了中国学术的水准。同时,中国近代大学制度和教师制度日趋成形和成熟,这实质性提升了教师队伍水平,提升了高等教育的质量,带来了文教事业的新气象。这些探索推动了中国教育的近代化,也为其后续发展打下了基础、积累了经验。不管是局内人还是局外人,都对此有所感知。时人认为,当时中国学术界已形成某种"共同的标准",某些名校还能在"同一平台"上与国外名校进行对话与合作;北平一些名校学术氛围极为浓厚,有的大学"毫无问题的,足够大学界的国际水准"[①]。美国学者承认,到 20 世纪 30 年代,中国大学在高水平研究和人才培养方面进展迅速,"进入了学术高峰期","渐次取得国际学术界之承认与赞许"。[②]及至 1946 年 8 月,朱家骅在讨论高等教育工作时指出:应结合中国现状制定大学的相关标准,"国内第一流大学要发展为世界第一流大学"[③]。

由上可见,五四时期中国大学教师制度以学习德国经验为主,以参照美国经验为辅。到 1927 年之后,所呈现的无疑是更接近美式的制度模式与组织取向,基本实现了自由与效率的动态统一。其间,这一制度显然经历了深刻的模式转型。此变迁可能受到多重因素的综合影响:其一,是留学生归国热潮持续高涨,尤其是留美归国学人在中国学术体制内影响力大幅提升,使中国学术体制与美国制度体系的内在关联日渐紧密。其二,中国文教事业的近代化、国际化纵深进展,使之更深地融入了国际学术界(特别是英语学术圈),与域外学术产生了深度交流。这些客观因素使中国大学教师制度的取向和气质很自然地呈现美国制度的烙印和精神联系。其三,这也与当时的制度设计者立足国情有意识地选择和创设有关。因此,这一制度实乃是历史累积生成的产物。它与当时客观形势有关,也与各方有识之士积极探索有关;它是形势使然与主观努力相耦合的结果,是制度的内在逻辑与学术的外部环境相生相因、纵深互渗的硕果。至于其评聘标准的水涨船高,则主要取决于中国大学水准的提升和留学生的大量归国。

四、余　论

综上,在近代中国,随着高等教育的发展,其教师制度也日趋建立起来。从 19 世纪 90

①　蒋廷黻:《追念梅校长》,载黄延复编:《梅贻琦先生纪念集》,吉林文史出版社 1995 年版,第 64 页;Freedman Maurice,*The Study of Chinese Society*,Stanford University Press,1979,pp. 373-379. 许多中国学者亦持此类意见,参见钱穆:《八十忆双亲·师友杂忆》,传记文学出版社 1983 年版,第 159 页。

②　中国第二历史档案馆编:《中华民国史档案资料汇编》第五辑第二编,江苏古籍出版社 1991 年版,第 300 页。

③　《教育部三十五年度第六次工作讨论会记录(1946.8.13)》,载中国第二历史档案馆编:《中华民国史档案资料汇编》第五辑第三编,江苏古籍出版社 1997 年版,第 251 页。

年代到 20 世纪 40 年代,尽管国难危重、社会动荡、政权更迭频繁,但教育近代化进程并未止步,教师制度亦依循自身的"内在理路"(inner logic)顽强地持续发展。此间,它经历了清末民初和民国中后期两个阶段。在第一个阶段,于新文化运动前后,完成了从"以吏为师"到教师专任(专业化)的转变,这是该制度早期近代化阶段;而第二个阶段,则在 1927 年的《大学教员资格条例》颁布后,建立了学术导向、充分竞争的聘任制,基本走上专业化职业化的正轨,确立了教师评聘中的学术能力—实绩基准。在借鉴西方经验的基础上,中国探索形成了"非聘即走"的制度。该制度参考了西方的聘任制,但并未简单模仿美式的"非升即走"(tenure-track)和"完全外聘"。这一改革具有决定性意义,并于 20 世纪 30 年代初取得实质性成效。至此,中国大学基本融入世界学术体系,教师制度及评聘标准也与欧美名校更为接近。此前长期存在的留学生"一来就做教授"[①]的现象明显改观,国人长期以来的自卑心理亦大有改变。这是中国学术独立的表现,也是中国学术自主性的彰显。[②]

在此阶段,随着民族意识的觉醒及学术自觉的增强,"学术中国化"在推进,"教育中国化"浪潮也在兴起。国人一方面追求学术的自主性,另一方面探索创建符合国情的学术文教制度,最终实现了规范化与个性化的统一、国际化与本土化的统一。这是中国教育近代化的重要成果。许多名校对教师制度的探索取得了显著成效,由此改变了教师队伍的终身制,推动了其流动,提升了其质量。这较之清末民初的大学教师队伍,已实现质的变迁。在此进程中,有关各方非常务实地以平稳的渐进改革促成了一场制度革新,实可谓"无声的革命"。

可以说,这一时期大学教师制度总体上较为合理,基本实现了预期目标。它营造了良好的学术环境,提高了师资水准,刺激了学术生产,为中国近代大学制度及学术体制夯实了支点。由此,也提升了大学办学质量,强有力地支撑了中国教育学术的长足进展。大学教师是学术事业中最活跃的因素之一;教师制度是大学制度的核心部分之一。近代中国大学教师制度的发展历程,为日后中国大学制度建设和学术发展提供了有益的参考。

尚需一提的是,与教师评聘密切相关的还有学术评价与奖励、薪酬福利、学术休假等制度。限于篇幅,此次未及详论,拟另文再探。

原载《浙江大学学报(人文社会科学版)》2020 年第 2 期

---

① 翁文灏:《中国大学教育之一问题》,清华大学:《国立清华大学二十周年纪念刊》,1931 年 4 月刊,第 25 页。

② 当然,因处于快速扩张阶段,中国大学教师升等速度一般较快。当时在日、法名校,博士毕业升至教授平均需近 20 年,这略长于中国本科毕业留校累升至名校教授的时间。

中华大学教育系科建设的历史、内容与经验

◎刘来兵 冯 露*

摘 要：中华大学是国人创办的第一所私立大学，是中国知识分子教育救国思想的集中体现，是传统教育向现代教育的转变，是社会力量办大学为国家培养高等教育人才的开端，在中国私立高等教育史上确立了不可磨灭的地位，为我国的教育理论和实践留下了极其宝贵的财富。中华大学教育系科在30年的办学过程中呈现出以下显著特点：教师主要以留学生和国内名校毕业生为主体；课程设置以新教育思想为中心；教学管理以提高学生质量为理念；课外活动以增进学识锻炼能力为目的。中华大学教育系科的办学经历是曲折的，动荡不安的社会和分裂的政权严重阻碍了它的健康发展，回顾历史，我们能够从中吸取到以下有益经验：提高教师队伍国际化水平，增强理论与实践课程的创新，营造自由宽松的学术氛围。

关键词：中华大学；教育系科；历史发展；显著特征

辛亥革命推翻了封建君主专制制度，成立了中华民国，1912年起，民国政府教育部相继颁布了《大学令》《公立私立专门学校规程》《私立大学规程》等法规，允许并鼓励民间力量办学。[①] 肇始于清末的中国近代高等教育发展迎来了新的历史机遇，借助于民间力量的私立大学开始艰难起步。湖北作为晚清以来的教育重镇，对于高等教育的需求更加急切。在此背景下，由黄陂陈氏家族创办的全国第一所国人创办的私立大学——私立武昌中华大学诞生了。[②] 1912年8月，中华大学正式开始招生，合计学生达到700余人，设置预科部、专门部、女子部，女子部为简易师范性质，分文学、职业两专修科。[③] 1914年，教育部派人视察，要求对学生的安排予以调整，于是将女子部改为中华女子学校专修科，该批学员毕业后即停办了。而同处武汉的国立高等师范学校——武昌高师，成立于1913年，分为预科和本科，本科设有国文部、英文部、历史地理、数学物理、物理化学和本科博物部。武昌高师公费的待遇，

---

* 作者简介：刘来兵，华中师范大学教育学院副教授；冯露，华中师范大学硕士研究生。
① 宋秋蓉：《近代中国私立大学研究》，天津人民出版社2003年版，第25页。
② 私立武昌中华大学校史组：《中华大学》，华中师范大学出版社2003年版，第1页。
③ 马敏、黄晓玫、汪文汉：《华中师范大学校史1903—2013》，华中师范大学出版社2013年版，第77页。

吸引了众多学子,1913年成立之初就招收了124名学生。出于对当时中国师范教育力量薄弱、中小学师资缺乏的现实呼应,中华大学在创立之初就制定了发展师范教育的计划,奠定了中华大学教育系科开设的基础。

一、中华大学教育系科的发展历程

(一)教育系科的艰难初创(1922—1927)

1915年,中华大学在中华民国教育部立案,被正式认可为大学。教育系科胚胎于1920年创立的西洋哲学门,隶属于大学文科;1922年,西洋哲学门改为教育哲学门。同年,武昌高师也设立了教育哲学系,这都是为了响应1922年颁布的"壬戌学制"中提到的当前中国教育学科发展落后的现实情况。1923年,中华大学教育哲学门改为文科教育学系,西洋哲学门和教育哲学门均办至1923年6月学生毕业时停止。教育学系初始阶段由毕业于美国卫斯理大学的林卓然为主要负责人,林和民、严士佳、陈程滋、虞默生、崔思让诸位先生先后任主科教授。受北伐战争影响,1926年,中华大学改组合并到国立武昌中山大学;1927年,冬,中山大学停办。初始发展阶段的中华大学教育系科在1922年到1927年间的毕业生人数一共为9人,其中1923年教育哲学门8人,1926年教育学系1人,可见在1922年到1927年间教育系科并非每年招生,且人数较少。

(二)教育系科的稳定发展(1928—1937)

1928年3月,中华大学复校开学,同时接收到了一部分教育部的特别补助,校长陈时也变卖家产扩充学生宿舍,购买图书、仪器等,还吸引了汉口商界和银行界的领袖加入董事会,使得社会捐款也有了稳定的增长,同时湖北省政府的补助费也呈现出逐年增长的趋势,在充足经费的支持下整个中华大学进入繁荣发展阶段。1929年,国民政府教育部复准中华大学立案,但是教育部改用美国学制,规定有三个以上学院的学校才能称为大学,且颁布《大学规程》,大学或独立学院有文学院或文科而不设教育学院或教育科者,得设教育学于文学院或文科。[①] 因此,中华大学取消教育、法律、政治、经济等系,改组文、理、商三学院,由之前的文科教育学系改为文学院教育学系。但是为满足社会教师数量不足的需要,1934年中华大学曾有将教育系科独立为教育学院的想法。[②] 1932年正值中华大学创办20周年之际,大学部

---

① 侯怀银、李艳莉:《民国时期教育系科的分布及其特征》,《高等教育研究》2011年第10期。
② 陈鸣佩:《本校今后之展望:为复校六周年纪念所作》,《中华周刊》1934年第474期。

学生已经有 581 人,占据全省四所私立高等学校的 78.5％,此时的私立华中大学只有 74 人,由此可见这时期的中华大学在办学规模上得到了空前的发展。① 中华大学的繁荣发展给教育学系的建设提供了良好的土壤,张安国与罗睿分别在 1932 年和 1937 年任教育学系主任,余家菊也于 1937 年 4 月 2 日与陈时和严士佳商议愿意以非正式态度任职中华大学,受到了热烈欢迎,哥伦比亚大学毕业的严士佳、刘行骏、崔思让、林树华,日本帝国大学研究科毕业的汪震华,美国哈佛大学毕业的虞默生均在此时期任教。1931 年,教育学系上学期开设 11 门课程,每周 30 课时,下学期开设 12 门课程,每周 32 课时。② 1928 年到 1937 年教育系科毕业的学生人数有 61 人:1928 年 3 人,1929 年 3 人,1931 年 4 人,1932 年 8 人,1935 年 17 人,1936 年 18 人,1937 年 8 人。③

(三)教育系科西迁重庆办学(1938—1944)

1937 年 12 月,随着上海和南京的沦陷,武汉成为日本帝国主义的下一个侵略目标,按照国民政府的计划和湖北省政府的安排,中华大学决定西迁。1938 年,中华大学师生正式迁往重庆,12 月在重庆复学时学生已经流失过半。1939 年教育系科二年级上学期仅仅只有 2 人,1939 年 9 月开学后学生人数有所增加,教育系科招收张德富等 22 人,其中女生 12 人。④ 而据不完全统计,迁往云南喜洲的华中大学教育学院同时期在读人数有 146 人。⑤ 在重庆时期中华大学经费越发紧张,教员生活困顿,教育学系的学生也得利用课余时间在中学代课或家教兼职以筹集学费,教学在艰难中进行。为了增进学生的学识,充实课程的内容,陈时利用重庆战时首都的地位,请来了冯玉祥、陈立夫、邵力子、马寅初等名人演讲,还聘请陶行知、郭沫若、余家菊、陈启天、沈昌焕、邹韬奋等名家来兼课。⑥ 在中华大学 1939 年教育学系的课程设置中,严士佳负责伦理学、课程编制、训育原理、教育行政;张安国负责教育概论、教育史、教育社会学、现代教育思潮、教育制度研究;余家菊负责教育哲学、普通心理、中国教育书籍研读;方辰负责教育统计、教育测验、法学通论等;文学院教授邹昌炽负责英文;龙侃负责国文、中国通史、西洋通史和法学通论,在师生的共同努力下,教育学系仍然照常上课。⑦ 但是好景不长,1940 年根据教育部颁布的调整师范通令,中华大学该年度教育学系不招生,进入发展停滞阶段。

① 娄章胜、郑昌琳:《陈时教育思想与实践》,华中师范大学出版社 2001 年版,第 126 页。
② 马敏、黄晓玫、汪文汉:《华中师范大学校史 1903—2013》,华中师范大学出版社 2013 年版,第 103 页。
③ 娄章胜、郑昌琳:《陈时教育思想与实践》,华中师范大学出版社 2001 年版,第 367-371 页。
④ 马敏、黄晓玫、汪文汉:《华中师范大学校史 1903—2013》,华中师范大学出版社 2013 年版,第 112-113 页。
⑤ 侯怀银、李艳莉:《民国时期教育系科的分布及其特征》,《高等教育研究》2011 年第 10 期。
⑥ 私立武昌中华大学校史组:《中华大学》,华中师范大学出版社 2003 年版,第 4 页。
⑦ 华中师范大学档案馆:《中华大学类》(案卷号 96)。

（四）教育系科的复办与撤并（1945—1952）

直到 1945 年抗战胜利后，部分人员抵达武昌，停办 5 年的教育学系才开始招生，一共招收 20 人，但是由于战乱和政权变更的影响，中华大学的学生流失率极高，办学一度陷入困境。1949 年，原教育学系主任严士佳任中华大学校长，卢春荣接任教育学系主任，开学之后首先改革了课程和教法，以新民主主义代替三民主义，还增设了政治经济学、辩证唯物论等马克思主义学科，同时精简课程，压缩学分，加大实用课程比重。1950 年，中华大学改归湖北省人民政府文教厅直接领导，秉承着"废院存系增科"的原则和响应政府精简节约的号召，校董会决定废除文学院，而将原来的中文系、外文系和教育学系改组为文史系，教育学系同学的出路有两种：一是转入中华大学其他科系继续学习，二是转入湖北教育学院。针对这次院系调整，教育学系二年级学生表示愿意就读于湖北教育学院，而三年级学生则表达了自己的不满，由于大四年级课程大部分是实习、参观、指导及少部分的教育理论，因此他们愿意委曲求全地在文史系内就读，不过希望每学期增设 6~8 个教育学分，还希望在毕业证书上冠以教育学系。① 1952 年，湖北教育学院和中华大学文史组教师并入华中高等师范学院。

自 1922 年中华大学设立文科教育哲学门到 1950 年教育学系撤销，学生转入湖北教育学院，1952 年教师并入华中高等师范学院，中华大学教育学系经历了改名、停办、复办、撤销、改组的命运，但是它高质量的办学水平为教育界培养了大批的人才，这些人才分布在高校和中小学教育系统，1923 年第一届教育哲学门毕业的段麟郊任职于中华大学教育学系，倪明材历任中华大学初、高中英文教员。其余各届毕业生有：魏详才，历任湖北省立咸丰联中第四师范教员、公安县中校长、宜都师范教务主任及华中副教授、注册组主任等职务；刘光明，历任华中大学附中、武昌县中教员及中华大学职员、助教、教务员；涂压伯，历任中华大学讲师、教授兼秘书主任及重庆储材农专、国立体专教授；陈法礼，任中华大学教育学系教育心理学讲师；陈英，任华中大学师范专修科教员；徐达贤，任中华大学附小教员。1927 年毕业的王亚南是著名的经济学家、教育家，曾任厦门大学校长，与他人合译《资本论》，共著书 40部，文章 300 余篇。

---

① 吴丽：《新中国成立初期武昌中华大学变迁研究 1949—1952》，华中师范大学硕士学位论文，2015 年。

二、中华大学教育系科建设的内容

（一）教师队伍建设以留学生群体为主

1.教师国际化层次高

为了引进西方新教育思想，中华大学广泛聘请教师，非常注意聘任国外留学生和国内名校毕业生到校任教。由表1可知，据不完全统计，教育系科教师有17人，其中有11人为国外知名大学毕业生，比总数的二分之一还多，其毕业学校均为世界级高等学府，例如美国哥伦比亚大学、美国哈佛大学、伦敦大学、日本帝国大学和日本中央大学。有6人毕业于国内知名公立大学如武汉大学、北京师范大学、国立中央大学、东南大学、武昌中山大学和武昌大学。从师资队伍的教育背景可以看出，中华大学教育系科在教师的选聘上以高质量作为标准，且与私立华中大学教育系科主要由国外教会委派教师不同，中华大学立足国人自办大学的基点，更加重视对留学生的引进，表明了中华大学教育学系学习国外新教育思想，扶持中国教育学师资队伍，以缩短中西教育之间差距的决心。

表1 教育学系教员统计名单

姓名	毕业学校	职称
张安国	日本中央大学	教授兼教育学系主任
罗睿	美国哥伦比亚大学	教授兼教育学系主任
严士佳	美国哥伦比亚大学	教授兼教育学系主任
林树华	美国哥伦比亚大学	教授
陈飞鹏	美国密歇根大学	教授
余祖言	日本宏文学院	教授
虞默生	美国哈佛大学	教授
汪震华	日本帝国大学	教授
余家菊	英国伦敦大学	教授
刘行骏	美国哥伦比亚大学	讲师
崔思让	美国哥伦比亚大学	讲师

续表

姓名	毕业学校	职称
张济时	武昌大学	讲师
韩联和	国立中央大学	讲师
罗鲲	北京师范大学	讲师
唐现之	东南大学	讲师
方辰	武汉大学	教员
汪国璜	武昌中山大学	讲师

注：本表根据《私立武昌中华大学十九年度上学期教职员一览表》，华中师范大学档案馆，中华大学类，案卷号：274；《武昌中华大学二十五年度教职员一览表》，华中师范大学档案馆，中华大学类，案卷号：277；《私立武昌中学大学二十二年度教职员一览表》，华中师范大学档案馆，中华大学类，案卷号：276；《私立武昌中华大学二十八年度教职员一览表》，华中师范大学档案馆，中华大学类，案卷号：280，绘制而成。

2. 教师兼具学历与能力

在 17 名教师中，9 位外国留学生都有硕士研究生学位，约占二分之一，教授职称的有 9 人，约占二分之一，且有 3 人担任过教育系科主任一职，高学历和高职务体现了教育系科在用人上唯才是举，在选人上宁缺毋滥。但是由于中华大学属于私立大学，跟公立大学相比办学资金有限，因此在教员的选聘上往往要求全能型人才，一人能够任教多门课程，例如严士佳任教的课程有：伦理学、课程编制、教育行政；方辰任教的课程有：心理卫生、教育实习、哲学概论、心理及教育测验、教育统计；张安国任教的课程有：教育概论、教育史、现代教育思潮、教育制度研究、比较教育；余家菊任教的课程有：教育哲学、中国教育书籍研读、普通心理。[①]

3. 教师具有献身精神

由于中华大学办学经费有限，因此教员的薪金相对于其他国立大学来说属于比较低的，例如在西迁重庆时期，受到战争影响，物价飞涨，生活成本渐高，但是教职员的待遇在全国大学中却是最低的，教员每日蔬食陋居。[②] 在这样艰苦的环境下，大多数教师还是能够勤勉教学，一是因为他们受陈家父子毁家兴学精神的感召，受陈时校长以诚相待、以礼相见的关怀，不计报酬，不畏艰难，同样怀抱着教育报国的热心，"风雨同舟数十年，含辛茹苦为育才"[③]。二是陈时知道物质条件是生存的基础，为了提高教师们的待遇，他变卖家产，招募校董，上街

---

① 华中师范大学档案馆：《中华大学类》（案卷号 96）。

② 周振训：《抗战以来的中华大学》，《教育杂志》第三十一卷第一号。

③ 马敏、黄晓玫、汪文汉：《华中师范大学校史 1903—2013》，华中师范大学出版社 2013 年版，第 81 页。

募捐,还想办法让教师兼任商界、报社和银行等行业的职务。这样一来,教授待遇大抵与国立大学教授待遇相同,教职员们也能安心教学。1945 年 4 月 9 日,学生发动"中华大学国立运动"举行罢课,校长陈时被学生攻击无品、无学、无信,陈时不得已发布布告离校,这个时候余家菊站了出来公开呵斥学生,并立即请来中华大学董事长和教育部人员,劝陈时坚定立场,继续担任校长。尽管陈时一再邀请余家菊代为掌管教务,但是他还是坚定拒绝了。余家菊在日记中这样描述道:"途经教育学院,石径花蹊中顿忘人世。"表达了对教育学院的深厚感情。

(二)课程设置以新教育思想为中心

中华大学教育系在课程内容的选择和课程安排上效仿日本和美国现代私立大学的办学经验,推行学院制度、选修制度、学年学分制度等,主要目的是用现代科学文化和手段教育学生。

1.选修与必修结合,尊重学生自主权

我国选修制兴起于 1922 年"壬戌学制"颁布之后,旧时课程的安排整齐划一,考查大学生成绩也主要以学年为主,而中华大学教育学系采用的是选修结合必修的制度,修满学分即可毕业,不以学年为主,这种方法,给教师开课和学生选课更大的自由权。由表 2 可知 1932 年教育系科一共有 39 门课程,其中有 7 门选修课,自二年级起开设,分别是:幼稚园教育、社会心理学、教室管理、新兴教育、教育测验、体育学和教育专书研究,选修课内容丰富,涉及社会学、统计学、体育学、管理学等现代科学知识,能够适应学生个性,发展其兴趣与能力,改变传统教育的划一性;同时还严格规定了选修程序,选课日期为开学注册公布后 10 日内,选修课程之后,经过指导员签字存档,逾期不允许补选,凡是选修科目考试不及格者,注销其学分。① 关于必修课程,如果用现代的课程划分来看一共包括三类,分别是公共必修课:国文究习、英文研习和中山主义;学科必修课:教育概论、教育原理、教育史、教育哲学、师范教育和教学法等;实践课:视察指导、教育实习。

---

① 马敏、黄晓玫、汪文汉:《华中师范大学校史 1903—2013》,华中师范大学出版社 2013 年版,第 112 页。

表 2　1932 年教育学系课程表①

年级	学科	每周时数	学分	必修或选修	年级	学科	每周时数	学分	必修或选修
一年级	国文究习	3	6	必修	三年级	师范教育	2	4	必修
	军事训练	3	3	必修		社会教育	3	3	必修
	教育原理	3	6	必修		教室管理	3	3	选修
	英文研习	3	6	必修		智力测验	3	3	必修
	教育概论	2	2	必修		乡村教育	2	4	必修
	中山主义	2	2	必修		教育行政	2	4	必修
	普通心理学	3	6	必修		教育测验	3	3	选修
	教育心理学	3	6	必修		职业教育	3	6	必修
	教育史	2	4	必修		课程编制	3	3	必修
二年级	儿童心理学	3	6	必修		教育统计	3	3	必修
	遗传学	2	2	必修	四年级	比较教育	3	6	必修
	幼稚园教育	3	3	选修		现代教育思潮	3	3	必修
	青春心理学	3	3	必修		新兴教育	3	3	选修
	学校卫生	3	3	必修		毕业论文		2	必修
	小学教育	3	3	必修		教学法	3	3	必修
	社会心理学	3	3	选修		体育学	3	3	选修
	教育社会学	2	4	必修		教育实习			必修
	中等教育	2	4	必修		教育哲学	2	4	必修
	军事训练	3	3	必修		教育专书研究	3	3	选修
						视察指导	3	3	必修

2. 中学与西学结合,用现代科学文化教育学生

由于中国近代教育学的发展是从学习西方开始的,因此中华大学教育系科的课程内容是以西学为主。但是作为国人自办的大学,中华大学教育系科对于西方宗教思想予以了摒弃,没有像同时期的教会大学那样设置宗教教育概论、品格教育、宗教教育视导、宗教学校管理、宗教学及教学法等课程。② 而选择了普通心理学、教育心理学、儿童心理学、社会心理学和青春心理学等现代心理学课程,智力测验和教育测验等现代统计学课程以推动中国教育的现代化进程。为了学习到"原汁原味"的西方教育学,教育系科广泛引进西方教材,师范教

---

① 华中师范大学档案馆:《中华大学类》(案卷号 79)。

② 李艳莉、侯怀银:《中华大学教育系科的发展及启示》,《教育研究与实验》2016 年第 5 期。

育课程使用《德国小学师资概论》《英国师范训练》和《1927 年世界教育年鉴》；教育专书研究课程使用 17 世纪起至现代各派教育名著，如卢梭的《爱弥儿》、斯宾塞的《教育论》等；教育社会学课程使用《教育社会学》和《教育社会学初步》；教育哲学课程使用 *Democracy Education*。与此同时，对于品质精良的中国教育学教材也予以使用，师范教育课程使用《世界师范教育概论》《教育概论》，除此之外，现代教育思潮课程均使用本学系教员编写的讲义，有利于发扬教师的自主性和创造性，增进对校本教材的建设。[①]

3. 理论与实践结合，培养学术型和应用型人才

为谋求中国学术独立，不再一味引进外国研究成果，提高学生研究兴趣，发展中国学术，中华大学教育系科在课程中设置教育原理、教育史、教育哲学、教育概论等基础理论学科，研究教育的意义、目的、教材、教法、训练、儿童、教师与学校之职务、功用及关于其他教育活动的原理；并且专门设置教育专书研究一科，提高学生研究兴趣，培养研究发表的能力。同时，成立教育研究会，创设图书室，以供全系研究及阅览；学校还创办《中华周刊》《光华学报》《中华季刊》以供师生发表文章。在一切事务中，理论固然是最高的源泉，但是如果没有实践的检验，那么理论终究是空洞的束之高阁的理论，是绝不会有价值的。在教育领域中，理论与实践的关系更加密切，理论来源于教育实践又反过来指导教育的发展，因此在教育系科学生的培养中，十分重视实践环节。教育实践主要分为两大部分：一是教育参观；二是毕业实习。教育参观的年级主要是三、四年级，由教务长严士佳、教授韩均之等教员带领，参观对象以中小学为主。据不完全统计，教育系科学生参观过的学校有：汉口市立第二中学、汉口市立第一中学、抱冰堂复兴小学、汉阳训女中学、汉阳益智中学、省立第四小学校。而毕业实习时间是两个星期，地点是中华大学附属中小学。以 1937 级教育学系的 8 位实习学生为例，附小自主任到各级训导的职务全部交给实习生负责，即一切对内对外事情由实习生全权负责，教学与管理相结合，扩大了实习生的权力范围。实习结束后为教育学系老师做各种参考，也便于同学检讨实习中的错误，以资改正。实习生在教育系严士佳、张安国、方旦明、余家菊、汪震华五位老师的指导下还撰写了以简介实习概况和自我检讨为主要内容的实习报告书，并发表在中华大学自己创办的报纸《中华周刊》上。[②]

(三)教学管理以提高学生质量为理念

1. 完善的考试程序

中华大学严格规范学生生源和毕业质量，除学期末的测验之外，入学和毕业都要举行考

---

① 华中师范大学档案馆：《中华大学类》(案卷号 7)。

② 《中华大学教育系科民二十六级教育实习及附小实习报告书》，《中华周刊》1937 年 4 月 17 日。

试,新生入学考试分为两天,包括体检、口试和笔试。入学考试的科目有:国文、英文、数学、理化、生物、史地、公民七科。① 学生毕业时为检验其大学期间的学习效果也要举行考试,1941 年教育系科的毕业考试科目为:教育哲学、教育制度、训育论、专材研究、日文、图书馆学、体育、民众教育、教材编制、教育实习。② 入学考试主要是对中学基本知识的考查,以确保生源的高质量,而毕业考试包括理论与实践两方面内容,以保证为社会输送高水平的教育人才。

2.灵活的考试题目

中华大学教育学系革新了封建社会传统考试形式,试题也较为灵活,某年教育学系二年级上册期末考试试题如下所示:"一、教育学理:1.教育定义议论纷纭,试列举各家学说而详论之;2.智力测验对于教学方法有何辅助? 试述其理由及其实施方案;3.训教指导制之利弊如何?;4.试详言吾国实验学校失败之原因,及其补救方法(任答三点)。二、心理学:1.试论述心理学各家学说并加批评;2.何为本能? 人类的本能究竟是特殊的还是普通的,试举例而详论之;3.试详释下列各名次:感觉、联念、自我、情绪、反应、行为主义派。三、教育史:1.试详述周时教育制度及其特点;2.试累述卢梭学说及自然主义之实际的影响;3.试详言欧美现代教育之进展及其影响。"③这篇试题完全革新了传统封建教育的内容和形式,其形式分为名词解释、简答和议论,在内容上多为新教育思想,例如考查学生对西方自然主义教育家卢梭思想、对现代心理学知识和智力测验等知识的掌握;同时还结合中国的实际教育情况加以考查,培养学生解决实际问题的能力,强调对批判和怀疑意识的养成,对于名家观点,鼓励学生提出不一样的意见,培养学术创新能力。

3.严格的成绩评定

中华大学教育学系的评价体系兼具过程性评价和终结性评价,每学期成绩,以平时成绩和学期考试成绩平均计算,各学科缺席次数,占该科一学期授课时数五分之一者,得扣其学分。必修课不及格者必须重修,选修课不及格得以性质相同之他种选修课成绩补充之,但学分总数不得少于规定的分量。成绩计算以学分为主,每学科不满 60 分为不及格,基本科目如英文不及格者留级处理,其余一科不及格,而成绩在 50 分以上,学分修足者,准许复考一次,再不及格,须随班补习一年,考试时再不及格,即行留级。④

① 华中师范大学档案馆:《中华大学类》(案卷号 116)。
② 华中师范大学档案馆:《中华大学类》(案卷号 105)。
③ 华中师范大学档案馆:《中华大学类》(案卷号 44)。
④ 华中师范大学档案馆:《中华大学类》(案卷号 79)。

(四)课外活动以增进学识锻炼能力为目的

1.邀请名家讲演开一代讲学之风

中华大学为了增进课外知识给学生灌输新思想,提高研究兴趣,不分国界、不分流派邀请了众多教育界名人来校演讲。1922年8月30日,梁启超在中华大学发表了题为"湖北在文化史上之地位及其将来之责任"的演讲,追溯了历史上湖北文化的显著地位,论证了湖北文化对中国的重要历史作用,同时揭露了自辛亥革命以来,湖北为外来势力威逼利诱最甚,因此梁启超号召湖北担负起救国的责任,振奋精神,勇往直前,带动周围省份为振兴中华而努力。黄炎培分析了中外职业教育问题,认为职业教育是提高国民素质的重要途径,而中国的职业教育很落后,应该加强社会力量,他鼓励学生走入社会后要多从事这方面的事业。[①]1934年,晏阳初到校做主旨为"对于农村除文盲,做新民"的演讲,到场学生600多人,他列举了中国民族积弱的原因和今后民族恢复的要点,回忆了他在定县办理农村教育的经过,学生听后颇为感动。此外还有康有为讲大同主义与人道、蔡元培和张伯苓讲教育学、王士杰讲现代教育学、陈立夫讲唯生论、冯玉祥讲爱国主义与抗战胜利、马寅初讲新人口论等。[②]中华大学的演讲者名录中还不乏著名的外国代表,例如美国教育家杜威受到总部设在中华大学的武汉学生联合会的邀请,于1920年11月到中华大学发表演讲,受到了同学们的热烈欢迎,他对中国的民主运动给予了极高的评价,无情地鞭笞了封建教育制度,向青年学生们传播了他的生活教育理念和教育改革思想。此外还有北美教育考察团、世界学生联盟、教育专家孟禄、德国著名哲学家杜里舒(H. A. E. Driesch)、印度诗人泰戈尔(Rabindranath Tagore)等。[③]抗战期间,陈时还邀请了郭沫若、邹韬奋、邓初民、杨杰、陶行知、范长江和李公朴等进步人士到校演讲,宣扬民主与进步的思想,在国民党统治的天空下,营造了一片"民主的乐园"[④]。受到各位名家思想的熏陶,中华大学的校园里出现了人人言新教育、人人求进步的新局面。

2.筹备野宴活动以联络师生感情

为历届教育系科毕业学生联络感情,教育学系还特别成立了中华大学教育学会,每学期举行一次野宴,场地主要设置在校外,其目的是研究学术与加强交流,每期都专门成立野宴筹备委员会,负责经费的筹集,野宴活动书籍、报章杂志的出版,以及参与人员的邀请等事项。以1936年秋季举行的野宴为例,参与者有中华大学校长、教育系科教员、教育系科在校

---

① 娄章胜、郑昌琳:《陈时教育思想与实践》,华中师范大学出版社2001年版,第81页。

② 私立武昌中华大学校史组:《中华大学》,华中师范大学出版社2003年版,第10页。

③ 熊贤君:《湖北教育史》上卷,湖北教育出版社1999年版,第349页。

④ 娄章胜、郑昌琳:《陈时教育思想与实践》,华中师范大学出版社2001年版,第156页。

学生以及毕业的各位校友,总计 80 余人,规模盛大。[①] 1937 年举办的春季野宴,参加人数在百人以上,目的也不再限于在校学生和毕业校友之间的交流,还附带参观汉阳兵工厂。[②] 由此可见,由教育学会举办的野宴活动是一次规模大、组织健全、意义丰富的活动,有利于广大师生在生活中交流,在生活中学习。

3. 组织修业旅行以考察全国教育

教育学系修业旅行以学生团体的形式实行,旅行范围是全国大中小学、博物馆和报社等教育文化场所,主要的目的是进行中国教育实地考察,发扬理论结合实践的学风。以教育系第 33 届毕业班学生为例,在 1934 年,由学校出资,他们北上北京和河北进行了为期 17 天左右的修业旅行,分别有男生 5 人,女生 2 人,团长 1 人,工友 1 人,共 9 人。参观目的地主要有:故宫博物院,北京大学、清华大学、北京师范大学等大学,中央通讯社等 3 大通讯社和报馆 7 所,还在河北参观了定县的中国平民教育促进会,同时还带回了北京师范大学附属中小学、清华大学和燕京大学赠送的图书。[③] 同年,教育系大四学生另 8 人自筹经费,组织教育参观团,跨时两个月,奔赴河北定县、北平、天津、南京等地高中以上学校参观,实地考察教育状况。[④]

三、中华大学教育系科的发展困境

如果将私立中华大学教育系科曲折的办学经历置于风云变幻的民国历史中,我们能够从中窥视出近代私立大学的办学困境。北洋政府统治时期,国立武昌高师属教育部管理,中华大学等私立高等学校属湖北省教育司管理,前者经费由教育部专拨,后者经费由校董会筹集,政府适当补贴。但是 20 世纪 20 年代,军阀混战,教育经费经常被挪用,湖北省教育经费仅占全省财政支出的 6% 左右,能够补贴私立大学的少之又少。1923 年,中华大学年教育经费和生均教育经费均低于武昌高师,仅仅靠校长陈时变卖家产而艰难维持,教育系科的发展也十分缓慢,在 1923 年和 1926 年只分别培养了 9 名学生,而武昌高师自 1913 年开办到1928 年改为综合性国立武汉大学一共培养了 940 名毕业生。1927 年,南京国民政府成立。1928 年,湖北省教育经费从占全省财政支出的 6% 增长到 9%。同年,中华大学校董会正式成立,吸引了湖北政界和商界的名人投资办学,学校规模不断扩大,软实力和硬实力都有了

---

① 《校闻:教育学会举行野宴》,《中华周刊》1936 年第 563 期。
② 《教育学会定期举行民六年春季野宴》,《中华周刊》1937 年第 579 期。
③ 《教育参观团报告书(补载)》,《中华周刊》1934 年第 499 期。
④ 《教育参观团出发》,《中华周刊》1934 年第 484 期。

较大的提升,处于办学的繁荣时期。1928 年到 1937 年间,中华大学教育系科共培养了 61 名毕业生。而由于此时正处于第一次世界经济危机,教会办学经费锐减,同在武汉的华中大学发展受到限制,1932 年到 1937 年间教育学院毕业人数为 17 人,仅为中华大学的三分之一。1937 年,武汉沦陷,中华大学校董会面临破产,教育部的补助也越来越少,为躲避战争中华大学被迫迁往重庆,借用湖北旅川同乡会作为临时校址,并重新组织校董会向商界和银行募捐资金来维持办学,1940 年由于经费短缺教育系科停止招生。而同样西迁云南喜洲的华中大学得到了外国教会和资本家的大力资助,教育学院在校人数超过 200 人。1945 年,抗战胜利中华大学迁回武昌旧址,校舍、仪器和图书损失严重。教育学系于 1945 年重新开始招生,本以为可以重新发展,奈何内战爆发,受到政局波动的影响,币值急剧下降,物价飞涨,师生生活困顿,社会秩序混乱,教学几乎停顿。武汉解放后,逐步确立了中国共产党对高校的领导,中华大学教育学系经过了废系改组,最后合并到华中高等师范学校。综上所述,从教育经费的保障、校舍校址的建设、招生的吸引力等方面来看,战乱动荡的社会和分裂的政权严重阻碍了私立大学的健康发展。

四、中华大学教育系科发展的启示

在进一步推进教育现代化发展的当下,在建设教育强国的关键时期,将目光转向 20 世纪前期,追溯传统教育向近代教育转变的初始阶段,感受中国近代知识分子的觉醒,体会他们饱含教育救国思想以振兴中国的热忱之心,总结中国第一所国人创办的私立大学教育系科的教育理想和显著特征,对当今教育工作者追寻教育初心,坚定建设教育强国的理想具有积极的意义。

首先是要提高教师队伍的国际化水平。教育国际化是 21 世纪经济全球化、社会信息化的时代要求,是提高中国教育竞争力、发展教育强国的现实需要。教师国际化的教育经历、理念和视野能对所在学科领域产生直接影响,是打造国际化科研水平的重要基础,是实现教学国际化的中介,是学生国际化的桥梁。与 20 世纪前期相比,现在的中国社会形态已经彻底改变、国际地位名列前茅,但是也有一个相同之处——那就是对优质人才的需求,在确立了教育优先发展战略的今天,加大对留学生的政策吸引,创设适合国际人才的社会生态环境,对于提高中国教育学的国际竞争力,推进世界一流大学和一流学科的建设具有深远影响。

其次是要增强理论与实践课程的创新。学术研究要拓宽眼界,树立远大理想,为中国学术领先世界而努力,教育教学的空间要扩大到大中小学,毕业实习的身份要转变成主人翁,对教育现状的了解不再限于一个学校、一个省份而是全中国,这样才能更好地贯彻全面发展学说的指导思想,以来自实践的真实问题为研究基础,让学生在接近真实的情境中学习,用实践来检验和反思理论知识,培养学生的自主学习能力、发现与解决问题的能力、团队协作能力和创造创新能力,使得学生可以灵活应对瞬息万变的社会环境。

最后是要营造自由宽松的学术氛围。我国自孔子开始就有私人办学的历史传统,与官学不同的是私学崇尚自由独立、百家争鸣,鹅湖之会这样的学术辩论也一直被视为佳话流传至今。陈时于1912年创办的中华大学是第一所国人自办的私立大学,他不像公立大学那样为政府培养人才,更不像教会大学那样为教会培养人才,而是为整个中国社会培养人才!他邀请了一大批外国教育学家、一批民主进步人士以及推动中国教育近代化的重要人物到校演讲,开创了一代独立、自由的学习风气。自由的学术环境是学术创新的土壤,是保持大学活力的必要条件,是建设世界双一流学科的必然选择,是迈向教育强国的现实需要。在现代大学教育系科的教学与管理中,我们要重申学术自由的精神气质与品格,打破学校之间、学科之间、专业之间的壁垒,摒弃门户之见,创新学术交流新机制,鼓励理性的学术争辩与学术批评,营造自由宽松的学术氛围。

从术到学:近代教会大学家政学学科的建立与发展

◎聂杨莉　项建英　*

摘　要:从 1922 年到 1952 年,中国教会大学家政学学科从建立逐渐走向发展,培养目标从高级持家人才转化为研究型科学人才;课程设置从注重应用到研用并重;教学实验由校内走向校外;学术研究从复制西化到追求本土研发。近代教会大学家政学学科的发展过程也是从术到学的过程,对今天家政学学科的发展仍有借鉴和指导意义。

关键词:近代;教会大学;家政学;学科

1922 年,燕京大学家政系正式建立,教会大学家政学学科由此开端。此后,岭南大学、华南女子文理学院、震旦女子文理学院、辅仁大学、金陵女子文理学院、华西协和大学等相继设立了家政学科。到 20 世纪 50 年代,教会大学家政学科在院系调整中解散或重组。纵观近代中国教会大学家政学学科建立与发展的过程,也是从术到学的过程,对今天家政学学科的发展仍有借鉴和指导意义。

一、培养目标:从高级持家人才到研究型科学人才

近代教会大学家政学学科的人才培养目标是随着学科自身的成熟、社会需求的变化而逐渐形成的。简单来说,就是从最初的培养高级实用型持家人才走向研究型科学人才。

教会大学最早设立家政专业的是燕京大学。1922 年,美国俄勒冈(Oregon)农业大学家政学院院长米兰(Ava Mylam)和学生宓乐施(Camilla Mills)应邀前来燕京大学协助创办家政系,到中国后她们进行了社会调查,结果发现中国在家政教育方面有许多不足,中国女性家庭管理能力、儿童的健康成长和营养学知识等方面都需要加强。米兰提出应先培养有家

---

　*　作者简介:聂杨莉,浙江师范大学教师教育学院硕士研究生;项建英,浙江师范大学教师教育学院教授。

政学识的人才。为此,燕京大学家政学学科成立。成立之初,米兰认为家政教育的目的在于让中国年轻的女子有更高级的持家方式,并且能让大众认为家政专业较之其他专业更有利于中华民族的福祉。因此,燕京大学家政系"设置的最初宗旨是为培养具有家政学各方面科学知识的人才,以提高家庭组织和家庭功能的质量达到促进社会发展的目的"①。1923 年,米兰回国,由宓乐施接任其位。这时,燕京大学家政学学科的主要目标在于将女性培养成为高级的家庭管理者、专业教师和领导者,并服务于中国的学校。由此可见,教会大学家政学学科成立初期的培养目标主要定位为具备家政学知识的高级持家人才,培养重点在为家庭服务。

随着非基督教运动的展开,教会大学不能以传播宗教作为其宗旨和目标,家政学学科也不得不考虑到中国的家庭制度和习俗与美国大相径庭、不宜全盘照搬的事实,纷纷开始关注中国的社会需求,将目光从家庭移至社会。1926 年秋,燕京大学家政系聘请何静安来校任教,后其担任系主任。何静安曾留学美国,她在认真考察中国家庭的实际情况之后,在教学中侧重将美国家政学原理与中国状况相结合,试图建立切合中国实际的家政学。1928 年,岭南大学成立家政学院,其目的除了考虑学校女生人数增加,更多认为"我国长江以南,尚未有家政学院,适应社会需求,设立实不容缓"②。1931 年,华南女子文理学院成立家政专修科,其使命主要是:"改良中国家庭和社会,促进劳作的精神,创造以社会作前提的观念,训练青年为新时代家庭建设者,社会各界的领导者,养成伦理、科学、经济、美术化的生活,培养心身健全的国民"③。学生毕业之后主要从事的工作:一是社会服务,包括"家政科主任或教员,托儿所或儿童教育机关指导员,医院营养科指导员,青年会,妇女部工作,服装公司指导员,实业及工作,家事教育公共推广工作,妇女刊物编辑员"④等等;二是家庭服务,即"组织科学化和社会化的家庭"⑤。由此,教会大学家政学学科将培养目标从为家庭服务转向为社会服务,学科范围更为广阔,跟中国社会的契合也更为紧密。

到 20 世纪 30 年代中后期,家政学科发展层次不断提高,教会大学家政学科的培养目标开始转向科学研究。1936 年,燕京大学家政系的培养目标提出了以下四点:"(1)使家事学在今日女子大学教育中,成为重要之一部,(2)训练中等学校所需要之家事学教员,(3)预备

① 燕京大学校友校史编写委员会:《燕京大学史稿(1919—1952)》,人民中国出版社 2000 年版,第 272 页。
② 朱有瓛、高时良主编:《中国近代学制史料》第四辑,华东师范大学出版社 1993 年版,第 580-581 页。
③ 福建省档案馆:《教育部、私立华南女子文理学院有关家事、音乐、小学、婴儿园等科系设置的指令》,馆藏号 0039-001-00004。
④ 福建省档案馆:《教育部、私立华南女子文理学院有关家事、音乐、小学、婴儿园等科系设置的指令》,馆藏号 0039-001-00004。
⑤ 福建省档案馆:《教育部、私立华南女子文理学院有关家事、音乐、小学、婴儿园等科系设置的指令》,馆藏号 0039-001-00004。

学生在医院饮食科服务之能力,(4)利用现今之科学,研究日常生活之各问题。"①可以看出,在这一阶段,燕京大学家政学学科的培养目标开始以细小的研究问题为中心,更加具体化,也在一定程度上开始考虑家政学学科相关专业的学理问题,试图将培养的重点放在科学研究上,而后通过对具体问题的研究间接满足社会需求;金陵女子文理学院对于开设家政学的建议也有更多的考虑,吴贻芳认为:"我们和男性在大学设立家政专业问题上有不同的看法。男人们老是追问我们,金陵既是所女子大学,为什么不设立家政专业? 他们似乎只懂得家政学大众化的实际用途,而我们大学的老师认为,假若开办家政专业,就应该有大学的水准。这将意味着家政专业要有高度科学化的标准。"②1940 年秋,金陵女子文理学院成立家政系,并将家政系设于理学院之下,他们认为,"家政系之性质,文理两科兼有,唯本校所办,偏于理科方面,是以列入理科学系之内"③。可见,金陵女子文理学院自家政学科一成立,就将其纳入科学之列,并以高度科学化的标准要求之。在研究型科学人才这一培养目标的指引下,学生科研素养也不断提升。以 1943 年华南女子文理学院郑惠珠的毕业论文为例,她的题目是"华南学院卅一年度春季膳食支配之研究",为做好毕业研究,她将研究分为五步:甲、调查。对华南学院的膳食经费分配、南平普通食物的价格、华南学院学生平均体重等进行了详细的实地调查。乙、制食单。根据调查的结果以及食物混食原则拟定详细食单并做出解释。丙、计算。对食物的重量,食物中所含热量、蛋白质、钙成分进行计算。丁、总算。根据一定的公式求得每日每人需要摄取的营养成分。戊、学院学生营养标准之求得。结合国际及国内的营养标准以及本学院的实际情况得出结论。④ 论文每一步骤中所涉及的调查结果、计算结果等均用表格详细列出,准确而严谨。

总之,教会大学家政学学科虽然受社会、政治等各种因素的侵扰,但学科却自始至终沿着从术到学的内在规律持续发展着,培养目标也从高级持家人才逐渐向研究型科学人才转变。虽然家政学学科起步晚,存在的时间并不长,家政学学科的培养目标最终也没有实现完全的学术化、科学化,但不可否认,在这一培养目标的引领下,教会大学家政学学科还是培养出了中国最早的一批营养学、儿童教育学领域的科学研究人才。

二、课程设置:从应用走向研用并重

在近 30 年的发展过程中,教会大学家政学学科的课程设置走过了由应用为主到研用并

① 燕京大学:《私立燕京大学本科各学院课程概要》,燕京大学 1936 年版,第 23 页。
② *The letter from Wu I-fang to Miss Griest*(1937,April 16),YDSL,UB Archives Box 143,Folder 2910,p. 0255.
③ 私立金陵女子文理学院:《私立金陵女子文理学院要览》,私立金陵女子文理学院 1945 年版,第 10 页。
④ 参考郑惠珠:《华南学院卅一年度春季膳食支配之研究》,华南女子文理学院毕业论文,1943 年。

重的过程,课程设置不断细化,研究型课程逐年增加,最终形成了研究与应用并重的课程体系。

教会大学家政学学科最初成立时,课程设置简单粗浅,基本以应用型课程为主。燕京大学家政学学科在 1923—1927 年间主要设置了家庭护理、卫生学、家政管理、食物学(烹饪学)、营养学、儿童发展与保健、服装与织物、室内装饰、应用农学(家庭种植)等课程,大多偏重应用。1931 年,华南女子文理学院家政学学科的课程设置偏重于家事,主要有家政学大纲、衣服纺织学、衣服学、家庭布置学、烹饪学、家庭看护法、家庭管理法、家事实习、家政学教授法、儿童营养学等。其中衣服纺织学、衣服学要求每周授课 1 小时,实验 2 小时,烹饪学则要求每周授课 1 小时,实验 4 小时,课程的实验时数多于授课时数,对于学生的动手能力有更多的要求。1932 年,岭南大学家政学学科初设时,主要课程有家政学、衣服与纺织、公共卫生、家庭护士学、食物之选择与储藏、儿童教养、营养学、家政学方法、家政学教学法、家庭布置、家政处理、家政实习等课程。岭南大学家政课程中实习时数远大于讲课时数,衣服与纺织、食物之选择与储藏等课要求讲授 1 小时,实习 4 小时,家庭布置要求讲授 2 小时,实习 4 小时,家政学、家庭护士学等课也有类似的规定。由上可知,教会大学家政学学科设立初期的课程较为简单杂乱,主要集中在家政学、烹饪学、衣服纺织学、营养学、家庭布置等几门应用型课程上,整体课程设置呈现出数量少、重应用、涵盖范围窄等特点。

随着家政学学科培养目标与发展方向日渐明确,师资队伍不断充实,教会大学家政学学科开始呈现对研究型课程的关注,课程设置由应用为主逐步转向研用并重。这种转变主要体现在两个方面:首先,一门课程裂变成应用研究兼备的多门课程。20 世纪 30 年代初,营养学这门课程还将重点放在营养的运用上。到 1937 年,燕京大学将该课程细化为"营养学"和"高级营养学"两门。营养学偏向实用,目的在于"使学生获得近代科学研究营养学的方法,研究人体之生活程序,与营养素之关系。营养素包含碳水化物,脂肪,蛋白质,无机盐,维生素等。先对各种营养素作分别之研究,然后注意到人体之需要量,需要之原因,并缺乏营养素时,身体所受之影响"[1]。高级营养学则偏重研究,目的在于"训练学生对于营养学有独立之研究及判断之能力,并能用试验方法,研究各种营养问题"[2]。金陵女子文理学院家政学学科的高级营养学则更是进一步,指出"应用动物做实验以研究食物之营养成分,故教法多注重实验"[3]。可见,在发展的过程中,探究型的营养学课程逐渐受到重视,课程不再局限于营养学方法的学习,而是尽可能同时兼顾原理研究与实际应用。许多课程都发生了裂变。如课程饮食学逐年分化为普通饮食学、食物调节、高级饮食学、病人饮食学、儿童饮食学等多门

---

① 燕京大学:《北平私立燕京大学一览》,燕京大学 1937 年版,第 152 页。
② 燕京大学:《北平私立燕京大学一览》,燕京大学 1937 年版,第 154 页。
③ 中国第二历史档案馆:《私立金陵女子文理学院课程概要》,馆藏号 668-138:83。

课程；课程衣服学分为衣服学、缝制衣服学、高级衣服学、纺织学；课程家政学教学法分为家政学教学法、观察及试教、家政教学法及领导成人训练班，等等。其次，新增了许多研用并重的课程。将各个学校不同时期所开设的课程进行对比，就可以明显地发现这一变化。相较于建系初期，20 世纪 30 年代之后燕京大学家政系增加了诸多兼顾研究与应用的课程。1937年，设置"儿童教管"一课，课程要求"使学生对于儿童心理，行为的发展，有详细的研究，并获得合宜的管教方法。利用婴儿园的幼儿施用各种原理，使得见到实验所的结果。对于亲子间，儿童间之关系，以及社会调试等问题，亦详加研究"①。同年设置"婴儿园"，"供给校详细之婴儿园得设备，管理及各种问题之调查。使学生意识到游戏之价值，学前儿童在游戏中之人格发展之重要与必需，并使玩具能适合于儿童人格之发展。从观察书籍，及讨论中研究婴儿园中之儿童的身体，心理，情感，社会的健全发展，并供给以各方面之充分发展机会"②。1941 年，又开设了阅读刊物的家事讨论课，"使学生熟习各种关于家事学之新刊物，练习由其中选择可靠之资料而编为撮要，俾明瞭美术及科学在家事学上之贡献"③。华南女子文理学院家政系的课程设置亦是如此，较之于建系初期仅有 10 门专业课，1941 年，家事教育系家事组开设的课程增至 29 门，其中，必修课主要有：有机化学、普通生物学、普通心理学、人体生理学、儿童心理学、优生遗传、家事学概论、烹饪学、化学与营养、缝纫学、纤维学、儿童教养法、住宅布置、家庭卫生与看护、婴儿园、家庭管理法、问题研究（即毕业论文），共计 17 门，选修课包括食物储藏法、现代父母学、家庭生产学、中学教学原理、家事学教学法、儿童营养研究、家庭问题、青年心理学、心理卫生、心理测验、婴儿园研究，共计 11 门。④ 除了早期已有开设的住宅布置（此前称家庭布置学）、家庭管理法、缝纫学（或称衣服学）之外，还新增了部分研用并重的课程，如家庭生产学——研究家庭可能的生产原理及应用（如园艺畜食等）、家庭问题——研究并讨论家庭内各种问题及改造方法。由此可见，教会大学家政学学科的课堂上不再简单地进行技能传授，而开始重视具体问题的研究，并强调在研究的基础上进行应用，实现了课程设置由应用为主到研用并重的转变。

教会大学家政学学科课程设置由应用为主转向研用并重的变化过程中，课程不断丰富，由最初的几门简单课程发展成为涵盖家庭理论与实践、营养学、儿童发展与教育三个方向的共计 50 多门课程⑤，并已初步形成了家政学学科课程体系。

---

① 燕京大学：《北平私立燕京大学一览》，燕京大学 1937 年版，第 154 页。
② 燕京大学：《北平私立燕京大学一览》，燕京大学 1937 年版，第 154 页。
③ 燕京大学：《北平私立燕京大学一览》，燕京大学 1941 年版，第 128 页。
④ 福建省档案馆：《私立华南女子文理学院 1935 年度转学生、复学生、1936 年度各级肄业生成绩表、私立华南女子文理学院各科系选、必修科目表》，馆藏号 39-1-54。
⑤ 作者对教会大学设置家政学学科的课程进行了初步统计，除同一课程名称不同的课程外，最终课程数已达 50 多门。

三、教学实验：从校内走向校外

教会大学家政学学科对于教学实验也非常重视，从最初的家政实习室、各科实验室，到后来的婴儿园、培幼实验托儿所、儿童福利实验所等，教会大学家政学学科的实验场所从校内走向了校外，教学实验机构日渐丰富。

教会大学家政学学科成立初期，限于师资及设备的缺乏，家政学学科并没有自己的实验室，实验教学往往依托于其他基础学科。到 20 世纪 30 年代初，燕京大学已经有了自己的家政实习室，学生必须在四年级下学期入住，负责整个"家庭"经济的支配、家庭管理、布置、煮饭、烧菜等。华南女子文理学院的家政实习室大致成立于 1933 年，"有两层，头一层有客厅、膳堂、书房、客卧室、盥洗室、厨房、食物间、储存室，再上一层有双人卧室一、单人卧室三、婴儿房、盥洗室以及两台，至于衣服储存室，多用＊＊小室以代笨重的橱务，凡一小家庭应具的设备，可谓应有尽有"①。学生们在家政实习室的工作有着明确的分工，大致可分为四个部分："其一，家庭管理者——管理家庭内所有精神，物质及社交的生活；其二，儿童看护者——研究应用人工营养以及婴儿心身发育的观察；其三，烹饪者——管理三餐，着重于食物营养分配……其四，普通助手——帮助一切事宜。"②除了轮流展开以上规定内容之外，学生还借家政实习室进行儿童身心发育实验。将孩子从育婴室抱过来，"用人工营养——牛乳——实验八个星期"③。每天的饮食起居都有严格的时间规定："每三小时哺乳一次，同时还加上补充的食品。每天运动两小时，或爬，或坐，或出游……隔一天沐浴一次。体重是每星期称一次。"④并将所得的数据做成表格，作为参考的依据。1942 年，金陵女子文理学院家政系的家政实习室也建立起来，家政系三、四年级的学生都需要在家政实习室内进行为期一个月的家事管理实习。据一位曾经参观过实习室的校刊记者说，实习室的客厅很小，但极为雅致，地板擦得光亮照人，"几张藤椅恰可够三五客人，但可不能超过此数，两个茶几上分别的安放着一篮迎春，一瓶豆花，鲜艳可爱，确能使人增加几分羡感，壁上有一幅冯副委员长的题字，也十分雅致"⑤。卧室的四张桌子合在一起摆成菱形，当时担任女主人的家政系学生聂宛解释说，这是"她们曾经多次试验的结果，以菱式摆法最合科学原理，因为无论白昼或是晚上，对

---

① 福建省档案馆：《教育部、私立华南女子文理学院有关家事、音乐、小学、婴儿园等科系设置的指令》，馆藏号 39-1-4。
② 福建省档案馆：《教育部、私立华南女子文理学院有关家事、音乐、小学、婴儿园等科系设置的指令》，馆藏号 39-1-4。
③ 福建省档案馆：《教育部、私立华南女子文理学院有关家事、音乐、小学、婴儿园等科系设置的指令》，馆藏号 39-1-4。
④ 福建省档案馆：《教育部、私立华南女子文理学院有关家事、音乐、小学、婴儿园等科系设置的指令》，馆藏号 39-1-4。
⑤ 《家政系家事实习室参观记》，《金陵女子文理学院校刊》1944 年第 114 期。

于光线的享受,最是公允充足"①。桌子较小,书本都放置在桌面上,但很整齐,桌子中间放置一瓶不知名的紫色小花,缓解了看书时的紧张气氛,十分讲究。各教会大学家政学学科均设有家政实习室,这不仅是家政系学生们实践所学知识的地方,也为学生们的各项实验提供了基地。除了家政实习室之外,教会大学家政学科还建立了诸多适应学科发展需要的实验室。如华南女子文理学院在美国姊妹大学的帮助以及学校资金的支持下,逐步建立了托儿实验室、烹饪实验室、缝纫实验室,等等。学生在开学之初还需要缴纳一定的实验费用,1934 年烹饪学就需要缴纳三元的家政实验费②,1936 年则改为"家政试验费每科二元至四元"③;岭南大学也成立了食物实验室、衣服制作室等。

随着校内教学实验的成型以及学科专业的发展,尤其是儿童福利专业的发展,家政学学科开始将实验教学的目光由校内转向校外,在校外成立了诸多集实习、实验、社会服务于一体的实验场所。华南女子文理学院的婴儿园为儿童教育专业的教学提供了实验基地,婴儿园就是要"给予本校家事教育系研究儿童教育试验的场所;发动研究儿童行为的兴趣,以便作为教育研究的研究会所持的先声;唤起家事研究生对于儿童教育的特殊注意,以便作将来儿童教育主修的准备"④。婴儿园教导要点分为德育、智育、体育、群育四个方面。针对教导要点,婴儿园绘制了详细的表格,如睡眠调查表、儿童每周体重比较表、体格检查表、食物记录表、儿童排泄记录表、儿童饮食习惯调查表、家庭报告表、儿童生活进展总报表等等,每日记录数据,作为研究的一部分。同时,婴儿园服务于附近的学龄前儿童,规定只要身体健康,或者曾经染病痊愈后经医生检查合格的,年龄在二至五岁之间的幼童均可报名参加,为当时的学前儿童教育做出了一定的贡献。金陵女子文理学院家政学学科成立的儿童福利实验所设立于小天竺街,其宗旨主要有二:"一为训练人才须有实习,一为造福邻近平民儿童进而改善家庭起见……使学生实习与服务儿童两者配合进行,适应社会需要。"⑤为此,儿童福利实验所规定:"凡有关儿童福利课程之学生,得派至本所实习,以本所为彼等之实验室,在本所负责人指导之下,使学理与实际工作配合起来,而获得工作之经验,以备日后离校入社会之用。"⑥实验所的研究工作分两方面:一是"小天竺街儿童生活之研究"⑦;二是"小天竺街儿童家庭概况之调查"⑧。研究所还和社会学系一起,从事儿童个案的研究工作。金陵女子文理学院家政学学科还成立了培幼实验托儿所,招收金陵女子文理学院、华西协和大学、金陵大

---

① 《家政系家事实习室参观记》,《金陵女子文理学院校刊》1944 年第 114 期。
② 私立华南女子文理学院:《私立华南女子文理学院一览》,私立华南女子学院 1934 年版,第 22 页。
③ 私立华南女子文理学院:《私立华南女子文理学院一览》,私立华南女子学院 1934 年版,第 22 页。
④ 福建省档案馆:《教育部、私立华南女子文理学院有关家事、音乐、小学、婴儿园等科系设置的指令》,馆藏号 39-1-4。
⑤ 中国第二历史档案馆:《儿童福利实验所概况》,馆藏号 668-10:3。
⑥ 中国第二历史档案馆:《儿童福利实验所概况》,馆藏号 668-10:14。
⑦ 中国第二历史档案馆:《儿童福利实验所概况》,馆藏号 668-10:10。
⑧ 中国第二历史档案馆:《儿童福利实验所概况》,馆藏号 668-10:10。

学、燕京大学、齐鲁大学教职员的子弟和校外附近居住的儿童,作为家政系的另一实验基地。这些校外的实验场所也为金陵女子文理学院家政系同学们完成毕业论文提供了助力,许多家政系学生都以此为实验基地完成自己的毕业论文。例如,1945级毕业生陈少芳的毕业论文题目为《华西坝实验托儿所八个儿童的个案研究》,1947级毕业生叶静菀的毕业论文题目是《托儿所儿童的饮食》,同年毕业的衣复薪的论文题目是《托儿所儿童游戏活动之研究及分析》。

总的来说,教会大学家政学学科在发展过程中实验室数量不断增加,类型不断丰富,教学实验从校内走向校外。在校内建立了各科实验室以及家政实习室,在校外则结合专业发展需求建立了实验婴儿园、儿童福利实验所等实验机构,家政学学科的教学实验体系雏形初现。

四、学术研究:从复制西化到追求本土研发

教会大学家政学学科初建时,学术研究以翻译国外家政学相关内容为主,关于中国本土的研究很少。而随着我国家政学学科的发展,学术研究逐渐起步,研究内容日益丰富,并能结合中国本土实际展开研究,内容开始聚焦,研究成果逐年增加,并呈现出从复制西化到本土化的特点。

教会大学家政学学科最初是按照美国模式设立的,学术研究也基本以译述西方已有研究为主。如何静安的《大学家政课程之研究》一文,将美国大学对家政学学科课程的最新调查结果及建议介绍到我国,认为家政学课程需要考虑到学生及毕业生从事职业的需要,要注意在经济及社会变迁中的家庭生活趋向,等等。[①] 此外,她还译述了《儿童睡眠的研究》《关于家庭关系的一门社会学课程》《家事教学中关于用钱问题的研究》《为男生而设的家政学》《德国的理家研究社》等文章。这些文章主要介绍国外家政学学理,涉及西方家政学课程、家政组织、家庭情况、儿童教育等方面内容。在教材和参考用书方面也全部引自西方,还没有本土的教材。如华南女子文理学院家政学学科初建时所用的教科书目,具体如表1所示。

---

① 王惠姬:《廿世纪前期留美女生与中国家政学的发展(1910s—1930s)》,《中正历史学刊》2006年第8期。

表 1   1932 年华南女子学院家政学系教科书目

某课目用	家政八	家政八	家政六	家政九	家政九	家政一
书名	Popular Education and Public Health	Home Hygiene and Care of the Sick	Food and Nutrition	The Hygiene of the School Child	Health Work in the School	Home Marking—A Profession for Men and Women
著作者	Daley and Viney	J. A. Delano	Wheeler and Wheeker	Lewis M. Terman	Hoag and Terman	Macdonald
某课目用	家政十	家政八	家政九	家政二	家政六	
书名	Problems in Home Living	Principles of Home Nursing	Growth Development of the Young Child	Textiles and Clothing	Feeding the Family	
著作者	Justin and Rust	Emma L. Mohs	Rand，Sweeny and Vincent	McGowan and Waite	Mary S . Rose	

注：该表整理自福建省图书馆：《私立华南女子文理学院报送立案的学院毕业生一览表、参考书、教科书目表》，馆藏号 39-1-3。

到了 20 世纪 30 年代后期，随着教会大学乡村教育运动的展开，家政学学科的学术研究也开始契合中国社会的现实问题，学科学术研究内容逐渐聚焦。主要集中在：(1)家政学在中国的必要性和重要性的问题。何静安在《家政学在今日中国的需要》一文中，围绕家政学的应用价值，提出了家政学可以"增进生活的效率"和"提高生活的标准"两条实用价值，从而论证了家政学存在的必要性和重要性。她在《家庭经济学》一书的引言中亦写道："家庭既为社会之基本组织，而主其事者未受相当之培植，很能冀其可改进家庭之生活俾过于完善耶？各先进国有鉴于此，于大学内设立家政学院。"[①](2)关于家事教育与男女平等的问题。陈佩兰在《男女平等与家事教育》一文中讲道："平等是前进的呼声，合理化的生活是平等的要素，家事教育乃是完成平等的一种责任。"[②](3)关于营养学的研究。严彩韵和她丈夫吴宪对北京膳食进行调查，提出了"正是因为膳食不良，导致各种营养不良病在中国的流行，中国儿童生长迟缓、中国人体格矮小、精神差、死亡率高，亦与膳食似有密切关系"[③]。龚兰珍的《家庭应有的食物常识》一文针对这一问题，详细说明了食物中维生素的功能和来源等问题。她撰写的《儿童的饮食》提倡在养育儿童的过程中，要注意科学化的营养。(4)关于新时期儿童的研究。陈意在《儿童的环境》一文中提出了儿童的健康成长需要充足的阳光和流通的空气，但

[①]　何静安：《家庭经济学》，商务印书馆 1935 年版，第 11 页。
[②]　陈佩兰：《男女平等与家事教育》，《教育杂志》1936 年第 26 卷第 12 期。
[③]　曹育：《最早在国内从事生物化学研究的女学者——吴严彩韵》，《中国科技史料》1995 年第 16 卷第 4 期。

"在中国式的房屋内是很不易得的,因为中国式的房子缺少两面的窗户"①,因此必须做出改善。她在《家庭对于入学前儿童发展的责任》一文中也对家庭对于儿童养育的重要性提出了自己的看法。何静安的《儿童睡眠的研究》等文章,则对儿童的科学睡眠进行了详细的研究。此外,关于战时家事的问题,张镜欧认为"战时物资缺乏,物价高涨,生活艰难。因之各国对于衣食及日用品均定量分配,家庭开支无不厉行节约……贤明之主妇,应运用经济常识,以节约为原则,编制适应环境之预算"②,为战时家庭如何制定合理的预算提出了较为具体的解决方案。家政学学术研究开始以解决实际需求为目标,围绕学科的相关专业展开,间或有关于家政学学科学理的讨论。与此同时,自编本土教材和参考用书开始出现。如何静安编著的《家庭经济学》《简易师范家政学教科书》等;陈意编著的《初中家事教科书》《师范家事教科书》等;陈佩兰编著的《家政学概论》;等等。这些教科书的编写加速了教会大学家政学学科的本土化和近代化历程。

随着教师学术研究的发展,家政学学科的学生学术水平也在逐年提高。我们以华南女子文理学院家政学学科的学生毕业论文为例,共计26篇,具体统计如表2所示。

表2　华南女子文理学院家事教育系毕业生毕业论文题目汇总

毕业年份	姓名	指导老师	毕业论文题目
1938	刘玉幼		《峡阳妇女民众教育的几个建议》
1941	曾淑宜		《育婴新法》(译)
1941	杨淑馨		《儿童教育十节》(译)
1942	杨德美	王纯懿	《父母与子女间》(译)
1942	刘慈萍		《几种儿童问题的解决法》
1943	陈素珍		《学龄儿童营养与健康之研究》
1943	张翠华		《福州鱼类和肉类烹饪法之汇集》
1943	唐顺生	陈芝英	《南平县各小学儿童之年龄体重高度之调查》
1943	陈锡瑛	王纯懿	《赏罚的心理根据及运用原则》
1943	赵绍琼		《废物利用五十种》
1943	洪燕生	陈芝英	《福州市中等家庭厨房设备改良之研究》
1943	郑惠珠		《华南学院卅一年度春季膳食支配之研究》
1943	吴萃英	陈芝英	《花与室内安花术之研究》

① 陈意:《儿童的环境》,《教育杂志》1935年第25卷第12期。
② 张镜欧:《谈谈战时家庭预算》,《妇女新运》1943年第5期。

毕业年份	姓名	指导老师	毕业论文题目
1943	邹金	陈芝英	《三十种玩具的研究》
1944	黄素琼		《食物营养与健康》(译)
1944	许作梅	陈叔圭	《小学儿童休闲活动之研究》
1946	陈翠容	陈叔圭	《小学生父母教育程度与学生学业成绩的关系》
1946	陈榆		《家庭管理常识》
1946	李佩琼	陈芝英	《少年儿童营养健康卫生习惯》
1946	李佩琼	陈芝英	《学龄前儿童服装之研究》
1947	郑结实	陈芝英	《家庭娱乐之研究》
1947	黄嘉种	陈芝英	《编织物之研究》
1947	李丽瑜	陈芝英	《福州市小学儿童年龄体重体长之调查》
1947	林秀英	陈叔圭	《五种小学新教学法融合研究》
1948	陈琼心	陈叔圭	《福州市 20 个小学玩具之调查研究》
1948	郑丽龄	陈芝英	《儿童的生活与需要》

注:福建师范大学图书馆《本校前身校论文篇名数据库》整理。

由表 2 可知,毕业论文有译著与研究论文两种。译著集中在 1942 年以前,之后的论文基本都是结合中国本土的现实问题进行调查研究。仔细翻看 1942 年以后的每一篇毕业论文,发现其中涉及大量的数据、表格,方法科学,态度严谨,已经达到了一定的学术研究水平。家政学科学生毕业后,相当一部分活跃在学术研究的舞台上。如燕京大学家政学科的毕业生关桂梧开拓了我国航空营养的新领域,担任航空营养课题组负责人,先后完成《空勤人员营养标准的研究》《空勤膳食中蛋白质、脂肪、糖类的表观消化率》《飞行员和地勤人员血脂含量的观察》等 20 余篇论文,她编写的《航空营养学》是我国第一部较为系统的航空营养教材,部分内容至今仍被沿用;周德勤发表了《高热能小体积口粮研究》《适宜维生素需要量的研究》《维生素强化食品的研究》等多篇论文;孟昭兰发表论文 30 余篇,还编著了《婴儿心理学》《人类情绪》;等等。

总而言之,近代教会大学家政学学科无论从培养目标、课程设置、教学实验还是学术研究等方面,都走过了一个从术到学的过程,家政学学科发展史就是学科学术发展史。我们重新审视这一过程中积累的宝贵经验,可以为今天大学家政学学科的发展提供借鉴。

国立中央大学与民国后期师资培养

——以体育系为考察中心

吴　涛 *

摘　要：国立中央大学体育系是民国后期体育师资培养的摇篮。在系主任吴蕴瑞的带领下，全系上下始终坚持以自然主义体育思想为师资培养指导思想，努力构建充实、合理的师资培养课程体系，积极推行专家讲学、赛事磨炼、实习试教相结合的师资培养强化模式。经过多年的不懈努力，国立中央大学体育系以其先进的教育理念、完备的课程体系和丰富的实践活动，为民国后期体育师资培养的质量提升和国民体育事业的快速发展做出了重要贡献，也为我国当前大学体育院系的改革发展和体育师资的培养提供了有益镜鉴。

关键词：国立中央大学；民国后期；师资培养；体育系

1916 年，为满足全国各地对体育师资的需求，南京高等师范学校创设体育专修科，"为我国正规培养中等以上体育专业人才之高等院校的首创"[①]。1921 年，南京高等师范学校并入国立东南大学，其后，三年制的体育专修科改为四年制的体育系。1927 年，国立东南大学与江苏省内 9 所专科以上学校合并，翌年正式定名为国立中央大学，体育系也随之改为体育科，仍为四年制，隶属教育学院。1938 年，奉南京国民政府教育部令，国立中央大学教育学院改为师范学院，体育科再次更名为体育系，学制为五年。1943 年，师范学院又增设二年制的体育专修科，以应对体育系毕业生不敷分配的局面。自此，体育系与体育专修科二者并存，直至 1952 年院系调整。在 1928—1949 年这 20 余年间，国立中央大学体育系[②]始终肩负着我国体育师资培养的重任，以其先进的教育理念、完备的课程体系和丰富的实践活动不断向教育领域输送优秀体育师资，为民国后期国民体育事业向现代化迈进做出了十分重要的贡献。

---

* 作者简介：吴涛，辽宁师范大学教育学院讲师。

① 成都体育学院体育史研究所：《中国近代体育史资料》，四川教育出版社 1988 年版，第 305 页。

② 为了叙述统一，以下皆称"国立中央大学体育系"，不再作"体育系"与"体育科"的区分，但不包括"体育专修科"。

一、以自然主义体育思想引领师资培养

20 世纪初,当中国体育界尚被日本军国民体育思想占据主流之时,美国哥伦比亚大学师范学院的伍德(T. D. Wood)、古利克(L. H. Gulick)和赫塞林顿(C. W. Hetherington)等教授即已提出以"新体育"为名的自然主义体育思想。后来,经由哥伦比亚大学师范学院体育系主任威廉士(J. F. Williams)的发展,形成了一整套主导美国 20 世纪 20—40 年代学校体育发展的自然主义体育理论。最早将自然主义体育思想导入中国的,是美国基督教青年会派来的体育干事麦克乐(C. H. McCloy)。[①] 而系统传播并切实践行该思想的,则是留学期间师从威廉士教授、归国后出任国立中央大学体育系主任的吴蕴瑞。作为中国现代体育事业的奠基人,吴蕴瑞不仅通过著书立说使自然主义体育思想渐为国人所知,更将该思想作为培育体育师资的指导思想,使国立中央大学体育系成为民国后期体育师资的摇篮。

(一)体育教师应为促进学生身心和谐而健全自身品格修养

自然主义体育思想强调身心一元,主张体育不仅要促进人的机体发育和体质增强,同时,还要对人的心智成熟和道德完善有所贡献,并最终实现人的身心和谐、德智体全面发展。而中国当时所流行的却是以身心二元为基础的"体育为纯粹身体之活动"的思想。[②] 对于这种普遍存在的误解,吴蕴瑞批评道:"所谓'身体之教育'者,即传统的二元之遗毒,亦即以人之身体视为解剖台上尸体之见解也。吾人既知凡属教育即不能分之为人之何部分之教育,因人系一整个的机体不能解剖式的划分之也,同时吾人既知人之机体为生动的,且有无穷之适应、无穷之机能,非一静止纯物质之机器,则吾人之所谓体育者乃为人之整个的机体之教育。"[③] 基于上述认识,他进一步指出:"体育教师之责任,轻于发达儿童之身体,重于培养儿童之品格,又贵乎能本身作则,感化儿童。"[④] 只有"教师明体育之真谛,训练管理得法",才能"收陶冶之效",反之,则会使学生"养成欺骗、虚伪、自私等恶德"。[⑤]

在吴蕴瑞的规划和带领下,国立中央大学体育系将兼顾青少年身体锻炼和品格发展作为未来体育教师的重要职责,并为此而强调体育系学生综合素质的提升和自身修养的完善。吴蕴瑞认为,从"德性、魄力、锐敏眼光、策略、热心、忠实、有精神、热烈、公开"等方面对体育

---

① 曾任南京高等师范学校体育专修科主任、国立东南大学体育系主任。
② 吴蕴瑞、袁敦礼:《体育原理》,勤奋书局 1935 年版,第 61 页。
③ 吴蕴瑞、袁敦礼:《体育原理》,勤奋书局 1935 年版,第 9-10 页。
④ 吴蕴瑞、袁敦礼:《体育原理》,勤奋书局 1935 年版,第 129 页。
⑤ 吴蕴瑞、袁敦礼:《体育原理》,勤奋书局 1935 年版,第 115 页。

系学生进行培养,与向他们传授"知识、经验及技术"等同等重要。① 与吴蕴瑞持类似观点的,还有同在国立中央大学体育系任教的方万邦。他也认为,"体育教师在体育活动中,一举一动莫不以身作则;设若自身缺乏健全的修养,即不能肩起这道德人格教育的重任"②。所以,作为未来体育师资骨干力量的国立中央大学体育系学生,平时除了进行各种身体训练外,更致力于形成自身的健全品格。

(二)体育教师应为体育的科学化而兼顾科学、原理和技术

自然主义体育以形成"合自然性"的身体锻炼体系、使人按照自身天性和需要获得发展为目的。欲使体育具有"合自然性"的特点,则需要对人在不同年龄阶段的生理和心理特征进行科学研究。吴蕴瑞自身的自然主义体育思想,便是建立在解剖学、生理学、生物学、心理学、教育学、社会学等学科基础之上的。他在为学生讲授体育原理、运动学和体育教学法等课程时,也无时无刻不在应用各种科学。同样,他也希望中国未来的体育教师能够在其教学和研究工作中借助各种科学之力,以实现体育的科学化作为自己矢志不渝的追求。在他看来,那些有违此道的体育教师,只会在工作中"迂回曲折,耗费精力,效力毫无,甚之背道而驰,愈走愈远,有误教育前途不浅"③。更为可怕的是,这些将体育视作各种技术而非科学,甚至认为"研究体育,只练运动可矣,无须应用科学"的人④,在当时的中国体育界尚不在少数。

当然,造成上述不利局面的原因,有很大一部分来自于以往的体育师资培养课程本身。诚如方万邦所指出的:很多大学体育系科及体育专科学校的课程太过偏狭,只重视方法与技术,"而疏忽原理与科学"⑤。那些"只长一技一能的运动员,竟充作体育教师与领袖者比比皆是。故我国的师资训练,不论质量两方面,较诸体育先进的国家均觉相差太远。这就是我国体育落后的主要原因"⑥!为了改变这种不利状况,南京国民政府教育部次长、体育委员会主席段锡朋,在1937年4月召开的新一届体育委员会全体委员会议上特别强调,"如何能使体育达到科学化"是现在最大的问题。⑦ 基于自身的认识和国家的总体要求,同时也是培养更好的体育师资的客观需要,吴蕴瑞、方万邦及其他同事共同致力于国立中央大学体育系的课程建设,逐步形成了以实现体育科学化、服务国民体育事业为目的的师资培养课程体系。

---

① 吴蕴瑞:《体育教学法》,勤奋书局1932年版,第26页。
② 方万邦:《体育师资的训练与修养》,《教育杂志》1936年第2期。
③ 吴蕴瑞:《体育学术化》,《教育汇刊》1929年第1期。
④ 吴蕴瑞:《体育科学化》,《科学画报》1935年第5期。
⑤ 方万邦:《体育师资的训练与修养》,《教育杂志》1936年第2期。
⑥ 方万邦:《体育师资的训练与修养》,《教育杂志》1936年第2期。
⑦ 《民教情报:教部体委会议决普设各地体育场,学校体育注意自卫技术训练,奖励著述事业大学设研究生,注重体育师资长期输流训练》,《民力》1937年第12期。

二、以充实、合理的课程保障师资培养

南京国民政府教育部体育督学郝更生曾经指出,为了使青少年达到体育课程标准中所订立的目标,体育教师"非有宏伟深厚的修养不可";为了达到这种修养,则"非打破已往狭义竞赛技能锻炼,而易以广义的体育陶冶不可"。[①] 那么,如何才能实现广义的体育陶冶呢? 当然,所应具备的条件是多方面的,不过其中最为关键的,便是要有完善的课程体系作为保障,否则一切皆是空谈。当时中国的体育教师,"差不多百分之九十以上是出身于私立体育学校的",但"私立学校因为种种关系,一切设施,当然不能尽如人意"。[②] 这其中也包括课程方面存在的问题,如"偏于技术",无法"使学理与技术并重"等。[③] 而反观同时期的欧美各国,其"体育人才训练机关都趋向于设置于大学内"[④]。其中一个重要的原因,就是大学不仅是专业训练机构,同时也是学术研究机构,具备开设各种课程所需的良好设备和师资,可以为全面提升体育人才的综合素养提供有利条件。

国立中央大学是民国后期学科门类最多、学术水平最高的综合性大学之一,从某种程度上来说,其发展势头甚至已经赶超国立北京大学。而置身于8个学院、30余个学系之中的体育系,真可谓得天独厚,占尽资源,因此,在体育师资培养方面,向来被看作是其他公私立体育院校的领跑者。为了达成"培养各级学校体育师资以发展国民体育"的办学目标[⑤],国立中央大学体育系的专家学者们着实在许多方面进行了精心的谋划和踏实的努力,尤其在课程设置上更是力求充实、合理,使其有助于对未来的体育教师进行"广义的体育陶冶"。

如前所述,国立中央大学体育系修业年限为四年,1938年后改为五年。在这四年或五年的时间里,除"术科"必须学满四年外,其他各科均按照课程性质和类别进行编排。总的原则是,先学习党义、国文、数学、英文、化学、生物、物理等所有院系共同学习的文化课程,再进行更为重要的专业课的学习。所有课程分为必修、选修两种类型,其中以必修课居多,但从第二学年开始,每年都开设若干门选修课程,用以拓展体育系学生的专业知识和文化素养。

根据1932年南京国民政府教育部颁布的《国民体育实施方案》,体育师资培养课程应包括"体育课程本身及其关系之学科",其中,生物学科应占19%,教育学科应占15%,体育理

① 郝更生:《中小学体育师资训练问题》,《教育杂志》1935年第7期。
② 袁宗泽:《中国体育师资训练问题》,《教与学》1937年第7期。
③ 编者:《造就体育师资》,《金陵女子文理学院校刊》1935年第25期。
④ 袁敦礼:《对于体育师资训练的一点意见》,《教育通讯》1938年第33期。
⑤ 《国立中央大学教育学院各系课程标准:体育科课程标准:附表》,《国立中央大学教育丛刊》1933年第1期。

论学科应占 20%，术科应占 21%，文化学科及选修学科应占 25%。[①] 国立中央大学体育系各类课程的数量占比并非与上述标准完全趋同，而是根据自身需要进行设置和调整。具体详见表 1。

表 1 国立中央大学体育系各种课程数量占比统计[②]

学科课程	1929 年		1933 年		1934 年	
	数量/门	占比/%	数量/门	占比/%	数量/门	占比/%
生物学科	10	25	9	17	8	15
教育学科	3	8	7	14	5	9
体育理论学科	8	20	11	22	11	20
术科	8	20	8	16	8	15
文化及选修学科	11	27	16	31	22	41
总计	40	100	51	100	54	100

从表 1 中数据可以看出，一方面，国立中央大学体育系的课程设置基本符合《国民体育实施方案》的规定；另一方面，为了使自身的课程体系逐步充实和合理，国立中央大学体育系也在不断付出努力。

首先，在教育和体育理论等学科领域增设一些课程，以期更好地达到夯实专业基础、实施广义陶冶的目的。基于自然主义体育思想，国立中央大学体育系的课程编排以兼顾文化、科学、原理和技术为原则，在体育理论学习和专业技术训练的同时，还进行文化课程及生物学、教育学等基本理论的学习。但在最初，无论是教育学科课程，还是体育理论学科课程，都相对较少，很难对体育系学生施以全面的培养。

据 1929 年《国立中央大学教育学院体育科简章》所示，第一、二学年开设的公共必修文化课程有 9 门，比体育理论学科和与之关系密切的教育学科都多。教育学科课程仅有教育统计学、教育心理学和教育通论 3 门（教育社会学和教育哲学为选修），且明显偏于理论层面，缺乏对实践指导性更强的学科；体育理论学科课程有体育原理及体育史、体育管理及行政、体育教学法、体育建筑及设备、运动评判法、运动测验和童子军等 7 门，虽然在一定程度上兼顾了理论和实践，但作为培养体育师资最为核心的一类课程，显然还是不够全面。

1933 年，国立中央大学体育系出台了新的课程标准。除了修正原有公共必修文化课程

---

① 佚名：《国民体育实施方案》，《教育部公报》1932 年第 43—44 期。
② 资料来源：吴蕴瑞：《国立中央大学体育概况》，《体育杂志》1929 年第 1 期；《国立中央大学教育学院各系课程标准：体育科课程标准》，《国立中央大学教育丛刊》1933 年第 1 期；《校闻：体育科重新厘定学生应修课目》，《国立中央大学日刊》1934 年第 1341 期。

只重"自然"而忽视"人文"和"社会"的问题,在原有基础上增设伦理学和社会学,以提升未来体育教师的道德水准,以及了解社会、适应社会并将学校教育与社会实际相联系的能力外,还做出了两方面的重要调整:一是在原有的教育理论课程基础上,增设中等教育原理及实施、英文教育书报选读、普通教学法、教育行政、健康教育等课程,使之能够更为全面地培育未来体育教师的教育素养和教学、管理实践能力;二是在原有的体育理论课程基础上,增设人体机动学、田径赛原理、民众体育和国术研究等课程,使此类课程原有的欠缺得到了较好的弥补,使未来体育教师的体育理论素养变得更为宽厚,以便更好地为国民体育事业服务。

其次,不断对必修课和选修课数量进行调整,使整个课程体系变得更为灵活,也更为合理。最初的做法是将部分必修课改为选修或将某些课程直接撤销。在 1929 年时,国立中央大学体育系的课程数量相对较少,选修课也只有 2 门。[①] 至 1933 年,选修课数量已达 10 门,有的还连续几个学年开设。[②] 到 1934 年时选修课数量进一步增加到 14 门,占全部课程的四分之一强。[③] 此时,早年的一些必修课,如德文、化学、物理、中等教育、体育问题等,都已变成选修课。同时,还有一些公共必修课和选修课被撤销,如数学、教育哲学和小学教育等。之所以进行这样的调整,其目的是使课程体系变得更加灵活多样,并尽量避免公共必修课和不必要的选修课占用过多时间,而影响对体育理论学科、生物学科及更为重要的教育理论的学习。而事实上,这种因公共必修课程太多而排挤其他学科课程的现象很难真正消除。到 1941 年时,吴蕴瑞仍然认为,体育系"共同必修科目太多排挤体育学科","此师范学院学生之所以多想转文、理、法各院也"。[④]

尽管公共必修课不宜过多,但专业必修课则不应减少。其实,在体育理论学科课程必须重点加强学习这一观点上,吴蕴瑞基本上是前后一致的。1929 年,他在介绍国立中央大学体育系时指出,体育系学生"于术科之外,尤需注意于学科,对于体育本身科学,如原理方面、教学方面、生理方面、组织行政方面、建筑设备方面,固应研究"[⑤]。而十余年后,在对五年制师范学院的种种缺点进行批评时,吴蕴瑞仍然认为:"人体机动学、运动生理学、体育史、健康检查、体育建筑与设备,均为体育专业训练之重要科目。"[⑥]因此,对于当时将上述五种体育理论学科和生物学科课程或由必修改为选修,或与其他学科合并的做法,吴蕴瑞十分的不满。在他看来,选修就意味着极其重要的专业课程变得可学可不学,而裁并则会导致体育建筑与设备和体育行政两门课程的内容皆被削减,这样一来,便使得体育理论及其相关学科的学习

---

① 吴蕴瑞:《国立中央大学体育概况》,《体育杂志》1929 年第 1 期。
② 《国立中央大学教育学院各系课程标准:体育科课程标准》,《国立中央大学教育丛刊》1933 年第 1 期。
③ 《校闻:体育科重行厘定学生应修课目》,《国立中央大学日刊》1934 年第 1341 期。
④ 吴蕴瑞:《师范学院体育系之缺点与改进》,《国民体育季刊》1941 年第 36 期。
⑤ 吴蕴瑞:《国立中央大学体育概况》,《体育杂志》1929 年第 1 期。
⑥ 吴蕴瑞:《师范学院体育系之缺点与改进》,《国民体育季刊》1941 年第 36 期。

远不如前。后来,除健康检查外,其他四门课程重又改为必修,直至 1948 年时仍是如此。①

由此可见,在培养体育师资的课程设置方面,国立中央大学体育系最为重视的是课程是否充实、合理,足以确保对体育系学生实施"广义的体育陶冶"。而充实并不意味着没有淘汰,在课程调整过程中,有的从必修课程中被移除,有的则被直接撤销,不再学习;合理也不意味着越灵活越好,课程设置应以对体育系学生扎实的专业培养为前提。不过,再好的课程体系也无法独立支撑优秀体育师资的培养,还需课内与课外、理论与实践相结合,才能更好地完成这一任务。

三、以讲座、竞赛、试教强化师资培养

"讲座、竞赛、试教相结合"是国立中央大学体育系培养体育师资的一大特色。"讲座"是指聘请本校或外校体育专家为本系学生做学术报告;"竞赛"是指鼓励本系学生积极参加各种体育赛事;"试教"是指安排本系学生根据自身所学内容进行实习教学。

(一)将专家讲座作为开阔体育系学生学术视野的宝贵资源

国立中央大学体育系虽为国内体育院系之翘楚,系内教师众多,其中也不乏名师、专家,但为了使体育系学生能够具有更为广阔的学术视野,能够更多地了解国内外体育事业的发展状况,仍然不定期地聘请学有所长、经验丰富的校外专家前来讲学。例如,早年留学欧洲、获法国医学博士,"于中西体育及体育与生理之关系,均有研究"的褚民谊,即曾受邀为体育系学生讲解体育新义,并对自己发明的新仪器进行演示和说明。② 他的演讲和演示,深受关心体育及民族健康问题的体育系学生欢迎。再如,国立中央大学体育系毕业生陈柏青,在由欧洲、日本考察体育回国后,也被请回母校为体育系 30 多名师生讲演《欧洲各国体育最近之实况》。③ 在演讲中,他告诫体育系学生:"体育的目的绝不仅仅是为了个人身心的健康,体育既是教育的一部分,必须帮助教育,使其发生伟大的效果。"④此番言论对于在座的体育系学生而言,实在是一种莫大的鼓舞。

除了不定期聘请校外专家做报告外,本系教师也经常在授课之余对学生进行精彩、生动的演讲。德籍教授葛乐汉(Kleinhons)在约满回国之前,仍将自己的专业所长无私地奉献给

① 《科系介绍:体育系(续完)》,《国立中央大学校刊》1948 年第 45-46 期。
② 《褚民谊先生来校演讲,讲题:体育新义,并带新发明仪器说明》,《国立中央大学日刊》1932 年第 865 期。
③ 《校闻:体育科请陈柏青先生演讲》,《国立中央大学日刊》1935 年第 1561 期。
④ 陶德悦:《演讲:欧洲各国体育最近之实况:陈柏青先生讲》,《国立中央大学日刊》1935 年第 1583 期。

体育系学生。在一个多小时的体操演讲过程中,葛氏在讲解"体操训练之目的、种类及编制方法"的同时,还伴有"动作之示范"。^① 当日听讲者甚众,皆受益匪浅。与此同时,国立中央大学教育学院还定期组织各系教授进行系统的公开学术讲座。以 1934 学年和 1935 学年为例,前一个学年由教育、心理两系教授主讲,共举行 17 次,每次听众均有数百人之多;后一个学年由体育系和卫生教育科教授主讲,共举行 6 次,讲演题目分别为:《体育与健康教育之区别及今后小学体育问题》(吴蕴瑞)、《小学卫生设计》(彭达谋)、《列强青年体育训练之实效及中国今后应有之动向》(称登科)、《学校卫生的障碍》(陈美瑜)、《小学生畸形之识别与其补救之方法》(吴瀓)、《教育与民族保健制度》(朱章赓)。^② 这些讲演扩大了体育系学生的眼界,也使他们更为关心青少年及整个民族的健康和教育问题。

(二)将体育竞赛作为磨炼体育系学生专业技能的真实战场

如果说专家学术讲座可以进一步增进体育系学生的理论知识和教育热情,那么,各种体育竞赛则可以更加快速且有效地提升他们的专业技术水平。国立中央大学体育系向来支持学生参加各级各类体育竞赛,并以此作为培养体育师资、强化专业技能的重要手段。体育系学生参加的竞赛主要有两类:一是校际的体育竞赛,二是校内组织的体育竞赛。校际的竞赛主要是在国立中央大学体育系和国内其他大学体育院系之间举行,因关乎学校荣誉而更受重视。如 1934 年国立中央大学体育系学生代表本校参加江汉大学组织的全能运动和越野赛跑锦标赛,为此,体育系特地将安排学生赴实验学校实习教学一事推迟数周进行。^③ 为了更好地组织学生参加校际的竞赛,体育系还专门指定了各个代表队的指导教师,如吴德懋为排球、网球、篮球代表队的指导,包朗为田径及足球代表队的指导,高仰乔为体育系女生对外竞赛事宜的负责人。^④ 同时也为各代表队提供便利条件,如规定学校的第六网球场"为本校网球队选手之用,务请其他同学注意"等。^⑤

与校际竞赛相比,校内组织的竞赛则相对较多,如"季陶杯"足球锦标赛、"治中杯"排球赛、"世杰杯"篮球赛、全能运动、越野赛跑^⑥,以及院际的竞赛,如院际足球赛、院际篮球赛^⑦、

---

① 陈福清,俞晋祥:《演讲:本校体育科教授葛乐汉的体操演讲》,《国立中央大学日刊》1935 年第 1359 期。

② 《校闻:教育学院公开学术讲演:定自本月十日继续举行由体育卫教两科教授主讲》,《国立中央大学日刊》1935 年第 1541 期。

③ 《校闻:体育科同学本周继续往实校试教》,《国立中央大学日刊》1934 年第 1336 期。

④ 《校闻:体育科确定教师课外工作之支配》,《国立中央大学日刊》1935 年第 1493 期。

⑤ 《体育科通告》,《国立中央大学日刊》1932 年第 841 期。

⑥ 《校闻:本学期已决定举行各项运动比赛》,《国立中央大学日刊》1934 年第 1292 期。

⑦ 《通告:体育科通告:本校第九届院际篮球比赛,各学院及牙科专校均经组织球队,报名参加》,《国立中央大学日刊》1936 年第 1621 期。

院际排球赛①等。这些竞赛均由体育系教师袁宗泽等人负责筹划,体育系学生和其他各院系学生共同参与。通过参加各种竞赛,体育系学生不仅进一步磨炼了自身的专业技能,也使作为未来体育教师所需具备的责任心、忍耐力、进取精神和高尚人格等得到了培养。

(三)将实习试教作为增进体育系学生教学经验的有效途径

要成为合格的体育教师,除了要有理论素养、专业技能、高尚人格和体育精神之外,还应积累一定的教学经验。为此,国立中央大学体育系在师资培养上极为重视实习试教,凡是"有可使学生实习之机会,从未轻易放过,必设法利用而后已"②。例如,国立中央大学实验学校举行篮球比赛之际,便是体育系学生实践"运动裁判"的绝佳时机。实验学校中学部和小学部的篮球裁判,多由体育系学生担任。在1934年11月举行的实验学校小学部篮球比赛中,国立中央大学体育系共选派18名学生分任裁判员和检察员。③

当然,最有助于体育系学生积累教学经验的还是临近毕业前的教学实习。国立中央大学体育系有着规范的实习制度,每年都按部就班地组织四年级学生进行试教,偶尔也会基于实际需要做出一些细微调整,如"感于毕业同学教学经验之太少,特将试教时期加长"④等。试教时间为一年,形式分为两种:一是对实验学校中小学生的试教,一是对本系同学的试教。实验学校的试教,包括"早操及各班体育功课"。早操方面,"中学部每周由男同学二人合任,小学部则由女同学一人独任";各班体育课方面,先是"以每人每周专任某班为原则"⑤,后又改为"以每人担任一级连续教授两周为一循环"⑥。与此同时,体育系学生还必须轮流对本系各年级同学教授术科,"目的在增加各生教学经验,以期毕业后服务时应付裕如"⑦。可以说,通过长达一年的两种形式的实习试教,国立中央大学体育系学生可以积累不少教学经验,为他们日后从事体育教师职业奠定一定的基础。

四、结　语

国立中央大学体育系在民国后期的体育界具有重要的影响力,其体育教育和体育师资

---

① 《通告:体育科通告(二)》,《国立中央大学日刊》1935年第1447期。
② 《校闻:体育科四年级同学下周开始赴实校实习》,《国立中央大学日刊》1934年第1292期。
③ 《体育科同学本周分任实校小学部篮球裁判》,《国立中央大学日刊》1934年第1318期。
④ 《校闻:体育科四年级同学下周开始赴实校实习》,《国立中央大学日刊》1934年第1292期。
⑤ 《校闻:体育科四年级开始往实校试教》,《国立中央大学日刊》1935年第1396期。
⑥ 《校闻:体育科四年级下星期开始实习》,《国立中央大学日刊》1935年第1495期。
⑦ 《校闻:体育科四年级下星期开始实习》,《国立中央大学日刊》1935年第1495期。

培养也处于当时的全国领先水平。它所倡导的自然主义体育思想,使培养学、理、德、技兼备的体育教师成为一种趋势;它所努力打造的充实且合理的课程体系,使其成为其他体育师资培养院校竞相模仿的榜样;它所坚持推行的"讲座、竞赛、试教相结合"的强化模式,也使其培养的体育教师大多成为体育界的佼佼者乃至领军人物。国立中央大学体育系培养体育师资的数量虽然不是很多,但其培养质量无疑是其他院系学校所无法比肩的,更为重要的是,它还带动了其他院校体育师资培养质量的提升。我国当前大学体育院系在培养体育师资方面的改革仍在继续,反观国立中央大学体育系在几十年前留下的经验,对于当下的改革或多或少会有所助益。

原载《高教探索》2020 年第 11 期

大学服务抗战事业的探索与成效

——以中央大学航空工程系的创设和发展为案例(1935—1945)

◎何 鑫[*]

摘 要:20世纪30年代,国民政府为应对时局开始重视本土航空工程人才的培养,中央大学的航空工程系于1935年开办,为国内大学最早之一,且受到蒋介石和政府高度关注和大力支持。该系广揽名师,开设本科班及多个研究班,其课程设置和培养方式紧跟国家需要,所培养之毕业生多服务抗战,日后在航空领域取得卓越成就。该系不仅开中国本土高校航空工程教育之先河,而且是抗战时期大学服务国家助力抗战的典型代表。

关键词:中央大学;航空工程系;人才培养;服务国家

大学与国家关系一直以来均为民国时期大学史研究的主要视角之一,相关论著层出不穷,其关注点则多集中于政府对大学的管控、学生运动与政治等层面,而与此同时,在战时,大学投入使用学科研究,以科学研究、人才培养等方式对抗战进行贡献,此项内容应该被视为抗战时期大学与国家关系研究的组成部分。当时将学校之设置与兴办建设事业的合作称为"建教合作"①,但除"建教合作"外,有些大学实科的发展已经超过"合作"的层面,因国家需要而由政府一手兴办的学科也有出现,在此方面,航空学科的建立尤为值得重视。航空工程在国家国防体系中占有举足轻重的地位,尤其在20世纪30—40年代的中国。抗战全面爆发前,国民政府积极进行抗战准备,空军及航空工程受到重视,而战争全面爆发后,航空工程在支援前线方面的作用更加凸显。在航空工程体系中,本国航空人才的培养是一个重要环节,在当时,国内航空人才极为稀缺,高端人才和低端技术人员均不能满足要求。面对此种局面,在国内大学中建立相关院系,系统培养人才便是不得不做出的决定。中央大学作为当时位于首都的重要学府,在此项工作中被作为最重点的学校,受到高度重视。从航空工程系

---

* 作者简介:何鑫,南京大学历史学院博士研究生。基金项目:教育部人文社会科学重点研究基地重大项目(17JJD770007)及"南京大学校史研究"工程阶段性成果。

① 尤其是抗战全面爆发后,国民政府高度重视"建教合作",1938年成立了"中央建教合作委员会"推进之。

开设伊始便是最主要的依托高校,并且贯穿抗战始终。关于此问题,学者论及战时大学服务国家建设时有所提及,相关航空工程史亦曾提起,但尚无系统性研究[①]。笔者认为,梳理中央大学航空学科的发展状况,在航空史研究领域,可以成为中国在其航空教育史研究的重要部分,在近代史领域,则可以成为近代大学服务国家需要,助力抗战大业的典型案例。研究大学与国家关系时应关注到大学在国家危难之际为挽救国家和民族所做的积极贡献。因此,本文将结合中国第二历史档案馆所藏国立中央大学、教育部等档案史料对这一史实进行系统梳理。

一、政府推动与中央大学航空工程学科的创设与发展

南京国民政府建立后,航空事业对于国家的重要性受到了蒋介石等要员的高度重视。"航空"二字为这段时间《蒋介石日记》中的相对高频词。在 1928—1937 年间,蒋介石经常参与拟订航空计划,接见航空部门负责人,视察航空学校等机关,争取航空经费等。例如 1931 年 3 月 19 日上午,他前往参加航空学生毕业典礼时表示:"中国土地广大,非航空不能言交通与国防,及经济与文化尤赖于航空之发展也。"[②]在蒋介石本人和当局的大力推动下,国民政府成立了航空委员会,使得航空工业发展取得了一定成效。在积极准备抗战的背景下,航空建设成为战前国防、交通建设的重要部分被稳步推进。[③]

在推进航空工作的过程中,航空相关人才的培养是一个重要环节。这其中不仅包括培养飞行员,也包括培养航空工程技术人才。在这方面,20 世纪 30 年代军委会已经意识到此为"当务之急",并将资助国立大学发展航空工程系列纳入发展航空工程的计划。[④] 虽然此前中央大学、北平大学、交通大学、湖南大学等学校在机械工程系开设"航空工程"课程,但收效甚微。1933 年,在航空委员会任职的钱昌祚提议由政府补助在清华大学、武汉大学开办"航

---

① 关于此问题,曾经提及的论著主要有蒋宝麟:《民国时期中央大学的学术与政治(1927—1949)》,南京大学出版社 2016 年版;牛力:《民国时期大学治理中的北大与中大之争——以罗家伦和南高学者为中心》,《学海》2014 年第 6 期;韩荣钧:《民国时期我国大学航空学科的建设》(此文为目前所见唯一一篇以民国时期大学航空学科建设为主题的论文,内容较为宏观,然篇幅稍短,资料不够丰富),《滨州学院学报》2018 年第 3 期。在航空史领域,诸如姜长英编著:《中国航空史》,西北工业大学出版社 1987 年版;姚峻主编:《中国航空史》,大象出版社 1998 年版等亦在"航空教育"等章节有所涉及,但篇幅有限。

② 美国斯坦福大学胡佛研究所收藏的《蒋介石日记》,1931 年 3 月 19 日。

③ 关于国民政府为抗战准备所进行之国防与交通建设的情况,可参见陈谦平:《试论抗战前国民政府的国防建设》《试论抗战前国民政府的交通建设》,载陈谦平:《民国对外关系史论》,生活·读书·新知三联书店 2013 年版,第 217-239 页。

④ 朱培德:《朱培德电呈军事委员会委员长蒋中正为发展航空工程计划书及审查意见》,台北档案馆,1935 年 7 月,典藏号 001-070006-00001-001。

空学系讲座"，为日后成立航空系进行准备。①

　　该项计划自下一学年开始实施②，次年，在国立大学设立航空工程系被提上议事日程。经研究考察，中央大学、交通大学、武汉大学三校被列为开设航空工程系之学校候选名单③，航空委员会等对三校之设备状况进行了调查核实④。不久，蒋介石核定"即拟指令在国立中央大学、武汉大学、交通大学三校设立航空工程系"，并指示"中央大学第一年补助费 30 万元，武大、交大各 5 万元"⑤。该项计划正式开始实施。

　　开办航空工程系，确实为因应国家之紧急需要，然而其确实面临着诸多困难。在首批拟定设立航空工程系的三所国立大学中，中央大学被寄予厚望，不仅名列首位，而且其经费预算远远超过其他两校。尽管备受重视，中央大学的筹备工作在 1934 年年底即已启动⑥，但也面临着很多挑战。航空工程作为一门全新学科，相关方面的人才、设备基础基本为零，设备场地等问题在资金到位后均可解决，而人才选聘工作则难度更大。中央大学接到建设航空工程系的命令后迅速行动，聘请 1923 年在美国麻省理工学院获得硕士学位并在多家知名公司担任飞行器设计的罗荣安担任教授并兼系主任，并积极引进在麻省理工学院获得硕士学位的伍荣林和在哥伦比亚大学获得博士学位的王守竞来校担任教授。⑦ 值得注意的是，中央大学在规划时还拟聘请意大利籍专家担任教授职务⑧，但蒋介石对此亲自干预，认为只聘用一国教授并不合适⑨，故该聘任计划虽未能成行，但他对航空工程系设置细节的关注程度可见一斑，

　　当然，蒋介石对航空工程教育的重视还不止于此。由于国家对此方面人才有着强烈需求，在抗战进行中，其再次关注到国内航空工程系的设置问题，1942 年和 1943 年两次指示教

---

　　① 钱昌祚：《致国防设计委员会秘书厅建议书》，1933 年 10 月 13 日，载龙锋、张江义、姚勇、王志刚选辑：《20 世纪 30 年代初国防设计委员会资助大学发展航空教育函电选》，《民国档案》2016 年第 3 期，第 4-5 页。

　　② 钱昌照：《致蒋介石函稿》，1933 年 12 月 11 日，载龙锋、张江义、姚勇、王志刚选辑：《20 世纪 30 年代初国防设计委员会资助大学发展航空教育函电选》，《民国档案》2016 年第 3 期，第 11 页。

　　③ 中国第二历史档案馆：《指定国立大学至少两校从速设立航空工程学系案》，1934 年 11 月 22 日，全宗号五，案卷号 2158。

　　④ 钱昌祚、任国常：《调查三大学工学院设备报告书》，1935 年 1 月 17 日，载龙锋、张江义、姚勇、王志刚选辑：《20 世纪 30 年代初国防设计委员会资助大学发展航空教育函电选》，《民国档案》2016 年第 3 期，第 14-15 页。

　　⑤ 蒋介石：《在国立大学设立航空工程系办法暨调查报告上的批示》，台北档案馆，1935 年 3 月 6 日，典藏号 002—080200—00205—149。

　　⑥ 中国第二历史档案馆：1934 年 11 月 30 日中央大学即收到了教育部关于筹设航空工程系的发文，见《教育部训令·第 2000 号》，1934 年 11 月 30 日，全宗号 648，案卷号 816。

　　⑦ 钱昌祚：《在教育部、航空委员会、国防设计委员会联席会上的报告》，中国第二历史档案馆，1935 年 8 月 5 日，全宗号五，案卷号 2158。

　　⑧ 中国第二历史档案馆：《中央大学自动工程系计划》，1935 年 3 月，全宗号五，案卷号 2158。

　　⑨ 蒋介石：《致罗家伦电》，台北档案馆，1935 年 1 月 3 日，典藏号 002—070100—00038—054。

育部增设航空工程系,并亲自关注航空委员会与国内各大学的合作问题[1],教育部表示增设航空工程系面临的最大问题是师资,国内已开航空工程系的学校师资均显欠缺,再增设较为困难,故指示中央大学、交通大学、西北工学院、西南联大等学校航空工程系开双班[2],而1944年蒋介石接到空军提出的相关要求后[3],直接下令全国国立大学工学院应普遍设立航空工程系[4],教育部对此表示所有国立大学开设航空工程系在师资方面存在难度,但仍指示云南大学、四川大学、浙江大学自1944年度增设该系,中山大学、中正大学自1945年度增设[5]。可见战时国家对相关人才需求之迫切及蒋介石对此问题的关注程度。

在中央大学航空工程系筹备过程中,蒋介石和航空委员会、国防设计委员会一直起着主导作用,而非简单的"建教合作"关系。航空工程系的建设是为了培养航空工程人才,为国防和交通建设服务。从航空相关课程开设、航空系讲座设立到正式成立航空工程系,政府在有序推进航空工程教育的创设,中央大学成为其中最为重要的实行机构。在国家的大力投入下,中央大学航空工程系筹备较为顺利,为其之后顺利运行奠定了基础。

二、紧跟需求:中央大学航空工程系的开办与教学工作

在获得了航空委员会首批款项拨付后,中央大学航空工程系开始筹备运作。1935—1945年间,从抗战准备到抗战全面爆发,从南京到重庆,即使在十分艰苦的情况下,中央大学航空工程系一直在培养航空工程人才方面积极发挥作用,政府层面也一直对其寄予厚望,大力支持。

航空工程系成立初期出于保密的需要,命名为"自动工程系",为"速成与长期同时并重"起见,采用本科培养与专班教学并行的培养体系。[6] 因刚刚开办时,短期内无法直接开设本科班,为快速培养具备基本知识技能的航空工程技术人才,中央大学决定成立"机械特别研究班"(时人常简称其为"机特班"或"机械特别班"),该班招收毕业于国立大学或已立案之私立大学工学院或独立工学院的学生[7],学制一年半,分为四个学期(后为配合校历起见改为三

---

① 中国第二历史档案馆:《蒋介石手令·侍秘甲8752号》,1942年11月9日;《蒋介石手令·侍秘20686号》,1934年12月18日;《蒋介石手令·侍参403号》,1943年4月7日,全宗号五(二),案卷号6。

② 中国第二历史档案馆:《教育部三十二年度工作总检讨·总裁手令研处情形》,1943年2月14日,全宗号五(二),案卷号6。

③ 台北档案馆:《空军第五次干部会议重要提案报告表》,1944年6月,典藏号001—091000—00002—001。

④ 台北档案馆:《蒋介石手令·侍参91号》,1944年6月11日,典藏号001—091000—00002—001。

⑤ 台北档案馆:《教育部呈蒋介石文》,1944年7月29日,典藏号001—091000—00002—001。

⑥ 中国第二历史档案馆:《中央大学自动工程系计划》,1935年3月,全宗号5,案卷号2158。

⑦ 中国第二历史档案馆:《中央大学机械特别研究班招生简章》,1935年6月,全宗号648,案卷号2904。

个学期)①,入学除测试党义、国文、英文、数学等公共科目外,还考查机动学及机械设计原理、结构学、热力工程、应用力学、工程材料等专业课程,计划名额为 30 人,每学期学费 10 元,但享有每生 360 元的高额津贴②,学生享受相对优厚的待遇,入住新建的学生宿舍,两人一间,相对舒适③。第一届机械特别研究班最终招生 25 名④,1935 年 8 月便入学受训⑤。

在当时的大学,课程学习是学生获取知识的主要途径。通过对航空工程系课程的分析,可以窥得航空工程系的教学培养概况,对其人才发展的方向有所把握。机械特别研究班的学生分为"原动组"和"结构组",其培养体系如表 1 所示。

表 1 中央大学机械特别研究班课程计划⑥

原动组

课程名称	学分	学时	课程名称	学分	学时
第一学期			第二学期		
航空学	3	3	航空学	3	3
高等热力学	3	3	循环分析	3	3
航空引擎	3	3	机械动力学	3	3
机械动力学	3	3	滑翔学	3	2+3＊
燃料学	3	2+3＊	制造引擎材料	4	3+3＊
制造引擎材料	4	3+3＊	高等电学	3	3
第三学期			第四学期		
引擎设计	5	2+9＊	引擎设计	5	2+9＊
引擎附件	3	3	引擎附件	3	3
引擎试验	2	1+3＊	引擎试验	2	1+3＊
制造法及试验	3	3	制造法及试验	3	3
弹性力学	3	3	弹性力学	3	3
制造引擎材料	4	3+3＊	飞行器	2	2
			引擎管理	2	2

① 中国第二历史档案馆:《中央大学工学院致学校函》,1937 年 6 月 5 日,全宗号 648,案卷号 817。
② 中国第二历史档案馆:《中央大学机械特别研究班招生简章》,全宗号 648,案卷号 2904。
③ 李耀滋:《有启发而自由:从中国私塾到美国发明家、企业家、院士的北京人》,中国青年出版社 2003 年版,第 41 页。
④ 中国第二历史档案馆:《中央大学工学院致学校函》,1937 年 6 月 5 日,全宗号 648,案卷号 817。
⑤ 卢恩绪(时任工学院院长):《致罗校长函》,中国第二历史档案馆,1935 年 6 月 9 日,全宗号 648,案卷号 816。
⑥ 资料来源:《中央大学自动工程系研究班课程计划书》,1935 年,中国第二历史档案馆藏国民政府教育部档案,全宗号 5,案卷号 2158。注:时数后加＊者为实验教学,未标注者为授课。飞船为如今所说之水上飞机。

续表

机械组

课程名称	学分	学时	课程名称	学分	学时
第一学期			第二学期		
理论力学	4	4	理论力学	4	4
普通自动工程	2	2	应用气体力学	3	3
结构学	4	4	结构学	4	4
结构设计	1	3*	结构设计	3	1+6*
金相学	4	3+3*	气体试验	3	1+4*
自动引擎	3	3	结构材料	2	2
气象学	2	2			
第三学期			第四学期		
理论力学	4	4	理论力学	4	4
结构学	4	4	结构学	4	4
结构设计	3	1+6*	结构设计	3	1+3*
制造设备	3	3	结构试验	2	2
推进螺旋	4	3+3*	浮箱	2	2
航空仪器	2	2	飞行场	2	2
			飞船	2	2

由表1可以看出,机械特别研究班的课程设计极具针对性和实用性,大多是实用类的课程教学,原动组直接针对飞机引擎,结构组则相对全面地涉及航空及航空器的各个领域。在教学中,实验教学占比很大,中央大学还安排研究班学员前往南昌飞机制造厂等单位进行暑期实习[1],可以反映出机械特别研究班教学的实用属性。该班从1935年8月开始第一届招生,到1940年因航空委员会经济原因停止补助而停办[2],其间课程体系大体维持,机械高级研究班的生源多是毕业于国内较有实力的高等院校且具有工科学习背景的本科生,虽然每届招生人数均不多,但在本科基础上的专门培养所造就的实用人才可以迅速走向岗位,从事航空工程工作,以满足国家需求。

相比而言,航空工程系的本科生培养在1937年才启动,本科教学从二年级起步,主要选拔来自工学院其他专业的一年级学生。相比机械特别研究班,因培养周期更长,本科的课程

---

[1] 中国第二历史档案馆:《工学院致中央大学函》,1937年6月5日,全宗号648,案卷号817。
[2] 中国第二历史档案馆:《航空委员会致中央大学函》,1940年2月9日,全宗号648,案卷号4664。

体系相对完善,如表2所示。

表2 中央大学航空工程系课程计划(本科生二年级起)①

类别	课程名称
必修课(授课)	应用力学、工程材料、机动学、整机图、积分方程、材料力学、金相学、热工学、气象学、工业经济、机械设计原理、内燃机、热工学、推进螺旋、专题研究、汽车学
必修课(实验实习)	经验计划、金工、木工、高等机械画、机工、机械设计值图、材料试验、金工试验、热工试验、工厂设备
选修课(机架组)	理论气体力学、结构学、航空气体力学、结构计划、飞机结构、飞机试验、飞机设计、航空仪器、飞船
选修课(原动组)	电工学、高等机构学、航空学、飞机引擎、飞机引擎试验、制造法及设备、高等应用力学、飞机引擎设计、引擎原理

航空工程系的本科教育体系较为完备,理论与实践并重。在一年级工学院通修工科公共课程的基础上,系统对航空工程相关理论进行学习,并辅之以一定数量的实验环节。三年级后分为两个专业方向,其一为原动组,主要学习发动机(引擎)知识,这一点与机械特别研究班类似;其二为针对飞机整体的机架组。相比"机特班"而言,航空工程系本科学习内容更加全面,尤其是其机架组,不仅涉及飞机修理技术,而且涉及飞机设计与制造,这对于培养相对高级的航空工程人才来说大有帮助。

除机械特别研究班和航空工程本科教学之外,为提高现有航空技术人员的技能,中央大学航空工程系还受航空委员会委托创办了航空专修班、航训班等临时培训班。航空工程专修班针对曾高中毕业,现于航空机关工作之专业技术人员,按照计划修业期间为50~60周,每周上课不超过30课时,学习期间仍在原单位领取薪资。② 该班开设后报名踊跃,航空委员会等相关部门积极派遣学员前来学习,修业完成后全部在航空委员会及附属工厂一线工作。③ 虽然中央大学愿意一直代办专修班④,但由于其学员所在原单位一直人才紧缺,培训不得不让位于原有工作正常开展,频繁发生学员被临时抽调回原单位或派往前线的情形,故专修班于1941年起停办。⑤

对于航空工程系的教学而言,教师是极为宝贵的资源。在抗战期间,教师流动性相对较大,但中央大学航空工程系仍维持着相对强势的师资队伍,如表3所示。

---

① 资料来源:《中央大学自动工程系研究班课程计划书》,1935年,中国第二历史档案馆藏国民政府教育部档案,全宗号5,案卷号2158。
② 中国第二历史档案馆:《航空委员会致中央大学函》,1928年8月23日,全宗号648,案卷号817。
③ 中国第二历史档案馆:《中央大学航空工程系调查表》,1942年,全宗号648,案卷号4664。
④ 中国第二历史档案馆:《中央大学致航空委员会函》,1941年2月3日,全宗号648,案卷号4664。
⑤ 中国第二历史档案馆:《航空委员会复中央大学函》,1941年3月8日,全宗号648,案卷号4664。

表 3　1943 年中央大学航空工程系专任教员(讲师及以上)概况①

姓名	职称职务	年龄	入校年份	最终学历
罗荣安	教授兼系主任	50	1934	麻省理工学院硕士
张创	教授	38	1939	英国(具体不详)
李登科	教授	36	1943	伦敦大学硕士
柏实义	教授	33	1940	加州理工学院博士
黄玉珊	教授	29	1940	斯坦福大学博士
陈百屏	副教授	38	1937	中大机特班
陈克宣	讲师	33	1937	浙江大学
宋懿昌	讲师	28	1940	伦敦大学博士

表 3 反映的是中央大学航空工程系 1943 年的教师状况,此时学校情况相对稳定,学科门类及规模位居国内高校前茅,诸多学科达到鼎盛水平。此时航空工程系教师数量虽在学校整体相比并不算高,但呈普遍年轻化特点,且大多自海外留学归来,具有良好的教育背景。

而在学生回忆中,航空工程系的教师对他们影响甚大。后成为美国科学院院士的第一届机械特别研究班毕业生李耀滋在回忆中提及了中央大学求学期间的学习氛围及罗荣安、伍荣林、陆志鸿、王守竞等老师的授课及影响。② 航空工程系 29 级校友程宝蕖等则回忆系主任罗荣安对学生从课堂到实习等环节无微不至的关心,并指出众多学生从中受益匪浅。③ 同为 29 级校友的丁钊回顾了主讲发动机课程的李登科教授的治学严谨及勤勉尽责,在中央大学西迁重庆时期经常遭遇空袭,患有严重疾病的李登科教授每次躲进防空洞时都携带文稿及打字机,可见其对科研的看重。④ 这些名师的言传身教也成为广大学生的宝贵财富。

开班后数年时间内,中央大学航空工程系迅速形成"本科学生培养＋本科毕业生集中训练＋在职培训"相结合的教学体系,既可以系统化培养航空工程专门人才,也可以短期培训航空领域急需的技术人员。其课程设计多贴近战时实际需求,具有较强的实用色彩。随着抗战的爆发和战局的发展,航空工程系之人才培养体系也在不断进行调试。这种兼顾急需和长远的教学体系既保持了高水平大学的特色,也服务了国家的需要。

---

① 资料来源:《中央大学教职员名录》,1943 年,中国第二历史档案馆藏国立中央大学档案,全宗号 648,案卷号 1178。

② 李耀滋:《有启发而自由:从中国私塾到美国发明家、企业家、院士的北京人》,中国青年出版社 2003 年版,第 41-44 页。

③ 程宝蕖、邓宗彦:《中国航空工程教育的开拓者罗荣安教授》,载中央大学南京校友会、中央大学校友文选编纂委员会编:《南雍骊珠:中央大学名师传略》,南京大学出版社 2004 年版,第 499-500 页。

④ 丁钊:《著名航空发动机专家李登科教授》,载中央大学南京校友会、中央大学校友文选编纂委员会编:《南雍骊珠:中央大学名师传略(续编)》,南京大学出版社 2004 年版,第 352-356 页。

三、投入与产出：政府对中央大学航空工程系的投入与该系的办学成效

与其他院系不同，航空工程系从设置伊始即明确由政府（航空委员会）负责补助运行，如前文所述，在最早筹设航空工程系的三所学校中，中央大学资助额度远大于武汉大学、交通大学，此后经费支持大体持续，如表4所示。

表4　中央大学航空工程系年度补助情况　　　　　　　（单位：万元）

年份	1935	1936	1937	1938	1939	1940	1941	1942	1943	1944
金额	30	10	9	5	9	暂停补助	暂停补助	4	8	8+15

资料来源：中国第二历史档案馆藏国立中央大学档案，全宗号648，案卷号4664，465；中国第二历史档案馆藏国民政府教育部档案，全宗号5，案卷号2158。注：表中"年度"指拨款款项年度，并非实际到账年份，1939年之前均为航空委员会补助，1940年航空委员会因经费紧张暂停补助，1942年中央大学向中国滑翔机协会申请到4万元补助用于建设风洞，1943年起航空委员会恢复年度补助8万元，1944年起交通部年度补助15万元。

从表4可看出，1935—1944年，中央大学共从航空委员会领取了航空工程系补助款79万元。鉴于航空工程系的设置为国家所急需，且零基础起步，耗资较大，政府单独拨款补助其建设与发展属情理之中。在抗战大背景下，政府财政较为困难，而中央大学航空工程系的相关补助大多数年份仍在维持，中断的两年中央大学也可以通过项目申报的形式向政府申领经费。这使得航空工程系的发展有相对充足的资金保障。

而关于经费之使用，表5可窥得其结构。

表5　中央大学航空工程系航委会补助使用情况（民国二十四年七月至民国二十七年二月）
（单位：元）

科目	金额	占比/%
薪俸	46929.03	21.81
学院津贴	14890	6.92
校工工资	5725.19	2.66
设备	52139.6	24.23
图书	11511.36	5.35
风洞	75000	34.85
杂项	9009.5	4.19

资料来源：《中央大学航空工程系航委会补助收支情况》，1938年3月12日，中国第二历史档案馆藏国立中央大学档案，全宗号648，案卷号4664。

由表 5 可知,设备为航空工程系最主要的支出项目,而在硬件设施方面,中央大学航空工程系则更是受到了政府的"照顾"。在航空工程系开设之前,教育部、航空委员会、国防设计委员会即已对中央大学工学院的设备情况进行了详细调查。1935 年初,中央大学在收到政府补助前即已自行拨付学校经常费 5 万元购置机械、燃料等实验所需设备,并向航空委员会求借设备以免重复采购。[①] 同年,为安置大型设备,在教育部、内政部的协助下,中央大学很快完成了航空工程系建筑选址和征地工作,临时厂屋于 6 月份开工建设,永久建筑亦于 11 月选定在中华门外建造。[②] 作为航空工程的必需设备,中央大学航空工程系的风洞也很快建设完成,而金木土墙结构试验设备、引擎实验设备等也于 1937 年夏天前购置完毕。[③] 除此之外,中央大学还多次向航空委员会等单位索要金属薄板等材料,或请求对其想在外国采购设备提供帮助,甚至曾直接向军方索要航空燃油[④],航空委员会也经常将意大利等西方国家所赠之航空设备转赠给中央大学进行研究[⑤]。学校与政府在设备合作方面保持着良好的状态。

但是很快抗战全面爆发,政府和学校苦心经营的航空工程系不得不随着中央大学西迁重庆,原有厂屋不得不放弃,当时国内高校中最为先进的五尺风洞也未能迁出。[⑥] 只携带了风洞天平、柴油原动机等设备前往重庆[⑦],很多工作不得不从头再来。1938—1941 年,中央大学在重庆开始兴建木壳风洞。在艰难的环境中,航空工程系的设备逐步完善,为人才培养提供了保障。

在政府的大力支持下,中央大学航空工程系的办学取得了显著成效。当时国内高校中,除中央大学外,还有交通大学、武汉大学、北洋工学院、西南联大等高校开办航空工程系。相比其他高校,中央大学的航空工程系最受政府重视,投入最大,自然也取得了最佳效果。

如前文所述,作为国家急需的专业,中央大学航空工程系最主要的使命是培养航空所需人才。在该系的培养体系中,机械特别研究班的学生虽修业期较短,但因入学即已具备相关学科大学毕业水平,且开办较早,故成效最为显著。第一届"机特班"毕业后出国的毕业生柏实义,1935 年毕业于中央大学工学院电机系,从中央大学"机特班"毕业后赴美国麻省理工学院修读空气动力学,1938 年升入加州理工学院攻读博士学位,1940 年毕业后回母校航空工程系任教,1943 年接替罗荣安任航空工程系主任,1947 年赴美,后曾当选台湾"中央研究

---

① 中国第二历史档案馆:《中央大学自动工程系计划》,1935 年 3 月,全宗号 5,案卷号 2158。

② 中国第二历史档案馆:《中央大学致航空委员会函》,1935 年 11 月 19 日,全宗号 648,案卷号 816。

③ 中国第二历史档案馆:《中央大学航空工程系航空研究班报告》,1937 年 6 月,全宗号 648,案卷号 817。

④ 中国第二历史档案馆:《空军总指挥部致中央大学函》,1941 年 5 月 29 日,全宗号 648,案卷号 4664。

⑤ 中国第二历史档案馆:《中央大学与航空委员会往来函》,1936 年,全宗号 648,案卷号 5584。

⑥ 中国第二历史档案馆:《中央大学致函教育部关于要求向日方索赔中央大学航空工程系风洞损失的函》,1948 年 9 月 13 日,全宗号 648,案卷号 5874。

⑦ 中国第二历史档案馆:《中央大学航空工程系调查表》,1938 年 10 月,全宗号 648,案卷号 817。

院"院士[①];李耀滋则主攻发动机,从麻省理工学院毕业后回国创办发动机制造厂,后留美任教,曾荣膺美国科学院院士;黄玉珊是第五届中英庚款留学生,在英国伦敦大学、美国斯坦福大学分别获得了硕士、博士学位,1940年回中央大学航空工程系担任教授,1947年任系主任,后随院系调整最终任教于西北工业大学。"机特班"学员中,有"院士"头衔的就有7人(除柏实义、李耀滋外,还有中国科学院、中国工程院院士陆元九,美国科学院院士冯元桢、沈申甫,中国工程院院士陆孝彭,中国科学院院士林同骥)。[②]

航空工程系各种班次的毕业生大都投身航空事业为国服务。"机特班"第一届毕业学生25人,第二届毕业学生7人,除2人留校,3人出国外,其余均于航空委员会服务。截至1942年毕业的本科生共有58人,其中30人就职于航空委员会所属工厂,6人参加"留美空军学生"[③],航专班14名毕业生、航训班50名毕业生全部就职于航空委员会及其附属工厂[④]。而诸多服务于航空委员会的学生均办理了入伍手续,成为中国空军的一员。[⑤]

虽然航空工程系的主要职责在于教学和培养人才,但中央大学航空工程系在研究方面也承担了一些政府委托的研究任务。如1938年航空委员会委托中央大学航空工程系研究日本96式驱逐机机翼切形图[⑥],1940年中央大学亦承担了涂布油研究工作并获得了3万余元补助[⑦]。此外,中央大学还与交通部、中国滑翔机制造厂等单位建立了密切合作关系,在派遣学生前往制造厂、修理厂实习的同时,也接纳航空机械学校等单位人员来校实习,与其共同进步。[⑧]

余论:超越"建教合作"——战时大学服务国家使命

中央大学航空工程系是因应国家需求而产生的,在同时开办的诸多航空工程系之中最受重视,从筹备到开办到运行,政府对其予以高度关注和重点扶持,在经费、设备、介绍实习与就业等方面大力协助。而中央大学航空工程系的办学也紧紧围绕国家需要出发,开设针

---

① 相关经历总结自柏实义:《校庆欢腾中忆同窗黄玉珊教授》,载《黄玉珊教授纪念专集》,西北工业大学出版社1991年版,第13-14页;邓宗彦:《著名空气动力学家柏实义教授》,载中央大学南京校友会、中央大学校友文选编纂委员会编:《南雍骊珠:中央大学名师传略》,南京大学出版社2004年版,第499-500页。

② 中央大学南京校友会、中央大学校友文选编纂委员会编:《南雍骊珠:中央大学名师传略》,南京大学出版社2004年版,第497页。

③ 中国第二历史档案馆:《中央大学致教育部函》,1942年2月27日,全宗号648,案卷号3008。

④ 中国第二历史档案馆:《中央大学航空工程系调查表》,1942年,全宗号648,案卷号4664。

⑤ 中国第二历史档案馆:《航空委员会致中央大学函》,1943年4月17日,全宗号648,案卷号3008。

⑥ 中国第二历史档案馆:《航空委员会致中央大学函》,1938年8月9日,全宗号648,案卷号817。

⑦ 中国第二历史档案馆:《涂布油研究经费预算》,1940年4月25日,全宗号648,案卷号4665。

⑧ 中国第二历史档案馆:《航空委员会航空机械学校致函中央大学》,1938年6月11日,全宗号648,案卷号2334。

对需求的课程体系,多种班次结合为国家有关部门输送所需人才,并配合军方进行研究以供前线使用,所培养的人才大都服务于空军及相关工厂,优秀者出国深造,成效卓著。可以说,这是抗战时期中国大学服务国家需要的典型案例。

抗战时期,国民政府对大学采取了一系列加强管控的措施,包括强化三民主义教育、推行训导、强化党团校园活动、人事与教职员管控等,但利用大学资源发展实科、研究国防、输送所需人才、支援前线、宣扬本国文化等亦是大学与国家关系的组成部分。在平时,大学从事教学、培养人才、科学研究;在战时,举校西迁、助力国防、服务抗战,皆为大学所承担的国家使命。在此层面下,大学与政府既可以进行"建教合作",也可以在政府的主导下创办实科,进行国家所需要的研究,培养国家所需要的人才。中央大学航空工程系从筹办到运行都是在国民政府、航空委员会等机构的主导之下完成的,此案例可以为我们解读战时大学与国家关系提供另一视角。此类政府主导的大学专项工作还有许多,这些案例的进一步研究可为我们补全战时大后方教育史的拼图,呈现战时教育的另一面相。

竺可桢与中国现代学术及大学之建立

——以竺可桢与哈佛大学渊源考述为基础

林　伟[*]

摘　要：竺可桢于1913—1918年在哈佛大学研习地理学和气象学五年。一方面，他系统学习了哈佛大学开设的相关课程，以科学的精神和方法为根本要旨，将具有独特传统与特点的美国现代地理学和气象学引入中国，打造了东南大学地学系、中央研究院气象研究所等中国近代历史上数个重要的专门人才培养与学术研究机构。另一方面，竺可桢在哈佛大学期间考察现代大学制度，浸染追求真理、学术自由、教授治校等大学精神。待其返国后，不论是在东南大学，还是浙江大学，竺可桢都是现代大学精神的坚守者和捍卫者，在执掌浙江大学期间还力所能及地推行哈佛大学所实施的通识教育、导师制等制度，为中国现代大学的建立和发展做出了重要的贡献。

关键词：竺可桢；哈佛大学；西学东渐；现代学术；跨国史

"我认为哈佛做我的母校，我回国以后在大学里教书，或是办行政，在研究院办研究所，常把哈佛大学做我的标准，哈佛大学便成为我的偶像。"[①]这是1952年7月，时任中国科学院副院长的竺可桢在思想改造运动期间所撰自我检讨的一段话。考虑到当时政治运动的背景，这份自述显然并非一个学者在完全自由的状态下所做，其主要目的在于通过"自我批评"的方法检讨"崇美亲美"思想。因此，竺可桢有关自己与哈佛大学关系的自陈或不免存在简单化和形式化的倾向。不过，若稍加检视竺可桢留下的多年日记和相关文稿，则不难留意到他跟哈佛大学之间的密切联系，例如他定期阅读《哈佛大学同学会公报》（Harvard Alumni Bulletin），对于母校进展一直有及时的掌握；他还组织了杭州哈佛同学会，积极参与会务；此外更重要的是，竺可桢还致力于将哈佛大学追求真理的精神施行于浙江大学的治理之中……凡此种种，均可以看出竺可桢对于母校的温情与敬仰，以及哈佛大学对竺可桢的深刻影响。

---

　　*　作者简介：林伟，首都师范大学教育学院副教授。

　　①　竺可桢：《科学院研究人员思想改造学习期中的自我检讨》，载竺可桢：《竺可桢全集》第3卷，上海科技教育出版社2004年版，第86页。这段话也见于1961年底竺可桢加入中国共产党所提交的《自传》当中。参见：竺可桢：《思想自传》，载竺可桢：《竺可桢全集》第4卷，上海科技教育出版社2004年版，第89页。

竺可桢于 1910 年获得庚款奖学金资助,赴美入伊利诺伊大学学习农学,后于 1913 年毕业后转赴哈佛大学文理研究院。他在哈佛大学五年时间,主要修读地理学、气象学方面的课程,最终于 1918 年获得博士学位后返国。此后,竺可桢先后执教于多所大学,并于 1928 年任中央研究院气象研究所所长,1936 年任浙江大学校长,1949 年任中国科学院副院长。在学术研究和人才培养方面,竺可桢被公认为"我国近代地理学和气象学的奠基者",被誉为"一代宗师"。[①] 在办学实践方面,竺可桢执掌浙江大学 13 载,克服抗日战争与国共内战所造成的重重困难,追求学术自由和崇高的学术标准,将浙江大学提升为一所办学质量卓越的学府。竺可桢也因此被认为是近代中国大学历史上最杰出的校长之一。[②] 纵观近代中国大学史,由留学归国的学者出任校长者众多,但是像竺可桢这样能够同时在学术界和教育界获得至高声誉者则为数不多。

在近代中国历史发展过程中,一个十分紧要的维度即在于西方知识与制度导入中国,为近代中国人和社会从不同角度做多样的理解与认知,并在与本土力量融合与冲突的过程中逐渐观念化和制度化,此即所谓"西学东渐"和"西制东渐"。一般认为,留学生在近代中国历史上承担了输入新知的角色,直接将西方现代知识和制度引进中国,促进了传统中国的现代化。然而,若细究这套叙事范式,其背后仍有许多根本问题值得清理和讨论,比如何种西学?如何东渐?是否有超越东西之分的普遍价值?这一点正如有学者指出的:"'西学东渐'的历史图景还远谈不上清晰。"[③]本研究认为,要想进一步理清西学东渐的图景,有必要逐渐摆脱过往对于作为他者的西方过于笼统、肤浅和抽象的想象,对于中国的认知也有必要突破民族国家史学叙事模式的藩篱。具体而言,一方面需要"大处着眼,小处着手",将西学东渐的问题置于全球知识生产与散播的整体语境当中予以具体乃至细微的爬梳与描写;另一方面则有必要从民族国家之上的人类社会总体、跨国组织等,以及民族国家之下的地方性组织、社会单位及个体当中选取适当的角度做超越的尝试。具体就本研究的主题来说,尽管学界已

---

① 有关对竺可桢学术成就的评价,参见:施雅风、许良英:《竺可桢传略》,《中国科技史料》1980 年第 2 期;卢嘉锡:《深切怀念竺可桢同志》,《自然辩证法通讯》1984 年第 2 期;许良英:《竺可桢——中国近代科学家和教育家的典范》,《近代史研究》1985 年第 1 期;叶笃正:《竺可桢先生——我国近代气象学、地理学的奠基人》,《大气科学》1990 第 1 期;杨勤业、张九辰等:《中国地学史》(近现代卷),广西教育出版社 2015 年版,第 168 页。

② 有关竺可桢的大学教育理念及担任浙江大学校长期间所做贡献的研究,主要参见:张彬:《倡言求是,培育英才:浙江大学校长竺可桢》,山东教育出版社 2004 年版;张晓唯:《竺可桢日记里的大学秘史》,《读书》2009 年第 11 期;何方昱:《党化教育下的学人政治认同危机:去留之间的竺可桢(1936—1949)》,《史林》2010 年第 6 期;江增辉:《西学东渐的成功典范——竺可桢对中国科学与教育发展的贡献及其方法论意义》,中国科学技术大学博士学位论文,2013 年;李醒民:《思想的断裂,时代的怪谲——竺可桢 1950 年前后科学观和教育观诸方面比较研究》,《中国政法大学学报》2015 年第 2 期;田正平:《一位大学校长的理念与情操——〈竺可桢日记〉阅读札记》,《教育研究》2015 年第 12 期;田正平:《"只问是非、不计利害"——从〈竺可桢日记〉看一位大学校长的精神境界》,《高等教育研究》2016 年第 4 期;刘正伟、卢美艳:《竺可桢对哈佛大学校长艾略特大学理念的接受与改造》,《高等教育研究》2018 年第 9 期;周谷平、张丽:《梅贻琦与竺可桢通才教育观之比较》,《高等教育研究》2019 年第 2 期。

③ 章清:《会通中西:近代中国知识转型的基调及其变奏》,社会科学文献出版社 2019 年版,第 5 页。

经有相当多关于竺可桢学术和教育贡献的研究成果,但是这些研究大多数都是采用上述现代化视角进行阐释,因此本研究认为竺可桢仍可以作为重新思考西学东渐问题的极佳个案之一。有鉴于此,本研究将以近年来国内系统出版的竺可桢档案资料,以及在美国搜集的竺可桢求学期间的个人档案为主要材料,试图从跨国知识生产和学科建构的角度重新审视竺可桢的学术思想和教育实践。

一、从唐山路矿学堂到哈佛大学:竺可桢的"西学"之路

竺可桢于 1890 年 3 月出生于浙江绍兴,正值晚清中国社会大变革的年代。在其幼年时期,竺可桢为了应科举考试在家乡念过几年私塾。1905 年科举废除,竺可桢遂赴上海,先后就读于澄衷学堂和复旦公学。这两所学校都是中等教育层次的新式学校。1909 年,竺可桢考入唐山路矿学堂,学习土木工程专业。综合来看,竺可桢出国之前就读的三所学校都是清末新政时期涌现出来的新式学校的代表,其课程当中均有相当可观的西学知识。其中,尤其值得一提的是唐山路矿学堂。该校隶属于清政府邮传部,是一所专门培养铁路和矿业实用人才的高等专科学院。据竺可桢自传材料记录,他在该校就读时,校长系留美归国的熊崇志,"教数、理、化和土木工程的教员全是英国人"[1]。尽管竺可桢在自传材料中对英国教员的"半殖民地教育"行径进行了批评,但是客观地讲,他在唐山路矿学堂一年的学习为其考取第二批庚款奖学金名额及日后在美就读奠定了扎实的基础。

哈佛大学档案馆保存了竺可桢的入学申请材料,其中一份由伊利诺伊大学提供的本科成绩单中记录了他在唐山路矿学堂修读的课程:代数、平面几何、立体几何、物理学、化学、地文学(Physiography)、地质学(Geology)、绘图、通史、英语、德文、国文。[2] 显然,在上述课程当中最值得注意的是两门地学课程:地文学、地质学。竺可桢在 1910 年秋季申请入读伊利诺伊大学时,该校承认他在唐山路矿学堂所修读的部分课程,于是他得以直接插班转入大学二年级。竺可桢此前所修读的地学课程被用于换取伊利诺伊大学所开设的"农业地质学"(Agricultural Geology)课程的学分。在其后来提交给哈佛大学的学位申请表中,竺可桢表示自己计划攻读气象学的硕士学位,且"已经在该专门领域完成两门完整的课程"[3]。因此可

---

① 竺可桢:《思想自传》,载竺可桢:《竺可桢全集》第 4 卷,上海科技教育出版社 2004 年版,第 88 页。

② "Transcript of the Record of Co-Ching Chu in the University of Illinois", *Student Folder* (*C. C. Chu*), *Harvard University Archives*, UAV 161. 201. 10, Box 19.

③ "Application for Admission to Candidacy for a Degree in Arts or Philosophy", *The Graduate School of Arts or Sciences*, *Harvard University*, *Student Folder* (*C. C. Chu*), *Harvard University Archives*, UAV 161. 201. 10, Box 19.

见,竺可桢所说的两门地学课程指的正是在唐山路矿学堂所学的地文学和地质学。

竺可桢在自传中详细谈了自己从农学改换到气象学专业的原因。他在出国时考虑到"中国以农立国,万事农为本",遂选择到美国改习农业。然而,他到美之后半年即发现自己对农学不感兴趣,于是提出转学理科的申请,但是却未得到留美学生监督的许可,无奈只能继续学习农学。① 直到1913年夏,竺可桢从伊利诺伊大学毕业后方可重新选择自己喜欢的专业攻读研究生。他考虑到已经学习了三年农学,遂"只想选和农业相近的科目"②,并最终选择了气象学。竺可桢有关自己改换专业的自述被学界研究者普遍接受。然而,这种说法并未注意到竺可桢曾在唐山路矿学堂学过两门地学课程的事实。虽然这两门课程具体的开设情况已不易探查,但是它们却可能对竺可桢最终选择气象学作为自己的学术志业产生积极的影响。由此或可进一步说,在竺可桢由土木工程到农学,再到地学(气象学)的专业改换过程中,在学科知识的层面上存在着一定程度的连续性和相关性。

1910年9月,竺可桢与第二批庚款留美学生一同赴美,进入伊利诺伊大学农学院就读。对于在这里度过的三年,竺可桢在自传中评价极低。一方面,他很快发现自己对农学不感兴趣,转学理科的申请没有得到批准,"只好硬着头皮读到毕业";另一方面,伊利诺伊大学的校园里存在歧视有色人种和外国学生的种族主义。因此,在竺可桢看来:"这三年工夫,从现在看来等于虚度了","我在伊利诺大学三年,对于同学、老师和所读课程统没有起什么好感"。③此外,梳理竺可桢的日记亦可以发现,除了有他偶尔阅读伊利诺伊大学校友通讯的记录以外,其余就是跟一些伊大老同学交往的零星事迹了。竺可桢在1937年2月2日的日记中曾有感慨:"伊利诺大学旧同学大半均亦不通信息矣。"④总之,看起来竺可桢在伊利诺伊大学的三年可谓蹉跎岁月,在其学术和人生当中并未留下什么深刻的印记。然而,竺可桢的这三年本科生经历仍有一些可圈可点之处。

伊利诺伊大学的校训是"学与劳"(Learning and Labor)。在这种办学理念的指引下,该校十分重视将实用学科跟文化、科学结合起来,以培养既有教养又有专业知识和能力的人才。当时的伊利诺伊大学在课程设置方面采用的是一种相对集中的"选修制"(elective system)模式。本科生入校即分科,修读的课程大部分是专业课,包括专业必修课和专业选修课;此外,学校还规定需要在专业课以外修读外语和一些其他类别的课程。查伊利诺伊大

---

① 令人稍感困惑的是,竺可桢在澄衷学堂的同学、同为第二批庚款留美学生的胡适一开始也是在康奈尔大学学习农学,在学习一段时间之后同样发现自己对农学不感兴趣,但是他却成功地转到了哲学专业。竺可桢与胡适差不多是在同一时期产生转学的念头,但不知道为何留美学生监督批准了胡适的转专业申请,但是却拒绝了竺可桢的申请。这或许跟竺可桢当时已经读二年级,而胡适还在念一年级有关系;也或许与庚款留美学生的管理制度存在关系,具体原委值得进一步考察。

② 竺可桢:《思想自传》,载竺可桢:《竺可桢全集》第4卷,上海科技教育出版社2004年版,第89页。

③ 竺可桢:《思想自传》,载竺可桢:《竺可桢全集》第4卷,上海科技教育出版社2004年版,第88-89页。

④ 竺可桢:《竺可桢全集》第6卷,上海科技教育出版社2004年版,第244页。

学当时的系科设置,农学院(The College of Agriculture)是四年制的本科学院,与文学院、理学院、工学院并立,其最主要的目的在于"为农业培养专业人才"①。伊大农学院开设了 90 多门专业课,主要分为农艺学、畜牧学、家畜学、园艺学等类别。竺可桢所学课程大部分都是农学领域的专业课,其中不乏种子学、家畜饲养、土壤物理学、绵羊饲养等非常专门化和讲求实践操作的课程。除了农学课程以外,竺可桢在伊利诺伊大学期间还学习了三门德文课程,以及经济学原理(Principles of Economics)、逻辑学(Logic)、文学导论(Introduction to Literature)和比较政治学(Comparative Government)。总体来看,竺可桢的成绩良好,有 24门课程得分在 80~90 分之间,仅 4 门课程在 70~80 分之间,另有 7 门课程得分在 90 分以上。②

图 1　竺可桢(前排左三)与伊利诺伊大学中国学生会合影(1912—1913 年)

注:第一排右一为当时在比较文学系就读的梅光迪,第二排左二为在哲学系就读的赵元任,第二排右四为在物理系就读的胡刚复。胡刚复和梅光迪日后在东南大学与竺可桢系同事,竺可桢在任浙江大学校长初期即招胡刚复和梅光迪前来协助,分别担任文理学院院长及副院长一职,后分任理学院院长和文学院院长。

　　除了专业学习以外,竺可桢还加入了伊利诺伊大学中国学生会(Chinese Students'Club)和世界会(Cosmopolitan Club)。伊大当时是中国留学生在美国中部的一个聚集地,总共有三四十名中国学生在此学习,大多为本科生。中国学生会在学校旁边租下一处房产做俱乐部会所,一楼被设置为公共活动空间,提供一些国内的报纸,并定期举办社交性质的聚会。③ 竺可桢曾于 1912 年秋季学期担任中国学生会的英文秘书。④ 伊利诺伊大学的世界会

①　Annual Register of the University of Illinois,1910—1911,Urbana-Champaign:The University,1910,p. 192.

②　"Transcript of the Record of Co-Ching Chu in the University of Illinois",Student Folder (C. C. Chu),Harvard University Archives,UAV 161.201.10,Box 19. 竺可桢有两门体育课均得到了 100 分,估计应当是按照等级打分的结果,可以看出他当时的身体素质良好。

③　"Enrollment of Chinese Shows Large Increase",The Daily Illinois,September 25,1912,p. 4.

④　The Illinois,1914,p. 431.

图 2　竺可桢 1913 年从伊利诺伊大学毕业时留影

图 3　竺可桢(后排右一)与哈佛大学中国学生会合影(1918 年)

创建于 1908 年 6 月,是 20 世纪初美国大学校园中世界会运动的产物。[①] 该会主要由关心国际事务的教师和学生,尤其是国际学生组成。中国学生是其中最大的一个国际学生群体。竺可桢在 1912 年秋季加入世界会,并住在俱乐部宿舍。[②] 世界会以国际主义、和平主义为旨趣,反对种族主义、狭隘的民族主义和民族国家之间的战争。竺可桢参加世界会的经历或许对他形成一种超越意识的国家观和世界观产生影响。最后值得留意的是,竺可桢入伊大不久便受洗加入了基督教,在此三年间经常参加教会礼拜,但是后来到哈佛,"即罕去做礼拜,回国以后更鲜"[③]。

1913 年夏天,竺可桢从伊利诺伊大学获得科学学士学位(B. S.,Bachelor of Science),随后前往哈佛大学,就读于文理研究院的气象学专业。在他填写的学位申请表中,刚入读哈佛的竺可桢表示希望可以在 1915 年 6 月取得硕士学位,由此或可推知此时的他还未考虑攻读博士学位。[④] 按照当时庚款奖学金的规定,受此资助的留学生可以获得在美五年的公费资助。竺可桢在哈佛学习了整整五年时间,直到 1918 年夏天获得博士学位之后,方从美国返回中国。根据哈佛大学的记录,竺可桢在 1917—1918 学年获得了乔治·爱默生(George H. Emerson)奖学金。这项奖学金系专门提供给动物学、地质学、矿物学和化学专业表现良好且无其他奖学金资助的学生,每年的资助额度为 400 美元。[⑤] 另外,竺可桢曾在自传中说自己本应在 1915 年归国,但是因为希望获得博士学位,遂"一再展期",并因此"多花了国家三年的官费"。[⑥] 概言之,竺可桢在哈佛求学期间得到了庚款奖学金与哈佛大学奖学金的资助,一方面保证他能够系统地学习哈佛所开设的地学与气象学课程,并最终成为我国近代第一位在西方大学取得该领域博士学位的学者;另一方面也让他在哈佛校园生活五年之久,得以深入了解哈佛的学术制度与系科组织,浸润熏陶现代大学的风气与精神。

---

① 有关美国大学的世界会运动,参见林伟:《学做世界公民:留美中国学生与世界会运动(1903—1914)》,《高等教育研究》2016 年第 3 期。

② 竺可桢:《思想自传》,载竺可桢:《竺可桢全集》第 4 卷,上海科技教育出版社 2004 年版,第 88 页;The Illinois,1914,p. 433. 竺可桢将世界会翻译为"国际俱乐部"。

③ 参见竺可桢 1945 年 8 月 23 日的日记。竺可桢:《竺可桢全集》第 9 卷,上海科技教育出版社 2004 年版,第 494 页。

④ "Application for Admission to Candidacy for a Degree in Arts or Philosophy",The Graduate School of Arts or Sciences,Harvard University,Student Folder (C. C. Chu),Harvard University Archives,UAV 161.201.10,Box 19.

⑤ Harvard University Catalogue of Names,1917—1918,Cambridge:Harvard University,1917,p. 311.

⑥ 竺可桢:《思想自传》,载竺可桢:《竺可桢全集》第 4 卷,上海科技教育出版社 2004 年版,第 89 页。

二、科学与学科构划:哈佛大学现代地学的传统与谱系

19 世纪是地学(Geoscience)科学化并取得巨大发展的时代。一方面,就知识本身而言,地学作为一门独立的科学从博物学(Natural History)中分离出来,其中地质学、矿物学、古生物学、地理学等领域都在这个时期取得了令人瞩目的成就;另一方面,从学科组织和制度来说,以德国大学为代表的现代大学推崇科学研究,通过在大学创设新的教席与系科的方式,极大地推动了现代科学的专业化发展。从 19 世纪到 20 世纪初,德国大学无论是在知识生产还是学科建构方面,都成为欧洲以及北美大学模仿与追赶的对象。①

从 19 世纪中期开始,哈佛大学逐渐成为跨大西洋学术与知识网络在北美大陆最重要的中心之一。就地学学科来说,瑞士籍的阿加西斯(Agassiz,1807—1873)是哈佛学院现代地学的开创者,同时也是将欧洲的科学地学体系引入美国的先驱者之一。1847 年,哈佛邀请阿加西斯出任劳伦斯科学学院(Lawrence Scientific School)的动物学与地质学教授。在前往美国之前,他曾在德国多所大学求学并获得哲学和医学博士学位,并长期担任瑞士纳沙泰尔大学(University of Neuchâtel)的博物学教授。阿加西斯在哈佛培养了一批年轻的美国科学家,其中谢勒(Shaler,1841—1906)于 1868 年担任古生物学教授,此后亦长期担任地质学教授,讲授初等和高等地质学课程。在阿加西斯暮年,哈佛聘请了在德国大学接受学术训练,并在美国有丰富地质勘查经验的惠特尼(Whitney,1819—1896)来校担任第一任的斯特吉斯·胡珀地质学教授(the Sturgis Hooper Professor of Geology)。总体而言,阿加西斯—谢勒—惠特尼的哈佛地学传统更为偏重地质学路径,相较而言,科学的地理学还未充分发展起来。

在哈佛大学地学学科的发展历史上,对地理学和气象学的开拓起到关键作用的是台维司(Davis,1850—1934)。② 他于 1869 年获得哈佛科学学士学位,一年后获得工程硕士学位,随后前往阿根廷科尔多瓦(Cordova)从事了三年的气象观测和研究工作。1877 年,台维司回到哈佛担任谢勒的助手,随后被任命为自然地理学讲师,1890 年擢升为教授,1898 年出任斯特吉斯·胡珀地质学教授。台维司所从事的研究和讲授的课程主要集中在自然地理学和气象学领域。他提出了著名的"侵蚀轮回学说"(Erosion Cycle),奠定了其在世界地理学

① "Introduction", in Peter J. Bowler and John V. Pickstone edit, The Cambridge History of Science, Volume 6, The Modern Biological and Earth Sciences, New York: Cambridge University Press, 2009, pp. 6-9.

② 此处译名遵照竺可桢的译法,有时他也将 Davis 译作台维斯。另外几名哈佛地学教授的名字亦从竺译。

发展史上的重要地位。[①] 值得一提的是,台维司在 1890 年出任的哈佛大学自然地理学教授席位是美国大学当中第一个地理学教授席位。在同时期的欧洲,德国新地理学的代表人物李希霍芬(Richthofen)于 1886 年执掌柏林大学的地理学教授,拉采尔(Ratzel)亦于同一年担任莱比锡大学的地理学教授。[②] 从这个角度来说,美国大学的地理学自有其独立的传统,即便跟当时世界科学中心的德国相比亦不落下风。

在教学和人才培养方面,可以毫不夸张地说,台维司在哈佛大学培养了下一代大部分的美国地理学家。他一开始在哈佛讲授“自然地理与气象学”(Physical Geography and Meteorology)课程。[③] 1890 年,这门课程被分为“自然地理学”和“气象学”两门独立的课程[④],后来更进一步扩充为一整套课程体系,其中既包括主要面向本科生的导论课程,也包括面向研究生的高等研修课程。此外,在教学过程中,台维司深感有必要编写气象学方面的教材。最终,他以其高超的综合技艺结合大量实证研究的成果于 1894 年写就并出版了《初级气象学》(Elementary Meteorology)一书。该书成为随后几十年间美国大学最广泛使用的经典教材。可以说,正是由于台维司在研究与教学方面的不懈努力,哈佛大学的地理学科得以在 19 世纪末期不断拓展和深化。在 1895 年前后,哈佛大学的博物学被多个更加专门的现代学科所取代。其中,地质学与地理学(Geology and Geography)成为一个独立的领域。这两个相互联系的学科亦得以在各自的科学体系中获得更加精深的发展。

1912 年,台维司从哈佛大学荣休。他在哈佛大学所开创的地理学——气象学事业由华德(Ward,1867—1931)、阿德湖(Atwood,1872—1949)、麦开地(McAdie,1863—1943)分别继承并发展。华德是美国气候学领域的先驱者,其毕生最大的成就即在于“将气候学发展成为一门科学”[⑤]。1885 年,华德入读哈佛,他在大三的时候选修了台维司开设的气象学课程,进而对这个新兴的学科产生了强烈的兴趣。1889 年,在获得学士学位之后,华德前往德国、意大利和希腊游学了一年。随后,他应台维司的邀请返回哈佛担任其课程助手,同时在哈佛攻读气象学方向的硕士。1893 年,华德获得硕士学位,在此期间他开始从事《美国气象学杂志》(American Meteorology Journal)的编辑工作。1895 年,华德被任命为哈佛大学气

---

① 有关台维司的生平及学术成就,参见:William M. Davis, and Reginald A. Daly, "Geology and Geography", in Samuel E. Morrison edits, The Development of Harvard University since the Inauguration of President Eliot, 1869—1929, Cambridge:Harvard University Press, 1930, pp. 314-316; Reginald A. Daly, "Biographical Memoir of William Morris David (1850—1934)", National Academy of Sciences of the United States of America Biographical Memoirs, Vol. XXIII-11;普雷斯顿・詹姆斯:《地理学思想史》,李旭旦译,商务印书馆 1982 年版,第 324-337 页。

② 有关德国新地理学教授席位的创设及代表人物,参见:普雷斯顿・詹姆斯:《地理学思想史》,李旭旦译,商务印书馆 1982 年版,第 200-211 页。

③ The Harvard University Catalogue, 1879-1980, Cambridge:Harvard University, 1880, p. 89.

④ The Harvard University Catalogue, 1890-1991, Cambridge:Harvard University, 1891, pp. 92-93.

⑤ Charles F. Brooks, "Robert DeCourcy Ward", Annals of the Association of American Geographers, 1932,22 (1).

候学讲师(Instructor in Climatology),1910 年晋升为气候学正教授。该教席系当时全美第一个气候学的教授席位,在全世界亦属最早创设的气候学教授席位之一。①

就其学术兴趣而言,华德更为关注气象学领域中人的因素,而非对大气进行数学与物理学的研究。他的代表著作包括 1899 年出版的《初级气象学实操》(*Practical Exercises in Elementary Meteorology*),以及 1908 年出版的《气候:尤重与人的关系》(*Climate: Considered Especially in Relation to Man*);此外,他还在 1903 年翻译了被誉为"现代气象学之父"的奥地利维也纳大学教授汉恩(Hann)的《气候学手册》(*Handbook of Climatology*)。这部译作将代表当时欧洲最高水准的气候学成果介绍到美国,不仅为美国大学的气候学教学提供了一本经典的教材,同时还极大地促进了美国气象研究与观测的水平。在课程教学方面,华德不断拓展哈佛大学所开设的气象学与气候学课程,在 20 世纪初构建起了一套由浅入深、前后连贯的课程体系。在 1906 年左右,气候学成为当时哈佛地质学与地理学系课程体系中一个单独开设的门类,其中包括面向本科生的"初级气象学"[Meteorology (elementary course, second course)]、面向本科生和研究生的"气候学通论"(General Climatology)、"美国气象学"(Climatology of the United States),以及面向研究生的"高级气候学"(Climatology⟨advanced course⟩)。② 在竺可桢于 1913 年入读哈佛研究生院时,华德所教授的气候学课程体系已经相当丰富和系统了。

除华德以外,阿德湖和麦开地亦对 1910 年之后哈佛大学的地理学和气象学学科发展做出了重要贡献。阿德湖于 1897 年获得芝加哥大学学士学位,在从事了两年的地质调查与研究工作后,于 1899 年返回母校任教,并于 1903 年获得博士学位。1913 年,阿德湖被聘请为哈佛大学自然地理学教授(Professor of Physiography),接替台维司在该领域所教授的课程和从事的研究工作。1920 年,他出任克拉克大学(Clark University)校长,同时兼任地理学院(School of Geography)院长一职。阿德湖是 20 世纪上半叶美国最杰出和最有影响力的地理学家之一,在自然地理学、经济地理学、美洲及欧洲等区域地理学领域均有卓越建树。在就职于克拉克大学期间,他大力推进地理学的教学和研究,使该校成为享有世界声誉的地理学研究重镇之一。③

---

① 有关华德的生平及学术成就,参见:William D. Davis, "The College Life of Robert DeCourcy Ward", Annals of the Association of American Geographers, 1932, 22(1); Charles F. Brooks, "Robert DeCourcy Ward", Annals of the Association of American Geographers, 1932, 22(1); Robert V. Rohli and Gregory D. Bierly, "The Lost Legacy of Robert DeCourcy Ward in American Geological Climatology", Progress in Physical Geology, 2011, 35(4).

② *The Harvard University Catalogue, 1906—1907*, Cambridge: Harvard University, 1907, pp. 512-515.

③ 有关阿德湖的生平及学术成就,参见:George B. Cressey, "Wallace W. Atwood, 1872—1949", *Annuals of the Association of American Geographers*, 1949, 39(4).

麦开地是美国当时"为数不多的气象物理学家之一"[①]。他于 1881 年获得纽约城市学院（College of the City of New York）学士学位，在此期间开始对大气物理，尤其是雷电现象发生兴趣。1882 年，麦开地获得美国陆军信号部队（the United States Army Signal Corps）的资助，前往哈佛大学进修。他主要跟随哈佛大学现代物理学的开拓者特罗布里奇（Trowbridge）教授学习电和磁的实验测量，同时也选修了由台维司所讲授的气象学课程。1885 年，麦开地获得了哈佛大学硕士学位，随后在美国军队从事了数十年的气象观测与研究工作。他先后在华盛顿、旧金山等城市工作，成绩卓越，发表了大量有关气象学和大气物理学方面的成果。1913 年，麦开地被哈佛大学聘请为阿博特·劳伦斯·罗奇气象学教授（Abbott Lawrence Rotch Professor of Meteorology），同时兼任蓝山气象台（Blue Hill Meteorological Observatory）主任。[②] 该气象台系波士顿上层名士罗奇于 1885 年 2 月建成并正式投入使用的。经过数年精心营建，蓝山气象台发展成为 19 世纪末 20 世纪初美国乃至全世界范围内设备最先进、气象观测数据最全面的气象台之一。1912 年 4 月，罗奇溘然辞世。遵其遗嘱，蓝山气象台被赠予哈佛大学，同时还附赠 5 万美元的捐款。[③] 麦开地来到哈佛大学之后，十分重视利用蓝山气象台提升研究及教学的水平。他所开设的多门课程均在气象台内进行，学生们得以利用先进的仪器进行实际操作和训练。

综上所述，自 19 世纪中期至 20 世纪初，现代地学学科在哈佛大学经历了一场科学化和学科打造的过程。这个过程亦即著名社会科学史家罗斯（Ross）所谓的"构划"（project）[④]。至少有三方面相互关联的力量共同作用并推动此过程之发生：第一，美国本土幅员辽阔、地形多变、自然资源极其丰富，政府、商业公司与知识界均重视开展地质与地理的调查与勘测，这为地学的科学化提供了大量的实证基础，同时也训练了一大批经验丰富、能力突出的美国本土科学家。上文述及的哈佛大学地学家无一例外地都有在美国从事大量野外勘测或调查研究的经验。相较而言，19 世纪至 20 世纪初的地理学和气象学在科学领域中属于较为前沿

---

① S. P. Fergusson, L. C. Graton, and C. F. Brooks, "Alexander George McAdie," *Harvard University Gazette*, 1946(2).

② 有关麦开地的生平及学术成就，参见：S. P. Fergusson, L. C. Graton, and C. F. Brooks, "Alexander George McAdie," *Harvard University Gazette*, 1946(2).

③ 有关洛奇及蓝山气象台的情况，参见：Robert De C. Ward, "Abbot Lawrence Rotch", *Proceedings of the American Academy of Arts and Sciences*, 1913,48(21); Alexander G. McAdie, "The Blue Hill Observatory", in Samuel E. Morrison edits, *The Development of Harvard University since the Inauguration of President Eliot*, 1869—1929, Cambridge：Harvard University Press, 1930. 罗奇在气象观测和研究方面成绩斐然，不论在美国还是欧洲均有极高的声望。从 1888—1891 年，以及 1902—1906 年，哈佛大学聘请罗奇为气象学助理。1906 年，哈佛邀请罗奇出任学校历史上第一位气象学教授（Professor of Meteorology），承担一门高级气象学研究课程的教学工作。虽然在哈佛有教职，但罗奇从未在哈佛领取薪水。他对科学研究之笃定，以及对公共服务之热忱，可谓有贵族之风。

④ 多萝西·罗斯：《社会科学诸学科的变化轮廓》，载西奥多·M. 波特、多萝西·罗斯主编：《剑桥科学史》第七卷，第七卷翻译委员会译，大象出版社 2008 年版，第 206 页。

和新颖的知识领域。诸如台维司、阿德湖、麦开地等人,跟欧洲学术界的直接交往并不多,三者均在美国积累了十分丰富的自然观测与实地考察经验,其学术成果亦具有世界性的水准和影响力。第二,许多有志于科学与学术职业的美国青年前往欧洲大学留学,同时亦有一些具有相当学术声望的欧洲学者前往美国大学任教,将欧洲先进的科学知识和现代大学理念与美国社会及学术界的开拓进取精神融合起来。这方面的代表人物是阿加西斯、惠特尼和华德,他们都是沟通大西洋两岸科学界的桥梁。第三,美国大学在这个时期也发生重大转型,新旧大学均倡导科学研究,重视提升大学教育的质量,诸多大学在此期间纷纷建立并发展了现代地学的系科,课程体系大为扩展,科学人才亦得以养成。哈佛大学在埃利奥特校长治下,先是通过改革劳伦斯科学学院,将现代地学引入哈佛,随后更是延聘多位具有现代科学精神、学养与能力俱佳的地质学家和地理学家出掌新教席,极大地提升了哈佛大学在地学领域的科研和教学水准,将这个学科打造为美国乃至全世界范围内的学术中心之一。

三、知识与制度的跨国旅行:
竺可桢与中国现代地学学科的建构

1913 年秋,竺可桢进入哈佛大学地质学与地理学系攻读研究生学位。如上所述,这一年适为哈佛大学地学学科发展史上的一个重要转折点。台维司甫于 1912 年荣休,阿德湖和麦开地随即均于 1913 年被延揽至哈佛大学,加上已经在哈佛任教十几年,方晋升为气候学正教授三年的华德,此时哈佛大学的地理学、气象学和气候学领域各拥有了一位一流的学者,学科发展步入一个巩固与提升的"黄金时期"。较之台维司时代,1913 年之后哈佛大学的地理学和气象学学科在课程设置方面更为丰富和体系化,在教学方面亦由于接管蓝山气象台而有条件更加重视实证观测的训练,在科研方面则愈加精深和专业化。哈佛大学也因此成为当时美国仅有的几所可以在该领域培养博士生的大学之一。

竺可桢在此时进入哈佛修读气象学和地理学,可谓是一种历史的因缘际会。他用五年的时间先后取得硕士和博士学位,成为同时代接受现代科学训练最系统、最前沿的中国留学

生之一。① 这无疑为竺可桢归国后在我国现代地理学和气象学领域开辟一番事业,成就其
"一代宗师"的地位奠定了坚实的基础。若将"西学东渐"的宏大历史图景与学人个体的生命
史联系起来,则竺可桢在哈佛大学的五年时间可以视作"受学"的阶段,是他学术思想形成的
关键时期,至于其返国后在大学及研究院从事教学和研究工作则可以视为"发扬"的阶段。
在这个过程中,竺可桢如何通过系统修读课程步入现代西方地学的门庭?他在何种意义上
理解并接受哈佛大学数十年积累而成的独特的地学传统,又通过哪些途径将其导引、传播到
中国现代学术的场域当中?在建构现代中国学术的过程中,竺可桢如何看待中西异同,又是
怎样将中西方的科学资源融合在一起?所有这些问题都值得通过细密的梳理逐一剖析。

　　留学生在海外大学求学的成绩单是最能集中反映其接受西学知识的证据材料,也是分
析他们到底接引了何种学术传统的直接载体。就竺可桢而言,他在哈佛大学的成绩单亦可
以视为现代地学知识援引入中的重要图谱,如表 1 所示。

表 1　竺可桢在哈佛大学的成绩单②

课程编号	课程名称	授课教师	得分
1913—1914 学年			
Geology A^2	Physiography (introductory course) 地文学导论	Professor Atwood 阿德湖	B
Mathematics 5	Differential and Integral Calculus 微积分	Associate Professor Bouton	C
Meteorology 1^1	Meteorology (introductory course) 气象学导论	Professor Ward 华德	B
Meteorology 2^1	Climatology (general course) 气候学通论	Professor Ward 华德	B
Meteorology 3 b^2	Climatology of South America 南美气候学	Professor Ward 华德	B
Meteorology 21	Meteorology (research course) 气象学研究	Professor McAdie 麦开地	A

---

　　① 20 世纪初留洋的中国学生当中相当一部分人只为求得学位,真正以追求学问为目标,潜心治学、苦心钻研的人并
不是很多。此外,由于庚款奖学金、各省官派等资助项目大多有期限,不少留学生亦难以在有限的时间内获得最高的博士
学位,因此不少中国留学生仅获得学士或硕士学位即告归国。竺可桢是留学哈佛大学的中国学生里第二位获得哲学博士
(Ph. D.)学位者。在数学系就读的胡明复毕业于 1917 年,系第一位在哈佛获得哲学博士学位的中国人。1918 年获得哈
佛哲学博士学位的中国人有两位,即竺可桢与赵元任。后者在哲学系以逻辑学题目的论文获得博士学位。他们三人均是
1910 年赴美的第二批庚款留学生。即便以在全美或全世界范围内留学的中国学生而论,竺可桢仍是其中最早一批获得
哲学博士学位者之一。

　　② "Transcript of Co-Ching Chu", *The Graduate School of Arts and Sciences*, *Harvard University*, *Harvard
University Archives*, UAV 161. 272. 5; *Harvard University Catalogue*, 1913—1918, Cambridge: Harvard University,
1913—1918.

续表

课程编号	课程名称	授课教师	得分
Physics 6a[1]	Elements of Thermodynamics 热力学基础	Assistant Professor H. N. Davis	B
Engineering Sciences 4a	Surveying① 测量学	Associate Professor Hughes	C+
1914—1915 学年			
Engineering Sciences 9[2]	Elementary Bacteriology 初级细菌学	Dr. J. W. M. Bunker	B
French A	Elementary Course② 初级法文	Dr. Whittem 等	B-
German 1C	German Scientific Prose 德文科学文献		免修
Meteorology 3[2]	Climatology of North America 北美气候学	Professor Ward 华德	B
Meteorology 5[1]	Climatology of the Eastern Hemisphere 东半球气候学	Professor Ward 华德	B
Meteorology 20a	Meteorology (research course) 气象学研究	Professor McAdie 麦开地	A
1915—1916 学年			
Geography 2[1]	Glacial Geology 冰川地质学	Professor Atwood 阿德湖	B
Geology 5[2]	Historical Geology 历史地质学	Associate Professor Woodworth③ and Assistant Professor Raymond 伍德沃斯和雷蒙德	B
Meteorology 20	Climatology (research course) 气候学研究	Professor Ward 华德	B
Meteorology 20a	Meteorology (research course) 气象学研究	Professor McAdie 麦开地	A

---

① 该课程是暑期学校开设的课程,内容涉及地形测量和制图等,计半个学分。

② 当时哈佛要求申请研究生学位者须具备德文和法文的阅读能力。查竺可桢的历年成绩单可知,他在唐山路矿学堂时期已修读过1门德文课程,在伊利诺伊大学时也曾于1911—1912年间修读过3门德文课程。在提交给哈佛大学的学位申请书中,竺可桢认为自己可以胜任用德文查阅专业文献,因此他的德文课程得以免修。不过,竺可桢在入哈佛之前一直未学过法文,因此在哈佛期间仍需进一步学习法文课程。

③ 伍德沃斯(Woodworth,1865—1925)系哈佛大学地质学副教授,主要研究冰川地质学和地震学。

续表

课程编号	课程名称	授课教师	得分
Physics 12a[1]	Electric Conduction in Gases and Radioactivity 气体与放射性物质的导电现象①	Professor Lyman 莱曼	B+
1916—1917 学年			
Geology 11[1]	Microscopical Investigation of Ores 矿石显微镜分析	Professor Graton② 格拉顿	A
Geology 19[2]	Seismology 地震学	Associate Professor Woodworth 伍德沃斯	未登记成绩
Meteorology 20	Climatology（research course） 气候学研究	Professor Ward 华德	B+
Meteorology 20a	Meteorology（research course） 气象学研究	Professor McAdie 麦开地	A
1917—1918 学年			
Meteorology 20	Climatology（research course） 气候学研究	Professor Ward 华德	A
Meteorology 20a	Meteorology（research course） 气象学研究	Professor McAdie 麦开地	A
History of Science 2b[2]	History of Physics in the Eighteenth and Nineteenth Centuries 18 至 19 世纪的物理学史	Dr. Sarton 萨顿	visitor 旁听

从竺可桢的成绩单可以看出,他在哈佛大学期间修读的课程大致可以归为四种类别:第一,华德、麦开地所开设的气象学—气候学领域从基础到高级的全部课程。查当时哈佛大学所开设的气象学课程体系,竺可桢所选修的课程涵盖了从主要面向本科生的基础课到面向研究生的高级课程。其中,两门研究性课程被竺可桢多次修读,"气候学研究"课以讨论会、报告和论文为主,"气象学研究"则在蓝山气象台进行,以实地观测和研究为基础。据华德教授所保存的授课记录来看,选修高级课程的人数较少,仅有包括竺可桢在内的几个人修读,例如气候学通论(4 名学生)、北美气候学(2 名学生)、东半球气候学(2 名学生)。③ 在如此小

---

① 竺可桢在 1941 年 3 月 27 日的日记中记录了阅读英国物理学家汤姆逊(Thomson,1856—1940)的《回忆录》一事。竺可桢写到,自己在哈佛时曾修读汤姆逊弟子莱曼(Lyman)所开设的"电流过气体"课程。汤姆逊系剑桥大学卡文迪许实验室(Cavendish Laboratory)的第三任主任,于 1906 年以对气体导电理论和实验的研究获得诺贝尔物理学奖。莱曼系哈佛大学物理学教授,曾担任物理系主任和杰斐逊实验室(Jefferson Laboratory)主任。参见:竺可桢:《竺可桢全集》第 8 卷,上海科技教育出版社 2004 年版,第 46-47 页。

② 格拉顿(Graton,1880—1970)系哈佛大学经济地质学教授,主要研究矿石勘探与分析、经济地质学。

③ "Courses in Meteorology: Grades, Examination Papers, Class Lists, 1891—1931, Papers of Robert DeCourcy Ward", *Harvard University Archives*, HU 1870.65.

班授课的条件下,竺可桢应当有大量机会得到华德教授的悉心指点。第二,阿德湖所讲授的两门自然地理学(即地文学)课程:地文学导论、冰川地质学。第三,三门地质学课程,包括伍德沃斯教授的历史地质学、地震学,以及格拉顿教授的矿石显微镜分析。第四,其他相关领域的一些课程:两门物理学课程热力学基础、气体与放射性物质的导电现象一定程度上都与大气物理学有关,可以视为气象学的基础课程;另外两门工程学课程测量学、初级细菌学也与地质学和地理学有密切联系。除了这些课程以外,值得注意的是,竺可桢还在最后一学年以旁听生的身份选修了科学史学科的奠基人萨顿(Sarton)的一门科学史课程。

竺可桢于1918年秋归国后曾就职于多所大学和研究所。对比其在不同时期的经历可以发现,竺可桢在人才培养、学术研究及学科建设方面最有创获的阶段当数南高—东大时期,包括1920—1925年以及1927—1928年两个阶段。诚如施雅风所言:"竺可桢教授被称为我国地理、气象学界的一代宗师,奠定这个'宗师'称号基础的是1920—1925年间,他在南京高等师范学校和东南大学从事的教学和科研工作。"①1920年秋,竺可桢从武昌高师转赴南京高师国文史地部的地理系任教。在他来到南高任教之前,该校地理系师资匮乏,课程亦相当不足。② 1921年,国立东南大学在南京高师基础上组建而成。竺可桢认为原南高地理系"过于狭窄有碍全面发展,提议在东南大学设立地学系,加强自然科学的基础训练,增设地质、气象课程,为大学领导所接受"③。竺可桢也于此时被聘请为东大文理学院地学系主任。此时期的东大汇聚了众多从欧美留学归来的青年学者,学风开放,人才济济,办学成绩突出,一时为舆内所瞩目。

一般认为,竺可桢所创建的东南大学地学系是"中国大学中的第一个地学系,为日后中国现代地理学和气象学的发展培养了一大批早期专门人才"④。若细查20世纪20年代竺可桢治下的东南大学地学系,尤其是学科组织和课程设置情况,则可以发现其与哈佛大学地质学地理学系之间存在密切的承继关系。根据1923年《国立东南大学一览》的记录,该校地学系下设"地理部"和"地质部"两个不同的方向。⑤ 地理部又分为地理、气象两个专业,地质部则分为地质、矿物两个专业。⑥ 是年夏,竺可桢曾撰文向国际同行介绍东南大学地学系的建

① 施雅风:《南高东大时期的竺可桢教授》,载中国科学院南京分院、南京竺可桢研究会:《先生之风山高水长:竺可桢逝世20周年纪念文集》,中国科学技术大学出版社1994年版,第72页。
② 《教育部关于改国文部为国文史地部的训令》,载南京大学校史研究室编:《南京大学校史资料选编》第二卷,南京大学出版社2019年版,第287页。
③ 施雅风:《南高东大时期的竺可桢教授》,载中国科学院南京分院、南京竺可桢研究会:《先生之风山高水长:竺可桢逝世20周年纪念文集》,中国科学技术大学出版社1994年版,第73页。
④ 《前言》,载竺可桢:《竺可桢全集》第1卷,上海科技教育出版社2004年版,第21页。
⑤ 东南大学编:《国立东南大学一览》,1923年,第26-28页。
⑥ 施雅风:《南高东大时期的竺可桢教授》,载中国科学院南京分院、南京竺可桢研究会:《先生之风山高水长:竺可桢逝世20周年纪念文集》,中国科学技术大学出版社1994年版,第73页。

设情况:"地质学、地文学、气象学各课,直至翌年(1920)秋季始渐次添设完备";至 1921 年东南大学筹建之时,"遂将地质、地文、气象、古生物、政治地理各课,组成一完全独立之地学系,而隶属于文理科中"[①]。该文最初系用英文刊发于 1923 年夏季号的《地理教师》(*The Geographical Teacher*)杂志,原文将"地学系"译作 The Department of Geology and Geography[②],若直译回中文则为"地质学与地理学系"。这种将地理学与地质学置于同一系科的做法正是移植哈佛大学模式的结果。

---

① 竺可桢:《国立东南大学地学系进行概况》,载《竺可桢全集》第 22 卷,上海科技教育出版社 2004 年版,第 50 页。该文原刊于东南大学史地学会主办之《史地学报》第 2 卷第 7 期,出版日期为 1923 年 11 月。

② Coching Chu, "A Note on the Department of Geology and Geography in the National South-Eastern University, Nanking, China", *The Geographical Teacher*, 1923,12(2), pp. 142-143.

一个社会学家的教育书写

——论新中国成立初期费孝通的大学改革探索

◎杨俊铨 *

摘　要:费孝通不仅是著名的文化理论家,也是社会实践家,为我国大学改革与发展做过重要贡献。新中国成立初期,他满怀希冀,积极投身社会重建,把清华大学作为直接考察与深度实践的对象,尝试融合功能主义理论与马列主义方法,逐渐生成以教学改革为突破口,思想、课程、制度等要素相互配合的系统变革理路,并以清华社会学系为个案,深入解析了大学组织结构与学程制度改革的矛盾特征与整体动向,为我们研究新中国成立之际大学教育变革提供了宝贵的视角,理当引起学界与教育改革者的关注。受个人历程与外在环境影响,费孝通的大学改革探索难免存在新旧交替的痕迹与社会本位的倾向,但其服务人民的教育取向、从实拓新的办学态度、系统灵活的改革策略等,为新时代大学发展与改革走向价值、理论与方法自觉提供了智慧,更值得时人关注。

关键词:费孝通;大学改革;系统性;社会学系;方法自觉

大学改革是提升高校创新服务水平、深化中国特色社会主义人才培养战略的重要途径,不仅要环顾全球,吸收先进的域外办学经验,也须立足国情,发掘优秀的本土教育资源。中国共产党一贯注重新式教育的探索,创办过红军大学、延安大学、华北大学等高校,逐步确立了"民族的、科学的、大众的"新民主主义文化教育方针,一定程度上为新中国的大学建设奠定了基础。限于人力、物力与办学经验,这些学校又往往带有农村教育与战时教育的特征。1949 年初,北平和平解放,中国社会即将迎来改造与重建。由于此前缺乏成熟经验,如何将新中国成立的大学尽快改造为新中国的建设性力量不仅成为新生人民政权的重要议题,也为费孝通(1910—2015,江苏吴江人)等社会贤达所关心。中共北平军事管制委员会接收清华大学时,发出将清华改造成"人民的大学"的号召。费孝通配合人民政府,依托清华教学管理平台与民盟代表参政议政,为新中国高等教育发展献计献策,形成了较为系统的大学改革

---

　　* 作者简介:杨俊铨,华东师范大学教育学院博士研究生。

思想,为我们探究新中国成立之际大学教育变革与新时代高等学校改革提供了宝贵视角,然而,当代学术研究往往聚焦于他的社会学说,对此尚未予以关注。费孝通如何以大学改革回应社会迫切的转型需求,主要的方法来源与思想内涵是什么,为新时代的大学教育留下何种遗产? 遵循历史与逻辑一致、理论与实际统一的原则,本文尝试以《大学的改造》一书为中心文本,采取史论结合与多种文献互证的方式,对上述问题进行初步分析。①

一、大学改革的一般理路:以教学为中心的系统变革

费孝通的大学改革探索受多种因素影响,早期教育背景与学术经历为其理论、方法的生成打下了基础。费孝通于民国前夕出生在苏南一个知识分子家庭,父母皆是留洋归国的教育家,其自幼稚园至大学,接受了整套新式教育。受良好家风家教与学校教育的影响,他很早就关切社会发展与民众生存问题,曾秉持"学好医也只能治一人之病,学好社会科学才能治万人之病"②的观念,随后入读燕京大学社会学系。时任系主任吴文藻是社会学中国化的倡导者,为欧美功能主义理论与社区研究方法在中国的传播与运用做出了很大贡献。费孝通深受影响,并在吴文藻的引荐下,师从清华大学著名体质人类学家史禄国(Shirrokogoroff)读硕士,正式投入田野考察,基本掌握了类型比较的研究方法。1936 年,他携吴江开弦弓村等地调研资料赴英伦留学,得到英国功能主义代表人物马林诺斯基(Malinowski)的指导。马林诺斯基将文化视作许多要素构成的整体,因"直接或间接地满足人类的需要"③而产生。此说遭到结构功能论代表布朗(Brown)的质疑。布朗把社会"看成本身是有其自身存在的实体"④,认为社会由相互关联的要素构成,各要素的功能各异但结构有序,皆在适应整体环境、维持社会发展,而非指向生物性需要。反复权衡,费孝通最终吸纳后者观点,并结合中国文化特征,将历史因素融入其中,且成功运用于包括教育问题在内的中国社会现实问题的分析。

清华被中共北平军事管制委员会接收后,大学各项改革工作逐步展开。为尽快转变知识分子的立场,确立马克思主义在学界的指导地位,"消除新旧交替时期的思想混乱,最大限度地获得他们对新政权的认同并为之服务"⑤,大规模的马列主义教育在清华师生中展开。

---

① 本文所说的"新中国成立初期"主要指 1949 年至 1951 年费孝通在清华大学担任领导职务期间。
② 费孝通:《费孝通学历简述》,《文献》1981 年第 3 期。
③ 马林诺夫斯基:《文化论》,费孝通等译,中国民间文艺出版社 1987 年版,第 14 页。
④ 费孝通:《从实求知录》,北京大学出版社 1998 年版,第 408 页。
⑤ 朱薇:《中国共产党在新中国成立初期对知识分子的思想改造——对历史文献的解读与思考》,《当代中国史研究》2011 年第 4 期。

出于对新社会的希冀与共产党人的信任,费孝通积极投身新中国的建设事业,尝试融会马列主义理论、功能主义理论与社区研究方法,用于大学改革问题。1949 年 5 月,以叶企孙为主席的清华大学校务委员会宣告成立,费孝通被任命为常委、副教务长。按结构功能论的思路,学校教育是"整个社会的一部分"[①],影响社会系统的运行与文化整体走势。到任不久,他即撰文指出,中国将迎来和平发展阶段,大学当为新社会的发展发挥作用,"生产为人民服务的干部人才"[②]。新任务的确立要求新的办学理念、学校制度与教学内容,对大学进行不同形式的改革势在必行。大学改革事务繁多,但内部之"人都由社会关系结合起来"[③],是有规可循的微型社区。由此,他吸收社区研究的方法,以清华为直接考察对象,深入分析了大学内各关联要素及相应功能,一条以教学改革为突破口,思想、课程、制度等要素协调配合的大学系统变革理路渐趋明朗。

(一)教学改革是大学改革的中心任务

教书育人是大学工作的主要职能。费孝通旗帜鲜明地反对"为学术而学术"、割裂理论与现实的大学教育传统,直指重视纯粹学术绵延、轻视课程教学地位的做法违背了教育服务社会、服务人民的根本宗旨。以往大学不重教学,教师多将精力放在丰富学术资历上,往往以应付的态度对待教学,不顾学情、照搬讲义、不思改变,学生的学习与实践能力得不到有效提升。基于对舍本逐末、有学无用现象的批评,他明确提出"大学的中心工作是教学"[④],而教学是为提升学生知识而开展的教与学的交互性活动,直接关系到大学毕业生的质量,是培养社会建设人才的关键环节。1949 年 11 月,费孝通在《清华大学校务委员会工作总结初稿》中回顾并反思了校务委员会成立以来的工作,指出前期主要着眼于教学条件的改善,未对教学实务本身给予足够的重视。[⑤] 继而在《校务委员会今后工作方针》中明确表态,将着重解决教与学不配合、教师与教师业务交流少、学生学习不求深入等问题。

费孝通将教学改革视为大学改革的中心任务,将改善教学管理、改进教学方式作为教学改革的基本内涵,并呈现于两组关系:(1)行政与教学。费孝通将大学事务分为行政工作与教学工作,认为两类工作的内容与方法虽不同,但目标皆指向保证育人任务、提升教学质量。为更好地服务教学,清华校务委员会成立不久,他即提出落实民主集中制、整顿行政部门、调整人事制度,建立精简高效的行政系统的构想。大学工作人员众多且功能各异,但教师与学生是"中心的成员"。为提高师生的教学积极性,他多次提议,学校要保障师生福利,尽可能

① 费孝通:《大学的改造》,商务印书馆 2017 年版,第 212 页。
② 费孝通:《大学的改造》,商务印书馆 2017 年版,第 13 页。
③ 费孝通:《从实求知录》,北京大学出版社 1998 年版,第 411 页。
④ 费孝通:《大学的改造》,商务印书馆 2017 年版,第 199 页。
⑤ 费孝通:《大学的改造》,商务印书馆 2017 年版,第 212 页。

将有限的建设经费向教学部门倾斜。(2)研究与教学。科学研究是现代大学的重要职能。费孝通肯定学术在提高民族文化水平、推动国家社会进步中的价值,强调大学教授有责任产出高水平的学术成果,也有权要求大学提供研究工作的时间与设备,但强烈反对割裂教学与研究、弱化教学工作地位,将纯粹的学术绵延作为大学的主要任务。他曾将大学与工厂类比,认为二者皆在"生产",但工厂的生产过程是"定型"的,大学的生产(教学)却高度"日新",日新的源泉即在于研究。为支撑自己的观点,他重构"教学"概念,认为"教的工作中包含着学,也就是研究"[①],大学当以学(研究)促教,不断改进教学内容及方式。

(二)思想改造是教学改革的基本前提

思想是行动的根源,为凸显大学工作者思想改造在教学改革过程中的前提性作用,费孝通甚至断言,"文化教育是思想工作,工作者的脑筋就是主要的生产工具"[②]。借助历史唯物主义理论,他分析了教育的属性,认为教育是上层建筑,反映社会关系,受制于社会存在,指出在半封建半殖民地的旧中国,大学虽然在客观上产生一定的社会效益,但终究"是配合着它的社会本质的"[③],服务的是帝国主义、封建官僚与资产阶级买办阶层。新民主主义革命胜利,社会文化环境将发生根本性的转变,大学工作者当主动学习,将思想从个人主义与主观主义中解放出来,将立场由为特权阶层服务转向为人民服务,并落实于教学工作,使大学尽快成为新社会的建设力量。

北平解放前夕,费孝通接受毛泽东的邀约,秘密赶赴西柏坡。1949年12月,在一篇名为《我这一年》的文章中,他回顾了这一情形,提到一路所见所闻对他形成的冲击,返京后,即在清华与北平师大做了两场主题为"人民的力量"的报告。他以自身经历说明思想转变的渐进性、复杂性与不确定性,并深刻地指出,"知识分子的包袱是重的,传统的思想是深刻的,这个包袱是要一个个暴露出来,加以清除的"[④],大学工作者须接受集体教育,也当主动学习,掌握思想改造的正确方法。参照中国共产党的办学经验,费孝通凸显了"大课"在大学师生思想改造中的价值。大课是"有系统、有组织的正规的政治教育课程"[⑤],是一种集体教育的形式,内容主要是马列主义的观点与方法,意在引导学员了解旧社会的本质,掌握新民主主义的理论与经验,在实践中形成无产阶级的思维方式、工作方法与生活习惯。为消除大家的抵制心理,提升大课在思想改造中的效果,他提出了许多改进意见,如,改变"填鸭式"的教学方式,用"马列主义来学习马列主义的方法",由教学经验丰富、精通马列主义的"大师"有计划地推

---

① 费孝通:《大学的改造》,商务印书馆2017年版,第21页。
② 费孝通:《大学的改造》,商务印书馆2017年版,第199页。
③ 费孝通:《大学的改造》,商务印书馆2017年版,第180页。
④ 费孝通:《大学的改造》,商务印书馆2017年版,第108页。
⑤ 费孝通:《大学的改造》,商务印书馆2017年版,第150页。

动学员自学与互助学习。[①] 在费孝通等人的助推下,1949 年 8 月 30 日,由清华师生代表组成的公共必修课委员会(简称"大课委员会")成立。该会由"辩证唯物主义与历史唯物主义教学委员会"与"政治经济学教学委员会"构成,费孝通任前者的"召集人",常务委员(含大课讲员)包括吴晗、金岳霖、张岱年等一批著名学者。[②] 如此,他的"大师"教"大课"设想初步得到实现。

(三)课程改造是教学改革的主要工作

费孝通认为,"教学的中心工作在课程",课程改造是大学改革中最主要的工作。[③] 课程的设置与教学受制于学术研究的质量,受帝国主义、封建主义与官僚资本主义长期压迫,旧中国积贫积弱、战事连连,科学研究受到极大限制。"二战"期间,许多社会学者"僻居在乡间,与外地信息不通,几乎是处于学术上的孤岛境地"[④],学术视野狭窄,加上教育思想陈旧,大学课程甚是滞后、问题重重。新中国成立之初,根据政治等现实需要,或删或调,大学课程有所改观,最显著的是以马列主义理论与政治课取代国民党调整时期的军事训练、党义等必修课。但形式僵化、内容陈旧等状况没有实质性的转变,许多学科仍然照搬西方教材,亟待进行整体改革。

基于大学历史的反思与清华经验的总结,费孝通提出了一些基本的课程改造原则,如:(1)教师主导,师生配合。大学的主要任务是教学,师生是课程改革的主要参与者。一般而言,学生接受新事物的能力较强,改革热情较高,但知识水平与研究能力相对欠缺,需要教师提供指导。教师在课程改造中起主导作用、担领导责任,学生当尊重与信任教师,相互配合,共同推进课程改造工作。(2)实事求是,循序渐进。课程改造的影响因素众多,需要考虑国情、校情、学情等,依据实际具体分析、充分论证。如师资是校情的重要内涵,研究教师,不能简单还原为教师思想观念,还当从知识水平、人事安排等角度进行分析,除了考虑现实,一些历史因素也当纳入考察范畴。思想改造非一蹴而就,知识结构的改造也非一日之功。知识是课程的核心,因专业语言障碍、本土研究资料短缺,课程内容很难在短期内大有改观,须逐步推进。(3)理实一致,知行合一。受"教授高深学术,养成硕学闳材"[⑤]宗旨与英美自由教育理念影响,清华形成"通识为本,专识为末"[⑥]的课程建设的传统。费孝通亦有所传承,不仅注重大学教育的基础性与基础理论课程的建设,也强调面向社会现实,在基础课程的基础

---

① 费孝通:《大学的改造》,商务印书馆 2017 年版,第 107 页.

② 清华大学史料研究室:《清华大学校史选编》第五卷上,清华大学出版社 2005 年版,第 194-195 页。

③ 费孝通:《大学的改造》,商务印书馆 2017 年版,第 132 页。

④ 费孝通:《从实求知录》,北京大学出版社 1998 年版,第 238 页。

⑤ 璩鑫圭、唐良炎:《中国近代教育史资料汇编·学制演变》,上海教育出版社 1991 年版,第 663 页。

⑥ 梅贻琦:《大学一解》,《清华学报》1941 年第 1 期。

上开设一些具有社会适切性的业务课程。他将大学课程的目标设定为提升"能掌握技术并提高技术的人的理论基础和文化程度"①,让学生能够将知识化为行动,运用理论解决实际问题。面对新中国重建的迫切需求,他临机应变,提出"学系是经、专业科是纬"②的大学发展命题,即在保证大学原有属性的基础上,通过跨院系课程调配开展专业科教育。

(四)制度改造是教学改革的必要保障

按费孝通在《生育制度》中接受的定义,社会制度是"人类活动有组织的体系"③。大学制度是社会制度的具体构成,含招考、学程、人事组织等形式,是大学任务与教学改革的必要保障。1949年6月,费孝通发表《大学的种种问题》一文,开篇即指出,大学任务发生转变,原有大学制度已暴露弱点,必须加以改造。继而,从学程设置、人事管理等方面做了具体阐释。其后数月,他陆续发表《在大学内设立专业科计划拟议》《论考大学》《论假期》《大学精简节约的标准》等文章,论及科目设置、招生考试、员工保障等。《医疗互助的意义和经验总结》《节约定期折实存储的意义》等文章通过翔实的数据与严谨的考证,将医疗互助、闲资存储等看似细微但在清华行之有效的实施办法做出经验总结与理论提炼,发表在报纸上,供其他高校参考。

费孝通的大学制度改造论述基本围绕教学质量展开。学程由课程内容、教学形式、时间、课程学分、修业年限等元素构成,他以制定依据、修业年限为切入点,对此进行了分析。他指出,以往大学不关注学生的现实需求与社会的实际需要,以学术的分门别类为界限划分院系,将修业年限与考试硬性挂钩,注重教学进度的一致性与纯粹学术的绵延,犯了主观主义、教条主义与形式主义的错误,造成"学非所用"的尴尬局面。新中国成立前,一些办学者曾觉察到这些缺陷,尝试通过在大学下面设置专科等方式进行补救,因为没有把握教育服务人民、服务社会的本质,终究不能从根本上改变这种局面。由此,他提出大学工作者要尽快转变教育立场,实事求是,系统考察,在充分考虑"当时一般中学毕业生的程度""个别学生的学习能力""大学应当维持文化教育的程度""大学各部门所训练业务教育的内容""社会需要人才的缓急"等要素的基础上灵活设置课程、假期与修业年限,确保教学质量的稳步提升。④在费孝通的话语中,"质量"是"质"与"量"的统一,意味着"效率"。参照现代工厂制度,他提出改变传统"衙门化"的大学管理方式,"在科学管理下讲求效率"⑤的主张,并进行了更为系统、深入的探索,包括推行标准化考试与大学自主选拔相结合的招考制度,按计划分配教学

---

① 费孝通:《大学的改造》,商务印书馆2017年版,第67页。
② 费孝通:《大学的改造》,商务印书馆2017年版,第30页。
③ 费孝通:《费孝通文集》第4卷,群言出版社1999年版,第1页。
④ 费孝通:《大学的改造》,商务印书馆2017年版,第7页。
⑤ 费孝通:《大学的改造》,商务印书馆2017年版,第19页。

设备、科学合理配备师生比例、厘清教职人员权责、实行教学与科研统一的评教制度,以提高服务人民的效率为基本原则整顿行政、确立民主集中的人事管理制度等。

二、大学改革的个案解析:以清华大学社会学系为例

整体并非独立元素的简单叠加,系统由相互关联的要素构成。费孝通注重大学改革的整体性,揭示了学校内部各要素的关联性及其在教育乃至社会系统运转中的功能,由此表明,大学改革不能满足于局部变动,而当适应社会发展与文化变革,对新旧中国的交替做出整体反应。大学是一个庞杂的机构,由校务委员会、各院系等不同职能部门构成。为提升改革的效率,他号召校务委员会坚定服务人民的教育立场,在坚持群众路线的前提下加强全面领导,协调好行政工作与教学工作,摆脱事务主义。为了让改革落向实处,他倡导院系之间自主协调、加强业务联系,教师之间自由交流、增进课程合作,共同推动教学工作有计划地开展。身为大学主要领导,面对社会重建的迫切需要,费孝通特别注重理工科的发展,但作为一个曾长期致力于田野考察与社会理论建构的社会学家,他始终不忘自己的职志,对社会科学尤其社会学的发展颇为关心。受苏联大学建制的影响,中国是否有必要单独设置社会学系在新中国成立之初即掀起热烈讨论。费孝通积极参与其中,在系统分析学科性质与学系特征的基础上,遵循大学改革的一般理路,大致构划出社会学系的组织结构与学程框架。

(一)社会学系的改革特征

社会学系是大学组织的子系统,与其他学系一样,都反映着大学改革的一般特征。相对理工科各系,它与社会科学各系有着更多的共性。因而,费孝通将其改革视作"有关社会科学各系改造一般问题的一部分"[①]。社会学系改革亦存在个性,一方面比其他社会科学各系的改革要复杂,另一方面又没有其他社会科学各系的改革急迫。通过纵向分析与横向比照,他着重分析了其改革的矛盾性特征。

一方面,通过社会学的学科变迁揭示社会学系改革的复杂性。借助马列主义阶级分析的方法,费孝通剖析了现代社会学的起因与源流。他指出,社会学有正宗与旁支之分。社会学正宗源于法国空想社会主义学说,是早期资本主义扩张背景下无产阶级与资产阶级矛盾分析的产物,涂尔干是学科奠基者之一。法国社会学起初通过分析自杀、失业等病态现象,揭示社会发展中的不合理之处,迎合了小资产者的要求,因而获得较快发展,但也因为缺乏马列主义理论与方法,易流于空想或改良主义。社会学旁支传入美国,正值阶级矛盾深化阶

---

① 费孝通:《大学的改造》,商务印书馆 2017 年版,第 58 页。

段,资产阶级借助社会学缓和阶级矛盾。各大学社会学系纷纷迎合这一需要,培养了大量社会工作者。与法律、政治、经济等学科比较,美国的社会学显然处于边缘地位,社会学系从事的不过是一些社会修补性工作,因中国深重的半封建半殖民地性质,社会学传入后,基本都在"搬运贩售西洋各家社会学说"①,美国式的社会工作没有发展条件,比法国社会学研究更容易流于空想。另外,因注重实地调查研究,社会学常被其他社会科学视作"理论浅薄",许多大学排斥社会学系。如此种种,社会学系的改革显得十分复杂。

另一方面,通过不同学系课程比照揭示社会学系改革的轻缓度。借矛盾的分析方法,费孝通指出,社会学的边缘化一面带来了社会学系独立设置的困扰,一面也为社会学系的改革减轻了历史负担。他以法律学系为例,认为法律学是旧社会中的"显学",课程很大程度反映的是统治阶级的意志,当社会性质发生改变或资产阶级政权被推翻,法律学系的主要教学内容(如《六法全书》)必然要被废止,需要从根本上重置课程。相对法律等社会科学,社会学不直接反映与维护统治阶级的意志。即社会学系的课程内容在"本质上更接近于科学的社会学","传统的包袱比较轻些"。② 社会工作在社会条件没有发生重大改变之前,仍能发挥服务社会建设的作用,改造的要点在于改变理论观点、充实课程内容。"社会发展史""社会调查研究"等课程因为在引入或本土化发展的过程中多少夹带了马列主义的理论,改造要点是循序渐进地淘汰非马列主义的观点,使其逐步发展起来,直至成为完全科学的社会学。他以京津地区设有社会学系的大学的实践为例,认为社会学系课程与教员在新设的政治课中已经起到很大作用,这一事实足以证明社会学系的教学内容更加接近马列主义,因而压力相对轻缓。

(二)社会学系的组织再造

院系是现代大学的基本组织形式,社会学系是大学社会学学科的基本教学单位。以清华大学为例,从 1926 年成立社会学系,到 1949 年人类学系并入社会学系(列入社会学组,次年改为少数民族组)③,组织名称与结构几经变易,充分反映了大学内部构造应国情校况而动的结构功能特征。新民主主义革命的胜利招致西方国家的敌视与封锁,在此背景下,1949年 10 月 6 日,中苏友好协会总会成立,刘少奇提出,要在经济、政治、教育等方面全面贯彻"以俄为师"。苏联的大学不设社会学系,中国的大学社会学系何去何从? 这不仅是教育问题,更牵涉政治。费孝通坚持理论与实际一致的原则,认为社会学系存废应依据中国社会的实际特征与发展需要决定。社会学系改革的矛盾性特征决定了其组织结构的发展趋向。社

---

① 费孝通:《大学的改造》,商务印书馆 2017 年版,第 62 页。
② 费孝通:《大学的改造》,商务印书馆 2017 年版,第 64 页。
③ 方惠坚、张思敬:《清华大学志》(上),清华大学出版社 2001 年版,第 65-66 页。

会学系的改革与相关社会科学各系的改革存在共性,意味着文法学院各系具有统整的基础。社会学系改革的特殊性,一方面说明了不同院系的组织改革存在不同情况,需要具体问题具体分析;另一方面预示着各院系在整合后的组织中,具有不同的价值地位或功能定位。他将以往大学的社会学系与正在改变的社会学系进行简要对比,认为原来的理工学院不涉及社会学,文法学院中的中国文学系、政治学系、经济学系等也很少关涉社会学的问题,因而社会学系拥有较为独立的教学范畴。新中国成立后,情况发生转变,社会学系许多课程被纳入学校公共课,文法学院与理工学院都开设。如此,社会学系独立设置在现实中出现存疑。

　　1950 年初,清华大学、燕京大学、辅仁大学等校教授汇聚清华园,就社会学系能否存续展开讨论,会议达成一些共识,费孝通的意见得到充分体现。在一篇完成于 1950 年 3 月 7 日,名为《社会学系怎样改造》的文章中,他大致描述了这次会议的成果,认为社会科学改革的主要任务都是服务人民,最终内涵都是马列主义,有必要将社会科学各系重新组合,成立统一的"社会科学院"。因各学科课程各有侧重,各系在"社会科学院"中的地位当不尽相同。法律学系、政治学系、经济学系等业务方向较为明确,可发展为新单位的"业务重点";社会学更接近于完全的马列主义,社会学系的主体部分可成为新单位的基础,供应新单位的基础理论课程。大学的改革须与具体实际相结合,社会学系的改造既要与实用主义、技术主义的倾向保持距离,也"必须适当的着重业务训练"①,除了供应社会科学院的基础课程,也可担当一些专门性的业务训练,并将其发展为新单位的业务重点。这种担当既是社会学发展史的遗产,也是其他学科不甚注重但切实重要的内容,如户籍、儿童福利、工厂检查、少数民族等工作。② 显然,在学系存废的问题上,费孝通主张各系各自发挥优势功能、进行互通有无式的整合,而非单独裁撤社会学系。由此在上述讨论的基础上,他特意强调,在文学系等合并条件尚未成熟前,社会学系亦无先行取消的必要。

(三)社会学系的学程重构

　　课程是学程最基本的构成元素,课程改造是教学改革的主要工作,学程改造触及大学的深层变革。新中国成立前,清华课程主要有三类:全校公共课、必修课与选修课。按中华民国教育部 1931 年颁布的《学分制划一办法》规定,社会学系四学年修满 132 学分方可毕业,党义、体育、军事训练为必修科目。③ 北平解放后,清华课程改造工作率先展开,三民主义、伦理学等课被废除,代之以无产阶级政治课。1949 年 8 月 10 日,华北人民政府高等教育委员会("高教会")第三次常委会召开,要求各大学将"辩证唯物论与历史唯物论(含社会发展简

---

① 费孝通:《大学的改造》,商务印书馆 2017 年版,第 68 页。
② 费孝通:《大学的改造》,商务印书馆 2017 年版,第 66 页。
③ 方惠坚、张思敬:《清华大学志》(上),清华大学出版社 2001 年版,第 99 页。

史)”与“新民主主义论(含中国近代革命运动简史)”作为一、二年级全校公共必修课。[①] 同年
10 月 8 日,高教会又颁布《华北专科以上学校一九四九年度公共必修课过渡时期实施暂行办
法》,规定文法与师范学院一、二年级必修政治经济学。社会学系的改革与其他学系的改革
存在共性,因而可设置一些公共课程,然而,上述调整并未真正反映社会学系的发展特征与
组织趋向。改革的特殊性一方面要求社会学系结合实际处理好社会工作等历史遗产,将其
发展为新单位的业务重点;另一方面要求社会学系发挥更接近科学马列主义的优势,为其他
学系提供基础理论。组织趋向亦要求社会学系在贡献新单位基础理论课的同时,发掘自身
的业务性课程。

鉴于以上考量,费孝通尝试以课程在大学或社会中承担的功能为主要依据,对原有的课
程框架进行重组,将其划分为理论课程、文化工具课程、业务重点课程等三大类型:(1)理论
课程分为基础必修课程(马列主义基本课程)与提高理论水平的课程(马列主义分论及其他
选读),两者自成系统。为提升学生尤其是社会科学学生的基础理论水平,前者除了高教会
规定的课程外,还当按大课经验统筹各系,在文法学院三、四年级分别增设“马列主义名著选
读”与“政策与法令”。后者内容比前者更为深入,由社会学系牵头、各系合作,专为社会科学
各系学生开设,包括“社会发展分段史”“社会经济结构”等。(2)文化工具课程带有通识课性
质,是大学教育基础性的重要体现。社会学系的文化工具课包括本国语文、外国语文、统计
知识及技术、社会调查研究方法、中外历史等。(3)业务课程,分为一般性的准备课程(业务
普通课程)与重点性的专业课程(业务重点课程),学生按专业方向选课。如以城市工作为专
业的学生,须先修工业化问题、资本问题、俄国资本主义发展史等普通课程,进而修读保险、
户籍、合作、救济等重点课程。

以课程为基本元素,费孝通对社会学系学程进行了重构(见表1)。他反对以院系为单位
教条化地设置学程的方式,主张依据学情、校情、国情、课程内容等客观实际设计学程。他主
张面向社会实践的社会学研究,不仅形成丰厚的理论成果,还参与梁漱溟主持的乡村教育试
验,“学以致用” 的思想始终贯穿于他的学术研究。[②] 他曾指出,中国的社会学系学生有两大
“苦闷”来源,“一是苦于在书本上,在课堂里,得不到认识中国社会的机会;一是关于现在一
般论中国社会的人缺乏正确观念,不去认识”[③],进而倡导学生深入实地调查、增加社会学系
实习科目。为保障学生基础理论的学习时数与外出实习的时间,尽管 1949 年初,清华大学
将本科学习年限缩短为 3 年,他依然主张以 4 学年(8 学期)修读 132 学分作为一般性的毕业

---

① 《华北高教会常委会第三次会议讨论改革大学课程订定辩证唯物论与历史唯物论、新民主主义论为各大学必修
课》,《人民日报》1949 年 8 月 12 日。
② 费孝通:《费孝通文集》第 15 卷,群言出版社 1999 年版,第 296 页。
③ 费孝通:《社会调查自白:怎样做社会研究》,上海人民出版社 2009 年版,第 327 页。

条件,并对上述课程进行了灵活有度的安排。考虑到因战贻误,许多学生缺乏语言运用能力,而本国语文是社会工作中必须掌握的文化工具,外国语文对将来的社会学研究亦有必要,费孝通提出前者必修,后者根据实际情况再行决定的意见。至于业务性课程,他提出根据政府的建设计划、未来社会科学院的需求、目前社会科学各系所缺等情况设计专业发展方向与业务重点课程。另外,学生也可在保证基础理论课修读条件下,根据自身学力,灵活增减修业科目。

表 1 新社会学系学程构想

系别	年级	学期	课程类别					课程门数	平均学分	毕业要求
			理论课程		文化工具课程	业务课程				
			马列主义基础课程	马列主义分论及其他选课		普通业务	重点业务			
社会学系	大一	上	1	1	4			6	17	
		下	1	1	4			6	17	
	大二	上	1	1	2	1	1	6	17	
		下	1	1	2	1	1	6	17	
	大三	上	1	2		2	1	6	17	
		下	1	2		2	1	6	17	
	大四	上	1	2		1	2	6	17	
		下	1	2		1	2	6	17	
课程门数			8	12	12	8	8	48		
预估学分			24	36	36	24	24			≥132

注:通常每生每学期修6门课17学分(5门×3学分+1门×2学分),四学年(八学期)满132学分即可毕业。

来源:根据《大学的改造》(商务印书馆2017年版,第69-73页)图文编制。

三、走向教育改革之自觉:对费孝通大学改革的审思

马克思主义经典作家有言,"任何真正的哲学都是自己时代精神的精华"①。真正的教育探索某种程度上亦是时代精神的集中展现,不仅折射出文化变革的情境,也把握着社会发展

① 《马克思恩格斯全集》第1卷,人民出版社1956年版,第121页。

的脉动。费孝通的大学改革探索即反映出新中国成立初期文化秩序重构对大学教育的要求与社会剧烈转型期知识分子的责任担当。文化,广义上包括人类的物质改造与精神创获,狭义上指向以价值观为核心的观念形态。大学改革不仅触及物资设备,也涉及精神观念,是典型的文化现象。在1949年前后的费孝通看来,文化是人类维持"社会生活持以进行的一种方式"①,具有历史性与社会性,载体可以是个人,当"经个人进入集体创造成为社会的共识",就有了社会性。② 从个体经验到清华改革共识与国家教育智慧不可或缺的构成,他以自身经历诠释了其文化观。对此,他晚年有过反思,认为此时探索并非"个人的作品,而是反映当时中国知识分子的心态"③。新中国成立前夕,中国共产党对学校采取"一律保护,不受侵犯"④的态度,赢得许多知识分子的信任与欢迎。费孝通更是坦言,共产党人苦干、负责、谦虚等作风令人感佩,"太平洋的这一端"的民主已成事实,富民理想有望实现。⑤ 如此不难理解,他为何满怀热情、积极主动地投身"人民清华"与新社会的建设事业。

20世纪90年代,费孝通提出了"文化自觉"的概念,意指生活在一定文化中的人对自身文化有"自知之明",明其来历、形成过程、所具特色与发展趋向,目的不在于"文化回归"与"全盘他化",而在于加强文化转型的自主能力与文化选择的自主地位。⑥ 文化自觉反映的是文化主体对于现代化进程的历史适应性,学术反思是其重要尝试。在《江村经济》与《乡土中国》的研究中,他就注重从传统文化与现代文化的转型和融合之中寻求对文化主体的关照。⑦ 碍于外界压力,此时他的大学改革不乏激进,但并没有割裂文化的延续性,也没有一概否定本土教育传统。从这个意义上说,新中国成立初期费孝通的大学改革探索虽无文化自觉之名,但已具备某些自觉的元素。今天,我们审视他的探索历程,既要发掘其经验与意义,明了其缺憾,也当延续他的反思精神,在全球化与现代化的进程中为我国大学教育寻求定位,为新时代的大学改革走上自觉与自主之路提供理论支持。

(一)费孝通大学改革探索的历史意义及经验

新中国成立初期,费孝通的大学改革探索主要围绕清华展开。清华大学前身是清华留美预备学校,这所由部分庚子赔款建立起来的学校在民族教育史上有着特殊意义。1928年,民国政府仿照英美现代学制,正式成立国立清华大学,罗家伦、梅贻琦等社会名流先后担

---

① 费孝通:《费孝通文集》第5卷,群言出版社1999年版,第529页。
② 费孝通:《对文化的历史性和社会性的思考》,《思想战线》2004年第2期。
③ 费孝通:《从实求知录》,北京大学出版社1998年版,第395页。
④ 毛泽东:《毛泽东选集》第四卷,人民出版社1991年版,第1458页。
⑤ 费孝通:《我参加了北平各界代表会》,《北京观察》2009年第10期。
⑥ 费孝通:《从实求知录》,北京大学出版社1998年版,第398页。
⑦ 赵旭东、张洁:《文化主体的适应与嬗变——基于费孝通文化观的一些深度思考》,《学术界》2018年第12期。

任校长,聚集了大批优秀学者,成为华北著名的学术中心。以至北平解放前夕,毛泽东多次电告罗荣桓等保护清华。中共中央接管清华时,号召将清华建设成人民的大学,这在解放区国立大学中当属首次。"人民清华"建设俨如一面旗帜,为同时代其他大学所关注。对费孝通来说毋宁说清华是其研究的"田野",不如说是深度参与的"作品"。身为清华改革的主要领导者之一,他的所思所想很大程度融入集体智慧,化作学校的改革实践,为其他同类学校所参照。除此,他还是著名民主人士,参与了许多重要会议与顶层设计,《中国人民政治协商会议共同纲领》《高等教育暂时规程》等重要文件皆摄入了他的智慧。由此可见,他的探索不仅属于特定时代,也融入了共和国的教育历史。意义常附丽于经验而存在,费孝通的大学改革探索经验颇多,试囊括为以下三点。

一是,秉持服务人民的教育取向。教育的价值取向是大学改革的首要问题,决定着大学教育的走向。中国有重教的传统,但在漫长的专制主义社会,教育往往沦为统治阶级招贤纳士、驯化民众的工具,用蔡元培的话说,乃"养成科名仕宦之材"[①]。民国初年,大学曾试图摆脱政治束缚,回归学术本身。这一尝试主观上有助于现代科学的发展,但社会连年动荡,许多学院知识分子选择偏居"象牙塔","将自我放逐于社会之外"[②],以学术自慰,相应的课程与教学难免脱离民生实际,因而遭到平民教育者的批评,共产党人以革命实践予以回应,逐渐确立为人民服务的教育宗旨。费孝通一贯反对"为学术而学术"的教育取向,常行于"田野",对民众疾苦深有感触,无产阶级革命的胜利无疑让他看到了富民的希望,遂应时而动,提出为新民主主义社会培养建设人才的大学新任务,并以整体性的视野对大学的改革进行了探索。新民主主义社会乃至社会主义社会都是人民当家做主的新社会,人民的需要是具体而实在的,与社会物质、精神状况息息相关,为人民服务的教育取向必然要求大学面向社会实际、培养真正有志向、有能力重建新中国的人才。费孝通对大学办学价值的判断,显然抓住了群众史观与新中国教育的本质属性。

二是,秉持从实拓新的办学态度。从实,即以事实为根据,一切从实际出发。大学是现代社会的重要构造,支撑大学改革的事实资料具有多样性,从宏观到微观,可分为国情资料、校情资料、学情资料。不同资料时空交加、内容复杂,如国情包括政治、经济、文化等各方面,提及校情,有时也包含学情,不仅指学校硬件设备、人事构成,也可能指生源结构、学力层次、师生意愿等。理顺资料,获取真实、可靠的信息离不开从实的态度,也离不开科学严谨的研究。费孝通的大学改革探索不仅建立在对中国社会现实的长期研究之上,也建立在对清华的深入考察之中。他努力将马列主义融入已有的理论图式,很重要的原因在于发现了它们之间的契合点,即都主张理论与现实一致。他坚持实践导向,要求大学根据历史现实与社会

① 蔡元培:《蔡元培全集》,中华书局 1984 年版,第 175 页。
② 许纪霖:《重建社会重心:近代中国的"知识人社会"》,《学术月刊》2006 年第 11 期。

需要设立课程,培养有实践担当、能服务新社会的人才,同时,他遵循大学教育的基础性,探求大学改革的独特规律,反对主观臆断、贸然行进的改革倾向,并做出严谨的论证,不仅体现出从实的态度,更体现了求实的精神。好的理论研究具有求实、求真的品质,卓越的大学改革者更有推陈拓新的勇气。显著的例子是,在以苏俄为师的背景下,费孝通不畏权威,立足现实,谋求独立的社会学系改革方案。后来的历史证实了他的观点,大学改革需要立足实际、小心论证,不可急功近利。

三是,秉持系统灵活的改革策略。大学改革需要价值引领与态度保证,也需要科学的策略。策略是根据形势发展而采取的行动方案,包括思维方法、原则与操作技术等。大学是社会的有机构成,改革需要考虑社会系统中的其他元素。学校内部亦自成系统,由许多相互关联的要素构成。系统具有开放性,大学内部各要素与外界各元素相互影响。系统是不断变化的,大学的改革具有复杂性。鉴于以上,我们需要用整体性乃至复杂性的思维方式对待大学改革工作,不能将各部分机械割裂,指望技术化的小修小补。费孝通向公众充分展现大学改革的复杂性的同时,也努力证明,大学文化秩序看似杂乱,但有章可循。根据社会需要,他首先确立了大学为人民服务的价值与培养新社会建设者的任务。以此为指向,确定了教学的关键性作用,而后抓住思想、课程、制度等要素,从一般性的角度进行了严谨的学术论证与理论构建。他不墨守成规,依据社会实际需求与学生学力基础,适时调整学科设置、课程内容与教学方法,还强调一般之外的独特性,并以社会学系的改革予以证明,彰显出灵活有度的改革策略。毛泽东曾提出"十个指头弹钢琴"的著名理论,强调党委工作既要考虑全局、兼顾整体,又要抓住重点,既要"抓紧中心工作,又要围绕中心工作而同时开展其他方面的工作"①。费孝通的大学改革探索显然契合了马克思主义的理论方法,且因案例翔实、可操作性强,易于借鉴。

(二)以反思促进新时代大学教育及改革自觉

费孝通的大学改革探索意义显著,但大学的改革不是一蹴而就的,如其所言,"我们都是在摸索,方向很清楚,道路却不是笔直的"②,其中也不免存在缺憾,最为明显的是,过于强调教育的社会工具性,弱化了大学在满足学生的生命成长与人的内在需求方面的价值。探其缘由,既有个人学术经历因素,也有外界环境因素。结构功能论为其探索提供了理论工具,也将他的视角引向了社会本位,将其他一切都置于"用"的地位。费孝通将富民的希望寄托于新生政权,但新中国成立初期,物资短缺、经济落后、政权不稳,严峻的国内外条件要求大学将精力更多投向现实,先行解决眼前的困境,如此也巩固了上述观点。对于"只见森林不

---

① 毛泽东:《毛泽东选集》第四卷,人民出版社 1991 年版,第 1442 页。
② 费孝通:《大学的改造》,商务印书馆 2017 年版,第 161 页。

见树木"①的过往,费孝通晚年亦有自觉,并修正了自己的文化观念,将"人"的地位凸显出来,为我们总结新中国教育经验,反观新时代大学教育提供了启示。经过 70 年的发展,共和国早已摆脱一穷二白的局面,但也面临着新的发展机遇与挑战,大学教育取得长足发展,但也存在许多与社会需求、民众愿景不相适应的问题。对此,我们有必要精心反思,汲取国内外办学经验与历史教训,为大学发展与改革走向价值、理论与方法自觉做出努力。

首先,追求大学发展的价值自觉。教育价值决定着大学发展的基本走向。身处价值多元的时代,不同教育观念相互涤荡,一些办学者在政绩的驱动下,往往摆不正自身位置,轻视教书育人,迷失于各种指标与排行榜。费孝通的探索之所以值得关注,一个很重要的原因在于,他坚持教育服务人民、面向社会的立场,为我们思考为何要坚持"人才培养的社会属性和社会主义价值取向"②提供了学理支持。习近平曾强调,"我们党领导的革命、建设、改革伟大实践,是一个接续奋斗的历史过程,是一项救国、兴国、强国,进而实现中华民族伟大复兴的完整事业"③。社会主义大学的属性要求办学者秉持教育"初心",传承为人民服务的教育传统,办人民满意的教育。随着社会主要矛盾发生转变,人民对美好生活的需求不再停留于社会物质,还有内在的精神品质。新时代的大学要汲取传统文化中的"成人"资源,把发展人自身与贡献社会有机结合,加强优质通识课程的设置,增强人文教育的地位,探索科学教育与人文教育和合共生、辩证发展之道,寻求内涵式发展与改革。④

其次,追求大学发展的理论自觉。科学的教育发展理论是大学改革的重要基石。实践经验是理论的重要来源,因而,我们需要关注历史与现实中的各种办学经验,从中汲取大学发展与改革的营养。也当明了,经验是一定时期、一定条件下的产物,具有主观性与局限性,不等于理论与规律本身,一时一地的理论概括也不足以形成普遍的原理。⑤ 一流大学的建设"是一项复杂的系统工程,也是一个长期的动态建设过程"⑥,需要长期积累、厚积薄发。然而,在急功近利的社会氛围中,许多办学者缺乏求实之心,不注重可靠资料的搜集与科学理论的追寻,满足于碎片化的域外经验与局部性的小修小补,在经验主义、实用主义与技术主义的"漩涡"中聊以自慰。费孝通立足清华大学但不局限于清华经验,借助社会学的缜密分析与理论建构,呈现出一套复杂但有序的大学改革理路,为今天的大学改革提供了现成的理论视角,但其理论建构的过程与意识更值得今人学习。拥有费孝通式的理论家或学者是大

---

① 费孝通:《从马林诺斯基老师学习文化论的体会》,《北京大学学报(哲学社会科学版)》1995 年第 6 期。
② 石中英:《"培养什么人"问题的 70 年探索》,《中国教育学刊》2019 年第 1 期。
③ 习近平:《为实现民族复兴的中国梦,前进》,《人民日报(海外版)》2013 年 12 月 27 日。
④ 黄书光:《重审教育现代化进程中的人文向度》,《南京社会科学》2011 年第 7 期。
⑤ 潘懋元:《潘懋元文集》卷一,广东高等教育出版社 2010 年版,第 30 页。
⑥ 钟秉林:《扎实推进世界一流大学和一流学科建设》,《教育研究》2018 年第 10 期。

学的重要优势,办学者当发挥自身优势,转变思维,"激发全体教职人员与学生的智慧"①,集合群策群力,引导不同理论相互碰撞,为大学改革提供深度与厚度。

最后,追求大学发展的方法自觉。方法自觉是相对于理论建构而言的,没有方法的自觉,理论建构无从谈起。大学发展离不开一定的策略,改革过程中会运用到各式各样具体的方法与技术。除了操作性或技术性的方法,大学改革的方法自觉还当呈现为方法论上的自觉。方法论是对"现有方法的核心部分与理论基础的反思"②,建立在一定的哲学基础、科学基础与学科基础之上,因而不同于具体方法,不直接指向客观事物。大学改革方法论是对大学具体改革方法,包括改革如何启动、推进、评价等做出的整全思考,具有高度的综合性与专业性。费孝通从社会系统论的视角对大学内部结构或要素进行剖析,在服务人民的价值引导下,理论与实际一致,对各种要素进行梳理、重组即彰显了高度的方法论意识。相对于费孝通探索时期,新时代的大学改革者有了更多的理论选择,应当在充分把握马克思主义基本哲学原理的基础上,掌握一定的科学理论与教育学学科知识,为大学改革提供厚实的知识储备。大学改革需要有所借鉴,改革者当坚持以马克思主义为指导,发掘中国传统优秀的文化资源,传承新民主主义革命以来的办学经验,借鉴国外优秀的教育成果,以史为镜,以他者为参照,将大学改革向纵深推进。

大学是高级知识分子汇聚的场所,也是优质人才培育的地方,如同时代的"晴雨表",亦如社会发展的"加速器",非常时期可谓"兵家必争之地",和平年代乃是"国之重器",因而其动向格外引人注目。大学的改革具有系统性,同时又是复杂的,不仅有历史的层累,也有现实的滞碍,需要立足实际、遵循规律、充分论证、循序渐进。费孝通的大学改革探索形成于新旧交替的年代,没有现成经验可循。他结合自身学术经历与社会现实,努力融合马列主义与功能主义理论,呈现出一条以教学改革为突破口,思想、课程、制度等要素系统变革的大学改革理路,并以清华大学社会学系为例,具体剖析了大学改革的组织特征与趋向。他的探索不免缺憾,但坚持服务人民的教育取向、从实拓新的办学态度、系统灵活的改革策略等为新中国成立初期大学改造提供了宝贵的经验,为新时代大学发展与改革走向价值、理论与方法自觉提供了智慧,颇具历史意义。

---

① 王向华:《论大学的道德责任》,《教育研究》2018 年第 1 期。
② 叶澜:《教育研究方法论初探》,上海教育出版社 1999 年版,第 13 页。

讲座·学说·学科：美国大学教育学科创建的历史经验与启示

◎孙　岩[*]

摘　要：教育学讲座是大学教育学科创建的基本条件。19世纪末美国大学建立教育学讲座，开设教育学课程，为中小学培养师资力量，也为大学教育学科创建奠定基础。考察爱荷华大学和密歇根大学教育学讲座的发展历程，探究教育学者对讲座制度改进及课程内容建设的活动，解读教育学讲座对大学教育学科创建的引领和促进作用，能够系统分析大学教育学科建设的基本要素，并深入理解20世纪美国引领大学教育学科发展的原因，从而为当前大学教育学科的发展提供借鉴。

关键词：美国大学；教育学讲座；大学教育学科；爱荷华大学；密歇根大学

19世纪30年代始，美国大学以德国为标杆设立教育学讲座。爱荷华大学（The University of Iowa）[①]1873年建立美国历史上第一个永久性的教育学教席，密歇根大学（University of Michigan）1879年建立美国第一个教育学全职教席，且正式设置教育学教授教职。这两所大学率先建立教育学讲座、设立教育学教授职位，为具有从教意愿的学生开设大学层次的教育学课程；教育学教授密切关注中小学教师培训的进展，对教学实践经验进行理论探究，努力建构教育学知识体系，为19世纪末美国大学教育学科的创建奠定了坚实基础。系统考察两所大学教育学讲座发展历程，探讨教育学课程体系创建与内容调整对教育学说建构的促进作用，进而分析大学教育学科创建的基本要素，有助于更深入地理解美国大学教育学科创建的历史意义和现实价值。

---

* 作者简介：孙岩，齐鲁师范学院教育学院副教授。

① 1847年爱荷华州立大学成立，1880年改称爱荷华大学，现在美国的爱荷华州立大学（Iowa State University）是建立在赠地学院的基础上。本文以1880年为界，之前称爱荷华州立大学，之后称爱荷华大学。

一、美国大学教育学讲座的起源

　　教育学讲座是大学开设教育学课程、培养中小学师资的基本组织,也是大学开展教育科学研究、参与中小学教学变革的根本制度。19 世纪 30 年代至 90 年代,美国大学通过设立教育学讲座培养高规格的中学师资,推动教育学课程的体系化建设和教育问题的跨学科探究,促进教育学说体系的建构和大学教育学科的创建,为美国大学引领 20 世纪教育学科发展建立必要的基础。探讨美国大学教育学讲座的起源,能够全面分析教育学讲座在大学教育学科发展历程中的重要作用,也有助于客观评价教育学讲座对美国大学教育学科创建的影响。

(一)美国现代大学的建立和中小学的师资需求

　　美国现代大学理念的发展和中小学师资需求的变化是促使大学设立教育学讲座的直接原因。19 世纪中期至 20 世纪初期,美国社会的工业化进程加快,客观上要求社会的劳动分工进一步细化和专业化,大学作为美国社会的技术、工业和商业发展的各类人才培养机构,也更加注重知识的科学探究和人才的专业化培养。19 世纪中期后,美国受德国的影响把大学界定为"保障进行各种科学研究活动的场所",真正意义上的大学必须拥有学术自由[①];大学研究不只是注重学科知识学理探究,更需要与"真实世界"密切联系[②]。因此,科学地研究和建构人类的知识体系,并以学科知识为中心、以社会需要为指引培养工业化社会的各类人才,成为美国现代大学的核心任务。在这种情况下,教育作为一项对科学知识的普及、传递和生产具有直接作用的社会活动,大学学者对其科学性和学科化进程开展系统的探讨,不仅能进一步充实大学学科知识的建构、推动教育的理论研究,也能够为美国中小学提供教育的专业指导。

　　19 世纪中期以前,师范学校是美国教师培训的主要力量,其授课内容主要是公立小学的作文、写字、算数、历史、地理等课程,只注重培养师范生的授课技能,不关注教育理论的探究。虽然有德国教育哲学的引介、教育领导者的教学实践以及奥斯维哥学校运动(Oswego School Movement)的推广涉及一些教育理论,但是师范学校教育研究的重心依然是对教学实践经验的探索,并没有在实质上推动教育的科学研究,也没有建构起系统的教育学科知识。19 世纪中期以后美国大力推进公立学校运动,公立中学和高中的数量急剧增加,这在

---

　　① 沃特·梅兹格:《美国大学时代的学术自由》,李子江等译,北京大学出版社 2010 年版,第 136 页。
　　② 肖朗、孙岩:《20 世纪美国综合性大学教育学科的发展——以哥伦比亚大学和芝加哥大学为考察中心》,《现代大学教育》2015 年第 1 期。

客观上对师资的数量和质量提出更高的要求,师范学校、学园等教师培训机构已不能满足社会发展在教师数量和质量上的需求,教师教育大学化和教育学科知识体系化也因此成为一种必然。此外,在法学、医学、社会学等学科进入大学领域获得新的专业化发展机遇的条件下,教育学者也期待大学能够确立教育学讲座制度,创建以教育的理论和知识为主体的教育学说体系,通过系统的学理探究和体系化的课程建设来培养教育的专业人才,为中小学教育教学的变革提供指导,进而增强教育研究的学术价值和社会影响力。

(二)德国大学教育学讲座建设经验的借鉴

18 世纪德国大学教育学讲座的历史经验为美国大学教育学讲座提供了借鉴。在德国,首先设立教育学讲座来推动大学教育学研究的是创建于 1544 年的柯尼斯堡大学(University Königsberg),自 1765—1766 学年的冬季学期至 1772—1773 学年的冬季学期,柯尼斯堡大学沿袭中世纪大学的惯例开设教育学讲座。然而,这一时期的教育学讲座并未纳入大学的教学及课程体系之中,仍属于非正式的私人讲座(privatim)。1774 年,普鲁士政府教育大臣冯·策特利茨(Karl Abraham Von Zedlitz)支持柯尼斯堡大学进行教学体制改革,大学评议会特别会议研讨后做出如下决定[1]:

> 第一,从当年起在哲学院开设名为"理论与实践的讲座"(Collegium Scholastico-Practicum)的教育学讲座;第二,该讲座由哲学院全体正教授轮流担任主讲教授,每位教授一次授课一个学期;第三,该讲座作为正式的公开讲座纳入哲学院的教学及课程体系之中,凡哲学院的在籍学生均可选修,不再额外缴费。

自此,教育学讲座在柯尼斯堡大学成为正式的公开讲座(publicum),其教学和课程体系受哲学院管辖。康德(I. Kant)于 1776—1777 学年的冬季学期首次在柯尼斯堡大学面对 30 名听讲者进行讲授。[2] 1779 年,在策特利茨的支持下,哈勒大学(Martin-luther-Universität Halle-Wittenberg)也设置了独立的教育学讲座。[3] 1782 年,为适应学生将来谋求教职或担任家庭教师的需要,柯尼斯堡大学哲学院规定教育学讲座每周安排一个学时,不得间断。这也就表明教育学讲座事实上已开始担负起师资培养的任务。[4] 德国大学教育学讲座的设立与调整不仅推动教育学在大学的制度化建设,也促进教育学说的体系化发展。如康德的《康德论教育学》(Immanuel Kant über Pädagogik)、哈勒大学教育学讲座专职教授特拉普(E. C. Trapp)的《教育学探究》(Versucheiner Pädagogik)、1809 年继承康德哲学讲座的赫尔巴

---

① E. Amoldt, *Cesammelte Schriffen*, Berlin: S. N., 1909, p. 239.
② 程亮:《教育学制度化的兴起与逻辑》,《华东师范大学学报(教育科学版)》2016 年第 3 期。
③ 肖朗:《康德与西方大学教育学讲座的开设》,《华东师范大学学报(教育科学版)》2003 年第 1 期。
④ 肖朗:《康德与西方大学教育学讲座的开设》,《华东师范大学学报(教育科学版)》2003 年第 1 期。

特(J. F. Herbart)的《普通教育学》(*Allgemeine Pädagogik*)等著作就是在其授课讲稿或教科书批注文本的基础上汇编而成,这些论著展现出教育学者对教育学理论基础的透彻分析,促成近代教育学说和教育理论在西方大学的产生和发展。

自 19 世纪中期始,美国大学从高等教育发展的客观要求出发,依据美国工业社会发展和中小学师资需求的变化,主动仿效德国大学设立教育学讲座。然而,美国大学真正关注培养教师的工作始于 19 世纪初期,至 19 世纪中期时还没有确立稳定的大学授课制度。1832年,纽约大学(New York University)聘请教师向学生传授教育和哲学知识,1850 年布朗大学(Brown University)也开设面向学生的教育学课程。由于师范学校承担着师资培训的重任,这些大学只在短期内开设教育学课程,未建立稳定的课程体系。因此,美国大学学习和借鉴德国大学的教育学讲座制度,在哲学院或人文学院设置教育学专职教授,向有志从教的大学生讲授系统的教育理论。而且,美国大学也期望通过开设教育学课程参与中小学师资培训工作,进而与中学建立紧密联系,为其关注教师教育、履行服务社会职能提供机遇,也为大学学者有序开展教育科学研究创造条件。

二、美国大学教育学讲座的建立与发展

19 世纪中期后,在西部拓展运动的影响下,美国中西部中小学的数量不断增加。诸多州立大学为获得更好的发展资源,积极参与中小学师资培训。在师范学校承担小学师资培训的情况下,这些大学主要负责中学教师和教育管理者的培训。19 世纪 50 年代至 90 年代,以爱荷华大学和密歇根大学为代表的美国大学普遍设置教育学讲座、开设教育学课程,大学学者系统探究教育学理论、编撰教育学科教材或著作,为教师专业培训提供理论依据和实践指导,为美国大学教育学科的创建奠定理论基础和组织体系。

(一)爱荷华州立大学教育学讲座及教育学系的建立

1847 年 2 月 25 日,爱荷华州立大学(the State University of Iowa)成立。大学建校决议书明确规定学校将直接参与教师专业培训工作,但这项规划并未立即落实;1855 年 9 月,在学校董事会主席沃根伯格(J. V. Valkenburg)的大力支持下,师范教育系才作为大学的一个附属机构真正建立起来。① 同年,师范教育系的第一次招生通告不仅阐明其教学内容、培

---

① T. F. O'Leary, *An Inquiry into the General Purposes Functions and Organization of Selected University Schools of Education*, Washington, DC: The Catholic University of America Press, 1941.

养目标、入学资格,还规定学生毕业后必须在公立学校从事教学工作。^① 为提升教师专业培训的规格和质量,师范教育系在 1860 年明确规定,新生入学除满足大学招生条件,还必须通过阅读、拼写、书法、基本语法、地理和算数等科目的考试;学生须选修三年的师范类课程且考核成绩合格,才可获得学校颁发的毕业证书和从教资格证明。1861 年 7 月 29 日,学院会议通过系主任威尔斯(D. F. Wells)提出扩大办学规模的计划,师范教育系的招生人数明显增加,1863 年有 166 名学生注册,其中包括 31 名男生和 135 名女生。^② 1864 年,毕业于纽约奥斯维哥学校(The Oswego Training School of New York)的罗伊(M. Roe)被聘为师范教育系示范学校的指导教师,她指导师范生全面了解小学教师的工作,促使师范教育系的教师培训更贴近小学教学一线的需求。

1867 年,菲罗斯(S. N. Fellows)接任师范教育系主任,他认为独立的教育学讲座,是大学全面参与公立学校教师培训工作的必要条件,也是大学履行其提高中学师资学术水平和教学技艺职责的重要保障。为推进教育学讲座的独立,他向学校董事会阐明^③:

> (教育学讲座)能为毕业生获得更好的教育工作岗位提供直接的帮助,促使其成长为教师的教师。毕业生在教育工作上的成就,不仅能改善大学教育文献的质量,促进教育科学研究的大力发展,多层次、多规格教师专业培训的价值和需求也会得到最高教育行政部门的认可,教学也因此更具备专门职业的特征。高等教育机构将与公立教育体系形成更紧密的联系,关于教育的目的和手段的知识会得到增进和扩展。

在菲罗斯看来,教育学讲座或教育系是美国所有大学都应设立的教师专业培训机构,该机构为那些具有社会影响力的人们研究教育的历史、原理、目的和手段提供平台支持,也有助于他们在教师专业培训中应用研究成果,促进教师掌握更多的教学艺术和哲学知识。^④ 在他的倡导下,爱荷华州立大学 1873 年在师范教育系设立教学论讲座(Chair of Didactics),从心理学、伦理学和教育学三个领域开展教师专业培训,培养学生成为高级学校(advanced school)的教师。^⑤ 爱荷华州立大学设置由大学直接管理的教育学讲座,这也是这一时期全美大学中唯一正式的大学教育学讲座^⑥,这使大学在讲座制度调整和教育学课程建设上具有更多的主动权,为培养毕业生质量和规格的提升创设有利条件,推动大学与中学建立良好的

---

① E. A. Lee, The Development of Professional Programs in Education, Doctoral Dissertation. New York: Teachers College, Columbia University, 1925, p. 14.

② T. F. O'Leary, *An Inquiry into the General Purposes Functions and Organization of Selected University Schools of Education*, Washington, DC: The Catholic University of America Press, 1941.

③ S. N. Fellows, "Normal Instruction in the State University of Iowa", *National Journal of Education*, 1880(2).

④ S. N. Fellows, "Chairs of Didactics in the States University of Iowa", *National Journal of Education*, 1878(2).

⑤ L. A. Cremin, "The Heritage of American Teacher Education", *Journal of Teacher Education*, 1953(4).

⑥ L. F. Park, Higher Education in Iowa, Washington: Government Printing Office, 1893, p. 97.

合作关系。为突出大学师资培训工作涉及的学科领域,1887 年接任教学论讲座教授职位的帕特里克(G. T. W. Patrick)将讲座名称改为心理、道德科学与教学论讲座(Chairs of Mental and Moral Science and Didactics);为体现教师专业培训大学化的优势与特色,1890 年担任讲座专职教授的库珀(F. B. Cooper)从其学校实践经验出发,倡议将师范教育系扩建为教育系,以进一步提升师资培训的规格。大学理事会通过了库珀的提议,爱荷华大学教育学系建立。① 自此,教育学作为一门学科在爱荷华大学获得独立的学科地位。

(二)密歇根大学教育学讲座及教育学系的建立

1879 年 6 月 25 日,密歇根大学评议委员会宣布:"依照文学系、科学系和艺术系的推荐,学校于本日建立教学科学和艺术讲座(Chairs of the Science and Art of Teaching)。"②该项决议的颁布标志着专门培训教师的永久性讲座制度在密歇根大学建立,密歇根大学将深入广泛地开展教师专业培训工作。实际上密歇根州州长皮尔斯(J. D. Pierce)在 1837 年就提出密歇根大学教师专业培训机构的建设规划,但由于大学董事会对此未达成一致而不断推迟。1856 年,密歇根大学校长塔潘(H. P. Tappan)看到大学参与教师教育既能提升公立学校的教学质量,还能提高大学新生的生源质量,为促使密歇根大学在全面了解中小学师资培训状况的基础上扎实开展教师专业培训,他在 1856—1857 年间一直督促大学董事会承担制定密歇根州学校教学标准的任务,还在 1858—1859 学年面向有志从事高中教师职业的学生,在大四最后一学期开设古代语言专业方向的高级课程班。③

然而,密歇根州政府学校管理者不满意密歇根大学的举动,他们期望大学突破以开设某一门专业教学培训课程来培养教师的方式,认为应集中力量创建学校组织、管理和监督等方面人才培养的课程。密歇根州教育厅厅长格雷戈里(J. M. Gregory)在 1860 年指出,密歇根州之所以出现师资匮乏的局面,其主要原因在于大学未开设相应的教师专业培训课程。为促使密歇根大学承担起教师专业培训的职责,他在 1861—1863 年间为密歇根大学大四学生开设为期若干周的教育学课程,每周两次课,主要讲授教育哲学和学校管理,包括不同学科教学所运用的技术与方法。④

随着美国南北战争的结束,公立中学数量和入学人数逐年增长,教师需求数量也迅速增

---

① O'Leary, *An Inquiry into the General Purposes, Functions and Organization of Selected University Schools of Education*, Washington, DC: The Catholic University of America Press, 1941.

② A. S. Whitney, *History of the Professional Training of Teachers at the University of Michigan, 1879—1929*, Ann Arbor: George Wahr, 1931.

③ A. F. Whitney, *History of the Professional Training of Teachers at the University of Michigan, 1879—1929*, Ann Arbor: George Wahr, 1931.

④ A. F. Whitney, *History of the Professional Training of Teachers at the University of Michigan, 1879—1929*, Ann Arbor: George Wahr, 1931.

加。密歇根州教育厅继续加紧督促密歇根大学积极参与教师专业培训,以应对密歇根州专业教师需求量不断增加的局面。1873 年的密歇根州政府年度报告明确提出,进入公立中学担任教职的大学毕业生必须接受教学的艺术和理论的专业培训。① 此时,对中学和大学的衔接问题十分感兴趣的密歇根大学校长安吉尔(J. B. Angell)也认识到,具有从教意愿的学生必须了解中学的组织结构、行政编制和教学知识,对教育学专业知识的学习和传授更能有效地促进其技能的发展。② 于是,他在 1874 年向校董事会申明,大学开设教育学课程的目的是使高年级学生了解教育工作领域的基本知识,为其将来从事教学和教育管理工作做准备。③ 在安吉尔看来,教育学课程能促进具有从教意愿的大学生掌握教育学知识,学生能从理论上思考学校组织、管理和教学中遇到的问题,从而找到教育问题的解决方式。他认为,纯粹的科学研究和教学的理论探究,是提升技术应用能力和水平的关键。大学所设立的教育学讲座应加速教育学的理论研究,以推动教学技术水平的快速提升。④ 为实现这一目标,1879 年1 月,安吉尔聘请佩恩(W. H. Payne)担任密歇根大学教学科学与艺术讲座教授,学校评议会于 1879 年 6 月审议并通过建立教学科学和艺术讲座的决议,密歇根大学教育学讲座正式建立。为促进密歇根大学通过教育学讲座引领教师专业培训的发展,佩恩结合其教学经验总结和学术研究探索,对教育学讲座的建设进行长远规划。他认为,深入的学科知识和体系化的心理学理论是大学培养教师成长为优秀教师的基础和依据。⑤ 为进一步强调教育理论在教师专业培训中的重要价值,他指出,哲学和心理学的基本原则是教育科学的理论基础,也是教师培训的专业基础,从事教师职业的学生还应接受自由教育,即传统的文理教育,这可使教师获得比他所教授的科目更多的知识和修养。⑥

受佩恩的影响,1888 年接任教学科学和艺术讲座教授的欣斯代尔(B. A. Hinsdale)继续推进教育学讲座的建设。在他看来,现代大学具有两种主要功能:其一是研究真理;其二是传播真理。教育是传播真理的方式,有其发展的历史,而且教育学与其他社会科学一样包含人类文化发展和管理的历史,因此教育学是大学的一门学科。⑦

为促进教育学讲座发展为教育学系,自 1891 年始欣斯代尔不断调整密歇根大学的教育

---

① D. B. Briggs, *Reports of the Superintendent of Public Instruction*, Ann Arbor: State Printer, 1873, p. 17.

② 滕大春:《美国教育史》,人民教育出版社 1994 年版,第 636-637 页。

③ B. A. Hinsdale, *History of the University of Michigan*, Ann Arbor: The University of Michigan Press,1906.

④ S. Cohen, *Education in the United States: A Document History*(Vols. 3), New York: Random House, 1974, pp. 1414-1416.

⑤ W. H. Payne, *The Relation Between the University and Our High Schools*, Ann Arbor: Adrian Michigan, 1871, p. 26.

⑥ C. Eggertsen, *Studies in the History of the School of Education*,University of Michigan, Ann Arbor: The University of Michigan Press,1955.

⑦ C. Eggertsen, *Studies in the History of the School of Education*,University of Michigan, Ann Arbor: The University of Michigan Press, 1955.

学课程内容,他向法学院、文理学院具有从教意愿的毕业生授予教育方向的学士、硕士和博士学位,将密歇根大学的教育学课程体系纳入教师资格证制度建设,突出大学教育学科课程的社会实用价值。在他的持续努力下,1899 年密歇根大学成立教学科学和艺术系①,这意味着教育学作为一门学科在密歇根大学获得长足发展的机遇和动力。

三、美国大学教育学课程体系与教育学说的初创

以爱荷华大学和密歇根大学为代表的美国大学为满足师资数量和质量的增长需求,面向有志从教的学生开设博雅性质的教育学课程,并根据社会发展和师资培养专业化的要求调整课程内容与结构,初步建立大学教育学课程体系。通过开设体系化的教育专业课程,美国大学不仅培养高质量的中学教师和教育管理者,还促进教育理论和教育思想的传播。在佩恩和欣斯代尔等学者的持续努力下,教育学科课程内容不断充实,教育学科知识不断产生和创新,符合大学学术制度要求的教育学学说体系也随之创生。

(一)爱荷华州立大学与密歇根大学教育学课程体系的创建

1860 年,爱荷华州立大学师范教育系依据学生学习能力和当时学校发展状况开设 2～3年的教学培训课程。该课程面向通识英语教育方向的大三学生开设,主要讲授教学的艺术和理论、学校教学实践方法;大学其他系科开设的课程也允许师范教育系的学生选修。② 另外,毕业前的学生必须参加为期 2～4 周的学校教学见习,以促进理论学习和教学实践的结合。③ 为进一步提高教师培训的质量和规格,1865 年,爱荷华州立大学师范教育系设置三年制课程,学生入学后的第一年学习基础课程,第二年和第三年学习师范教育类课程。其中面向大学三年级和四年级学生开设的 17 门师范类教育课程中,仅有教学的理论和实践、阅读和拼写、心智哲学、道德哲学、学校法律 5 门课程与教育教学相关联,而文理学院的博雅课程却有 12 门④,这表明大学还未真正确立具有教育学专业特点的课程体系。

为改变这一状况,1870 年师范教育系主任菲罗斯明确提出:作为一门科学,教学应观

---

① A. F. Whitney, *History of the Professional Training of Teachers at the University of Michigan*, *1879—1929*, Ann Arbor: George Wahr, 1931.

② University of Iowa, *Catalogue of the State University of Iowa City*, *1860—1861*, Iowa City: Published by the University, 1861, p. 15.

③ University of Iowa, *Plan of Organization and Course of Studies Adopted*, Iowa City: Published by the University, 1860, p. 24.

④ T. F. O'Leary, *An Inquiry into the General Purposes*, *Functions and Organization of Selected University Schools of Education*, Washington, DC: The Catholic University of America Press, 1941.

察、分析和明确教育的原则；作为一门艺术，教学应关注教育原则的实际运用。在他看来，教学的科学应包括人的身体、智力和道德发展的知识，教育教学的知识及其分支，人的成长与教学过程相协调的知识，学校组织与管理的知识。① 为确保师范教育系的学生能掌握相应的知识，进而全面理解教学的科学，在菲罗斯的主导下，爱荷华州立大学于 1871 年主要开设三门不同类型的课程。②

第一，高级课程。面向文理学院具有从教意愿的学生开设，包括学校管理原则的应用和学校工作职责介绍等。第二，中级课程。面向大一预科生、大一新生和大二学生开设，包括公立学校课程评论和课程训练。第三，短期课程。面向短期选修者开设，包括英语学习和英语教学训练。

由此可见，爱荷华州立大学针对学生不同的发展需求，开设多种类型的教育学课程，积极促进教育学课程体系的建立。1880 年，在爱荷华州立大学发展为爱荷华大学的情况下，学校进一步重视教育学讲座的建设，并根据美国社会的师资发展需求主要开设 6 门教育学课程，即教育史、比较教育、学校管理、教学实践（教学和管理的艺术）、教育理论和评论、学术研讨会等。③ 由此可见，密歇根大学已确立稳定的教育学科课程体系，其开设的课程既注重培养学生的教学实践技能，也重视培养学生从历史的、比较的视角来分析教育问题。1890年，佩恩的继任者欣斯代尔以 6 门课程为基础调整教育学讲座的课程设置④，其具体范围和内容如表 1 所示。

表 1　1890 年密歇根大学教学的科学和艺术讲座课程一览⑤

教学的科学和艺术
有志从事学校教学工作的学生必须完成课程 1 的内容；从事高中学校管理工作的学生，必须学习与课程 1 相联系的课程 5；从事上述两类工作的学生必须学习课程 2。

① University of Iowa, *Catalogue of the State University of Iowa City, 1869—1870*, Iowa City: Published by the University, 1870, p. 49.

② University of Iowa, *Catalogue of the State University of Iowa City, 1870—1871*, Iowa City: Published by the University, 1871, pp. 40-41.

③ W. S. Monroe, *Teaching-Learning Theory and Teacher Education 1890 to 1950*, Chicago: University of Illinois Press, 1952, p. 308.

④ University of Michigan, *Calendar of the University of Michigan 1889—1890*, Ann Arbor: The University of Michigan Press, 1890, pp. 55-56.

⑤ University of Michigan, *Calender of the University of Michigan 1889—1890*, Ann Arbor: The University of Michigan Press, 1890, pp. 55-56.

续表

教学的科学和艺术		
	课程名称	课程信息
第一学期	课程1实践性的:教学和管理的艺术;一般的课堂和教导方法;学校保健;学校法律,背诵和讲座	教材:孔佩雷(Jules Gabriel Compayre)的《教育学的理论和实践》(*Lectureson Pedagogy Theoretical and Practical*);3学时 主讲人:欣斯代尔教授
	课程3教育史:古代和近代史	教材:孔佩雷的《教育学史》(*History of Pedagogy*);3学时 主讲人:欣斯代尔教授
	课程5学校管理:掌握普通学校管理;年级划分和课程安排的技巧;组织机构的管理与引导等	教材:佩恩的《学校监管论》(*Chapterson School Supervision*);3学时 主讲人:欣斯代尔教授
	课程2教育学理论和评论:教学和管理艺术原则	讲演或讲座;3学时 主讲人:欣斯代尔教授
	课程4教育史:现代教育史	3学时 主讲人:欣斯代尔教授
第二学期	课程6教育制度比较研究:国内和国外教育制度	讲演或讲座;2学时 主讲人:欣斯代尔教授
	课程7研讨会:教育哲学或教育史重点课题的研讨与探究	2学时 主讲人:欣斯代尔教授

由表1可知,虽然欣斯代尔在教育学课程体系上依然保留着佩恩设计的基本框架,但他在课程内容和教材选用上加入自己的经验,体现出他在哲学和历史学方面的研究特色。[①]

19世纪50年代至70年代,爱荷华州立大学和密歇根大学率先设立教育学讲座,以教学技艺、教育史、学校管理和教育哲学等基本的教学理论为依据建构教育学课程内容,引领美国大学教育学课程的体系化建设,为美国大学教育学科的创建提供必要的专业知识支撑。

(二)佩恩和欣斯代尔对教育学说体系的建构

在参与学校管理工作和观察师范学校教师培训状况的基础上,佩恩对教师培训课程提出新看法。他认为[②]:

> 大学的教育学课程与师范学校是不同的。师范学校重视教学的方法和技艺,忽视体系化的文理知识对教师培训的重要作用,大学的教育学课程既包括教育的学说和理

---

① O' Leary, *An Inquiry into the General Purposes, Functions and Organization of Selected University Schools of Education*, Washington, DC: The Catholic University of America Press, 1941.

② Payne, *Outlines of Educational Doctrine*, Ann Arbor: Adrian Charles Humphrey Press, 1882.

论,也包括教学的方法。因此,大学教育学课程对于一般学生来说能感受到教育学的博雅性,对具有从教意愿的学生来说还具有教学专业训练的价值。

在佩恩看来,大学教育学课程能弥补师范学校课程的不足,还可以展现大学在教师培训上的专业性。因此,他在1879年任密歇根大学教学的科学与艺术讲座教授后,开设两个学期的两大类教育学课程,即实用性课程以及历史的、哲学的和评论的课程。1881年,他又对课程进行改革,将每周两次的见习课调整为每周四次,增加学生见习的时间,并将其著作《学校监管论》作为实践性课程的教材。后来佩恩又根据教育学科发展的需要不断调整课程的设置,在他的主导下,1885—1886学年密歇根大学共开设6大类的教育学课程,主要包括实践课、理论和评论课、学校监管课、教育史课、教育体制的比较研究课、研讨课。[1]

除调整课程结构外,佩恩还积极推动教育学教材的建设。早在1869年佩恩就总结其担任密歇根州艾德里安市学校总监的教育工作经验出版《密歇根的教师》(*The Michigan Teacher*),还将法国教育家孔佩雷的《教育学史》翻译成英文,并于1875年与其编著的教材《学校监管论》一起出版。进入密歇根大学执教后,他发现教育学的教材建设相对薄弱,就主动结合自身的工作经验、发挥理论研究的优势,把授课大纲充实为教育学专著出版。例如1879年,佩恩在开设历史、哲学和评论这组课程时依据教学进度编撰《教学的科学与艺术讲座课程大纲》(Syllabus of a Course of Lectures on the Science and Art of Teaching),在授课中经过不断修改和完善,于1882年以《教育学纲要》(*Outlines of Educational Doctrine*)为书名再次出版。佩恩认为[2]:

> 在教师培训上,大学和师范学校的职责不同。师范学校培养学前和十年级以下农村或城市学校教师,大学培养高级中学和师范学校的教师,培养高层次教师和教育专业人员的前提是大学建构博雅性质的教育学知识体系。

该书的内容较为全面地展现佩恩对教育学知识体系建构的设想,他综合当时学界关于教育的多种理论与学说,融入学者们对教育的历史、哲学、心理学、学校管理、学科教学等多方面的研究成果,试图将教育学建设为综合的学科。[3] 这不仅有助于大学教育学的课程内容建设,也促进教育学科知识体系的构建。

在推动教育学课程内容调整和教育学知识体系化建设的基础上,佩恩还强调教育学教授应与其他学术性学科的教授开展合作,大学应设置与教育学课程相符合的学位,具有学位

---

[1]　W. H. Payne, *Contributions to the Science of Education*, New York: Harper & Brothers, 1886.

[2]　W. H. Payne, *Outlines of Educational Doctrine*, Ann Arbor: Adrian Charles Humphrey Press, 1882.

[3]　孙岩:《美国综合性大学教育学科的历史考察——以哥伦比亚大学等4所大学为中心》,浙江大学博士学位论文,2017年,第78页。

授予权的学科能够更好地开展与其他学科的合作,也能够吸引更多的人选修教育学专业。[①]
由此可见,佩恩以教育学科课程体系建设和教育学讲座制度完善为契机,不断探索教育学科
理论建构和课程内容充实的可能性,并试图以此来推动教育学科的综合化与跨学科发展,为
教育学讲座发展为独立的教育系创造条件。

佩恩的继任者欣斯代尔在探讨教育科学内涵的基础上,持续推动教育学课程内容的调
整和讲座制度的完善。在欣斯代尔看来,厘清教育学科的内涵对教育学讲座的发展具有重
要理论价值和指导意义。他认为[②]:

> 教育的科学不只是关注教育的历史,还探索处理学校事务的各种技艺和方法。作
> 为一门综合性学科,教育学的科学性来源于生理学、心理学、逻辑学、伦理学和社会学等
> 学科的理论支撑。大学教育学讲座的主要目的是研究教学的科学和艺术,探究教育基
> 本理论,指导教师的教学实践,促进其教学艺术的提高,从而推动大学顺利开展教育的
> 理论研究。大学面向具有从教需要的学生开设教学的多种课程,明确教学是一门博雅
> 学科,为教师培训提供必要的理论指导,能够切实提升教育学的学科地位和社会影
> 响力。

在对教育的科学内涵进行系统阐述的基础上,欣斯代尔对密歇根大学的教育学课程进
行调整。1894—1895 学年欣斯代尔结合其工作经验和历史学、哲学学术背景,在原有的教
育学课程体系中增加具有其专业特色的教育学课程——教育思想史,该课程主要包括从希
腊罗马时期至 20 世纪初期重要的教育思想变革的历程。1899—1900 学年他又增设两门课
程:儿童研究和教育的社会阶段。其中儿童研究课程主要包括:儿童研究的历史概览、影响
智力发展的因素探讨、儿童研究的方法、儿童期的生理和心理发展、儿童的专题研究等内容;
教育的社会阶段课程主要包括学校对儿童社会性发展的影响、家庭对儿童的影响、教区对儿
童的影响、州的发展对儿童的影响、教育与职业的关系探讨等内容。[③] 这些课程的增设使密
歇根大学的教育学科课程吸收教育历史研究和儿童研究的成果,促使其教育学课程具有科
学的内涵和价值,推动教育学说体系的建构。

欣斯代尔依据其学校管理工作经验,深入思考教育问题与专业的历史研究相结合的方
式,积极探讨教育历史研究在教学工作中的现实意义,并在授课过程中启发学生深入思考教
育现象。他还以工作经验总结和教育专业思考为基础,编撰和出版多部教育教学著作,主要

---

① W. H. Payne, *Contributions to the Science of Education*, New York: Harper & Brothers, 1886.

② B. A. Hinsdale, *Pedagogical Chairs in Colleges and Universities*, Ann Arbor: The University of Michigan
Press, 1889, p. 3.

③ W. H. Whitney, *History of the Professional Training of Teachers at the University of Michigan*, 1879—
1929, Ann Arbor: George Wahr, 1931.

有：1891 年的《美国的管理》(*The American Government*)、1893 年的《如何研究和讲授历史》(*How to Study and Teach History*)、1895 年的《耶稣作为一名教师》(*Jesus as a Teacher*)、1896 年的《语言教学的艺术》(*Teaching the Language Arts*)、1896 年的《教育学的研究》(*Studies in Education*)、1898 年的《贺拉斯·曼与美国公立学校的复兴》(*Horace Mann and the Common School Revival in the United States*)、1899 年的《教师培训》(*The Training of Teachers*)和 1901 年的《学习的艺术》(*The Art of Study*)。[①] 在这些著作中，欣斯代尔集中阐述了他对教学和教育问题的看法，进一步充实了教育学说体系的建构。在以佩恩和欣斯代尔为代表的教育学者的共同努力下，教育学的理论探究逐步推进，教育学的知识体系逐渐形成。他们从密歇根大学教育学讲座的实际情况出发，借鉴师范学校的教育学课程体系，发挥大学学者的学术研究优势，满足美国社会的师资需求和大学教育学讲座的发展规划，初建具有大学特色的教育学课程体系和教材，不断充实教育学科知识；还积极推进教育学科独立学位的建设和教师资格证制度的完善，极力促成教育学讲座发展为具有独立办学权和学科影响力的教育学系，为教育思想和教育理论的传播与创新提供必要的组织条件。

四、对美国大学教育学讲座的思考

综观爱荷华大学和密歇根大学在教育学讲座建设上的主要成就，可以看出 19 世纪末 20 世纪初美国大学通过建立教育学讲座或教育系参与中小学教师培训是教育学科创建的主要表征，教育学讲座的制度化和教育学课程的体系化建设是其主要内容，并以这种方式有力促进大学教育学科的理论建构及其独立学科地位的确立。教育学讲座是美国大学教育学科创建的重要基础，也是美国大学呼应社会师资需求、展现社会服务职能的重要方式，回顾教育学讲座的发展历程，有助于我们深入理解现代大学的职责和功能。

讲座制度是大学教育学科创建和学科体制化发展的有效途径。从现代大学的发展来看，一门学科的创建首先是在主要大学里设立首席讲座职位，然后再建立系科开设有关的课程，学生修习课业后可取得该学科的学位，还要创办各学科的专业期刊，按学科建立各种学会，建立按学科分类的图书收藏制度，以确保学者的研究制度化。[②] 19 世纪末，以爱荷华大学和密歇根大学为代表的美国大学设立教育学讲座，由一名专职教授来主讲教育学课程。虽然教育学讲座的教学组织规模较小，也没有建立起具有鲜明教育特色、突出教学专业性的

---

① S. C. Derby, *Burke Aaron Hinsdale*, Ohio：Columbus Press，1901，pp. 8-11.

② 华勒斯坦等：《开放社会科学：重建社会科学报告书》，刘锋译，生活·读书·新知三联书店 1997 年版，第 77 页。

课程体系,但是他们充分利用讲座建设的有利条件,主动联合哲学系或其他院系开设教育专业的博雅课程以提升师资培训的质量,还从哲学、历史学、人类学等学科视角论述教育研究的意义和价值,建构教育学科的基本理论。此外,他们还联合文理学院设立教育学学士、硕士和博士学位,促成教育学科独立学位的创建,推动教育学讲座发展为具有独立学科地位的教育学系或教育学院,为大学教育学科的全面发展创设有利的组织条件,还带动其他大学教育学科的发展。1884 年,美国仅有 6 所大学设置教育学讲座,即爱荷华大学、密歇根大学、密苏里大学、内布拉斯加大学、威斯康星大学和约翰·霍普金斯大学;1893 年设立教育学讲座或教育学院系的大学为 83 所,1894 年为 174 所,1897 年为 220 所,1899 年为 224 所,1902 年为 247 所。[①] 在爱荷华大学和密歇根大学的带领下,这些大学成为美国大学教育学科发展的领军学校。

从教育学讲座建立到美国大学教育学科的创建,展现出现代高等教育领域基础研究和应用研究平衡发展的趋势。教育学讲座发端于德国大学,一方面是由于 18 世纪德国在中等教育方面需要大量训练有素的文法学校教师,以哈勒大学和哥廷根大学(Universität Göttingen)为代表的大学古典语言和古典文科的教授有资格通过开设研究古典语言和教学方法的研讨班来训练文法学校教师;另一方面是自 17 世纪始哈勒大学和哥廷根大学倡导的大学改革运动促使政府增加高等教育投资并加强管理,近代哲学和近代科学的精神也渗入大学哲学院的研究和教学领域,研究自由和教学自由成为大学的精神内核。由此可见,教育学讲座是德国大学以传统文科、近代科学的教学和研究为基础,针对中等教育师资短缺问题开创的一种新型的人才培养方式,它的有序运作有效地促进了大学研究自由和教学自由的协调发展。19 世纪中期后,美国大学借鉴德国经验设立教育学讲座主要是应对美国中学师资需求大增的问题。从教育学讲座发展为教育系或教育学院,到教育学科课程内容的建设以及教育学说体系的建构,可以看出美国大学以教学一线教师在教育理论和教学方式方法上的根本需求为导向,研究教学和教育管理中的真实问题,建构有助于提升教师基本素养的学科理论,探索有助于提高教师专业技能的人才培养方式。在这一过程中,大学发挥学术研究优势,从哲学、心理学、社会学等学科视角出发开展教育问题研究,系统探究教育学科理论,全面推进教育学科课程内容建设,培养具有高水平专业素养的教育学科人才,为美国学校的教学变革提供专业指导,实现大学教育理论研究和中小学教学实践互相促进的目标,美国大学也因此成为 20 世纪教育学科发展的领头羊。

现代大学要从人的发展需求和价值诉求来推进教育学科的建设。现代工业社会的快速发展促使社会分工不断细化,客观上要求大学以研究高深学术为基础,系统探索具有实用价值的专业技能,进而培养具备专业理论素养和专业实践能力的高层次人才。美国现代大学

---

① E. G. Dexter, *A History of Education in the United States*, New York: The Macmillan Company, 1904, p. 387.

崇尚经验主义哲学,坚持事实是检验真理的标准,强调科学研究的客观中立以及专业资质,只有具备专业资格的人才有权对科学问题进行判断。[1] 受此影响,自教育学讲座在大学设立,教育学者就科学地研究教育问题、探讨教育现象,致力于建构体系化的教育学科知识和课程内容。在这一过程中,心理学、社会学、统计学等学科的研究方法,逐渐应用于教育学者对学生发展、学校教学、教育管理等领域的量化研究中,从而促使教育学科的学术研究成果能够符合客观性、合理性的科学评价标准,以确保大学培养的教育学科人才具有更强的专业性。但是,教育研究面对的是社会生活中的人,研究人的行为、信仰、动作、个性特征、在文化中的定位和意志等复杂的社会现实[2],而且教育从本质上来讲并不是人用来谋生的手段,而是以人的完善为目的。个人的发展需求和价值诉求是教育活动的出发点和归宿,大学教育学科的理论研究应突破自然科学的数量化评价标准,立足儿童成长、课堂教学以及社会发展,从个体的差异性、成长环境的多样性、人与人之间的互动性来探索教育教学的基本规律。要实现这一目标,大学教育学院应联合其他院系与中小学建立密切合作的教育学科人才培养模式,依据社会需要和学生身心特点开设综合性的学科课程,积极参与中小学课堂教学变革以促进教育学科理论的更新,在教育问题研讨中激发教师与学生的教育学批判性思维,从而深入理解教育学科的内涵和价值,为大学教育学科的建设争取更多的发展资源。

原载《现代大学教育》2020 年第 2 期

---

[1] 李子江:《美国大学的学术自由的特色》,《比较教育研究》2005 年第 6 期。
[2] 沙沃森、丽莎·汤:《教育的科学研究》,曹晓南等译,教育科学出版社 2006 年,第 45 页。

沃尔特·斯科特与西北大学的学生人事管理

◎董　静[*]

摘　要：美国高校学生事务的独立地位和基本精神并非一蹴而就，它的形成离不开学生事务专职人员的不懈努力。作为美国西北大学的校长，沃尔特·斯科特将人事技术引入高校，通过实践开创了属于学生事务管理的专业领地，建立了较为明晰的管理模式，也为高等教育管理和学生事务奠定了专业实践的标准，促使西北大学走在了学生服务与管理的前列。本文通过分析斯科特的成长轨迹，选取其三个人生重要的转折点来剖析学生人事管理进驻西北大学的过程，以期窥探美国高校学生事务独立地位的缘起因素，探究其初期发展的特征的形成。

关键词：学生事务；人事技术；美国高校

　　沃尔特·斯科特（W. D. Scott）是美国西北大学第十任校长，也是第一位校友出身的校长。在学术方面，他是工业心理学和应用心理学的先驱，还是将人事技术应用到工商业、军队领域的第一人。在担任西北大学校长之后，斯科特又一次把人事技术和管理方法成功地应用在西北大学，促使西北大学走在了学生服务与管理的前列。有学者将斯科特多产的一生分成三类："一是教育家、研究者和作家；二是商业顾问和军队服务；三是行政管理者。"[①]也有学者提到斯科特时说了这样的话："能够集学术成就、管理才能和人格魅力于一身的人并不常见，而斯科特就是这样的难得的人才。"西北大学能够在20世纪初期的学生人事运动（student personnel movement）中独领风骚，斯科特是最大的贡献者，尤其是在人事技术引入大学的时候。纵观斯科特的成长轨迹，本文试图从他三个人生重要的转折点来剖析学生人事管理进驻西北大学的过程。

---

　　* 作者简介：董静，琼台师范学院助教。
　　① C. H. Sandage，"Walter Dill Scott"，*Journal of Marketing*，1961(5).

一、修正梦想:走上心理学之路

斯科特的本科专业并不是心理学,他与心理学结缘始于大学。斯科特的两位老师对他的影响很大,其中一位就是心理学老师乔治·安·科(G. A. Coe)。乔治·安·科对斯科特播种了心理学的种子,当时心理学还是哲学的分支学科。在课堂上,"斯科特非常关心现世,尤其是人际关系和个人潜能"[①]。这对他日后选择心理学作为研究领域并专注于广告心理学有很大的影响。斯科特之所以选择攻读心理学博士学位,除了安·科老师的影响以外,还因为当时心理学界的动荡——1879 年,冯特在莱比锡大学建立了世界上第一个心理学实验室,标志着心理学作为一门科学开始独立。怀揣着对大师的敬仰,斯科特毅然决定去莱比锡大学,师从冯特,攻读心理学和教育管理学专业。斯科特学成归来后被西北大学聘任为心理与教育学院的助理教授,后来晋升为心理学教授,并任文理学院的心理学系主任和心理实验室主任。所以说,斯科特真正进入心理学的学术圈是在他去德国读博之后。然而,这条路是斯科特几经选择和波折才选择的。

其实,斯科特小时候的愿望是希望自己成为一名教师。他出身于普通的农场家庭,他的母亲婚前是一位教师,父亲早年是一个作坊的工人,由于身体不好,后来举家迁移到中西部的伊利诺伊州,开始了农场生活。从小斯科特就和哥哥、三个妹妹做了很多农活。当斯科特 14 岁的时候,他的哥哥约翰成了西北大学的希腊语老师,斯科特也想通过读书成为教育者。为了筹集大学学费,斯科特一边照管农场,一边学习,还要想各种方法赚钱。斯科特的努力终于在 1891 年得以实现,他凑齐了学费,顺利地进入伊利诺伊州州立师范学院(Illinois State Normal College)。1891 年,斯科特通过了考试并获得了全额奖学金,于是他有幸成为这一年西北大学的新生。进入大学之后,斯科特开始崭露头角,各种才华尽显。"他一入校就成为本年级的财务管理员(treasurer),大二时他是本年级的主席,同时他还担任了基督教青年会主席(YMCA)、文学社团的副主席、教学大纲的编委会成员以及橄榄球大学代表队的左后卫。"[②]

进入大学之后的斯科特改变了儿时的理想,此时的他希望自己可以去中国当一名大学校长,因为当时中国的大学有很多教会大学(missionary college),而且这些学校大部分都受到了美国宗教组织的支持。"这个决定并非出自偶然,斯科特认为中国是个伟大的国家,这

---

① J. Z. Jacobson, *Scott of Northwestern: The Life Story of a Pioneer in Psychology and Education*, Chicago, 1951, p. 77.

② *Walter Dill Scott Papers* (1891—1977), Northwestern University Archives Evanston, Illinois, p. 1.

里拥有无限的教育机会,正好可以成为他喜爱的教育尝试。而他早年的教学经历已经证明了他非常熟悉教学,来到中国发展能够丰富他的教学经历,有利于他更加深入地思考教育的本质。"①为了实现自己的愿望,他在毕业后立即来到芝加哥的麦考密克神学院(McCormick Theological Seminary)学习神学知识,三年后获得道学学士学位。在为去中国做好了充足准备之时,他却迟迟没有收到通知。正是这件事又一次改变了他的选择,斯科特才有可能踏入心理学的学术圈,开始了对心理学的追求。

二、迁移成功:人事技术的应用

人事技术的首次迁移表现为心理学在工商业成功应用。20 世纪初,美国心理学界掀起了一场人事运动,即使用心理学的方法来解决工商业领域中的问题。然而这场运动遭到了专家学者的反对,他们大多都强烈地反对美国如此快速的工业化和商业化。况且心理学刚刚从哲学母体中脱离,可能还没有完全独立。可是这一切并没有使斯科特退缩,他属于支持应用心理学的方法来解决商业问题的少数团体。在他看来,鄙视主导国家的主旋律(工业)对他们不但没有任何好处,还会使自己蒙受损失。时任卡耐基技术研究所应用心理学部门部长的沃尔特·V.宾厄姆(W. V. Bingham)②认为"斯科特对 20 世纪美国心理学发展产生了重要且深远的影响","在斯科特和我们这样受过专业训练的少数人之前,心理学只是一门专业学科。如果不是我们打破传统,努力将心理学的方法推广到其他领域,心理学几乎是不可能应用到企业、工厂、社会机构、医院和军队"。③

(一)进驻商业:推销员的筛选

美国社会的大规模生产对现代生活的影响是方方面面的,其中广告和推销充斥着每个人的日常生活,这也预示着科学方法进驻广告业的可能性。斯科特的目光从实验心理学迅速转移到商业领域的广告问题,可谓是"与时俱进"。"1903 年,斯科特出版了《广告原理》(*The Theory of Advertising*),这是他在芝加哥玛瑙俱乐部(Agate Club of Chicago)期间撰

---

① "Northwestern's Number One Alumnus", *Northwest University Alumni News*, 1939(2). 参见网站:http://www.angelfire.com/biz/pottershouse/walterdillscott/bio_w_d_scott_feature1.html.

② 沃尔特·V.宾厄姆是一个较为安静、保守的人,他一直有把心理学应用到工商业领域的想法。当在杂志上看到斯科特的报道的时候,他知道斯科特就是能与其共事的最佳人选。于是,宾厄姆与大型保险公司的董事长伍兹(Woods)合作成立了卡耐基技术研究所销售研究部,专门邀请斯科特担任部长,当时有 30 所商业公司加入。

③ J. Z. Jacobson, *Scott of Northwestern: The Life Story of A Pioneer in Psychology and Education*, Chicago, 1951, pp. 89-90.

写的文章的合集,最初发表在 *Mahin's Magazine* 上",也是斯科特涉足广告业的第一本著作。1908 年,他发表了《广告心理学》(*Psychology of Advertising*),这一次将心理学和广告放在一起,引起了大部分教育者和实践者的关注。随后他又陆续出版了几本专著,可以看出他的兴趣集中表现在以心理学为基础的商业领域。在与一些社会组织的交流过程中,斯科特很快发现了自己探索的新领域——协助企业选择销售人员。因为当时很多企业的人事部经理都是凭个人感觉来面试推销员,比较盲目,缺乏科学有效的选人方法。而在他研究广告的时候,发现当前的广告业存在不少问题。"为了提升广告的质量,他认为首先要做的是找到合适的人才制作广告。从起初思考高效的广告人的本质特征到考虑成功的推销员的必备品质,这对斯科特而言是一个非常自然的过渡。"[①]

斯科特迎来的第一个机会是 1908 年的美国烟草公司(American Tobacco Company),当时这家公司在人员雇用方面遇到了难题。该公司的代表就"如何选择优质的推销员"这一问题咨询了斯科特,他答应帮忙解决问题,并要求对方公司给予全面配合。根据协议,每个周末烟草公司都将推销人员的招聘面试安排在西北大学进行,以便斯科特和他的学生助理实施观察。"斯科特很快就发现在观察面试者的过程中,很多人都缺少合理的方法和判断标准。于是,斯科特又重新审视了公司最卓越的推销员,并从他们身上提取'优秀因子',和助手们一起讨论参与面试人员的性格特征,还针对如何选人开展了专门的培训。斯科特和他的助手们一直在反复斟酌和调整人才选择的方法,直至取得斯科特本人满意的结果,当然最终对方公司充分肯定了他们的工作。"[②]这对斯科特来说是一个开门红,后来他陆续又为很多公司筛选或评估推销员。

斯科特利用新方法选拔推销员的成功也给他带来了新的收获——收到担任卡耐基技术研究所新设立的销售研究部部长宾厄姆的邀请,他本人也欣然接受。1916 年,西北大学批准了斯科特的长假请求,这也使他能够有机会利用科学知识来解决更多的商业问题,积累更多的"实战"经验。至此,心理学成功地走出了自己的专业范围,开始为工商业等领域服务。

(二)引入军队:部队人员分类测试

人事技术进驻工商业可谓首战告捷,可是人事技术想要在更大范围里服务社会,乃至整个民族却并不容易。其实,斯科特在一战来临之前已经为大规模的群体测试、评价做好了各种准备。紧接着美国国内的心理学家开展了第一批能力倾向测试、智力和职业兴趣测试,同

---

① J. Z. Jacobson, *Scott of Northwestern : The Life Story of A Pioneer in Psychology and Education*, Chicago, 1951, pp. 84-85.

② J. Z. Jacobson, *Scott of Northwestern : The Life Story of A Pioneer in Psychology and Education*, Chicago, 1951, pp. 85-86.

时也出现了首个由大学董事会授权的应用心理学教授席位。这一席位设立在卡耐基技术研究所,由斯科特出任该席位。加上美国决定加入一战之后,当时社会的主题由和平骤然切换成战争,国内各界人士(如零售商、公务员、普通工人、律师等)都跃跃欲试,想要为国效力,国家征兵入伍面临严重的人才选拔问题。正是预见到参战后全民参战的趋势和问题,斯科特希望把先前推销员选拔的经验引入到美国军队之中,以期提高军队组织的有效性。可以说,上述的一切都为斯科特这一构想的实施奠定了良好的基础。

然而,新生事物在发展的初级阶段总是特别困难,斯科特实现自己构想的道路着实艰辛。斯科特先与宾厄姆一起商议了自己的想法,讨论持续了一个小时,两个人一致认为当时正是心理学家报效祖国的时候。讨论的结果是卡耐基销售研究部的全体成员通过写信的方式给美国心理协会(American Psychological Association,APA)的会长提建议。果然,美国心理协会在两周之后就此提议召开了专门的会议。可是斯科特等人很快就发现该协会对加入军队感兴趣主要是为了获取新的心理学知识,并不想真正地为军队无私付出。于是,斯科特、宾厄姆只能为他们的想法另谋出路。1917 年 5 月 4 日,他们和其他同事一起为军队的军官设计了评价量表①的初稿。这份初稿在散发过程中,纽约普拉兹堡的保罗·S.阿基里斯(P. S. Achilles)也收到了一份。阿基里斯通过军方的渠道将测试的初稿递交给了军官训练营的长官。可惜在简单的测试之后,这份初稿被决然地丢弃了。

两次被拒绝的滋味自然不好受,因为对信念的执着,斯科特并没有就此放弃。经过朋友的引荐和帮助,斯科特有机会和哥伦比亚大学的心理学家桑代克结识并成为朋友,而后两人一起努力推进测试。通过桑代克,斯科特又与时任陆军部部长助理的弗雷德里克·P. 凯帕尔(F. P. Keppel)取得了联系。当看到斯科特的来信时,凯帕尔迅速地回复了斯科特,他很关注军队官员测试的事情,后来还亲自写信邀斯科特面谈。这次面谈促使军队测试的首个试点出现——新泽西的迈尔堡。迈尔堡的军队测验进展得非常顺利,这个好结果也使斯科特拥有了第二次尝试的机会——普拉兹堡。在斯科特和同事们的共同努力下,第二次测验也得到了肯定。由于斯科特牵头创制、推行并主持的军队测试在士兵测试和军官提拔中成绩斐然,也使得这一测试最终拓展到当时美国所有的军队。

截至一战结束,"共有四百万参与测试的士兵被分类、军官候选人被选定、军官被评估"。斯科特在军队所有分支的人事细节的准备、职业描述的准备、精神警觉性实验中都发挥了重要作用。不可忽视的是,斯科特在军队推行测试的做法不仅优化了美国军队的组织,一战中的军队测试还证明了将心理学的方法应用到工商业领域的意义和价值,以后又在美国社会引起更大的波澜。当然,这也为人事技术进入大学和学院做好了准备。

---

① 注:当时的初稿是包含前四分之一的内容,并非完稿。

三、"拯救"母校：扎根教育阵地

一战结束后，斯科特迎来了他人生的大丰收。1919 年，美国陆战部为了嘉奖斯科特，授予他"特殊贡献奖"，后来在出版《人事制度史》（*The History of the Personnel System*）一书中充分肯定了建立人事分类委员会的五位功臣，提到斯科特时还说"他是最早萌发这个想法并执着于此的人，正是他巨大的激情和无私的投入才令他获得军队颁发的殊荣"[①]。同年，斯科特被推选为美国心理协会会长，任期一年。斯科特留法进修期间，在军队人事分类工作中共事的五位同事组建了斯科特商业咨询公司，斯科特被选为公司的负责人。回国后，斯科特对于出任公司领导的工作非常满意，经济方面的收益也不少，而且社会地位和学术成就都得到了充分的肯定。此时，斯科特处于一种自我满足的状态。

（一）重返母校：接任大学校长

正是在斯科特名利双收之时，西北大学陷入了严重的财务危机，甚至还有拖欠教师工资的现象。可以说，斯科特的好日子更明显地映衬出他母校的窘境。西北大学已经常年财政赤字，董事会成员只能自掏腰包。"大学的物理设备严重不足，芝加哥校区的职业学校被安置在狭窄的、废弃的宿舍里，伊万斯通校区的学生住宿很有限，教师工资也很低，学校面临着人才流失的重大威胁。"[②]西北大学把斯科特视为救命稻草，向他提出了出任校长的邀请。虽然斯科特知道母校困难的境地，但是他还是拒绝了第一次的邀请。不久之后，年轻才俊林恩·哈罗德·霍夫（L. H. Hough）短期出任了校长一职。在他辞职之后，西北大学又向斯科特发出了第二次邀请。斯科特还是回绝了，因为他知道只要有詹姆斯·A. 帕腾（J. A. Patten）董事在，学校就不会倒闭。霍夫一直是西北大学董事会主席，也是学校唯一重要的财政支持者。可是在 1920 年的春天，霍夫与其他董事会成员在是否购置一个价格不菲的芝加哥新校址的问题上出现了严重的分歧，后来因不满此事就辞职离校了。霍夫的离开也瞬间切断了西北大学的一切财源和经济方面的人脉关系。因此，深思熟虑之后的斯科特接受了母校发出的第三次求救信号。此时斯科特的夫人说："我知道你打算接受校长的职位，如果你这样想就应该这么做。钱的事不要紧！"而比尔兹利·鲁梅尔（B. Ruml）则告诉斯科特

[①] J. Z. Jacobson, *Scott of Northwestern: The Life Story of A Pioneer in Psychology and Education*, Chicago, 1951, p. 121.

[②] "Northwestern's Number One Alumnus", *Northwest University Alumni News*, 1939(2). 参见网站：http://www. angelfire. com/biz/pottershouse/walterdillscott/bio_w_d_scott_feature1. html.

"当你的母校需要你的帮助的时候,你是义不容辞的"①。显然鲁梅尔的话说中了斯科特的心思。这就很容易解释为什么斯科特能够在西北大学最最艰难的时刻挺身而出,虽然他明知接受这样的挑战极有可能会失败,但他还是决定重回母校,救母校于危难之中。

(二)"重操旧业":学生人事管理的出现

斯科特接受了校长邀请对西北大学而言是一件大喜事,而对斯科特来说也是一个重要的人生转折点。如果斯科特选择继续留在商界做咨询指导,也许他会拥有一大笔财富,但是他就无法收获人生最大的满足感。1920 年,斯科特在西北大学的帕腾体育馆(Patten Gymnasium)发表了校长就职演讲。在这次演讲中,斯科特表达了他对母校深刻而浓烈的情感、为母校无私奉献的精神,以及强调大学应有的服务理念。由于先前在人事工作方面表现出色,斯科特在接受西北大学校长职务之后就开始为西北大学校园构想人事管理模式,但是这一次斯科特并没有急着付诸实施。其实,斯科特本人对学生人事工作的开展非常感兴趣,而当时西北大学的各种条件也为其提供了有力的支持。"1919 年,西北大学的心理与教育学系在私人基金会的资助下开始了心理测试项目,推行得很不错。"1922 年秋,斯科特任命霍普金斯(L. B. Hopkins)为大学人事主任,并设立了"人事办公室"(Personnel Office)。人事办公室的出现标志着西北大学学生人事管理的正式开始。

人事办公室在设立之初就明确了自己的定位,即"协调和补充学校的整体事务,绝不会接管学校已经开展的工作"。换言之,人事办公室就像是标杆,为了确保所有工作能够在统一标准下进行。在此基础上,它还可以评估个人或者院系工作的水平并提高所有工作的有效性。就其在学校的地位而言,人事办公室是大学校长下设的机构,该部门与男学生主任、女学生主任、教务主任等属于合作关系。人事办公室是校内各个组织部门的协调中枢,这些部门有的是为学生提供服务或档案记录,有的是参与教育或心理方面的研究。人事办公室没有制定规则的职权,而人事主任虽然直接对校长负责,但是他在当时并没有任何正式的行政权力。就其工作原则而言,"霍普金斯在其未发表的手稿中提到和谐融洽的人事工作应注意四点:1.对学生个体的兴趣;2.推崇科学的方法,反对一己之见和等级偏见;3.在人事工作中利用科学的方法和知识;4.学校内部各个组织机构工作参与到人事服务或者人事研究之中"。

西北大学虽然希望学生能够充分有效地利用学校为他们提供的资源,但是学校的组织比较庞杂,课程多样,各种规则也比较繁杂。所以学生,尤其是新生常常需要入学适应、特殊关照及建议。作为一个特殊的机构,人事办公室主要是帮助学生最有效地利用西北大学为

---

① J. Z. Jacobson, *Scott of Northwestern: The Life Story of A Pioneer in Psychology and Education*, Chicago, 1951, p. 127.

学生提供的一切设施。人事办公室也很乐意帮助学生使其校园的经历能为未来的生活打下良好的基础。它试图保持学生个体与群体、教师、宗教组织和商业机构的多重关系。其实目的只有一个:确保每位学生获得最大的福利。这也符合斯科特心中对教育的理解:教育的所有目的就是发展每一位学生的能力和潜质。

回顾 20 世纪初,美国心理学界掀起了一场人事运动,即使用心理学的方法来解决工商业领域中的问题。人事技术的首次迁移表现为心理学在工商业成功地应用,在此之后,第一次世界大战的部队测试大大推进了人事流程在全国范围内的影响。后来,斯科特把人事技术引入西北大学的校园,掀起了美国高校的学生人事运动。人事流程不久在美国各大院校使用,为学生事务管理以人事特征的推行发挥了先锋引领的作用,斯科特也随之成为人事技术在高校推行的关键人物之一。纵观斯科特的成长轨迹与早期学生事务的发展,不难发现学生事务的第一阶段以"学生人事"(Student Personnel)命名,主要以人事技术的应用为特征,这与斯科特将其引入高校协助学生管理有着密切关系。以设立人事办公室的组织形式来确保专门管理学生事务成为高校行政中的单独领域,不仅成就了西北大学在学生管理方面的先驱地位,还为学生事务发展奠定了专业实践的标准。

20世纪上半叶基金会慈善演进与美国研究型大学崛起

◎孙贵平*

摘　要:慈善基金会在20世纪上半叶的资助成为美国研究型大学崛起的重要原因之一。传统宗教慈善转向理性捐赠、强大的"公民社会"的形成、进步主义运动的爆发共同促成了基金会科学慈善的兴起。基金会在对研究型大学资助的过程中,其资助理念与组织架构伴随研究型大学的发展而演进,从小规模的个体资助向大规模、多学科资助转变,最终侧重交叉、前沿学科的高质量资助。基金会对美国研究型大学关键发展层面的支持,包括高水平的科学研究和师资配备以及大规模的研究生培养等,促成了美国研究型大学的崛起。于我国一流大学建设而言,探析基金会自身的资助理念及与大学的关系有利于更好地形成办学经费来源多样化格局。

关键词:基金会;资助演进;研究型大学

建设一流研究型大学需要充裕的办学经费,充分汲取基金会等社会资源的捐赠用于支持中国一流大学建设具有重要现实意义。20世纪上半叶,美国研究型大学在基金会的支持下实现了强力崛起,其发展经验值得借鉴。以卡内基华盛顿研究所(Carnegie Institution of Washington,CIW)对美国研究型大学的资助为肇始,基金会开启了对大学科学研究的资助历程,华盛顿研究所倡导的是小规模、精英化的资助策略。第一次世界大战令美国认识到科学技术的巨大能量,出于基金会先天的社会责任感与爱国心,洛克菲勒(J. D. Rockefeller)与卡内基(A. Carnegie)等人通过成立基金会的形式不约而同地开始担负起社会责任,试图以私人财富实现公共目的。[①] 基金会在历经数次资助理念及组织架构的变迁后,开始逐步与研究型大学建立起紧密的联系。大学将基金会的资助作为自身科学研究和研究生培养的重要经费来源,基金会同样意识到实现自身资助目的的最佳场所是研究型大学。

　*　作者简介:孙贵平,四川外国语大学教育学院讲师。基金项目:教育部人文社会科学研究青年基金项目"美国一流大学建设过程中的社会资源支持研究"(20YJC880081)。

　① E. C. Lagemann, *The Politics of Knowledge*, *the Carnegie Corporation*, *Philanthropy*, *and Public Policy*, Middletown: Wesleyan University Press, 1987, pp. 41-44.

国内外研究者关注到美国研究型大学崛起历程中慈善基金会的角色与作用。安德森·王尔德(A. Wilde)采用定量的研究方法,从高等教育机构的收入和支出两个层面分析私立高校的私人支持以及高校内部的研究工作①;格雷戈里·卡西奥尼(G. L. Cascione)对美国基金会支持高等教育的宗教因素、捐赠者动机、现代公益慈善思想等方面着重论述,有利于更好地理解美国高等教育发展历史上基金会支持的深层次原因②;约翰·克莱恩(J. W. Klein)对洛克菲勒基金会在进步主义时期的慈善事业进行了较为翔实的考察③;资中筠对基金会资助的思想动机与资助效果的分析入木三分,从历史和现实两个维度进行刻画,生动而深刻地呈现了美国现代慈善基金会的整体发展历程④。总体而言,有关基金会支持美国高等教育的研究成果较为丰富,但从基金会本身资助演进的角度考察对美国研究型大学支持的研究较为少见。高水平的科学研究和师资配备以及大规模的研究生培养是美国研究型大学崛起的关键,而基金会对研究型大学发展的关键层面进行了强有力的支持。美国基金会的慈善演进伴随研究型大学的崛起全过程,将基金会不同阶段的资助特征与研究型大学的发展建立联系,深入剖析基金会的慈善演进与研究型大学的发展互动,具有重要意义。

一、美国基金会科学慈善的兴起

伴随美国资本主义经济大发展,世俗性力量崛起,强大的"公民社会"逐步形成,宗教慈善的影响力转而浸润到世俗当中,新兴资产阶级开始接棒资助高等教育的责任,以安德鲁·卡内基的《财富的福音》(*The Gospel of Wealth*)⑤为思想基础,世俗力量开始在宗教教义的指引下大规模支持美国高等教育。

(一)美国高等教育宗教慈善转向理性捐赠

美国高等教育早期发展极大仰赖于基督教的宗教慈善,美国民众正是在接受宗教教义后,开始对慈善事业抱有热忱之心。美洲殖民地时期最早建立的三所高等教育机构——哈

---

① A. P. Wilde, *The Finance of Research in Private Universities by the Private Sector*, MI: The University Microfilms International, 1985.

② G. L. Cascione, *Religion, Motivation, and Philanthropy to Higher Education*, MI: The University of Michigan, 2000.

③ J. W. Klein, *The Role and Impact of Rockefeller Philanthropy During the Progressive Era*, New York: Fordham University, 1980.

④ 资中筠:《财富的责任与资本主义的演变:美国百年公益发展的启示》,生活·读书·新知三联书店出版社2015年版,第9页。

⑤ A. Carnegie, *The Gospel of Wealth and Other Timely Essays*, New York: The Century Co., 1900.

佛学院（Harvard College）、威廉·玛丽学院（William Mary College）、耶鲁学院（Yale College）均与宗教慈善有着千丝万缕的联系。以宗教教义为基础，真正奠定美国现代公益慈善思想的论著是安德鲁·卡内基的《财富的福音》一书。该书首先肯定了经济发展、社会进步的积极意义，同时也毫不避讳地承认当时社会上存在的"劳资摩擦、贫富矛盾和社会失和"等矛盾。卡内基认为慈善的捐赠不能使接受者堕落，而是应当通过慈善来激励那些敢于努力拼搏的人，从根本上治愈社会贫富不均的弊病。基于科学慈善思想，卡内基认为富人的剩余财富应当捐赠到大学、公共图书馆、医院、教会等机构，尤其是大学和公共图书馆。

（二）政教分离下美国自治社会逐步形成

1787 年的美国宪法（The United States Constitution）确立了包括人民主权、共和制、联邦制、制约与均衡、有限政府、个人权利和三权分立等七项基本原则。① 正是由于美国建国初期《美国宪法》和《人权法案》的精妙设计，公民自治与责任担当成为美国人的一种生活方式，对包括高等教育在内的诸多公益事业的热心程度高于一般国家。乃至有学者认为，自治是美国互相产生民族认同的关键，成为美利坚民族形成的重要推动力量。② 美国社会自治的形成，是美国民众"不由自主的默契"或"契约"。③ 故政府和社会对责任、义务、积极参与公共事务的社会舆情的培育和引导，共同铸就了强大的社会。④ 社会必然要求广大民众对包括高等教育在内的准公共产品负起相应的责任，在政府尚未开始大规模资助高等教育的时候，基金会在社会理念的指引下，资助高等教育成为一件理所当然的事情。

（三）镀金时代与进步主义运动促使慈善家将目光转向高等教育

"自由放任主义思想在'镀金时代'，既促进了美国经济的迅速发展，同时也带来了严重的社会政治经济问题。"⑤工业文明的发展在积累大量的物质财富后，美国社会的贫富差距越拉越大，官商勾结、环境污染、食品安全问题、劳资关系紧张等成为美国社会的严峻挑战。作为新兴资产阶级的代表人物，卡内基和洛克菲勒等人不甘心仅仅在商业领域取得成功，他们开始考虑有关社会稳定、人类前途命运等宏观问题，准备担负起社会治理的责任。解决社会矛盾，寻求人类终极幸福之道需要科学的指导，都要求基金会对美国的高等教育展开资助。

---

① National Archives，*America's Founding Documents*，参见网站：https://www. archives. gov/founding-docs2018-07-11.

② R. F. Nichols，"History in a Self-Governing Culture"，*The American Historical Review*，1976(2).

③ 阿列克西·托克维尔：《论美国的民主》，董果良译，商务印书馆 2013 年版，第 714 页。

④ 张骏：《论美国自治传统的形成与发展：从殖民时期到进步时代》，南京师范大学博士学位论文，2014 年。

⑤ 许国林：《内战后至 20 世纪初美国社会思潮主流的变迁》，郑州大学硕士学位论文，2006 年。

二、基金会资助演进与研究型大学作为

美国慈善基金会在 20 世纪上半叶对研究型大学的支持历程中,其自身的资助理念、组织架构伴随时代的发展而演进(见图 1)。1902 年成立的卡内基华盛顿研究所秉承小规模的个体资助理念,倾向于资助大学内部少数科学家,由于创建者卡内基本人认为科学研究是少数精英人士的事业,期望通过一小批人的科学研究来引领当时科学技术的发展,借助基金会的资助,形成了诸如哈佛大学化学系等一批优势学科,美国研究型大学的科研与人才培养开始在世界范围内崭露头角;继卡内基华盛顿研究所后,基金会自身逐步发展壮大,后续成立的卡内基纽约基金会(Carnegie Corporation of New York)、洛克菲勒基金会(Rockefeller Foundation)及其下属的普通教育委员会(The General Education Board)、劳拉·斯皮尔曼·洛克菲勒纪念基金会(Laura Spelman Rockefeller Memorial,以下简称劳拉·斯皮尔曼基金会)等不仅资助规模宏大,而且形成了成熟的资助理念和资助策略,这些基金会开始大规模地向研究型大学的多个学科进行资助,促成了大学的部分学科建成世界顶尖学科;20 世纪 30 年代,伴随洛克菲勒基金会的大改组和经济危机的爆发,基金会的资助理念开始由量转质,侧重于资助前沿学科,企图引领世界高等教育的发展潮流。

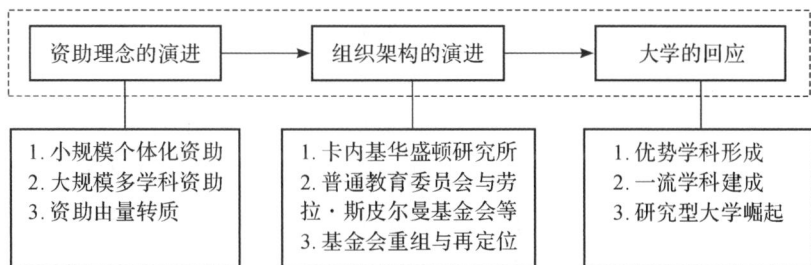

图 1　基金会资助研究型大学演进路线

(一)小规模个体:研究型大学优势学科的形成

1901 年,洛克菲勒成立旨在促进医学研究的"洛克菲勒医学研究所"(Rockefeller Institute for Medical Research);次年,卡内基捐资 1000 万美元成立"卡内基华盛顿研究所",旨在促进科学研究事业的发展,洛克菲勒和卡内基二人似乎在无意间开启了一种全新的私人资助科学研究的模式,拉开了民间慈善大规模支持高等教育的序幕。洛克菲勒医学研究所开展的是独立的医学研究,与研究型大学的关系并不密切,而卡内基的华盛顿研究所通过巨大的财政影响力,对各个研究型大学展开资助。该研究所的资助主要以个体研究项目为主,帮助大学中的知名科学家拓宽研究视野,鼓励学术成果出版和知识创造,极大地促进了美国科学事业的发展。

1. 卡内基华盛顿研究所的资助"实验"

卡内基华盛顿研究所的资助宗旨具有很大的价值倾向:"无论何时何地,发现那些在科学研究领域出类拔萃的人,通过资助帮助他们解决实际的研究困难,确保这些人可以利用自己的天赋实现研究理想。"① 研究所提出的资助出类拔萃的人才,本质上是一种精英资助理念,相信自我奋斗和向上流社会流动的美国梦。卡内基华盛顿研究所之所以提出这样的理念,与当时美国的高等教育现状息息相关。从 19 世纪 70 年代开始,美国的高等教育开始了急剧的扩张,很多大学开始摒弃原先的精英教育,转而投入大众的怀抱,与此同时,培养质量下降问题凸显。与东海岸的精英院校相比,当时新成立的诸多小的学院声称自己同样提供研究生课程,而事实上其师资配备、研究水准等均不尽如人意。② 即使在诸如哈佛、普林斯顿这样的传统老牌名校,由于学校有限的办学经费,一些具有科研梦想的教师无法实现自身的科研抱负,卡内基华盛顿研究所决定通过资助"拯救"那些怀才不遇的人。

在此之前,美国科学研究的同行评议机构是"全国科学研究院"(National Academy of Science)和"美国艺术与科学学院"(American Academy of Arts and Sciences),但是这两所机构的研究经费极少,在 1890 年其科研经费只有 94000 美元,大部分经费被分割成金额极少的几十到几百美元,以便照顾到全美大部分的研究者。③ 从 1903 年到 1910 年,卡内基华盛顿研究所对全美各个研究型大学的科研拨款年均超过 10 万美元④,这在美国当时整体性科研经费匮乏的情况下,一举超越"全国科学研究院"和"美国艺术与科学学院"的科研经费总和。卡内基华盛顿研究所的首任所长是从约翰·霍普金斯大学退休的首任校长丹尼尔·吉尔曼(D. Gilman),吉尔曼成功地在 1876 年创办了美国第一所研究型大学,他就任所长,有利于全美科学研究事业的发展。可以说,卡内基华盛顿研究所的介入,彻底改变了美国科学研究经费的配置。

2. 优势学科的形成——以哈佛大学化学系为例

资助促使哈佛大学化学系引进优秀人才开展教学、科研等各项工作。卡内基华盛顿研究所成立初期就对哈佛大学化学系进行资助,借助研究所的资金,哈佛大学化学系开展了一

---

① Carnegie Institution of Washington, *T. C. Chamberlin to R. S. Woodward*, CIW Yearbook 1, 1902, p. 8.

② R. L. Geiger, *The History of American Higher Education*, Princeton: Princeton University Press, 2014, pp. 366-369.

③ H. S. Miller, *Dollars for Research*, Seattle: University of Washington Press, 1970, p. 5.

④ Carnegie Institute of Washington, *Year Book of Financial Data 1903—1910*, Washington, 1911, p. 7.

系列提升教学与科研的措施。1903—1904 年哈佛大学《校长报告》显示,希欧多尔·理查德 (T. W. Richards)、亨利·托力(H. A. Torrey)、查尔斯·桑格(C. R. Sanger)等知名化学 教授加盟化学系。另外,哈佛大学化学系入学学生人数有了较大幅度的增长,基础化学、有 机化学、工业化学等专业协调发展(见表 1)。在卡内基华盛顿研究所等社会资源的支持下, 哈佛大学的化学专业呈现出基础研究与应用研究齐头并进的趋势。

表 1　哈佛大学化学系学生专业分布情况(1903—1904)　　　　(单位:个)

专业方向	1903 年 6 月	1903 年 10 月
基础化学	336	394
有机化学	127	132
工业化学	39	45
其他	77	116
合 计	579	687

数据来源:Harvard University, *Reports of the President and the Treasurer of Harvard College*, *1903—1904*,参见网站:Harvard Library Archives, The Chemical Laboratory, 247. https://iiif. lib. harvard. edu/manifests/view/drs:427018264 $ 249i.

在外部研究经费的支持下,哈佛大学的化学研究涌现出了较多的科学研究成果。化学 系的研究人员在美国知名期刊《美国化学期刊》[*American Chemistry Journal*,后更名为 《美国化学会志》(*Journal of the American Society*)]发表多项研究成果。该期刊从创刊至 今一直为世界顶级化学期刊,可见当时哈佛大学的化学系研究成果已经具有较高的学术水 平。[①] 办学条件的改善,使得化学系的人才培养呈现出了较好的风貌。例如,应用化学、有机 化学等被视作具有"现实"价值的学科开始受到学生们的欢迎,德国研究型大学的"习明纳" (Seminar)制度开始在化学系建立。这充分表明美国研究型大学开始借鉴德国研究型大学 的各项培养方式,试图在培养高级研究人才方面有所作为。

以学科带头人的形式获取外部办学经费支持。由于卡内基华盛顿研究所推崇的是小规 模的个体资助,故化学系内部的希欧多尔·W.理查德(T. W. Richards)教授和巴克斯特教 授均组建自己的研究团队,以研究团队的形式获取研究经费。由于研究经费的到位,化学系 的教授们根据自己的研究兴趣,开展了多项研究。他们一致认为:"卡内基华盛顿研究所的 资助,很大程度上提升了研究水平,扩展了研究领域。"[②]理查德开发出的测量方法可以精确 地测量原子质量,并于 1914 年获得诺贝尔化学奖——这标志着哈佛大学化学研究取得了世

---

① ACS Publications,*Journal of the American Chemical Society*,参见网站:https://pubs. acs. org/page/jacsat/ about. html.

② Harvard University. *Reports of the President and the Treasurer of Harvard College*,*1907—1908*,参见网站: https://iiif. lib. harvard. edu/manifests/view/drs:427018352 $ 252i.

界性的声誉,其研究水准得到了广泛认可。从化学系年度发文总量来看,化学系的研究成果出版在研究经费的支持下,一直保持较高水平,从 1903 年的 22 篇增长到 1906 年的 34 篇,其后一直保持着较高的成果产出。① 由此可见,在基金会注入科研资金后,美国研究型大学的优势学科开始逐步形成。

(二)大规模多学科:研究型大学一流学科的建成

20 世纪 20 年代,普通教育委员会和劳拉·斯皮尔曼基金会对研究型大学的资助堪称典范。威克里夫·罗斯(W. Rose)和比尔兹利·鲁梅尔(B. Ruml)分别担任普通教育委员会和劳拉·斯皮尔曼基金会的负责人。罗斯提出了"使高峰更高"的资助原则,处于教育体系金字塔顶端的研究型大学,其科学研究和研究生教育实力较为强劲,意味着这两大基金会的资助更加侧重于已经拥有较好办学实力的研究型大学,这也从侧面促使美国高等教育系统发生分流——研究型大学成为基金会的主要资助对象。罗斯和鲁梅尔试图将"使高峰更高"的资助理念贯彻到实际的资助行动中,培育全国性的科教中心。他们不是被动等待各个大学的资助请求,而是积极地与之联系,询问需求,最终确定资助方向,其独立性和主观性更加明显,也更加具有进取性。两人带着数额巨大的研究经费对研究型大学开展了大规模的资助行动。

1. 罗斯与鲁梅尔的"精英化"资助理念

普通教育委员会的罗斯和劳拉·斯皮尔曼基金会的如姆尔试图建设全国性的科教中心,这样有利于一部分美国大学率先脱颖而出,成为世界知名研究型大学,他们共同的信条是:使高峰更高。由表 2 可见,自 1923 年至 1931 年,普通教育委员会向美国各个大学的拨款共计 1400 余万美元,主要的拨款对象为研究型大学。其中,加州理工学院、罗彻斯特大学、哈佛大学、芝加哥大学、康奈尔大学、普林斯顿大学等成为最大的"赢家",这几所大学的拨款总金额达到了整个普通教育委员会拨款总额的 79.6%,充分说明罗斯的"使高峰更高"的原则得到贯彻实施,其"精英化"资助理念凸显。由表 3 可见,劳拉·斯皮尔曼基金会的拨款所涵盖的地域范围非常广泛,主要以美国本土的优秀研究型大学为主,同时还对欧洲各个研究机构乃至中国燕京大学进行了研究拨款。这其中,又以"社会科学研究委员会"、芝加哥大学、哥伦比亚大学、哈佛大学等获得的拨款最多,充分展现了"使高峰更高"的资助原则。

---

①   Harvard University. *Reports of the President and the Treasurer of Harvard College*,*1907—1908*,参见网站:https://guides. library. harvard. edu/harvard-radcliffe-online-historical-reference-shelf.

表 2　普通教育委员会自然科学拨款明细(1923—1931)　　(单位:万美元)

机构	领域或专业	合计
罗彻斯特大学	自然科学	175.0
加州理工学院	物理学,生物学	307.9
范德堡大学	自然科学	69.3
NRC	统筹拨款	5.5
NRC	林学	5.0
普林斯顿大学	自然科学	200
北卡莱罗纳大学	自然科学	1.5
哈佛大学	物理学,化学,天体学	117.5
伍兹霍尔大学	生物学	50.0
哥伦比亚大学	生物物理学	1.0
芝加哥大学	自然科学	179.8
康奈尔大学	自然科学	150.0
斯坦福大学	自然科学	87.0
德克萨斯大学	基因学	6.5
NRC	海洋学	7.5
NRC	生物物理学	6.3
耶鲁大学	行为科学	50.0
合计		1419.8

数据来源:根据洛克菲勒档案馆中 General Education Board 资料整理而成。

表 3　劳拉·斯皮尔曼基金会社会科学研究拨款明细(1923—1928)　　(单位:万美元)

机构	1923 年	1924 年	1925 年	1926 年	1927 年	1928 年	合计
社会科学研究委员会	—	44.5	5.5	21.9	183.5	16.5	271.9
访问学者计划	—	8.6	15.5	21.8	50.0	45.0	140.9
芝加哥大学	3.6	24.2	6.1	82.5	222.5	1.0	339.9
布鲁克林研究所	—	49.0	—	—	—	228.1	277.1
哥伦比亚大学	1.7	26.5	30.6	10.3	15.0	57.5	141.6
伦敦经济研究所	—	11.5	15.5	—	87.5	10.0	124.5
哈佛大学	—	25.0	—	14.0	29.0	51.5	119.5
明尼苏达大学	—	—	25.0	—	—	71.5	96.5

续表

机构	1923	1924	1925	1926	1927	1928	合计
范德堡大学	—	—	12.5	75.0	0.6	—	88.1
爱荷华大学	—	—	2.3	2.3	—	83.4	88
耶鲁大学	0.2	20.8	0.2	12.5	5.0	10.5	49.15
北卡莱罗纳大学	—	12.8	1.6	5.0	24.0	2.0	45.3
加州大学	—	—	—	—	29.5	—	29.5
斯坦福大学	—	—	1.2	—	25.0	—	26.2
德克萨斯大学	—	—	—	—	25.0	—	25.0
国家经济研究所	1.3	1.2	2.0	3.5	2.5	12.5	23.0
菲斯克大学	—	—	—	—	18.4	1.0	19.4
康奈尔大学	—	—	6.2	3.7	1.7	3.5	15.1
宾夕法尼亚大学	—	—	—	—	15.0	—	15.0
剑桥大学	—	—	—	15.0	—	—	15.0
燕京大学	—	—	—	—	—	14.0	14.0
弗吉尼亚大学	—	—	—	13.7	—	—	13.7
东北大学	—	2.0	1.0	9.5	—	—	12.5
日内瓦国际研究所	—	—	—	10.0	—	—	10.0

数据来源：Rockefeller Archive Center-LSRM. 1923—1928 Annual Reports of the Laura Spelman Rockefeller Memorial，Box 22，Folder 168.

普通教育委员会和劳拉·斯皮尔曼基金会的资助，使美国的高等教育系统在最关键的20世纪20年代出现了较大的办学经费差异。当各大学办学经费出现巨大差距的时候，马太效应显现，出现了强者愈强、弱者愈弱的局面。时至今日，普通教育委员会重点资助的这些大学仍然是世界顶尖的研究型大学。基金会的领导人认为当时美国高等教育扩张得过于迅速，通过有侧重点的科研和教育经费资助，使高等教育分级，不仅完美地延续了洛克菲勒家族在商业战场中的托拉斯战略，而且集中有限的经费发展一批重点研究型大学顺应了当时美国高等教育的发展趋势。[①]

当基金会以增进人类社会福祉为己任开展资助的时候，美国学习德国研究型大学的浪潮方兴未艾，通过私人财富与建设研究型大学思想的伟大结合，美国大学的办学水平得到了长足的发展。首先，以卡内基、洛克菲勒等人为代表，他们得益于美国的经济繁荣进而发家

① Raymond B. Fosdick, *Adventure in Giving the Story of the General Education Board*，New York：Harper and Row Publisher，1962，p. 10.

致富,致力于通过基金会的形式分配剩余财富,对大学进行了大规模的资助;其次,德国研究型大学理念的传入,使得美国大学开始重视科学研究和研究生教育,以 1876 年成立的约翰·霍普金斯大学、1887 年成立的克拉克大学和 1891 年成立的芝加哥大学为代表,以及老牌的哈佛大学、哥伦比亚大学、耶鲁大学等纷纷致力于增强自身的研究实力,私人研究经费的投入和研究型大学的建设,使两者完美结合共同铸就了美国研究型大学的发展画卷。

2. 一流学科的建成——以哈佛国际关系研究为例

劳拉·斯皮尔曼基金会的资助更加"精英化",力图建立具有世界一流的社科研究中心。如姆尔选取了芝加哥、哈佛、耶鲁等几所著名的研究型大学开展重点资助,例如对芝加哥大学社会学研究的资助,使得芝加哥大学的社会学研究具有了世界声誉,并形成了社会学领域的"芝加哥学派"。如姆尔对哈佛大学的资助主要集中于国际关系研究。由于国际关系的复杂性和多样性,哈佛大学通过与劳拉·斯皮尔曼基金会对接,成立了"哈佛国际关系研究所"(Harvard Bureau of International Research),负责统筹在哈佛大学的国际关系研究工作。

在哈佛大学内部,承接此项资助的是"拉德克里夫学院"(Radcliffe College)。拉德克里夫学院成立于 1879 年,其成立宗旨是"为女生进入大学提供高等教育机会"。从 1879 年至1943 年,担任该学院教学任务的均是哈佛大学的教师,1963 年学院正式颁发哈佛大学的毕业证书,1999 年拉德克里夫学院正式并入哈佛大学,成为哈佛大学的下属学院。[①] 从拉德克里夫学院的发展历史来看,该学院与哈佛大学有着千丝万缕的联系,历史上两者在名义上互相独立,实际上拉德克里夫学院基本依靠哈佛大学而生存。当劳拉·斯皮尔曼基金会准备资助社会科学领域的国际关系研究的时候,基于如姆尔在芝加哥大学社会科学领域资助的成功,劳拉·斯皮尔曼基金会倾向于以"校内第三方"的形式[②],推动国际关系方面的研究。拉德克里夫学院在资助到来前的数次会议记录证明,如姆尔对学院承接有关国际关系方面的研究总体持肯定态度,但是如姆尔数次提出希望这些研究是由哈佛大学执行,拉德克里夫学院只是担任科研经费发放者和管理者的角色。[③]

经过哈佛大学与拉德克里夫学院数次商讨后,学校方面决定专门成立一个对接劳拉·斯皮尔曼基金会的机构,即"国际关系研究所"。学校方面认为,美国国际关系的建立与发展必须立足于建设性政策且必须建立在充分研究的基础上。"对于我们而言,基金会的资助可能是接近这种理性国际关系政策研究的最大可能,我们可以开展各个方面的有关国际关系

---

① Harvard College, *Radcliffe*, *Mission*, *Vision and History*,参见网站:https://college. harvard. edu/about/mission-and-vision/radcliffe.

② 孙贵平、邹源棕:《社会资源支持下的美国一流学科建设——以劳拉·斯皮尔曼基金会对芝加哥大学社会科学研究的支持为例》,《高教探索》2018 年第 4 期。

③ Harvard Schlesinger Library, *Committee on the Bureau for International Research 1924*, Bureau of International Research of Harvard University and Radcliffe College RG XIXB, Folder 1.

的研究。"①一方面,成立专门的对接机构进行研究经费的分配,可以复制芝加哥大学社会学研究的成功经验;另一方面,哈佛大学作为一所综合性研究型大学,拥有法律、教育、经济、历史、政治、艺术等多种学科,确保劳拉·斯皮尔曼基金会所资助的国际关系研究可以全面、交叉开展。

3. 以"国际关系研究所"为平台的多学科研究

劳拉·斯皮尔曼基金会对哈佛大学的资助主要划分为两个阶段:第一阶段从 1924 年至 1928 年,计划每年拨款 5 万美元,如姆尔的资助目的较为笼统:"在社会科学领域资助具有国际特征的研究。"第二阶段从 1929 年至 1938 年,每年计划资助金额为 5 万美元,其资助目的转变为:"促进哈佛大学和拉德克里夫学院的有关国际关系领域的研究。"②哈佛大学和拉德克里夫学院成立了七人委员会用以具体负责国际研究所的科研项目评审和经费分配。由表 4 可见,从代表委员的学科出身来看,哈佛大学在国际关系研究方面选择了法学、经济学和人类学作为重点研究领域。从 1924 年到 1928 年,哈佛大学利用劳拉·斯皮尔曼基金会的资助,共开展了 44 项相关研究,利用统一的校内第三方科研平台开展国际事务的主题研究在哈佛大学尚属首次,其涉及的社会科学专业范围较广,对于学校的社会科学发展具有重要意义。另外,学校还通过资助开展教学与研究生培养工作,为社会科学研究人才的培养做出了重要贡献。例如,学校开设的"国际关系课程"(Courses in International Relations),探讨"国际法律和社会发展之关系"等。③

表 4　国际关系研究所执行委员会名单

姓名	职务	所属单位
George G. Wilson	主席	哈佛大学法学院国际法学教授
Bernice V. Brown	委员	拉德克里夫学院教务长
Ada L. Comstock	委员	拉德克里夫学院院长
Manley O. Hudson	委员	哈佛大学法学院国际法学教授
Frank W. Taussig	委员	哈佛大学经济学教授

---

① Harvard Schlesinger Library, *Wilson to Ruml*, Bureau of International Research of Harvard University and Radcliffe College RG XIXB, Folder 2.

② Harvard Schlesinger Library, *Bureau of International Research*, *Harvard University and Radcliffe College Researches*, Bureau of International Research of Harvard University and Radcliffe College RG XIXB, Folder 3.

③ Harvard Schlesinger Library, *Bureau of International Research*, *Harvard University and Radcliffe College Researches*, Bureau of International Research of Harvard University and Radcliffe College RG XIXB, Folder 3.

姓名	职务	所属单位
Alfred M. Tozzer	委员	哈佛大学人类学教授
Stephen P. Ladas	秘书	——

数据来源：Harvard Schlesinger Library，*Bureau of International Research*，*Harvard University and Radcliffe College Researches*，Bureau of International Research of Harvard University and Radcliffe College RG XIXB，Folder 3.

哈佛国际关系研究所的资助，利用了哈佛大学齐备的学科优势和多样化的研究团队，其研究的地理范围几乎涵盖世界各个区域，通过资助开展实地调研、配备研究助理、学术人员交流、文献整理、研究成果出版等活动，哈佛大学的社会科学研究取得了长足的进步。时至今日，哈佛大学的商科、历史学、法律学、管理学、社会学、神学与宗教研究等领域依然保持着世界领先的地位。[1] 这些研究涵盖历史、地理、政治、法律等多个学科，以美国国家利益为中心，重点探讨美国与世界各国的关系问题。

从 1929 年至 1938 年间，国际关系研究所总共开展了多达 76 项的研究，学科覆盖全面，资助原则等同样越来越清晰明了。一方面，国际关系研究所倾向于以点带面，重点资助个人牵头的研究，且要求申请研究项目的负责人需具备一定的研究基础；另一方面，要求受资助人必须建立研究团队，以提升整体研究人员水平。[2] 国际关系研究所对研究方向进行了具体的规定，例如管理与治理（Administration and Government）、人类学、国际关系资料研究（Bibliography of International Relations）、殖民地治理与竞争（Colonial Government and Rivalries）、民主历史与实践（Diplomatic History and Practice）、对外政策、历史、国际债务与银行问题（International Debts，Banking and Monetary Problems）、国际法、国际贸易、国际社会标准与价值观等研究领域。[3]

劳拉·斯皮尔曼基金会通过国际关系研究所对哈佛大学社会科学研究的资助，极大地增加了哈佛社会科学研究成果的产出，新观点和新思想不断呈现。得益于充裕的研究经费，一些著名的学者造访学校，开展交流与学术合作。例如，克拉克大学、耶鲁大学、西储凯斯大学、维也纳大学、奥地利大学等机构的诸多知名学者将研究工作乃至雇佣关系迁移至哈佛大

---

[1] 2018 年世界知名的 Q. S. World University Ranking 排行榜中，哈佛大学的会计金融、生物科学、商业与管理研究、经济与计量经济学、历史学、法律学、生命科学与医学、医学、现代语言学、药学药理学、政治与国际关系、心理学、社会政策与管理、科学与管理学、社会学、神学与宗教研究等 16 个专业排名世界第一。*Q. S. World University Rankings*，参见网站：https://www.topuniversities.com/university-rankings/world-university-rankings/2018.

[2] Harvard Schlesinger Library，*Bureau of International Research*，*Harvard University and Radcliffe College Researches*，Bureau of International Research of Harvard University and Radcliffe College RG XIXB，Folder 4.

[3] Harvard Schlesinger Library，*Bureau of International Research*，*Harvard University and Radcliffe College Researches*，Bureau of International Research of Harvard University and Radcliffe College RG XIXB，Folder 4.

学,使得哈佛大学的研究力量得到进一步提升。据统计,从 1929 年至 1938 年间,共计有 34
位国际知名社会科学研究学者跳槽至哈佛大学,国际关系研究所为此花费了 105800 美元用
于支持新加入的研究人员。[①] 国际关系研究所对哈佛大学共计 96 位研究者提供了研究资金
的支持,资助金额约 86.77 万美元(见表 5)。国际关系研究所的资助,使得哈佛大学在社会
科学领域拥有了较强的研究实力,其一流科研人员的配备、研究条件的改善、实地调查的开
展等,产出了诸多优秀的研究成果,这些研究成果以学术出版物的形式呈现在世人面前,很
多著作具有广泛的国际影响力,由此,哈佛大学的社会科学研究逐步迈入世界一流水平。

表 5　国际关系研究所资助金额(1924—1938)　　　　　　　　(单位:美元)

时间	资助金额
1924—1928	238289.09
1929—1938	629399.59
合计	867688.68

数据来源:Harvard Schlesinger Library. *Bureau of International Research*,*Harvard University and Radcliffe College Researches*, Bureau of International Research of Harvard University and Radcliffe College RG XIXB,Folder 4.

(三)由量转质:强力推动研究型大学崛起

20 世纪 20 年代是基金会大规模进入研究型大学的时期,但伴随着洛克菲勒基金会的改
组,30 年代的基金会资助开始具有探索前沿科学的显著特征。美国研究型大学的崛起原因
复杂多样,但基金会的资助成为其中最为关键的归因之一。洛克菲勒慈善事业的重新架构,
令原先锋芒毕露的普通教育委员会、劳拉·斯皮尔曼基金会等整体性并入洛克菲勒基金会。
基金会对研究型大学的资助开始收缩,以韦弗为代表的新一代基金会领导人更加侧重于交
叉研究和前沿科技的探索。这种资助策略是建立在美国大学已经具备与欧洲大学比肩的实
力基础之上,为更进一步地引领世界高等教育发展潮流,基金会展开了对前沿学科的资助。
就研究型大学而言,1933 年上任的哈佛校长科南特,与洛克菲勒等基金会一直保持着良好
的关系,通过双方在教师聘任、科研、学生奖学金资助等方面的深度沟通,基金会将自身的资
助理念传达给研究型大学。对哈佛等研究型大学而言,名目繁多、各式各样的捐赠令人眼花
缭乱,但基金会却通过与大学当权者的深度沟通,实现了自身的资助目的,对大学的办学依
然具有重大的影响力。总体而言,基金会资助演进与研究型大学的发展节拍出奇一致,基金
会的慈善事业与研究型大学共同成长起来。

---

① 　Harvard Schlesinger Library,*Bureau of International Research*,*Harvard University and Radcliffe College Researches*, Bureau of International Research of Harvard University and Radcliffe College RG XIXB,Folder 4.

1.基金会的自我调整与资助的前沿探索

1928 年洛克菲勒基金会在董事会主席雷蒙德·福斯迪克(R. B. Fosdick)的带领下进行了彻底的重组,加之 1929 年经济危机的爆发,基金会的资助开始收缩。福斯迪克新确立的"以促进知识进步"为目标的资助宗旨,代表了洛克菲勒基金会在资助选择上的转向,之前罗斯和如姆尔等人的大规模资助时代已经宣告结束,取而代之的是新一代基金会领导人马克思·梅森(M. Mason)、沃伦·韦弗(W. Weaver)等人对特定知识领域的资助。华盛顿大学动物学家喀斯维尔·格雷夫(C. Grave)认为"梅森希望的是跨学科研究,例如将数学、物理、生物、化学等学科结合在一起开展研究,并且他更倾向于资助优秀的研究型大学"[1]。

基金会的新一代领导人韦弗以生物学为基础,基于之前在威斯康星大学麦迪逊分校的学科交叉研究经验,将各个自然学科纳入大生物学之下开展交叉研究的资助机制正式诞生。[2] 由表 6 可见,韦弗试图以生物学为基础,将物理、化学、医学等各个学科囊括其中。由此,洛克菲勒基金会在 20 世纪 30 年代开创出了一大批新的研究领域和学科,这些学科对后世的影响极为深远。例如,基因、射线等方面的研究,对医疗、核武器开发等具有重要意义。在韦弗的主导下,洛克菲勒基金会开始以生物学为基础,向医学等多学科领域扩展,鼓励各个大学开展学科交叉研究,对麻省理工学院、芝加哥大学、约翰·霍普金斯大学、哈佛大学、宾夕法尼亚大学等著名的大学进行重点资助。

表6　以生物学为基础的自然科学资助(1933)

1	精神生物学(精神病学,心理学,神经生理学)
2	内分泌学科(荷尔蒙,生物酶)
3	营养学(维生素)
4	辐射影响(紫外线,X 光,宇宙射线,有丝分裂射线)
5	两性研究(生育,性生理,胚胎,)
6	基因研究(染色体,基因,细胞学)
7	普通生理研究(细胞生理,神经,电场效应,透析)
8	生物物理与生物化学(光谱学,微量化学)

数据来源:Rockefeller Archive Center, *Report of Committee of Appraisal and Plan*, Rockefeller Archive Center, 1934. 12:61. Box 22, Folder 166.

2.研究型大学崛起——以哈佛艺术与科学学院为例

在洛克菲勒基金会等社会资源的支持下,哈佛艺术与科学学院在 1929—1940 年间真正

---

① Rockefeller Archive Center, *Caswell Grave to George R. Throop*, Rockefeller Archive Center, 1929, 9.
② Rockefeller Archive Center, *Report of Committee of Appraisal and Plan*, Rockefeller Archive Center, 1934. 12:61. Box 22, Folder 166.

成为具有世界水准的研究生院,也奠定了哈佛的研究型大学地位。基于艺术与科学学院学科的综合性,基金会的问题导向交叉研究得以在该学院实现。由表8可见,哈佛艺术与科学学院的师资以拥有高级、副高级职称的教师构成,其高级职称教师占据该学院总体师资力量的80%左右。校长科南特推行教师"非升即走"(up or out)的聘任制度,这种具有竞争淘汰特征的人事管理制度,可以确保教师积极努力地开展科学研究与教学工作。与教师灵活聘任制度相对应的是教育教学质量的严格把关,科南特上任后积极推行其学术"精英大学"理念,从学生入学考试、学业表现和毕业考试等方面确保学生的培养质量。由表8可见,艺术与科学研究生院在执行学校毕业考评政策过程中,1929年即淘汰了7.6%的学生,其后数年淘汰率逐年下降,表明在一定程度上提升了培养质量。

表7　哈佛艺术与科学学院师资构成(1929—1940)

年份	教授	副教授	助理教授	兼职讲师 (Lecturer)	专职讲师 (Instructors)	合计	高级职 称占比/%
1929	124	35	53	12	29	253	83.79
1930	131	35	51	13	38	268	80.97
1931	138	40	55	13	48	294	79.25
1932	136	46	57	10	55	304	78.62
1933	130	45	60	8	55	298	78.86
1934	131	51	65	8	65	320	77.19
1935	135	48	64	9	67	323	76.47
1936	133	45	76	8	56	318	79.87
1937	141	41	78	8	57	325	80.00
1938	143	44	78	13	47	325	81.54
1939	143	60	52	17	43	315	81.07
1940	141	83	33	18	41	316	81.33

数据来源:根据 Harvard University Archives 历年 Annual Reports of the President & Treasurer 整理而成。

表8　哈佛艺术与科学研究生院学生毕业前测评情况

年份	参考人数	通过人数	淘汰人数	淘汰率/%
1929	661	611	50	7.6
1930	689	649	40	5.8
1931	713	674	39	5.5
1932	702	672	30	4.3

续表

年份	参考人数	通过人数	淘汰人数	淘汰率/%
1933	694	655	39	5.6
1934	665	642	23	3.5
1935	780	747	33	4.2
1936	778	744	34	4.4
1937	828	799	29	3.5
1938	843	817	26	3.1
1939	780	754	26	3.3
1940	744	724	20	2.7

数据来源:根据 Harvard University Archives 历年 Annual Reports of the President& Treasurer 整理而成。

评价世界一流研究型大学的标准较多,众说纷纭,但其核心指标一直保持稳定。例如,香港科技大学的丁学良认为,研究型大学有七项核心标准:大学教员的素质、学生的素质、常规课程的广度和深度、通过公开竞争获得的研究基金、师生比例、大学硬件设备质量以及财源。[1] 艺术与科学学院的办学状况可被视作哈佛大学整体办学状况的缩影,在基金会等社会资源的支持下,哈佛大学的教师队伍、科学研究、教育培养等方面具有了广泛的影响力,加之大学与基金会的互动,以哈佛大学为代表的美国研究型大学实现崛起。2017 年,英国 BBC 广播公司与美国新闻与世界报道(U. S. News& World Report)联合评选了"20 世纪最具影响力的 30 所学院和大学"(The 30 Most Influential Colleges and Universities of the Past Century),其中哈佛大学名列首位。在该榜单中,美国有 19 所大学入围[2],充分证明在 20 世纪世界大学发展历史上的绝对重要地位,这也从侧面证明 19 世纪末至 20 世纪上半叶美国研究型大学成长历程的重要性。至此,以哈佛大学等为代表的美国研究型大学在基金会等社会资源的支持下,实现了世界高等教育中心由欧洲向美国的转移,美国的研究型大学拥有了绝对的世界影响力。

三、结 语

如果以卡内基华盛顿研究所作为慈善基金会资助科学研究的肇始,那么在其后 40 多年

---

[1] 丁学良:《什么是世界一流大学》,《高等教育研究》2001 年第 3 期。

[2] Best College Reviews, *The 30 Most Influential Colleges and Universities of the Past Century*,参见网站:https://www.bestcollegereviews.org/features/the-30-most-influential-colleges-and-universities-of-the-past-century/.

的时间内,基金会本身的资助越来越专业化,资助的规模越来越大,对科学慈善的理解和基金会本身的定位也越来越明确和具体。卡内基华盛顿研究所作为基金会资助大学的揭幕之作,基金会实际上也在探索其自身在美国社会的定位以及如何与大学展开合作;以罗斯和如姆尔为首的基金会领导人,将史无前例的大规模资金投入到研究型大学中,直接促成了这些大学的科研大爆发,客观上也拉大了美国研究型大学与其他大学的差距,实现了基金会分级美国高等教育的目标;后续梅森、韦弗等人资助前沿性学科的举动,使得美国研究型大学具有了世界级的引领实力。基金会的资助,使得哈佛大学、芝加哥大学、耶鲁大学、约翰·霍普金斯大学等进一步加强了他们的优势地位,也使得宾夕法尼亚大学、密歇根大学、加州理工学院等地方著名高校崛起,由此来看,基金会借助财政力量一定程度上重新塑造了美国的高等教育体系。正是在这一时期,美国的研究型大学开始与欧洲的大学展开了频繁的交流与合作,美国的大学开始真正具有国际化视野,其综合实力开始迈向世界顶尖水平。可以说,基金会的资助成为美国研究型大学攀上世界高等教育体系金字塔顶端的催化剂。

于大学而言,基金会向来不是其办学经费的唯一来源,但却是最为特殊的社会捐赠。早在美洲殖民地时期,美国的私人捐赠使得尚在襁褓中的高等教育得以生存和延续,后期陆续开发出校友、公司等社会募款对象,但系统性、全局性地对美国研究型大学进行资助的唯有现代慈善基金会。美国高等教育发展的轨迹有其独特特征,联邦政府在二战之前对高等教育的关注度并不显著,市场化的高等教育发展极不均衡,水平参差不齐。基金会的目的性、系统性资助,加之与美国研究型大学内部改革的契合,共同促使了其教学与科研的大发展,促成了美国研究型大学的崛起。

原载《现代大学教育》2020 年第 5 期

二战以来美国产学关系发展的阶段特征与模式演进

—— 基于 1942 年到 1979 年的历史考察

◎陈慧星 贺国庆*

摘 要：自二战以来美国产学关系发展经历了一个快速扩张的时期，特别是在 1942 年"曼哈顿计划"实施，到 1980 年《拜杜法案》颁布以前。在美国产学关系发展整体扩张的近 40 年时间，大体可分为"扩张""矛盾""调整"三个阶段。自二战以来到 20 世纪 50 年代末，由于战争的刺激，美国产学关系在联邦政府主导与积极参与下，形成了以保障国家安全为核心，依托国防军工产业为主的产学关系"扩张"阶段。20 世纪 60 年代，美国产学关系的发展犹如美国社会，大学、政府与产业的关系充满了动荡与矛盾，呈现出产学关系"矛盾"阶段。20 世纪 70 年代，美国发明与创新能力下滑，产学关系发展出现"瓶颈"，国家经济逐渐陷入困境。联邦政府力图通过行政改革与立法改变研究和创新环境，产学关系步入"调整"阶段。伴随着美国产学关系的发展与变革，产学关系模式由教师咨询顾问的单一模式，向研究园区和产业耦合等更广泛、更复杂与更富有成效的模式演进。

关键词：美国；产学关系；阶段特征；模式演进

20 世纪 90 年代以来，国内学者对二战以来美国高等教育产学关系的发展历史进行了较为深入与系统的研究。魏屹东、邢润川从宏观层面分析了美国工业企业与大学科研合作的历史、方式、问题及对策，在历史问题上侧重于依据各类法案与政策对 19 世纪后半叶到 20 世纪 80 年代予以阐述，提出产学关系的四种主要合作形式。[①] 刘力从牛曼式大学到特曼式大学的历史发展，讨论了现代意义的产学合作关系是如何发展起来的。[②] 同时，他指出美国在 1862 年《莫里尔法案》（Morrill Land-Grant Acts）推动下，"赠地学院"的建立是产学研合

---

* 作者简介：陈慧星，宁波大学教师教育学院硕士研究生；贺国庆，宁波大学教师教育学院教授。

① 魏屹东、邢润川：《借鉴与启示——美国工业企业与大学科研合作的历史、方式、问题及对策》，《科学技术与辩证法》1997 年第 6 期。

② 刘力：《产学研合作的历史考察及本质探讨》，《浙江大学学报（人文社会科学版）》2002 年第 3 期。

作的萌芽,而现代意义上产学研合作关系的模式始于 20 世纪 50 年代以斯坦福大学为代表的"特曼式大学"。产学合作关系的发展是大学与工业两个独立系统进行融合的过程,进而走向国家创新的产学研合作。杨九斌以《拜杜法案》(Bayh-Dole Act)为基点,探讨了美国研究型大学产学合作关系的嬗变。[①] 同时,他以麻省理工学院的 128 公路与斯坦福大学的硅谷为例,对《拜杜法案》的实施给美国产学关系发展产生的深远影响予以论证,并就此阐述了从 20 世纪 80 年代前后到 21 世纪产学关系发展的历史进程。大学与产业的合作关系存在着根深蒂固的制度文化差异,但基于知识探索等共同目标,产学双方均试图予以调整,希望通过改善分歧将产学关系推向卓越。国内学者对美国产学关系发展的历史研究中呈现出多元化与专题化的特征。对已有研究的分析解读能使我们从不同角度来认识美国产学关系的发展历程。以现有文献资料为参照,国内学者在对二战以来美国产学关系发展历史的整体性考察、系统性分析、时间跨度的研究方面仍有不足之处。因此,在已有研究成果的基础上,通过进一步拓展完善研究范围,以期把握二战以来美国产学关系发展的内外部影响因素与阶段性特征具有现实意义。

通过考察 20 世纪 40 年代初到 70 年代末美国产学关系发展的历史,本文将二战以来美国产学关系发展的历史划分为"扩张""矛盾""调整"三个阶段,并以大学、政府和产业三个角度为起点,对这三个阶段美国产学关系发展历史的内外部动因与影响进行较为系统的考察与分析,归纳各阶段特征,总结历史发展模式。目的在于通过对二战以来美国产学关系发展近 40 年的历史进行全面的解读,以期能够更加清晰地认识二战以来美国产学关系发展历史的基本脉络、阶段特征和模式演变,从而为探索美国产学关系发展的成功之道提供有益的借鉴。

一、扩张:美国政府主导下的产学关系发展(1942—1959)

20 世纪 40 年代以前在美国产学关系发展的历史进程中,大学学术研究的资助大部分来自于慈善机构和基金会,产业对大学学术研究的直接资助并没有占据很高的比例,但却发挥了很重要的作用,教授与产业之间存在着许多复杂却富有成效的关系。

自 20 世纪 40 年代初,受国际局势与日本偷袭珍珠港事件的影响,1941 年 12 月美国正式加入第二次世界大战,于 1942 年开始实施"曼哈顿计划"(Manhattan Project)。以科学技

---

① 杨九斌:《卓越中的艰难——〈拜杜法案〉后美国研究型大学产学合作关系嬗变》,《外国教育研究》2018 年第 7 期。

术为导向的学术研究被纳入国防体系核心的重要性得到凸显。①"曼哈顿计划"的实施从根本上转变了学术研究的组织方式。② 战争刺激了美国政府对先进科学技术的强烈需求,"曼哈顿计划"的实施推动了美国联邦政府对大学的投入,学术研究的潜力得到释放,与国防产业的关系不断加强,使产学关系进入一个快速发展时期。与美国以往参与的战争不同,第二次世界大战是技术革新和科技进步的一个分水岭。自 1940 年起美国联邦政府投入了大量资金用于科技研发。仅国防研究委员会在战争结束时用于研发的经费就超过 1 亿美元,超过以往 40 年内联邦政府用于军事研发费用总额的 4 倍多。③ 在哈佛大学校长科南特(J. B. Conant)被任命为国防研究委员会主席、麻省理工学院工程系主任范内瓦尔·布什(V. Bush)被任命为科学研究和发展办公室(the Office of Science Research and Development)主任之后,联邦政府与大学之间的关系便已开始发生转变。作为科学研究和发展办公室的重要成果,1945 年发布的报告《科学:永无止境》(Science-The Endless Frontier)进一步强化了政府责任。报告希望通过设立国家科学政策协调机构,协调在政府以外进行的科学研究,以保持工业和大学的研究动机。④ 该报告推动了美国国家科学基金会(National Science Foundation)、原子能委员会(Atomic Energy Commission)与海军研究局(Office of Naval Research)的成立,为战后美国产学关系的发展提供了保障,促进了大学、政府、产业之间关于基础研究与应用研究的发展。由于战时的学术研究、科技发展和生产需要,科学家与工程师之间构建了大量的合作关系。这些战时项目的合作充分显示了大学科研人员将学术研究应用于实践以解决实际应用问题的能力,为战后美国联邦政府在大学研究上的持续投入奠定了一个良好的基础。战争结束了美国在 20 世纪 30 年代的经济大萧条,政府消费成为经济复苏的重要动力来源。1944 年《退伍军人权利法案》(Servicemen's Readjustment Act)的发布,促使战后联邦政府通过购买服务的方式,为退伍军人提供经济和教育援助。在刺激国内消费的同时,也缓解了战后经济衰退的现象。美国高等教育由此开始向大众化阶段发展,大学收入来源得以增加。为解决大学入学人数激增所产生的问题,政府与产业资助了大学的新一轮扩建,加强了大学、政府、产业之间的联系。1945 年,对战争结束时大学与产业关于技术培训合作形势的一项调查显示,特定行业为战时需求进行的产学合作计划是成功的,部分大学希望推广合作,大学对工业技术培训计划问题发表的意见,证明美国产学合作

① *National Academy of Sciences*,参见网站:http://www. nasonline. org/about-nas/history/highlights/frank-barton-jewett. html.

② 伊丽莎白·波普·贝尔曼:《创办市场型大学——学术研究如何成为经济引擎》,温建平译,上海科学技术出版社 2017 年版,第 22 页。

③ 艾伦·布林克利:《美国史》,陈志杰等译,北京大学出版社 2018 年版,第 1077-1078 页。

④ *National Science Foundation*,参见网站:https://www. nsf. gov/about/history/nsf50/vbush1945_content. jsp # sect6.

关系问题具有普遍关注度。[①] 到 20 世纪 50 年代初,产业对大学的资金投入增长迅速,在各项支持中所占比例已经替代了私人投入。在 1952 年到 1955 年间,仅产业教育补助金一项投入就增加了 162%。[②] 然而,联邦政府在大学学术研究资金来源上仍占据主要地位,其中约 75% 的资金由美国国防部(Department of Defense)负责支出。在 1957 年至 1958 年间,联邦政府用于基础研究的拨款约为 4.23 亿美元,其中大学获得 2.4 亿美元,而产业则获得 4200 万美元。[③] 对于大学与产业而言,产学合作关系的发展不仅符合自身利益,同时也是公共利益的诉求,产业以实际工作经验来补充大学的学术培训。20 世纪 50 年代末,在技术导向不断增强的趋势下,科学成为产学关系的牢固纽带。事实上,科学是财政反馈循环的关键,这种循环从大学的基础研究开始,一直持续到产业的应用研究、开发与生产,其中部分生产利润又回馈于教育。[④] 在 20 世纪 50 年代,美国联邦政府与产业对大学的投入呈现出快速增长的趋势。

20 世纪 40 年代初到 50 年代末,美国产学关系的发展实质上经历了一个政府主导下的快速"扩张"阶段。美国产学关系发展"扩张"阶段产生的主要原因:一方面是战争刺激了美国对先进科技的强烈需求,"曼哈顿计划"推动联邦政府对产学合作关系的投入,《退伍军人权利法案》推动了高等教育的规模扩张并刺激了国内消费;另一方面是美国国家科学基金会和原子能委员会等各类组织研究机构的成立为产学关系的发展奠定了基础。因此,美国产学关系发展"扩张"阶段的主要特征表现为:一是美国联邦政府以国防产业项目需求为主,大规模介入大学学术研究,形成产学关系发展的开端;二是产业对大学学术研究的投入以及各项支出,超过私人资本与其他非政府资本的投入,并呈现快速增长的趋势;三是美国联邦政府在产学关系中占据主导地位,通过《曼哈顿计划》《退伍军人权利法案》等各项政策法规,成立美国国家科学基金会、原子能委员会等各类组织研究机构,推动大学与产业合作关系发展,新的产学关系模式开始出现。

---

① Adams V. W. , "Cooperation between Colleges and Industry in Technical Training", *The Journal of Higher Education* , No. 8, 1945.

② Van Atta L. C. , "Incentives Leading Industry into Cooperation with Education", *IRE Transactions on Education* , No. 1, 1958.

③ Marcson S. , "Basic Research in Industry, Government and Universities", *American Behavioral Scientist* , No. 5, 1962.

④ Van Atta L. C. , "Incentives Leading Industry into Cooperation with Education", *IRE Transactions on Education* , No. 1, 1958.

二、矛盾:美国产学关系发展的
繁荣与危机(1960—1969)

1945 年到 1975 年是美国高等教育的黄金岁月[1],20 世纪 60 年代被美国学者誉为美国高等教育的"黄金十年",同样也是"危机四伏的十年"。二战后美国大学发展的黄金时期得益于美国联邦政府的政策推动,高等教育规模的快速扩张,又为促进美国经济增长、社会发展和国防建设提供了重要的保障。所以,大学要在保持其自身独立性的同时,与所有责任的利益相关者积极合作,以履行其对社会的义务。[2]

美国产学关系的发展受惠于联邦政府对高等教育从财政到科技政策的慷慨投入,促进了二战后美国产学关系"繁荣"景象的延续。20 世纪 60 年代前,联邦政府最大的研发支出领域始终是以保障国家安全为目的。60 年代初期,联邦政府对学术研发经费的投入是以倍数级的趋势在增长。1963 年,140 亿美元的财政年度预算中,国防相关产业的研发约占 80 亿美元。联邦政府的资助占到高校研发经费的 70%以上,使产业资助占学术研发经费的比重急剧下滑。[3] 美国联邦政府支持研究的动机也在 60 年代初发生了转变,尽管国防研发支出仍是联邦研发经费预算的最大组成部分,但对于科学研究的资助则将重点从国防发展向整个社会更广泛的目的展开。基础研究的工业支持主要集中在诸如通信电气、飞机制造、石油化工等相关产业,这类产业的公司具有规模大、多样化的特征,特别是国防相关产业和创新型产业,能够满足基础研究所需的长期投入。美国国防部对 1961 财政年度联邦采购项目合同的调查显示,25%属于国防研发项目。这其中 41.3%在加利福尼亚州,12.2%在纽约州,5.8%在马萨诸塞州,这些主要州占有国防研发项目合同的总数接近 60%。[4] 国防研发项目合同如此集中的原因是:首先,这些州地处旧金山湾的硅谷、波士顿周围的 128 公路和其他主要工业联合体所在地,拥有大量具备研发与创新能力的科技产业。其次,这些州拥有斯坦福大学、麻省理工学院和加州大学伯克利分校这样的"学术中心"。最后,这些州的大学与产业建立了良好的合作关系,促进了区域竞争能力的提升。

---

[1] 亚瑟·M. 科恩、卡丽·B. 基斯克:《美国高等教育的历程》,梁燕玲译,教育科学出版社 2012 年版,第 117 页。

[2] Myers A. F., "Education-Industry Cooperation in Higher Education: An Editorial", *The Journal of Educational Sociology*, 1952(5).

[3] 伊丽莎白·波普·贝尔曼:《创办市场型大学——学术研究如何成为经济引擎》,温建平译,上海科学技术出版社 2017 年版,第 5 页。

[4] United States, Department of Defense. *The Changing Patterns of Defense Procurement*. Washington: The Office, 1962, p. 7.

20 世纪 60 年代美国产学关系发展"繁荣"与"危机"并存,大学、政府、产业三者的关系始终处于一种博弈的状态。60 年代的美国联邦政府面临着国际竞争压力、对外战争消耗、国内经济增长乏力等诸多问题。大学正在经历学生运动与高等教育变革,包括平权运动、反战运动、精神危机、大众传媒的影响等。[①] 产业发展陷入困境,内部结构发生变革,新的管理者更加激进,将资金投入转向短期项目,期望促进产业经济增长。美国大学、联邦政府和产业经济面临的问题制约了产学关系的发展,使产学关系陷入危机之中。1962 年,学术和产业基础研究会议提出,关于产学关系与基础研究的三个主要问题是:保障基础研究的自由,保障科技教育的基础,促进产业资金的投入。[②] 事实上,能够影响产业参与产学合作项目的主要影响因素是国家科技政策环境、地理区位因素、产业资金情况、技术人员参与交流频率等。当发生国家科技政策环境恶化、产业资金不足或技术人员缺乏的情况时,无论是基础研究还是应用研究,部分原有合作项目可能会被终止。对于产业,能够通过资助研究附属项目或对接大学的咨询顾问服务继续维护产学合作关系的发展。对于科研人员,首先,多机构的支持能够加快寻求支持的过程,降低个人或群体的偏见来主导某一领域研究的可能性;其次,在基层研发组织、工业或政府部门之间提高交流频率,有助于新知识的获得;最后,群体之间的频繁接触能够构建相互理解、尊重与信任的氛围。[③] 60 年代下半叶,美国经济高速增长的势头逐渐减弱,通货膨胀和贸易差额的问题开始显现,科技政策环境出现变化,联邦政府预算和研发经费受到压力。[④] 到 60 年代末,美国经济自 60 年代以来首次陷入衰退期。对大学而言,联邦政府资助虽然趋于稳定,产业资金比重开始上升。但事实上,对于 60 年代末产业对大学投入的增长,实质是一种相对增长的表象,美国产学关系发展的博弈还将持续。

20 世纪 60 年代,美国产学关系发展经历了繁荣与危机并存的"矛盾"阶段。这种现象产生的主要原因是:首先,战后美国社会经济繁荣的惯性,推迟和掩盖了社会经济存在的深层次危机;其次,美国大学正在经历一场高等教育变革与大规模的学生运动,大学原有的治理平衡机制被打破;最后,产业发展过程出现组织机构变革,基础研究回报周期过长,新的管理层更注重短期项目收益,在一定程度上改变了原有的学术研究与应用研究的平衡。因此,美国产学关系发展"矛盾"阶段呈现的主要特征为:一是美国社会经济从繁荣走向危机,对大学与产业给予的直接投入增长出现停滞;二是美国大学在经历高等教育变革与学生运动的双

---

① 郑春生:《繁荣与危机:1960 年代美国大学研究》,上海三联书店 2019 版,第 14-15 页。

② Marcson S., "Basic Research in Industry, Government and Universities", *American Behavioral Scientist*, 1962 (5).

③ Wiesner J. B., "The Role of Science in Universities, Government, and Industry", *Science and Public Policy*, Proceedings of the National Academy of Sciences of the United States of America, 1963(6).

④ 伊丽莎白·波普·贝尔曼:《创办市场型大学——学术研究如何成为经济引擎》,温建平译,上海科学技术出版社 2017 年版,第 40 页。

重压力下,不断进行自我革新,调整大学与产业关系的发展方向;三是产业发展过程中,尽管能够保持对产学关系的持续投入,但由于管理结构的变革,产学合作关系在一定程度上从长期项目合作研究转向了更具功利性的短期项目研发。

三、调整:美国产学关系发展的"瓶颈"(1970—1979)

高等教育的扩张源于美国,二战后美国社会经济快速复苏,《退伍军人权利法案》的实施与产业对人才的强烈需求构成了高等教育扩张的主要推动力,到 1970 年美国高等教育入学率达到 50%。美国社会经济需求与产学关系发展,要求大学提供更加契合产业需要的人才,在计算机科学等前沿领域,政府与产业依赖大学提供研究培训和考核认定。大学作为功绩导向的机构,在社会分类机制中通过为政府和产业提供不同类型人才的筛选功能,在产学关系中扮演着重要的角色。[1]

20 世纪 70 年代初,大学入学人数开始下降,高等教育内部与外部对大学需求更加多样化。在主要接受联邦与州政府拨款的大学,拨款直接与全日制(FTE,Full-Time Equivalent)招生有关,学生人数下降对大学产生直接影响,部分实验室资助与教职职位面临削减,私立大学提高学费弥补损失,大学内部合作格局转向竞争,大学与教授通过转变来应对危机,这种转变导致高等教育创新能力削弱,私立高等教育机构规模与质量受到冲击。美国联邦政府对大学研究的投入实际增长开始出现停滞[2],美国产学关系发展遇到"瓶颈",联邦政府通过各类宏观手段予以调整。美国社会反战活动与学生运动愈演愈烈,美国社会经济出现通货膨胀与失业率攀升,短期内对学生就业产生影响,家庭购买力下降。州政府由于税收减少,服务购买成本增加,减少了对大学的可用资金,包括学生贷款、奖学金和其他资源投入。联邦政府通过减少各类贷款与提高利率,降低了对高等教育机构的赠款与研究经费。对类似农业补贴项目的削减,进一步降低了家庭的可用资金与购买力。在间接影响分析中,对学生及家庭的资金来源影响直接可见,但对高等教育未来期望的影响是不确定的,这种不确定性降低了大学吸引力。与此同时,大学招生人数增加削弱了大学的筛选功能,增加了就业市场的竞争,提高了企业招聘成本。[3] 在大学、政府、产业三者的关系中,这一阶段联邦政府被

---

① 菲利普·G. 阿特巴赫、罗伯特·O. 波达尔、帕崔凯·J. 甘波特:《21 世纪美国高等教育——社会、政治、经济的挑战》,施晓光等主译,北京师范大学出版社 2007 年版,第 20-22 页。

② National Science Board (US), *University-Industry Research Relationships*:*Myths*,*Realities and Potentials*,*Fourteenth Annual Report*,Virginia:National Science Foundation,1982,p.11.

③ Witkowski E. H.,"The Economy and the University:Economic Aspects of Declining Enrollments",*The Journal of Higher Education*,1974(1).

视为破坏学术自由主要操控者的问题尤为突出,问题的主要原因表现为大学正在从三个层面参与到政治活动中。宏观层面上,大学是进行国家意识形态教育来实现社会政治现状的关键因素;中观层面上,大学主要受联邦政府、参与联邦政府活动的产业及个人资助;微观层面上,大学直接参与联邦政府的各类研发项目。

20 世纪 70 年代中后期,美国经济陷入困境,劳动生产力的增长率从 1950 年到 1967 年的年平均增长率 2.4%,下降到 1967 年到 1972 年的 1.1%,1972 年到 1977 年仅为 0.6%。1912 年美国的发明和创新能力下降,成为导致经济困难的重要影响因素,从 1927 年到 1969 年,技术创新对美国经济增长的贡献率高达 45%。自 1970 年开始美国的专利申请出现显著下降,1967 年至 1975 年间美国的专利余额下降了 47%。由于创新过程的核心是资本形成,而资本投资的总体趋势是作为资本的创新力从研究开发阶段流向市场供给阶段的重要反映。大学与产业联合研发能够减少研发过程的重复率,实现规模经济效应。美国应对经济"滞涨"的方法是联邦政府通过与科技政策相结合的货币与财政政策,推动整个创新流程,其基础是稳定的管制环境和有序及适当地向工业提供金融与风险资本的税收政策。[①]

20 世纪 70 年代末,产业将产品改进作为重点,在基础研究和长期目标上缺乏投入。美国联邦政府在创新技术产品的基础研究问题上更加依赖大学。美国国家科学委员会(National Science Board)决定,在产业对联邦研究资金竞争缺乏动力的情况下,修改申请规则促进产业与大学在基础研究领域的竞争与合作。在竞争与合作过程中,尽管产业始终将基础研究视为政府的责任,但当产业内部受财政问题影响出现分歧时,类似波士顿 128 公路上的知识密集型与小型科创公司,可能会积极参与到此类项目中。[②] 70 年代末,政府通过寻求立法与行政改革来强化大学与产业的联系。1978 年的税收法将资本收益最高利率从 49% 下调到 28%,允许部分养老金和巨额债券参与资本投资,增加产业可用资本,提升对大学的投资能力。国家科学基金会创建产业与大学合作研究中心,该类中心成为后期产学关系发展的重要力量。1979 年,美国总统卡特向国会提交了 32 项增加科学知识商业利用的建议,将重点放在研究和创新环境的变革上。[③] 推动大学和产业设立"通用技术"中心,政府与产业联合资助。联邦政府通过寻求建立统一的专利政策法案,在资金、法律、政策、组织机构等方面采取积极措施,刺激工业创新,促进大学研究和产业应用的关系。

20 世纪 70 年代,美国产学关系发展遇到"瓶颈",大学、政府、产业积极采取各项措施应对挑战。美国产学关系发展处于调整阶段的主要原因是:首先,美国经济陷入困境,通货膨

---

① Staats E. B, Brown A. E. and Campbell D. N. , et al. , "Overview of Policy Issues:Panel Report", *Annals of the New York Academy of Sciences*, 1979(1).

② Dickson D. , "NSF Encourages More University/Industry Collaboration", *Nature*, 1978(271).

③ Press F. , "US Boosts University-Industry Links". *Nature*, 1979(8).

胀和失业率攀升,国际形势竞争激烈,越南战争仍在持续;其次,高等教育快速扩张的深层次问题,对美国社会经济产生的影响开始显现;最后,产业发展与投资乏力,注重产品改进,投入转向短期回报,创新能力不足。因此,美国产学关系发展"调整"阶段的主要特征表现为:一是美国社会经济问题不断,大学与产业内部问题凸显,产学关系发展动力不足;二是美国研究与创新环境转变,发明与创新能力下降,对美国社会经济产生影响;三是政府采取各类积极措施促进产学关系转变,建立各类研发组织机构,推动研究与创新环境变革,推动产学关系发展。

四、结　语

自二战以来,美国产学关系经历了近 40 年的发展取得了令人瞩目的成绩。这些成绩得益于美国产学关系发展模式的不断创新和演变,为社会经济增长、科学技术创新、高等教育发展提供新的选择与路径。产学关系的最初形成以一定程度的频繁交流与非正式访问为起点,由教师与企业的点式联系,到实验室或研究小组与产业研发的线性相关,再到大学、政府、产业之间的网络化合作。大学、产业、政府与其他利益相关者在产学关系中都承担着各自的角色。大学通过分享研究成果、发展伙伴关系,让行业代表参与教学与研究计划的评审与更新。产业采取投入资金设备,改善研究环境、参与课程教学,以提高毕业生质量。政府使用宏观调控手段、组织机构建设、资源经费投入,创造良好研发与创新环境,促进产学关系发展。

自 20 世纪 40 年代以来,美国产学关系发展模式继承了发展的历史特征,以咨询顾问、产业附属项目、产业研究金作为三种基本模式。在近 40 年时间里经历了"扩张""矛盾""调整"三个阶段,产学关系发展模式得到了不同程度的创新与演变,以适应各阶段的历史发展特征。战时项目在展现大学学术科研人员解决实际应用问题能力的同时,以项目需求和产品为导向的研发对科技创新具有刺激作用。美国许多一流研究型大学发展是建立在工业发展的基础上,一流实业家又是主要大学的校董事会成员,这种关系为美国产学关系发展与模式创新奠定了基础。[①] 战后美国产学关系发展继承了这种关系模式,以知识产权咨询和工业实验室为主。1947 年,贝尔实验室对晶体管的发现展现了基础研究的商业潜力,进一步刺激产业建立各类研究实验室以促进基础研究对产业的贡献,大学科研人员被大量雇佣。1948 年,麻省理工学院创建的集中管理产学关系产业联盟项目(Industrial Liaison

① National Science Board (US), *University-Industry Research Relationships*: *Myths*, *Realities and Potentials*, *Fourteenth Annual Report*, Virginia: National Science Foundation, 1982, pp. 11-12.

Program，ILP)成为首所正式确立大学产业附属项目的高校。[①] 产业附属项目与工业研究实验室的快速扩张增加了产业对大学科研人员的需求，为教职顾问咨询活动提供了平台。教职顾问与产业的咨询关系，长久以来一直是保持产学关系的有效联系。以 1951 年斯坦福大学建立的首个产业园区为起点，美国产学关系模式得到了新的载体，研究园区或产业联盟模式。到 20 世纪 70 年代前后，为应对美国社会经济发展面临的挑战，以产业耦合(Industrial Coupling，ICP)与联络计划(Liaison Programs，简称 LP)为代表的新兴模式[②]，进一步拓展了美国产学关系的发展路径，如表 1 所示。

表 1　美国产学关系发展模式(1942—1979)

模式	部分案例
咨询顾问	耶鲁-德士古计划(Yale-Texaco Program)；多数工程学院的访问委员会
产业附属项目	麻省理工学院的产业联盟项目(Industrial Liaison Program)；斯坦福大学固态电子学附属项目
产业研究金	哥伦比亚大学、北卡罗来纳州大学(教堂山)、伊利诺伊大学等接受了来自产业的研究金
研究园区	斯坦福大学与硅谷；麻省理工学院与 128 公路；北卡罗来纳州三角研究园区；康奈尔大学研究园区
产业联盟	密歇根州能源与资源研究协会(Michigan Energy and Resource Research Association)；化学研究理事会(Council for Chemical Research)
产业耦合或联络计划	斯坦福大学化学工程项目；凯斯西储大学系统控制项目；宾夕法尼亚科学与工程基金会(PSEF)合作项目
政府中介模式	麻省理工学院聚合物加工计划；美国国家科学基金会产学合作研究计划
技术转让	美国能源部工业能源计划；犹他州大学创新中心；工业研究所
合作研究中心	凯斯西储聚合物计划(Case Western Reserve Polymer Program)；特拉华大学催化中心(University of Delaware Catalysis Center)
产业推广办公室	产业推广办公室效仿赠地学院农业推广，1968 年已有 28 个州各有一所高校或高校系统负责管理本州技术服务的工作制度
……	……

参考资料：National Science Board (US)，*University-Industry Research Relationships：Selected Studies*，Virginia：National Science Foundation，1983，pp. 24-32；Roy R.，"University-Industry Interaction Patterns：Past Models are Analyzed，Some Recent Experiments Described，and Recommendations for the Future Given"，*Science*，1972(178)；伊丽莎白·波普·贝尔曼：《创办市场型大学——学术研究如何成为经济引擎》，温建平译，上海科学技术出版社 2017 年版，第 28-33 页。

由表 1 可以看出，自 20 世纪 40 年代初到 70 年代末，美国产学关系在需求与矛盾中不

---

　　① 伊丽莎白·波普·贝尔曼：《创办市场型大学——学术研究如何成为经济引擎》，温建平译，上海科学技术出版社 2017 年版，第 30 页。

　　② Roy R.，"University-Industry Interaction Patterns：Past Models are Analyzed，Some Recent Experiments Described，and Recommendations for the Future Given"，*Science*，1972(178)。

断得到发展。美国产学关系发展模式也由点线式的咨询顾问、产业研究金、产业附属项目，向网格化的研究园区、产业耦合模式演变。其中，产业耦合模式被美国国防部与美国国家航空航天局所采纳，斯坦福大学的硅谷与麻省理工学院的 128 公路成为区域经济发展的引擎、国家经济发展的重要载体。这一阶段还存在政府中介模式等多样化的产学关系发展模式。美国产学关系在近 40 年的发展历程中，成为推动美国社会经济发展、科学技术创新、高等教育引领的主要动力。美国产学关系发展模式也逐渐趋于多元化，并向更加复杂的复合形态演变。

世界一流大学建设进程中的"弯道超车"现象：经验与借鉴

◎王婧茹*

摘　要：建设着眼于世界发展并具有国际声誉的一流大学是我国高等教育发展的重中之重，借鉴名列前茅的世界一流大学的建设经验则是一条必经之路。纵观世界一流大学的成功发展史，各有不同，又异途同归。其中有一类大学起步较晚，却又能在较短的时间内"弯道超车"，跻身于世界一流大学的行列，实为引人瞩目，值得分析与研究。本文从这类学校中选取三个具有代表性的，即美国芝加哥大学、新加坡南洋理工大学和荷兰埃因霍温理工大学，进行单一剖析个性、总结共性，以期对我国世界一流大学建设提供有益的借鉴。

关键词："弯道超车"；世界一流大学；国际性

现如今争创世界一流大学的浪潮可谓是蜂拥而至，我国必然也被这股浪潮所吸引，为追赶世界一流大学的步伐而努力。但理想与现实终究还有一定的距离，建设世界一流大学并非是一朝一夕便能促成的事情，可历史上也确实存在一些大学是在相对较短的时间内"弯道超车"跻身于世界一流大学的行列，例如本文选取的美国芝加哥大学、荷兰埃因霍温理工大学和新加坡南洋理工大学都是在不到 20 年的时间里，打开知名度，享誉全球，甚至引领世界，这与我国大学起步晚力争发展的情况完全吻合。通过对这三所学校发展进程中的前后对比，探索出各自"弯道超车"的典型现象，继而总结出三点"弯道超车"现象的发展共性，即全面发挥"在地服务"职能、全方位打造"品牌特色"优势、全过程发展"国际化"进程，对这三点共性加以阐释后对我国创建世界一流大学提供相应有益的借鉴。

---

*　作者简介：王婧茹，河北大学教育学院博士研究生。

一、世界一流大学进程中的"弯道超车"现象

(一)美国芝加哥大学(The University of Chicago)

芝加哥大学创校于 1890 年,但追溯芝加哥大学的发展史,其实有"新旧"两所芝加哥大学,1857 年至 1890 年的"旧芝加哥大学"是由参议员斯蒂芬·A. 道格拉斯(Stephen A. Douglas)在意识到高等教育对西部发展的重要性后,以期创立一所大学促进芝加哥地区的商业和文化而创办的。学校创办的愿景是美好的,但最后的结果是惨烈的,旧芝大失败的原因不仅因为其在创设期被迫卷入了美国内战所造成的动荡和纷乱之中,更因其董事会的优柔寡断、钩心斗角、管理不善、不顾学校利益导致的一而再再而三的财政赤字,致使其内力尽损,当然还有一个原因是旧芝大的性质偏宗教性,但又不是纯粹的浸信会机构,同时又打着"城市公民进步总代理"①的旗号,希望能推动芝加哥城市文化的发展,这种模棱两可的学校定位自身就是一大弊端,以至于 19 世纪 70 年代末芝加哥浸信会联盟神学院决定与旧芝大彻底断绝联系,80 年代,旧芝大的财政状况每况愈下,最终以破产而告终。

从旧芝大到新芝大并非一帆风顺,无论是聘请威廉·雷尼·哈珀(W. R. Harper)担任新芝大校长一职过程的千回百转,洛克菲勒(J. D. Rockefeller)对新芝大进行投资捐款态度的过于谨慎和不明朗,还是新芝大发展的模式与其他大学有所不同,"其他大学是从小的学院发展起来的,而芝大是作为一所大学发端的"②,这都加剧了大学发展的困难。但最终,哈珀还是放捐了 60 万美元,加上美国浸会教育协会(American Baptist Education Society)和马歇尔·菲尔德(M. Field)的捐款,新芝大得以成功建立。当然哈珀他们不是唯一的捐款者,还有许多其他来自社会和个人的捐款,只不过他们是当时的主要捐款者。洛克菲勒为什么对芝加哥情有独钟,又为什么偏偏选择在芝加哥建立一所大学呢?最重要的原因是芝加哥这座城市是典型的美国城市,他希望在这座城市中建立一所和其信仰有关的重点学院或综合性大学,一所不同于东部地区的传统型大学,这所大学能够另辟新路,成为一个媲美于哈佛和耶鲁的美国研究型大学,成为中西部大学的一个具有竞争力的榜样和标杆。新芝大如何发展,对于哈珀和校董事会,以及芝加哥这座城市,都是一个严肃而庄重的问题,新芝大的筹建耗费了太多的人力和财力,容不得再一次的失败。因此,哈珀认为实现这一愿景的第

---

① 约翰·博耶:《反思与超越——芝加哥大学发展史》,和静等译,生活·读书·新知三联书店 2018 年版,第 32 页。
② J. W. Boyer, *The University of Chicago A History*. Chicago:The University of Chicago Press, 2015, p. 7.

一步和最紧迫的一步便是招揽精英,组建一支高级教员队伍。对于一所新学校,还是一所之前有过失败教训的大学来说,从各个知名大学里招揽人才,是很困难的,但哈珀做到了。短短一两年的时间,哈珀从耶鲁大学、康奈尔大学、威斯康星大学、克拉克大学等院校挖过来将近 20 名教师,组成了第一支优秀的教师队伍。作为一个优质大学,光有优质的人员梯队是不够的,还需要有自身的品牌特色。芝加哥大学在众多学科领域均创立了著名的"芝加哥学派",例如 1892 年建立了世界上第一个社会学系,1920 年社会学系进入其"黄金时代",1925年达到其巅峰时期,其创办的《美国社会学杂志》是美国社会学协会的官方出版物,革新了美国社会学传统的主导型研究模式,改以一种合作性、跨学科研究的基础架构,开启了社会学方法论以量化研究方法为主导的风向,转向了更加注重微观分析的研究主题运动。"社会学派的成立对美国社会学后续发展的影响是决定性的"①,其直面真实的社会问题,建成了以城市问题为导向的学术研究中心,构建了强大的社会学学术梯队,涌现了大批先进的学术成果。除了社会学派,芝加哥大学还有芝加哥经济学派、芝加哥数学分析学派、芝加哥气象学派、芝加哥建筑学派等。

现如今的芝加哥大学已经走在了世界一流大学的前列,根据最新的数据显示,上海交大的世界大学学术排名(Shanghai Ranking's Academic Ranking of World Universities,ARWU)一直把芝加哥大学列为世界十大大学之一,QS(Quacquarelli Symonds)排名第十,泰晤士高等教育世界大学排名(Times Higher Education World University Ranking)第九,《纽约时报》进行的一项企业研究显示,芝加哥大学的毕业生是世界上最受重视的大学生之一。② 截至 2019 年 10 月,已有 100 名诺贝尔奖获得者以教授、学生、教员或教职员工的身份加入到芝大,使芝大成为世界上诺贝尔奖获得者最集中的大学之一。截至 2018 年,芝大的校友和教职员工中有 54 名罗德奖学金获得者,26 名马歇尔奖学金获得者,9 名菲尔兹奖获得者,4 名图灵奖获得者,25 名普利兹奖获得者,20 名国家人文奖获得者,16 名亿万富翁以及众多美国国会议员和国家元首均毕业于芝大。③ 这样一所集世界高端人才、政治家、成功企业家于一体的大学,注定是引领世界的顶尖大学,正如罗伯特·赫里克(R. Herrick,早期从哈佛招募过来的一名成员)早期预料到的,"这所新大学的出现几乎就是顺应天意而为之,是注定要大获成功的,因为它坐落在日新月异的'西部'和这样一座生机勃发的城市,这里勤劳的人们对丰富的知识和文化生活充满渴望"④。

---

① 何雨:《社会学芝加哥学派:一个知识共同体的学科贡献》,社会科学文献出版社 2016 版,第 449 页。

② Wikipedia, *The University of Chicago*,参见网站:http://wikipedia. moesalih. com/The_University_of_Chicago #Rankings.

③ Wikipedia, The University of Chicago,参见网站:http://wikipedia. moesalih. com/The_University_of_Chicago #Rankings.

④ J. W. Boyer, *The University of Chicago A History*, Chicago:The University of Chicago Press, 2015, p. 7.

(二)荷兰埃因霍温理工大学(Eindhoven University of Technology，TU/e)

20 世纪 50 年代,荷兰知名的传统企业飞利浦公司因第三次工业革命的爆发,发展遭受严重阻碍,亟须向创新型企业转型以扭转局面,但迫于没有科学创新型人才,转型难以推进。此时,荷兰应用物理学的先驱者霍尔斯特(G. Holst)在筹备工作委员会中向政府提出:"荷兰急需培养一批具有良好科学基础、高资历且能与国家工业化接轨的优质工程师。"①荷兰此时正处于二战结束经济受挫、需要重振国民经济的阶段,最终政府接纳了霍尔斯特的建议,于 1956 年 6 月 6 日通过了相关议会法案,决定在该国南部的埃因霍温城市建立一所研究型大学,当地的市议会还慷慨地为这所大学提供了一个约 100 英亩的优越场地,希望这所大学的创办能带动当地城市的发展。9 月 19 日,一所以城市命名的埃因霍温理工大学就这样成立了。

埃因霍温理工大学的初创动机在某种程度上是为在地服务而建,当时为满足飞利浦公司对电子、物理、化学和计算机人才的需求,这种需求后来还辐射到丹麦空军和荷兰皇家壳牌公司(Royal Dutch Shell),后者还成为该校化学系毕业生的主要雇主,此时的 TU/e 和这些公司"产生了一个非常默契的校企合作模式,即 TU/e 从这些公司聘请高科技人员加入到本校的学术科研团队,待他们毕业后输送到公司就业"②,这样一来,学校的生源和就业率不仅有了提升,而且当地知名公司有了科研人才的保障,对创设本公司以及当地的经济效益也是有益的。但好景不长,这种合作模式在 20 世纪 80 年代和 90 年代,由于经济时代和商业战略的变化以及飞利浦公司的离开而停滞不前,这对学校的发展和当地经济而言都是一个巨大的冲击。自 1989 年起,TU/e 改变战略,开始在知识增值、孵化科技初创企业、为当地科技公司提供直接的知识支持等方面加大力度,同时,研究领域也努力契合时代的变化与发展,更多的精力被投入到由社会相关性驱动利益的领域,吸引更多的高科技企业和工业进入该地区。随着大学的发展与商业利益联系得愈来愈密切,与外部公司有着愈来愈多的商业协议和合同,TU/e 当下决定于 1997 年成立一家控股公司,以便于更好地管理这些合同,致力于科学知识的商业开发。自此以后,TU/e 对埃因霍温及周边地区的学术、经济和社会生活,发挥了至关重要的作用。

埃因霍温理工大学从成立之初至 20 世纪 90 年代的发展都处于一个大学的正常发展阶段——缓慢进步,中间还夹杂着一些波折。但自 90 年代末开始,大学的发展进入了快速发展期,经过短短十几年的"冲刺",2011 年 TU/e 被评为全球十大产学研合作表现最佳的研究型大学,在世界占有一席之地,从 2012 年起,TU/e 仅用了 6 年的时间,就在世界排行榜中提

---

① H. B. Dorgelo, "The Technological University of Eindhoven", *Nature*, 1958(1).

② Wikipedia, Eindhoven University of Technology,参见网站:http://wikipedia. moesalih. com/Eindhoven_University_of_Technology#Research.

升了 59 名,在 2018 年的 QS 排名中位列世界第 99 名、欧洲第 34 名、荷兰第 3 名。① TU/e 能在短短十几年的时间内,"弯道超车"取得如此大的成就,其中一个核心因素就是注重科研产出量,这个量不仅仅是数量,还有质量。TU/e 参与了大量的科研机构的工作,并在世界科研领域斩获了不少高含金量的奖项。例如,斯宾诺莎奖(NWO Spinoza Prize)是荷兰科学界的最高荣誉,每年荷兰科学研究组织(Netherlands Organization for Scientific Research)都会将斯宾诺莎奖颁发给对社会产生重大影响的 3～4 名研究人员,在 2001 年和 2015 年,TU/e 的伯特·梅杰(B. Major)和雷内·扬森(R. Janssen)获此殊荣。日本化学科学家最高奖项"名古屋有机化学金奖"(Nagoya Gold Medal of Organic Chemistry)于 2017 年被伯特·梅杰揽获。欧洲研究理事会(European Research Council)为来自世界各地的优秀研究人员提供启动科研资金,鼓励他们进行开创性的研究,TU/e 自 2013 年至 2018 年间,共有 23 位博士、教授获得该项科研经费。② 鼓励高质高量的科研产出,提倡产学研合作的办学模式,注重科研成果与经济效益之间的有效转化,是埃因霍温理工大学能短时间内"弯道超车"的制胜法宝。

(三)新加坡南洋理工大学(Nanyang Technological University,NTU)

新加坡南洋理工大学的前身南洋大学,是一所主教中文的私立大学,始建于 1955 年,服务于东南亚的海外华侨,当时的南洋大学是中国以外唯一一所教授中文的大学。1980 年,南洋大学与新加坡大学合并,成立新加坡国立大学。1981 年,新加坡政府在南洋大学校址成立南洋理工学院,"旨在为新加坡培养四分之三的工程专才"③。1987 年成立应用科技学院,1990 年成立国立教育学院,1991 年南洋理工学院进行重组,正式更名为南洋理工大学,与国立教育学院一起联合招生。因此,在南洋理工大学发展初期,学生们一张申请表,可以同时被南洋理工大学和国立教育学院两所大学接收,这一现象直到 2004 年以两所学校的官方联系中断才结束。

自 20 世纪 80 年代中期以来,教育的市场化发展成为人们追求创造力和创新的主要动力,而这种趋势的主要表现是学校自主性的增强和校际竞争的加剧。④ 正当 NTU 想就此形势快速发展之时,却赶上 1997 年亚洲经济危机以及中国作为制造业强国的崛起,此时的学

---

① Eindhoven University of Technology,Where Innovation Starts and People Matter,参见网站:https://www.tue.nl/en/education/why-study-at-tue/.

② Eindhoven University of Technology,Where Innovation Starts and People Matter,参见网站:https://www.tue.nl/en/education/why-study-at-tue/.

③ Wikipedia,Nanyang Technological University,参见网站:http://wikipedia. moesalih. com/Nanyang_Technological_University.

④ J. Tan and S. Gopinathan,"Education Reform in Singapore:Towards Greater Creativity and Innovation?",NIRA Review,2000(7).

校自 1991 年创立还不足十个年头,根基尚未牢固,这令学校和新加坡政府颇感不安,随即该国的政治家开始就如何确保新加坡适应并受益于不断发展的全球化知识经济体系进行深入的思考。面对这种情景,1998 年新加坡政府推出"世界一流大学"(World Class University,WCU)计划,立志成为"东方波士顿"(Boston of the East)①——一个与创新、创造力、明智的辩论与重要的校企联系相关的全球知识中心。为实现这一目标,2005 年政府颁布了《大学自主:迈向卓越巅峰》的文件,并对南洋理工大学寄予厚望,同年政府针对 NTU 颁布了《南洋理工大学(公司化)法案》,提出对 NTU 进行政府宏观管理,采取大学自治的模式,放宽了大学的管理权,给大学以更多的权利,但在科研资金的投入力度上不做减数,这对学校的发展必然是益大于弊。

在此大好的形势下,南洋理工大学乘胜追击,在原有四个学院,即工学院、商学院、黄金辉传播与信息学院和国立教育学院的基础上,扩充和完善学科门类,陆续增设了生物科学学院、人文社会科学学院,物理与数学学院,艺术、设计与传媒学院,此外还建立了一些专门的研究机构。不仅如此,NTU 的四个老牌学院也不甘示弱,继续深化发展,巩固其自身地位和影响力,其中以商学院和工学院尤为突出。NTU 的商学院现已发展成为新加坡最大的商学院,共计有 6800 多名本科生和研究生,160 多名教授来自全球 20 多个国家精通 30 种语言。商学院内设 165 平方米的应用金融教育中心,是新加坡最大的金融实验室,中心配有 80 个数据库终端,便于商学院的学生访问各种实时金融、经济和商业新闻信息,掌握第一手资讯。自 2004 年起,商学院已连续 13 年位居新加坡最佳商学院榜首。据英国《金融时报》报道,该商学院被评为新加坡第一商学院和亚太地区第三商学院。英国《金融时报》和《经济学人》每年公布的全球全日制 MBA 课程排行榜上,该商学院也双双名列第一。② 另一个老牌学院工学院作为 NTU 的核心基础学院、世界上最大的工程学院之一,是新加坡最好的工程教育机构,其致力于为新加坡培养杰出的工程师、领导者,对新加坡的经济增长和发展做出了重要贡献。学院提供丰富的多学科课程和传统工程学科,除此之外,还提供双学位、双专业和综合课程,以及新加坡唯一的航空航天工程课程。在 2019 年 QS 世界大学排名中,工学院在工程与技术领域位列第六,在 ARWU 的工程和计算机领域中,名列世界第二和亚洲第一,在《美国新闻与世界报道》公布的全球最好的工程学院中排名世界第五、亚洲第三。有着如此傲人排名的工学院,必然少不了不计其数的科研成果做支撑,果不其然,该学院在科研产出量的排名中位居全球第 12 位。③

---

① K. Olds, "Global Assemblage: Singapore, Foreign Universities, and the Construction of a 'Global Education Hub'", *World Development*, 2007(6).

② Nanyang Business School, About Us, 参见网站:https://nbs.ntu.edu.sg/aboutus/Pages/default.aspx.

③ College of Engineering, About Us, 参见网站:https://coe.ntu.edu.sg/aboutus/Pages/Home.aspx.

南洋理工大学并未满足于科研成果产出量多这一目标,而是进一步将研究成果转化为知识产权,进而转化为新加坡经济发展的动力。NTU 鼓励教职员工和学生对他们的研究发现申请专利和开发衍生产品,吸引以技术为基础的大型跨国公司入驻园区,开展与产业界的合作研究,建立联合研究项目,与 NTU 有过合作的公司包括众所周知的劳斯莱斯(Rolls-Royce)、罗伯特博世有限公司(Robert Bosch GmbH)、英飞凌科技公司(Infineon)、西门子公司(Siemens)、哥伦比亚广播公司(CBSS)、维斯塔斯公司(Vestas)以及奥迪汽车(Audi)等。

此外,南洋理工大学意识到国际合作的重要性,非常注重跨学科领域的研究,据 2019 年年度报告显示,同 NTU 在学术和研究方面有过合作的大学有 569 所,来自 40 个国家的 350 所大学与 NTU 合作为学生提供实习项目。NTU 的生源特别是研究生阶段的学生,以及教员和研究人员也非常国际化,甚至超过欧洲和北美等大学,值得一提的是,NTU 不仅重视吸纳海外优秀学员和学子,实施"引进来"的策略,还重视本校学生扩宽视野,增加学术经验,实施"走出去"的策略。报告中显示,2019 年有约 7/10 的大学生在校期间可以获得海外学习的机会,NTU 与海外大学还联合开设了 30 个博士学位课程。正是这一系列的努力促成了新加坡南洋理工大学在短短 10 多年间,于 21 世纪初期就迅速跻身一流高水平研究型大学的梯队。[①] NTU 在最新一年的 QS 排名位列世界第 11 位,连续六年蝉联 QS 排行榜中"最年轻的大学",在《泰晤士报》高等年轻大学排行榜中位居第三。[②]

二、世界一流大学进程中的"弯道超车"现象的共性

(一)全面发挥"在地服务"职能

大学与城市生长在同一块土壤上,既是一个关系共同体,又是相对独立的个体,是整体与局部、"交集"与"子集"的存在关系。大学作为知识生产和人才输出的主要机构,城市为大学提供知识转化和人才接收的中间站,知识在大学和城市间不断循环和更新,经过"人才"加工和转化,成为科研产品,产生经济和社会效益,大学和城市也在此循环过程中得到发展。大学与城市之间这种密切的关系,直接促进了大学"在地服务"这一社会职能的必然,利用和发挥好这一职能,对大学和城市的建设与发展会爆发出"一箭双雕"的效

---

① B. Andersson and T. Mayer, "Singapore and the Nanyang Technological University—A Young Country with a Young University on the Move", *Biointer Phases*, 2010(5).

② Nanyang Technological University, Annual Report, 参见网站:https://www.ntu.edu.sg/AboutNTU/Pages/AnnualReport.aspx.

果。但在一流大学的建设与发展过程中,往往容易厚此薄彼,过于注重大学社会服务职能这一"全集",着眼于大范围的"社会服务",却忽略掉社会职能的"子集"之一"在地服务"职能。

回顾上文,三所大学在"弯道超车"的进程中,都十分重视"在地服务"职能发挥的作用。大学的发展与转变会随着社会与城市的发展日益更迭,从专注于基础研究,转向于当前社会和当地所需要的产业技术研发,形成多元的合作创新模式。例如,埃因霍温理工大学成立之初就是为了解决当地飞利浦公司对科研人才的需求,这种效应还辐射到其他公司。随着大学的发展与商业利益联系得愈来愈密切,TE/u 在知识增值、孵化科技初创企业、为当地科技公司提供直接的知识支持等方面加大力度,并在后期还成立了一家控股公司,以便于更好地管理学校与企业之间的商业协议和合同,更好地致力于科学知识的商业开发。再如,新加坡南洋理工大学建校伊始就致力于将研究成果转化为知识产权,进而转化为新加坡经济发展的动力。NTU 鼓励教职员工和学生对他们的研究发现申请专利和开发衍生产品,吸引以技术为基础的大型跨国公司入驻园区,如劳斯莱斯、英飞凌科技公司、西门子公司、哥伦比亚广播公司以及奥迪汽车等,开展与产业界的合作研究,建立联合研究项目。大学通过与当地企业合作研发、创建孵化园、科学园区等方式,产生了科研集群效应,将科研成果转化为经济效益,提高了城市产业技术水平,从而推动了城市经济发展;而科研成果的成功转化,也是对大学科研能力的肯定,促进了大学的科技成果转化和技术创新,成果的积累更是大学提升自身影响力的重要标志,同时对于大学自身教育方式的转变和科研机构内部体制的变革也有一定的帮助作用。

在基于大学的知识转变为企业和城市带来经济效益的过程中,一般而言,大学中理工类和医学类学科与产业有更密切的合作,成效的显性度更高,但是否只有通过"看得见、摸得着"的科研成果才能给城市带来发展,其实不然,不是只有通过"产学合作"才能对城市的发展产生积极的影响。例如,芝加哥大学创立初期恰逢美国中西部城市化迅速发展时期,芝加哥正是典型的具有工业时代城市化特征的代表。随着该城市工商业的发展、大批外地移民的涌入、城市化人口的增加,各种错综复杂的社会问题不断涌现。正是在此背景下,芝加哥大学的一批学者、教授建成了以城市问题为导向的学术研究中心,涌现了大批的城市社会学研究成果,例如,帕克和伯吉斯合作编写的《城市》(*The City*)、卡文(R. S. Cavan)的《自杀行为》(*Suicide*)、沃斯的《贫民区》(*The Ghetto*)、弗雷泽(E. F. Frazier)的《芝加哥黑人家庭》(*The Negro Family in Chicago*)、雷克利斯(W. Reckless)的《罪恶芝加哥》(*Vice in Chicago*)等,帮助芝加哥解决城市化进程中所出现的棘手的贫困、种族、犯罪等问题,以促进芝加哥更好地向前发展。

(二)全方位打造"品牌特色"优势

学科是大学建设与发展过程的根基,是打响一所大学社会知名度和认可度的"利剑",纵观世界一流大学的发展史,都会有几个响当当的"品牌学科",前文所述的三所大学在"弯道超车"进程中,亦是如此,像芝加哥大学的社会学、经济学、建筑学,新加坡南洋理工的商学、工程学、教育学,埃因霍温理工的化学等。此外,以学科建设为载体,对学科知识进行发掘、综合、应用和传播,开展跨学科、跨领域的高水平研究工作,建立基于国家发展战略研究需要的高端研究中心,提升学术影响力与话语权,也是全方位打造自身"品牌特色"的一大途径,继而打响大学的知名度和认可度,跻身国际前列。

芝加哥大学树立"品牌特色"的主要途径之一在于创办"品牌学科",1892年芝大开始筹建社会学系,阿尔比恩·斯莫尔(A. Small)担任系主任,1895年斯莫尔创办的《美国社会学杂志》成为全美第一本社会学研究学术期刊,1905年斯莫尔协助参建美国社会学学会,该杂志也自此成为学会的会刊。此时的社会学系发展已初具规模,开始崭露头角,在社会学领域的话语权与日俱增,随即芝大一鼓作气,针对当下芝加哥层出不穷的城市化问题为导向展开学术研究,革新了美国社会学传统的主导型研究模式,开启了以量化研究方法为主导的社会学方法论,产出了大批具有现实意义的研究成果,开始形成自己的学科特色。20世纪30年代,芝加哥大学社会学发展进入黄金时代,并发展成美国历史上第一个社会学学派,这一学派的形成对社会学学科的发展产生了深远的影响。

新加坡南洋理工大学成立较晚,在跻身世界一流大学的道路上,不断另辟蹊径,"弯道超车",除了与芝大一样树立自己的"品牌学科"外,还致力于国家战略研究计划进行尖端研究,成立研究中心,并成功纳入由新加坡国家研究基金会(The National Research Foundation,NRF)和教育部(Ministry of Education,MOE)资助成立的卓越研究计划(Research Centres of Excellence Scheme,RCES)。RCES是一项非常严格严谨且具有高认可度的计划,只有经过严格的国际同行,即由著名国际科学家和学者组成的学术委员会(ARC)进行评估评审后才能入选。"该计划最终选定了五个研究机构,NTU占了两个——新加坡地球观测站(Earth Observatory of Singapore,EOS)和新加坡环境生命科学工程中心(Singapore Centre for Environmental Life Sciences Engineering,SCELSE)。"[①]能够加入卓越研究计划,这两个机构一定有不同于其他同类型研究中心的"特色"和"亮点"。例如,其中的SCELSE中心是一个独特的跨学科研究中心,"将生命科学的新见解与工程和自然科学新兴技术的专业知识联系起来,这些领域的结合建立了一个新的环境生命科学工程学科,以了解、利用

---

① National Research Foundation,Research Centres of Excellence,参见网站:https://www. nrf. gov. sg/programmes/research-centres-of-excellence.

和控制微生物生物膜群落,全面了解微生物系统的各个方面,揭示复杂微生物群落中的微生物多样性和功能,致力于解决清洁水的供应和可持续环境维护的现实问题"①。值得注意的是,该机构成立至今还不到10年的时间,这种通过将若干关系密切、互动性强的学科交叉、渗透与融合,突破现有的学科边界,整合学术研究力量,提高创新能力,挖掘新的研究领域的生长点,致力于解决某一共同研究领域的重大现实问题,夺得国际领先地位,以形成自身"品牌特色"的途径,也是打响大学知名度,实现大学"弯道超车",跻身一流行列的有效途径。

(三)全过程发展"国际化"进程

随着知识经济时代进程加快,世界政治、经济关系不断加强,国家的发展越来越依靠国际的交流与合作,大学的发展趋向国际化则是顺应历史潮流的必然走向,"国际化成为世界一流大学区别于其他大学的一个重要因素"②,也是理所应当了。通过分析上述三所大学"弯道超车"的现象,不难发现,它们均把国际意识观念完全渗透到了学校的办学理念、教学、人才培养、科研等各个环节。

芝加哥大学自建校以来,在办学理念方面,鼓励挑战权威,提倡与众不同的思维方式和观点,注重培养学生的独立思考精神和批判性思维,营造了一个充满着冒险与激情并存的学术环境,但恰恰是这样的学术环境吸引了世界各地的许多学者加入其中,以扩充其国际化的学术队伍。芝大广揽世界优秀人才这一历史源头,自哈珀校长在建校之初各地"挖"人才来芝大,到后来社会学派的发展吸纳了诸多海内外的学术精英就产生了,这也是芝大能快速"弯道超车"的先见之明之处。在办学方式和人才培养方面,芝大一直以国际交流为重点,透过不同领域的学术研究、国际伙伴关系、文化交流等,推动创新发展以提出更大更有现实意义的问题,推进新的思维方式迸发出新理念,从而创造出更具有价值的杰作,引领国际对话。为此,芝大扩充了海外分校和研究机构,现如今的芝大已在中国香港、中国北京、印度德里、法国巴黎、英国伦敦等地建立了海外分校或研究中心,以满足芝大内外部的学子以及教师对海外交流的需求。根据芝大官网显示,"该校的国际学生约占学生人数的四分之一,来自近115个不同的国家,并与超过48个国家有近百个项目的合作"③,学术人才的全球性流动是世界一流大学发展的趋势所向,通过打造、培育、吸引优秀生源、顶尖师资和创新资源,促使知识不断流动、技术不断革新、人才相互流动,营造和维护良好的国际学术环境,从而在国际

---

① Singapore Centre for Environmental Life Sciences Engineering,About Us,参见网站:http://www.scelse.sg/Page/director-message.

② J. Lee,"Creating World-class Universities:Implications for Developing Countries",*Prospects*,2013(43).

③ The University of Chicago,Global,参见网站:https://global.u chicago.edu/.

舞台上站稳脚跟,引领世界。

新加坡南洋理工大学在学校建设方面同芝加哥大学一样有着浓烈的国际化倾向,NTU
对自身的定位就是一所"全球性大学",这种国际化意识是深入骨髓式的。通过前文对该校
的介绍发现,NTU建校伊始就致力于将研究成果转化为知识产权,进而转化为新加坡经济
发展的动力。因此,NTU非常重视国际合作,不仅在学术和研究方面与世界各地多达百所
大学有合作,而且还着眼于与世界各大跨国公司的紧密联系与合作,拓展更深层次的国际视
野。据官网信息显示,2020年NTU在新加坡政府的大力支持下,与美国惠普公司合作建立
了一个新联合实验室,这将是NTU最大的校企联合实验室,也是惠普与全球大学合作过的
最大项目;NTU与沃尔沃公共汽车公司(Volvo Buses)联合推出的全球首款全自动电动公
共汽车,在国际媒体上引起了广泛关注;NTU与劳斯莱斯共同建立的联合实验室2020年已
经进入第二个五年阶段,NTU也是劳斯莱斯在世界范围内最大的合作伙伴[①],除此之外,与
NTU有合作关系的公司还有金融科技的微众银行(We-Bank)、法国替代能源和原子能委员
会(French Alternative Energies and Atomic Energy Commission)、世界卫生组织(World
Health Organization)等。埃因霍温理工大学在国际化方面与上述两所大学基本如出一辙,
殊途同归:通过各种国际合作,立足本国、放眼全球,开展国际性的协同创新,打造有效、协
同、灵活的国际化合作平台,在世界各地广纳贤士,促进知识的生产、传播和使用,从而在国
际舞台上赢得广泛的声誉和影响。

三、世界一流大学建设进程中的
"弯道超车"现象的经验借鉴

(一)推进"在地服务"职能

大学是城市中的大学,城市是大学所在的城市,大学与城市之间需要紧密联系在一起,
倘若大学产出的科研成果能直接转化为经济效益、解决城市发展中出现的各种问题,培养出
的人才能直接满足当地城市的需求,同样的,大学也因城市的进步、科研成果的积累、就业率
的提升而扩大知名度,进而快速走向世界,实现大学与城市间知识、科技与文化的互补,让彼
此都能够稳定、协调、更好地发展,将是双赢的结果。

就我国目前的形势而言,对于那些拥有一流研究型大学的城市,"在地服务"职能的发挥

---

① Nanyang Technological University, Annual Report,参见网站:https://www.ntu.edu.sg/AboutNTU/Pages/AnnualReport.aspx.

会相对明显,但这些大学也多聚集在一线城市。倘若"在地服务"职能的发挥与否取决于城市化程度的高低,那前文所述三所大学的城市情况在各自"弯道超车"的年代与今时今日绝无可比之处,关键还是在于如何正确处理好大学与城市之间相辅相成、互相成就的关系,反之,这些一流大学和一流城市会不断地吸收外部人才、科技、企业,进而进一步拉大城市之间、大学之间的差距。

对于如何推进大学的"在地服务"职能,综合前文所述的三所大学的情况,并结合我国的国情与现实情况,一方面,应加强城市化程度较高的中小型城市与城市中的企业、科研机构开展高质量、高效率的产学研互动。大学的发展要与城市的需求接轨,坚定政府在产学研合作中所发挥的宏观调控作用,制定相应的政策。政府与大学之间的关系也应进一步加强,面对城市中出现的各类问题,大学应积极地建言献策,与政府相关部门进行沟通,帮助其完善和更改。另一方面,由于有的大学资源因地方经济发展水平低或与当地的产业类型不相匹配,导致其在本地无法发挥应有的价值,或因当地的大学研究资质不够,无法满足当地产业链的需求。基于此种情况,可以为大学与企业提供一个跨区域的组织平台,通过与周边地区的企业和大学互相形成产学联盟,有效配对,相互合作,以免资源浪费,滞缓经济发展,同时也能通过周边地区的发展反向带动当地的发展。

(二)树立独特新"品牌"

世界一流大学建设以重点学科建设为载体和基础,重点学科既是一流大学的优势学科,亦是一流大学的"品牌特色"。面对国际社会发展的新机遇和新挑战,全方位打造大学的"品牌特色",应基于我国经济社会发展的新需求、新趋势,以优势学科为核心,集中有限资源,全方位打造体现学科发展前沿,展现自身优势学科的"品牌特色"。全方位打造学科的"品牌特色"是大学"弯道超车"快速跻身世界一流行列的必经之路,也是我国现阶段想要快速建设世界一流大学的必经之路。

一方面,聚焦大学自身的优势学科,对优势学科的发展史进行深入的剖析,找出"亮点"和"缺点",对"亮点"部分加以完善和革新,对"缺点"部分,如若不能改进,则应剔除。例如芝加哥大学的社会学派,是以芝加哥当地的"城市问题"为导向,以解决现实性问题为目的,对社会学学科的研究方法以及研究范式进行了根本性的改革,这些恰好是芝大社会学区别于其他大学社会学的"亮点",而这一"亮点"是帮助其在国际上站稳脚跟的关键,并得到了国际同行的关注与认可,从而打响了社会学这一"品牌",而社会学也成为芝大的一大"品牌特色"。因此,想要将优势学科转化为"品牌特色",必须要找到自身的"亮点"与"缺点",并对其进行革新和再创造,用其"亮点"积极开展高水平的学术研究活动,作为区别于同类学科的"特色",从而提升学科的国际认可度与关注度,夺得国际话语权,成为引领本领域内的新风向标。

另一方面,以国家战略需要为基准、重大现实问题为导向,打破相关学科间隔阂、封闭的状态,有效整合相关学科,建立学科间的交叉融合机制,使学科交叉数量从单一学科门类向双学科门类乃至多学科门类方向发展,探寻出新的研究领域,寻找新的学科生长点,从而建立一个更加开放、灵活具有创新性的研究机构,促进学术人员开展跨学科、跨领域的高水平研究工作,解决重大现实问题,提升核心竞争力,打响自己的"品牌",强化自身的优势与特色。

(三)开展多维"国际化"

正如前文所提到的,国际化已经成为世界一流大学区别于其他大学的一个重要因素,换言之,国际化也成为衡量世界一流大学的一个重要标准。大学国际化发展的趋势势不可挡,从大学的职能来说,增进国际化发展,拉近了大学与国际社会之间的交流与合作,有助于在全球范围内整合教育资源,实现资源的优化配置,拓宽师生的国际视野,激发新思维,提出能领先国际的新观点,掌握国际最新发展动态,直接与国际接轨,扩展科研的多维视角,研发出对本国乃至世界更有价值的科研成果,增强自身在全球化背景下的国际竞争力。

各大学为争创世界一流大学也在尽心竭力地实现大学的国际化,如何能"弯道超车"尽快实现大学的国际化,通过结合前文所述的经验,立足于本国国情,一方面,大学应将自身的定位提升至"全球性大学",在放眼全球之前首先要立足于本国的国情与需求,然后瞄准世界科技前沿,培养一批具有国际水准的战略型、科技型人才,组建多支高水平的科研创新团队,力争在前瞻性、基础性、引领性方面取得重大科研成果。另一方面,全方位地、深层次地加强国际交流与合作是重中之重。国际交流合作是大学的内在需求,是大学提高科研实力和学术国际影响力的有效途径,更是完成我国 2020 年进入创新型国家行列这一历史使命的硬性要求。因此,要尽可能地与国际领先的、主要的大学开展全方位、实质性的国际合作,"重视大学与精英阶层的联系,精英阶层同时也会将大学定位为一所享有盛誉的大学,将有助于提高大学在地区和国际学术界的声誉,提高大学在国际排行榜上的排名"[①]。与国际领先的、主要的大学开展全方位、实质性的国际合作的途径应多样化,例如联合办学项目,设立海外奖学金,创立海外分校、研究中心,开展跨国跨校的国际研究项目等,吸引海外优质生源和杰出学者的同时鼓励本国学生和学者走出去,形成多元化的学生群体和国际化的师资力量。大学加强国际交流与合作还体现在,要重视大学与国际性、跨国性的大型企业的联系,围绕共同关注的重大问题深化合作研究,创新合作模式,拓宽合作渠道,建立国际合作实验室,搭建多个合作平台,支持优秀人才到这些单位实习、兼职、任职。通过加强国际化合作与交流,提高我国大学的国际地位和国际影响力,助推大学走向世界中心。

---

① C. A. Xavier and L. Alsagoff,"Constructing 'World-class' as 'Global': a Case Study of the National University of Singapore", *Educ Res Policy Prac*, 2013(12).

新中国教育改革与发展

跌宕起伏:中国高校招生考试70年

◎刘海峰 *

摘　要:新中国高校招生考试70年的历史跌宕起伏,充分显示出高考制度的重要性和改革的复杂性。1952年,中国正式建立了统一高考制度,开启了中国高校招生考试史的新纪元。"文革"前高校招生的录取标准出现过多次变化,高考分数在录取中的作用有过反复变迁。70年高校招生考试的发展历程具有跌宕起伏的特征,从高考制度的利弊存废与评价,到报考人数、录取人数、高考录取率等方面都体现出这种特征。新中国高校招生考试取得了巨大的成就,积累了许多宝贵的经验,也有一些深刻的教训。新中国高校招生考试体现出从计划到市场、从政治到教育、从保密到阳光、从精英到普及的发展趋势。

关键词:高考;招生制度;高考改革;历史发展

历史已经过去,但并没有完全消逝,还以潜在的形式存在于我们周围,并影响现实与未来。因此,回眸新中国高校招生考试70年的历史变迁和改革发展,不仅具有重要的学术价值,对我们思考如何推进高考改革也具有明显的现实意义。

相比西方高等教育,注重大学入学考试是中国高等教育的一大特征。考试是中国的一大发明,中国是考试制度的发源地,也是一个考试大国。考试在中国人的社会生活和教育中占有重要地位,尤其是高考在教育领域更是举足轻重。正如教育部陈宝生部长所指出的:"高考是教育领域具有政治意义与全局意义的重要工作,关系国家发展大计,关系千万学子前途命运,关系社会和谐稳定。"[①]教育部原部长袁贵仁也认为:"在各项改革中,高考改革是最复杂、最敏感的一件事,因为它对上涉及高校人才的选拔,对下它是基础教育的导向。"[②]新中国高校招生考试70年的历史跌宕起伏,充分显示出高考制度的重要性和改革的复杂性。本文使用大量第一手资料,尽可能挖掘不为人知的史实,回顾高考制度的建立与发展,梳理

---

　*　作者简介:刘海峰,浙江大学教育学院教授。基金项目:2018年度教育部哲学社会科学研究重大课题攻关项目"高考综合改革试点完善措施研究"(18JZD052)。

①　柴葳:《确保2017年高考安全平稳有序》,《中国教育报》2017年5月6日。

②　《国务院新闻办举行新闻发布会 袁贵仁答中外记者问》,《中国教育报》2012年9月7日。

高考存废与评价的跌宕起伏,分析 70 年间高考录取人数与录取率的起伏增减,在此基础上论从史出,总结新中国招生考试的发展趋势与规律。

一、高考制度的建立与发展

招生是高等教育的入口和起点,招生考试历来是各所高等学校的大事。如何招到学生、招到好学生,是每一所高等学校必须面对的问题。新中国成立以后,为了培养社会主义建设急需的人才,使各高等学校招到足够的合适的学生,建立了独具中国特色的高考制度,经过发展、停废、恢复、改革,今天高考已经成为中国最重要的基本教育制度和最大规模的考试。

(一)从大区联考到统一高考

1949 年 10 月 1 日新中国成立,百废待兴,万象更新。为使高等教育平稳过渡,1949 年多数高校继续民国时期通常的办法,实行单独招考,只有少数高校实行联合招生。不过,实行单独招考,"条件较好的学校一次、两次可以招生足额,条件差的学校则多次招生仍不能招足学生。由于各校录取的学生互相重复,故入学报到率一般很低,最高的只达 70% 左右,少数学校则仅有 20% 左右"①。

1949 年 11 月 1 日成立的中央人民政府教育部于 1950 年 5 月 26 日公布的《高等学校一九五〇年度暑期招考新生的规定》指出:"为了逐步改正各校自行招生的混乱状态,减少人力、物力及时间上的浪费,特规定全国高等学校暑期招生日期的范围。"②并规定报名日期由各大行政区决定,考试日期为 7 月 21 日至 8 月 10 日之间,发榜日期不得迟于 8 月 25 日。从此以后,每年由教育部发布暑期招考新生的规定成为惯例。当年华东区便规定各高校发布考试日期为 7 月 15 日至 7 月 31 日,考试日期为 7 月 21 日至 7 月 31 日(统一招生考试日期约在 7 月 15、16、17 日)。许多高校响应中央的号召,如当年交大、复旦、南大、浙大等九校"在华东教育部直接领导下组织沪、宁、杭公立专科以上学校统一招生"③。不过,1950 年多数高校还是采用自行招生的办法,全国 201 所公、私立高等学校中,有 73 所实行统一或联合招生,占 36.3%。④

---

① 《高等学校招生工作座谈会简报》1966 年 4 月 7 日,第 1 期,载杨学为编:《高考文献(上)》,高等教育出版社 2003 年版,第 588 页。

② 华东区高等学校统一招生委员会主编:《升学指导》,国光印刷所 1951 年版,第 99 页。

③ 部长吴有训:《华东军政委员会教育部通知》,1950 年 6 月 5 日,教高字第 3202 号。厦门大学档案馆,人事处档 50-13 号。

④ 《大公报(上海版)》,1951 年 7 月 18 日。

　　与民国元年就颁布一系列高等教育法规类似,新中国成立不到一年,1950 年 8 月 14 日,教育部就发布了《高等学校暂行规程》《专科学校暂行规程》等新的高等教育法规,其中《高等学校暂行规程》第二章《入学》第十条为:"凡年满十七岁,身体健康,在高级中学或同等学校毕业或有同等学力,经入学考试及格者,不分性别、民族、宗教信仰,均得入学。"[①] 虽然当时高等教育入学机会还非常少,但在法规上明确了所有符合条件者都有平等入学的可能。

　　1951 年 4 月 24 日,教育部在总结 1950 年招生经验的基础上,公布了《高等学校一九五一年暑期招考新生的规定》,其中第四条为:"为进一步改正各校自行招生所产生的混乱状态,减少人力、物力及时间上的浪费,各大行政区教育部(文教部)可根据各地区的具体情况,分别在适当地点,争取实行全部或局部高等学校统一或联合招生。"[②]结果当年有 149 所高校实行统一或联合招生,占所有高校数的 69.6%。[③] 华东区便有山东大学、交通大学、同济大学、安徽大学、金陵大学、南京大学、浙江大学、复旦大学、厦门大学、福州大学等 51 所高校参加联考。[④] 各大行政区统一招生收到了良好的效果,这为全国高校统一招生考试制度的建立提供了良好的基础。

　　在前两年逐步实行大区统一招考或联考的基础上,1952 年,中国正式建立了统一高考制度,开启了中国高校招生考试史的新纪元。关于高考制度的建立,笔者曾发表专文论述,认为新建立的统一高考制度具有增加学生接受高等教育机会、方便考生投考、有利于高校招到足够的学生、减少人力物力及时间的浪费等积极意义。[⑤] 不过,1952 年第一次实现统一招生考试也出现一些问题,如"不顾质量单纯追求数量的形式主义偏向,未充分照顾不同学校不同系科的特点的平均主义的缺点及在录取调配上某种程度的强迫命令的错误"[⑥]。因此,后来几年的高考文件特别强调注意克服这些问题。

　　20 世纪 50 年代有一些年份高考录取人数超过当年高中毕业人数。当时"高级中学的主要任务,在于为高等学校培养后备力量。因此,高中教师的责任,不仅在于教好学生使其完成学业,走出校门;而且要使所教的学生能够顺利而且愉快地进入高等学校,才算完成了自己的任务"[⑦]。由于有不少社会青年,尤其是具有一定文化水平的工人、农民、干部参加高考或保送入学,才使高校录取人数多于报名人数。

---

① 中南军政委员会教育部编:《高等教育文件及参考资料》,1950 年 9 月,第 7 页。

② 华东区高等学校统一招生委员会主编:《升学指导》,国光印刷所 1951 年版,第 104 页。

③ 参阅大塚丰:《中国大学入试研究——变貌する国家の人才選拔》,东信堂 2007 年版,第 41-55 页。

④ 华东区高等学校统一招生委员会主编:《升学指导》,国光印刷所 1951 年版,第 111 页。

⑤ 刘海峰:《1952—2012:高考建制的花甲记忆》,《高等教育研究》2012 年第 6 期。

⑥ 中央人民政府高等教育部、中央人民政府教育部:《发布〈关于全国高等学校一九五三年暑期招考新生的规定〉的指示》,(53)高师人张字第 233 号、(53)人学杨字第 303 号,1953 年 6 月 20 日;中央人民政府高等教育部办公厅:《高等教育文献法令汇编》1953 年第 1 辑,第 141 页。

⑦ 轶名:《正确地对高中毕业生进行升学的思想教育工作》,《人民教育》1954 年第 5 期。

(二)高考录取标准的变化

全国统一高考是一新生事物。1953—1956 年间,关于是否应该实行全国统一高考有过一些争议和讨论,但高考制度总体上得到认可,因此逐渐稳定下来。从 1953 年以后,出台了对考生的政治审查制度,各高校录取后还要对新生进行相当严格的政治、健康复查。① 尤其是 1957 年反右以后,招生考试受政治运动的影响较大,进一步严格政审和体检。

"文革"前高校招生的录取标准出现过多次变化,高考分数在录取中的作用有过反复变迁。1952—1954 年三年间,高校招生面临的主要问题是学生来源不足,着重数量的完成。1955 年以后,合格的高中毕业生开始充足起来,于是对录取新生提出的要求,是贯彻"保证质量,照顾数量"的方针。②

1956 年,高等教育部学生管理司发布的《全国高等学校 1956 年暑期招生录取、分配办法》,规定了考生中的工人、农民、工农速成中学毕业生、复员军人等优先录取考生的分数控制幅度,要求"在与一般考生成绩相同或相近(指总分少 20 分左右)时,就应该优先录取"③。1958 年,"高等学校录取新生的原则,规定为:在保证政治质量的前提下,结合考生学业、健康条件,选择录取质量较好的新生入学"④。在反右派斗争扩大化的背景下,1958 年 7 月 3 日的《人民日报》社论批评指出:高考"不是以政治质量为首要条件,结合政治条件和学业成绩择优录取新生,而是单纯按照学科考试成绩高低依次录取"。但是 1959 年的标准与 1958 年也类似。而在 1960 年还出现了"切实贯彻阶级路线,贯彻以政治为主的录取原则"⑤。

到了 1962 年,在中国高考史上首次出现根据高考分数高低分段录取的办法。当年的高考录取标准是:"对新生的政治、学业、健康条件进行审查,择优录取。录取新生的办法,应该按照考生考试成绩的高低和考生报考志愿的顺序,从高分到低分,分段进行录取。"⑥1963 年继续实行此办法。1964 年,虽然强调要"进一步贯彻阶级路线和政治与业务兼顾的原则",

① 中华人民共和国高等教育部:《关于新生政治、健康复查工作中应注意的问题》,(56)学丁字第 282 号,1956 年 8 月 29 日。
② 《杨秀峰部长关于 1955 年招生工作方针问题的讲话》,1955 年 6 月 25 日,载杨学为:《中国考试史文献集成》第 8 卷,高等教育出版社 2003 年版,第 37 页。
③ 《全国高等学校 1956 年暑期统一招生录取、分配办法》,厦门大学档案馆,人事处档 56-31 号。
④ 《中华人民共和国教育部发布"关于高等学校 1958 年招考新生的规定"》,(58)高学丁字第 545 号,1958 年 7 月 1 日。厦门大学档案馆,人事处档 58-24 号。
⑤ 《中华人民共和国教育部关于 1960 年高等学校招生工作的通知》,(60)人学载字第 423 号,1960 年 5 月 28 日。厦门大学档案馆,人事处档 60-48 号。
⑥ 《教育部关于一九六二年高等学校招生工作的通知》,1962 年 6 月 18 日,载杨学为:《高考文献》(上),高等教育出版社 2003 年版,第 430 页。

但"仍然按照他们的报考志愿顺序和考试成绩高低,分段择优录取"[1]。

1965年,也就是"文革"前最后一次高考,定出如下更加具体的办法:"对政治、学业、健康三方面条件均合格的考生,应该按照报考志愿的顺序和考试成绩,由高分到低分,划分若干个分数段,分段择优录取,在每一个分数段里,首先要挑选政治条件较好的学生。分数段的划分,应该结合考生人数的多少和考试成绩的情况,可以总平均十分为一段,也可以五分为一段,由各地根据具体情况自行确定。文科的分数段还可以比理工农医类划得大一些,以利挑选政治条件好的学生。两个分数段之间,允许学校保留若干份材料进行比较,以便择优录取。保留的份数,由各地自定。"[2]也就是说,"文革"废止高考的前一年,在强调政治挂帅、阶级斗争的环境下,已经发展出按高考分数分段录取的细致的办法。

恢复高考后,高校招生一直遵循"德智体全面考核,择优录取"的原则。由于"在分数面前人人平等"的观念深入人心,分数高低在高校录取中越来越起决定性作用。开始还是根据志愿以10分为一个分数段分段录取,后来发展成为"段段清"的办法,即按段从高分段依次往下降着录取,前一分数段全部录取清理完毕之后,才录取下一分数段的考生。2008年以后,为了防止高分落榜的情况,开始在安徽、江苏等6省市试点平行志愿投档录取模式的改革,按"分数优先、遵循志愿"的原则进行投档录取,有效地降低了考生志愿填报的风险,后来逐步推广至全国多数省区市。平行志愿是中国高考史上最重视分数的录取模式,它理论上最不符合全面考核或综合评价或此期间特别强调贯彻的"素质教育"理念,但却最受信息不对称的家庭和弱势群体的拥护。

(三)高校招生考区的扩大

高考制度建立以后,为方便考生报考,尽可能广设考区。从考区数量逐渐增加这一个方面,也可以看出高考制度的发展。在中国这么一个幅员辽阔、当时交通非常不便的情况下,统一招生考试最大的优点之一是方便考生投考。各校单独招考,多数高校只在高校所在地设立考点,部分高校在几个大城市设立考点,许多考生投考非常不便。1952年实行高考制度后,全国设立了78个考区。到1956年,逐步增加到86个考区,具体考区分布和名称如表1所示。

---

[1]　中华人民共和国教育部:《发布关于一九六四年高等学校招考新生的规定》,(64)高学学载字第478号,1964年6月3日。厦门大学档案馆,人事处档64-15号。

[2]　中华人民共和国高等教育部:《关于一九六五年高等学校招生工作的通知》,(65)高学密发字第22号,1965年6月9日。厦门大学档案馆,人事处档65-41号。

表1　1956年高考全国考区统计①

大区名称	考区数	考区名称
华北地区	15	北京、天津、保定、唐山、张家口、石家庄、太原、临汾、开封、郑州、新乡、信阳、南阳、乌兰浩特、呼和浩特
东北地区	11	沈阳、旅大、鞍山、锦州、长春、吉林、四平、延吉、哈尔滨、齐齐哈尔、牡丹江
华东地区	20	上海、南京、苏州、徐州、南通、扬州、杭州、温州、宁波、金华、合肥、芜湖、安庆、蚌埠、福州、漳州、泉州、济南、青岛、济宁
中南地区	26	武汉、襄阳、宜昌、长沙、衡阳、郴县、邵阳、沅陵、常德、广州、梅县、潮安、湛江、韶关、江门、海口、桂林、南宁、柳州、合浦、梧州、玉林、南昌、吉安、赣州、上饶
西南地区	10	重庆、万县、南充、成都、内江、泸州、雅安、贵阳、昆明、大理
西北地区	4	西安、汉中、兰州、乌鲁木齐
合计	86	

当时高等教育部、教育部的规定中还有一句说明："地区的和省、自治区、直辖市的高等学校招生工作委员会，为照顾考生的便利，可以在上列地点以外，增设考区、考场。"②于是各大区和许多省份都增设考区，例如《中南地区高等学校一九五六年暑期统一招生简章》便明确考试地区为以下37个：

湖北：武汉、黄冈、沙市、襄阳、宜昌、恩施。

湖南：长沙、湘潭、衡阳、郴县、邵阳、安江、吉首、常德。

广东：广州、海口、梅县、汕头、湛江、韶关、江门、合浦。

广西：桂林、南宁、柳州、梧州、玉林、百色、宜山、平乐。

江西：南昌、吉安、赣州、上饶、九江、抚州、景德镇。③

这比《关于全国高等学校1956年招考新生的规定》明确中南地区26个考区增加了11个，多出42%以上。而福建省为方便考生，还在一些考区下设类似于考区的"专区考生服务处"或"考场办事处"，如1956年福建漳州考区便下设漳州、龙岩、集美三大考场。④ 这种考场的功能与考区类似。

发展到1957年，全国的高考正式考区已达到91个。具体各年考区数如表2所示。

① 中华人民共和国高等教育部、中华人民共和国教育部：《关于全国高等学校1956年招考新生的规定》，载华东地区高等学校招生工作委员会：《考生手册发生变化—国高等学校一九五六年统一招生》1956年5月，第3页。

② 中华人民共和国高等教育部、中华人民共和国教育部：《关于全国高等学校一九五六年招考新生的规定》，载华东地区高等学校招生工作委员会：《考生手册发生变化—国高等学校一九五六年统一招生》，1956年5月，第3页。

③ 华东地区高等学校招生工作委员会编印：《考生手册（1956年暑期招生）》1956年5月，第9页。

④ 《1956年福建省高等学校招生工作委员会漳州考区工作总结》，1956年10月28日，厦门大学档案，人事处档56-31号。

表2　1951—1957年高校招生考区数变动情况

年份	华北	东北	华东	中南	西南	西北	合计
1951	16	16	4	6	12	3	41
1952	10	10	24	22	9	3	78
1953	7	10	18	26	10	5	76
1954	8	10	18	26	10	6	78
1955	8	10	18	26	10	6	78
1956	15	11	20	26	10	4	86
1957	15	14	21	26	10	5	91

说明:(1)1951年考区数主要根据[日]大塚丰:《现代中国高等教育的形成》,北京师范大学出版社1998年版,第262-265页整理而成。1952年考区数根据《全国高等学校一九五二年暑期统一招生简章》,载全国高等学校招生委员会:《升学指导》,全国高等学校招生委员会编印,1952年7月,第14-15页。1953年考区数根据中央人民政府高等教育部、中央人民政府教育部《关于全国高等学校一九五三年暑期招考新生的规定》,载全国高等学校招生委员会编:《升学指导》,中国青年出版社1953年版,第2-3页。1956年考区数根据中华人民共和国高等教育部、中华人民共和国教育部:《关于全国高等学校1956年招考新生的规定》,载中南地区高等学校招生工作委员会编印:《考生手册发生变化—国高等学校一九五六年统一招生》1956年5月,第3页。1954、1955、1957年考区数根据各年暑期招考新生规定,见杨学为:《高考文献》(上),高等教育出版社2003年版。(2)1953年还另外在内蒙古自治区设1个考点,1954、1955年另外在内蒙古自治区设2个考点,本表并入西北区。1956年华北区包括河南省、内蒙古自治区在内。1957年《暑期招考新生规定》中将西南考区分列为四川、云南、贵州三省,本表合之。

1958年,由于开始考虑改变全国统一招生制度,实行学校单独招生或者联合招生,因此教育部不再统一公布全国各地的具体考区。"为了便利考生报考,各省、市、自治区原则上仍应维持以往统一招生的考区设置;凡是高中毕业生较多的地方,各地应根据具体情况,尽可能地增设一些考区或考场。"[①]1959年以后,规定考区和考场的设置,由各省区市自行确定,并向考生公布。从此,各省区市设立的考区逐渐增多。

发展到现在,几乎所有中国的县(区市)都有考点,极大地方便了考生报考。无论在中国的什么地方,基本上是不用出县域范围,就可以在当地参加高考,理论上说可以填报中国任何地区的高校,这是统一高考体制的一大优点。

(四)高考制度的恢复与改革

1977年恢复了中断11年之久的高考,这是中国招生考试史上的一件大事,也是中国当代史上具有划时代意义的一件大事。它使中国高校招生考试重新走上正轨,而且打破了"两个凡是"的禁锢,发出了改革开放的先声,中国高等教育和全社会从此由乱而治,其重大意义

① 《中华人民共和国教育部发布"关于高等学校1958年招考新生的规定"》,(58)高学丁字第545号,1958年7月1日。厦门大学档案馆,人事处档58-24号。

怎么评价都不为过。

由于恢复高考引起全社会极大的震动,加上与"文革"前的高考报名人数有限不同,1977年以后每年高考报名人数都在数百万甚至上千万人,开始关系到千家万户的切身利益,高考成为关系亿万青少年学生前途命运、关系国家发展大计的大事,每年的高考都成为整个教育界和全社会关注的焦点。而由于高考竞争激烈引发片面追求升学率的弊端,高考不断进行多方面的改革,40多年来进行了大大小小40余次的改革。尤其是1999年是高考历史上的一个重要年份。这一年不仅是影响重大的高校扩招的开始,而且开始进行新一轮的高考改革。当年在教育部高考改革实施工作小组编的《高考改革答问》小册子中,回答的第一个问题就是"为什么要进行新一轮高考改革?"《高考改革答问》中指出1977年恢复高考时,邓小平同志就对高校招生考试制度提出了改革的要求。20年来,在科目设置、考试内容、考试形式、录取办法、计算机管理、招生并轨收费等方面进行了一系列的改革。[①] 1999年提出"3+X"等许多改革,成为恢复高考以后划分高考改革阶段的转折年份。而更具有标志性的是2014年9月《国务院关于深化考试招生制度改革的实施意见》的公布,使高考改革进入了一个新阶段。

只是此方面的历史去今不远,人们较为熟悉,且对恢复高考以来40多年的发展和改革历程,在恢复高考30周年、40周年的时候,已经有较多的回顾和反思,因此本文不再展开。

二、高考存废与评价跌宕起伏

新中国成立以来70年高校招生考试的发展历程具有跌宕起伏的特征,从高考制度的利弊存废与评价,到报考人数、录取人数、高考录取率等方面都体现这种特征。这里先梳理高考存废与评价的跌宕起伏。

大规模选拔性考试是一把锋利的"双刃剑",其利弊都相当明显。历史不会重复,但往往会出现惊人的相似之处。在漫长的1300年中国科举史上,曾经出现过6次科举利弊存废之争,其中还有3次停废科举。70年新中国招生考试史上,也经历过3次高考利弊存废之争。

(一)20世纪50年代的高考存废之争

自1950年部分大区实行联合招生以后,关于全国统一招生考试还是学校单独招生的问题,一直都有两种意见。一种意见认为,统一招考不过是解决考生少、招生多这一临时困难的过渡办法,学习苏联,学校单独招生,才是招生工作的"正常的轨道";另一种意见认为,在

---

① 教育部高考改革实施工作小组:《高考改革答问》,高等教育出版社1999年版,第5页。

考生少、招生多的情况下,只有全国统一招考才能完成任务,而且可以比单独招生节省人力、经费、时间。在 1955—1957 年间,发生了是否继续实行统一考试的广泛讨论。①

关于高考利弊存废之争在 1957 年表现得尤其明显,统一高考制度受到空前的挑战。1957 年 2 月,高教部邀请京津两地的高等学校负责人出席关于是否继续实行统一高考的座谈会,并委托上海、江苏、湖北等 8 省市教育厅或高教局分别召集所在省市的高等学校进行了研究、讨论。考虑到当年高等学校招生学生来源比较充裕,并鉴于以往实行全国统一招生的办法所产生的缺点,在部分高校的建议下,经高等教育部研究,于 1957 年 2 月提出了"高等学校招生由全国统一招生过渡到以联合为主单独为辅的招生办法的初步意见"。当时提出统一招生的弊病有:不能充分照顾考生的志愿、学校不能根据自己的特点和要求来选拔学生、以大区统一招生评卷录取由于过于集中,在工作上产生了许多缺点和困难。而主张维持全国统一招生的主要意见认为:统一招生通过集中调配学生能够保证全面完成招生数量和保证质量;可以广设考区,考生可以就近报考,减轻考生在经济上的负担,考生可以广泛地选择学校和专业志愿,统一招生只需参加一次考试,能减轻考生在精神上的负担;可以节省人力、财力、物力。经过反复考虑,决定基本上采取以省、市为范围的统一招生办法,有些地方可以因地制宜仍采取以原大行政区为范围或相邻的几个省市统一招生的办法。②

这次讨论正反两方面的意见都得到充分发表,高等教育部一开始也设想改为由高等学校联合或单独招生的办法,并广泛征询意见。结果多数学校主张仍旧维持原来的统一招生形式。学生普遍认为统一招生能广设考区,使学生能就近报考较多的学校和专业,减轻经济负担,只需参加一次考试更为便利,因此建议 1957 年基本上仍采用统一招生的办法。③

到 1958 年 4 月 26 日,教育部发出"特急件",通知中央各有关部委,各省市有关高教、教育厅、局,高校党委、各有关高等学校:"今年高等学校招生。决定改变以往统一招生办法,实行学校单独或联合招生。"并订于 5 月 7 日在教育部召开全国高等学校招生工作座谈会。④ 7 月 1 日,教育部又以"特急件"发布《关于高等学校一九五八年招考新生的规定》,开头便说:"为了使高等学校招生便于贯彻因地制宜、因校制宜的原则,发挥地方和高等学校办学的积极性,今年改变全国统一招生的制度,实行学校单独或者联合招生。"⑤但是教育部在同一天

---

① 杨学为:《中国高考史述论》,湖北人民出版社 2007 年版,第 25-51 页。

② 高等教育部:《各地对一九五七年高等学校招生办法讨论的情况》,1957 年 2 月 5 日,载杨学为:《高考文献(上)》,高等教育出版社 2003 年版,第 232-234 页。

③ 高等教育部:《关于一九五六年全国高等学校招生工作情况和对一九五七年招生工作的意见的请示报告》(1957 年 3 月 21 日经国务院批准),载杨学为:《高考文献(上)》,高等教育出版社 2003 年版,第 243 页。

④ 《中华人民共和国教育部通知 5 月 7 日召开高等学校招生座谈会》,(58)高学宋字第 216 号,1958 年 4 月 26 日。厦门大学档案馆,人事处档 58-24 号。

⑤ 《中华人民共和国教育部发布"关于高等学校一九五八年招考新生的规定"》,(58)高学丁字第 545 号,1958 年 7 月 1 日。厦门大学档案馆,人事处档 58-24 号。

也以"特急件"下发的《关于做好今年高等学校招生工作的通知》中，又提到教育部于 5 月 7 日到 13 日召开了全国招生工作会议进行了充分讨论，取得了比较一致的意见，并通知说："在全国招生会议上，除过去已经实行单独招生的院校决定仍单独招生，北京俄语学院、北京外国语学院、北京体育学院、上海外国语学院等院校提出准备实行单独招生以外，多数院校拟采取以省、市、自治区为单位的联合招生。"①

经过 1958 年此次的讨论，改为各高校单独招生考试的设想没有实现，最后基本上都是采取以省、自治区、市为单位的"联合招生"，实际上还是分省统一招生考试。到了 1959 年，又回归到全国统一招生。

(二)"文革"前后的高考废止与恢复

中国高校招生 70 年历史上最大的跌宕起伏是 1966 年的废止高考和 1977 年的恢复高考。

1966 年 4 月 6—14 日，高等教育部邀请了部分省市的高教、教育厅(局)长、中央有关部门的负责人和北京地区十余所大中学校的校长、党委书记等 41 人，召开了一个"高等学校招生工作座谈会"，部长蒋南翔亲自参加。当时提出的讨论问题有："至于怎么选？招生制度怎样革命？除了统一招生以外，有没有更好的办法？统一招考还要不要？……"②这些问题希望大家充分发表意见。这个座谈会上，对高考制度的由来、高考指挥棒问题、取消考试实行推荐与选拔相结合的办法、保送是否会降低招生质量、高考与高中毕业考试结合起来、高考录取是否分数挂帅等问题都做了讨论。

会上，陕西省高教局局长等都说："高等学校全国统一招生办法，国民党时代没有，资本主义国家没有，苏联也没有，这是我们的创造，是我们自己摸索出来的，不是从外国搬来的。"或者认为："高考是新中国的创造，不是学帝国主义、修正主义的，自己走的路，是我们的独创。"③这个"改革高考制度"座谈会所说的"我们的高考制度，既不是学欧美的，也不学苏修的，是在实践中形成的""对高考制度应该一分为二地来估计""总的说来是完成了任务，保证了质量，成绩是主要的"这些观点在"文革"中遭到了猛烈批判，认为这个座谈会是"借改革旧的高考制度之名，行保护旧的高考制度之实"。④

1966 年 6 月 1 日，高等教育部党委《关于改进一九六六年高等学校招生工作的请示报

---

① 《中华人民共和国教育部关于做好今年高等学校招生工作的通知》，(58)高学丁字第 546 号，1958 年 7 月 1 日。厦门大学档案馆，人事处档 58-24 号。

② 杨学为：《高考文献(上)》，高等教育出版社 2003 年版，第 588-589 页。

③ 杨学为：《高考文献(上)》，高等教育出版社 2003 年版，第 590、594 页。

④ 招委会文革小组：《高考制度必须彻底批判》，载陕西省高等学校招生委员会办公室文革小组：《高考制度批判》，1968 年 1 月，第 5 页。

告》还准备按计划实行高考,只是对文科的招生办法作了改变,强调"对于参加统一考试的考生,只要政治思想好,学业成绩达到规定的要求,高等学校文科可以根据学生的志愿择优录取,不再按分数高低分段录取"。相比 1962—1965 年的办法,1966 年 6 月高教部的计划不再按从高分到低分的顺序分段录取,已经是一个反复了。然而,自 1966 年 6 月 6 日北京市第一女子中学高三毕业班学生"为废除旧的升学制度"给党中央、毛泽东写信;6 月 11 日,北京四中高三学生也写信给毛泽东,并"为废除旧的升学制度"给全市师生写了倡议书,引起连锁反应。6 月 13 日,中共中央、国务院下发了《关于高等学校招生工作推迟半年进行的通知》。到 7 月 24 日,中共中央、国务院明确规定"从今年起,高等学校招生,取消考试,采取推荐与选拔相结合的办法"[①]。1966 年 8 月 8 日,"文化大革命"正式发动。至此,高考制度宣告废止。

(三)新世纪之交的高考存废之争

经过"文革"最初几年的大动乱,全国高等教育完全陷入停顿状态。1970 年开始,北京大学、清华大学试点招生。此后 1971 年开始,全国一些复办的高校招收有 2 年以上实践经验的工农兵大学生,直至 1976 年。在高考中断的 11 年中,最初几年高中生普遍觉得挣脱了考试的锁链,十分轻松。到后来,大家都感受到"文革"带来的痛苦,普遍怀念高考,盼望恢复高考。1977 年 10 月 21 日正式宣布恢复高考以后,知识青年欢欣鼓舞,奔走相告,高考成为千百万知识青年心目中无比重要和美好的制度。

但是,到了 20 世纪 80 年代中期以后,片面追求升学率的问题日益突显,人们开始提出改革高考的各种意见。到 1992 年提出实行社会主义市场经济以后,一些论者认为高考是计划经济的产物,已经不适应时代的要求,应该像民国时期那样,改为高校单独招生。1995—2007 年间,关于高考的"统独存废"问题出现了激烈的争论。不仅有大量学者"单打独斗"地展示自己支持或反对高考的观点,而且出现了"打擂台"式的正面交锋或商榷,你来我往,热闹非凡,高考改革的社会影响也随之弥散。[②] 高考改革的激进派主张彻底改革高考,或者说是废止高考。在恢复高考 30 周年的 2007 年,高考自然又成为人们关注的焦点,当年 3 月,在全国"两会"上,却有人大代表正式提交了《关于废除高考,创新高校招生制度的建议》议案,典型地体现出高考存废之争有多么激烈。以笔者为代表的稳健派发表了众多的论著,认为不研究高考的人往往是高考改革的激进派,研究高考的人往往是高考改革的稳健派。高考是有局限和弊端,但高考并非万恶之源,而是适应中国国情的考试制度,它必须加以改革,

---

① 《中共中央、国务院关于改革高等学校招生工作的通知》,1966 年 7 月 24 日,载何东昌:《中华人民共和国重要教育文献》,海南出版社 1998 年版,第 1405 页。

② 郑若玲:《"有限多样":高考形式改革之方向》,《探索与争鸣》2013 年第 8 期。

但不能废止。① 此期间，报刊发表了大量有关高考存废争论的文章，不时有人"炮轰全国统一高考"，或提出要"把高考送进坟墓"，也有不少学者认为应该理性认识高考的负面影响。②

真理越辩越明。关于高考的"统独存废"之争，客观上推动了高考改革，并将高考带入一个多样化与多元化的新时代。2008 年之后仅偶尔有报纸文章谈及高考存废问题，主要是报道全国"两会"上支持统一高考的观点。学术刊物在 2008 年以后对高考存废问题几乎没有探讨，而是聚焦于高考如何改革。这说明，社会各界尤其学术界经过 20 年的讨论、争议与反思，对坚持高考普遍达成了共识。③

不仅高考利弊存废评价跌宕起伏，而且高考改革也是跌宕起伏。例如，科目改革辗转反侧，也呈现进退反复的变迁过程。限于篇幅，不再一一论述。之所以高考发展历程会出现跌宕起伏的变迁，主要是因为高考制度十分重要且非常复杂敏感，具有"政治意义和全局意义"，与社会政治关系密切，时代的变化与高考息息相关。因此中国高校招生考试的发展不会一帆风顺，而会呈现出跌宕起伏的特征。

三、高考录取人数与录取率的起伏增减

自从 1952 年建立高考制度以后，历年高考报考和录取人数变动不居，有发展增加，也有跌宕起伏。以下分"文革"前和恢复高考以后两个阶段来分析高考报考、录取人数和录取率起伏增减的历程。

（一）"文革"前的高考录取率

"文革"前实行过 14 年的高考，无论是考生数、录取数，还是录取率，都出现很大的起伏波动，如表 3 所示。

表 3　1952—1965 年度高考报名数、录取数和录取率

年　度	考生数/万人	录取数/万人	录取率/%
1952	5.9	5.32	90.17
1953	8.0	6.24	78.00
1954	12.5	9.23	73.84

---

① 刘海峰：《高考改革的理论思考》，华中师范大学出版社 2007 年版，第 111 页。
② 张亚群：《理性认识高考负面影响》，《粤海风》2003 年第 2 期。
③ 郑若玲：《高考改革》，科学出版社 2019 年版，第 48 页。

年　度	考生数/万人	录取数/万人	录取率/％
1955	17.5	9.78	55.89
1956	36.1	18.46	51.14
1957	25.2	10.56	41.90
1958	27.4	26.56	96.93
1959	32.7	27.14	83.00
1960	32.0	28.41	88.78
1961	37.2	16.90	45.43
1962	38.9	10.68	27.46
1963	39.8	13.28	33.37
1964	34.4	14.70	42.73
1965	35.0	16.42	46.91

　　说明：数据来自：《中国高考与社会、经济的关系》，载《中国考试》1997年第1期，第42-44页。原表中部分年份的录取率计算不确，本表做了更正。

　　从表3可见，首次实行高考的1952年只有5.9万人报考，录取了5.32万人，录取率为90.17％，这是新中国高校招生考试史上第二高的录取率。高考初建时期每年录取人数都不足10万人，报考人数也都在10余万人，规模不大。但在1956年，考生数突然从1955年的17.5万人增加到36.1万人，翻了一倍多；录取人数则从1955年的9.78万人，骤然增加到18.46万人，也增加了近一倍。原先计划1956年全国高等学校共招生165500人，要比1955年增加69％[①]，而实际招生数比计划数又增加了不少。然而，1957年高考录取人数又一下子降到10.56万人，下降幅度达42.8％。这是中国高校招生第一次大的起伏。

　　1958年开始"大跃进"，为了"赶美超英"，提出县办大学，认为将来势必每个县有一所大学，因此在高等学校招生人数方面大胆跃进，从1957年的10.56万人骤然增加到1958年的26.56万人，是1957年的2.51倍，这是中国高校招生考试史上最大的增幅。1958年考生数只有27.4万人，而录取人数有26.56万人，录取率高达96.93％，这是中国高校招生考试史上最高的录取率，绝大多数报考的人都升学了。其中的原因之一是1958年招生条件大幅度放宽，"对于工人、农民、工农干部和老干部、工农速成中学毕业生，采取保送入学的办法。对于高中毕业生中各方面条件优秀的工农子女和党团干部，也可以试行保送入学的办法"[②]。

---

　　① 《为胜利完成今年全国高等学校的招生任务而努力》，1956年4月6日。杨学为：《高考文献（上）》，高等教育出版社2003年版，第187页。
　　② 《教育部临时党组关于一九五八年高等学校招生工作的请示报告（经过修改的）》，1958年6月18日。厦门大学档案馆，人事处档58-24号。

1960 年招生 28.41 万人,达到"文革"前招生人数的顶峰。但是,大起之后又接着大落,1961 年降到 16.9 万人,1962 年再降到 10.68 万人。5 年间经过骤升骤降,又基本上回到1957 年 10.56 万人的原点。1958 年揠苗助长式的"大跃进"难以为继,60 年代录取率又不得不降低。1962 年高考录取率大幅下降,达到"文革"前的最低谷 27.46%。

简单的数字变动背后通常都有复杂的背景和深刻的动因。为了纠正"大跃进"的严重后果,1961 年 1 月中央八届九中全会确定对国民经济实行"调整、巩固、充实、提高"的"八字方针",在高校招生领域则是压缩招生规模。1961 年 9 月 15 日发布了《中共中央关于讨论和试行教育部直属高等学校暂行工作条例(草案)》,即简称的《高教六十条》,其中指出了"数量发展过快"等问题,并明确"高等学校的规模不宜过大"[①]。1961 年招生人数陡然下降,便是控制数量和规模的高等教育政策的结果,许多一窝蜂办起来的专科学校到 1961 年又不得不停办,招生人数出现了断崖式的下跌。

图 1 更可以直观地看出中国高考史上最明显的大起大落的跌宕起伏。1958—1962 年之间的第二次大起大落,高校招生人数有如坐过山车似的突升突降,比 1956 年的第一次大起大落更为剧烈。

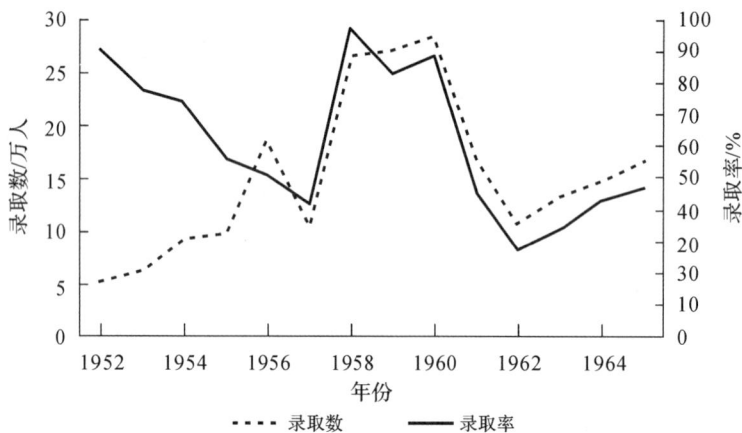

图 1 1952—1964 年高考录取人数和录取率变动情况

对"文革"前这两次招生人数和录取率大起大落造成的后果,1979 年教育部曾有过认真的反思:"大起大落的结果,使学校元气大伤,师生情绪波动,少数学生闹事,教学秩序混乱,教育质量下降。"[②]1958—1960 年招生不顾现实条件的"大跃进",没有坚实的经济基础和发展条件作支撑,结果无法持续,典型地体现出高等教育必须受社会政治经济发展制约的基本

---

① 中共中央文献研究室:《建国以来重要文献选编(第 14 册)》,中央文献出版社 1997 年版,第 499 页。
② 《国务院批转关于一九七九年高等学校招生工作会议的报告》,1979 年 5 月 3 日,载杨学为:《高考文献(下)》,高等教育出版社 2003 年版,第 110 页。

规律,留下了深刻的教训。

尽管后来 1964、1965 年高考录取人数又有所上升,录取率也回升到 40% 以上,但招生人数也只是回升到 1965 年的 16.42 万人。由于招生人数有限,高考竞争逐渐激烈起来,1966 年 4 月,高教部部长蒋南翔曾说:"在全国同年龄的 1500 万青年里,每年只有 1% 的人能够升入大学。"[1]高考竞争激烈导致中学生学习负担加重,于是 1963 年开始出现了"片面追求升学率"这一概念。最早是在 1963 年 1 月 24 日教育部发布的《关于当前中学教学工作几点意见》中,指出有些学校"片面追求提高升学率"[2]。1964 年 5 月,中共中央、国务院批转教育部临时党组《关于克服中小学学生负担过重现象和提高教学质量的报告》中,更是直接说:"当前,直接影响学生负担过重的则是片面追求升学率的思想。"[3]后来"片追"这一概念逐渐为人们熟知,并在 20 世纪 80 年代广泛流行起来。

(二)恢复高考后的高考录取率

1977 年以后,重新恢复的高考焕发出勃勃生机,得到全社会的高度肯定。1977—2019 年的 43 年间,高考的报名人数、录取人数波动虽然不如"文革"前那么剧烈,但也经历过一些跌宕起伏,如表 4 所示。

表 4 1977—2018 年高考报名数、录取数和录取率　　　　　　(单位:万人)

年份	报考人数	录取人数	录取率/%	年份	报考人数	录取人数	录取率/%
1977	573.16	27.80	4.76	1998	319.13	108.36	33.96
1978	610.26	40.20	6.59	1999	284.10	154.86	54.51
1979	468.48	28.41	6.06	2000	367.73	220.61	59.99
1980	332.79	28.81	8.66	2001	420.87	268.28	63.74
1981	258.90	28.30	10.93	2002	566.58	320.50	56.57
1982	186.70	30.49	16.33	2003	613.00	382.17	62.34
1983	167.27	35.98	21.51	2004	800.16	447.34	55.91
1984	164.36	42.69	25.97	2005	810.99	504.46	62.20
1985	175.90	49.93	28.39	2006	886.54	546.05	61.59

① 《高等学校招生工作座谈会简报》第 1 期,1966 年 4 月 6 日,载杨学为:《中国考试史文献集成》第 8 卷,高等教育出版社 2003 年版,第 39 页。

② 北京师范大学教育科学研究所:《中小学教育政策法令选编 1949—1966(上册)》,北京师范大学教育科学研究所编印 1979 年版,第 311 页。

③ 中共中央、国务院批转教育部临时党组:《关于克服中小学学生负担过重现象和提高教学质量的报告》,1964 年 5 月,载杨学为:《高考文献(上)》,高等教育出版社 2003 年版,第 483 页。

续表

年份	报考人数	录取人数	录取率/%	年份	报考人数	录取人数	录取率/%
1986	191.43	57.21	29.88	2007	1010.00	565.92	56.03
1987	227.51	59.67	26.23	2008	1050.00	607.66	57.87
1988	271.64	69.48	25.58	2009	1020.00	639.49	62.70
1989	266.21	61.89	23.25	2010	946.00	661.76	69.95
1990	283.28	61.81	21.82	2011	933.00	681.50	73.04
1991	295.63	61.99	20.97	2012	915.00	688.83	75.28
1992	302.64	75.42	24.92	2013	912.00	699.83	76.74
1993	286.14	92.40	32.29	2014	939.00	721.40	76.83
1994	250.81	89.98	35.88	2015	942.00	737.85	78.33
1995	253.08	92.59	36.59	2016	940.00	748.61	79.64
1996	266.59	95.68	35.89	2017	940.00	761.49	81.01
1997	284.27	100.04	35.19	2018	975.00	790.99	81.13

数据来源：(1)中华人民共和国国家教育委员会计划建设司主编：《中国教育统计年鉴》,人民教育出版社 2000、2001、2002、2003、2004、2005、2006 年版;(2)胡平：《从普通高等学校招生统一考试看中国女子接受高等教育的发展趋势》,《南京师大学报(社会科学版)》1996 年增刊;(3)刘海峰：《中国大陆高考与女性接受高等教育之现状与展望》,《有色金属高教研究》1999 年第 1 期;(4)1997 年以后的录取人数来源为教育部发展规划司网站 1997 年以后历年"教育统计数据"中"普通本、专科分学科学生数"中的招生数,2003 年以后多数年份的报考人数为大数,非精确人数。

经过"文革"中断 11 年的高考,积累了大量适龄青年,起初估计会有 2000 万人报考。后来许多知识青年根据自己的水平报考中专,还有一些省经过初步筛选考试,结果实际上有 570 万人报考。由于从高考涌现不少优秀的人才,于是在 1977 级大学生已经入学的时候,1978 年 3 月决定扩招,匆忙复办师专或举办师范大专班,本科大学则招收走读生,在 1978 年 5 月以后才入学。1977 年,"全国原计划招生 215000 人,各地和高等院校积极响应中央的号召,努力挖潜,扩大招生 23000 人,举办各类大专班招收 40000 人,共达到 278000 人"[①]。尽管如此,1977 年的高考录取率只有 4.76%,这是中国高考史上最低的录取率。

1978 年也有临时扩招之举,而且比 1977 年扩招幅度大许多,当时临时扩招的主要是走读生。例如,厦门大学 1978 级大学生已经于 9 月 13 日开始上课,在 11 月 3 日才初步拟订扩招走读生计划 649 人,并提出："为了缩小先后入学学生在教学上的差距,全省扩大招生计

---

① 《国务院批转教育部关于一九七八年高等学校招生工作的报告》,1978 年 6 月 6 日,载杨学为：《高考文献(下)》,高等教育出版社 2003 年版,第 104 页。

划确定后,省招生办应尽快安排我校进行录取工作。"①有不少高校 1978 年扩招的学生,到年底才入学。教育部在制定 1979 年招生计划时,曾对 1978 年的招生规模作过回顾分析。1979 年 5 月,教育部指出:"1978 年高等学校在完成国家原定 29.3 万的招生计划之外,许多省市又扩招了 11 万,实际招生 40 万人,比 1977 年增加了 48%。扩招大量学生,由于校舍、设备、教师条件不具备,给工作带来很多困难,致使今年的招生指标不得不降下来,实际上也是一次较大的起落。现在的问题是,要尽可能使下落的幅度不要太大。"②所以 1979 年的招生计划是 30 万人,结果实际招生是 28.4 万人,比 1978 年的 40 万明显下降,这是中国高考史上第三次大起大落,只是当时对招生人数波动有清醒的认识,没有像"文革"前的两次大起大落引起消极后果,如图 2 所示。

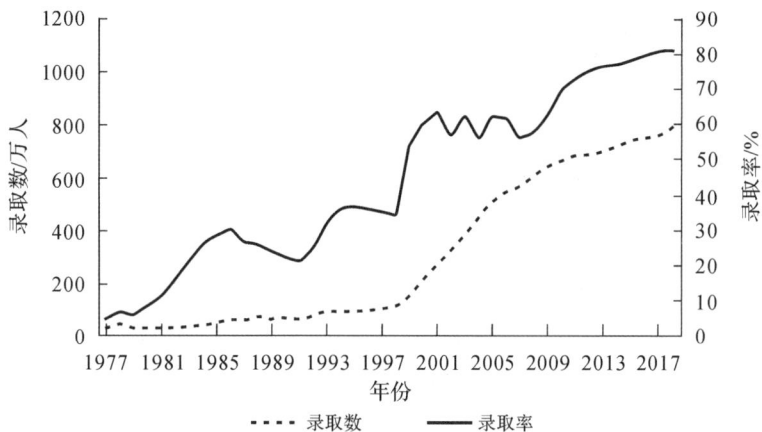

图 2 1977—2017 年高考录取人数和录取率变动情况

由图 2 可见,在以上比较长时段的变动图上,由于 1999 年以后招生人数大量增加,曲线走势上升幅度很大,因此导致 1978 年度的那次起落在曲线上波动不明显。而且时代不同,恢复高考后社会各界急需人才,1978 年的扩招对弥补青黄不接的人才断层还是很有必要的。另外,虽然图 2 中录取人数基本上是一个比较平滑的曲线,但录取率还是出现多次大的波动,也体现出跌宕起伏的特征。

从 1980 年以后,整个 80 年代高考录取人数在 28 万~61 万之间,呈现稳步增加的渐进发展。但 80 年代每年报考人数只有一两百万人,比起 70 年代末"新三级"报考人数五六百万来,70 年代末到 80 年代报考人数也出现跌宕起伏的现象。

---

① 厦门大学:《一九七八年扩招计划几点要求的报告》(厦大校教字〔1978〕123 号),1978 年 11 月 3 日。厦门大学档案馆,校办室 B78-15 号。

② 《国务院批转教育部关于一九七九年高等学校招生工作会议的报告》,1979 年 5 月 3 日,载杨学为:《高考文献(下)》,高等教育出版社 2003 年版,第 110 页。

20 世纪 90 年代高考录取率从 1990 年的 21.82%,逐步提高到 1998 年的 33.96%。之后的 1999 年便是扩招的政策突变,从 1998 年录取 1083627 人,一下子增加到 1999 年的 1548554 人,一年之间增加了近 50 万人,录取人数差不多增加了 50%;录取率也陡然增加到 54.51%,提高了近 21 个百分点。

随着适龄人口高峰的到来和高等教育大众化进程的加快,21 世纪头十年报考人数逐年增长,最多的 2008 年达到 1050 万人,这是中国高考史上报考人数最多的年份。录取人数也飞跃式的上升,从 2000 年的 220 万增加到 2010 年的 660 万。最近十年调控高等教育规模,招生人数、高考录取率进入稳步发展的阶段。2019 年高考报名人数 1031 万,录取人数 820 万左右,录取率近 80%。反观首次高考的 1952 年,招生人数 5.32 万人,不啻天壤之别。而且曾经跌宕起伏的高校招生考试也日趋稳定,已经很少有大的波动,而是进入一个渐进的、以提高质量为主的发展阶段。

四、招生考试 70 年的发展趋势

总体而言,70 年来新中国高校招生考试取得了巨大的成就,积累了许多宝贵的经验,也有一些深刻的教训。虽然 70 年间有许多跌宕起伏和调整反复,但从整个高校招生考试的历史进程,还是可以看出一些趋势与规律。具体而言,新中国高校招生考试的发展趋势大体有以下几个方面。

(一)从计划到市场

在 20 世纪 90 年代以前,中国高等学校毕业分配工作的学生都会获得国家干部的身份,而国家干部的培养是按计划进行的。实行统一高考制度的初衷很重要的一点是使高校招到足够的合格学生,完成国家制定的招生计划。1952 年,实行全国统一高考,"这是因为学生来源少,各大行政区高等学校招生任务与各该区学生来源不平衡,且高等学校条件相差亦较悬殊;只有全国规模的统一招生,才能统一调配学生来源,有重点、较全面地完成招生计划"。"这样逐步统一调配学生,录取后的报到率,一般学校由 1950 年的 50% 提高到 1952 年的 95% 以上。"[①]

"文革"前的招生都是高度计划性的,当时认为:"高等学校招生,是国家有计划按比例地培养高级建设人才的首要步骤。招生工作的好坏,直接关系着国家培养人才的数量与质量。

---

① 《马叙伦部长在全国高等学校招生委员会上的讲话》,1953 年 7 月 2 日,载杨学为:《中国考试史文献集成》第 8 卷,高等教育出版社 2003 年版,第 36 页。

过去几年,报考学生的志愿与国家需要有很大矛盾,以致不少新生在录取分配入学后不能安心学习,个别学生甚至中途退学,影响国家培养干部计划的顺利完成。"①"文革"前的高校招生考试文件经常使用"录取分配"的词组,有时直接说"全国高等学校的统一录取分配",②甚至文件名就用《全国高等学校1956年暑期统一招生录取、分配办法》③。也就是说,当时不仅大学生毕业采用分配的办法,招生录取环节也有分配的机制。1960年7月1日,《人民日报》发表社论《力争超额完成高等学校招生任务》,当时完成高校招生计划,还是一项政治任务,具有高度的计划性。而且,由于是纳入培养国家干部计划,因此非常重视对考生的体检。

恢复高考以后相当长时期,高校招生还是与过去一样,计划色彩很浓。1995年大学生不包分配之后,虽然招生名额仍按教育部确定的计划,但高校招生的计划色彩开始日渐淡化,逐渐走向市场。大学毕业不再"分配",而是"就业",而且日益按人才市场需求自主择业。高考建制之初以完成招生计划为首要考虑,发展到后来以公平为首要考虑,也就是招生考试从计划走向市场的过程。

(二)从政治到教育

"教育就其本质而言,是政治性的。"④《美国教育基础》的作者曾经阐述:教育是美国重要的政治领域之一,在州及地方政府,教育甚至可能是最重要的政治领域。⑤ 教育具有政治性,教育决策的过程是一个政治过程,教育能够发挥政治作用。⑥ 在中国,曾经强调"教育为无产阶级政治服务",教育完全从属于政治。由于高校招生十分重要而敏感,且在相当长时期内具有选拔国家干部的职能,更是具有明显的政治性。

"文革"前经常有类似这样的提法:"完成今年高等学校的招生计划,这是光荣的政治任务。"⑦当时的招生考试具有强烈的国家和政治色彩。1953年以后,开始注重对考生的政治审查。1957—1961年间,政审更趋严格和重视。而且,进行政审不只是教育部门的事情,还牵涉到多个政府部门,如1956年《关于高等学校招生对考生进行政治审查的通知》,便是由中华人民共和国高等教育部、教育部、公安部、内务部、国务院人事局等五个国家部级机构共

① 中央人民政府教育部、中央人民政府高等教育部:《对高中毕业生进行关于升学的思想教育的通知》,《人民教育》1954年第5期。
② 福建省人民委员会:《关于迅速办理非在学包括高等学校各类考生的政治审查工作的通知》(省文教陈字第7244号),1956年6月14日。厦门大学档案馆,人事处档56-31号。
③ 《全国高等学校1956年暑期统一招生录取、分配办法》,厦门大学档案馆,人事处档56-31号。
④ M. Kogan, *The Politics of Educational Change*,见瞿葆奎:《教育学文集·教育与教育学》,人民教育出版社1993年版,第874页。
⑤ 范斯科德等:《美国教育基础》,北京师范大学外国教育研究所译,教育科学出版社1984年版,第69-70页。
⑥ 聂晓光:《教育的政治性与非政治性——关于教育与政治关系的再思考》,《前沿》2009年第11期。
⑦ 《为胜利完成今年全国高等学校的招生任务而努力》,1956年4月6日,载杨学为编:《高考文献(上)》,高等教育出版社2003年版,第187页。

同盖章发文。1960 年提出了"以政治为主的录取原则",更是强调政审,看考生的家庭出身和社会关系。"文革"前制定的高等学校录取新生的政治审查标准,分为一般专业、机密专业、绝密专业和其他四类。学生的政审结论基本分为四类:可录取机密专业、可录取一般专业、降格录取、不宜录取。不过,因为对 1958 年以后政审过严的政策做出了一定的调整,1962 年出现了政审比较宽松的情况。①

还有,不同省份对政审的宽严掌握程度也有一定差别。在 1966 年 4 月高等学校招生工作座谈会上,一位四川省高教局副局长针对有人指责高考是分数挂帅的说法提出反驳:从 1965 年四川录取的新生结果看,"80 分以上 1500 多人,只录取了 1000 人;70～79 分的 6700 多人,只录取了 4400 多人。80 分以上落榜的 500 多人,70～79 分落榜的 2000 多人,原因就是因为政治条件不好"。"如果说录取新生是分数挂帅的话,那么就无法解释 80 分以上的考生有 40％落榜的问题。"②当时实行的百分制,因此,四川应该是对政审比较严的省份。

恢复高考以后,经过邓小平的亲自修改,1977 年的政审和报考条件比"文革"前宽松不少,但政治审查还是拦掉了一些高分考生。1978 年以后,政审开始逐渐宽松,加上 90 年代中期以后,大学生已经没有"准干部"的身份,特别是 21 世纪以后,随着高等教育大众化,整个招生考试政策日益人性化,高校招生考试的政治色彩逐渐降低,逐渐回归教育本身。说到底,随着社会的进步和文明程度的提升,以及高等教育的大众化,接受高等教育成为公民应有的权利,必然会促使高校招生考试从政治走向教育。

(三)从保密到阳光

"文革"前高校招生考试受政治的制约特别明显。现在多数人不知道,也可能觉得不可思议,"文革"前制度规定高考成绩一向不告诉考生本人,也不告诉考生所在中学,属于保密信息。1957 年 8 月,华东地区高等学校招生工作委员会发函给华东各高等学校说:过去有些高等学校对新生入学考试成绩的保密不够注意,认为新生入学后就是自己学校的学生,让他们知道入学考试成绩没有什么关系,特别是对党、团员或学生干部,常常把学科考试成绩告诉他本人,告诉他们录取的最低分数,因此在已入学的新生或不录取考生中产生不良的影响及后果。"今年全国高等学校统一招生的学科考试成绩,我们认为对任何新生本人都应保守绝对机密,现在不能告诉他们,今后也不能告诉他们,如有发现泄密情况应及时予以纠正。"③此函抄送各省(市)高等学校招生工作委员会,抄报中央高等教育部、中央教育部、全国高等

---

① 吴拯修:《那一年,高考非同寻常》,《中华读书报》2012 年 2 月 22 日第 5 版。
② 《高等学校招生工作座谈会简报》1966 年 4 月 13、14 日第 8、9 期,载杨学为:《高考文献(上)》,高等教育出版社 2003 年版,第 603、605 页。
③ 华东地区高等学校招生工作委员会:《关于新生入学考试成绩保密问题的函》,1957 年 8 月 29 日。厦门大学档案馆,人事处 57-30 号档。

学校招生工作委员会。因此 1952—1965 年间,绝大多数考生并不知道自己的高考分数,没有被录取的考生更不可能知道自己的高考分数。

1977 年恢复高考的时候,仍然延续"文革"前的办法,高考成绩不公布,也不告知考生。从 1978 年以后,高考试题仍然属于国家绝密级,但高考分数却从保密走向阳光,这也是根据邓小平的指示做出的重要改变。1978 年 3 月 8 日,邓小平指出:"为什么不可以公布高考成绩? 我赞成对招生问题进行公开解释,不管什么人都不照顾。今后招考时,民主方式是主要的,这是堵后门的最好办法。"[①]紧接着第二天,3 月 9 日晚,教育部部长刘西尧便在教育部召开的关于扩大招生的电话会议上说:"以后考试也要充分发扬民主,下一届考生要公开公布成绩,这是杜绝'走后门'的最好办法。"[②]尽管在 1978 年 4 月全国高等学校招生工作会议的讨论中还有不同意见,甚至有人认为"若公布分数,小孩子成绩不好,压力大,可能会自杀"[③],但是在教育部《关于一九七八年高等学校招生工作的意见》中,还是专门增加了一条"公布考试成绩",明确规定:"为了发扬民主,杜绝'走后门'、徇私舞弊等不正之风,在公布参加体检名单的同时,公布全体考生的各科考试成绩。公布的方法,由县(区)招生委员会通知考试所在单位分别转告本人。"[④]这是与历来类似招生考试文件很不同的一点。结果 1978 年高考结束后,便公布了高考成绩。从此,每位考生都有权知道自己的高考分数,大大减少了录取环节暗箱操作的可能性。

此外,其他如推荐保送、自主招生等方式,也都经过了逐步走向公开程序、公示名单的过程,高校招生信息公开制度还被命名为"阳光工程",体现出高校招生考试从保密到阳光的发展趋势。

(四)从精英到普及

1966 年 4 月,在高等教育部《高等学校招生工作座谈会简报》第 1 期中,提到在全国同龄的 1500 万青年里,每年只有百分之一的人能够升大学,因此,应该挑选优秀的人才入学。[⑤]"文革"前中国的高等教育是极度精英化的。80 年代以后,逐渐从极度精英化发展到精英阶段,21 世纪以后逐渐进入高等教育大众化阶段,现在已经基本上发展到普及化阶段。

在精英化阶段,高考促进社会阶层流动的功能相当明显,"知识就是力量""高考改变命

---

① 中共中央文献编辑室:《邓小平年谱 1975—1997(上)》,中央文献出版社 2004 年版,第 275-276 页。

② 《刘西尧部长在教育部召开的电话会议上的讲话》(1978 年 3 月 9 日晚),福建省教育局整理。厦门大学档案馆,校办室,B78-15。

③ 《一九七八年全国高等学校招生工作会议在讨论中提出的一些问题》,1978 年 4 月 24 日,载杨学为编:《高考文献(下)》,高等教育出版社 2003 年版,第 91 页。

④ 《国务院批转教育部关于一九七八年高等学校招生工作的意见》,1978 年 6 月 6 日,载杨学为编:《高考文献(下)》,高等教育出版社 2003 年版,第 105 页。

⑤ 杨学为编:《高考文献(上)》,高等教育出版社 2003 年版,第 588-589 页。

运",不仅是激励广大学子努力学习的格言,而且是当时考上大学便鱼跃龙门改变身份的真实写照,因此高考受到人们的高度重视。一千多年前,在中国实行科举考试制度的早期,五代的王定保就说过这么一段名言:"科第之设,草泽望之起家,簪绂望之继世。孤寒失之,其族馁矣;世禄失之,其族绝矣。"①意思是说,清寒的家族希望靠考上进士改变家族命运,世家大族也希望通过考上进士继续维持其社会地位,无论是寒门还是世禄之家,科举及第与否都关系重大。

与传统中国社会的科举类似,高考为促进当代中国的社会阶层流动起着非常重要的作用。有学者根据北京大学、苏州大学 15 万本科生的学籍卡所载学生父母的职业做量化分析,发现 1949 年以来,中国高等教育领域出现了一场"无声的革命",高等精英教育生源开始多样化,以往为社会上层子女所垄断的状况被打破,工农等社会较低阶层子女逐渐在其中占据相当比重,并成功地将这一比重保持到 20 世纪末。基础教育的推广、统一高考招生制度的建立以及重点中学的设置等制度安排共同推动了无声革命的出现。作者认为"高考制度本身是有利于工农子弟的。传统高考内容与形式有利于文化资本相对缺乏的社会大众,工农子弟可以通过勤学苦练在高考中取得好成绩,以考分作为高校招生的唯一标准部分保护了社会中下层子弟"②。

高等教育大众化之后,曾经是少数人特权的接受高等教育机会,已经是"旧时王谢堂前燕,飞入寻常百姓家",高考改变命运、促进社会阶层流动的功能有所减弱。但无论时代如何变迁,在具有深厚考试文化传统的中国,高考仍然是适应国情的考试制度。走向高等教育普及化阶段的高考制度,仍然具有促进青少年努力向学、促进社会阶层流动、维护教育与社会公平、维护社会秩序的功能,只要不断改革完善、与时俱进,高考在中国就会有长远的生命力。

原载《高等教育研究》2019 年第 11 期

---

① 王定保:《唐摭言》,上海古籍出版社 1978 年版,第 97 页。
② 梁晨等:《无声的革命:北京大学与苏州大学学生社会来源研究(1952—2002)》,《中国社会科学》2012 年第 1 期。

历史制度主义视角下我国中小学教师工资制度：变迁与反思

◎高爱平 *

摘　要：中小学教师工资制度事关新时代教师队伍的建设与稳定，关系到教育的质量与发展。我国中小学教师工资制度的变迁历程，依其特点可划分为五个发展阶段。从历史制度主义的视角看，影响我国中小学教师工资制度变迁的深层结构包括宏观教育政策、社会经济制度以及思想文化观念；路径依赖因素包括高昂的设置成本、报酬递增、合法性、适应性等；教师工资制度变迁的动力则主要来源于教师、学校、社会三者之间利益的博弈。与此同时，教师工资改革在落实过程中，依旧存在教师总体收入水平不高，教师绩效工资标准不合理等问题。鉴于此，落实义务教育阶段教师工资制度，必须合理界定政策目标、调整工资分配标准、协调各方利益诉求。

关键词：中小学教师工资；历史制度主义；制度变迁

教育者，非为已往，非为现在，而专为将来。教育活动的专业性以及教育对象的特殊性决定着教师工作的重要性。教师的薪资收入水平不仅影响着教师职业对优秀人才的吸引力，也影响到教育行业对人才的挽留。因而，教师的工资待遇直接影响到中小学师资队伍的来源和稳定，是吸引和挽留高质量人才的关键因素。[①] 自2009年1月1日起，我国中小学开始实行岗位绩效工资制，奠定了我国中小学现行教师工资制度的基本格局。教师绩效工资制改革十年以来，教师工资总体水平得到了一定提升，改革取得了一定成效。但是，对于当前的教师绩效工资制度，其在具体实施过程中也不乏抱怨之声。当前对教师工资的批评主要集中在以下两个方面：其一，教师收入总体水平依旧有待提升。中小学教师工资与发达国家同等教育阶段教师工资相比，仍有较大的差距；且包括福利、津贴等在内的中小学教师收入总体水平依旧未实现"不低于或高于公务员收入"的目标；此外，一些地区在改革后，教师工资甚至不升反降。其二，部分学校教师绩效工资标准制定不合理，分配方式不够完善，主

---

　　* 作者简介：高爱平，华中师范大学硕士研究生。

　　① X. An, "Teacher Salaries and the Shortage of High-Quality Teachers in China's Rural Primary and Secondary Schools", *Chinese Education & Society*, 2018, 51(2).

要表现在绩效工资未发挥其应有激励效用。2018年,国务院《关于进一步调整优化结构提高教育经费使用效益的意见》中明确指出,"力争用三年时间解决义务教育阶段教师工资待遇问题,凡未达到要求的地区要限期整改达标,财力较强的省份要加快进度"①。鉴于此,本文旨在回顾我国中小学教师工资的变迁历程,分析变迁过程中各种因素的相互作用,进而从历史的角度去探讨当前教师工资问题的成因及解决措施。

一、历史制度主义分析框架

20世纪80年代开始兴起的历史制度主义作为新制度主义的主要流派之一,已成为当前政治研究的一个重要流派。1944年,波兰尼(K. Polanyi)在《大转型》一书中从制度解释的角度分析了市场嵌入和社会双向运动的现象,被视作历史制度主义的源头。② 1992年,凯瑟琳·西伦(K. Thelen)和斯文·斯坦莫(S. Steinmo)在《比较政治学中的历史制度主义》一文中,首次明确提出了历史制度主义的概念。③ 20世纪90年代末以来,历史制度主义在理论总结和实证研究上都得到了进一步的拓展和深化。历史制度主义是针对20世纪六七十年代政治学中典型的政治和结构功能主义的群体理论而发展起来的。历史制度主义借鉴了这两种方法,但又力图超越它们,其在政治学传统的基础上,赋予了政治制度以重要性。历史制度主义者认为,所谓制度,是指政治或政治经济组织结构中的正式或非正式程序、惯例、规范和传统。这里所指的制度的范围很宽泛,可以是宪法的秩序规则、官僚机构的运行程序,也可以是管理工会的行为、银行与公司关系的公约等。一般来说,历史制度主义者将制度与正式组织所颁布的规则或惯例联系起来。④

历史制度主义作为新制度主义的一个重要分支流派,不再是从静止的、规范的角度去看待某一制度,而是注重制度发展的历时性,力图从历史的角度去思考制度如何发生变迁,并发现制度变迁背后的推动力量。历史制度主义研究者认为,制度既是自变量又是因变量,旨在通过对历史过程的追踪来解释社会事件。作为自变量的制度,其产生的政治、经济、文化等作用是研究者所关注的内容。对于制度是在何种背景下产生,何种动力驱动了制度的变迁等问题,制度则是作为因变量被纳入了历史制度主义的研究范畴。历史制度主义的代表

---

① 国务院办公厅:《关于进一步调整优化结构提高教育经费使用效益的意见(国办发〔2018〕82号)》,参见网站:http://www.gov.cn/zhengce/content/2018-08/27/content_5316874.htm.

② 刘圣中:《历史制度主义:制度变迁的比较历史研究》,上海人民出版社2010年版,第81页。

③ 刘圣中:《历史制度主义:制度变迁的比较历史研究》,上海人民出版社2010年版,第95页.

④ P. A. Hall,"Rosemary C. R. Taylor. Political Science and the Three New Institutionalisms",*Political Studies*,1996,44(5).

人物彼得·霍尔(P. Hall)和罗斯·玛丽·泰勒(R. C. R. Talor)概括了历史制度主义的四大特征:(1)历史制度主义倾向于在相对广泛的意义上来界定制度与个人行为之间的关系;(2)强调在制度的运作和产生的过程中权利的非对称性;(3)分析制度的建立和发展过程中强调路径依赖和意外后果;(4)他们尤其关注将制度分析和能够产生某种政治后果的其他因素整合起来研究。[①] 据此,有研究者总结出历史制度主义对政策研究的三重意义:历史制度主义的制度观对政策研究具有解释性意义;历史制度主义的历史观对政策研究具有描述性意义;历史制度主义的方法论对政策研究具有建构性意义。[②]

历史制度主义为我们研究制度的起源和变化,提供了一个基于历史的、强有力的分析框架,进而为政策的制定给予了深刻的认识。[③] 基于历史制度主义的基本观点及其研究特点,以历史制度主义理论作为分析工具,有助于我们更加深刻地理解中小学教师工资制度变迁的历史逻辑,掌握这一制度变迁的内在规律,进而为当前绩效工资改革中问题的解决找寻出路。

二、中小学教师工资制度的变迁历程

新制度主义包括历史制度主义、理性选择制度主义和社会学制度主义三大主要流派,其中,历史制度主义最能代表其特点和主张。相较于新制度主义的另两大流派,历史制度主义更加侧重于从中观层面去分析制度,更加注重将历史的维度纳入制度分析的范畴。分析我国中小学教师工资制度变迁的逻辑关系,还需厘清新中国成立以来这一制度演变的历史脉络。在历史制度主义者看来,一项制度的变革的机会往往出现在某一短暂的时刻,而在这之后则是一段较长时间的稳定期。据此,可依据中小学教师工资制度不同阶段的主题特征,以其制度转折的关键年份为时间节点,将其划分为以下五个历史阶段。

第一阶段为事业单位工资制的建立时期(1949—1956)。这一阶段的中小学教师工资制度逐步废除了新中国成立初期混乱的、不合理的工资制度,确立了统一的工资单位、分配方式,制度标准趋于统一。新中国成立之初,受物质条件的限制,在老解放区实行供给制,新解放区的教职工则是实行以实物(小米)为工资的制度。1952 年 7 月,教育部发布《关于调整全国各级各类学校教职工工资的通知》,并规定从当年 7 月起,全国高等、中等、初等学校教职

---

① 薛晓源、陈家刚:《全球化与新制度主义》,社会科学文献出版社 2004 年版,第 196 页。

② 庄德水:《论历史制度主义对政策研究的三重意义》,《理论探讨》2008 年第 5 期。

③ E. M. Immergut,"Karen M. Anderson. Historical Institutionalism and West European Politics",*West European Politics*,2008,31(1).

工实行以工资分为单位的工资标准,并确立了35个工资等级。1955年,国务院颁布《关于国家机关工作人员全部实行工资制和改行货币工资制的命令》,相应地,我国高等学校、中等学校以及初等学校教职工的工资标准也由工资分变为货币工资标准。至此,我国中小学教师工资单位确立为货币工资标准。1954年,相继颁布了《关于修订全国中等学校教职员工工资标准及有关事项通知》和《关于修订全国初等学校教职员工工资标准及有关事项通知》,进而废除了东北、内蒙古和上海等地区性的工资标准。至此,除台湾省和西藏自治区外,全国各级学校教职工工资分配方式趋于统一。同时,这一阶段通过提升教师工资级别,加发物价津贴等方式,教师工资收入也得到了一定的提升。①

第二阶段为职务等级工资制阶段(1956—1985)。1956年,我国正处在社会主义改造和建设的高潮时期,为了调动人民的工作积极性,完成五年计划目标,我国进行了一次全国性的工资制度改革。因而,1956年作为一个关键的时间节点,我国中小学教师工资制度进入了第二个历史阶段。1956年7月,我国颁布《关于1956年全国普通教育、师范教育事业工资改革的指示》,规定了我国各级各类学校教职工实行职务等级工资制。同时,依据我国的经济发展水平和按劳分配原则,此次改革确立了全国学校教学人员、行政职员、教学辅助人员、全国中等专业学校教学人员、职工、全国中学教员、行政人员、全国小学教员、行政人员等九个工资标准表。改革之后的教师工资制度,步入了一段较长时间的平稳期。在这期间,我国教师工资制度没有进行大的变革,制度的完善主要表现为教师工资待遇的提升。例如,1959年教师工资的升级面,高等学校和中等专业学习为5%,普通中学为4%;1960年,高等学校教师工资的升级面为40%,普通中、小学为25%。1977年,对相当于国家机关18级以下干部的教职工,按40%的升级面调整工资级别。1981年,颁布了《关于调整中小学教职工工资的办法》进一步改善了中、小学教职工工资待遇。②

第三阶段为结构工资制阶段(1985—1993)。这一阶段的改革重点是打破了先前“一刀切”的等级工资制,引入了奖励工资、教龄工资等。1985年8月3日,《关于高等学校、中等专业学校、中小学教职工工资制度改革问题的通知》规定,各级各类学校教职员实行以职务工资为主要内容的结构工资制。其中,职务的名称包括教学人员和行政人员。结构工资则包括基础工资、职务工资、工龄津贴和奖励工资四个部分。在确立了结构工资制之后,又颁布了一系列文件,对这一制度进行调整与完善。如1988年2月14日颁布的《关于中小学教师职务工资标准问题的通知》,规定从当年10月起在此工资标准的基础上将中小学教师工资

---

① 《中国教育年鉴》编辑部:《中国教育年鉴(1949—1981)》,中国大百科全书出版社1984年版,第106页。
② 《中国教育年鉴》编辑部:《中国教育年鉴(1949—1981)》,中国大百科全书出版社1984年版,第107页。

标准提高 10％,教师工资进一步得以提升。①

第四阶段为义务教育职务(技术)等级工资制阶段(1993—2006)。1993 年 11 月,《国务院关于机关和事业单位工作人员工资制度改革问题的通知》规定了包括义务教育在内的事业单位实行地区津贴制度,进而拉开了新一轮工资改革的序幕。这一阶段的教师工资制度改革,明确了等级工资与津贴工资比例,建立了义务教育教师正常增资制度,加入了艰苦地区津贴制度,教师工资分配更趋公平,工资分配地区差异缩小。1994 年 2 月 5 日,人事部、国家教委印发了中小学贯彻《事业单位工作人员工资制度改革方案》的实施意见,规定新的中小学工资制度总称为中小学职务(技术)等级工资制。在这一制度下,教师工资被划分为职务(技术)等级工资和津贴两部分,二者占比分别为 70％和 30％。前者主要体现教师的工作能力、责任、贡献、劳动的繁重与复杂程度,后者则主要体现各类教师的岗位工作特点、劳动的数量和质量。②

第五阶段为岗位绩效工资制阶段(2006 年至今)。这一阶段的教师工资制度改革强调了教师工资激励导向作用的发挥,教师收入待遇进一步得以落实。2006 年,人事部、财务部、教育部关于印发《高等学校、中小学、中等职业学校贯彻〈事业单位工作人员收入分配制度改革方案〉三个实施意见》的通知,规定义务教育阶段教师工资实行岗位绩效工资制。以此为关键时间节点,我国中小学教师工资制度进入新的阶段。岗位绩效工资制规定教师工资包括岗位工资、薪级工资、绩效工资和津贴补贴四部分。其中,岗位工资主要体现教师的职责和要求;薪级工资则主要体现教师的工作表现和资历;绩效工资主要体现教师的实际业绩和贡献;津贴补贴则包括艰苦边远地区津贴和特殊岗位津贴补贴。③ 2016 年,国务院办公厅《关于印发机关、事业单位工资制度改革三个实施办法的通知》规定了正常升级制度,并指出定期调整工资标准,工资制度进一步完善。④

---

① 财政部文教行政财务司:《社会文教行政财务制度选编(1987.1—1988.12)》,中国财政经济出版社 1989 年版,第 147 页。

② 人事部、国家教育委员会:《关于印发高等学校、中小学、中等专业学校贯彻〈事业单位工作人员工资制度改革方案〉三个实施意见的通知》(人薪发〔1994〕8 号),《河南教育年鉴》编纂委员会编:《河南教育年鉴 1995》,河南教育出版社 1995 年版,第 128-138 页。

③ 人事部、财政部、教育部:《关于印发〈高等学校、中小学、中等职业学校贯彻〈事业单位工作人员收入分配制度改革方案〉三个实施意见〉的通知》(国人部发〔2006〕113 号),参见网站:http://hr.ccnu.edu.cn/info/1003/1289.htm.

④ 国务院办公厅:《国务院办公厅关于印发机关、事业单位工资制度改革三个实施办法的通知》(国办发〔1993〕85 号),参见网站:http://www.gov.cn/zhengce/content/2016-10/18/content_5120938.htm? from＝timeline&isappinstalled＝0.

三、中小学教师工资制度变迁的理论阐释

基于历史制度主义理论的分析方法及我国中小学教师工资的变迁历程,本文拟从制度变迁的深层结构、路径依赖和动力机制三方面入手,从而完整地阐释共和国成立以来中小学教师工资制度变迁的内在逻辑。

(一)中小学教师工资制度变迁的深层结构分析

历史制度主义认为,制度是一种政治产品,特定制度的供给深深嵌入社会制度的深层结构中,与社会整体制度体系存在着耦合关系。[①] 对深层结构的分析,有助于我们发现制度生成与演变过程中具有普遍意义的因素。从这一维度来看,我国中小学教师工资制度变迁过程中呈现出与宏观教育政策、社会经济制度以及思想文化观念的互动关系。

政治上,中小学教师工资制度的变革与宏观教育政策存在耦合关系。1985 年《中共中央关于教育体制改革的决定》指出,依据地方负责、分级管理的原则,有步骤地实施九年制义务教育。1986 年,我国颁布了《义务教育法》。为壮大义务教育师资力量,稳定义务教育师资队伍,1985 年我国实施了教师结构工资制改革,并将教龄工资纳入教师工资。1993 年《教师法》颁布,保障了中小学教师的社会地位,并规定教师工资应不低于当地公务员工资。相应的,1993 年教师工资制度改革规定,中小学教师工资实行包括等级工资和津贴在内的职务技术等级工资。改革有效地改善了教师收入水平,教师工资分配也更趋公平。2006 年,修订后的《义务教育法》颁布实施,规定了义务教育以县为主、省级统筹的管理体制,明确了包括教师工资在内的教育经费保障机制。2006 年,我国中小学开始实行教师绩效工资制度,致力于教师收入待遇的提升以及教学积极性的调动。不难看出,教育工资制度的变迁受宏观教育政策的影响,同时是对一定发展阶段教育现状和发展目标的反映。然而,当前教师绩效工资在具体实施过程中,由于缺少对教师工资改革背后宏观教育政策的关注,进而导致了工资改革与教育政策目标相分离的现象。如部分学校仅将教师工资制度改革作为工资制度的调整,而未与学校的教学目标、教师的专业成长相联系,因而奖励性工资在落实过程中沦为宣言式表述,与调动教师积极性初衷相偏离。

经济上,中小学教师工资制度的变革受社会经济体制的制约。新中国成立之初,百废待兴,物质条件匮乏,我国实行的是计划经济体制。新中国成立初期的教师工资制度随着国民

[①] 牛风蕊、沈红:《建国以来我国高校教师发展制度的变迁逻辑——基于历史制度主义的分析》,《中国高教研究》2015 年第 5 期。

经济的恢复,逐渐统一了工资标准,采取的是"一刀切"式的等级工资制。从党的十二大到党的十三大,我国逐步确立了"按劳分配为主体,多种分配方式并存"的分配制度,十四大进一步指出要"体现效率优先,兼顾公平"的基本原则。在社会经济体制的指引下,我国教师工资制度也做出了相应的改革。从 1985 年的结构工资制改革到 1993 年的职务技术等级工资制改革,再到 2006 年的绩效工资制改革,我国中小学教师工资制度逐渐打破了绝对平均主义的分配方式,教师工资分配更加注重效率和公平,体现出"多劳多得,优劳优得"的分配原则。但是,"一刀切"式的平均主义分配方式也给当前绩效改革带来了困难。一方面,受平均主义观念的影响,绩效工资制度在一些学校的落实过程中往往"有名无实",沦为"新平均主义";另一方面,教师受传统平均主义观念的影响,在绩效工资改革中往往会产生心理的落差。

文化上,中小学教师工资制度的变迁受思想文化观念的影响。随着经济的发展,人们的思想观念也随之发生变化。"铁饭碗"的观念逐渐被打破,"多劳多得,优劳优得"的观念开始为人们所接受。随着社会的发展,人们由追求绝对平均主义的公平到提倡有效率的公平,公平的观念也悄然发生着变化。相应的,中小学教师工资分配也随之变迁,并逐步引入了结构性工资、奖励性工资、绩效工资。教师工资分配更加注重教学效率的提高、教师工作积极性的调动。但是,受传统的人事管理观念的影响,各学校在教师工资制度落实的过程中,往往只见"事"不见"人",忽视了教师自身的发展诉求。各学校在制定教师绩效工资标准时,往往忽视了教师自身的专业发展需求,教师工资标准未能满足教师自我实现的需要,且一线教师对于标准制定的参与性不足。

(二)中小学教师工资制度变迁的路径依赖分析

制度的变迁不是突然降生的,而是基于历史传统上的继承和延续。历史制度主义认为,制度再生产不是突然断裂式的,而是在原有制度的基础上调整、提高、转换和增强的,原有的制度发挥着重要的路径依赖功能。[①] 我国中小学教师工资制度在其变迁的过程中同样存在着路径依赖现象,且路径依赖也在一定程度上成为阻碍制度变革和前进的力量。本研究拟从实用性及合法性的角度来探究中小学教师工资制度演变中路径依赖的缘由。

从实用性角度来看,我国中小学教师工资制度的变迁具有高昂的设置成本,且存在着回报递增现象。新中国成立以来,我国中小学教师工资制度经历了 70 年的发展,投入了大量的人力、物力、财力,且通过不断地修改与完善,已形成了结构完备的制度体系。因此,巨大的投入成本导致现有的教师工资制度的退出成本较高,因而也降低了其退出概率。此外,制度的变迁同样存在报酬递增和自我强化的现象。所谓报酬递增,是指制度沿着特定道路每

---

① 刘圣中:《历史制度主义:制度变迁的比较历史研究》,上海人民出版社 2010 年版,第 129 页。

一步行动产生出的结果都对下一步非常有吸引力。① 在正反馈机制的作用下,递增的报酬会使得制度产生自我强化,进而进入锁定状态。中小学教师工资在改革前实施的等级工资制极大地简化了评估过程、省时省力,部分中小学在这一过程中不断自我强化,进而造成了我国当前教师绩效工资制度实施的困难。具体表现在,一些学校依旧遵循着简单量化的评估方式,评价标准单一,个别学校教师绩效工资沦为了考勤工资。评估过程片面依赖显性指标,忽视了教师的差异性,激励作用难以发挥,绩效工资有名无实。

从合法性的角度来看,制度因为行动者对正义和适当性的追求而开始再生产,价值不一致、信念的概念不同都会促使制度变迁。② 我国中小学教师工资制度的变迁满足了人们对公平的追求。随着时代的发展,人们由追求"绝对平均的公平"到追求"有效率的公平",教师工资的分配也由等级工资转向绩效工资,满足了人们对公平的期待。随着我国中小学教育的发展以及义务教育的普及,师资队伍不断壮大,学校对优秀人才的需求越来越高。我国中小学教师工资制度的改革,致力于教师收入的提高、教学积极性的调动,极大地迎合了学校、社会对优秀人才、教学效率的需求。但是,另一方面,也由于人们习惯了自上而下式的评估体制,学校在制定具体的绩效工资评估标准时,往往由行政管理人员制定,一线教师参与度低,教师切身需求难以表达。

(三)中小学教师工资制度变迁的动力机制分析

历史制度主义认为,制度的变迁是多种因素相互作用的结果。其重要特点就在于权利的不平等性,这种不平等进而造成了权利的非对称性和多元主体间的相互博弈。制度的动力机制分析,就是试图从微观行动者的视角分析不同行动主体之间的权力博弈,通过分析不同行动主体由于稀缺资源角逐,而造成制度演变过程中出现权力非对称性,以揭示制度变迁的内在动力。③ 回顾我国中小学教师工资制度的变迁历程,可以发现教师、学校、社会所代表的不同利益群体的博弈。

以满足教师职业期待为目标的教师工资制度变迁。新中国成立之初,我国教师工资分配方式单一,总体水平较低,难以满足教师的职业期待。回顾我国中小学教师工资制度的变迁,不难发现,教师工资与公务员工资收入的差距在不断缩减,教师总体收入水平也呈上升趋势。有研究者的研究表明,中小学教师工资除在几次大的工资制度改革中有很大的提升之外,其他年份的工资增长速度都高于 GDP 增长速度。④ 教师工资水平的提升很大程度上

---

① 周光礼、吴越:《我国高校专业设置政策六十年回顾与反思——基于历史制度主义的分析》,《高等工程教育研究》2009 年第 5 期。

② 刘圣中:《历史制度主义:制度变迁的比较历史研究》,上海人民出版社 2010 年版,第 129 页。

③ 潘懋元、朱乐平:《高等职业教育政策变迁逻辑:历史制度主义视角》,《教育研究》2019 年第 3 期。

④ 安雪慧:《我国中小学教师工资水平变化及差异特征研究》,《教育研究》2014 年第 12 期。

满足了教师对收入的期待,但是部分学校在制定具体分配标准的过程中往往忽视了教师的职业发展期待。主要表现在标准制定前,教师的参与度低,教师需求难以被倾听;教师工资评价标准往往忽视了教师工作的特殊性,师风师德等非显性因素易被忽略;教师工资评估结果沟通效果不佳,评估结果仅作为工资发放的依据,而没有针对每个教师的问题进行及时的沟通反馈,不利于教师的专业成长。

以实现学校战略发展为目标的教师工资制度变迁。从历史制度主义观点来看,作为自主结构的学校,也有其自身的逻辑和利益需求。回顾我国中小学教师工资制度改革历程,可以发现,教师工资制度由统一划分的等级工资制到绩效工资制,学校获得了越来越多的自主权。学校可以在国家给出的指导性文件的意见下,依据本校的发展目标和长远规划,将教师绩效工资评估标准与自身发展愿景相联系。有研究者指出,当前教师工资实施的问题则在于,学校奖励性绩效工资体系与学校的战略发展目标相脱节,一些学校仅是简单化执行国家政策,而不是纳入学校发展体系之中。[①] 因而,一些学校在落实教师工资制度的过程中,未充分体现学校自身的利益需求。

以适应社会发展为目标的教师工资制度变迁。教育水平的提升与社会的发展关系密切。新中国成立以来,随着我国经济水平的提升,社会主义市场经济的确立,社会的发展急需高质量的人才。学校是人才输送的来源,而这也相应地提高了对教师素质的要求。教育的发展需要吸引更多优秀人才加入中小学教师队伍。此外,义务教育的普及也对师资队伍的扩大和稳定提出了要求。教师工资的提升有利于吸引更多优秀人才加入义务教育师资队伍,而公平、合理的教师工资分配标准则为师资队伍的稳定提供了保障。

四、中小学教师工资制度变革的路径选择

研究表明,教师工作满意度是教师留任、教师承诺以及学校效率的决定性因素,而教师工资则是影响中国教师工作满意度的重要因素。教师工作不满意的主要原因表现在,投入的精力与获得的报酬不成正比,教师工资比其他行业低,等等。[②] 中小学教师工资关系到义务教育师资力量和师资队伍的稳定,是改善义务教育质量的重要手段。2019 年 9 月,教育金秋系列发布会明确指出,要加大投入,优先保障,支持新时代教师队伍建设。并强调,应以义务教育为重点,督促各地优先落实义务教育阶段教师工资收入政策,力争到 2020 年解决义

---

① 孟卫青:《义务教育学校奖励性绩效工资制度设计的研究》,《教育研究》2016 年第 2 期。

② S. Liu,"Anthony J. Onwuegbuzie. Teachers' Motivation for Entering the Teaching Profession and Their Job Satisfaction: A Cross-cultural Comparison of China and Other Countries",*Learning Environments Research*,2014,17(1).

务教育阶段教师工资待遇问题。[①] 在此时间节点,基于历史制度主义理论,通过对新中国成立以来我国中小学教师工资制度的历史脉络分析和理论阐释,可以为我们解决问题、实现目标提供以下建议。

(一)合理界定政策目标,平稳落实教师工资制度

落实现阶段义务教育教师工资收入政策,需要我们合理界定政策目标,进而具体到行动。通过对中小学教师工资制度的深层结构分析可以发现,教师工资制度与宏观教育政策、社会经济制度以及思想文化观念存在着耦合关系。因而,在落实工资政策时,需要我们深入理解制度变迁背后的政治、经济、文化等因素,从而更好地把握政策的目标。

就当前中小学教师绩效工资制度而言,其目标是提高待遇,还是提高绩效,是在政策落实中需要权衡的问题。若将政策目标单纯地理解为提高绩效,人为地将教师工资划分为70％和30％,则会导致部分学校的教师工资不升反降,教师易产生工资"被剥夺感",进而挫伤教学积极性。相反,如果将政策的目标仅界定为提高待遇,一味地加大财政上的投入而忽视了工资分配标准和方法的调整,则易导致"新平均主义",难以发挥工资的激励效用。通过对制度背后深层结构的把握,不难发现,教师工资制度改革是教育与社会发展相适应的产物。社会的发展要求教育不断优化师资队伍、改善教学效率以适应社会政治、经济制度的变迁。反映在教师工资制度上,则需要提高教师收入待遇以吸纳优秀人才,调整教师工资分配方式,进而最大限度地调动教师的教学积极性。因而,"提高待遇"和"提高绩效"二者并非对立关系,而是一个目标的两个向度,是一个长远目标中的两个阶段性目标。[②] 对此,可以加大对教师工资的财政投入,坚持教育优先发展战略,在保障教师基础性工资不变的情况下,额外增加30％作为奖励性绩效工资。在保证教师原有收入的基础上适当拉开差距,从而实现"提高待遇"与"提高绩效"的双重目标。此外,中小学教师工资制度的落实还受思想文化观念的影响。平均主义观念、传统人事管理思想等因素制约着制度的落实。对此,还需加强对政策目标的宣传解读,增进学校管理者、学校教师等对绩效工资制度的理解。学校在制定具体的绩效工资分配标准时,应在反映政策目标的基础上,科学界定各考核指标及其相应比重,进而最大限度地实现预期目标,促进绩效工资制度平稳落实。

(二)调整工资分配标准,打破路径依赖消极影响

我国中小学教师工资制度在落实的过程中,均呈现出明显的路径依赖的现象,因而也导致绩效工资制度未达到预期效果。从实用性和合法性角度分析,路径依赖带来的问题主要

---

① 教育部:2019教育金秋系列发布会,参见网站:http://www.moe.gov.cn/fbh/live/2019/51106/.
② 陈秋苹:《理性与德性:教师绩效工资政策执行要素分析》,《教育理论与实践》2011年第10期。

表现在不合理的绩效工资评价标准。例如,部分学校评价标准单一,"一刀切"式的评价标准难以体现不同学科、不同年级、不同教师工作的差异性;评价标准片面依赖可量化的显性指标,对于教师的工作态度、师风师德、专业成长等难以量化的指标,往往采取忽视态度。

打破路径依赖的消极影响,还需建立科学合理的绩效工资评估制度体系。首先,绩效评估方案的制定需打破自上而下的评估体制,应体现多元主体的参与,更多地将教师、家长、学生等纳入绩效评估标准的制定过程中。其次,应打破僵化的评估方式,采取多样的绩效考核手段。不以学生成绩升降为唯一考核标准,而应对教师的课堂实践、课堂管理和专业发展等情况进行全面评估。绩效工资的评估标准应以教师为主体,体现教师工资对教师专业成长的促进作用。避免片面依靠易于测量的指标,而应将目光更多地转向需被测量的指标。同时,由于教育对象的特殊性和教师工作的复杂性,因而在关注对教师工作的结果性评价的同时,也应注重对教师工作的过程性评价。对此,可采取多种评估方式,如通过口头、书面、视频的材料对教师进行全面观察,进而公正客观地评价教师的绩效表现。[①] 最后,对于不同年级、不同学科、不同岗位的教师,应体现出绩效评估标准的差异性。科学设置教师岗位,对于从事不同职务的教师,可划分出管理岗、一线教师岗、教辅岗等不同岗位,并采取不同的工资标准。对于不同岗位的教师工资标准,在其内部划分绩效等级,不同等级对应不同指标,进而发挥教师绩效工资的激励效用。相应地,由于不同学科、不同年级教师的教学方法、教学重点各有不同,因而也可以以学科、年级为依据,划分出不同群体工资标准,并在群体内部划分出工资等级。

(三)协调各方利益诉求,发挥教师工资应有效能

历史制度主义的最大贡献可能就在于它帮助我们理解利益是如何建构的,其为我们理解制度是如何构建行为主体及其利益的、认知和观念等因素又是如何构建利益的等等,提供了分析方法。[②] 回顾我国中小学教师工资的变迁历程,可以发现教师、学校、社会等不同利益群体之间的博弈。

作为教师,有其收入提升和专业发展的职业期待,但当前绩效工资制度的落实中往往忽视了教师对专业成长的期待。对此,可以建立由一线教师、学校管理层、学生家长等共同组成的绩效工资评估小组,让教师更多地参与到绩效工资标准的制定过程,充分表达自身的利益诉求。此外,绩效工资标准不仅仅是教师工资发放的依据,也应成为促进教师专业发展的手段。在绩效工资评估后,学校应给予教师及时反馈,加强评估后的沟通和交流,有针对性

---

① 李先军:《美国中小学教师绩效工资制度的成功经验及其启示》,《外国教育研究》2013 年第 5 期。

② E. M. Immergut,"Karen M. Anderson. Historical Institutionalism and West European Politics",*West European Politics*,2008,31(1).

地分析不同教师的优点和不足,促进教师专业成长。从学校的角度来看,义务教育学校可将自身发展目标纳入教师工资评估标准之中,而非单纯地将教师工资作为人事考核标准。通过标准的制定来实现自身发展愿景,将学校自身的办学目标和价值导向与教师的个人绩效联系起来,发挥教师绩效工资在学校发展中的作用,进而满足学校自身的利益诉求。就社会方面而言,与其他行业相比,教师工资水平的高低是影响教师供给的决定因素,教师数量的有效供给和教师队伍素质很大程度上又决定了教育的质量和水平。[①] 因而,改革工资制度的目的则是为了优化和稳定义务教育师资队伍、改善义务教育质量。对此,在改革工资制度的同时,还应建立相应的配套系统,如教师工资制度落实监督系统、评价反馈机制等,不断调整和改进相关的政策标准,从而保障教师工资制度切实落实到位,充分发挥教师工资应有效能。

原载《汉江师范学院学报》2020 年第 3 期

---

① 汪树坤:《义务教育教师工资福利及补助支出差异研究——基于 2001—2017 年全国 31 个省(市、区)的面板数据》,《教育与经济》2019 年第 4 期。

新中国 70 年中小学体育课程改革的历史经验

◎彭泽平 李 礼 罗 珣*

摘 要：新中国成立 70 年来，我国在中小学体育课程改革方面积累了如下宝贵的历史经验：(1)重视体育课程的育人价值，始终把体育课程改革放在学校体育工作的重要位置；(2)将立德树人作为体育课程改革的根本任务和宗旨，保障体育课程改革的正确方向；(3)在体育课程改革中将立足我国实际与借鉴外国先进经验相结合；(4)信任、依靠教师，充分调动广大体育教师的工作积极性；(5)重视体育课程实验，力求体育课程改革稳步推进；(6)推进体育课程研究，积极服务中小学体育课程改革；(7)立足我国基本国情，在体育课程改革上坚持统一性与灵活性相结合；(8)加强课程改革的组织领导，为体育课程改革提供组织保障；(9)坚持"以人为本"的价值取向，凸显正确的课程价值选择。这些经验对今后我国基础教育体育课程改革仍然具有重要指导意义。

关键词：新中国；基础教育；体育课程改革；历史经验

体育课程是学校体育实施的核心途径，是全面发展教育落实的重要载体之一，其对落实立德树人根本任务、培养德智体美劳全面发展的社会主义建设者和接班人具有独特的功能和价值。新中国成立 70 年来，我国在中小学体育课程建设方面取得了令人瞩目的成就，它不仅对基础教育育人质量提升做出了重要贡献，而且还积累了诸多宝贵的历史经验。回顾新中国成立 70 年来小学体育课程建设的历程，可以总结如下主要历史经验。

一、重视体育课程改革的育人价值，始终把体育课程改革放在学校体育工作的重要位置

课程是学校教育的"心脏"，是学校教育培养目标赖以实现的施工蓝图，对学校全面推进

* 作者简介：彭泽平，西南大学教育学部教授；李礼，贵州省从江县第二民族高级中学；罗珣，重庆交通大学纪委办公室工作人员。基金项目：国家社会科学基金(13BTY039)；中央高校基本科研业务费重大培育项目(SWU1509404)；重庆市教育综合改革研究重点课题(18JGZ02)。

素质教育、提高教育质量具有重要影响,课程改革是教育改革的核心与关键所在。新中国成立70年来,党和国家高度重视中小学体育课程改革,始终把体育课程改革视为基础教育课程改革的重要组成部分,将中小学体育课程改革作为学校体育工作的重要部分和基础教育质量提高的关键环节,有力地推动了基础教育质量的提高。

　　早在新中国成立前夕,《共同纲领》就提出:"人民政府应有计划有步骤地改革旧的教育制度、教育内容和教育方法。"[1]随后,教育部颁发了《中学暂行教学计划(草案)》《小学暂行规程(草案)》《中学暂行规程(草案)》《"四二"旧制小学暂行教学计划》《小学体育课程暂行标准(草案)》,规范中小学体育课程设置及其教学。在社会主义改造时期,为服务党在过渡时期的总路线,提高中小学教育质量,从体育是全面发展教育组成部分的认识出发,教育部又颁发了《小学"四二制"教学计划(草案)》《小学"四二制"教学计划(修订草案)》《小学教学计划》《1957—1958学年度小学教学计划》《中学教学计划(修订草案)》等教学计划和《小学体育教学大纲(草案)》《中学体育教学大纲(草案)》,编写了中小学体育教材。改革开放以来,为贯彻、落实先后颁发的《中共中央关于教育体制改革的决定》《中国教育改革和发展纲要》《中共中央国务院关于深化教育改革全面推进素质教育的决定》《中华人民共和国体育法》《面向21世纪教育振兴行动计划》《国务院关于基础教育改革与发展的决定》等文件的精神和部署,党和国家基于对体育课程重要性和价值的认识[2],自20世纪80年代中期以来国家教委(教育部)又颁发了多个中小学教学(课程)计划、中小学体育教学大纲,编写中小学体育教材,深入推进中小学体育课程改革。世纪之交以来,在"为了中华民族的复兴、为了每一位学生的发展"理念指导之下,我国又启动了新一轮义务教育体育课程改革,新一轮义务教育体育课程实验于2001年秋季在全国38个国家级实验区展开,三年后,普通高中体育新课程实验开始启动。基于"基础教育课程承载着党的教育方针和教育思想,规定了教育目标和教育内容,是国家意志在教育领域的直接体现,在立德树人中发挥着关键作用"[3],普通高中体育与健康课程"是普通高中课程体系的重要组成部分……对落实立德树人根本任务,发展素质教育和培养全面发展的人具有独特的功能和价值"[4]的认识,2013年教育部又组织对2003年颁发

---

　　[1]　何东昌:《中华人民共和国重要教育文献(1949—1975)》,海南出版社1998年版,第1页。

　　[2]　如:1992年颁发的九年义务教育小学、初中体育教学大纲强调"体育是义务教育的重要组成部分,体育课是义务教育阶段各年级的必修课程",强调体育课程"不仅对实现学校体育的总目标、增强体质具有重要意义,而且是完成九年义务教育,培养德、智、体全面发展的社会主义建设人才的重要手段之一"。参见课程教材研究所:《20世纪中国中小学课程标准·教学大纲汇编—体育卷》,人民教育出版社2001年版,第687页。

　　[3]　《普通高中课程方案(2017年版)》明确提出本次普通高中课程方案和高中体育与健康课程标准的修订"是深化普通高中课程改革的重要环节,直接关系育人质量的提升"。参见中华人民共和国教育部:《普通高中课程方案(2017年版)》,人民教育出版社2018年版,"前言"。

　　[4]　中华人民共和国教育部:《普通高中体育与健康课程标准(2017年版)》,人民教育出版社2018年版,第1页前言2。

的普通高中课程方案和高中体育与健康课程标准进行修订,于 2017 年底颁发并于 2018 年秋季开始进行实验。在 2018 年教师节召开的全国教育大会上,习近平总书记又明确强调"要树立健康第一的教育理念,开齐开足体育课,帮助学生在体育锻炼中享受乐趣、增强体质、健全人格、锤炼意志"。[①] 新中国成立 70 年来,党和国家始终把体育课程改革视作基础教育课程改革的重要环节和组成部分来加以统筹和推进,有力推动了中小学体育课程改革。

二、将立德树人作为中小学体育课程改革的
根本任务和宗旨,保障体育课程改革的正确方向

在 2018 年教师节召开的全国教育大会上,习近平总书记明确要求"要把立德树人融入思想道德教育、文化知识教育、社会实践教育各环节……学科体系、教学体系、教材体系、管理体系要围绕这个目标来设计"。[②]新中国成立尤其是改革开放以来,党和国家从社会主义事业后继有人和国家长治久安的战略高度出发,始终坚持育人为本、德育为先,把培养德、智、体、美全面发展的社会主义建设者和接班人作为学校教育工作最根本的目标,在中小学体育课程改革始终强调紧扣育人为本、德育为先的宗旨,以立德树人为体育课程改革的根本任务和方向,保障了体育课程改革的成效。

在新中国成立初期中小学体育课程改革中,就强调中小学体育课程改革的目的在于育人。改革开放以来,立德树人作为中小学体育课程改革的根本任务和方向得到进一步明确。如 1992 年 8 月国家教委颁布《九年义务教育全日制小学、初级中学课程计划(试行)》中,该课程计划强调要"贯彻国家的教育方针……对学生进行德育、智育、体育、美育和劳动教育,以全面提高义务教育质量"[③]。1992 年颁发的《九年义务教育全日制小学体育教学大纲(试用)》提出小学体育教学目的是"促进学生身心健康,强化体质,为提高全民族的身体素质奠定坚实基础";同时颁发的《九年义务教育全日制初级中学体育教学大纲(试用)》提出初中体育教育教学的目的在于"增强学生身体素质,促进学生的身心健康发展,培养德、智、体、美全面发展的社会主义的建设者"[④],强调体育课程改革的根本目的在于促进学生身心健康,服务学生全面发展。21 世纪以来,立德树人作为体育课程改革的根本任务和宗旨得到更进一步

---

①② 《习近平:坚持中国特色社会主义教育发展道路 培养德智体美劳全面发展的社会主义建设者和接班人》,人民网—人民日报,2018 年 9 月 11 日。

③ 课程教材研究所:《20 世纪中国中小学课程标准·教学大纲汇编——课程(教学)计划卷》,人民教育出版社 2001 年版,第 372-404 页。

④ 课程教材研究所:《20 世纪中国中小学课程标准·教学大纲汇编——体育卷》,人民教育出版社 2001 年版,第 221-222 页,第 687-688 页。

强调。如 2001 年颁发的《全日制义务教育普通高级中学体育（1—6 年级）体育与健康（7—12 年级）课程标准（实验稿）》明确提出，义务教育体育与健康课程的价值在于：增进身体健康、提高心理健康水平、增强社会适应能力、获得体育与健康知识和技能。在增强社会适应能力方面，要求学生能够"理解个人健康与群体健康的密切关系，建立起对自我、群体和社会的责任感；形成现代社会所必需的合作与竞争意识，学会尊重和关心他人，培养良好的体育道德和集体主义、社会主义、爱国主义精神，学会获取现代社会中体育与健康知识的方法"[1]。2003 年颁发的《普通高中体育与健康课程标准（实验）》则明确指出："体育课程不仅要关注学生有关体育与健康知识、技能和方法的学习，还要充分发挥体育课程的教育功能，在大力提高学生健康水平的同时，促进学生的身心协调发展，更进一步培养学生的爱国精神"[2]，充分凸显了育人为本的主旨。在《义务教育体育与健康课程标准（2011 年版）》中，进一步强调贯彻和落实德育为先、育人为本、能力为重的思想，重视培养学生的创新精神以及实践能力发展，并在体育与健康课程教学的全过程中强调渗透正确的世界观、人生观和价值观。2013年，教育部启动普通高中课程修订工作，修订工作把"全面贯彻党的教育方针，落实立德树人根本任务，发展素质教育，推进教育公平，以社会主义核心价值观统领课程改革，着力提升课程思想性、科学性、时代性、系统性、指导性……培养德智体美全面发展的社会主义建设者和接班人"[3]作为指导思想。在 2017 年底，教育部颁发的《普通高中体育与健康课程标准（2017年版）》中，明确将"落实立德树人根本任务和健康第一指导思想，促进学生健康与全面发展"作为普通高中体育健康课程的首条理念。体育课程以立德树人作为根本任务和宗旨，保障了体育课程改革的正确方向。

三、体育课程改革坚持立足本国实际与借鉴外国先进经验相结合

课程改革不能"闭门造车"，必须积极吸取他国课程改革的成功经验。与此同时，还必须立足于本国的实际和传统，紧扣"本土化的实际"，将继承本国传统、结合自身实际与借鉴外国课程改革先进经验相结合，才能不断推动课程改革的深化。

早在新中国成立初期，在我国中小学体育课程改革中就十分注重学习和借鉴苏联的学

---

① 中华人民共和国教育部：《全日制义务教育普通高级中学体育（1—6 年级）与健康（7—12 年级）课程标准（实验稿）》，北京师范大学出版社 2001 年版。
② 中华人民共和国教育部：《普通高中体育与健康课程标准（实验）》，人民教育出版社 2003 年版，第 1 页。
③ 中华人民共和国教育部：《普通高中体育与健康课程标准（2017 年版）》，人民教育出版社 2018 年版，前言 2。

校体育经验,在当时"以俄为师"的指导方针之下不仅输入了苏联的体育思想和理论,而且翻译、学习了苏联的中小学体育教学大纲、教材和体育教育著作,学习苏联学校的体育教学法,对于当时中小学体育课程体系的建设和体育教学质量提高起到了积极的作用。但由于在学习中没有将苏联的经验与中国的实际相结合,一味地生搬硬套全盘照搬、移植,出现了教条主义的错误。[1] 加之,由于当时对西方资本主义国家和新中国成立前的学校体育经验采取了全盘否定的态度,因而,整体来看,新中国成立初期仍然是处于一种相对封闭的状态,对国外体育教学经验的学习出现了一定的偏差。"文化大革命"结束后,我国开始在中小学体育课程建设上大胆吸取外国先进经验,同时强调与本国实际相结合。如 1977 年 8 月 8 日,邓小平在科学与教育工作座谈会上提出:要重视中小学教育,"关键是教材,教材要反映出现代科学文化的先进水平,同时要符合我国的实际情况"[2],在同一时期的讲话中,他再次提出,"教材非从中小学抓起不可",强调通用教材编写要注意引进国外教材做参考。在邓小平的指示下,1977 年 8 月,教育部开始从美、德、法、英、日等国引进 2200 多册中小学各科教材,其中就含有不少中小学体育教材。党的十一届三中全会召开后,随着我国改革开放大门的开启,学习外国教育经验不仅受到了很大的重视,还获得了强有力的支持。尤其是 1983 年 9 月邓小平为北京景山学校题词:"教育要面向现代化,面向世界,面向未来。"将"教育面向世界"视作民族复兴与教育现代化的必经途径和必然趋势,"三个面向"迅速成为我国新时期教育改革和发展的重要战略方针。在"三个面向"战略方针的指引下,国外终身体育、快乐体育等学校体育思想及其体育课程理念纷纷被引介到国内,我国学校体育与世界体育潮流的碰撞与接触日趋频繁,为我国中小学体育课程建设提供了国际化的参照。在全方位对外开放中,我国中小学体育课程改革积极吸收和借鉴世界发达国家在体育课程上的先进和有益经验,既顺应了国际基础教育体育课程改革的潮流,又推动了我国中小学体育改革的进程。尤其是 21 世纪以来启动的新一轮中小学体育课程改革最为典型,在 2001 年颁发的义务教育课程设置方案、体育课程标准和 2003 年颁发的普通高中课程方案、普通高中体育与健康课程标准中,

---

① 实际上,新中国成立初期学习苏联教育经验还是强调要与中国实际相结合。如 1954 年 3 月 15 日教育部在向全国文化教育工作会议作的报告《全国普通教育与师范教育工作 1953 年的基本总结和 1954 年的方针任务》中提出:"我们的学校进行教学改革,应坚持学习苏联先进经验与中国实际相结合的方针,稳步前进。目前教学改革的重点,应放在教育内容的改革上,即根据社会主义的教育原则,按照辩证唯物论与历史唯物论的观点和理论与实际联系的方法,吸收老解放区的优良经验和苏联的先进经验,并结合我国当前的实际情况,修订中、小学和各级师范学校教学计划,改编教学大纲和教科书。"参见何东昌:《中华人民共和国重要教育文献(1949—1975)》,海南出版社 1998 年版,第 299 页。
② 邓小平:《邓小平文选(第二卷)》,人民出版社 1983 年版,第 52 页。

都在立足我国实际的基础上吸收借鉴了国外体育课程改革的若干先进理念和做法。[①] 在2013年教育部启动的普通高中课程修订工作中,不仅系统梳理和总结了21世纪以来我国普通高中课程改革的经验,而且充分借鉴国际课程改革的优秀成果,最终推出《普通高中课程方案(2017年版)》和《普通高中体育与健康课程标准(2017年版)》。总体来看,两份纲领性教学文件既符合我国实际情况,又具有相当的国际视野。新中国成立尤其是改革开放40年来,中小学体育课程改革坚持立足本国现实与借鉴外国先进经验相结合,使我国中小学体育课程改革取得了良好的成效。

四、充分信任、依靠教师,调动广大体育教师的工作积极性

教师是学校教育的第一资源,是教育变革的主力军,充分信任、依靠教师,重视发挥教师作用,调动教师的工作积极性是一切教育改革取得成效的前提和关键。在体育课程改革中,要保障体育课程改革顺利推进、取得预期成效,必须充分依靠、信任教师,调动广大教师的工作积极性。

早在新中国成立之初,为了保障新中国教育事业的健康发展,党和国家就开展了争取、团结和改造教师队伍的工作。在新中国成立前后,党和人民政府根据党的知识分子政策,对原国统区教师采取了生活上"包下来""政治上信任"的政策,通过思想教育和改造,争取他们能够为新中国教育事业服务,其中就含有不少体育教师。新中国成立之初中小学体育课程启动后,各地又建立体育教师培训制度,通过组织多种类型的中小学体育教师学习、训练班和建立经常性业务学习制度,提高体育教师的思想和业务水平。1951—1953年教育部组织力量翻译苏联中小学体育大纲后,教育部又将中小学体育教学大纲下发各省区市,要求各地组织中小学体育教师学习。可以说在新中国成立初期,学校体育工作和中小学体育课程改革中,党和国家十分重视发挥广大体育教师的作用。到了20世纪50年代后期,由于受到"左"的错误思想的干扰和影响,随着我们党在知识分子问题上出现失误,尤其是在"文化大革命"时期,由于受到极"左"错误思想的影响,给我国中小学体育教师队伍建设带来了极为恶劣的影响,给我国学校体育事业带来了不可估量的损失。

[①] 如《基础教育课程改革纲要(试行)》就是在从调查入手,做好理论准备,组织一大批专家进行大规模抽样调研和广泛的国际比较研究的基础上起草;2003年教育部颁发的《普通高中体育与健康课程标准(实验)》根据课程目标确定课程内容标准,改变了传统的按运动项目划分课程内容和安排教学时数的框架。根据三维健康观、体育自身的特点以及国际体育课程发展的趋势,课程标准在确定课程总目标的基础上,从运动参与、运动技能、身体健康、心理健康和社会适应五个方面描述具体目标,并根据课程目标体系从运动参与、运动技能、身体健康、心理健康和社会适应五个方面构建课程的内容标准,体现了对国际先进体育经验的借鉴。

"文革"结束后尤其是党的十一届三中全会以来,党中央积极为遭受林彪、"四人帮"打击、迫害的教师平反,恢复名誉,摘掉"资产阶级"的帽子,在社会上恢复并提高了教师的地位,强调教育事业的发展必须依靠教师。如 1978 年 9 月教育部颁发的《全日制中学暂行工作条例(试行草案)》《全日制小学暂行工作条例(试行草案)》明确提出:教师是办好学校的依靠力量,要求必须发挥教师在教学中的主导作用,调动教师的积极性。1985 年,中共中央颁发了《关于教育体制改革的决定》,《决定》进一步提出:"改革教育体制要调动各方面的积极性,最重要的是要调动教师的积极性……在教育体制改革中,必须紧紧地依靠教师,认真听取他们的意见,充分发挥他们的作用。"①从此,党和国家确立并大力倡导和落实以尊重知识、尊重人才为核心的教师政策,在政治上给予教师充分信任,在组织上大胆依靠,在工作上放手使用,极大地调动了广大中小学体育教师的主人翁精神和工作的积极性,有力地确保了中小学体育课程改革的开展。1993 年,《中华人民共和国教师法》获得通过,《教师法》明确指出:"各级人民政府应加强教师的培训,改善教师的工作和生活条件,保障其合法权益,提高社会地位。"②《教师法》的颁布和实施,提高了广大体育教师的地位和待遇,保障了广大体育教师的合法权益,一定程度上调动了中小学体育教师的工作积极性。世纪之交新一轮基础教育课程改革启动后,《基础教育课程改革纲要(试行)》又明确指出:"积极鼓励高等院校、科研院所的专家、学者和中小学教师投身中小学课程教材改革。"③新课改不仅强调在课程实施上教师要改变课程计划"忠实执行者"的角色,而且进一步提出教师要参与课程决策,成为课程开发、设计、决策、实施、评价的主体,要求切实加强对中小学教师的课程培训,提出"中小学教师继续教育应以基础教育课程改革为核心内容"④,要求"地方教育行政部门应制定有效、持续的师资培训计划,教师进修培训机构要以实施新课程所必需的培训为主要任务,保证同步进行培训工作与新一轮课程改革的推进"⑤。新一轮基础教育课程改革对广大教师的信任、重视和课程能力的支持,极大调动了广大体育教师的工作积极性,提升了体育教师的课程执行力,便于广大中小学体育教师在课程改革中注入自己创造性的智慧,使新课程的真谛和意义得以在实践层面实质性地体现和展开。2013 年,教育部又启动普通高中课程方案和课程标准修订,在 2017 年底颁布的《普通高中课程方案(2017 年版)》中,又明确提出:普通高中课程实施是一个系统工程,要求各地应根据普通高中课程实施的需要,因地制宜制定相应的政策,提供有力的保障。其中首条便是"加强教师队伍建设",强调要充分调动教师的积极性和创造性。加强教师培训与研修,探索教师专业发展新模式,建立和完善教师专业发展

---

① 《中共中央关于教育体制改革的决定》,参考网站:http://www.huaue.com/fg/fg14.htm. 2019-01-10.

② 何东昌:《中华人民共和国重要教育文献(1991—1997)》,海南出版社 1998 年版,第 3570-3572 页。

③ 何东昌:《中华人民共和国重要教育文献(1998—2002)》,海南出版社 2003 年版,第 909 页。

④ 何东昌:《中华人民共和国重要教育文献(1998—2002)》,海南出版社 2003 年版,第 909 页。

⑤ 何东昌:《中华人民共和国重要教育文献(1998—2002)》,海南出版社 2003 年版,第 909 页。

保障机制。① 诚如加拿大学者麦克·富兰所指出："把教师看作变革的动力并非牵强附会……教师作为变革的动力是想做成任何事情的前提条件""教师是教育变革与社会进步的动力"。对教师的充分信任、依靠以及工作积极性的调动，极大地推动了中小学体育课程改革，促进了新中国学校体育事业的发展。

五、重视体育课程实验，力求中小学课程改革稳步推进

课程改革无小事，它关乎中华民族后代身心健康发展，关乎千家万户的利益，关乎中华民族伟大复兴的大业。在课程改革中要确保改革达到预期目标，就不能有急躁心理，必须杜绝"革命""毕其功于一役"的做法，要认识到课程改革是一个渐进的、继承和革新并存的过程，应当分步、扎实、稳健地向前推进，确保课程改革的顺利进行。

在新中国 70 年基础教育课程改革历程中，我们曾经在某些特定的历史阶段出现过失误。"文化大革命"时期，在课程改革方式上一般采取思想发动，"大批判开路""大鸣大放""放手发动群众"等一套社会政治斗争的方法，违背了课程改革的基本规律，结果给我国的教育和中华民族带来了深重灾难。"文化大革命"结束尤其是改革开放以来，我国在包括体育课程在内的基础教育课程改革上非常重视课程实验②，强调课程改革要"先实验后推广"，力求课程改革稳步推进。如在规范中小学体育课程设置的教学（课程）计划方面，《义务教育法》颁布以后，1986 年 10 月国家教委公布《义务教育全日制小学、初级中学教学计划（初稿）》广泛征求意见。1988 年 9 月，国家教委颁发了《义务教育全日制小学、初级中学教学计划（试行草案）》，经过一段时间试行和修订后，1992 年 8 月，国家教委颁发了《义务教育全日制小学、初级中学课程计划（试行）》并在次年开始在全国逐渐推广。在普通高中方面，1996 年 3 月国家教委颁发了《全日制普通高级中学课程计划（试验）》，于 1997 年秋季开始在山西、江西、天津二省一市开始试验，经过修订完善，2000 年 1 月，教育部颁发了《全日制普通高级中学课程计划（试验修订稿）》，新的高中课程方案在 2000 年秋季开始扩大到全国 10 个省、市继续进行试验。在中小学体育教学大纲方面，1987 年 1 月，国家教委颁发了新修订的《全日制小学体育教学大纲》（六年制）和《全日制中学体育教学大纲》（六年制）。《义务教育法》颁布后，根据《九年义务教育全日制小学、初级中学教学计划（试行草案）》，国家教委组织编写

---

① 中华人民共和国教育部：《普通高中课程方案（2017 年版）》，人民教育出版社 2018 年版，第 14、16 页。

② 实际上，在新中国成立初期我国就有部分地区在开展体育课程试验。如 1951 年东北师范大学体育系组织翻译苏联《体育教育理论》《体育教学法》《运动生理学》和苏联十年制体育教学大纲，1951 年秋，东北师大体育系孙长林就在杨钟秀教授的指导下，在东北师大附小、附中进行以苏联十年制学校体育教学大纲和体育教学法理论为内容的试验。参见李晋裕，滕子敬，李永亮：《学校体育史》，海南出版社 2000 年版，第 20 页。

了《九年义务教育全日制小学、初级中学体育教学大纲（初审稿）》，这套大纲是在 1987 年颁发的过渡性大纲的基础上修订而成，由国家教委于 1988 年 11 月颁布，于 1990 年 9 月至 1992 年 7 月在全国 29 个省、自治区、直辖市进行了两年的试验。1992 年 11 月，国家教委正式颁发了《九年义务教育全日制小学体育教学大纲（试用）》《九年义务教育全日制初级中学体育教学大纲（试用）》《九年义务教育全日制体育与健康教育教学大纲（初审稿供实验用）》。在普通高中方面，1996 年 12 月，国家教委体育卫生艺术教育司颁发了与义务教育相衔接的《全日制普通高级中学体育教学大纲（供试验用）》，这个大纲从 1997 年 9 月起在山西、江西、天津两省一市开始试验。经过试验与修订，2000 年 12 月教育部正式颁发了《九年义务教育全日制小学、初中体育与健康教学大纲（试用修订版）》和《全日制普通高级中学体育与健康教学大纲（试用修订版）》，于 2001 年 9 月起在全国正式实施。世纪之交新一轮基础教育课程改革正式启动以来，新一轮中小学体育课程改革以"积极进取、稳妥推进、先立后破、先实验后推广"为指导方针，无论是义务教育阶段还是普通高中的体育课程都先从部分课程改革实验区开始实验，注意总结课程实验经验，发挥实验区的示范、培训和指导作用，力争做到逐步推广、稳步推进，最终在全国范围内建立并运行新的中小学体育课程体系。经过十年的实验，针对体育课程在实验中暴露出的不足与问题，教育部又组织专家对义务教育体育课程标准、普通高中课程方案和普通高中体育与健康课程标准进行修订，分别于 2011 年、2017 年颁发了《义务教育体育与健康课程标准（2011 年版）》与《普通高中课程方案（2017 年版）》《普通高中体育与健康课程标准（2017 年版）》（普通高中课程方案和课程标准于 2013 年开始修订，2017 年完成）。《普通高中课程方案（2017 年版）》《普通高中体育与健康课程标准（2017 年版）》颁发[①]后于 2018 年秋季开始在全国实验。无论是教学（课程）计划（方案）还是体育教学大纲的实施，改革开放以来党和国家均采取了试验先行、逐步铺开的方针，体现了谨慎、理性的态度与精神，保障了中小学体育课程改革的扎实、稳步推进。

六、重视体育课程研究，积极服务中小学体育课程改革

课程改革是个"严谨""科学"的事业，课程改革要取得预期成效必须充分发挥课程研究的作用，保障课程改革决策的科学性。

在新中国 70 年中小学体育课程改革中，党和国家十分注重体育课程研究，在课程方案、课程文本、课程决策出台过程中大力提倡课程研究先行。如 1954 年 11 月，教育部成立了体

---

① 普通高中课程方案和标准的修订，就经历了广泛深入调研、精心组织修订、广泛征求意见、落实十九大精神继续修订完善、国家教材委员会审查把关五个主要环节。

育教材编辑组,编订全国统一的中小学体育教学大纲。编辑组进行了深入的调查研究,总结各地体育教学改革的经验,收集了几十万个数据,为编订中小学体育教学大纲提供了科学依据。体育组在较为系统全面地研究了苏联的相关资料后,以苏联中小学体育教学大纲为蓝本,编订了全国统一通用的各级学校体育教学大纲。[①]

改革开放以来,我国学校体育的研究、学生生长发育、体质与健康的调查研究和课程理论的研究蓬勃发展,这些为我国中小学体育课程改革的科学化奠定了坚实的基础。在学校体育研究方面,20世纪80年代,国家教委批准北京师范大学、华东师范大学等校设立学校体育研究所,不断扩大学校体育的研究队伍,积极推动学校体育的理论研究。1981年9月,教育部和国家体委主办、北京体育学院承办的《学校体育》杂志(该刊1992年7月正式更名为《中国学校体育》)正式创刊发行,为我国学校体育研究成果的发表与交流提供了重要的平台。在学生生长发育、体质与健康的调查研究方面,20世纪60年代我国进行了儿童、青少年生长发育调查研究之后,20世纪80年代以来我国又多次组织了关于学生体质与健康的大规模调查研究。如1983—1986年学生体质与健康调查研究由四部委共同组成课题领导小组,对29个省、自治区和直辖市内的28个民族中7～22岁共计902337名学生进行测试;1994—1996年又对我国30个省、自治区和直辖市21个民族、1800余所学校31万名大、中、小学生进行了体质与健康调查研究。这些调查研究为我国中小学体育课程改革方案、体育教学大纲的研制、教材的编写提供了重要的参考依据。

在课程理论研究方面,20世纪80年代中后期以来,我国课程研究取得了长足的发展,不仅形成了一支庞大的课程理论研究队伍,而且取得了一大批课程研究的成果,在课程决策方面起到了咨询服务的作用,有力地促进了我国包括体育课程在内的基础教育课程教材的建设。世纪之交启动的新一轮基础教育课程改革贯彻"民主参与、科学决策"的原则,在改革具体策略上注意发挥广大课程专家的作用,在课程改革的准备阶段即从调查入手,做好理论准备,组织一大批专家进行大规模抽样调研和广泛的国际比较研究,在此基础上起草了《基础教育课程改革纲要(试行)》。为顺利推进课程改革,教育部还组织了基础教育课程改革专家工作组,负责新课程体系的研究和新课程实验的指导,为国家课程改革决策提供相关研究咨询意见。此外,教育部为了推动整个基础教育的课程改革,在一些师范大学建立了研究中心,承担国家或地方教育行政部门委托的课程改革任务,大力开展课程改革实验,对课程研究人员和实验教师进行专业化培训,提供课程研究信息和咨询服务,有力地推动了包括体育课程在内的整个基础教育课程改革。在2013年教育部启动的对2003年印发的《普通高中

① 李晋裕、滕子敬、李永亮:《学校体育史》,海南出版社2000年版,第21页。

体育与健康课程标准(实验)》稿的修订中,又加强了调查研究[①]和测试论证[②],广泛征求和听取相关领域人员的意见建议,重大问题向权威部门、专业机构、知名专家学者咨询,体现了求真务实、严谨认真的态度。总之,课程改革与课程研究相辅相成,"没有课程改革的课程研究是'空',没有课程研究的课程改革是'盲'"[③]。体育课程研究的重视和开展为我国体育课程决策科学化提供了科学依据,降低了课程改革的失误风险,保证了我国中小学体育课程改革的顺利进行。

七、立足我国基本国情,在体育课程改革上坚持统一性与灵活性相结合

实事求是是我们党的思想路线,是兴党兴国的基石和灵魂,是马克思主义中国化理论成果的精髓。坚持实事求是,坚持一切从实际出发,既是我国体育课程改革顺利推进的必然要求,同时也是新中国体育课程改革的一条重要经验。在新中国 70 年中小学体育课程改革的历程中,党和国家注意坚持实事求是的思想路线,充分立足我国基本国情,在体育课程改革中针对我国地域辽阔的实际,坚持统一性与灵活性的结合,在坚持全国统一要求的同时,又给予地方和学校以一定的灵活性,保证了体育课程改革的实效。

在新中国成立初期的中小学体育课程改革中,注重立足我国基本国情,坚持改革的统一性与灵活性相结合。如 1956 年颁布的《中学体育教学大纲(草案)》将中学体育教材分为基本教材和补充教材,前者指的是全国中学必须贯彻执行的教材;后者是为适应不同地区、各地中学体育教育的发展情况或其他条件而编订的教材。基本教材包括三种:体操、田径和游戏。补充教材中的滑雪、滑冰、游泳的教材,提出有条件的学校可以采用,给予地方、学校一定的灵活性。1961 年,人民教育出版社编辑出版的《小学体育教材》和《中学体育教材》(教师用书)在教师教材使用方面指出:该教材力求做到可以供我国绝大部分地区体育教师参考使用,但由于各地区、各学校情况不同难以做到完全适用,各地区、学校在参考使用时需要根据具体情况进行相应的调整,"特别是民族地区和少数寒冷或炎热地区,在参考使用时,更需

---

① 教育部委托专业机构进行课程实施情况调研、国际比较研究等,特别是委托有关高校研制中国学生发展核心素养,将党的教育方针要求具体化、细化,为课程修订提供必要理论基础和现实依据。先后形成 20 余份专题报告、500 余万字。

② 在全国选择了 19 个省(市)4 万余名学生对课标科学性和可操作性进行测试。

③ 杨晓微:《近二十年我国基础教育课程研究的方法论探析》,《教育研究》2000 年第 3 期。

要根据具体情况,很好地加以调整、删除或补充"①。1963 年 3 月,中共中央批转下达的《全日制中学暂行工作条例(草案)》与《全日制小学暂行工作条例(草案)》规定:各省、自治区、直辖市除采用全国通用的教科书外,可以自编作为补充的历史、地理、生物等课程的乡土教材。在 1978 年 3 月教育部印发的《全日制十年制学校小学体育教学大纲(试行草案)》和《全日制十年制学校中学体育教学大纲(试行草案)》中,将中小学体育教材分为基础教材和选用教材两部分。基础教材是各级各类学校体育课程的主要教材;选用教材供各学校根据自身情况,因地制宜,灵活选用。在"体育教材编写的原则"中大纲强调要"因地制宜,从实际出发"并"体现民族的特点",指出基本教材是对学生的统一要求,各地应积极努力地创造条件完成;大纲中的选用教材,各地学校根据自己的具体情况选用,强调民族地区的学校可结合本民族的体育传统和风俗习惯,调整补充教材内容。在 1987 年颁发的《全日制小学体育教学大纲》《全日制中学体育教学大纲》中,在选编体育教材(确定体育教学内容)的原则方面,大纲强调要坚持统一性与灵活性相结合的原则,并将教材分为基本教材和选用教材两部分,基本教材是基本、统一的要求,选用教材各地区可从本地区实际出发,选择使用。少数民族地区可利用选用教材的教学时数,教授具有本民族特点的体育教材内容。1992 年国家教委颁发的《九年义务教育全日制小学、初中体育教学大纲(试用)》同样要求将统一性与灵活性相结合作为确定体育教学内容的一个重要原则。《大纲》规定:初中体育教学内容中的基础部分和选用部分分别占整个教学内容的 70% 和 30%;小学体育教学内容中的基础部分和选用部分分别占全部教学内容的 70%~80% 和 20%~30%;1996 年国家教委颁发的《全日制普通高级中学体育教学大纲(供试验用)》再次强调确定教学内容要坚持统一性与灵活性相结合的原则,该大纲将学科类课程的教学内容分为必选内容、限选内容和任选内容三部分,提出在保证学生达到国家基本要求的前提下,根据不同地区、学校的教学条件和学生需求,可以适当增加限选、任选的内容和时间。"大纲"还调整了变更考核项目和标准的权限,规定省、自治区、直辖市一级教育行政部门可以对大纲规定的个别项目和标准作适当调整,给予地方以一定的灵活性。在 2000 年颁发的小学、初中、高中体育与健康教学大纲中,再次明确将统一性和选择性作为选编和建构体育与健康教学内容的一条原则。在课程结构方面,2000 年三个大纲吸收了 1996 年全日制高中体育大纲的优点,在小学到高中均建立了必修与选修(含限选和任选)相结合的课程结构,规定:小学必修内容一到二年级占 70%,三到六年级占 60%;选修内容一到二年级占 30%,三到六年级占 40%;初中必修和选修内容各占 50%;高中必修内容占 40%,选修内容占 60%,选修内容的比重扩大,体育教学内容的弹性和选择性得到增加。

---

① 课程教材研究所:《20 世纪中国中小学课程标准·教学大纲汇编——体育卷》,人民教育出版社 2001 年版,第 77 页。

在制定教学(课程)计划、颁发中小学体育教学大纲的同时,1988年,国家教委批准上海、浙江两地可以自行制订课程、教学大纲和教材改革方案,赋予其课程改革的自主权。国家教委批准上海市和浙江省进行课程教材全面改革试验后,1991年全国教材审查委员会又审查通过了上海市制订的九年义务教育《体育与保健学科课程标准》和浙江省制定的义务教育《体育与保健教学指导纲要》,供实验使用,这无疑也是谋求改变我国基础教育课程高度统一状况、实现课程统一性与灵活性相结合的努力。在1996年、2000年颁发的全日制普通高级中学课程计划中,两个课程计划又提出普通高中课程实行国家、地方和学校三级管理体制。课程管理体制的变化,给地方和学校灵活掌握留有余地,有助于与各地经济文化发展的实际情况和学校实际相结合,开发出具有地方和学校特色的体育课程。

在世纪之交启动的新一轮中小学体育课程改革中,统一性与灵活性(选择性)相结合的理念得到了进一步继承。在2001年印发的《义务教育课程设置实验方案》中,规定小学、初中九年体育课时总数占全部课程课时数的比例为10%～11%,给地方和学校以一定伸缩余地;2003年颁发的《普通高中课程方案(实验)》规定,普通高中课程由必修和选修两部分构成,学分分为必修学分、选修学分Ⅰ、选修学分Ⅱ三部分,体育与健康必修学分为11学分,体现统一性要求;选修学分Ⅰ、选修学分Ⅱ体现体育课程的选择性。在2017年版普通高中课程方案中,将普通高中课程分为必修、选择性必修和选修三类。必修课程由国家根据学生全面发展需要设置,所有学生必须全部修习;选择性必修课程由国家根据学生个性发展和升学考试需要设置;选修课程,由学校根据实际情况统筹规划开设,学生自主选择修习,增强了体育课程对地方、学校及学生的适应性。在课程标准方面,同样强调统一性与灵活性的统一,如《义务教育体育与健康课程标准(2011年版)》,将"关注地区差异和个体差异"作为课程的一条基本理念,要求"在保证国家课程基本要求的前提下,充分关注不同地区、学校和学生之间的差异,各地区和学校要根据体育和健康课程目标及课程内容,因地制宜,合理选择和设计教学内容"[①]。在"课程设计思路"部分,该课程标准又提出将"根据三级课程管理的要求保证课程内容的可选择性"作为课程设计思路之一,要求"各地区和学校制订具体的课程实施方案和教学计划时,应从师资队伍、场地与器材、学生体育基础等方面的实际出发,选编适宜的教学内容"[②]。在《普通高中体育与健康课程标准(2017年版)》中,该"标准"将普通高中体育与健康课程内容包括必修必学和必修选学两个部分。必修必学是对全体学生学习体育与健康课程的共同要求的内容,包括体能和健康教育;必修选学是满足学生形成运动爱好和专长以及个性发展的需要的内容。统一性与灵活性的统一,不仅给予地方和学校以一定的伸缩余地,同时也有助于学生个性化的发展。

---

① 中华人民共和国教育部:《义务教育体育与健康课程标准(2011年版)》,北京师范大学出版社2012年版,第4页。
② 中华人民共和国教育部:《义务教育体育与健康课程标准(2011年版)》,北京师范大学出版社2012年版,第5页。

八、加强课程改革的组织领导，
为体育课程改革提供强大组织保障

　　加强对教育改革的领导工作，为教育改革提供强大的组织领导保障是确保教育改革顺利进行的前提条件。在新中国70年中小学体育课程改革的历程中，党和国家十分注重对体育课程改革的组织领导和保障，保证了中小学体育课程改革的顺利进行。

　　新中国成立之初，全国各地中小学体育课程设置混乱，没有全国统一的体育教学大纲、教材，中小学体育课程教学处于"放羊"状态。为规范全国中小学体育课程秩序，党和国家委托教育部全权负责具体组织和领导包括体育课程改革在内的教育改革工作。自1950年以来，教育部组织研究、颁布了一系列全国性的中小学教学计划、中小学暂行规程、中小学体育课程教学大纲（标准），并专门成立了人民教育出版社负责编写、出版全国统编教材的工作；在地方则由各级人民政府教育行政部门具体组织落实和实施，建立了社会主义性质的全国统一的中小学体育课程体系，提高了我国中小学体育教育的质量。在"文化大革命"时期，由于受到极"左"错误思想的影响，教育部一度被撤销，为编写、出版全国统编教材而成立的人民教育出版社也一度被撤销，全国教育管理一片混乱。各地在所谓敢闯、敢干、反潮流、突出无产阶级政治的主旋律之下，对新中国成立17年来建立的中小学体育课程体系进行了全盘否定，各地中小学体育课程"五花八门"，学校体育事业也受到了严重冲击和破坏。

　　"文革"结束后，在党中央的领导和教育部的具体组织、统筹、部署下，教育领域开展了"拨乱反正"的工作，教育部开始着手组织起草全国统一的中小学教学计划、制订统一的中小学体育教学大纲和编写全国通用体育教材的工作。1977年9月，教育部成立了"教材编审领导小组"，组织编写中小学各科教学大纲、教材，教育部组织制定、颁发了《全日制十年制中小学教学计划（试行草案）》《全日制中学暂行工作条例（试行草案）》《全日制小学暂行工作条例（试行草案）》《全日制五年制小学教学计划（修订草案）》《全日制六年制重点中学教学计划（试行草案）》《全日制五年制中学教学计划试行草案的修订意见》《全日制十年制学校小学体育教学大纲（试行草案）》和《全日制十年制学校中学体育教学大纲（试行草案）》等重要课程教学文件，恢复了中小学体育正常的课程秩序。20世纪80年代中期以来，教育部（国家教委）又先后组织了义务教育阶段和普通高中课程计划、中小学体育教学大纲的制订和中小学体育教材的编写工作，在党中央、政府的坚强领导与教育部（国家教委）的具体组织、统筹、部署下，我国中小学体育课程经过多次调整，初步形成了具有中国特色的中小学体育课程体系。在世纪之交启动的我国新一轮基础教育课程改革中，由教育部领导并统筹管理全国包括体育课程在内的基础教育课程改革工作;省级教育行政部门领导并规划本省(自治区、直辖市)包括体育在内的基础教育课程改革工作,党中央和政府对课程改革的坚强领导,为新一轮包括体育在内的基础教育课程改革的开展提供了重要的组织保障。2013 年,教育部又组织对普通高中课程方案以及高中体育与健康课程标准进行修订,在 2017 年底颁发的《普通高中课程方案(2017 年版)》中,又明确要求完善国家、地方和学校三级课程管理制度,切实加强对普通高中课程实施的领导与管理。提出省级教育行政部门应该依据本课程方案,结合本省实际制定课程实施指导意见;市县级教育行政部门应指导学校做好课程实施规划;学校的课程实施规划应报上级教育行政主管部门备案,作为开展学校教育督导的重要依据。强调地方教育行政部门应为学校提供必要的条件和保障,协调好师资培训、人事编制、经费投入、设施设备配置等,做好舆论宣传,为课程实施创造良好的环境。除此之外,《方案》还要求建立国家、省两级课程实施监测制度,健全课程建设和管理反馈改进机制。"国家制定监测方案,重点对本课程方案执行情况、课程标准落实情况及国家审查通过的教材使用情况进行监测,并对各地监测工作进行指导和督查。省级教育行政部门应建立相应的监测和反馈改进机制,并协助完成国级监测相关工作。"[①]由于普通高中课程实施是一个系统工程,《方案》还进一步要求各地应根据普通高中课程实施的需要,因地制宜制定相应的政策,提供有力的保障。体育课程改革的组织和领导的加强,保障了中小学体育课程改革的顺利进行。

九、坚持"以人为本"的价值取向,凸显体育课程的正确价值选择

课程的价值取向是课程改革的出发点,也是课程改革和建设的依据。它不仅关系到课程改革与建设的方向,也直接关系到课程改革的成败。在新中国成立尤其是改革开放以来的中小学体育课程改革中,注意坚持"以人为本"的价值取向,为学生身心健康发展奠定了基础。

在新中国成立后的很长一段时间里,中小学体育课程改革在价值取向上主要强调体育的"社会工具"属性,在促进"人"的发展的价值关怀上存在不足。在新中国成立初期,体育课程改革受苏联学校体育模式的影响,主要是从"阶级性""工具性"的角度来审视学校体育的价值,强调学校体育课程的国家性、人民性和统一性,强调学校体育是进行共产主义教育的重要手段,在体育课程实践中以推行和贯彻"劳卫制"为特色,体育课程主要以学生的体质发展为目标,注重运动技术、技能传授,体育课程对学生身心发展以及养成良好的运动卫生习

---

① 中华人民共和国教育部:《普通高中课程方案(2017 年版)》,人民教育出版社 2018 年版,第 16 页。

惯的关注较少,在体育课程价值取向上过于强调体育课程为社会发展服务,呈现单维化倾向。在全面探索社会主义建设道路时期,由于受到"左"倾错误思想的干扰,在"教育大跃进""教育革命"影响之下,我国中小学体育课程改革的单维化价值取向并无改变,甚至出现极端化的趋向,学校体育课程改革在价值取向上强调国家需要,学生的主体需要受到忽视,过分注重学校体育的规范性和统一性,对学生个性发展的关注不足。"文化大革命"时期,在极"左"错误思潮的影响下,我国中小学体育课程改革价值取向更是被极端地扭曲,极大地影响了学生的健康发展。

"文革"浩劫结束之后的历史转变时期,随着"拨乱反正"工作的推进和"真理标准问题大讨论"的进行,尤其是党的十一届三中全会召开以来,我们对学校体育价值的认识突破了"文革"时期的狭隘认识,体育课程改革开始回归对学生体质的发展和技能掌握的关注,学生的体育兴趣逐渐受到重视。在全面建设有中国特色社会主义新时期,随着素质教育思潮的兴起并成为时代的主旋律,我国中小学体育课程改革在价值取向上一步步回归"育人本位"的轨道,20 世纪 80 年代后期尤其是 90 年代以来,我国中小学体育课程改革越发强调促进学生全面素质的培养,开始积极追求发展学生全面素质的教育价值。如在 1987 年的中小学体育教学大纲中,强调中小学体育课程要促进学生德、智、体、美几方面全面发展,强调体育课程目标在于"全面锻炼学生的身体""掌握体育基础知识、基本技术和基本技能""向学生进行思想品德教育"。在 1992 年体育教学大纲中,明确提出要通过体育教学增强学生的身体素质,促进学生的身心健康发展,促进学生德、智、体、美全面发展;1996 年颁发的高中体育教学大纲中又明确提出全面锻炼学生身体、增进学生身心健康等方面的要求,明确提出体育课程改革要以育人为宗旨,不断增进学生身心健康,提高学生体育文化素养,培养德智体等方面全面发展的社会主义事业的建设者和接班人。这些突破了过去体质教育和技能教育取向的二元分割的思想,反映了学校体育价值认识开始由单一的"生物"一维向"生物、心理、社会"三维转变。2000 年颁发的三个体育与健康教学大纲明确将"健康第一"作为指导思想,强调体育课程要以育人为本、促使学生身心得到和谐和全面的发展;要求增强学生的体育意识与能力,提高学生的体育文化素养,满足学生不同的兴趣爱好以及个性发展的需要,为终身体育奠定坚实的基础。世纪之交启动的新一轮基础教育体育课程改革将"健康第一"作为指导思想,将"为了每一位学生的发展"贯穿在课程目标、课程结构、课程内容、课程实施、课程评价、课程管理的始终,充分凸显了"以人为本"的价值立场。中小学体育课程改革"以人为本"价值取向的确立,给我国中小学体育带来了蓬勃生机与活力。

原载《天津体育学院学报》2019 年第 5 期

后 记

2019 年 12 月 11—13 日,由中国教育学会教育史分会主办、浙江大学教育学院承办、杭州师范大学教育学院协办的中国教育学会教育史分会第二十届年会在杭州召开。会后,我们受中国教育学会教育史分会委托,负责把本届年会参会代表提交的论文汇编成论文集出版。

本届年会也是庆祝中国教育学会教育史分会成立 40 周年的纪念大会,为此本论文集收录了原载《教育史研究》的几篇专栏文章及本届年会综述,同时转载了《教育史研究》编辑部为该专栏所写的"编者按",以便读者了解有关信息。

本届年会的主题是"教育史学科回顾与展望",本论文集收录了与此主题有关的若干篇论文,以期向读者展现近百年来,特别是改革开放 40 年来教育史学科建设的面貌、成就和特征。

此外,本论文集把主题相对集中的参会代表论文汇编为"中国传统教育及文化探赜索隐""民国时期教育现代化的诸面相""杜威教育思想及其在近代中国""中外历史上的大学及其学科建设""新中国教育改革与发展"等部分,以供读者参阅。但由于篇幅等原因,许多参会代表提交的论文未能收入本论文集,谨此申明并祈鉴谅。

本论文集的出版得到浙江大学社会科学院、教育学院的大力支持和宝贵资助,浙江大学出版社的领导也给予热情关心和指导,责任编辑为此付出了大量辛劳,浙江大学教育史学科博士研究生裴子卫、王学璐、吴秋月、张筱菲、谢佳璐、李得菲、张荻参加了编校等工作,在此我们一并深表诚挚的感谢!

限于我们的水平,本论文集中难免存在不妥之处,恳请学界同仁和广大读者批评、指正。

肖　朗　张学强
2020 年秋于杭州